중세
II

성당, 기사, 도시의 시대

중세

움베르토 에코 기획

II

윤종태 옮김
차용구 · 박승찬 감수

1000 ~ 1200

시공사

일러두기

1. 옮긴이 주는 *로 표시했다.
2. 인명, 지명, 도서명, 용어 등의 원어는 사용 당시의 표기에 따랐으나 확인이 안 되는
   경우에는 이탈리아어나 영어 등 통용되는 대로 표기했다.
3. 성경 구절, 성경에 나오는 인명, 지명 등은 새번역 성경에 따라 표기했다.
4. 책의 번역 명칭은 한국어판이 출간된 경우에 그 제목에 따르는 것을 원칙으로 했으나
   명칭의 통일성 문제가 발생할 경우에는 예외로 했다.
5. 자료나 문헌의 출처 표기는 원어로 했다.

차례

역사

경제 162

사회 190

철학

과학과 기술

문학과 연극

시각예술

음악

역사
Storia

역사 서문

| 라우라 바를레타Laura Barletta |

12세기 장블루의 시게베르투스Sigebertus Gemblacensis는 자신이 편찬한 『연대기 Chronica』에 1000년에 지진이 발생했으며, 뱀 모양의 무시무시한 혜성이 나타났다고 기록했다. 이것은 「요한 묵시록」에 등장하는, 1000년 동안 묶여 있다가 이 세상에 종말을 고하기 위해 나타난 악마에 대한 묘사이기도 하다. 인류의 역사에서 상당히 오랫동안 지속된 성장 단계에 접어든 사회에서 살아가게 될 1000년경의 사람들은 이에 대하여 전혀 알지 못했다.

실제로 11세기 초 유럽의 인구는 이미 늘어나는 중이었고, 이와 함께 새로운 주거 지역들과 도시의 인구 밀도, 경작지 면적, 수공업과 상업 활동, 상거래와 시장, 통신로, 항구, 해상 운송, 그리고 화폐의 사용이 늘어났다. 하지만 이러한 변화가 전 유럽에 걸쳐 골고루 일어났던 것은 아니다. 이것은 유럽 각 지역들의 저마다 다른 지리적인 형태와 도시의 형성 방식, 그리고 전쟁, 전염병의 발생 범위들을 생각해 보는 것으로 충분히 짐작할 수 있지만, 어쨌든 사회의 근본적인 변화가 있었던 것은 부인할 수 없다.

1000년 이후의 유럽

여러 무리의 농부들이 산림을 개척하여 땅을 개간하고 새로운 촌락을 세우기 위해 봉건 영주들의 영지를 떠나 사람이 살지 않던 지역으로 이주했다. 게르만 민족들은 그들이 수세기 전까지 살았던 숲을 향해 동쪽으로 뻗어 나갔고, 해상 도시 주민들인 아말피인들은 동방과 아랍 국가들을 향해서, 그리고 베네치아인들은 비잔티움 세계로, 프리지아인들과 바이킹족들은 발트 해와 러시아의 큰 강들을 헤치고 나아갔다. 늪지대는 대규모 간척과 수로 사업의 대상이 되었다. 나침반, 포르톨라노 portolano(13세기 무렵 이탈리아에서 작성된 해도*), 해도海圖 같은 새로운 항해 도구와 기술들, 무거운 쟁기, 말의 편자, 삼모작 같은 새로운 농사 도구와 기술도 등장했다. 또한 생필품과 함께 향수, 향신료, 보석 같은 사치품도 자주 유통되었다. 생산은 분업화되었으며 수공업 작업장들이 설립되었다. 옛 도시들은 과거에 수행했던 소비 중심지의 역할을 벗어나 생산과 교역이라는 새로운 역할을 떠맡게 되었으며, 정관에 의해 통제되고, 정치·경제적으로 상당히 중요한 직능 조합들이 만들어졌다. 결국 새로운 1000년이 맞이한 것은 새롭게 다가올 종말에 대한 두려움이나 고대의 지리적 경계, 생존이라는 절박한 한계를 벗어난 유럽이었다.

유럽의 정치적 상황

앞선 두 세기 동안 유럽을 휩쓸었던 제2의 민족 이동도 끝나 가고 있었으며, 11세기 초에도 여전히 지중해의 북쪽 해안이 아랍인들의 약탈과 지배의 영향을 받고는 있었지만 그들의 공격력은 약화되었다.

이미 남부 이탈리아와 아드리아 해海는 문화적·군사적·경제적으로 찬란한 혁신 **영토의 경계 확립** 기를 맞이한 비잔티움 제국의 통제를 다시 받게 되었으며, 이베리아 반도에서는 아스투리아스와 나바르의 조그만 왕국들과 카스티야와 바르셀로나의 백작령 국가들이 11세기 초, 그리스도교도들의 반격을 허용했던 코르도바의 우마이야 왕조에 대하여 자신들의 입지를 견고히 하였다. 이슈트반 1세István I(약 969-1038, 1000/1001년부터 왕)의 통치를 받으며 가톨릭으로 개종한 헝가리인들은 작센 왕조의 황제들이 주도한 전투의 패배들, 특히 아우크스부르크의 레히펠트Lechfeld 전투(955)에서 패배한 뒤에 다뉴브 강 연안 지역들에 정착했다. 9세기에 이미 그리스도교를 받아들인 슬라브인들은 지리적으로 공동체를 이루었으며, 발칸 반도와 세르비아, 폴란드, 키예프에 오랫동안 지속될 왕국과 공국들을 세웠다.

덴마크 반도와 스칸디나비아에 기원을 둔 노르만인들은 대서양 연안과 프랑크 **새로운 정복** 족의 왕인 카롤루스 단순왕Carolus Simplex(879-929)을 영주로 섬기는 공작령 국가를 세우고 훗날 노르망디라고 부르게 될 지역에 이미 정착했으며, 11세기에는 러시아의 강들과 대서양의 섬들에서 횡행했던 9세기와 10세기 약탈들의 연장선상에서 캐나다 해안에도 도달한 것으로 보인다. 하지만 무엇보다 이 시기의 지역 분쟁에서 군사적 지원을 요청한 랑고바르드인들과 비잔티움인들 사이의 다툼을 틈타 로베르 기스카르Robert Guiscard(약 1010-1085)가 시칠리아와 이탈리아 남부의 상당 부분을 점령하고 노르망디 출신의 정복자 윌리엄공William the Conqueror(약 1027-1087, 1066년부터 왕)이 헤이스팅스 전투(1066)에서 해럴드 왕의 앵글로색슨 군대를 무찌르고 잉글랜드의 왕이 됨으로써 노르만인들은 이탈리아 남부와 잉글랜드에 영구적으로 정착하게 된다. 한편, 노르망디 출신인 윌리엄공의 잉글랜드 점령은 프랑스와 잉글랜드 두 나라의 군주들과 연관된 봉건적 관계들 때문에 앞으로 있을 분쟁의 단초를 제공했다. 유럽의 중심부에서는 카롤루스 3세 뚱보왕Carolus Pinguis(839-888, 881-887년에 왕)의 폐위로 인한 왕조의 위기 이후에 카페Capet 왕조가 기반을 공고히 다졌던 파리의 백작령 국가를 시작으로 여러 왕국들과 지역의 공국들이 새로이 수립되고 있었으며, 아헨에서는 유럽 대륙의 대부분의 역사와 관련을 맺게 될 독일 민족의 신성로마 제국이 탄생했다.

성숙한 봉건주의

따라서 다음 세기 변화의 주역이 될 유럽 지역들이 형성되어 갔으며, 한동안 지속될 정치적 관계들과 분쟁의 기초가 수립되었다. 새로운 민족들이 정착하고 그리스도교화되면서 유럽의 정치적 지도가 동방으로 확장되어 감에 따라, 유럽의 구성은 라인 강과 다뉴브 강으로 국경이 제한되었던 서로마 제국과 달리 점점 더 모호해지고 이질적인 모습을 취했다. 작센 공국의 오토 2세Otto II(955-983, 973년부터 왕)와 비잔티움의 황녀 테오파노Teofano(약 955-991, 973-983년에 황후)의 혼인을 통한 로마 제국의 부활에 대한 염원은 제국의 건설이라는 지나치게 모호한 개념과 특히 결정적으로 오토 3세Otto III(980-1002, 983년부터 황제)의 죽음과 함께 사라져 갔다.

오토 3세의 제국에 대한 열망

999년 실베스테르 2세Sylvester II(950-1003)라는 이름으로 교황의 자리에 올랐으며, 오토 3세의 스승이기도 했던 오리야크의 제르베르Gerbert d'Aurillac가 다듬은 황제라는 칭호의 신성함에 대한 이론화 작업에 깊이 매료된 오토 3세는 젊어서부터 전체 그리스도교 사회를 자신의 제국으로 통합하고자 하는 꿈을 꾸고 있었다. 이로인해 독일과 이탈리아의 봉건 영주들과 귀족들의 극심한 반발을 겪었으며, 결국 로마 귀족 세력들의 강요로 도시를 떠날 수밖에 없었던 오토 3세는 후손을 남기지 못하고 1년 뒤 소라테 산의 수도원에서 생을 마감했다.

1000년 이후 초기 몇 세기 동안 지속되던 보편적인 제국이라는 이상과 세속적인 권력의 구체적인 실체 사이의 대립에서 후자가 우위를 점하게 되었다. 공권력 재편의 방식으로 당시의 요구들에 부응했던 봉건주의가 수용력을 보이고 일상의 모든 면에 깊이 뿌리를 내리며 널리 퍼져 나갔다는 것은, 봉건주의의 정치적 역할이 이미 오래전에 끝났을 때에도 봉건적인 권리가 아주 다양한 형태로 근대 말까지, 그리고 몇몇 나라들에서는 그 후에도 오랫동안 지속되었다는 것을 보면 알 수 있다. 봉건주의는 11세기와 12세기에 최고의 절정기를 맞았는데, 몇몇 역사학자들은 이 시기를 제2의 봉건주의라고 이야기하는가 하면, 다른 학자들은 1000년 이후 초기 몇 세기에 해당하는 이 시기에 진정한 봉건주의 시대를 맞이했다고 보기도 한다.

실제로 대규모 봉토들의 상속권이 케르시 칙령(877)에서 카롤루스 2세 대머리왕 Carolus Calvus(823-877, 875년부터 황제)에 의해 승인되었던 반면에, 군소 봉토들의 상속권은 콘라트 2세Conrad II(약 990-1039, 1027년부터 황제)의 봉토에 관한 법Constitutio de feudis에 의해 1037년에 와서야 인정되었다. 이리하여 봉건 귀족 계층이 두터워졌으며, 영토는 더욱 세분화되었다. 공적인 사법권과 직무의 봉건제가 좀 더 강화되었으며, 귀족 계급의 봉건제와 종종 경쟁했던 관료들과 성직자들의 봉건제가 생겨나 이들 사이의 교류가 체계화되는 경향이 확립되었다. 이러한 현상들은 봉건제를 진정한 사회적·경제적·정치적인 조직으로 만들었으며, 이러한 조직은 주교좌 성당이 있는 도시들과 성城 주변에 무수히 많은 소규모 권력 중심지들에서 공적인 권한을 가진 조직들이 지속되면서 아들들에게 재산을 분할하는 게르만 민족의 풍습이 만들어 낸 자기중심적 이기주의가 극단적인 결과를 맞도록 이끌었다.

더욱 체계적인 봉건주의

사회의 새로운 규칙들

이 시기에는 만연한 폭력과 더불어 정치적인 영역에 비해 군사적인 요소가 우위를 점하는 한편, 사회의 종잡을 수 없는 대립들을 제어할 수 있는 규칙을 수립하려는 새로운 경향이 공존했다. 이렇게 복잡한 장면이 연출된 이유는, 전체적인 정치 질서에 대한 생각을 유지하면서 동시에 다양하고 독특한 요구들이 계속해서 충돌하고 재정립되었기 때문이다. 예를 들면, 아를 종교회의(1037-1041)에서 제정된 하느님의 휴전Truce of God(수요일 밤부터 월요일 아침까지와 휴일에는 일체의 싸움을 중지하도록 교회가 결정한 규칙) 같은 규칙, 또는 11세기 말 보니치오Bonizio 의『그리스도교 생활서Liber de vita christiana』에 법전화되어 프랑스를 시작으로 교회의 지지를 얻으며 사회의 안정화에 기여했을 뿐만 아니라 중세 사회의 보다 역동적인 계층들에게 기준점을 제공했던 기사 계급과 관련한 규칙들은 정의, 약자 보호, 그리스도교의 이상을 고취하는 윤리를 널리 퍼트렸다.

이와 같이 사회가 발전하던 상황에서 수도원뿐만 아니라 정치 활동과 사회생활에서 여성이 더욱 결정적인 역할을 하게 되고, 사람들이 오락과 여가에 대하여 관심을 가지며, 사회가 바삐 돌아가고, 읽고 쓰는 능력과 문화가 다시 퍼져 나갔던 것은 결코 우연이 아니었다.

고전 연구에 대한 새로운 자극

이미 8세기부터 그리스어, 아랍어, 히브리어를 번역하여 보급된 고전들은 11세기부터 급격히 수요가 증가하여 독자들이 많이 늘어났고, 내용에 대한 새로운 관심의 표시로 책의 빈 공간에 달았던 나름의 해석인 주석註釋도 엄청나게 늘어났다. 수도원은 젊은이들에게 개방된 학습의 장場이 되었으며, 법률 공부를 위한 볼로냐 대학과 신학 공부를 위한 파리 대학 같은 평신도들을 위한 최초의 대학들이 설립되었다. 이제 법률은 사회의 정치, 경제, 종교의 다양한 구성 요소들을 조정할 수 있는 특별한 중요성을 가졌다. 민족 배경과 혈통, 사회적 신분과 경제 상황, 관습에 따라 달라지는 개인에 대한 법률과 서로 이웃하기도 하고 겹치기도 하는 법질서의 다양성이 지속되는 한편, 유스티니아누스 법전에 바탕을 두고 법률학자들의 체계적인 지식으로 만들어진 보통법Jus commune이 마련되었다. 일관성과 명확함이라는 필수 요소는 1140년경 그라티아누스Franciscus Gratianus(12세기) 수사에 의해 집대성된 교황의 교령집과 종교회의 법률들, 몇몇 로마법, 신약과 구약, 교회 교부들의 말씀을 한데 엮은 모음집에 기초하여 신학과는 구분되는 교회법을 만들었다. 법률을 통해 되살아난 로마 정신에 사람들이 끌렸던 것 또한 정치의 첫 번째 탈종교화의 초석이 되었다. 이처럼 정치가 교회의 영향을 벗어난 흔적들은 주교들이 점차로 중심을 잃어 가고 로마 공화정 시대의 정치 제도들이 되살아났던 도시국가들, 특히 이탈리아에서 목격된다.

종교의 쇄신과 교회의 개혁

자기중심적인 배타주의가 만연했지만, 좀 더 확실하고 여유로운 미래에 대한 연구들이 계속 이어져 왔던 상황에서 종교의 쇄신과 교회 개혁에 대한 압력이 대두했다. 혼외 동거와 성직 매매에 젖어 있던 성직자들은 사후 세계로의 통로 역할에 부합하지 않아 보였으며, 나날이 팽창하고 다양해지는 사회는 더욱 전문화되고 주관이 뚜렷한 성직자들을 필요로 했다.

근원으로의 회기

어느 정도 차이는 있었지만, 종교의 새로운 움직임들은 모든 생명체의 삶에 대한 존중으로 이어질 수 있는 본질에 대한 충실한 태도뿐만 아니라 계급과 성사의 폐지,

그리고 사회·정치적인 권리의 회복, 태초의 가난함에 대한 갈망 등 근본적으로 복음서의 가르침을 따르는 단순한 삶에 대한 소망에서 같은 모습을 보여 주었다. 파타리아파, 카타리파, 발도파, 휴밀리아티Humiliati(겸양파謙讓派), 아키텐의 마니교도들, 오를레앙의 교리주의파, 아라스의 이단자들, 몬포르테의 이단자들을 비롯한 많은 이단들은 꽤 오랫동안 정통과 이단의 경계에 머물고 있었다. 게다가 그들의 요구들 가운데 많은 것들은 교회 내부에서 진행 중이던 개혁적인 변화들과 공통점이 있었다.

이는 떠돌아다니던 수도사들을 정착시키고 통제함으로써 그들의 교리를 통일시 **수도사와 수도원**
킴과 동시에 그들을 속세의 영향에서 벗어나게 하고 귀족 계급의 간섭으로부터 교회를 자유롭게 할 목적으로 세워졌던 클뤼니Cluny 수도원(910)을 시작으로 발롬브로사Vallombrosa 수도원(1115), 시토Citeaux 수도원(1098), 프레몽트레Prémontré 수도원 등 많은 수도원들이 설립된 것으로도 알 수 있다. 하지만 이러한 결과가 항상 지속적이었던 것은 아니다. 정치적·종교적으로 중요한 인물들의 진정한 보고로 개혁의 영감을 불어넣었던 클뤼니 수도회 소속의 수도원들도 나름 신랄한 비판의 대상이 되는 경우가 있었으며, 새로운 종교 단체들이 더욱 엄격한 규율을 부과하기도 했다.

한편, 이러한 시도들은 성직자들과 일반인들 사이에 복잡하게 얽혀 있던 이해 관계를 풀어내고, 종교적인 영역과 비종교적인 영역을 구분하며, 성직자들을 재편성함과 아울러 무엇보다 구원의 임무를 수행하는 교회에 속세의 모든 권력보다 높은 수위권을 보장하고자 했다. 이러한 광범위한 계획은 황제의 영향력과 로마 귀족들의 계략을 제거함으로써 교황의 직위에 권위를 부여하는 한편, 성직자들의 품행을 도덕적으로 재무장함으로써 그들에게 존엄성을 부여하고자 하는 추세에 부합하였다. 개혁의 움직임은 하인리히 3세Heinrich III(1017-1056, 1046년부터 황제)로부터 지지를 받았다. 하인리히 3세는 교황 클레멘스 2세Clemens II(1046-1047년에 교황)가 수트리 종교회의(1046)에서 성직 매매를 단죄하도록 압력을 가하였으며, 툴Toul의 주교였던 에기스하임다크스부르크의 브루노Bruno von Eguisheim-Dagsburg를 레오 9세Leo IX(1002-1054, 1049년부터 교황)라는 이름으로 교황에 선출시키는 데 결정적인 역할을 하였다. 레오 9세는 재임 기간 동안 페트루스 다미아니Petrus Damiani(1007-1072), 소바나 출신의 힐데브란트Hildebrand(약 1030-1085, 1073년부터 그레고리오 7세Gregorius VII의 이름으로 교황) 같은 개혁적인 인물들을 로마로 불러들였다.

베드로의 계승을 근거로 하는 로마 주교의 수위권과 로마 교회의 자유libertas **제국과 개혁**

ecclesiae romanae를 주장했던 강력한 교회는 1054년 미카엘 케룰라리우스Michael Cerularius(약 1000-1058)가 총대주교로 있던 그리스 교회와의 모든 관계를 단절했다. 또한 하인리히 3세의 죽음 이후 아그네스Agnese 황후(1025-1077)가 섭정을 맡았던 시기인 1059년에 교회는 칙령을 발표하여 한 세기 전 〈오토 대제의 특권Privilegium Ottonianum〉이라는 이름의 문서를 통해 협약을 체결한 이후 특히 집요해진 교황 선출에 대한 황제의 통제권을 빼앗았다. 1066년 하인리히 4세Heinrich IV(1050-1106, 1084-1105년에 황제)가 제국의 권력을 잡자 군소 영주들의 지지를 받고 있던 독일의 공작들과 제후들이 침해했던 제국의 특권을 가진 황제와 교황의 관계는 완전히 역전되었다. 그레고리오 7세가 혼외 동거와 성직 매매에 대한 단죄를 재천명하였을 뿐만 아니라 평신도의 성직 서임을 금지하는 교령을 반포하기 위한 종교회의를 소집하고, 27개의 항목으로 이루어진 일명 『교황령Dictatus Papae』으로 불리는 지침서를 통해 황제를 폐위할 권한을 지닌 로마 주교의 수위권이 비준된 것도 바로 이 시기였다. 서임권을 둘러싼 투쟁과 그 결과로 인한 교회와 국가 사이의 해묵은 대립이 이렇게 시작되었다. 그 이듬해 봉건 귀족들에 맞서 성공적으로 힘을 과시한 하인리히 4세는 보름스 종교회의를 통해 교황을 폐위시켰으며, 교황도 이에 맞서 황제의 폐위를 결의하고 그를 파문하였다. 교황은 이뿐만 아니라 황제에 대한 독일 귀족의 충성 의무를 해제함으로써 황제에 반감을 지니고 있던 일부 무리들이 그를 심판하기 위해 아우크스부르크에서 의회(1077)를 소집하도록 했다. 카노사의 굴욕(1077), 슈바벤의 루돌프Rudolf와 반기를 든 영주들을 상대로 독일에서 거둔 승리, 마틸데Matilde 백작 부인(약 1046-1115)의 군대를 상대로 한 이탈리아 원정, 로마에 대한 포위 공격과 1084년의 로마 정복으로 이어진 기나긴 갈등은 그레고리오 7세가 아풀리아-칼라브리아 공작이었던 노르만인 로베르 기스카르의 도움으로 피신해 있던 살레르노에서 1085년에 죽음을 맞이하며 일단락되었다. 이 서임권 투쟁은 갈리스토 2세Callistus II(약 1050-1124, 1119년부터 교황)와 하인리히 5세Heinrich V(1081-1125, 1111년부터 황제)가 보름스 협약(1122)을 체결하면서 끝을 맺는다.

급속히 퍼져 나간 그리스도교

제1차 십자군
원정과 예루살렘
정복

이러한 대립에도 불구하고 교회의 정치적·이념적 쇄신은 제1차 십자군 원정을 조직한 우르바노 2세Urbanus II(약 1035-1099, 1088년부터 교황)와 함께 절정을 맞았다. 교황의 특사였던 르퓌의 아데마르Adhemar의 지휘로 1096년에 시작되어 1099년 여름 예루살렘 정복과 함께 승리로 끝난 제1차 십자군 원정은 예루살렘의 왕이 된 부용의 고드프루아Godefroy de Bouillon와 그의 동생 불로뉴의 보두앵 1세Baudouin de Boulogne, 툴루즈의 레몽 4세Raymond IV de Toulouse, 베르망두아의 백작 위그 1세Hugues de Vermandois, 노르망디의 로베르 2세Robert II de Normandie, 플랑드르의 로베르 2세Robert II de Flandre, 오트빌의 탕크레드Tancrède de Hauteville와 보에몽Bohémond 같은 로렌인, 프랑스인, 플랑드르인, 노르만인 대장들이 인솔하였으며, 대체로 장남이 아닌 기사들로 이루어진 무장 군인들과 죄수들을 다수 포함하고 있었다. 또한 정신적·종교적·경제적으로 새로운 지평을 찾기 위한 일종의 성지순례로 여겨졌다. 십자군 원정은 종교의 팽창이라는 측면 못지않게 사르데냐와 코르시카에서 쫓겨난 이슬람교도들에 대하여 적대적인 정책을 펼쳤던 제노바와 피사 같은 이탈리아 해안 도시들의 팽창과도 밀접한 관련이 있다. 베네치아 역시 알렉시우스 1세Alexius I 황제(1048/1057-1118)의 우호적인 태도 덕분에 비잔티움의 통제 아래 아드리아 해와 이오니아 해, 에게 해의 교역에서 결정적인 역할을 맡았다.

하지만 이 시기에 팽창한 것은 그리스도교 세계 전체였다고 할 수 있다. 에스파냐에서는 엘 시드El Cid로 불리던 로드리고 디아스Rodrigo Díaz(1043-1099)가 톨레도 정복(1085)에 참여했으며, 1118년에는 아라곤의 알폰소 1세 전쟁왕Alfonso I el Batallador(약 1073-1134, 1104년부터 왕)이 사라고사에 입성하였다. 한편, 동방에서는 예루살렘을 정복한 이후에 세워진 예루살렘 왕국 이외에도 소아르메니아 왕국, 에데사 백국, 안티오키아 공국, 트리폴리 백국 같은 봉건적인 성격의 조그만 십자군 국가들이 형성되었다. 그뿐만 아니라 성지를 방어하기 위해 생겨났다가 그 뒤로 이교도들을 상대로 하거나 부와 영광의 기회가 주어지는 전투가 있는 곳이라면 어디든 참가했던 종교 기사단들이 설립되었다. 12세기에는 유럽의 군주들이 참여했지만 아무런 성과를 거두지 못한 2차와 3차 십자군 원정이 이어지게 된다.

그리스도교의 확산

도시국가들의 자치권과 제국

유럽의 생명력은 이탈리아 북부에서 자신들만의 자치권을 확립하고자 했던 도시국가(코무네comune: 12세기부터 13세기에 이탈리아 북부와 중부에 형성된 주민의 자치 공동체*)라는 새로운 개념 속에도 나타났다. 이탈리아의 코무네들이 일시적으로 6개월 또는 1년 동안 정부의 임무를 맡겼던 집정관과 자문 역할을 담당한 의회(대의회와 비밀의회)를 선출한 회합 또는 의회로 불렸던 시민회의의 제도적인 조직을 갖추기 시작한 것은 11세기 말이었다.

코무네 제도와
사회적 대립

코무네의 사회 계층은 유력자들(귀족들, 도시로 옮겨 오지 않은 영주들, 부유한 부르주아)과 시민(은행가, 대상인), 소시민(장인과 소매상인), 그리고 정치적인 권리가 없는 하층민(하인들과 임금 노동자)으로 구분되었다. 각각의 사회 구성원을 위한 조합 형태에 가입함으로써 빚어진 코무네 제도의 복잡한 분화는 주도권을 쥐고 있는 세력들, 특히 집정관들을 자신들의 대변자로 활용했던 막강한 세력들을 상대로 한 정치적인 충돌을 수반했다. 이때부터 12세기 말경까지 코무네는 집권 세력들과 관련이 없어 보이는 이방인들 사이에서 뽑힌 진정한 전문 정치인인 포데스타(중세 이탈리아의 행정 장관*) 같은 중립적인 기구에 정치를 맡기는 경향을 보였다.

이탈리아의 코무네는 제국, 특히 프리드리히 1세 바르바로사Friedrich I Barbarossa(약 1125-1190, 붉은수염왕이라고도 함*)에 맞서 중요한 역할을 수행했다. 1152년에 권력을 잡은 프리드리히 1세는 자신의 제3차 이탈리아 원정(1163-1164) 때 일어난 베로나 국경 도시 동맹이나 4차(1166-1168)와 5차(1174-1178) 원정 때의 롬바르디아 동맹 같은 효과적인 저항을 펼칠 수 있었던 동맹국들을 상대로 제국의 권위를 회복하기 위하여 이탈리아에서 여러 차례 전투를 치러야만 했다. 프리드리히 1세는 군사적인 방법뿐만 아니라 외교적인 경로, 그리고 전통적으로 그래 왔듯이 왕가들 사이의 협정을 통한 수단 또한 소홀히 하지 않았다.

코무네들과 제국

그는 1156년 베아트리스Beatrice와 결혼한 뒤, 1178년에 아를에서 부르고뉴의 왕으로 즉위하였고, 1184년과 1186년 사이에 여섯 번째로 이탈리아를 침략했을 때에는 밀라노와 동맹을 맺었다. 그의 아들인 하인리히 6세Heinrich VI(1165-1197, 1191년부터 황제)는 이탈리아의 왕이 되었으며, 오트빌의 콘스탄차Constanza(1154-1198)와 혼인함으로써 이탈리아 남부의 상속권을 획득했다. 이 밖에도 프리드리히 1세는 법학과 같은 중립적이고 종교성이 배제된 학문에 바탕을 둔 자신의 정치적 계획을 뒷받침할 혁신적인 제도들도 도입하였다. 1158년 제2차 론칼리아 제국회의에서 황제가 코무네로부터 제국의 권리를 되돌려 받으려는 주장을 펼 수 있도록 해 준 합당한 근거 역시 로마법과 이르네리우스Irnerius의 제자들인 불가루스Bulgarus, 마르티누스 고시아Martinus Gosia, 우고 데 포르타 라벤나테Hugo de Porta Ravennate, 야코부스 데 보라지네Jacobus de Voragine의 법률 지식에서 찾고자 했다. 이러한 성직자가 아닌 평신도들의 중립적인 입장은 적대적인 코무네에 제국의 권리를 강제로 이행하고자 했던 프리드리히 1세에 의해 강조되었으며, 1178년부터 1180년까지 황제가 자신의 제5차 이탈리아 원정 때 군사적인 지원을 거부한 하인리히 사자공Heinrich der Löwe(약 1130-1195)을 황제의 궁에 소속된 법정을 비롯하여 작센 왕조의 군주들 앞에서 재판에 회부했을 때에도 볼 수 있다.

12세기는 하인리히 6세와 오트빌의 콘스탄차의 갑작스러운 죽음, 그리고 1198년 교황 인노첸시오 3세Innocentius III(1160-1216, 1198년부터 교황)의 즉위와 함께 끝을 맺었다. 정치적 권력에 대한 영적인 권력의 우월함을 이론화한 인노첸시오 3세는 제국의 힘이 약해지던 시기에 필리프 2세Philippe II Auguste(1165-1223, 1180년부터 왕)의 프랑스와 무지왕無地王 존John Lackland(1167-1216, 1199년부터 왕)의 잉글랜드가 다투는 상황에서 신권 정치에 대한 자신의 개념을 정립하기 위한 기회를 잡았으며, 제국의 상속자가 될 프리드리히 2세Friedrich II(1194-1250, 1220년부터 황제)의 후견인을 맡기도 했다.

사건들

STORIA

동방 교회의 분열

| 마르첼라 라이올라Marcella Raiola |

동방과 서방 그리스도교의 특별한 의미를 담고 있는 두 도시인 로마와 콘스탄티노플은
제도적인 변화와 각기 다른 역사적·정치적 어려움들을 맞으며 11세기에는 문화와
종교적 교리, 정치에서 돌이킬 수 없을 정도로 큰 차이를 보이게 되었다.

'필리오케Filioque' 논쟁과 포티우스 시대의 그리스도교 개종 권유

동방과 서방 교회의 괴리는 회복이 불가능해 보였으며, 문화적 단일성과 독자성, 그
리고 보편성의 특징들을 취할 수밖에 없었던 신권 정치를 확립시키려는 각각의 열
망에 부응하고 있었다. 1054년, 두 교회 사이의 결정적인 단절을 불러온 상황들과
명분에 근거하여 두 교회의 공식적인 입장을 대변하고 있던 종교적인 교리의 차이
는 그 기원을 이미 2세기 전에 있었던 두 교회의 대립에 두고 있다. 활동적이었던 교
황 니콜라오 1세Nicolaus I(810/820-867, 858년부터 교황)의 인정을 받지 못했던 콘스탄
티노플의 대주교 포티우스Photius(약 820-약 891)는 카롤루스 대제Carolus Magnus(742-
814, 786년부터 왕, 800년부터 황제, 샤를마뉴, 샤를 대제, 또는 카를 대제라고도 함*)의 후
계자들이 요구한 복종(824년 〈로마 헌법Constitutio Romana〉을 발표해 황제가 로마에 대한
통치권이 있음을 확인하고 교황에게 충성 서약을 요구했다)에 맞서 세속적인 힘에 비해

영적인 권력이 우선하고 우월함을 주장했다. 한편, 325년 니케아 공의회에서 결의된 니케아 신조에 따라 성령이 아버지인 하느님으로부터만 유래하는 것이 아니라 아버지를 비롯하여 그 아들인 그리스도를 통해서도 유래된다는(이로부터 '필리오케 논쟁'과 같은 문제들이 언급되었다) 〈사도신경〉의 교리를 로마 교회가 채택했다는 이유를 들어 교황을 파문했다. 무엇보다 포티우스는 에라스투스설(종교가 국가에 종속해야 한다는 주장*)을 신봉하는 제국과 콘스탄티노플 교구 사이의 힘의 관계를 뒤엎고자 했지만, 이것 때문에 정작 자신은 870년에 폐위를 당했다.

하지만 로마 교회 편에 섰던 프랑크인들뿐만 아니라, 콘스탄티노플의 비잔티움 제국으로부터 정복과 강압적인 개종의 대상이었던 슬라브 민족에게 오히려 동방 교회의 영향력이 확대되었다. 실제로 불가리아의 왕 보리스 1세Boris I(?-907, 852-889년에 왕)는 동로마 교회에 종속되는 것을 피하고자 로마와 외교적 관계를 맺었으나, 로마 교황과의 관계를 복원시키고자 했던 비잔티움 제국의 황제 바실리우스 1세 Basilius I(약 812-886)가 의도한 대로 포티우스가 제거된 뒤에도 불가리아의 교회는 여전히 동방 교회에 종속된 상태를 유지하였다.

분열의 주역들과 그 영향

'필리오케'에 대한 교리의 문제뿐만 아니라 동방과 서방 교회는 종교 의식, 전례의 방식, 규율과 관계된 규정의 채택에서도 나뉘었다. 특히 서방 교회는 성직자들의 결혼을 인정하지 않은 반면, 동방 교회는 성찬식 때 누룩으로 발효시키지 않은 빵의 사용을 인정하지 않았다. 1054년 동방과 서방 교회 분열의 중심인물은 동로마 황제 콘스탄티누스 9세 모노마쿠스Constantinus IX Monomachus(약 1000-1055)에 의해 1043년 3월 비잔티움 총대주교의 자리에 오른 미카엘 케룰라리우스(약 1000-1058)였다.

동로마 황제는 제국의 와해 세력들을 제어하거나 이끌 수 있는 능력이 없었다. 그는 사색적인 고찰에도 소질이 없었고 대중들 앞에서 말하는 능력도 없었지만, 예술가들의 보호자를 자처하였다. 그의 주변에는 항상 '비非성직자' 지식인들이 모여들었다. 이러한 지식인들 가운데 두드러진 인물은 혼란스러운 시기를 기록한 역사가이자 공평무사한 제국의 관리였으며 케룰라리우스의 '명백한' 적이었던, '철학자들의 집정관'으로 불린 미카엘 프셀로스Michael Psellos(1018-1078)였다. 케룰라리우스의 확고한 승리는 제국의 보호라는 교회가 짊어진 무거운 짐을 덜어 내고, 제국의 다양

케룰라리우스와 프셀로스의 대립

한 지역들에서 나타나고 있던 분권주의적인 힘들을 강화함으로써 제국과 동로마 교회 사이의 관계를 역전시켰을 것이다. 교황에 충성을 다할 수밖에 없었던 이탈리아 남부에 대한 비잔티움의 지배력은 동방과 서방 교회의 분열 이후로 결정적으로 약화되었다.

서방 교회와
동방 교회의 대립

프셀로스는 케룰라리우스를 두고 "주교의 위엄이 황제의 권위를 압도하고 있다. 마치 황제의 특권을 자신의 것처럼 행동하고 있다"(미카엘 프셀로스, *Epistola a M. Cerulario*, Ugo Criscuolo 편집, 1990)고 적고 있다. 하지만 단절의 책임을 전적으로 이 까다로운 한 사람에게만 돌려서는 안 될 것이다. 두 교회의 분열 이후 수십 년이 지난 뒤, 치유가 불가능할 정도의 확고한 차이가 존재하지 않는다는 것을 깨달았음에도 불구하고 이러한 분열의 정치적인 영향을 과장하고 강조한 이들은 무엇보다 라틴인들이었다.

그 당시 로마 교황의 자리는 레오 9세(1002-1054, 1049년부터 교황)가 차지하고 있었다. 레오 9세는 케룰라리우스의 미움을 사고 모노마쿠스로부터 환영을 받았던 '외교 사절' 아르기루스Argyrus를 통하여 로마 교황청과 비잔티움이 맺은 노르만인들과 게르만인들에 적대적인 협정을 열렬히 지지하였다(그는 1053년에 노르만인의 포로가 되기도 했다). 그는 비록 하인리히 3세 덕분에 교황으로 선출되기는 했지만, 1073년부터 1085년까지 교황의 자리에 있던 그레고리오 7세가 공표한 『교황령』에 담겨 있는 성령을 우선시하면서 황제로부터 자유로워지기를 원했다.

"프랑크인들의
사제들"

케룰라리우스는 자신이 프랑크인들의 사제라며 경멸적인 표현으로 지칭했던 인물들과 교황에게 전하도록 트라니의 주교에게 교리와 관련한 도발적인 서신을 보내며 잘못을 뉘우치고 정통 신앙을 다시 받아들일 것을 요청했다. 편지의 머리글에서 케룰라리우스는 교황 측에서 받아들일 수 없는 칭호인 '총대주교'로 자신을 칭했다. 한편, 교황은 답장에서 전체를 아우르는 표현인 '총總'이라는 용어는 오로지 로마 교회에만 적용해야 한다는 필요성을 주장한 1049년 랭스 공의회의 입장을 재차 강조하였을 뿐만 아니라, 전 세계 교회의 우두머리이자 어머니인 로마 교회와 비잔티움의 동등함을 요구하는 것은 무례하고 부도덕한 것이라고 선언했다.

또 다른 서신 1통은 두 교회 사이에 진행 중인 분열의 심각성에 대한 인식이 부족했던 때문인지 중재자로서 미지근한 태도를 보였던 콘스탄티누스 9세에게 보낸 것이다. 예전에 이미 케룰라리우스가 교황 레오 9세에게 보낸 서신을 논쟁적이고 도발적인 어조를 사용하여 라틴어로 번역했던, 거만하고 무례한 교황의 사절인 실바칸디다의 백작 훔베르투스Humbertus(1000-1061)가 서신을 수신인들에게 전달할 임무를 맡았다.

특히 레오 3세의 갑작스러운 죽음 이후에 신중한 태도를 보여 주었더라면 좋았을 테지만, 교황으로부터 자유로워졌다고 판단했는지 몰라도 훔베르투스는 자발적으로 7월 16일 성 소피아 대성당에 들어가 엄숙한 예식이 진행되는 도중에 케룰라리우스를 비난하고 파문에 처하는 칙서를 제단 위에 올려놓았다. 한편, 케룰라리우스는 이러한 파문을 교황이 내린 것은 아니라고 추정하고, 즉각적인 보복을 하는 대신에 국민들의 분노를 적절히 활용하여 강압적인 개종과 삭발식을 할 수밖에 없었던 궁정의 '철학자들'에게 보복하는 데 관심을 보였다.

이 사건은 라틴인들에게 심각한 반향을 불러왔다. 실제로 새 교황인 니콜라오 2세Nicolaus II(약 980-1061, 1058년부터 교황)는 이제까지 비잔티움의 통제를 받았던 이탈리아 영토(풀리아, 칼라브리아, 카푸아, 그리고 아직 이슬람교도들로부터 빼앗아야 했던 시칠리아)의 주권을 노르만 공작 로베르 기스카르에게 승인하였다.

테오도리쿠스 대왕 Flāvius Theodoricus(약 451-526, 474년부터 왕) 때처럼 로마 교회는 비잔티움 이교도들의 협박에 굴복하기보다는 라틴의 풍습을 따르는 '야만인들'과 협정을 맺는 것을 더 원했다. 이후 수세기 동안 비잔티움의 황제들은 갈등을 진정시키고자 했으나, 11세기부터 군주제적 성격을 띤 로마 교회의 정책이 비잔티움의 신학자들로 하여금 교황들을 이단으로 비난할 기회를 제공하며 모든 화해의 움직임을 수포로 만들었다. 한편, 로마 교황들은 세속적인 권한과 교회 재산이 늘어남에 따라 안티오키아, 알렉산드리아, 로마, 예루살렘, 콘스탄티노플에서 확산된 그리스도교의 다중심주의적이고 공동 관리를 결의했던 예전 공의회 규정들을 공공연하게 어기곤 했다.

야만인과 이단자 사이

신권 정치의 좌절과 돌이킬 수 없는 분열

미카엘 케룰라리우스는 분열 이후 수년 동안 보기 드물게 자신의 영향력을 키워 가며 역사의 주역으로 남았다. 일종의 성직자 정치를 수립해 보려는 분명한 의도를 가지고 황제 미카엘 6세Michael VI(?-1059, 1056-1057년에 황제)에 저항하는 민중 반란을 선동한 뒤에, 이 야심 찬 총대주교는 이사키오스 1세 콤네노스Isaakios Comnenus(약

1007-약 1060, 1057-1059년에 황제)의 새 황제 등극을 합법화하기에 이르렀다. 한편, 새 황제는 케룰라리우스의 위험성을 인지하고 비잔티움에서 멀리 떨어진 트라치아에서 열리는 종교회의에서 공식적으로 죄를 물을 의도로 1058년에 그를 체포하도록 했다. 하지만 케룰라리우스는 갑작스러운 죽음을 맞이했다. 프셀로스의 기록으로 미루어 볼 때 이사키오스 황제는 힘이 막강한 성직자에 맞서 비잔티움 궁전이 여러 해 전부터 생각해 오던 계획을 실천했을 뿐이라는 추론을 할 수 있다.

동방과 서방 교회의 분열은 결국 종교적인 측면에서 두 곳에 형성된 골이 역사적이고 관념적인 차이가 반영되어 더욱 깊어진 것으로 생각해야 한다. 상처를 치유하고자 하는 희망은 1204년 제4차 십자군 원정 기간에 엔리코 단돌로Enrico Dandolo(약 1107-1205)가 이끌고 온 베네치아인들이 비잔티움에 엄청난 충격을 가져다준 약탈을 감행하고 소위 '라틴 제국'을 세웠을 때 완전히 사라졌다.

| 다음을 참고하라 |
역사 타이파 왕국들: 이베리아 반도의 무슬림 국가들(138쪽)
시각예술 그리스 정교회의 신성한 공간(640쪽); 그리스 정교회의 도상 프로그램(696쪽); 콘스탄티노플의 성 소피아 대성당(731쪽); 비잔티움과 서방 교회(테오파노, 몬테카시노의 데시데리우스, 클뤼니, 베네치아, 시칠리아)(773쪽)

서임권 투쟁

| 카티아 디 지롤라모Catia Di Girolamo |

교회와 제국은 중세 그리스도교 세계 전체에 확산된 실질적인 권력으로 자리 잡았다. 그들의 역할은 아주 분명했다. 교회는 영적인 안내자, 제국은 정치적 지도자의 역할을 담당하였다. 두 권력 사이의 실질적인 균형은 대체로 확고한 지배력을 지닌 인물이 어디의 우두머리가 되느냐와 함께 때와 장소에 따라 다르게 나타났다. 11세기와 12세기에 걸쳐 그리스도교에 대한 로마의 수위권 문제와 관련 있는 주교의 서임권 문제는 이에 대한 좋은 예다.

문제의 개요
9세기 초 황제는 교황에 비해 힘 있는 위치에 있었다. 그리스도교 세계를 방어하고

통치할 임무는 황제에게 주어졌다. 교황은 무엇보다 신의 보호를 보증하는 임무를
지니고 있었다.

하지만 성직자들은 이미 제국이 세워지기 전부터 통치의 기능을 수행하고 있었
다. 카롤루스 대제를 시작으로 황제들 스스로가 주교와 사제들에게 불입권 제도(영
주가 영내의 재판이나 조세에 관하여 왕의 간섭을 받지 않는 권리*)를 통하여 자치권을 지
지해 주고 통치의 임무를 부여함으로써 그들의 협력을 이끌었기 때문이다. 이러한
방식으로 군주들은 좀 더 나은 문화적 소양을 갖추었으며 신도들의 인도자 역할을
함으로써 신망을 얻고 있었다. (비록 자주 무시당하기는 했지만 독신의 의무를 지킴으로
써) 지위를 사유화하려는 유혹에 빠지는 성향이 덜한 권력 집단을 통하여 강력한 세
속 권력자들의 힘을 상쇄하고자 한 것이다.

황제들은 주교들에게 통치의 역할뿐만 아니라 종교적인 서임권까지 부여했다.
이러한 관례는 오랫동안 별다른 논란 없이 유지되었다. 교황권과 황제권 사이의 조
합은 종교적인 영역을 배제할 수 없는 권력의 개념을 반영하고 있다. 변화된 상황에
서 두 세력이 서로 엮이게 된 점이 바로 1075년과 1122년 사이에 심각한 국면을 맞
이한 서임권 투쟁의 전조가 되었다.

문화적 배경: 제휴와 동맹

성직 매매와 니콜라이즘Nicolaism(성직자의 혼인) 같은 교회의 과오들에 대하여 비난
하는 분위기는 두 권력 사이의 충돌과도 맞닿아 있다.

그 당시 로마 교회는 문제의 실질적인 부분들을 구체화함으로써 타락의 문제를
서임권 문제와 연관시키는 데 주의를 쏟았다. 한쪽에는 권력과 타협하는 타락한 성
직자의 지지를 받는 황제가 있으며, 다른 쪽에는 내부적으로 개혁을 일으키고 자신
의 법적 권리를 회복하고자 하는 교황권이 자리하고 있다는 것이다.

실제로는 도덕적인 삶을 지지하는 사람들이 양 진영 모두에 있었다. 황제의 개입
자체도 종종 주교들에게 적절한 종교적 품행을 요구하고 로마의 귀족 관료들이 교황
에게 몰려드는 것을 막으며, 개혁에 전념하는 성직자들의 협력을 확고히 하기 위한
것이었다.

따라서 그리스도교 세계를 정치적으로 이끌어 갈 통솔권을 놓고 충돌하는 모습이
서서히 나타났으며, 여기에 또 다른 패권을 둘러싼 투쟁이 필수적으로 나타났다. 그

것은 전 그리스도교인들에 대한 로마 교황의 지배권으로, 과거에 최고의 명예로운 존재로 생각되던 교황을 11세기 전까지는 공론화된 적조차 없었던(따라서 당연히 겪어 본 적도 없었던) 군주제적 성격을 띤 통치자로 변모시켰다.

정치적 · 종교적 배경: 위기에서 벗어나 막강해진 교황의 통치권

도덕주의자들은 11세기 중엽 3명의 교황이 동시에 재위했을 때 불거진 교황 통치권의 위기에서 문제의 원인을 찾았다. 1046년 수트리 종교회의에서 3명의 교황들을 폐위시키고 독일인 클레멘스 2세(?-1047, 1046년부터 교황)를 교황으로 추대하며 교황권 부활에 착수한 사람은 바로 하인리히 3세였다.

로마 교회의 수위권　　제국의 보호는 교황 레오 9세가 로마 교회의 수위권을 확립하기 위한 첫발을 내디딜 수 있도록 해 주었다. 교황은 사도들의 후계자라는 독점적인 직함의 사용을 확고히 하였다. 개혁주의자들을 가까이 두고 성직 매매와 니콜라이즘을 범죄로 판결하였으며, 콘스탄티노플과 극단적인 단절을 기정사실화했고, 이탈리아 남부의 비잔티움 교회에 대한 관할권을 놓고 투쟁하였다.

이로부터 얼마 지나지 않아 1056년 아버지의 뒤를 이어 황제의 자리에 오른 하인리히 4세(1050-1106, 1084-1105년에 황제)가 오랜 기간 미성년이었기에 제국은 불안정한 시기를 맞이하게 된다. 로마 교황은 자신의 자치권을 강화하기 위해 이 기회를 이용하였다. 1058년 니콜라오 2세(약 980-1061, 1058년부터 교황)는 황제의 영향을 받지 않고 '교황 선출 법령'(로마와 인근 지역 교회의 수장인 추기경들만이 교황으로 선출될 수 있으며, 이러한 선출은 성직자들과 로마 시민들의 발성에 의해서 결정되었다)에서 승인된 절차에 의해 교황으로 선출되었다. 교황이 로베르 기스카르에게 풀리아와 칼라브리아의 공작 칭호를 수여하며, 속세의 합법적 권력을 지닌 정치적인 충돌의 중재자로서 역할을 수행했던 멜피 협약(1059) 또한 중요한 의미를 지닌다.

니콜라오 2세가 사망한 뒤에도 교황의 통치권은 독립을 유지했고 정치적인 힘을 발휘하였다. 알렉산데르 2세Alexander II(?-1073, 1061년부터 교황)는 호노리오 2세 Honorius II(?-1072, 1061-1064년에 대립 교황)를 대립 교황으로 세웠던 제국의 황제로부터 인정받지 못했지만 숨을 거둘 때까지 자리를 유지할 수 있었다. 그레고리오 7세(약 1030-1085, 1073년부터 교황)라는 이름으로 다음 교황이 된 소바나의 힐데브란트는 제국과의 충돌에서 중요한 역할을 담당하게 된다.

그레고리오 7세와 하인리히 4세

하인리히 4세는 1066년 성년이 되자마자 내부의 반란을 진압하고, 이탈리아의 상황에 관심을 기울이며 자신의 특권을 회복하려는 단호한 자세를 보였다.

그레고리오 7세는 니콜라오 2세의 칙령을 위반하며, 구두 표결에 의해서 교황에 선출되었다. 하인리히 4세는 로마 교회의 중앙집권화에 적대적이었던 독일 성직자 대부분의 지지를 얻었고, 라벤나의 대주교인 비베르트Wibert(1023-1100)가 부추김에 따라 교황 선출에 대한 합법성의 문제를 제기하였다.

하지만 그레고리오 7세는 이에 대하여 힘으로 반격하였다. 1075년 교황은 제국 **노골적인 대립** 의 서임권을 무효로 선언하는 한편, 제국의 휘장을 사용하며 황제를 폐위하고 신하들의 의무를 해제시킬 수 있는 권리와 함께 스스로 교회에 권력의 보편적인 성격을 부여하는 장중하고 간결한 형식의 단호한 어조의 조항들을 한데 모은 『교황령』을 공표하였다.

이제 전면적인 다툼이 시작되었다. 하인리히 4세는 보름스 회의를 열어 교황의 폐위를 선언하였고, 교황 그레고리오 7세는 1076년 황제의 파문으로 이에 응수했다. 이를 틈타 독일의 귀족들은 다시 힘을 얻었고, 실제로는 결코 개최되지 않을 회의를 소집하여 하인리히 4세가 그 결정을 받아들이도록 권유했다. 1076년과 1077년 사이 겨울에 하인리히 4세는 마틸데 백작 부인(약 1046-1115)의 초청으로 카노사에 머물고 있던 교황을 찾아가 3일간의 참회 뒤에 용서를 받게 된다.

합법성을 되찾은 하인리히 4세는 그를 굴복시키는 데 앞장섰던 독일의 반역자들에게 힘을 집중시킬 수 있었으며, 그레고리오 7세와 겨룰 수 있는 힘을 다시 얻기에 이르렀다. 하인리히 4세는 비베르트(1084년부터 1100년까지 클레멘스 3세Clemens III라는 이름으로 대립 교황의 자리를 지켰다)를 교황으로 선출하며 그레고리오 7세를 다시 폐위시켰고, 카노사의 마틸데 백작 부인의 군대를 무찌르고 3년간(1081-1084)의 기나긴 공방 끝에 로마를 함락시켜 자신의 대관식을 봉헌하도록 했다.

겉보기만의 패배

산탄젤로 성으로 몸을 피한 그레고리오 7세는 동맹을 맺은 노르만인들에게 구출되었으며, 그로부터 얼마 뒤인 1085년에 살레르노에서 숨을 거두었다. 하지만 교황 측의 혼란은 오래 지속되지 않았다. 대립 교황 클레멘스 3세가 아직 자리를 유지하고 있는 사이에 그에 맞서 빅토르 3세Victor III(약 1027-1087, 1086년부터 교황)와 로마 교회의 재부흥을 이끌게 될 우르바노 2세(약 1035-1099, 1088년부터 교황)가 차례로 교황에 선출되었다.

우르바노 2세는 노르만인들과 동맹을 견고히 하고 독일의 주교들과 관계를 개선하는 한편, 해당 지역의 군주들을 자극하지 않기 위해 규정을 그대로 따르지 않고 실리를 따를 수도 있다는 가능성을 보이면서도 프랑스와 잉글랜드까지 서임권 문제를 확대시켰다. 그의 적극적인 활동의 배경에는 예루살렘의 이교도들에게 칼끝을 돌리기 위해 같은 그리스도교인들 사이의 충돌을 멈추고자 유인하려는 의도가 깔려 있었다. 이러한 생각이 그로 하여금 제1차 십자군 운동을 일으키도록 만들었는지는 분명하지 않지만, 그의 말에 대한 반향은 클레멘스 3세의 고립에 비해 엄청난 영향력을 지녔음을 입증한다.

후임 교황 파스칼 2세Paschalis II(1053/1055-1118, 1099년부터 교황)는 로마 교회가 중심이라는 주장을 계속 이어 나갔지만, 한편으로는 권력에 대한 지나친 집착을 벗어날 때에만 확립될 수 있는 교회의 자유를 위해 정치적인 타협에도 유화적인 자세를 보였다. 정치적인 관점에서 많은 것을 기꺼이 양보할 준비가 되어 있었기 때문에 파스칼 2세는 잉글랜드와 프랑스에서 서임권 문제를 종식시킬 수 있었으며, 1105년에 교황이 물러나도록 압력을 가했던 황제 하인리히 5세(1081-1125, 1111년부터 황제)와도 합의에 이르렀다. 이러한 과정에서 1111년 수트리 협약에 따라 하인리히 5세는 서임권을 포기하게 되지만, 이미 서품을 받은 고위 성직자들이 누리고 있던 권리와 재산을 다시 차지하였다.

비록 권력의 구도가 재정립되고는 있었지만, 이러한 교황의 의지는 자신들에게 많은 이익을 가져다주던 정치적인 권력을 포기할 마음이 없었던 황제의 신하들과 성직자들 대부분으로부터 지지를 받지는 못했다. 결국 새롭게 열린 회의는 수트리 협약을 부정하였으며 분쟁의 불꽃이 되살아났다.

보름스 협약

처음부터 무력 충돌과 함께 문제에 대한 이론적인 고찰이 함께 이루어졌다. 그리고 이러한 성찰 속에서 유럽의 다른 군주들과 합의에 도달했던 것들과 유사한, 타협이라는 해결책을 통하여 황제와의 화해를 이끌어 내려고 했던 요구가 점차 분명하게 나타났다.

하인리히 5세와 함께 1122년 보름스 협약에 서명한 사람은 갈리스토 2세(약 1050-1124, 1119년부터 교황)였다. 이 협약은 황제가 종교적인 상징(반지와 주교의 지팡이)의 사용과 함께 서임권을 포기하는 대신 지역의 사제들이 독일의 주교 선거를 주관하고 주교들에게 재산과 공직을 부여할 수 있는 권리를 가지게 됨을 규정하고 있다. 독일에서는 황제에 의한 수봉授封이 성직자 서임 때 행해지는 성별聖別의 의식에 선행하며, 이탈리아에서는 그 반대의 절차를 따르게 된다는 것이었다.

결국 이 협약은 마음에 들지 않는 후보자들에게 수봉을 거부하는 권리를 여전히 지니고 있던 이탈리아에서도 존재했지만, 독일에서는 황제에게 더 많은 개입이 가능하도록 보장함으로써 현실을 재정비한 것에 지나지 않는다. 하지만 교회 역시 종교적인 서임권에는 정치적인 힘이 영향을 미치지 못한다는 원칙을 통과시킴으로써 확고한 목표를 달성하였다.

이때부터 '종교적인' 권한은 '교황'의 확고한 권한이 되었으며, 12세기 후반에는 교회의 군주제 방식의 중앙집권화 과정과 로마 교회의 수위권에 대한 교리가 더 이상 사고의 전환과 다양한 현안들에 대한 종교·문화적인 차원의 대응이 아닌 신권 정치를 위한 완벽한 계획이 되었다.

| 다음을 참고하라 |
역사 교황들의 정책(34쪽)

교황들의 정책

| 이바나 아이트Ivana Ait |

유럽의 사회와 경제가 성장을 이루었던 수세기 동안은 교회의 입장에서 볼 때 교황들의
신권 정치의 계획이 정립되었던 시기다. 이러한 과정은 이 시기에 절정에 달했던 유럽의
그리스도교 사상으로부터 환대를 받았다. 종교적인 혁신에 대한 요구에 자극을 받은
로마 교회는 영적인 분야에서뿐만 아니라, 행정을 비롯한 중앙 집중적인 재정 담당 기구의
조정을 통하여 세속적인 분야에서도 수위권 실현을 목표로 하는 정책을 추진해 나갔다.

로마 교회의 수위권을 위한 레오 9세의 활동

지역 교회들이 독립적인 경향을 보이면서 맞이하게 된 심각한 위기의 순간에 교황의
자리는 투스콜로Tuscolo 가문 같은 로마의 강력한 가문들의 통제를 받았다. 이러한 상
황은 로마 귀족 출신 파벌의 대표자들 사이에 촉발된 경쟁심으로 인해 한꺼번에 3명
의 교황이 선출되었을 때 더욱 악화되었다. 황제 하인리히 3세의 개입은 단호했다.
그는 3명의 교황을 폐위시키고 독일인 주교 클레멘스 2세를 교황에 선출했다. 이미
작센 왕조('색슨 왕조'라고도 함*)의 오토 1세Otto I(912-973, 962년부터 황제) 때부터 종
교적인 이유는 물론 교회의 엘리트 집단(교회의 주교, 수도원장, 주임 사제)의 지지를
얻으려는 바람으로 교회 조직의 올바른 역할에 관심이 많았던 독일 황제들의 간섭은
교회 개혁에 전념함과 동시에 정치 체제를 뒤흔들 수도 있었던 교황들이 출현하는
계기를 만들어 주었다.

레오 9세와
교회의 독립

이러한 과정의 중요한 첫 번째 국면은 1049년 또 한 차례 황제의 지시에 따라
또 다른 독일 주교에게 레오 9세(1002-1054)라는 이름으로 교황의 지위를 수여했
을 때 찾아왔다. 새로운 교황과 함께 '교회의 자유libertas ecclesiae'라는 이름으로 제국
과 로마 교회의 관계를 뒤집을 개혁안이 발의되었다(Alfonso Marini, *Storia della Chiesa
medievale*, 1991). 레오 9세는 교회의 독립과 교황의 수위권을 겨냥한 계획에 착수하
였다. 개혁 운동의 주요 대표자들이 모여 여러 차례 교회회의를 준비했으며, 1049년
랭스 공의회에서는 2개의 근본적인 교회법을 통과시켰다. 첫 번째는 '성직자와 시민
들에게 선출되지 않은 경우를 제외하고 그 누구도 교회의 통치권을 침해할 수 없다'
는 것이며, 두 번째는 '로마의 교황만이 교회 전체에서 으뜸가는 수석 대주교다'라는

것이다. 이 가운데 두 번째 조항은 로마 교회가 군주제적인 방향으로 계속 발전해 나
가며 로마인들과 그리스인들의 결별로 끝을 맺는 분열을 낳았고, 로마 교황의 수위
권에 대한 강력한 적이었던 그리스 교회의 반감을 촉발시켰다. 권력의 집중과 교회
의 혁신에 대한 그의 정책은 교황과 그의 협력자들에게 보다 많은 권한을 부여하고
자 한 조치들을 통해 실현되었다. 레오 9세는 공의회를 직접 주관하였으며, 부재 시
에는 교회의 고위 성직자들을 통제하는 데 중요한 수단이 되었던 특사들을 임명하였
다.

교회의 성직 위계제 수립과 노르만인들과의 협약

정치적 성취의 과정은 2번의 중요한 고비를 거쳤다. 말썽 많고 민감한 교황 선출 문 주교급 추기경들과 교황 선출
제와 노르만인들과의 동맹이었다. 첫 번째는 1058년 개혁의 시작을 알린 교황 니콜
라오 2세(약 980-1061, 1058년부터 교황)의 선거 때 찾아왔다. 이 선거는 주교 추기경
이 교황을 선출한 첫 번째 사례로 남았다. 아직 미성년이었던 하인리히 4세(1050-
1106, 1084-1105년에 황제)의 어머니인 황후 아그네스에게는 그처럼 중대한 사안에
대하여 승인하는 행위만이 맡겨졌을 뿐이다. 교회의 직무에서 교황을 보필했던 추기
경이나 로마 교회에서 중추적인 역할을 하는 성직자들의 기원은 명확하지 않다. 한
가지 분명한 것은 그들의 역할이 11세기에 명확해졌다는 것이다. 7명의 주교 추기경
들(혹은 로마 근교의 7개 교구의 주교들)에게 로마에서 거행될 교황 선거가 맡겨졌으며,
교황이 공석일 때는 로마 교회를 이끌 임무가 주어졌다. 새로운 선거 제도는 1059년
4월 13일 라테라노 공의회에서 승인되었다. 11세기 말에는 이러한 최초의 핵심적인
선거인단에 주요 로마 교구의 장들인 사제급 추기경 28명과 로마의 지원을 담당하는
지역의 책임자였던 부제급 추기경 14명이 추가되었다. 또한 일반 성직자들과 시민
들에게는 목소리나 박수로 새로운 교황 당선자에 대한 만장일치의 찬성을 나타내는
발성을 통하여 승인하는 권리만이 주어졌다. 이는 로마 귀족들의 통제와 제국의 간
섭으로부터 교황을 자유롭게 하기 위한 결정적인 조치였다.

두 번째로 니콜라오 2세는 황제 하인리히 4세가 미성년인 점을 이용하여, 선임자 멜피 조약
들이 시작했던 노르만인들과의 협상을 재개하며 자신의 위치를 공고히 하는 과정을
수행하였다. 그는 최고 권력자였던 로베르 기스카르와 1059년에 멜피 조약을 체결
했다. 이는 정치적으로 교황의 힘을 강화시킨 행위였다. 로베르는 이탈리아 남부의

노르만족 지배를 인정한 것에 대한 보답으로 교황의 봉신을 자처하며, 몇몇 군주들에 대한 서임권을 통해 로마 교회를 배려하고 힘으로 지지하는 데 전념하였다. 이러한 지원으로 그는 곧 자신의 중요성을 드러냈다. 교황 니콜라오 2세가 사망하자 그는 루카의 주교였던 알렉산데르 2세(?-1073, 1061년부터 교황)를 새로운 교황에 선출하는 데 동의했다. 이탈리아 개혁 운동의 중심인물로서 새로운 교황은 무엇보다 레오 9세가 교황청에 배치한 인력들을 그대로 유지하며, 그의 선임자들이 시작한 확고하고 자주적인 성직 위계제의 수립을 위해 노력해 나갔다.

그레고리오 7세의 개혁

정치적인 면에서 교황들의 지시로 인해 유발된 반향은 심각했다. 주교와 사제들의 핵심적인 지지를 상실한 황제는 강력한 비성직자 귀족들에 맞서 그 힘이 약화되었다. 하인리히 4세가 성인이 되고 그레고리오 7세(약 1030-1085, 1073년부터 교황)가 교황이 되자 교황의 자주성이 커진 한편, 황제와 교황 사이의 반목은 더욱 첨예했다.

그리스도의 대리자인 교황　　교회 개혁의 선구자이자 자신의 선임자들이 펼친 정책의 입안자였던 그레고리오 7세는 혁신적인 요소를 도입했다. 교황은 베드로의 후계자나 대리인이 아니며 그리스도의 지상 대리인이라는 것이다. 이에 근거하여 사람들은 평신도든 성직자든 교황의 아래다. 1075년의 『교황령』(교황교서 또는 교황칙령이라고도 한다)에 이론적 기초가 잘 드러나 있는 이러한 개념은 "신에 대한 절대적인 복종을 교황인 자신에 대하여 갖추어야 할 복종과 동일시"(Uta-Renate Blumenthal, *La lotta per le investiture*, 1990)하면서 로마 교회의 수위권 또는 교황의 최고 권력이라는 주장으로 이어지게 되었다. 교황의 지상권은 법적인 영역과 정치적인 영역도 관할했다. 교황에게 주교들뿐만 아니라 황제들까지도 폐위시킬 수 있는 권한이 주어진 것이다.

황제의 파문　　이론에서 실제로의 이행은 단시간에 이루어졌다. 1075년 그레고리오 7세는 교회 재산의 수여에 비성직자들이 개입하는 것을 비난했다. 오래전부터 황제권 수행 자체에 필수적인 힘이었던 주요 성직 귀족들(주교들, 사제들)의 효과적인 통제 수단을 빼앗는 결과를 불러오게 된 평신도 서임권 포기를 받아들일 의향이 없었던 하인리히 4세의 반응에 교황은 그를 파문했다. 황제를 폐위시키려는 교황의 움직임은 전대미문의 일을 겪게 된 제국 전체에 커다란 영향을 미쳤으며, 제국은 그들의 자주권을 확대시킬 수 있는 기회를 잡은 독일의 대봉건 영주들의 저항을 정당화했다. 제국

측으로부터 연이어 나온 파문 선고로 인하여 극심한 대립이 일어난 이 시기는 유배를 당한 교황의 죽음으로 끝났다. 이러한 결말은 한편으로 커다란 긴장과 대립의 시대를 끝맺는 것이기도 했지만, 다른 한편으로는 새로운 시대를 여는 것이기도 했다. 이때부터 "성직자와 일반 신도들은 여러 세기 동안 그들이 체험했던 그 어떤 차이보다 서로 다르다는 인식을 가지기 시작했다"(Ovidio Capitani, *Storia dell'Italia medievale*, 1988).

교황권sacerdotium과 황제권regnum의 협약

서임권 문제는 제국의 굴레로부터 교회가 자유로워지는 과정에서 가장 중요한 해결 과제였다. 교황 빅토르 3세(약 1027-1087, 1086년부터 교황)와 우르바노 2세(약 1035-1099, 1088년부터 교황) 같은 후임자들과 함께 교회는 세속 권력과 화해를 모색하기 시작했다. 이러한 방침은 교황과 주교들 간의 더욱 긴밀한 관계를 의미하는 것으로, 교구 내에서 주교들의 권위는 더욱 강화되었다. 황제의 동맹국이었던 독일과 롬바르디아의 주교들(이들 사이에는 밀라노 주교도 포함된다)은 로마 교황의 권위를 인정했다. 교황은 계속해서 정치적인 권력자들이 교회법을 준수하도록 하고, 공의회를 개최하기 위해 이탈리아와 프랑스를 여행했다.

우르바노 2세의 성공적인 정책은 서유럽 사회에 만연했던 동족들 간의 전쟁에 종지부를 찍기 위하여 그리스도교도들을 향해 호소했던 연설문에 효과적으로 표현되었다. 그는 (1095년 클레르몽 공의회에서) 이교도들로부터 위협을 받은 동방 교회에 도움을 주고, 죄를 정화할 수 있는 도구로 그리스도교인들이 성지순례를 시작할 것을 독려하였다. 다른 군주들의 개입 없이 오로지 교황의 후원으로 일구어 낸 십자군의 성공은 십자군이 예루살렘에 입성하기 며칠 전 숨을 거둔 우르바노 2세의 신망을 높이고 지위를 강화했다. 12세기는 교황의 지위가 군주의 모습을 닮아 갔던 결정적인 변화의 시기로, 붉은수염왕이라 불리던 슈바벤의 프리드리히 1세(약 1125-1190)와의 분쟁도 이를 막을 수는 없었다. 반면에 교황 알렉산데르 3세(약 1110-1181, 1159년부터 교황)가 추진한 자치 도시국가들과 제국 사이의 중재는 정의와 평화의 보증인으로서 정치적 역할을 공고히 하는 데 기여하였다. 교황 알렉산데르 3세는 세속적인 권력보다 영적인 권력의 우월성을 설명하기 위해 태양(교황의 권위)으로부터 반사되는 빛 덕분에 밝게 빛나는 달(왕의 권력)의 형상을 이용한 것으로도 유명하다.

교황 제도의 발전

군주제의 특성이 강화된 교황직

교황 특사 교황령 정부의 중앙집권화 과정은 사무를 담당하는 관청인 로마 교황청curia romana 과 재정 업무를 담당하는 교황 궁무처camera apostolica 같은 관료 조직의 주목할 만한 성장과 엄격한 성직 위계제의 시행과 동시에 진행되었다. 또한 복잡한 조직을 유지 하기 위해 세금(십일조, 초입세, 베드로헌금, 봉납금)을 부과하는 방법을 택했다. 특별 한 문제들을 다루기 위해 교황 특사들이 임명되기도 했다. 처음에는 일시적으로 파 견된 교황의 대리인들이었으나 곧 이들과 함께 지역 주교들로 이루어진 종신 특사들 이 활약을 펼쳤다. 특사는 주교들과 수도원장들 또는 주교들과 주교좌 성당의 참사 회원들 간의 다툼을 해결하는 것에서부터 주교들의 서품과 폐위에 관여하는 것까지 매우 광범위한 분야에 걸쳐 힘을 지니고 있었다. 특히 가톨릭 교회가 최고의 권리 를 누렸던 시칠리아 왕국에서 특사들은 자신들이 마치 통치자인 양 모든 권력을 도 맡고 있었다. 좀 더 중요한 일들을 위한 특사의 임무는 교황의 긴밀한 협력자이자 로마 귀족 가문의 일원으로 20여 명 정도의 고문단을 구성하고 있던 추기경들에게 맡겨졌다.

12세기에 교회 국가는 유럽의 다른 나라들이 본보기로 삼을 정도로 가장 진전된 형태의 군주제적인 중앙집권화를 실현했다. 알렉산데르 3세의 성공적인 정책은 교 황 루치오 3세Lucius III(?-1185, 1181년부터 교황)에 의해 지속되었으며, 제국이 성직 위계제에 일종의 압력을 행사하기 위해서는 로마를 통해야 함을 분명하게 보여 주는 것이었다.

성직과 관련한 영역뿐만 아니라 정치적인 분야에서도 교황권이 최고의 위치를 차 지하고 있던 현실은 더욱 두드러졌으며, 교황의 지위는 전 유럽 정치의 기준이 되었다.

| 다음을 참고하라 |

역사 십자군 원정과 예루살렘 왕국(51쪽); 기사단의 탄생(62쪽); 국토회복운동(레콘키스타)(67쪽); 교회 국가 (72쪽)

시각예술 콘스탄티노플의 성 소피아 대성당(731쪽)

자치 도시국가의 탄생과 확장

| 안드레아 초르치|Andrea Zorzi | |

11세기와 12세기에 걸쳐 유럽의 많은 지역에서 자치 도시국가라는 새로운 형태의
정치 체제가 생겨났다. 이탈리아의 중북부에서 도시 자치 정부는 때로 황제들과 갈등을
겪기도 했지만 광범위한 자치권을 확립해 나갔으며, 도시 주변 지역들을 건설할 능력이
있음을 보여 주었다. 유럽의 다른 지역들에서 자치 도시국가들은 비록 나름의
의미는 있었지만 왕과 지역 군주들에게 종속된 관계를 유지하며 재정적·사법적·행정적
자치권의 수위가 더 낮았다.

유럽 자치 도시국가의 움직임

11세기부터 13세기까지 유럽의 도시들이 겪었던 인구의 증가와 경제, 사회의 발달
은 자치권을 지향하는 정부의 형태로 나타났다. 이러한 제도적인 조직은 일반적으
로 도시 공동체에 의해 권리와 특권이 '공동으로 주어진다'는 의미로 인하여 '코무네
Comune'라는 이름으로 표현되었다. 이러한 현상은 그 시기와 자치권의 정도의 차이
는 있었지만 많은 지역들에 영향을 미쳤다. 가장 빠르게 가장 많은 자치권을 누렸던
자치 도시국가들은 11세기 말부터 등장한 이탈리아 중북부 도시들이었다. 프로방스
와 플랑드르에서 자치 도시국가 최초의 사법관들(영사, 치안판사)은 12세기 중엽이
되어서야 등장했고, 플랑드르 북부와 독일에서는 12세기 말과 13세기 초 사이에 나
타났다. 주교들과 지역적인 다툼도 빈번하게 일어났다. 한편, 이탈리아를 제외한 곳 **이탈리아와
북유럽의 차이**
에서 자치권은 곳곳에 관리들을 배치하고 혼합된 정부의 형태를 만들어 냄으로써 부
분적인 권리와 특권만을 인정하던 왕과 지역 군주들에 의한 면허장('코무네' 또는 '공
제 조항' 칙허狀許) 양도의 형식으로 발전했다.

실제로 이러한 몇몇 중요한 차이들이 북유럽에 비해 이탈리아 중북부에서 도시화
현상을 두드러지게 만들었다. 이탈리아의 도시들이 거의 대부분 로마 시대에 기원
했던 반면에 북유럽 도시들은 뒤늦게 도시 외곽 지역과 항구, 시장 주변에서 발달했
다. 도시 주변의 거주자들을 일컬었던 '부르주아'라는 용어는 이러한 곳들을 흔히 가
리키던 이름인 'burg'에서 유래했으며, 부르주아들은 그 도시를 장악하고 있던 왕들
과 군주들 또는 주교들로부터 부여받은 특별한 경제적·사법적 권리들을 누림으로써

시민 계급을 형성한 상인들과 장인들의 공동체를 가리켰다.

북유럽 도시들에 비해 이탈리아 도시들의 사회적인 세분화는 지주들과 작위를 보유한 사람들, 재판관, 공증인 등을 포함함으로써 훨씬 더 다양해졌다. 이탈리아에서 도시들은 지방에 비하여 항상 (교회에 연관되거나 행정적·경제적으로) 중심적인 역할을 유지했지만, 북유럽 도시들은 주변 지역들과 구분되는 (특별 '공제 조항 칙허'를 통해 얻은) 경제적·행정적·재정상의 특권들로 보호받는 개별적인 지역들로서 곳곳에 산재해 있었다. 결론적으로 이탈리아의 도시들은 13세기부터 진정한 도시국가의 모습을 갖추면서 같은 영토 안의 농촌 지방에 자신들의 영향력을 행사했다. 이탈리아에서 '도시civitas'라는 용어는 주교좌가 있는 중심지만을 가리켰으며, 이와 마찬가지로 독일에서는 '도시Stadt'의 조건이 황제나 군주들로부터 문서를 획득한 중심지들에만 인정되었다.

이탈리아 자치 도시국가의 기원

이탈리아 자치 도시국가들에서 정치적인 자주권이 발달했던 요인은 크게 두 가지다. 첫 번째는 이탈리아 도시들의 사회적·문화적·경제적인 힘이 강했다는 것이다. 두 번째는 유럽의 다른 지역들, 특히 제국과 대봉건 군주국들에 비하여 이 도시들을 포함하는 지역들의 정치 체제가 약했다는 것이다. 유럽 대부분의 도시 주민들은 토지에 투자하지 않고 농촌 영주들과 봉건적인 관계를 맺지 않았던 상인과 '부르주아' 유형의 사람들로 이루어진, 사회적으로 동질성을 지닌 무리들에 기원을 두고 있었다.

'부르주아'와 '시민'   반면에 이탈리아 도시들에서는 군소 지주들과 몇몇 영주 가문의 구성원들, 수도사들, 성직자, 그리고 부유한 농부들까지 도시로 모여들었다. 도시에서의 안정된 거주는 주민들을 경제 상태나 법적인 지위에서 농부들이나 귀족들과 차별화된 '시민cives'으로 만들었다. 특히 이탈리아에서는 도시 사회가 주요한 세 가지 구성원으로 나뉘었다. 하나는 영지를 보유하고 영주의 권리를 지니고 있던 주교들과 봉신의 관계를 맺은 군벌 귀족이었으며, 다른 하나는 막대한 동산과 부동산을 보유한 상인들이었다. 마지막 하나는 시 정부의 기능을 유지하고 지적인 업무를 다루었던 재판관, 공증인, 교양인들로 이루어진 계층이었다. 각각의 무리들은 도시의 발전을 위해 결정적인 기여를 했는데, 이들은 각각 군사력과 경제적 유용성, 법적 능력을 제공했다.

도시의 발전은 주교좌가 있었던 도시들에 그 기원을 두고 있다. 주교의 권위와 비

교해 별다른 충돌 없이 그들의 힘이 발휘되었던 몇몇 도시들에서 자치 정부의 경험
들이 무르익어 갔다. 다른 도시들에서는 시민 사회 유력 집단들로부터 주교의 지명
권을 빼앗고자 했던 교황의 개혁적인 조치로 인하여 주교들의 힘이 결정적으로 약화
되었다. 교황권과 제국 사이의 전방위적인 대립에서 그 대상이 되었던 주교들의 '서
임권'을 둘러싼 투쟁은 11세기 말 이탈리아의 많은 도시들에서 양분된 지지자들 사 **서임권 투쟁**
이에 격렬한 투쟁을 불러일으켰다. 한편, 평화를 위한 움직임들은 자치 도시국가 차
원의 새로운 정치 제도를 만들어 냈다. 그것은 특정 시민들의 시민위원회conciones로,
자치 도시의 정치적·군사적·사법적인 문제들을 다루는 정부 기구를 일시적으로 맡
을 대표자들인 집정관(콘술consul)을 선출하는 제도다. 1081년 피사에 (2명 또는 그 이
상의) 집정관이 존재하기 시작했고 루카(1085), 아스티(1095), 제노바(1099)에서도
그 기록을 찾아볼 수 있다. 다른 곳에서도 12세기 초반의 관련 사료를 찾을 수 있다.

제국과의 충돌

자치 도시의 광범위한 자주권 요구는 거의 모든 도시들에서 공인된 것은 아니었지
만, 최초의 자치 도시 제도들이 만들어진 12세기 중엽부터 제국과의 충돌로 이어졌
다. 자치 도시들이 비록 제국의 주권을 부정한 것은 아니었지만 제국 관리의 파견과
독단적인 세금 부과를 거부하며 자신들의 영토에 대한 권위 신장, 자유로운 동맹 정
책, 자치 정부의 권리를 주장했다. 이로써 극심한 투쟁이 시작되었다.

프리드리히 1세(약 1125-1190)는 1158년 피아첸차 인근의 론칼리아에서 (로마법 **자치 정부의 권리**
을 따르는 황제의 특권에 대한 법령Constitutio de regalibus을 통하여) 사법권의 행사, 세금
징수, 화폐 발행권, 징병권, 도로와 요새의 통제 같은 황제의 특별한 권리를 확인하
는 제국회의를 소집했다. 또한 민간인들 사이의 전쟁과 도시들 간의 동맹을 금지했
으며, 귀족들에게 충성 서약을 요구했다. 프리드리히 1세의 황제권 회복 주장은 볼
로냐 대학에서 로마법을 연구하던 법학자들의 이론적 지원을 통해 공식화되었다.
볼로냐 대학은 『로마법 대전Corpus Iuris Civilis』에 대한 종합적인 연구가 재개된 곳으
로, 이 법을 전체 그리스도교 사회의 공통적인 권리이자 개별적인 법률들을 관할하
는 큰 틀로 제안했다. 실제로 12세기는 서유럽의 현행 법률들에 대한 기능적·이론적
재정비를 촉발한 법률 연구가 도약적인 발전을 이룬 시기다. 이와 같은 방식으로 12
세기 중엽, 많은 이탈리아의 자치 도시들은 각자 나름의 지역적인 권리들을 성문화

하기 시작했다.

한편, 밀라노는 황제권에 굴복하지 않았고, 프리드리히 1세는 군대를 동원하여 1162년 밀라노의 성곽을 파괴하고 제국의 관리를 파견했다. 가중된 세금 압박은 많은 자치 도시들을 베네토와 롬바르디아 동맹에 가담하게 만들었고, 그 후에 교황 알렉산데르 3세(약 1110-1181, 1159년부터 교황)의 지지를 받은 1167년 폰티다의 결의에 의해 롬바르디아 동맹으로 힘을 합쳤다. 롬바르디아 동맹은 1176년 레냐노에서 제국의 군대를 무찌르고 프리드리히 1세가 협상에 나서도록 만든 능력을 보여 주었다. 제국 권위에 대한 공식 인정의 대가로 프리드리히 1세는 1183년 콘스탄츠 협약을 통하여 자치 도시들에 왕의 권한을 행사하고, 나름의 집정관을 선출하며, 동맹을 형성하고 영토 내의 권리를 행사하여 요새를 세울 수 있는 권리를 보장했다. 1237년부터 1250년까지 롬바르디아 도시동맹과 프리드리히 2세(1194-1250, 1215년부터 황제) 사이에 다시 시작된 싸움은 이탈리아의 자치 도시들을 제국의 권위에 굴복시키려는 모든 요구들이 결정적으로 끝나는 결과로 이어졌다. 1237년 롬바르디아 도시동맹의 군대를 상대로 거둔 베르가모 인근 코르테누오바 전투의 승리 이후에도 황제는 이탈리아 중부의 몇몇 도시들에 대해서 불안정한 통제만을 이어 나갈 수밖에 없었다. 프리드리히 2세는 1248년 파르마와 1249년 볼로냐에서 사르데냐의 왕이자 자신의 아들인 엔초Enzo(1224-1272, 1239년부터 왕)가 사로잡힌 포살타 전투에서 심각한 패배를 당한 이후, 독일에서부터 시칠리아까지 제국의 힘을 통일시키려는 계획을 미완성으로 남긴 채 1250년에 숨을 거두었다.

농촌의 코무네

마지막으로 코무네가 단지 도시에서만 만들어진 것이 아니라는 사실을 주목할 필요가 있다. 실제로 농촌 공동체들 또한 자치 정부의 형태를 만들어 냈다. 이러한 현상은 12세기와 13세기 동안 영주들의 지배로부터 농민 해방의 수위를 높였던 유럽 농촌 사회의 전반적인 변화의 일부였다. 초기 단계에서 영주들은 '공제 조항' 또는 '자유 칙허'라는 이름으로 소작농들에게 특권을 양도함으로써 자신의 힘을 제한하는 조치를 취했다. 칙허장은 일반적으로 농부들에게 다른 곳으로 이주할 수 있는 권리를 인정하고, 세의 부담을 줄여 주며, 행정과 사법에서 영주의 대리인의 활동을 제한하였다. 13세기에 에스파냐와 동유럽같이 영토의 확장과 식민지화가 이루어졌던 일부 지역의 몇몇 공동체들은 엄청난 자유를 누리는 조직들을 만들었다. 이탈리아에서는 다양한 농촌 공동체가 새로운 자주권을 요구하고 자신들의 이해를 옹호하기 위해 도시의 제도와 유사한 집정관 체제를 통해 조직되었다. 농촌 코무네를 장려했던 사람들은 농촌 사회의 차별화와 변화 과정에서 등장한 유력 세력들이었다. 이들은 열성적인 농부들로서 토지 소유자들, 차용한 토지를 양수한 사람들, 귀족들과 종교 단체 소유의 농지 임차인들이었다.

| 다음을 참고하라 |
역사 해상 공화국의 경쟁(43쪽); 독일의 도시들과 공국들(80쪽); 코무네(129쪽); 해상 공화국(143쪽); 인구의 증가와 도시의 정착(162쪽); 시장, 정기시, 상업, 교역로(170쪽)

해상 공화국의 경쟁

| 카티아 디 지롤라모 |

11세기까지 이탈리아 해상 도시들 간의 상업적인 경쟁은 점차로 그 중요성을 잃어 가던 다른 중심지들을 끌어들였다. 다양한 도시들의 교역량과 이해 관계는 협력의 방식을 따르기도 했지만, 시간이 흘러 다음 단계에 이를수록 더욱 복잡해졌다. 이탈리아 중북부 도시들이 우위를 점하게 되는 변화 과정에서 상인들의 요구를 수용하고 지원하는 도시 특유의 제도와 노르만인들이 시행한 이탈리아 남부 지방의 재정비, 수에비족의 제국의 질서를 유지하는 계획들이 결정적인 역할을 했다.

유럽적인 지중해를 향해 가다

초기에 균형을 이룬 해상 도시들은 지중해의 교역 체계가 아직 유럽에 의해 장악되지 못한 상황에서 동방의 상인들, 특히 이슬람 상인들이 주도권을 쥐고 있었지만 유럽의 도시들이 오랜 기간 상대적으로 그들보다 중요한 역할을 행사할 수 있었기 때문에 공존이 가능했다.

　새로 대열을 정비한 유럽 대륙의 공세와 내부의 위기로 인해 촉발된 비잔티움 상인들의 퇴출, 그리고 이슬람 상인들의 철수는 많은 부를 축적하기 위한 해상 도시들(피사, 베네치아, 제노바)의 새로운 계획에 의해 한층 그 속도가 빨라지게 되었다.

유럽이 관할하게 될 지중해는 남부와 아드리아 해의 도시들을 경쟁 구도에서 몰아내고 중부와 북부 도시들 간에 무장 충돌을 촉발시킬 정도로 극심한 경쟁을 통하여 형성되었다.

무대 밖에서: 남부와 아드리아 해 해상 도시의 운명

지배 계층들이 무역에 충분한 관심을 보이지 않았던 것 이상으로 이탈리아 남부 도시들에 피해를 준 것은 노르만인의 공격이었다. 이것은 바리와 가에타, 특히 고대의 영광을 간직한 아말피에서 볼 수 있다.

10세기부터 동방에서 활발한 활동을 펼쳤던 풀리아의 상인들은 1087년까지만 해도 터키의 성 니콜라우스 유골 쟁탈전에서 베니스인들을 무찌를 정도로 해상로를 장악하고 있었다. 그 당시에 이미 바리는 로베르 기스카르의 노르만 지배를 인정할 수밖에 없었으며, 1132년 루제로 2세Ruggero II(1095-1154)의 지배를 받을 당시 엄격한 통제를 받다가 반란을 일으켰다. 하지만 바리는 1156년에 파괴되어 앙주Anjou 왕가의 시대까지 지속되는 몰락의 길을 걷기 시작한다. 11세기 초부터 동방과 지속적인 관계를 유지하며 아말피와의 경쟁을 오랜 기간 지속했던 가에타도 1140년 루제로 2세의 정복 이후 같은 운명을 겪게 되었다.

아말피는 1073년 기스카르에게 지배당하고, 1082년 베네치아가 비잔티움과 체결한 관세 면제로 인하여 비잔티움과의 교역에서 손해를 입었음에도 불구하고 활발한 모습을 유지하였는데, 이러한 모습은 특히 이슬람 지역에서 두드러지게 나타났다. 또한 1126년에는 피사와 티레니아 해에서 공동의 이해를 보호하기 위한 협약을 체결했다. 하지만 십자군 정복에서 그다지 중요하지 않은 역할을 했다는 것과, 1131년 루제로 2세에게 완전히 종속되었으며 1137년에 아말피를 가혹하게 약탈한 피사인들과의 경쟁으로 아말피의 힘은 결정적으로 약화되었다.

안코나와 라구사 같은 아드리아 해의 해상 도시들의 운명에는 베네치아와의 경쟁도 영향을 미쳤다. 콘스탄티노플, 루마니아, 이집트, 시리아에 교역의 기반을 두고 있던 안코나는 계속해서 베네치아의 침략을 받았다. 이러한 시도들 중 가장 가혹했던 것은 프리드리히 1세가 자치 도시국가들을 굴복시키기 위하여 다섯 번째로 침략했을 때를 기회로 삼았던 1174년이었다. 비록 베네치아의 도발이 실패로 돌아갔지만, 안코나의 주도권은 1137년 로타르 2세Lothar II(1073-1137, 1133년부터 황제) 때와 1167년에 드러난 제국의 조직적인 활동에 의해 축소되었다.

라구사는 교역에서 어느 정도 자주권을 유지하고 있었지만 이미 11세기에 베네치아의 통제를 받았다. 1187년 노르만의 정복과 1192년 비잔티움으로 복귀한 이후에도 해상 도시 베네치아에 종속되었다. 라구사의 무역은 한참 뒤인 오스만 제국의 보호를 받을 때 되살아났다.

제노바와 피사: 동맹에서 적으로

12세기 초까지 제노바와 피사는 티레니아 해에 나타난 사라센인들을 물리치기 위해 힘을 합쳐 왔다. 여기에서 거둔 성공은 그들의 함대를 강화하고 세력 확장에 대한 계획을 키워 나갈 수 있도록 해 주었다. 하지만 두 도시의 힘과 야망으로 인해 경쟁 또한 심화되었다.

이러한 조짐은 이미 11세기 후반 사르데냐와 코르시카의 통제를 둘러싼 갈등으로 나타났다. 이러한 갈등이 아프리카와 에스파냐, 그리고 그 뒤로는 첫 번째 십자군 원정 때 제노바인들과 피사인들이 중동 지방에서 협력하는 것까지 막지는 않았지만, 그들이 힘을 계속해서 합쳐 나가는 것을 어렵게 만들었다.

또 다른 긴장은 몽펠리에와 니스, 마르세유 같은 주요 상업 중심지들이 성장하고 있던 랑그도크와 프로방스 지방에 나타났다. 이 지역에서 피사와 제노바는 서로 상대방을 몰아내려 했다. 그 결과 전반적으로 우세를 보인 제노바가 동방과 샹파뉴의 상업 지역 간의 교역에 대한 통제권을 공고히 하게 되었다.

1119년부터 전쟁은 전면전으로 진행되었고 코르시카에 대한 문제에 집중되었다. 1133년에 전쟁은 일단 코르시카가 두 도시의 공동 관리를 받는 것을 조건으로 중단되었으나 30년 뒤 프리드리히 1세가 이탈리아 원정에 나섰을 때 다시 시작되었다. 프리드리히 1세를 전적으로 지지했던 피사는 그에 대한 보답으로 여러 가지 특권을 받았으나 이는 다시 제노바의 적개심을 불러왔다. 황제가 다시 이탈리아에 돌아온 기회를 이용하여 1175년 새로운 평화 조약이 체결되었다. 제노바인들은 동방에서 자신들의 입지를 확고히 하였으며, 피사인들과는 적대와 휴전, 협력이 번갈아 일어나는 관계를 되풀이했다.

코르시카의 통제

12세기 말에는 하인리히 6세(1165-1197, 1191년부터 황제)가 두 도시 모두에 시칠리아를 양도하자 시칠리아도 분쟁 지역이 되었다. 피사는 1192년 메시나를 정복하였으며, 섬 전역에서 전투가 벌어진 후에 1204년 제노바는 시라쿠사를 차지했다. 이러한 오랜 대립 후에 제노바가 결정적인 패권을 차지하며 13세기 말에 전쟁은 끝을 맺게 된다.

피사와 베네치아: 공동의 적으로 인해 약화된 경쟁 관계

제노바와의 경쟁뿐만 아니라 피사인들은 베네치아인들과도 대립했다. 이번에 경쟁의 대상이 된 바다는 동방 지중해와 아드리아 해였다.

첫 번째 십자군 원정 이후, 피사의 상인들은 시리아, 레바논, 팔레스타인의 여러 지역으로 퍼져 나갔다. 예루살렘, 카이사레아, 이집트에도 진출하였으며, 콘스탄티노플에서는 1111년에 중요한 상업 특권들을 얻었다. 사실 피사인들에게 상업적인 특권을 부여한 조치는 베네치아인들의 경제적인 힘을 견제하기 위한 비잔티움인들의 뒤늦은 시도에 지나지 않았다. 아드리아 해에서 피사와 베네치아 간의 적대 관계가 지속된 것은 아니다. 1180년에 체결된 협약으로 잠시 중단되었던 적대 관계는, 동방에서의 내부적인 변화들이 베네치아 해군을 상대로 공격을 계획하고 안코나와 폴라, 자라, 스팔라토, 브린디시를 상대로 외교와 무역 관련 사업들을 강화하도록 부추기자 곧바로 다시 시작되었다.

하지만 전면전으로 이어진 적은 없었다. 두 도시 모두 상호 간의 경쟁뿐만 아니라 제노바와 맞서는 것을 두려워했기 때문인데, 이로써 1206년에 피사가 이미 획득한 기존의 입장을 공고히 하는 대신 아드리아 해에서 확장을 멈추는 합의에 도달했다.

제노바와 베네치아: 불안한 공존

제노바와 베네치아의 관계는 초기에 경제적·군사적인 경쟁의 형태로 나타났으나 이러한 경쟁 또한 해상에서 소규모 약탈이나 우발적인 충돌에 국한된 것으로, 협력 방안의 모색을 배제할 정도는 아니었다.

논란은 무엇보다 콘스탄티노플에서 벌어졌다. 이러한 논란은 라틴계 중개업자들에 대한 동로마 제국의 정책에 일관성이 없어 초래된 일이었다. 그 가운데 하나는 1162년에 발발한 혼란 속에서 취했던 추방 조치로, 피사인들과 제노바인들이 먼저 추방되었고 1171년에는 베네치아인들도 그 대상이 되었다.

　이러한 조치가 이탈리아 도시들에 미친 영향은 매우 심각했지만, 동로마 제국 또한 자신의 결정을 철회할 수밖에 없었다. 중동 지방에서 서유럽의 주도권을 재확립하려는 프리드리히 1세의 야심 찬 계획들은 비잔티움인들과 이탈리아 상인들 간의 관계 개선과 1177년 베네치아와 제노바 사이에 첫 번째로 문서화된 협약을 위한 조건들을 발전시켰다. 베네치아와 제노바의 조약은 1200년대 초까지 유지되었다. 새로운 충돌과 새로운 휴전이 되풀이되는 국면은 13세기 중반 전면전이 벌어질 때까지 이어졌다.

| 다음을 참고하라 |
역사 자치 도시국가의 탄생과 확장(39쪽); 코무네(129쪽); 해상 공화국(143쪽)

겔프당과 기벨린당

| 카티아 디 지롤라모 |

'겔프guelfi'와 '기벨린ghibellini'이라는 용어는 그 기원과 관련한 장소와 시기,
맥락과 직접적인 관련 없이 이탈리아 정치 어휘 목록에 편입되었다.
12세기 전반, 이 두 용어는 왕권 투쟁을 하는 독일의 두 당파를 가리켰으나
100년 뒤에는 교황권과 황제권을 따르는 이탈리아의 추종자들, 적대적인 도시들 간의
대립과 각 도시의 내부 갈등을 가리키기 시작했다.
이러한 변화는 독일 왕조들 간의 충돌 이후에 이탈리아 영토에서 나타난
사건들에서 기원한 것이다. 독일 왕조들과는 13-14세기 이탈리아의 파벌들이
사상적인 관계를 맺게 된다.

프리드리히 1세와 교황권: 합의에서 충돌로

하인리히 5세(1081-1125, 1111년부터 황제)가 사망하자 독일에서는 가문의 시조인 벨프Welf에서 유래하여 '벨펜Welfen'이라 불렸던 바이에른의 공작들을 지지하는 사람들과 가문의 성城 이름에서 유래한 '바이블링겐Weiblingen'이라는 슈바벤(호엔슈타우

펜) 가문의 추종자들 사이에 기나긴 충돌이 시작되었다. 이 충돌은 바이에른과 작센의 공작인 하인리히 사자공(1129-1195)에게 독일 북부의 대부분을 할당하는 한편, 바르바로사Barbarossa(붉은수염왕)로 불린 슈바벤의 프리드리히 1세(약 1125-1190)에게 제국의 왕관을 양도하는 협약과 함께 끝을 맺었다.

프리드리히 1세의 계획 독일의 30년에 걸친 왕조 간의 싸움은 주플린부르크의 로타르(1073-1137, 1133년부터 황제)와 슈바벤의 콘라트 3세Conrad III(1093-1152, 1138년부터 황제)가 이탈리아 중북부를 지배할 때 자신들의 권위를 효과적으로 행사하는 것을 가로막았다. 이러는 사이 이 지역의 자치 도시들은 실질적으로 완전한 자주권을 획득했다. 프리드리히 1세가 독일에 다시 안정을 가져다줄 수 있게 되었을 때, 그는 단호하게 로마의 왕권을 차지하기 위해 이탈리아로 향했다.

프리드리히 1세의 계획은 이미 독일에서 그랬던 것처럼 친親제국적인 대귀족들의 존재에 의지하고자 영향력 있는 귀족들의 협력을 구하려는 의도를 기반으로 한 것이다. 좋은 결과를 얻을 수 있다는 희망은 자치 도시들이 정치·경제적인 활력의 징표임에도 불구하고 결점의 한 요인이었던 내부적인 경쟁에 휩싸였다는 사실로 고무되었다. 또한 교황권의 입장도 초반에는 호의적이었다. 교황 에우제니오 3세Eugenius III(?-1153, 1145년부터 교황)와 교황 하드리아노 4세Hadrianus IV(약 1100-1159, 1154년부터 교황)가 자치 도시 로마에 대항하기 위해서, 그리고 청빈을 주장하며 교황과 추기경들을 공격하는 브레시아의 아르날도Arnaldo da Brescia(?-1155)의 설교에 맞서 제국의 도움을 요청했기 때문에 프리드리히 1세의 1154년 첫 번째 이탈리아 원정은 성공 가능성이 분명해 보였다. 그뿐만 아니라 노르만 왕 윌리엄 1세William the Bad(1120-1166, 1154년부터 왕)를 상대로 귀족들의 반란이 야기한 무질서는 프리드리히 1세에게 이탈리아 남부까지 자신의 지배를 확장할 가능성을 열어 주기도 했다.

론칼리아 공의회 제국의 계획은 하인리히 5세의 사망 이후 침해당한 왕권의 회복을 주장한 론칼리아 공의회(1154)에서 분명하게 드러났다. 롬바르디아와 피에몬테에서 위협적인 군사 활동을 펼친 뒤에 프리드리히 1세는 곧바로 로마로 향했으며 자신의 즉위식을 가능하게 했다. 하지만 론칼리아의 결정은 자치 도시들에 주의를 불러일으켰을 뿐만 아니라 로마의 교황권에도 경종을 울렸다. 프리드리히 1세의 주도권에 대한 관념적인 토대, 즉 황제의 권리가 어떤 형식으로도 개입할 수 없는 신성하고 보편적인 것이라는 개념은 로마의 교황청 또한 피해 갈 수 없었다. 이러한 개념은 그로부터 얼마 뒤, 보름스 협약 이전에 시행되던 방식에 따라 주교들을 임명하는 제국의 권리에 나타났다. 제국과 이탈리아 남부가 이어질 경우 나타날 수 있는 '협공'에 대한 위기도 분명하게 나타났다.

이로 인해 베네벤토의 협약을 통하여 굴리엘모 1세Guglielmo I(1120-1166)가 소유권을 지니고 있던 시칠리아 왕국에 대하여 지원을 약속하고, 당시에 자치권을 지니고 있던 카푸아와 나폴리 같은 도시들에까지 권리를 확대하는 것을 보장하는 대신에 교황이 시칠리아에 대한 자신의 봉건적 권리를 확고히 했을 때인 1156년에 이미 시작된 교황청 전선戰線의 변화를 보여 주는 조짐들이 나타나게 되었다.

프리드리히 1세가 보다 강력하게 제국의 권리를 강조했던 제2차 론칼리아 공의회와 제국의 대리인들을 몰아낸 크레마(1160)와 밀라노(1162) 공격 이후에 충돌은 더욱 심화되었다. 그 사이에 이미 공개적으로 황제에 대한 반대를 천명했던 알렉산데르 3세(약 1110-1181, 1159년부터 교황)가 교황의 자리에 올랐다. 친제국적인 추기경들 일부는 그에 맞서 대립 교황인 빅토리오 4세Victorius IV(1095-1164, 1159년부터 대립교황)를 내세웠으며, 프리드리히 1세는 이를 인정했다. 이로써 교회와 제국의 투쟁은 새로운 국면을 맞이했고, 이탈리아 도시들도 서로 결속했다. 친교황당(이후 겔프라 불리게 된다)은 교회와의 관계에서 자치 도시의 완전 자주권을 요구하기 위한 공동전선을 모색했다. 반면에 제국과의 관계에서는 정치적인 권리를 합법적으로 보장받으려 했고 이후에 '기벨린'으로 불린 사람들은 황제의 편에 서게 되었다.

'겔프'의 승리일까?

이탈리아 역사에서 가장 진취적이고 활발했던 협력 활동은 반反제국전선의 활동이었다. 그들의 결속은 황제의 강경한 태도로 인하여 한층 강화되었다. 프리드리히 1세는 단호한 태도로 공적인 성격의 모든 권한을 제국에 되돌려 놓음으로써 론칼리아에서 표방한 원칙들을 실행하고자 했다.

자신의 자치권을 옹호하는 데 더욱 단호한 입장을 보였던 자치 도시들은 여러 동맹을 탄생시키며 연대하기 시작했다. 크레모나와 베로나를 중심으로 결집한 자치 도시들은 롬바르디아 도시동맹을 결성하였다. 이 동맹은 밀라노와 브레시아, 만토바, 크레모나, 그 뒤로는 베로나와 파도바, 비첸차, 트레비소를 끌어들였으며 베네치아, 페라라, 피아첸차, 파르마, 모데나, 볼로냐도 뒤를 이어 동맹에 참여했다. 과

롬바르디아 동맹

거에 친제국적이었던 로디도 고립 상태에 놓이게 되자 동맹에 가담했다. 알렉산데르 3세도 당연히 같은 편이 되었으며, 그를 기리기 위해 그의 이름을 따서 세워진 자치 도시 알렉산드리아 역시 동맹에 참여했다. 내부 문제로 독일에 체류하고 있던 프리드리히 1세는 이러한 연합 과정을 제어하지 못했으며, 1174년에 이탈리아로 돌아왔을 때에는 자치 도시들의 내부적 분열에 더 이상 의존할 수 없게 되었다. 하인리히 사자공의 전향으로 더욱 힘을 잃은 프리드리히 1세는 1176년 레냐노 전투에서 패했다. 하지만 내부적인 분열을 종식시키고, (1176년 아나니에서의 사전 협약과 함께) 알렉산데르 3세와 협약을 체결하였으며, 교황뿐만 아니라 베네치아, 노르만 왕, 몇몇 다른 자치 도시들과 휴전 협정을 맺음으로써 상당히 신속하게 적진을 분열시킬 수 있었다(1177년 베네치아 평화 조약).

독일에서 자신의 위치를 견고히 하고 난 뒤, 1183년이 되어서야 프리드리히 1세는 콘스탄츠 회의에서 자치 도시들과의 관계를 규정했다. 새로운 규정에 따라 자치 도시들은 도시와 그 주변에서 통치권을 행사할 수 있는 적법성에 대한 비준을 얻어냈지만, 그 형식은 제국이 양도하는 방식으로 이루어졌는데, 집정관들에 대한 황제의 서임권 절차의 제정과 황제에 대한 시민들의 충성 서약이 이에 해당한다. 따라서 자치 도시들이 프리드리히 1세가 활약하기 전에 획득한 특권들을 부활시키며 제국의 주권을 수용하고 황제의 충성스러운 신하임을 천명했기에 다음 세기에 이 용어가 지니게 될 의미를 고려한다면, 반제국적인 전선이 공개적으로 '겔프'라는 이름으로 불릴 수 있었던 것은 다소 의아하다.

역사에서 이데올로기로: 의미의 변화가 일어나다

반세기가 더 지난 뒤 후세 사람들에게 이러한 사건들이 황제에 맞서 교황을 지지하는 사람들의 승리로 보이게 된 것은 그 이후의 역사에 기인한 것이다. 역동적인 도시의 발달은 멈추지 않았으며, 황제에 종속된 권력의 위계질서에 포함되었다고 해서 제어되지도 않았다. 또한 프리드리히 2세(1194-1250, 1220년부터 황제)와 함께 교황권과 제국 사이의 적대 관계에 새로운 국면이 시작되었을 때, 이탈리아의 도시들은 경쟁자들을 물리치고 자신의 힘과 자주권을 키우기 위한 기회로 삼았다.

이때부터 '겔프'와 '기벨린'이라는 용어가 일상적으로 사용되기 시작했다. 하지만 이 2개의 명칭은 단지 13, 14세기에 도시와 지역 간의 정치적 역동성과 관련 있는 분쟁에 대한 이념적인 포장에 지나지 않았기 때문에 그 당시 이미 본래의 대립적인 의미는 실제로 얼마 남아 있지 않았다.

　도시의 선택과 관련한 측면에서 겔프 또는 기벨린의 향방은 자주권의 추구로 가늠되어 (밀라노의 경우와 같이) 명목상 제국과 관련성이 더 많은 도시들이 교황권으로 전향하게 만들기도 했으며, (포를리의 경우와 같이) 교황의 영향을 받는 도시들이 제국을 지지하게도 만들었다. 또한 경쟁 도시가 특혜를 받는 것에 적대적이었던 군사적 요구에 의해 결정되기도 했다. 도시 내부적으로는 전반적으로 시민들과 관련한 조직들이 겔프당을 추구하고 귀족들의 기구가 기벨린당을 지향했다고 볼 수 있다

겔프와 기벨린

| 다음을 참고하라 |
역사 교회 국가(72쪽)

십자군 원정과 예루살렘 왕국

| 프랑코 카르디니|Franco Cardini |

십자군 운동은 의심의 여지없이 이슬람교와 그리스도교의 투쟁이라는 오랜 전통을 기반으로 11세기를 거치며 태동했지만, 아랍인들의 공격 행위로 그리스도교 측이 겪게 된 위기와는 아무런 관련이 없었다. 실제로 십자군 운동은 지중해로 눈길을 돌린 유럽과 서양 세계가 인구나 경제, 사회를 회복하는 전반적인 과정의 일부였다. 지금 흔히 '제1차 십자군'으로 정의하고 있는, 1096년부터 1099년까지의 원정으로 인해 역설적으로 상위 권력을 인정하지 않는 유럽 최초의 봉건적 군주제가 탄생했다.

그리스도교도와 이슬람교도의 해묵은 관계

교과서 같은 전통적인 역사서에서 '십자군 원정'을 1095년에서 1096년 사이 유럽에서 시작되어 1099년 서유럽 출신 군주들의 지휘를 받은 군사들이 예루살렘을 정복하고, 서구인들에 의해 규정된 뒤로 지금도 여전히 같은 이름으로 불리고 있는 '성지', 즉 성경과 관련한 사건 대부분의 무대였을 뿐만 아니라 그리스도의 세속적인 삶

의 증거이기도 했던 지역을 정복하고 또 재탈환하기 위한 군사적 원정으로 정의하는 것은 이미 일반화되었다.

십자군의 변화　　십자군이라는 용어는 사실 뒤늦게 사용되었다. 13세기에는 산발적으로만 나타나 다가 1300년대 말과 1400년대 초부터 본격적으로 사용되기 시작했다. 십자군의 역 사는 복합적인 발전 과정을 보여 주고 있다. 십자군은 다양한 모습과 각기 다른 목적 들을 지니고 있었다. 동북부 유럽에 그리스도교를 전파하기 위한 십자군, 이단의 확 산을 저지하고 물리치기 위한 십자군, 교황의 정적을 물리치기 위한 정치적 의도의 십자군 등이 그 예다. 또한 14-15세기부터 18세기까지는 십자군 또는 그와 유사한 것으로 정의되었던 원정의 목적이 오스만투르크의 팽창 세력에 맞서 유럽의 방어벽 을 구축하는 것이었다.

따라서 십자군의 의미를 단순화할 때에만 십자군을 그리스도교와 이슬람교의 해 묵은 투쟁의 양상으로 보는 해석이 가능할 것이다. 전쟁은 단지 (라틴 지역의 서방뿐 만 아니라 그리스, 아랍, 아르메니아 지역을 포함하는 동방의) 그리스도교 세계와 이슬람 세계 간에 밀접하고 세분화된 문화적·경제적·외교적 교류로 표출된 긴밀한 관계의 우발적인 하나의 모습에 지나지 않기 때문이다. 실제로도 '십자군 운동'은 그리스도 교와 이슬람교의 관계라는 매우 광범위한 영역을 철저히 규명할 수 없지만, 다른 한 편으로는 라틴 교회와 그리스 교회 사이, 그리고 공식적인 교회 조직과 이단 무리들 사이의 관계에 대한 역사를 시작으로 유럽 내부의 정치적·종교적 균형과 함께 유럽 의 팽창과도 관련이 있기 때문에 그리스도교와 이슬람교 관계의 범위를 벗어나는 것 이다.

물론 그리스도교도들과 이슬람교도들 사이에는 7세기부터 11세기까지 바다와 육지에서 이미 여러 차례 충돌이 있었다. 이 시기에 양측 모두는 그리스도교뿐만 아 니라 이슬람교도 정당화하고 있는 전쟁의 신성화에 각각의 종교를 이용했다. 이때 는 (삶의 중요한 순간부터 일상의 활동까지) 모든 존재의 행위들이 신성화되던 매우 종 교적인 시대였다. 전쟁 또한 이러한 일반적인 규칙을 벗어날 수 없었다. 하지만 이 사실이 평화 협정의 체결을 불가능하게 하거나 그리스도교도들과 이슬람교도들이 서로 힘을 합해 역시 종교적인 관점에서 뒤섞여 있던 적들의 동맹에 대항하여 연합 한 '이질적인' 동맹의 결성을 가로막지는 못했다. 11세기에 육지와 항구, 섬, 해상 무 역로에 대한 정복 또는 헤게모니를 장악하기 위한 목적으로 이베리아 반도와 시칠리아, 지중해에서 빈번하게 발생한 충돌은 모두 이러한 성격을 띠고 있었다. 그럼에도 11세기를 거치면서 교역과 세력 확장에 대한 서유럽 사람들의 새로운 열정은 이미 이전 세기말에 나타난 급격한 인구 증가의 배경이 되었으며 강력한 역동성을 불러 일으켰다. 이러한 역동성은 기존 주거 지역의 확장, 새로운 정착지의 건설, 경작지의 증대는 물론이고 지상의 통신로를 더욱 자주 활용하고 시장을 세우는 데 기여한 많은 순례자 무리들의 지성소 방문을 증가시켰다. 순례길에서는 성인들에 대한 전설과 서사시가 발전했으며 피사와 제노바, 나중에는 베네치아 같은 이탈리아 항구 도시들의 선원과 상인, 해적들이 지중해 전역으로 이를 퍼트렸다.

    이러한 상황에서 우리가 습관적으로 '제1차 십자군'이라고 정의하는 십자군이 탄생했다. 예기치 못했을 뿐만 아니라 여러 가지 관점에서 의외였으며, 적어도 처음에는 비무장이었던 순례자들과 전사들 가운데 수만 명 정도를 가담시키게 만든 이러한 움직임은 거의 우발적으로 시작되었다. 순례자들과 전사들

제1차 십자군 원정

1095년 11월, 오베르뉴 지역의 클레르몽에서 교황 우르바노 2세(약 1035-1099, 1088년부터 교황)는 강력한 제도적·도덕적 개혁을 겪은 지 얼마 되지 않은 교회를 재정비하기 위해 프랑스에 머물렀다. 지역의 고위 성직자들을 소집한 공의회를 마치고, 지역의 무관 출신 귀족들을 대상으로 페르시아의 야만족들에게 위협받는 '동방의 그리스도교인'들에 대한 도움을 호소하는 짧은 강연을 했다. 실제로 11세기를 거치면서 이슬람화된 지 얼마 되지 않아 이란 고원을 통해 중앙아시아에서 온 셀주크투르크족의 지배로 힘을 뭉친 터키인들은 바그다드의 아바스 왕조Abbasid Caliphate가 지배하고 있던 지역까지 뻗어 나갔다. 그리고 곧 전 지역 이슬람 군대의 핵심 세력이 된 터키인들은 비잔티움 제국뿐만 아니라 이집트 파티마 왕조의 칼리프국까지 위협하기 시작했다. 비잔티움 황제들은 1070년대에 그들에게 무자비한 패배를 당했으며, 이들이 직접 나서 서유럽 출신, 특히 노르만 출신의 중무장한 기사 용병들에게 도움을 청하곤 했다.

    사실 클레르몽에서 교황의 본래 의도는 (몇 달 전 봄에 피아첸차에서 개최된 공의회에서처럼) 지속적으로 개인적인 전투를 벌이며 이탈리아 중북부와 프랑스, 독일 서부를 휩쓸고 무질서를 야기하며 교회가 당시 사회를 재정비하는 것을 방해했던 거칠 클레르몽의 호소

고 난폭한 기사들이 지역의 그리스도교를 보호하는 영적인 가치를 지니게 하고 경제적으로는 소득을 올릴 수 있는 활동을 지향하여 동방으로 눈길을 돌리게 하는 것이었다.

그런데 클레르몽에서의 호소는 예기치 않았던, 그리고 원하지 않았을 가능성이 큰 성공을 거두었다. 몇몇 귀족들이 교황의 호소에 응하고 있는 동안, 당시 서유럽에는 최후의 심판이 임박했음을 예언하고 참회를 설파하며 새 삶을 얻은 그리스도교인들의 최종 목적지로 예루살렘을 제안하는 미숙한 순회 설교자들이 배회하고 있었다. 이러한 예언자들prophetae 가운데 가장 유명한 사람은 은자隱者라고 불렸던 아미앵의 피에르Pierre d'Amiens(약 1050-1115)였다. 이들을 따라 동방을 향해 진군할 비무장 순례자 무리들이 조직되었다. 이들은 각각 시기는 달랐지만, 결국 콘스탄티노플을 향하던 무장한 무리들의 뒤를 따르게 되었으며, 훈련되지 않은 너무나 많은 숫자의 예기치 못한 손님들로 당혹스러웠던 비잔티움 황제 알렉시우스 1세(1048/1057-1118)의 재촉으로 그곳에서 아나톨리아로 향했다. 1097년과 1098년에 아나톨리아를 통과하여 예루살렘에 도착한 이들은 예루살렘을 공격했다. 이들은 약탈을 감행하고 이슬람교도들과 유대인들을 무참히 살해하며 1099년 7월 15일에 예루살렘을 정복했다. 이제 도시는 예전에 그곳에서 추방당했던, 동방의 그리스도교도들과 같은 종교를 믿는 시리아와 아르메니아 사람들이 다시 거주하게 되었다. 초기에는 이슬람교도들과 유대인들이 거주하는 것은 금지되었다.

예루살렘 왕국

대군주들의 개입

원정을 이끈 우두머리들이 왜 예루살렘으로 향하는 결정을 했는지는 현재까지 명확하게 밝혀지지 않았다. 아마 이들 자신도 순례자들을 인도하던 예언자들의 카리스마에 이끌렸을 가능성이 많다. 동시에 주목해야 할 것은 이러한 무리들 가운데 평범한 가문 출신의 귀족 또는 기사 계층에 속한 사람들이 많았음에도 불구하고 이 과업이 일반적인 귀족들이나 기사들의 지휘를 받지 않았다는 것이다. 실제로 1096년에 유럽에서 대군주들이 대거 출발하였다. 이들은 이런저런 이유로 그들의 정치적 입지가 좁아진 것을 느끼고 다른 곳에서 새로운 운명을 찾는 선택을 한 사람들이었다. 그들 가운데 주요 인물들로는 툴루즈의 백작이자 프로방스의 후작인 생질의 레몽 Raymond de Saint-Gilles(1041/1042-1105), 하로렌 공작인 부용의 고드프루아Godefroy de

Bouillon(1061-1100), 플랑드르의 백작 로베르 2세Robert II(약 1065-1111), 정복자 윌리엄William the Conqueror의 아들이자 잉글랜드의 왕 윌리엄 루퍼스William Rufus의 형인 노르망디 공작 로베르Robert(약 1054-1134), 로베르 기스카르(약 1010-1085)의 아들인 오트빌의 보에몽Bohemond(1050/1058-1111)이 있다.

이 군주들 중 몇몇은 유럽으로 돌아오기도 했지만 그 누구도 유럽으로 돌아오는 것을 크게 바란 사람은 없었다. 대부분은 성지에 그대로 머물렀고, 그곳에 새로운 영지를 개척하기로 결정했다. 하지만 어떤 식으로든 새로운 정복을 계획하고 조직할 필요성이 대두되었다.

정복된 영지들은 원래 7세기에 이슬람교도들에게 빼앗겼던 동로마 제국에 속하는 영토들이었기 때문에 법률적으로 비잔티움 황제에게 돌려주어야만 했다. 하지만 그럴 의도를 가진 군주는 아무도 없었으며, 곧바로 비잔티움인들이 1054년부터 라틴 교회에 분리주의적인 태도를 보였다는 사실을 구실로 삼았다. 자신들을 '십자가를 받드는 사람들cruce signati'(옷에 붙인 십자가 모양의 천은 클레르몽에서 표명한 교황의 권유에 부응하는 것을 상징하는 표시였다)로 정의했던 무리의 지도자들 간에는 이미 잉글랜드와 에스파냐, 시칠리아에서 그랬던 것처럼 새롭게 정복한 영지의 최고 주권을 교황에게 바치자는 의견이 제시되었다. 하지만 교황은 분열을 조장하고 자신과 콘스탄티노플 사이에 메울 수 없는 간극을 만들 것이 뻔한 이러한 제안을 받아들일 수 없었다. 그렇다고 경쟁자들에게 양보하고 싶은 생각도 전혀 없었던 군주들은 새로운 정복지를 예루살렘의 라틴 교구와 정치적·군사적인 면에서 보호자이자 후원자였던 총대주교(당시에는 수호자advocatus라는 용어를 사용했다)의 땅임을 천명하는 것이 관례화되었다. 이러한 역할을 위해 늙고 병든 부용의 고드프루아가 선출되었다. 이러한 선택은 성묘수호자Advocatus Sancti Sepulchri가 자신들의 의지를 능가하는 지나치게 강한 인물이 되는 것을 피하기 위함이었다. 실제로도 고드프루아는 그리스도가 가시관을 썼던 곳에서 금으로 된 관을 착용할 수 없었기 때문에 전통에 따라 왕으로 즉위하는 것을 거부하며 겸손하게 그 직위를 받아들였다. 하지만 그는 임명 후 오직 1년만 살았고, 1100년에 그 자리는 다시 공석이 되었다. 그 지역에 자리 잡고 있던 몇몇 기사들은 교황의 지지를 받고 있던 교구장이 지나친 권력을 가지는 것을 제지하기 위해 1098년부터 아나톨리아 남부 아르메니아의 에데사(현재 터키의 우르파)를 자의적으로 백작령으로 승격시키며 그곳을 소유하고 있던 고드프루아의 동생,

예루살렘의
로마 교구

즉 불로뉴의 백작 보두앵(1058-1118, 1100년부터 왕)에게 예루살렘으로 달려올 것을 요청하였다. 그는 요청을 받아들였지만 '프랑크'(아랍인들이 서유럽을 부르는 명칭이었다)의 군주들로부터 그의 형이 얻지 못했던, 또는 당시의 역사가들이 말했듯이 거절했던 예루살렘 왕의 즉위 약속을 받아 냈다.

이 시기에는 어떤 식으로든 2명의 황제들, 즉 비잔티움 황제와 독일 황제 가운데 1명의 권위나 로마 교황의 권위 같은 보편적인 권위에 종속되어 있지 않은 지상의 권력은 존재하지 않았다. 새로운 예루살렘 왕국은 사실상 암묵적으로 인식되었던 것과는 달리, 이러한 보편적인 권력의 의지가 발현된 것으로 여겨지지 않았다. 예루살렘 왕국은 새롭고 독특한 법적 지위를 누리고 있었다. 이 왕국은 실질적으로 상위 권력을 인정하지 않는 왕국으로 탄생했다. 유럽 외부에서 제1차 십자군 원정으로부터 그리스도교 세계 최초의 '세속적'이고 '근대적'인 군주국이 유래했다는 것은 역설적이라고 볼 수 있다.

| 다음을 참고하라 |
역사 교황들의 정책(34쪽); 프리드리히 바르바로사와 제3차 십자군(56쪽); 기사단의 탄생(62쪽); 예루살렘 왕국과 군소 봉건 영지(155쪽)
시각예술 콘스탄티노플의 성 소피아 대성당(731쪽)

프리드리히 바르바로사와 제3차 십자군

| 프랑코 카르디니 |

프리드리히 바르바로사는 슈바벤의 젊은 공작으로, 그의 삼촌이자 1147년부터 1148년까지 독일의 왕이었던 콘라트 3세가 지휘한 제2차 십자군에 참가했다. 그는 이 원정에서 자신의 가치와 용기, 전략적 기량과 강인함을 발휘했다. 40여 년이 지난 뒤, 그는 황제로서 소위 말하는 제3차 십자군을 조직했다. 그는 원정 기간에 발칸 반도와 아나톨리아에서 비잔티움 제국의 신자들과 터키인들을 상대로 여러 차례 중요한 승리를 거두었다. 그는 1190년 6월 10일 토로스 산맥의 급류를 건너다 사고로 숨을 거두었다. 그의 갑작스러운 죽음은 1800년대와 1900년대에도 독일에서 여전히 전해져 내려온 종말론과 관련한 많은 전설들을 만들어 냈다.

제2차 십자군의 출발

1098년 불로뉴의 보두앵(1058-1118, 1100년부터 왕)에게 정복되어 거의 50년 동안 성지의 첫 번째 '프랑크' 공국이었던 아르메니아의 도시 에데사는, 1144년부터 1146년 사이에 바그다드의 아바스 왕조 칼리프의 신하였으며, 자신의 보호자이자 조언자였던 수니파 셀주크투르크의 술탄을 섬기던 알레포와 모술의 아타베그atabeg(지배자의 아들을 가르치는 스승*)였던 이마드 앗딘 장기Imād al-Dīn Zankī(약 1085-1146)에게 점령되었다가 반환된 뒤에 다시 빼앗겼다. 예루살렘의 프랑크 왕국을 이탈리아 해양 도시의 선박들이 상주하고 로마 교회의 새로운 조직인 기사단의 보호를 받는 친근하고 안전한 곳으로서 순례자들과 상인들이 마음 놓고 드나들 수 있는 유럽과 라틴 세계 왕국으로 여겨 왔던 서양의 그리스도교 세계에 이 소식은 마른하늘에 날벼락과도 같았다.

기사단들 중 하나인 템플 기사단의 공인에는 그 당시 라틴 그리스도교 세계의 정신적 지도자maître-à-penser였던 시토 수도회의 신비론자인 클레르보의 베르나르두스Bernardus Claravalensis(1090-1153)가 큰 힘이 되었다. 교황 에우제니오 3세(?-1158, 1145년부터 교황)가 (에데사의 첫 번째 함락 바로 다음날에) 성지의 프랑크인들을 지원하기 위하여 1146년 3월 1일에 〈우리의 선조들만큼이나Quantum Praedecessores〉라는 교서를 통해 새로운 군사적 원정에 대한 확신을 가지게 된 것은 전적으로 베르나르두스 덕분이었다. 이것은 구조 원정이었다. 이들은 '십자가를 받드는 사람들'로서 순례자들의 관례대로 옷에 십자가를 꿰매거나 수를 놓아 구분했고, 이 원정의 참가자들은 1096년에 출발했던 사람들과 마찬가지로 전대사全大赦(현세나 연옥에서 잠시 동안 받는 벌의 전부를 면제하는 것*)와 영적이고 물질적인 혜택들을 받을 수 있었다. 이렇게 무장 성지순례와 순교를 위한 원정으로 해석되는 십자군 원정이 차근차근 준비되고 있었다. 베르나르두스는 이미 반세기 전에 순회 선교사들의 활동으로 인해 이단으로 의심받았던 위험천만한 종교적인 자극을 강조하고, 이를 교묘하게 이용하며 직접 원정을 독려했다. 일식日蝕이나 화산 폭발, 기근 같은 자연 현상들을 이용하여 종말이 멀지 않았음을 주장하고, 1096년에도 그랬던 것처럼 유대인 공동체를 시작으로 이교도들의 땅을 소탕할 것을 부추겼다.

원정을 이끌기 위해 서방 그리스도교 세계의 가장 강력한 2명의 왕이 자진해서 나섰다. 루이 7세Louis VII(약 1120-1180, 1135년부터 왕)가 먼저 아름답고 막강한 힘을

십자군 원정과 완전 사면

2명의 위대한 지휘관: 루이 7세와 콘라트 3세

지닌 왕비인 아키텐 여공작 엘레오노르Eléonore d'Aquitaine(1122-1204)와 귀족 계급 기사들과 귀부인들을 대동하고 마치 궁중 행렬처럼 출발했다. 그 뒤에 (1138년 독일의 왕으로 선출되었으며) '로마인들의 왕'으로서 황제의 관을 쓰기 원했던 호엔슈타우펜의 콘라트 3세(1093-1152)는 교황으로부터 직접 제국의 왕관을 수여받기 위해 로마까지 순례의 길을 떠나야만 했다. 서방의 막강한 군주들의 선도와 참여는 베르나르두스에게 교황의 견고한 영적 지도를 따르는 서방의 모든 그리스도교인들의 단결과 통제를 보장하는 것이었다. 독일과 프랑스에서 출발한 원정대 행렬은 비무장 순례자들을 데리고 가야 하는 부담에서 벗어나 군사 도로를 통과하였으며, 1143년부터 비잔티움 황제 바실레우스basileus(고대 그리스의 왕을 뜻한다*)였던 마누엘 1세 콤네누스Manuel I Comnenus(1118-1180)의 권유를 받아들여 발칸 반도를 가로질러 갔다. 시칠리아의 왕인 오트빌의 루제로(1095-1194)는 자신의 섬으로 와서 바닷길을 통해 성지로 가도록 설득하고자 했다. 이는 자신의 주적인 비잔티움인들에 맞서고, 다른 한편으로는 당시 엘레오노르 왕비의 삼촌인 푸아티에의 레몽Raymond de Poitiers이 차지하고 있던 안티오키아 공국을 강화하기 위한 지지를 이끌어 내고자 한 의도였다. 반면에 비잔티움 황제의 아내인 (그리스 이름인 이렌느Irene라는 이름을 사용하고 있던) 슐츠바흐의 베르타Bertha의 형부의 자격으로, 비잔티움 황제와 친족 관계를 맺고 있던 콘라트 왕은 동방의 제국과 동맹을 강화하기 위해 콘스탄티노플을 경유하고자 했다. 교황 또한 이것이 동방과의 분열을 완화시킬 것이라고 천명했다.

2만여 명 정도가 참가했을 것으로 추정되는, 독일 지역에서 출발한 십자군 행렬에는 이제 갓 20세를 넘긴 한 젊은이가 참여하고 있었다. 그는 콘라트 왕의 형이자 프리드리히의 아들인 슈바벤의 공작 프리드리히 바르바로사(약 1125-1190)였다. 그는 이미 아드리아노플(현재 터키의 유럽쪽 지역인 에디르네)에서 산적 무리들을 인정사정없이 무찔러서 발칸 반도에 잘 알려져 있었다. 트라키아에서는 폭풍우가 야영지를 파괴했지만 슈바벤의 공작이 묵고 있던 막사만 피해를 입지 않았다고 전해진다. 그의 전기 작가이자 외삼촌이기도 했던 시토 수도회 소속 주교 프라이징의 오토Otto von Freising(약 1114-1158)는 이러한 특이한 일을 그가 신의 선택을 받았다는 신호로 해석할 기회를 놓치지 않았다.

십자군 원정에 참여한 프리드리히 바르바로사

프리드리히는 1147년 가을, 파란만장했던 아나톨리아 진군으로 이름을 알렸다. 그러나 이 진군을 계기로 독일과 프랑스 사이에 확고한 경쟁의식과 반목의 징후들이 나타나게 되었으며, 이는 미래에 불행한 결과들을 낳았다.

일반적으로 '제2차 십자군 원정'이라고 불리는 원정은 우두머리들 사이의 경쟁의식과 최악의 선택들로 인해 실패로 끝났다. 잘못된 선택들 가운데 하나는 프랑스 왕루이 7세가 다마스쿠스를 별 성과 없이 계속해서 공격을 감행하는 결정을 내린 것인데[도판 55 참조], 터키 아타베그의 적이었던 그 도시의 사령관이 사실은 그의 동맹이될 수도 있었다는 사실을 간과한 결정이었다. 여기에 덧붙여야 할 다소 우스운 또 하나의 사건은 엘레오노르 왕비의 불륜과 그로 인한 부부 싸움이었다. 1148년 9월 초, 콘라트 3세는 그의 신하들과 함께 예루살렘에 잠시 들른 뒤에 콘스탄티노플에서 크리스마스를 보내고, 그 뒤에 독일로 돌아가기 위해 아크레 항을 출발했다. 프리드리히가 예루살렘에 대하여 어떤 인상을 지니게 되었는지 알 수는 없지만, 십자군 원정동안 또 다른 삼촌인 메밍겐의 벨프 6세Welf VI, 레겐스부르크의 주교인 하인리히, 보헤미아의 공작인 라디슬라오Ladislao 같은 제국의 위대한 인물들을 더 잘 알 수 있는기회를 가진 것만은 분명하다.

40년 뒤, 33세의 나이에 로마와 독일의 황제로 집권한 뒤 70세를 바라보게 된 프리드리히 1세는 그리스도교 세계의 제1군주로서 자신의 의무를 자극했던 성지를 향해 조금의 망설임도 없이 다시 여정을 시작했다. 예루살렘은 1187년 10월 유럽 세계에 공포와 함께 경이의 대상이었던 카이로와 다마스쿠스 술탄 살라딘Saladin(1138–1193)의 수중으로 들어갔다. 3월 27일 '레타레 주일Laetare Jerusalem'(사순 시기 제4주일을 가리키는 말로, '예루살렘아, 기뻐하라!'라고 외치는 라틴어 입당송의 첫 단어에서 유래했다*)에 황제는 마인츠 대성당에서 예수 그리스도의 법정Curia Jesu Christi을 주재하였다. 그는 황제 자리에 위대한 왕이 오를 수 있도록 하기 위해 그 직위를 공석으로 남겨 놓았다. 교황의 특사는 교황교서인 아우디타 트레멘디Audita tremendi를 읽어 나갔으며, 그 뒤에 황제는 장남인 슈바벤 공작 프리드리히 6세Friedrich VI(1167–1191)와 왕국의 많은 고위직 인사들과 함께 순례자의 서약을 엄숙하게 맹세했다. 제국을 안정시킨 군주가 자리를 비운 사이 섭정의 책임은 그의 또 다른 아들인 '로마의'(즉 독일의) 왕이자 이탈리아의 왕 하인리히Heinrich(1165–1197, 1191년부터 황제)가 맡았다.

프리드리히와
전쟁의 선전 활동

다소 출처가 의심스러운 기록들에는 프리드리히와 이슬람 급진주의 종파인 '암살 교단'의 우두머리 산장로山長老의 관계를 들려주고 있다. 프리드리히는 그러한 심각한 순간에 전쟁의 선전이라는 엄청난 성공을 거둔 천재적인 창시자들 가운데 1명이었던 것으로 보인다.

제국의 십자군 원정대는 성 게오르기우스 축제 전날인 1189년 4월 23일 레겐스부르크에서 소집되었으며, 다시 한 번 발칸 반도를 지나는 육로를 택하여 다음 달인 5월 11일에 출발했다. 프리드리히는 헝가리 왕과 세르비아의 군주이자 바실레우스인 이사키오스 2세 앙겔로스Isaakios II Angelos(약 1155-1204), 살라딘의 적으로 알려진 이코니움(현재 터키의 코니아*)의 셀주크 술탄에게 외교 전갈을 보냈다. 원정대는 빈, 그란(현재 헝가리의 에스테르곰*), 벨그라드(현재 세르비아의 베오그라드*), 니시, 소피아, 전투태세를 갖추고 진입해야 할 필요가 있었던 필리포폴리스(현재 불가리아의 플로브디프*)를 거쳐갔다(제2차 십자군 원정은 발칸 반도에 좋은 인상을 주지 못했다). 이동하는 동안 비잔티움 제국과의 관계는 점점 더 악화되어 프리드리히가 비잔티움에 대한 공격 감행 여부를 진지하게 고려했을 정도다. 아드리아노플(현재 터키의 에디르네*)은 결국 무력으로 정복되었다.

이런 상황에서 비록 전면전은 피했지만, 콘스탄티노플을 경유할 수 있을지도 확실하지 않았고 바실레우스 또한 그것을 허용하지 않을 것 같았다. 따라서 겨울이 끝날 때쯤에야 모든 작업이 완성될 갈리폴리에서 다르다넬스 해협을 가로질러 원정대를 건너가도록 해 줄 선박들에 대한 협상이 이루어졌다. 이코니움(현재 터키의 코니아*)의 술탄인 킬리지 아르슬란Kilij Arslan의 지원도 배신으로 드러났다. 프리드리히의 수도는 1190년 5월 18일에 정복되었다. 그는 신하의 예를 바칠 자세가 되어 있던 아르메니아 군주들의 도움으로 타우로스 산맥을 넘어가기로 결정했다. 그러나 프리드리히는 (아랍인들에게는 살레프 강으로, 그리스인들에게는 칼리카드노스로 알려진) 괴크수 강의 상류를 건너다 물에 빠졌다. 아마도 아시아의 봄이 끝날 무렵인 6월 10일, 차가운 강물에 예상치 않게 빠져 심장마비를 일으켰을지도 모른다. 그 당시로는 매우 보기 드물었던 70세의 나이에 조심스럽지 못하게 목욕을 하다가 죽었을 가능성은 없기 때문이다. 또한 오랜 기간 말을 타고 이동한 것이 그의 강인한 체력에 엄청난 시련이었음은 틀림없다.

바르바로사의
최후

그의 죽음에 대한 정황이 불분명한 것은 이러한 비극적인 순간을 떠올리는 문헌들이 지닌 순교자를 숭배하는 서사적인 특성 때문이다. 지치고 초조했던 그의 아들 프리드리히 6세는 당시의 다소 복잡하고 소름끼치는 절차에 따라 아버지의 장례를 치렀다. 군주의 머리는 삶고, 내장은 타르수스의 성당에, 살은 안티오키아(현재 터키의 안타키아*)의 산 피에트로 성당에 묻었다. 하지만 그의 뼈가 티레의 대성당에 안장되었는지 아니면 아크레 대성당에 안장되었는지는 불분명하다. 그의 무덤이 존재하지 않는 관계로 훗날 그가 죽지 않았고 튀링겐의 키프호이저 산 정상에 잠들어 있으며, 세기말에는 그리스도에 적대적인 무리들과 맞서기 위해 선발된 부대들을 이끌고자 그곳에서 나올 것이라는 전설이 만들어졌다. 1815년에 시인 프리드리히 뤼케르트Friedrich Rückert는 이러한 주제를 가지고 "그는 결코 죽지 않았다Er ist niemals gestorben"는 시구가 되풀이되는 서정시 〈늙은 바르바로사Der alte Barbarossa〉를 지었다. 1878년에는 요한 제프Johann Sepp와 하인리히 프루츠Heinrich Prutz가 인솔한 원정대가 이제는 새로운 독일 제국의 수호성인이 된 바르바로사의 다양한 무덤들의 위치를 파악하기 위해 출발했으며, 그가 사망한 것으로 추정되는 장소에 그를 기리는 비석을 세웠다.

| 다음을 참고하라 |
역사 십자군 원정과 예루살렘 왕국(51쪽); 기사단의 탄생(62쪽)
음악 음악과 여성의 영성: 빙엔의 힐데가르트(830쪽)

기사단의 탄생

| 바르바라 프랄레Barbara Frale |

종교적이면서 군사적인 기사단들은 서방의 그리스도교 세계가 팔레스타인으로
달려가도록 한 정신에 고취되어 위기에 처한 그리스도교 주민들을 보호하기 위해
제1차 십자군 원정 기간에 탄생했다. 이들은 신앙을 수호하는 데 스스로를 헌신하려는
평신도 기사들과 직업 전사들로 구성되었다. 2개의 주요 기사단인 템플 기사단과
구호 기사단이 성지에서 그리스도교 군대의 중추적인 역할을 했으며, 여기에 특별한
임무를 띤 성 라자로 기사단과 튜턴 기사단 같은 다른 단체들이 추가되었다.

구호 기사단

1050년경 아말피의 몇몇 상인들은 성지로 향하는 순례 도중에 환자들을 치료하기
위한 병원을 예루살렘에 세웠다. 비록 역사가들은 그 이후에 기사단을 만든 대장 뒤
의 레이몽Raymond du Puy(1083-1160)을 설립자로 생각하고 있지만, 그 단체의 첫 번
째 책임자는 병원장 제라르Gerard(약 1040-1120)라고 불렸던 수도사다. 본부는 산
타 마리아 라티나의 베네딕투스 수도원에 결성되었으며, 서원한 수도사처럼 생활
했던 평수사들에 의해 운영되었다. 그들은 구호 기사 성 요한에게 봉헌한 예배당(하
지만 1100년 이후에는 서양에서 가장 잘 알려진 성인인 세례자 요한의 이름을 지니게 되었
다)을 가지고 있었다. 1113년 교황 파스칼 2세(1053/1055-1118, 1099년부터 교황)는
이 자선 기구를 독자적인 종교 단체로 만들어 준 '자비로운 의지의 청원Pie postulatio
voluntatis'이라는 특권을 부여하였다. 이렇게 해서 교황청 직속으로 운영될 수 있는
기초가 수립되었으며, 이는 1154년 '그리스도교 신앙의 종교적 경건Christianae fidei
religio'이라는 특권을 통해 실현되었다. 이러한 특권으로 기사단은 세속적인 교회 위
계 제도의 권위를 벗어나 특별한 자유를 누릴 수 있게 되었다. 그 뒤로 환자를 2천 명
까지 수용할 수 있게 된 예루살렘의 성 요한 병원은 이웃한 아랍의 발전된 의학의 도
움으로 환자들에게 첨단 의료를 제공할 수 있었다. 물리 치료, 식품 위생에 대한 주
의, 정신적인 치유가 환자들에게 정신적·육체적 건강을 돌려주기 위한 방법이었다.

**예루살렘
왕국의 불안정**
정확하게 알 수는 없지만, 1136년과 1160년경 사이에 구호 단체는 계속해서 그
들의 주된 사명으로 남게 될 구호 임무와 함께 무기를 들고 방어할 의무까지 지게 되

었다. 그 당시 성지의 그리스도교 왕국은 강력한 적들에 둘러싸여 예기치 못한 공격에 대한 끊임없는 위협 속에서 위태로운 나날을 보내고 있었다. 구호 단체의 새로운 군사적인 모습은 완전히 새로운 정신적인 방식에 고취되어 예루살렘과 성묘聖墓를 방어하기 위해 몇 년 전에 세워진 종교 단체인 템플 기사단에 그대로 이어지게 된다. 템플 기사단과 마찬가지로 군사적인 역할은 사제직을 맡고 있는 사람에게는 부여되지 않았으며, 이 두 기사단은 무기의 사용이 금지된 사제들을 보유하고 있었다.

템플 기사단

1114년경 샹파뉴의 위그 백작의 봉신封臣으로 트루아에 봉토를 소유한 프랑스 귀족 **상호 원조 협약** 이자 기사인 파앵의 위그Hugues de Payens(약 1070–1133)는 여행 중인 순례자들을 이슬람 약탈자의 공격으로부터 보호하는 소명을 지닌 군인 봉사 단체를 예루살렘에서 결성했다. 이 단체에 의해 구체화된 사상은 11세기 말의 종교적인 삶의 전형적인 경험들을 모방하였으며, 평수사들에게도 적용될 수 있었다. 이들의 사상은 특히 프랑스 남부와 이슬람 정복에 저항하여 국토회복운동(레콘키스타Reconquista라고도 함*)이 한창 진행 중이던 이베리아 지역에 나타난 계획들과도 유사했다. 이들 지역의 평신도 전사들은 영적인 축복과 기도에 대한 보답으로 성역을 지키는 종교인들을 보호하는 상호 원조 협약에 따라 일시적으로 신성한 장소들에 일신을 바치는 경우가 있었다.

   파앵의 위그와 그의 동료들(티레의 대주교 기욤Guillaume의 증언에 의하면 전부 9명이었으며, 시리아인 미켈레에 의하면 약 30명이었다고 한다)은 사람들이 그들에게 베푸는 적선으로 살아갔으며, 청빈의 원리에 고취되어 자신들을 '그리스도의 가난한 전우들'로 규정했다. 1127년경 파앵의 위그는 그러한 취지를 알리고 새로운 병력을 모집하기 위해 유럽으로 향했다. 실제로 예루살렘의 왕은 나중에 이러한 단체를 왕국의 군사적 방어에 활용할 수 있도록 확대하고 강화하여 항구적인 종교 단체로 바꾸기를 원했다. 왕은 당대의 가장 영향력 있는 신학자로 로마 교황청에서도 많은 신망을 받고 있던 클레르보의 베르나르두스에게 편지를 보내 기사 사제들을 위해 '전쟁의 외침과 모순되지 않는' 규칙을 작성하고 자신의 보호 아래 계획을 추진해 줄 것을 당부하였다. 이 위대한 시토 수도원 출신의 신부는 종교 생활로의 전향과 수도원 생활 환경에서 불손한 행위로 생각되는 경향이 있었던 군 복무를 동시에 할 수 있도록 문제를 해결해 달라는 요청을 받았다. 처음에는 다소 망설였으나 베르나르두스는 파앵의 위그의 생각에 매료되었으며, 그의 모든 지식과 영적인 영향력을 문제의 해결에 쏟아부었다. 기사단의 운명을 좌우할 이러한 난국은 순수한 방어를 무장 전투의 명분으로 명기하며 해결되었다. 사제 겸 전사에게 전투는 겸손과 참회의 한 형태로, 그들은 마음속으로 악과 유혹에 맞섰던 것처럼 자신들의 죄를 속죄하기 위해 적과 맞서 싸운 것이다.

수도자의 세 가지 서원 1129년 1월, 트루아에서 교황의 특사인 추기경 알바노의 마태오Matthaios가 참가한 공의회가 개최되었다. 새로운 종교 군사 단체는 베네딕투스회 규칙에 근거하고 아우구스티누스회의 영적 사상의 영향이 일부 가미된 규칙을 부여받았다. 사제들은 청빈, 복종, 금욕의 세 가지 서원을 맹세했으며, 군사 작전에서 맡은 자신의 역할에 따라 2개의 위계 범주로 나뉘었다. 가장 높은 것은 무신 귀족으로 태어나 당대의 군장 일체를 갖추고 말을 타고 싸울 수 있었던 기사milites 계급이었다. 다른 계층 출신으로 봉사 임무를 담당했던 보병servientes은 낮은 계급에 속했다. 보병들은 짙은 색 옷을 입었지만 기사들은 그들의 일생을 특징짓는 도덕성과 마음의 순수함을 나타내는 흰색 옷을 입을 수 있는 특권을 지니고 있었다. 예루살렘 왕은 자신의 궁전 한쪽 건물을 새로운 기사단에게 공식적인 주거지로 선사했다. 이 건물은 예전에 솔로몬 신전으로 알려진 건물의 폐허 위에 세워졌으며, 그 때문에 사람들은 기사 사제들을 템플 기사단Templarii(성전 기사단이라고도 함*)이라고 부르기 시작했다.

교황 직속 기사단 1136년경 베르나르두스는 새로운 기사단을 칭송하며 「새로운 군대를 찬양하며 De laude novae militiae」라는 글을 지어 템플 기사단의 위용을 찬양했다. 또한 십자군의 이상을 매우 위대하게 생각하던 당시 그리스도교 사회에 많은 기여를 하고 있다고 칭송했다. 1139년에 교황 인노첸시오 2세Innocentius II(약 1080-1143, 1130년부터 교황)는 기사단에 〈모든 완벽한 선물Omne datum optimum〉이라는 교서를 내려 기본적인 특권을 부여했다. 기사단은 이 특권 덕분에 모든 세속적·종교적 권위로부터 독립적이었고, 오로지 교황 앞에서만 책임을 지게 되었다. 20-30년 사이에 기사단은 교황, 군주, 귀족, 그리고 자신의 재산을 기부하고 자식들을 템플 기사단에 보냈던 일반인들의 도움으로 엄청난 성장을 이루었다. 성지에서 얻은 영웅적 행위에 대한 평판으로 이들은 독특한 순교를 통하여 신을 섬기기로 한 두터운 신앙심의 진정한 영웅들로 여겨졌다. 1147년 교황 에우제니오 3세(?-1153, 1145년부터 교황)는 그리스도교를 수호하다가 쏟은 피를 기리기 위해 그들의 왼쪽 어깨에 빨간색 십자가를 붙일 수 있는 특권을 부여했다[도판 51 참조].

튜턴 기사단, 성 라자로 기사단, 그 밖의 군소 단체들

제3차 십자군 원정 기간에 튀링겐의 백작이라는 인물과 관련이 있는 한 무리의 전사들이 해로를 통하여 성지로 가는 쪽을 선택하여 프리드리히 1세가 육로로 인솔한 부대에서 떨어져 나왔다. 이들은 성지에 상륙해서 숙박에 필요한 천막을 만들기 위해 그들이 타고 온 배의 돛을 이용하였고 돈을 모아 야전 병원을 운영했다. 성지의 권력자들과 교황들은 이 독일인 단체를 지지했으며, 1191년 2월에 교황 클레멘스 3세 (?-1191, 1187년부터 교황)는 이 단체가 교황청의 특별한 보호를 받도록 했다. 구호소는 산타 마리아라는 이름의 교회를 소유하고 있었으며, 이 단체는 '예루살렘 소재 튜턴인들의 산타 마리아 구호자 형제들의 집fratres domus hospitalis sancte Marie Theutonicorum in Jerusalem'으로 불렸다. 황제 하인리히 6세(1165-1197)가 시칠리아에서 갑작스러운 죽음을 맞이한 뒤 몇 달이 지난 1198년 3월 5일, 십자군 원정에서 황제의 뒤를 따랐던 몇몇 군주들과 독일 귀족들은 아크레의 템플 기사단 본부에 모였으며, 이 자리에는 성지의 교회와 평신도 권력자들과 함께 예루살렘의 왕, 총대주교, 템플 기사단과 구호 기사단의 대사大師 2명이 참석했다.

이들은 튜턴인들의 단체도 구호 기사단처럼 성지의 보호에 기여할 수 있도록 종교-군사적 기사단으로 변모해야 한다고 결정했다. 공식적인 기사단 설립은 1199년 2월 19일 교황 인노첸시오 3세(1160-1216, 1198년부터 교황)의 의지로 이루어졌지만, 튜턴 기사단(독일 기사단이라고도 함*)이 그 기반을 공고히 할 수 있었던 것은 황제 프리드리히 2세(1194-1250, 1220년부터 황제)의 통치가 중대한 역할을 했다. 튜턴 기사단의 제4대 기사단장인 살차의 헤르만Hermann von Salza(약 1209-1239)에 대한 황제의 전폭적인 믿음을 통해 기사단은 주요한 특권들을 얻어낼 수 있었다. 프리드리히 2세의 영향으로 기사단은 교황 호노리오 3세Honorius III(?-1226, 1216년부터 교황)로부터 검은색 십자가가 그려진 흰색 망토를 입을 수 있는 특권을 얻었다. 이는 그때까지만 해도 흰색 망토의 특권을 자랑스럽게 고수해 왔던 템플 기사단에 대한 진정한 정신적인 승리였다.

십자군 정복 이후 예루살렘에는 당시 사회가 신의 형벌로 여겼던 나병에 걸린 순례자들을 위한 특별한 병원이 건립되었다. 감염의 위험에 대하여 안전을 보장하기

(여백 주) 종교-군사적 기사단으로의 변모

(여백 주) 나환자 병원

위해 도시의 성곽 바깥쪽에 자리 잡은 예루살렘의 나환자 병원은 성 라자로St. Lazarus라는 이름의 샛문 근처 탄크레디의 탑에 위치했다. 이미 12세기 초 수십 년 동안 병원은 교회가 딸린 수도원, 총회의실, 회랑, 식당, 그리고 환자들과 그들에게 필요한 치료를 해 주는 기사들을 위한 2개의 숙소를 갖추었다. 성 라자로 기사단의 영적 원리는 그리스도가 최후의 만찬 날에 제자들의 발을 씻기면서 이야기한 그리스도의 자비였다. 그리스도교는 모든 것에 앞서 다른 사람들, 특히 나환자들처럼 모든 이들에게 멸시를 당하고 아무런 도움도 받지 못한 채 절망에 빠져 있는 사람들을 돕는, 대가를 바라지 않는 봉사여야 한다는 것이다. 이러한 사상의 가치관은 기부를 촉진시켰고, 서방 그리스도교 사회에 자선에 대한 관심을 불러일으켰다. 1244년 직전에 이 단체가 이슬람의 재정복으로 이미 심각하게 약화된 성지의 왕국을 군사적으로 방어하는 임무를 맡게 된 것은, 아마도 십자군과 나환자들을 보살피는 일에 특히 관심이 많았던 프랑스의 생 루이Saint Louis 왕(1214-1270, 1226년부터 왕)의 생각에서 나왔을 가능성이 많다. 나병에 걸리고 만성병에 걸린 기사들도 전사로서 자신의 존엄을 지키며 계속해서 이 그리스도교 왕국을 섬길 수 있었으며, 십자군 왕국의 파견대에 도움을 줄 수 있었다.

다른 소규모 기사단 11세기부터 12세기 말까지 큰 기사단들 같은 모습을 갖추고 발전하지는 못했지만 종교·군사적인 단체에 포함시킬 수 있는 또 다른 단체들이 나타났다. 이러한 단체들 중에 예루살렘의 성묘를 돌보던 성직자들과 함께 생활했던 평신도들의 단체에서 탄생한 것으로 보이는 성묘 기사단이 있다. 그리고 아직 그리스도교를 받아들이지 않은 사람들이 살고 있던 북유럽에 그리스도교를 전파하기 위해 13세기 초에 세워진 단체인 리보니아 그리스도 기사 수도회Militia Christi de Livonia(검우기사수도회라고도 함*), 그리고 경계를 마주한 이슬람인들과 군사적 충돌 위험이 여전히 남아 있던 이베리아 반도에서 생겨난 칼라트라바Calatrava(1150), 산티아고Santiago(1161), 알칸타라Alcantara 같은 단체들이 있었다.

| 다음을 참고하라 |
역사 교황들의 정책(34쪽); 십자군 원정과 예루살렘 왕국(51쪽); 프리드리히 바르바로사와 제3차 십자군(56쪽); 기사 계급(195쪽); 말과 돌: 봉건 시대의 전쟁(256쪽)

국토회복운동(레콩키스타)

| 클라우디오 로 야코노Claudio Lo Jacono |

코르도바의 칼리프 왕국이 멸망한 뒤에도 이베리아의 이슬람은 약 500년 정도 역사를 더 이어 갔다. 이것의 정치적인 중요성은 크지 않지만 인류의 예술과 과학의 발전을 위해서, 그리고 1070년에 시작되어 13세기까지 이어진 국토회복운동 (레콩키스타Reconquista)에 참여한 이베리아 그리스도교 사회의 응집력 있는 문화적 동질성을 만들어 내기 위해서는 필수적인 것이었다. 17세기 이슬람인들의 최후의 축출은 그리스도교의 극단주의를 충족시켰지만 심각한 경제 위기를 낳았으며, 이는 아메리카 대륙으로부터 유입된 금으로 일부 감추어졌을 뿐이다.

사건들

1031년 코르도바 칼리프 왕국의 갑작스러운 종말이 이베리아 반도에 있는 이슬람 세력의 파멸로 이어지지는 않았다. 다만 정치적·군사적으로 서서히 쇠퇴의 길을 걷기 시작했으며 그에 상응하는 그리스도교도의 발전이 시작되었을 뿐이다. 이베리아 반도는 약 250년 동안 획일적이고 자유가 없는 강력한 우마이야Umayyad 왕조의 지배를 받다가 40여 개의 조그만 왕국들과 토후국, 술탄국들로 나뉘었다. 이러한 나라들을 '타이파 왕국Reinos de Taifas'이라고 불렀던 새로운 시대가 시작되었다.

칼리프 왕국들의 폐허에서 말라가의 이슬람 함무드Hammud 왕조, 그라나다의 지리드Zirid 같은 무슬림 베르베르인 왕조, 발렌시아의 아미리드Amirids 같은 슬라브 또는 코카서스계의 스키아보니Schiavoni 혹은 사칼리바인들의 왕국, 그리고 아랍인들의 영토가 급속히 세워졌다.

아랍인들은 처음에는 사라고사에 예멘에 기원을 둔 바누 투지비Banū Tujibi 왕조를, 그리고 그 뒤에는 후드Hūd 왕조를 세웠으며, 톨레도에서는 1018년부터 1081년까지 두누니드Dhunnunid 왕가가 지배하다가 1022년부터 이미 바다호스를 차지하고 있던 아프타시드Aftasid 왕조에 권력을 넘겨주었다. 세비야에서는 아부 알-카심 무함마드 이븐 아바드Abu al-Qasim Muhammad b. 'Abbad(1027-1095)의 후손인 아바드 왕조가 자리를 잡았다. 아바드 왕조는 1031년부터 1069년까지 아부 하짐 자와르 이븐 무함마드 이븐 자와르Abu Hazm Giàhwar ibn Muhàmmad b. Giàhwar의 몇몇 후손들이 지배

베르베르인들의 지배

했던 코르도바를 한동안 통치하기도 했다. 타이파의 무리들은 문인들과 학자들의 명성을 이용하고 싶은 마음에 그들의 도움을 받아 자신들을 합법화하고 알리고자 했다.

또한 경쟁자인 그리스도교인들도 과거보다는 효율적인 방식으로 조직을 이루었다. 1032년까지 레온 왕국의 지배를 받던 백작령 카스티야 왕국들과 바르셀로나의 백작령 국가 혹은 아라곤의 왕국들이 고대 아스투리아스Asturias 왕국에 힘을 보탰으며, 팜플로나 왕국과 나바라 왕국은 피레네 산맥의 북쪽 끝에 걸쳐 있는 바스크 지역을 16세기 초 에스파냐 왕국과 연합할 때까지 통치했다.

세비야의 아바드 왕조가 알-무타미드al-Mù'tamid(1040–1095) 덕분에 자신들의 지배 영역을 코르도바까지 확장하여(1070) 안달루시아에서 가장 큰 도시를 만들었다면, 레온과 카스티야의 알폰소 6세Alfonso VI(1040–1109, 1065–1071년에 레온의 왕, 1072–1109년에 카스티야의 왕, 두 왕국은 1230년이 되어서야 완전한 통일을 이루게 된다)는 톨레도를 점령했다. 이곳은 정복당한 최초의 무슬림 도시였을 뿐만 아니라, 옛 서고트의 수도가 다시 그리스도교화된 것이기 때문에 그리스도교인들에게 커다란 정신적인 자극을 주었으며, 이는 험난하지만 희망적인 레콘키스타로 가는 첫걸음이 되었다.

잘라카의 승리　　1078년 세비야의 주민들은 무데하르mudéjar('길들여진 자', 즉 '공물을 바치는 자 tributario'의 의미를 지닌 아랍어 'mudàggian'으로부터 유래했다)의 가혹한 조건을 맛보았지만, 알안달루스의 회피할 수 없는 붕괴는 이 시점에 세비야와 바다호스, 코르도바, 그라나다의 토후들로부터 개입을 요청받은 베르베르의 술탄 알-모라비드Al-moràvid에 의해 저지되었다.

이베리아에서 이슬람의 생명을 연장시킨 데에는 같은 해 10월 23일, 바다호스에서 잘라카의 이슬람인들이 거둔 엄청난 승리가 큰 역할을 했을 것으로 생각되지만, 곧 알안달루스의 많은 무슬림들에게 유수프 이븐 타시핀Yùsuf ibn Tashfin(약 1006–1106)의 도움이 상당히 이기적인 발로에 의한 것이었음이 분명해졌다.

후드 왕조를 제외한 타이파 왕국들의 유력한 군주들은 신속하고 가차 없이 제거되었다. 그라나다와 세비야는 1090년에, 알폰소 6세와 억지스러운 동맹을 꾀했던 코르도바는 아무런 효과를 거두지 못하고 그 이듬해에 패하였다. 아미리드로부터 빼앗은 발렌시아의 군주(하지만 오랫동안 사라고사의 군주인 무슬림 알-무크타디르al-Muqtadir를 섬겼던) 엘 시드El Cid(1043–1099)가 1099년에 쓰러진 것도 알-모라비드와 맞서 싸울 때였다.

알-모라비드를 권좌에서 몰아내기 위해 유수프 이븐 타시핀과 같은 아프리카 북부 지역 베르베르인들이었던 다른 무슬림들, 즉 알모하드Almohad 칼리프 왕조(무와히드 왕조라고도 함*)는 대책을 마련했다. 알모하드는 자신이 이단으로 칭한 알-모라비드 왕조(무라비트 왕조라고도 함*)를 와해시키기 위해 이미 1123년과 1124년에 걸쳐 이동을 시작했고, 알-모라비드의 무함마드 이븐 가니야Muhàmmad ibn Ghàniya(12세기)에 무분별하게 맞섰던 주민들의 요청으로 1145년과 1146년 사이에 알안달루스에 도착했다. 하지만 새로운 북아프리카 군주들의 극단적인 분노로 박해를 받고 거의 멸망에 이른 유대인과 북아프리카 그리스도교인 공동체뿐만 아니라 알안달루스의 무슬림들까지도 알모하드가 알-모라비드보다 관용이 더 부족하다는 것을 깨달았다.

1195년 7월 18일, 카스티야 왕 알폰소 8세Alfonso VIII(1155-1214, 1158년부터 왕)를 상대로 알라르코스 전투에서 승리를 거두었던 알모하드는 1212년 7월 16일 이베리아 반도에서 벌어진 라스 나바스 데 톨로사Las Navas de Tolosa 전투에서 패하면서 이슬람 지배의 종말을 고하게 되었다.

레콘키스타의 마지막 국면

거의 모든 무슬림 통치 지역들은 11세기부터 13세기에 걸쳐 여러 그리스도교 국가들에게 정복당했다. 코르도바와 알메리아, 바다호스, 무르시아, 니에블라, 발렌시아, 사라고사도 같은 운명이었다. 사라고사는 1110년 알-모라비드의 정복과 1118년 아라곤의 정복 이전인 1076년에는 데니아와 발레아레스 제도를 지배하기도 했다. 발레아레스 제도의 토후인 무자히드 알-아미리Mujāhid al-'Āmirī(960-1044)는 피사와 제노바의 이례적인 동맹으로 쫓겨나기 전인 1015년에서 1016년 사이에 사르데냐 정복(지역 역사에는 무제토Mugetto 또는 무세토Musetto라는 이름으로 기록되어 있다)을 시도했다.

오랫동안 생존했던 유일한 타이파는 그라나다의 술탄국이었지만, 그 이유는 단 무슬림의 몰락지 1237년부터 1492년에 걸쳐 카스티야의 속국이라는 굴욕적인 조건을 받아들였기 때문이다. 카스티야의 반反이슬람 정책에 대한 집착은 너무나 확고했으며, 술탄국의 정치적인 생명을 겨우 유지할 수 있게 해 준 것은 그라나다산 금화를 정기적으로 징수하기 위함이었다. 무슬림이 라스 나바스 데 톨로사 전투에서 패한 이후로 1492년 1월까지 280년의 시간이 흘렀다. 이 기간은 상당히 길고 경이로울 정도로 문화가 발달한 시기였다. 또한 그리스도교 왕국은 정치적으로 평온했으며, 이슬람교도들에게는 씁쓸한 실망을 가져다준 시기이기도 했다. 전쟁과 휴전, 가혹한 세금과 음모, 동맹과 반역이 끊이지 않았던 3세기 동안 이슬람교인과 그리스도교인이 적대 관계였다는 공식이 항상 들어맞은 것은 아니다.

메리니드Merinid 왕조의 아부 유수프 야쿱Abu Yùsuf Ya'qùb(13세기)은 안달루시아의 마지막 희망이었다. 그는 1275년 지브롤터 해협을 건너 그라나다에서 건네받은 알헤시라스에 입성했다. 그라나다 사람들은 북아프리카의 세 번째 모험이 카스티야인들로부터 그라나다를 구해 줄 것이라는 희망을 가지고 있었다. 4년 뒤, 바로 알헤시라스 앞바다에서 아부 유수프가 거둔 해전의 승리는 나스르Nasr 왕조에게는 그동안의 희생을 보상하는 것처럼 보였으나, 메리니드 왕조의 다음 군주였던 아부 야쿱Abū Ya'qūb은 틀렘센의 압달라와디드Abdalawadidi의 점점 커져 가는 적개심에 맞서야만 했기 때문에 과업을 이어 갈 수 없었다.

메리니드 왕조의 아부 알-하산 알리Abu al-Hasan 'Ali(1297-1351)의 마지막 시도는 무위로 돌아갔다. 1340년 10월 30일 리오 살라도 전투의 패배는 안달루시아의 생존에 대한 희망에 종지부를 찍었다.

몰락해 가던 정치적·군사적 상황을 개선할 수 있는 기적을 기대하며 나스르 왕조는 보압딜Boabdil로 알려진 마지막 술탄 아부 아브드 알라 무함마드 12세Abu 'Abd Allah Muhammad XII(약 1460-1533)가 가톨릭 왕들의 최후 공격과 그들이 내건 비참한 조건에 굴복해야 했을 때까지 화려한 알람브라 궁전(사용된 건축 자재의 색깔과 그들의 시조의 별명에서 빨간색이라는 의미의 '라 로사la Rossa'라는 별칭으로도 알려져 있다)에서 계속해서 삶을 이어 나갔다.

결정적인 추방   한편, 에스파냐에서 이슬람의 존재가 그 해에 끝난 것은 아니다. 농촌에서 남의 눈에 띄지 않으려 노력하고 솜씨 있게 허드렛일을 해 나가며 무슬림 생존자들은 나날이 커져만 가는 굴욕과 가혹한 차별을 겪어야 했다. 냉혹한 주교인 시스네로스의 히메네스Ximenés de Cisneros(1436-1517)의 비인간적인 탄압은 그들 가운데 많은 이들의 개종을 강요했으며, '무슬림으로부터'라는 의미를 가진 '모리스코스moriscos'라는 새로운 단어를 만들어 냈다. 이는 '변절자'라는 의미의 '토르나디소스tornadizos'들이 자신들의 선택으로 자유롭게 그리스도교로 개종한 것과는 전혀 다른 현상이라 할 수 있다. 이처럼 계속되는 악몽 속에서 안달루시아의 이슬람교도들은 17세기 초에 행해진 추방 전까지 한 세기를 넘게 버텼다. 북아프리카와 오스만 제국은 그들의 재주를 잘 활용했으며, 에스파냐는 그나마 신대륙의 정복자들이 약탈해 온 아메리카 대륙의 금으로 어느 정도 상쇄되기는 했지만 일대 농업의 위기를 맞게 되었다.

| 다음을 참고하라 |
역사 교황들의 정책(34쪽); 스칸디나비아 왕국들(101쪽); 에스파냐의 그리스도교 왕국(133쪽); 타이파 왕국들: 이베리아 반도의 무슬림 국가들(138쪽)
시각예술 에스파냐: 리폴, 타울, 하카, 바게스, 레온(755쪽)

국가들

STORIA

교회 국가

| 이바나 아이트 |

이러한 새로운 영토가 만들어지고 조직된 것은 교황권의 탄생 및 발전과 더불어 진행된 길고 복잡한 과정의 결과였다. 8세기경 로마의 추기경들은 중세 전기 이탈리아의 정치에 개입하기 위해 경제나 법률뿐만 아니라 사상적인 수단들을 갖추었음에도 영토 관할권의 형태를 수행하게 된 것은 12세기 말에 와서야 가능했다.

초기의 영토 확장

교황령 국가의 바탕에는 토지의 소유라는 본질적인 요소가 있다는 것을 알아야 한다. 그것은 우선 한때 비잔티움에 속했던 땅들과 8세기에 프랑크족 왕들이 교황에게 선사한 땅들로 이루어졌다. 로마 외에 현재 라치오 지역의 대부분을 포함하는 로마공국과 페루자의 영토, 5개 도시(리미니, 페사로, 파노, 세니갈리아, 안코나)로 구성된 공국을 포함하는 비잔티움 제국의 속국인 핵심 지역들로 형성되어, 스폴레토의 랑고바르드 공국의 대부분 지역까지 확장된 영토는 로마의 봉건 영주들이 지배하던 지역 권력의 중심지들, 그리고 황제들의 되풀이된 권리 주장들로 인해 이곳저곳에 산재하여 서로 간에 결속력이 없었다.

개혁적인 교황들의 등장으로 인하여 교회와 평신도 사회, 특히 제국과 결탁한 교황의 통치권에 반대했던 로마인들 사이의 괴리는 교황이 "(중략) 교황령 국가의 영 결속력이
부족한 '왕국'
토 기반과 관련하여 자신의 의지와는 상관없이 새로운 해결책을 마련할 필요성"
을 가지도록 만드는 일대 전환점을 맞이한다(Antonio Sennis, *Atlante storico-politico del
Lazio*, 1996). 교황 레오 9세(1002-1054, 1049년부터 교황)는 강력한 로마의 투스콜라
니Tuscolani 가문으로부터 빼앗은 캄파냐 지방의 광범위한 지역을 확보할 수 있었다.
미약한 성공을 거두기는 했지만, 사비나에서도 파르파의 부유하고 강력한 대수도원
과의 동맹을 이용하여 같은 방식으로 추진되었다. 어쨌든 이러한 승리들은 라치오
지역에 산재한 권력 중심지들을 장악하고 있던 로마의 봉건 귀족 가문들의 힘을 약
화시키는 데 기여하였다. 교황 니콜라오 2세(약 980-1061, 1058년부터 교황)도 영토
를 유지하는 힘의 기초가 되는 군사 요새들을 새로 세우거나 재건하여 사비나에서
성공을 거두며, 전임 교황의 정책을 이어 나갔다. 한동안 버려졌다가 사람들이 다시
재정착한 로칸티카와 몬타솔라가 그러한 경우다. 교황의 보호에 대한 보답으로 새
로운 주민들은 교회에 세금을 지불해야만 했다.

개혁 교황들의 어려움

항상 일관된 것은 아니었지만 개혁에 힘쓴 교황들은 그들이 소유한 토지를 점점 늘 콘스탄티누스의
증여 문서
려나가는 정책들을 추진했다. 그들은 심지어 위조 문서를 이용하기도 했는데, 8세기
후반에 로마에서 작성되었을 것으로 추정되는 〈콘스탄티누스의 증여 문서Constitutum
Constantinii〉라는 유명한 문서가 그 예다. 이 문서는 특히 11세기 후반부터 "정치적
인 공간에 대한 권리를 인정받으려는 교황의 야심을 보여 주는"(Massimo Miglio,
"Progetti di supremazia universalistica", *Storia medievale*, 1998) 주요한 기준이 되었다. 교
황 그레고리오 7세(약 1030-1085, 1073년부터 교황)는 '베드로 성인의 땅'에 대한 자
신의 권리의 근거를 마련하고, 고대해 왔던 '교회의 자유'를 얻어내기 위해 이 문서
를 이용했다. 노르만인들, 특히 그들의 우두머리인 로베르 기스카르(약 1010-1085)
에게 독립을 얻기 위해서는 더욱 넓은 영토와 통치에 필요한 세속적인 수단들을 갖
추는 것이 필요했다. 이러한 맥락에서 수비대를 주둔시키고 현지 주민들로부터 군
사적인 도움을 얻을 수 있는 요새의 건설을 약속한 나르니 인근의 알비노 성城의 주
민들과 맺은 협약은 로칸티카와 몬타솔라의 모범에 따라 교황의 영향력이 미치는 새
로운 핵심 지역을 탄생시켰다.

　"비록 개혁이 행정과 교황의 권위 회복 측면에서는 확고한 결과들을 가져다주었지만, 사실 11세기 말 교황들이 소유한 영토의 상황은 개혁을 위한 50년간의 힘겨운 싸움 이후로 많이 바뀐 것은 없었다"(대니얼 웨일리Daniel Waley). 라치오의 남부 지역을 끊임없이 정탐했던 노르만인들뿐만 아니라 대봉건 영주의 가문들에 둘러싸인 교황은 자신의 영토 확장 정책을 추진하고 통치를 확고히 하기 위해 어떤 때는 로마 대지주들의 힘에, 어떤 때는 반도의 다른 정치·군사적인 존재에 의지해야만 했으며, 매우 드문 경우에만 결정적인 요소로 황제의 권력이 개입했다.

　최소한 12세기 중반에 (비록 그 역할이나 권한에 대해서 알려진 바는 없지만) 캄파냐 지방의 관리를 지명했다는 소식이 들릴 때까지 교황들이 수행한 세속적인 권한의 실질적인 역할에 대한 흔적들은 미약했다.

영토의 획득

1153년의
콘스탄츠 협약

이탈리아 중부 지방에서 황제가 강력했던 로마의 가문들을 제외한 다른 반대 세력들을 물리침으로써 확고부동한 실체가 되었을 때부터 상황은 달라졌다. 1153년 콘스탄츠 협약을 통하여 황제 프리드리히 1세(약 1125-1190)는 교황에게 세속적인 권력의 회복을 약속했다. 하지만 황제의 도에 어긋난 이탈리아 정책으로 약속은 지켜지지 않았으며, 새로운 교황인 하드리아노 4세(약 1100-1159, 1154년부터 교황)는 교황의 영토 재산에 대한 제국의 세금fodrum 면제를 승인하도록 요구하는 한편, 아콰펜덴테와 로마 사이에 걸쳐 있는 소유지들과 스폴레토 공국 같은 다양한 영토의 반환을 주장했다. 그 뒤로 교황은 자신의 권위가 미칠 수 있는 새로운 중심지들을 계속해서 만들어 나갔다. 이를 위해서 교황은 토지를 구매하는 방법을 이용했는데, 이는 로마 귀족들의 힘이 점점 약해졌기 때문에 가능했다. 이러한 구매는 (성직에 취임하는 순간 그 성직의 1년 치 수익에 해당하는 금액을 세금으로 내는) '초입세annate'로 불리는 세금들과 (대개 수확의 10분의 1에 해당하는 비율을 세금으로 내는) '십일조decimae' 같은 다양한 세금 징수를 교정함으로써 교회의 재산을 불리는 데 많은 기여를 한 조세 제도를 개선하며 더욱 활성화되었다. 20개가 넘는 성들이 ('성 로마 교회의 특별 요새castra specialia Sanctae Romanae Ecclesiae'로 불리며) 로마 교회에 종속되었지만 성들의 관리와 통제는 물론 까다로운 방어 임무까지 전임 영주들에게 맡겨졌다. 이러한 요새들 가운데 가장 중요한 곳은 주민들이 교회에 대한 충성을 맹세한 오르비에토였다. 로마의 보병과 기병들이 오랫동안 사력을 다해 공격한 결과 함락된 세체 인근의 아쿠아 푸차Acquapuzza의 경우는 이와 정반대였다.

12세기 후반, 지역의 지배권을 놓고 교황령 국가와 경쟁을 벌였던 2개의 세력은 제국과 코무네 로마였다. 이렇게 민감한 시기에 교황들의 결단력은 이탈리아 중부에 대한 권리 회복을 실현할 수 있게 해 주었다. 세심한 문서 수집 작업을 통하여 교황청은 영토 회복에 대한 명백한 증거 자료들을 제공했다(*Liber Censuum*). 상황이 불리함에도 불구하고 이는 마치 하나의 행정 절차를 밟는 것처럼 보였다. 1185년부터 1187년까지 교황 우르바노 3세Urbanus III(?–1187)의 재위 기간 동안, 밀라노의 한 기사가 행정적인 것보다는 군사적인 역할을 더 많이 하는 캄파냐 지방의 중급 훈작사(자신이 받은 훈장에 의해 직급이 결정되는 기사 계급*)에 임명되었다. 그는 실제로 제국의 침략으로부터 교황의 땅을 방어했으며, 짧은 기간에 페루자, 오르비에토, 나르니, 비테르보와 캄파냐의 거의 대부분 지역을 정복했다.

교회령 국가의 영토 확장 과정에는 또 다른 요인이 큰 도움을 주었는데, 그것은 교황령 군주국 건설에 심혈을 기울였던 교황들의 힘과 신망이 커졌다는 점이다.

여백주: 교황령 국가의 건설

교황의 재정복 단계

교황 클레멘스 3세(?–1191, 1187년부터 교황)는 1188년 5월에 로마인들과 체결한 조약을 통하여 로마의 교황 청사를 돌려받았다. 그리고 교황은 황제와 체결한 협정을 근거로 투시아 지역의 땅들과 몇몇 도시를 양도받았다. 이 기간 동안에 영토의 주권을 주장한 권리에 정당성을 부여할 수 있는 문서들의 수집 작업은 계속되었다. 목록 작성과 보존 작업의 결과인 로마 교회의 재산 장부는 처음에는 교황 첼레스티노 3세Caelestinus III(1191–1198년에 교황), 나중에는 교황 인노첸시오 3세(1160–1216, 1198년부터 교황)가 이탈리아 중부 지방에 대한 교황의 권위를 정당화하기 위해 황제에게 기증을 호소했을 때부터 이용되었다.

교황령 국가의 진정한 탄생은 갑자기 찾아온 황제 하인리히 6세(1165–1197, 1191년부터 황제)의 사망으로 인한 권력 공백의 도움을 받았다. 첼레스티노 3세는 스폴레토 공국과 카롤링거 왕조의 기증을 근거로 권리를 주장한 안코나 지방에 대표를 파견했다. 교황의 관리들은 페루자와 스폴레토를 포함한 몇몇 도시들로부터 충성 서약을 받았다. 캄파냐 지방의 강력한 가문의 일원으로 1198년에 교황으로 임명된 인

여백주: 하인리히 6세의 죽음

노첸시오 3세는 새로운 원로원 의원의 선출을 통하여 신속하게 로마 시에서 자신의 권위를 주장했으며, 짧은 시간 안에 주변 지역들까지 자신의 주권을 확장했다. 그는 도시들과 봉건 귀족들로부터 충성 서약을 받아 냈으며 나르니, 몬테피아스코네, 오르비에토 같은 다른 주요 거점 지역들의 저항을 잠재웠다. 교황에 임명되자마자 2명의 추기경을 보내 안코나 지방을 재정복했으며, 곧바로 스폴레토 공국의 소유권도 되찾아 주임 사제로 임명한 아키로의 산타 마리아 성당 추기경에게 통치를 맡겼다. 교회 국가의 내부에서 지방 조직의 형성은 이렇게 시작되었으며, 황제가 되려는 꿈을 품고 있던 브라운슈바이크의 오토Otto von Braunschweig(1175/1176-1218, 1209-1215년에 황제)는 "라디코파니와 체프라노 사이를 포함하는 모든 영토와 라벤나의 태수령 국가, 펜타폴리스, 안코나 지방, 스폴레토 공국, 마틸데 백작 부인의 소유지, 베르티노로의 백작령과 그 인근의 다른 토지들에 대한"(*Registrum de Negotio Imperii*, 1947, n. 77 trad., Daniel Waley) 교황의 주권을 인정했다.

"하인리히 6세의 진짜 후계자는 인노첸시오 3세였다"(Leopold von Ranke, *Weltgeschichte*, Leipzig)라는 유명한 문장은 교회령 국가의 탄생이 교황의 주도권에 의해서라기보다는 제국의 붕괴에 힘입은 것임을 잘 요약해서 보여 주고 있다.

| 다음을 참고하라 |
역사 교황들의 정책(34쪽); 겔프당과 기벨린당(47쪽)

신성로마 제국

| 줄리오 소다노Giulio Sodano |

중세 중기에 독일 민족의 제국은 가장 영향력 있는 왕국이었다. 교황 그레고리오 7세와 하인리히 4세의 서임권 분쟁이 발생했으며, 이는 타협으로 결말을 맺게 된다. 독일의 공국들과 이탈리아 롬바르디아 지역 도시들의 지방분권적 분리주의에 맞서고자 한 호엔슈타우펜 왕조가 한동안의 투쟁 이후에 작센 왕조를 계승했다. 하지만 프리드리히 바르바로사가 거둔 가장 큰 성공은 아들 하인리히 6세와 시칠리아 노르만 왕국의 상속녀인 오트빌의 콘스탄차의 혼인이었다.

독일 민족의 신성로마 제국

962년부터 독일 민족 왕이 통치하던 지역에 제국이라는 용어가 사용되기 시작했다. 중세 여러 세기에 걸쳐 독일 민족의 신성로마 제국은 가장 영향력 있는, 즉 서유럽에서 단일 주권의 지배를 받는 가장 넓은 영토를 지닌 왕국이었다. 황제는 다른 모든 군주들로부터 최고의 존경을 받았다. 유럽은 로마에 뿌리를 둔 것을 자랑스럽게 생각했고, 독일 민족의 제국도 스스로 로마 제국의 계승자라고 여겼다.

　하지만 독일과 부르고뉴, 이탈리아 북부를 포함하는 오토 제국은 카롤루스 대제 **왕들의왕**
(742-814, 768년부터 왕, 800년부터 황제)의 제국에 비해 많이 축소되어 있었다. 이 제국은 황제라고 부르는 '왕들의 왕'과 협약으로 맺어진 왕국들의 복합체로 구성되었다. 황제의 권좌는 세습되지 않았으며, 자신의 아들이나 다른 친척 또는 다른 후계자를 황제로 선출하기 위해서는 직접 대봉건 영주들의 회합을 소집해야 했다. 또한 그에게 실질적으로 권력을 수여하기 위해서는 교황의 승인과 성유식聖油式을 통한 수임授任 의식의 집전이 필요했다. 따라서 황제의 신분은 상속되는 것이 아니라 가장 적임자로 여겨지는 자에게 맡기는 자리였다. 11-12세기에 유럽의 많은 왕국들에서 왕조의 세습이 정착되는 동안에도 제국에서는 선출의 원칙이 강화되었다. 하지만 중세 후기에 제국의 특징을 드러낸 가장 중요한 과정은 점진적인 독일 민족화와 국가들의 느슨한 연방제 전환이었다.

오토 제국

오토 제국은 스스로 신성한 로마의 특성을 지니고 있다고 여겼다. 즉 자신이 고대 로 **로마의유산**
마 제국의 계승자이며, 주된 역할이 교회를 보호하는 것이라고 여기고 있었다. 1000년이 얼마 남지 않았을 때, 황제 오토 3세(980-1002, 983년부터 황제)와 교황 실베스테르 2세(약 950-1003, 999년부터 교황)가 그들 모두의 보편적인 임무를 수행하여 제국과 로마 교회가 완전한 통합을 이루는 꿈이 실현되는 것처럼 보였다. 하지만 이러한 꿈은 두 주역들의 죽음으로 중단되었고 오랫동안 지속되지 못했다.

　오토 3세의 후계자로서 작센 왕조의 마지막 인물인 황제 하인리히 2세Heinrich II
(973-1024, 1014년부터 황제)는 독일의 시민전쟁, 슬라브인들과의 국경 분쟁, 이탈리아 원정, 프랑스와의 간헐적인 다툼 같은, 황제들에게는 앞으로 일상이 될 모든 문제들에 직면해야만 했다.

서임권 투쟁   11세기 후반 황제들의 정책은 서임권 투쟁에 동화되었다. 1075년에 그레고리오 7세(약 1030-1085, 1073년부터 교황)가 교황령의 결정들을 공표했을 때, 황제 하인리히 4세와의 충돌을 피할 수 없었다. 서임권 투쟁은 정치적인 투쟁으로, 그 주역들은 각자가 나름의 보편적인 권위를 주장하고자 했다. 그럼에도 불구하고 이 분쟁은 양쪽 모두의 보편주의에 대한 생각을 약화시키는 결과를 가져왔다. 또한 독일로서는 내부적인 반향도 무시할 수 없었다. 황제에 대한 파문은 신하들의 복종에 대한 맹세를 무효로 만들었으며, 그 결과 독일의 영주들은 슈바벤의 루돌프(?-1080)를 황제로 선출하며 반란을 일으켰다. 이러한 이유로 하인리히 4세는 교황의 용서가 필요했고, 속죄를 위해 카노사로 향했다. 하지만 파문이 철회되자마자 황제는 주교들을 다시 서임하기 시작했고 분쟁은 되살아났다.

서임권 투쟁의 주역들의 후계자인 황제 하인리히 5세(1081-1125, 1111년부터 황제)와 교황 갈리스토 2세(약 1050-1124, 1119년부터 교황)는 1122년 보름스 협약을 체결하여 적대 세력 간의 휴전을 비준했다. 교황과 황제는 의무와 권리를 분할하는 타협안을 받아들였다. 황제는 부르고뉴와 이탈리아에서 추기경들을 선택하는 권리를 잃었지만 독일에서는 자신의 주관 아래 추기경들의 선출이 이루어져 자신의 바람을 담을 수 있었다. 실제로 협약은 독일-부르고뉴 지역과 교회와 관련한 문제들을 필두로 제국의 권력이 소외되기 시작한 이탈리아 지역 간의 차별화를 이루었다.

호엔슈타우펜 왕가의 출현과 이탈리아 정책

권력을 쟁취하기   하인리히 5세는 후계자를 정하지 못하고 사망했다. 호엔슈타우펜 왕가의 슈바벤 가
위한 여정   문이 제국을 다스렸으며, 이 왕가를 따르는 무리들을 기벨린이라고 불렀다. 한 세기를 넘겨 3세대에 걸친 호엔슈타우펜 왕가는 내부의 독일 왕조들 사이의 경쟁 때문에 어려움을 겪었을 뿐만 아니라, 작센 공국들의 지방분권주의와 이탈리아 롬바르디아 지방 도시들의 독립 움직임에 맞서고 교황권과 투쟁하느라 그들의 힘을 소진했다. 황제의 권력을 성취하는 길은 더욱 어려워졌다. 황제는 우선 귀족들과 독일 추기경들의 지지를 얻어야만 했으며, 그 뒤에 독일의 왕으로 선출되는 과정을 거쳐야만 했다. 그러고 나서야 교황으로부터 황제 즉위식을 받을 수 있는 최종 단계로 넘어갈 수 있었다. 슈바벤 가문은 겔프당과 교황으로부터 지지를 받고 있던 바이에른 공작들과의 충돌 이후 1138년에 콘라트 3세(1093-1152)를 통해 황제의 자리에 오를 수 있

었다. 이탈리아에서 바르바로사로 불린 프리드리히 1세(약 1125-1190)는 양가 모두와 혼인을 통해 혈족 관계를 맺고 있었다. 그는 슈바벤 공작과 바이에른 겔프당에 속해 있던 공주의 아들이었다. 따라서 그는 방대한 권력에 의지할 수 있었으며, 그 덕분에 1152년 독일의 왕으로 선택되었다. 그의 정치적인 계획은 추기경과 사제들의 선출에 대한 통제의 부재와 시민전쟁의 과정에서 군주들이 획득한 막강한 권력으로 인해 위기에 빠진 제국을 다시 일으켜 세우는 것이었다. 프리드리히의 진영에는 프라이징의 오토(약 1114-1158)라는 학자가 있었다. 시토 수도회의 사제이자 프리드리히의 삼촌이기도 했던 그는 제국이 로마의 상속자로서 다른 권력들보다 우위에 있는 보편적인 권력임을 주장했다. 이러한 그의 입장은 볼로냐 대학의 법학자들로부터 지지를 받았다. 사실 서임권 투쟁 이후, 교황의 세력 강화는 제국을 지지하는 사람들이 고대 로마와 관련한 제국의 이론을 발전시키도록 부추긴 것이다.

프리드리히 바르바로사의 관심은 수년 동안 대립과 갈등을 겪고 있는 독일을 평정하여 그의 세력을 강화하는 것이었다. 이 때문에 그는 자신의 권한을 강화할 필요가 있었고, 이탈리아가 개인적인 이상을 실현할 수 있는 최적의 장소라고 생각했다. 사실 독일의 왕들은 자동적으로 이탈리아의 왕이 되었으며, 이탈리아의 왕은 곧 황제를 의미했다. 그래서 그는 1155년 교황 하드리아노 4세(약 1100-1159, 1154년부터 교황)의 주재로 대관식을 거행하기 위해 1154년에 처음으로 알프스 산맥을 넘었다. 그는 교황이 로마의 코무네 체제로부터 자유로워질 수 있도록 도왔지만 얼마 가지 않아 교황과의 관계는 급속히 냉각되었다. 실제로 교황은 독일의 추기경들에 대한 자신의 영향력을 강화하고자 했다. 하드리아노 4세는 1157년 브장송에서 개최된 제국의회에 사절들을 보내 황제의 통치권은 교회가 베푸는 큰 은전恩典임을 주장하며 다시 서임권 분쟁에 불을 지폈다. 동시에 이탈리아의 자치 도시들은 제국의 권위를 확립하는 데 약점으로 작용할 것이 분명해 보였다. 1158년 프리드리히는 두 번째로 이탈리아에 왔으며, 볼로냐 대학 법학자들의 이론적인 결정의 지침에 따라 제국의 모든 권리를 돌려줄 것을 요구했다. 이탈리아는 제국의 통치를 실현하기 위한 경제적 수단을 제공해야만 했다.

프리드리히의 계획은 이탈리아의 민족주의적 역사 기술이 주장했던 것과는 정반대로 코무네의 제거가 아니라 코무네를 제국의 틀 안에 맞추어 넣는 것을 목표로 했다. 1159년에 선출된 교황 알렉산데르 3세(약 1110-1181)는 황제의 계획에 반기를

제국의
권리의 복원

코무네와
교회의 마찰

들었다. 또한 베로나 동맹, 롬바르디아 동맹이 결성되어 광범위한 반제국적인 움직임이 형성되었다. 1176년의 레냐노 전투 이후, 1183년 콘스탄츠 평화 협정이 체결되었다. 프리드리히는 세금 징수를 위해 도시 관리들을 임명하는 것을 포기했다. 그리고 힘을 잃어 가는 제국에 대해 코무네와 군주국이 된 교회 사이의 마찰을 드러냈던 다툼은 종결되었다. 프리드리히 바르바로사 이후에 교황과 다른 왕들의 우위에 있는 권력이나 통일된 범민족적인 권력이 존재할 수 있다는 생각도 사라졌다. 한편, 이탈리아 정책의 실패는 황제가 더 약해지고 지방 권력은 더 강력해진 독일의 내부 문제들을 제자리로 돌려놓았다.

프리드리히가 거둔 진정한 성공은 아들 하인리히 6세(1165-1197, 1191년부터 황제)와 시칠리아 노르만 왕국의 상속녀인 오트빌의 콘스탄차(1154-1198)의 혼인이었다. 하인리히 6세는 시칠리아를 제국과 합치려는 계획을 가지고 있었으나, 1197년에 그러한 결합을 실현시키지 못하고 너무 이른 나이에 사망했다.

이제 황제의 권력은 교회의 권위와 군주국들의 생명력, 자치 도시들의 힘을 고려해야만 했다. 1214년의 부빈Bouvines 전투는 제국의 지배가 끝나고 군소 군주국들의 힘이 커지는 계기가 되었다.

| 다음을 참고하라 |
역사 프리드리히 바르바로사와 제3차 십자군(56쪽); 독일의 도시들과 공국들(80쪽)

독일의 도시들과 공국들
| 줄리오 소다노 |

독일의 군주들은 특별한 권리를 누렸으며, 왕국의 관리 출신으로 기부받은 땅을 지니고 지상권을 행사했고, 영토의 3분의 1은 교회에 속했다. 도심지는 황제 직속의 도시와 몇몇 군주들과 교회 고위 성직자의 지배를 받는 지방 도시로 구분되었다. 도시의 자주적인 발전은 늦어졌으며, 독립의 정도도 미약했다.

독일의 군주들

중세 전기에서 후기로 넘어가는 시기에 독일은 바이에른인, 색슨인('작센인'이라고도 함*), 알레마니인 같은 여러 지역 주민들의 통합체였다. 집단적인 정체성은 12세기가 되어서야 나타나기 시작했다. 10세기부터 로마인들의 왕이라는 이름을 가진 독일 왕에 대한 언급이 시작되지만, 12-13세기 이전에는 독일이라는 국가가 존재하지 않았고, 독일을 의미하는 '도이칠란트Deutschland'라는 용어는 1550년부터 등장했을 뿐이다.

독일 정치 제도의 주된 특성은 실제로 분열과 다양성이다. 독일을 이루고 있던 좀 **분열과 다양성** 더 큰 공국들은 오스트리아, 바이에른, 뷔르템베르크, 팔츠, 헤센, 작센, 브란덴부르크였다. 독일의 군주들, 즉 공작, 후작, 백작들은 특별한 권리를 누렸으며, 왕국의 관리 출신으로 기부받은 땅을 소유하고 지상권을 행사했다. 이들이 관리의 지위에서 토지 소유자의 지위로 급속하게 전환이 이루어진 것은 11세기 후반이었다. 공작은 원래 왕에 의해서가 아니라 자기 지역 구성원들에 의해서 선출되었고, 서열로 볼 때 가장 높은 지위를 차지하며 다른 군주들과 차별화되었다. 백작과 후작들에게는 동쪽 국경의 방어 임무가 주어졌으며, 사법과 주요 군사 관련 권력자들이 그다음 서열을 유지하였다. 팔라틴 백작(자기 영토 내에서 왕권의 일부를 행사할 수 있도록 허락을 받은 영주*)은 공작령 안에서 왕의 이름으로 사법권을 행사했던 것에 기원을 두고 있다. 프랑켄 지방에는 공작의 권력이 존재하지 않았던 덕분에 라인 지역의 팔라틴 백작은 더욱 중요한 위치에 오를 수 있었다.

그리고 제국의 기사들이 독일 귀족 계급 제도의 마지막을 차지했고, 브라운슈바이크에서 메클렌부르크에 이르는 수많은 군소 공국들이 있었다. 영토 전체의 3분의 1은 교회에 속해 있었다. 대주교, 주교, 대수도원장과 소수도원의 원장(또는 대수도원의 부원장*)들은 그 넓이나 부유함, 중요성의 정도에서 다양한 차이를 보이는 영토들을 다스렸다. 그리고 마지막으로 오로지 황제에게만 충성을 바치며, 대체로 바로 이웃한 지역까지 자신들의 지배권을 확장시켰던 황제의 도시들이 이곳저곳에 산재해 있었다.

황제의 도시들, 지방 도시들, 주교의 도시들

도시들은 황제의 직속 도시와 몇몇 군주들과 교회 고위 성직자의 지배를 받는 지방 도시로 구분되었다. 대체로 고대 로마 지역에 세워졌으며, 황제가 독일 주교들에게 행사했던 권력 덕분에 왕의 도시들에 견줄 수 있는 주교들의 도시가 있었다.

황제들의 도시는 군주에게 충성을 맹세했으며, 세금 부담은 크지 않았지만 황제의 전쟁에 군대를 파견해야 했다. 지방 도시들은 봉건 영주들의 지배를 받았으며, 몇몇 군주들이 그곳에 거처를 마련하여 어느 정도 견실한 영토의 모습을 갖춘 소규모 수도가 되기도 했다.

새로운 도시들 　유럽 중서부의 상황을 고려할 때 독일은 고대 도시에 기원을 둔 도시들이 많이 없었으며, 많은 도시들의 중심지는 중세에 수도원, 요새, 시장, 강, 광산 주변에서 영주들의 활동을 기반으로 탄생했다. 그들의 영토에서 많은 소득을 원했던 군주들은 새로운 도시 건설에 우호적이었다. 하인리히 사자공(약 1130-1195)은 뮌헨과 브라운슈바이크를 세웠으며, 뤼베크의 발전에 도움을 주었다. 체링겐 가문은 브라이스가우 지역의 프라이부르크와 스위스의 프라이부르크를 세웠다. 특히 12세기, 새로운 도시 정착지의 건설은 독일 지역의 특징이었다. 이러한 정착지들은 이곳을 세운 사람들로부터 기존 도시들의 조직을 채택할 수 있는 권리를 받았다. 영감을 준 도시들과 같은 권리로 서열화된 도시들이 '무리'를 이루는 현상을 만들어 냈다. 쾰른은 도시 권리의 형성에서 중요하고 선구적인 역할을 했다. 1120년 프라이부르크의 창설 헌장은 특별히 쾰른의 조직을 참조했다. 뤼베크는 1158년에 역시 쾰른으로부터 유래한 조에스트의 권리를 받아들였다. 그 뒤에 뤼베크는 독일의 식민지화의 결과로 동부 지방에서 탄생한 수많은 도시들에 자신의 전통을 전했다. 마그데부르크는 1188년 대주교로부터 특권을 받았고, 이러한 특권에 뒤이어 다양한 법령들이 주어졌다. 이때부터 10여 개의 새로운 지역들, 특히 동부 지방의 브란덴부르크, 슐레지엔, 프러시아, 폴란드, 모라비아, 보헤미아의 도시들이 이 특권과 법령들을 본보기로 삼았다.

독일의 느슨한 결속력 　하지만 독일의 도시들은 플랑드르나 이탈리아 도시들의 특징이었던 자유를 달성하지는 못했다. 독일 왕국의 도시들에서는 자유를 위한 발전이 유럽의 다른 지역에 비해 늦었으며, 프랑스 도시들처럼 미약한 독립의 상태를 넘어서지 못했다. 예를 들면, 라인란트와 로트링겐에서는 시민들이 갈망하던 조직을 결성했으며, 이로 인해 초기에 도시의 영주들과 심각한 대립을 겪었지만 캉브레, 쾰른, 메츠, 베르됭에서 그랬던 것처럼 수십 년 간의 치열한 싸움 이후에 인정을 받게 되었다. 다른 곳에서는 자치 도시 제도가 영주의 권력으로부터 점진적인 해방을 통해 실현되었다. 마인츠는 이미 11세기 후반부터 점차 도시의 자치권을 획득해 나갔으며, 다음 세기에는 시민들과 주교 신분의 관료들 사이에 합의를 이루었다. 하지만 다른 도시들에서는 관료 출신 가문들이 상인 출신 가문들의 정치적인 부상을 가로막거나 시민 계급과 결합하여 자신들이 직접 상업 활동에 전념하기도 했다. 마지막으로 쾰른의 경우에는 12세기 상인 계급과 관료들 사이의 구분이 불가능했으며, 주민들의 결사 단체가 치열한 싸움 이후에 주교로부터 인정을 받았던 곳으로, 시 행정관의 통치를 받게 되는 결과를 낳았다.

동쪽으로 영토를 확장한 서유럽 국가들

작센 가문이 장악한 패권은 제국의 중심을 동쪽으로 옮겨 놓았다. 작센의 군주들은 엘베 강과 오데르 강 사이의 지역을 정복하는 데 전력을 기울였다. 동유럽 지역의 식민지화는 게르만족과 슬라브족의 적대 관계를 심화시켰으며, 1147년에 공식적으로 공표된 십자군의 특성을 지니고 있었다. 클레르보의 베르나르두스(1090-1153)는 작센의 귀족들이 십자군의 일원으로 예루살렘으로 향하기보다는 이웃한 슬라브인들을 공격하고자 하는 의향이 있음을 간파하고, 이교도인 슬라브인들을 무찌르도록 그들을 부추겼다. 동부 작센의 십자군은 작센인, 덴마크인, 폴란드인이 마그데부르크와 라우시츠 지역의 부족들을 무찌르고 가톨릭으로 개종하도록 복종을 강요하는 전쟁을 일으켰다. 1198년에 브레멘의 대주교 하르트비히Hartwig는 리보니아를 상대로 또 다른 십자군을 출범했다. 전사이자 사제들로 리니아를 본거지로 한 검의 형제 기사단의 도움을 받아 점차 발트 해 전역을 가톨릭으로 개종시켰던 조직을 만든 것이다. 비록 교황으로부터 정식 인가를 받지는 못했지만 마치 성전처럼 치러진 전쟁들이 줄을 이었다. 한편, 프러시아 십자군은 1200년경에 결성되었다. 프러시아인들은 그들의 독립을 유지하고 있었으며, 계속된 약탈로 폴란드 주민들을 괴롭혀 왔다. 폴란드 군주 가운데 한 명인 마조비에츠키공 콘라트Konrad I Mazowiecki는 성지에서 쫓겨 나와 얼마 전 일자리를 잃어버린 소규모 기사단인 튜턴 기사단을 불러들여 문제를 해결하고자 했다. 하지만 이러한 계획은 콘라트의 수중을 벗어났으며, 기사단은 자신들의 임무를 완수하고 떠나는 대신에 황제는 물론 교황으로부터 십자군의 권리를 인정받았다.

동쪽으로 확장을 했음에도 불구하고 제국의 경제생활의 중심지는 계속해서 라인

슬라브 이교도들

강 지역으로 남았다. 황제 선출에 대한 공표가 이루어지던 수도는 아헨으로 유지되었으며, 로트링겐은 서쪽 지방과의 관계에서 중심축 역할을 했다. 작센 왕조를 이은 잘리에르Salier 왕조는 프랑스에 기원을 두고 있지만, 프랑크 왕국이 아닌 게르만의 신성로마 제국을 통치했다.

| 다음을 참고하라 |
역사 자치 도시국가의 탄생과 확장(39쪽)
시각예술 독일: 힐데스하임, 쾰른, 슈파이어(737쪽)
음악 트루베르와 미네젱거(846쪽)

카페 왕조의 프랑스

| 파우스토 코제토Fausto Cozzetto |

987년 위그 카페가 봉신들에 의해서 왕으로 선출되었으며, 그 결과 서프랑크에서는 11세기와 12세기에 그의 이름을 딴 왕조가 위세를 떨쳤다. 카페 왕조가 성공을 거둘 수 있었던 중요한 요인은 선출 원칙을 대신할 장자의 왕위 상속제를 확정함으로써 장자와 왕위를 결합하는 관례를 마련한 것이라고 할 수 있다. 2세기 동안 이 봉건 왕조는 훨씬 더 강력한 앵글로노르만 왕국과 신성로마 제국의 권력, 대봉건 영주들에 맞서 힘겨운 균형을 유지하였다. 카페 왕조의 시도는 성공을 거두었고, 13세기 초 필리프 2세와 함께 왕국은 자연적인 지리적 경계선에 이르게 되었다.

위그 카페

10세기 말, '프랑스'라는 명칭은 전적으로 프랑크 왕국의 서쪽 지방에만 붙여졌다. 이곳은 아키텐과 부르고뉴, 프로방스, 노르망디, 브르타뉴와 함께 봉건 카페 왕조가 활약했던 센 강의 북쪽 지역을 포함하는 곳이다. 반면에 당시 '게르만'으로 표기된 동프랑크와 로렌으로 불렸던 남프랑크는 프랑크인들의 땅이라는 명칭을 상실했다.

카롤루스 대제(742-814, 768년부터 왕, 800년부터 황제) 제국의 와해는 지방분권적이고 당파주의적인 자극의 발전으로 이어졌다. 887년 카롤루스 3세 뚱보왕(839-888,

881년부터 왕)의 퇴위 이후, 제국과 그에 복속된 왕국들에서 상속 제도가 중단되고 선출 원칙이 확립되었다. 이러한 선출 방식은 역시 대상자가 여러 명이었지만 상속을 통한 제도에 의해 초래되었던 대립 관계보다 훨씬 더 심각한 경쟁을 불러일으켰다.

885년 루앙을 점령하고 파리를 포위한 노르만인들의 침략 기간 동안 침략자들에 맞설 능력이 없었던 카롤링거 왕조의 마지막 왕 카롤루스 3세 뚱보왕의 정치·군사적인 무능함은 프랑스 대봉건 영주들의 반발을 불러일으켰다. 이 영주들은 파리의 백작 외드Eudes(약 860-898, 888년부터 왕)를 군주로 선포했다. 다음 한 세기 동안 프랑스 지역의 변화는 카롤링거 왕조의 생존자들과 봉건 영주들의 선언에 의해 893년에 폐위당한 외드의 후계자들 사이에 서프랑크 왕국의 왕위를 차지하는 것을 목표로 끊이지 않았던 패권 싸움으로 특징지어진다. 10세기 중반 봉건 영주들은 루이 4세 Louis IV(920-954, 936년부터 왕)를 왕으로 추대했다. 미숙하고 추종자가 없던 루이 4세는 파리의 백작 위그 르 그랑Hugues le Grand(897-956)과 갈등을 겪어야만 했다. 이러한 대립은 루이 4세의 아들인 로테르Lothaire(941-986)의 정책에 불만을 가지고 있던 게르만 제국에 의해 결국 해소되었다. 같은 불만을 느꼈던 프랑스의 봉건 영주들도 루이 5세Louis V(966-987)가 죽자 파리 백작 위그의 아들인 위그 카페Hugues Capet(?-996)를 왕으로 인정했다.

서프랑크는 각기 다른 면적과 힘을 지닌 봉토들의 통합체였다. 실제로 왕국의 한 편에는 가스코뉴, 부르고뉴, 아키텐, 노르망디의 대공국들과 브르타뉴, 플랑드르, 앙주, 툴루즈의 대백작령이 자리 잡고 있었다. 이들 중 많은 왕조들은 카롤링거 왕국의 관리들과 함께 성장했으며, 국외로 뻗어 나갈 수 있는 군사적 능력을 보여 주었고 카페 왕조의 정치적 적수로서 역할을 수행할 수 있는 강력한 가문들을 일구었다. **서프랑크**

북쪽에서는 노르망디공 정복자 윌리엄(약 1027-1087, 1066년부터 왕)이 군사적으로 큰 승리를 거둔 잉글랜드 원정을 개시했으며, 잉글랜드의 왕이 되었다. 프랑스 남부에서는 툴루즈의 백작들이 프로방스의 제후가 되었다. 아키텐의 공작들은 북쪽을 향한 정복의 야망을 자제했기 때문에 그리스도교 깃발을 들고 피레네 산맥 너머와 시리아를 향한 군사 작전에 뛰어들었다. 그리고 동쪽 국경에서는 플랑드르의 백작들이 제국과 충돌했다. 위그 카페 왕국에서도 조그만 영지들이 많은 확장을 이룬 것으로 보인다. 카페 왕조의 군대를 이루던 '파벌'은 실제로 같은 가문에 속한 동료들 또는 외부인일 수도 있다. 이들은 봉신의 관계를 결정짓는 개인적인 면과 경제적인 **소규모 봉건 영지**

안정을 보장하는 데 필요한 종신 '혜택'으로 이루어진 현실적인 면의 이중적인 관계로 우두머리와 엮여 있었다.

서프랑크 왕국에서는 현대 프랑스의 특징적인 제도와 언어, 정치, 문화가 모습을 갖추기 시작했다. 이러한 특성이 나타나는 징후로, 거의 한 세기 전부터 시행 중이던 군주의 선출 방식이 군주와 그를 계승할 준비가 된 장자가 함께 왕국을 이끌어 가는 연대 방식으로 대체되었다.

왕국의 세습

봉신들의조직망 이것은 이미 퀴에르지Quierzy 법령으로 합법화된 하나의 관례였다. 카페 왕조와 함께 왕국을 통치하는 합법성의 기준으로 다른 아들들을 배제한 장자 세습 원칙이 확립된 것이다. 카페 왕조는 왕위에 오르기 위해서 로렌 지방은 물론 부르고뉴와 프로방스에 대한 실질적인 황제의 지배를 인정해야만 했으며, 반면에 새로운 왕조의 결정은 뫼즈와 피레네 산맥 사이, 대서양과 론Rhône과 손Saône 강 사이의 새로운 영토에 적용되었다. 이러한 행동은 매번 비슷한 결과들을 가져왔던 결혼 정책, 영토의 확장을 꾀했던 주변 봉건 영주들과의 군사적인 갈등, 그리고 봉신들과 자신의 연결 고리를 더 확대시키고 그들의 승계 관행을 엄격히 통제함으로써 카페 왕조 세습 군주에 의한 봉건제의 정상적인 역할 강화에 근거하고 있다.

이러한 상속 제도를 시작한 사람은 아들 로베르 2세(약 970–1031, 996년부터 왕)와 공동 왕위를 이룬 위그 카페였다. 로베르 2세 역시 그 나름대로 혼인 정책을 채택하였는데, 먼저 플랑드르 백작의 미망인과 결혼했다가 곧 블루아Blois 백작의 미망인과 결혼하기 위해 그녀를 버렸다. 이러한 동맹은 프랑스의 부르고뉴를 정복하려는 자신의 목표를 달성하기 위해 유용했다. 성공에 고취된 그는 더 큰 정치 무대로 눈길을 돌렸다. 로베르 2세는 황제 하인리히 1세Heinrich I와 만나 새로운 군주를 두고 충돌이 벌어지고 있던 이탈리아 왕국으로 관심을 돌렸다. 로베르 2세는 아버지가 실행한 관례에 따라 선택되지 못한 다른 아들들의 공격을 받으면서도 그 또한 장자인 위그를 공동 왕위에 올렸다.

군주제의쇠퇴 자신의 가족들의 저항과 적대에 직면하여 카페 왕조의 세습 군주국은 권력의 특권을 소진하였다. 이 시점에서 군주국은 군주권의 증거인 봉건 시대 신종臣從의 예를 최후 수단으로 남겨 놓은 채 왕국에 존재하던 다른 봉건 세력들과 접촉하고 합의를 도출해야만 했으며, 왕은 최고의 봉건 군주로 인정받는 데 만족했다. 필리프 1세 Philippe I(1052-1108, 1060년부터 왕)의 통치는 대외 정책의 결여는 물론 당시 유럽 대부분이 연루된 십자군에 참여할 정도도 되지 못했기 때문에 군주국의 몰락을 피부로 느끼게 해 주었다. 반면에 현재 프랑스 영토에 있던 다른 중요한 봉건 국가들이 잉글랜드와 이탈리아, 에스파냐로 진출하는 사이, 12세기 초 카페 왕조는 프랑스라는 섬에 갇힌 채 정체 상황을 맞은 것처럼 보였다.

또한 평화와 동맹, 전쟁 정책을 통하여 국가 간 영토 체계의 윤곽을 마련하고자 지방들 사이의 관계 형성에 매진한 대봉건 왕조들과 카페 왕조 사이의 관계도 중단되었다. 3개의 대조직(앵글로노르만 왕국, 카페 왕국, 신성로마 제국)의 존재로 조절된 균형의 원리와 상호 인정에 바탕을 둔 체계 속에서 각각의 조직은 비록 그 시기는 다르지만 지방 국가들의 결합에 대하여 영속성과 안전을 보증할 수 있었다.

이러한 조직을 중심으로 이루어진 집중화는 자연스럽게 주축이 된 왕조들의 패권 쟁탈전으로 이어졌다. 이러한 지방 권력의 집중화는 12세기 내내 이어졌으며, 가장 심한 갈등이 있던 지역은 솜Somme과 루아르Loire 사이의 옛 프랑크 지역이었다.

필리프 왕의 후계자인 루이 6세Louis VI(약 1081-1137, 1108년부터 왕)는 정복자 윌리엄이 1066년 프랑크 영토와 잉글랜드 사이의 북부 지방 경계에 세웠으며 파리의 카페 왕조에 맞서 그들의 힘을 약화시킬 수 있었던 유일한 국가 조직인 노르만의 결합 세력에 주의를 기울이고 관계를 형성해야 했다. 따라서 그는 카페 왕조를 무기력하고 수동적인 상태에서 벗어나게 만들어야 했다. 하인리히 1세(1068-1135, 1100년부터 왕)의 통치 기간에 2개의 노르만 국가의 결합은 다시 견고해졌으며, 곧 센 강의 골짜기를 공유하고 나누어 가질 수밖에 없었던 왕들 간에 피할 수 없는 싸움이 벌어졌다. 이는 2개의 진영으로 나뉘어 서로 상대편에 섰던 다른 봉건 국가들로까지 확산되었다. 한편에서 노르망디가 카페 왕조에 대항하여 모든 봉건 세력들을 규합하면, 다른 한편에서는 카페 왕조가 친족들을 노르만 왕에 맞서도록 선동하며 자신의 모든 정치력과 힘을 노르망디와 잉글랜드의 연합을 깨뜨리는 데 쏟아부었다.

노르만 공국의 두 얼굴

잉글랜드의 왕위 상속녀인 마틸다 1세Matilda I(1102-1152)가 앙주의 조프루아 Geoffrey d'Anjou(1113-1151)와 재혼한 1127년에 중요한 전환점을 맞이했다. 같은 시기에 교황에게 적대적인 정책을 강화하려는 시도와 서임권 분쟁의 분위기 속에서 황제 하인리히 5세(1081-1125, 1111년부터 황제)는 잉글랜드 왕국과 동맹 협정을 체결했다. 한편, 루이 6세는 자기 나름대로 내부의 봉건 세력들을 규합하여 교황 편에 섰고, 자신의 군대를 인솔하여 황제에 대항하기 위해 메스Metz에 합류했다. 몇 년이 지난 뒤, 프랑스 중남부의 주요 지역을 통제하려는 시도로 자신의 아들이자 후계자인 루이 7세(약 1120-1180, 1137년부터 왕)와 아키텐의 엘레오노르(1122-1204)의 혼인을 성사시켰다. 엘레오노르는 오베르뉴의 지역들과 푸아투, 리무쟁, 가스코뉴를 카페 왕조에 혼수로 가져옴으로써 왕국의 국경을 피레네 산맥까지 넓혔고, 북쪽부터 남서부 지역까지 가로지르는 국가를 만들 수 있게 해 주었다.

왕위의 집중   루이 7세의 왕위 계승은 앞선 몇 년 사이에 북동부의 샹파뉴 백작령은 물론이고, 루이 왕이 부인인 엘레오노르를 내쫓으면서 아키텐과 동맹도 깨졌기 때문에 초기의 불확실한 정책으로 특징지을 수 있다. 몇 년 뒤 엘레오노르는 잉글랜드 왕위 상속자인 앙주의 플랜태저넷Plantagenet 왕가의 헨리 2세Henry II(1133-1189)와 혼인함으로써 헨리의 야망을 키우는 데 기여했다. 헨리 2세는 앵글로 프랑스의 왕위 여러 개와 봉건 귀족의 작위들을 여러 개 지니고 있었으며 프랑스 지역 대부분 세력의 우두머리였을 뿐만 아니라 앙주 백작령이 자신의 강력한 왕국의 중심이 되어야 한다는 생각을 신봉하고 있었기 때문에 카페 왕조의 프랑스와 앵글로앙주의 군주 사이에 정치적인 충돌을 불러일으켰다. 헨리 왕이 거의 30년 동안 프랑스 왕국의 힘을 약화시키는 정책을 성공적으로 펼칠 수 있었던 것은 분명해 보인다.

자연적인 국경을 향하여

카롤루스 대제의 자취를 따라   왕국의 정치를 성공적으로 이끌지 못했던 첫 번째 국면 이후에 프랑스의 군주는 진취적인 기상을 갖춘 활발한 성격으로 변모함으로써 앙주와 앵글로노르만 세력에 두려움을 느끼고 있던 많은 대봉건 영주들의 관심을 사로잡을 수 있을 정도로 획기적으로 태도를 변화시켰다. 루이 7세가 황제 콘라트 3세(1093-1152, 1138년부터 황제)와 동등한 역할로 제2차 십자군에 참여한 것만으로도 왕의 기상이 되살아난 것을 충분히 설명해 준다. 또한 그는 군주의 주권이 거의 미치지 않던 왕국의 남부 지역과 관계를 수립했다. 그 다음에 카페 왕조의 군주는 카스티야의 공주를 아내로 맞았으며, 이후에는 샹파뉴 가문의 상속녀와도 혼인을 했다. 그리스도교의 자취를 쫓아 카롤루스 대제와 그 후계자들의 전유물이었던 레콘키스타에 대한 개입 노선을 재개하여 프랑스의 다른 봉건 귀족들과 함께 에스파냐의 무어인들을 무찌르기 위해 떠나기도 했다. 짜임새 있는 카페 왕조의 군주제를 잉글랜드의 앙주 왕에 대하여 우위를 점할 수 있었던 주된 요인으로 점차 인식하게 된, 프랑스 영토 내에 자리 잡은 여러 봉건 공국들은 그들 사이의 결속을 다시 견고히 하였다. 이러한 정책을 통하여 영토에 대한 자부심을 되살림으로써 프랑스의 군주는 복합적인 앵글로노르만의 강력한 왕국을 위기로 몰아넣는 데 성공했다. 실제로 카페 왕조의 필리프 2세(1165-1223, 1180년부터 왕)는 잉글랜드의 왕과 한차례 협상 단계를 거쳐 카페 왕조를 무너뜨리려는 의도를 가진 북동부의 대봉건 영주들의 강력한 동맹에 맞서기 위해 그들의 보호를 요청해야 할 정도까지 비참한 상황에 놓인 적이 있다.

동방으로부터 위협이 봉쇄되자 1187년부터 카페 왕조의 프랑스와 사자심왕 리처드Richard the Lionheart(1157-1199)와 그 이후에 등장한 무지왕 존(1167-1216)의 지휘를 받은 잉글랜드가 두 주역이 되어 충돌한 앵글로노르만 세력의 투쟁 국면이 만들어졌다. 프랑스 군주는 카페 왕조에 대한 독일 황제의 전통적인 적개심을 누그러뜨리고 프리드리히 바르바로사를 비롯한 다른 세력들을 전쟁에 끌어들이는 데 성공했다. 1202년 카페 왕조의 군주는 자신에게 봉신으로서 충성을 거부한 무지왕 존을 문책하고 프랑스 영토 내의 모든 봉토를 공식적으로 빼앗았으며, 계속해서 노르망디, 푸아투, 앙주, 브르타뉴, 튀렌을 공격하여 정복했다. 이제 프랑스 땅에는 자신의 영역에 다른 봉건 세력들을 끌어들인 카페 왕조의 힘에 맞설 수 있는 상대는 남아 있지 않았다.

이제 카페 왕조의 힘은 신성로마 제국의 황제에게 향했고, 결국 황제의 군대를 상대로 1214년 부빈 전투에서 승리했다. 필리프 오귀스트, 그리고 그 후에 아들 루이 8세Louis Ⅷ(1187-1226, 1223년부터 왕)는 툴루즈의 봉건 제후국이 지중해 지역에서 주목할 만한 세력을 구축하고 있던 프랑스 남부로까지 정복을 꿈꾸었다. 카페 왕조의 개입은 1209년 교황 인노첸시오 3세(1160-1216, 1198년부터 교황)가 남부 지역에 광범위하게 확산되어 있던 카타리파의 이단들에 대항하여 십자군을 조직했기 때문에 종교적인 동기로 합리화되었다.

이러한 계획에 카페 왕조는 물론 프랑스 북부와 중부의 봉건 영주 대부분이 가담했다. 카타리파에 대한 십자군 인솔은 몽포르의 시몽Simon de Montfort(약 1150-1218)에게 맡겨졌다. 십자군은 랑그도크의 여러 도시들을 점령하며 이단들을 탄압했다. 툴루즈의 백작을 돕기 위해 아라곤 군주가 달려왔지만, 메네에서 십자군에게 패했

통일을 향한 움직임

지중해까지

다. 전쟁의 결과로 몽포르의 시몽은 정복한 영토의 제후가 되었다. 하지만 이러한 정복에 대해 카페 왕조의 군주는 심각한 우려를 표했다. 1215년 루이 왕은 프랑스 남부로 원정을 떠났으며, 1226년에 이 지역을 정복하여 교황의 승인을 받아 카페 왕조 왕국에 병합시켰다. 이로써 서프랑크 왕국은 지중해에 이르게 되면서 자연적 경계를 지닌 나라의 대부분을 완전히 차지했다. 1086년부터 1200년까지 100년이 조금 넘는 기간 동안 왕국의 인구는 4백만 명에서 6백9십만 명으로 75%가 늘어났다.

| 다음을 참고하라 |
역사 잉글랜드(90쪽)

잉글랜드

| 레나타 필라티|Renata Pilati |

11세기와 12세기의 잉글랜드는 권력을 지배하기 위한 앵글로색슨족, 데인족,
노르만족 사이의 싸움과 왕조의 교체, (아키텐의 경우와 같이) 혼인을 통한 영토의 확장,
치열한 전쟁을 통해 경쟁 세력들(남작령과 교회령)에 대한 세습 군주 권력의 확립,
노르만 정복 이후 프랑스를 본보기로 이루어진 국가와 영토의 개편으로 특징지을 수 있다.

권력 투쟁에 휩싸인 앵글로색슨족, 데인족, 노르만족

5세기에 잉글랜드에 정착한 앵글족과 색슨족은 섬의 중동부 지역에 게르만 특유의 체제를 갖춘 7개의 조그만 왕국들을 세웠다. 켈트족들은 싸움에서 패한 뒤, 웨일스와 콘월 지역으로 내몰렸다. 자문협의회Witenagemot는 계속해서 왕의 통치를 보좌했다. 행정은 세금을 징수한 집행관sheriffs이라는 국왕의 관리들에게, 그리고 사법은 앨더먼ealdermen이라는 시민 재판관에게 맡겨졌다. 국가의 체제는 나라 전체가 그리스도교화가 된 뒤에도 바뀌지 않았으며, 그 결과 로마인들의 체제와는 이질적인 모습을 보여 주었다. 선교사들이 라틴어를 들여왔지만 종교를 고착화하기 위해 개종자들에게 그들의 언어를 읽고 쓰는 것을 가르쳤으며, 이들 가운데 성직자를 선발하기

도 했다. 노르만족의 정복이 있기까지 교회는 로마와 분리되어 있었다.

에드거 평화왕Edgar the Peaceful(944-975)의 아들인 애설레드 2세Ethelred II the **혼인과 동맹** Unready(약 968-1016, 978년부터 왕)는 계모인 엘프리드Elfriede의 의도로 살해당한 형 에드워드 순교왕Edward II the Martyr(963-978, 975년부터 왕) 이후에 왕이 되었다. 그는 데인족들의 계속되는 약탈로부터 데인겔드Danegeld(침입자인 데인족에게 바치기 위해 부과한 조세*)라는 세금을 지불하며 잉글랜드를 방어하는 데 전념했다. 991년에는 데인족에 대항하여 노르만족의 지원을 얻기 위해 노르망디의 엠마Emma와 혼인했 다. 1002년 11월 13일, 성 브리치오St. Brizzio의 밤에 그는 잉글랜드에 있는 모든 데인 족들을 살해하도록 했지만, 그다음 해 스벤 1세 갈퀴턱수염왕Svend I Tveskaeg(약 955- 1014, 986년부터 왕)에게 패했다. 스벤 1세가 사망한 뒤에 애설레드 2세가 다시 왕 위에 올랐지만, 스벤의 아들인 크누드 대왕(카누트 대왕이라고도 함*)Knud den Store(약 955-1035, 1016년부터 왕)이 잉글랜드를 정복하여 덴마크와 노르웨이의 왕위를 자식 들에게 물려주고 정착했다. 크누드는 1016년에 애설레드의 미망인인 노르망디의 엠 마와 혼인하였으며, 제도를 고치지는 않았지만 앵글로색슨 군주들의 중앙집권적인 추세를 고려하여 잉글랜드 땅을 4개의 주(노섬브리아Northumbria, 이스트 앵글리아East Anglia, 머시아Mercia, 웨식스Wessex)로 개편했다. 그가 사망하자 먼저 그의 셋째 아들인 해럴드 1세Harold I(?-1040)가 왕위를 계승했다가 1040년부터 1042년까지 덴마크 왕 을 겸했던 하르덱누드Hardeknud(크누드 3세, 다른 문헌에는 크누드 2세로 나오기도 한다*, 1018/1019-1042)가 왕위를 이었다. 이들의 왕위 계승 전쟁을 통해 애설레드 2세와 엠마의 아들인 앵글로색슨 에드워드 참회왕Edward the Confessor(약 1005-1066)이 노르 만족의 도움에 힘입어 1042년에 왕위를 되찾았다. 그는 외삼촌인 노르망디의 리처 드 2세Richard II(963-1026)의 궁에서 25년간의 유배 생활을 끝내고 잉글랜드로 돌아 왔다. 데인족의 침략 이후에 군사적인 역할도 수행했던 앨더먼들은 정복을 위한 정 치·군사적 투쟁 중에 직위의 세습을 얻었으며, 주대표shirmen들의 권력을 박탈하여 수많은 주를 장악했다. 이들은 왕을 통제할 수 있는 능력을 갖춘 국가의 지도자가 되 었다. 에드워드는 노르만인에게 교회와 민간의 행정 관련 직무와 혜택을 부여하며 주위에 배치함으로써 그들의 통제를 벗어나려 했다.

그는 쥐미에주의 로베르Robert de Jumièges(약 1150년에 활동)를 캔터베리 대주교로 **앨더먼들의 권력** 임명했다. 하지만 영토의 통제권은 앨더먼들에게 있었다. 에드워드는 자식들과 함께 왕국의 절반 이상을 통제하던 웨식스의 강력한 앨더먼 고드윈Godwin 백작과 동맹을 맺어야만 했다. 1045년에 에드워드는 고드윈의 딸인 에디스Edith와 혼인했다. 한편 고드윈은 캔터베리 대주교와 투쟁에 들어갔으며, 1051년에 그의 자녀들과 함께 영주들의 배심 재판에 회부되었다. 고드윈은 플랑드르로, 자녀들은 아일랜드로 몸을 피하여 병사들을 모집하고 도움을 요청하고자 했다. 이들은 각각 동쪽과 서쪽에서 잉글랜드 상륙을 계획했다. 수많은 노르만인들이 도망을 간 뒤로 에드워드는 더 이상 고드윈과 그 자식들의 공격을 견디지 못하고 지위와 재산을 돌려 달라는 그들의 요구를 들어줄 수밖에 없었다. 앵글로색슨의 귀족 계급은 고드윈을 지도자로 인정하였으며, 고드윈이 사망한 이후에는 에드워드와 에디스가 후손을 남기지 못하자 그의 아들 해럴드(뒤에 해럴드 2세Harold II의 이름으로 왕이 된다. 약 1002-1066)를 사돈인 에드워드의 뒤를 이을 후보로 인정했다.

해럴드의 위신과 권력은 스코틀랜드와 웨일스에 대한 군사 원정이 성공을 거두고 그의 심복들을 요직에 임명하여 행정을 장악함으로써 더욱 커졌다. 하지만 해럴드의 승계는, 에드워드 왕의 조카로서 왕이 노르망디에 오래 머무는 동안 그와 좋은 관계를 가졌던 로베르 화려공Robert le Magnifique의 사생아인 노르망디 공작 윌리엄 서자왕William the Bastard(약 1027-1087, 1066년부터 왕)에게 제지를 당했다. 윌리엄은 1051년에 잉글랜드를 방문하는 동안 에드워드로부터 후계자로 지명을 받으려는 시도가 한차례 수포로 돌아간 뒤 1065년에 공식적으로 상속자로 지목되었다. 하지만 에드워드는 자문협의회에 속하는 특권인 이러한 왕의 권한을 행사하지 못했다. 한편, 해럴드가 프랑스로 가던 중에 조난을 당하여 노르망디에 상륙하게 되자 노르만족에게 유리한 상황이 연출되었다. 그는 체포되어 윌리엄 공에게 인계되었다. 윌리엄은 해럴드의 충성 서약을 받고 나서야 그를 풀어 주었다. 이로 인해 해럴드는 왕위를 포기했다. 하지만 1066년 1월 5일 에드워드 왕이 사망하자 자문협의회는 해럴드를 왕으로 선출하였으며, 감옥에서 그에게 강요된 맹세를 철회했다. 많은 사람들이 그를 떠났고, 윌리엄은 그를 위증자로 고발했다. 또한 노르만인 대사들과 캔터베리 대주교인 스티갠드Stigand로부터 교회 개혁에 대해 해럴드가 반감을 가지고 있다는 이야기를 듣게 된 교황 알렉산데르 2세(?-1073, 1061년부터 교황)의 지지를 이끌어 냈다.

교황은 해럴드에게 위증으로 유죄를 선고했으며, 1053년에 교황 레오 9세(1002-1054, 1049년부터 교황)를 추종하던 2명의 노르만인 로베르 기스카르와 카푸

교황 레오 9세에
대한 굴복

아의 군주 리카르도 드렝곳Riccardo Drengot(?-1078)과 마찬가지로 앞으로 교회의 가신이 될 인물로 평가받은 윌리엄에게 축복의 징표로 성 베드로의 깃발을 수여했다. 윌리엄은 교회 개혁에 우호적인 궁정 당파로부터 지지를 받았지만, 도움을 주기를 망설이는 노르만인들을 설득하기 위해 노르웨이의 약탈왕 하랄 시구르손Harald Sigurdsson(1015-1066, 1046년부터 왕)에게 잉글랜드의 영토 보상을 약속하며 동맹을 맺었다. 이러한 동맹은 노르만 남작들이 작전을 위한 선박과 말, 병력을 제공하도록 만들었다.

브르타뉴의 공작과 불로뉴의 백작도 자신의 군대를 이끌고 이 원정에 참가했다. **헤이스팅스와 정복자** 1066년 9월 29일, 1만여 명의 기마병을 태운 700여 척의 노르만 배들이 서섹스의 페번지Pevensey에 상륙했다. 4일 전 요크셔 해안에서 노르웨이인들은 해럴드의 군대에 패했지만 그들에게 심각한 손상을 가할 수 있었다. 해럴드가 위기에 처한 가운데 윌리엄은 상대할 만한 적들을 만나지 못했다. 10월 14일에 해럴드는 헤이스팅스에서 노르만 군대를 맞닥뜨리게 된다. 윌리엄은 기병과 보병들이 지참한 투창 덕분에 색슨인들을 무찌를 수 있었다. 그리고 해럴드는 전장에서 사망했다. 헤이스팅스의 승리로 정복자가 된 윌리엄은 앵글로색슨의 군주국을 멸망시키고 자문협의회의 동의로 잉글랜드 땅을 공식적으로 손에 넣게 되었다. 이 모든 위업은 정복자 윌리엄 센터에 보관 중인 바이외Bayeux 태피스트리(1066-1070)에 잘 묘사되어 있다[도판 59, 60].

잉글랜드 땅의 노르만 조직

정복자 윌리엄은 에드워드 참회왕이 건설한 웨스트민스터 대성당에서 1066년 12월 25일에 잉글랜드의 왕으로 즉위하여 1087년까지 통치했다. 스코틀랜드와 웨일스는 독립을 유지했다. 잉글랜드는 북유럽 국가들과 교역 관계를 그대로 유지하면서도 윌리엄이 계속해서 공작의 직위를 유지하고 있던 노르망디와 정치·군사적으로 결속을 다져 나갔다.

윌리엄은 1067년부터 1068년까지 '대앵글로색슨 영주들'의 반란에 대처해야 했다. 1070년에 윌리엄은 신학자이자 법학자인 파비아의 란프랑쿠스Lanfrancus(약 1005-1089)를 캔터베리 대주교로 임명했다. 파비아 대학에서 공부한 란프랑쿠스가 노르망디의 베크에서 수도원장으로 있을 때, 이미 그에게 법률 조언을 구했던 왕은 법률 영역에서 중요한 조치들을 취했다. 그는 앵글로색슨의 자문협의회를 대자문회의Magnum Concilium로 대체하고 더욱 세밀한 자문을 구했다. 민간과 교회의 법정을 구분했으며, 주교들의 사법권 행사를 교회법에 따라 각자의 관할 구역으로 제한했다. 잉글랜드 교회는 그레고리오 개혁을 수용한 노르만 성직자들에 의해 개조되었다. 왕의 통제를 받았지만 로마와 밀접한 관계를 유지했던 잉글랜드 교회는 매년 베드로 헌금(가톨릭 신자들이 교황 주일에 봉헌하는 특별 헌금*)을 바쳤다.

솔즈베리의 충성 서약　윌리엄은 프랑크 노르만족의 봉건 권리에 따라 노르만인과 브르타뉴인, 플랑드르인에게 몰수한 땅을 수여했지만, 이들이 인근 지역의 봉토를 병합하여 강력한 대봉건 제후국을 형성하는 것은 허용하지 않았으며, 봉토의 4분의 1은 왕을 위해 유지했다. 봉토에는 데인세라는 왕의 세금이 부과되었다. 예전에 데인족 왕에게 바쳤던 세금으로, 에드워드 참회왕이 폐지했던 데인세가 땅에 대한 세금이 된 것이다. 1086년에 윌리엄 1세는 솔즈베리의 충성 서약에 따라 봉신들, 그리고 남작과 성직자의 봉신들을 자신과 결속시켰다. 같은 해 노르만인 또는 멘Maine(프랑스 북서부 지방*)의 사제들에게 프랑스어로 표기된 잉글랜드의 건물과 시설들을 라틴어로 기술해 놓은 세금 장부인 '둠즈데이 북Domesday Book'(둠즈데이는 '최후 심판의 날'을 뜻하는데, 이 기록이 아주 자세한 것까지 다루고 있어 도저히 발뺌할 수가 없다는 데서 나온 이름이다*)이라는 토지대장을 편찬하게 했다. 토지대장에는 남작들이 살고 있는 영지와 영주들의 이름, 남작들로부터 받은 경작지에 거주하는 가장들의 숫자를 기록했다.

숲과 공동 보유지　사회는 봉신인 남작들과 그들의 봉신인 기사들, 토지에 묶여 있던 자유 예농隷農과 대체로 노예였던 농노로 구분되는 농부들로 세분화되었다. 인구는 약 110만 명으로 계산되었다. 둠즈데이 북에 기초하여 그 당시 농업의 상황을 재구성해 볼 수 있다. 드루이드Druid(고대 켈트족 종교였던 드루이드교의 성직자*)에 대한 로마인들의 대규모 섬멸 이후에 잉글랜드 땅의 15%만이 숲이었고, 이것이 여기저기 불규칙하게 흩어져 있었다는 것은 상당한 의미를 지니고 있다. 노르만인들은 부분적으로 숲으로 이루어진 공동 보유지를 도입했다. 이러한 공동 보유지에는 다양한 권리들이 행사되었다. 이것은 사냥을 위해 사슴들을 기르던 왕과 지주들의 관습적인 공동체였다. 1315년경의 세밀화에는 무지왕 존(1167-1216, 1199년부터 왕)이 사슴 사냥을 하는 장면이 묘사되어 있다(런던, 영국박물관). 1066년에 이미 울타리가 쳐져 있는 개인 소유의 가축 방목지인 대정원park이 존재했는데, 이것과는 달리 공동 보유지에는 울타리가 없었다. 더욱 긴밀한 상관관계를 보여 주는 다양한 법률 형태의 거래(관습상의 지상권부터 전세, 판매, 상속에 이르기까지)로 인하여 12세기부터 토지 거래는 점점 더 활발해졌다.

런던과 옛 로마 도시들이 활력을 되찾아 가는 사이에 정복자 윌리엄은 노팅엄과 브리스틀 같은 색슨 버러borough(성채가 있는 요충지로 독립적인 자치구*) 옆에 프랑스인의 정착지인 프렌치 버러french borough를 세우는 것에 우호적이었다.

윌리엄은 앨더먼을 폐지했지만, 지방을 훗날 카운티county라고 부르게 될 샤이어shire로 구분하는 것은 유지했다. 12세기 초, 런던은 시민 계층이 왕국의 정치 계급이 되는 한편, 집행관sheriff 또는 노르만의 지방관viscount을 시민들이 선출했다. 다른 도시들이 세금과 경제와 관련한 몇몇 양보를 얻어 내는 데 만족했던 반면, 런던과 5항五港, Cinque Ports(잉글랜드 남동부에 있는 중세 시대 잉글랜드 해협 항구들의 연합체*)은 특권을 얻어 냈다. 앵글로색슨인과 노르만인 사이의 구분은 점차 완화되었다. 비록 정복자들의 언어가 프랑스어이기는 했지만, 피지배자들의 언어인 고대 영어도 군사, 법, 과학, 문학 영역에서 프랑스어와 라틴어로부터 유래한 어휘들로 서서히 풍부해졌다. 사법은 보다 중요한 소송들의 결정을 맡았던 순회 사법관의 통제를 받은 노르만의 지방관이나 집행관에게 맡겨졌다. 중앙집권적인 계획은 교회와 민간의 대봉건 영주들과 행정과 통치에 협력해 달라는 부름을 받고 왕에게 충성한 외국인들로부터 지지를 받았다. 군주는 대자문회의를 소집하여 봉신들을 자신의 통치 행위에 동참하도록 만들었다. 이제 잉글랜드는 통일 국가의 모습을 보여 주었다.

윌리엄 1세의 힘겨운 왕위 승계

윌리엄은 노르망디와 잉글랜드를 분리하기로 결정했다. 노르망디 공국은 장자인 로베르에게, 잉글랜드는 차남인 윌리엄 2세 루퍼스(약 1056-1100, 1087년부터 왕)에게 물려주었다. 윌리엄 2세는 호전적이지 않은 군주였고 우연히 날아온 화살에 맞아서 죽었다고 하지만, 역사가 기랄두스 캄브렌시스Giraldus Cambrensis(약 1146-1123)에 의하면 음모로 죽임을 당했다고도 한다. 이 시기는 반란의 시기이기도 했다. 뛰어난 학자였던 헨리 1세Henry I(1068-1135, 1100년부터 왕)는 윌리엄 2세가 자신에게 물려준 잉글랜드의 왕위를 유지하기 위해 노르망디의 상속인 윌리엄 클리토William Clito와 싸워야만 했다. 헨리 1세는 윌리엄 2세의 정책에 반하여 시민을 비롯한 교회와 좋은 관계를 회복해야만 했다. 그는 시민들에게 노르만인과 앵글로색슨인의 구별 없이

'우연히 날아온' 화살

자유헌장을 수여했다. 1106년, 그는 정복자 윌리엄이 원했던 노르망디와 잉글랜드의 분할에 종지부를 찍었다. 그다음 해에 신과 성인의 존재를 보여 주기 위해 선험적 先驗的인 존재론적 논증으로 유명한 학자 란프랑쿠스의 제자인 캔터베리의 대주교 안셀무스Anselmus(1033-1109)와 화해했다. 같은 해인 1107년, 런던에서는 공의회가 개최되어 타협의 결실을 거두었다. 하인리히 1세는 부적절한 사람들에게 성직 매매를 함으로써 자신의 수입을 늘렸던 윌리엄 2세의 권력 남용에 반하여 주교직의 임명권과 공석인 상태의 주교직에 대한 몰수의 권리를 포기했지만 성직자 선출이 자신 앞에서 이루어지기를 원했다.

집행관들의 야심   1130년에 헨리 1세는 런던에 자치적인 특권들이 담긴 증서를 수여했다. 런던 시민들은 지방 장관을 직접 선출했으며, 시의 토지를 임대하였다. 그리고 그들의 상품에 세금이 면제되었기 때문에 자유롭게 교역할 수 있었다. 1135년 런던 사람들은 정치적 성격의 런던 공동체를 구성했다. 왕에게 결속되어 있던 많은 남작들은 엄청난 수입을 올리게 해 주고 영주가 될 수 있는 기회를 제공했던 성城들을 통치하는 집행관이 되기를 원했다. 왕의 관할 구역 내에는 중앙행정기구가 설치되었다. 재무 행정의 본부는 국고國庫인 출납청echiquier이 차지했다. 집행관들은 출납청에 1년에 두 번, 부활절과 성 미카엘 축일에 장기판 모양의 융단 위에 세금을 바쳤다.

헨리 1세는 자신의 후계자로 황제 하인리히 5세(1081-1125, 1111년부터 황제)의 미망인이자 앙주의 백작 조프루아(1113-1151)의 아내였던 자신의 딸 마틸다(1102-1167)를 지명했다. 하지만 그가 사망하자 마틸다의 추종자들과 그녀의 사촌인 블루아의 스티븐Stephen of Blois의 추종자들 사이에 내전이 발생했다. 스티븐은 블루아 백작인 스티븐 2세와 정복자 윌리엄의 딸인 아델라Adelaide의 아들이었다. 전쟁 기간에 봉신들의 숫자가 많이 늘어났는데, 그 이유는 적군들로부터 빼앗은 토지에 이들을 책봉했기 때문이다. 많은 영주들은 이 땅을 차지하는 것을 포기하고 현물이나 돈을 지불하는 조건으로 대여했다. 스코틀랜드 왕 데이비드 1세David I(약 1085-1153, 1124년부터 왕)의 지지를 받았던 마틸다는 블루아의 스티븐(약 1096-1154, 1135년부터 왕)이 그녀의 연합군을 코튼무어Coton-Moor에서 격퇴하자 그에게 왕위를 넘겨줄 수밖에 없었다. 스티븐은 헨리 1세와 에드워드가 부여한 자유를 확고히 했으며, 다음 해에는 노르만인과 앵글로색슨인의 구분이 없는 새로운 자유헌장을 포고했다.

아들인 외스타슈Eustace(약 1130-1153)가 어린 나이에 죽자 그의 사촌인 마틸다와 앙주 백작 조프루아 플랜태저넷의 아들인 노르망디 공 헨리 2세(1133-1189)가 스티븐의 왕위를 계승했으며 플랜태저넷 왕조를 열었다.

플랜태저넷 왕조(1154-1399)

어머니로부터 노르망디와 브르타뉴를, 아버지로부터 앙주와 멘, 투렌을 물려받은 헨리 2세 플랜태저넷은 자신보다 10살 연상인 29살의 아키텐의 엘레오노르(1122-1204)와 결혼하였다. 엘레오노르가 전남편인 프랑스 왕 루이 7세(약 1120-1180)와 이혼한 지 두 달 만에 치루어진 결혼식(1137)을 통해 헨리 2세는 아키텐을 자신의 영지에 포함시킬 수 있었다.

헨리 2세는 무엇보다 잉글랜드의 평화와 질서를 다시 유지해야만 했다. 그는 군주가 없던 기간에 귀족들이 획득한 권력을 제한하는 데 매진했다. 무정부 상태의 시기에 남작들은 성을 구축하고 잉글랜드인뿐만 아니라 외국인들 가운데에서 병력을 모집함으로써 권력을 공고히 했다. 헨리 2세는 많은 성들을 해체시켰으며, 다른 성들은 수비대로 전환했다. 많은 용병들이 자신을 위해 일하도록 했고, 다른 병력들은 해고했다. 봉신들을 통제했고, 잉글랜드인과 프랑스인들로부터 인정을 받았다. 병역 의무를 병역 면제세scutage로 대체하여 많은 남작들을 무장 해제시키고, 자신을 위한 용병대를 모집하기 위한 수입을 확보하는 결과를 얻었다.

행정을 재정비하고 사법을 개혁하여 자신의 권력을 강화했으며 지방 재판소, 예 **사법 개혁** 전의 100가구 생활 단위 촌락hundreds과 남작들에 대한 왕립 재판소를 열었다. 왕립 재판소는 반역죄, 살인과 같은 사람을 상대로 한 범죄, 봉건 제도와 관련한 분쟁을 판결했다. 봉건적인 권리는 종종 노르망디와 잉글랜드에 봉토를 소유하고 있는, 프랑스어를 사용하는 기사 계급에 속한 왕의 재판관들에 의해 관리되었다. 앵글로노르만 법은 잉글랜드 법으로 변모했으며, 노르망디가 프랑스의 군주국에게 정복되었을 때 점차 관습법common law으로 바뀌었다. 한편, 앵글로노르만 법의 발전에 도움을 준 것은 로마법에 기초한 프랑스 법이었다. 헨리 2세는 잉글랜드 왕국과 자신의 노르망디 공국(1149년부터 통치권을 확보했다)에 영장 제도writs를 도입하여 앞서 폐지되었던 결투 재판(두 당사자가 결투를 통하여 사건을 해결하는 재판*)과 신성 재판(육체적인 고통을 가해 그것을 이겨 내는 사람에게 무죄를 선고한 재판*) 대신에 정상적인 재판 방식을 대변한 배심원들의 숫자와 사건 판례를 대폭 늘렸다.

헨리 2세는 세습 군주적인 권력을 강화하기 위해 1162년에 캔터베리의 대주교가 된 수상 토머스 베킷Thomas Becket(1118-1170)을 활용했다. 베킷의 주위에는 그에게 신학 이론과 인문학적 소양을 배운 박식한 성직자들이 포진하고 있었다. 베킷의 비서는 파리에서 혁신적인 샤르트르 학파School of Chartres와 피에르 아벨라르 Pierre Abélard(1079-1142)의 수업을 받으며 소양을 쌓은, 인문학과 과학적 교양을 갖춘 세련된 성직자 솔즈베리의 요하네스John of Salisbury(1110-1180)였다. 『정치가론 Policraticus』(1159-1161)의 저자인 요하네스에 따르면, 사회는 키케로의 방식에 의한 '계급의 화합concordia ordinum' 혹은 법과 권리의 가치에 기초하는 모든 구성원의 화합에 좌우되었지만 성경의 이론적 개념에 의하면 성직자들보다 낮은 위치에서 그들의 지배를 받는 '대리인' 역할을 하는 군주에 달려 있었다. 하지만 사제의 권력에 정치 권력이 종속한다는 개념은 신으로부터 유래하며 두 가지 권위를 합법화한 관습법에 모든 권력이 공통으로 종속되어 있음을 주장함으로써 희석되었다. 신성한 법으로 정해진 경계를 위반하는 자는 폭군이며 "법을 무기력하게 만든 자에 맞서 무장하는 것은 정당한 것이었다." 키케로와 세네카, 교회의 교부들, 로마의 율법학자들의 저술에 기초하여 성직자든 평신도든 신분을 떠나 모든 이들이 따라야 하는 신성하고 거역할 수 없는 자연법의 원리를 고무했다. '신체의 대리인'인 군주는 '정신의 대리인'에게 복종해야 하지만, 만일 그 대리인이 '교회의 폭군'이 된다면 반역할 권리를 지닌다. 성직 체제의 주권은 신의 체제에 의해서 억제된다.

교회의자유 따라서 헨리 2세가 면책 특권을 어기며 성직자들을 왕의 심판에 굴복시키고자 했을 때, 군주제를 강화하려는 왕의 계획을 지지한 베킷마저도 그에게 저항했다. 절대 왕정의 위협에 직면한 교회의 자유를 보호하기 위하여 베킷은 1164년 1월 30일, 성직자의 특권을 폐지하고 그들에게 세금을 물리는 클라렌든 칙령의 비준을 거부했고, 그는 프랑스로 유배되었다. 1166년에 군주와 성직자의 관계를 규정하고 왕의 법적 권한을 광범위하게 정립한 클라렌든 칙령이 승인되었다. 1170년에는 각 주의 집행관들에 대한 심문 제도가 추진되었다. 토머스 베킷은 프랑스에서 돌아왔지만 왕에 대한 반대로 대가를 지불해야 했다.

헨리 2세는 1170년에 아들인 헨리 청년왕Henry the Young(1055-1183)을 공동 국왕으로 선포했는데, 그는 아버지와 동생 리처드에게 싸움을 걸었다가 1183년에 죽임을 당했다.

　1171년에 헨리 2세는 아일랜드를 점령했다. 1176년에는 노샘프턴 칙령을 통해 왕의 주권과 왕립 재판소의 수위권을 강조하고, 모든 신하들과 봉신들, 기사들에게 정복자 윌리엄의 시대처럼 새로운 맹세의 의무를 부과하는 개혁을 완성했다. 그는 카스티야의 왕인 알폰소 8세(1155-1214, 1158년부터 왕)에게 시집을 보낸 딸 엘레오노르(1162-1214)와 시칠리아의 왕인 굴리엘모 2세 선한왕Guglielmo II il Buono(1153-1189, 1166년부터 왕)과 결혼시킨 딸 조안나Giovanna(1165-1199)를 통해 자신의 영향력을 공고히 했다.

　헨리 2세가 영토의 권리를 방어하기 위해 프랑스의 필리프 2세 존엄왕(1165-1223, 1180년부터 왕)과 전쟁 중이던 1187년에 이집트와 무슬림 왕국 시리아를 정복한 살라딘은 예루살렘을 침공하여 헤틴에서 왕인 뤼지냥의 기Guy de Lusignan(1129-1194)를 무찔러 포로로 삼았다. 살라딘은 예루살렘과 아크레, 야파, 베이루트를 함락시켰다. 새 교황 그레고리오 8세Gregorius VIII(?-1187)는 같은 해 새로운 제3차 십자군을 선포했다.

　헨리 2세는 프랑스 왕과 동맹을 맺고 자신에게 반기를 든 아들 사자심왕 리처드 **사자심왕 리처드** (1157-1199)와의 마지막 전투 이후에 화해하였으며, 프랑스 왕에게는 존경의 서약을 해야 했다. 앙주의 반란 귀족들을 이끈 자가 또 다른 아들인 존이라는 사실을 알게 된 병들고 낙심한 헨리 2세는 1189년 7월 6일 시농에서 56세의 나이로 숨을 거두었다. 7월 20일 푸아투의 백작이었던 차남 리처드는 루앙에서 대주교에게 노르망디 공국의 검과 깃발vexillum(고대 로마 정규군 기병대의 군기*)을 받았다. 이는 잉글랜드에서 왕위를 건네받기 위한 첫걸음이었다. 프랑스의 왕을 만났으나 이번에는 더 이상 동맹 관계가 아니었으며, 아버지가 전투를 치러야 했던 벡생 지역을 유지하기 위해 4천 마르크를 들였다. 잉글랜드에서는 엘레오노르 왕비와 헨리의 정적들이 자유를 되찾았다.

리처드 1세와 십자군

사자심왕 리처드 1세는 10월 13일 웨스트민스터 사원에서 치러진 화려한 대관식에서 캔터베리 대주교 볼드윈에게 왕관을 받았다. 대관식에 유대인과 여자들은 입장이 불허되었다. 몇몇 유대인들이 왕에게 선물을 바치기 위해 식장에 진입하려 했으나 극심한 탄압을 불러왔고 선왕인 헨리 2세의 수용적인 입장에 역행하며 잉글랜드 전역으로 탄압이 확대되었다. 잉글랜드에 체류하는 기간에 왕은 콜체스터에서 지방 행정관의 자유로운 선출을 허가했다. 자신이 비용의 3분의 2를 담당하기로 한 십자군 때문에 신민들과 성직자들이 마지못해 제공한 살라딘 십일조를 통해 6만 리라를 마련했지만, 이 가운데 일부가 프랑스와의 전쟁에 사용되었기 때문에 이 금액으로는 부족한 것이 드러났다. 리처드는 성, 영지, 관직 등을 판매하고 교회로부터 대여를 받아 자금을 마련했다. 그는 어머니 엘레오노르를 섭정으로 지명하고, 일리의 주교인 윌리엄 롱챔프William Longchamp를 총리로 임명하여 보좌하게 한 뒤, 1189년 12월 11일에 잉글랜드를 떠났다. 잉글랜드와 유럽 대륙 내 통치 지역(노르망디, 앙주, 멘, 아키텐)의 프랑스 영주들은 '순례'를 위한 비용을 부담했다. 리처드는 통치 지역들을 조정하고 십자군 원정을 함께 떠난 프랑스의 필리프 2세 존엄왕과 협정을 체결했으며, 프랑스 왕의 여동생인 아델과의 혼인을 연기하고 나바라의 베렝가리아 Berengaria(약 1165-1230)와 결혼 협의를 시작했다. 1190년 7월에 두 군대는 시칠리아에서 만나기로 하고 각각 길을 떠났다. 리처드는 시칠리아에서 후손을 남기지 못하고 굴리엘모 2세의 미망인이 된 여동생 조안나의 지참금 관련 문제를 해결해야만 했다. 그해 9월, 두 군주는 각자의 군대를 이끌고 메시나에서 만나 함께 겨울을 보냈다. 1191년 3월 말, 필리프 2세 존엄왕은 여동생 아델에 대한 리처드의 혼인 의무를 해제한 뒤에 아크레로 출발했다. 이로써 리처드는 엘레오노르 여왕과 함께 시칠리아에 도착한 나바라의 베렝가리아와 결혼할 수 있게 되었다. 리처드는 4월 10일에 시칠리아를 떠났다. 1191년 5월 12일 일요일, 리마솔에서 리처드와 잉글랜드의 여왕으로 즉위하게 된 베렝가리아의 결혼식이 거행되었다. 5월 말부터 6월 초까지 리처드는 키프로스 섬을 정복했다. 이 섬은 처음에 템플 기사단에 팔렸다가 1192년 정복에 참여했던 뤼지냥의 기의 소유가 되었다.

대對 프랑스 전쟁 리처드는 시리아에서 살레프 강을 건너다 물에 빠져 죽은 프리드리히 바르바로사 황제(약 1125-1190)의 아들인 공작 프리드리히 6세(1167-1191)와 필리프 2세 존엄왕을 만났다. 리처드는 아스콜로나에서 용맹하게 싸웠으며, 팔레스타인의 몇몇 도시들을 차지했지만 성지를 정복할 가능성이 없어 보이자 살라딘과 3년간의 휴전 협정을 체결했다. 1193년에 사자심왕 리처드는 독일의 하인리히 6세가 자신에게 부과한 봉신의 계약을 받아들여야만 했다. 같은 해, 런던 사람들은 리처드 왕에게 충성을 맹세했다. 그리고 그는 프랑스와 맞서 싸웠으며 방돔에서 중요한 승리를 얻었다.

1199년에는 프랑스 왕과 5년간의 휴전 협정을 체결했다. 리처드는 리모주의 성을 공격하던 중 성곽을 정찰하다가 석궁에 맞아 한쪽 팔에 부상을 입어 끝내 사망했다. 동생인 무지왕 존이 그의 뒤를 이었다.

| 다음을 참고하라 |
역사 스칸디나비아 왕국들(101쪽); 시칠리아와 이탈리아 남부의 노르만인들(109쪽)

스칸디나비아 왕국들

| 레나타 필라티 |

11세기와 12세기 동안 바이킹의 조그만 왕국들로부터 노르웨이, 스웨덴, 덴마크 왕국이 탄생했고 그 기초를 다졌다. 스칸디나비아를 서유럽과 연결시켜 주던 그리스도교는 군주제를 강화하는 데 많은 기여를 했지만, 교회와 국가는 패권을 놓고 갈등을 겪기 시작했다. 발트 해와 북해의 원정은 이 국가들의 경제를 발전시켰다. 왕조 간의 투쟁과 결혼 동맹을 통해 덴마크는 노르웨이와 스웨덴을 점령할 수 있었다.

노르웨이

스볼데르 전투(1000)의 패배는 북부의 오플란드 한 지역을 제외하고 전 영토를 통일했던 하랄 호르파그레Harald Hårfagre(?-약 930)의 후손인 올라프 트뤼그바손Olaf I Tryggvason(963-1000, 995년부터 왕)의 왕국을 멸망시켰다. 올라프는 스칸디나비아계 주민들로 이루어진 도시 키예프에서 교육받은 바이킹으로, 발트 해와 북해 연안을 따라 원정을 이끌어 두 차례 잉글랜드에 상륙했으며, 애설레드 왕(약 968-1016, 978년부터 왕)을 굴복시켜 데인세를 받아 냈다. 세례를 받은 그는 두 번째 잉글랜드 방문에서 애설레드 왕을 대부로 정하여 윈체스터의 주교로부터 견진성사를 받았다. 메레와 라데의 이교도 사원을 파괴하고 그리스도교를 믿도록 강요하기도 했다. 트뢴델라그와 노르 주의 저항에도 불구하고 그리스도교는 베스틀란데트, 아이슬란드, 그린란드와 페로 제도, 셰틀란드에서 승인되었다. 올라프는 트뢴델라그에 정착하여 트론헤임이라는 도시를 건설했다. 올라프는 트뢴델라그 농부들의 반란 기간에 라데의 공작이었던 호콘Haakon(약 935-995)의 아들인 에리크Erik(약 960-약 1020)와 스베인Sveinn(?-1016)을 상대로 싸웠으나 덴마크 왕 스벤 1세Svend I(약 955-1014, 986년부터 왕)의 도움을 받은 이들에게 패했다.

행정 구역 의회들 에리크와 스베인은 트뢴델라그와 베스틀란데트에서 덴마크 왕의 봉신이 되었으며, 비켄 지역은 덴마크에 종속되었다. 1014년에 에리크가 잉글랜드에서 스벤을 지원하고 있는 사이, 하랄의 증손자인 올라프 2세 하랄손Olaf II Haraldsson(995-1030, 1016-1028년에 왕)은 노르웨이를 공격하여 지방 영주들에게 자신의 주권을 부과했으며, 부유한 농부들의 지원을 확고히 했다. 자유인들로 구성된 북부의 프로스타팅Frostating, 서부의 굴라팅Gulating, 동부의 에이드시바팅Eidsivating 같은 법률상의 행정 구역 의회들의 모임인 팅ting을 시행했으며, 여기에 남동부 지역의 보르가르팅Borgarting이 가담했다. 인종 모독의 죄를 범한 바이킹에게는 사형이 선고되었다. 1024년에 올라프 2세는 자신의 고문인 그림켈Grimkell 대주교와 함께 서쪽 해안 도시 모스테르에서 집단적인 개종을 장려하며, 교회를 위한 새로운 법을 편찬하고 축제일을 정하기 위해 팅을 소집했다. 지방의 팅들은 사제들과 신자들의 수평적 관계를 유지하기 위해 법률을 지역에 따라 알맞게 변경했다. 노르웨이 교회는 예배 의식에서 라틴어와 노르웨이 고유어를 사용하도록 사제를 양성하는 데 잉글랜드의 선교사들을 활용했다.

올라프 성인 올라프의 확장 정책은 비켄을 포기하려 하지 않았던 잉글랜드와 덴마크의 크누드 대왕(약 995-1035, 1016년부터 왕)과 라데의 백작들, 트뢴델라그의 일반 시민들에게 저지되었다. 이들은 패배한 영주들의 반란을 유발하기도 했다. 스웨덴 왕 아눈드 2세 야코브Anund II Jakob(약 1009-1050)의 지원을 받은 올라프는 1025년에 크누드를 물리쳤지만 결국 1028년에 패배를 당했다. 크누드는 자신을 왕으로 공표했다. 러시아로 도망간 올라프는 2년 뒤 왕위를 되찾으려 했지만 패배하여 스티클레스타드에서 죽임을 당했다(1030년 7월 29일). 크누드의 후계자는 잉글랜드인 어머니의 섭정에 맡긴 작은 아들 스베인 알피바손Svein Alfivasson(1016-1035)이었다. 그림켈 주교의 지휘로, 크누드에 맞섰던 지방 영주들과 성직자들은 무덤에서 기적적으로 나타난 뒤 성인으로 추대된 올라프에 대한 생생한 기억을 유지했으며, 러시아에 살고 있던 그의 아들인 어린 나이의 망누스 선량왕Magnus den gode(1024-1047, 1035년부터 왕)을 왕으로 지지했다. 사절들에 이끌려 노르웨이에 도착한 망누스는 1035년에 모든 팅으로부터 왕으로 추대되었고, 스베인은 노르웨이를 떠났다. 망누스는 덴마크의 왕위 계승을 둘러싸고 크누드의 아들들 사이에 벌어진 전쟁을 이용하였으며, 셋째 아들인 하르덱누드와 협상을 이끌어 연대하여 왕위를 계승했다(1038).

이러한 협상의 수혜자는 망누스였다. 그는 왕위를 노렸던 크누드의 조카 스벤 에스트리센Svend Estridsen(약 1020-1076, 1047년부터 덴마크 왕)을 무찔러 1042년부터 1046년까지 덴마크를 통치했다. 망누스의 뒤를 이어 삼촌인 하랄 3세 하르로데 Harald III Hardråde(약 1015-1066, 1046년부터 노르웨이 왕)가 왕위를 계승했다. 그는 올라프의 동생으로 아프리카와 시칠리아에서 전투에 참여했으며, 예루살렘에도 다녀오는 등 화려한 경력의 소유자였다. 하랄 3세는 키예프의 공주와 결혼했다. 하지만 그는 덴마크보다 잉글랜드에 더 관심이 많았다. 그는 해럴드 1세(?-1040)에 맞서 노르망디의 서자왕 윌리엄(약 1027-1087, 1066년부터 왕)과 동맹을 맺었지만, 스탬퍼드 브리지 해전(1066년 9월 25일)에서 목숨을 잃었다.

그의 아들인 올라프 3세Olaf III Kyrre Stillehavet(?-1093, 1066년부터 왕)는 300척의 배 가운데 남은 24척을 이끌고 노르웨이로 돌아왔다. 그는 팅의 결정에 따라 동생인 망누스 2세(?-1069, 1066년부터 왕)와 함께 1067년부터 1069년까지 양두 정치를 펼치다가 그 뒤에 단독으로 통치했다. 올라프 3세는 읽고 쓸 줄 알았던 첫 번째 군주였다. 그는 영토를 교구별로 나누고 성직자 양성에 힘썼다. 베르겐과 오슬로 같은 새로운 도시들이 세워졌고, 사회는 더욱 세분화되었다. 지방 영주들 주변으로 엄청나게 늘어난 노예들을 거느린 소규모 지주들과 소작농들이 자리를 잡았다. 성직자는 농부들 사이에서 모집되었다. 주교 도시主教都市에서는 장인들과 상인들의 숫자가 엄청나게 늘어났으며, 시장도 더욱 커졌다. 스타방에르에서는 지리적 이점으로 잉글랜드와 교역이 더욱 활발해졌다. 노르웨이 상인들은 말린 생선과 땔감을 수출하고 곡물과 소금, 꿀, 옷감, 철기류를 싼 가격에 들여왔다. 베르겐은 중세 시대 노르웨이의 가장 큰 무역항이었다.

올라프 3세의 아들인 망누스 3세Magnus III Berrføtt(1073-1103, 1093년부터 왕)는 영 성지 원정 토 확장 계획을 재추진하여 오크니 제도와 헤브리디스 제도, 맨 섬을 정복했고 더블린을 점령했다. 그의 뒤를 이어 아들들인 올라프 4세 망누손Olaf Magnusson IV(?-1115, 1103년부터 왕), 외위스테인Øystein(1088-1123), 시구르 1세가 함께 왕위를 계승했다.

시구르는 시칠리아에서 전투를 벌였으며, 성지 원정에도 참가했다. 콘스탄티노플에서 명예로운 대접을 받은 그는 황제에게 병력과 선박을 넘겨주고 육로로 노르웨이에 돌아왔다. 그리고 교회에 십일조를 도입했다. 시구르가 사망한 뒤, 왕위 계승 전쟁은 트뢴델라그와 베스틀란데트의 충돌과, 왕을 추종하는 성직자들과 교황을 추종하는 성직자들 사이의 충돌로 인해 내전으로 변모했다. 이러한 전쟁은 영주들과 성직자들에게 그들의 재산을 늘리는 기회를 제공한 대신에 그 피해는 십일조와 세금으로 빚을 지게 된 농민들에게 돌아갔다. 시구르의 아들인 망누스 4세Magnus IV(1115-1139, 1130-1135년에 왕)가 우위를 보였지만, 눈이 멀고 병약해진 그는 망누스 3세와 아일랜드인 어머니 사이에 태어난 아들임을 주장한 하랄 일레Harald Gille(?-1136, 1130년부터 왕)에 의해 투옥되었다. 하랄 일레는 망누스 4세를 죽인 또 다른 서자에 의해 죽임을 당했다. 이후 잉에Inge(1135-1161, 1136년부터 왕)가 권력을 잡아 2명의 이복동생들과 함께 왕국을 통치했다.

세습 왕국   1152년에 노르웨이를 방문 중이던 교황청 특사 추기경 니콜라스 브레이크스피어Nicholas Breakspear(1100-1159)는 노르웨이 교회에 브레멘의 주교 관할 지역에서 벗어난 니다로스Nidaros(현재 트론헤임)의 성 올라프의 무덤이 있는 곳에 그들만의 주교좌를 세울 권리를 부여했다. 강력한 성직자들의 당파와 영주들은 시구르의 외손자인 망누스 5세 에를링손Magnus V Erlingsson(1156-1184, 1161년부터 왕)을 왕으로 인정했으며, 1163년 베르겐에서 트론헤임의 에위스테인 대주교가 진행하여 노르웨이에서는 처음 치러진 의식을 통하여 대관식이 거행되었다. 신권神權으로 선택된 7살의 왕 망누스는 자신의 왕국이 성 올라프의 것임을 선포했다. 그는 베르겐의 포고를 통하여 장자에 대한 군주권의 세습을 확립했다. 후손이 없는 경우에는 그 선택이 대주교와 주교들, 그리고 성직자들에 의해 지명된 12명에게 맡겨졌다. 이들은 특정한 성직자가 입회한 후에 과반으로 왕을 선택해야만 했다. 한편, 왕위를 노리는 사람들의 투쟁은 망누스 3세의 증손자인 스베레 시구르손Sverre Sigurdsson(1145/1151-1202)이 우위를 점할 때까지 계속되었다. 트뢴델라그를 본거지로 하는 비르케베이네르Birkebeiner 당의 지지를 얻은 스베레 시구르손은 1184년 망누스 에를링손을 살해하는 데 성공했다. 스베레는 자신의 권력의 기초를 강화했다. 그는 법학자들에게 왕령을 적용할 임무를 부여하고 팅으로 임명했으며, 사법권을 가진 관리들을 지역구에 파견하고 군대와 해군을 재정비했다. 또한 과거의 봉건 귀족들을 왕실 귀족들로 대체했다. 스베레는 성직자들의 지지를 받을 때까지는 인정을 받았지만, 노르웨이에 대하여 성무금지령(일체의 교회 행사를 금지하는 명령*)을 내린 교황 인노첸시오 3세 (1160-1216, 1198년부터 교황)에게 파문을 당하자 다시 적들과 싸워야만 했다. 사제 직을 위한 공부를 한 덕분에 그는 대신들의 도움을 받아 왕과 관련한 제도는 신의 작품이며 국가에 대한 교회의 수위권을 확인하고 중재자들이 필요하지 않음을 확인하는 글을 구어口語로 작성했다. 중앙집권화 계획은 적들에게 승리함으로써 실현되었지만, 스베레는 1202년 3월 베르겐에서 전염병으로 사망했다.

스웨덴

정복왕 에릭Eric Erövraren(945-995)의 아들인 올로프 셰트코눙Olof Skötkonung(약 980-1204)은 스카라에서 세례를 받았으며, 앵글로색슨계 노동자들의 정착을 도운 첫 번째 그리스도교 군주였다. 그는 노르웨이의 성 올라프를 무찌르고 영토를 차지하지만 다시 돌려주었다. 아눈드 2세 야코브(약 1009-1050)가 그의 대를 이었지만, 각각의 영토는 따로 왕을 선출했다. 내부적인 분열은 덴마크의 크누드 대왕이 1025년에 노르웨이를 도와 덴마크의 공격을 물리치는 데 도움을 주었던 스웨덴을 굴복시키도록 해 주었다. 노르웨이의 정복(1028)과 함께 크누드는 스칸디나비아의 왕국들을 통일했다. 1035년에 그가 사망하자 몇몇 왕조들 사이에 갈등이 되살아났으며, 스칸디나비아의 적대적인 양대 인종 집단인 그리스도교의 고트족과 스베아르족 사이의 종교적 분쟁도 발발했다.

크누드의 재통일

웁살라Upsala 왕조가 우위를 보였으나 그리스도교를 강제로 전파하고자 했던 잉에 스텐실손Inge Stenkilsson(잉에 1세, ?-1112)이 이끄는 스텐실Stenkil 왕조에 패했다. 잉에는 폐위를 당했다가 다시 복위에 성공했다. 그는 웁살라의 멜라렌 계곡에 있던 이교도들의 사원을 파괴하고 그리스도교 교회를 세우도록 했다. 그리스도교의 승리는 부족 사회를 초월하고 권력을 집중시키기 위한 조건들을 만들어 냈다. 그리고 해마다 교황에게 세금을 냈다.

고트족과 스베아르족의 동맹은 두 민족이 군주를 번갈아 맡으면서 더욱 굳건해졌다. 스베르케르Sverker 왕조의 왕위 등극과 함께 진정한 스웨덴 왕국이 시작되었다고 할 수 있다. 에릭 8세Erik VIII(?-1067)의 외손자인 스웨덴과 덴마크의 왕 성 에릭 9세 Erik IX Saint(12세기) 혹은 입법자 에릭은 1157년에 핀란드 정복에 착수했다. 핀란드 정

스웨덴인들과의 동맹

복은 약 1세기 뒤인 1363년까지 이어진 폴쿵아Folkunga 왕조의 첫 번째 군주 발데마르Valdemar 왕(1243-1302)에 의해 완성되었다. 에릭 9세는 핀란드인들을 상대로 십자군을 조직했지만, 군주인 망누스 헨릭손Magnus Henriksson에게 포로가 된 뒤 1160년에 웁살라에서 참수형에 처해졌다. 그는 스웨덴 사람들로부터 성인으로 추대되었다.

스베르케르의 아들인 칼 7세Karl VII(?-1167)는 1155년부터 스베아르족의 탄생지인 예탈란드 지역을 통치하다가 나라 전체의 왕으로 선출되었다. 그는 교황 알렉산데르 3세(약 1110-1181, 1159년부터 교황)로부터 웁살라 대교구의 설치에 대한 승인을 얻어내 스웨덴 교회를 브레멘의 교회로부터 해방시켰다(1164). 시민 행정은 1200년대 말까지 지역 민법에 나와 있는 것처럼 지방 영주들에 의해서 통제되었다. 칼 7세는 성 에릭 9세의 아들인 크누트 1세 에릭손Knut I Eriksson(약 1160-1199)에게 죽임을 당했다. 서로 다툼을 벌이고 있던 유력한 가문들은 강력한 귀족 계급을 형성했다. 지주 농부들은 민회인 팅에 출석했다. 약탈과 무역 거래에 바탕을 둔 경제는 중부의 대평원에서 점차 강조된 농업 활동으로 보완되었다. 정복자들과 상인들은 드네프르 강 연안을 따라 11세기 말까지 본국과 관계를 유지했던 상업과 정치의 중심지들을 건설했다. 스웨덴에서 발견된 2만여 개의 동전과 러시아에서 다량 발견된 동전들에서 알 수 있듯이 적어도 11세기 러시아 남부에 페체네그족과 쿠만족이 침입할 때까지는 비잔티움과 카스피 해의 무슬림 국가들과 무역 관계를 유지했다. 예탈란드의 상인들은 12세기 노브고로드에 상인들의 조합인 길드를 설립했다.

덴마크

잉글랜드 선교사들 스벤 1세 갈퀴턱수염왕은 아버지 하랄 블로탄Harald Blåtand(?-987년 이후, 959?-986?년에 왕)처럼 북해 해안 영토들에 대한 덴마크의 패권을 확립하고자 했다. 그는 바이킹을 이끌고 잉글랜드를 점령했으며, 애설레드 왕에게 데인세를 부과했다. 폴란드 공주 시비엥토스와바Świętosława 사이에서 태어난 그의 아들 크누트 대왕은 슬라브 지방의 오데르 강 하류 지역과 비스툴라 강 하류 지역을 점령하고, 노르웨이와 셰틀랜드 제도, 오크니 제도, 헤브리디스 제도, 잉글랜드에 대한 패권을 통해 영토 확장 계획을 강화했다. 그는 애설레드의 아들인 에드먼드Edmund(약 993-1016)를 물리쳤고, 노르망디의 작고한 왕의 미망인 엠마와 결혼했으며 그리스도교로 개종했다. 그의 아버지는 960년에 개종했다. 그는 앵글로색슨의 자문협의회에서 왕으로 선출되었다. 이는 데인인과 앵글로색슨인 간에 평등을 확인하며 화해를 하는 기회가 되었다. 스웨덴 왕국과 스코틀랜드 왕국, 아일랜드 왕국도 그를 군주로 받아들였다. 크누트는 잉글랜드의 선교사들에게 스칸디나비아 왕국의 복음화를 맡겼지만, 이 영토들에 대한 통제를 유지하기 위해 지역의 전통을 존중했다. 그는 정복한 왕국들의 제도를 변경하지는 않았다. 콘라트 2세(약 990-1039)가 즉위했을 때(1027년 3월), 로마를 순례 중이던 크누트는 자신의 딸인 군힐드Gunhild과 후에 하인리히 3세(1017-1056, 1046년부터 황제)가 되는 황제의 아들을 혼인시키며 황제와 동맹을 맺었고, 자신에게 노르웨이의 재량권을 넘겨준 교황 요한 19세Joannes XIX(?-1032, 1024년부터 교황)와도 동맹을 맺었다. 그는 스웨덴과 노르웨이를 정복했고, 폴란드 왕에 대항하여 콘라트 2세에게 도움을 준 대가로 슐레스비히 땅의 일부를 얻었다. 잉글랜드에 정착한 뒤로 덴마크와 노르웨이의 통치는 아들들에게 맡겼다. 그의 아들들은 그가 사망하자 각각 두 왕국의 군주임을 선포했으며, 잉글랜드에서는 해럴드가 왕위에 올랐다.

해럴드의 뒤를 이어 아르디카누토Ardicanuto(하르텍누드, 1018/1019-1042)가 왕위에 올랐다. 덴마크의 왕이기도 했던 그는 잉글랜드를 통치한 마지막 데인족 왕이었다. 비록 문화적으로 다양한 민족들이 통합된 것은 일시적이었지만, 크누트에 의해 실현된 정치적 구성은 그리스도교가 침투할 수 있게 해 주고 라틴 그리스도교 문화와 언어의 도입을 가능하게 해 주었다. 또한 무역 관계도 활발하게 유지되었다.

크누트의 손자인 스벤 2세 에스트리드센Svend II Estridsen(약 1020-1076, 1047년부터 왕)이 덴마크의 왕으로 선출되었다. 그는 교회의 지지를 통해 왕권을 강화했으며, 국토를 8개의 주교 관할구(슐레스비, 리베, 오르후스, 비보르, 벤쉬셀, 오덴세, 로스킬레, 룬드)로 재정비했다. 스벤이 사망한 뒤에 5명의 아들, 즉 하랄 3세 헨Harald III Hen(1041-1080), 성 크누트 4세Knut IV(약 1040-1086, 1080년부터 왕), 울라브 홍에르 Olav Hunger(약 1050-1095), 에릭 아이에고드Erik Ejegod(1056-1103, 1095년부터 왕), 닐스Niels(1104-1134)가 번갈아 왕위를 계승했다.

크누트 2세는 민중의 반란에 직면했으며, 주교 관할구인 벤쉬셀의 봉기 이후에 ^{내전}는 성직자들의 반란에 맞서다 오덴세로 도망갈 길을 찾던 중 성 알반 교회에서 살해당했다. 에릭 아이에고드는 성지순례 도중 바리에서 교황 우르바노 2세(약 1035-1099, 1088년부터 교황)를 만났으며, 교황은 그에게 룬드를 대주교 관할구로 승격할 것과 브레멘 교구로부터의 분리를 인정해 주었다. 그의 아들인 크누트 라바르

Knut Lavard(1096-1131)는 삼촌인 왕 닐스로부터 남부 국경을 방어할 임무를 지닌 윌란 반도 남부의 공작으로 임명되었다. 웬드족에 대한 군사 작전에서 거둔 승리는 크누트에게 많은 성공을 가져다주었지만 그만큼 왕의 호감은 잃게 되었다. 크누트는 닐스의 아들이자 자신의 사촌인 망누스 강건왕Magnus den Stærke(1106-1134)에게 죽임을 당했고, 내전이 발발했다. 작고한 크누트 라바르의 동생 에릭 2세 에무네Erik II Emune(?-1137, 1134년부터 왕)는 아스케르 대주교의 지지를 받으며 망누스와 전쟁을 벌였다. 닐스는 슐레스비히를 점령하려 했으나 죽임을 당했다. 덴마크 왕위를 노렸던 망누스는 자신의 야망에 대한 지지를 얻어내기 위해 황제 로타르 2세(1073-1137, 1133년부터 황제)에게 봉신의 예를 갖추었으나 에릭 에무네에게 패했다. 에릭 2세는 덴마크의 왕이 되었지만, 3년 뒤 어린 자식들만을 남기고 사망했다. 권력은 모계 쪽 혈통인 에릭 3세 람Erik III Lam(?-1146, 1137년부터 왕)에게 넘어갔다. 에릭 3세는 자신이 임명한 룬드의 대주교 에스킬Eskil(약 1100-약 1182)의 지지를 얻고 있었지만, 에릭 1세와 2세를 지지한 바 있으며 울라브를 후보자로 주장하던 덴마크 동부의 반란에 맞서야만 했다. 에릭 3세 람은 반란을 진압했지만, 1146년 사제가 되기 위해 스스로 왕위에서 물러났다.

셸란 섬과 스카니아의 왕인 스벤 3세 그라테Sven III Grathe(약 1125-1157)와 윌란의 왕이며 망누스의 아들인 크누트 5세Knut V(?-1157, 1146-1150년에 왕)는 왕위 계승을 위한 싸움을 벌였다. 크누트는 1154년 사촌인 스벤 그라테의 양보로 1150년부터 슐레스비히의 공작으로 있던 사위 발데마르Valdemar(1131-1182)와 공동으로 왕위를 이끌었다. 한편, 스벤 그라테는 왕위에서 물러난 뒤 도움을 모색했다. 1157년에 왕위를 노리던 세 인물은 왕국을 분할하는 데 의견을 같이했다. 하지만 단독으로 왕이 되기를 원했던 스벤은 크누트를 살해했으며, 발데마르는 윌란으로 피신한 후 병력을 모아 다시 스벤을 무찔렀다. 1157년에 유일한 왕으로 인정받은 사람은 크누트 라바르와 러시아 공주인 잉에보르Ingeborg의 아들인 대왕 발데마르 1세Valdemar den Store였다.

발트 해에 대한 전략 로스킬레의 주교이며 1177년 룬드의 대주교가 된 아살로네Assalone(1128-1201)의 조언을 받은 발데마르는 웬드족을 무찔렀으며, 1169년 발트 해에 대한 덴마크의 패권을 확인하며 루위엔 섬을 정복했다. 그리고 노르웨이의 왕인 에를링Erling에게 명예로운 평화를 강요했다. 반역을 일으킨 도시 뤼베크를 재정복하도록 황제를 도왔으며, 법률을 만들기 위해 '스카니아의 법'과 '셸란의 법'을 모사하도록 했다. 그는 상업과 코펜하겐 항의 발전을 장려했다. 덴마크 상인들은 런던에서 주거와 관련한 특권을 가지고 있었다. 발트 해 연안을 따라 전개된 독일의 확장 정책을 저지하기 위해 하인리히 3세 사자공(약 1130-1195)과 동맹을 맺었으며, 자신의 아들인 크누트 6세 Knud VI(4세로도 불렸다. 1162/1163-1202, 1182년부터 왕)와 하인리히의 딸의 약혼을 통해 동맹을 강화했다. 그는 프리드리히 1세(약 1125-1190)에게 복종했다. 그가 사망하자 어린 아들 크누트를 대신하여 아살로네가 섭정을 맡았다. 아살로네는 포메라니아를 공격했으며, 메클렘부르크의 일부(1184)와 홀슈타인, 발트 해안의 거의 전 지역을 정복했다. 크누트 6세는 프리드리히 1세에게 충성을 맹세하기를 거부했다. 그는 자신의 권력을 포메라니아와 뤼베크, 함부르크까지 확장했으며, 윌란 남부 백작인 동생 발데마르 2세Valdemar II(1170-1241, 1202년부터 왕)의 유산 덕분에 홀슈타인 백작령을 왕국에 복속시켰다.

| 다음을 참고하라 |
역사 잉글랜드(90쪽)
시각예술 영국(742쪽)

시칠리아와 이탈리아 남부의 노르만인들

| 프란체스코 파올로 토코Francesco Paolo Tocco |

1130년에 루제로Ruggero 대백작의 차남인 오트빌의 루제로Ruggero d'Altavilla는
대립 교황 아나클레토 2세Anacletus II로부터 이름을 따온 섬은 물론 아브루초 지방에 이르는
이탈리아 남부 전 지역까지 광범위한 영토를 지닌 시칠리아 왕국의 왕관을 수여받았다.
1139년 7월 27일, 루제로를 상대로 군대를 동원했다가 그에게 사로잡힌 교황
인노첸시오 2세는 그에게 왕국을 부여하고 대관식을 보장함으로써 오트빌 왕가와
화해했다. 또한 루제로는 교회의 봉신임을 선언하며 충성을 서약했다.

최초의 출현과 세력 확장

1000년경 최초의 노르만인들이 소규모로 무리를 이루어 전쟁을 겪은 지역의 정치적

인 형성에 그들의 군사력을 제공하며 랑고바르드인과 비잔티움인, 무슬림들이 분할하고 있던 이탈리아 남부에 도착했다. 고향을 떠나 그들을 이탈리아 남부로 이주시킨 근본적인 요인은 귀족 가문들조차도 안정과 부를 위협받을 정도로 인구가 엄청나게 늘어난 데 있다. 따라서 첫 번째로 모험을 시도한 이들은 대체로 노르만 귀족 가문의 장자를 제외한 아들들이었으며, 의식적으로 군사적인 경쟁 상태에 있는 경계 지역을 목적지로 삼았다. 예를 들어, 시칠리아는 무슬림이 거주하는 곳이 바로 근처에 있었고, 이탈리아 남부는 동지중해로 향하는 자연적인 가교 역할을 하고 있었다. 그 지역의 정치적인 실체는 베네벤토, 카푸아, 살레르노의 랑고바르드 공국들과 명목상으로만 비잔티움의 종속 관계를 유지하고 있던 가에타와 나폴리, 소렌토, 아말피의 비잔티움 공국들로 이루어져 있었다. 풀리아와 바실리카타, 칼라브리아의 대부분 지역은 비잔티움인들의 직접적인 지배가 이루어졌지만, 이러한 지역들의 정치적인 실체들 역시 자주적이고 독특한 내부의 자극을 겪어야만 했다.

노르만 용병들　　　이러한 상황에서 노르만 용병들의 첫 번째 개입이 이루어졌다. 999년 성지 방문을 마치고 돌아가는 길에 처음으로 이탈리아 남부에 발을 디딘 이들은 살레르노의 군주인 과이마리오 4세Guaimario IV(약 1013-1052, 과이마리오 5세로 표기하는 경우도 있다)가 일시적으로 아말피와 소렌토, 가에타를 굴복시킬 수 있도록 도와주며 그에게 협력하기 시작했다. 노르만 용병들은 이탈리아 남부 지방이 그들의 군사·정치적인 이상이 커 나갈 수 있도록 도움을 줄 것임을 알아차렸다. 이렇게 해서 그들은 지역의 강력한 세력들의 싸움에서 보수에 따라 전쟁과 관련한 전문성을 제공하며 주역으로 개입했다. 서로 독립적이었던 무리들 가운데 나폴리의 공작인 세르지오 4세Sergius IV(?-1137)를 위해 카푸아의 군주 판돌포 4세Pandolfo IV(?-1050)와 싸우면서 1030년에 그에 대한 대가로 이탈리아 남부에 노르만인 최초로 봉토를 수여받은 백작 라이눌포 드렌고트Rainulfo Drengot(?-1045)를 필두로 몇몇 인물들이 두각을 나타내기 시작했다. 조그만 중심지로 시작한 노르만의 첫 번째 영지 아베르사는 노르만인들의 활약에 힘입어 진정한 도시로 변모했으며, 중세에 도시와 일반 주거 중심지를 구별하는 근본적인 척도인 주교 관할구의 등급을 획득했다.

아베르사에서 드렌고트의 후계자들은 1062년 5월 리카르도 콰렐Riccardo Quarrel(약 1046-1078)에게 정복된 카푸아로 그 영역을 넓혀 나갔다. 그 사이에 다른 노르만 지도자들도 속속 등장했는데, 특히 비잔티움인들에 대항하여 살레르노의 군주를 섬겼던 인물이 두각을 나타냈다. 풀리아와 바실리카타의 대부분 지역, 특히 1041년부터 멜피가 그들의 수중에 들어왔다. 풀리아에서 비잔티움인들을 상대로 한 싸움에 참여했던 노르만인들 가운데 페로의 굴리엘모 브라초Guglielmo Braccio di Ferro(?-1046)부터 운프레도Unfredo, 그리고 기스카르, 즉 교활한 자라는 별명의 로베르(약 1010-1085)와 루제로(약 1031-1101)에 이르기까지 여러 명의 형제들로 이루어진 오트빌 가문이 독보적인 위치를 차지하고 있었다.

11세기 중엽, 이탈리아 남부에서 노르만 세력은 지역 영주들뿐만 아니라 교황들에게도 문제가 되었으며, 결국 교황 레오 9세(1002-1054, 1049년부터 교황)는 그 지역 힘의 균형을 파괴하는 자들을 상대로 동맹을 이끌 수밖에 없었다. 하지만 1053년 풀리아의 치비타테에서 동맹군이 패배한 사실은 이탈리아 남부에 노르만인들이 침투하는 데 결정적인 계기를 마련해 준 대전환점이 되었다. 교황은 체포되었다가 그동안의 태도를 바꾸어 군사적인 지원을 받는 대신, 리카르도 콰렐과 운프레도가 최종적으로 점령한 땅들을 인정하고 나서야 풀려날 수 있었다. 교황과 이룬 이러한 합의는 1059년 멜피에서 더욱 강화되었다. 리카르도 콰렐과 로베르 기스카르는 교황 니콜라오 2세(약 980-1061, 1058년부터 교황)에게 충성을 맹세했으며, 교황으로부터 리카르도 콰렐은 카푸아의 군주 칭호를, 로베르 기스카르는 풀리아와 칼라브리아, 그리고 무엇보다 아직 무슬림의 수중에 있던 땅으로 정복 자체가 일종의 십자군의 모습을 보여 주는 시칠리아의 공작 칭호를 얻었다.

시칠리아의 정복은 1061년부터 1091년까지 로베르 기스카르와 그의 동생 루제로에 의해 착수되었다. 이 섬은 경제·문화적 관점에서 매우 활력이 넘치는 도시였으며, 노르만의 정복은 필요 이상으로 사회 조직을 와해시키지 않았고, 특히 그리스 문화를 받아들이고 이슬람교를 믿는 시칠리아 사람들의 행정 권한을 낭비하지 않으려고 애쓰며 수행되었다. 이로써 필연적으로 무너질 운명이었던 위태로운 균형을 이루고 있었지만, 그 당시의 정치적 시각에서 독창적인 현상으로 남게 된 다문화 왕국의 실현을 위한 전조가 마련되었던 것이다. _(문화적으로 활기에 넘치는 섬)_

루제로는 시칠리아의 대백작이 되어 특히 시칠리아의 완전 정복에 전념했던 반면에 로베르 기스카르는 1071년에 바리, 1073년에 아말피와 아브루초의 대부분 지역, 1076년에 살레르노를 차지하며 이탈리아 반도 남부에서 확장을 이루었다. 이때부터 동방을 지향하고 비잔티움 제국의 정복을 개시하고자 한 노르만인들의 지중해에 대한 계 _(비잔티움을 향하여)_

획이 시작되었다. 하지만 당시 내부의 전쟁에 전념할 수밖에 없었던 로베르는 1085년 체팔로니아 인근에서 비잔티움에 대한 대대적인 공격을 감행할 날을 얼마 남겨두지 않고 숨을 거두었다. 로베르 기스카르의 죽음은 그의 소유지들이 지닌 봉건적인 특성의 실체를 드러냈다. 정치적인 구조는 자주권이 확보되는 더 넓은 공간을 구축하고자 한 귀족과 도시 사이의 적대 행위로 쉽게 와해될 수 있었다. 이러한 이유로 기스카르의 후계자인 루제로 보르사Ruggero Borsa(?-1111)와 그의 아들 굴리엘모 2세(1095-1127)는 소유지들의 통일을 유지하는 데 심각한 어려움을 겪게 된다.

시칠리아 노르만 왕국의 탄생

단일한 군주국 굴리엘모의 사망으로 일대 전환점을 맞이하게 되자, 루제로 대백작의 차남인 오트빌의 루제로 2세Ruggero II(1095-1154)는 카푸아 군주들의 정신적 유산을 받아들일 때가 되었다고 생각했다. 그는 행운이 따랐던 육지 원정 이후 이탈리아의 남부 지방 전체를 정복했으며, 루제로 2세의 이름으로 시칠리아 왕임을 선포했다. 이로써 부침을 거듭하고 13세기 말부터 시작된 시칠리아의 민중 봉기로 인한 단절의 시기에도 불구하고 19세기 중엽까지 이탈리아 반도의 역사에 한 획을 그을 정치적인 영역이 만들어졌다. 역사 문헌들은 종종 당시 봉건 군주제의 시각으로 볼 때 드물게 통일성을 유지했다는 점에 주목하며 시칠리아 왕국의 정치적인 특성들을 강조했다. 이러한 긍정적인 견해는 다시 살펴볼 필요가 있지만, 어쨌든 루제로 2세의 통치 기간에 시칠리아 왕국은 번영을 누렸고 그리스와 이슬람 출신 주민들로 이루어진 구성원들은 기본적으로 평온한 삶을 누렸을 뿐만 아니라 국가의 행정에도 참여할 수 있었다는 것은 분명하다. 실제로 루제로는 아버지의 업적을 계승하는 한편, 신생 왕국의 일반 사무와 재정 관련 업무를 위해 유럽 그리스도교 세계의 요구보다는 시칠리아 왕국의 요구를 충족하는 데 더 적합한 지식과 실무 능력을 갖춘 세련된 이슬람과 그리스 관리들을 적절히 활용했다. 왕국의 이러한 실용적인 운영은 유럽 대륙을 향한 정치적인 표명을 후순위로 돌리고, 지중해에서 확장 정책을 추진해 나갔던 군주의 대외 정책에서 확실한 결과를 얻게 해 주었다.

다문화적인 모습 하지만 이미 1154년부터 루제로의 후계자였던, 이후에 악한 왕이라는 별명을 얻은 굴리엘모 1세(1120-1166)와 함께 왕국의 봉건제적 상황에 잠재되어 있던 문제들이 불거져 나오기 시작했다. 새로운 봉건 가신들(많은 북유럽 기사들이 계속 이주했다)

은 왕권을 제한하려 했다. 이들은 때로 공개적인 반란을 일으키기도 했으며, 합법적인 후계자를 남기지 못했다는 의식 속에서 자신의 왕국의 불안정한 균형을 유지하려고 애썼던 굴리엘모 2세 선한왕(1153-1189)의 통치 시기에 그들의 중요성을 키웠다. 이 때문에 굴리엘모 2세는 자신의 왕국에 대한 유럽의 보호를 기대하며, 할아버지 루제로 2세의 사후에 태어난 막내딸이자 자신의 고모인 콘스탄차(1154-1198)를 프리드리히 1세의 어린 아들인 하인리히(1165-1197)와 혼인시켰다. 하지만 이러한 결정은 시칠리아 노르만 왕국의 역사에서 최고의 시절을 구가할 수 있게 해 주었던 공존과 독창성을 유지하던 구성원들을 근본적으로 변화시켰다. 특히 시칠리아 사회는 13세기 말 심각한 변화를 겪은 것으로 나타난다. 이제 이방인이라고 느끼기 시작한 시칠리아의 무슬림들은 시칠리아 서부 몇몇 지역에서 고립된 생활을 시작했으며, 뒤에 슈바벤의 프리드리히 2세(1194-1250, 1220년부터 황제)에게 제압당했다. 이들을 대신하여 이탈리아 중북부에서 넘어온 노동력과 병력은 이들의 고향 풍습과 제도, 가치들을 시칠리아에 보급하며 다문화적인 모습을 근본적으로 변화시켰다.

| 다음을 참고하라 |
시각예술 노르만의 지배를 받은 시칠리아: 체팔루, 팔레르모, 몬레알레(745쪽)
음악 노르만 지배를 받던 시칠리아의 축제와 노래(866쪽)

러시아의 왕국과 공국들

| 줄리오 소다노 |

9세기 말, 스웨덴의 올레그Oleg는 키예프에서 북부와 남부의 무역 거래를 통제하며
최초의 러시아 공국을 세웠다. 키예프는 그리스 교회에 문호를 개방하며 그리스도교로
개종한 블라디미르 1세Vladimir I와 함께 눈부신 발전을 이루었다. 로마 교회와 정교회
사이의 분쟁은 러시아와 동방 사이의 문화적·종교적 관계를 단절시켰다. 12세기에는
류리크Ryurik 왕조의 내부 분쟁으로 인해 오랜 기간 무정부 시기가 지속되었다.
북부의 드넓은 영토는 노브고로드 자유도시가 관할했다.

러시아의 기원

백러시아인(벨라루스인이라고도 함*)과 우크라이나인('소러시아인'으로도 함), 그리고 대러시아인의 구분은 중세 말로 거슬러 올라간다. 반면에 중세 중반에는 '동슬라브인'과 '러시아인'에 대해 이야기할 수 있으며, 그들의 영토에는 '루스Rus'라는 용어를 사용했다. '루소Russo'라는 용어와 그 의미에 대해서는 잘 알려진 바가 없지만 항해자 상인의 개념과 관계가 있는 것은 분명하다. 실제로 러시아는 그 기원을 오늘날의 스웨덴에서 유래한 바이킹에 두고 있다. 이들은 8세기와 9세기 동안 때로는 약탈자로, 때로는 상인으로 6세기 이후 슬라브계 주민들이 살고 있던 발트 해 연안의 큰 강가에 출몰하기 시작했다. 슬라브인과 비잔티움인은 상인이자 해적들인 이들을 '바랑기아인Varangians' 또는 '루시Russi'라고 불렀다. 바이킹족의 등장은 유럽의 무역 거래에 편입된 동슬라브 세계에 추진제 역할을 했다. 그들은 키예프와 드네프르 강, 볼가 강을 가로지르고 노브고로드를 경유하며, 발트 해 연안의 유럽 지역에 동방에서 건너온 향신료, 비단과 호박 같은 귀중품들을 공급할 수 있었다. 볼가 강 하류에서 사마르칸트로 이어지는 길을 통과했으며, 카스피 해 연안의 볼가 강 어귀로부터 배를 이용하여 페르시아와 바그다드에 도달했다.

오랜 기간 약탈 활동을 벌인 이후에 바이킹족이 유럽의 다른 지역에서 사법과 교역, 지역 정치에서 나름의 유용성을 인정받았던 것처럼 바랑기아인들도 마찬가지였다. 9세기 말(약 882), 상인 류리크의 아들로 이미 노브고로드를 지배하고 있던 스웨덴인 올레그는 키예프를 차지하여 남부와 북부의 교역으로 번창을 누린 최초의 진정한 러시아 공국을 세웠다. 10세기부터 키예프에는 상품들과 함께 가톨릭 정교회와 제국의 사상들, 황제의 보편적인 도덕적·사회적 기능들이 유입되었다.

키예프 공국의 그리스도교화와 전성기

키예프 공국은 그리스도교로 개종한 블라디미르 1세(약 956-1015, 980년부터 루스와 키예프를 통치)와 함께 눈부신 성장을 했다. 실제로 그가 군주가 되기 전, 이후에 성인으로 추대된 그의 할아버지 올가Olga를 시작으로 주변의 많은 인물들은 세례를 받았다. 키예프에는 이미 오래 전 산텔리아Sant'Elia에 봉헌된 교회가 세워져 있었다. 하지만 블라디미르와 함께 지지부진하던 그리스도교화는 공식 정책이 되었다. 군주는 세례를 받기 전 유대교와 이슬람교, 그리스도교의 장점들을 꼼꼼하게 따져 보았으며, 그 뒤에야 정교회 형태의 그리스도교가 정치적 관점에서 가장 적합하다는 결론에 도달했다. 이후에 그는 황제 바실리우스 2세Basilius II(957-1025)의 여동생인 안나Anna와 결혼했으며, 988년에 세례를 받았고, 동방 정교를 국교로 선포하며 그의 국민들을 드네프르 강가에서 집단으로 세례를 받게 했다. 군주인 블라디미르는 성인으로 추대되었고 러시아 성인계의 중심인물이 되었다.

동로마 제국 황제의 동생인 안나의 등장은 900년대를 마감하고 새로운 1000년을 맞이하는 시기에 문화와 도시의 생활 양식과 관련한 관점에서 키예프의 엄청난 변화를 가속화했다. 수많은 종교 관련 건물들과 일반 건물들이 블라디미르의 아내를 뒤따라 지어졌고, 그녀의 부름을 받은 장인들과 예술가들은 키예프를 동유럽에서 가장 아름다운 도시로 변모시켰다. 이것은 슬라브 주민들의 핵심 지역에 동방의 종교와 문화를 옮겨 놓으려는 명확한 정치적 의지를 가지고 추진된 지도층의 작업이었다.

하지만 종교·문화적 관점에서 동슬라브인들의 비잔티움화는 정치적인 영역에는 영향을 주지 못했다. 류리크 왕가(올레그의 아버지인 류리크를 시조로 한다)는 독일과 프랑스, 폴란드, 헝가리의 공주들과 수많은 혼인을 통해서 유럽 군주국들과의 관계를 모색했다. 몇몇 경우에 이러한 혼인 관계는 권력의 유지를 위한 것으로 밝혀졌다. 1054년에 왕위에 오른 데메트리오 왕Demetrius(1350-1389)은 독일 황제와의 돈독한 관계 때문에 쫓겨났지만, 바로 이러한 독일과의 인연으로 서방에 피신할 수 있었다. 그는 교황과 제국의 투쟁에 교묘하게 개입했으며, 자신의 아들을 교황 그레고리오 7세(약 1030-1085, 1073년부터 교황)에게 보내 루스 왕국을 기증했다. 교황은 이에 대한 보답으로 루스 왕국을 봉토로 다시 그에게 돌려주었다. 1076년에 데메트리오는 자신의 권력을 되찾을 수 있었다.

동방의 중심 도시

키예프 공국의 위기와 붕괴

키예프 공국은 블라디미르의 후계자인 현자賢者 야로슬라프 왕Yaroslav the Wise(978-1054, 1019년부터 루스 왕국의 대공)이 폴란드에서 빼앗은 루테니아의 통치 지역들을 포함하여 더욱 넓어졌다. 하지만 야로슬라프가 사망하자마자 왕국은 적대적인 조그만 공국들로 분열되었다. 서부 지역에는 갈리치아와 볼리니아, 남부에는 키예프와 투로프, 북부에는 노브고로드, 폴로츠크, 스몰렌스크, 볼가 강 상류에는 트베르 공국이 들어섰다. 실제로 키예프 공국은 단일 왕국이 아니었으며, 류리크 왕조가 장로

연장자 후계 상속 원칙

제 원칙에 따라 공동으로 지배하던 일종의 연방 국가였다. 키예프의 대공이 사망하면 그의 형제들 가운데 제일 연장자가 대를 이어 나가는 식으로 자리를 계승했다.

각각의 영토에서는 후계를 정할 때마다 군사적인 방어와 사법적 기능을 확실히 하기 위해 군주들과 그들의 신하들이 교대로 번갈아 자리를 계승했다. 하지만 장로제도는 11세기부터 형제들과 삼촌들, 조카들 사이에 엄청난 피해를 안겨 준 내전을 불러왔다. 한편, 비잔티움인들은 러시아에 대한 통제를 행사하기 위해 이러한 내전을 교묘하게 이용했다. 따라서 슬라브인들은 몽고인들이 도착하기도 전에 이미 위기에 처해 있었다. 키예프는 계속해서 무역과 종교의 중심지로 남아 있었지만, 강력한 권력의 부재와 계속된 분열로 종종 무역 거래의 중단을 불러오고 지역에 대한 정치적인 통제를 가로막았던 페체네그족과 쿠만족 같은 유목민들의 돌발 행동에 그대로 노출되어 있었다. 쿠만족들을 견제하기 위한 시도가 블라디미르 모노마흐Vladimir Monomakh(1053-1125, 1113년부터 키예프의 군주)에 의해 추진되었다. 비잔티움 공주의 후손인 그는 유목 민족들을 통제하기 위해 쿠만족 부족장의 딸과 재혼함으로써 왕국에 일시적인 재번영의 시기를 가져다줄 수 있었다. 하지만 12세기에는 안정기와 무정부 시기가 번갈아 나타났다. 1146년부터 1170년까지 키예프에서는 9명의 군주들이 부산하게 왕위를 계승했으며, 이들 가운데 6명은 도시를 두 번 잃었다. 1169년 보골류프스키Bogoljubskij의 인솔로 북부 러시아인들이 자행한 첫 번째 도시 약탈이 기록되었다. 1113년 블라디미르 모노마흐를 권력으로 이끈 반란이 한창 진행 중이었을 때 최초의 유대인 대학살이 기록되었다. 바랑기아인들의 스웨덴계 후손들은 이제 완전히 슬라브화되었으며, 상인에서 영토를 지닌 군주로 변모하였다. 당시 상업적인 패권은 뤼베크의 건설 이후 러시아인들에게 밀랍과 꿀, 호박, 가죽, 땔감을 사고 플랑드르의 모직 또는 독일의 몰스킨 천을 팔던 독일인들의 차지였다.

'가장자리에 위치한' 우크라이나

12세기 키예프 주변 지역들은 '변방' 또는 '국경'을 가리키는 우크라이나Ucraina라는 이름으로 불리기 시작했는데, 이는 키예프 공국이 그 중심을 상실했다는 의미로 볼 수 있다. 모스크바에 새롭게 정착한 것은 대략 1146년부터로 전해진다. 실제로 우크라이나가 몰락했을 때 볼가 강 상류 지역에 살던 많은 농민들을 끌어들인 북동부 공국들의 활력이 균형을 맞추는 역할을 했다. 옛 무역 기지였던 노브고로드는 1136년에 독립된 공화국이 되었다. 자유시민들의 의회는 유일한 입법 기관이었으며, 도시의 행정부와 제한된 권력을 지닌 유급 군주를 선출했다. 노브고로드의 군주는 류리크 가문의 범위 내에서 선택되었지만 시의 경계 밖에 거주해야만 했으며, 도시의 법을 따르지 않거나 위반하는 경우 추방될 수 있었다. 그는 자체적으로 거느리고 있는 부대가 아닌 경우에는 군 지휘권이 없었고, 시민군은 1명의 시민이 지휘했다. 1156년부터는 도시의 대주교도 시민 의회에 의해서 선출되었고, 도시 북부에 관할권의 지배를 받는 아주 넓은 면적의 통치 지역도 확보되었다. 따라서 노브고로드는 전체 동유럽에서 비슷한 예를 찾아볼 수 없는 매우 독특한 경우였다. 이곳에서 발트 해의 독일 상인들과 첫 번째 계약이 체결되었다. 도시의 상인들은 그들 나름대로 뤼베크에서 상업적인 특권과 관세 면제 혜택을 누렸다.

러시아 정교회

정통 그리스도교로 개종한 블라디미르 1세의 선택은 콘스탄티노플 대주교의 영향력과 그리스 정교회에 문호를 여는 계기를 마련해 주었다. 11세기 초 정교회 수도사들은 노브고로드, 민스크, 폴로츠크에 도착했지만 동슬라브인들의 완전한 복음화와 교회의 조직화, 그리고 군주제의 확립을 위해서는 많은 시간을 필요로 했다. 그리스도교와 함께 여러 형태의 이교들도 오랫동안 존속했다.

　1054년에 동방 교회의 분열과 함께 비잔티움의 영향을 받아 탄생한 교회들(세르비아, 불가리아, 러시아)은 콘스탄티노플의 총대주교와 함께 한편을 이루었다. 이러한 교회의 분열은 러시아를 위한 많은 결과들을 만들었다. 로마 교회와 동방 정교회의 분쟁으로 콘스탄티노플은 러시아와 서방 사이의 전통적인 관계들을 단절시키고 동슬라브인들을 북유럽과 서슬라브의 문화로부터 분리시키며 엄격한 신앙의 분리를 실천한 그리스의 주교들에게 키예프를 맡겼다.

　군주들 사이에 정권 부재로 인한 정치적·사회적 혼란이 커져 가자 정교회는 중앙 **통일의 기초** 집권적인 힘에 맞설 수 있는 유일한 세력을 대변했다. 키예프 교회는 그리스도교의 유일한 절대적 지배자와 중앙집권적인 국가의 필요성에 대한 이상과 함께 비잔티움 문화를 흡수했다. 러시아 정교회는 오랜 기간 동안 러시아의 통일이 종교에 바탕을 둔 가치라는 믿음을 확산시키는 중요한 결과를 얻었다. 이러한 제도화와 함께 블라디미르 1세의 사후에 이어진 혼란 속에서 죽임을 당한 류리크 가문의 두 성인 보리스Boris와 글레프Gleb를 위한 숭배가 함께 이루어졌다. 러시아의 성인전聖人傳에는 정치 체제의 신성불가침성이 강조되었다. 따라서 러시아 정교회는 바로 이 무정부 시기에 14세기와 15세기 모스크바의 정치와 17세기부터 20세기까지 대러시아의 패권에서 중요한 요소가 될 갈리치아에서 노브고로드, 로스토프에 이르는 동러시아의 통일을 추구하고 기원하면서 러시아 전체 역사에서 점점 더 중요한 역할을 수행하기 시작했다.

| 다음을 참고하라 |
시각예술 루스족: 키예프, 노브고로드, 블라디미르(734쪽)

폴란드

| 줄리오 소다노 |

지방의 피아스트Piast 왕조를 중심으로 권력의 집중화 과정이 시작됨과 동시에
폴란드 왕국의 시초를 형성한 북유럽 부족들 사이에 로마 가톨릭이 확산되었다.
미에슈코 1세Mieszko I와 그의 아들 볼레스와프Bolesław는 처음부터 독일 세력으로부터
독립적이기를 원했던 폴란드 군주제의 기초를 닦았다. 볼레스와프는 1025년에 교황에게
왕관을 수여받았다. 하지만 폴란드 왕조는 정열적인 군주들과 무력함의 시기가
번갈아 나타났다. 13세기에 폴란드는 오랜 기간의 무정부 상태를 겪었다.

폴란드의 기원

폴란드의 개종 과정은 길고도 복잡했다. 그리스도교와 첫 만남은 키릴로스Kyrillos(826/827-869)와 메토디오스Methodios(약 820-885)의 전도로 이루어졌다. 9세기에 비스인들은 모라비아에 굴복했다. 몇몇 역사 자료에 의하면, 875년에 이 집단의 우두머리는 비잔티움 의식에 따라 세례받는 것을 받아들였다고 한다. 크라쿠프를 포함하는 비스와 강 상류 지역은 990년까지 보헤미아에 종속되어 있었으며, 어쨌든 체코 지역과의 관계는 1086년까지 유지되었다. 동방 그리스 의식은 최소한 12세기까지 존속되었다. 실제로 그리스의 의례를 따랐던 교회의 다양한 유물들이 그 당시를 증명해 주고 있다.

반면에 폴란드 왕국의 시초를 이룬 북유럽 부족들은 다른 과정을 겪었다. 이들은 실제로 적어도 10세기까지는 이교도로 남아 있다가 그 뒤에 로마 교회의 범주에 들어왔다. 로마 가톨릭의 확산과 함께 지방의 피아스트 왕조를 중심으로 권력 집중화 과정이 시작되었다. 권력의 중심지는 그니에즈노, 포즈난, 레그니차 세 도시가 자리 잡은 바르타 강 유역이었다. 요새화된 도시들은 권력자들이 거주하는 곳이었다. 유럽의 다른 곳들과 마찬가지로 이 지역에서도 더욱 강한 세력들이 약한 세력들을 굴복시키면서 중앙집권화 과정이 나타났다.

폴란드의 군주제는 미에슈코 1세(약 930-992, 960년부터 왕)와 그의 아들 볼레스 조직적인 자주권 와프 용감왕Bolesław Chrobry(약 966-1025, 992년부터 왕)을 중심으로 확립되었다. 폴란드의 첫 번째 그리스도교 군주는 실제로 미에슈코 1세였다. 그는 966년 로마 교회의 의식에 따라 세례를 받았다. 당시 그는 대폴란드와 마조비에츠키에, 쿠이아바, 포모세의 군주였다. 그는 990년에 모라비아를 무찔러 자신의 영토에 실롱스크와 소폴란드를 병합함으로써 진정한 폴란드 왕국의 기초를 마련했다. 그는 그니에즈노를 수도로 정했다. 폴란드가 서방의 그리스도교에 의지하게 된 것은 처음부터 보헤미안-게르만 세계에 대하여 조직적인 자주권을 얻고자 하는 명확한 의지의 표명이었다. 실제로 미에슈코는 968년 포즈난에 독일 교회로부터 독립적인 주교 관할구를 만들기 위해 온 힘을 기울였다. 990년에는 피아스트 왕조의 정책에 착수하여 폴란드가 바티칸의 직접적인 보호를 받고 독일 제국에 대항해 독립적인 위치에 설 수 있도록 하기 위해 로마와 직접적인 관계를 체결했다. 비스와 강과 오드라 강 사이에 독일의 영향을 받지 않는 자주적인 주교좌를 세우기 위해서는 독일로부터의 복음화에 대한 압력에 대응할 필요가 있었기 때문이다. 실제로 엘베 강 너머에 세워진 주교 교구들은 마그데부르크의 관할권에 놓일 예정이었다. 피아스트 왕조는 로마에 대한 그들의 정책을 통해 폴란드 교회의 독립을 심각하게 훼손할 수도 있는 이러한 규칙의 적용을 막아 보고자 한 것이다.

바로 이러한 상황에서 1000년에 황제 오토 3세(980-1002, 983년부터 황제)와 미에슈코의 아들로 폴란드 대공으로 불린 볼레스와프 용감왕의 만남이 그니에즈노에서 이루어졌다. 교황 실베스테르 2세(약 950-1003, 999년부터 교황)와 협정에 따라 오토는 성 아달베르트Adalbert의 무덤을 방문한 뒤에 폴란드가 지배하는 교회 체제에 대하여 제국이 지니고 있던 자신의 이로운 모든 권리를 포기하며, 볼레스와프에게 왕관을 수여하고 그를 자신의 형제이자 제국의 협력자로 지명했다. 오토는 실제로 피아스트 왕가가 성취한 완전한 자주권을 인정했으며, 동유럽의 그리스도교화 활동에 정당성을 부여했다. 그리고 그니에즈노에 포즈난과 브로츠와프, 크라쿠프, 콜브제크의 주교구를 관할하는 폴란드 최초의 대주교구가 설립되었다.

가톨릭의 보루　　황제권과의 협력은 오토 3세의 후계자와 함께 곧 약화되었다. 볼레스와프는 실제로 아버지의 확장 정책을 재개했다. 미에슈코는 이미 보헤미아인들로부터 실롱스크와 1세기 뒤에 폴란드의 수도가 되는 크라쿠프를 빼앗았다. 볼레스와프는 작센 지방 깊숙한 곳에서 습격과 약탈을 감행하며 황제 하인리히 2세(973-1024, 1014년부터 황제)와 격렬하게 싸웠다. 또한 슬로바키아와 모라비아의 일부를 합병했으며, 짧은 기간이나마 보헤미아의 거의 전 지역을 차지하기도 했다. 1003년에는 프라하를 수중에 넣었다. 1018년에는 키예프에 정착했으며, 도시의 성문에 그의 칼을 내리쳤다. 또한 볼레스와프는 폴란드에 근본적으로 그리스도교를 전파하기 위해 선교사들의 방문에 도움을 주었다. 그는 1025년에 이러한 호의에 대한 보답으로 사망하기 직전 교황으로부터 왕관을 수여받았다. 그의 통치 말기에 폴란드는 대폴란드와 소폴란드, 실롱스크, 마조비에츠키에, 포모세 5개 지방을 포함시켰다. 11세기 그리스도교의 승인은 경계가 분명하지 않은 지리적 국경을 지닌 나라를 지배하는 군주국이 탄생하는 데 도움을 주었다. 그 후에 수도를 크라쿠프로 옮겼으며, 서서히 피아스트 왕조는 폴란드를 동유럽에서 가장 중요한 가톨릭의 보루로 변모시켰다.

피아스트 왕가 최초의 군주들

1030년대 볼레스와프의 사망 이후 폴란드는 권력의 공백과 무정부 상태에서 생겨난 첫 번째 심각한 위기를 극복해야만 했다. 폴란드는 11세기 후반, 1076년에 왕관을 획득한 볼레스와프 2세Bolesław II(약 1042-1081/1082, 1076-1079년에 폴란드 왕과 공작)와 함께 힘겹게나마 다시 안정을 되찾았다. 볼레스와프 2세는 매우 적극적인 국제 정책을 통하여 강한 폴란드 왕국을 재건하기 위해 최선을 다하였다. 실제로 그는 그레고리오 7세를 지지하며 서임권 분쟁에 적극적으로 가담했으며, 그에 대한 보답으로 1076년에 즉위식을 거행할 수 있었다. 하지만 그는 친제국주의 성향의 주교 스타니슬라오를 죽음으로 몰고 간 크라쿠프의 소요 사태로 유배를 가야만 했기 때문에 그의 활동은 중단될 수밖에 없었다. 볼레스와프는 1081년에 헝가리에서 숨을 거두었다.

볼레스와프 3세Bolesław III Boccatorta(1085~1138, 1102년부터 왕)와 함께 폴란드는 다른 영토들을 손에 넣었고, 포모세의 완전한 그리스도교화를 진행했다. 군주는 실제로 베네딕투스회 수도사들과 폴란드에 수많은 수도원들을 세운 프레몽트레회 수도사들의 진출에 도움을 주었다. 하지만 볼레스와프 3세는 그가 죽은 뒤에 왕국을 아들들이 나누어 가지도록 결정함으로써 나라를 약하게 만들었다. 피아스트 왕가에는 키예프의 류리크 왕조의 장로 제도와 매우 유사한 세습제가 승인되었다. 모든 남자 후손들은 그들 가운데 가장 연장자에게 형식적으로 복종했지만 재산을 나누어 가졌으며, 함께 정치 권력을 승계했다. 폴란드는 연장자의 지위와 크라쿠프의 통제를 위한 혈육들 사이의 격렬한 투쟁을 불러올 이러한 제도로 인하여 곧 심각한 약점을 보이게 되었다. 폴란드 왕국은 수많은 공국들로 분열되었으며, 귀족 세력이 큰 발전을 이루었던 반면에 왕의 자리는 13세기가 끝날 때까지 공석으로 남았다.

힘을 잃은 폴란드의 상황은 독일의 황제들이나 키예프의 군주들 같은 이웃한 강대국들의 욕망을 자극했다. 따라서 피아스트 가문의 단일 가계에 의한 키예프의 통제와 왕위 세습의 승인을 통하여 정치 제도를 근본적으로 변화시킬 필요성을 느끼게 되었다. 하지만 이것이 통치 가문의 다양한 가계 간에 종종 대립을 일으켰고 공국들이 이리저리 얽혀 왕국의 정치적 균열을 끝맺지는 못했다. 슬라브인들은 강력한 부족 분리주의에 집착하고 있었는데, 서양의 제도와 사상을 담은 최초의 세습 군주제의 형태도 이를 완전히 다스릴 수는 없었다. 실제로 군주제가 자신의 약점을 드러내자마자 부족 분리 정서가 다시 우위를 점했으며, 분열의 시기에 승리를 거두었다. 따라서 몽골인들이 도착하기도 전에 폴란드는 크라쿠프에 권력이 존재하고 있었음에도 불구하고 분열되고 말았다.

공국들의
모자이크

| 다음을 참고하라 |
역사 헝가리(122쪽)
시각예술 루스족: 키예프, 노브고로드, 블라디미르(734쪽)

헝가리

| 줄리오 소다노 |

헝가리인들은 중부 유럽의 윤곽을 형성하며 다뉴브 강 유역을 변모시켰다.
헝가리는 성직과 군대와 관련한 정치 형태에서 군주국으로 진화했다. 스테파노 1세의
가톨릭 채택은 신생 군주국을 강화하기 위한 정치적인 움직임이었다. 오랫동안
친비잔티움적인 군주들 또는 친서방적인 군주들이 서로를 뒤이어 자리를 이었다.
내부의 혼란을 극복하고 난 뒤에 헝가리는 발칸 반도 쪽 유럽을 정복하는 것에 대해
비잔티움과 대립을 하기도 하고 합의를 이루기도 했다.

헝가리 왕국의 탄생과 가톨릭으로의 개종

유목 민족들의 이동 결과로 895년 봄, 아르파드Árpád 왕(?-900년 이후)이 인솔한 2만
여 명의 마자르족 전사들이 40만 명의 사람들을 거느리고 카르파티아에 도착했으
며, 다뉴브 강 평원으로 퍼져 나갔다. 바이킹인들처럼 사나우면서도 움직임은 훨씬
더 빨랐던 마자르인들은 895년부터 작센의 오토 1세(912-973, 962년부터 황제)에게
레히펠트 전투에서 패한 955년까지 유럽 땅을 잔혹하게 약탈했다. 955년 이후로 생
존자들은 오늘날의 헝가리 평원으로 흩어졌으며, 농사와 목축업에 종사하며 정착
생활을 하게 되었다. 사회는 급속하게 계층화되었으며, 곧 대봉건 영주가 될 군대 우
두머리들의 귀족 계급이 등장했다.

헝가리인들의 이주와 정착은 중부 유럽의 윤곽을 형성하며 다뉴브 강 유역의 모
습을 엄청나게 바꾸어 놓았다. 마자르 왕국은 11세기와 12세기에 몽골인들이 도착
할 때까지 다뉴브의 넓은 평원에 흩어져 살던 이질적인 사람들을 하나로 묶는 힘을
지니고 있었다. 그들의 존재는 단지 헝가리의 탄생뿐만 아니라 보헤미아, 폴란드, 크
로아티아, 세르비아와 오스트리아의 탄생에도 필수적인 역할을 했다. 실제로 헝가리
인들은 북부와 남부의 슬라브인들을 갈라놓는 장벽을 형성하고 있었으며, 그들을 막
아낸 오토 3세의 공적을 인정한 독일 제후들을 단결시킨 하나의 요인이 되었다.

헝가리는 모든 권리와 재산이 통치자인 군주의 소유로, 세습 재산에 바탕을 둔 왕
국이었다. 헝가리는 성직과 군대와 관련한 독창적인 정치 형태로부터 군주국으로,
부족들의 연합체에서 중앙집권화된 국가로, 목축업에서 토지 소유로 진화했다. 예

전에 존재하던 마자르인들과 슬라브인들 사이의 관계는 11세기까지 엄격하게 분리되었다.

　종교적 관점에서 헝가리는 폴란드가 취했던 길을 그대로 따라갔다. 그리스도교와 첫 접촉은 비잔티움의 도움으로 이루어졌다. 포로가 된 그리스 수도사 히에로토스Hierothos는 '터키의 주교'로 임명되었다(비잔티움인들은 헝가리를 터키라고 불렀다). 하지만 레히펠트 전투는 헝가리인들이 정착 생활을 하도록 만들었을 뿐만 아니라 게르만의 영향력, 즉 가톨릭의 승인을 예고했다. 974년 마자르의 대공 게저Géza(940-977)는 온 가족과 함께 로마 가톨릭 의식에 따라 세례를 받았다. 1001년에 그의 아들인 스테파노(약 969-1038, 1000/1001년부터 왕)는 황제 오토 3세(980-1002, 983년부터 황제)의 합의로 실베스테르 2세(약 950-1003, 999년부터 교황)로부터 헝가리의 첫 번째 왕이라는 칭호와 함께 왕관을 받았다. 헝가리의 가톨릭 왕국은 왕위를 위한 경쟁으로 친비잔티움적인 정교회와 불가리아인들의 지지를 받았던 경쟁자들을 배제시킨 교황의 승인을 통해 대관식이 거행된 에스테르곰에 주교 관할구 설립 허가를 얻어냈다. 따라서 그리스도교 채택은 신생 군주국을 강화하기 위한 정치적인 움직임이었다. 이때부터 헝가리는 폴란드와 마찬가지로 확고한 가톨릭 국가가 되었다. 스테파노 1세의 모든 정책은 헝가리 교회의 강화와 조직화에 집중되어 있었다. 주교들은 영토의 통치권을 행사하는 데 이용되었으며, 왕이 포고한 법령들은 모든 촌락이 교회 하나를 세울 의무가 있음을 규정했다. 교회에 대한 전폭적인 지지를 담은 이러한 활동은 1083년 헝가리 군주의 시성식으로 이어졌다.

정치적 수단으로서의 그리스도교

내부적인 혼란과 영토 확장

헝가리 왕국은 탄생했을 때부터 중동부 유럽의 패권을 위한 강력한 확장 정책을 추구하였다. 1004년에는 트란실바니아의 지배권을 획득했다. 하지만 스테파노 1세의 권력 강화 작업은 아르파드 가문 구성원들 사이의 투쟁과 옛 부족장들의 저항으로 타격을 받았다. 종종 이러한 투쟁의 바탕에는 친게르만과 친비잔티움 세력 사이에 영원히 해결되지 않는 대립이 있다. 로마와의 연합이 비잔티움과의 모든 정치·문화·종교적 유대를 중단시키지는 못했다. 정교회는 12개의 주요 수도원을 통제했다. 그리고 11세기 초, 동방의 황제들이 불가리아를 정복하면서 콘스탄티노플과 좋은 관

콘스탄티노플과의 관계

계를 유지할 필요성을 느끼게 해 주었다. 하지만 스테파노 왕이 성취한 균형은 후대 왕들에 의해 유지되지는 못했다. 양 당파의 군주들은 왕국의 정치적 지침을 변화시키며 교대로 뒤를 이었다. 예를 들어, 솔로몬 왕Solomon(1053-1087, 1063년부터 왕)은 독일의 지지에 힘입어 1063년에 왕위를 얻었다. 반면에 게저 공(약 1044-1077)은 친비잔티움적인 경향을 보였다. 1074년에 왕이 되었을 때 그는 비잔티움 공주와 결혼했으며, 콘스탄티노플로부터 유명한 헝가리 왕관의 하단부를 이루게 될 왕관을 수여받았다.

헝가리는 내부의 분쟁을 종결시키고 적극적인 대외 정책 활동을 펼치기 시작한 라슬로 1세László I(1042/1046-1095, 1077년부터 왕)와 함께 어느 정도의 안정을 찾았다. 이웃한 발칸 반도 국가들의 힘이 약했던 점은 왕국의 확장을 더욱 용이하게 만들어 주었다. 또한 11세기 말, 헝가리는 십자군 원정을 떠나는 제국 군대들의 통로라는 전략적인 위치로 인하여 그 중요성과 힘이 더욱 커졌다. 결국 헝가리는 사바Sava와 다바Dava 사이의 슬라보니아를 병합했으며, 1091년에는 크로아티아의 왕위를 둘러싼 싸움에 개입하였다.

바다로 나 있는 문 11세기 말, 헝가리는 비잔티움 제국과 함께 다뉴브 지역의 패권을 공유했다. 정복한 모든 영토들에 가톨릭교도인 마자르 귀족들이 부임해 왔다. 그들은 슬라브와 게르만, 루마니아의 주민들이 사는 곳에 드넓은 영지들을 만들었다. 그 후에 비잔티움의 몰락은 헝가리의 지배권을 더욱 공고하게 만들어 주었다. 라슬로의 손자인 콜로만노 1세Colomanno I(1068-1116, 1095년부터 왕)는 아르파드 왕가의 세습권을 호소하며 1102년에 크로아티아 왕국을 굴복시켰고, 달마티아 연안의 도시들을 장악함으로써 바다로 향하는 중요한 길을 열었다. 이 경우에는 비잔티움과의 동맹이 중요한 역할을 했다. 1104년에 고인이 된 라슬로의 딸 이레네Irene는 헝가리인들에게 달마티아 정복을 위한 길을 열어 주며 비잔티움 왕위 상속자인 요하네스 2세 콤네노스 Joannes II Comnenus(1087-1143)와 결혼했다. 한편, 헝가리인들은 이에 대한 보답으로 노르만인들에 맞서 비잔티움의 황제를 도왔다.

비잔티움과의 충돌

발칸 반도의
통제 그리스의 황제 가문과 헝가리 군주들 사이의 관계는 헝가리에서 추방된 인물들이 비잔티움에 은신처를 마련하도록 만들었다. 이러한 상황은 시간이 흐름에 따라 헝가리인들의 불만을 일으켰으며, 결국 이슈트반 2세István II(1101-1131, 1116년부터 왕)가 몇몇 반국가적인 인사들의 본국 송환을 이루어 내지 못하자 제국의 영토인 벨그라드와 니사Nisa를 정복하고 필리포폴리스(현재 플로브디프*)까지 진격하는 결과를 맞게 되었다. 이것은 전면적인 충돌의 시기와 평화와 동맹의 시기가 번갈아 나타났던 12세기에 발칸 반도의 지배를 놓고 헝가리가 비잔티움에 대항했던 길고 격렬한 싸움의 첫 번째 사건이었다.

헝가리인들은 12세기 후반에 성 라슬로의 외손자로, 헝가리 쪽에서 유럽으로 진출하여 옛 로마 제국을 재정복하려는 정책을 추진하고자 했던 새로운 비잔티움 황제 마누엘 1세(1118-1180, 1143년부터 황제)에게 시달림을 당해야 했다. 마누엘은 20년 동안 헝가리에 전쟁을 불러왔으며, 전쟁을 하지 않았을 때에는 자신의 야심 찬 계획을 이루기 위해 헝가리의 내부적인 분열을 조장했다. 그는 헝가리와 동로마 제국의 왕조 통합 계획을 거의 완성할 수 있었다. 실제로 헝가리의 왕위 상속자였던 벨라Béla 공은 황제의 후계자의 탄생으로 무산되기는 했지만 앞으로 있을 왕위 계승에 대비하여 마누엘의 궁전에서 자랐다. 하지만 1180년 마누엘이 사망하자 그의 어린 아들 알렉시우스는 소요의 와중에 살해당했으며, 그 사이 벨라는 헝가리의 벨라 3세Béla III(약 1148-1196, 1172년부터 왕)가 되어 제국의 상속을 바라볼 수 있게 되었다. 이러한 야심 찬 계획은 콘스탄티노플에서 분쟁을 내부적으로 해결하자는 의견이 우위를 점했기 때문에 실현되지는 않았다. 벨라 3세에게는 달마티아에 대한 헝가리의 마지막 지배로 단절되었던 황제와의 새로운 동맹을 체결할 수밖에 없었다. 한편, 벨라는 콘스탄티노플에서 받은 교육에도 불구하고 헝가리를 더욱 친서방 쪽으로 이끌었다. 그는 프랑스 루이 7세의 딸인 마르그리트와 결혼했다. 이때 마르그리트 공주를 수행했던 수많은 프랑스 건축가들은 서방의 새로운 취향들을 전파했다.

12세기 말 경쟁 관계에 있던 두 나라 사이에서 약자의 위치에 있던 것은 더 이상 헝가리 왕국이 아니고 비잔티움 제국이라는 점은 분명해 보인다.

| 다음을 참고하라 |
역사 폴란드(118쪽); 비잔티움 제국: 콤네노스 왕조(148쪽)

발칸 반도

| 파브리치오 마스트로마르티노Fabrizio Mastromartino |

발칸 반도 전역에 대한 비잔티움의 권위 회복은 곧 일시적인 것으로 밝혀졌다.
동로마 제국의 돌이킬 수 없는 몰락과 인접한 강대국들의 부상은 발칸 민족이
비잔티움의 지배를 벗어나는 데 도움을 주었다. 이러한 해방은 약한 슬라브 공국들의
건국과 12세기를 거치면서 불가리아 왕국의 부활로 이어졌다.

비잔티움의 발칸 반도 정복

11세기가 시작되면서 발칸 반도는 길고도 문제가 많았던 불가리아의 지배 이후에
다시 비잔티움의 통제를 받게 되었다. 이미 10세기 후반부터 시작된 제국의 재정복
은 바실리우스 2세(957-1025)가 직접 전쟁의 지휘권을 잡고 난 뒤에 중부 발칸 지역
의 극심한 저항을 물리칠 수 있었다. 불가리아의 저항을 회복 불가능한 혼란에 빠트
린 사무엘 왕Samuel(?-1014, 998년부터 왕)의 갑작스러운 죽음은 비잔티움의 성공을
매우 용이하게 만들었다. 당시의 역사 기술에 따르면, 바실리우스는 1014년 7월에
불가리아의 군대를 급습하여 약 1만4천여 명에 달하는 모든 전쟁 포로들을 장님으
로 만든 뒤에 자신들의 군주에게 돌아가도록 풀어 주었다고 한다. 전해 오는 이야기
로는, 사무엘은 이러한 처참한 광경을 견디지 못하고 그 자리에서 사망했다고 한다.
그의 죽음은 불가리아 왕국의 급격한 와해를 불러왔으며, 그의 강력한 권위는 약해
지고 영향력은 줄어들었다.

약해진 제국의 힘과 인접한 강대국들의 영향력

발칸 반도 전역에 비잔티움의 권력이 다시 영향을 미쳤지만 이는 그리 오래 지속되
지 못했다. 넓고 세분화된 지역에 대한 제국의 통제는 실제로 매우 불안정했을 뿐만
아니라 대부분 단지 표면상으로만 나타난 경우가 많았다. 한편, 거대한 산맥들이 위
압적인 특유의 산악 지형과 이 지역에 정착한 여러 갈래의 복잡한 민족 구성은 중앙
집권화된 단일 권력으로 반도를 통일하는 데 장애가 되었을 뿐만 아니라, 넓은 면적
의 영토에 권력을 행사할 수 있는 주도적인 세력 형성을 어렵게 만들었던 세분화된

민족들은 지방분권적인 경향을 촉진시켰다.

비잔티움이 만치케르트 전투(1071)에서 투르크의 진격에 굴복하며 아나톨리아에 베네치아의
영향력
대한 통제권을 상실했을 때, 발칸 반도에 대한 비잔티움의 권력은 먼저 주변 세력들
에게 훼손되었으며, 그 뒤로는 중세 슬라브 왕국들의 탄생으로 잠식되었다. 제국의
권위로부터 독립적이었던 발칸 공국들은, 뛰어난 전투 능력과 대적할 만한 상대를
찾을 수 없던 상업적 패권으로 슬라브 민족을 지배한 베네치아 공화국과 풀리아의
노르만 왕국이 행사한 영향력으로 인해 늦게 설립되었다.

특히 강력한 상인들의 도시인 베네치아는 아드리아 해의 수역을 따라 통과하는
교역로를 통제하고 단지 형식적으로 제국의 지배를 받았던 모든 영토들에 베네치아
상인들이 자유롭게 출입할 수 있도록 비잔티움에서 부여한 특권들을 활용하여 달마
티아 해안 지역들에서 독보적인 위치를 차지하려 했다.

최초의 슬라브 공국들

인접한 강대국들의 피할 수 없는 영향력과 남아 있는 비잔티움의 권위도 크로아티아
지역을 시작으로 세르비아 민족들이 살고 있던 지역에 슬라브 공국들이 세워지는 것
을 막지는 못했다.

이미 10세기 초, 토미슬라브 1세Tomislav I(10세기)가 세우고 924년 로마 교회로부
터 승인을 받은 크로아티아 왕국은 11세기 초에 이스트리아와 보스니아, 달마티아
의 합병을 통하여 최대 성장을 이루어 냈다. 인근 강대국들인 베네치아와 헝가리의
세력 강화는 크로아티아의 자주권을 훼손했으며, 확장의 의도를 공공연하게 무너뜨
렸다.

11세기 후반, 헝가리 군주 라슬로 1세(1042/1046-1095, 1077년부터 왕)와 그의 후
계자인 콜로만노(1068-1116, 1095년부터 왕)는 크로아티아 영토에 대한 대대적인 군
사 원정에 착수했다. 협력 관계에 있던 베네치아와 노르만 세력의 지지와 함께 1091
년부터 조직된 헝가리 군대의 진격에 맞선 크로아티아의 기습전은 몇 년 사이에 완
전히 격퇴되었다. 크로아티아 왕국과 헝가리 왕국의 통일은 1097년에 비준되었으
며, 1102년에 소위 말하는 팍타 콘벤타Pacta conventa(일종의 협정서*)를 통해 확정되었
다. 팍타 콘벤타에 의하면, 크로아티아는 자신의 법률과 지역의 풍습뿐만 아니라 나
름의 행정 제도를 그대로 유지할 수 있었을 뿐만 아니라 몇몇 지배 계층의 통제를 받

는 군대를 계속해서 보유할 수 있었다.

외부 세력들의 경쟁 관계에 휩쓸리지 않았던 발칸 반도 중부 지역의 조건은 훨씬 더 호의적이었다. 세르비아 지역에서 단지 형식적인 권위를 행사한 것에 필적할 정도로 약화된 발칸 중부 지역에 대한 제국의 통제력은 지역 유력자들의 진취적 기상을 촉진시키며, 국토 회복의 움직임에 유리하게 작용했다. 이미 1035년에 제타 공국의 제후인 스테판 보이슬라프Stefan Vojislav(?-1052)는 비잔티움에 복종을 거부하고, 봉신으로서 자신의 입장에 최선을 다할 것을 명한 황제의 단호한 명령에 저항했으며, 자신의 지배 영역을 인접한 세르비아 지역까지 확장했다.

교회의 승인   그의 후계자인 미하일로(?-1081)는 교황 그레고리오 7세(약 1030-1085, 1073년부터 교황)에게 자신의 왕권을 인정받았다. 아들인 콘스탄틴 보딘Constantine Bodin(?-1101)은 보스니아 지역도 병합하여 왕국의 북쪽 영토를 확장했다. 하지만 후계자들의 무능력과 어리석은 행동으로 인해 공국을 강화하고 비잔티움으로부터 독립하는 과정을 수행하기가 쉽지는 않았다. 1168년에 와서야 스테판 네마냐Stefan Nemanja(1117-1199)가 라슈카라는 중요한 지역의 우두머리가 되어 제국의 힘에 강력한 저항을 펼칠 수 있었다. 1183년에 세르비아인들이 군사 동맹을 체결한 헝가리 왕국의 도움으로 스테판은 제타 공국도 자신의 권력으로 통일할 수 있었다. 그는 불안정한 제국을 더욱 혼란에 빠트린 불가리아의 반란을 이용하여 이어지는 2세기 동안 세르비아 왕국이 등극할 수 있는 기초를 마련했고, 1185년 비잔티움으로부터 공국의 독립을 선포했다.

불가리아 왕국의 탄생

1185년 가을, 강력한 대지주였던 두 형제 페테르Peter(1185-1197년에 불가리아의 차르)와 이반 아센Ivan Asen(?-1196)은 제국 군대에 그들이 참여하는 대신에 봉토의 양도를 요구했다. 그들의 요구를 비잔티움이 거절한 뒤, 그들은 가중된 세금 부담에 시달렸고, 수호성인인 성 데메트리우스St. Demetrius에 봉헌된 새로운 교회의 건립으로 촉발된 산악 민족들의 호전적인 반란군 무리를 조직했다. 기습전을 진압하려는 여러 차례의 시도 후에 황제 이사키오스 2세 앙겔로스(약 1155-1204, 1185-1195와 1203-1204년에 황제)는 중재 협상을 수용하고, 12세기 말 투르노보에 수도를 정한 새로운 왕국의 독립을 인정할 수밖에 없었다.

| 다음을 참고하라 |
역사 헝가리(122쪽); 비잔티움 제국: 콤네노스 왕조(148쪽)

코무네

| 안드레아 초르치 |

12세기와 13세기 이탈리아 중북부에 위치한 도시들의 특징은 코무네의 경험이
그 절정에 이르렀다는 것이다. 왕국의 틀 안에 갇혀 있던 남부의 도시들에 비해
코무네들은 효율적인 정치적 자주권, 도시를 선봉으로 하는 영토에 대한 체계적인 통제,
심의와 공무에 시민들의 참여를 확대했다. 13세기 중반 이후부터 더욱 극심하고
폭력적으로 전개되었던 권력 투쟁은 코무네의 이익이라는 가치에 중점을 둔
정치적 이데올로기를 강화했다.

이탈리아의 코무네 사회

코무네 현상은 전 유럽적인 현상이었지만 이탈리아 지역, 특히 중북부 지역은 분명
이러한 면에서 가장 앞서 나갔다고 할 수 있다. 이곳에서는 여러 중심지들 사이에 공
통된 모습을 지닌 일종의 진정한 코무네 '문화'가 발전했다. 이러한 특징들 가운데
최소한 다음과 같은 것들은 언급이 필요하다. 첫 번째는 무엇보다 정치적 관점에서
높은 수준의 실질적인 자주권을 확보하고 있었다는 것인데, 이는 이탈리아 코무네
만의 전형적인 모습이라고 하겠다. 제도적 관점에서는 한 중심지에서 다른 중심지
로 그 경험이 집중적으로 전달되었다는 것인데, 이러한 현상은 같은 모습을 유지하
는 데 많은 도움을 주었다. 사회적인 면에서는 강력한 차별화와 세분화가 상승과 발
전의 가능성을 열어 주었다. 영토적인 면에서는 점차 교구들과 일치하는 경향을 보
였던 농촌 지방과 도시 외곽 지역들 사이에 밀접한 관계가 특징적이었다. 문화적 관
점에서 이탈리아 코무네의 경험은 자주권을 지닌 정권을 정당화하는 데 전념했던 지
적인 작업과 정치 사이의 유기적인 관계를 표현했다.

반면에 이탈리아 남부의 도시들은 코무네에 대한 진정한 경험을 하지 못했다. 실 **남부의 경험**

제로 이곳에서 도시의 자주성은 노르만인들의 군주제 정착에 뒤이은 강력한 중앙 권력의 확립으로 발전이 제한되었다. 나폴리, 살레르노, 팔레르모, 바리 또는 메시나 같은 대도시와 풀리아, 캄파니아, 시칠리아의 중심지들은 인구가 많았음에도 불구하고 생산 활동과 교역은 왕의 관리를 벗어나지 못했다. 이 도시들에서는 지역 관리들이 왕에게 임명되었으며, 시민들은 진정한 자치 정부를 표명하지 못했다. 이들은 나름의 전통이 확립되는 것을 지켜보고 그것을 유지하기는 했지만 제한된 행정권을 부여받았을 뿐이다. 한편, 사르데냐에서는 피사인들과 제노바인들로부터 부분적으로 도입된 코무네를 발전시키기 위한 어떤 과정도 자발적으로 실현되지 않았다. 또한 도시들은 농촌 귀족들의 조정 기능이 강하게 남아 있는 지역 사회의 종교적·사회적·경제적 결속의 표현이 자신들의 영토에 대한 완전한 통제에 이르지는 못했다.

납세자의 증가　　반면에 이탈리아 중북부 코무네들의 영토에 대한 생각은 농촌, 즉 이미 로마 시대에 도시를 중심으로 조정 역할을 행사했던 영토를 그대로 계승한 도시의 교구에 대체로 상응하는 지역에 대한 직접적인 통제로 풀이되었다. 12세기에 시작되어 그다음 세기에 강화된 농촌 침탈은 다른 유럽 지역들에 비해 강력하지 않았으며, 종종 코무네의 세계와 합치는 결정을 내린 농촌의 영주들을 도시에 결속시키기 위해 봉건적인 관계도 활용하면서 무력과 협정을 이용했다. 코무네들은 매우 구체적인 논리에 부합하는 농촌의 형성을 사상적으로 정당화하기 위해 애썼다. 농촌 공동체의 정치적·재정적 종속은 먹을거리의 공급을 보장했으며, 코무네 헌장에 보장된 소득의 원천인 토지를 시민들이 더 많이 소유할 수 있도록 했다. 13세기에 몇몇 코무네(베르첼리, 볼로냐, 피렌체)가 실행한 농민 해방 또한 시골의 영주들로부터 사람들을 빼내어 도시의 제조업에 노동력을 공급하고 세금을 내는 사람들의 숫자를 늘리려는 목적을 지니고 있었다.

포데스타의 정치 제도

정치 전문가　코무네는 주도 세력의 수를 처음으로 늘리고 제도의 안정화와 행정과 사법의 결정적인 조정을 이끌어 내며 13세기 전반에 완전하게 발전했다. 이러한 새로운 정치적 국면의 상징은 제한된 수의 시민들로 구성된 의회의 보좌를 받는 포데스타podesta(중세 이탈리아의 행정 장관*)라는 행정관이었다. 포데스타는 매년 정부의 실무를 적절히 융합하는 데 기여한 코무네에서 활동하는 정치 전문가 집단 중에서 선발되었다. 시민 의회를 주재하고 군대를 지휘하며 질서를 유지하고 사법을 집행하는 것이 그의 임무에 속했다.

새로운 통치 제도는 점점 더 갈등을 고조시키며 극히 제한된 가문들이 장악하고 있던 집정관 제도를 초월하여 농촌 출신들도 포함해 새롭게 부를 축적한 가문들에게 코무네의 사무와 의회에 참여하는 기회를 넓혀 주었다. 또한 포데스타는 법관들과 공증인들에게 코무네의 권리와 법률, 정관statuti을 편찬하도록 지시하고, 일상적인 행정 활동을 책으로 엮어 기록하여 이를 공문서로 만들기 시작했다. 실제로 12세기부터, 특히 이탈리아 지역에서는 공증인들에게 직접 자신들의 인장을 찍고 문서 보관 업무를 책임지며 법적 증거로서 신빙성 있고 유효한 공판 기록들을 작성할 수 있는 법적 권한이 승인되었다. 코무네의 권리와 행정 활동이 문서로 만들어지고 보관될 수 있었던 것은 이들의 활동 덕분이었으며, 이는 '시민' 정권이 들어서면서 더욱 강화되었다. 이것은 기록의 작성과 문서의 실질적인 활용에 초점이 맞춰진 진정한 '문서 혁명'이었다. '정관'이라는 용어는 '확립되다'라는 의미의 라틴어 표현 'statutum est'에서 유래했으며, 몇 가지 형태의 권력을 행사하는 모든 조직들과 공동체에 주어진 규칙들과 법령집을 가리킨다. 코무네들은 종종 몇 권의 책으로 나누어 수백 개의 법률로 이루어진 복잡한 입법 문서들을 공포했다. 이러한 법률들은 시민들의 개인적인 삶과 공적인 생활의 중요한 면들을 규정했다. 하지만 단체들과 조합, 사회생활의 다른 형태를 띤 집단들도 나름의 정관들을 제정했다.

정치 투쟁과 '시민' 정권

인구 증가와 경제 발전은 초기에는 정치 참여가 배제되었던 상인들과 은행가, 장인들로 이루어진 '시민들'의 지속적인 성장을 촉진했다. 13세기 내내 코무네들은 종종 시가전을 불러일으키기도 한 격렬한 투쟁에 시달렸다. 무엇보다 보병들pedites은 시의회의 진입과 세금의 공평한 분배를 위해 코무네 군대 기사들milites의 특권(전쟁 보상금과 세금 면제)에 맞서 싸웠다. 13세기 중반 직업 조합들과 지역에 기초한 군대 사회를 재통합한 '시민' 단체는 정치적인 면에서 기존에 존재하던 제도들을 지원하는 나름의 제도들을 시행했다. 그것은 일반 의회와 제한된 사람들이 참여하는 의회, '원로들'의 집행위원회, 그리고 포데스타를 본보기로 하는 '시민'의 장長인 최고 행정관 같은 제도였다. 이 정치 제도는 그때까지 코무네 정부의 밖에 머물고 있던 가문들과

참여의 확대

사회 단체로까지 확대된 새로운 형태의 정치 참여를 포괄하는 방향으로 그 폭을 넓혔다.

하지만 13세기 후반에는 몇몇 단체들이 주도 세력들로부터 추방당하는 일이 대폭 늘어났다. 일부 도시에서 코무네의 사회적 기초를 넓히기 위해 투쟁한 시민 정권들은 시민들을 위협했다는 혐의를 통하여 '거부巨富'라고 불린 강력한 상인들과 귀족 출신 가문들에게 중벌을 내릴 것이라는 협박과 함께 그들을 정치적 업무로부터 배제하기 시작했다. 황제 프리드리히 2세(1194-1250)의 죽음과 코무네의 내부적인 일들에 대한 교황의 강력한 간섭 이후에 코무네의 생활 방식을 모방한 도시 귀족과 대은행가, 상인들은 당파partes를 조직하려는 경향을 보였다.

새로운 조합   이러한 조합들은 각각 겔프와 기벨린의 이름을 취했던 친교황 또는 친황제의 코무네들 사이에 동맹을 이루어 시 정치의 패권을 잡으려 했다. 한 당파가 입지를 굳히는 데 성공하면 반대편에 있는 적들의 재산을 몰수하고 시민권을 빼앗으며 도시로부터 추방을 추진했다. 사실 시민들의 당파 싸움의 뿌리는 언제나 복수하는 문화였다. 망명자들, 추방자들 또는 유배자들은 농촌의 성이나 자매 도시로 피신하여 자신의 코무네에 무력을 써서라도 돌아오려는 음모를 꾸미며 상존하는 위협적인 존재로 남았다.

정치 참여와 코무네의 이데올로기

'공화국의' 모델   주교의 공적인 특권 행사에 대한 전통은 여러 세대의 지식인들이 관여했던 시민 자치 정권의 합법화를 위한 기초가 되었다. 도시에서 누렸던 예전의 '자유'에 대한 회상은 공동체 대표의 자유로운 선출에 바탕을 둔 '공화주의' 정치 모형을 형성하는 데 도움이 되었다. '시민' 정권은 평화와 정의, 공공의 선善에 대한 이념이 배어 있는 시민의 공존에 대한 규칙 체계를 만들어 냈다. 공증인들, 특히 재판관들은 코무네의 이념에 대한 특징들을 가다듬어 교회와 관련한 옛 사고의 전통을 새로운 정치 경험에 적용한 평신도 지식인들이었다. 집정관consul(로마 공화정 시대의 최고 관직*), 레스 푸블리카res publica(국가 또는 공화국*) 등 로마에 대한 노골적인 회상을 보여 주는 어휘와 자유libertas, 정의iustitia, 낙원paradisus 등 성경의 단어를 모방한 정치적인 어휘는 그들로부터 기인한 것이다. 이들은 또한 1200년대 피렌체의 코무네였던 공증인 브루네토 라티니Brunetto Latini(1220년 이후-1294)의 백과사전적 작품『만물의 보고Li Livres dou Tresor』같은, 시민들과 공동체 장튱들의 교육을 목적으로 하는 도덕적인 논문들을 작성하는 데 힘쓰기도 했다. 12세기부터 작성되기 시작하여 13세기부터는 속어로 쓰인, 시민들의 사건을 다룬 수많은 연대기 작가들 또한 넓은 의미에서 보면 공증인이다.

하지만 코무네 정권이 시민들에게 제공한 정치 참여 기회는 주민들 가운데 소수 에 해당되었다(최대한 주민의 20% 정도였다). 여자들 외에도 노동자, 이민자, 노예 등 이 배제되었다. 그렇기 때문에 이 정권이 '민주적'이라는 주장은 적절하지 않다. 특 히 의회에서는 자유로운 토론이 이루어지지 못했으며, 소수의 위원회에서 결정된 법률들이 비준될 뿐이었다. 추방이라는 장치와 13세기 말의 당파 싸움은 코무네 정 권의 위기와 소수의 강력한 인물들의 수중에 권력이 집중된 정부, 즉 제후들 또는 과 두 정치의 형태로 나타났다.

> 배제당한 사람들

| 다음을 참고하라 |
역사 자치 도시국가의 탄생과 확장(39쪽); 해상 공화국의 경쟁(43쪽)

에스파냐의 그리스도교 왕국

| 마시모 폰테실리|Massimo Pontesilli |

11세기와 12세기, 에스파냐에서는 오랫동안 이베리아 반도의 정치적인 모습을 결정하게 될 그리스도교 국가들이 형성되었다. 다른 그리스도교 지역들에 비해 더딘 통합 과정과 알안달루스의 무슬림 지역에 손상을 입히며 이룬 확장을 통해 카스티야와 나바라의 왕국들은 중세 후기 그리스도교화가 된 에스파냐의 주역들로 등장했다. 이러한 왕국들의 특징은 성직자 군인 귀족 계층의 지배와 함께 시민적인 요소가 대단히 중요하게 부각되었다는 것이다. 시민들은 인구를 재정착시키기 위한 정책으로 왕들이 허용할 수밖에 없었던 면책 특권을 누리고 있었다.

왕국들의 형성
에스파냐에서 11세기와 12세기는, 무슬림의 침략에 그리스도교가 저항할 때 핵심적인 역할을 했던 아스투리아스Asturias 왕국을 일부 계승하고, 다른 한편에서는 프랑크인들의 도움과 보호를 받으며 피레네 산맥을 따라 세워진 조그만 영토들을 계승한 그리스도교적인 정치 체제의 복잡 다양한 실체들이 서서히 모습을 드러내고 세력을 확장하며 그 기반을 다졌던 시기다.

무슬림의 위기 실제로 알-만수르al-Manşūr(약 938-1002)의 죽음 이후 무슬림의 정복에 대한 동력은 사라졌으며, 이와 함께 약탈했던 나라들을 이용하여 마지막으로 통일체를 이루었던 코르도바의 우마이야 칼리프 왕국Umayyad Caliphate도 힘을 잃었다. 이어 타이파 왕국들의 시기로 알려진 분열기 동안 무슬림의 지배를 받던 에스파냐에는 약 1090년부터 알모라비드 왕조(무라비트 왕조라고도 함*)가 정치적인 통일을 이룰 때까지 심각한 정치적 위기(1031년 칼리프 왕국의 멸망)가 이어졌다. 타이파 왕국들의 시기, 즉 아랍의 세력 약화는 자연스러운 결과로 그리스도교가 다시 부상하는 계기를 마련해 주었다. 9세기에 아스투리아스 왕국이 주도적인 역할을 했던 통일 이후 그리스도교 세계의 부활 움직임은 정치적 통일의 혁신적인 과정으로 나타났다. 첫 번째 중요한 통합은 나바라 왕과 아라곤 백작 자리를 물려받은 나바라의 대왕 산초 3세 Sancho III(990-1035, 1000년부터 왕)와 함께 이루어졌다. 산초 3세는 통찰력 있는 정치와 군사적인 실행, 혼인 정책을 통하여 소브라르베와 리바고르사의 백작령뿐만 아니라 카스티야의 백작령(카스티야의 마지막 후손인 무니아Munia의 남편 자격으로 이루어냈다), 그리고 무어인들을 물리쳐 그의 왕국을 넓히려 했다. 그리고 비제우에서 전쟁 중에 사망한 알폰소 5세Alfonso V(994-1028, 999년부터 왕)의 어린 아들인 레온의 베르무도 3세Bermudo III (약 1017-1037, 1028년부터 왕)에게 빼앗은(1029) 레온 왕국의 동쪽 지방을 계속해서 병합할 수 있었다. 대왕 산초 3세가 1030년경에 완성한 대통일은 그가 사망하기 전에 자신의 영토를 네 명의 자식들에게 나누어 줌으로써 몇 년밖에 지속되지 못했다. 산초 3세는 가르시아García에게 나바라를, 페르디난도Ferdinando에게는 카스티야와 위에서 언급한 레온(왕국으로 승격되었다)의 동부 지역을, 곤살로 Gonzalo에게는 소브라르베와 리바고르사를, 서자왕 라미로Ramiro에게는 아라곤(이 또한 왕국으로 승격되었다)을 할당하였다. 하지만 통일의 과정은 평탄하지 못했으며, 복잡한 사건들과 분쟁을 통하여 추진되었다. 그리스도교화된 에스파냐의 동부 지역에서는 카스티야의 대왕 페르난도 1세Fernando I(1016/1018-1065, 1035년부터 왕)가 레온의 베르무도 3세의 여동생인 산차Sancha와 결혼하고, 또 전투에서 베르무도를 격퇴함으로써(1037) 처음으로 카스티야와 레온의 왕관을 통합했다. 또한 페르난도는 무슬림들에게 실질적인 철수를 강요하고, 세금을 통해 카스티야의 지배권을 인정하도록 함으로써 에스파냐의 그리스도교 군주 가운데 강력하게 레콘키스타 활동에 착수한 첫 번째 군주였다. 페르난도의 왕국 또한 상속에 따른 나라의 분할을 겪었지만 자식들 중 1명인 카스티야의 알폰소 6세 용감왕(1040-1109, 1072년부터 왕)은 혈육 상쟁과 여러 해 동안의 변화무쌍한 부침 이후에 다시 레온과 카스티야의 왕관을 통합했다. 알폰소 6세는 타이파 왕국들에 대한 공격을 다시 감행하여 영광스러운 톨레도의 정복을 이루었지만, 레콘키스타의 중요한 이 순간이 그 직후의 또 다른 승리들을 위한 전조가 되지 못하고 오히려 살라카에서 그리스도교인들의 결정적인 패배(1086년 10월)와 함께 시작된 알모라비드의 무시무시한 반격의 시작을 알리는 것이었다.

　종종 개인적으로 활동하기도 했지만 알폰소 6세를 보좌했던 인물은 레콘키스타 **엘 시드** 와 에스파냐의 대서사시 『시드의 노래Cantar de mio Cid』의 영웅인 엘 시드 캄페아도르 **캄페아도르** El Cid Campeador로 알려진 로드리고 디아스 데 비바르Rodrigo Díaz de Vivar(1043-1099)였다. 한편, 레콘키스타는 11세기에 결정적인 전환기를 맞이하여 지역적인 차원에서 벗어나 아랍권에 대한 그리스도교 세계의 전반적인 회복의 일부가 되었다.

　같은 기간에 아라곤을 통치했던 라미로 1세 서자왕Ramiro I(약 1006-1063)이 소브라르베와 리바고르사의 영토를 합병하여 나라를 넓히고, 라미로의 아들인 아라곤의 산초 1세Sancho I(1043-1094, 1063년부터 왕)가 나바라의 왕까지 되었다. 따라서 동부 지역 그리스도교 세계의 통일은 주목할 만한 발전을 이루었다. 나바라와 아라곤의 왕위는 산초의 두 아들 페드로 1세Pedro I(1068/1069-1104, 1094년부터 왕)와 첫 번째 아라곤 정복(1120년 쿠탄다Cutanda 전투의 승리)의 영예로운 장본인인 알폰소 1세 전쟁왕(약 1073-1134, 1104년부터 왕)의 통치로 통합을 유지했다.

　또한 같은 시기에 바르셀로나의 백작령을 둘러싸고 카탈루냐의 통일이 이루어졌다. 바르셀로나 백작령은 지프레 엘 필로스Guifré el Pilós(또는 위프레도 엘 벨로소Wifredo el Velloso, 878-약 897년에 바르셀로나 백작)의 시대부터 세습화되었으며, 프랑크족의 지배로부터 실질적으로 독립을 이루었다. 그리고 이 시기에 라몬 베렝게르 1세 Ramón Berenguer I와 함께 그 지역의 여러 백작령의 선봉에 서게 되었으며, 라몬 베렝게르 3세Ramón Berenguer III(1082-1131)의 지배로 프로방스를 획득함으로써 가장 넓은 영토 확장을 꾀하였으나, 그 당시 흔한 세습에 따른 분할로 프로방스 지역을 잃으면서 영토는 다시 축소되었다. 카탈루냐의 백작령들은 결혼을 통해 카탈루냐-아라곤 군주국을 태동시킬 수 있었던 라몬 베렝게르 3세의 장남인 라몬 베렝게르 4세(1113/1114-1162)에게 주어졌다. 실제로 알폰소 1세 전쟁왕이 후계자를 두지 못하고 사망하자 아라곤의 왕관(다시 독립 상태로 돌아간 나바라는 예외였다)은 동생인 라미로 2세Ramiro II에게 넘어갔다. 하지만 라미로 2세는 갓 태어난 자신의 딸 페트로닐라Petronilla와 바르셀로나 백작과의 약혼을 공식화하고 미래의 사위에게 왕국의 통치를 위임하며 왕위에서 물러났다. 이 중대한 결혼으로부터 아라곤의 왕이자 1162년부터 1196년까지 바르셀로나의 백작이었던 알폰소 2세 정결왕Alfonso II이 탄생했다. 알폰소 2세는 이베리아 반도의 활발하고 번성한 지역들 가운데 한 곳의 통일을 진전시켰다. 라몬 베렝게르 3세 시대부터 해상 정책에 관심을 기울였던 이베리아 반도에 바르셀로나의 지배는 지중해에서 더 큰 정치적·상업적인 가능성을 열어 주었다.

반反무슬림 공격 카스티야에서 알모라비드의 부활과 알폰소 6세의 죽음은 카스티야의 황제 알폰소 7세Alfonso VII(약 1105-1157, 1135년부터 황제)가 열정적으로 무슬림에 대한 공격을 다시 시도하고 알모하드(무와히드라고도 함*)의 새 왕조가 인솔하는 아랍의 복귀(1147년부터)와 맞서면서, 왕국에 통일과 군사적 능력을 다시 가져다줄 때까지 군주권을 심각한 위기로 몰아넣었다. 통치기 말에 알폰소 7세는 작은 아들을 위해 분리된 레온 왕국(1230년이 되어서야 단일 군주의 지배 하에 카스티야에 다시 결정적으로 합쳐진다)을 만들어 정치적 통일을 다시 포기했다. 반면에 카스티야는 알폰소 7세의 손자로 라스 나바스 데 톨로사(1212년 7월 16일 전투)에서 역사적인 그리스도교 승리의 선봉장에 섰던 레콘키스타의 위대한 주역들 가운데 한 명인 알폰소 8세(1155-1214, 1158년부터 왕)가 통치했다.

또한 1143년에는 새로운 그리스도교 왕국인 포르투갈 왕국이 탄생했다. 포르투갈은 본래 카스티야에 종속된 백작령이었지만, 1139년 레콘키스타의 또 다른 주역인 알폰소 1세(1107/1111-1185, 1139년부터 왕)가 왕으로 선포되었으며, 4년 뒤에는 교황과 카스티야의 알폰소 7세의 승인을 받았다.

2세기 동안의 이러한 과정 뒤에 5개 왕국인 레온 카스티야, 아라곤 카탈루냐, 나바라, 포르투갈, 그라나다의 술탄 왕국으로 이루어진 에스파냐를 만날 수 있다.

에스파냐의 그리스도교 사회

여러 개의 나라로 나뉘어 있었지만, 그리스도교화된 에스파냐는 최소한 11세기 이 두 부류의
귀족 계급
후부터는 몇 가지 공통적인 구조적 특징들을 보여 주었다. 사회·정치적 계층의 정
점에는 대신들의 보좌를 받는 왕이 있었다. 세습의 권리와 함께 종교적인 신성함까
지 갖추게 된 왕은 군주권이 선출로 이루어지던 과거의 서고트 때에 비해서 더 많은
안정을 누릴 수 있었다. 왕과 왕실 다음으로 평신도 귀족과 교회의 귀족 계급이 매
우 중요한 위치를 차지하고 있었다. 레콘키스타의 필요성, 즉 (봉건 기사단을 통한) 군
사적인 방어의 요구와 (종교적 믿음으로 제공된) 투쟁을 이상적으로 지원할 장치의 필
요성은 이미 서고트 시대에 이해 관계가 얽혀 있던 두 부류의 귀족 사회에 소속감과
힘, 위신을 부여했다. 그리고 성직자와 군사 귀족들은 에스파냐의 성직 군사 귀족 사
회를 강화하며 외국의 세력들, 특히 레콘키스타를 지원하기 위해 피레네 산맥을 넘
어온 프랑크인들의 도움을 활용했다(시토회 소속 수도사들과 다른 종단 수도사들이 뒤
를 이은 클뤼니 수도사들의 활동은 인상적이었다). 하지만 에스파냐에서는 '인민의 팔(또
는 브라초brazo 계층)'이라 불리고, 프랑스에서는 '제3계급'으로 불렸던 계층이 엄청
나게 중요했다. 에스파냐 의회인 코르테스Cortes(전통적으로 왕이 신하들의 재정적 '도
움'이 필요할 때 도움을 청했던 대표자들의 회의)에 참석한 민중들은 왕이 아낌없이 내려
준 특권들로 더욱 강해졌다. 실제로 레콘키스타는 적들로부터 빼앗은 농촌 지역과
도시에 지방 자치법fueros과 '이민특허장移民特許狀, cartas pueblas'에 비준된 면책의 권리
와 특권들로 노동자들을 유인함으로써 인구 재유입을 공고히 해야만 했다. 따라서
확장 국면에 있던 왕국들의 도시와 마을poblaciones은 중세 에스파냐의 역사에서 최소
한 12세기부터, 특히 코르테스의 회기가 열릴 때에는 중요한 역할을 했다. 에스파냐
의 군주들 역시 귀족 계급의 막강한 권력과 균형을 맞추기 위해 도시의 도움을 이용
하는 편이 적합하다고 생각했다.

　　해당 시기에 인구의 재정착이라는 근본적인 작업과 수년간에 걸친 이슬람과의 순례자들의
문화적인 영향
경쟁은 정치·종교적인 특성을 넘어서 그리스도교화된 에스파냐가 특이한 문화적
흡인력을 갖는 데 도움을 주었다. 에스파냐는 다양한 동시대 문화들의 영향을 거부
하지 않음으로써 수사들과 기사들(그리고 사방에서 산티아고 데 콤포스텔라Santiago de
Compostela로 몰려든 순례자들)에 의해 전파된 유럽 문화뿐만 아니라 재정복한 영토에
대체로 환대를 받으며 남아 있던 유대인들과 모사라베인들Mozárabe(무슬림 지배를 받

은 그리스도교인들), 무슬림을 통해 전해진 아랍과 유대, 모사라베의 문화들을 수용했다. 이제 그리스도교화된 에스파냐가 수행한 문화의 중개라는 특별한 역할을 강조하지 않을 수 없다. 에스파냐를 통해 수학, 천문학, 의학, 사라진 아리스토텔레스 철학에 대한 지식과 아랍의 문화유산이 유입되었기 때문이다.

| 다음을 참고하라 |
역사 교황들의 정책(34쪽); 국토회복운동(레콘키스타)(67쪽); 타이파 왕국들: 이베리아 반도의 무슬림 국가들(138쪽)
시각예술 에스파냐: 리폴, 타울, 하카, 바게스, 레온(755쪽)

타이파 왕국들: 이베리아 반도의 무슬림 국가들

| 클라우디오 로 야코노 |

우마이야 칼리프 왕국의 붕괴 이후에 알안달루스 지방에 세워진 40여 개의 조그만
무슬림 국가들은 국토 회복을 추진 중인 그리스도교도들의 점점 커져 가는 군사력에
노출된 상태에서 무라비트 왕조와 무와히드 왕조, 그리고 마린 왕조의 부담스러운
보호에 의탁하는 것 외에는 다른 선택의 여지가 없었다. 이것은 유럽의 르네상스에
헬레니즘의 폭넓은 지식과 거의 알려지지 않은 페르시아와 인도 문화의 유산을
유입시키는 데 적지 않은 기여를 했다.

세비야와 코르도바

11세기부터 14세기까지 이베리아 반도의 이슬람 국가들이 '타이파 왕국들'로 불렸다는 사실과 '조그만 나라'를 가리키기 위해 타이파taifa라는 아랍어 어휘를 채택한 것은 그 어떤 다른 설명보다 이베리아의 그리스도교 문화(이 경우에는 에스파냐어 전체 어휘의 약 20%가 카스티야 속어에서 유래했다)가 아랍 문화(특히 코란의 언어)에 큰 빚을 지고 있다는 것을 설명할 수 있는 중요한 의미를 지닌다.

우마이야 왕조의 붕괴 이후 알안달루스의 선도 도시가 된 세비야는 1091년에 아프리카 북부에서 온 무라비트의 베르베르인들에게 점령되었다. 베르베르인들은 레

온과 카스티야의 왕 알폰소 6세의 강력한 군사 공격을 막기 위해 7개의 성문(이 중 하나에는 종교적인 관용을 분명히 드러내 보이기 위해 성모 마리아 상이 세워져 있었다)을 갖춘 성곽으로 도시를 둘러쌌다. 이는 한 세기 전만 해도 상상할 수조차 없었던 힘의 역전을 보여 주는 명백한 증거다.

코르도바는 1212년 라스 나바스 데 톨로사에서 무와히드에 승리한 이후 1236년 6월 29일에 카스티야의 페르난도 3세Ferdinand III(1201-1252, 1230년부터 레온의 왕)에게 점령되었다. 칼리프의 카스르Qasr(페르시아 시대에 증축된 궁전복합단지*)가 1327년이 되어서야 카스티야와 레온의 왕 알폰소 11세Alfonso XI(1311-1350, 1312년부터 왕)에 의해 개축됨으로써 권력의 '궁전'인 알카사르 데 로스 레예스 크리스티아노스 Alcázar de los Reyes Cristianos로 남아 있을 수 있던 반면에 시의 성곽은 곧바로 개조되었으며, 화려한 이슬람 사원(크기에서 그 당시 아바스의 수도인 사마라의 사원 다음으로 컸다)은 그리스도교의 귀족 계급과 교회의 격정적인 단죄를 벗어나지 못하고 성당으로 변모했다. 2세기 전 알-만수르(약 938-1002)가 콤포스텔라의 산티아고 대성당에서 약탈한 종탑 자리에 세워진 등불은 다시 본래의 역할로 되돌아가, 마타모로스 지성소의 신자들을 위해 다시 종을 울리게 되었다.

그 당시에 아브드 알-라만 3세'Abd al-Rahman III(약 889-961)와 알-만수르(약 938-1002)가 선호했던 주거지인 칼리프의 왕궁 도시 메디나 아자하라Madinat az-Zahra와 알메디나 아자히라al-Madinat az-Zahira의 병합과 함께 코르도바가 계속해서 우마이야 왕조 시대의 50만 명의 인구(27만 가구에 거주했던 인구)와 5천 헥타르의 면적을 자랑할 수 있었는지와 칼리프 왕국의 황금기에 성행했던 8만 개가 넘는 상점들이 여전히 남아 있었는지에 대해서는 알려져 있지 않다. 또한 우리는 이 대도시에 도서관 서적 유산의 일부와 연구 기관들, 600여 개의 하맘(공중목욕탕)과 1,600여 개의 사원들이 여전히 보존되어 있었는지에 대해서도 알 수 없다. 과달키비르 강의 좌측 연안에 나환자 병원이 있었지만 병원들의 존재에 대해서도 알지 못한다. 이슬람 세계의 모든 대도시에 병원이 있었기 때문이다. 예를 들어, 그라나다에는 1365년부터 1367년까지 나스리드Nasrid 왕조의 술탄인 무함마드 이븐 유수프 이븐 나스르Muhammad b. Yusuf b. Nasr(1194-1273)가 세운 병원이 있었다. 코르도바도 예외가 아니었을 것이라는 추측이 가능하며, 그 당시 유럽 최고의 의사였던 이스라엘인 하스다이 이븐 샤프루트Hasdai ibn Shaprut가 코르도바에 살았으며, 우마이야 왕조의 왕실에서 의술을 펼

1,600개의
이슬람 사원

첬던 것 또한 사실이다.

카스티야의 돼지치기보다는 이프리키야Ifriqiya의 낙타몰이꾼의 운명을 선호한 아바드 왕조의 왕이자 시인이었던 알–무타미드al-Mu'tamid(1040–1095)의 조언을 받아들인다면, 세비야 사람들이 겪었던 운명이 더 나았던 이유는 그들과 같은 종교를 가진 무라비트 사람들의 지배를 받았기 때문일 것이다. 한편, 알–무타미드의 바람은 그가 아프리카 북부에서 생을 마감했지만 그 장소가 마라케시의 아그마트Aghmat 감옥이었다는 면에서 부분적으로 충족되었다.

그리스도교 세계와의 경쟁

풍습의 '도덕적 고찰' 알안달루스의 새로운 지배자들은 (반복적으로 이슬람 사상을 받아들이는 도덕주의를 고수함에도 불구하고) 그 영토의 주민들이 쾌락과 사치 같은 타락적인 성향에 쉽게 빠질 수 있다고 생각하여 그들을 경멸했다. 무라비트 왕국(알–모라비드 왕국이라고도 함*)에서는 남자들도 몸에 베일을 둘렀기 때문에 성에 관련한 조치라고 말할 수는 없지만, 유사한 의복을 착용하는 것에 익숙하지 않았던 알안달루스의 여자들에게 베일 착용을 명령했던 것과 신비주의에 대한 무라비트의 반감으로 두드러졌던 문화에 대한 저항이라는 좌절의 시기를 겪으며 그들은 시빌리아를 알안달루스의 수도로 만들었다. 또한 음주(이슬람에서 금주는 그리스도교 영향권의 혼전 순결처럼 잘 지켜지지는 않았다)와 여인들의 춤과 음악이 전적으로 허용되었다. 안달루시아의 무슬림들과 아프리카의 무슬림들 사이의 대립이 너무나 극심해서 안달루시아 지역의 안전은 심각하게 훼손되었으며, 부패 또한 그 유래를 찾아볼 수 없을 정도의 수준에 도달했고, 문화는 무라비트의 견디기 어려운 경건주의로 활력을 잃었다.

안달루시아의 대표들은 북아프리카로 돌아와 무라비트의 숙적으로서 그들을 이단으로 생각한 무와히드의 개입을 요청했다. 무와히드 왕가(알모하드라고도 함*)의 우두머리인 이븐 투마르트Ibn Tumart(1078/1081–1130)는 그 요청을 받아들였으며, 1145년부터 안달루시아가 다시 화염에 휩싸이도록 만들었다.

이븐 투마르트는 (초기 이슬람의 순수성과 정의를 복원하기 위해 종말의 시기에 나타난다고 무슬림들이 믿고 있는 마흐디Mahdī, 즉 '안내받은 자'라고 자칭했던 것 외에도) 자신을 정통파로 여기는 무슬림이었으며, 무라비트 왕조 사람들처럼 안달루시아 사람들이 오래전부터 익숙해져 있던 삶의 감미로움에 대해 너그러운 평가를 내리지 못하는 성향을 보였다.

무와히드의 지배는 그의 할아버지가 코르도바의 카디qāḍī(이슬람의 재판관*)였던
것처럼 세비야의 카디인 아베로에스Averroes(이븐 루시드Ibn Rushd, 1126-1198)의 운명
에 잘 드러나 있다. '이성적으로 사고하는' 그의 이론은 실제로 이단으로 판정되었으
며, 비록 아리스토텔레스의 철학과 아베로에스의 철학이 지적인 나래를 펼쳤던 서
로마 지역에 좋은 씨앗이 되었을지라도 조국에서는 그의 작품들이 화형에 처해졌
고, 그 스스로도 루세나에서의 유배를 인정했다. 그보다 더 가혹한 운명에 휩싸인 사
람은 그의 동포인 마이모니데스Maimonides(1138-1204)로, 같은 종교를 가진 이스라
엘 형제들처럼 1166년에 팔레스타인으로 몸을 피해야만 했다. 그 뒤에는 북아프리
카에 남아 있던 그리스도교 공동체들을 멸망시킨 무와히드의 대량 학살(페스에서 10
만 명, 마라케시에서 12만 명의 희생자를 기록했다)을 모면하기 위해 살라딘의 후손들이
다스리던 이집트로 피신했다. 이러한 지나치게 격렬한 진압 정책은 무와히드인들과
같은 인종적·문화적 기원을 지닌 안달루시아의 베르베르인들의 지지조차 받을 수
없었다.

또한 경우에 따라서는 정치적인 목적으로 맺어진 혼신混信결혼(종교가 다른 사람들
끼리의 결혼*)도 많았다. 이러한 결혼은 그리스도교를 믿는 왕가들뿐만 아니라 아랍
의 토후들과 우마이야 왕조의 칼리프들, 그리고 정복자 무사 이븐 누사이르Mūsā ibn
Nuṣayr(640-716)의 아들로 패배한 서고트의 왕 로데리크Roderic(7-8세기)의 미망인인
에질로나Egilona(?-711, 무슬림들에게는 아일로Ailo로 알려졌다)와 결혼한 아브드 알-아
지즈'Abd al-'Aziz(약 632-720)를 시작으로 그 뒤를 이은 타이파 왕국의 군주들에게서
도 종종 일어났다.

이에 대해서는 알-무타미드 이븐 아바스al-Mu'tamid ibn Abbas의 의붓딸로 카스티야
와 레온의 왕 알폰소 6세의 정부인 자이다Zaida를 기억하는 것으로 충분하다. 알폰
소 6세는 자이다가 이사벨라Isabella라는 이름으로 세례를 받고 난 뒤에 그녀와 결혼
했으며, 그녀와의 사이에 아들 산초를 얻었으나 그 아들은 15살의 어린 나이에 우클
레스Uclés 전투(1108년 5월)에 참여하여 목숨을 잃었다. 이것이 유일한 예는 아니며
그 반대의 경우도 있었는데, 레온 왕국의 베르무도 2세Vermudo II의 딸인 테레사 베르
무데스Teresa Vermúdez와 산초의 딸로 이슬람교로 개종한 뒤에 아브다Abda라는 이름
을 사용한 팜플로나의 아바르카Abarca(935-994)는 아버지들이 바랐던 정치·군사적

인 합의들을 확인하기 위해 칼리프의 강력한 지도자인 알만소르Almanzor에게 시집을 갔다.

따라서 알안달루스와 그리스도교 왕국들 사이의 관계가 항상 사상과 종교적인 대립을 보여 준 것은 아니었으며, 분명한 개인적인 이해와 필요성이 대두될 때에는 두 경쟁 세력들 사이에 동맹 또한 드문 경우가 아니었다. 예를 들어, 나바르의 여왕인 토다Toda(876-958)는 958년 하스다이 이븐 샤프루트Hasdai ibn Shaprūṭ(905-975)에게 코르도바에서 팜필로나를 방문하여 손자인 산초 1세의 심각한 비만을 치료해 줄 것을 요청하여 승낙을 받았다. 산초 1세는 페르난 곤살레스Fernán González(?-970)가 자신의 사위인 오르도뇨 4세 우둔왕Ordoño IV el Malo(약 924-960)을 왕위에 대신 앉히기 위해 레온의 왕위에서 물러나게 한 인물이다. 하지만 하스다이는 효과적인 식단만을 처방한 것이 아니었으며, 할머니와 손자가 마디나트 아즈자흐라Madìnat az-Zahrà의 칼리프 왕국으로 와서 칼리프인 아브드 알-라만 3세와 토다가 실제로 목표로 했으며 산초 1세에게 왕국을 되돌려주도록 한 군사 협정을 체결하도록 만들었다.

산초와 할머니는 이 협정으로 인해 그리스도교인들로부터 '다신 숭배자'로 낙인찍혔지만, 레온의 오르도뇨 4세 또한 같은 신앙을 가진 사람들과의 관계가 악화되자 그 뒤에 알안달루스에 피신하여 새로운 칼리프인 알-하캄 2세al-Hakam II(915-976)의 도움을 간청하는 것을 막을 수는 없었다. 심지어는 에스파냐의 그리스도교인들의 영웅으로 '영주들의 귀감'인 엘 시드 캄페아도르, 즉 로드리고 디아스 데 비바르(1043-1099)조차도 자신이 앞서 섬기던 그리스도교인인 카스티야의 알폰소 6세의 부당한 유배에 분개하여 카스티야 왕국에 조공을 바쳤던 무슬림 왕국인 사라고사의 후드 왕조의 알-무크타디르al-Muqtadir 왕의 명을 따라 오랫동안 전투에 참가했다. 이는 종교의 다양한 지침들이 정치적 야망에 쉽게 굴복할 수 있음을 보여 주는 것이다.

또한 이 모든 것은 그들과 다른 신앙의 군주들이 모집한 적지 않은 용병들에 의해 충분히 입증되었다. 그리스도교 보병들이 알-만소르를 위해 싸우고, 무슬림들이 그라나다의 최후의 침공 때 가톨릭 신앙의 군주들을 위해 활동했는가 하면, 그라나다의 술탄들은 14세기에 그들을 도와주러 온 메리니드 왕조에 대항해 카스티야의 산초 4세Sancho IV와 동맹을 시도했기 때문에 엘 시드 캄페아도르가 유일한 예는 아니었다.

이러한 두 세계의 융합은 '알자미아다aljamiada'('합치다'라는 의미를 지닌 아랍어 'giamaa'로부터 유래했다)라는 언어를 만들어 낼 정도였다. 이 언어는 로망스어의 문법 구조와 아랍어 어휘로 이루어진 혼종어混種語(다른 언어에서 유래한 요소가 결합해서 만들어진 말*)였다. 에스파냐, 특히 (레몽 대주교가 설립하여 1130년부터 1187년까지 활동했던) 톨레도의 학교에서 이루어진 수많은 번역들은 라틴 유럽 세계가 그리스의 지식을 담고 있는 수많은 작품들에 다시 다가서고, 아랍 문화로 인해 재검토된 페르시아와 인도의 지식을 알기 위해서는 필수적이었다. 『노벨리노Novellino』의 작가인 단테Dante와 크리스토퍼 콜럼버스Christopher Columbus, 그리고 토마스 아퀴나스Thomas Aquinas는 너무나 가혹하게 암흑기로 정의되었던 시대에 종말을 고하고 새롭고 활력 넘치는 국면의 시작을 고했던 잘 알려지지 않은 주역들인, 다국어를 사용하는 무슬림과 유대인, 그리스도교 지식인들이 에스파냐에서 이룩해 놓은 것들의 영향을 어느 정도 받았다.

| 다음을 참고하라 |
역사 교황들의 정책(34쪽); 국토회복운동(레콘키스타)(67쪽); 에스파냐의 그리스도교 왕국(133쪽)
시각예술 에스파냐: 리폴, 타울, 하카, 바게스, 레온(755쪽)

해상 공화국
| 카티아 디 지롤라모 |

중세 시대의 교역에 대해 우리는 두 가지 선입견을 지니고 있다.
하나는 그리스-로마의 귀족 문화로부터 유래한 사회적 편견이고,
다른 하나는 그 이후에 투기와 고리대금을 암암리에 일삼았던 직업들에
대한 사회적 비난에서 야기된 종교적인 것이다. 하지만 13세기와 14세기에 예전의
장애물들이 점차 없어지자 이탈리아 해상 도시들의 경우처럼 상인들은 그들이
활동을 펼쳤던 지역들의 경제와 정치적 체제에 영향을 주는 능력을 보였다.

남부의 해상 도시들
중세 초기 몇 세기 동안 인구 감소가 절정에 달했을 때, 서양의 생산과 교역량은 매우 위축되었지만 몇몇 이탈리아의 도시들은 비잔티움 제국과 아랍 세계와의 교역에

서 유리한 기회를 잡을 수 있었다.

이러한 도시들은 명목상 비잔티움에 종속되어 있었지만 대체로 비잔티움과 좋은 관계를 유지했을 뿐만 아니라 동시에 실질적으로 누리고 있던 자주권을 적절히 이용할 줄도 알았던 해상 도시들을 말한다. 라치오 남부와 캄파니아, 풀리아, 칼라브리아의 오래되었거나 혹은 새로운 중심지들인 나폴리, 가에타, 아말피, 살레르노, 오트란토, 바리, 타란토, 레조 같은 도시들이 이러한 유리한 입장에 있었다.

남부 상인들의 역할 9세기 초까지만 해도 남부 상인들의 초기 역할은 롬바르디아 내륙 지역의 생산자들과 이탈리아 해안을 따라 활약했던 비잔티움 상인들을 중개하는 것이었다. 하지만 이미 9세기 중반부터 이탈리아인들이 콘스탄티노플과 교역에 대한 주도권을 잡기 시작했으며 롬바르디아와 비잔티움, 무슬림 지역들의 교역에서 중심축 역할을 하게 되었다.

특히 남부의 해상 도시들 가운데 가장 활력이 넘치던 아말피가 이러한 경우에 해당되었다. 아말피는 10세기에 이탈리아의 가장 활기찬 항구였으며, 콘스탄티노플에 기지를 보유하고 있었고, 시칠리아와 이베리아 반도, 마그레브, 시리아, 카이로와 활발한 교역을 했다. 아말피는 노예와 옷감, 귀중품, 나무, 철의 거래가 이루어지던 동방과 이슬람 시장에 캄파니아 지방 농산물을 수출함으로써 무역을 중개하는 역할을 했다.

가에타와 바리 또한 10세기와 11세기 동안 동방에 나름의 영역을 확보했다. 아말피와 경쟁 관계에 있던 가에타는 이집트와 레바논에, 바리는 콘스탄티노플과 안티오키아에 그들의 영역을 마련했다. 가에타와 바리의 상인들을 통해 기름과 포도주, 밀이 동방으로 수출되었고, 반대로 면과 후추를 들여왔다.

하지만 이미 11세기 후반에 남부 도시들은 다시 일어선 유럽 대륙의 항구들로부터 먼 거리와 노르만 정복에 따른 자주권의 상실, 여전히 봉건 귀족 사회와 밀접한 관계에 있던 주도 계층의 상업에 대한 무관심으로 인하여 중심적인 역할을 상실했다. 반면에 베네치아 공화국과 티레니아 해안의 신흥 도시들인 피사와 제노바의 상업에 대한 관심은 처음부터 분명했으며, 이 해상 도시들의 경쟁은 12세기 몰락의 또 다른 결정적인 요인이 되었다.

베네치아: 바다를 향한 도주로부터 해상 강국으로

가장 오랫동안 행운을 누린 해상 도시는 5세기와 6세기에 중세 초기의 전쟁들을 피해 온 베네토 지역 도시 주민들이 세운 베네치아였다. 베네치아는 형식적으로는 비잔티움에 종속되어 있었지만, 이미 8세기 후반부터 자주권을 지닌 통령에 의해 통치되었다. 베네치아는 동로마 제국과 서방 세계의 교차점에 위치하고 있다는 장점을 충분히 누렸으며, 곧 자신의 상업적·군사적 주도권을 다른 지역으로도 확산시켰다.

아랍 세계(시리아, 튀니지, 이집트)와의 교역으로 이미 8세기부터 베네치아는 독일의 숲에서 생산된 목재들(또한 술탄의 하렘을 위한 슬라브 출신의 젊은 여인들)을 내다 팔고 그 대금으로 동방의 비잔티움 제국 시장에서 향신료와 귀금속, 옷감들을 구매하는 데 유용한 금을 받았다. 비잔티움에서 구매한 상품들은 아직 사치품에 대한 수요가 있던 서방, 특히 교황청, 크레모나, 랑고바르드의 수도였다가 카롤링거 왕국의 수도가 된 파비아에 다시 공급되었다.

아드리아 해에서 거둔 성공은 베네치아인들을 사라센과의 싸움에서 거듭된 승리로 이끌었으며, 통령이 (1000년 이후에) '베네치아와 달마티아의 총독duces Venetiarum et Dalmatiarum'이라는 칭호를 얻게 했고, 특히 안코나와 아드리아 해의 맞은편 연안에 위치한 라구사 같은 다른 해상 중심지들과의 경쟁은 물론 크로아티아와 헝가리의 확장을 저지하는 임무를 부각시켜 주었다. 사라센인들의 패배

하지만 베네치아의 행운은 무엇보다 비잔티움 제국의 도움으로 이루어졌다. 비잔티움 제국에서는 지배 계층과 국가가 상업을 별 소득이 없으며 사회적으로도 부적절한 것으로 생각하고 있었기에 소홀한 대접을 했다. 이러한 상황은 11세기 후반을 거치면서 계속된 비잔티움의 불안정한 상황과 연결되어 베네치아의 상인들이 동로마 지역의 해상 무역에 진입하는 데 큰 도움을 주었다. 특히 1082년에 베네치아인들은 노르만인들로부터 위협받던 제국에 그들의 함대를 보내 도움을 준 보답으로 무역 거래에 완전한 면세를 얻었다. 12세기 전반(1126년과 1148년)에는 세금 감면이 키프로스와 크레타와의 교역으로까지 확대되었다.

특권의 위치를 누리고 상업 정책 보호를 위해 내부의 제도적인 발전을 이룬 후 베네치아인들은 두려워할 경쟁자가 없었다는 것(어떤 다른 도시도 이만큼의 우호적인 조건을 얻어내지는 못했다)과 제국의 내부 거래에서 거의 독점적인 역할을 차지할 수 있었던 능력, 그리고 베네치아가 맡은 중개 역할의 중요성을 부각시켜 준 유럽의 생산

능력 향상에 힘입어 제국의 경제 생활에 깊숙이 침투할 채비를 했다.

티레니아 해의 해상 도시: 피사와 제노바

상대적으로 방어가 용이한 위치 덕분에 유리한 입장에 있었던 피사는 중세 초기의 혼란을 부분적으로만 겪었으며, 오랫동안 상업적인 중요성을 유지했고 정치적 자치권을 빠르게 얻을 수 있었다. 9-10세기부터 티레니아 해에서 시작된 사라센인들의 위협은 피사가 중세 중기에도 자신의 상업적인 부를 늘릴 수 있는 근거를 마련하며 함대를 강화하도록 유도했다.

제노바 또한 정치적 자치를 누렸으며, 대체로 10세기 말부터 상업 활동 쪽으로 성장을 이끌었던 '동반자들'로 조직된 상인 출신 계급들이 그 주역으로 활동했다.

해적들의 위협 두 도시는 유럽 대륙과 지중해 사이의 교역이 회복되면서 이익을 얻을 수 있는 유리한 위치를 공유하고 있었다. 하지만 이 두 도시는 티레니아 해에 자주 출몰한 사라센 해적에 의해 가로막히게 되었다. 따라서 이들은 도시 귀족들과 이교도들에 대한 교황의 훈계에 지지를 받아 힘을 합해 해적들을 성공적으로 무찔렀다.

1015년과 1016년 사이에 이들은 사라센인들을 코르시카와 사르데냐에서 내몰았다. 계속해서 제노바인들은 에스파냐 남부 해안에 있던 사라센인들의 기지를 향해 전진했으며, 피사인들은 시칠리아를 단독으로 습격하고 아프리카를 제노바인들과 함께 침략하기도 했다. 1087년에 피사인들과 제노바인들은 튀니지의 알-마흐디야 al-Mahdiyya로부터 무역의 특권과 많은 전리품들을 얻어 왔다. 그들은 이 전리품으로 무역 선단을 강화했으며, 동방으로 상업적인 진출을 시작했다.

그 뒤로 티레니아 해와 동방, 그리고 상업적으로 팽창 국면에 있던 이베리아 반도와 프랑스 남부 해안들은 피사와 제노바가 무자비한 경쟁을 펼치게 될 전선을 형성했으며, 피사는 이러한 경쟁에서 탈락했다.

십자군 원정: 새로운 균형을 향해

11세기 말부터 13세기 말까지 인구가 엄청나게 늘어난 서방은 다소 무질서하게 십자군 원정을 시작했지만('민중 십자군', 1096) 나중에는 보다 조직적인 형태로 예루살렘과 성지를 향해 나아갔다. 십자군 내부에는 종교적인 영감과 정치적·경제적인 자극의 충돌이 매우 강하게 일어났다.

첫 번째 십자군 원정은 예루살렘 정복(1099)과 레바논과 시리아, 터키의 해안 지역을 따라 여러 라틴 왕국들이 세워지도록 했다. 성지는 동방과의 교역에서 매우 중요한 위치에 있었기 때문에 유럽의 상업 중심지들이 연루되어 있었다. 제노바와 피사는 십자군을 수송할 배들을 가지고 있었으므로 동방에서 교역과 관련한 특권들로 보상을 받을 수 있었지만, 베네치아는 군사적인 활동이 무슬림들과 형성된 무역 관계를 위태롭게 만들지 모른다는 두려움으로 초기에는 적극적으로 참여하지 않았다. 하지만 베네치아 역시 십자군 원정이 그들에게 열어 준 새로운 기회를 잡을 수 있었으며, 매우 유리한 입장을 취했다. 중북부 3개 도시의 상인들은 그리스도교인들이 정복한 성지의 모든 중요한 항구 중심지들에 무역 기지를 세웠으며, 본국에서 파견하거나 현지에서 선택한 관리들이 통치하도록 함으로써 진정한 식민지처럼 독자적으로 운영했다.

십자군들을 위한 선박

피사와 제노바, 베네치아가 동방에서 자신의 존재감을 강화하는 사이에 남부의 도시들은 몰락의 길을 걷기 시작했다. 그곳들에 오래된 기지들을 보유하고 있던 아말피 역시 점점 힘을 잃어 갔다.

비잔티움 제국과의 교역에서 아말피의 역할은 십자군 원정 전에 이미 위축되어 있었다. 비잔티움인들이 제정한 베네치아 상인들과의 특권적인 관계는 아말피 사람들이 무슬림들과의 교역에 집중하도록 만들어 그들이 십자군 원정에 참여하는 것을 회피하도록 했다. 하지만 1144년부터 1187년까지 무슬림들의 반란으로 그 기세가 약화되었다가 13세기를 거치면서 여러 차례 재도약을 거듭한 그리스도교 국가의 주도권은 캄파니아가 신뢰하고 있던 중동의 경제적인 균형을 심각하게 훼손했다. 노르만 정복과 1135년과 1137년 피사인들의 약탈로 가속화된 아말피의 몰락은 이미 12세기 중반에 그 조짐이 뚜렷해졌다. 아말피의 역할뿐만 아니라 많은 남부 도시들의 역할을 축소시킨 교역을 둘러싼 경쟁은 얼마 지나지 않아 중북부 도시들 간에도 되풀이하여 나타났다.

아말피의 몰락

| 다음을 참고하라 |
역사 자치 도시국가의 탄생과 확장(39쪽); 해상 공화국의 경쟁(43쪽)

비잔티움 제국: 콤네노스 왕조

| 토마소 브라치니Tommaso Braccini |

정치·군사적 관점에서 수십 년간의 대혼란 이후, 알렉시우스 콤네누스가 황제로
등극했을 때 제국의 상황은 모든 면에서 절망적이었다. 앞선 시기와 진정한 단절을
의미하는 강력한 개혁의 추진은 국가 체제를 되살릴 수 있게 해 주었다. 하지만
이 시기에 가장 중요한 순간은 1204년 제4차 십자군 원정에서 콘스탄티노플의 함락과 함께
절정을 이룬, 점점 커져 가고 있던 서로마의 경제와 군사력의 만남과 충돌이었다.

마케도니아 왕조의 멸망

바실리우스 2세의 동생인 콘스탄티누스 8세Constantinus VIII(960-1028)의 짧은 통치 이
후 그의 장성한 두 공주들, 특히 조에Zoe(약 980-1050, 1042년부터 여제)는 권력에 오
르기 위한 열쇠가 되었다. 조에는 먼저 수도의 고위 관료 계층의 일원으로서 대지주
들에게 엄청난 재량권을 주었던 로마누스 3세 아르기누스Romanus III Argyrus와 결혼했
으며, 1034년 (우연이 아니었던) 그의 죽음 이후에 연인이던 파플라고니아인 미카엘
4세Michael IV(?-1041, 1034년부터 황제)와 결혼했다.

노르만의 진격　　미카엘이 1041년에 숨을 거두자 그의 조카인 미카엘 5세Michael V(?-1042년 이후)
가 조에의 양자로 들어와 왕위를 이었으나, 얼마 지나지 않아 양어머니인 조에를 쫓
아내려 하다가 콘스탄티노플 사람들에게 폐위되었다. 조에와 테오도라Teodora 자매
의 몇 개월 간의 공동 정부 이후, 1042년에 조에는 콘스탄티누스 9세 모노마쿠스(약
1000-1055)와 결혼했다. 모든 위협이 제국의 국경에서 드러나기 시작했으며, 노르
만의 진군을 통제할 수 없었던 이탈리아 남부의 상황은 특히 복잡했다. 처음에는 교
황 레오 9세(1002-1054, 1049년부터 교황)의 눈에도 노르만인들이 위험하게 보였다.
1054년에 레오 9세는 무엇보다 반노르만 동맹을 다루고, 또 두 교회를 구분하는 교
리상의 차이를 토론할 임무를 띤 사절단을 추기경 움베르토Umberto의 인솔로 콘스탄
티노플에 파견했다. 하지만 대사와 그 상대방인 총대주교 미카엘 케룰라리우스(약
1000-1058)의 완고한 성격은 유명한 상호간의 파문으로 이어졌다. 이 사건은 그 순
간에는 그다지 충격적인 것처럼 보이지는 않았지만(협상은 그 뒤로 계속해서 재개되었
다), 나중에 동방과 서방의 교회가 결정적으로 갈라서는 계기가 되었다.

제국의 붕괴

콘스탄티누스 9세가 사망하자 콘스탄티누스 8세의 딸인 테오도라(약 981-1056, 1042-1055/1056년에 여제)가 잠시 통치했다. 테오도라는 숨을 거두기 전, 관리였던 미카엘 브링가스Michele Bringa에게 권력을 넘겼다. 장군들의 힘을 제어하려던 미카엘의 계획은 군부의 반란을 불러일으켰고, 1057년에 이사키오스 1세 콤네노스(약 1007-약 1060, 1057-1059년에 황제)의 황제 추대로 이어졌다. 유목민인 페체네그족Pechenegs을 상대로 한 발칸 반도의 원정이 별다른 소득을 올리지 못하자 그 또한 1059년에 오랜 군대 동료였던 콘스탄티누스 10세 두카스Constantinus X Doukas(약 1006-1067)에게 권력을 넘겨주었다.

하지만 콘스탄티누스 10세의 치하에서도 상황은 해결되지 않았고, 국경에서 압력은 커져만 갔으며, 1067년에 그가 사망했을 때에는 섭정에 매달릴 수밖에 없었다. 이러한 해결책이 지니고 있는 근본적인 약점과 점점 더 긴박해져 갔던 외부의 위협은 1068년에 황후인 에우도키아Eudocia가 로마누스 4세 디오게네스Romanus IV Diogenes(?-1072, 1068-1071년에 황제) 장군과 결혼하게 만들었다. 하지만 로마누스 황제가 1071년 만치케르트 전투에서 셀주크투르크족에게 패한 뒤 수도로 돌아오자 콘스탄티누스 10세의 아들인 미카엘 7세Michael VII(약 1050-약 1090, 1071-1078년에 황제)를 지지하던 두카스의 무리들은 곧바로 로마누스에게 실명의 형벌을 내리고 그를 폐위시켰다. 셀주크 제국은 이러한 행위를 아나톨리아 침략을 시작하기 위한 구실로 삼았으며, 짧은 기간 동안 아나톨리아의 거의 대부분을 차지했다. 또한 같은 해인 1071년에 노르만인들은 이탈리아에 있는 비잔티움의 마지막 보루였던 바리를 정복했다. 미카엘 7세도 당하고 있지만은 않았으나 그의 통치 기간 내내 이어진 패배는 1078년에 기세당당하게 콘스탄티노플에 입성할 수 있었던 니케포루스 보타니아테스Nicephorus Botaniates(1001/1002-1081, 1078년부터 황제) 장군의 무수한 반란을 수반했다. 황실의 상황 또한 매우 불안정했다. 특히 관계를 형성하고 아들인 이사키오스와 알렉시우스 콤네누스의 관심을 조장하는 데 뛰어난 능력을 지니고 있던 안나 달라세나Anna Dalassena는 매우 활동적이었다. 알렉시우스 콤네누스는 콘스탄티노플을 장악하고 무자비한 약탈을 감행한 뒤에 1081년 제국의 역사에서 가장 암울한 순간에 24세의 나이로 황제에 즉위했다.

아나톨리아의 침략

알렉시우스 콤네누스와 제국의 구원

베네치아와의 동맹 알렉시우스 콤네누스(1048/1057-1118)가 즉위했을 때, 그가 초기에 특별히 관심을
가졌던 것 중 하나는 아내인 이레네(1063-1123/1133) 황후가 속한 강력한 두카스 가
문과의 화해를 통해 자신의 권력을 강화하는 것이었다. 소아시아가 거의 셀주크 제
국의 수중에 넘어간 것만큼이나 서방 또한 중대한 위기에 노출되어 있었다. 로베르
기스카르(약 1010-1085)와 그의 아들 보에몽(1050/1058-1111, 1099년부터 왕)이 인
솔한 노르만인들은 이탈리아 남부를 정복한 후에 아드리아 해를 건넜다. 이들의 침
략을 저지하기 위해 알렉시우스는 1082년쯤에 (역시 아드리아 해를 봉쇄할 위험이 있는
노르만인들의 확장을 경계하고 있던) 베네치아인들과 협정을 체결해야 했다. 황제는 유
명한 금인칙서金印勅書를 통해 동맹자들에게 교역에 대한 (비잔티움 상인들보다 훨씬 더
유리한 조건을 부여해 주었다) 대폭적인 세금 감면을 해 주었으며, 무엇보다 그들에게
콘스탄티노플에 항구적인 식민지를 건설할 수 있는 권리를 부여했다. 하지만 베네
치아와의 동맹도 1085년에 기스카르의 죽음으로 끝을 맺게 된 노르만의 진격을 저
지할 수는 없었다.

노르만의 진격 서방의 상황이 이 시점(특히 1091년 페체네그족에 대한 승리 이후)에 안정을 찾았
던 반면, 아나톨리아는 계속해서 셀주크인들에게 정복되었다. 당시 소아시아를 재
정복할 여력이 없던 알렉시우스는 엄청나게 변화한 상황을 인정하고, 화폐부터 왕
실의 호칭, 콤네노스 왕가를 비롯하여 이 왕가와 혈연관계를 맺고 있던 가문의 구성
원들에게만 요직이 허용되던 관료 제도(이 개혁은 어느 정도 지도층의 교체를 가져왔다)
에 이르기까지 국가적 차원의 (지난 세기와의 진정한 단절이라고 말할 수 있다) 대대적
인 개혁을 실시했다. 중산층과 시민 귀족의 연합에 지지를 받았던 상원의 개원과 '민
주화'는 결정적으로 좌절되었다. 이것이 '실패한 개혁'으로 정의된 것도 우연이 아니
다. 문화생활 또한 이교도 사상가들과 그리스도교 이단자들에게 큰 피해를 입힌 탄
압으로 매우 경직되었던 것을 볼 수 있다.

제1차 십자군 원정

아나톨리아로의 동로마 제국의 황제 알렉시우스가 긴장 완화 정책을 추진하던 교황 우르바노 2세(약
복귀   1035-1099, 1088년부터 교황)에게 보낸 지원 요청은 새로운 용병 부대를 유치하는 것
을 목표로 했을 것이다. 반면에 그 결과는 1096년과 1097년 사이에 콘스탄티노플에

도착한 제1차 십자군 원정을 위해 동원된 대규모 무리들의 유입이었다. 동로마 제국의 문헌 자료들에서 거만하고 의심이 많다는 비난을 받았던 십자군 우두머리들과 쉽지 않은 협상을 한 이후에 알렉시우스 황제는 십자군에 보급품을 공급하고 가능한 곳에서 군사적 지원을 하는 대신에 정복한 도시들 가운데 예전에 제국에 속해 있던 도시들을 되돌려 받는 협약에 이르게 되었다. 그렇게 해서 알렉시우스는 1097년에 니케아를 다시 찾을 수 있었으나 이후에 양측 사이에 불화가 없었던 것은 아니며, 1098년에는 노르만 출신인 타란토의 보에몽이 개인 자격으로 안티오키아를 차지했다. 이러한 불화는 1099년에 예루살렘을 정복한 이후에, 특히 안티오키아를 조카인 탄크레디Tancredi(?-1112)에게 넘기고 알렉시우스에 대한 비방 운동과 비록 실패로 끝나기는 했지만 새로운 침략(1107년 두러스에 상륙했다)을 시도하기 위해 서방으로 돌아온 보에몽과 함께 계속되었다. 그 이후 몇 년 동안 비잔티움인들은 아나톨리아의 해안 지대 전체를 회복할 수 있었다. 하지만 내륙 고원 지역(여기에서 해안 지역을 자주 침략했다)에 자리 잡은 투르크 술탄 왕국인 룸Rum 왕조는 불안정과 인구 부족으로 고민하던 모든 재정복 지역들에 가혹하고 지속적인 속박을 강요했다.

요하네스 콤네누스

알렉시우스의 뒤를 이어 1118년 아들인 요하네스(1087-1143)가 (같은 가문 안에서도 반대가 없지는 않았지만) 황제의 자리에 올랐다. 요하네스는 비록 눈에 띄는 성공은 거두지 못했지만 소아시아에서 비잔티움의 입지를 강화하고, 제국의 중요한 인적·재정적 보고寶庫 역할을 하던 발칸 반도에서 헝가리와 페체네그족의 위협을 막았던 전사이자 군주였다. 육군은 엄청나게 발전한 반면에, 해군은 알렉시우스가 베네치아인들에게 수여한 특권들을 처음에는 거절했다가 1126년에 다시 연장할 수밖에 없을 정도로 매우 방치된 상태였다.

마누엘 콤네누스: 위기의 시작

1143년 요하네스의 뒤를 이은 아들 마누엘의 정책은 처음부터 서로마 지역의 경제 발전과 인구 증가에 좌우되었다. 비록 서로마가 점점 더 위협과 불화를 가져다주기는 했지만 마누엘은 이러한 상황이 제공한 수많은 기회들을 잡으려고 항상 노력했다. 마누엘이 오랜 통치 기간 동안 보여 주던 '친서방적인' 특성은 특히 유럽 중심적인 시각으로 인해 많은 학자들이 마누엘이 이룬 업적뿐만 아니라 콤네노스 왕조의 전 시기를 지나치게 휘황찬란하게 꾸미며 과대평가하도록 만들었다. 사실 서방과의 비교가 피할 수 없는 것이기는 하지만 제국이 취했던 이러한 경향은 1204년의 사건들이 보여 주듯이 긍정적인 결과들을 가져오지는 못했다.

유스티니아누스의
모델　　1147년에 시칠리아의 루제로 2세(1095-1154)는 코르푸를 장악하고 테베와 코린토까지 진격하며 새로운 공격을 감행했다. 이러한 상황에 대처하기 위하여 마누엘은 베네치아인들을 위한 특권들을 갱신해야만 했으며, 침략자들을 물리치고 난 뒤 1154년에 (상징적으로 군대보다는 돈을 더 잘 준비한) 2명의 장군을 지역 주민들로부터 비잔티움인들이 환대를 받았던 풀리아에 파견하여 점령을 시도했지만 무위로 돌아 갔다. 최근에는 노르만인들의 아드리아 해 진입을 봉쇄하는 것을 목표로 했던 마누엘의 계획에 대하여 재평가가 이루어지고 있지만, 제국의 보편주의적인 시각의 계승자인 황제가 영향을 받은 본보기 중 하나는 분명히 유스티니아누스 황제의 서방 재정복이었다. 마누엘은 그 뒤에 이탈리아에 대한 관심으로 위협적인 존재가 되기 시작한 프리드리히 바르바로사(약 1125-1190)의 정책을 제어하고자 했으며, 이를 위해 롬바르디아 동맹과 밀라노 성곽의 재건에 대폭적인 재정 지원을 했다.

　　또한 황제는 발칸 반도에서 헝가리인들의 야망을 성공적으로 억누를 수 있었으며, 소아시아의 룸 술탄 왕국의 상존하는 문제를 해결하기 위해 체계적으로 접근했다. 요새화 작전에 착수하고 발칸 반도의 전쟁 포로들을 비티니아로 이송함으로써 무엇보다 기존 비잔티움의 영토들을 공고히 하고 이들을 연결시켜 주는 통신로의 강화를 모색했다. 두 번째로는 상황이 점점 더 위태로워지던 성지의 십자군 국가들과 우호와 동맹 (혼인을 하기도 했다) 정책을 채택하여 그들과 함께 이집트로 합동 원정을 떠나기에 이르렀다.

　　해를 거듭하면서 마누엘은 제국이라는 이름에 걸맞은 해군을 재탄생시켰는데, 이는 그가 1171년 제국의 모든 베네치아인들을 체포하고 그들의 재산을 몰수할 수 있게 해 주었다. 비록 결정적이지는 못했지만 이러한 움직임은 알렉시우스 콤네누스로부터 부여받아 수차례 갱신된 세금 감면을 이용하여 비잔티움의 국고에서 엄청난 무역 관세를 축낸 베네치아인들의 막강한 경제력에 맞서기 위함이었다. 마누엘의 '강대국에 대한 정책'의 구도에서 볼 때 교회에 대한 그의 태도는 특징적이었는데, 그는 총대주교들에게 무력을 사용하기도 하는 등 교회에 대하여 패권주의적인 태도를 취했다. 1176년에 마침내 마누엘은 셀주크 술탄 왕국인 룸 왕국의 위협을 영구히 제거하기 위해 수도인 코니아를 공격 목표로 대대적인 군사 원정에 착수했다. 오체팔로 전투에서 크게 패한 것은 그림에 묘사된 것처럼 그렇게 처참하지는 않았을지 모르지만 황제의 확장 계획은 갑작스러운 중단을 맞을 수밖에 없었다. 황제는 4년 뒤, 어린 황제 알렉시우스 2세Alexius II(1169-1183, 1180년부터 황제)를 대신하여 황후 안티오키아의 마리아Maria(1145-1182)가 주도한 섭정 위원회에 제국을 넘겨주며 숨을 거두었다.

콤네노스 왕조의 멸망

당시 비잔티움 왕국의 상황은 종합적으로 볼 때 상당히 견고한 편이었지만, 섭정으로 인한 권력의 공백은 과거에 이미 여러 차례 그랬던 것처럼 그 전부터 존재하던 긴장 관계에 촉매 작용을 했고, 엄청난 위기를 불러일으키며 폭발하게 만들었다. 1182년에는 마누엘의 사촌인 안드로니쿠스 1세 콤네누스Andronicus I Comnenus(약 1122-1185, 1183년부터 황제)가 (신속하게 섭정과 법적인 황제를 제거하며) 권력을 장악했다. 그는 비잔티움 사회에 잘 나타나 있던 친동방과 반라틴적인 경향들을 구체화하고 이에 편승했으며, 수도에서 서유럽인들의 대학살을 조장했던 위험한 인물이다. 이 학살은 알렉시우스 2세의 암살(그의 안전을 위해 아버지인 마누엘은 여러 해외 강국들을 보증인으로 선언했다)과 함께 헝가리인들과 (1185년 테살로니키를 약탈하고 차지했던) 노르만인들의 개입을 유발했다. 개성을 겸비했지만 냉혹하고 과대망상증에 가까울 정도로 의심이 많았던 늙은 모험가인 안드로니쿠스는 콘스탄티노플 귀족 사회에 체포와 처형으로 공포를 확산시켰으며, 결국 이사키오스 2세 앙겔로스(약 1155-1204, 1185-1195년과 1203-1204년에 황제)가 거의 우연한 기회에 선봉에 섰던 반란의 와중에 폐위를 당하고 처참하게 죽임을 당했다.

헝가리인들과 노르만인들의 개입

앙겔로스 왕조와 콘스탄티노플의 함락

안드로니쿠스는 지방으로 강력한 권력 이탈이 진행 중이던 제국의 위기에 대처하기에는 전적으로 부적합한 인물로 드러났다. 이러한 상황은 이사키오스가 폐위되고 그의 형인 알렉시우스 3세 앙겔로스Alexius III Angelos(?-1210년 이후, 1195-1203년에 황제)로 대체되었을 때에도 나아지지 않았다. 알렉시우스 3세의 통치가 끝났을 때,

2명의 장군 알렉시우스 팔라에올로구스Alexius Palaeologus(13세기)와 테오도루스 라스카리스Theodorus Lascaris(약 1174-1222)가 이름을 떨쳤다. 한편, 알렉시우스 3세는 더 큰 위험이 서유럽에서 도래할 것임을 직감으로 알아차렸던 것 같으며, 이미 1198년에 피사와 제노바와 다른 조약을 체결하며 베네치아인들과 조약을 갱신했다. 상황은 폐위된 왕 이사키오스 2세의 아들인 나이 어린 알렉시우스가 콘스탄티노플의 감옥에서 탈옥한 뒤, 그 해에 원정을 위해 집결했지만 성지까지 그들을 태우기 위해 예약한 베네치아 함대에 지불할 돈이 부족했던 제4차 십자군 참가자들에게 엄청난 금액의 지불을 약속하며 도움을 요청한 1202년에 급격히 악화되었다. 베네치아인들과 십자군들(하지만 이들은 만장일치를 보이지 않았다)은 콘스탄티노플을 향해 움직이기로 결정했다.

가장 부유한 도시의 약탈

짧은 공격 이후, 알렉시우스 3세가 도망을 치자 궁정인들은 파국을 모면하기 위해 이사키오스 2세와 나이 어린 알렉시우스 4세 앙겔로스Alexius IV Angelos(1183-1204, 1203년부터 황제)를 다시 황제의 자리에 앉혔다. 하지만 서유럽 라틴인들의 도움에 대한 보답으로 약속한 엄청난 금액을 지불해야 했기 때문에 2명의 군주는 대중의 지지를 완전히 잃어버렸으며, 서방 사람들에 대한 적대적인 분위기 속에서 알렉시우스 5세Alexius V Murtzuflos에 의해 권좌에서 물러났다. 이 시점에 십자군은 지체하지 않고 매우 정확한 분할 계획에 따라 도시를 차지하고, 제국을 자기들 것으로 만들고자 결정했다. 1204년 4월 12일에 라틴인들은 바다의 성곽에서 도시로 밀고 들어갔다. 알렉시우스 5세는 이미 도망가고 없는 상태였다. 이윽고 그리스도교 세계에서 가장 부유했던 도시에 걷잡을 수 없는 약탈이 시작되었다.

| 다음을 참고하라 |
역사 헝가리(122쪽); 발칸 반도(126쪽)
시각예술 콘스탄티노플의 성 소피아 대성당(731쪽)

예루살렘 왕국과 군소 봉건 영지

| 프랑코 카르디니 |

여러 왕조를 이어 온 예루살렘 왕국은 확연히 다른 두 가지 국면을 겪었다. 첫 번째는 예루살렘을 수도로 1187년까지 이어졌으며, 또 하나는 비록 12세기 말에 새로운 키프로스 왕국을 차지한 뤼지냥 가문이 예루살렘 왕관까지 요구하기는 했지만 1187년까지 아크레를 수도로 했던 두 번째 국면이었다. 예루살렘 주변에는 예루살렘 왕국에 앞서 에데사 백국과 안티오키아 공국 같은 봉건 제후국들이 있었다. 하지만 예루살렘 왕국과 이러한 공국들 사이에 상하 관계는 분명하게 확립되지 못했다. 한편, 이집트의 맘루크Mamlūk 술탄 왕국의 공격은 13세기 후반에 예루살렘 왕국의 모든 잔재들을 지워 버렸다.

왕국의 탄생과 조직

프랑크인들의 성공은 곧바로 불의의 기습에서 회복하여 반격을 위한 재건 작업에 착수한 무슬림 왕국들의 각성을 유발했다. 서방의 전사들은 새로운 점령지를 유지하고 확대하기 위해서 유럽에 도움을 요청할 의무가 있었으며, 이탈리아 도시들로부터 (피사와 제노바는 즉각적으로, 베네치아는 조금 늦게) 해상 원정대 형태로 지원을 받았다. 또한 이들은 경쟁 관계에 있는 칼리프 왕국 바그다드의 수니Sunni 왕조와 카이로의 파티마Fatima 왕조의 대립 관계를 이용하고자 했다. 파티마 왕조의 불분명한 국경은 시리아와 레바논, 팔레스타인 지역까지 걸쳐 있었다. 이탈리아 함대의 도움으로 그들은 알렉산드레타 만에서 수에즈 해협에 이르는 레반테 해 연안의 전 지역을 점차 차지할 수 있었다. 이들은 갈릴리와 사마리아, 유대의 주요한 정착지들을 정복하기 위해 내륙으로 원정을 조직했다. 12세기 초반 토로스 산맥에서 시나이 반도까지와 지중해 해안에서 요르단에 이르는 드넓은 지역과 이 지역의 동쪽에 있는 카라크의 요새를 둘러싸고 있는 고립된 영토는 비록 도로들이 위험하고 무슬림 전사들이 항시 출몰했지만 프랑크인들에게 점령되었다.

새로운 왕국은 서로 확연히 다른 여러 주체들이 공존한 결과였다. 왕과 봉토를 소유한 봉건 영주들, 시민들의 공동체, 해상 도시의 이주자들, (무슬림뿐만 아니라 그리스교도들로 구성된) 아랍의 촌락 공동체들과 특히 북쪽 지역에 새롭게 생겨난 수많은 아르메니아 공동체들이 함께 어우러져 있었다. 예루살렘의 왕은 유대의 그리 넓 **복잡한 현실**

지 않은 지역에 직접적인 권력을 행사하고 있었다. 이 지역은 야파Jaffa와 아스칼론 Ascalon 백국을 비롯한 주변의 백작 관할 지역들과는 확연히 구별되었다. 야파와 아스칼론 백국은 팔레스타인 남부의 해안 지대를 지배하고 있었으며, 군주들이 왕가의 구성원들에게 맡기려고 노력했던 곳이다. 왕국의 고위 귀족 계급을 이루고 있던 안티오키아의 노르만 공작, 에데사의 로렌 백작, 트리폴리의 프로방스 백작, 갈릴리와 트랜스 요르단(팔레스타인의 요르단 강 동쪽 지역*)의 공작 같은 대공들과 왕 사이의 봉건적 관계는 의문투성이였다. 최소한 에데사와 안티오키아의 경우는 예루살렘 왕국 이전에 탄생했던 공국들이었기 때문이다.

　도시에는 다양한 구성의 주민들(기사들, 기관과 특권을 갖춘 서방과 동방 출신의 부르구스burgus 주민들, 그리고 가장 널리 알려진 북프랑스의 언어로 공동생활을 함께 나누는 작은 모임들을 의미하는 코무네들)이 살고 있었다. 해상 도시들의 상업 식민지는 특히 항구 중심지의 몇몇 구역들에서 각자의 고국의 삶과 제도를 재현했다. 이러한 식민지들은 지역의 권력자들로부터 수여받은 특권들을 중심으로 자주적으로 운영되었으며, 일반적으로 교회 하나와 우물 또는 물 저장고, 화덕, '창고' 또는 '대상隊商 숙소'(즉 여행 중인 상인들을 위한 창고 겸 숙소)를 갖추고 있었다. 이러한 것들이 없었다면 국제 무대에서 이들이 보여 준 질적인 도약을 설명하기 어려웠을 것이다. 종교 생활의 관점에서 볼 때 십자군이 도착하면서 예루살렘 왕국에 정착한 서로마 교회는 일반적으로 그리스인이었지만 아랍인도 더러 있었던 동방의 주교들에 의해서 유지된 교구들을 통폐합하지 않았으며, 이러한 제도를 병행함으로써 로마에 복종하는 교회와 비잔티움 교회 2개의 그리스도교 단체로 분리되어 유지되었다. 수도 생활과 같은 종교적 소명을 보여 주고 있지만 내부에서는 평신도들이 무기를 소지하도록 규정한 템플 기사단과 성 요한 구호 기사단 같은 종교 군사 단체들의 경우도 마찬가지였다.

해안의 요새　한편, 이러한 기사단들은 뛰어난 건축가로서도 두각을 나타냈다. 시리아 북부에서 팔레스타인 남부까지 해안과 내부 도로, 요르단 강 양안을 보호하기 위해 앞뒤로 열을 지어 건축된 성전과 병원의 요새들은 지금도 영토의 방어와 합리화라는 방대한 계획에 대한 인상적인 증거로 남아 있다. 새로운 종교 군사 단체들은 많은 기사들을 끌어들였으며, 엄격한 청빈 생활을 실천한 단체들은 부유해졌고 전 그리스도교 사회에 그들의 주거지를 세울 정도로 동산과 부동산으로 이루어진 많은 기부를 받았다. 기사단들에는 엄청난 금액의 돈이 맡겨지기도 했는데, 이들은 이 돈을 운용하여 새롭고 효과적인 은행 활동을 시작할 수 있었다. 예를 들어, 각각 다른 템플 기사단의 주둔지에 돈을 맡기면 상인들은 기사단의 인장으로 입증된 편지를 통해 물리적으로 현금을 옮기지 않더라도 기사단이 자리 잡고 있는 곳이면 어느 곳에서나 돈을 이용할 수 있었다.

무슬림의 반격

무슬림의 대응 또한 매우 신속하게 이루어졌다. 반격은 바그다드의 칼리프와 그의 고문이자 후견인인 셀주크투르크 술탄의 이름으로 이마드 앗딘 장기Imād al-Dīn Zankī(약 1085-1146)가 세운 아타베그atabeg(터키어로 우두머리들의 아버지, 즉 총지배자) 왕조가 통치한 시리아-메소포타미아의 도시들인 알레포와 모술에서 시작되었다. 1146년 아르메니아의 도시 에데사(현재 터키의 우르파)가 투르크의 수중에 함락된 것은 하나의 경고였다. 장기는 레반테 해에서 유프라테스 강 사이 지역의 모든 토후국들을 자신의 권력으로 통일하려는 야망을 지니고 있었다. 또한 다른 모든 투르크인들처럼 타협을 모르는 수니파 무슬림인 장기는 카이로의 시아파 칼리프 왕국을 적대적으로 생각했다.

　제1차 십자군의 후예들로 구성되어 성지에 뿌리를 내린 왕국의 지도 계층을 대변하던 프랑크 시리아인 귀족 사회는 이 상황을 잘 인식하고 있었으며, 다마스쿠스와 모술의 아타베그의 세력 확장과 강화가 근동 지역의 전체 이슬람 세계에 두려움과 의심, 증오, 질투를 불러일으키고 있다는 것을 알고 있었다. 바그다드의 술탄에서부터 카이로의 칼리프, 시리아의 아랍 토후들에 이르기까지 그들 가운데 가장 강력한 자는 다마스쿠스의 아타베그였으며, 장기에게 적대적인 광범위한 전선이 형성되었다. 그리스도교-무슬림 동맹을 위한 모든 조건은 갖추어져 있었으며, 장기와 동맹을 맺기만 하면 예루살렘 왕국은 안전했을지도 모른다.

　하지만 서유럽인들은 상황을 다른 방식으로 보았다. 교황 에우제니오 3세(?-1153, 1145년부터 교황)는 점령지들을 보호하기 위해 새로운 대규모 원정이 필요하다고 확신했다. 서방의 주요한 두 군주인 '로마인들의 왕'(당시 독일의 제후들에게 선출되었으나 아직 교황으로부터 왕관을 수여받지 못했던 로마와 게르만의 황제를 가리키는 이름이었다) 콘라트 3세(1093-1152, 1138년부터 황제), 그리고 부인인 아키텐의 엘레오노르(1122-1204)와 함께 출발한 프랑스 왕 루이 7세(약 1120-1180, 1137년부터 왕)

루이 7세의 군사적인 과오

가 개입했다. 하지만 1147년에 유럽을 출발한 대원정은, 무능한 왕실 고문관들의 이야기만을 듣고 동방 지중해의 본격적인 통제 계획에 가담시켜야 할 2명의 그리스도교 군주인 비잔티움의 황제 마누엘 1세 콤네누스(1118-1180, 1143년부터 황제)는 물론 시칠리아의 왕 루제로 2세(1095-1154)와도 합의를 이루지 못했던 루이 7세의 잘못으로 인해 실패에 이르렀다. 게다가 이 카페 왕조의 군주는 모술과 알레포를 통치하던 아타베그가 추진한 확장주의 정책의 위험에 맞서 프랑크인들과 자연스럽게 동맹을 맺은 토후가 지배하고 있던 다마스쿠스를 공격하도록 설득당했다. 시리아의 부유한 수도를 정복하려는 환상에 현혹된 루이 7세의 왕실 고문관들의 잘못된 선택은 (같은 종교를 가지고 있음에도 불구하고 적이었으며, 계속해서 적으로 남게 될) 그들의 적과 동맹을 맺을 수밖에 없도록 만들었다. 다마스쿠스에 대한 파괴적이고 무모하며 지루한 공격 이후에 유럽에서 온 군대들은 내분과 상호 비방의 분위기 속에서 떠나 버렸으며, 성지의 '프랑크-시리아인' 봉건 영주들 또한 원망에서 벗어날 수 없었고, 전 지역의 무슬림 군주들이 이제 침입자들을 몰아낼 순간이 되었다는 확신을 가지도록 만들었다.

왕국의 점진적인 몰락

비록 여러 차례 부침이 있기는 했지만, 이때부터 예루살렘의 프랑크 왕국의 돌이킬 수 없는 몰락이 시작되었다. 서방 사람들에게 '살라딘'으로 잘 알려진 쿠르드의 유능한 군주 살라흐 앗딘 이븐 아이유브Salah al-Din ibn Ayyub는 다마스쿠스와 카이로를 하나의 술탄 왕국으로 통일시키며, 예루살렘으로부터 프랑크인들을 몰아내고 자신의 공국들의 영토적 영속성을 이어가며 팔레스타인을 차지하려는 목표를 서서히 완성시켜 나갔다.

그 당시 왕위는 어렸을 때부터 나병을 앓고 있던 보두앵 4세Baudouin IV(1161-1185, 1174년부터 왕)가 차지하고 있었다. 보두앵은 오랫동안 살라딘을 저지할 수 있었고, 동시에 그의 주위를 둘러싸고 있던 음모와 대립의 분위기를 제압하고 있었다. 하지만 1185년에 오래전부터 그를 괴롭힌 병마에 지쳐 거리에서 숨을 거두자, 뤼지냥의 기(1129-1194)의 아내이고 보두앵의 여동생이자 상속녀인 시빌라Sibilla는 상황이 곧 두박질치는 것을 피할 수 없었다.

살라딘의 승리　　1187년 여름, 살라딘은 시리아에서부터 왕국의 영토를 침공했으며, 프랑크 군대는 그를 멈추기 위해 예루살렘에서 이동했다. 전투는 티베리아스 호수를 향하고 있는, '하틴의 뿔나팔'이라 불린 언덕에서 이루어졌다. 전투에서 왕인 뤼지냥의 기와 템플 기사단 대장이 체포되었으며, 여러 요새들의 항복을 받는 데 그들이 이용되었다. 프랑크인들이 성스러운 깃발처럼 전장에 들고 나오던, 그리스도가 못 박혔다는 진짜 십자가(성聖십자가) 유물은 압수되어 파괴되었다. 예루살렘으로 가는 길이 열렸으며, 살라딘은 예루살렘을 침공했지만 함락시킬 필요는 없었다. 예루살렘을 방어하고 있던 이벨린의 발리안Balian of Ibelin(약 1140-1193)은 도시에 갇힌 서유럽인들이 질서를 유지한 상태에서 아무런 피해 없이 도시를 비울 수 있도록 명예로운 항복을 했기 때문이다. 살라딘은 10월 2일에 의기양양하게 예루살렘에 입성했다.

13세기의 오랜 곤경과 그리스도교도의 결정적인 패배

이러한 슬픈 소식들이 서방에 알려졌을 때, 교황 그레고리오 8세(?-1187, 1187년부터 교황)는 10월 29일 페라라에서 새로운 십자군 원정을 권유하는 교황교서 〈아우디타 트레멘디Audita tremendi〉를 공표했다. 그 당시 서로 간에 분쟁 중이던 유럽의 군주들은 교황의 권유를 받아들였으며, 비록 불안정하기는 했지만 평화 협정을 체결한 뒤에 각기 다른 길로 예루살렘을 향해 출발했다. 여행 중에 아나톨리아에서 숨을 거둔 늙은 황제 프리드리히 1세 바르바로사(약 1125-1190)와 프랑스의 필리프 2세 존엄왕(1165-1223, 1180년부터 왕), 잉글랜드의 사자심왕 리처드 1세(1157-1199, 1189년부터 왕) 같은 유럽의 주요한 군주들이 다시 한 번 이 역사적인 사건에 연루되었다. 이들 가운데 리처드 1세만이 예루살렘 왕국의 새로운 수도가 된 해안 도시 아크레를 정복하여 유일하게 긍정적인 결과를 얻었을 뿐이다. 하지만 1192년에 잉글랜드의 왕 또한 비잔티움인들로부터 키프로스를 빼앗아 예루살렘의 왕이었던 (하지만 왕위를 박탈당한) 뤼지냥의 기의 동생이자 자신의 총신寵臣인 뤼지냥의 앙리Henri de Lusignan를 그곳의 왕으로 앉힌 뒤 고국으로 돌아가기로 결정했다. 이때부터 키프로스 섬에 대한 그들의 통치는 3세기 동안 지속되었고, 뤼지냥 가문은 예루살렘 왕위를 되돌려줄 것을 주장했다. 한편, 성지에서는 봉건 영주들과 기사단, 그리고 이제는 해안의 항구만을 차지한 왕국으로 전락한 해안 도시들이 다양한 여러 왕조들 간에 왕위를 놓고 끝없는 분쟁을 벌였다. 성지의 왕위는 브리엔Brienne 왕가에서 프리드리히 2세와 슈바벤의 콘라트의 호엔슈타우펜 왕가로 넘어갔다. 그 뒤로 앙주 가문이 왕위를 되돌려줄 것을 주장하기도 했으며, 13세기 말에는 전적으로 이름뿐인 자리로 전락하게 되었다. 그때부터 현재에 이르기까지 예루살렘의 왕위는 합스부르크 왕가에서 부르봉Bourbons, 사보이Savoy 왕가에 이르는 모든 유럽의 주요한 왕조들에 의해 복잡한 법적 권리들로 그들의 것임이 주장되었다.

십자군 원정의 경영　마지막 두 원정의 실패를 목격한 뒤로, 새로운 교황 인노첸시오 3세(1160-1216, 1198년부터 교황)는 십자군의 군사적인 업무를 위임하는 것을 제외하고는 십자군 운동을 직접 교황이 관리할 권리가 있음을 분명하게 확립하려는 결심을 서서히 추진해 나갔다. 모든 원정에 대하여 교황은 십자군들이 누리게 될 영적·세속적인 특권들을 규정했으며 자신의 설교, 재정적 지원에 필요한 기금 모금, 십일조, 그리고 이 모든 재원 마련에 기여할 기부와 관련한 구체적인 내용들을 정했다. 이렇게 해서 성묘聖墓를 위해 싸우러 떠나는 서원을 표명한 사람들이 착용한 (옷에 부착하거나 수놓은 십자가) 표식으로부터 십자군의 법적인 조직이 탄생하게 되었다.

하지만 실질적인 면에서는 상황이 진척되지 않았다. 1202년에 공표한 (제4차) 십자군 원정은 십자군과 베네치아인들의 콘스탄티노플 정복과 비잔티움 제국의 분할로 끝났다. 이제 무슬림들로부터 무력으로 예루살렘을 빼앗으려는 희망은 점차 희박해졌다. 그렇다고 이교도들이 그리스도교도들의 순례를 막거나 줄이지는 않았다. (루이 9세가 인솔한) 1217년부터 1221년까지의 십자군과 1248년부터 1254년까지의 십자군은 나일 강 항구로 향했다. 1250년 4월에 무슬림들에게 포로로 잡힌 성 루이는 감옥에서 풀려난 뒤에 십자군 왕국 중에 유일하게 남아 있던 시리아 팔레스타인의 해안에서 요새를 수리하고 그곳의 패권을 쥐고 있던 적대적인 세력들 사이의 중재를 모색하면서 4년을 보냈다.

한편, 그 사이에 많은 대안들이 시도되었다. 1228년과 1229년 사이에 프리드리히 2세는 휴전 협정에 규정된 대로 이집트 술탄으로부터 분할되고 방어가 불가능한 예루살렘을 받았다. 그 후 1240년대부터 1290년대까지 타르타르족의 구조에 끈질기게 희망을 가졌다. 1244년에는 유목 민족인 호라즘Khwarezm 왕국의 군대가 그곳에 살고 있던 수많은 그리스도교도들을 몰아내고 살해하며 독일 황제와 이집트 술탄 사이의 협정이 목표했던 대로 해체된 예루살렘에 입성했다. 1250년에는 맘루크Mamluk 족 아이유브 왕조의 술탄을 위해 봉사했던 노예 부대인 맘루크(백인 노예 병사*)가 그들이 섬겼던 술탄 왕국들을 전복했으며, 기존의 질서를 선호했던 십자군을 상대로 복수를 맹세하며 공세를 통해 예루살렘을 차지했다. 결국 1258년에는 훌라구 칸 Hulagu Khan(약 1217-1265, 1256년부터 왕)이 이끄는 몽골인들이 바그다드를 정복하고 아바스 왕조의 마지막 칼리프를 살해했다. 몇 년 사이에 '비옥한 초승달' 지역은 힘의 균형이 뒤집혔다.

그 전에 전임 교황의 특사로 오랫동안 성지에 머물렀던 교황 그레고리오 10세 Gregorius X(약 1210-1276, 1271년부터 교황)는 1274년 리옹 공의회 기간에 새롭고 효율적인 십자군을 조직할 수 있는 구체적인 가능성에 대한 상세한 건의서를 자신에게 올릴 것을 요구했다. 이로부터 풍요롭고 여러 면에서 흥미로운 전략과 전술, 지리, 경제, 재정, 보급과 관련한 정보들이 알차게 집약되어 있는 유명한 『성지聖地 회복에 관하여De recuperatione Terrae Sanctae』가 탄생했다. 이러한 방대한 논문집의 저자들은 템플 기사단의 마지막 단장 자크 드 몰레Jacques de Molay, 프랑스 왕 필리프 4세의 뛰어난 고문인 피에르 뒤부아Pierre Dubois, 제노바의 제독 베네데토 자카리아Benedetto Zaccaria, 베네치아인 마린 사누도 토르셀로Marin Sanudo Torsello 같은 유명한 인물들이었다. 여기에는 예루살렘의 주인인 맘루크의 술탄들이 봉쇄를 해제하는 대신에 성도聖都를 넘기도록 하기 위한 나일 강 항구들에 대한 공격, 기사단의 통합, 앞으로의 원정에 대한 재정 제도의 다양한 재정비 같은 십자군이 봉착한 문제점들에 대한 다양한 해결책들이 들어 있었다. 하지만 이 모든 것은 이집트의 맘루크 술탄들이 여전히 프랑크인들의 수중에 있던 성지의 해안가에 남아 있는 요새들을 파괴하는 것을 막지는 못했다. 마지막 요새 도시인 아크레는 1291년에 함락되었다.

십자군 원정에 대한 문학

| 다음을 참고하라 |
역사 십자군 원정과 예루살렘 왕국(51쪽)

경제

STORIA

인구의 증가와 도시의 정착

| 조반니 비톨로Giovanni Vitolo |

새로운 1000년의 시작과 함께 유럽의 인구는 늘어나기 시작했다. 새로운 마을들이
건립되었고, 인구가 다시 유입된 도시는 교역과 생산 활동의 중심지가 되었다.
이탈리아와 남프랑스에서 상당히 치밀했던 도시들의 연결망은 동쪽과 북쪽을 향해
나아감에 따라 그 간격이 점차 넓어져 갔다. 인구가 가장 많았던 때는 밀라노와 피렌체,
파리 같은 도시들의 인구가 10만 명 주위를 맴돌았던 1300년대 초반이었다.

인구의 증가

3세기부터 6세기까지 인구가 감소하고 그 이후 정체기를 지나 새로운 1000년이 시
작되자 유럽의 인구는 결정적으로 늘어나기 시작했다. 공을 들인 개간 작업을 통해
경작지 면적이 증대되었으며 새로운 마을이 건립되었다. 이제 도시의 시장에서 과
거보다 더 넓은 판로를 확보하게 된 농산물의 가격이 올라갔다. 토지의 소유는 한 세
대에서 다른 세대로 넘어가면서 점점 더 세분화되었는데, 이는 더 많은 아들들에게
토지가 분할되었다는 증거다. 가계도의 재구성이 가능한 귀족 가문들도 그 구성원
의 수가 늘어난 것으로 나타났다.

　프랑스의 몇몇 대수도원의 재산 대장에서 제공된 자료들로 평가해 보면, 도시 인

구의 증가는 9세기와 10세기에 이미 시작되었으나 아마도 10세기 중반에 헝가리인과 사라센인, 노르만인들의 잦은 침입으로 불안한 분위기가 만들어져 억제되었던 것으로 보인다. 유럽에서 이러한 현상에 대한 대략적인 평가가 가능한 유일한 지역이 잉글랜드다. 이는 1080년부터 1086년까지 작성된 왕국의 모든 주민들에 대한 인구 국세 조사 대장인 『둠즈데이 북Domesday Book』의 도움으로 가능했는데, 이에 따르면 약 110만 명의 인구가 30만 가구로 나뉘어 있었음을 보여 준다. 14세기 초에 인구가 약 350만 명이었으므로 200년이 조금 넘는 시기에 잉글랜드의 인구가 3배 이상 증가한 것이 분명하다.

하지만 다양한 유럽 국가들의 출발선이 같지 않기 때문에 이 자료에 일반적인 특성을 부여하고 유럽의 전 지역에서 11세기와 13세기 사이에 인구가 3배로 늘었다고 결론을 내리는 것은 불가능하다. 예를 들어, 이탈리아는 중세 전기 몇 세기 동안 인구가 많이 늘어났기 때문에 독일이나 잉글랜드 같은 나라에 비해 경작할 땅이 많지 않았다. 따라서 이탈리아의 인구는 1000년과 14세기 초 사이에 5백만 명에서 9백만 명 내지 1천만 명으로, 단지 2배가 늘어난 것으로 평가되었다.

새로운 정착지들의 탄생

인구 증가와 함께 전 유럽과 관련한 또 다른 현상은 평신도 봉건 영주들과 성직자들이 사람이 전혀 살지 않던 지역들의 가치를 증대시키는 것에 전념했다는 것으로, 이들은 이 지역에 빌라노바villenuove(새로운 촌락*) 또는 보르기 프랑키borghi franchi(자유 마을*) 같은 새로운 주거 지역의 건립을 장려하며 농민들을 끌어들이려 노력했다. 보르기 프랑키는 거주민들에게 부여된 특별한 법적 조건과 분명한 관련이 있다. 이들은 세금 면제와 함께 공동체가 선정한 재판관들에게 마을 안에서 판결을 받을 수 있는 권리를 포함한 사법적인 성격을 보장받았다. 파리 지역에만 11세기와 13세기 사이에 500개가 넘는 빌라노바가 있었던 것으로 집계되며, 포 계곡의 평원에는 기록된 것만 200개가 넘었다.

하지만 이탈리아 남부를 시작으로 인구 증가의 신호가 즉각적으로 포착된 곳은 도시 지역들이었다. 특히 캄파니아와 풀리아의 도시들(예를 들어, 아말피, 가에타, 살레르노, 바리 같은 지역들)은 비잔티움과 무슬림의 교역 활동의 공간에 편입된 이점을 취할 수 있었다. 이탈리아 중북부의 몇몇 해상 도시들은 경제적인 역할과 정치 사회

비잔티움과
무슬림의
교역 활동의 공간

적 역동성의 측면에서 더욱 미래 지향적인 것처럼 보였다. 특히 상인들은 이미 9세기에 그리스와 시칠리아, 튀니지, 이집트와 접촉을 가졌으며, 보스포루스 해협과 에게 해에서 아말피인들의 경쟁을 서둘러 잠재웠던 베네치아는 아드리아 해를 자신들의 완전한 통제를 받는 곳으로 만드는 것을 목표로 했다. 반면에 티레니아 해에서는 유럽 대륙 지역과 지중해 국가들 간의 교역이 부활하면서 이득을 취할 수 있는 유리한 입지였던 다른 두 해상 도시 피사와 제노바의 지배 의도가 모습을 드러냈다.

또한 베네치아와 피사, 제노바의 경제적인 번영은 유럽 대륙 지역의 도시들과도 관련이 있으며, 이 도시들의 부활을 가져다준 전체적인 경제 부흥의 일부로 여겨야 한다. 이러한 전반적인 상황에서 이탈리아 중북부 지역은 이미 예전의 도시 집중에 기인한 색다른 모습을 보여 주었는데, 이로 인하여 다른 곳과는 달리 1000년 이후에도 새로운 도시들이 많이 생겨나지는 않았다. 지속적인 성장이 가능한 농촌 지역 마을들이 엄청나게 세워졌지만, 진정한 도시는 페라라와 알렉산드리아, 파브리아노, 마체라타 같은 몇 개 지역에 지나지 않았다.

이탈리아 왕국의 수도 역할을 했을 뿐만 아니라, 티치노 강과 포 강이 합류하는 곳으로 알프스 산맥을 넘어 독일과 프랑스로 이어지는 길목이라는 지리적 위치 덕분에 짧은 기간 동안 완전한 발전을 이루었던 도시는 파비아였다. 1000년 이후에 정치적인 면에서뿐만 아니라 경제·사회적인 면에서 두드러진 생명력을 보여 준 밀라노에게 추월을 당했지만 피아첸차와 만토바, 크레모나도 카롤링거 왕조 시대부터 성장했다. 토스카나에서 피사 이외에 경제적·정치적으로 두드러진 역할을 한 최초의 중심지들은 피렌체, 루카, 시에나였다.

유럽의 나머지 지역의 도시화

제후들과 상인들 도시의 부활은 프랑스 남부는 물론, 비록 그 정도가 약하기는 하지만 라인 강가와 배의 운항이 대부분 가능했던 인근 지역들과도 관련이 있었다. 실제로 옛 도시들인 쾰른, 코블렌츠, 마인츠, 트리어, 메스, 보름스, 슈파이어, 스트라스부르, 바젤은 그들의 입지 덕분에 유럽 중북부와 동방을 연결시켜 주는 육로와 수로를 따라 중요한 역할을 수행했다. 11세기와 12세기를 거치며, 프랑크푸르트암마인과 울름, 뉘른베르크, 엘베 강 너머의 브레멘, 함부르크, 뤼베크 같은 상업과 제조업 활동이 집약되어 새롭게 건립된 다른 도시들이 더해졌다.

도시가 만들어지는 방식은 근본적으로 두 가지다. 하나는 봉건 영주가 주도권을 쥐고 상인들과 장인들을 끌어들이기 위해 시장 가까이에 요새화된 중심지를 세우는 것이다. 다른 하나는 상인들의 무리가 성이나 요새화된 조그만 도시, 또는 대수도원의 보호를 받기 위해 그 부근에 자신들의 정착지를 만들어 내는 것이다. 이러한 새 정착지를 가리키는 이름이었던 '부르그'는 상인들과 장인들, 행상들을 끌어들임으로써 본래의 중심지를 능가하게 되었으며, 심지어 하나의 성곽으로는 두 도시를 모두 받아들일 수 없을 정도까지 커져서 새로운 도시가 탄생했음을 인정해야 할 정도로 경제적인 번영을 이루었다. 플랑드르의 많은 도시들(브뤼헤, 겐트, 아라스, 릴, 생토메르, 이에페르)도 이러한 기원을 가지고 있으며, 이탈리아 중북부와 함께 유럽의 가장 도시화된 지역을 형성했다.

도시들의 연결망은 이미 10세기에 시장 중심지가 발전하면서 또는 더욱 용이한 수로의 통행과 중요한 통신로의 보호를 위해 세워졌으며, 발트 해에서 내륙으로 움직이는 교통 흐름과 관련이 있는 보헤미아의 프라하, 폴란드의 크라쿠프, 러시아의 키예프와 노브고로드 같은 상업적으로 중요한 도시들이 있던 동쪽을 향해 나아감에 따라 그 간격이 점차 넓어졌다. 로마의 지배가 도시형 정착지를 남기지 못했던 잉글랜드에서는 도시들의 조직이 중세의 절정기에 이르렀을 때에야 형성되었다. 이러한 중소 규모 도시들의 경제적인 성장은 잉글랜드의 남쪽과 서쪽 해안가에 새로운 교역로들이 형성되었음에도 불구하고 서서히 이루어졌으며, 12세기와 13세기 동안 상당히 밀집한 도시의 연결망을 형성하기에 이르렀다. 1300년대 초, 잉글랜드의 유일한 대도시는 피사와 파비아, 로마 수준의 3만 또는 4만 명의 인구를 갖춘 런던이었다.

중세 절정기 유럽 도시들의 면적

서방의 중세에는 대도시 현상을 볼 수 없었다. 이탈리아 중북부와 플랑드르 같은 도시 집중화가 이루어진 지역들은 그 도시들의 크기 때문이 아니라 도시의 수가 많았기 때문이었다. 가장 넓은 면적과 가장 많은 인구를 기록했던 시기는 밀라노와 피렌체, 파리 같은 도시들이 계속된 인구 증가를 당해내지 못하면서 세 번째 성곽을 건설했던 1300년대 초였다. 이 도시들의 인구는 대략 450헥타르(파리)에서 600헥타르(피렌체) 사이의 면적에 모여 있는 10만 명가량이었다. 독일과 플랑드르 지방 도시들의 인구 밀도는 내부에 많은 녹지 공간이 펼쳐져 있었으므로 더욱 낮았다. 예를 들

인구가 10만 명에 육박한 유럽 대도시들

어, 같은 1300년대 초에 브뤼헤에서는 430헥타르의 면적에 6만 내지 7만 명의 인구가 살고 있었으며, 겐트에서도 같은 인구가 살았지만 면적은 더 넓은 644헥타르였다. 당시 독일에서 가장 큰 도시였던 쾰른에는 약 4만 명의 인구가 400헥타르나 되는 면적에 흩어져 살고 있었다.

밀라노와 피렌체, 파리 외에 인구가 더 많았던 도시들은, 앞에서 언급했던 것처럼 6-7만 명의 인구를 지닌 브뤼헤와 겐트를 따돌리고 10만 명의 인구에 근접했던 것으로 추산되는 베네치아와 제노바다. 당시에는 3만 명에서 5만 명의 인구를 가진 도시들이 가장 많았다. 여기에 속하는 대부분의 도시들은 이탈리아의 도시들(볼로냐, 피사, 시에나, 파도바, 베로나, 로마, 나폴리, 팔레르모, 메시나)과 플랑드르의 도시들(투르네, 이에페르, 브뤼셀, 루뱅)이었다. 여기에 추가된 곳들은 쾰른과 런던, 그리고 에스파냐의 몇몇 무슬림 도시들(세비야, 그라나다, 코르도바)과 그리스도교 도시들(바르셀로나, 발렌시아)이다.

1만5천 명에서 3만 명 정도의 인구를 지닌 중급 크기의 도시들도 이탈리아(파비아, 피아첸차, 파르마, 만토바, 비첸차, 트레비소, 페라라, 모데나, 루카, 아레초, 안코나, 비테르보, 페루자, 라퀼라, 바를레타, 루체라, 트라니, 비톤토, 멜피, 트라파니, 사사리), 플랑드르(아라스, 릴, 리에주), 독일(뤼베크, 브레멘, 함부르크, 스트라스부르, 뉘른베르크)의 순서로 많았다.

| 다음을 참고하라 |
역사 자치 도시국가의 탄생과 확장(39쪽); 부르주아(상인, 의사, 법학자, 공증인)(199쪽)

경작지의 확장과 농촌 경제

| 카티아 디 지롤라모 |

경작지의 확장, 생산의 증대, 기술과 도구의 혁신, 생산 조직과 노동 관계의
재정립은 인구 증가로 촉진되었으며, 정착지의 모습을 바꾸고 도시의 성장에
새로운 자극을 줄 때까지 영향을 미쳤다. 농촌 사회는 중세 중기의 확장에 근본적인
역할을 했지만, 변화가 이루어지며 유럽의 사회 구조와 경제에서 농업이 차지하고

있던 중심적인 역할을 상실하게 되었다.

1000년의 전설

16세기경에 만들어진 유명한 전설은, 「요한 복음서」의 해석에 따라 1000년에 도래할 세계의 종말을 기다리는 중세 유럽에 대해 이야기하고 있다. 종말에 대한 두려움은 시민들이 활발한 활동을 펼치지 못하도록 그들을 억누르고 무기력하게 만들었다. 하지만 새로운 1000년의 분수령을 넘기고 나자 위기를 벗어났다는 사회적 분위기는 엄청난 생명력의 분출로 이어져 11세기에 인구와 생산의 증대를 불러왔다.

이 이야기는 르네상스 문화가 '암흑기'에 대하여 표출하고 있는 경멸적인 견해들 가운데 하나에 지나지 않는다. 이것이 성장에 대한 설득력 있는 해석을 제공하지는 못했지만, 다른 많은 징후들이 이러한 방향으로 나아갔기 때문에 회복 단계에 대한 하나의 증거로 받아들일 수는 있을 것이다.

인구 회복의 조짐들

성장을 알리는 지표들은 다양하고 많았다. 도시 주거지의 밀집과 성곽의 확장, 성 외곽에 형성된 마을들, 세분화된 지명의 밀집화, 새로운 정착지(유럽 지역 곳곳에 자리잡은 새로운 주거지들)의 증가(유럽 지도를 바꾼 빌라노바), 토지 소유의 분화, (떡갈나무숲Querceto, 늪지대Palude, 밤나무 골Castanetum 같은) 경작되기 전의 단계를 가리키는 이름이 붙여진 지역들의 개간과 간척 사업을 통한 경작 등이 이에 해당한다.

이러한 조짐들 가운데 몇몇은 사실 2세기 전부터 이미 확인할 수 있었지만, 11세기부터 성장은 급격한 흐름을 타기 시작했다. 지역의 변화를 감지할 수 있는 양적인 평가에 의하면, 유럽의 인구가 2배 내지는 3배가 늘었다는 주장이 가능하다.

농업의 성장

이렇게 늘어난 인구는 농업 생산의 증대를 위한 하나의 자극으로 해석되었으며, 또한 농산물의 생산 증대는 인구의 지속적인 증가를 뒷받침했다.

살펴볼 만한 첫 번째 자료는 농경지의 증가다. 새로운 땅들이 경작되었고, 이미 상당히 가치가 올라간 지역들 사이에 위치하고 불규칙적으로 이용되던 토지들이 줄어들기 시작했다. 멀리 떨어져 있던 토지들의 개간과 경작이 진행되었으며, 그 결과 농부들 무리가 이동하여 새로운 정착지를 만들어 내기도 하고 지주들과 (과거보다 더 빈번하게) 서면으로 작성되던 계약을 체결하기도 했다.

교회의 문서 보관소 덕분에 종교 단체의 주도로 시작된 개간 사업이 문서 자료들로 입증되었다. 잘 알려진 것들 중에는 12세기의 시토 수도원과 카르투지오 수도원의 문서들이 있다. 하지만 이 문서들은, 평신도 대지주들이 주도한 개간 사업은 없었으며 먹여 살려야 할 식구들을 늘릴 뿐 아니라 노동력까지 향상시키는 인구 증가에 직접적으로 기여한 농민 계층을 개간 사업에서 고려하지 않아야 된다는 것을 의미하지는 않는다.

반면에 엘베 강 너머 독일의 간척 사업이나 10세기부터 12세기까지 막강했던 플랑드르 백작들과 시토회 소속 대수도원들의 관심 덕분에 실현된 배수로와 제방 체계를 마련한 네덜란드의 해안 지역 개간 사업 같은 막대한 노력과 거대한 자금을 필요로 하는 대규모 사업들은 분명 개인적인 사업은 아니었을 것이다.

생산의 증대와 기술 혁신

인구 증가에 자극을 받아 이미 경작되었던 지역들도 기술 혁신을 통해 더욱 집약적인 이용이 가능해졌다. 이러한 혁신들은 대부분 11세기 이전에는 널리 보급되지 않았던 것들이었다.

바퀴가 달린 철제 쟁기로 땅 깊숙이 파고 흙을 뒤엎으면서 토지는 더욱 비옥해졌다. 또한 일을 도와주는 가축들도 딱딱한 목 지지대와 발굽의 편자 덕분에 더욱 효율적으로 이용할 수 있었다.

3년 주기 윤작 이러한 기술 발달과 경작지의 확장 사이에는 중요한 혁신 하나가 자리 잡고 있었다. 그것은 2년 주기 윤작에서 3년 주기 윤작으로의 전환이었다. 3년 주기 윤작은 농지를 세 부분으로 나누어 한 곳에는 전통적인 파종(밀과 호밀, 가을 곡물)을 하고, 다른 곳에는 봄 곡물과 콩 등(귀리와 보리, 잠두콩, 완두콩)을 심고, 마지막 한 곳은 그냥 비워 두는 방식이었다. 그다음 해에는 대상을 바꾸어 파종이 이루어졌다. 이러한 방식을 통해서 미경작 토지의 면적이 절반에서 3분의 1로 줄어들었으며, 생산물은 더욱 다양해졌다. 또한 가축들의 사료를 원활하게 공급할 수 있었으며, 재배 품목의 다양화를 통하여 땅의 노화는 더디게 진행되었다. 이 모든 것은 엄청난 이득을 가져다

주었지만, 주로 유럽 중북부 지역과 관련이 있었기 때문에 이러한 이득의 혜택이 골고루 미치지는 못했다. 농업 소득도 증가했다. 이는 단지 절대적인 가치뿐만 아니라 이제 생산이 안정적이고 일정해졌기 때문이다.

생산을 위한 노력은 여전히 곡물류 같은 기본적인 수요를 충족시키는 데 맞추어져 있었지만, 도시의 시장과 가까운 지역들에서는 특화된 작물(포도나무, 아마, 대마)의 재배와 토양의 특성에도 관심을 가지기 시작했다.

생산 방식의 변화

중세 초기에 가장 잘 알려진 생산 형태였던 장원 또한 변화를 겪었다. 영주지와 소작 농지의 균형이 무너졌고, 풍부한 농산물 생산은 경작자들에게 더 많은 잉여 생산물을 시장에 내다 팔 수 있게 해 주었다. 시장에서 벌어들인 소득은 봉건 귀족의 땅이 아니라 자신들의 땅에 집중하여 이익을 얻을 수 있도록 하기 위해 점차 부역에서 벗어나려는 시도를 하게 만들었다. 동시에 생산의 증가는 땅을 되사기 위해 필요한 돈을 비축할 수 있도록 해 줌으로써 그들에게 생산 증대를 위한 수단도 제공했다.

하지만 지주들 또한 이러한 과정에 관심을 가지고 참여했기 때문에 이것을 오로지 아래로부터의 움직임으로 생각해서는 안 된다. 더욱 커진 토지 생산성과 (임대로 대체된) 지주들의 보류지의 감소는 부역의 필요성을 감소시켰다. 부역은 필요에 따라 인구 증가로 인해 비용이 내려간 임금 노동으로 대체되었다. 도시와 교통의 부활은 돈으로 세금을 징수하는 것이나 농산물로 된 지대(소작료)의 징수를 더욱 용이하게 해 주었다. 현물로 된 지대는 화폐의 가치 하락으로부터 지주들을 보호해 주고 농산물을 도시 시장에 내다 팔 수 있도록 해 주는 나름의 장점을 지니고 있었다. 어쨌든 토지 계약의 재협상은 중세 전기의 계약 기간(29년, 평생 또는 3세대)보다 더 짧은 기간으로 정해졌는데, 이는 과거처럼 노동력이 귀하지 않은 시대에 적합한 것이었다.

지주들은 수송과 교역을 용이하게 해 주는 기반 시설의 건설과 보호를 통해 생산 **기반 시설의 건설** 과 교역에 이바지했다. 지주들은 그들이 보유하고 있던 영주의 권력 덕분에 자신들의 땅을 통과하는 모든 것에 대하여 세금을 부과할 수 있었기에 이에 대한 경제적인 반사 이익을 취할 수 있었다.

결국 여러 가지 면에서 중세의 농부들과 지주들은 생산 방식과 장소를 바꾸기도

하고, 여전히 농촌이 주역을 담당하고는 있었지만 도시와의 관계를 더 이상 배제할 수 없게 된 경제적 배경 속에서 자신의 역할과 관계를 재정립하며 시대의 요구에 유연하게 잘 적응했다.

| 다음을 참고하라 |
과학과 기술 농업 혁명(395쪽); 도시와 기술(404쪽); 기예에 대한 고찰(407쪽)

시장, 정기시, 상업, 교역로
| 디에고 다비데|Diego Davide |

11세기부터 인구 성장과 도시화 현상과 함께 지역들 간의 교역이 증가하기 시작했다. 이러한 교역의 증가는 몇몇 경우에 특수한 국면들과 맞물려 지역의 시장을 국제적인 정기시定期市로 변모시켰다. 적어도 북해와 지중해 사이의 해상 교통이 발전하기 전까지는 유럽의 모든 상품들의 교역이 이루어진 교차로는 프랑스의 샹파뉴 지역이었다. 해상로는 내륙의 수로들과 마찬가지로 육로에서 지불해야 하는 부당한 세금과 거듭되는 통행료를 피하면서 부피가 큰 짐들의 운송을 가능하게 해 주었지만 항해 장비의 낙후와 폭풍, 해적들의 공격이 항해를 여전히 위험하게 만들었다.

시장과 상인들

상인들과 그들의 자본의 사회적 출처에 대한 가설은 다양했다. 학자들 중 일부는 상인들이 토지 매매 또는 토지로부터 얻은 소득에서 생긴 이윤을 상업에 투자한 옛 지주들이나 토지 소유권을 가진 관리들이었다고 주장했다. 다른 학자들은 더 신중하게 남아 있는 문서들을 언급하며, 다양한 경우들을 이야기하는 쪽을 택했다. 고물상과 마차몰이꾼, 사업가로서 모험과 떠돌이 생활에 전념하며 토지를 소유하지 않았던 무리에 기원을 두고 있다는 생각은 매우 설득력이 있다. 이러한 모험적인 상인들에게는 강인한 체력과 적성이 요구되었을 뿐만 아니라 술과 싸움, 도박을 멀리할 수 있는 신중함과 도덕적인 자질들까지 필요했다.

따라서 비록 이들의 신분이 비천한 상태였을 때에도 법적 지위로 보면 상인들은 이동의 자유
자유인으로 분류되었고, 직무를 수행하기 위해서는 이동의 자유를 누려야만 했기
때문에 이들이 떠돌아다니는 것이 사회적인 위협으로는 간주되지 않았다. 이러한
상인의 가장 좋은 예는 벨기에의 역사학자 앙리 피렌Henri Pirenne에 의해 조명된 핀체
일의 성 고드릭St. Godric of Finchale이었다. 고드릭은 파도에 밀려 해안가로 떠내려온
물건들을 모아 행상처럼 시골을 돌아다니며 장사를 시작했고, 그 뒤로는 한 상단에
가입하여 그들과 함께 북해의 해안을 따라 활동했다. 상인이 단독으로 또는 다른 사
람들과 회사를 이루어 해상 활동에 발을 들여놓으며 배를 구매하거나 임대하는 일이
드물지 않게 나타났다.

육로 또는 해로 가운데 어디로 이동할 것인가에 대한 전략적인 선택과는 별개로
그들의 목표는 항상 위험을 줄이는 것이었다. 잦은 공격과 약탈은 그들이 비상사태
에 서로를 보호하고 도움을 줄 의무를 잘 수행하는 무리들과 함께 여행하도록 만들
었다. 한 우두머리의 지휘를 받아 기수를 앞세우고 상품을 실은 마차들을 보호할 병
사들과 함께 길을 떠났던 무장 대상隊商이 그 예다. 상인들이 해적의 공격으로부터
보호를 받고 싶어 하던 해상의 상선대는 육지의 대상 행렬에 해당했다. 대개 무기를
갖춘 각각의 배는 목적지인 항구에서 상선대의 귀환을 기다리며 본국으로 돌아가기
위해 정박해 있을 때만 무리를 떠날 수 있었다.

사업의 경영과 관련한 관점에서 보면, 북유럽 관련 문헌들은 드물었던 반면에 이 트락타토르와
스탄스
탈리아의 도시들, 특히 제노바와 베네치아에서는 이미 11세기부터 코멘다commenda
계약과 소키에타스 마리스societas maris 같은 대외 무역과 관련한 전형적인 2개의 계
약서가 발견되었다. 이는 단일한 사업을 경영하기 위해 두 주체가 세운 회사를 말한
다. 트락타토르tractator, 즉 기업가는 상품과 함께 여행할 의무를 지며, 반면에 다른
상인이나 재단, 종교 단체가 보통 그 역할을 맡았던 스탄스stans는 자본을 투자하고
육지에 남았다. 두 계약은 근본적으로 동등하지만, 소키에타스 마리스에서는 트락
타토르도 3분의 1의 자본을 투자함으로써 코멘다 계약에서 3분의 1의 수익을 받는
것과 달리 3분의 2의 수익을 받는다는 차이가 있을 뿐이었다. 유사한 계약들은 특히
지중해의 해상 무역에서 널리 보급되었으며, 이러한 계약들은 한 번의 선적에 한정
되었지만 사업이 성공을 거두는 경우에는 새로운 계약이 다시 성사되는 경우도 드물
지 않았다.

상인들의 단체는 아말피에서 가장 널리 알려진 회사의 형태다. 이것의 특색은 노동력을 제공하는 선원부터 운송 수단을 담당하는 배의 주인과 목적지까지 배를 인도하는 임무를 지니고 있는 선장, 그리고 자본을 투자한 상인까지 모든 참가자들이 연루되어 상거래와 직접적으로 관련을 맺고 있다는 것이다. 이들은 각각 자신의 기여에 대한 가치에 비례하여 사업이 끝나고 나면 이윤이나 혹시 있을 수 있는 손실을 나누어 각자의 몫을 챙겼다.

중세의 경제적 배경에서 교역의 장소

정기시와 시장들의 변영 좀 더 쉽게 물건을 입수하고 교역할 수 있도록 한 장소에 상품과 농산물을 집중시키기 위해 탄생한 시장과 정기시는 장원이라는 경제 제도에 그 뿌리를 두고 있다. 경제적인 자급자족의 성향에도 불구하고 대토지 소유제의 조직은 잉여 생산을 할 수 있었으며, 이러한 생산품들은 시장에서 유통되었다. 수도원도 마찬가지였다. 카롤링거 시대에 지역적인 교역과 공급의 기능을 함으로써 농산물과 수공업 제품의 교환을 통해 스스로 생산한 물건들의 부족한 부분을 추가하여 보완할 수 있도록 해 주었던 시장의 가판대에서 그들의 생산품 중 일부가 팔려 나가기도 했다.

11세기와 12세기에 도시의 발전과 함께 도시의 시장들은 그 본래의 모습을 변화시켰다. 그중 일부는 특수한 경제적 상황과 맞물려 대규모 정기시로 변모함으로써 그 중요성이 점점 더 커졌다. 정기시는 보통 두 종류로 구분되었다. 하나는 순례자들로부터 이익을 취하고 사람들이 많이 몰려들 때 소득을 올리기 위해 종교적인 축제와 동시에 열리며, 주기를 두고 열린다는 점을 제외하면 일반 시장과 큰 차이가 없었던 지역의 정기시다. 또 하나는 열리는 기간과 이방인들의 숫자와 질적인 면, 거래의 규모, 수여된 보증들로 볼 때 지역들 간 또는 국제적인 시장이라고 정의할 수 있는 정기시다.

상인의 특권들 정기시는 보통 지역 영주의 조례를 통하여 세워졌다. 영주는 정기시에 드나드는 상인들에게 시장으로 오는 길에 보호를 해 주는 안전 통행권, 지역 출신 상인들에 대하여 채무 불이행에 보복할 수 있는 권리를 적용하지 못하게 하고 대출 업무를 할 수 있게 하여 반反고리대금업 관련 법규를 벗어날 수 있게 하는 등의 특권들을 부여했다. 이러한 특권 부여에 대해서 영주는 숙박 시설과 상인들의 매장에 대한 세금, 도시의 통행세, 판매에 대한 세금, 치수와 무게에 대한 세금으로부터 반대급부를 얻을 수 있었다. 원인과 결과의 관계를 굳이 보지 않더라도 도시 발전에 정기시가 부분적으로 영향을 미쳤음을 배제할 수는 없을 것이다. 하지만 예외들도 분명 있었다. 도시 발전이 매우 집중적으로 이루어졌던 이탈리아에서 정기시는 그다지 두각을 보이지 못했는데, 이는 특별한 경우로 보인다. 하지만 이것은 이탈리아 상인들의 교역 활동이 끊이지 않고 이어졌기 때문에 굳이 따로 정기적인 약속을 잡는 시장이 필요하지 않았기 때문일 가능성이 많다.

국제적인 정기시: 샹파뉴 정기시들

샹파뉴의 정기시는 지역적인 특색을 가진 단순한 농산물 시장으로 탄생했다. 11세기와 12세기 동안 독일 북부 지역에서 지중해로 이어지는 옛길이 지나는 유리한 입지와 인구와 생산의 증가, 샹파뉴 백작들의 신중한 정책은 지역 발전에 이바지했다. 이미 1137년에 이 지역을 드나드는 사람들이 너무 많아져 정기시가 열리는 경계 밖에 아라스 상인들의 숙소가 필요할 정도였다. 샹파뉴에서 돌아가며 열렸던 정기시는 6개였다. 트루아에 (6월과 11월) 2개, 프로뱅에 (5월과 9월) 2개, 라니와 바르쉬르오브에서 각각 1개씩 열렸다. 이러한 정기시들은 상품학과 재정, 시장의 형성과 관련한 관점에서 볼 때, 국제적인 규모의 경제에서 반드시 나타날 수밖에 없었던 것이다. 이러한 정기시들을 통하여 프랑스와 플랑드르의 직물과 모직물, 독일의 아마포, 루카의 비단, 초, 설탕, 안료, 포도주, 말, 향신료 같은 당시의 생산품 대부분이 유입되었다.

　　이탈리아 상인들이 모직물을 찾아 플랑드르인들과 접촉했던 곳도 바로 이곳이었 　**모직물의 교역**
다. 플랑드르의 상인들은 이미 12세기 말에 주로 정기시와 도시들의 관계를 조정하는 일을 맡았으며, 그다음 세기에 '17개 도시의 한자 동맹'으로 알려진 상업 조합을 결성했다. 이탈리아인들의 끊임없는 등장은 1200년부터 1210년까지의 시기 동안이 지역 상인들에게 안전 통행권과 (그로부터 몇십 년 뒤에는) 정기시 감독관들의 관할권에서 벗어나 독자적으로 사법권을 관할할 수 있는 특권의 양도를 의미했다. 금융과 관련해서는 프로뱅의 화폐에 기초하여 샹파뉴 지방에서 활용되었던 환전 제도가 이러한 정기시들과 관련 있는 모든 중심지들에서 채택되었음을 기억할 필요가 있다. 이로부터 사업가들이 채무와 대출금을 변제하거나 다음 정기시가 열릴 때까지 지불을 연기하는 기초가 된 어음 제도가 시작되었다. 또한 언어와 문화, 풍습이 다른 개인의 만남을 활성화함으로써 정기시들은 상호간의 비교와 이해의 기능을 수행했다. 1200년대 중반 이 지방이 프랑크 왕국에 병합되고 제노바와 베네치아, 피사로부터 브뤼헤와 플랑드르로 향하는 첫 번째 해상로가 개시되었을 때 샹파뉴의 정기시들은 쇠락하기 시작했다.

항해로

바다와 강은 상대적으로 신속한 이동을 보장해 주고 다른 방법으로는 운송하기 힘든 건설용 목재와 돌 같은 커다란 부피의 자재들을 적재할 수 있도록 해 줌으로써 상업에 특화된 운송 수단이었다. 하지만 위험 또한 항상 도사리고 있었다. 무엇보다 바다에서는 폭풍과 화재, 해적들의 공격에 쉽게 노출되었는데, 여기에 해안가 지역의 영주들이 해변에 좌초된 난파선을 차지하는 것을 허용하는 소위 '이방인들의 재산 압류권'이라는 문제의 소지가 많았던 관례가 더해졌다.

근해 항로   중세의 항해는 보통 해안 근처를 따라 이루어졌으며, 먼 바다는 위험하다고 생각했다. 해적들만이 유일하게 해안에서 먼 거리를 유지하며 항해했는데, 이들이 12세기에 중국에서 도입된 나침반을 최초로 사용했다는 것도 우연이 아니다. 육지에서 가까운 거리를 유지하며 항해했던 것은 해안과 항구의 특성들을 기술하고 있는 항해자들의 설명서인 항해 안내서와 13세기에 와서야 보급된 해도가 당시에는 없었기 때문으로 볼 수 있다. 그다지 험하지 않아 통행이 가능했던 항로들은 베네치아에서 로디, 제노바에서 메시나, 바르셀로나에서 마요르카와 미노르카, 칸디아에서 알렉산드리아로 가는 항로들이었다. 대서양에서는 연안沿岸 항해를 실시하며 일직선으로 항해했으며, 발트 해에서는 측연測鉛으로 측심 가능한 수역, 즉 깊이 600피트 미만의 바다에서 항해하는 것이 규정이었고, 선원들은 한자 동맹 도시들의 종탑에서 울려 퍼지는 종소리를 들으며 방향을 잡았다.

내륙의 뱃길   여건이 허락하는 경우에는 내륙의 물길을 따라 이동하는 것을 택하기도 했는데, 다만 이 방법은 다양한 세금들로 인해 비용이 증가하는 불이익을 감수해야만 했다. 비록 통행료가 내륙 수로의 이점들을 반감시키기는 했지만, 수로는 한 번의 운송으로 엄청난 양의 상품들을 옮길 수 있게 해 줌으로써 비용적인 면에서 여전히 육로를 통한 운송보다 상대적으로 유리했다. 다른 어떤 지역보다 독일에서는 베저 강과 엘베 강, 다뉴브 강처럼 운항이 가능한 뱃길에 대한 세금이 무거웠다. 12세기 말 라인 강에는 이러한 유형의 운송이 시들해지기 전까지 약 19개의 통행료 징수소가 있었다. 엘베 강 동쪽의 리투아니아와 폴란드의 강에서는 거대한 뗏목들이 물길을 갈랐다. 센 강은 프랑스 북부의 주요 상업로였으며, 루아르 강과 가론 강, 론 강도 많이 이용되었다. 잉글랜드에서는 내륙 수로를 이용한 운송이 중요한 역할을 차지했는데, 에이번 강과 험버 강, 레아 강, 스투어 강, 세번 강, 템스 강, 트렌트 강, 와이 강, 위덤 강 같은 주요 강들은 교역을 통해 얻어지는 혜택에 대해 알고 있던 지역 공동체들이 주의를 기울여 관리한 다양한 연결망들이 형성되고 지류들로 연결되어 서로 왕래가 가능했다.

| 다음을 참고하라 |
역사 자치 도시국가의 탄생과 확장(39쪽); 해상 교역과 항구들(175쪽); 신용과 화폐(181쪽); 제조업의 성장과 직능 조합(185쪽); 산적과 해적, 해상 용병(213쪽)
과학과 기술 조제법 모음집의 전통과 직업서(390쪽)

해상 교역과 항구들

| 마리아 엘리사 솔다니|Maria Elisa Soldani |

새로운 1000년을 맞이한 유럽은 도심지의 발달, 그리고 새로운 도시 문화의 발전과 밀접한 관련이 있는 상업의 부흥기를 맞이했다. 교역의 부활은 피사와 제노바가 지중해의 재정복을 추진한 것뿐만 아니라 베네치아와 아말피의 비잔티움과 무슬림 세계에 대한 중재 역할로 더욱 촉진되었다.

도시의 번영과 상업 교역의 증가

새로운 1000년을 맞이한 유럽은 경제적으로 엄청난 부흥기를 맞이했다. 1000년 이전의 2세기 동안은 성장을 위한 기초가 마련된 시기로, 이러한 기초를 발판으로 질적·양적인 증대가 이루어져 몇몇 역사학자들이 '진정한 상업혁명'으로 정의하는 현상으로 이어지게 되었다. 상업혁명은 11세기에 도시의 번영과 함께 이루어졌으며, 그 이후 급속하게 성장하여 12세기에는 지리적인 확장이 이루어졌다. 새로운 도시

밀집 지역에 거주하는 자유로운 상인들이 교역의 무대에 모습을 드러낸 것도 바로 이 시기였다.

소위 말하는 유럽의 부활은 인구의 증가, 도시의 증가, 더 많은 생산을 창출하여 잉여 생산물을 시장에서 매매할 수 있도록 해 준 새로운 농업 기술의 도입, 다른 분야에도 영향을 미치며 직업의 전문화에 도움을 준 기술 혁신, 대부와 같은 신용 사업을 널리 확산시킨 종교의 급성장, 서임권 분쟁의 분위기에서 종교 단체 소유의 재산들이 다시 경제적으로 이용되기 시작한 것 등과 같은 여러 가지 호조건들이 복합적으로 작용한 결과였다. 중요한 거래의 한 부분을 차지했던 것은 소비재의 수요 증가로 인한 도시의 물품 공급과 관련한 것이었다. 이러한 새로운 중심지에는 지역을 비롯한 국제적 규모의 시장에서 팔려 나갈 완제품 또는 반제품으로 만들어질 원재료의 가공 작업에 전문화된 장인들이 살고 있었다. 상업혁명의 중요한 면은 장원 조직과 봉건 제도가 상거래에 불러일으킨 반향과 함께 외부 지역으로부터 유래한 부의 축적이 이루어졌다는 것이다.

1000년부터 1200년까지의 시기는 상업과 도시 생활, 도시 문화의 관점에서 지중해 지역과 유럽 전역에서 엄청난 성장을 이룬 기간이었다. 몇몇 도시들은 해로와 육로의 교차 지점에 위치했거나 상품들의 물류 중심지 역할을 함으로써 두드러졌다. 이탈리아와 프랑스 남부 지역, 루아르 지방에서 행정과 종교 또는 상업의 중심지로 남아 있던 도시들이 다시 번영을 누리게 되었다. 또 다른 주목할 부분은 이탈리아 북부와 플랑드르부터 잉글랜드 해협(영국 해협이라고도 함*)과 라인 강에 이르는 북해 지역의 발전이었다. 그 당시까지 상업적으로 가장 발전한 지역들은 지중해 남쪽의 해안들과 레반테 지역이었던 반면에 11세기에는 유럽이 시민 생활의 문화와 이념을 발전시켜 나가며 도시와 상인들, 제조업으로 넘쳐나게 되었다.

따라서 도시는 물리적·관념적으로 성벽에 의해 경계가 정해진, 상인들과 자유 시민들이 거주하는 공간이라는 특성을 보여 주었다. 정착지들은 그 크기와 지리적 중요성, 정치, 전 문화에서 서로 차이를 보였지만, 장인과 상인들의 상점과 시장의 출현은 이들이 공유하고 있던 기본적인 특성이었다. 이러한 도심지들 가까이에 자리 잡은 정기시들의 증가는 화폐의 주조는 물론 도로와 엄청나게 긴 구간의 수송을 보다 용이하게 만들어 준 내륙 수로를 통한 교역로의 부활에 많은 도움을 주었다. 라인 강과 론 강, 센 강, 포 강, 다뉴브 강에는 선착장과 다리들이 곳곳에 세워졌다. 왕들과 봉건 영주들, 성직자들의 정치적인 권력 또한 도시와 시장의 성장을 돕기 위해 평화로운 시기를 조성하고 상인들을 보호하며 화폐의 주조를 조절했다. 또한 왕실을 비롯한 행정의 중심지 또는 수도원은 사치품의 주요한 수요를 만들어 냈다. 상업적인 거래는 이러한 시장들에 정기적으로 몰려들던 행상들의 활동으로 이루어졌다. 상인들은 독자적으로 또는 조합을 결성하여 개인적으로 사업의 위험을 감수하고 활동 시기와 방법을 결정해 가면서 한 항구에서 다른 항구로 상품의 교역을 이끌었다.

초기의 십자군들은 지중해의 해상 교역에 중요한 영향을 미쳤다. 십자군 국가들의 탄생은 이주의 움직임으로 이어졌고, 그 결과 새로운 상인들의 식민지가 형성되었으며, 화폐의 주조 활동과 피사와 제노바, 아말피, 베네치아에 의한 수송과 대부 업무 수행을 자극함으로써 부의 순환이 다시 시작되었다. 시리아와 팔레스타인에서 서양의 주요한 해상 강국들은 예루살렘 왕들과 서유럽 출신 봉건 영주들에게 해상을 보호해 주고 서방과 연결되도록 유지시켜 주는 것에 대한 보답으로 많은 이권들을 얻었다. 또한 살라딘(1138-1193)이 예루살렘을 재탈환한 이후에도 피사인들과 제노바인들은 티레와 아크레, 야파 같은 항구에서 자신들의 공동체에 유리한 새로운 특권들을 협상을 통해 얻어내는 능력을 발휘했다. 이집트에서는 피사인들이 카이로와 알렉산드리아에 상관의 설치를 정식으로 인가받기 위한 협상을 진행했으며, 12세기에는 에스파냐 남부와 시칠리아, 북아프리카의 세우타와 오랑, 베자이아에서 입지를 더욱 강화했다. 이로써 피사인들은 이프리키야의 모든 지역들을 비롯하여 베네치아인들과 아말피인들, 제노바인들도 이미 모습을 나타냈던 콘스탄티노플에서 상관을 개설할 수 있는 가능성을 보장받게 되었다. 11세기와 12세기 동안 교역은 이슬람과 비잔티움 지역에 서유럽 상인들이 일시적으로 이루었던 진출을 보호하는 협상에 의해 조정되었다.

피사, 제노바, 서지중해의 재탈환

경제와 교역의 부활은 적들로부터 자신들의 영역을 재탈환하기 위한 서방 그리스도교 사회의 계획으로 더욱 고무되었다. 11세기에는 이베리아 반도에서 그리스도교인들의 레콩키스타가 시작되었으며, 이는 수많은 도시의 탄생으로 이어졌다. 10세기에 한 아랍인 지리학자는 이제 서유럽인들이 지중해 항해에 대한 지배권을 쥐게 되었다고 기록하고 있다. 교역의 증가는 베네치아와 비잔티움 세계, 무슬림 지역, 그리고 피사와 제노바 같은 도시들 사이의 끊임없는 교류로 도입된 항해술의 기술 혁신에 의해 촉진되었다. 배의 크기가 점점 더 커지기 시작했으며, 선복船腹(배의 중간 부분*)이 둥근 모양으로 만들어져 갑판에 더욱 많은 짐을 실을 수 있었다.

항해의 통제   11세기와 12세기에 서지중해의 주도권을 쥐고 있던 해상 도시는 피사와 제노바였다. 발레아레스 제도의 재탈환을 위한 원정(1113-1115)에서 이 두 해상 도시 사이에 바다의 지배권을 둘러싼 기나긴 싸움의 첫 번째 충돌이 있었다. 이 다툼은 1284년 멜로리아 전투에서 제노바가 승리를 거둠으로써 끝을 맺게 되었으며, 그 결과 제노바는 피사로부터 서지중해의 패권을 빼앗았다. 이로써 리구리아 해의 해상 도시 제노바는 프랑스 남부에서 상업적인 입지를 확고히 했으며 코르시카 섬을 지배할 수 있었지만, 주로 피사인들이 장악하고 있던 사르데냐 섬에 대한 지배는 상황이 그리 만만치 않았다.

제노바에서 출발한 여행자들은 갤리선(주로 노예들에게 노를 젓게 한 배*)과 전쟁 시기에 방어 준비를 갖춘 도시의 상징이었던 탑 모양의 조그만 성곽으로부터 공격을 받았다. 11세기와 12세기에 제노바인들은 이집트와 시리아, 팔레스타인의 여러 항구에서 상업적인 거래를 위한 특권을 얻었으며, 흑해의 무역에 대한 지배권을 장악했다. 하지만 파티마 왕조가 지배하고 있던 영토에서는 제노바 상인들의 진출이 무역을 완수하기 위한 기간 동안만 허용되었다. 제노바 상인들이 상업적인 특권을 누렸던 또 다른 지역은 무슬림이 지배하고 있던 안달루시아 지방이었다. 제노바는 안달루시아로부터 비단, 목재, 과일, 기름 같은 수많은 원자재와 식료품을 수입하여 레반테 지역의 항구들에 되팔고 사치품을 구입했다.

피사도 이 두 세기는 영광의 시기였으며, 이에 대한 추억은 지금도 피사 대성당의 기념 광장에 고스란히 보존되어 있다. 실제로 피사 대성당은 그 당시 아랍인들의 수중에 있던 팔레르모 항에 대한 약탈(1064) 이후에 건립되기 시작했다. 피사인들과 제노바인들은 이익을 위해서라면 평화로운 교역과 무슬림 권력자들과의 협상뿐만 아니라 상선 나포나 해적 행위도 서슴지 않았다. 이 시기의 아랍 문헌 자료는 이들을 무시무시한 전사로 표현했을 뿐만 아니라 적들에게 자신들이 싸울 때 사용했던 무기를 팔 수 있는 수완이 뛰어난 상인들로 기록하고 있다. 12세기 중반 아랍의 문헌에서 피사는 번성한 시장과 넓은 정원과 채소밭을 갖춘 엄청난 규모의 대도시로서만이 아니라 대규모 해상 작전을 수행할 능력을 갖춘 공격적이고 위협적인 도시로 기록되었다. 내륙 수로의 나루에서 몇 킬로미터 떨어지지 않은 곳에 대형 선박을 수용하기 적합한 피사 항이 세워졌다.

지중해는 다시 공존의 공간으로 돌아왔다. 그리스도교와 이슬람교 사이의 충돌 **문화교류** 의 무대였을 뿐만 아니라 빈번한 합의와 교역이 이루어지던 공생의 공간이자 중요한 문화 교류의 무대였다. 상품들과 함께 언제든지 해외에 정착하여 그 지역의 권력자들을 비롯한 상인들과 융합할 만반의 준비가 되어 있던 사람들의 이주가 이루어졌다. 이러한 지중해의 정신적·문화적 기반에 대한 맥락을 이해하도록 도와주는 핵심적인 인물은 레오나르도 피보나치Leonardo Fibonacci(약 1170-1240년 이후)다. 그의 유명한 저서 『주판서Liber abaci』가 바로 피사의 교역이 이루어지던 공간에서 탄생했기 때문이다. 피사의 상인 공동체의 고문 세무 공증인이었던 아버지를 따라 12세기 말에 베자이아까지 당도했던 이 위대한 수학자는 이집트, 시리아, 그리스, 시칠리아, 프로방스를 여행하며 오늘날 아라비아 숫자라고 부르는 인도 숫자에 대해서 습득한 것을 이 책에 모아 놓았다. 이러한 문화적 교류의 파급 효과는 엄청났다. '0'이라는 숫자의 도입은 서양 세계에 진정한 문화 혁명을 불러일으키게 된다.

베네치아, 아말피, 동지중해

11세기에 베네치아는 서방과 동방 사이를 중재하는 데 절대적인 우위를 차지했다. 분명 콘스탄티노플은 왕실의 영향력, 사치품의 상대적인 수요, 시장과 제조업으로부터 생긴 부로 인해 여전히 유럽에서 가장 중요한 도시로 남아 있었다. 베네치아와 아말피, 그리고 노르만인들의 지배를 받고 있던 팔레르모 같은 도시들에서 콘스탄티노플 출신의 전문화된 기술자들은 필수적이었다.

테살로니카는 강력한 유대인 공동체를 수용하고 있던 테베, 직물과 유리, 도자기 수출을 전문으로 한 베네치아인들의 이주지가 있던 코린토 같은 마케도니아의 몇몇 도시들과 더불어 이 시기에 매우 중요한 상업 중심지였다. 카이로는 나일 강을 통해 지중해를 향해 있는 알렉산드리아 항구와 연결됨으로써 더 큰 중요성을 지니게 되었다.

12세기 비잔티움 지역의 상품 수송은 거의 콘스탄티노플에 지점들을 설치하고 있던 이탈리아 상인들에 의해 수행되었다. 베네치아는 동지중해에 자신의 이해를 집중시키고, 비잔티움 제국과의 관계를 최우선으로 했던 반면에 아말피 상인들은 콘스탄티노플과 이슬람 지역의 교역을 전문으로 했다. 이는 비잔티움 제국의 황제들이 베네치아인들에게 아랍 세계와의 거래에 제약을 가할 수 있었기 때문인데, 960년에 노예 거래가 금지되었고 971년에는 무기와 목재 같은 전쟁 관련 물품들을 아랍에 공급하지 못하게 되었다. 하지만 베네치아인들은 11세기 말에 그리스, 키프로스, 그리고 흑해의 몇몇 항구에서 모든 종류의 세금을 면제받는 조치를 얻음으로써 동로마 제국의 정치적인 지원을 받게 되었다.

유럽의 대륙 지역과 북해

전략적 요충지들

중부 유럽에서는 가죽과 금속 가공과 관련한 장인들의 활동이 매우 활발해졌다. 막대한 천연자원과 군사 활동으로 만들어진 수요로 작센, 보헤미아, 카린티아 지역과 헝가리는 이와 연관된 제조업에 안성맞춤이었다. 또 다른 중요한 생산품은 플랑드르 지역에서 발달한 직물이었다. 잉글랜드와의 교역에 관심 있는 이탈리아 상인들이 칼레 인근에 정착하면서 아라스는 제노바인들이 수입해 지중해의 주요 항구들로 판매한 직물 구입의 중심지가 되었다. 다양한 항로와 내륙의 수로가 합류하는 중요한 전략적 요충지들은 상품을 운반하고 재분배하는 곳이었다. 마인츠와 쾰른, 뫼즈 계곡에 위치한 몇몇 중심지들, 센 강을 따라 포도주 거래를 장악하고 있던 루앙, 런던, 파리 그리고 가론 강을 따라 교역을 활발하게 이끌었던 툴루즈가 그러한 요충지였다. 좀 더 북쪽에는 하이타부와 슐레스비히, 뤼베크가 발트 해와 북해를 중재하는 전략적 위치의 이점을 누리고 있었다.

플랑드르 지방에서 아스티의 상인들은 상업 중개인으로 활동했으며, 부르고뉴 공작들의 의뢰를 받아 대금업에 종사하고 이에 대한 보답으로 여러 특권을 부여받았다. 상인들은 그들이 소속된 도시로부터 다양한 권리들을 획득하기 시작했다. 이들에게는 자유뿐만 아니라 숙박을 할 수 있는 건물과 상품들을 쌓아 놓을 수 있는 보관소로 이루어진 창고가 주어졌다. 아말피와 베네치아, 피사, 제노바, 몽펠리에, 마르세유는 동방의 향신료와 비단, 프랑스의 포도주, 플랑드르와 토스카나, 프로방스, 카탈루냐의 모직물, 롬바르디아의 리넨과 면, 독일과 롬바르디아에서 제작된 무기들의 교역을 통해 유럽 북부와 남부의 교역에서 중재 역할을 함으로써 이익을 남겼다. 베네치아인들은 1228년 독일인들이 베네치아에 자신들만을 위한 창고를 건립하기 전까지 페라라의 정기시에서 독일인들을 만났다. 피사는 엘바 섬과 피옴비노의 철을 수입했으며, 피아첸차는 이집트와 시칠리아에서 들여온 면으로 만든 능직綾織 무명을 거래했다.

발트 해의 양안兩岸에는 새로운 상업 중심지들이 들어섰으며, 고틀란드 출신의 스칸디나비아 상인들은 더블린과 요크 같은 북서쪽 해안을 비롯하여 노브고로드와 키예프를 향하고 있는 북동쪽 해안에 새로운 이주지들을 세웠다. 러시아의 대도시들은 육로를 통해 상품들이 모여드는 중심지였다. 노브고로드와 키예프 사이에는 이 지역 상거래의 중심축이 연결되었으며, 1100년경에는 금속 가공과 관련한 수공예품과 사치품의 생산이 급증했다.

| 다음을 참고하라 |
역사 시장, 정기시, 상업, 교역로(170쪽); 산적과 해적, 해상 용병(213쪽)

신용과 화폐

| 발도 다리엔초Valdo d'Arienzo |

1000년부터 1100년까지 유럽에서는 더디고 미미하게나마 (이탈리아에서는 더욱 두드러지게) 경제적인 부활이 시작되었다. 이러한 부활은 이미 오래전부터 확장 국면에 있던 근동 지역과의 접촉과 무역 거래와 관련한 화폐와 신용의 보급을 수반했다.

화폐

11세기와 12세기에 유럽에서 화폐에 대한 협정이 존재하지 않았다는 것은, 어떤 면에서 그 당시 사람들에게 아리스토텔레스가 가치의 측정, 가치 자체의 비축, 교역의 중재를 위한 도구로 요약한 화폐의 세 가지 기능에 대한 생각이 여전히 수용되고 있었다는 가정을 할 수 있게 해 준다.

9세기와 10세기 동안 서방에서 화폐를 찍어 내는 여러 중심지들이 확산되고 민간 화폐가 보급된 것은 카롤링거 왕조의 화폐 개혁의 완전한 실패까지는 아닐지라도 평가 절하의 직접적인 결과였다.

8세기 말에 시작된 화폐 개혁은 한편으로 서방 로마 제국에서 유통되고 있던 화폐의 단위를 재조정하려는 시도였으며, 다른 한편으로는 상업과 신용이 그다지 중요하지 않았던 농촌 사회와 농업에 거의 전적으로 의존하던 무기력한 경제를 되살리기 위한 의지를 나타낸 것이다.

첫 번째 화폐, 새트

앞서 7세기와 8세기 동안 북부 유럽에서는 새트sceat 은화가 주조되어 주로 유통되었다. 새트 은화는 값어치가 많이 나가지 않았던 화폐로, 데나로denaro의 전신으로 여겨진다. 이 화폐의 보급은 전반적으로 로마 제국의 몰락과 멸망 이후에 완전히 방치되었던 광업이 그 활동을 전적으로 은광에 집중하며 이 시기에 다소 부활했던 것에 기인한다.

카롤링거 은화의 평가 절하

카롤링거 제국의 법령은 화폐를 주조하는 모든 사람들에게 데나로와 데나로의 몇 배수의 가치를 지닌 것들 가운데 솔도soldo(12데나로)와 은410그램에 해당하는 리라lira(240데나로)만을 주조하며 은본위제의 원칙에 통일시킬 것을 규정했다. 하지만 개혁은 초기의 의도와는 달리 서방의 대부분 지역에서 아랍에서 주조한 디나르dinar 금화와 디르함dirham 은화가 널리 유통되었다는 점과 카롤링거의 은화가 3분의 1로 평가절하되었던 점을 보면 형식적인 것에 머물렀다는 사실을 알 수 있다. 실제로 11세기에 제국의 은화는 그 가치를 상당 부분 상실했으며, 초기에 설정해 놓았던 순도95%에 미치지 못하는 화폐들이 유통된 것을 볼 수 있다.

이슬람 세계

로마의 전통

보석과 금괴의 수요와 함께 서방 유럽의 상거래와 무역에 비잔티움과 이슬람 세계에서 유입된 화폐들이 대량 유통되었다는 사실은 로마 제국의 멸망 이후 화폐를 주조할 귀금속이 국지적으로 부족했으며, 그 이후로도 더디게 이루어진 광산 채굴 활동이 당시에는 거의 중단되었음을 보여 준다. 이와 동시에 그 누구도 대신할 수 없었던 아랍의 상인들과 노동자들의 뛰어난 역할은 공고해졌다. 콘스탄티노플을 중심으로 하는 이 지역의 우월함이 입증되었으며, 서로마 제국 시대에 세워졌으나 서방에서는 거의 사라졌던 공공 은행들이 여전히 영업을 하고 있었던 것에서 알 수 있듯이 로마의 전통과 결합했다.

또한 동지중해에서는 새롭게 구축된 광범위한 거래망 덕분에 상인들과 은행가, 아랍의 환전상들이 널리 이용했던 신용 수단들이 더욱 근본적이고 신속하게 보급되고 정착될 수 있었다. 수프타지아suftagia(보증), 사크sakk(어음), 하왈라hawala(신용장) 같은 다양한 형태로 나타난 신용의 보급은 경제 성장을 더욱 증진시켰으며, 그 사이 유럽 대륙에서는 경제적인 발전이 쉽지 않았다. 이러한 후진성은 실제로 화폐 유통 이 좀처럼 이루어지지 않았던 것과 화폐 주조의 기초가 되는 금과 은이 부족했던 것 에서 그 원인을 찾을 수 있다. 거의 동시대에 지속적이고 확고하지는 않았을지라도 교역과 접촉을 유지했던 중국에서도 화폐와 신용 수단들이 정립된 것 또한 중동 지 역의 팽창에 도움을 주었다.

서방의 경제 부활

서방에서 나타난 미세한 부활의 신호는 베네치아 같은 이탈리아 북부 도시들이 상인 계층의 활발한 영향력을 경험한 1000년 이전 2세기 동안에 이미 나타났다. 근근이 명맥을 유지하고 있던 상인들은 주교들과 시 당국자, 또 황제로부터 직접 부여받은 특권과 면제에 바탕을 둔 정책의 개발을 통하여 시야를 확보하고 그 역할을 찾아 수 십 년에 걸쳐 입지를 서서히 강화시켰다. 또한 상인들은 더욱 빈번하게 한 나라에서 다른 나라로 옮겨 다니며 사업의 활동 영역을 넓혀 나가기 시작했으며, 그 결과 이미 이슬람 세계에서 널리 사용되고 있던 신용 수단들이 확산되었다는 점을 언급할 필 요가 있다. 이탈리아 반도의 나머지 지역에서는 피사가 해상 무역의 확장을 꾀했던 반면, 아말피와 팔레르모, 바리 같은 이탈리아 남부의 몇몇 도시들은 중동의 항구 들과 비잔티움과 무역을 지속하며 화폐와 신용 같은 당시 서방에서는 널리 보급되 지 않았던 수단들을 갖추고 이미 그 기반을 탄탄하게 다졌던 경제에서 이익을 얻을 수 있었다.

신용 수단들의 확산

　이미 8세기부터 시작된 이러한 과정은 9세기와 10세기에 효과를 발휘하기 시작 했으며, 동방과 가까운 지리적 이점을 누리고 있던 이탈리아를 부가 집중되고 초기 상업 자본 형태가 나타난 가장 발전한 나라로 만들어 주었다. 이미 중요한 상업의 터 전이었던 바르셀로나도 카탈루냐 전 지역을 비롯하여 이후에 가까운 프로방스 지방 에서 유통된 만코노스manconos의 주조에 이용한 상당량의 금을 남지중해로부터 들 여와 이익을 냈다. 또한 스칸디나비아 지역에서 발견된 아랍의 화폐에서 볼 수 있듯 이 유럽의 다른 지역에서도 다소 늦기는 했지만 경제적·지리적 한계를 극복하고 남 유럽과 접촉을 이루어 낸 상인 계층이 형성되어 있었음을 알 수 있다. 또한 새로운

새로운 항로들

교역로가 만들어지고 잉글랜드와 발트 해 연안 국가들에 새로운 시장이 열렸다.

유럽 대륙 지역에서 서서히 이루어진 이러한 경제 회복은 비록 방법과 시기는 달랐지만, 그 이후 세기에 강력하게 나타난 경제 부흥의 시작을 알리는 것이었다.

유대인들

전통적으로 신용 업무에 종사한 유대 공동체도 이러한 경제적인 회복에 결정적으로 기여했다. 중세 전기까지 여러 나라에 정착한 수많은 유대 공동체들은 편견과 법률적 한계에도 불구하고 박해를 당하지는 않았으며, 오히려 그들이 전개한 활동은 점점 더 빈번하게 대부를 이용한 사회와 제도적인 권력에 의해 대폭적으로 용인되었다. 유대인의 영향은 이탈리아와 유럽 사회에 두 가지 다른 수준으로 계층화되어 나타났다고 말할 수 있다. 하나는 왕실과 주교들, 귀족들과 거래하던 대은행가들과 대부업자들이었으며, 다른 하나는 소규모 거래와 선불금, 저당, 현금으로 이루어진 일상 경제에 활력을 불러일으켰다고 볼 수 있는 소도시와 농촌을 중심으로 활동한 소규모 사업자들이었다.

교회

교회가 신자들에게 대부 행위를 금지시킨 조치로 인해 서방의 경제 부활에 유대인들의 역할과 영향력은 더욱 커졌다. 돈은 거래를 이롭게 해야 하고 투기를 부추겨서는 안 된다는 아리스토텔레스의 오래된 개념에 기초하여 성 토마스St. Thomas(1221-1274)는 이자를 받는 대부 행위를 그리스도교의 원리에 반하는 것으로 비난했다. 하지만 이러한 신학적·종교적 동기의 이면에는 돈은 귀한 것이며 따라서 투기적인 활동에 이용될 수 없다는 개념이 분명히 남아 있었으며, 돈이 없었기 때문에 대출에 대한 이자를 부담하기 위해 점점 더 가난해질 수밖에 없었던 국민들 사이의 연대를 강화할 필요가 있었던 것이 분명해 보인다. 이러한 개념이 돈에 대한 평신도와 성직자들의 확연한 입장 차이를 반영하여 중세 후기의 현실에서 탄생하고 어느 정도 적응한 것이라면, 그 이후로는 경제의 가장 근본적인 수단으로 볼 수 있는 돈을 최상의 방법으로 운영하지 못했으며 진행 중인 변화에도 적응하지 못했던 것으로 보인다. 비록 그 속도가 더디고 모든 지역에 걸쳐 골고루 나타나지는 못했지만, 11세기와 12세기의 역동적인 유럽 경제와 교역 속에서 화폐는 로마 교회의 가르침에 부합하지 않았던 기능을 갖추어 나갔다.

| 다음을 참고하라 |
역사 시장, 정기시, 상업, 교역로(170쪽); 제조업의 성장과 직능 조합(185쪽); 부르주아(상인, 의사, 법학자, 공증인)(199쪽)

제조업의 성장과 직능 조합
| 디에고 다비데 |

1000년을 기점으로 나타난 인구의 증가는 11세기부터 15세기까지 생겨난 경제적인
변화의 근본적인 요소들 가운데 하나였다. 인구 증가는 농업에 긍정적인 파급 효과를
불러왔으며, 아울러 농업의 발전은 제조업과 상업 분야의 향상을 촉진했다.
도시는 이러한 활력의 중심에 위치하고 있었으며, 직능 조합으로 표출되었던
복잡하고 세분화된 사회의 구심점이 되었다.

성장의 조짐들: 인구 증가와 농업 발전

11세기부터 대규모 전염병이 한동안 일어나지 않았고, 기후가 온화해졌으며, 침략
전쟁이 끝나는 등 복합적인 요인들이 인구의 증가를 불러왔으며 이는 3세기 동안이
나 이어졌다. 이것은 새로운 국면을 맞이한 유럽 경제의 근본적인 요소들 가운데 하
나를 형성하게 된다. 즉 실제로 노동력의 증가로 이어졌으며, 생산 증대를 통해 토지
이용이 향상되었다. 이러한 생산 가운데 일부는 더 많은 사람들을 먹여 살리기 위해
이용되었으며, 나머지는 시장에서 거래되어 교역의 증대를 불러왔다.

이러한 성장 과정은 인적인 요인뿐만 아니라 기술적인 발전의 지원을 받았다. 바
퀴를 장착하고 소가 끌었던 무거운 쟁기의 도입으로 땅을 더욱 깊이 갈아엎을 수 있
었으며, 가죽으로 만들어진 전통적인 마구馬具를 대체할 딱딱한 목 지지대는 발굽 편
자와 더불어 쟁기질은 물론 운송에서도 말을 효율적으로 이용할 수 있게 해 주었다.
말의 효율적인 활용은 그에 따른 사료의 필요성과 함께 경작 주기의 변화를 촉진시
켰다. 새로운 삼모작제의 채택은 비생산적인 땅의 비율과 토지의 황폐화를 감소시

켰으며, 작물의 다양성을 높여 농민들의 식단을 풍요롭게 만들어 주었다. 광산 개발의 증가와 대장간의 확산에 힘입어 철의 활용이 많아지게 되자 숲을 개간하여 기름진 땅을 확보하는 데 필수적인 도끼와 톱은 물론 농기구 제작에 철을 더 많이 사용할 수 있게 되었다.

상업과 도시

직물 제조업 농업에 대부분의 기반을 둔 자급자족 경제로부터 교역의 증대로 특성화된 경제로 옮겨 가는 과정에는 농사가 상업과 수공업, 금융의 융성을 이끌었던 새로운 국면이 핵심을 이룬다. 상업과 수공업, 금융은 태생적으로 도시에 적합한 특성을 지니고 있다. 도시는 농업 분야에 정착할 곳을 찾지 못하고 새로운 제조업 분야에서 할 일을 찾던 능동적인 부류의 사람들이 유입되는 곳이었다. 플랑드르와 프랑스 남부, 이탈리아 중북부는 유럽에서도 가장 도시화된 지역들에 속했다. 도시의 빠르고 집중적인 발전은 인근 지역으로부터 노동력을 끌어들인 직물 제조업의 발전으로 촉진되었다. 하지만 이러한 발전에는 일반적인 노동자들만 연관된 것은 아니었다. 이러한 사람들 중에는 귀족들이 경영하는 작업장에서 습득한 기술력을 보유하고 도시로 가는 것을 개인적인 자유를 얻는 새로운 출발선으로 여기고 있던 사람들도 있었다. 도시는 제빵업자, 푸주한, 대장장이, 목수, 제화공, 재단사들에게 최적의 공간이었으며, 이들의 활동은 농촌과의 긴밀한 관계 덕분에 계속해서 성장해 나갔다. 도시의 시장에 자신들의 농산물을 팔 수 있게 된 농부들은 지역 상점에서 농기구와 수공예품을 구입하기 위해 돈을 사용했다.

협동조합 사람은 생산의 근본적인 요소였을 뿐만 아니라 도시를 무대로 하는 사회생활의 주요한 주체이기도 했다. 따라서 1000년부터 1300년까지 유럽 도시의 발전은 이전 시대의 발전이 되풀이된 것이 아니라 과거에 있었던 것보다 더 복잡하고 새로운 현상이었음을 강조할 필요가 있다. 도시의 성곽 안에는 새롭거나 혁신적인 경제활동을 펼치던 각기 다른 사회적 무리들이 사회적 주도권을 놓고 투쟁하고 있었으며, 이러한 투쟁에 대처하기 위해 그들의 결속을 강화시키고 있었다. 서로 힘을 합쳐 행동하는 것이 경제적·사회적으로 유리하다는 것을 가장 먼저 인식한 사람들은 상인들이었다. 공격으로부터 서로를 보호하기 위해 함께 여행하던 습관에서부터 상업적인 이해를 같이하는 개개인들로 구성된 상인 조합이나 길드를 구성하여 결속을 유지하는 관례가 만들어지게 되었다. 이와 관련하여 잉글랜드의 상인 길드Guild Merchants, 특히 링컨 시의 길드를 살펴볼 필요가 있다. 링컨 시의 시민 헌장에는 1157년에 시와 백작령의 상인 조합이 정관이 작성되기 오래전부터 이미 존재하고 있었다고 기록되어 있다.

같은 분야에 종사하며 원자재 공급과 상호 견제를 용이하게 하기 위해 같은 길이나 광장을 중심으로 한곳에 모이는 경향이 있었던 장인들은 이러한 자발적인 결집을 조합으로 변모시켰다. 지역에 따라 아르티Arti, 스콜레Schole, 프랄리에Fraglie, 길데Gilde, 그레미Gremi, 크래프트Craft, 길드Guild, 메티에Métier, 춘프트Zunft 등으로 달리 불린 이러한 조합들은 한편으로는 조합원들에게 관리와 보호, 도움을 보장하였으며, 다른 한편으로는 정관이라는 규정에 포함되어 있는 기본적인 규칙들의 준수를 의무화했다. 이러한 규정들은 상점의 위치에서부터 상품의 질에 이르기까지 직업 수행에 대한 기술적인 면뿐만 아니라 종교적인 면과 복지에 관한 것도 관리하고 있었다. 실제로 조합들은 그들이 선택한 수호성인에게 제단을 바치거나 소성당 건립을 후원했으며, 병들거나 나이를 먹어 일을 할 수 없게 된 장인들과 가난한 사람들에게 도움을 주었다.

자발적인 결집

직물 제조업 분야를 제외하고 생산 과정은 대개 숙련공laborantes과 견습생discipules(서면 계약에 기초하여 업무의 기본을 익히는 데 필요한 시간 동안 장인과 함께 생활하며 일을 시작한 사내아이들)의 도움을 받아 주인인 장인이 한 작업장에서 진행했다. 장인의 등급은 작업장을 열고 조합에 가입하여 그들의 대표자들을 뽑는 선거에 참여하기 위한 필수 요건이었다.

도시의 사회와 경제 구조의 설립 요소였던 직능 조합은 경우에 따라 시민 정부에 직접적인 통제권을 행사하기도 하며, 정치적인 면에서도 결정적인 역할을 취해 나갔다. 잉글랜드에서는 많은 상인 길드들이 도시의 지도층을 형성했으며, 민주주의적 방식으로 통치되던 이탈리아의 코무네에서는 (좋은 예는 피렌체다) 직능 조합이 13세기부터 중요한 정치적 역할을 맡게 되었다. 또한 코무네 조직의 필수적인 요소가 되어 13세기 중반 이후부터의 코무네 역사는 대부분 직능 조합의 정치적 지배의 역사가 되었다.

문화적 부흥을 준비하던 볼로냐와 파리 같은 도시들에서는 '우니베르시타 università'라고 불리며 교수들과 학생들로 구성된 특이한 형태의 조합이 만들어졌다.

이들은 장인의 예에 기초하여 세금 면제, 학생들이 주거하는 주택에 대한 가격 통제, 외국인에 대한 차별 금지와 특별 법정 같은 경제적·법률적 특권을 부여받기 위해 시와 교회 당국자들의 인정을 받는 것을 목표로 했다.

제조업의 성장

관련 종사자들의 숫자와 모든 소비 형태를 고려하면, 직물(특히 모직물) 제조 분야가 농업을 제외한 나머지 중에서 가장 주된 생산 분야였다.

플랑드르 지방과 잉글랜드에서는 11세기와 12세기에 양모 제조가 질적·양적으로 엄청난 발전을 이루어 유럽 북부의 산업이 절대적인 우위를 보장할 수 있도록 만들어 주었다. 플랑드르 지방에서 양모 산업이 발전할 수 있었던 주요한 요인들 중 한 가지는 인구 증가로 남아도는 인력을 시 외곽의 토지 개량 사업에 활용했다는 것이다. 새롭게 개척된 토지들에는 수천 마리의 양들이 방목되었으며, 여기에서 얻은 양모는 곳곳에서 수요가 많았고 모직물은 귀중한 대접을 받았다. 이탈리아의 상인들은 이것을 샹파뉴의 정기시에 공급했으며, 레반테에서는 향신료와 비단, 귀금속과 교환했다. 플랑드르 지역의 거의 모든 도시들에서 직물업은 가장 주된 직업이었으며, 이 업종의 상인 조합은 제조에 필요한 원자재를 구하는 것뿐만 아니라 완제품을 시장에 공급하는 것에도 관여했다.

1130년과 1131년에 작성된 회계 관련 문서는 런던과 윈체스터, 옥스퍼드, 노팅엄, 헌팅던에 직물업자들의 조합이 있었음을 보여 준다. 피사에서는 1188년부터 양모 직능 조합의 대표자들에 대한 기록을 발견할 수 있으며, 시에 높은 수익을 가져다준 '마무리 가공' 산업으로 이어진 양모와 모직물을 도매로 구매했던 상인들로 구성된 피렌체의 칼리말라Calimala 직능 조합도 사회적으로 중요한 역할을 지니고 있었다. 이 조합은 1150년부터 산 조반니 대주교구 성당의 감독을 맡았으며, 몇 년 뒤에는 산 에우세비오 나병원의 경영을 책임지게 되었다. 1184년에는 조합의 대표들이 루카와의 협상 체결에 적극적으로 관여했으며 외교적·상업적 분쟁에 중재자로 임명되었다.

작업의 분업화　플랑드르 지방과 잉글랜드뿐만 아니라 이탈리아에서도 직물 생산 체계는 세 가지의 주요한 특성을 보여 주고 있다. 그것은 광대하고 유연한 시장, 작업에 필요한 원료 수입에 대한 높은 의존도(예를 들어, 잉글랜드와 플랑드르 지방은 피카르디로부터 대청에서 추출한 청색 염료의 수입에 의존하고 있었으며, 스칸디나비아로부터 자주색 염료의 수입에, 독일 북부와 발트 해로부터 착색제로 사용할 재의 수입에 의존하고 있었다), 작업의 철저한 분업화(30개의 다른 공정으로 이루어진 모직 생산 과정에는 소모梳毛하는 사람, 방적공, 직조공, 축융공縮絨工, 양모 깎는 사람, 또한 대청에서 추출한 염료를 사용한 것과 다른 염료를 사용한 것 사이의 구분이 가능한 염색공들을 비롯한 다양한 작업자들이 참여했다)였다.

이러한 조건들은 분산된 생산 설비로 정의된 체계에 따라 공정의 전 과정을 감독하고 원자재 생산자와 장인, 구매자를 연결시켜 주는 상인을 필요로 하게 만들었다. 이러한 방식으로 비록 노동자들이 한 작업장에 모두 몰려 있는 것은 아니었지만 모직물 산업이 매우 발달한 도시에서는 대규모 집단을 형성한 노동자들을 볼 수 있었으며, 자신들의 수적인 힘에 대하여 인식하고 있던 이들은 경제적인 위기의 순간에 다소 폭력적인 저항을 서슴지 않고 실행에 옮겼다.

그리고 마지막으로 모직물의 발전 과정에서는 물레방아를 이용한 회전 운동을 서로 교차하는 직선 운동으로 바꾸어 주는 캠축의 도입이 엄청나게 중요한 역할을 했다. 이로부터 얻은 직선 교차 운동은 천을 두드리는 공이로 연결되어 발로 천을 밟는 전통적인 로마 방식으로는 얻을 수 없던 부드럽고 치밀한 직물을 만들 수 있게 해 주었다.

| 다음을 참고하라 |
역사 시장, 정기시, 상업, 교역로(170쪽); 신용과 화폐(181쪽); 부르주아(상인, 의사, 법학자, 공증인)(199쪽)
과학과 기술 조제법 모음집의 전통과 직업서(390쪽)

사회

STORIA

봉건 제도

| 주세페 알베르토니|Giuseppe Albertoni |

1000년경 공권력의 약화는 무질서와 폭력이 난무하는 상황과 아울러 지역 권력의
확산을 용인했다. 이러한 상황에서 봉신들의 충성은 더욱 보편화되었고, 점점 더
군사적인 모습을 띠게 되었다. 다양한 사회 계층으로 봉건주의가 확산되고, 군주들과
지역 귀족들에게 이용됨으로써 규정이 필요하게 되었다. 봉건제와 관련한 법률을
다루고 있는 문서들은 중세 중기와 후기에 봉건 제도와 연관된 표현들이
중세 전기와는 많이 다른 현실에 적용되었음을 보여 준다.

투쟁을 겪은 봉신들

1030년대 밀라노에서는 사실상 도시의 군주나 다름없었던 대주교 인티미아노의 아
리베르토Ariberto da Intimiano(약 975-1045)의 대大봉신(상급 귀족)들과 이들에게 군사
적인 충성을 바치며 자신들의 사회적 입지를 강화시켰던 기사들로 주로 구성된, 소
위 말하는 배신陪臣(2차 봉신, 봉신의 봉신*) 또는 하급 귀족 사이에 극심한 충돌이 발
발했다. 상급 귀족들의 승리는 밀라노 시에 대한 주교의 권력을 강화시켰으며, 롬바
르디아 지역뿐만 아니라 이탈리아 전 지역에서 이미 힘이 약화되고 영향력을 발휘하
지 못했던 황제의 주권에 의문을 제기하기에 이르렀다. 이러한 흐름에 제동을 가하

기 위해 황제 콘라트 2세(약 990-1039, 1027년부터 황제)는 하급 귀족들의 권리와 특권을 보호하며 그들의 편에 서기로 결정했다. 1037년에 국고(황제 소유의 국유 재산*) 또는 교회 재산에서 얻은 봉토의 재량권을 상급 귀족들로부터 빼앗음으로써 봉토의 몰수를 법제화하고, 하급 귀족들의 봉토 세습을 인정한 '봉토에 대한 칙령Edictum de beneficiis' 또는 '봉토에 관한 법Constitutio de feudis'의 공포도 바로 이러한 맥락에서 이루어졌다.

규제가 필요했던 봉신의 신분

과거 오랫동안 '봉토에 대한 칙령'에 규정된 조항들의 적용에 대한 효력에 의문이 제기되었다. 하지만 그 적용이 짧은 기간 혹은 오랜 기간 동안 이루어졌는지와는 별개로 이 칙령은 11세기부터 권력의 역동성과 사회 구조에서 봉신의 지위가 취했던 역할을 이해하기 위한 소중한 자료였다. 칙령은 무엇보다 황제의 '최고 조정자'로서의 역할을 재확인하고, 주교들과 대신들의 우두머리 역할을 하던 군신들을 조정하는 기능을 담당하기 위한 황제의 시도였다. 또한 칙령은 이제 갓 태어난 코무네의 주도 계층들 사이의 봉건적 관계의 확산을 입증하였다. 마지막으로 칙령은 11세기 초 몇 십 년 사이에 그동안 구두로 전해진 관습에 기초한 오래된 단계를 벗어나 군주와 봉신들의 관계를 법률적인 관점에서 규정할 필요를 느끼기 시작했음을 알게 해 준다.

최고 조정자

봉신, 지방 권력, 폭력

이미 카롤링거 왕조 시대에 시작된 공권력의 약화는 10세기를 거치며 군주권의 관점에서 비합법적인 지배권을 행사하고 자신들의 소유지 밖으로까지 인적·물적 통제권을 확장한 봉건 제후들의 활약으로 대개 불법적으로 세워진 지방 권력의 확립과 확산을 용인했다. 이러한 봉건 제후들의 성공은 폭력과 무질서를 수반했으며, 개인적인 충성과 복종의 다양한 형태에 바탕을 둔 사회의 군국주의화를 불러왔다. 이러한 상황에서 봉신들의 충성 또한 점점 더 군사적인 색채를 띠게 되었다.

군국주의화

　이는 특히 지방 제후들 또는 고위 성직자의 봉신들과 그들의 부하들에게서 두드러지게 나타났는데, 당시 문헌 자료들이 봉신을 의미하는 바수스vassus와 전사戰士를 나타내는 밀레스miles를 동의어로 사용한 것도 결코 우연이 아니었다. 군사적인 봉사는 종종 저명한 가문의 대표자들로 구성된 왕의 봉신들에게도 요구되었다.

　　하지만 이 경우에는 봉신으로서의 의무가 왕의 위임을 받아 행사되며, 봉신들에게 왕에 대한 복종을 강조하거나 실제로 이미 유력한 가문의 구성원들이 지니고 있던 권력을 공인하기 위해 봉토와 함께 수여되어 대신들이 자신들의 당연한 소유라고 생각하고 세습되었던 직무에 따르는 의무에 부과되었다.

봉건제의 변화?

10세기와 11세기 동안 봉건적인 주종 관계의 확산과 군주들과 지방 제후들의 이러한 관계는 1900년대 후반 중세사학자들에 의해 매우 부각되었다. 마르크 블로크Marc Bloch(1886-1944), 프랑수아루이 간소프François-Louis Ganshof(1895-1980), 조르주 뒤비Georges Duby(1919-1996)의 선구적인 연구를 시작으로 몇몇 학자들은 1000년경의 몇십 년을 왕권의 위기와 농부들이 누리고 있던 자유의 몰락, 제후들의 권력 형성으로 인하여 사회적인 삶의 형태가 재정립된 시기로 고려할 것을 제안했다(J.-P. Poly, É. Bournazel, *Il mutamento feudale. Secoli X-XII*, 1990).

정치 체제　　이러한 상황에서 봉건 제도는 단순한 '제도의 통합체'에서 '정치 체제'가 되었으며, 봉신의 지위와 봉토는 서구 유럽 사회를 정의하고 재편하기 위해 다양한 차원에서 이용된 수단이었다. 그러면 이러한 '봉건제의 변화'가 유럽의 왕국들에서 실질적으로 고르게 나타났을까? 이에 대해 많은 역사학자들은 주로 연구가 이루어졌던 지역인 프랑스 남부의 현실과는 많이 달랐던 정치적-제도적 상황에까지 일반화하는 것에는 의문을 제기했다. 다른 지역에서는 중세의 전 시기를 통틀어 봉건 제도에 지배를 받지 않은 정치 제도가 존재했으며, 봉신의 신분으로만 그 이유를 돌릴 수 없는 충성의 형태들이 중요한 역할을 했음을 보여 주었다. 그럼에도 불구하고 권력과 사회의 관계를 공식화하기 위해서 무엇보다 봉건제와 관련한 어휘를 활용하는 것은 일반적으로 보인다.

말과 몸짓, 의식

봉건적인 결속에 대한 기준을 마련하기 위해 규정화를 시도한 것과 아울러 11세기에는 봉건적인 주종 관계와 이러한 관계로 정해진 상호간의 의무에 대한 고찰이 시작되었다. 예를 들어, 샤르트르의 주교 퓔베르Fulbert(10-11세기)가 아키텐의 공작 기욤 5세Guillaume V(약 960-1030)에게 보낸 유명한 편지에는 '충신'은 무엇보다 자신의 군주에게 해를 입혀서는 안 되며, 조언과 원조consilium et auxilium를 줌으로써 선행을 베풀어야만 하고, 군주는 그의 봉사에 보답할 의무가 있다고 언급하고 있음을 볼 수 있다.

대략 같은 시기에 이미 카롤링거 시대에 나타났던 보호의 위탁 의식을 발전시킨 봉신의 지위를 부여받는 의식 또한 공식화되었다. 이 의식은 3단계로 구성되어 있었다. 첫 번째는 신종臣從의 예禮로서 예전 복종의 동작에 따라 봉신이 양손을 군주의 두 손 사이에 집어넣고immixtio manuum, 항상 자유 의지에 의한 것이었기 때문에 다른 형태의 복종과는 차별화된다는 점에서 중요한 의미를 지니는 의지의 선언volo을 했다. 그 다음은 성경 또는 성유물을 놓고 하는 충성의 맹세였으며, 마지막은 군주의 입술 또는 칼에 입맞춤osculum을 함으로써 시각적·상징적으로 맹세를 강화했다. 봉신의 지위를 획득하는 의식은 양도한 봉토를 상징하는 한 줌의 흙덩이나 나뭇가지, 또는 홀笏을 군주가 수여하는 것으로 끝났다.

보호를 요구하는 의식

봉건 제도의 권리와 어휘

봉건적인 관계를 결정짓는 말과 몸짓, 의식은 11세기부터 점차 다른 형태의 충성과 복종, 재산의 양도로 확산되었다. 예를 들어, 어느 정도의 권력을 지닌 봉신들이 봉신과 관련한 계약에 예정되어 있지는 않았지만 특정 지역에서 통용되던 농업 계약 방식에 따라 작성된 서면 등록을 통해 봉토를 획득할 수 있는 경우가 있었다. 동시에 군사적인 봉사를 요구하지 않는 봉건적인 관계들도 발전했는데, 중세 후기에 특히 도시에서 봉신의 신분과 연관된 '봉사'의 개념이 사라졌으며, 이는 부르주아와 여인들에게 확산되었다. 또한 봉토도 봉건적인 관계를 벗어나 땅과 사람의 양도가 지정될 정도로 매우 다른 형태를 취했다. '봉신'과 '봉토'라는 어휘가 지니게 된 중복적인 의미와 점점 더 다양한 형태를 취하게 된 '봉건적인 계약'은 12세기 이후부터 '봉건주의적 권리'에 대해서 다루기 시작한 법률 문서들에서 입증되었다. 12세기 중반부터 밀라노의 법률학자들이 작성한 『봉건법서Libri feudorum』나 기사였던 레프고의 아이케Eike von Repgow(약 1180-1233)가 1221년부터 1224년까지 작센의 관습법을 모아 편찬한 관습법전인 『작센 법전Sachsenspiegel(작센의 거울Specchio sassone)』을 예로 들 수 있다.

비非피라미드형 조직

『작센 법전』에는 봉신들의 위계에 대한 내용이 들어 있다. 레프고의 아이케는 봉건제가 6개 등급으로 형성되어 있다고 적었다. 왕이 제1등급이고 주교와 수도원장, 수녀원장이 2등급, 평신도 제후들이 3등급, 자유로운 영주들이 4등급, 수사판사와 자유로운 영주들의 봉신이 될 수 있었던 사람들이 5등급, 그리고 마지막으로 봉신의 봉신들이 6등급이었다(R. Boutruche, *Signoria e feudalesimo, II, Signoria rurale e feudo*, 1974). 현대의 법학자들은 이러한 위계를 왕과 다양한 단계의 봉신들 사이의 직접적인 관계를 찾아내 일종의 피라미드형으로 잘못 해석했다. 하지만 실제로『작센 법전』은 중세의 절정기에도 사회적으로 다른 위치에 있는 봉신들이 존재함을 보여 주고 있으며, 이들이 진입할 수 있는 봉건적 가신 관계를 규정했다. 따라서『작센 법전』은 '봉건제의 피라미드형 구조'가 아니라 '사회적 계층'을 기술한 것이다.

여러 명의
영주들 　사실 중세 전기와 마찬가지로 1000년 이후에도 봉건적인 주종 관계의 계약은 항상 그랬던 것처럼 두 계약 당사자들만이 해당되며 그 위의 계층까지 연계되는 일은 없었고, 봉신 또는 영주의 의무 불이행이 있는 경우에만 그 계약이 파기될 수 있었다. 하지만 중세 중기에는 영주들 가운데 더욱 각별하게 대접받는 영주가 분명히 있기는 했지만, 봉신이 여러 명의 영주들에게 충성을 서약하는 일이 점점 더 빈번해졌다. 다른 영주들보다 각별한 대접을 받았던 주된 영주는 몇몇 왕들도 자신들의 호칭으로 삼으려고 했던 '신종의 예를 받을 만한 주군dominus ligius'으로 정의되었다. 잉글랜드 왕 헨리 1세(1068-1135, 1100년부터 왕)의 경우가 그러한데, '왕국의 거물들'에 대한 통제권을 유지하기 위해 모든 봉신의 의무는 왕에 대한 충성을 우선으로 해야 함을 규정했다. 하지만 이 경우에도 봉신의 서약은 '소급적인 봉신(봉신의 봉신)'을 위한 의무를 규정하지는 않았다. 이는 1330년대 한 법학자에 의해 공식화된 표현인 "만일 누군가가 당신에게 나의 봉신의 봉신이 내 사람이냐고 물으면 아니라고 대답하시오"에 잘 드러나 있다(F.-L. Ganshof, *Che cos'è il feudalesimo?*, 1989).

봉건적 군주제?

역사적으로 매우 다른 상황과 시대에 속함에도 불구하고 '봉토에 대한 칙령'과 헨리 1세의 법률 조항, 『작센 법전』은 유럽 주요 왕국의 군주들이 봉건적인 수단을 어떻게 사용했는지를 잘 보여 주었다. 어떤 때는 봉건 영주들을 지지하고, 어떤 때는 그들의 봉신들의 편을 들고, 또 봉건제와 관련한 문제에 대한 최고 중재자의 임무를 되찾음으로써 봉건적인 결속이 야기할 수 있는 왕권에 대한 위협들을 약화시키고 사회적인 안정을 통제하는 형태로 변모시킬 수 있었다. 봉건적인 주종 관계의 그물망 구조로 인하여 봉건적인 군주제는 결코 17세기 봉건법 연구자들이 가정한 것과 같이 획일적이고 자유가 없는 피라미드형 정치 구조가 아니었다. 중세 후기부터 근대로 상속된 봉건 제도는 중세의 봉신-수혜자 관계와는 거의 공통점을 찾기 힘든 법률적인 수단이었다. 근대에 만들어진 이름 자체가 보여 주듯이 봉건 제도는 이제 봉신의 '봉급'뿐만 아니라 재산과 연관된 권리와 권한으로 이해되는 봉토와 관련한 권리들을 가리키게 되었다.

| **다음을 참고하라** |
역사 기사단의 탄생(62쪽); 기사 계급(195쪽); 말과 돌: 봉건 시대의 전쟁(256쪽)

기사 계급

| 프란체스코 스토르티Francesco Storti |

11세기에 널리 퍼진 기마 전투의 전문화는 강력한 전사 권력 집단의 형성으로 표출되었다. 이들 집단은 사회적인 출신은 이질적이었지만 삶의 방식이나 야망에서는 매우 동질적이었다. 이렇게 오랜 시간에 걸쳐 명확한 의례를 통해 나름의 윤리적이고 실존적인 세계를 만들어 내고, 사회·문화적 관점에서 전체 봉건주의 사회의 이상적인 기준으로 자리 잡은 특정한 전사 집단인 기사 계급이 탄생하게 되었다.

기사 계급의 뿌리

중세 문화의 전형적인 요소들 가운데 하나인 기사 계급은 매우 복잡한 사회·문화적 현상을 만들어 냈다. 기사 계급 탄생의 필수 요건들을 갖추고 독특한 자질들에는 1000년경 기술-군사적, 사회적, 정치-제도적, 종교적인 다양한 요인들이 복합적으로 작용했다. 이것은 과거에 비해 폭력의 정도는 약해졌지만 여전히 위력을 떨치고 있던 바이킹과 사라센의 침입, 그리고 카롤링거 왕국의 위기와 봉토와 봉신의 구조에 대한 재해석으로 인해 나타난 많은 권력 중심지들 사이의 투쟁으로 그 시기 유럽 지역들에 만연했던 폭력 상태로 촉진되었다.

전문화된
새로운 전사들

　　대봉건 국가들과 봉건 영주국, 자치 도시, 새로운 왕조에서 모습을 갖추어 가던 무장 세력들을 최대한 효과적으로 이끌기 위한 필요성은 기마 전투를 유일한 업으로 생각하고 자신의 존재의 이유로 삼는 전문적인 전사 계층을 출현하게 만들었다. 이들은 11세기를 거치면서 세련된 전투 기술을 만들었던 진정한 소수 정예 집단이었다. 이들의 전투는 중세 도해집圖解集에서 관찰이 가능한데, 오랫동안 독특한 유럽의 전투 풍속으로 자리 잡았다. 하지만 이 집단은 '개방된' 계층으로, 여기에는 오래전부터 군사적인 역할을 권력의 기반으로 삼았던 인물들(봉토 소유자와 영주들)뿐만 아니라 그 경계가 불분명한 주변 인물들까지도 진입할 수 있었다. 이러한 주변 인물로는 재산이 분할되는 것을 두려워하여 상속에서 제외된, 그다지 지위가 높지 않은 귀족들의 장남을 제외한 아들들, 귀족 가문의 서자들, 귀족 출신이 아닌 자유 토지 보유자, 도시 귀족 계급의 일원, 그리고 전쟁의 절박함으로 인해 교육을 받고 무장한 농촌 출신의 젊은이들이 있었다. 이러한 다양한 사람들은 전문적인 새로운 전사들이 되었다. 문헌 자료에서 확인된 이들을 정의하기 위한 이름은 원래 의미(군인)에 비해 많은 제약을 지닌 전통적인 '밀레스miles'였지만, 독일과 잉글랜드에서 이들을 가리키는 단어인 리터Ritter와 나이트Knight는 과거에 신분이 높은 사람들의 무장 노예와 동일시한 것이라는 사실은 매우 중요한 의미를 지닌다.

　　이질적인 세계임에 분명하지만, 그 안에는 매우 계획적인 특성들을 보이고 있었다. 실제로 사회적인 불평등을 넘어 소속된 모든 주체들이 같은 방식으로 싸웠으며, 이러한 능력 덕분에 이들은 다양한 특권을 지니고 또 이와 별개로 나름의 생활 방식과 생활 태도, 심지어는 특별한 식단을 지키는 혜택과 자유를 누리고 있었다. 따라서 위에서 언급한 것처럼 11세기 중반부터 점차 이 전사들의 세계가 세습적인 계급의 전형적인 특성들을 취하고 그 정체성을 강화하는 의전과 관련한 체계를 만들어 나간 것도 전혀 이상하지 않았다. 구성원들의 사회적인 차이가 심했기 때문에 전사 계층이 공유한 삶은 공통의 합법적인 모범과 함께 새로운 윤리를 필요로 했다.

검과 십자가, 절대적 가치를 지닌 사회적 모범의 형성 과정

유년기에서 성인으로의 전환을 상징하며, 야만 사회의 전형이었던 젊은 전사에게
무기를 수여하는 엄숙한 의식은 비록 사회적으로 매우 제한된 영역에 남아 있기는
했지만, 중세 전기에도 여전히 유지되었다.

카롤링거 시대부터 권력과 정의의 상징이던 신성한 검의 수여는 군림하고 있는 **의식과 상징들**
왕조와 게르만 전사의 소수 정예 집단을 형성했던 위대한 가문들에서 행한 것으로
확인되었으며, 이는 오토 황제 시대에 군사적인 역할을 신성화하기 위한 다른 의식
들로 인해 더욱 복잡해졌다. 따라서 11세기의 기사 계층이 공통의 이해와 기사단 생
활을 공유하기 위해 기사의 입단을 알리는 입문 의식의 출발점을 어떤 문화적 기반
위에 삼았는지를 짐작하는 것은 어렵지 않다.

처음부터 의식은 예정된 수순으로 이루어진 단순한 구조를 보였다. "보통 이제 막
유년기를 벗어난 지원자에게 가장 원로의 기사가 상징적으로 무기를 수여하는 것으
로 의식은 시작된다. 그다음에는 거의 항상 대부가 손바닥으로 젊은이의 뺨이나 목
덜미를 내려치는 절차가 이어진다. 이는 프랑스 문헌에 뺨 치기paumée와 목덜미 때
리기colée라는 이름으로 나타났다. 그리고 마지막에는 스포츠 행사로 축제를 끝마
쳤다. 새로운 기사는 말에 올라타 기둥에 고정된 갑옷을 창으로 찌르거나 가격하기
위해 달려 나갔다. 바로 마상 시합이었다."(마르크 블로크, 『봉건 사회La società feudale』,
Torino, 1959)

종합적이지만 밀도 있는 이러한 묘사에서 대부가 견습 기사에게 가격한 타격이 **기사의 서임**
의식의 절정을 이루며, 바로 '가격하다'라는 의미를 지닌 게르만어 동사 'dubban'에
서 차용한 프랑스어 'adoubement'으로부터 '기사 서임식addobbamento'이라는 이름을
취했음을 주목해야 한다. 이 행위의 상징성은 매우 컸으며, 의식의 문화적 기반과 의
미를 분명히 드러냈다. 초심자에게 자신의 새로운 상황을 잊지 못하도록 충격을 주
는 중세의 전형적인 동작인 목을 때리는 것은 기사의 삶에서 그가 되받아치지 않은
유일한 타격이 될 것이며, 이러한 방식으로 단순한 타격을 전사의 윤리적이고 현실
적인 상황 속으로 끌고 들어왔다. 또한 같은 방식으로 그리스도교 의식의 상징 체계
에 비추어 보면, 사제의 서품식에서 주교가 뺨을 때리는 행위가 사제에게 정신적인
영향을 주는 것처럼 이 동작은 전쟁에 적합한 덕목을 대부의 손으로부터 새로운 기
사에게 '전환'하는 것이었다.

이것은 핵심적인 요소였다. 나름의 합리화를 위한 의식을 만들어 내면서 기사 계급은 야만적인 바탕은 물론 서양 문명의 구성 요소 또는 그리스도교 문화를 받아들였을 뿐만 아니라 사제 서품식을 모방함으로써 그 구성원들을 하나의 집단, 즉 당시 평신도로서 윤리적인 기점으로 삼고자 했던 명확하고 차별화된 사회적 범주에 소속되었음을 함축적으로 보여 주었다. 그들이 출발점으로 삼았던 윤리적인 요소들은 얼마 가지 않아 표출되기 시작했다.

오래전부터 신의 휴전과 평화와 같은 제도를 통해 전쟁과 관련한 활동을 규칙에 따라 통제하고자 애썼던 교회는 실제로 11세기와 12세기 동안 전쟁의 역할을 신성화하고 기사를 윤리적인 상징인 그리스도의 투사로 삼기 위해 '세욕식'과 '불침번' 같은 몇몇 추가적인 조치들을 시행하며 수여식에 강력하게 개입했다.

전사와 그리스도교인이 추구하는 이상의 복합체는 중세 중기의 전형으로 십자군의 원형이 되었으며, 문화적 통합주의의 노력을 통해 수도사-기사 단체의 탄생을 예고했다. 다른 한편으로는 (교회와 과부, 고아 등을 보호하는) 그리스도교적인 의무들과 시민 생활과 전쟁과 관련한 일반적인 관습에 따르는 의무들(귀부인에게 조언을 구하고, 무방비 상태의 적을 살려 주며, 반역하지 않는 것 등)이 혼합된 명확한 규정의 확립을 볼 수 있었다.

사회의
주도적인 전형

서양 문화의 근본적인 가치들을 통합함으로써 기사는 사회의 주도적인 전형이 되었으며, 12세기에 전체 사회를 이끌고 나갈 능력을 갖추었다. 그들은 사회 전체가 삶의 이상을 공유하도록 만들었으며, 이러한 모습은 종종 문학에서 고무되었을 뿐만 아니라 기사들이 자신과 자신의 역할을 현실이라는 무대에서 화려한 볼거리로 만들었던 마상 시합으로 표현되었다.

처음 기사단이 등장했을 때는 개방적인 계층이었지만 1200년대에는 이미 완전히 귀족들에게 동화되었으며, 그 구성원에만 문호가 개방되었다. 저명한 계층들은 이러한 방식으로 전체 봉건 사회가 만들어 낸 독점적이고 진취적인 모범을 그들만 차지하게 된 것이다.

| 다음을 참고하라 |
역사 기사단의 탄생(62쪽); 말과 돌: 봉건 시대의 전쟁(256쪽)
문학과 연극 프랑스와 유럽의 속어 서사시(532쪽)

부르주아(상인, 의사, 법학자, 공증인)

| 이바나 아이트 |

1000년 이후 성직자들은 당시의 사회를 세 가지 구조, 즉 기도하는 사람oratores,
싸우는 사람bellatores, 일하는 사람laboratores을 기준으로 기술하였다. 13세기에 절정에
이른 도시의 발전과 관련한 기본적인 모습들 가운데 하나는, 일하는 사람들 계층의
내부에서 일어난 커다란 변화였다. 이러한 현상의 독창성과 중요성은 현대에 '부르주아'
라는 이름으로 불리게 된 새로운 사회 계층과 계급의 확립과 발전에 부합하는 것이다.

부르주아: 도시의 새로운 활력

'부르주아bourgeois'라는 용어는 도시와 성, 또는 영주들이 사는 중심지 주변의 정착
지인 '부르그bourg'에 사는 사람들을 가리킨다. 이러한 부르그에는 인구의 증가와 상
업의 확대에 따라 그 숫자와 활동이 늘어난 상인들과 장인들이 살고 있었으며, 활발
한 상업 활동의 산물인 상품들을 들여놓는 물품 보관소들이 있었다.

"부르주아들은 기본적으로 교역으로 먹고 살았으며, 구매 가격과 판매 가격 또는 교역의 확대
빌려준 자본과 돌려받은 자본의 차액으로부터 자신의 생존을 이어 갔다. 하지만 이
러한 중개 수익이 노동자나 짐꾼의 순수한 봉급에 이르게 되자 그 합법성은 신학자
들로부터 부인되었고 기사들 또한 그것의 성질을 좀처럼 이해하지 못했기 때문에 그
들의 행동 규준은 당시의 도덕과 분명하게 배치되었다. 또한 그들은 땅의 투기를 염
두에 두고 있었기 때문에 토지 재산에 대한 봉건 영주의 구속을 받아들이기 쉽지 않
았다. 그들은 일을 신속히 처리할 필요가 있었고 이로 인해 그들의 사업은 발전과 동
시에 새로운 법적 문제들을 끊임없이 불러일으켰으며, 전통적인 사법 절차의 구태와
복잡함, 더딘 속도는 그들을 계속해서 괴롭혔다. 또한 같은 도시를 공동으로 지배하
는 세력들이 여럿이었던 것은 상거래의 원활한 질서에 장애가 되었으며, 그들이 속
한 집단의 결속을 해쳤기 때문에 부르주아들을 자극했다. 또한 이웃에 자리 잡은 기
사들과 성직자가 누리던 다양한 면책 특권들은 그들의 수입의 자유에 장애 요소로 보
였다. 부르주아들은 자신들이 끊임없이 지나던 길에 대한 통행료 징수와 대상 행렬을
가로막은 우뚝 솟은 성들, 상인들의 전리품을 탐내는 탐욕스러운 영주들을 혐오했다.

간단히 말하면, 아직 그들의 지지 기반이 미약했던 영역이 만든 제도 속에서 모든

것이 그들에게 거슬렸으며 골칫덩이였다. 폭력으로 차지하거나 돈으로 매수하는 방법을 통해 독점 판매권을 확보했으며, 부득이한 보복을 위해서만이 아니라 경제 성장으로 인해 무장 세력으로 견고하게 조직화된 그들이 꿈꾸었던 도시는 봉건제 사회에서 이질적인 모습으로 비치게 된다"(마르크 블로크, 『봉건 사회』, 1966).

상인들

이익에 대한
사고방식

이들은 무엇보다 출신 성분이 같은 사회 계층이 아니었다. '상인'이라는 이름표 뒤에는 부와 권력뿐만 아니라 활동 유형에서도 소규모 거래에 종사하는 보잘것없는 상인부터 대자본가 상인에 이르기까지 서로 매우 다른 무리들이 있었다. 의심할 여지없이 중세의 도시는 경제의 중심지로 변모하고 시장이 그 중심이 됨으로써 사람들도 바꾸어 놓았다. "이익의 창출이라는 상인들의 사고방식이 사회의 주도적인 정신적 경향이었다"(Jacques Le Goff, *L'uomo medievale*, 1987). 도시에서는 수공업과 상업에 종사하는 노동자들도 점차 사회적으로 차별화되었고, 그들의 정치적·경제적 중요성과 함께 그 숫자도 늘어났다.

많은 수의 상인들과 부유한 가문의 자제들, 관리들과 기사들은 12세기에 귀족이 되었으며, 많은 '신흥 부자들'은 상업, 특히 위험 부담이 큰 장거리 거래를 통해 돈을 벌었다. 상인들은 값비싼 옷을 입고 보석으로 치장했으며 금과 철, 상아와 다른 사치품들을 지니고 있었다. 하지만 11-12세기 사회에서는 여전히 수입은 수공업과 관련이 있었으며, 상업을 통해 얻은 이득은 의혹을 불러왔다. 실제로 이들은 특정한 가격에 물건을 구매하여 그보다 높은 가격에 되팔았는데, 이러한 과정 때문에 부당한 소득으로 여겨졌다. 따라서 상인은 환대를 받기 위해서 법과 언어, 특히 가장 널리 보급된 라틴어와 프랑스어에 정통하고 공손한 태도를 지녀야만 했다. 하지만 무엇보다 교회로부터 비난을 받았던 것은 이자를 받는 대부 행위였다.

실제로 상인들은 자본을 키우는 이러한 방식을 더욱 자주 활용했으며 교황, 군주, 귀족 같은 고위 귀족들부터 소매상인에 이르기까지, 그리고 장인부터 농부들까지 사회의 모든 계층이 그들의 고객이었다. 이렇게 상업과 신용업, 제조업에 종사하는 사람들이 더욱 중요한 역할을 펼치게 되면서 더욱 부유하고 세분화된 사회가 만들어졌다. 자신의 입지를 강화하려는 노력이 대단했지만, 옛 권력에게 자신들의 부담을 지움으로써 그들로부터 더 많은 자유와 권리를 얻어 내는 데 성공했다.

법학자와 공증인

공증인들과
법률 전문가들

앞서 인용한 블로크의 글은 무엇보다 상업의 발달이 법학에 관심을 높이는 데 기여했음을 증명해 주었다. 이제 문자 문화와 법률적인 사안에 대한 전문가인 공증인과 법학자에게는 상인들이 제기한 다양한 문제들에 대한 답을 주기 위해 새로운 능력과 지식이 요구되었다. 날로 높아지는 사회적 계층들과 신속하게 변화하는 사회의 교육에 대한 수요는 더 많은 사람들이 접촉할 수 있게 해 주는 교통과 통신이 발전하고 경제가 활력을 띠면서 더욱 고무되었다. 도시는 문화의 부흥을 필요로 했으며 새로운 경제적·정치적 구조로 인해 제기된 수요와 함께 발전했고, 공증인과 법적인 문제에 대한 전문가를 필요로 하게 되었다. 가장 오래되고 가장 유명한 대학은 이미 11세기에 몇몇 스승들이 유스티니아누스Justinianus 대제(481?-565, 527년부터 황제)의 『로마법 대전Corpus Juris Civilis』에 대한 강의를 했던 볼로냐 대학교였다. 주해 또는 주석으로 불렸던 그들의 견해를 그들이 활용한 필사본의 난외欄外(혹은 행간*)에 옮겨 적었기 때문에 최초의 법학자들에게 주석자 또는 주해자라는 이름이 붙여졌다. 이러한 수업들은 주로 재판관이나 공증인이 되고자 하는 사람들을 위한 것이었다. 그들은 공부를 하기 위해서 아주 멀리 떨어져 있는 도시들에도 갈 수 있었고 수업료를 낼 여력이 있는 최상류층 사람들이었다. 이 사람들은 코무네의 자치제로 이행되는 과정에서 제도의 세속화에 기여하고, 곧바로 코무네 정부에 참여하며 주된 역할을 담당했다. 점점 더 복잡해지는 코무네의 삶의 요구에 부응하기 위한 법률과 정관의 수립은 재판관들과 법률 전문가들의 노력 덕분에 가능했다. "그들에게는 스스로 공생의 규칙을 강요한 집단에 요구되는 질서를 지켜 나갈 임무가 주어졌다" (Renato Bordone, "I ceti dirigenti urbani dalle origini comunali alla costruzione dei patriziati", *Le aristocrazie dai signori rurali al patriziato*, 2004).

도시에 대한
기록물

공증인들은 시민 정부의 기능을 위해서 그들의 역할이 필수적이었기 때문에 법적인 식견을 통해 사회적인 신망을 나날이 키워 나갔다. 공증인들은 법과 재정에 관련한 문서의 작성과 재판에 제출할 증언들의 기록을 통해 법률과 정관의 편찬에 참여했다. 하지만 그들의 일은 여러 사회 집단에 소속된 많은 사람들에게 요구된 다양한 종류의 기록 문서들, 즉 유언장, 계약서, 혼인 증명서, 재산 대장 등을 작성함으로써 점점 더 가치가 높아지고 중요해졌다. 그들의 공신력은 입증되었으며, 공증 수단의 가치는 "이 직업의 독점과 전문화"로 이어졌다(Paolo Cammarosano, *Italia medievale*,

1991). 공증인들이 라틴어로 작성한 문서들은 한 도시의 역사적인 기록물이 되었다. 또한 공증 사무소에 보관했던 사본들의 등기부는 공신력의 지위를 누리며 종종 원본을 대신했다. 1154/1164년으로 거슬러 올라가는 제노바의 첫 번째 등기부는 무려 1,300여 개의 문서들을 포함하고 있었다. 이러한 등기부들 대부분은 복합적인 특성을 보였으며 공증인들은 여백이나 낙장에 종종 중요한 사건들을 기록했다. 그들 가운데 몇 명은 체계적인 문서 관리를 통해 12세기부터 14세기까지 제노바인 카스키펠로네의 카파로Caffaro di Caschifellone(1080/1081-1166)의 연대기와 함께 절정에 이르게 되는 도시 역사 기술의 발전에 기여했다.

새롭게 부상하는 집단: 의사들

오랫동안 환자들의 치료는 무엇보다 수도사들의 특권으로 남아 있었지만 사람들이 고통을 치유하기 위해 찾아가는 또 다른 인물들에 대한 증거도 종종 발견되었다. 이미 10-11세기에 살레르노의 의사들은 전 유럽에서 대단한 명성을 누린 것으로 밝혀졌다. 살레르노 대학에 의학부가 개설됨으로써 전환기를 맞게 되었는데, 이를 계기로 "12세기를 거치며 주로 실무적인 유형의 가르침으로부터 이론과 철학에 바탕을 두는 연구로 전환"(Giovanni Vitolo, *Nel laboratorio della storia. I medici di Salerno, le terme di Baia-Pozzuoli e la leggenda virgiliana di Napoli*, 2007)이 이루어졌으며, 그리스와 아랍 의술의 유입으로 인해 의술은 '민간'의 영역에서 학문의 소재와 과학의 영예로운 위치에 오르게 되었다. 의사들은 교양을 갖춘 전문가 집단에 속하기는 했지만, 읽고 쓸 줄 아는 것 외에도 "학문에 대한 사랑뿐만 아니라 자연에 대한 전문 지식과 봉사, 즉 자연 과학자로서 실무적인 활동의 역할을 다하기 위해 기술을 익혀야만 했다. 그리고 의사는 듣고 읽은 것을 표현하는 방법과 느끼고 이해한 것을 바탕으로 처방하는 방법을 스스로 터득해야만 했다"(Heinrich Schipperges, *Il giardino della salute*, 1988). 로제리우스 살레르니타누스Rogerius Salernitanus(12세기)의 작품인 (1170년과 1180년 사이에 쓰인)『대가 로제리우스의 외과 수술Chirurgia magistri Rogerii』이 보여 주듯이 외과 수술이 독자적인 위치를 얻은 12세기에 의사들이 전문화되는 경향이 나타났다.

의사들은 부유한 집안 출신이었으며 이따금 상인들의 자제들도 있었는데, 그들이 다른 형태의 일에 몰두한 것도 바로 이러한 이유 때문이었다. 특히 제노바 지역에 대한 기록에서 상업과 관련이 있는 의사들이 종종 발견된 것이 밝혀졌다. 이들 중에는 12세기 중반 리구리아로 이주한 뒤에 계속해서 의사의 업무를 수행했는지는 알수 없지만 상업 활동에 종사한 것으로 밝혀진 살레르노 출신의 의술의 대가들도 눈에 띄었다. 담보 대출업에 적극적으로 종사했던 사람들 중에는 이러한 이들이 적지 않았다. 따라서 이것은 의사라는 직업이 그리 소득이 높지는 않았음을 추측하게 해준다(Laura Balletto, *Medici e farmaci, scongiuri ed incantesimi, dieta e gastronomia nel Medioevo genovese*, 1986).

| 다음을 참고하라 |
역사 인구의 증가와 도시의 정착(162쪽); 시장, 정기시, 상업, 교역로(170쪽); 해상 교역과 항구들(175쪽); 신용과 화폐(181쪽); 제조업의 성장과 직능 조합(185쪽); 유대인들(203쪽)
과학과 기술 조제법 모음집의 전통과 직업서(390쪽)

유대인들

| 잔카를로 라체렌차Giancarlo Lacerenza |

11-12세기 유대인들의 문화와 삶에는 메시아를 갈구하는 간절한 바람이 잘 드러나 있었다.
무엇보다 신의 계시들이 이루어질 것이라고 언급하는 문헌들이 이를 입증하고 있는데,
아마도 교회 성직자들 가운데에서 볼 수 있었던 유대교로의 개종과도 관련이 있는 것으로
보인다. 11세기에는 유럽 공동체의 확산과 그들의 직업에 관련한 상황이
잘 알려지지 않았지만, 12세기 후반에는 소위 말하는 '방랑 작가들'의 초기 기록에서
드러났다. 문맥적으로 이러한 자료들은 오랫동안 최고의 명성을 누렸던
유대인 의사들의 능력이 돋보인 의술 분야의 전문화와 번역 작업을 통해 학문 발전에
기여한 유대인의 역할을 잘 보여 주고 있다.

메시아를 기다리며

비록 그리스도교 사회와 비교해 그 전제가 다르기는 하지만 1000년을 맞이하면서
유대인 세계에도 일상생활에 대한 시각뿐만 아니라 역사와 시간의 의미를 새롭게
바라보는 의미 있는 변화들이 나타났다. 실제로 11세기는 유대인들에게 기대와 희

망의 분위기 속에서 찾아왔다. 예를 들어, '세페르 스룹바벨Sefer Zerubbavel'(스룹바벨의 책, 7세기경에 쓰였다)이라는 이름이 붙은 유대인들의 경전인 후기의 『미드라시 Midrash』에서 주로 전해져 내려온 옛 전통에 의하면, 메시아가 예루살렘 신전 파괴 이후 990년이 지나 유대력으로 4818년 11번째 달 9일과 관련 있는 1058년 8월 1일에 출현할 것이라고 예고했다. 이것은 물론 오래전부터 떠돌던 메시아와 관련한 첫 번째 예고도 아니었고 마지막도 아니었다(그 이후로도 다른 것들이 만들어졌다). 하지만 1058년 여름에 예정된 메시아의 출현에 대한 기대는 1000년이 지난 지 얼마 되지 않았을 뿐 아니라 지복 천년과 종말에 대한 사고의 변화와 그 결과로 인한 위기 상황에서, 특히 지중해 유대 사회가 비잔티움의 박해로 심각한 위기를 겪었던 9세기와 10세기 직후였기 때문에 매우 각별했다.

기대와 실망 이미 오래전부터 유대 전통에서는 메시아의 시대를 집단적으로나 개인적으로 재난과 고난을 예고하는 고통스러운 잠복기로 바라보았다. 이 시기는 문헌 자료에도 분만의 고통에 대한 은유를 통해 '메시아의 진통'의 시대로 나타나 있다. 고통과 문제는 분명 중세 전기 유대 사회에도 나타났겠지만, 1058년으로 예정된 메시아의 출현은 이루어지지 않았을 뿐만 아니라 (그리고 그 책임은 언제나 그랬던 것처럼 지나치게 때가 묻고 죄를 지었다는 비난과 함께 이스라엘 자체에 전가되었다) 몇십 년 지나지 않아 제1차 십자군 원정(1095/1096)의 반유대주의로 위기를 겪었던 11세기 중반 이후부터 상황은 더욱 악화되었다. 실제로 제1차 십자군 원정은, 특히 유럽 중부 지역을 휩쓸었던 반유대적인 소요와 박해의 와중에 잘 드러나 있듯이 중세의 유대교와 그리스도교 사이의 '국제적'인 긴장의 절정을 이루었다. 박해의 물결에 역행한 잘 알려지지 않은 현상이 있었는데, 중세 사회에 몇몇 분야의 사람들은 유대 사회에 매료되었고 11-12세기에 이들의 가톨릭에 대한 배교背敎 행위가 줄을 이었다. 그들에 대한 자료는 아직 세심한 입증이 필요하지만, 몇몇 학자들은 과장하여 10세기부터 12세기까지 1만 명에서 2만 명의 유럽 지역 그리스도교인들이 유대교로 개종하여 북아프리카와 동방의 이슬람 지역으로 이주했다고 추정하기도 했다.

배교 이것이 전체에서 차지하는 비중을 떠나 어쨌든 이러한 현상 자체가 교회 당국의 반유대적인 사상에도 불구하고 이미 고대 후기처럼 유대교가 그리스도교인들, 특히 상류층에 양면적인 가치의 매력을 계속해서 행사했음을 보여 주는 것이다. 이러한 개종에 대한 소식들은 종종 편년사와 라틴어 연대기 문헌에서 접할 수 있다. 특히 카이로에 있던 벤 에즈라 시나고그의 창고인 게니자Genizah(회당의 서고*)의 아랍-유대 대문서고에서 의미 있는 증거들이 나왔다. 이러한 증거 자료들 가운데에는 노르만의 성직자 출신으로 1102년 여름, 유대교로 개종한 뒤에 이탈리아를 떠나 시리아와 메소포타미아, 팔레스타인을 거쳐 최종 목적지인 이집트에 도착한 오피도 루카노의 조반니Giovanni di Oppido Lucano(바실리카타)의 자서전적인 작품의 일부가 눈에 띈다. 개종자라는 별명을 갖게 된 오바디아Ovadyah(개종 후 갖게 된 유대식 이름)는 지금까지 우리에게 전해지는 유대교 예배 음악을 최초로 기록하여 또 다른 중요한 유산을 남긴 것으로 유명하다.

투델라의 랍비 벤자민의 세계

중세 유대 세계의 문서들에 기초해 볼 때, 12세기는 앞선 시기에 비해 현저히 발달 여행 일기 했음을 보여 준다. 이러한 문헌 자료들은 몇몇 공동체들과 개인 또는 특정한 가문들의 현실을 세부적으로 알 수 있게 해 주었지만, 지중해 전 지역과 유럽에 흩어져 살고 있던 광범위한 유대 사회의 특성들과 역사적 사건들을 비교하는 묘사로는 충분하지 못했다. 바로 이러한 이유 때문에 투델라의 벤자민Benjamin(?-약 1173)의 『여정 Sefer ha-Massaot』(1543년 콘스탄티노플에서 『여행기Libro di viaggi』라는 이름으로 초판 발행되었다)은 마치 만능 열쇠처럼 역사 기술에 이용되었다. 중세 유대 문학에서 유사한 종류의 책들 가운데 가장 유명하고 많이 번역된 이 책의 내용은 무명의 벤자민 빈 요나Binyamin ben Yonah(지오나Giona의 아들 벤자민)의 약 3년 동안의 여행 일기로 공식적으로 소개되었기 때문에 때때로 별다른 비판 없이 이루어진 이러한 활용을 정당화하기에 충분했다. 여러 가지 증거들로 볼 때 여행은 1166년과 1173년 사이에 이루어진 것으로 보고 있지만, 그 마지막 기한은 책의 서문에 벤자민이 유대력으로 4933년(1172/1173)에 카스티야로 돌아왔다는 주장에 의한 것이다. 여정의 여러 지점들과 연표는 많은 모순을 보여 주었지만, 어쨌든 『여정』은 여전히 12세기의 마지막 시기에 대한 귀중한 기준점이었으며, 묘사된 많은 사실들로 볼 때 신빙성 있는 자료로 평가를 받는다. 한 가지 안타까운 것은 작가와 최종 편찬자에 대해 거의 알려진 것이 없기 때문에(책은 마르코 폴로Marco Polo의 『동방견문록Milione』과 유사하게 여러 편으로 구성되어 있다) 벤자민이 방문지에서 얼마나 머물렀는지, 또 무엇보다 그 목적과 상황에 대해서 알 수 없다는 점이다. 본래 이 책은 장소나 거리, 유대 민족의 존재 유무

등을 기록한 여행 수첩에 지나지 않았을 것이라고 추측한다. 이를 기초로 아마도 카스티야에서 익명의 문장가가 유대 문화뿐만 아니라 이슬람과 라틴 그리스도교 문화에서 유래한 이야기들과 서술들을 활용하여 재편찬했을 가능성이 많다.

지중해와 그 밖의 사회

투델라 출신의 벤자민이 거쳐 갔던 여행지는 나바라와 카탈루냐를 지나 랑그도크와 프로방스 지방, 제노바에서 오트란토에 이르는 이탈리아 반도, 멀리 콘스탄티노플을 경유하여 에게 해와 소아시아의 해안들, 그리고 시리아 연안과 안티오키아에서 티로에 이르는 레바논, 아크레에서 바니아스까지 구불구불한 길을 따라갔던 이스라엘 성지, 다마스쿠스에서 팔미라에 이르는 시리아의 중동부, 모술에서 바스라에 이르는 메소포타미아의 상류와 하류 지역, 그리고 다소 허구적인 느낌이 나지만 다시 한 번 경로를 크게 벗어나 아라비아와 페르시아 동부, 수시아나와 메디아, 중앙아시아 일부와 쿠르디스탄(이 부분도 페르시아 만과 말라바르, 인도, 예멘, 에티오피아의 여정과 마찬가지로 문제의 소지가 있는 부분이다)을 포함하고 있다.

이집트에서 시칠리아로의 복귀 그리고 이집트에서 시칠리아까지 돌아오는 길이 그럴듯하게 포함되어 있으나 여정은 다시 한 번 방향을 전환하여 유럽 중동부, 알라마니아, 보헤미아, 러시아의 경계 지역을 묘사하고 프랑스에서 끝을 맺었다. 이러한 지역들에 흩어져 있던 유대 세계는 다양했으며, 벤자민이 만든 자료들은 금석학이나 고고학적인 1차 사료에 기초하여 보완되거나 수정될 수 있었다. 이 책의 해석과 이용에서 특히 예민하고 쟁점이 되는 부분은 언급된 지역에 있던 유대인의 숫자에 관한 것이었다. 몇몇 자료에 의하면, 이러한 숫자("200명의 유대인", "2명의 유대인")는 문자 그대로 받아들일 수 있는 반면, 다른 자료들에서는 이 숫자가 가장이나 가문의 숫자를 표시하고 있다고 보인다. 이 경우 '500명의 유대인'은 '500개의 유대인 가문'을 가리키게 된다.

'산업적인' 모습들 지역에 대한 서술에서 이 책은 일반적으로 풍경과 문화적인 것뿐만 아니라 모든 지역의 경제적인 면, 특히 '산업적인' 면에 세심한 주의를 기울임으로써 여행했던 지역들에 대해 차별화된 모습을 부각시켰다. 남유럽에 대한 기술에서는 좀 더 문화적인 관심이 엿보인다. 바르셀로나와 당시 문화적으로 가장 앞섰던 프로방스, 중부 이탈리아(특히 로마와 카푸아, 살레르노, 풀리아)에 수많은 오래된 유대 공동체들과 주요한 문화 중심지들에 대한 기록이 돋보인다. 에게 해 지역('야완Yawan의 땅')에서는 지역 공동체가 염료 제작에 종사했으며, 뛰어난 학자들을 배출한 테베와 테살로니키를 제외하고 코르푸 너머의 장소에 대해서는 자세한 언급이 결여되어 있다. 이 지역에서는 주된 관심 분야가 경제였음은 의심의 여지가 없다. 다르다넬스 해협 너머에 대해서는 콘스탄티노플에 대한 기술이 눈에 띈다. 이 지역에 대해서는 권력의 중심지들과 통치자와 왕, 칼리프의 이름들이 기록되어 있으며, 비잔티움의 유대 공동체가 종속된 상태로 살고 있던 것에 대한 언급도 빠트리지 않았다.

시리아와 레바논, 이스라엘에 대한 부분에서는 제2차 십자군 원정의 잔해들과 함께 성경에 대한 회고와 신전 지구에 세워진 바위 돔 '하느님의 성전Templum Domini'이 그 중심에 자리 잡고 있던 예루살렘의 상황에 대한 부분이 돋보인다. 성경과 관련한 장소들에 대한 확인이 일일이 이어지는데 수십 년간, 그리고 특히 이후 몇 세기 동안 확인된 학술적인 내용과는 거리가 멀었다. 시리아 다음에 메소포타미아에서도 성경과 관련한 장소들에 대한 회상은 계속되었고, 아브라함과 요나, 에제키엘, 다니엘, 에즈라와 관련 있는 무덤들과 숭배 장소에 대한 언급이 돋보였다. 아마도 여기에서 벤자민의 여정은 끝이 난 것으로 보인다. 갑자기 그 길을 크게 벗어난 아라비아 여행이 허구일지라도 적어도 페르시아 일부와 이스파한에 대한 벤자민의 자취들은 여전히 신빙성이 있어 보인다.

성경에 대한 언급들

지식, 보건, 학문

투델라의 벤자민의 작품이 명확하게 보여 준 것처럼, 지중해 지역에서 유대인들의 생산과 기업, 장인 활동의 참여가 가능해질 때까지 유럽과 지중해에서 유대인의 삶의 특성들이 점진적으로 차이를 보이고, 중세의 전 시기에 걸쳐 그들의 본질적인 모습을 그대로 유지할 수 있었던 사회적·경제적 방침들이 확립됨과 동시에 11-12세기에는 지식의 전달과 의술에서도 유대인의 역할이 확립되었다.

이러한 능력의 형성은 복합적이고 다양한 요인에 바탕을 두고 있지만, 결정적인 요인은 두 가지로 종합해 볼 수 있을 것 같다. 하나는 (사실상 문맹이 존재하지 않았으며) 짧은 기간 내에 전체 가족의 직업 전문화로 이어졌던 유대 세계의 광범위한 지역 특성인 다언어 사용의 환경이다. 또 한 가지는 위생적인 몸가짐의 일반적인 원칙에 기인하는 것으로 항상 여겨 왔던 것이다. 이러한 원칙들은 보건과 관련한 것뿐만 아니라 이미 성경의 「레위기」, 「민수기」, 「신명기」에 기본적인 주제로 등장했으며,

관습에 기반한 의학

그 뒤로 규정화를 위해 준비 작업을 거쳤던 정결함(토호라tohorah)과 부정함(투므아tum'ah)의 조건과 같은 신학적인 이치의 개념과 관련이 있었다. 하지만 모든 공동체에 항상 존재했던 의사들(종종 랍비가 의사 역할을 수행하는 경우도 있었다)이 장려한 신체의 청결과 식사(카샤룻kašerut), 환경에 대한 세심한 규정들의 확산이 항상 긍정적인 효과만을 낳았던 것은 아니며, 때에 따라 전혀 예기치 못한 결과를 가져오기도 했다. 예를 들어, 중세에 전염병이 돌던 시기에 유대인 구역이라든지 게토(중세 이후 유대인들을 강제 격리시킨 유대인 거주 지역*)에 거주하던 사람들은 최소한 초기에는 가장 타격을 입지 않았다는 점이 늘 주목받아 왔다. 이것은 이미 유대인들의 집이 도시의 다른 시설물들로부터 격리되어 있었던 효과일 수도 있지만, 의식儀式적인 정결을 유지한 것과 함께 전통에 의해 강요된 위생과 관련한 규정들을 엄격하게 준수한 결과였다. 하지만 유대인들의 이러한 면역성이 전염병 확산에 직접적인 책임이 있기 때문이라는 믿음이 점차 굳어져 갔다. 특히 1348년 흑사병이 발발했을 때 유대인 희생자들의 숫자가 그리스도교인 희생자들의 숫자와 전혀 차이가 없었지만, 이는 박해를 촉발하는 구실이 되었다. 뿔뿔이 흩어지고, 더욱 고립되어 가는 상황에서 유대인 세계는 그들의 집회인 시나고그와 유대교 정결례 목욕, 유대교 식사인 카셰르kašer에 집착했다. 음식과 관련한 기본 요소들은 병원 제도, 즉 유대 병원hospitalis iudaeorum과 결합되었으며, 이러한 초기 병원들이 시나고그 건물 옆에 등장했다. 마치 헤크데스heqdeš처럼 가난한 사람들의 구호소로 세워진 이러한 기구들의 발전은 성지를 향한 순례자들의 통행으로 더욱 공고해졌다. 이들의 긴 여행길에 그리스도교 사회의 굴욕적인 분리주의 정책은 비록 존재하지 않았지만, 위생과 정결함에 대한 필요는 그들과 같은 종교를 가진 사람들이 운영하는 구호소에 머무는 것이 더 낫다는 생각을 가지도록 만들었다.

| 다음을 참고하라 |
역사 신용과 화폐(181쪽); 부르주아(상인, 의사, 법학자, 공증인)(199쪽)

극빈자, 순례자, 구호 활동

| 줄리아나 보카다모Giuliana Boccadamo |

11세기가 끝날 무렵 베네딕투스 수도원들은 극빈자들의 원조와 수용에서 그때까지
그들에게 항상 따라붙었던 독점적인 지위를 상실했다. 원조 자체의 방식과 형식이
점점 전문화되고 분업화되면서 교회 공동체와 자선 단체, 새로운 종교 단체들이
극빈자들과 순례자들, 병자들을 돌보기 시작했다.

수도원 제도와 수용

9세기부터 수도원은 가난한 자들을 수용하고 원조하는 데 결정적인 역할을 했다. 수
도원에서 가장 중요한 역할을 수행했던 사람들은 식료품 보관 담당자와 신중하고 현
명하며 노련해야 했던 수도원 문지기인 수문품 신부였다. 가난한 걸인들과 떠돌이,
병자들은 수도원의 문 앞에 나타났다. 가난은 사람들은 소속 지역에 묶이지 않고 그
구분을 뒤죽박죽으로 만들어 버렸다. 성지를 향하는 순례자의 곁에는 자신의 땅에
서 쫓겨난 농부와 빚에 쪼들린 상인이 함께했다. 9세기에 다시 검토되고 개정된 (그
가운데 816년경 아니안의 베네딕투스 Benedictus de Aniane[약 750–821]의 개혁이 효과적이었
다) 누르시아의 베네딕투스Benedictus von Nursia(약 480–약 560)의 규칙을 따르는 베네
딕투스 수도원의 환대는 모두에게 '축복benedic'이라는 한 단어로 대변되었다. 그리
스도를 의미하는 가난한 자를 축복하는 것은 그를 통해 미천한 사람들 가운데 가장
미천하고 가난해진 그리스도 자체를 받아들이는 것이었다. 각 수도원의 의전 절차
는 나름의 수용 양식을 정했다. 발을 씻기고(세족례洗足禮, mandatum), 음식을 나누어
주고, 숙소를 제공하였으며, 경우에 따라 치료를 해 주기도 했다. 극빈자의 치료라는
의미인 '레펙티오 파우페룸Refectio Pauperum'은 매일 음식과 땔나무, 헌 옷들을 극빈자
들과 수도원에 들어오지 못한 순례자들, 그리고 수도원 주위를 배회하던 아이들과
여인들, 노인들, 장애인들에게 제공하는 것이다.

　매일 손님들에게 베풀었던 세족례인 만다툼mandatum은 성목요일에 특히 엄숙하 　　세족례
게 거행되었다. 아침에 첫 번째 세족례를 치른 극빈자들은 동일한 숫자의 수도사들
과 나란히 교회에 입장했다. 극빈자 앞에 자리 잡은 수도사는 그 앞에 무릎을 꿇고,

그리스도를 경배하고, 그의 발을 씻기고 물기를 닦고 난 뒤에 발에 입을 맞추었다. 그 뒤에 극빈자들에게 몇 푼의 돈을 쥐어 주고 돌려보냈다.

이러한 의식은 시간이 흘러도 변함이 없었지만, 수문품 신부는 곧 각각의 역할을 달리 하는 2명의 신부로 나뉘었다. 하나는 그곳을 지나는 부유한 고위직의 외국인들을 담당했던 손님 접대 순시 신부라는 의미의 쿠스토스 호스피툼custos hospitum이었으며, 다른 하나는 극빈자들을 수용하고 구호품을 나누어 주는 역할을 맡은 자선품 분배 담당원인 엘레모시나리우스elemosynarius였다. 이렇게 해서 빈민 구호품 분배라는 다른 봉사가 시작되었으며, 11세기 중반부터 빈곤이 심해지고 군인들의 횡포에 맞서 무장하지 않은 민간인들을 보호해야 할 필요성이 커지면서 널리 확산되었다. '극빈자'라는 의미를 지닌 'pauper'라는 어휘가 군인과 상반되는 의미를 지니게 된 것은 바로 이러한 연유에서다.

11세기와 12세기의 위기와 전망

11세기 내내 베네딕투스 수도원은 합리적인 모금 활동과 배분의 기능을 수행하며 자선이라는 일종의 독점적인 권리를 계속해서 유지해 나갔다. 자선은 수도원 부의 일정한 몫을 밖으로 배출했으며, 수도사들도 단체 또는 개인적으로 일정한 금액의 공제를 담당해야 했다. 이들의 금식으로 얻은 결과물은 극빈자들에게 배분될 수 있도록 자선품 분배 담당에게 전해졌다. 어쨌든 갑자기 들이닥친 빈곤에 대응하고, 엄청난 숫자에 도달한 극빈자 계층의 수요를 충족시키는 것이 쉽지는 않았다. 클뤼니 수도원 한 곳에서만 1018년에 1만7천 명의 극빈자들을 구제했다. 여기에 자연적인 재앙과 기근이 더해져, 이미 11세기 말부터 수도원들은 더 이상 극빈자들을 돌볼 수 없게 되었다. 1095년에 유럽 곳곳은 흉년이 들었고, 곡물과 빵의 배분에 심각한 위기를 불러왔다. 새로운 세기가 시작된 뒤에도 1120년에는 포르투갈에서, 1124년과 1125년에는 독일에서 기근이 계속되었다. 1186년에는 포 강 유역의 평원에 가뭄이 들었으며, 4년 뒤에는 엄청난 홍수로 고통을 받았다.

가난의 확산   이 밖에도 열거할 수 있는 자연재해는 한둘이 아니지만, 곳곳에서 대재해로 비참한 상황을 겪으며 12세기가 끝났다고 말하는 것으로 충분할 것이다. 빈곤은 그 누구보다 영주들에 대한 의무와 빚 사이에서 허덕였던 농부들에게 타격을 주었지만, 일자리와 도움을 찾으러 온 농촌 사람들로 인해 한층 피해가 커진 도시도 그 충격을 피해 가지 못했다. 도시의 전통적인 계층들도 그 정도를 달리하여 피해를 입었으며, 기근과 전염병으로 인한 질병도 무시할 수 없었다.

이제 극빈자는 수도원 문 앞에서 기도를 올리는 비천한 걸인이 아니었다. 이들은 **극빈자들의 십자군** 불안한 존재가 되기 시작했으며, 불행을 겪은 동료들과 하나로 뭉쳐 위협적인 무리를 이루어 이동하고, 지저분하며 두려움의 대상인 도적이 되었다. 비참한 삶을 만회해 줄 풍성한 전리품에 대한 환상은 위기에 처한 서유럽의 진정한 분출구가 된 1095년 십자군 원정에 소외된 무리들과 반항 세력들이 참여하도록 이끈 주요한 동기 중 하나였다. 은자 피에르Pierre l'Ermite(약 1050-1115)의 격정적인 설교는 성공을 거두었지만, 진정한 십자군의 전위부대로서 은자 피에르와 기사 괄티에리 센자베리Gualtieri Senzaveri가 인솔한 '극빈자들과 걸인들의 십자군 원정대'는 니케아 부근에서 투르크인들에게 몰살당했다. 1212년에 소위 말하는 '소년 십자군'이 비극적으로 끝날 때까지 십자군에 참여했던 극빈자들과 순례자들의 원정대에도 행운은 찾아오지 않았다.

한 가지 강조해야 할 새로운 사실은 『준주성범Imitatio Christi』(토마스 아 켐피스Thomas **복음의 부활** à Kempis가 쓴 로마 가톨릭 교회의 대표적인 신앙서*)에 기초한 복음의 부활이라는 명목으로 순회 설교자들과 극빈자들의 만남이 그 뒤로 이단적인 경향의 색채를 띤 밀라노의 파타리아Pataria 운동과 불가리아의 보고밀파Bogomil 운동과 같은 매우 광범위한 민중 운동들로 이어졌지만, 굴리엘모 룽가바르바Guglielmo Lungabarba 같은 자칭 예언자들과 제4차 십자군 원정의 선동가였던 뇌이의 풀크Foulques de Neuilly 같은 다음 세대 은자들의 인솔을 받은 극빈자들과 사회 부적응자들의 반란 같은 다른 운동들로도 이어졌다는 것이다. 어쨌든 13세기에 와서 더욱 완성된 모습을 보여 준 종교적 쇄신이 시작되었으며, 이러한 순간을 '극빈자를 향한 관대함liberalitas erga pauperes'에서 '극빈자들 사이에서 극빈자로서의 삶conversatio inter pauperes'으로의 과도기로 종합해 볼 수 있다. 이로써 자선을 의미하는 다른 방식이 부각되었다. 이제 더 이상 극빈자가 수도원 앞에 나타나기를 기다리지 않고 그들을 찾아 나섰으며, 그레고리오 교황이 추진한 개혁의 파고 속에서 성직자들을 시작으로 시민 계층까지 받아들이게 된 봉사에 대한 혁신적인 마음으로 그들을 대하였다. 성직자들 가운데 혁신적인 이들은 이미 11세기부터 공동체 생활을 선택했는데, 이들은 개인 재산을 버리고 교회와 극빈자들이 사용할 수 있는 공동 재산을 보유한 세속 성직자들의 대표자인 수도참사회원이었다. 『그라티아누스 교령집Decretum Gratiani』에도 언급되어 있는 것처럼 교회의 참사회를 중심으로 모였던 참사회원들만큼 교황을 도와 교회 재산의 네 번째 부분인 네 번째 빈자를 관리할 수 있는 적임자가 있을까?

평신도들도 12세기에 나타난 복음 부활의 주역이었다. 종종 회개의 성격을 취하던 신도회를 중심으로 뭉친 평신도들은 대리인을 통하거나 수도원이나 성직자들의 중재를 거치지 않고 본인들이 직접 자선 활동을 펼치기 시작했다. 특히 그들의 자선 활동 중에는 직접 몸으로 하는 것들이 많았는데, 이러한 모습은 교회의 성화에 더욱 자주 등장했다. 다시 극빈자를 그리스도의 대리인으로 그리고, 극빈자의 모습에서 그리스도 자체를 사랑하게 된 것이다.

원조의 새로운 방식

성직자들과 평신도들이 개별적으로 또는 협력하여 만든 자선과 원조의 체계는 그 당시 사회의 다양한 필요를 고려하였으며, 새로운 유형의 이동뿐만 아니라 다양한 질병과 연관된 새로운 요구들과 밀접하게 관련이 있었다. 교역에 바탕을 둔 경제에 자극을 받아 한층 커진 인적·물적 유통에 대한 요구는 순례자들이 지나는 길을 따라 사람들을 수용하는 방식의 혁신적인 발전으로 이어졌다. 도로 상황과 대규모 순례의 관계는 잘 알려져 있다. 9세기 중반 콤포스텔라에서 발견된 사도 야고보의 무덤으로 추정되는 곳까지 순례를 가능하게 하기 위해서 유럽을 지나 갈리치아까지 뻗어 있는 길이 점점 확실해졌던 것이 그 예다.

순례자들은 비록 자발적이고 한시적이기는 했지만 궁핍했으며, 보호를 받지 못하고 불편에 노출되어 있었다. 그들은 거칠고 찢어진 옷과 독특한 모자, 돈을 보관하기 위한 가죽 전대, 손잡이 부분이 휘어진 지팡이, 그리고 마지막으로 조개로 식별되었다. 조개는 처음에는 야고보의 무덤을 향하는 순례만을 상징했으나 자선을 청하기 위해 뻗은 손을 의미하며 전체 순례자들이 공유하는 상징이 되었다. 순례자들이 지나는 길에는 산길이나 위험한 통행로, 다리와 강들로부터 보호하기 위해 참사회원들이나 신도회 공동체들이 세운 수용소들이 들어섰다. 자매단체들과 함께 유명한 아비뇽의 다리와 지역 자선 시설들의 중심지가 된 알토파시오의 숙박소를 건설한 론 강의 가교병架橋兵 역할을 한 수사들의 활동이 그 좋은 예다. 자선 시설과 이와 관련한 종교 단체, 그리고 지금은 그 목록을 찾을 수 없는 평신도 단체들의 발전은 혁신적인 자선을 의미했다. 또한 자선 시설 사이에 극빈자와 환자, 일반 숙박소와 병원

순례자

의 구분이 이루어지기 시작했다. 병원은 점차 원조의 전문화가 이루어지는 상황에서 치료에 더 의미를 두게 되었으며, 이는 점점 민간단체들에도 영향을 미쳤다.

12세기와 13세기 사이 지역 간의 왕래가 늘고 십자군 활동과 순례, 그리고 동방과의 접촉이 활발해짐에 따라 늘어난 나환자들을 수용했던 나병원의 경우가 좋은 예다. 특히 성 라자로 기사들이 수도원 공동체의 예를 따라 매일 나환자들의 생활 방식을 체계적으로 관리하며 이들을 헌신적으로 돌보았지만, 이들에게 주의를 기울인 이유는 환자들을 치료하기 위한 것이었다기보다는 감염으로부터 건강한 사람들을 보호하기 위한 것이었으며, 법적으로 인정받고 재정적인 지원을 받아 관리되던 공동체를 시 외곽에 꾸려 도시의 권력자들을 별도로 비호했다는 사실도 언급해야 할 것이다.

| 다음을 참고하라 |
역사 선교사들과 개종(217쪽)

산적과 해적, 해상 용병

| 카롤리나 벨리Carolina Belli |

해상과 육로를 통한 교통의 어려움, 상업적 이해의 충돌, 종교적인 대립의 색채를 띤
이웃 민족들과 도시들의 다툼으로 인해 유럽 사회는 지속적인 갈등을 겪게 되었다.
이러한 갈등 상태는 곳곳에서 산적 행위와 해적 행위로
이어졌으며, 때에 따라 그 불법성의 구분이 불분명한 경우도 적지 않았다.

약탈 행위의 발달

로마 제국의 멸망부터 1000년까지 중세 전기에 유럽 사회가 경험했던 대혼란은 그 이전의 로마 제국 시대 후반까지 지중해에 면해 있던 사람들이 지켜 온 공동생활의 규범들과 각자의 지역과 바다의 공생과 융합을 심각하게 훼손했다. 아시아의 대초원 지대로부터 동유럽 대평원을 지나온 야만인들은 지중해에 면해 있는 지역에 도달

하여 이곳을 약탈했으며, 뒤이어 지중해를 둘러싼 지역에 대한 사라센인들의 침입은 로마 제국의 사회적·경제적 삶에 활력을 불어넣었던 촘촘하게 연결된 해상과 육상의 교통망을 파괴했다. 상인들과 군대를 따라 북해와 이탈리아 반도의 끝부분을 연결시켜 주던 로마 대로를 가득 메웠던 교통의 흐름은 전 유럽에서 사라졌으며, 심지어 알프스 너머에서는 이러한 길들이 여러 군데 사라졌다. 예전에 도시와 경작지, 주거지였으나 미개한 상태로 돌아간 곳들은 다시 늪이나 숲이 되었다. 다시 농업과 목축에 바탕을 둔 소규모 경제가 널리 퍼져 나갔으며, 식량은 항상 부족했다. 강들이 서유럽과 동유럽의 동맥 역할을 하며 주요한 교통로로 남게 되었다.

체제의 붕괴 바다에서의 야만화 또한 이에 못지않았다. 로마 시대 후기 교역량의 감소로 인해 이미 한 차례 몰락의 길을 걸었던 티레니아 해와 아드리아 해의 옛 항구들은 이슬람의 침입에 뒤이은 상업의 붕괴와 함께 서방과 동방 사이를 연결시켜 주던 관문 역할을 상실했으며, 바다 위의 세상도 1000년까지는 아랍과 사라센의 배들과 지역 내에서 근거리 운항을 하는 조그만 배들만이 오갔을 뿐이다. 군대와 행정, 경제 조직들이 와해되었던 곳들에서는 국가에 대한 개념이 사라졌으며, 사고방식과 감수성이 조잡해지고 미신이 팽배했다. 제국 시대의 강력한 권력과 법률 체계의 종결, 특정 지역에 한정된 정치적 실체의 탄생은 로마 때부터 계승되어 온 공생의 원리를 무너뜨렸다. 생활과 이동의 안전은 일반적으로 공격과 횡포로 가득 찬 사람들 사이의 관계로 인해 대체되었다.

교회의 가치 약탈과 해적질, 즉 사회적·정치적인 관계의 병폐와 관련한 모습들에 대해 이야기하는 것이 결국 이 시기에는 민족과 사람들 사이의 관계를 종합적으로 고려하는 것과 매한가지였다. 로마-야만족 왕국의 시대 이후로 권리는 힘과 폭력, 횡포를 사람들 사이의 관계를 결정짓는 유효한 요소라고 생각하는 원리와 행동 방식에 바탕을 두었다. 지중해 서안의 해안가에 나타난 사라센인들의 존재와 북아프리카 해안과 에스파냐, 시칠리아를 정복하기 위한 그들의 세력 확장은 이들과 해안가 지역 사람들의 관계에 종교적인 투쟁의 성격을 부여했다. 다시 말해서 중세 초기에 약탈과 해적질은 전체 사회의 특성을 잘 보여 주는 본질적인 요소였다. 이에 대해 다른 가치를 제안한 유일한 목소리는 교회로부터 나왔다. 로마인들과 야만인들이 대립하고 있는 진짜 이유는 야만인들이 군사적으로 우위를 보인 것, 그리고 소수의 부유한 권력자들과 시민 계층으로 나뉜 로마 사회가 새로운 상황에 압도당했다는 사실에 있었지만 성 암브로시우스St. Ambrosius는 이미 야만인들을 인간성이 결여되어 있는 적敵들로 보았다.

숲과 바다

농촌, 특히 숲과 산림은 종종 수도원이나 세속 단체에 속하지 않았던 성직자들을 비롯하여 길을 지나는 사람들을 공격하고 약탈하며 목숨을 유지해 오던 무리들의 자연적인 서식지가 되었다. 상인들이나 군대, 순례자들의 여행을 안전하게 만들기 위한 민간 권력 단체들의 노력도 아무런 소용이 없었다. 종종 농촌 사람들의 지지를 받았던 도적들의 삶을 획일적으로 규정하는 것은 어려우며, 공동체 규모가 매우 작았기 때문에 포착하기도 쉽지 않았는데 도적들의 무리와 농촌 마을의 숫자는 거의 차이가 없는 경우가 많았다.

또한 해상 교통로도 야만인들의 침입의 영향을 받았다. 지중해는 1000년이 되어서야 해안 도시들이 중요성을 회복할 수 있었고, 항해와 교역에서 영광을 되찾을 수 있었다. 이 시기에 지중해 해안을 따라 해상 운송을 하는 공동체들이 관할하는 항구들이 세워졌다. 아드리아 해에서는 소금 무역과 어업, 동방의 노예 무역, 비잔티움 제국과의 관계를 통하여 서서히 베네치아가 부상하기 시작했다. 티레니아 해에서는 제노바와 피사의 존재가 결정적이었으며, 마르세유와 바르셀로나의 항구들도 중요한 역할을 했다. 이탈리아 남부에서는 나폴리와 풀리아 지방의 항구 도시들을 본거지로 했던 비잔티움인들이 계속해서 진출했다. 하지만 동방의 전 지역에 자신의 상인들을 정착시키고 상점을 세움으로써 서방에 귀중품을 유입시키며 바다를 지배하고 있던 도시는 무엇보다 아말피였다. 하지만 이러한 중심지들 가운데 상업 활동을 조정하는 공공 기관을 두고 있는 곳은 단 한 군데도 없었으며, 상업과 해적질이 종종 같은 사람들에 의해 이루어지다 보니 이 둘 사이의 경계가 매우 불분명했다. 해상에서의 생활은 선박과 장비의 낮은 기술 수준뿐만 아니라 전리품과 재물을 챙기며 살아가던 고립된 선원 무리의 습격, 선박과 선원의 나포로 인한 항구적인 위험으로 인해 불안했다.

유럽 전 지역의 해안을 따라 벌어진 해적들의 약탈의 대상은 바다로부터 몰려오는 적들을 피해 해안가를 그대로 버려두고 점점 더 내륙으로 후퇴한 해안가 주민들의 재산과 그 당시 동방에서 번성했던 노예 시장에 내다 팔 남자와 여자들이었다. 이

해적질과 교역 사이의 불분명한 경계

러한 노예 무역에는 해적들과 사라센인들뿐만 아니라 그리스도교인들까지도 가담했다. 해적 행위는 상업과 전쟁의 변질된 형태로, 개인에 대한 공격은 물론 상업과 같은 일반적으로 합법적인 활동을 추진해 나가기 위해 싸움이 통상적으로 일어났던 상황에서 살아남기 위한, 적을 대하는 일종의 방식이었다. 모든 지역에서 발견된 해적과 이슬람 해상 약탈자들은 소속을 나타내는 깃발도 없었으며, 어떤 집단도 이러한 죄에서 자유로울 수 없었다. 베네치아인들은 달마치아 해안을 공격했으며, 피사인들과 제노바인들은 코르시카와 사르데냐, 발레아레스 제도를 정복하여 통제했고, 사라센인들은 이탈리아 남부 해안을 계속해서 공격 목표로 삼았다. 이는 해안가 주민들이 스스로를 방어해야 할 필요성을 불러일으켰다.

용병들 스칸디나비아에서 기원하여 이미 잉글랜드의 해안가에 상륙했던 노르만인들 같은 유럽의 변방 지역 출신 용병 무리들에 의한 바다와 육지의 위험도 못지않았다. 고대 야만인들처럼 이탈리아 땅에 나타난 첫 번째 세대의 노르만인들은 현장에서 적들의 물건을 약탈하고 불사르며 전리품을 대가로 받았던 잔인한 전사들로 비쳤다. 결코 수그러들지 않았던 다툼과 중앙집권적인 권력의 불확실함, 끊임없이 백병전으로 펼쳐졌던 전쟁의 잔혹함, 해적 행위와 약탈, 횡포를 통해 먹을 것을 구해야 했던 상황은 서방 세계 주민들에게 오랫동안 뿌리박혀 있던 넓은 바다와 미지에 대한 공포와 불안한 정신 상태를 고착시킨 분위기를 조성했다.

폭력과 불안이 난무하는 이러한 상황은 중세 전기부터 바이킹족이 교역할 노예들과 가죽, 또 다른 생산품들을 차지하기 위해 본토를 떠나 스칸디나비아부터 잉글랜드와 대서양 방향으로, 러시아의 광활한 영토와 흑해를 향한 지역에서 약탈과 침입을 통해 공간을 확보하기 시작한 북해에서도 찾아볼 수 있다.

| 다음을 참고하라 |
역사 시장, 정기시, 상업, 교역로(170쪽); 해상 교역과 항구들(175쪽)

선교사들과 개종

| 제노베파 팔룸보Genoveffa Palumbo |

　11세기와 12세기에 여전히 이교도였던 북부와 동부의 마지막 유럽인들의
그리스도교화를 위한 선교, 개종의 실현 방식과 고대 종교의 생존에 대한 주제는 유럽의
뿌리에 대한 최근의 논쟁을 이해하기 위해서 매우 중요하다. 이러한 개종은 로마 교회와
비잔티움 교회 양쪽의 영향을 받아 이루어졌다. 라틴어와 그리스어, 그리고 서방 교회의
　전례와 동방 교회의 전례 사이에 그리스도교 보급에 주요한 수단이 될 신성한 언어가
새롭게 부각되었다. 그것은 소위 말하는 교회 슬라브어로, 이미 9세기부터 키릴로스와
메토디오스가 이 언어로 성경을 번역했다.

유럽의 그리스도교적인 뿌리에 대한 논쟁과 선교의 역사

'사도적 서한Egregiae virtutis'에서도 언급한 것처럼, 1985년의 교황 회칙 〈슬라브인의
사도들Slavorum apostoli〉은 역사가 페데리코 차보드Federico Chabod(1901-1960)가 말했
듯이 수세기 동안 그리스도교 공화국에 속하지 않았던 다뉴브 강 너머의 지역에서 9
세기에 키릴로스와 메토디오스에 의해 시작된 그리스도교화 작업이 시간이 지남에
따라 더욱 유럽적인 의미를 획득해 나갔음을 강조했다. 선교사들과 개종이라는 주
제를 이해하기 위해서는 바로 유럽의 이곳에서부터, 그리고 바로 이 시기부터 시작
해야 한다. 선교의 역사에 대한 기술과 같은 신의 섭리와 성인과 관련한 역사 기술
에서 오랜 시간에 걸쳐 발전한 주제를 다루기 위해 출발점으로 삼았던 관점은 많았
지만, 가장 시사성 있는 관점은 유럽의 뿌리에 대한 논쟁에서 표출된 것이다. 무엇
보다 복합적이고 다양한 뿌리들은 그리스도교 내에서와 마찬가지로 그리스도교-
유대교 문화의 내부에서 바라보기만 해도 알 수 있는데, 그 복잡함은 2명의 슬라브
인 사도를 성 베네딕투스와 함께 유럽 공동의 수호성인으로 선언한 것에 의해 강조
되었다.

　1386년에 있었던 리투아니아의 대공 요갈리아Jogalia의 개종을 이러한 과정의 마   전도 활동
지막 사건으로 고려했을 때, 유럽인들을 개종으로 이끌었던 과정은 근대의 문턱에
이르기까지 여러 세기 동안 지속되었으며, 그리스도교 공화국은 산고의 고통을 거
친 결과였다. 이러한 전도 활동은 저항과 적개심에 직면했는데, 그 이유는 오늘날

유럽 외부 지역의 선교에서 일반적으로 나타나는 것처럼 대화와 설득에 바탕을 두지 않았기 때문이다. 이교도 제단의 파괴와 개종을 거부하는 사람들에 대한 폭력은 초기 그리스도교화와 관련한 사료에도 언급되어 있는 불변의 활동이었다. 이미 권위 있는 자료에서 증명되었듯이, "이러한 개종이 군주들뿐만 아니라 일반 신도들에게서도 피상적으로 이루어졌다"는 사실을 소홀히 다루어서는 안 될 것이다(Raul Manselli, "Resistenze dei culti nella pratica religiosa", in *Cristianizzazione ed organizzazione ecclesiastica delle campagne*, 1982). 이러한 저항에 대한 고찰은 유럽의 뿌리에 대한 논쟁을 더욱 풍요롭게 만들 것이다.

동방과 서방의 깊은 골 또 분명한 것은, 일반적인 서양사학계로부터 유럽의 북동부 지역과 관련한 주제들이 소홀하게 취급되었던 것도 '뿌리'에 대한 논쟁을 불완전하고 단편적으로 만드는 데 일조하였다. 우랄 산맥과 발트 해까지 뻗어 있는 미지의 땅은 슬라브인들뿐만 아니라 비잔티움 제국의 영향을 비롯하여 다양한 영향을 받았던 비슬라브인들이 차지하고 있었다. 때때로 방어가 허술했던 국경 지대를 사이에 두고 마주 보고 있던 비잔티움 제국은 특히 가장 중요한 영향을 미쳤다. 이처럼 동방과 서방, 교황과 비잔티움 황제, 라틴어와 그리스어, 로마식 전례와 비잔티움식 전례, 그리스도교화와 옛 신앙들의 저항 사이에 분열된 유럽에서는 새로운 문자와 나름의 언어와 전례 전통을 통해 확산된 최후의 개종이 이루어졌다. 이러한 지역들은 침입에 노출되어 있었다. 이러한 침입은 민족의 이동을 수반했는데, 이것 역시 배고픔과 또 다른 민족들에 밀려서 이루어진 것이다. 이들의 등장은 엄청난 공포를 불러일으키며, 정착민들의 질서를 뒤흔들어 놓았다. 너무나 엄청났던 그 공포를 한 여류 사학자는 다음과 같이 이야기했다. "예전의 기도인 '주여, 페스트와 굶주림, 전쟁으로부터 우리를 구원하소서A peste a fame a bello libera nos Domine'가 '주여, 이방인의 침략으로부터 우리를 구원하소서Ab incursione alienigenarum libera nos Domine' 같은 야만인들이 사용했던 구체적인 기도로 발전하였다"(Gina Fasoli, "Unni, Avari e Ungari nelle fonti occidentali" in *Popoli delle steppe: Unni, Avari, Ungari*, 1988).

선교 전략은 서쪽의 슬라브인들뿐만이 아니라 동쪽의 슬라브인들(특히 키예프의 러시아인들)과 남쪽의 슬라브인들을 향해 다양한 방향으로 추진되었으며, 또한 동유럽의 다른 비슬라브계 민족, 특히 마자르인과 몰도바인도 그 대상이었다. 무엇보다 이 시기의 복음화를 이해하기 위해서는 슬라브 사도들의 작품에 대한 명확한 역사적인 재평가가 보여 주었듯이 성인의 전기를 다룬 자료들이 매우 중요한 역할을 한다. 서유럽보다는 동유럽에서 많이 나타난 왕족 출신 성녀의 귀감이었던 키예프의 올가 Olga(약 890-969)부터 프라하의 성 아달베르트St. Adalbert(약 956-997)와 키예프의 성 블라디미르St. Vladimir(약 956-1015)에 이르기까지, 그리고 헝가리의 성 스테파노St. Stefano(약 969-1038, 1000/1001년부터 왕)부터 세르비아의 성 시메온St. Simeon(1114-1200)과 세르비아의 자치 독립 교회의 창시자로서 그 뒤에 세르비아의 수호성인이 된 그의 아들 성 사바St. Sava(약 1170-1235)에 이르기까지 성인들에 대한 역사는 정치와 문화, 예술 등 이 시기 동유럽 역사의 많은 부분과 직접적인 연관이 있었다. 독일 북부와 바다 건너 스칸디나비아 반도, 중부 유럽과 동유럽을 비롯한 발칸 반도 남부 주민들의 점진적인 동화 과정은 이러한 성인들의 역사를 모르고는 이해하기가 쉽지 않다. 따라서 이러한 자료들로부터 더욱 혁신적이고 학문적인 성인학 방법론과 성인들의 모국어인 다양한 언어들로 이루어진 전문적인 연구의 지원을 통한 고찰이 새롭게 시작되었다.

이제 유럽을 형성하게 될 주민들에 대한 마지막 선교를 살펴보자. 성인들도 종종 **결정적 선교** 시도했던 선교 전략 가운데에는 세례와 왕족 간의 혼인도 있었다. 자신의 외교적 능력의 일환으로 새롭게 개종한 나라들과 왕족들 사이의 결혼을 추진했던 비잔티움을 비롯하여 개종을 선택한 나라들은 스스로 서유럽 세계와 빈번한 결혼 동맹을 추진해 나갔다. 이러한 전략에서 고결함의 개념은 결정적인 역할을 했으며, 종종 배우자인 남자들보다 현명했던 여인들은 이러한 그리스도교화에 흥미로운 역할을 했다.

10세기 말부터 그리스도교화가 전개된 주요한 목적지 가운데 하나인 동유럽을 **동유럽을 향하여** 향해 비잔티움 세계뿐만 아니라 이미 그리스도교화된 독일 지역 선교사들이 활동을 시작했다. 파사우에서 온 주교들은 콘스탄티노플에서 했던 것 못지않게 왕족들의 개종과 세례 활동을 펼쳤다. 콘스탄티노플에서는 불가리아인들을 몰아내는 데 '이용'하기 위해 마자르인들과의 접촉이 점점 늘어났는데, 이는 10세기 전반, 대략 오늘날 헝가리에 해당하는 지역의 남동부를 통치하고 있던 무리의 우두머리 불투스Bultus와 지울라Gyula의 세례로 이어졌다. 지울라는 서부 지역의 우두머리인 게이자Geiza의 딸과 혼인을 통해 비잔티움의 선교사들이 들어오는 데에 많은 도움을 주었다. 하지만 교황에게 전망을 제시해 줄 복음화의 새로운 단계를 여는 데 결정적이었던 것은 955년 아우크스부르크 인근의 레히 강에서 헝가리인들이 황제 오토 1세

(912-973, 962년부터 황제)에게 패한 사건이다. 다뉴브 강 유역에 고립될 위기에 처했던 마자르인들은 방대하고 활기 넘치는 유럽의 그리스도교 공동체에 들어갈 자세가 되어 있었다. 그들은 훗날 황제 하인리히 2세가 된 바이에른 공작의 여동생 기셀라 Gisela와 혼인한 게이자의 아들 바이크Waik의 개종으로 다음 세기에 그리스도교 세계로 진입하는 데 성공했다. 세례를 통해 스테파노Stefano라는 그리스도교식 이름을 갖게 된 바이크는 1001년에 교황으로부터 왕관을 수여받았다. 그는 헝가리를 그리스도교화하는 데 기여했던 법률을 공표한 공로로 사망한 뒤에 성인으로 추대되었다. 그는 1038년에 숨을 거두며 모든 마을은 교회를 건립하고 유지하는 데 기여해야 한다는 지침을 내린 유명한 헝가리 왕 성 스테파노였다. 이에 대하여 라둘푸스 글라베르Radulfus Glaber(약 985~약 1050)는 자신의 저서 『5권의 역사책Historiarum libri quinque』 (J. France 편찬, 1989)에서 무자비한 약탈을 일삼던 마자르인들이 자발적으로 신의 영광을 위해 그들의 재산을 기부했다며 그들을 칭송했다.

결혼, 세례, 여성들의 전략

키예프의 러시아인들 또한 개종할 준비가 되어 있었다. 그리고 이들을 그리스도교로 인도한 길은 ('여성 중심적인' 슬라브-스칸디나비아의 소중한 전통에 맞게) 한 여인에 의해 열렸다. 그 여인은 개종을 했을 뿐만 아니라 성녀로 추대된 키예프의 공주 올가였다. 개종이 경제적으로도 무시할 수 없는 결과를 가져왔다는 것은 잘 알려진 사실이며, 957년에 올가가 세례를 받기 위해 콘스탄티노플에 갔을 때에도 부유한 비잔티움과 사업하기를 희망했던 상인들의 대표단이 그녀와 동반했다. 하지만 개종은 다른 방향에서도 이루어졌다. 개종의 의식, 이름의 선택, 뒤따르는 절차 등은 이러한 사건들의 일반적인 문화적 성격뿐만 아니라 역사와 정치적 성격까지도 이해하기 위해 필수적인 요소들이다. 예를 들어, 이 공주의 세례는 정확하게 비잔티움의 자료들에 기술되어 있다. 이러한 정확함은 풍요로운 의식까지도 포함하여 모든 세부 사항들이 종교적인 고백 또는 다른 고백을 지향할 수 있다는 것을 잘 알고 있는 사람이 보여 줄 수 있는 것이었다.

외교적 수완　　또한 스칸디나비아 출신의 올가(그녀의 이름은 스칸디나비아 언어로 '성녀'에 해당한다)는 세례명으로 그녀의 대모 역할을 했던 황녀의 이름인 헬레나Helena를 선택했다. 헬레나는 콘스탄티누스 대제(약 285~337, 306년부터 황제)의 어머니로서 전설에 의하면 그리스도가 졌던 십자가를 발견하여 동유럽 못지않은 서유럽의 문화와 예술을 수세기에 걸쳐 형성하는 데 기여한 '물질'의 그리스도교를 시작한 성녀 헬레나St. Helena의 이름이기도 했다. 키예프로 돌아온 올가는 콘스탄티노플의 옛 중심지에 콘스탄티누스 대제가 건립했던 '하기아 소피아Hagia Sophia'의 이름을 그대로 옮겨 온 성스러운 지혜의 교회를 세웠다. 또한 올가는 비잔티움으로부터 외교적 능력까지도 상속받은 것처럼 보였다. 키예프에서 황제 오토 1세에게 대사를 파견했으며, 황제는 아달베르트Adalbert를 파견하며 이에 화답했다. 훗날 아달베르트는 마그데부르크의 대주교가 되었으며 981년에 숨을 거두었고, 그보다 약 20년 후에 사망한 프라하의 동명의 위대한 주교와 마찬가지로 성인으로 추대되었다. 루스족의 그리스도교화 과정은 계속되었다. 이 과정은 비록 올가의 아들로 인해 잠시 중단되기도 했지만 다음 세대에 다시 시작되었다. 올가의 손자인 블라디미르는 세례와 결혼을 통해 죄를 지은 슬라브인의 표본에서 변화한 군주 출신 성인의 본보기가 되었다. '사도들과 함께 걸어가는 사람'이라는 의미의 라브노아포스톨니Ravnoapostolny로 불린 블라디미르는 비잔티움으로부터 바실레우스basileus의 칭호를 부여받는 예우를 받았다. 빨간색 신발은 바실레우스를 나타내는 표시로, 세밀화에서 그의 특징으로 그려지고 있다. 블라디미르는 또한 콘스탄티노플의 황제인 바실리우스 2세(957-1025)의 여동생 안나와 결혼했다. 블라디미르의 결혼 이후에도 결혼을 통한 전략은 계속되었으며, 앞에서 이야기한 것처럼 종종 유럽의 왕좌를 남편들보다 더 똑똑한 여인들이 차지하게 했다. 블라디미르의 아들인 현자 야로슬라프(978-1054)는, 전해지는 바에 의하면 딸들에게도 공부를 시켰으며, 헝가리의 안드레아Andrea(1020-1061, 1046-1060년에 왕)와 프랑스의 앙리 1세Henri I(1008-1060, 1031년부터 왕)를 포함한 다양한 군주들에게 시집을 보냈다. 유럽의 그리스도교 세계는 블라디미르를 통하여 영속적인 동맹을 얻게 되었다. 대체로 그의 후계자들이라고 부를 수 있는 사람들은 비잔티움의 몰락 이후에 성인 블라디미르와 마찬가지로 사도들과 함께 길을 걷게 된 제3의 로마를 상속받음으로써 광활한 영토를 통치하게 되었다. 12세기 연대기 작가들에게 인용되던 전통은 대부분 러시아가 이미 사도들이 활동하던 시대에 성 안드레아에 의해서 그리스도교화가 되었다고 믿고 싶어 하는 전거가 의심스러운 전통에 기초하였기 때문이다.

11세기 초, 슬라브인 사도들의 선교 활동이 펼쳐졌던 땅들을 부르는 이름이었던 **대모라비아의 분열**

보헤미아와 모라비아, 슬로바키아를 포함하는 대大모라비아는 하나의 추억거리에 지나지 않았다. 이러한 '정치적이고 종교적인' 통일이 와해된 결과 중 하나는 통일을 이루었던 사람들 사이의 분열이었다. 영토의 일부는 보헤미아와 폴란드로 나뉘었고, 일부는 1030년경 헝가리의 지배를 받게 되었다. 이러한 분열은 동쪽과 서쪽에서 11세기와 12세기에 대략적으로 현재의 보헤미아 영토를 차지했던, 소위 말하는 프레미슬리드Přemyslid 왕국을 탄생시켰으며, 반면에 슬로바키아는 헝가리 영토의 일부가 되었다. 이러한 상황은 천 년 넘게 지속되었고, 한 역사학자가 언급했듯이 이 시기는 그 지역에서 가장 힘들고 잘 알려지지 않았던 시기들 중 하나다(Felix G. Litva, *La storia religiosa dei cechi e degli slovacchi: quadro storico generale, problemi storiografici e fonti ufficiali* in *Storia religiosa dei cechi e degli slovacchi*, L. Vaccaro 편찬, 1987).

이러한 나라들의 그리스도교화 과정, 그리고 그들의 신앙이 오래 지속되고 민간적으로 뿌리내리는 데 근본적인 역할을 했던 몇몇 성인들의 역사에서 선교의 전통은 그리스 또는 로마 세계에 참여하기 위한 정치적·문화적 선택을 이끌었고, 키예프의 러시아인들에게 그랬던 것처럼 오늘날의 유럽을 특징짓는 문화적·정치적인 실체를 정의하는 데 기여한 근거들 가운데 많은 것들을 감추고 있었다.

선교, 성인, 개종에 대한 저항

불가리아어를 사용하는 첫 번째 주교였던 성 클레멘트St. Clement(?–916)의 인도로 불가리아에 은신하고 이곳에서 선교 활동을 전개해 나갔던 키릴로스와 메토디오스의 제자들에 의해 추진된 그리스도교화의 흥미로운 점은, 이들이 교회 슬라브어로 번역된 성경들을 지니고 갔다는 것이며 이들의 협업을 통해 슬라브어를 민중들이 이해할 수 있고 오랫동안 지속된 전례의 공식 언어로 삼았다는 사실이다. 이 두 형제의 노력의 결실은 불가리아인들에게 보존되었다. 그 뒤에 불가리아인들은 그것을 러시아인들과 세르비아인들과 공유했으며, 루마니아에서 가장 오래된 교회 슬라브어 문헌이 14세기에 쓰인 것이기 때문에 그 역할을 명확하게 규명하기가 쉽지 않았지만 루마니아인들과도 그 일부를 공유했다. 그리스도교와 슬라브 세계의 만남이 최고의 결실을 거두었던 곳은 동유럽의 그리스도교화 과정에서 마주친 문화적 실체들 가운데 많은 것들이 서로 만나 한데 섞였던 아토스Athos 산일 것이다. 이곳의 조그라프Zograf 불가리아 수도원과 성 판탈레온San Pantaleon 러시아 수도원, 칠란다르 Chilandar

세르비아 수도원에서 중요한 모든 종교 서적들이 그리스어에서 교회 슬라브어로 번역되었다.

실제로 선교사들이 접했던 현실은 정치적·역사적 관점에서 매우 다양했다. 간단하게 말해서, 동쪽에서 루스족의 개종이 이루어지고 있던 사이에 모라비아와 슬로바키아, 크라코비아 주변 영토들에는 이제 막 선교사들이 들어오고 있었다. 크라코비아에서는 10세기 중반 독일 황제의 승리로 인해 마자르인들이 철수한 이후, 보헤미아의 볼레스와프 1세Bolesław I(약 909-967/973)가 형(유명한 크라코비아의 수호성인인 성 벤체슬라우스St. Wenceslaus)까지 살해하며 왕이 되었다.

이 모든 것에도 불구하고 복음화가 진척될 수 있었던 것은 선교에 호의적이었던 볼레스와프 덕분이었다. 또한 이러한 복음화는 루스족 사이에서 그랬던 것처럼, 곧바로 성인의 반열에 올랐던 남자들과 함께 여자들이 주역을 담당한 세심한 정치를 통해 이루어졌다. 또한 이러한 정치는 보헤미아와 폴란드에서 그리스도교화를 촉진시켰을 뿐만 아니라 그 이후에 폴란드의 '서로마' 교회에 대한 귀속을 이끈 친로마 교황 노선을 걷도록 만들었다. 볼레스와프는 실제로 딸인 도브로브카Dobrovka를 폴란드 공작 미에슈코 1세Mieszko I와 결혼시켜 개종하도록 만들었으며, 다른 한편으로는 로마에 또 다른 딸을 보내 교황으로부터 교황청의 직접적인 관할을 받는 주교좌의 설립을 요청했다. 폴란드는 곧 포즈나뉴에 첫 번째 주교를 맞이했으며, 프라하에는 베네딕투스 수도원이 세워져 볼레스와프의 딸인 믈라다Mlada가 원장이 되었다. 그 뒤를 이어 프라하와 모라비아에 각각의 주교좌가 설립되었으나, 훗날 성인이 되는 아달베르트(약 956-997)의 프라하 주교 임명과 함께 모라비아의 주교좌는 프라하의 주교좌에 통합되었다.

광활한 영토의 주교인 아달베르트는 이렇게 해서 그를 보헤미아와 폴란드, 헝가리와 프러시아의 수호성인으로 만들어 준 개종 작업을 펼쳤다. 그의 활동은 가까운 마자르인들의 땅에서 시작하여 아직 이교도였던 그단스크 부근의 주민들과 함께 비극적으로 끝났다. 다소 모호한 면도 있지만, 보헤미아와 이곳에서 선교를 펼쳐 나갔던 지역들에 대한 초기의 흥미로운 소식은 중세의 주교 성인의 모범에 포함된 바로 이 성인을 둘러싸고 전개되었다. 이전의 세례명인 보이테크Voytek에서 개명한 아달베르트는 이들이 결코 포기하려 하지 않았던 일부다처제 같은 이 지역 유럽인들의 몇몇 관습들과 그리스도교 사이에 발생한 분쟁의 강력한 요인들을 이해하도록 해

여성의 역할

일부다처주의자
성인

주는 논쟁의 중심에 있었다. 아달베르트 성인의 아버지 또한 많은 공식적인 부인들이 있었다는 사실도 충분히 고려해야 한다. 이 성인의 정치적인 가치를 인식하기 위해서는 신성로마 제국 황제 오토 3세(약 980-1002, 983년부터 황제)가 1000년에 폴란드 왕 볼레스와프(약 966-1025, 992년부터 왕)에게 '제국의 형제이자 협력자Frater et Cooperator Imperii'라는 칭호를 수여했던 것이 황제가 그니에즈노에 있는 아달베르트의 무덤에 순례를 가는 동안이었음을 언급할 필요가 있다. 전해 오는 이야기에 따르면 세례와 성인, 군주 사이의 관계가 어땠는지를 보여 주는 한편, 헝가리의 게자와 그의 아들의 세례 또한 아달베르트에 의한 것이라 말하고 있다. 아달베르트의 활동은 그의 제자들에게 이어졌다. 이미 우크라이나와 스웨덴을 두루 돌아다녔던 쿼르푸르트의 부르노Bruno도 1009년에 스승과 마찬가지로 순교했다.

포메라니아에서의 죽음 　앞에서 말했듯이, 아달베르트는 그 지역의 서쪽 슬라브 무리들의 뿌리에 대해서 말해 주고 있는 지명인 포메라니아('바다의 해안costa del mare'이라는 의미를 지닌다)의 이교도 부족들 사이에서 주검으로 발견되었다. 이 부족은 가장 서쪽의 슬라브인들로서 오늘날의 역사 기술 중 고대 독일의 연대기에서 그들을 가리켰던 이름인 웬드족과 동일시된다. 이 민족이 이미 부분적으로 진행 중이던 그리스도교화를 거부하며 일으킨 중요한 반란이 두 차례 있었는데, 하나는 980년대에, 다른 하나는 1066년에 발생했다. 2개의 반란 모두 유럽에 자취를 남기며 강력하게 뿌리내린 이교 사상의 은밀한 저항에 대해 생각하도록 했다. 12세기가 꽤 진행된 후에야 웬드족의 이교주의가 부분적으로나마 제거되었으며, 이때 포메라니아의 가장 권위 있는 우두머리였던 브라티슬라프Vratislav는 젊은 시절을 감옥에서 보내면서 세례를 받고 폴란드 정복자들과 연합하여 다른 우두머리들에게 신앙을 장려하고, 또 다른 위대한 주교이자 역시 성인이 된 밤베르크의 오토Otto(약 1060-1139)의 인솔로 그곳에 이르게 된 선교 단체들을 보호했다. 그는 이렇게 해서 오랫동안 군사력을 지속해 나갔다. 그의 후손들은 실제로 5세기 넘게 포메라니아를 통치할 수 있었다. 밤베르크의 오토의 시도를 덴마크 왕 에릭 2세Eric II(?-1137, 1134년부터 왕)의 군사 원정이 이어 나갔다. 에릭 2세는 이교 숭배의 보루였던 뤼겐 섬을 정복했으나 이곳에서 그리스도교는 뿌리내리지 못했으며, 이교 숭배가 다시 기승을 부렸다. 클레르보의 베르나르두스(1090-1153)조차도 엘바 강의 슬라브인들을 상대로 '북십자군'을 호소했으며, 1146-1147년의 서신을 통해 주교들과 제국의 군주들에게 이교도 슬라브인들에 맞서 뭉칠 것을 요청했다. 1168년에 덴마크의 제2차 원정은 이교도 신전들을 파괴했으며, 많은 교회의 건설과 사제들의 파견으로 복음화 계획을 실행했다. 그들은 비록 부분적인 부활의 과정을 통해 옛 문화를 지속할 수 있었지만 결국 굴복했다. 흥미로우면서도 여전히 어려운 논쟁은, 이러한 개종이 불완전했을 뿐만 아니라 앞에서도 보았듯이 대부분의 경우 '우두머리들의' 개종이 주를 이룬 이 시기의 전형적인 개종 이후에도 예전 신앙의 흔적들이 남아 있었다는 것이다.

반면에 스칸디나비아 반도의 경우, 노르웨이의 개종은 전통적으로 올라프 1세(963-1000, 995년부터 왕)까지 거슬러 올라가고, 12세기에는 스웨덴이 그리스도교화되었으며, 무엇보다 크누트 대왕(약 995-1035, 1016년부터 왕)이 그리스도교의 보급에 호의적이었던 덴마크는 1104년에 독일 교회로부터 교회의 독립을 얻어냈다. 하지만 핀란드는 여전히 이교도로 남아 있었다.

선교, 유럽의 통일성과 다양성

키예프의 블라디미르가 교회를 세우는 것뿐만 아니라 새로운 믿음에 맞게 아이들 고문과 투석형을 교육하는 데 힘썼던 반면에(『지나간 시간의 연대기Cronache dei tempi passati』가 들려주는 것처럼 "고위층 가문의 아이들을 데려와 교육시켰다"), 신하들이 복음화 과정에서 항상 그들의 우두머리를 따랐던 것은 아니다. 웬드족의 고트샬크Gottschalk는 앞에서 언급했던 1066년의 반란에서 살해당했으며, 같은 상황에서 메클렘부르크의 아일랜드인 주교 존John은 고문을 당하고 참수되었다. 또한 라첸부르크에서는 헬몰도Helmodo의 연대기 22장에 나와 있는 것처럼 안수에로Ansuero 수사가 그의 동료들과 함께 돌에 맞아 죽임을 당하는 형벌을 받았다. 이러한 민족들에 대한 몇 안 되는 자료에 의하면, 많은 민족들에게는 이교 사상(이교 사상들이 더욱 정확한 표현일 것이다)이 아직많이 퍼져 있었음을 볼 수 있다. 하지만 개종이 이루어진 마지막 몇 세기 동안 실제로 널리 보급되었던 믿음이 무엇인지, 그리고 어떤 세력들이 그리스도교화에 저항했는지에 대해 자문해 보면, 이에 대해 아는 것이 별로 없다고 말할 수밖에 없다. 예를 들어, 웬드족에 대해서는 매년 '임의로 선발된' 한 사람을 신에게 바쳤던 성직자계층에 의해 새로운 종교가 공격당했다는 것을 알고 있다. 또한 이러한 부족들 가운데 몇몇이 스반토비트Svantovit 신을 숭배했다는 것과 그 숭배의 특이한 점들을 알고있다. 몇몇 정보들은 삭소 그라마티쿠스Saxo Grammaticus(약 1140-약 1210)의 『데인인의 사적Gesta Danorum』(in Régis Boyer, "Le religioni nordiche e della Germania del Nord", in *Atlante delle religioni*, Giovanni Filorano 편찬)에 의해 제공되었다. 그는 다양한 의식들을 알려 주었으며, 모든 남자들과 여자들이 매년 우상 숭배에 대한 기부로 동전 한 닢을 바쳐야 했다는 사실을 전해 주었다. 또한 전쟁에서 신의 도움으로 승리했다고 생각하면, 우상에게 전리품의 3분의 1을 바치기도 했다. 하지만 당연히 개종의 깊이를 파악하기 위해서는 다양한 민족들을 포함해야 할 뿐만 아니라 신앙과 의례의 단순한 모습부터 신화와 상징적인 모습으로 그 범위를 확대해서 논의의 폭을 넓혀야만 할 것이다. 그리스도교와 그리스도교 이전의 상징들의 공존에 관해서는, 예를 들면 문헌 자료들보다 고고학적 또는 도상학적 자료들이 더욱 가치 있어 보인다. 간단한 예를 들어 보면, 성모 마리아에 대한 그리스도교 도해와 고대 태양의 상징적 표현을 결합한 슬라브의 부적들을 생각해 볼 수 있다.

농촌 경제 　12세기 전반, 슬라브인들이 동쪽으로 이동하기 위해 독일이 차지하고 있던 영토에서 떠나고 난 뒤, 많은 미경작지들은 정착을 위한 유용한 땅들이 되었다. 다양한 정치적 단위와 농촌 경제의 형성이라는 거대한 유럽의 용광로 속에서 그리스도교는 가장 주된 역할을 했다. 헬몰도의 기록에 의하면, 브란덴부르크의 후작으로 곰이라는 별명을 지녔던 알베르트는 "슬라브인들이 점점 수적으로 줄어들기 시작하자 위트레흐트와 라인 강가의 다른 지역으로 사람을 보내 대서양 가까이에 살고 있던 민족들, 즉 홀란드인과 질란드인, 플랑드르인들을 불러 모았으며, 그들을 대규모로 이주시켰다." 이러한 새로운 이주민들의 정착은 곧 하나의 사업이었음이 드러났다. 그들의 도착과 함께 교회는 급증했으며, 십일조도 늘었기 때문이다. 브란덴부르크의 주교좌와 하벨부르크의 주교좌는 이방인들이 도착하면서 강화되었고, 슬라브인들은 싸움에서 지고 쫓겨났다. 군사적인 활동에 선교 활동이 함께한 것이다. 이 지역에 종교 단체들이 몰려와 수도원을 세웠으며, 토지를 개간하고 경작하여 경제를 성장시켰다. 시토 수도회, 아우구스티누스 수도회, 프레몽트레 수도회 수사들이 선봉에 섰으며, 그 뒤에 프란체스코와 도미니쿠스 수도회 수사들이 뒤를 이었다. 이들은 선교사이자 복음서를 전해 준 사람들이었을 뿐만 아니라 교육자였고 직업 교육을 시키는 교관이자 지역 경제의 운영자였다.

　12세기 전반으로 거슬러 올라가는, 소위 '마그데부르크의 호소Magdeburg Aufruf'는 웬드족과 싸울 자원병들을 모집하기 위한 것으로 그리스도교인들이 그 지역의 이교도들에게 당한 고문을 비롯하여 이교도의 여신인 프리페갈라Pripegala에 대한 그들의 헌신을 상기시켰을 뿐만 아니라, 십자군의 예를 들기도 했으며, 선교와 십자군 같은 용어들의 차이를 구분하는 이론적인 경계의 불분명함에 대해서도 많이 이야기했다. 부언하자면, 이러한 구분은 이제 진부한 것이 되었지만 특정 장소들의 역할과 유럽 역사의 몇몇 기념물들의 예술적인 표현을 이해하기 위해서 베즐레 대수도원의 예를 드는 것은 다소 문제가 있어 보인다. 어쨌든 이러한 호소는 물질적인 소득과 정신적인 소득을 흥미롭게 비교했다. "이것은 우리들의 영혼을 구원하고 (중략) 좀 더 풍요로운 땅을 얻을 수 있는 기회다"(Richard Flecter, *La conversione dell'Europa*, 2003).

이러한 해석을 마치고 선교사들에 의해서, 특히 그들의 문서 자산을 통해 보급된 **문화적인 변화** 그리스도교가 유럽 지역에서 광범위하고 다양한 세계를 만들어 낼 수 있었던 변화에 대해 의문을 가진다면, 가장 흥미로운 변화들 가운데 하나는 분명 문자에 의한 변화였다. 유럽의 드넓은 지역의 다양한 실체들이 명확해지고 강화된 것도 문자적인 진실의 공유를 통해서뿐만 아니라 문자 자체의 공유를 통해서였다. 서양에서 이미 그랬고, 또한 신대륙 발견 이후에 그곳에서도 시도된 것처럼, 성경의 역사는 각자가 자신의 민족과 언어를 위한 나름의 뿌리를 발견할 수 있는 세계 역사의 명확한 기준점을 제공해 주었다. 따라서 우리는 왜 키예프의 루스족의 역사를 이야기하고 있는 필사본인 『네스토르의 연대기Cronica di Nestore』가 셈족, 함족, 야벳족이 구분되고 바벨탑이 붕괴되면서 서양에서 역사 시대의 시작을 알렸던 대홍수 시대 이후부터 이야기를 시작하고 있는지 이해할 수 있다. 연대기는 슬라브어가 다른 모든 언어들처럼 바벨탑이 붕괴하면서 탄생했으며, 슬라브인들은 다른 유럽인들처럼 야벳으로부터 기원했다고 밝히고 있다. 따라서 동방과 서방의 전체 유럽이 처음으로 통합을 추구한 것은 성경의 역사에서였다.

| 다음을 참고하라 |
역사 극빈자, 순례자, 구호 활동(209쪽); 종교 생활(251쪽)

수도회

| 안나 벤베누티Anna Benvenuti |

수도회의 개념은 베네딕투스회 규칙 아래 진행된 표준화 과정과 함께
9세기에 확립되었으며, 수도원과 교회의 새로운 집회 형태와 함께 12세기에
더욱 완전한 모습을 갖출 수 있었다. 이와 관련하여 종교적인 제안들이 급증했으며,
이들 사이에서 '전통적인' 수도회에 대한 소속의 경계를 수립하는 것뿐만 아니라
종교인과 평신도 사이의 명확한 경계를 구분하는 것이 쉽지 않았다. 11세기와 함께
시작된 은둔 생활을 지향하는 경향의 부활은 공동체적이고 청빈한 이상에 꾸준히
부합했다. 이 문제에 대해 제4차 라테라노 공의회와 그 뒤에 열린 제2차 리옹 공의회는
엄청난 숫자의 탁발 수도회에 대한 일종의 합리화를 통해 이에 대한 대책을 마련하고자 했다.

수도회와 교회 단체

수도원 체계에 적용된 수도회의 개념은 유럽에서 발전했던 차별화된 수도사 제도
가 베네딕투스 수도회의 규칙인 '오르도 모나스티쿠스ordo monasticus'에 따라 표준화
과정을 겪었던 카롤링거 왕조의 개혁 이후에 확립되었다. 다른 형태의 종교적인 삶
들에 비해 도덕적인 우월성에 확신을 가지게 됨으로써 일반적인 수도회 문화는 자
신들의 사회적 지위가 다른 이들보다 위에 있음을 주장하며, 이미 10세기 말에 체계
화된 사회적 지위의 계층 제도를 조율했다. 하지만 이러한 자만에 대하여 규율 성직
자 계층(의전 사제단Ordo canonicus)의 우위를 주장했던 랑의 아달베론Adalberon(약 947–
1030) 같은 주교들의 제도화된 의식에는 이의를 제기하였다.

단체와 종교   하지만 10세기와 11세기에 수도회는 신자들의 눈에 영적인 완전함에 대한 '신분
의 상징status symbol'이었다. 그레고리오 교황 시대부터 수도원 제도의 종교적인 이상
이 사회에 미친 영향은 과거보다 더 체계적으로 공동생활의 형태와 성직자들의 세계
를 위한 특정한 규칙들(성직자 규칙Regula canonicorum)을 채택한 성직자 사회에 반영되
었다. 12세기에 회會 또는 단체ordo의 개념은 종교religio의 개념과 융합되었으며, 이
두 개념 모두 대수도원에 종속된 각각의 수도원장들을 통해 혁신된 수도원 제도라는
새로운 연합의 실험들에 영향을 미쳤다. 이것은 여러 세기를 거치면서 교회법적으
로 더욱 완전한 모습을 갖추게 되지만, 이미 그 당시에도 클뤼니뿐만 아니라 시토 수

도회의 실험과 규율보다는 계획들(사랑의 헌장Carta caritatis)로 이루어진 독창적인 공동체 속에서 찾아볼 수 있었던 집회 형태의 기원이 되었다. 이러한 실험의 유동적인 특성은 회 또는 단체라는 의미를 지닌 용어 'ordo'의 사용 과정에서 의미론적인 변화를 드러냈으며, 이 용어는 변화를 거듭하여 12세기에는 더 이상 관습서consuetudines로 정의된 규칙적인 삶의 일반적인 형태를 의미하지 않고 여러 수도원을 상호 의존적인 관계로 연결한 진정한 조직을 의미하게 되었다.

새로운 수도회

12세기 말부터 13세기 초까지 세워진 정규 단체들은 이러한 제도적인 의미의 발전을 보여 주었다. 수도회와 규율 성직자 계층이 '문화적인' 현실이며, 하나의 규칙과 유사한 규범들의 공유로 연결된 각각의 수도회의 '영적 결과'의 산물이지만, 그럼에도 불구하고 이들 단체들은 공통의 기원을 자신들의 것으로 인정하지 않았다. 바로 이러한 이유 때문에 성 베네딕투스(약 480-약 560)는 물론 성 아우구스티누스 St. Augustinus(354-430)도 그들의 시조로 고려되지 않았다. 이와는 반대로 12세기에 절정을 맞이한 집회의 집합체는 '본부 수도원'에 시조 고유의 카리스마를 부여하며, 설립과 정체와 관련한 역할을 인정했다. 이렇게 '확장된' 새로운 영적인 가족들의 시조는 카말돌리회Camaldoli의 성 로무알두스Romualdus(약 952-1027)와 발롬브로사회Vallombrosa의 성 요한 구알베르토Giovanni Gualberto(약 955-1073), 카르투지오회 Carthusians의 브루노Bruno(약 1030-1101), 그랑몽회Grandmont의 뮈레의 성 스테파누스 Stephanus(1040/1050-1124), 프레몽트레 율수사제律修司祭회의 크산텐의 성 노르베르투스Norbertus(약 1080-1134), 시토회의 몰렘의 로베르Robert de Molesme(약 1028-1111), 스티븐 하딩Stephen Harding(약 1060-1134), 베르나르두스Bernardus(1090-1153)로 이루어진 '3인방' 같이 각 수도회의 창시자가 되었다. 이것은 퐁트브로의 아르브리셀의 로베르Roberto d'Arbrissel(약 1047-1117), 사비니의 모르탱의 비탈Vital de Mortain(?-1122) 또는 티론의 베르나르도(1046-1126) 같은 여러 개혁가들에 의해 수행된 종교 규칙상 유효한 시도들은 고려하지 않은 것이다. 창시자와 그의 종교적 후계자 사이의 계보를 만들어 내려는 경향은 13세기 이후에 만들어진 수도회들과 함께 더욱 명백해졌다.

12세기에는 수많은 규율 수도회들이 생겨났는데, 이에 대하여 (특히 경우에 따라 선교 또는 군사적으로 전개되기도 했던 구호와 자선의 특별한 소명을 띤) '전통적인' 범주의 수도회 또는 성직자 계층에 대한 소속의 경계를 수립하는 것뿐만 아니라 11세기에 시작된 은수자(외딴 곳에 홀로 사는 수도자*)회의 부활기에 특히 분명해진 것처럼 종교적인 상태와 세속적인 상태를 명확히 구분하는 것 또한 어려웠다. 그 뒤에 교회법은 교황 그레고리오 9세Gregorius IX(약 1170-1241, 1227년부터 교황)의 분류 노력으로 알 수 있듯이, 수도회들의 차이를 부각시키는 데 맞추어진 법률적인 기술들을 배제하는 방안을 모색했다. 이러한 동질화를 위한 노력은 12세기와 13세기에 등장한 규율 수도회들 사이의 상호 유사성과 불분명함을 보여 주는 광범위한 지역의 존재를 밝혀냈다. 이러한 문제는 13세기 초에 제기된 종교 생활의 개혁에서 중요한 주제를 이루게 된다.

탁발 수도회

소유의포기 이러한 종교적 시기의 중요한 특징은 초기의 원시 교회와 그 교회의 청빈하고 공동체적인 특성들에 대한 고찰이 주를 이루었다는 것이다. 13세기 초에 탄생했으며, 여러 모로 모호한 탁발 수도회Ordines mendicantium로 정의된 새로운 종교 단체들은 이러한 이상적인 규칙을 기초로 했다. 이들은 개인적인 차원에서뿐만 아니라 공동체적인 차원에서 소유에 대한 거부(그 결과, 구걸 또는 비정기적인 일을 선택했다)와 규범적인 삶과 성직자의 임무 사이의 균형, 선교와 자선 또는 사회사업을 위한 목회, 지역교회 권력에 대한 회피, 수도원들을 전 지역에 골고루 배치할 수 있을 정도로 조직화된 구조의 강력한 집중화로 특징지을 수 있다. 이들은 특히 양심의 지도와 설교에 몰두했으며, 이를 통해 정통파의 승인을 효과적으로 요구할 수 있었다. 이 탁발 수사들은 지역 교회의 자치권을 약화시키고, 그레고리오 교황 때부터 교황 인노첸시오 3세(1160-1216, 1198년부터 교황)가 성공적으로 수행한 교황청 주도의 로마를 중심으로 했던 집중화 과정의 주역들이었다. 오랜 재위 기간 동안 인노첸시오 3세는 스스로가 새로운 수도회(삼위일체 수도회, 후밀리아티[억겸파抑謙派], 전향한 발도파, 성 야곱의 기사들)의 탄생을 승인하였음에도 불구하고, 12세기 말을 특징지었던 규율 수도회의 급증을 제한하는 경향을 분명히 보였다. 하지만 새로운 수도회에 대한 주제를 다루었던 제4차 라테라노 공의회(1215)의 규약 제13조의 제한 조치로 비준된 이러한 목표는 당시의 영적인 '창조력'을 제어하지 못했다. 이어지는 수십여 년 동안 교황청으로부터 나온 예외 조치들은, 예를 들어 프레몽트레회와 시토 수도회같이 충분한 실험을 거쳐 인정된 일반적인 절차들을 따름으로써 새로운 수도회의 공식화를 필수적으로 요구하지 않았고, 이미 기존에 승인된 수도회들 가운데 하나의 단순한 적용만을 규정한 프란체스코의 작은 형제회 수사들과 설교 형제회의 규범의 표준화를 승인했다.

이러한 절차와 함께 1235년 교황 그레고리오 9세는 바르셀로나의 메르세드회를 성 아우구스티누스 수도회의 대大가계도에 포함시켜 이들을 승인했으며, 그 후 1255년에 교황 알렉산데르 4세Alexander IV(?-1261, 1254년부터 교황)도 예루살렘의 성 라자로 병원 선교사들에게 같은 조치를 취했다. 12세기에 수도회와 유사한 군사 또는 구호를 목적으로 하는 단체들의 숫자가 엄청나게 늘어나도록 한 이러한 임기응변식 대책이 빈번했음에도 불구하고 라테라노 공의회 이후 10년 동안 이미 로마는 다른 종교적인 실험들도 공식적으로 인정했다. 1226년에 호노리오 3세(?-1226)는 카르멜 산의 은수자회가 팔레스타인에서부터 서방 세계로 확산되는 것을 허가하며 이들을 승인했다.

그레고리오 9세의 조치

1256년에 교황 알렉산데르 4세는 교황청의 보호를 받으며 마리아의 종이라는 이름의 새로운 수도회를 받아들였으며, 같은 해 성 아우구스티누스의 새로운 은수자회 규칙의 규정을 고려하여 수도원 공동체와 은수자회(토스카나의 흑黑은수자회, 성 굴리엘모 은수자회, 성 요한 부오노의 보니티회, 몬테파발레와 브레타노 은수자회, 롬바르디아의 가난한 가톨릭교인들)의 통합을 비준했다. 라테라노 공의회의 결정으로부터 30년이 지난 뒤에도 정규 수도회의 형태가 지나치게 다양했던 것에서 생겨난 문제와 더불어 은둔 생활과 탁발에 대한 종교적인 태도가 더욱 큰 결과를 낳은, 청빈과 관련한 특정한 규약들에 대한 문제가 여전히 해결되지 않은 상태로 남아 있었다.

탁발 수도회의 번영

합리화의 시도

이러한 문제가 지속되면서, 특히 파리 대학이 그 진원지 역할을 했던 세속 수도회와 정규 수도회 사이의 회복 불가능한 갈등의 주요 골자에 대하여 제2차 리옹 공의회(1274)는 청빈에 대한 문제와 탁발 수도사들에게 부여된 특별한 면제의 문제에 집중적으로 관여하며 제4차 라테라노 공의회의 규제들을 재확인했다. 채택된 규정들에 의거하여 1215년 이후로 탄생한 청빈에 고무된 모든 새로운 수도회들은 설교 형

리옹 공의회

제회와 프란체스코의 작은 형제회를 제외하고 승인된 규칙들의 관례를 따라야만 했다. 아우구스티누스회와 카르멜회는 조건부로 (이 조건은 교황 호노리오 4세Honorius IV[1210-1287, 1285년부터 교황]와 니콜라오 4세Nicholaus IV[1227-1292, 1288년부터 교황]의 개입 이후에 교황 보니파시오 8세Bonifatius VIII[약 1235-1303, 1294년부터 교황]에 의해서 삭제된다) 살아남았지만, 마리아의 종 수도회와 첼레스티노회, 예수 그리스도의 참회 형제회(또는 사카티회, 프란체스코의 작은 형제회와 설교 형제회 다음으로 세 번째로 큰 탁발 수도회다)는 그들의 자매 수녀회와 함께 역사에서 사라져야만 했다. 반면에 후밀리아티는 이러한 운명을 피해 갈 수 있었다. 교황 인노첸시오의 시대에 시작되어 교황 그레고리오 9세에 의해 승인되었던 그들의 규약은 나름의 관습이 지니고 있던 독특함을 그대로 유지했지만 베네딕투스회와 교회의 규범을 넘어서지는 않았다. 마르세유의 성모 마리아의 종 수도회와 그들을 규정했던 표현인 "교회법에 근거한 탁발 수도회"라는 이름에서도 알 수 있듯이 교회법의 질서 안에서 탁발의 실천을 적절히 조화시켰던 로마의 성 순교자들의 참회 형제회, 그리고 아마도 기사들의 구휼 수도회의 다양한 형태 가운데 하나로 볼 수 있지만 잘 알려지지 않았던 성 십자가 수도회 같은, 소규모이지만 유럽 전체에 널리 퍼져 있었던 다른 수도회들도 같은 운명을 겪게 되었다. 이와 유사한 사도 생활단 같은 다른 단체들은 그들의 추종자들에게 단체의 폐쇄 혹은 청빈을 택하는 급진적인 이단 사이의 선택만을 남김으로써 제거되었다.

평신도들의 맹렬한 이의 제기로 표출된 탁발 수도회의 확산을 조정하기 위한 요구를 충족시킨 뒤에 리옹 공의회의 회복 선언은, 경쟁 관계에 있던 수많은 유사한 수도회들 가운데 프란체스코의 작은 형제회와 설교 형제회의 특별한 규칙을 승인하며 이러한 수도회들 사이에 '과도한 유사성nimia similitudo'으로 인해 형성된 문제들을 해결했으며, 많은 수도회들을 극단적으로 제거함으로써 교구 성직자들과의 갈등에 대한 문제를 처리하였다. 한편으로는 주교단으로부터, 다른 한편으로는 프란체스코의 작은 형제회와 설교 형제회의 문화적·영적인 힘으로부터 압력을 받은 교황청은 가장 절실했던 정규 수도회의 개혁, 특히 기사단의 개혁에 대한 자신의 목표를 추진할 수 없었으며, 탁발 수도회의 무질서와 그들의 통제 불가능한 종교적 여정에 대한 효과적인 진압이라는 원칙에 따라 개별적인 규칙regulares personas이라는 교회법적 개념의 재정립을 통해 결코 부수적이지 않은 결과에 도달한 것에 만족해야만 했다.

따라서 탁발 수도회라는 일반적인 용어가 새로운 규칙들에 대한 교황의 승인을 가시성과 특권 통하거나 예전의 수도회 규칙들 중에서 청빈과 조직력에 관한 특정한 관행들을 채택함으로써 1200년대 중반의 몇십 년 동안 만들어진 차별화된 제도적인 형태를 지칭했다면, 리옹 공의회 이후부터는 오로지 프란체스코의 작은 형제회와 설교 형제회만이 이러한 범주에 포함되었다고 주장할 수 있다. 이러한 합법화는 프란체스코의 작은 형제회는 물론 설교 형제회의 경우처럼 동시대 경험들과 별다른 차이가 없었던 그들의 종교적인 모습의 고유한 특성들에서 기인했을 뿐만 아니라 교황과 교황청의 주의를 끌거나 자신을 드러내는 후천적인 능력에 의한 것이었다.

마리아의 종 수도회와 성 마리아의 올리베타니 수도회의 경우처럼 이후에 다른 정규 수도회들이 얻게 된 지명도는 성 도미니쿠스St. Dominique(약 1170-1221)와 아시시의 성 프란체스코(1181/1182-1226)의 후계자들에게 애초부터 규정되어 있던 면제와 특권을 공유하게 되었으며, 법적으로까지는 아니더라도 실질적으로 그들과의 융합으로 이어졌다. 이러한 방향은 교황청이 조정을 통해 탁발 수도회(설교 형제회, 프란체스코의 작은 형제회, 아우구스티누스회, 카르멜회)의 범주에 삼위일체회와 메르세드회(속량의 성모회)와 같은 옛 수도회(2개 수도회 모두 십자군 시대에 무슬림들의 포로가 되었던 그리스도교인들을 구출할 목적으로 탄생했다)와 마리아의 종 수도회 또는 히에로니무스회(가난한 예수회), 그리고 그보다 뒤인 1400년대의 미니미 수도회 같은 최근의 수도회들을 포함시킨 근대에 와서 정립되었다.

진행 중인 개혁 작업

이러한 오랜 기간의 개편 과정에 전통적인 수도원 세계가 추진했던 혁신이 근본적 수도원의 개혁 으로 개입했다. 전통적인 수도원들은 탁발 수도회의 규칙과는 독립적으로 재속 교회의 지역망 안으로 확산되었으며, 파리 대학의 재속 교수들의 비난에도 아랑곳하지 않고 특권과 면제의 상태를 유지했다. 1330년대는 시토회 소속의 교황 베네딕토 12세Benedictus XII(1280/1285-1342, 1334년부터 교황)가 추진한 집중적인 수도원 개혁으로 깊은 인상을 남겼다. 1334년에 교황의 자리에 오른 베네딕토 12세는 1년 뒤에 자신의 명으로 계획을 실행에 옮겼으며, 1336년에는 베네딕투스회에 대한 개혁을 추진해 나가면서 프란체스코의 작은 형제회뿐만 아니라 아우구스티누스의 규범적인 정규 수도회(1339)도 소홀히 하지 않았다. 하지만 이러한 교회의 정규적인 조직의 전반적인 개혁은 그의 재임기에 끝나지 않고 1340년대에도 계속되어, 클레멘스 6세Clemens VI(1291-1352, 1342년부터 교황)는 1346년에 마리아의 종 수도회의 개혁을 완수했으며, 우르바노 6세Urbanus VI(약 1320-1389, 1378년부터 교황)는 이들에게 일반적인 권위로부터의 완전한 해방과 교황청의 직접적인 관할을 인정했다(1380). 그동안 교황청은 성 바오로 형제회 또는 몬테그라넬리와 성 카를로Carlo da Montegranelli(1330-1417)가 피에솔레에 세운 성 히에로니무스 형제회 같은 다른 정규 공동체들의 존재를 승인하거나 1374년 그레고리오 11세Gregorius XI(1329-1378, 1370년부터 교황)가 설교 형제회에 그랬던 것처럼 수도원 내부의 관리 체계를 개정하기도 했고, 제3수도회의 규율적인 생활을 장려하기 위한 특별한 규칙들을 공포했던 절차들을 합법화했다. 전혀 수그러들지 않았던 탁발 수도회의 기세는 이탈리아의 많은 도시들에 나타났던 빈곤한 삶에 대한 견고한 틀을 유지하며 공동체 생활을 했던 평신도들인, 극빈자의 삶을 산 사도 형제회(아포스톨리니) 같은 새로운 시도들을 계속해서 고무했다. 교황 인노첸시오 8세Innocentius VIII(1432-1492, 1484년부터 교황)는 이들에게 자신의 옷을 수여했다. 알렉산데르 6세Alexander VI(1431/1432-1503, 1492년부터 교황)는 내부적으로 몇 가지 조건을 걸기는 했지만 이들이 성 아우구스티누스의 규칙을 따르도록 만들었다.

| 다음을 참고하라 |
역사 극빈자, 순례자, 구호 활동(209쪽); 종교 생활(251쪽)
문학과 연극 종교시(470쪽); 신학, 신비주의 신학, 종교 논문(477쪽); 내세관(493쪽); 전례와 종교극(590쪽)
음악 전례와 종교의 단성 성가와 최초의 다성 음악(834쪽)

교회 개혁에 대한 열망과 1000년 이후 초기 2세기 동안의 이단

| 자코모 디 피오레Giacomo Di Fiore |

여러 세기를 거치면서 교회는 신자들로부터 격렬한 저항을 받았다.
이와 함께 교회 내부에서도 영적인 쇄신과 개혁을 요구하는 목소리들이 들려왔으며,
그 표현들은 수도원과 대수도원의 설립이나 교황 그레고리오의 개혁에 잘 나타나 있다.

때로 성급하고 부적절하게 이단으로 규정되었던 이러한 저항의 움직임은 특히
이탈리아 북부와 프랑스, 독일, 네덜란드에서 널리 확산되었다. 하지만 이들은
많은 경우에 이단에 빠졌으며, 교회의 위계 조직뿐만 아니라 교리상의 본질에도
타격을 가할 수 있는 특성과 주제를 취했다.

새로운 정신적 경향

10세기부터 베네딕투스 수도회의 전통을 따라 유럽에서는 새로운 정신적 경향의 중 **교황의 직접적인 통제**
심지들이 탄생하기 시작했다. (910년에 설립되었으며, 수도사들 가운데 많은 귀족들이 있
던) 클뤼니 수도원같이 주교의 관할권에서 벗어나 교황의 직접적인 통제를 받았던
대수도원들은 11세기에 1천여 개를 넘었으며, 신성함이란 찾아볼 수 없는, 떠돌이
들이나 다름없었던 방랑 수도사들이라는 현상이 널리 퍼지는 것을 막기 위한 엄격한
규칙에 따라 관리되었다. 이러한 상황에서 베네딕투스의 규칙을 보다 철저히 준수
하기 위한 목적으로 성 요한 구알베르토가 1015년에 처음으로 세운 발롬브로사 수
도원과 1098년 시토에 설립된 시토 수도원을 살펴볼 필요가 있다.

주로 넓은 땅을 소유하고 있었던 대수도원들은 주거와 생산의 중요한 중심지가
되었다. 그들 가운데 적지 않은 수도원들은 유실될 위기에 처한 귀중한 고전 문화유
산의 복구 작업을 수행했다. 수많은 필사가들은 작가들이 이교도라는 사실에 지나
치게 신경을 쓰지 않고 끈기 있게 고전 작품들의 필사 작업에 몰두했다.

하지만 수도원의 이러한 종교적인 예는 성직자들이 너무나도 빈번하게 권력과 타
협했을 뿐만 아니라 그 권력을 직접 행사하고 신민들을 착취하는 데까지 관여했던
당시의 전반적인 모습에서 그야말로 일부에 지나지 않았다. 이미 811년 카롤링거 왕
조 프랑크 국왕의 칙령인 『프랑크 왕들의 교서Capitularia Regum Francorum』는 카롤링거
제국의 여러 지역에서 국민들이 처해 있던 비극적인 경제·사회적인 상황에 대하여
기록하고 있다. "더 가난한 자들이 그들의 재산을 강탈당한 것에 시름하고 있다. 이
러한 악덕에 대하여 주교들과 대수도원장들, 그들의 평신도 대표자들, 백작들과 그
들의 부하들을 비난했다. 그들이 말하기를 자신의 재산을 주교나 대수도원장, 재판
관 또는 그들의 부하들에게 넘겨주기를 거부하는 사람은 각종 구실을 붙여 범법자로
매도되었으며, 처벌을 받거나 오랫동안 군 복무를 해야만 했기에 결국은 자신의 전
재산을 팔거나 넘겨줄 수밖에 없어 빈곤에 빠지게 되었다." (독일 역사 연구의 귀중한

자료인 『게르만 역사 문헌집Monumenta Germaniae Historica』에 나오는) 이 구절은 봉건 권력의 연결부에서 성직자와 교회가 적극적인 역할을 하며 결정적으로 연루되어 있음을 보여 주는 것이다.

소위 말하는 중세의 이단은 바로 설교와 성경의 가르침, 그리고 종종 성직자가 가해자 역할을 했던 괴롭힘과 권력 남용 사이에 나타난 대립의 결과물이었다. 실제로 이단들은 종종 타락하고 부적절한 사제들의 위선과 거짓을 고발한, 그리고 그 때문에 박해를 당한 사람으로 정의되었다.

사상의 여정

11세기 초, 헝가리 차나드의 주교였던 제라르도Gerardo는 그리스뿐만 아니라 이탈리아에서도 이단들이 넘쳐나고 있음을 기록했으며, 반순응주의적인 사고의 확산과 여정에는 국경이 없음을 은연중에 보여 주었다. 다른 종교적 믿음을 가진 사람들의 모습을 연대기 작가의 증언을 바탕으로 하나의 틀 안에 끼워 맞추는 것은 불가능하다. 예를 들어, 샤반의 아데마르Adémar de Chabannes(989-1034)의 『연대기Cronaca』에서는 1018년에 세례는 물론 심지어는 십자가가 아무런 가치를 지니고 있지 않다고 말하며 단식을 실천하고 정절을 지켰던 (그에 의하면 그러는 척했던) 아키텐의 이교도들과 1022년 삼위일체와 함께 교회의 가르침의 기본 원칙들을 부정함으로써 흥분한 군중들로부터 사형私刑(국가나 공공의 법률에 의하지 않고 개인이 범죄자에게 벌을 주는 일*)을 받고 죽임을 당했던 오를레앙의 수사들 같은 모든 이단들을 총칭하여 마니교도로 정의했다.

이단을 상대로 한 원정대 　『밀라노의 역사Mediolanensis historia』의 저자로서 또 다른 연대기 작가인 란돌포 세니오레Landolfo Seniore(11-12세기)는 1026년경 제라르도라는 사람의 인솔로 피에몬테 지방의 랑게 지역 몬포르테 요새에 자리 잡고 있던 이단들의 한 분파를 상대로 밀라노의 대주교 인티미아노의 아리베르토가 조직한 원정대에 대한 소식을 전하고 있다. 이단의 혐의를 받은 이들은 사로잡혀 쇠사슬에 묶여 밀라노로 호송되어 심문을 받게 되었다. 심문관들은 이들이 단식을 실천하고 고기를 먹는 것을 삼가며 성생활을 거부하고 사유 재산을 부인하는 엄격한 생활 방식을 따르는지를 확인하였다. 하지만 또한 심문관들은 이들이 교리를 받아들이지 않고, 성사와 삼위일체를 믿지 않으며, 순교를 천국에 이르는 가장 확실한 길로 여겼다는 것도 밝혀냈다. 그들 가운데 자신의 주장을 철회하려 하지 않았던 사람들은 화형에 처해졌다.

또한 1051년 성탄절에 고슬라에서 로렌의 공작인 고드프리 2세에게 잡혀 황제 하인리히 3세(1017-1056, 1046년부터 황제)의 명에 의해 처형당했던 사람들처럼, 닭의 목을 자르는 것을 거부하는 것만으로도 (많은 이단들은 동물 역시 신의 창조물이라는 이유로 동물을 죽이고 먹는 것을 삼갔다) 교수형에 처해질 수 있었다. 연대기 작가들은 또한 캉브레의 교구인 셰레Schere에서 엄격주의자들의 무리를 조직했던 라미르도 Ramirdo라는 인물의 사건도 기록하고 있다. 그는 제라르도 주교 앞에서 첫 번째 심문을 무사히 통과했지만, (그가 보기에 부적절한 인물들이었던) 지역 신부들과 주교로부터 성찬식 빵을 받는 것을 거부하다 화형에 처해졌다. 라미르도의 처형은 캉브레의 성직자를 상대로 조치를 취했던 교황 그레고리오 7세(약 1030-1085, 1073년부터 교황)의 분노를 샀지만, 이러한 권력 남용은 이 시기의 폭력적인 사회와 분리해서 생각할 수는 없을 것이다.

밀라노의 파타리아 운동과 그레고리오 7세의 개혁

1059년 교황 니콜라오 2세(약 980-1061, 1058년부터 교황)가 소집한 라테라노 공의회는 황제들이 행했던 관례에 반하여 주교 임명에 대한 교황의 독점적인 권한을 주장했으며, 성직 매매와 결혼 생활을 하고 있던 신부들에게 전쟁을 선포하고 주교에게 이들을 제거할 것을 명령했다. 이러한 결정은 또한 동방 교회에 대해서도 교황의 보편적인 우월성을 재조정하기 위한 야심 찬 계획에 포함되었다. 그로부터 몇 년 전인 1054년에 콘스탄티노플의 총대주교 미카엘 케룰라리우스(약 1000-1058)의 로마 교회에 대한 복종의 거부는 소위 말하는 동방 교회의 분열을 불러일으켰으며, 이는 영속적인 분리 상태를 공식적으로 확인했다. 교회의 혜택과 재산의 통제를 수반했기 때문에 경제와 사회에 확고한 파급 효과를 보여 주었던 이러한 라테라노의 결정에는 밀라노의 파타리아pataria 개혁 운동의 대표자들 외에도 카말돌리 은수자회의 창시자인 로무알도, 발롬브로사회의 요한 구알베르토, 베네딕투스회 수사인 소바나의 힐데브란트(훗날 교황 그리고리오 7세) 같은 다양한 사제들도 참여했다.

파타리아라는 이름은 밀라노 방언으로 '넝마주이'를 가리키는 용어와 관련이 있는 것으로 보고 있다. 1500년대 중반, 네덜란드의 '괴gueux派'들도 넝마주이라는 별명을 자랑스러운 기치로 내세웠다.

하지만 공의회의 법령은 밀라노에 적용되지 못했고, 격렬한 소요와 대혼란을 불러왔다. 밀라노의 파타리아 지도자들 가운데 한 명인 카리마테의 아리알도Arialdo(약 1010-1066)는 황제 하인리히 3세에 의해 주교의 자리에 올랐으며, 성직 매매를 일삼던 타락한 밀라노의 대주교인 봉건 귀족 출신의 벨라테의 귀도Guido da Velate(?-1071)의 사주를 받은 2명의 사제에 의해 마조레 호수의 조그만 섬에서 가혹한 고문을 받고 살해당했다. 이 시기 밀라노의 사제들은 대주교의 묵인을 받은 상태에서 대부분 결혼을 했거나 공개적으로 동거를 하고 있었는데, 그들이 집전했던 성사는 파타리아에 의해서 효력이 없는 것으로 생각되었다.

이 시기에는 그리스도교 사회의 2개의 최대 권력 사이에 심각한 위기도 있었다. 『교황령』(1075)에 나타나 있는 그레고리오 7세의 개혁적인 신학 사상은 주로 그들의 도덕성보다는 충성도에 따라 황제에게 선택된 사람들, 소위 말하는 백작 주교의 서임권을 둘러싼 분쟁으로 이어졌다. 이는 교황 그레고리오 7세와 황제 하인리히 4세(1050-1106, 1084년부터 황제)의 심각한 충돌을 불러왔다. 하인리히 4세는 파문을 당하고 카노사에서 굴욕을 겪은 이후, 다시 자신에게 유리하게 형세로 상황을 전환시켰고, 자신의 적인 교황을 로마로부터 몰아내고 이탈리아 남부의 노르만 왕국으로 몸을 피하게 했다. 하지만 일명 그레고리오의 개혁은 교황의 죽음과 함께 끝나지는 않았으며, 그의 후계자들에 의해 보름스 협약(1122)까지 계속되었다.

1095년 11월, 교황 우르바노 2세(약 1035-1099, 1088년부터 교황)는 성지 수복을 위한 십자군 원정을 선포하며 엄청난 성공을 거두었으나, 그보다 더한 논란거리가 되었던 조치인 모든 참가자들에 대한 완전 사면을 실시했다. 전 대륙의 군중들을 동원했던 십자군 원정의 모험은 타락한 삶의 구원에 현혹된 중죄인들에 대한 차별 없는 용서만을 의미한 것은 아니었으며, 명예와 전리품을 기대했던 폭력적인 봉건 귀족들과 사나운 부하들에게는 갑작스러운 분출구를 의미하기도 했다. 연속적인 사건들 가운데 첫 번째로 일어난 이 모험은 계속해서 이어질 성배의 전설의 물꼬를 텄으며, 기사 문학과 서사 문학, 비전秘傳(비밀로 전해 내려온 것*)에 바탕을 둔 새로운 문학 장르를 만들어 냈다.

카타리파의 반발에 대한 고찰

11세기와 12세기 동안 플랑드르 지방에는 플랑드르 백작 로베르 2세와 같은 가문에 속한 귀족으로 추정되는 탄켈모Tanchelmo(?-1115)라는 설교자가 있었다. 그는 성직을 매매하고 결혼한 사제들을 적극적으로 비판하며, 신자들에게 미사에 참여하지 말 것과 사제들의 권위를 인정하지 말 것, 특히 그들에게 십일조를 내지 말라고 권유했다. 네덜란드의 다양한 지역(위트레흐트, 로바니오, 브뤼헤)과 라인 강 주변 지역에서 설교를 하며 많은 시민들을 끌어모으고 선동한 탄켈모는 성공을 거두었지만, 이는 교회의 위계질서를 위협했다. 탄켈모는 1115년 한 사제에게 살해되었다. 이단의 또 다른 진원지들에 대해서는 노장의 기베르Guibert de Nogent(1053-약 1124)가 기록을 남겼다. 수아송 인근의 뷔시르롱에서는 농업에 종사하고 있던 두 형제 클레멘지오Clemenzio와 에베라르도Eberardo가 부적절한 성직자에 항거하고 정통성을 공격하며, 시골에서 설교를 하고 있었다. 이들은 1114년에 체포되어 심문을 받았다. 주교의 결정을 기다리고 있는 사이, 다른 혐의자들과 감금되어 있던 감옥으로 군중들이 난입하여 이들을 화형에 처했다.

오트잘프 출신인 브뤼의 피에르Pierre de Bruys(?-약 1133)의 저항 활동의 터전은 도피네와 프로방스 지방이었다. 이곳에서 이 급진주의적인 성직자는 20년 넘게 성공적으로 자신의 이론을 설파하며, 유아들에게 행하는 세례의 무용성과 교회와 예배당의 건축과 죽은 자들에 대한 기도의 무익함, 성찬식에 대한 믿음의 덧없음을 주장했다. 특히 피에르는 교회가 숭배의 대상으로 삼아 자기 것으로 만드는 대신에 극복하고 기피했어야 하는, 잔혹한 고문을 떠올리게 하는 십자가의 상징에 정면으로 도전했다. 그렇게 해서 피에르와 그의 추종자들은 미디피레네 지방을 배회하다가 1135년경에 사로잡혀 화형에 처해질 때까지 폭력을 행사하고 십자가를 불태우며 다녔다.

십자가의 상징에 대한 도전

이 시기에 어느 정도 유명세를 떨쳤던 또 다른 인물은 브뤼의 피에르의 제자인 로잔의 앙리Henri 수사였다. 그는 수사복을 벗어 던지고 프랑스 남부와 스위스를 돌아다니기 시작했으며 로잔과 르망, 푸아티에, 보르도를 지나 툴루즈에 이르렀다. 그는 아일랜드 수사 펠라기우스Pelagius(그는 원죄가 아담에게만 해당되고 그의 후손들과는 상관이 없다고 주장했다)와 같은 종류의 교리들을 설파하고 다니며, 성직 매매 행위를 저지른 성직자들을 공격함으로써 혼란과 소요를 불러일으켰다. 시토회 대수도원장인 클레르보의 베르나르두스(1090-1153)는 앙리 수사의 개혁적인 열정이 그의 도발적인 기질을 드러내는 것이라고 넌지시 암시하며, 그를 신랄하게 비판했다. 1134년에 처음으로 체포된 앙리는 아마도 시토 수도회에 가입하며 자신의 신념을 바꾸기로 약속했던 것으로 보인다. 시토회에 받아들여졌지만 그는 곧 방랑 생활을 다시 시작했으며, 1145년에 또 다시 체포되어 그때 이후로 그에 대한 소식은 더 이상 들리지 않았다.

1170년대에는 쇠나우의 에크베르트Eckbert von Schönau (?-1184) 신부가 카타리파를 논박한 설교집을 몇 편 집필했다. 이단들은 빈번하게 열린 토론을 통해 에크베르트가 그들의 사상을 받아들이도록 설득했던 것으로 보인다. 에크베르트는 자신의 글에 그들과의 토론 내용을 활용했다. 설교집은 플랑드르 지방의 5명의 이단들이 쾰른에서 붙잡혀 자신들의 교리를 부정하는 대신 화형을 당해 죽는 것을 선택했던 일화(1163년 8월 5일)를 기록했다. 이들 가운데는 형을 선고받지 않았을 때 도망을 쳐 순교를 함께하지 못한다는 생각에 괴로워하며, 동료들이 휩싸인 불길 속에 함께 뛰어든 젊은 여인도 있었다.

브레시아의 아르날도의 모험

클레르보의 베르나르두스는 또 다른 유명한 이교도인 브레시아의 아르날도(?-1155)의 일화에도 연관되어 있다. 타락한 주교 만프레도Manfredo를 비난하는 격정적인 설교로 인해 도시에서 추방된 아르날도는 피에르 아벨라르(1079-1142)의 제자가 되었으며, 상스의 교회 회의(1140)에서 클레르보의 베르나르두스에 의해 스승의 이론이 유죄 판결을 받는 것을 실의에 빠진 표정으로 지켜보았다. 아르날도 역시 해로운 인물로 생각했던 베르나르두스는 루이 7세에게 그를 추방하도록 요청했다. 아르날도는 1145년에 교황 에우제니오 3세(?-1153, 1145년부터 교황)의 사면을 받고 로마로 들어오기 전까지 이탈리아와 프랑스, 스위스, 독일, 보헤미아를 돌아다녔다.

하지만 그가 영원의 도시인 로마에 이르자 상황은 급변했다. 민중들은 반란을 일으켜 교황을 쫓아내고, 원로원 의원의 지배를 받는 지방 자치 정부를 세웠으며, 아르날도도 여기에 적극적으로 가담했다.

앞서 성직 매매와 결혼 생활을 했던 성직자들에 맞선 밀라노의 파타리아와 그 논제를 같이한 이 연로한 이단자의 입장은 이 시기에 더욱 급진적으로 바뀌었다. 새로운 지방 자치제에 더욱 많이 관여하게 된 아르날도는 이탈리아 북부 자치 도시들을 로마의 본보기로 생각했으며, 복음에 기반을 둔 청빈을 내세웠고 교황의 세속적인 권한에 맞서도록 설교한 것 때문에 파문을 당했다(1148). 그러자 아르날도는 황제와 전혀 예기치 못한 동맹을 시도했지만, 잉글랜드인 교황 하드리아노 4세(약 1100-1159, 1154년부터 교황)는 황제 프리드리히 바르바로사(약 1125-1190)와 협정을 체결하였다. 황제는 즉위식을 거행하기 위해 로마로 내려왔으며, 로마에 대한 극단주의적인 입장으로 인해 이제는 로마 시민들로부터도 외면당한 아르날도를 체포하도록 했다. 실제로 많은 로마 사람들은 부활절을 앞두고 교황이 로마에 대한 금지령을 내리자, 순례자들이 유입되지 않아 수입이 사라질 것을 걱정했다. 아르날도는 단기간에 집중적인 재판을 거쳐 화형에 처해졌으며, 그의 유골은 테베레 강에 뿌려졌다(1155). 그는 예민한 상황에 처해 있던 시기에 교황의 권위를 약화시키려는 것이 적절하지 못한 행동이었다는 것을 이해하지 못했다. 그가 1145년에 로마에 도착했을 때는 클레르보의 베르나르두스가 열렬히 지지했던 (결국 실패로 돌아간) 제2차 십자군 원정을 막 선포하려던 시점이었다.

발도파

12세기에 가장 지속적이고 널리 확산된 이단은 단연 1206년경에 사망한 리옹의 발데스Valdes(피터 발도Peter Valdo라는 이름으로도 알려져 있다)로부터 유래한 이름을 지니고 있었다. 그의 교리는 복음적인 가난과 사도적 영성, 세속적인 것과 부에 대한 거부의 회복에 집중되어 있었다. 중세 교회의 주요한 지지대 중 하나인 프란체스코회도 같은 논리와 관련이 있다는 것을 고려한다면, 정통적인 교리와 이단을 구분하는 차이가 얼마나 미묘한 것인지를 명백하게 보여 주는 것이다. 리옹의 부유한 상인이었던 발데스는 부와 안락함을 포기하고 아시시의 프란체스코회에서 몇 년 앞서 활약하였는데, 한동안은 그의 계획이 교회의 노선을 따라 전개되고 있는 것처럼 보였다. 1179년에 그는 자신의 추종자들(그들 사이에는 여자들도 있었다)과 함께 로마에서 열린 제3차 라테라노 공의회에 받아들여졌다. 공의회는 그들이 제안한 경건하고 성스러운 삶의 방식에 대해 호의적으로 평가했지만, 모든 위계제의 통제를 벗어난 삭발하지 않은 자들에게 설교의 성무일과officium praedicandi를 승인할 생각이 없었다.

　신중하지만 다소 무관심한 교회의 이러한 태도는 그리 오래가지 못했다. 1184년에 교황 루치오 3세는 베로나에서 '폐지에 대하여'라는 의미의 "아드 아볼렌담ad abolendam"으로 시작되는 칙서를 공포했다. 이 중요한 문서에는 파문을 선고받은 이단들의 성과 이름이 나와 있었다. 명단은 카타리파를 시작으로 파타리아파, 허위로 자신들을 후밀리아티 또는 리옹의 극빈자들로 불렀던 이단들, 그리고 이제는 잊힌 파사기니파와 조세피니파 같은 이단들을 거쳐 아르날도파로 끝을 맺었다.

로마 법정과의 괴리

플랜태저넷 헨리 2세(1133-1189, 1154년부터 왕)의 한 대리인은 라테라노 공의회에서 아주 진지하게 로마의 법정에서 좋은 의도를 지니고 있었음에도 불구하고 조직화되지 못했던 무산자 계급에 속하는 거지 무리들이 불러일으킨 불신과 두려움을 집약적으로 나타냈다. "일정한 거처가 없었던 그들은 벌거벗은 그리스도를 따라 헐벗은 채로 사도들처럼 모든 것을 공동의 소유로 하며, 아무것도 지니지 않고, 양털로 만든 옷을 입고, 맨발로 둘씩 다녔다. 그들은 지금 다리를 움직이기조차 힘들게 매우 비천하게 시작하지만, 우리가 그들을 일단 받아들이고 나면 우리가 쫓겨날 것이다" (G. Merlo Grado, *Eretici ed eresie medievali*, 1989).

| 다음을 참고하라 |
시각예술 11세기와 12세기의 예술과 교회 개혁(794쪽)

교육과 문화의 새로운 중심지
| 안나 벤베누티 |

수도원 생활에 비해 많은 가르침이 혼란으로 여겨졌던 상황에서 도입된 수도원 학교의 위기에 대응하기 위해 민간 학교들이 강세를 보였다. 이곳에서는 이념적인 형성이 영적인 권력과 세속적인 권력 사이의 대립을 반영하고 있었다. 이러한 상황에서 12세기에 교수들과 학생들의 자유 조합으로 형성된 초기 대학들이 탄생했다.

수도원 학교의 위기

카롤링거 시대 바로 이후에도 교육의 구조는 본질적인 변화를 겪지 않았다. 교육의 문제는 10세기에 유럽이 겪었던 오랜 기간의 정치적·제도적 위기 속에서 퇴보의 국면을 맞이한 것으로 보였다. 오토 왕조 시대와 함께 시작된 제국의 재건도 학교 조직에 변화를 가져다주지는 못했다. 반면에 11세기 중반, 문화적인 측면에서 세속 성직자의 도덕성에 대한 개혁을 뒷받침하기에 적합한 교육 수단을 강화하며 주도권을 다시 잡은 것은 교황청이었다. 이미 교황 그레고리오 시대부터 시작된 개혁적인 동요의 주역이었던 수도원 제도가 교육의 역할을 맡고 있다는 시각을 가지도록 바꾸어 놓은 것은 이 시기에 강력하게 형성된 교회의 성찰에 대한 모습에서 그 원인을 찾을 수 있다. 이로써 속세에서 영혼의 치유를 담당하는 소명을 받았던 성직자들의 활동적인 목회 활동에 비해 명상적인 종교적 규범이 제기되었다. 이러한 관점의 변화 속에서 수도원의 격리된 삶의 심오한 고찰에 비해서 혼란의 원인으로 고려되기 시작했던 교육에 대한 태도도 바뀌게 되었다.

　　수도사의 유일한 의무는 기도라고 주장했던 성 히에로니무스(347-420)의 권위를 기도냐, 학교냐? 회복시킴으로써 11세기 교회학의 혁신에 더욱 관여하게 된 정규 종교 단체에서 교육이 점진적으로 약화되어 그 결과로 교육적인 모든 비종교 단체들로부터 수도원적인 색채가 지워지게 되었다. 몬테카시노 수도원에 학교가 없는 것에 대하여 페트루스 다미아니(1007-1072)가 보여 준 만족감이 그의 금욕주의적인 이상의 엄격함 내에서 자신의 생각을 표현한 것이라면, 클레르보의 베르나르두스(1090-1153)에게서도 학교의 일반적인 방식이 부과했던 '비수도사들'과의 접촉에 대한 반감이 포착되었다. 시토 수도회의 일반적인 규칙(1134)은 정규 수도원에 기존의 학교들을 폐지하도록 명령하며, 교육을 목적으로 수도사나 수련 수사가 아닌 어린아이들을 수도원에 받아들이는 것을 금지했다. 리보의 앨레드Aelred of Rievaulx(약 1109-1166)가 원했던 것처럼 유일한 그리스도의 학교schola Christi의 제자들인 수도사들은 세속적인 문화에 대한 지식에 우선한 성경의 해석이 지닌 신비한 가치를 다시 칭송하게 되었다. 종종 '학교' 문학의 규범과 충돌했던 교부 문학의 재발견은 이러한 국면과 관계가 있었다. 이는 재속 성직자들이 전통적인 교육의 틀을 지속시켜 왔던 도시의 학교에서 사용 중이던 권위들auctoritates, 예컨대 교부들의 문헌과 교재들을 아우르는 것이었다. 자신의 보수적인 부동성 속에서 정규 수도회 문화와 세속 수도회 문화 간에 더욱 충돌을 악화시키며, 수도원적인 고찰의 영적이고 '근본적인' 쇄신을 인지하지 못했던 것도 바로 전통적인 교육이었다. 이러한 대립은 클레르보의 베르나르두스와 아벨라르(1079-1142)의 개인적인 충돌에서 전혀 양립될 수 없는 것임이 밝혀졌다.

민간 학교의 등장

수도사들의 단순성simplicitas(그들 다음으로는 13세기 새로운 종교들의 단순성이 있다)과 성경 말씀의 절대적인 신성함에 바탕을 둔 그들의 지식을 거부하는 과시적인 겸손은 성스러운 지식과 세속적인 문화의 동등함에 대한 거부를 표명했다. 학교 수사학의 지식인들magistri은 철학 연구를 접하고, 아랍 문화를 통해 전해진 아리스토텔레스Aristoteles(기원전 384-기원전 322)의 문헌들의 재발견으로 고무된 교양과정 과목들을 가르치며 신학의 '순수성을 훼손하고', 세속적인 문화를 계속해서 지지했다. 크고 활력에 넘쳤던 주교좌 도시들에서 11세기 그레고리오 7세의 개혁의 상황 속에서 그 역할이 고무된 주교좌 성당 학교들은 경쟁 관계에 있는 수도원 학교 조직에 비해 확고한 기반을 다지며 성직자들의 교육에 대한 수요를 촉진시켰다. 연구 조직이 조정되었으며, 파리의 생트주느비에브Sainte-Geneviève 학교와 같은 특화된 모임들은 샹포의 기욤Guillaume de Champeaux(약 1070-1121)과 생빅토르의 위그Hugues de Saint-Victor(약 1096-1141), 이후 투르네의 스테파노Stefano di Tournai(1128-1203) 같은 훌륭한 스승들을 보유하고 있음을 자랑으로 여겼다. 몇몇 민간 학교들은 대규모 토론회와 철학적인 논쟁에 참여하고, 특정한 과학 지식에 전문화된 지식인들과 학생들의 격렬한 집회를 유치하며, 자신들의 문화적인 이미지를 개선했다. 살레르노에서는 치료 분야에서 오랜 전통을 자랑하고 공인된 실무 교육이 특징이던 의학교가 중세 초기부터 명성을 얻었다. 1070년대에 살레르노 의학교는 데시데리우스Desiderius(약 1027-1087)가 수도원장으로 있던 몬테카시노에서 베네딕투스회의 수도사가 되기 전에 의술을 펼쳤던 카르타고 출신의 의사 콘스탄티누스 아프리카누스Constantinus Africanus(1015-1087, 그리스 의학 고전들과 당시 아랍의 최신 학문 지식들을 라틴어로 옮긴 번역가이기도 했다)로 인해 더욱 명성을 떨치게 되었다.

도시의 성당 학교는 이념 형성의 중심지가 되었으며, 정치적인 집단 조직으로 변모하였고, 여기에서 오래전부터 일반 단체들 사이를 갈라놓았던 제권regnum과 교권sacerdotium 사이의 대립이 더욱 분명해졌다. 이러한 대립은 교황청과 제국의 충돌을 불러일으킨 많은 논쟁들이 표출되었을 때인 그레고리오 교황 시대에 분명하게 드러났다. 프리드리히 바르바로사 황제가 자신이 각별한 관심을 기울였던 황제권의 법적인 부활이라는 막중한 계획을 실현해 줄 새로운 학교 정책을 펼친 것도 바로 이러한 성격을 지니고 있었다. 이러한 분위기 속에서 12세기 중반 볼로냐 같은 곳에서는 최초의 학생들과 교수들의 조합(대학universitates)이 나타나기 시작했다. 이 조합들은 황제의 보호를 받으며 지방 권력의 통제를 벗어날 수 있었고, 교수들의 명성으로 다양하고 많은 학생들을 끌어들일 수 있었다.

학생 대학과 교수 대학

대학은 초기에는 교수들과 학생들의 자유로운 조합의 모습을 취했다. 12세기 사회적 관습의 많은 면을 특징지었던 광범위한 통합 과정에 참여하게 된 것이다. 이 시기에 의미 있는 두 가지 예인 볼로냐(학생 대학universitas scholarum)와 파리(교수 대학universitas magistrorum)는 각기 다른 단체의 계획 안에서 지역 학교 제도의 고유한 발전 과정을 필연적으로 따를 수밖에 없었던 새로운 교육 단체가 채택한 문화적인 규범들과 조직적인 선택의 다양성을 강조했다. 예를 들어, 파리에서는 대학이 노트르담 성당에 있던 학교에서 발전했으며, 아마도 교수 허가증licentia docendi을 통해 가르치는 역할을 부여하는 권한을 지녔던 학교 교육장과의 내부적인 충돌로부터 유래했을 것으로 보고 있다.

학문의 조직을 교회 구조의 독점에서 서서히 벗어날 수 있도록 했지만, 어쨌든 그 **자주적인 운영** 러한 배경이 남긴 것과 관련이 있던 이러한 새로운 조직적인 변화가 성숙했던 정확한 순간을 규명하기는 어렵다. 새로운 대학의 조직체들은 그들의 기원과 발전의 차별화된 사례들 속에서 특정한 정관들을 통해 자주적인 운영 형태들에 대한 공권력의 승인을 받고, 학위의 법적인 가치뿐만 아니라 그들의 제도적인 합법성을 비준할 특별한 허가를 얻어냄으로써 시간을 들여 규칙화했다. 12세기 후반, 유럽의 여러 왕조들에게 보호를 받고 장려된 종합 대학universitas studiorum 집단이 많이 늘어났다. 1176년 플랜태저넷 왕가의 헨리 2세(1133-1189, 1154년부터 왕)는 파리에서 한 무리의 학생들과 교수들을 불러와 옥스퍼드에 잉글랜드 최초의 대학을 설립하게 했다. 1180년대에는 교황 알렉산데르 3세(약 1110-1181, 1159년부터 교황)가 파리의 첫 번째 학문 중심지의 형성을 승인하는 2개의 법령을 공포했으며, 그로부터 얼마 지나지 않은 1200년대 초에는 이러한 현상이 에스파냐로까지 확산되어 살라망카에 하나의 교육 과정studium을 만들게 되었다. 이어지는 약 2세기 동안, 전통적인 학교들과 그들과 관련한 제도적인 대상들에 의해 공인되고 증명된 '특수한 연구'는 국가적이고 국제적인 차원에서 인정받은 일반적인 교육 과정들로 대체되었으며, 시민들의 삶이 살아

나면서 전문적인 지식과 법과 관련한 능력이 필요했던 일반 평신도 세계로부터 대학의 설립 요청이 좀 더 확고해졌다.

| 다음을 참고하라 |
역사 법학의 재탄생과 보통법의 기원(246쪽)
철학 샤르트르 학파와 플라톤의 재발견(309쪽)
과학과 기술 살레르노 의학교와 『아티셀라』(368쪽); 조제법 모음집의 전통과 직업서(390쪽)
문학과 연극 대학의 수사학(443쪽)

법학의 재탄생과 보통법의 기원

| 다리오 이폴리토Dario Ippolito |

11세기와 12세기의 사회·경제적인 변화로부터 새로운 법 규정에 대한 요구들이
나타났으며, 『로마법 대전』의 복구와 연구를 시작으로 볼로냐 주석가들의 학교에서
시작된 이론 작업이 그러한 요구에 부응하고자 활발하게 이루어졌다. 대학의 번성을
통해 새로운 법학은 유럽 수준으로 도약할 수 있게 되었으며, 새로운 법률인
'보통법common law'의 모태가 되었다.

사회 변화, 법질서, 권리에 대한 학문

11세기와 12세기에 유럽 사회의 변화는 복잡한 법률의 특성까지는 영향을 미치지
못했다. 이질적인 법질서의 다양성이 오랫동안 공존했으며, 법의 출전들 사이에서
관례가 그 중심적인 역할을 유지해 나갔다. 공권력이 공포한 법률들의 규정 범위는
제한된 물질 경계 안에 남아 있었다. 하지만 이와 유사한 요소들로 이루어진 배경에
서 두드러진 새로운 현상이 부각되었으며, 점점 법의 무대를 차지하게 되었다. 그것
은 (바로 이 시기에 『로마법 대전』으로 새롭게 불린) 『유스티니아누스 대법전』의 재발견
과 연구에서 시작된 새로운 법학의 탄생이었다.

새로운 경제적 관계

새로운 1000년의 시작을 특징지었던 두드러진 사회·문화적 변화의 맥락 속에서
이해해야만 했던 이러한 문화적인 번영의 영향은 매우 다양했다. 도시화와 제조업

활동의 증대, 늘어난 농산물 생산의 상업화는 중세 전기의 정체된 체제를 깨뜨리고, 개방적이고 활력이 넘치는 상인들의 주변으로 사람들과 물건들을 이동시켰다. 새로운 경제적 관계는 지역의 차원을 벗어남으로써 관습법의 단편적인 조직 속에서는 적절한 보호 수단을 발견하지 못했기 때문에 특별한 규칙과 다양한 관례들을 일반적인 원리와 범주들로 체계화하는 데 적합한 새로운 법적 수단들을 필요로 하게 되었다.

군주처럼 입법권의 권리를 가진 정치 권력의 부재 속에서 완숙기에 이른 중세 사회는 규범적인 원칙들과 명령 체계로 이루어진 보편적인 세상의 건설을 법률학자들의 지식에 맡기고, 이론 작업 속에서 이러한 요구에 대한 답을 찾았다. 따라서 새로운 지식은 실무적인 것과 접촉을 유지하며 탄생하고 발전했다. 경제적이고 사회적인 일들로부터의 요구들을 받아들였고, 로마법의 경험에서 이미 법률에 대한 지식에 포함되어 있던 법의 원형의 적극적인 역할을 취함으로써 법률 제정으로 영향을 미쳤다.

이러한 전형적인 경험이 만들어 낸 업적들에 바탕을 두고 중세의 법률학자들은 자신들의 이론의 권위와 타당성을 수립했다. 여러 세기 동안 서방 세계에는 잘 알려지지 않았던 『학설휘찬學說彙纂, Digesta』, 『칙법휘찬勅法彙纂, Codex』, 『법학제요法學提要, Institutiones』, 『신칙법新勅法, Novellae』 등 50권은 선구적인 학자들에 의해서 문헌학적으로 재구성되었으며, 법률 분야의 '성경'의 반열에 오르게 되었다. 이 법률 서적들은 단지 오래되었기 때문만이 아니라, 신성한 가치에 따라 그리스도교의 황제인 유스티니아누스 대제(481?~565, 527년부터 황제)의 권위로 승인되었기 때문에 상위 법률 지식의 보고로서 보편적으로 유효한 것으로 인정되었다. 동시대 현실에 대한 자료들과 로마법의 추앙의 대상이 되었던 본보기들 사이에서 법학박사doctores iuris들이 학문적인 활동을 전개했다. 이들은 로마법을 현실에 맞게 재해석함으로써 새로운 법적 해결책을 만들어 내며 왕성한 이론적 고찰을 이루었으며, 세대를 거듭하여 새로운 유럽 사회의 '보통법'을 만들어 냈다.

주석가들의 학교

법학의 재탄생은 재판관이자 변호사, 교양 과목 교수였던 이르네리우스(11-12세기) 전통과의 단절
의 활동에서 지속적인 영향과 결정적인 자극을 받았다. 그는 12세기 초, 볼로냐에서

『유스티니아누스 대법전』의 재건과 주석의 혁신적인 작업을 개시했으며, 전통적인 수업의 이수 단위들과 관계를 단절하고 수사학(3학三學, trivium의 체제 속에서 법학은 수사학의 범주에 포함되어 있었다)으로부터 독립된 독자적인 교과목으로서 법학에 완전한 학문적 가치를 부여했다. 법학 연구에 대한 이르네리우스의 접근은 학파를 형성했다. 그의 연구는 제자들(불가로Bulgaro, 야고보Jacopo, 우고Ugo, 마르티노 고시아Martino Gosia)과 그들의 수많은 학생들을 통하여 이탈리아와 유럽의 많은 도시들로 확산되었다. 이 학파는 선호했던 문학 장르 덕분에 ('주석', 즉 설명적인 해석으로부터) 전체적으로 '주석가'라는 이름으로 명명되어 4세대에 걸친 법률학자의 학문적인 사고방식 forma mentis을 이끌며 그 당시 대학에 활기를 불어넣었다. 이론적인 전통의 정수가 집대성되어 있던 아쿠르시우스Accursius(약 1182-1260)의 위대한 작품에서 절정에 달한 주석학파는 그 규정과 원칙들을 글자 그대로 이해해야 하고, 그것들의 상관관계 속에서 해석되어야 할 유효한 법률로 인식된 『로마법 대전』을 법학 교육과 연구의 중심에 두었다. 『유스티니아누스 대법전』의 여백에 작성된 주석들은 단어와 구문의 의미를 명확히 해 줄 뿐 아니라 주석, 즉 분석 중인 주제와 관련한 규정들을 포함하고 있는 다른 저작물의 출전에 대해서도 언급하고 있었다. 이러한 인지적이고 해석적인 노력 속에서 독특한 역사적 측면으로 받아들여지는 대신 유기적이고 결속력 있는 규정의 집합체로 해석되는 유스티니아누스 법률 문서들의 통일된 개념이 드러나게 되었다.

주석의 기법　　(각기 다른 시기로 거슬러 올라가는 이질적인 출처들을 포함하는 입법 작업에서 어쩔 수 없이 많을 수밖에 없었던) 자기모순의 존재를 선험적으로 배제했던 이러한 관점에서 주석가들에게 서로 일치하지 않는 주석들 사이의 (단지 겉보기에만 그런 것으로 여겨졌던) 모순들을 해결할 필요성이 나타났다. 이로부터 구분distinctio이라는 해석적인 기교의 중요성이 나타나게 되었으며, 이러한 구분을 통하여 각기 다른 경우들과 관련한 상충되는 규정들의 의미를 결정함으로써 모순을 해결할 수 있었다. 종종 문헌학적으로 정통한 것에서 벗어난 이러한 방식을 통하여 주석가는 문헌에 대한 글자 그대로의 설명을 뛰어넘어 독창적이고 실용적으로 유용한 법률을 만들어 내기에 이르렀다.

주석과 구분뿐만 아니라, 학파의 원칙은 이론적인 문제들이나 구체적인 경우에 나타난 대립적인 의견들을 모아 놓은 『문답집Quaestiones』, 각각 다른 과목들에 관련한 일반적인 원리를 담은 『일반론Brocarda』, 특정 주제와 관련한 체계적인 설명을 담은 (예를 들어, 법 절차에 대한 소송ordo iudiciorum과 같은) 『해설적 논문Tractati』, 대법전 Corpus의 개별적인 제목들에 대한 짤막한 소개인 『제목 요약Summae titulorum』, 대법전의 네 부분 가운데 하나에 대해 철저하게 다룬 『전서Summae』에 잘 드러나 있다. 이 중 『칙법휘찬』의 구도를 채택하여 『유스티니아누스 대법전』 전체를 다루었던 볼로냐의 아초네Azzone(또는 아초Azzo, ?-1230)의 작품인 『시민법 해석Summae Codicis』이 가장 널리 알려졌다. 이러한 것들과 다른 종류의 문학들은 (이들 가운데 몇 개를 언급하자면, 의문quare, 특전casus, 강연lecturae, 복습repetitiones, 논평집commenta, 논쟁집dissensiones dominorum이 있다) 대부분 볼로냐의 교수들이 지식을 전달할 때 해석적인 연구와 체계적인 작업, 사례별 토론을 통합시키는 데 적합한 엄격한 방식에 따라 실시한 교육 활동과도 관련이 있었다. 이러한 방식은 볼로냐에 다른 나라의 수많은 학생들을 불러 모았을 뿐만 아니라, 유럽의 신생 대학에서 법학 교육의 본보기가 되었다.

교회법의 이론적 발전

로마법에 기초한 연구의 부활은 교황 그레고리오의 개혁적인 문화의 분위기 속에서 샤르트르의 주교 이보Ivo of Chartres(약 1040-1116)에 의해 이론적으로 발전하던 교회법 영역에 신속하게 반영되었다. 1140년대 초, 카말돌리회 수사 그라티아누스는 여전히 교회법을 우선시하면서도 성경에서부터 카롤링거 왕조의 법령집, 교부 문서들로부터 『테오도시우스 법전Codex Theodosianus』, 고해 지도서에서 교황들의 법령집 등 다양한 출처들에서 비롯된 거의 4천 권의 문헌들을 망라한 대大법령집을 완성하였다. 『모순교회법령조화집矛盾敎會法令調和集, Concordia discordantium canonum』이라는 의미심장한 이름이 붙은 법령집은 선별된 이질적인 소재들을 조화롭고 일관된 규정의 체계로 정리하는 것을 목표로 했기 때문에 그 전의 법전들과는 확연하게 구별되었다. 이러한 목표를 위해 저자는 본문과 함께 들어 있던 선언문dicta에서 밝혔던 것처럼, 일련의 기준들을 적용하여 대두된 모순들을 극복하는 데 정진했다. 그러한 기준들은 각기 다른 규정들의 진정한 정신에 대한 확인(의미적 관할권ratione significationis)을 통하고, 이후의 규정이 앞선 것을 폐기하는 규칙(시간적 관할권ratione temporis)을 따르며, 일반적인 규정이 특별한 것에 의해 효력을 잃게 되는 규칙(장소적 권한ratione loci)을 따르는 것이었으며, 이러한 기준들을 채택하는 것이 불가능할 경우에는 하나의

조화로운 규범 체계를 위하여

규칙이 다른 것에 대해 예외임(적용 면제의 권한ratione dispensationis)을 보여 주는 것이었다.

한 개인의 작업인『그라티아누스 교령집』(곧 본래의 이름에 이 이름이 붙게 되었다)은 교회법의 중심축이 되었고, 그 이론적 발전에 시동을 걸었다. 12세기 중반 이후 주석가들이 『로마법 대전』으로 작업했던 것처럼『그라티아누스 교령집』을 연구와 교육의 주요 대상으로 승화시킨, 소위 말하는 '법령주의자들'에 의해 실제로 수사이자 법률학자였던 그라티아누스의 법령집에 기초한 소논문들과 설명집, 주석 작업이 증가했다. 이렇게 해서 방법론적으로나 그 대상에서 신학으로부터 완전히 독립된 교회법이라는 학문이 탄생하게 되었으며, '교회법 연구가들decretalisti'의 이론적인 경향을 통해 이후 수십 년 동안 발전을 거듭했다. 교회법 연구가들의 활동으로 인하여『그라티아누스 교령집』이후 교황들의 법령 서신들에서 만들어진 광대한 규정들이 법률 연구와 법적인 고찰의 영역 속으로 들어오게 되었다.

보통법

교회법은 로마법과 동등하게 대학 교육 과목으로 등극했으며, 로마법과 더불어 (학문적으로는 제한적이지만 지리적으로는 좀 더 넓어진 영역에서) 보통법의 권위를 지닌 한층 강조된 법질서의 다원주의 속에 편입됨으로써 중세의 법체계에 골고루 스며들었다. 이는 2개의 규정 체계 모두 (이들은 함께 일반화된 양법utrumque ius이라는 종합적인 표현으로 불렸다) 보편적인 것으로 인식되었으며, 이들의 바탕을 이루는 규칙과 원리들은 특별한 법체계에 비해 보완적이고 주도적인 역할과 보편적인 가치를 지니고 있다는 것을 의미했다.

교리의
중심적인 역할 보통법의 이론 또한 중심적인 역할로 부응했다. 이러한 이론의 중심적인 역할은 보통법에 대한 연구소를 만들고 원리를 연구하며, 1천여 년의 법적 유산을 철저히 분석하고 새로운 생명을 부여하는 것이었다. 중세 전기에는 법의 실무와 관련한 무수한 표현들이 공증인들의 경험에 바탕을 둔 전문적인 작업의 결과물이었고, 현대에는 법체계가 국가적인 입법 활동의 산물이라면, 12세기에 시작되어 (법의 대전환점을 맞은) 18세기 말까지 이어진 보통법의 시대에는 법 세계의 주인공들은 법학박사들이었다. 이들은 유럽 전역에서 자신들의 생각을 공유하며, 대학 교육과 연구 결과물의 보급과 법률 상담가(14세기에 주석가들의 가르침을 되살렸던, 소위 말하는 '주해자들'이 특히 열정적으로 이러한 역할을 맡았다)로서의 활발한 역할을 통해 법률과 관련한 일들에 깊은 인상을 남겼다.

하지만 법학의 대가들이 해석한 로마법이 모든 곳에서 보통법으로 인정된 것은 **교리에 대한 저항** 아니었다. 예를 들어, 보통법은 고집스럽게 게르만 기원의 관습을 고수하고 있던 북 프랑스의 관습법 지방pays de droit coutumier에서 엄청난 저항에 직면했다. 역사적으로 더욱 주목할 곳은 잉글랜드였다. 잉글랜드의 보통법 체계는 볼로냐 학파가 유스티니아누스의 저작물을 일반법lex omnium generalis으로 재발견했던 12세기부터 대륙의 법률 발전과는 독립적으로 형성되었다. 1066년 노르만의 지배로부터 탄생한 보통법은 중세법의 전형적인 조직에 따라 다양한 계층과 지역의 권리들이 동시에 유효했던 잉글랜드의 보통법이었다. 유럽의 보통법과는 달리 잉글랜드의 보통법은 학리상이 아닌 판례상의 모체를 공유하고 있었다. 사법적인 판결에서 정해진 원칙과 규칙에 따라 이러한 공통법을 만들어 낸 것은 왕립 재판소였다. 유럽의 보통법과는 달리 잉글랜드의 보통법은 프랑스 혁명에 의해 생겨난 독점적인 입법의 사법체계에 대한 대안적인 본보기로서 근대성이 훼손되지 않고 오늘날까지 이르렀다.

| 다음을 참고하라 |
역사 교육과 문화의 새로운 중심지(242쪽)

종교 생활

| 에리코 쿠오초Errico Cuozzo |

1000년 이후, 유럽이 경험했던 부흥기는 종교 생활에도 영향을 미쳤다. 종교 생활의 변화는
영적인 것뿐만 아니라 당대의 정치적인 주역이었던 교회의 혁신에서 많은 영향을 받았다.
이와 동시에 초기 교회의 정신을 되살리려는 움직임들이 나타나기 시작했다. 13세기부터
커다란 영향을 불러일으켰던 청빈과 참회를 기반으로 하는 활동에 대한
실험이 시작된 것이다.

변화의 시대

1000년 이후 유럽의 모든 삶이 되살아났다. 농촌은 더 많이 생산하기 시작했고, 인구는 증가하였으며, 도시는 화폐 경제가 발전하고 사람들의 이동과 생각의 확산이 더욱 집중적으로 이루어지는 활발한 상업 중심지가 되었다. 또한 종교 생활도 혁신되었다.

하지만 그 이전 시기와 완전한 단절이 이루어졌다고 생각해서는 안 될 것이다. 당시 사람들이 과거에 비해 복잡하고 갑작스럽게 변하는 사회 조직을 접하게 되었을 뿐이다. 실제로 유럽이 봉건 제도와 문화가 성숙기에 접어들어 완전한 봉건 시대로 접어든 것은 11세기 중반 이후부터였다. 모든 사회의 움직임이 활발했지만, 이것이 과거와의 완전한 단절을 보여 주는 것은 아니다. 도시와 농촌에 새로운 계층들이 생겨났으며, 이들은 정치 무대에 뛰어들었고 새로운 정착지들이 형성되었다. 농촌에서는 성들이 새로운 기준과 지리적 통합의 중심으로 자리 잡았다. 성의 기사들milites은 새로운 지주와 봉건 영주가 되었으며, 옛 행정 구역들은 해체되었다.

종교 생활도 이러한 '부활'과 밀접하게 연관되어 있다. 이미 10세기 말에 수도원 주변에서는 교회 조직의 변화와 종교 생활의 혁신을 갈망하는 목소리들이 나타났다. 프랑스의 클뤼니 수도원을 본보기로 하고, 또 이와 긴밀한 관계를 유지하며 많은 수도원들이 실제로 비성직자인 평신도의 보호와 주교의 관할권으로부터 벗어나게 되었다. 이로써 11세기와 12세기 유럽의 모든 종교 생활의 중심이 되었던 근본적인 주제인 교회의 자유Libertas Ecclesiae라는 개념이 정립되고 구체화되었다. 평신도들의 서임권과 우월성으로부터 교회를 자유롭게 하는 것은 단지 로마의 고위 성직자들뿐만 아니라, 전체 교회의 모든 구성원들의 가장 주된 목표가 되었다.

이와는 반대로 황제는 교회 개혁의 지지자가 됨으로써 자신의 권력을 더욱 공고히 할 수 있다는 환상 속에서 (하인리히 3세[1017-1056, 1046년부터 황제]의 경우가 대표적이다) 교회의 자유가 자신에게 운신의 기회와 부활의 여지를 제공해 주지 않을 것이라는 사실을 깨닫지 못했다. 교회에 해악을 가져다준 가장 주된 원인으로 지목된 하인리히 4세(1050-1106, 1084-1105년에 황제)는 카노사에서 굴욕을 당했다 (1077).

종교 생활과 교회의 혁신

개혁을 이룬 교황청은 유럽의 그리스도교 사회와 왕국들에게 정치적인 최고의 기준 그레고리오 7세의
전환점
점이 되었다. 클뤼니회의 수사로서 로마 교황청의 중심에서 개혁파의 선봉에 섰던
소바나의 힐데브란트는 1073년에 그레고리오 7세(약 1030~1085)의 이름으로 교황
에 선출되어 이념적이었을 뿐만 아니라 동시에 정치적이었던 작업을 완수했다. 그
는 교회의 자유의 선언과 평신도 권력으로부터의 해방을 위한 분쟁을 주교들과 수도
원장들의 서임권에 대항한 평신도의 투쟁과 교회를 평신도의 권력 위에 올려놓기 위
한 투쟁으로 변모시켰다. 교황은 "교황청이 신으로부터 영적인 것에 대한 관할권을
부여받았다면, 세속적인 것에 대해서도 관할권을 가지지 못할 이유가 무엇인가?"라
고 적고 있다. 이러한 혁신적인 생각들은 1075년 초, 교황 그레고리오 7세의 『교황
령』으로 잘 알려진 문서에 27개 조항으로 요약되어 있다. 로마 교회의 이러한 일대
전환점은 역동적인 사회의 새로운 구조와 교회 고위 성직자들의 활발한 개혁의 움직
임에 적응했던 종교 생활의 대변환을 수반했다. 명령하는 귀족, 싸우는 기사, 기도하
는 성직자 등 많은 사람들이 공동의 선을 위해 일해야만 했고 착취당했던 중세 전기
정적인 사회의 3자 구도가 서서히 끝나고 있었다.

이러한 구도를 대체한 것은 새로운 정치적·경제적 현실과 관련한 가치와 사상을 사회적 신분의
향상
지니고 있던 상인들과 시민들 같은, 이전에는 없었던 계층들이 참여하고 활발한 활
동을 펼치며 새로운 방식으로 확장되고 분화된 사회였다. 이러한 새로운 인물들은
인간의 가치와 습득 능력, 그리고 창조 능력을 관심의 대상으로 삼았다. 지식의 전수
자들인 제자들을 양성했던 옛 성당 학교와 수도원 학교는 12세기 초 대학의 탄생 덕
분에 부자들뿐만 아니라 그보다 못한 사회적 신분의 사람들까지도 교육을 받을 수
있고 사회적으로 신분을 향상시킬 수 있는 중심지가 되었다. 신자들은 중세 전기 성
당 벽화에 묘사된 성경 장면들에 등장하는 수동적인 방관자로 남아 있지 않기를 요
구했으며, 성격을 속어로 번역할 수 있고 교회에서 능동적인 역할을 맡을 수 있음을
보여 주었다.

이러한 역동적인 그리스도교 사회에서 팔레스타인의 성지와 산티아고 데 콤포스
텔라, 로마, 예루살렘으로 향했던 순례들도 더 이상 1000년에 대한 공포와 연관된
종말론적인 시각이 아닌 나름의 독자적인 구원의 길을 찾으려는 신자들의 개인적인
선택과 참회의 과정으로 받아들여졌기 때문에 새로운 의미를 가지게 되었다.

교황권의 강화

11세기 말 유럽 전역에서는 1000년대 초부터 정치적인 권력을 나누어 가진 지역과 성의 영주들에 대하여 권력의 중앙 집중화가 이루어졌다. 군주들과 (주로 독일의) 황제들은 대봉건 영주들과 백작들, 후작들, 주교 백작들로부터 야기된 위기에 직면하여 새로운 영주들을 공인하고 인정했으며, 자신의 봉신으로 삼거나 경우에 따라서는 자신의 관리로 삼음으로써 그들과의 관계를 모색했다. 예를 들어, 프랑스에서는 카페 왕조가 군소 영주들과 신생 부르주아의 지지 덕분에 고위 봉건 귀족들을 배제시키고 통일 국가의 기초를 세울 수 있었다.

1095년에 투르크인들에 대한 '십자군 원정'의 계획이 제기되자 유럽의 모든 고위 봉건 귀족들은 그들을 뒤따랐던 토지를 소유하지 못한 농부들의 무리처럼, 새로운 행운과 보상을 찾아 열정적으로 참여했다. 유럽에서 11세기와 12세기 동안 중앙 권력을 만회하려는 현상은 종교 생활, 특히 로마 교회에도 영향을 미쳤다.

클레르몽페랑에서 제1차 십자군 원정을 호소했던 교황 우르바노 2세(약 1035-1099, 1088년부터 교황)는 수도원 제도의 영감을 받은 '그레고리오의 개혁' 중 성직과 관련한 방향에서 큰 변화를 불러일으켰으며, 이는 교회의 생활과 더불어 12세기 그리스도교인들의 삶에 큰 영향을 미쳤다. 그는 교구에서 주교의 권위를 강화했으며, 그레고리오 7세보다 확고한 방식으로 교황을 정점으로 하여 현재까지도 존속되고 있는 위계적인 조직의 탄생을 위한 기초를 마련하였다.

주교들, 그리고 지역의 현실과 종종 타협하고 합의에 바탕을 두었던 그의 개혁은 전 유럽의 그리스도교 세계에 영향을 미쳤으며, 교구에 본질적이고 근본적인 역할을 부여함으로써 교회와 관련한 일들의 관리 임무에서 평신도들을 전적으로 배제할 수 있었다. 우르바노 2세는 이렇게 해서 밀라노의 파타리아의 경우처럼, 지역의 현실이 12세기를 특징지었던 수많은 이단 운동의 탄생을 고무시키는 근거를 마련했다. 서방 그리스도교 사회의 첫 번째 공의회인 1123년 제1차 라테라노 공의회는 우르바노 2세의 개혁을 승인했다. 지역 교회에 대한 로마 교회의 수위권을 주장했으며, 교구의 고위 성직자들에게 영혼의 치유를 요구했다. 교황은 정치 무대에서 대체할 수 없는 자리를 잡음으로써 유럽의 신생 왕국들과 이탈리아 자치 도시들의 기준점이 되었다. 이렇게 해서 제국을 하나의 절대 군주국으로 변모시키려 했던 황제 프리드리히 1세(약 1125-1190)의 시도는 표류할 수밖에 없었다.

사회의 변화와 신앙심

12세기에 로마 교황의 새로운 역할은 종교 생활의 근본적인 변화를 수반했다. 금욕주의적이고 속세와 동떨어진 수도원의 이상을 지탱하고 있었으며, 시민 계급과 상인들, 새로운 정치적 상황 속에서 권력을 지나게 된 자들을 소외시켰던 플라톤-아우구스티누스의 문화는 위기에 빠졌다. 여자는 더 이상 죄악의 근원으로 고려되지 않았으며, 상업도 더 이상 처벌받지 않게 되었다.

귀족 출신으로 시토 수도회의 수사였던 클레르보의 베르나르두스(1090-1153)는 서유럽의 첫 번째 신비론자로서 자신의 개성과 저서들을 통해 12세기 전반기를 풍미하며 이러한 문화의 추종자가 되었다. 금욕주의적인 수도원 제도의 위기에 대하여 인식하고 있었던 그는 개혁 교회와 그에 종속된 평신도 세계에 대해 설교했다. 개혁 교회에 대한 이상

무시하지 못할 숫자의 평신도 무리들 또한 속세를 버리고 신과의 독자적인 교감을 모색하고자 했다. 카타리파는 정신과 물질 사이에 극복할 수 없는 대립이 존재한다는 전제를 기반으로 마니교적인 사상에 바탕을 둔 이단적인 교리를 만들어 냈다. 그들은 프로방스 지역과 이탈리아 파다나 지방 사이의 지역에서 독자적인 형태의 종교와 시민 생활을 실천했던 카타리파였다.

속세로부터 벗어나려는 움직임에 맞서 여러 왕국들과 도시들로 구성된 새로운 유럽은 대학으로 대변되는 새로운 문화의 양성소에서 현실적으로 물리학과 역학을 이용하여 세상을 연구하며, 밝혀진 진실을 토대로 조화를 모색하고 인간과 세상을 바라보며 유럽을 이끌어 나갈 새로운 길을 마련하였다. 이러한 과정에서 인간과 그 활동 영역의 가치를 높였으며, 종교 생활의 측면에서도 새롭고 혁신적인 문화를 습득하는 데 이르렀다.

가난하고 소외된 신앙심 깊은 평신도들은 더 이상 자신의 죗값을 치르지 않아도 되었고, 부자들에게 동냥을 받아 살며 공동체가 의심의 눈초리로 바라보았던 사람들이 아니었다. 가난한 자들과 회개하는 사람들은 복음을 진정으로 따르려는 훌륭한 그리스도교인의 조건으로 여겨지기 시작했다.

1170년대 초, 발도(?-약 1207)라는 이름으로 잘 알려진 리옹의 한 상인은 리옹의 극빈자들이라는 공동체를 세웠다. 그는 성직 위계제가 없고 모든 것이 공동 소유였던 초대 교회의 가치를 되살리고자 했다.

12세기 말, 종교 생활은 변화의 소용돌이 한가운데에 있었으며 탄생한 지 얼

마 되지 않았지만, 아시시의 프란체스코(1181/1182-1226)와 구즈만의 도미니쿠스
Dominicus(약 1170-1221)와 함께 다음 세기 전 유럽의 그리스도교 사회에 커다란 자취
를 남기게 될 회개의 영성과 청빈 운동으로 충만했다.

| 다음을 참고하라 |
역사 선교사들과 개종(217쪽); 수도회(228쪽)
문학과 연극 종교시(470쪽); 신학, 신비주의 신학, 종교 논문(477쪽); 내세관(493쪽); 전례와 종교극(590쪽)
음악 전례와 종교의 단성 성가와 최초의 다성 음악(834쪽); 11세기와 12세기의 춤: 춤과 종교(855쪽)

말과 돌:
봉건 시대의 전쟁

| 프란체스코 스토르티 |

9세기부터 11세기까지 유럽에 만연했던 폭력은 서유럽의 전쟁 풍습에 상당한 변화를
불러왔다. 요새들이 세워졌으며, 그 결과 새로운 공격 전술이 재발견되어 새롭게
도입되었다. 반면에 기마 전투의 확산은 중세의 경계를 뛰어넘어 여러 세기 동안
유럽 기사단의 특징이었던 투창의 '새로운 조작법'과 같은 더욱 복잡한
전투 기술의 발전으로 이어졌다.

말과 돌

9세기와 10세기 사이에 절정을 이루었지만, 이 시기를 지나서도 오랫동안 지속된 노
르만인들과 헝가리인들, 사라센인들의 잦은 침략과 카롤링거 제국의 몰락 이후 탄
생한 권력 중심지들이 연루된 정치적-군사적 경쟁의 확산 움직임은 서유럽의 전쟁
문화와 기술과 관련하여 두 가지 중요한 결과를 만들어 냈다. 그것은 기마 전투의 전
반적인 확산과 요새의 급증이었다. 이미 카롤링거 왕국의 정치에 관여했던 고위 관
직(백작, 공작, 후작)과 종교인 출신(주교와 수도원장)의 귀족들뿐만 아니라, 재산에 바
탕을 둔 새로운 권력(지주)에 의해 공동으로 표출된 요구는 한편으로는 토지 재산을
내부와 외부의 위험으로부터 보호하기 위한 것과 다른 한편으로는 군대의 효율적인

전력에 의존하기 위함이었다.

성의 건축과 공성 전술攻城戰術

이러한 의미에서 성은 대체로 인구와 공간에 대한 방어를 위임받은 정치적인 조직 체 역할을 하며, 보호에 대한 요구에 가장 부합하는 것이었다. 울타리를 친 원뿔 모 양의 누벽壘壁(10-11세기)의 기초적인 형태를 개량함으로써 12세기에는 활발한 건축 학적 실험이 시작되었으며, 첨탑과 내부의 순찰 통로를 포함하는 외성과 중앙의 성 채(내성內城)를 갖춘 최초의 병영 복합 건물의 건축으로 이어지게 되었다.

전쟁 구조물

  하지만 중세 중기 몇 세기 동안 요새화 과정은 이러한 유형의 건축물에만 해당된 것은 아니었다. 옛 성벽을 보강한 도시, 첨탑과 성벽을 갖춘 대규모 장원의 복합 건 축물에 부속된 마을, 위압적인 성채를 이룬 수도원, 다리와 같이 영토의 통제에 유 용했던 건축물들도 있었다. 이러한 집중적인 요새화 작업의 결과가 공격 전술인 공 성 전술의 완성이었음은 말할 나위도 없다. 바로 이러한 몇 세기 동안, 로마 시대 도 시들의 몰락과 로마 제국 후기 군대들의 거대한 병참 조직의 소멸과 함께 잊혔던 '기술'이 고대의 숙련된 공격 전술을 보존하고 정착시켰던 이탈리아 남부 비잔티움 왕국과 랑고바르드 왕국을 정복한 노르만인들 덕분에 서방에 다시 도입될 수 있었다.

  성벽과 망루 공격용 다리(하프), 바퀴 달린 성벽 접근용 망루(고양이), 불연성 소 재로 감싼 이동용 성벽 파괴 무기(고양이, 돼지), 갖가지 모양과 규모의 투석 장치(당 나귀가 뒷발질하는 원리를 이용한 투석기, 돌을 날리는 큰 구경의 구포臼砲, 전갈), 땅속에 서부터 성벽 밑부분 전체를 파내거나 요새 내부로 공격하는 군사들을 몰래 들여보내기 위한 굴착 장비들(탄광)은 다양한 차원에서 전사들과 동물들, 임부들과 각종 자재들 이 가득한 무리들로 구성되어 제1차 십자군 원정 기간 중의 니케아 공격(1097)처럼 수천 명의 군사들이 참여한 큰 규모의 작전부터 성 또는 첨탑을 둘러싼 지역의 소규 모 작전에 이르기까지 중세 중기 몇 세기 동안 공격 전술과 관련한 작전에 생기를 불 어넣었다.

기마병의 필요성과 확산

마자르족 기병대의 침입, 사라센인들과 바이킹의 노략질, 다양한 기원의 정치적 실 체들 사이의 분쟁, 약탈 등으로 인한 방어의 필요성이 유럽에서 아직도 간직하고 있는 군사적인 모습을 띤 성의 건축으로 표현되었다면, 실질적인 개입 차원에서는 작전의 신속함이 특별한 요소가 되는 전쟁에서 유용한 전사 집단의 결성으로 이어졌다. 이러한 요구에 기병대가 부합했으며, 이러한 이유로 1000년경에 영토의 재편이 이루어지고 있던 모든 권력 중심지들은 서둘러 기마 전사들을 갖추어 나갔다. 이미 기마병들을 갖추고 있는 경우에는 그 수를 늘렸다.

전사들에 대한 혜택

전사들에게 엄청난 혜택을 수여하면서 맺은 봉신 계약은 이러한 무리들의 결집을 위한 가장 이상적인 수단으로 자리 잡았다. 예전부터 엄청난 재산을 보유하고 있었으며, 이미 자신만의 봉신 단체를 결성하고자 하는 의향이 있던 평신도와 교회의 고위 귀족들이 이러한 계약을 이용했지만, 자신에게 어울리는 기병 단체를 결성하기 위해 조상으로부터 상속받은 영지를 나누는 것을 가치 있는 일이라고 여겼던 신분이 낮은 성주들도 이 방식을 이용하였다. 하지만 다른 형태의 병력 모집도 시도되었다. 명확한 신체적인 자질에 기초하여 농부의 자식들이나 특히 노예들의 자식들을 선발하여 그들을 교육시키고 무장시키는 관례가 확립되었다. 이들은 영주의 거처에서 양육되기도 했고, 자신의 토지를 소유했던 이들은 일반적으로 봉건 군주의 가장 긴밀한 충복들의 모임을 구성했다. 그들은 전쟁의 필요성이 만들어 낸 전대미문의 사회적 유동성의 예로, 11세기에 확립된 계급인 기사 노예들이었다.

투창의 '새로운 조작법'

이것이 봉건주의 체제에서 이미 수 세대 전에 뿌리를 내린 것인지 아니면 다른 사회적 영역에서 유래한 것인지에 상관없이, 1000년경의 모든 기마 전사들을 가리키는 명칭이었던 기사들milites에게 매우 특별한 봉사가 요구되었다. 기사에게 필수적이고 특유한 것이었던 기동성으로는 충분하지 못했다. 영주들의 권력이 분화되면서 그 결과로 이용 가능한 자산의 부족함은 그들이 직면한 위험의 실체에 비하여 상대적으로 전사들의 숫자를 적게 유지할 수밖에 없도록 했다. 이로부터 적은 수가 최대한 큰 힘을 가질 수 있도록 능력을 발전시킬 필요가 있었다. 이렇게 해서 중세의 시대적 경계를 훌쩍 뛰어넘어 유럽의 기병을 특징지을 독특한 전투 기술인 투창의 '새로운 조작법'이 탄생하게 되었다. 11세기 후반부터 확립된 이러한 기술은 그때까지 팔을 들어올려 잡았던 창을 오른쪽 겨드랑이 밑에 끼는 것이었다. 이것은 언뜻 보기에는 하찮은 것 같지만 중대한 결과를 가져온 혁신이었다. 실제로 예전 사냥에서 유래한 창을 다루는 법에서는 적의 주위를 돌며 서 있는 적을 공격하거나 말을 탄 상대방을 찌르기 위해서 기마 전사가 멈추어야 할 필요가 있었지만, 달라진 창의 위치는 전사가 무기를 팔 밑에 고정한 채 손으로 창을 겨누고 말을 달리며 적을 가격할 수 있었다.

이러한 기술의 효과는 엄청났다. 말과 기사, 그리고 앞이 뾰족하고 강화된 다양한 무게의 창은 이제 한 몸을 이루게 되었다. 카롤링거 왕조 때의 기사들이 실행했던 달리는 말에서 자세를 바꾸는 전통적인 전술은 분명히 효과적이기는 했지만, 곧바로 기사들이 백병전에 휘말릴 수밖에 없었기 때문에 신속하고 파괴적인 행위에 처음으로 말의 운동 에너지를 활용한 방법이 사용되었다. 이러한 방식으로 기사들의 숫자가 많을 필요는 없었고, 그 효과를 고려한다면 기사들은 강해야 하고 무엇보다 그들의 능력이 절대적으로 필요했다.

전쟁의 전술과 기술

전쟁의 전문화와 봉건 군주제 사회

철갑옷으로 완전 무장하고 원뿔 모양의 무거운 투구 뒤에 얼굴을 숨긴 채로 2.5미터 길이에 15킬로그램 무게의 긴 창을 손에 쥐고 말을 타고 돌진하는 것은 상상만 해도 쉽지 않은 일이다. 이것은 어린 나이부터 오랜 기간에 걸쳐 효과적인 훈련이 요구되는 일이었다. 이렇게 해서 군사적인 행위는, 값비싼 무장을 하고 전적으로 군사 업무에만 전념해야 했기 때문에 농민들과 자기 방어 능력이 없는 사회의 다른 구성원들과 점차 동떨어지게 된 소수의 특권 계층의 전유물이 되었다. 정치적인 전략가였던 랑의 대주교 아달베론(약 947-1030)이 사회 계층을 성직자oratores, 전사bellatores, 농부laboratores로 엄격하게 나누어 사회의 이상적인 구도를 만들었던 것도 바로 11세기 전반이었다. 하지만 이것은 이상적인 구도였을 뿐이다. 현실에서는 농민들의 군복무가 비록 미미한 수준으로 떨어졌지만 여전히 군사적인 영역에 속하여 유지되었다.

엄격한 훈련

지원 인력으로 결성된 농부 군인들은 보급을 지원하는 역할을 수행하고, 때때로 싸우기도 하며 요새의 유지와 방어에 기여했다. 봉건제적인 부대에 뒤이어 기마 부대의 작전에 없어서는 안 되었던 이질적인 보병 부대pedites가 형성되었다. 하지만 그들의 장비와 역할만큼이나 그들의 성격은 모호하고 혼란스러웠다. 그들은 노르만인이 잉글랜드를 정복하던 기간 중 헤이스팅스 전투(1066년 10월 14일)에 모습을 드러냈으며, 황제 하인리히 5세(1081-1125, 1111년부터 황제)를 물리치기 위해 프랑스의 루이 6세(약 1081-1137, 1108년부터 왕)가 결성한 대규모 부대를 뒤따르기도 했다 (1124). 또한 갓 선출된 황제들이 옛 랑고바르드 왕들의 철관을 머리에 두르기 위해 실행했던 이탈리아 원정 도중에 제국의 기마 부대와 함께하기도 했다.

보병을 대체할 수 없었던 말

예전의 방식이 확립되는 사이에도 사회는 새로운 방식을 만들어 나갔다. 그리하여 기마 전사들이 기사단의 모습을 갖추고 기사 문화라는 복합적인 사회 현상을 만들어 내며 그들 나름의 독특한 윤리를 형성해 가는 중에도, 제국의 군대가 휩쓸고 지나갔던 이탈리아에서는 코무네라는 사회 구조의 직접적인 표현으로 사람들을 이용하는 전쟁의 관행(보병 부대)이 무르익었다. 이것은 서양에서 전쟁 기술의 새로운 기원을 열게 된 매우 효과적인 방식으로, 프리드리히 바르바로사 황제(약 1125-1190)는 비극적인 레냐노 전투(1176년 5월 29일)에서 이에 대한 혹독한 대가를 치르게 되었다.

| 다음을 참고하라 |
역사 기사단의 탄생(62쪽); 기사 계급(195쪽)

여성의 권력

| 아드리아나 발레리오Adriana Valerio |

11세기에는 여성의 주권 행사를 공인했으며, 또한 밑에 거느린 성직자들과 신자들에 대하여 그들의 권위를 행사했던 수녀원장들의 반半주교적인 권력이 수립되었다. 또한 남성과 여성 공동체가 함께 생활했던 몇몇 혼성混成 수도원들은 11세기 말에 여성 쪽의 우월한 권위를 인정하기 시작했다. 하지만 규율이 확립되어 있지 않고 결혼한 성직자에 반대하는 법률의 강화는 여성이 신성함과는 거리가 멀다는 부정적인 개념을 형성하는 데 일조하였다.

권력의 구도를 지배한 여성들

11세기는 이미 중세 전기와 유사한 방식으로 귀족 계층에 속하는 여성의 권력 행사를 공식화했다. 섭정을 행할 때는 다양한 차원으로 나뉘어 각기 다른 해결책을 찾았던 것을 볼 수 있는데, 동방과 스코틀랜드, 이탈리아같이 지리적으로 다른 상황에 있던 세 가지 경우를 통해 각각의 본보기가 되는 3명의 여인들을 살펴볼 수 있다.

비잔티움의 여제 조에(약 980-1050, 1042년부터 여제)는 권력을 거리낌 없이 사용 **공평한 여제 조에**
했던 여성 군주의 전형이었다. 그녀는 아버지인 콘스탄티누스 8세(960-1028)의 뒤를 이어 로마누스 아르기누스와 혼인하여 동방 로마 제국을 이끌었다. 5년 뒤(1034년 4월 12일) 남편의 살해를 도모하고, 동시에 젊은 정부였던 미카엘(?-1041, 1034년부터 황제)과 결혼하여 7년 동안 함께 권력을 나누어 가졌다. 그녀는 새 남편 또한 사망하자 그의 조카인 미카엘 5세 칼라파테스Michael V Calafato(?- 1042년 이후)를 황제로 선출하였으나, 오히려 그는 황제가 된 이후에 반란을 일으켜 그녀를 수도원에 감금했다. 하지만 이에 대하여 민중들이 봉기를 일으켰고, 조에는 그녀의 여동생인 테오도라와 함께 여제의 자리에 오르게 되었다. 그러나 두 자매는 자신들의 힘만으로는 통치권을 유지할 수 없다는 것을 잘 알고 있었기 때문에, 콘스탄티누스 모노마쿠스의 젊은 정부들인 셀레레나Selerena와 알라나Alana를 공식적으로 황궁에 받아들이고 높은 지위에 앉히는 것을 바라보는 모욕을 감수하면서까지 그와의 결혼을 결정했다.

두 번째 본보기는 스코틀랜드 왕 말콤 3세Malcolm III(약 1031-1093)와 공식적인 결혼으로 1070년에 왕비가 된 스코틀랜드의 마르가리타Margherita(약 1046-1093, 1070년부터 왕비)다. 그녀의 섭정으로 스코틀랜드는 국가의 형태를 갖추기 시작했다. 통치와 행정의 중앙 집권화 과정이 시작되었으며, 스코틀랜드 교회를 로마 교회에 합병하는 것을 승인했다. 한편, 앵글족의 문화를 따른 왕실은 예술을 보호하고 장려하는 메세나 운동의 중심지가 되었다. 23년 동안 마르가리타는 남편의 고문 자격으로 문화와 종교적인 면에서도 왕국의 조직과 정치에서 주된 역할을 수행했다. 스코틀랜드의 그리스도교화를 장려하고 새로운 수도원의 설립과 자선 사업을 후원했던 그녀의 노력뿐만 아니라 (겸손과 종교적인 자비, 위엄이 한데 어우러진) 모범적인 아내이자 어머니, 왕비로서 중세의 전형적인 본보기가 되었다. 마르가리타는 6명의 아들을 낳았는데, 이 중 마지막 3명인 에드워드Edward, 알렉산더Alexander, 데이비드David는 차례로 스코틀랜드 왕위에 올랐으며, 2명의 딸 마리아Maria와 잉글랜드의 헨리 1세에게 시집을 간 에디트Edith를 낳았다.

카노사의 마틸데　　후작 부인인 카노사의 마틸데(약 1046-1115)의 역할은 이와는 달랐다. 그녀는 교황의 지원을 받아 독일 황제인 하인리히 4세(1050-1106, 1084-1105년에 황제)와 하인리히 5세(1081-1125, 1111년부터 황제)와의 투쟁에서 어머니인 베아트리체 Beatrice(1017-1076)와 함께 열정적이고 단호하게 토스카나를 통치했다. 베아트리체와 마틸데는 1074년과 1075년에 거행된 두 차례의 교회 회의에 참석하여 교회의 개혁 과정에서 주역을 담당했다.

마틸데는 교황 그레고리오 7세(약 1030-1085, 1073년부터 교황)를 초대했으며, 하인리히 4세의 참회에 유력한 증인 역할을 했고, 교황청과 제국의 연결과 중재의 중심으로 남았다. 40년 넘게 중세 국제 외교의 정점에서 활약을 펼쳤던 그녀는 제국의 패권에 대한 요구를 저지할 수 있었다. 마틸데는 직접 소르바라에 군대를 이끌고 가서 하인리히 4세에게 결정적인 승리를 거두었다. 이러한 상황에서 마틸데의 성은 여러 차례 황제의 공격을 받으며 황제에 대한 한 여인의 저항을 상징하게 되었다.

그녀의 권위를 보여 주는 또 다른 표시는 새로운 교황의 지명에 영향력을 행사한 것에서 포착할 수 있다. 마틸데는 1087년에 빅토르 3세(약 1027-1087, 1086년부터 교황)의 이름으로 교황에 선출된 몬테카시노의 수도원장 데시데리우스를 로마까지 데려가는 군사적인 원정에 직접 참여했다. 그 후 교황이 사망하자 마틸데는 자신의 대리인들을 테라치나의 회합에 파견했으며, 이로부터 새로운 교황인 우르바노 2세(약 1035-1099, 1088년부터 교황)의 이름이 거명되었다.

수녀원장의 권력

수녀원은 종교 공동체를 건립하고 확장하며 풍요롭게 하는 데에 재산과 노력을 쏟았던 귀족들에게 채택된 정치적인 전략의 수단으로, 혼인을 하지 않을 여인들을 보내는 곳이었다. 수녀원 운영은 대체로 선출을 통해 수녀원을 세운 가문에 속한 여인에게 맡겨졌다. 수녀원장의 역할은 베네딕투스 수도원 제도에서 주교의 역할과 임무를 합법적이고 공식적으로 수행하는 것을 승인하는 일이었다. 약 8세기부터 16세기까지 자신의 영역에서 수녀원장들이 행사했던 권력은 광범위했다.

독립 수도원　　로마에 직접 종속되어 있기에 지역 주교의 권위로부터 독립적이었던 이러한 수녀원들의 사법적인 주권은 수녀원장에게 구역의 성직자와 주민들에 대한 권위를 주었으며, 서품식의 성사와 밀접한 관련이 있는 기본적인 권리들을 제외하고 주교의 특권들 가운데 많은 것들을 행사할 수 있는 가능성을 수반했다. 이로 인해 수녀원장의 권력을 반≠주교적이라고 말할 수 있다. 몇몇 수녀원장들에게 주교의 권위의 표식인 반지와 주교관主敎冠, 주교장主敎杖(주교가 드는 지팡이*)으로 치장하는 것을 허용하기도 했다.

수녀원장들은 수녀들의 영적인 지침 수립은 물론 수녀원이 관할하는 영역에서 살고 있는 신자들의 종교적인 생활에서 필요했던 것들을 책임졌을 뿐만 아니라 봉건 영주의 자격으로서 자신들의 수녀원에 속해 있던 봉토의 관리에도 관여하며 상응하는 법적·경제적 결과를 얻어냈다. 따라서 이들은 비록 제한된 영토이기는 하지만 수녀원에 직접 종속되어 있던 평신도들에 대해서뿐만 아니라 수녀원에 소속되어 있던 성직자들에 대한 민법과 형법의 집행 임무까지 맡으며 진정한 군주처럼 행동하였다. 수녀원장들은 교회 회의에 참석했으며, 자신들이 참여한 공의회 문서들에 서명했다. 이들은 대수도원을 운영하며, 이를 종종 영적인 경향과 예술 작품의 주문, 연구의 중요한 중심지로 만들었다. 이는 전혀 산발적인 현상이 아니었으며, 오히려 유럽 전역에서 발견되었다.

특히 이 시기에는 수녀원장이 운영하던 봉토-대수도원의 현상과 함께 독일에서 이미 9세기부터 나타나기 시작한 여성 사제들의 교육 제도(위버바서의 성모 마리아 수녀원과 쾰른의 성 우르술라 수녀원)가 확립되었다. 주교 앞에서 순결과 복종의 맹세를 하며 서품을 받은 여성 사제들은 권위의 정도를 증명하는 승인된 권리들을 통해 수녀원을 이끌었다. 그들은 성당의 총회와 교구의 교회 회의에 참석할 수 있었으며, 성직자들에 대한 규율의 권리를 지니고 있었다. **여성 사제들**

여성의 권위 행사에서 또 다른 독특한 상황이 '혼성 수도원'에서 나타났다. 1099년에 아르브리셀의 로베르(약 1047-1117)는 베네딕투스 수도회의 노트르담 드 퐁트브로Notre-Dame de Fontevrault 대수도원을 세웠다. 이 수도원에서는 성모 마리아의 대리인인 수녀원장의 권한을 따르며 남성과 여성 공동체가 함께 생활했다. 모든 남성과 여성들이 그녀에게 신앙을 고백했다. 퐁트브로 대수도원은 4개의 수도원을 포함하고 있었다. 가장 큰 수도원은 처녀들과 과부들을 위한 것이었으며, 나환자들을 위한 성 라자로 수도원, 참회자들을 위한 막달레나 수도원, 그리고 예배식에서 수녀들을 거드는 임무를 맡았던 남성들을 위한 세례자 성 요한 수도원이 있었다. 수녀원장에게 전권이 주어졌으며, 남성 수도원장도 그녀에게 복종해야만 했다. 수도원의 축복문은 실제로 수도원의 영적인 것뿐만 아니라 세속적인 것도 경영할 권한을 담고 있었다. 최고의 힘을 지닌 것은 수녀원장이었다. 그녀는 교육생들 가운데 성직자가 될 사람들을 선택했으며, 종교적인 서원을 받고 그녀에게 임명되어 폭넓은 권한을 행사했지만 항상 그녀를 따라야만 했던 감찰관을 통해 수도회 생활을 감독했다.

교회 내에서의 권력: 성직과 사법권

여성의 배제 성직자들의 혼인과 타락을 반대하는 법률의 강화를 통해 11세기에 진행된 교회 개혁은 혼인 생활과 상반되는 것으로 인식된 신성함과 거리가 있는 여성에 대한 부정적인 인식을 만들어 내는 데 일조하였다. 신성한 성직의 성사에 대한 신학 이론은 점점 더 명확한 방식으로 모습을 갖추었다. 신성한 권리로 여겨진 성직은 전적으로 남성들에게만 맡겨졌다. 남성들에게는 성찬식을 거행하고 성사의 집행(성직의 권한)과 신자들을 교육할 권한, 법(사법적인 권한)에 따라 그리스도교적인 삶의 지침을 통하여 신자들을 인가하는 권한이 인정되었다. 성직의 권한과 사법적인 권한 사이의 이러한 구분은 성직을 부여받은 사람들의 권한 행사로부터 여성들을 배제시켰던 반면, 그들에게 외면의 법정과 내면의 법정(예를 들면, 고백성사에서 죄를 사하는 권한)으로 구분되며 긍정적인 권리로 여겨졌던 사법권(민중의 지배에 대한 권한)을 행사하는 것을 가능하게 해 주었다. 많은 수녀원장들은 외면의 법정의 사법권을 누리고 있었다.

가족적인 담화집 교회법의 조항들은 연약한 인간의 말의 중재보다는 신의 강력한 말씀의 영향력을 참조하며, 은총에 감사를 전달하는 수단으로 여겨진 공개적인 설교를 여성에게 허락하지 않았다. 그럼에도 불구하고 설교는 공동체의 구축으로 이어지는 가족적인 담화집Collationes 같은 사적인 형태로 실시되었다.

영적인 어머니의 입장에서 수녀원장들도 다양한 복음화를 시도하며, 교육과 인도의 사목적인 역할을 수행했다. 대체로 다른 종교를 가진 여성들을 상대로 행했던 그들의 가르침은 영적인 영양분으로서만이 아니라 윤리적-교육적 지침으로 나타났다. 애정 어린 훈계, 종교적인 교육, 신학적인 성격의 강연, 그리고 사제의 관습 또는 신비주의적인 경험에 의해 탄생한 성경 해석학적인 논평은 간결한 표현을 특징으로 하는 수도원 설교의 일부가 되었으며, 가르치고 훈육하는 권위 있는 여성의 말의 위력을 보여 주었다.

| 다음을 참고하라 |
문학과 연극 마리 드 프랑스(553쪽)
음악 트루바두르(840쪽)

축제, 놀이, 의식

| 알레산드라 리치Alessandra Rizzi |

11세기와 12세기의 전반적인 부흥 속에서 오락에 대한 새로운 관심이 고조되었다.
이는 초기의 그리스도교가 자신의 문화와 까다로운 비교를 한 후에 오락을 남성들의
의미 있는 경험의 일반적인 모습으로 고려하여 합법화한 결과였다. 봉건주의 사회에서
마상 무술 시합은 명예를 얻기 위한 수단이었지만, 또한 동맹을 강화하거나 의무를
다하기 위한 정치적인 만남의 기회이기도 했다. 사회적인 교류의 순간들로 유명해진,
부르주아들과 시민들의 놀이와 여가에 대한 기록이 전해지고 있다.

중세 전기의 불확실함부터 오락의 재발견까지

중세의 중간기에 해당하는 11세기와 12세기는 서유럽에서 전반적인 부흥의 시기였
다. 이 시기는 유럽의 대군주국들의 시작과 일치하며, 자신의 사회적인 역할과 함께
신망과 명예의 기초를 무기에 두었던 군사적인 정예 집단으로 대표되는 봉건주의 사
회의 발전과도 부합했다. 또한 이 시기는 농촌의 발전과 정치적인 자주권의 요구를
통하여 도시의 부흥을 알렸다. 문화적인 부흥은 종교적인 영역에서 신앙과 이성의
조화를 이루고 세상에 대한 단일한 해석 체계를 구성하려는 시도로 신학적인 문제들
을 이성적으로 분석하는 경향을 만들어 냈다.

동시에 고대에 거두었던 성공과 초기 그리스도교 문화의 심각한 대립 이후에 오
락에 대한 새로운 관심이 감지되었다. 오락은 새로운 그리스도교 문화에서 위치가
매우 불확실한 가운데 동시대 사람들의 큰 관심의 대상이 되지는 못했지만, 그들
의 습관에 뿌리를 내리며 중세 전기를 보냈다. 풀다의 수도원장에 이어 마인츠의 대
주교를 역임했던 라바누스 마우루스Rabanus Maurus(약 780-856)는 (『사물의 본성Sulla
natura』이라는 작품에서) 놀이를 다루며, 고대인들의 운동과 관련한 특기들(높이뛰기,

*그리스도교의
문화와 놀이*

달리기, 창던지기, 레슬링 등)에 대하여 이야기했지만 그다지 새로운 전문적인 정보들은 제공하지 못했다.

하지만 점차 놀이의 중요성과 특수성에 대한 인식이 성숙했으며, 마침내 놀이의 긍정적인 특성이 인정되었다. 예를 들어, 중세의 주요한 백과사전 편집자들 가운데 한 명인 세비야의 주교 이시도루스Isidorus(약 560-636)는 "힘과 속도의 승리"라고 기록했다(『어원 사전Etymologiae』, XVIII, 17-24). 따라서 상을 획득하기 위해 달리는 것을 권유했던 성 바오로의 유명한 글귀(「코린토 1서」 9장 24-26절)는 중세에 훌륭한 그리스도교인의 삶에 대한 애착을 상징하는 정형화된 개념topos이 되었을 뿐만 아니라 그리스도교의 관점에서 오락의 세계에 대한 재분석을 입증하는 것으로, 일상의 독립적인 가치로서 오락의 회복의 전조를 알리는 것이었다. 실제로 12세기부터 오락은 점점 더 중요한 위치를 확보하게 되었다. 당대의 위대한 사상가들 가운데 한 명인 신학자 생빅토르의 위그(약 1096-1141)가 주장한 오락의 정당화는 매우 상징적이었다. 그에 의하면, (시의 암송과 노래, 춤, 레슬링, 달리기, 마차 경주, 권투 같은) 스포츠와 레크리에이션 활동 속에서 "신체의 자연적인 열은 균형 잡힌 운동을 통하여 잘 공급되며, 그로부터 발생한 즐거움은 정신을 되살린다"(『학문 안내서Didascalion』, II, 27)고 하였다. 지식의 습득 목록에 오락적인 경험을 삽입함으로써 그는 "조직화된 체계의 구도와 당시의 문화적 경향 속에" 그러한 경험을 재배치했다(Gherardo Ortalli, *Tempo libero e Medioevo: tra pulsioni ludiche e schemi culturali*, 1995).

마상 무술 시합과 군사 놀이

중세 중기의 문헌들에서 축제와 놀이, 의식儀式은 중요한 위치를 차지하기 시작했으며, 그 가운데 마상 무술 시합은 보급과 정착을 통해 당시 사회의 상징이 되었다. 마상 무술 시합은 11세기 프랑스에서 방법과 시기를 달리하여 인근 나라들로 확산되었으며, 12세기에 황금기를 맞은 이후 중세 말에는 무사들의 공연으로 변모했다. 중세 중기에 마상 무술 시합의 내용은 전혀 균일하지 않았으며 체계적으로 정리되어 있지도 않았다. 실제로 이것은 기마 무사들 사이의 일종의 회합이었고, 다양한 형태의 결투와 이와 관련한 부수적인 행사들이 공존했다. 대결 관계에 있는 무리들 사이의 집단 결투와 함께 기사들이 쌍을 이루어 펼쳤던 개인 간의 시합(이 형태는 이탈리아에 마상 창 시합이라는 이름으로 널리 보급되었다)과 무기를 다루는 능력의 과

시, 관중들의 집회, 친목 모임이 함께했다. 마상 무술 시합은 그 자체에 대한 다양한 이해(전쟁의 승화, 훈련을 위한 놀이, 전쟁 기술 연습 등)를 넘어서 "패거리의 공격성의 분출과 다른 편에 대한 한쪽의 승리의 순간"과 "전쟁에서 일어나는 것처럼, 전리품과 이에 대한 분배의 구조가 작동한 모의 훈련의 전투가 아닌 관습상의 전투"로 이해되어야만 한다(Duccio Balestracci, *La festa in armi. Giostre, tornei e giochi del Medioevo*, 2001).

1136년 먼머스의 제프리Geoffrey of Monmouth(약 1100-약 1155)의 작품 『브리타니아 연대기Historia Regum Britanniae』(먼머스의 제프리, 『브리타니아 연대기』, 1993) 또는 크레티앵 드 트루아Chrétien de Troyes(1160-1190년에 활동)의 소설, 특히 1160-1170년의 『에렉과 에니드Erec et Enide』(크레티앵 드 트루아, 『에렉과 에니드』, 1999)에서 마상 무술 시합은 동시대 봉건 귀족들의 스포츠-오락 활동에 대한 인식에서 막대한 부분을 차지하였다. 이미 치룬 전투와 치르게 될 전투들의 서막으로 기술되거나 중요한 정치적인 사건(대관식뿐만 아니라 결혼식 등)과 관련하여 마상 무술 시합은 이후 기사가 수행한 영웅담이나 소속된 사회에 뿌리내린 관습에 대한 이야기에 빠지지 않고 나타났다.

잉글랜드와 프랑스에서 기사에 대한 진정한 본보기는 당시 사람들이 전 시기를 통틀어 가장 유명한 기사로 꼽았던 『윌리엄 마샬 이야기Histoire de Guillaume le Maréchal』(약 1220)다. 이 이야기에서 삶의 수단으로 주인공이 치렀던 수많은 마상 무술 시합은 성공을 위한 기본적인 덕목인 용기와 충성, 예의, 대범함을 실천하며 명예를 얻고 사회적으로 더 높은 단계에 도달하기 위한 과정이었다. 이 이야기는 아버지(헨리 2세)가 잉글랜드의 왕위를 이을 후계자로 지명한 헨리 청년왕(1155-1183)의 가정 교사이자 왕실의 관리관이 되기까지 윌리엄이 겪었던 진정한 행운, 즉 자신의 가문에 가져다준 영광에 대한 이야기다.

윌리엄 마샬

제4차 십자군 원정(1202-1204)의 주요 연대기 작가들(혹은 주역들) 중 한 명이었던 빌라르두앵의 조프루아Geoffroi de Villehardouin(1148/1150-1212/1218)는 원정의 시작을 1199년 11월 샹파뉴의 백작령 에크리Ecry의 성에서 펼쳐진 마상 무술 시합과 일치시키며, 증언을 통하여 당시 사람들에게 마상 무술 시합이 무엇을 의미하는지 잘 보여 주었다. 마상 무술 시합은 능력과 군사적인 힘을 보여 주고 명예를 얻거나 싸우기를 기다리며 봉건 기사단을 훈련하기 위한 기회이기에 앞서 우호 관계를 공고히 하고 동맹을 체결하며 정당한 전쟁으로 치부되었던 십자군 전쟁 같은 의무를 떠맡기 위한 정치적인 만남의 기회였다.

도시와 농촌의 놀이와 여가

유럽 봉건 제도의 관습과 함께한 오락의 세계에 대한 새로운 감각은 농부들과 부르주아들이 몰입했던 여가도 만들어 냈다. 본보기가 될 만한 경우들도 있었다. 유명한 정복자 윌리엄(약 1027-1087, 1066년부터 왕)의 이복형제인 오도Odo 주교가 잉글랜드의 왕위에 대한 노르만의 권리 주장을 정당화하기 위해 제작을 의뢰한 바이외 태피스트리Bayeux Tapestry(1070년과 1082년 사이에 제작된 약 70미터 길이의 다채로운 색실로 무늬를 짜 넣은 직물)는 헤이스팅스 전투(1066년 10월 14일)가 묘사되었을 뿐 아니라, 스포츠와 여가를 포함해 앵글로노르만 사회의 모습을 보여 주었다. 특히 작품의 주변부는 농촌(태피스트리 직공들도 아마 농촌 출신이었을 것이다)의 여가와 여흥을 재현하였다.

앵글로노르만 사회

이 중 어떤 것들은 (새총 쏘기, 뱀장어잡이, 황소와 개들의 싸움 등) 특이했던 반면에 다른 것들은 (개의 훈련 또는 곰과 개들의 싸움, 목검 결투, 활쏘기, 그리고 무엇보다 사냥 등) 귀족들의 전형적인 놀이로 보인다. 이것들 중 몇몇은 어떻게 오락과 레크리에이션 활동이 사회적 통합을 가능하게 했는지를 입증하기 위해 (예를 들어, 활쏘기 같은 오락) 귀족들과 농부들이 함께 표현되었다. 이러한 사회적 통합의 순간들은 다음 세기에 계속해서 발전하게 된다. 13세기 잉글랜드에서 농부들은 여가 시간에 그들이 선호했던 여흥들(말 경주, 가상 전투, 공놀이, 스케이트, 물 위에 띄운 통나무에서 상대방을 떨어트리는 놀이, 뱃놀이)뿐만 아니라 사냥처럼 귀족들의 전유물이라고 여기던 백개먼backgammon이라는 서양 주사위 놀이와 체스에도 관심을 보였다. 이와 마찬가지로 하위 계층의 여인들도 때에 따라 남자들과 함께 일반적으로 남성들의 활동(수영, 체스, 활쏘기 등)으로 여겨진 레크리에이션에 참여했다.

또한 윌리엄 피츠스티븐William Fitzstephen(?-1191)의 『런던의 고귀한 문화에 관한 묘사Descriptio nobilissimae civitatis Londoniae』(1173-1175)에서 볼 수 있듯이 새로워진 도시에서도 주민들은 그들의 시간 중 많은 부분을 축제와 놀이, 갖가지 종류의 오락에 할애했다. 윌리엄의 작품은 (비록 어쩔 수 없는 예외와 차이는 있지만) 동시대 도시들의 다양한 실체를 보여 주는 것으로 여길 수 있으며, 그 시기에 대한 비슷한 종류의 글들 가운데 (특히 저자에게 요구된 사회적이고 역사적인 안목으로 인하여) 단연 독보적이었다. 말 경주와 축구, 활쏘기, 레슬링, 높이뛰기, 창과 돌 던지기, 방패 싸움, 동물들끼리의 싸움(특히 닭싸움)과 곰과 황소와 개들 사이의 싸움, 물과 육지에서의 창 시합, 스케이트는 토머스 베킷(1118-1170)의 전기에 기록된 12세기 런던 사람들의 승리에 대한 바람이나 개인적인 성취를 위해 군인으로서 준비를 갖추려 행하던 활동들이었다.

12세기는 인도에서 유래하여 아랍인들의 손을 거쳐 유럽 대륙에 침투한 체스가 처음으로 등장했던 시기다. 교회로부터도 용인된 이 놀이는 유명한 논문들의 소재가 될 정도로 이후에 많은 행운을 누리게 되었다. 체스는 (1283년 카스티야의 알폰소 10세 현명왕이 편찬한 『놀이의 책Libro de los juegos』에 나와 있는 것처럼) 현명하게 현실을 대하는 방식이나 (1300년대 초 도미니쿠스 수도회 수사인 체솔리스의 야코부스 Jacobus de Cessolis의 『장기 놀이에 대한 귀족의 관습과 의무Liber de moribus hominum et officiis nobilium』에 기술되어 있는 것처럼) 올바른 삶에 대한 가르침들을 전해 주며 당시 사회의 상징적인 가치를 지니고 있는 것으로 그려졌다.

| 다음을 참고하라 |
역사 기사 계급(195쪽); 일상생활(269쪽)

일상생활

| 실바나 무셀라Silvana Musella |

1000년경 서방 세계의 실질적인 사회적 구조는 커다란 변화를 겪었다.
집들은 종종 교회 주위에 무질서하게 모여 있었다. 건축 자재는 지역의 자원과
밀접한 관련이 있었다. 교회 종탑의 종소리는 일하는 시간과 휴식 시간을 알렸다.
의복의 기본이 되는 옷은 셔츠였다. 그 위에 남자들뿐만 아니라 여자들도
끈으로 앞을 여미는 겉옷을 입었다. 남자와 여자 모두 머리를 길게 길렀다.
그리고 끓인 물과 함께 제공되는 파스타가 탄생했다.

1000년 이후

1000년은 마치 2개의 다른 세상 사이의 분수령처럼 새로운 경제 운영의 형태와 도시 부흥이 이루어진 새로운 사회 조직의 태동기였다. 인구는 급격히 증가했다. 1000년부터 1300년까지 인구는 상대적인 기온의 상승과 맞물려 3배로 늘었다. 1000년대 초기 수십 년 동안 포 강 유역에서 발생했던 끔찍한 기근도 빠지지 않고 나타났다. 계속된 장마는 포 강을 범람시켰으며, 넘쳐난 물은 가축 사육과 농작물 수확에 큰 피해를 입혔다. 이로 인한 기근은 가혹했고 여러 해 동안 지속되었다. 라둘푸스 글라베르(약 985-약 1050)는 기근을 "보복하는 불모"로 정의했다. 이러한 문제는 고대 세계에도 존재했지만, 로마 제국의 행정적 통합은 효과적인 도로와 통신망과 함께 대참사로부터 보호할 수 있었던 식량 보급 체계를 만들어 냈다. 하지만 중세에는 공권력의 분화와 경제력이 약했고 기술의 부족으로 그와 같은 일들이 불가능했다.

사생활

가족에 대한 새로운 생각

이 시기에 화로에 비해 한층 진보된 것으로서 멀리 떨어진 곳까지 따뜻하게 만들어 주는 넓은 벽난로가 발명되었고, 이것이 보급되면서 야외에서 불을 사용하지 않게 되었다. 벽난로가 지닌 상징적인 중요성은 논란의 여지가 없었으며, 이때부터 결혼으로 맺어진 다소 광범위한 무리를 가리키기 위하여 '벽난로 주변'을 의미하는 단어가 사용되었다. 11세기와 12세기 동안 가족은 더 이상 태생으로서가 아니라 공동의 재산을 소유하고 같은 지붕 아래 살아가는 가부장제 조직의 무리로 이해되기 시작했다. 그 구성에 대해서는 다양한 가능성이 존재했지만, 가족의 숫자만이 장소와 시대에 따라 인구 밀도를 측정하는 것을 가능하게 해 주었다.

일과 휴식을 위한 시간은 교회의 종소리로 구분되었다. 로마 시대처럼 계속해서 낮과 밤을 12시간씩으로 고려했지만, 이러한 시간의 길이는 계절에 따르는 빛의 변화와 함께 달라졌다. 세 시간씩 시간을 구분하는 교회의 관습이 가장 일반적이었다. 각 시간이 끝나는 시점에 하루의 규칙적인 변화를 알리는 종이 울렸으며, 간간이 시도서時禱書(평신도를 위해 쓰인 개인용 기도서*)의 도움을 받아 가며 때에 맞는 기도를 암송하였다. 첫 번째 시간은 해가 뜨는 시간에 예고되었으며, 열두 번째 시간인 저녁 기도 시간은 밤 시간을 결정했다. 세 번째 시간(아침 9시) 즈음에는 두 번째 식사를 하고 다시 일을 시작하여 여섯 번째 시간(정오)에 가장 푸짐한 식사를 하고 다소 긴 휴식을 취했다.

중세 도시들은 조명이 없었기 때문에 모든 직업 활동이 저녁 기도 예배와 함께 끝났다. 부자들만이 내부를 밝히는 초를 이용할 수 있었으며, 대부분은 벽난로에서 나오는 빛으로 만족해야 했기 때문에 저녁 모임은 계획할 수 없었고, 여인들이 화재를 예방하고 그다음 날에도 따뜻함을 유지하기 위해 타고 남은 잔화殘火로 불꽃을 덮고 난 뒤에 곧바로 잠자리에 들었다. 밤의 세 번째 시간은 마지막 기도인 종과에 의해서, 아홉 번째 시간은 아침 기도인 찬과讚課에 의해서 부각되었다. 밤과 해가 없는 낮에는 초가 사용되었다. 모래시계는 짧은 시간을 재기 위해 이용되었다. 요일과 날짜는 여전히 로마식을 따랐으며 로마력, 9시과와 함께 12달의 이름도 옛 로마식 이름을 그대로 사용하고 있었다. 한 해의 시작은 1월 1일이 아니었으며, 12월 25일 또는 3월 25일을 새해 첫날로 삼는 각기 다른 방식이 통용되었다.

평균 수명을 가늠하기는 쉽지 않았다. 하지만 유아 사망률이 높았을 것이라는 점은 의심의 여지가 없으며, 신생아들의 영혼을 구하기 위해 탄생과 함께 곧바로 세례를 주었다. 출생에 대한 증명은 당시 호적부가 없었기 때문에 세례식에 참석했던 많은 수의 대부와 대모들에 의해서 확인되었다. 이름과 함께 세례명 또는 출생지를 가리키는 지역의 이름이 등장하기 시작했다.

집

집들은 종종 교회 주위에 무질서하게 군락을 형성했다. 마을은 아마도 적대적인 요인들로부터 주민들을 보호하기 위해 만들어진 것으로 보이는 좁고 구불구불한 길들이 특징적이었다. 공공건물과 광장들은 별로 없었다. 건축 자재는 지역 자원과 밀접한 관련이 있었다. 하지만 모든 곳에서 기본적인 부분에는 나무를 이용했다. 12세기에 민간 주택에도 돌이 이용되기 시작했으며, 이는 많은 나라들에서 건축 양식의 다양화를 만들어 내는 데 결정적인 역할을 했다.

의복

이 시기에 제작된 나무 조각들은 다양한 사회 계층의 의복 종류를 밝힐 수 있는 가능성을 제공해 주었다. 의복의 기초를 이루는 것은 남자들과 여자들이 모두 착용했던, 다양한 천으로 만들어진 셔츠였다. 여자들은 종종 깃이 있고 수가 놓인, 발목까지 내려오는 셔츠를 입었다. 셔츠 위에는 남자와 여자 모두 끈으로 앞을 여미는 겉옷을 입었다. 남자 겉옷은 소매가 있었으며, 셔츠처럼 무릎까지 내려왔다. 여자 겉옷은 신발까지 내려왔으며, 소매는 상황에 따라 교환할 수 있도록 분리되었다. 겨울에는 안에 입는 옷과 색깔과 길이의 조화를 이루는 가죽 외투를 입었다. 낮은 신분의 사람들은 매우 단순한 옷을 입었다. 여자들은 치마와 코르셋을 입었으며, 남자들은 달라붙는 바지와 조끼를 입었다. 색깔은 양모 본래의 색을 그대로 유지하거나 식물 염료로 집에서 염색했다. 그 위에는 망토를 뒤집어썼다.

'유행'의 탄생　　오늘날과 같은 의미를 지닌 '유행'의 탄생은 12세기로 거슬러 올라간다. 예의를 중요하게 여기는 이상의 확산은 신체와 몸짓, 태도에 관심을 불러일으켰다. 부유한 계층들에게 지나치게 별난 모양이나 특이한 색깔을 사용한 옷을 금지하는 규정이 만들어질 정도로 옷은 사치의 품목이 되었다. 옷의 색깔에는 독특한 의미가 부여되었다. 특히 빨간색은 금과 함께 섞어서 짠 경우에 좋은 징조로 여겨졌으며, 반면에 갈색은 비관적인 것으로 평가되었다. 노란색은 질투의 상징이었지만 군인들이 입기에 알맞은 색으로 여겨졌다. 초록색은 안정적이고 편안한 느낌을 주는 특성이 있어 많은 사랑을 받았다. 어느 정도 나이를 먹은 뒤에는 회색, 검은색 또는 보라색 옷을 입었으며, 하늘색은 정절의 표시로 연인들이 즐겨 입는 옷의 색이었다. 흰색 옷은 아이들이나 정신병자들이 입었다. 남자와 여자 모두 머리를 길게 길렀다. 젊은 여자들은 머리의 중앙에서 양 갈래로 가르마를 탔으며, 길게 머리를 땋아 리본으로 치장했다. 나이가 들면 목 뒷덜미에서 한데 묶어 천으로 싸맸다. 1000년까지는 교회에서만 베일로 얼굴을 가렸으며, 시민들의 축제에서는 베일과 리본이 달린 고깔모자를 썼다. 이럴 때는 머리도 리본과 화관으로 치장했다.

음식

'도마에 음식을 올려놓은 채로' 함께 모여 식사하는 일반적인 관습은 그대로 유지되었다. 음식은 빵 조각 위에 올리거나 두 사람이 함께 사용하는 도마 위에 올렸다. 식탁 위에 접시와 컵, 고기를 자르는 칼들은 몇 개 없었으며, 공동으로 사용했다. 끝이 2개로 갈라진 포크가 이따금 사용되기 시작했으나 교회 사람들은 이것을 쾌락의 도구로 생각했기 때문에 포크의 사용을 오랫동안 금지했다. 중세의 전형적인 음식은 이탈리아 요리의 기본으로 이어진 파스타였다. 로마인들은 얇게 편 밀가루 반죽을 불에 굽거나 기름에 튀겼지만, 이때부터 물에 삶기 시작했다. 그 뒤로 이 음식은 삶은 물과 함께 제공되지 않고 국물 없이 먹게 되면서 소스를 첨가하는 파스타의 탄생으로 이어졌고, 커다란 변화가 찾아오게 되었다. 시칠리아는 이미 12세기에 건조된 면을 수출했다.

위생 상태

고위 성직자들이나 군주들의 일대기에서 몇 가지 정보들이 밝혀지기도 했지만, 하층민들의 출생과 사망을 증명하는 문서들은 존재하지 않았다. 잘 먹지 못하고 자연재해에 무방비로 노출되어 오랜 시간 동안 가혹한 노동에 시달려야만 했던 극빈층 사람들이 평균 수명 이상으로 장수를 누렸을 것이라고는 생각할 수 없다. 평균 수명은 30세를 넘지 않았을 것으로 보인다. 특히 농산물의 수확이 부족했던 시대에는 사망의 원인 또한 다양했다. 말라리아는 지중해 연안 지역의 풍토병이었으며, 나병이라는 이름으로 통칭되던 심각한 피부병들과 함께 극빈층의 주요한 불행 가운데 하나였다. 나병과 유사한 세균이지만 나병에 대항하는 성질이 있는 것으로 생각되던 결핵균이 또 다른 고통을 몰고 왔다.

　몸을 치료하는 것은 의사들만의 임무가 아니었다. '치료사'들의 처방은 무지한 여 ⟨독의사용⟩ 인들과 산파, 약초 채집자, 돌팔이, 연금술사, 유대인, 개종한 사라센인들이 빚어낸 매우 복합적인 범주였다. 하지만 그 결과는 항상 무엇인가 미진했기에 의료 기사와 치료의 선택은 의료 행위의 질보다는 가격에 더 많은 영향을 받았다. 약은 더운 것과 찬 것, 메마른 것과 습한 것을 구분하는 체질과 기질의 이론에 기초하고 있었다. 독약 조제도 제약의 분야에 들어갔기 때문에, 중세의 약전藥典은 식물 표본과 해독제에 대한 내용을 풍부하게 포함하고 있었다. 병에서 회복하는 경우는 종종 수호성인의 성유물 때문이라고 여겨졌으며, 프랑스와 잉글랜드에서는 선병질腺病質을 치료할 정도로 왕이 신통한 능력을 지니고 있다는 믿음이 널리 퍼져 있었다. 생물학적인 재앙과 함께 마녀들도 질병과 사망, 특히 성불구의 원인으로 여겨졌다. 11세기와 12세기에 그들에 대한 고발과 관련한 문헌들이 더 많아지고 세밀해졌다. 13세기에 나타난 것처럼 악마의 개입에 대해 이야기하거나 그들 사이의 계약을 이야기하지는 않았지만, 흉안凶眼의 마력을 가지고 사람을 해칠 수 있는 능력으로 마법을 생각했다.

　죽음에 대한 태도는 다양했다. 현존하는 기록들에 의하면, 몇몇 경우에는 죽음을 영원한 지복의 경지에 이르는 것으로 희망하는 하나의 행사로 생각하고 있었음을 유추해 볼 수 있다. 순례자들은 고국으로 돌아와 본업에 복귀하기 전에 죽기를 기원했다. 이것을 어느 정도까지 믿어야 할까? 많은 사람들이 죄악을 저지른 것에 두려움을 가지고 있었고, 이로 인해 유언을 남겨 재산 상속을 하고 동냥으로 살아가면서 신성한 청빈을 실천하려 했던 것은 분명하다. 많은 사람들은 마지막 순간에 신에 대한 서원을 했다. 영원한 저주에 대한 두려움이 죄의 고해를 유도했으며, 그 죄의 정도에 따라 속죄, 즉 각각의 죄에 알맞은 벌을 통한 속죄로 다시 은총의 상태로 되돌아갈 수 있다는 생각을 가지도록 만들었다.

망자들에 대한 숭배　11세기부터 교회는 망자들의 숭배를 그리스도교화하려는 확고한 의지를 보였다. 성자 무덤 가까이에ad sanctos 죽은 자를 매장하는 관습의 확산은 장례 관습을 더욱 잘 통제할 수 있도록 해 주었으며, 부장품들을 매장하는 관습은 완전히 사라졌다. 다음 세기에 공식적으로 인정되었던 연옥의 벌과 관련한 믿음은 예배 상황에서 수용되기 시작했다. 1024년과 1033년 사이에 클뤼니 대수도원은 만성절(모든 성인의 날 대축일) 다음 날인 11월 2일을 위령慰靈의 날로 삼아 모든 죽은 이들을 기억하는 기념일로 제정하였다. 이 기념일은 곧 전체 그리스도교 사회로 확산되었으며, 진혼 미사의 제정을 통해 죽은 자들을 위한 추도식의 핵심으로 자리 잡았다. 동시에 영혼에 대한 믿음은 새로운 관심을 불러일으켰다. 사람들은 저승에서 고통받고 있는 죽은 자들이 돌아와 살아 있는 자들에게 자신들을 위해 기도해 달라고 간청하고, 그들이 연옥에 머무를 수 있도록 죄를 경감시키기 위한 헌금을 바치고 미사를 거행해 달라고 할 수 있다고 믿었다. 12세기부터 유령의 출현과 기적, 그리고 교훈적인 예들을 담은 이야기들이 많이 늘어났다.

| 다음을 참고하라 |
역사 축제, 놀이, 의식(265쪽)
과학과 기술 조제법 모음집의 전통과 직업서(390쪽)

철학
Filosofia

철학 서문

| 움베르토 에코 |

유럽은 1000년 이후에 전 분야에서 부흥을 경험했으며, 11세기와 13세기 사이의 시기를 '제1차 산업혁명'이라고 이야기하는 사람이 있을 정도로 정치적인 삶과 예술, 경제, 과학에서 근본적인 변화가 이루어졌다는 것은 더 이상 새로운 사실이 아니다. 이러한 물리적인 활력과 생각의 부활에 대해서 그 당시 사람들도 인지하고 있었으며, 1000년대가 끝나기 몇 년 전에 태어나 30살 정도 되었을 때 자신의 저서 『역사서 Historiarum libri』를 쓰기 시작한 라둘푸스 글라베르 수사는 이에 대한 훌륭한 글을 남겼다. 글라베르는 가난한 농부들 사이에 성행했던, 인육을 먹는 잔인한 행위에 대하여 기술했지만 1000년이 도래하면서 세상에 무엇인가 새로운 일이 벌어졌으며, 그때까지 악화 일로에 있던 상황들이 긍정적으로 개선되어 나가기 시작했음을 알리고 있다. 그는 서정적인 문체로 자신의 생각을 풀어냈으며, 이는 중세의 연대기들 가운데 뛰어난 작품으로 평가된다. 그는 "1000년이 지나고 벌써 세 번째 해를 맞자 전 세계에서, 특히 이탈리아와 갈리아에서 바실리카 양식의 교회당을 개축했다. (중략) 모든 그리스도교도들은 더 아름다운 교회를 갖기 위해 경쟁했다. 세계 자체가 노후함에서 벗어나기 위해 요동치고 있었으며 모든 교회가 순백의 망토로 옷을 갈아입고 있는 것 같았다(『역사서』 III, 13)"라고 적고 있다.

철학적인 생각도 이러한 물질적이고 지적인 부활에 동참한 것으로 보인다. 1000년이 끝난 뒤 한 세기 만에 최초의 대학들이 탄생한 것도 우연이 아니다. 대학은 단지 가르침과 연구만을 의미하지는 않았으며, 한 나라에서 다른 나라로 이어진 학자들과 학생들의 끊임없는 이주, 그리고 지식에 대한 좀 더 넓은, 즉 '유럽적인' 시각에서 이루어졌던 지역적인 문화와 전통의 극복을 의미했다.

거인의 어깨
위에 선 난쟁이

이전 세기에는 지식이 단지 전통적인 지혜에 대한 논평으로 비추어졌다면, 이즈음의 몇 세기 동안에는 혁신으로서의 문화에 대한 생각이 두각을 나타냈다. 현대인들을 선조들보다 더 폭넓은 식견을 갖춘 "거인의 어깨 위에 선 난쟁이"로 보는 유명한 경구는 연구란 어떤 식으로든 항상 혁신적이라는 생각을 보여 주었다(어쨌든 그렇게 해석하기를 원했다).

11세기와 12세기에 현대인들에게는 '거인'으로 보이는 사상가들이 모습을 드러 **현대 철학의 기초**
냈다. 오늘날의 순수철학이 캔터베리의 안셀무스Anselmus Cantuariensis(1033-1109)의
존재론에 대한 주제의 수용과 거부 사이에서 아직도 논의가 활발히 이루어지고 있다
는 것을 생각하고, 피에르 아벨라르(1079-1142)의 연구를 통해 이루어졌던 철학적
인 사고의 발전에 대해서 생각하거나 (보에티우스Boethius가 중세 전기에 제기했던) 보편
적인 것에 대한 문제가 실재론자와 유명론자의 논쟁에서 중심적인 위치를 차지하고
있다는 것을 고려한다면, 그리고 지식에 대한 현대의 모든 이론이 결국은 해결되지
못한 예전의 문제와 관련이 있다고 본다면, 이 두 세기에 널리 보급되었던 사상의 생
명력을 가늠할 수 있다.

샤르트르 학파는 당시에 잘 알려진 유일한 플라톤의 대화인 『티마이오스Timeo』를
재해석하며 거대한 우주론을 만들어 냈다. 신비주의 사상은 비토리니Vittorini와 클레
르보의 베르나르두스(1090-1153) 또는 빙엔의 힐데가르트Hildegard von Bingen(1098-
1179)와 함께 절정기를 맞았다. 또한 솔즈베리의 요하네스(1110-1180)의 작품과
함께 현대 정치사상의 기초가 수립되었다. 페트루스 롬바르두스Petrus Lombardus(약
1095-1160)는 이어지는 세기에 교회법에서 꾸준히 언급될 『명제집Sentenze』이라는
작품을 저술했다. 또한 백과사전의 전통은 12세기 백과사전의 집대성이라고 할 수
있는, 보베의 뱅상Vincent de Beauvais(약 1190-1264)의 4권의 『거울들Specula』로 이루어
진 백과사전의 집필 준비 과정과 잉글랜드의 바르톨로메우스Bartholomeus Anglicus(약
1190-약 1250)나 알렉산더 네캄Alexander Neckham(1157-1217)과 같은 작가들을 통해
한층 풍요로워졌다.

12세기는 아시시의 성 프란체스코(1181/1182-1226)는 물론 구즈만의 성 도미니
쿠스(약 1170-1221)가 태어나고 성장한 시기로, 프란체스코회와 도미니쿠스회의 논
쟁들은 그다음 세기의 대학을 지배하게 된다.

이슬람 세계에서도 10세기에 알파라비Al Farabi(약 870-약 950), 10세기와 11세
기에 이븐 시나Ibn Sīnā(980-1037, 아비케나Avicenna라고도 함*), 12세기에 이븐 루시드
(1126-1198, 아베로에스Averroes라고도 함*)와 알-가잘리al-Ghazālī(1058-1111)가 등장했

으며, 모든 철학자들은 13세기와 14세기의 스콜라 철학에 큰 영향력을 행사했다.

아리스토텔레스 작품의 재발견

아리스토텔레스
작품의 번역

12세기가 되자 서양에서 아리스토텔레스(기원전 384-기원전 322)의 작품 대부분에 대한 재발견이 시작되었다. 보에티우스(약 480-525?)는 6세기에 『오르가논Organon』 전체를 번역했지만, 많은 부분이 손상된 채로 수세기 동안 '구舊논리학Logica Vetus' 이라고 불리는 부분, 즉 『범주론Categoriae』과 『해석에 관하여De interpretatione』만이 포르피리오스Porphyrios(233-약 305)의 『아리스토텔레스의 범주론 입문Isagoge』의 번역문과 정언적 삼단 논법과 가설적 삼단 논법, 구분과 변증론에 대한 보에티우스의 다른 논문들과 함께 보급되었다. 보에티우스는 『분석론 전서Analytica Priora』, 『변증론Topica』, 『궤변론Sohistici elenchi』도 번역했지만, 이 작품들은 12세기에 개정되거나 『분석론 후서Analytica Posteriora』(이미 보에티우스가 번역했지만 그 번역본은 분실되었다)와 함께 그리스어나 아랍어에서 재번역될 때까지는 보급되지 못했다. 12세기에 '자연 철학 책들Libri Naturales'이 먼저 아랍어에서, 그리고 그 이후에는 그리스어에서 번역되었다. 『자연학Physica』, 『천체론De caelo et mundo』, 『생성 소멸론De generatione et corruptione』, 『기상학Meteore』, 『영혼론De anima』, 『자연학 소론집Parva Naturalia』 등이었다. 『형이상학Metaphysica』은 먼저 부분적으로 베네치아의 야코부스Giacomo Veneto의 '가장 오래된 번역translatio vetustissima'에 나타났으며, 다른 많은 부분은 역시 12세기에 그리스어에서 번역되었다(중간 번역translatio media). 토마스 아퀴나스(1221-1274)는 뫼르베케의 기욤Guillaume de Moerbeke(1215-1286)이 번역을 완성하여 자신에게 책의 제50권을 제공했을 때에야 완성된 번역본을 가지게 되었다. 그리스어에서 부분적으로 번역된 『도덕론Libri Morales』 또한 12세기로 거슬러 올라간다. 다른 작품들은 13세기에 등장했다. 이러한 막대한 번역 작업은 스콜라 철학의 발전에 결정적으로 중요한 역할을 했다.

유럽의 부활과 지식의 도약

FILOSOFIA

캔터베리의 안셀무스: 사상, 논리학과 실재

| 마시모 파로디Massimo Parodi |

신의 존재에 대한 유명한 존재론적인 증명은 수도원과 아우구스티누스의 사상적 분위기 속에서 탄생했다. 신의 존재에 대해서는 데카르트와 칸트, 헤겔, 러셀도 언급을 하지만, 캔터베리의 안셀무스가 인간 이성의 가능성을 나름의 한계로까지 이르게 하기 위해 적용했던 고찰 안에서만 그 특수성이 이해될 수 있을 것이다.

생애

1033년 아오스타에서 태어난 안셀무스는 26살 무렵에 노르망디의 베크 수도원에 수사로 들어가 수도원의 부원장이자 스승이었던 파비아의 란프랑쿠스(약 1005-1089)의 제자가 되었다. 란프랑쿠스가 수도원장을 거쳐 캔터베리 대주교로 임명되자 안셀무스가 부수도원장의 역할을 맡았으며, 15년 뒤에는 수도원장이 되었다. 란프랑쿠스가 사망하자 안셀무스(1033-1109)는 옛 스승의 자취를 쫓아 캔터베리의 새로운 대주교가 되었다. 인생의 마지막 시기에는 유럽 대륙에서 한 세기 내내 지속되었던 세속적인 권한과 영적인 권한 사이의 문제를 두고 잉글랜드 왕들(윌리엄 2세와 헨리 1세)과 끊임없이 충돌했다.

안셀무스는 이 시기에 종교적인 것뿐만 아니라 실존주의적이고 문화적인 선택의 상징이었던 수도원의 이상을 실현하기 위해 일생을 바친 뒤 1109년 4월 21일에 사망했다. 그의 편지들에는 수도사들에 대한 애정이 묻어났으며, 수도사를 최상의 삶의 모델이라고 믿었다. 6-7세기부터 수도원은 글을 옮겨 적고, 읽고, 노래하며, 기도와 명상으로 변모시킨 삶을 통해 문화의 보전과 보급의 유일한 중심지가 되었다는 것을 잊어서는 안 된다. 성경에 대한 것뿐만 아니라 신이 인간들에게 행한 위대한 말씀들은 강독lectio과 명상meditatio, 기도oratio로 이루어진 일상생활과 공부에 대한 수도원의 엄격한 구분에 따라 강독과 지적인 고찰, 기도의 대상이 되었다.

이성과 신비 이 시기는 이성이 신앙에 대한 내용들을 명확히 밝히는 데 이용했던 수단들에 대하여 더욱 주의를 기울이던 때였다. 예를 들어, 이미 카롤링거 시대에 제기되었던 성체성사에서 신의 존재 방식에 대한 논의가 다시 활발해졌으며, 실제로 이러한 논의에서 때로 이성의 역할과 위치에 대한 입장들 사이에 신랄한 대립이 있었던 것은 분명하다. 실체와 우유偶有(우연히 갖추어짐*) 사이의 관계에 대한 아리스토텔레스의 기본적인 원리를 위반하게 될 그리스도의 몸과 피의 신체적인 존재의 불가능성을 주장했던 투르의 베렌가리우스Berengarius Turonensis(1008-약 1088)와 명제의 의미에 대한 자세한 분석에 기초하여 성체와 관련한 (기호적인) 것뿐만 아니라 신체가 존재한다는 결론을 내리기 위해 논리학의 수단을 이용했던 파비아의 란프랑쿠스는 주요한 인물들이었다.

거의 같은 시기에 유비적인 영역으로부터 계속해서 멀어지기만 했던 삼단 논법이 다시 부활했다. 이미 예전에 아우구스티누스(354-430)는 하나의 주체 안에 단일성과 다수성 같은 상반된 속성들의 존재를 주장하기가 매우 어려웠던 아리스토텔레스의 논리학 영역에 자리 잡기 위해 유비적인 분야에서 삼단 논법을 다루고 밝혀냈다. 한편, 개별적이 아닌 실체에 대해서 아무런 실재성을 인정하지 않았던 콩피에뉴의 로스켈리누스Roscellinus(1050-1120)는 3개의 각기 다른 이름에 각기 다른 3개의 실체를 대응시켜야만 했기 때문에 삼신론三神論으로 비난받았다. 이러한 비난은 바로 안셀무스로부터 제기되었다. 안셀무스는 자기 나름대로『말씀의 육화肉化에 대한 서간Epistola de incarnatione Verbi』에서 신의 삼위일체적 실재성을 설명하기 위해 매우 까다롭고 어려운 유비를 제안하였으며 보편적 속성과 개별적 속성의 관계에 대한 문제에 가까이 다가갈 것을 주문했지만, 이러한 접근 방식은 많은 논란을 낳기도 했다.

안셀무스 또한 언어와 아리스토텔레스적인 절차를 통해 삼위일체에 대해 이야기한다는 것이 불가능하지는 아니더라도 엄청나게 힘겨운 일임을 고백했으며, 순간적으로 그 스스로가 자신의 초기 저서들에서 전적으로 공유했던 아리스토텔레스의 유비적인 이성의 모델을 포기하는 것처럼 보이기도 했다. 실제로 그의 대표작인 『모놀로기온Monologion』과 『프로슬로기온Proslogion』을 저술하던 당시에 안셀무스는 드러내 놓고 아우구스티누스의 '권위Auctoritas'와 특히 그의 『삼위일체론De trinitate』에 대해 언급했지만, 이 두 작품들에 기술된 종합적인 흐름에 대하여 자세히 살펴본다면 이것들이 단순히 아우구스티누스의 권위 있는 강의에 대한 회고뿐만이 아니라 그러한 이성의 모델에 대한 찬미와 진정한 믿음을 보여 준 것이라고 생각할 수 있다.

아우구스티누스의 권위

『모놀로기온』

『모놀로기온』의 첫 번째 부분에는 신의 존재를 보여 주기 위한 3가지 주제들이 제시되어 있다. 이 주제들은 모두 만들어진 현실에 대한 관찰에 근거하고 있으며, 이후에 이야기되었던 것처럼 신플라톤주의적인 영감을 지닌 형이상학적 성격의 2가지 대전제에 기초하고 있다. 그것은 사물은 완전히 같을 수 없으며, 같은 완전성을 지닌 모든 것들은 무엇인가 동일하기 때문에 완전성을 지니고 있는 것이라는 가정이다. 첫 번째 주제는 모든 사람들이 선善을 추구하고 있다는 것, 또는 오늘날 이야기하는 것처럼 그들에게 좀 더 이익이 된다고 생각하는 것을 선택한다는 사실에 대한 관찰로부터 시작되었다. 이러한 방식으로 연구를 수행하기 위해서는 서로 다른 성질의 선을 비교하고, 항상 최고의 선을 나타내는 선택 기준을 이용하는 것이 필요했다. 끝없는 나락으로 퇴보한다는 가정을 피하기 위해서는 점점 더 높은 선의 단계로 올라감으로써 그 아래 단계에 있는 모든 것들을 선하게 만드는 최고선Summum Bonum에 도달해야만 한다는 것을 인정할 필요가 있다. 이러한 추리의 구도 자체는 일반적인 완전성과 모든 창조물(생명체)에서 공통적인 완전성에 유효하며, 따라서 최상의 존재를 인정하게 한 것이다.

이러한 최상의 존재는 모든 사물에 존재를 부여하기 때문에 존재를 무無로부터 창조하는 주체로 여겨졌으며, 따라서 1명의 장인처럼 존재와 (생산 계획에 대한 의미에서) 지식, 그리고 그 계획을 실현하기 위해 작업하려는 의지의 특성들을 지니고 있는 것으로 생각되었다. 또한 이와 같은 경우에도 인간의 지적 능력의 명확한 표현인 기억과 지성, 의지에 기초하여 인간이 최상의 존재와 닮은 모습을 하고 있다는 생각

유비를 통한 추론의 힘

을 수립할 수 있도록 해 준 아우구스티누스의 삼위일체의 주제가 다시 등장했다.

따라서 안셀무스가『모놀로기온』을 시작하며 계획에 입각하여 성경의 권위를 이용하지 않고 단지 이성만을 언급할 것을 천명했을 때, 우리는 이것을 유비적 절차에 바탕을 둔 아우구스티누스의 이성 모델에 대한 명확한 고찰로 이해해야만 한다. 또한 안셀무스는 진실에 근거하여 필요한 주제만 고려할 것을 제안했는데, 이것은 최상의 선을 인간인 장인에 유추하여 생각하고, 인간이 최상의 선과 닮은 모습을 하고 있다는 것을 밝혀 준 순환 논법과 대립되지 않았다. 창조주와 창조물에 대한 삼위일체의 개념은 나머지 모든 것들을 결정짓는 것으로, 어떤 것이 다른 것 위에 위치하는 것이 아니라 양방향으로 영향을 미치는 관계의 필요성에 의거하고 있다.

인간적인 경험에서 시작하여 안셀무스는 최상의 존재에 대한 삼위일체의 명확한 표현을 제안하기에 이르렀으며, 그 스스로도 주장한 것처럼『모놀로기온』이 사물에 대해 의식하지는 않았지만 이미 알고 있다는 것을 보여 주었고, 이에 기초하여 지식 습득 과정의 기초로 삼아야 했던, 아직 그리스도교를 받아들이지 않은 사람들에게 사물을 이해하도록 해 주는 명상을 어떤 의미로 생각해야만 하는지 이해하고 있었다. 이것은 최상의 존재가 그리스도교의 신과 동일시될 수 있다는 가정에 이르는 과정이었으며, 비로소 신앙에 대한 신의 영역이라고 여겨졌던 특성들에 대해 직접적인 논의를 시도함으로써 이러한 결론을 철저히 분석하려는 문제가 제기되었다.

『프로슬로기온』

『프로슬로기온』에서는 앞선 작품과는 달리 탐구를 이끄는 주체가 바뀌었음이 분명하게 나타났는데, 실제로 이번 경우에는 믿는 것을 이해하고자 하는 사람에 대한 고찰을 다루고 있다. 관점은 완전히 뒤바뀌었다.『모놀로기온』에서는 신앙과 독립적인 분석에 기초하여 완전성의 몇 가지 특성들을 포착해 내며, 끝없는 나락으로 퇴보하지 않기 위해 위를 향해 밑이 막혀 있는 모습의 완전성의 단계에 대한 논의가 있었던 반면, 이번에는 절대적인 최상의 경계에 주의를 기울이게 하고 아래에서는 단지 추측만 해 볼 수 있었던 단계에 올라 논의를 발전시킬 수 있도록 해 준 것은 바로 신앙 그 자체였다.

단 하나의 논증　　안셀무스는 경험과 관련한 다양한 시험들을 극복함으로써 이성은 반드시 신이 존재한다는 결론을 내려야만 한다는 것을 보여 주는 '단 하나의 논증'을 발견할 것을 제안했다. 실제로 신은 모든 완전성을 갖추고 있기에 '그보다 더 큰 것을 생각할 수 없다'고 가르쳐 주는 것이 신앙이다. 방금 전에 언급한 정의에 반하여 신의 존재를 부정하는 사람도 방식에 대한 설명을 듣고 그것을 이해한다면, 그에 상응하는 개념이 형성되며 적어도 정신적으로는 어떤 것보다도 큰 존재가 있다는 것을 인정하지 않을 수 없다. 전적으로 경험을 배제하고 정의에 대한 유비적인 논리 분석의 경계를 엄격하게 지키며, 안셀무스는 선험적으로 정의되는 절차를 통해 정신적인 존재가 정신 외적인 존재와도 관련이 있음을 주장했다. 무엇보다도 가장 큰 것에 대한 개념이 그 존재의 완전성까지 포괄하지 못한다면 존재의 완전성을 지니고 있는 같은 대상도 '상상할 수 있으며', 따라서 우리는 정의상 어떤 것들보다도 큰 존재 이상의 무엇이 있을 가능성을 인정해야만 한다는 것이다.

하지만 이러한 지적인 결과가 확실하게 인정받게 되었을 때 안셀무스는 실망스러워 보였고, 자신의 영혼을 향해 다음과 같은 질문들을 던졌다. "네가 발견했다면, 네가 발견한 것을 지각하지 못하는 것은 무엇인가? 주 하느님, 내 영혼이 당신을 발견했다면, 왜 당신은 느끼지 못합니까?"(『프로슬로기온』14) 이것은 지성적인 존재가 추구했던 과정이 충분하지 않기라도 하듯이 실패를 인정한 것이나 다름없었다. 그다음 장에서는 생각할 수 있는 모든 것보다 더 큰 것으로서 신에 대한 새로운 정의가 등장했다. 이제는 그것을 감지하는 가능성마저도 없어지는 것처럼 보였으며, 신은 인간의 사고로 정할 수 있는 어떠한 속성과도 어울리지 않는다는 부정적인 신학의 가능성이 열렸다.

안셀무스의 담론은 전체적으로 삼위일체의 구조를 지니고 있는 것이 분명해 보인다. 『모놀로기온』은 비록 인간이 깨닫지는 못하지만 그 기억 속에 존재하고 있는 기정사실을 제공해 주었던 반면, 『프로슬로기온』은 논리학의 수단을 이용하고 신앙으로부터 제시된 신에 대한 정의의 도움을 받은 지식을 이용한 탐구의 순간이었다. 따라서 이제는 아우구스티누스의 위대한 가르침에 따라 지식의 모든 능력을 연결시킬 필요가 있었지만, 이 경우에는 신 스스로가 주도권을 가지지 않는 한 의지에 의해 사랑으로 충만한 관계에 빠져드는 것은 불가능했다. '단 하나의 논증unum argumentum'의 발견에 뒤이은 이러한 실망은 좌절이 아니라 『모놀로기온』과 『프로슬로기온』에 의해 계획된 모든 과정을 거칠 때에만 얻을 수 있는 더욱 큰 시도의 필수적인 부분이었다.

은총에 대한 기대

또한 『프로슬로기온』에서는 존재하지 않는다는 것을 생각조차 할 수 없을 정도로 본질로 생각했던 신에 대한 궁극적인 정의가 등장했다. 신의 존재를 부정하면서 증명을 시작한 어리석은 자는 신의 부재 자체를 생각할 수도 없으며, 따라서 실제로는 오로지 "신은 존재하지 않는다Dio non esiste"는 구절만 생각할 뿐이었다. 어리석은 자를 변호하기 위해 논쟁적으로 쓴 짧은 글인 「신은 없다고 말하는 어리석은 자를 위한 변명Liber pro insipiente」에서 안셀무스의 논증을 비판한 수사인 마르무티에의 고닐로Gaunilo(11세기)는 반대의 근거들 가운데 안셀무스가 어리석은 자들에게 행했던 것과 같은 논증을 이용했다. 고닐로에 의하면, 안셀무스의 정의에 대해서 낱말들만 생각할 뿐이며 개념은 분명히 형성되지 않았다. 아우구스티누스처럼 안셀무스는 개념을 의미를 지닌 사물들의 정신적인 기호로 고려했으며, 그러한 정의가 의미를 지니고 있다는 것을 신앙이 보장한다면, 그것을 이해하는 것은 그에 대한 개념을 형성하는 것과 같은 가치를 지닌다고 했다. 고닐로는 경험의 중재를 요구했는데, 이는 개념이 어느 정도 그 사물의 이미지여야 함을 요구하는 것이다. 이것은 파악하기 어려운 인식과 이성의 2가지 모델이다.

논리학과 진리

올바른 말의
모델인 신의 말씀

안셀무스의 고찰에서 언어와 사고, 실재 사이의 관계에 대한 관심이 중심적인 역할을 했음은 분명하다. 『진리론De veritate』에서 안셀무스는 명제가 의미를 간직하고 있다는 단순한 이유로 명제가 지니고 있는 전달 능력을 그 명제가 자신의 의무를 다하고, 올바르며, 실질적으로 현실에 있는 것처럼 그 사물들을 의미했을 때에만 볼 수 있는 진리와 구분하였다. 명제가 이러한 방식으로 작용하면, 지식이 성경의 계획으로부터 신이 사물을 정하며 하신 말씀들로 이어지고, 본래의 계획 속에 그 의미가 자리 잡고 있는 사물의 존재로 발전한 신의 창조 과정 자체를 따라갈 수 있도록 해 주었다. 그 명제의 올바름rectitudo은 성스러운 성경에 포함되어 있는 사물들의 의미에 지식이 적응할 수 있도록 해 주는 지침에 지나지 않았다.

따라서 하나의 명제의 완전한 진리는 도덕적일 뿐만 아니라 인식적인 의미에서 그 자체로 머리를 통해서만 인지되었던 올바름이었다. 이것은 명제의 존재 자체를 배제한다고 말하는 것처럼 보이기도 한다. 이러한 의미에서 이제는 사고와 의지, 행위, 사물의 경우에도 진리에 대해 이야기할 수 있다. 특히 사물은 만들어진 대로 기능을 하기 때문에 항상 진실하다. 사물은 바로 진리를 행하기 위해 존재를 부여받으며, 진리를 만들어 내기 위해서는 인간에게 논리와 윤리를 통합할 것을 요구하는 앞의 모든 다른 경우들에 동일한 목표를 규정해야만 했다.

더욱 전문적인 성격의 언어학적인 문제들은 '문법학자'라는 용어가 본질인지 특성인지에 대한 문제를 다룬『문법학자론De grammatico』에서 안셀무스에 의해 다루어졌다. '강하다'는 의미를 지닌 'forte'라는 단어가 '강함'을 나타내는 'fortezza'로부터 나왔고 '문법학자grammatico'가 바로 '문법grammatica'에서 유래한 것처럼 단지 형태에서만 차이를 보이는 어휘들의 공통적인 어근에서 유래한 단어로 정의된 어휘들에 대한 깊은 연구가 이루어졌다. '사람uomo'과 같은 어휘는 직접적으로 그리고 통합적으로 사람을 이루고 있는 특성 전체를 의미하며, 따라서 무엇보다 다른 모든 특성들을 받치고 있는 본질을 의미하는데, 이러한 특성들은 본질 없이는 존재조차 할 수 없는 것들이다. 반면에 '문법학자grammatico'는 직접적으로는 '문법grammatica'을 의미하고 간접적으로는 '사람uomo'을 의미하거나, 혹은 바르게 이야기하자면 '문법'을 의미하고 '사람'을 지칭했다. 다른 경우들과 마찬가지로 안셀무스는 일반적인 언어와 전문적인 언어 사이에 특정 단어들로 이루어진 일반적인 사용과 그들의 독특한 특성들 사이에 존재하는 차이에 대해 주장했다. 또한 이 상황에서도 사물의 의미를 되살리기 위한 어휘의 사용으로 이해되는 올바름rectitudo에 대하여 다시 참조하게 되었으며, 반면에 담화의 계획에 자율성을 인정하는 것은 비합리성의 절정, 즉 언어의 규칙에 근거하여 실재에 대한 결론을 이끌어 낼 수 있다는 가정을 하게 만드는 위험이 있었다.

자유와 언어

담화의 규칙과 어휘의 의미에 대한 안셀무스의 이러한 커다란 관심은 비록 여전히 아우구스티누스의 이론적 경향에 치우친 감이 있었지만, 철학적이고 신학적인 논의에서 논리학이 얼마나 널리 보급되고 공고했는지를 보여 주며, 베크의 대수도원장인 안셀무스가 미래의 스콜라주의적인 방법을 향해 나아가는 결정적인 변화 과정들 가운데 자리 잡고 있었음을 보여 주고 있다.『하느님은 왜 인간이 되셨는가Cus Deus homo』에서 안셀무스는 무슨 이유로 원죄의 수행을 그리스도라는 존재 이외에는 맡을 수 없었는지에 대해 자문했다. 인간은 자신의 빚을 갚아야 하지만, 그보다 아래에

신에 대한 인간의 의무

있는 어떠한 창조물도 원죄의 합당한 속죄를 신에게 구할 정도의 수준이 되지 못했을 것이다. 봉건주의적인 논리들을 떠올리는 것처럼 보이는 도덕적인 의무, 의무의 수행, 공정, 완전한 경지에 이른 신분 등과 같은 주제들이 함께 뒤섞여 권력과 필연성, 의지와 같은 기본적인 어휘들에 대한 꼼꼼한 분석들과 조화를 이루고 있는 것을 지켜보는 일은 매우 흥미롭다.

신에게 적용되는 필연성과 필요한 행동의 이상들은 어떤 식으로든 신의 권능을 제한하는 요구를 할 수 없다. 신의 경우에는 단지 필연성에 대해서만 말할 수 있을 뿐이다. 이러한 필연성은, 어떤 것이 존재한다면 그것이 존재하는지 아닌지를 동시에 인식할 수 없다는 단순한 사실에서 유래한 것이다. 이는 결국 모순율矛盾律로부터 기인한 논리적인 필연성에 대한 것으로, 이로 인해 구원의 역사와 관련한 사건들은 필연적으로 특정한 방식으로 나타났지만, 그 이유는 단지 그러한 방식으로 나타났기 때문이라고 말할 수 있다.

결핍과 같은 죄악 관련 주제들의 복잡성과 다양성에 커다란 관심을 기울이며『자유 의지론De libertate arbitrii』,『악마의 몰락에 관하여De casu diaboli』,『예지豫知, 예정豫定 및 신의 은총과 자유 의지와의 조화에 관하여De concordia praesicientiae et praedestinationis nec non gratiae Dei cum libero arbitrio』같은 작품에서 안셀무스가 다룬 또 다른 문제는 자유와 자유 의지에 대한 것이었다. 죄를 지을 수 있는 가능성을 어떤 힘의 형태로 정의하고, 따라서 죄를 짓거나 짓지 않을 가능성을 자유 의지로 인식하는 것은 언어의 오용이었다. 죄악은 무능이자 결핍이며, 분명 긍정적인 기회는 아니었다. 다시 한 번 어휘의 특성에 대한 세심한 고려가 자유 의지를 사랑에 대한 의지의 올바름을 유지할 수 있는 힘으로 일관되게 정의할 수 있도록 했다.

이어지는 몇 세기 동안『프로슬로기온』의 '단 하나의 논증'이 거두었던 커다란 행운은 안셀무스를 신앙과 안전한 조화를 이루며 이성의 힘을 대표하는 일종의 신화적인 인물 또는 사물의 합리성 속에서 사물들의 실체의 근본을 찾고자 하는 이상주의의 본보기로 만들었다는 것이다. 또한『모놀로기온』과『프로슬로기온』에서 아우구스티누스의 이성에 대한 찬양을 잊지 말아야 하며, 이러한 방식을 언어학적인 분석과 논리학의 이용에 대한 세심한 주의와 밀접하게 결합함으로써 아우구스티누스의 모델을 점진적으로 뛰어넘어 12세기의 새로운 학교들과 그다음 세기의 대학들에서 확립된 새로운 논리적-논쟁적 이성을 향해 나아가기 시작했다.

| 다음을 참고하라 |
철학 피에르 아벨라르(289쪽)
문학과 연극 라틴어 시와 학생 방랑 시인의 풍자시(516쪽)

피에르 아벨라르

| 클라우디오 피오키|Claudio Fiocchi |

아벨라르는 무엇보다 보편적 특성에 대한 논의에 적극적으로 참여했던 뛰어난
논리학자였다. 그 뒤에는 신학과 윤리학 분야에서도 학문의 근본적인 혁신을 이끌어
내며, 논리학의 방법론을 채택했다. 이단으로 판정된 그의 논제들은 유죄 판결을
받았다. 항상 그를 따라다녔던 명성은 지적인 재능뿐만 아니라 젊은 엘로이즈와의
극적인 사랑 이야기에 기인한 바가 크다.

성공에서 추문으로

아벨라르(1079-1142)의 진지하고 모험적인 삶은 그가 한 친구를 위로하기 위해 썼던
(또는 그렇게 전해지고 있는) 자전적인 편지 『나의 불행 이야기Storia delle mie disgrazie』덕
분에 잘 알려져 있다. 우리는 이 편지로부터 아벨라르가 1079년 브르타뉴 지방 르
팔레의 조그만 귀족 가문에서 태어났음을 알 수 있다. 그는 곧 가문의 대를 잇는 것
을 포기하고 '미네르바의 품 안에서 교육받는 것', 즉 학문에 헌신하기로 결심했다.
그 시기에 아벨라르는 당대의 논리학 대가들이었던 로스켈리누스(1050-1120)와 샹
포의 기욤(약 1070-1121)의 제자가 되었다. 기욤과의 대립으로 어려움을 겪은 뒤에,
논리학의 대가로서 그의 명성은 파리에서 절정에 달했다. 그는 서른을 넘긴 나이에
신학 공부를 시작하기로 결심했다. 그는 당대의 뛰어난 학자였던 랑의 안셀무스(약
1050-1117)의 문하생이 되었으나, 그에게 커다란 불만을 느끼게 되었다. 안셀무스와
그의 제자들과 몇 차례 대립 이후, 그는 파리로 돌아와 자신이 직접 성경과 교부들의
종적을 해석하며 신학을 가르치기 시작했다.

그의 인생에서 이 시기(1117)는 뛰어난 교양을 갖춘, 파리 대성당 참사회원 퓔베 엘로이즈와의
만남
르Fulbert의 조카딸 엘로이즈Héloise(약 1100-1164)와의 사랑 이야기와 연결된다. 아벨

라르는 퓔베르의 집에서 자신이 엘로이즈를 가르칠 수 있도록 그를 설득했다. 엘로이즈와의 관계는 추문과 임신으로 이어져, 엘로이즈는 아벨라르가 숨겨 준 브르타뉴에서 아스트롤라비우스Astrolabius를 출산했다. 퓔베르와 다시 화해하기 위해 아벨라르는 비밀리에 결혼식을 올렸으나, 비밀 유포와 조카딸을 향한 퓔베르의 저주는 아벨라르가 엘로이즈를 아르장퇴유의 수도원에 숨길 수밖에 없도록 만들었다. 이즈음 배신을 당해 조카딸이 수녀가 되었다고 느낀 퓔베르는 아벨라르를 거세함으로써 보복했다.

위대한 작품들의 저술과 유죄 선고

유죄 선고와
은둔 생활

이후 몇 년 동안 아벨라르는 수도사가 되어 생드니 수도원에 들어갔지만 (메종셀의 소수도원에서) 가르치는 것을 중단하지는 않았다. 이 시기에 그는 하느님의 유일성과 삼위일체성에 대한 논문(『최고선의 신학Theologia Summi Boni』)에 표현된 논제들로 인해 사벨리우스주의Sabellianism(삼위일체설에 대한 신학과 사벨리우스의 이단적 이론*)의 혐의로 수아송 공의회(1121)에서 유죄 선고를 받았다. 이후 『그리스도교 신학Theologia Christiana』과 『우리들의 논리학Logica nostrorum』, 『그렇다와 아니다Sic et Non』가 빛을 보게 되었으며, 아마도 『심화 과정을 위한 논리학Logica Ingredientibus』과 『변증론Dialectica』은 이 작품들보다 몇 년 전으로 거슬러 올라가는 것으로 보인다. 하지만 이 모든 작품들에 대한 저술 연도의 산정은 아벨라르가 자신의 글을 재작성하거나 수정하는 습관 때문에 복잡하고 부정확해졌다. 아벨라르는 뒤이어 트루아 인근의 수도원에 은둔하며, 그곳에 파라클레트Paraclete(성령) 예배당을 지었다. 이 수도원에 많은 학생들이 몰려들자 위협을 느낀 아벨라르는 1126년에 브르타뉴로 옮겨 생 질다 수도원의 운영을 맡으며 몇 년을 그곳에서 머물렀다. 그는 1129년에 파라클레트를 아르장퇴유의 수녀들에게 양도했으며, 생드니의 대수도원장이 그 수도원의 소유를 주장한 이후로 거처 없이 지내던 엘로이즈는 이곳의 수녀원장이 되었다. 『학생의 신학Theologia Scholarium』과 『베드로 서간에 관한 주석Commento all'Epistola di san Paolo』, 『윤리학Ethica』, 그리고 이전의 작품들에 대한 새로운 집필은 이 시기로 거슬러 올라간다.

인생의 마지막 시기

그 뒤 몇 년 동안, 아벨라르는 그를 이단으로 고발했던 클레르보의 베르나르두스(1090-1153)와 생티에리의 기욤Guillaume de Saint-Thierry(1085-1148)과 격렬한 논쟁에 몰두했다. 이러한 충돌의 결과는 상스에서 열린 공의회에서 그의 논제에 대한 유죄 판결로 이어졌으며, 이에 아벨라르는 교황에게 호소하기 위해 로마에 가기로 결심했다. 하지만 로마로 가는 도중에 병이 들었으며, 클뤼니 대수도원장인 피에르 Pierre(약 1094-1156)의 보호를 받았다. 그는 클뤼니에 이어 말년을 샬롱에서 보냈다. 그는 1142년에 숨을 거두었지만 "한순간도 기도를 하거나 책을 읽거나 쓰거나 받아쓰게 하지 않고 보내는 일이 없었다"고 클뤼니의 피에르는 엘로이즈에게 보낸 편지에서 회상했다. 아마도 『철학자, 유대인, 그리스도교인 사이의 대화Dialogus inter philosophum, Judaeum et Christianum』는 이 시기에 집필된 것으로 보이지만, 정확한 시기는 여전히 논란의 대상이 되고 있다.

논리학의 중요성

초기에 아벨라르의 명성은 논리학자로서의 능력에 기인한 바가 컸다. 논리학 또는 변증론에 대해서 아벨라르는 엄청난 평판을 얻었다. 논리학은 실제로 명제와 논증을 연구하여, 그것에 대한 논리적 타당성과 일관성을 따지는 담화의 진리 검증에 대한 학문이다. 이러한 관점에서 논리학은 다른 모든 학문들(아벨라르는 스토아 학파 철학자들의 관점을 받아들여 철학을 논리학과 자연학, 윤리학으로 나누었다)에 비하여 높은 지위를 누리고 있었는데, 그 이유는 다른 학문들은 담화를 통해 표현되었기 때문이다. "지식의 모든 영역들은 제기된 문제들을 해결하기 위해 논리학에서 그 구조와 형태들이 연구된 논제들을 사용해야만 하기 때문에, 어느 정도는 논리학의 일부라고 볼 수 있다"(『심화 과정을 위한 논리학』). 따라서 논리학은 논제들, 즉 삼단 논법과 그 구성 요소들인 명제와 단어들을 연구하는 것이다.

논리학의 대가로서 아벨라르는 포르피리오스(233-약 305)의 『아리스토텔레스의 범주론 입문』과 이 작품에 대한 보에티우스(480-525?)의 주석, 『범주론』, 『변증론』, 『해석에 관하여』 같은 아리스토텔레스(기원전 384-기원전 322)의 몇몇 작품들, 보에티우스의 논리학 서적들, 즉 '구논리학' 전집에 포함되는 모든 작품들 같은 고전을 읽고 논평했다. 가르치는 활동으로부터 범주의 구분, 장소의 분류 사이에 대한 관계, 삼단 논법 형식의 가치들에 대한 것과 같은 많은 의문들이 생겨났다.

보편적 실재의 문제

아벨라르에게 가장 중요했으며, 자신의 스승들과 충돌한 주제는 보편성에 대한 것이었다. 이 문제는 아리스토텔레스의 논리학에 나오는 '류類'와 '종種'에 대해 이야기하며, 그것이 사물res인지 말voces인지, 즉 그것이 실체로 존재하는지 아니면 단지 단어로만 존재하는지에 대해 의문을 가졌던 포르피리오스로부터 시작되었다. 이러한 질문에 대하여 보에티우스는 이것이 단지 정신적인 실체만을 가지고 있으며, 사물들 사이에 존재하는 유사점의 관계에 바탕을 두었던 개념conceptus에 대한 것이라는 권위 있는 답변을 했다. 아벨라르는 이 논쟁을 자신이 선호하는 투쟁의 장으로 삼았다.

기욤의
보편적 실재 그는 보편적 실재를 사물로 여겼던 샹포의 기욤의 보편적 실재론의 입장은 물론 그것을 말로 보았던 로스켈리누스의 입장 모두를 비난했다. 아벨라르는 기욤에 대한 비판들을 남겼다. 기욤에 의하면, 보편적 실재는 단지 부수적인 모습에서만 차이를 보이는 개체들의 본질을 이루는 유일하고 동일한 사물일 것이다. 따라서 플라톤과 소크라테스 같은 두 개인은 사람homo이라는 같은 본질을 공유하고 있으며, 단지 우유적인 면에서만 구별이 된다는 것이다. 아벨라르는 이러한 논제를 받아들일 수 없다고 이의를 제기했다. 만일 그 본질이 같은 것이라면, 동물이라는 '류'는 (사람과 당나귀처럼) 각기 다른 2개의 종에 속하는 이성과 비이성을 동시에 지니고 있다는 것인데, 어떻게 2개의 상반된 개념이 동시에 같은 실체에 내재되어 있을 수 있을까? 또한 이러한 논제는 수용 불가능한 결론을 이끌어 냈다. 그것은 우유적인 것들이 개체를 결정지으며 (종에 포함되어 있기에) 개체들에 선행해야 하지만 개념상으로는 부차적이기 때문이다. 아벨라르는 기욤과 그의 제자들이 여러 차례 그들의 논제들을 수정해야만 했으나 이러한 정정에 대해서도 근거가 부족하다고 말했다.

로스켈리누스의
보편적 실재:
바람 소리 또 다른 스승인 로스켈리누스의 논제는, 어떤 자료들도 그것을 명확하게 제시하지 않는 관계로 기술하기가 더 힘들다. 우리는 로스켈리누스가 보편자普遍者(플라톤의 철학에 나오는 각 사물의 이상적 원형*)를 말, 즉 소리의 세계 안에 포함시켰음을 알고 있다. 그는 그것을 '바람 소리flatus vocis', 즉 숨소리로 정의했는데, 이 표현을 얼마나 문자 그대로 받아들여야 하는지는 알 수 없다. 아벨라르는 『우리들의 논리학』에서 말은 소리에 지나지 않으며 소리는 공기, 즉 물질로 만들어진 것이기 때문에 로스켈리누스는 보편자를 실재하는 존재로 삼았다고 말하며 비난했다.

아벨라르의 논제

아벨라르에게도 보편자는 사물이 아닌 말의 영역에 포함되었다. 하지만 로스켈리누스와는 달리 그는 보편자의 의미론적 가치에 집착했다. 이야기를 듣는 사람의 머리에 많은 개체들의 특성을 통합해서 만들어 내는 개념을 형성하는 것은 단어들이다. 예를 들어, '사람'이라는 단어는 그 자체의 사실인 '사물'이 아닌 모든 사람들에게 나타나는 특성들을 의미하는 것이다. 실제로 아벨라르에게 보편자는, 이미 아리스토텔레스가 말했던 것처럼 많은 것에 부여된 속성이었다. 따라서 보편자는 한 개체에 속성을 부여하는 문제를 만들었으며, 실체로서 존재하는 것은 오로지 개체들뿐이었다. 단어들과 보편적인 개념들은 실체를 반영하는 것이 아니라, 다양한 개체들이 조화를 이루는 존재 방식인 하나의 상태에만 바탕을 두고 있었다. 예를 들어, 사람들은 사람이라는 것에서 조화를 이룬다는 의미다.

그런데 보편자의 기원은 무엇인가? 보편자는 유사한 대상의 반복된 경험에 의해 사람의 생각 속에 생겨나며, 그것에 (임의적으로) 부여된 단어는 사람들이 생각 속에서 그것들을 떠올릴 수 있게 해 준다. 보편적인 개념은 '혼란스럽고 공통적인 것'으로, 공통적인 자질을 지닌 많은 개체들을 대신하여 자리 잡고 있는 일종의 초점을 잃은 이미지였다. 이러한 생각들로부터 중요한 결과가 도출되었다. 그것은 사물의 존재 방식이 우리가 그것을 이해하는 방식과는 다르다는 것이다.

다른 말로 하면, 말과 사물 사이에 특별한 관계가 존재하지 않는다는 것이다. 이 모든 논쟁에서 아벨라르의 생각의 특성들 가운데 하나가 드러났다. 그것은 말의 단계와 사물의 단계를 구분했지만, 동시에 말과 그것에 대한 연구의 근본적인 중요성을 강조한 것이다.

말과 사물의 불일치

신학에서 논리학 이용하기

아벨라르가 신학 공부를 시작했을 때, 논리학을 공부하면서 배우고 갈고 다듬었던 기교들을 적용했음을 쉽게 상상할 수 있다. 변증법이 신학 연구의 기본이라는 것은 한 일화에서 볼 수 있다. 아직 개종하지 않았던 히포의 아우구스티누스Augustinus Hipponensis(354-430)는 논리학이라는 무기를 사용하여 밀라노의 주교인 암브로시우스(약 339-397)를 곤경에 처하도록 만들었다. "실제로 이교도 철학자이자 그리스도교인의 적인 아우구스티누스가 변증법에 정통하지 못했다면, 가톨릭교도인 밀라노의 주교 암브로시우스가 삼위(세 인격) 속에서 진실로 주장했던 신성의 단일성으로 애를 태우도록 만들지 못했을 것이다"(『변증론』). 아벨라르에게는 그리스도교인들

논리학의 스승 아우구스티누스

에게도 변증법의 공부가 필요하다는 사실에 대해 이보다 더 좋은 증명은 없었을 것이다.

아벨라르에 의하면, 신학자의 임무는 논리학에서 제공한 수단들을 사용하여 성경을 설명하고자 시도하는 것이다. 그의 학생들이 이야기했던 것처럼 "먼저 이해되지 못한 것을 믿기란 어려운 것"이기 때문이었다(『나의 불행 이야기』). 이 말에는 교부들에 지나치게 순종적이고 문법론과 변증법의 사용에 주저하던 다른 대가들의 가르침에 대한 비판뿐만 아니라 아벨라르에 의해 신학이 신앙 자체를 위한 근본적인 이성적 연구로 승격되었음이 분명하게 드러나 있다.

신앙의 시녀인 이성　아벨라르에 의하면, 두 가지를 자각해야만 했다. 첫 번째는 인간의 말은 신에 대해서 이야기하기 위해 사용될 때 그들의 착상inventio의 합당한 근거ratio, 즉 이 세상의 사물들에 대해 이야기하기 위해 사물에 부여된 본래의 의미를 상실한다는 사실에 대한 인식이다. 따라서 인간의 말은 나름의 방식으로 사용되지 않는 일종의 은유인 것이다. 대상(신)과 인간의 말의 차이에 한 가지가 더해지는데, 그것은 인간의 지적 능력과 인식의 대상으로서 신이 지니고 있는 측정 불가능성 사이의 차이다. 이로부터 신학자가 반드시 인식해야만 하는 두 번째 교훈이 도출되었다. 그것은 신학의 영역에서는 진리에 결코 도달할 수 없으며, 단지 진리의 그림자, 그 개연성에 다가갈 수 있을 뿐이라는 것이다. 이러한 한계를 인식했다고 해도 신학자는 이성의 사용을 포기해서는 안 될 것이다. 그 이유는 교리의 주장은, 숙고하고 이해하고 의미와 이 세상 사물과의 유사성을 찾으려는 시도가 없이는 되풀이될 수 없는 것이기 때문이다. 그렇지 않다면 그 주장은 터무니없어 보이고, 독단적인 해석의 길로 들어설 수도 있을 것이다. 따라서 진정한 믿음을 지키기 위해서는 인간 지성의 한계 안에서 성경 말씀을 명확히 밝히기 위해 이성을 채택하는 것보다는 이성의 사용을 회피하는 것이 더 위험하다.

삼위일체의 교리

특성과 숫자　아벨라르 신학의 가장 중요한 논제들 중에는 『최고선의 신학』에서 많은 부분을 할애했던 삼위일체에 대한 분석이 자리 잡고 있다. 아벨라르는 삼위일체가 말이 아닌 사물 속에 존재하는 하나의 실재이지만, 이단적인 교리를 도출하는 것을 피하기 위해 교리를 표현하고 있는 말을 분석할 필요가 있다고 설명했다. 따라서 신이 '삼위'

라고 말하는 것은 신이 '셋'이라고 말하는 것이 아니다. 이는 두 가지로 해석할 수 있는 속성을 반감시키는 논리학적 오류다. 신은 하나이지만 삼위라고 말하는 것을 터무니없는 것처럼 보이지 않도록 하기 위해, 삼위는 세 가지의 다른 행위를 하는 한 사람에 비교되었다. 사람은 항상 그 자체로 동일하지만, 말을 하고 말을 듣고 그에 대하여 사람들이 이야기한다는 점에서 삼위라는 것이다. 따라서 신은 숫자에 의해서가 아니라 특성에 의해서 셋인 것이다. 즉 정의(언어적인 차원)가 실제로는 통합된 것을 분리했다는 의미다. 『학생의 신학』에서 아벨라르는 또 다른 비교를 적용했다. 삼위일체는 동銅으로 만들어진 인장印章에 비유되었다. 개념적이기는 하지만, 이 인장에서 실질적으로 분리될 수 없는 요소들인 동이라는 소재와 인장의 형태, 날인하는 행위를 구별할 수 있다고 했다(또 다른 유명한 비유는 삼위일체를 밀납상에 비유한 것으로, 비록 밀납상에서 형태와 밀납을 구분할 수는 있지만 분리할 수는 없다). 『학생의 신학』에서 용어와 그것의 적용, 그것들 사이의 관계에 대한 분석, 이미지의 사용, 언어의 차원과 실재의 차원의 구분 등과 같은 아벨라르의 방법론을 볼 수 있다.

이교도 철학자들에 대한 재평가

아벨라르의 또 다른 중요한 논제들 가운데 하나는 고대의 철학자들에 대한 것이다. 그는 그들이 사용했던 이미지들 속에 그리스도교와 유사한 내용들이 숨겨져 있다고 확신했다. 신에 대해서 이야기할 때 우리들의 말이 은유적인 것처럼, 고대 철학자들의 말들도 표현하기 힘들고 보호가 필요한 심오한 진실들을 감추고 있는 외피이자 피막이었다. 가장 유명한 예를 들자면, 『티마이오스』에서 플라톤(기원전 428/427-기원전 348/347)이 이야기하고 있는 정신세계는 성령의 필요성에 대한 직관이었을 것이다. 이러한 방식으로 아벨라르는 고대 철학자들의 연구를 되살리고, 다른 한편으로는 그들을 이성과 동일시하여 그리스도교와 양립 가능함을 제시함으로써 신학의 영역에서도 이성의 이용을 합법화했다. 이러한 모든 논제들은 아벨라르의 신학에서 많은 신앙적 오류들을 발견했을 뿐만 아니라 인간의 이성에 지나치게 많은 여지를 남기는 것을 수용 불가능한 견해로 결론지었던 수도사들의 분노를 불러왔다. 아벨라르의 논제를 단죄했던 클레르보의 베르나르두스와 생티에리의 기욤의 집요함을 이해할 수 있는 부분이다.

교부들의 모순

아벨라르의 신학과 관련한 저서들 가운데 『그렇다와 아니다』는 특별한 위치를 차지하고 있다. 이 책은 다양하고 상반되는 주제들과 관련한 교부들의 말을 인용한 모음집이다(이로부터 『그렇다와 아니다』라는 제목이 나왔다). 아벨라르의 목표는 몇몇 방법들을 적용하여 모순들이 해결될 수 있다는 것을 보여 주는 데 있었다. 이 책은 학계 내부에서 일종의 연습 문제집으로 탄생했다. 이 책의 서문은 모순을 해결하기 위해 채택해야만 하는 방법들을 제시하고 있기 때문에 특별히 중요하다. 따라서 이 작품은 아벨라르가 채택하고 자신의 학생들에게 유산으로 남겨 주고자 했던 방법들에 대한 유용한 지침을 제시하고 있다. 비판을 목표로 의도적으로 이단적인 논제들을 포함하고 있던 몇몇 책들의 저자가 미심쩍거나 변질되었거나 다시 쓰였을 가능성에 대한 다양한 징후들과 저자들이 아무리 뛰어나더라도 단지 성경만이 구속력을 가지고 있다는 생각 외에도, 아벨라르는 말이 다른 의미들을 지닐 수 있으며 저자의 의도는 읽고 있는 책의 의미를 잘 파악하지 못하는 독자에 의해서 잘못 해석될 수 있다는 것을 강조하였다. 다시 한 번 아벨라르의 접근법이 논리학의 가르침과 신학자의 연구의 자유, 말의 의미에 대한 문제들로부터 유래했다는 것이 분명하다.

죄악이란 무엇인가?

논리학적인 기초는 아벨라르의 윤리학의 개념화에서도 발견되었다. 『윤리학』 또는 『너 자신을 알라Scito te ipsum』라는 제목이 붙은 작품에서 아벨라르는 죄악이 무엇인지에 대해 자문하고 있다. 이는 그 어휘에 주어진 다양한 의미들 사이를 돌아다니며, 기본적인 개념을 정확하게 정의하는 것에 대한 내용이다. 인간이 실제로 책임져야만 하는 것에 대한 규명, 즉 자연스럽게 생겨나는 욕망이나 생각도 아니고 타고난 성향도 아니며 그렇다고 얻으려고 노력했던 것들과는 종종 다른 결과를 가져온 활동도 아닌 자신의 영혼에 대한 선택이 변증론적 방법론에 결합되었다. 우리는 욕망과 생각에 동의 또는 반대하는 결정권을 지닌 주인인 것이다. 죄악은 이제 신의 율법에 의해 정의된 불법적인 것에 의식적으로 동의하는 행위를 가리키게 되었다. 따라서 죄악은 사악한 것에 대한 동의, 그러한 행위가 이루어지게 된(또는 그러한 행위를 이루고자 하는) 의도이며, 다른 한편으로는 살인과 도둑질 등과 관련한 생각에 동의하는 것은 신의 율법을 경멸하는 것과 동등한 것이었기 때문에 신에 대한 경멸이었다.

이러한 전제로부터 주목할 만한 결과들이 도출되었다. 그러면 선을 위해 행동했 **죄악과 선한 의도**
다고 믿고 있는 사람을 어떻게 악하다고 여길 수 있을까? 아벨라르의 윤리학은 극단
적인 결론에 이르게 된다. 그리스도를 박해했던 사람들은 성경에서 우리가 그렇게
이해하고 있기 때문에 죄를 지은 것이다. 하지만 그들이 그렇게 하지 않았더라면, 그
들이 선을 위해 행동한다는 확신을 가지고 있었기 때문에 "자신들의 양심에 역행함
으로써 (중략) 더 큰 죄를 범하였을 것이다"(『너 자신을 알라』). 아벨라르의 생각은 내
부적인 갈등을 벗어날 수 없었다. 이성적 윤리의 구성과 함께 신앙을 갖지 못하고 죽
은 사람은 벌을 받게 되고, 설명할 수 없는 일들도 받아들일 필요가 있으며, 신앙이
없는 자들은 진정한 종교 없이 남게 된 사람들이라는 것을 신앙으로 믿어야만 한다
는 생각을 볼 수 있었다.

아벨라르의 편지

아벨라르의 가르침이 지닌 논쟁적인 힘과 편견을 가지지 않았던 이성은 당시 그를
믿고 따르는 학생들과 냉혹한 적들을 나누었다. 하지만 학계를 벗어나서 중세의 전
시기와 그 이후까지도 이어졌던 아벨라르의 명성은 그의 모험적인 삶뿐만 아니라 귀
중한 가치를 지니고 있는 편지들에 기인한 바가 크다. 첫 번째 편지는 이미 언급했던
『나의 불행 이야기』다. 이어지는 편지들은 아벨라르 자신과 엘로이즈의 편지들로
이루어져 있다. 엘로이즈는 『나의 불행 이야기』를 손에 넣게 되었으며, 옛 배우자
가 처한 운명에 대하여 불안함과 걱정을 느끼고 있다고 편지를 보냈다.

편지들에서 다룬 주제는 다양했다. 엘로이즈는 아벨라르와 함께했던 과거를 회 **세속적인 열정과**
상했으며, 자신이 느끼는 감정의 순수함을 주장하기도 했고, 현재의 상황과 편지를 **수녀의 정절**
좀처럼 쓰지 않았던 아벨라르의 침묵에 대하여 안타까움을 표하기도 했다. 아벨라
르는 엘로이즈에게 절제와 대수녀원장으로서의 역할에 맞는 의식을 가질 것을 조언
했다. 마지막 편지들에서는 어조가 점점 바뀌었다. 중심 주제는 구원의 역사에서 여
성에 대한 가치 판단과 수녀원의 규칙에 대한 의견이었다. 따라서 편지들은 강독에
유용하게 활용되고 있다. 그 편지들의 전체 또는 부분에 대한 진위와 자발성의 여부
에 대하여 오랫동안 논란이 있었다. 또한 어조와 주제의 변화에 대한 해석에서는 편
지가 취할 수 있는 교육적인 가치를 강조하기도 했으며, 삶과 속세의 감정에 대한 두
려움으로부터 수도원의 삶에 가치를 부여하는 변화를 보여 주기도 했다.

이 편지와 함께 더욱 그 진위를 의심받는 또 다른 서간집이 존재한다. 이것은 아벨라르와 엘로이즈의 사건들 가운데 가장 은밀한 시기로 거슬러 올라갈 수 있는 100여 편이 넘는 짧은 편지들로 이루어져 있다. 작성자에 대한 언급이 없고, 1400년대 편지들을 필사했던 클레르보의 수사 바프리아의 요하네스Giovanni di Vapria의 탓으로 돌릴 수 있는 많은 누락들은 비록 몇몇 어휘들과 수준 높고 교양 있는 주제, 우정amicitia의 학설에 대한 언급들에도 불구하고 편지들의 진위를 확인하기 어렵게 만들었다.

새로운 지식인?

아벨라르라는 인물은 많은 연구에 활용되었다. 역사에 관한 문헌은 그를 단연코 새로운 지식인의 상징으로 인정했으며, 이는 그리 잘못된 것으로 보이지 않는다. 아벨라르는 수도원이 아닌 개인 학교에서 가르쳤고, 이성을 통하여 체계적으로 성경을 해석하고자 했으며, (비록 그 가치를 결코 부정한 적은 없었지만) 교부들의 권위를 따르지 않고, 자신의 일을 함으로써 먹고살았다("나는 내가 알고 있는 기술에 의지하고, 노동이 아닌 말하는 일에 전념하였다"고 『나의 불행 이야기』에 적었다). 이러한 모든 이유들로 인해서 그는 수도원 세계의 대표적인 인물들과 달리 색다른 지식인의 모습을 보여 주었다. 지나치게 대립적인 면을 강조하지 않는다면, 아벨라르는 단연코 도시와 개인 학교의 새로운 모습을 보여 주었던 것이다. 연구를 이해하는 그의 방식, 인간의 능력에 대한 그의 믿음, 개혁가로서 자신의 존재에 대한 인식은 12세기 중세 사회의 발전을 보여 주었다. 상스에서 겪었던 패배가 그가 남긴 유산의 중요성을 가리지는 못할 것이다. 변증법의 사용, 고대인의 재발견, 대립적인 권위들에 대한 가치 평가는 이때부터 중세의 신학적이고 철학적인 사상 연구와 일반적인 가르침의 절차와 늘 함께했다.

| 다음을 참고하라 |
철학 캔터베리의 안셀무스: 사상, 논리학과 실재(281쪽); 생빅토르 수도원의 스승들과 신비 신학(314쪽); 죄악과 철학(334쪽)
문학과 연극 연애시(504쪽); 라틴어 시와 학생 방랑 시인의 풍자시(516쪽)

솔즈베리의 요하네스와 권력의 개념

| 스테파노 시모네타Stefano Simonetta |

12세기 후반에 쓰인 잉글랜드의 솔즈베리의 요하네스의『정치가론Policraticus』은
중세 그리스도교 사회의 정치 철학을 다룬 최초의 대작大作으로 간주되고 있다. 이
책에서는 시민 사회에 유기적인 통일성을 부여하는 군주, 군주의 통치 활동을 이끌어
주는 신의 율법, 이러한 통치가 폭정으로 변질될 위기에 대한 주제들이 바오로와
아우구스티누스의 고찰로부터 형성된 권력의 개념에 기초하여 다루어졌다.

중세 정치 사상의 첫 번째 '고전'

중세 전기를 통틀어 '정치 관련 저술'이라는 표현에 부합하는 책은 단 한 권도 발견
되지 않았다. 그 이유는 13세기에 아리스토텔레스의『윤리학』과『정치학Politica』의
재발견이 있을 때까지 라틴어 사용권에 속한 유럽 문화에서는 정치적인 것이라고 정
의를 내릴 수 있는 문제들을 분명하게 제기하기 위해 (또는 해결하기 위해) 사용할 수
있는 전문적인 어휘들이 존재하지 않았을 뿐만 아니라, 특히 인간의 자연스러운 사
회성에 대한 생각의 확산만이 1200년대 후반기에 새로운 방식으로 정치적인 측면을
바라볼 수 있도록 유도했기 때문이다. 오랜 시간이 지난 뒤, 정치는 처음으로 원죄의
부수적 효과인 필요악으로 여겨지지 않았으며, 유럽의 많은 그리스도교 지식인들에
게 모든 인간이 가지고 있는 욕망과 필요의 산물인 자연적인 현상으로서 다시 긍정
적으로 인식되었다.

반면에 이 시기에는 다양한 형태의 민간단체들과 이들이 겪었던 변화들이 그 자
체로 연구에 적합하지 못하다는 확신이 노골적으로 지배하고 있었다. 정치 제도는
아담의 모든 후손들이 쉽게 빠져들었던 죄악을 저지르려는 성향과 연약함의 상태를
고치고, 인간의 원죄의 결과들을 통제하기 위해 신에게 의지하던 해결책이라는 전
제(이러한 전제에 대해서는 뒤에서 다시 다루게 될 것이다)로부터 출발함으로써 정치적
인 것들에 대해서 윤리적-종교적인 용어로 이야기하는 것이 자연스러워졌다. 즉 신
의 도구로 보이는 사람을 구분하는 덕목들이 무엇인지, 세상의 섭리 체계에서 지상
의 군주들이 어떤 역할을 수행하는지에 대해서만 이야기하는 것이다.

이렇게 해서 우리는『군주들의 거울Specula principum』같은 철학적·정치적인 문학 **「군주들의 거울」**

형태의 탄생을 지켜보게 되었다. 『군주들의 거울』은 책의 곳곳에서 황제와 왕들에게 그들의 권력이 절대적으로 필요한 신의 도움을 받을 수 있도록 하기 위해서(즉 그들의 통치가 합법적인 것이 될 수 있도록) 반드시 지켜야만 하는 의무들을 상기시키며, 어떻게 통치해야 하는지에 대한 조언들을 아낌없이 내놓았다. 훌륭한 통치에 대한 책들 가운데 가장 잘 알려진 이 책은 1159년에 잉글랜드의 철학자이자 문학가, 외교관인 솔즈베리의 요하네스(1110-1180)에 의해서 저술되었다. 동시에 그의 『정치가론 Policraticus』(통치하는 사람L'uomo di governo으로 해석될 수 있는 신조어)은 지금까지 묘사되었던 모습과 비교하여 부분적으로 예외를 보여 주고 있으며, 어느 정도 범위 내에서 중세의 정치학적 고찰의 첫 번째 위대한 결실로 그려질 수 있다. 따라서 이 책은 시민 사회의 구조와 그 구성원들 사이의 관계에 대한 주제를 중점적으로 다루고 있는 정치 철학에 대한 책이었다. 이러한 주제를 다루면서 『정치가론』은 이미 (최소한 티투스 리비우스Titus Livius가 이야기한 메네니우스 아그리파Menenius Agrippa의 유명한 우화로 거슬러 올라가는) 오랜 전통을 자랑하고 이 책 덕분에 이후 몇 세기 동안 커다란 성공을 거두게 될, 유기적이라고 일컬어지는 정치적인 은유를 발전시키고 되살림으로써 왕국과 사람의 몸을 비교했다.

군주와 신의 율법

주권과
신으로부터의
정당화

솔즈베리의 요하네스의 책에서 국가와 인간의 몸의 비유는 사회의 각 구성원이 마치 몸의 모든 기관처럼 제자리에 있어야만 한다는 생각을 전파하고, 어떠한 분권적인 힘도 통제할 필요성이 있음을 강조함으로써 보수주의적인 가치를 취하고 있다. 동시에 정치적인 공동체의 유기적인 개념으로부터 집단의 선善은 개인이나 무리의 선과 일부의 이해에 항상 우선해야 한다는 신념이 나오게 되었다. 거대 인간으로 인식된 이러한 국가의 내부에서 솔즈베리의 요하네스는 머리, 즉 바로 자신이 다스리는 공동체의 유기적인 통일성을 보존하고, 자신의 본분들 간에 적당한 균형을 유지하며, 자신이 전반적인 이해를 실현함으로써 그러한 이해에 대한 책임을 지도록 요청받은 군주에게 각별한 주의를 기울였다. 이러한 임무를 수행할 때 군주는 '신적인 존엄성에 대한 일종의 세속적인 이미지'를 상징한다. 그는 모든 권위의 원천인 절대자에게 단순한 도구에 불과했으며, 악한 자들에게 벌을 내리고 선한 사람들에게 상을 내림으로써 신이 특정한 민족에 대하여 자신의 힘을 행사하기 위한 수단으로서의

'종속적인 권력'이었다. 이로부터 선왕과 폭군을 구별할 수 있게 해 주는 요소인 합법적인 군주의 특징은 신의 의지의 단순한 집행자로 자리 잡는 것에 있었다(따라서 우리는 제한된 주권을 지닌 군주를 보게 된다). 이 군주는 신의 율법을 순순히 따랐으며 모든 통치 행위의 원리로 삼으며, 성경을 항상 자신의 책상 위에 펼쳐 놓았다.

폭군을 대하며

그러면 통치하는 사람에게 성경의 지시 사항과는 거리가 먼 정치적 의지가 드러나고, 군주가 자신의 힘을 전적으로 무력에만 바탕을 두고자 한다면 무슨 일이 벌어질 것인가? "만일 기존의 권력이 신의 계명을 따르는 것을 그만두고 (솔즈베리의 요하네스는 『정치가론』의 제6권에서 이에 대하여 기술하고 있다) 신에 대한 그들의 전쟁에 나를 끌어들인다면, 나는 인간의 그 어떤 권력보다 신을 우선시해야만 한다고 대답할 것이다." 하지만 "머리의 상처는 온몸에 영향을 주며, 머리와 몸에 대한 어떠한 공격도 중대한 범죄가 될 것이다"라고 덧붙였다. 즉 그것은 신에 대한 간접적인 공격으로 대역죄인 것이다. 이 몇 줄의 글에는 솔즈베리의 요하네스가 직면하고 있던 딜레마의 핵심이 요약되어 있다. 거기에는 그 지점에 도달하게 되면 신하들이 더 이상 폭군으로 변한 군주에 대해서 어떠한 복종 관계의 의무에도 구속되지 않는 것으로 보이는 한계점이 있었지만, 동시에 그러한 폭군을 향해 무기를 들어야만 하는 손이 여전히 신의 대리인으로 남아 있는 군주를 공격할 책임을 떠맡기도 했다. 즉 그 기원에는 신의 가치를 포함하고 있는 사물의 질서를 의도적으로 바꾸어 보려고 용기를 부리기도 했다는 것을 의미한다.

『정치가론』의 결론 부분에서는 '사탄의 악행의 살아 있는 이미지'로서 그들을 제어할 수 있는 (즉 극단적인 처방으로) 다른 길이 없는 경우에는 일반적으로 폭군들이 죽임을 당해야만 한다고 주장하는 구절들과, 그들 또한 신의 대리자로서 신은 정의에 어긋나는 자들을 물리치고 올바른 자들을 단련시키기 위해 이들을 이용한다는 사실을 강조하는 구절들이 번갈아 나왔다. 솔즈베리의 요하네스가 신이 벌을 받아 마땅한 이스라엘에 벌을 내린 뒤에 이스라엘을 통치하고 있던 폭군을 제거하는 것을 백성들에게 허락했음을 밝힌 글들("칼을 함부로 쓰는 사람은 그 칼날에 죽임을 당하게 될 것이다")과 함께, 폭군들을 제거하는 데 가장 효과적이고 확실한 방법은 신의 자비에 맡기고 기도하면서 주님께서 그러한 폭정을 끝내기 위한 최상의 해결책을 발견할 수

신을 통한 해결책 속에서 힘과 신뢰의 이용 사이에 문제가 있는가?

있도록 인내심을 가지고 기다리는 것이라고 주장하는 글들을 발견할 수 있다.

권력에 대한 바오로와 아우구스티누스의 개념

폭군을 처단하는 것에 대한 이론적인 정당성과 신의 율법의 규칙들을 무시하는 통치 행위에 대한 개인적인 저항의 합법성을 인정하는 것이 당시에 분명 새로운 요소를 이루었던 반면, ("올바르게 살아라, 그리고 신께서 그들의 도움을 필요로 하지 않을 때가 되었다고 생각하실 때까지 폭군들이 살아가고 통치하도록 내버려 두어라"와 같은 부류의) 일종의 정치적 정적주의靜寂主義로 귀착되는 솔즈베리의 요하네스의 담론의 나머지 절반은 바오로와 아우구스티누스적이라고 정의내릴 수 있는 오랜 전통의 일부가 되었다.

신의 서임에 의한 왕 「로마 신자들에게 보낸 서간」(13장 1-4절)이라는 유명한 작품에서, 오랜 세기 동안 권력에 대한 그리스도교 사상의 전형적인 개념의 기초를 마련했던 사람은 사도 바오로(1세기)였다. 그것은 '신으로부터 기원하지 않거나 신에 의해서 수립되지 않은 권위는 없다'라는 것이다. 이로부터 모든 불복종 행위는 신에게 반역하는 것이고, 이는 선택된 백성이 특정한 군주의 지배의 기초가 되는 신의 율법을 위반하는 것과 마찬가지이기 때문에 그 통치자가 좋든 싫든 항상 복종해야 할 의무가 있는 것이다. 왕위에 오르는 자는 주님의 '기름 부음을 받아' 신의 은총rex gratia Dei에 의해 국왕의 역할을 하는 것이라는 전제를 받아들인다면, 저항의 권리에 대한 이론의 공식화를 위한 아무런 여지도 남지 않게 된다. 따라서 자신의 군주에게 저항하는 것은 신의 서임에서 기인한 지고至高의 권위를 거부하는 대역죄의 행위를 필연적으로 수반한다는 것이다.

역사 신학 또한 「로마 신자들에게 보낸 서간」은 지상의 통치자는 '헛되이 칼을 사용하는 것'을 멀리하고, 잘못을 저지른 사람들에 대해 신께서 위임한 적당한 처벌을 내리는 대리인이 되어야 한다는 사상을 담고 있다. 이러한 사상은 뒤에 히포의 아우구스티누스(354-430)가 이교도 지식인들의 비난을 반박하기 위해 412년부터 저술한 『신국론神國論, De civitate Dei』에서 다시 채택되어 발전했다. 이교도 지식인들에 의하면, 알라리크 군대의 로마 정복(410)은 신도들에게 세속적인 것에 관여하지 않으려는 의식을 고취시킴으로써 제도에 대한 그들의 믿음을 약화시켰던 교리의 확산을 통해 질서를 무너트린 죄를 범한 그리스도교인들의 잘못에 의한 것으로 보고 있다. 반면에 아우구스티누스는 각각의 사건이 신에 의해 정해진 종합적인 질서의 일부로 나름의 명확한 의미를 지니고 있다는 신의 섭리적인 관점에서 410년에 일어난 사건과 일반적인 인류의 역사를 기술하였다.

이렇게 해서 역사가 인간의 두 사회(가족) 사이의 끊임없는 투쟁의 장으로 등장하는 역사 신학이 체계적으로 수립되었다. 2개의 사회란 '신의 도시', 즉 신을 향한 사랑에 바탕을 둔 올바른 사람들의 사회와 '지상의 도시', 다시 말해 자신에 대한 사랑을 우선하고 진정한 선에 등을 돌리는 불경스러운 자들의 집단을 말한다. 아우구스티누스의 담론에서 대조적인 삶의 선택으로 구분되는 이 거대한 2개의 공동체는 불가분의 관계로 엮여 있는 역사를 함께 이어 왔으며, 최종적인 분리가 이루어지는 최후의 심판 다음 날에나 그 구성이 명확하게 밝혀질 것이다. 따라서 아우구스티누스는『신국론』의 많은 해석자들이 '두 도시'의 이론을 세속적인 권력에 대한 영적인 권력의 우월성을 주장하기 위해 이용하려고 의도했던 것과는 달리 지상의 제도들(제국과 교황청) 사이의 대립으로 이끌지는 않았다. 실제로『신국론』에는 역사의 과정에서 나타난 다양한 제국들에서 "지상의 도시가 분명히 드러났다"(즉 분명한 형태를 취했다)고 말하는 기록들이 있다. 하지만 아우구스티누스는 결코 어떤 도시를 기존의 정치적인 조직과 완전히 동일시하고 다른 도시를 당시의 교회와 동일시하는 것까지는 나아가지 않았다. 또한 올바른 사회와 무관한 구성원들로 이루어진 성직자 단체를 고발했을 뿐만 아니라, 인간의 이성으로는 포착할 수 없는 의미를 지닌 신의 결정에 의해 '천상의 도시'가 교회의 적들로부터 유래한 사람들을 포함하고 있는, 명백하게 역설적인 가능성을 인정하고 있다.

왕과 폭군, 태양과 비

오랜 기간 강요된 그들의 공생 기간 동안『신국론』에서 묘사된 인간의 양쪽 사회 모두 평화를 목표로 나아갔으나 이들이 같은 방식으로 평화를 이해한 것은 아니었다. 올바른 사람들은 지상의 통치자들이 그들의 지배를 받는 사람들에게 보장한 보호를 높이 평가하면서도 분명 하늘의 평화를 목표로 했던 반면, '지상의 도시'는 모든 인류의 원죄로 촉발된 폭력적인 충동을 제어할 수 있는 국가의 능력으로 갈등이 없는 상태를 추구하는 것을 유일한 목표로 하고 있었다. 따라서 아우구스티누스는 정치 권력의 생성을 아담의 선택으로 유발된 무질서를 바로잡을 필요성으로 설명했다. 영혼에서 신체를 통제하는 본래의 능력을 제거한다면, 실제로 이 영혼은 인간들

신의 도시와
지상의 도시

을 물질적인 욕구, 특히 그들 스스로를 파멸로 이끄는 지배욕libido dominandi의 노예로 만들어 버릴 것이다. 이러한 관점에서 정치적인 제도(정부, 법률, 공권력 등)는 모든 행위를 신의 의지에 순응시키려는 인간의 성향이 상실되면서 반사회적인 본능이 팽배해지는 것을 막기 위해 의지하게 된 하나의 방편으로 보였다. 한편, 이러한 담론은 약속된 영원의 지복을 기다리며 지상에서 존속을 이끌어 주고 있는 시민 사회의 법률을 잘 따르는 것에만 모든 관심을 두고 있던 '천상의 도시'의 구성원들에게도 해당된다.

원죄에 대한 구제수단으로서의 정치

앞서 이야기했던 것처럼, 결국 아우구스티누스는 원죄의 재앙을 제한하기 위해 아담의 잘못으로 손상된, 그리고 죄악을 저지르기 쉬운 절망적인 무리들로 인식되는 인류에 대하여 신이 내려 준 해결책이 정치적인 권위라는 바오로의 논제를 완성했다. 이러한 해결책은 위에서 부여된 것으로, 신의 동의를 받은 하나의 '치료제'였다. 이것이 바로 아우구스티누스의 뒤를 이어 교황 그레고리오 1세Gregorius I(약 540-604, 590년부터 교황)로부터 세비야의 이시도루스Isidorus(약 560-636)와 카롤링거 시대에 작성된 『군주들의 거울』을 거쳐 클레르보의 베르나르두스(1090-1153)에 이르기까지 중세 전기의 정치에 대한 고찰이 오랫동안 세속적인 통치를 인식하는 방식이었다. 이러한 사상의 전통에 따라 지상의 모든 군주들은 그들의 개인적인 특성들과는 별개로 세상에 존재하는 악을 말소하고 인간들이 서로의 목을 베는 것을 방지하기 위한 임무(성무 활동)를 맡기 위해 전적으로 이해할 수는 없는 (하지만 결코 부당하지 않은) 기준에 따라 왕 중의 왕에 의해 선택되었다. 유일한 차이는, 왕들은 이러한 임무를 정의에 따라 수행했던 반면에, 폭군들의 칼은 올바른 사람들도 내리친다는 사실에 있었다.

신의 섭리로서의 폭군

어쨌든 두 경우 모두 군주의 모습은 역사에 대한 신의 계획인 올바른 사람과 공정하지 못한 사람 모두에게 해를 비추고 비를 내리게 하는 신의 섭리 자체에 포함되어 있다는 것이다(「마태오 복음서」 5장 45절 참조). 만일 어떤 사회에 비를 내리게 하는 것이 폭군이라면, 이는 특정한 민족의 잘못을 벌하고 자식인 인간들 가운데 죄를 범하지 않은 일부의 덕망을 높이면서 그들을 시험하기 위해 아버지인 신이 활용한 일시적인 채찍인 것이다. 따라서 문제의 폭군은 세상의 질서 속에서 그에게 할당된 임무를 수행했고, 세상의 전체적인 아름다움에 기여할 것이 아무것도 없는 때를 결정하는 것은 오로지 신의 몫이다.

| 다음을 참고하라 |
철학 죄악과 철학(334쪽)

성찬 논쟁들

| 루이지 카탈라니|Luigi Catalani |

이미 카롤링거 시대부터 그리스도교의 영적인 지식인들은 신의 원리 안에서 변증법의
적용을 통하여 종종 극적이고 대립적일 때도 있지만 만족스럽고 이성적인 질서에 대한
설명을 요구받았다. 신학적인 논쟁은 특히 투르의 베렌가리우스에 의해
제기된 성찬 논쟁이 보여 주듯이 11세기 중반쯤 극한점에 도달하게 되었다.

변증법과 신학

11세기에 베네딕투스 수도원의 제도 개혁으로 표출된 종교적인 혁신의 요구는 신 　논리학과 신학
학적인 문제에 대한 진보적인 철학의 명료화 과정과 함께했다. 종종 지나치게 단순
한 '변증법론자'와 '반反변증법론자'의 대립으로 이어졌던 이러한 논쟁은 드러난 단
어에 대하여 참과 거짓을 구분하며 추론하는 것을 가르치는 기술의 역할에 대한 것
이었다. 신앙에 대한 담론의 합리화 수단으로 또는 성스러운 연구의 보조 학문으
로 이해된 변증법은 신학과 관련한 주요한 문제들을 해결할 때 중요한 역할을 수행
했다. 성 페트루스 다미아니(1007-1072)는 세속적인 문화의 위험에 맞선 신앙의 수
호에 가장 권위적인 대변자들 중 한 사람이었지만, 그의 작품들은 그가 교양 과목
에도 조예가 깊었음을 보여 주었다. 신의 전능의 교리에 대한 논리적-이성적 논쟁
에 전념했던 몬테카시노 대수도원의 변증법을 주장하는 몇몇 수사들과의 만남은 다
미아니로 하여금 항상 신의 말씀을 섬겨야만 하는 변증법을 거리낌 없이 이용하여
이단적인 결과들을 비난하도록 만들었다. 이러한 상황에서 투르의 베렌가리우스
Berengarius Turonensis(1008-약 1088)가 시작한 성찬 논쟁은 신학적인 사색에 논리학 규
칙을 적용하는 것에 대한 논란의 가장 의미 있는 순간들 중 하나였다. 이러한 문제는
전혀 새로운 것이 아니었다. 이미 카롤링거 시대의 지식인들은 이러한 문제와 함께

인간의 이승에서의 운명과 영혼의 불멸과 같은 다른 신학적인 문제들을 다룬 바 있었다. 실제로 성체와 그리스도의 역사적 신체 사이에 존재하는 관계의 유형을 명확히 하고자 하는 요구에서 생겨난 성찬 논쟁은 9세기에 그리스도 육체의 정신적인 존재, 즉 성찬식의 상징적인 가치를 주장했던 오르베의 고트샬크Gottschalk von Orbais(약 801-약 870), 라바누스 마우루스(약 780-856), 코르베이의 수사 라트람누스Ratramnus Corbeiensis(?-868)의 반대를 불러일으키며, 『주님의 몸과 피De corpore et sanguine domini』에서 성찬식 속에 그리스도 육체의 존재가 구체적으로 실재함을 이론화했던 파스카시우스 라드베르투스Paschasius Radbertus(약 790-약 860)의 주장이 등장했다.

투르의 베렌가리우스의 유심론적인 성찬론

보편적 실재론 성찬 논쟁은 2세기 후, 제국과 교황령의 대립이 심화되었던 시기에 다시 불붙었다. 샤르트르의 퓔베르Fulbert de Chartres(10/11세기)의 제자였으며, 그 뒤에 투르에서 교양 과목을 가르쳤던 베렌가리우스의 주장은 보편적 특성들의 실존론에 대한 일관된 표현이었다. 빵과 포도주가 신성함을 상징하는 진정한 성찬식의 완벽함과 불변성을 보존할 목적으로, 그는 본질적으로 빵과 포도주가 그리스도의 몸과 피로 변화하는 것을 부정하며 성찬식의 신비함을 상징적이고 유심론적인 시각에서 해석해야만 한다고 믿었다. 베렌가리우스는 본질과 비본질적인 속성에 대한 아리스토텔레스의 개념을 다시 받아들이며, 어떤 본질이 사라지게 되면 그것에 본질적으로 내재되어 있는 특성까지도 사라지게 된다고 주장했다. 만일 성체에서 빵과 포도주의 본질이 사라진다면, 감각으로 정확하게 구분되는 맛과 색깔 같은 비본질적인 속성들도 사라지게 된다는 것이다. 그 결과, 빵과 포도주의 본질은 성찬식 중에도 계속해서 존속해야만 한다. 시각적인 비본질적 속성들도 변하지 않고 남아 있음으로써 베렌가리우스의 논리에 의하면, 비본질적인 속성들은 그러한 속성들을 담고 있는 주체 없이는 존재할 수 없기 때문에 성찬 의식에 사용된 빵과 포도주의 본질은 사라질 수 없다는 것이다. 베렌가리우스의 실존론은 자신의 논제를 뒷받침하기 위해 도입했던 문법적인 순서에 대한 또 다른 주장에 의해서도 나타났다. "이것이 내 몸이니Hoc est corpus meum"의 성찬 예문에서 대명사는 문장 전체의 타당성을 손상시키지 않음으로써 술어에 의해 쓸모없는 것이 되지 않는 빵의 본질을 가리킨다는 것이다.

공의회의 유죄 선고 퓔베르의 또 다른 제자인 리에주의 아델만Adelman de Liège(?-1061)과 브르퇴이유의 위그Hugues de Breteuil(11세기)는 2세기 전 파스카시우스 라드베르투스(약 790-약 860)가 표명했던 주장을 바탕으로, 변증법론적인 논리가 난무했던 베렌가리우스의 이론과 그의 방법론을 부정하였다. 투르의 사제인 베렌가리우스는 자신이 요하네스 스코투스 에리우게나Johannes Scotus Eriugena(810-880)의 것으로 오인했던 코르베이의 수사 라트람누스(?-868)의 글『주님의 몸과 피』에 바탕을 두고 유심론적인 성찬론을 옹호했다. 하지만 그는 개혁파의 주요한 구성원들의 활동으로 1049년부터 1079년까지 개최된 수많은 공의회에서 유죄 선고를 받은 뒤에 자신의 신조를 부정할 수밖에 없었다. 랑그르의 주교였던 위그는 인간의 인지 능력을 뛰어넘는 신의 능력의 무한함을 고려하지 않은 것에 대하여 베렌가리우스를 비난했다. 리에주의 아델만은 인간의 이성으로는 성변화聖變化(성체성사에서 빵과 포도주가 그리스도의 몸과 피로 변하는 일*)의 신비함을 이해할 수 없다고 믿고 있었다. 감각이 아닌 지성으로만 이해할 수 있는 개념의 본질들과 사물에 대한 감각적인 모습으로 이해되는 비본질적인 요소들의 구분을 시작으로, 빵과 포도주가 단지 그들의 비본질적인 특성들과 관련한 외관의 유사함으로 인해 '그리스도의 몸'으로 불렸지만 그들의 본질과 관련해서도 실제로 그리스도의 몸으로 고려해야만 한다고 생각했던 리에주의 알제르Alger de Liège(약 1060-약 1131)의 주장은 더욱 체계적이었다. 1080년 보르도 공의회에서 베렌가리우스는 "성찬식 이후에 빵은 성모 마리아에게서 탄생한 진정한 그리스도의 몸이 되며, 제단 위에서 빵과 포도주는 성스러운 기도와 주님의 말씀으로 인해 본질적으로 예수 그리스도의 몸과 피가 된다"는 것을 믿는다고 서명해야만 했다.

파비아의 란프랑쿠스

베렌가리우스의 적들 가운데 가장 유명한 사람은 의심의 여지없이 노르망디 베크의 대수도원장이었던 캔터베리의 안셀무스(1033-1109)의 스승으로, 제자에 앞서 캔터베리 대주교를 역임한 파비아의 란프랑쿠스(약 1005-1089)였다. 가장 유명한 그의 작품은, 자료를 조작하고 논리학 규칙을 알지 못했으며 진실과 교회의 가르침을 변증법적인 논리보다 경시했다는 혐의를 받고 있던 베렌가리우스에게 신랄한 공격을 퍼부은 『주님의 몸과 피』였다. 란프랑쿠스는 교양 과목들과 세속적인 지식이 그리스도교 신앙에 어떻게 기여해야 하는지를 보여 주기 위해서 그리스도교의 권위뿐만 아니라 그러한 권위에 부합하는 변증법론적인 이성을 이용하여 성찬의 유심론에 대한

이성에
우선하는 신앙

이론의 근거가 희박함을 강조했다. 란프랑쿠스는 성경의 정보들보다 성찬식의 성질에 대한 논리적·철학적 연구를 우선시하는 것에 대해 베렌가리우스를 비난했다. 성찬의 신비로움에 대한 믿음은 이성적인 선입견에 의해서 좌우될 수 없는 것이다. 교리의 실현을 위한 조건들을 설명하려고 무리하지 않으며, 그 교리의 주장을 해석하는 데 도움을 주는 철학적 수단들을 이용하는 것은 믿음에 견고한 바탕을 두었을 때에만 가능하고 바람직한 것이다. 신앙과 이성 사이의 올바른 방향을 재정립하고 난 뒤, 신학의 영역에서 변증법의 사용으로 제기된 문제를 완전히 인식하고 있던 란프랑쿠스는 동물에 대한 아리스토텔레스의 분류를 이용하며, 성변화의 원칙을 옹호했다. 그는 동물 세계에서 성찬식의 경우에 적용할 수 있는 유일한 방식, 즉 감각적인 세상에서 본질의 불변화와 비본질적인 면들의 변화를 수반하는 자연적인 현실의 변화를 규명한 것이다. 신앙의 진실에 대한 기존의 동의에 바탕을 두고 란프랑쿠스는 인간의 이해 능력의 한계를 뛰어넘어 최후의 수단으로 신적인 전능의 불가사의한 원리와 관련한 이유들로 인해 성찬식의 경우에 그 반대 현상이 나타난다고 주장했다. 즉 비본질적인 모습은 변하지 않는 반면, 빵과 포도주의 본질이 변화한다는 것이다. 란프랑쿠스의 이러한 교리는 교황 그레고리오 7세(약 1030-1085, 1073년부터 교황)가 주재한 1079년 제3차 라테라노 공의회에서 승인되었고, 성변화의 개념을 상세히 기술한 토마스 아퀴나스(1221-1274)에 의해 부활해 제4차 라테라노 공의회(1215)에서 신앙의 교리가 되었으며, 3세기 뒤에는 트렌토 공의회(1551)에서 개신교도들을 상대로 재확인되었다.

| 다음을 참고하라 |
철학 캔터베리의 안셀무스: 사상, 논리학과 실재(281쪽)

샤르트르 학파와 플라톤의 재발견

| 루이지 카탈라니 |

12세기 사회와 문화의 전반적인 개혁 속에서 샤르트르는 가장 주된 역할을 담당했다. 샤르트르는 이교도 철학자들의 이론과 선지자들의 신앙의 진실 사이의 본질적인 조화를 믿으며, 고전 문학에 대한 사랑과 새로운 학문적 근원 및 새로운 신학적 해석에 대한 관심을 공유했던 거장들의 활동으로 플라톤주의가 번성했던 중심지였다.

플라톤의 유산

퓔베르(10-11세기)가 주교로 재임하던 시기인 1120년에 건축이 시작된 샤르트르의 아름다운 대성당 근처에 신학과 자연 연구를 전문으로 하는 지식인들의 영향을 받은 주교좌 학교가 생겼다. 그들의 플라톤주의는 4세기 신플라톤주의 그리스도교인이었던 칼키디우스Chalcidius가 번역한 플라톤의 『티마이오스』와 4세기 말 라틴어 작가였던 마크로비우스Macrobius의 『스키피오의 꿈Somnium Scipionis』에 대한 주석, 고대 후기의 교양 과목에 대한 광범위한 백과사전인 마르티아누스 카펠라Martianus Capella(410-439년에 활동)의 『필롤로기아와 메르쿠리우스의 결혼De nuptiis Philologiae et Mercurii』의 부활을 통해 표현되었다. 또한 샤르트르 학파의 거장들은 자연의 세계에 대한 연구를 통해 신화적인 인물인 헤르메스 트리스메기스투스Hermes Trismegistus의 『아스클레피오스Asclepius』와 바스의 아델라드Adelard of Bath(1090-1146년에 활동)가 번역한 유클리드Euclid(기원전 3세기)의 『원론Elementa』, 카린티아의 헤르만Hermann von Carinthia(12세기)이 번역한 프톨레마이오스Ptolemaeos(2세기)의 『구체 평면도Planispherum』같은, 라틴어 사용권인 서유럽에 도입된 지 얼마 안 된 고대의 흥미로운 문헌들을 최초로 접했던 사람들이기도 하다. 특히 연금술과 관련한 책들은 구원이라는 광범위한 시각에서 자연을 자신들에게 유리한 방향으로 이끌며 사람이 자연에 개입할 수 있다는 생각을 라틴어 문화권에 소개했다.

플라톤(기원전 428/427-기원전 348/347)의 철학적 유산은 특별히 샤르트르 학파의 사색적인 바탕의 특징을 보여 주었다. 그들은 『티마이오스』 외에도 『티마이오스』에 대한 칼키디우스의 주석에서 발췌한 『파르메니데스Parmenides』와 『테아이테 **플라톤과 그리스도교의 절충**

토스Teeteto』의 성구成句들을 인용했다. 간접적으로 이어져 내려온 이러한 플라톤의 사상에서 키케로Cicero(기원전 106-기원전 43), 세네카Seneca(기원전 4-65), 아풀레이우스Apuleius(약 125-약 180), 락탄티우스Lactantius(3-4세기), 그리고 특히 마크로비우스(4-5세기), 마르티아누스 카펠라, 칼키디우스(4세기)와 보에티우스(약 480-525?) 같은 고대와 중세 플라톤주의의 중재인들은 중요한 역할을 맡았다. 마크로비우스의 『스키피오의 꿈』에 대한 주석에 나타나는 플라톤주의가 키케로와 플로티노스Plotinos(203/204-270)의 도덕적 원칙에 영향을 받았다면, 마르티아누스 카펠라의 우화적인 작품은 중세의 플라톤주의자들에게 문학적인 본보기와 과학적이고 철학적인 정보의 풍부한 출전이 되었다. 『티마이오스』에 대한 칼키디우스의 주석은 플라톤의 우주론뿐만 아니라 고대 철학 자체를 보급하기 위한 필수적인 수단임을 보여 주었으며, 특히 샤르트르 학파는 창조주가 만든 우주에 대한 생각과 세상의 원동력에 대한 주제, 자연의 형태에 대한 개념과 같은 그의 작품에 포함되어 있던 몇몇 근본적인 이론들을 수용하고 발전시켰다. 한편, 콩슈의 기욤Guillaume de Conches(약 1080-약 1154)의 주장에 의하면, 보에티우스는 논리학과 변증법에서 아리스토텔레스의 학설을, 철학에서는 플라톤의 학설을 받아들임으로써 2개의 이론을 모두 수용하는 능력으로 방법론적인 모범을 보여 주었다. 이러한 철학적이고 과학적인 풍요로운 자산에 기초하여 샤르트르 학파의 거장들은 교부들에게 이미 나타났던 사상을 다시 받아들이며 뛰어난 이교도 철학자인 플라톤의 우주 생성 이론과 그리스도교 신앙이 전승한 천지 창조와의 조화를 보여 주는 데 전념하였다. 교양 과목들, 특히 산술학, 음악학, 기하학, 천문학의 4과quadrivium 과정은 고대 신화들에서 장막을 걷어내고, 이러한 신화들의 철학적인 내용을 밝히기 위해 사용되었다. 철학적 내용과 신앙의 진실과의 일치는 전혀 논란의 대상이 되지 못했다. 이러한 의미에서 연금술과 관련한 모든 노력은 결국에는 성경을 더욱 잘 이해하도록 도와주었다.

자연주의, 웅변술, 신학

샤르트르의 대가들 비록 신학적인 틀 안에 사로잡혀 있기는 했지만, 샤르트르에서 추진된 철학적인 제안은 물리적인 세계에 대한 이상적인 해석에 확신을 가진 연구의 표현이었다. 이러한 연구는 고대인들의 사고와 영속되는 것들 중 하나인 웅변술로 보강되어 나타났다. 이러한 방법론적이고 계획에 입각한 공통적인 전제들은 샤르트르에 몰려든 거장들에게 일치되고 일관된 이미지를 만들어 주었다. 그리고 이러한 이미지는 학파의 제도적·지적인 정체성에 대한 최근의 논쟁들이 상당한 근거를 갖추었음에도 불구하고 전혀 손상되지 않았다.

자신의 철학적인 열정으로 인해 '소크라테스'라는 별명을 지녔던 샤르트르의 주교 이보(약 1040-1116)는, 그 시기의 가장 중요한 대가로서 고전 연구에 바탕을 둔 철학 원리를 자신의 후계자들에게 전파했던 교육자의 모델이며 학장이었던 샤르트르의 베르나르두스Bernard de Chartres(12세기 초에 활동)를 필두로 그 당시의 학교에서 교양 과목들을 강의했던 저명한 스승들의 활동을 장려했다. 그의 제자들 중 한 명인 솔즈베리의 요하네스(1110-1180)에 의하면, 무엇보다도 그는 문법학자(이로부터 '문법의 플라톤주의'라는 말이 나오게 되었다)였지만 그의 『티마이오스』에 대한 주석에서 몇 가지 뛰어난 사색적인 실마리들이 나타났다. 칼키디우스로부터 인용한 '고유한 형태'에 대한 개념에 기초하여 베르나르두스는 자존自存하고 영원한 신성한 사상들과 영원하지만 '신과 영원히 공존해 온 것이 아닌' 창조된 사상들의 구분을 도입했다. 이러한 의미에서 '고유한 형태'는 신의 원리와 물질 사이의 중간적인 사상적 원리를 가리킨다. 베르나르두스가 처음으로 설명했던 샤르트르 학파의 자연주의적 모범설의 바탕에는, 보이는 모든 창조물들은 그보다 상위에 있는 실체의 껍데기에 불과하다는 생각이 깔려 있다. 이러한 개념은 5세기 말의 문법학자인 프리스키아누스의 가르침에 따라 술어들이 사물의 본질과 특성들을 다른 방식과 비율을 통해 표현하는 그들의 능력에 기초하여 구분되기 때문에 인간의 언어에서 즉각 확인되었다.

문법의 플라톤주의

콩슈의 기욤

베르나르두스가 사망한 뒤, 학교장의 직위는 본래 다른 샤르트르 스승들의 자연주의적 관심에 무관했던 형이상학자인 포레의 질베르Gilbert de Porrée(약 1080-1154)에게 이어졌다. 질베르는 랭스 공의회(1148)에서 비판받았던 스승의 주장, 특히 신과 신성의 구분을 옹호했던 제자들인 추종자들로 구성된 독자적인 신학과 철학 사조의 창시자였다. 반면에 플라톤주의, 자연주의와 신학은 베르나르두스의 가장 중요한 제자였던 콩슈의 기욤의 작품을 특징짓는 것이었다. 콩슈의 기욤은 헨리 2세(1133-1189, 1154년부터 왕)의 이름으로 잉글랜드의 왕이 된 조프루아 플랜태저넷의 어린 아들의 개인 교사였으며, 철학과 과학 대백과사전(『세계의 철학Philosophia Mundi』), 철

『세계의 철학』

학적 대화(『자연 철학에 관한 대화Dragmaticon Philosophiae』), 도덕적 원리에 대한 교본, 플라톤의 『티마이오스』와 보에티우스의 『철학의 위안De consolatione philosophiae』, 마르티아누스 카펠라, 마크로비우스의 작품에 대한 주석과 해설서의 저자였다. 기욤의 목표는 고대 철학자들의 주장과 우주의 기원의 핵심적인 주제에 대한 예언자들의 말씀의 조화를 보여 주는 것이었다. 이들은 모두 교양 과목이 제공한 수단들을 통해서 바르게 해석되어야만 하는 상징들과 이미지를 이용하여 세계의 탄생을 이야기했다. 기욤이 상스 공의회(1141)에서 유죄 선고를 받게 만든 작품인 『세계의 철학』에서 『티마이오스』의 우주 생성론의 기본적인 표상인 세상의 원동력은 중심적인 역할을 했다. 하지만 삼위일체의 제삼위와 세상의 영혼의 일체화는 그곳에서 자신의 논제로 인해 유죄를 선고받았던 피에르 아벨라르(1079-1142)처럼 명확하지 않았다. 이러한 존재는 신의 의지에서 유래했지만 그것과 구별되고 분리된 자연의 능동인(어떤 것의 원인이 되는 힘, 어떤 결과를 산출하는 원인*)을 나타냈다. 기욤은 신의 자유로운 의지의 산물인 세상의 창조의 순간을 모든 자연 현상의 생성의 순간과 구분하였다. 이러한 자연 현상의 생성은 물리적인 면에서 두 번째 원인(베르나르두스의 타고난 형상들formae nativae)에서부터 큰 세계인 우주와 작은 세계인 인간 사이의 관계를 확고히 함으로써 모든 창조물의 바탕을 이루고 있는 제4원소(흙, 물, 공기 불)에 이르는 자연 원리의 활동으로 이어졌다. 기욤은 그렇게 그리스도교적인 표현으로 세상에 생명을 불어넣는 원리들을 해석하고, 동시에 신학적인 맥락에서도 선천적인 행동에 대한 자주성을 보장할 수 있다고 믿었다. 인간의 창조는 매우 의미 있는 역할을 차지하고 있었다. 실제로 인간이라는 생명체는 기욤의 개념에서 신의 작업이지만, 이는 자연의 중재 행위를 통해 이루어진다는 것이다.

샤르트르의 티에리

아리스토텔레스의
물리학과의 만남

베르나르두스의 제자인 샤르트르의 티에리Thierry de Chartres(?-1155)는 보에티우스와 키케로의 몇몇 작품들에 주석을 달았으며, 교양 과목에 대한 교본인 『7권의 책Heptateuchon』과 자연 철학과 「창세기」에 대한 자세한 분석에 기초하여 천지 창조를 해석한 6일간의 신의 작업에 대한 글인 『헥사이메론Hexaemeron』(천지 창조 6일간의 이야기*) 집필에 전념했다. 천지 창조에 대한 이성적인 해석은 아리스토텔레스가 『자연학』에서 설명한 4원인설(질료인, 형상인, 능동인, 목적인)의 체계로부터 발전했다.

당시 라틴어권 대가들은 아직 자연학에 대해 무지했지만 의학과 천문학, 고대 과학과 관련한 수많은 문헌들의 보급 덕분에 몇몇 아리스토텔레스의 사상, 특히 자연 철학 사상을 접할 수 있었다. 티에리는 4원인을 신의 삼위일체의 삼위와 천지 창조에 최초로 존재했던 물질과 동일시했으며, 신의 천지 창조의 순간과 인간의 이성에 의해서 규명될 수 있는 과학의 원리에 의해 조정된 그 이후의 자연 발생적인 과정 사이의 구분을 확고히 했다. 매우 정교한 역학적인 개념에 따라 6일간의 작업은 생명체의 생성이라는 자연의 작업과 무생물체의 변형 속에서 진행되었다. 흙과 물, 공기, 불은 모든 창조물의 기본 구조를 이루고 있지만 사람들이 지각하지 못했던 반면 소위 원소화된, 지각할 수 있는 요소들은 전형적인 샤르트르 학파의 학설 원리에 따라 그 속에 포함되어 있는 특성들(더위, 추위, 건조함, 습기)로 인해 유지되었다.

티에리는 신의 존재에 대해 수학적인 성격을 띤 이성적인 증명을 통하여 자신의 해석을 완성했다. 다양한 숫자가 단순한 숫자 1을 전제로 하는 것처럼, 전 우주는 모든 것의 기원이 되는 불명료한 유일한 원리인 무한하고 전지전능한 유일신과 관련이 있다는 것이다. 기욤과는 달리 티에리는 주저하지 않고 성경에 나타난 신의 계획과 일치하는 자연적인 실체의 형성 원리인 세상의 원동력과 성령을 동일시했다. 삼위일체를 다룬 보에티우스의 소논문에 대한 주해에서 티에리는 존재의 순수한 행위인 신의 단순한 형태 속에서 자신의 초월적인 원리를 지니고 있는 우주의 체계화된 개념에 따라 창조주와 창조물 사이의 관계를 분석하였다. 티에리의 제자이자 위대한 추종자였던 아라스의 클라렘발두스Clarembaldus(12세기) 또한 보에티우스의 신학 작품 2편에 주석을 달았으며, 플라톤의 정신에 대한 샤르트르 학파의 뛰어난 논문들이 집대성되어 있는 『창세기의 주석에 관한 소론고Tractatulus super librum Genesis』를 남겼다.

자연계의 원동력인 성령

베르나르두스 실베스트리스

신학에 대한 중세 최초의 시적인 작품으로 여겨질 정도로 우아한 문체를 지닌 시와 산문들이 번갈아 작성되었으며, 샤르트르의 티에리에게 헌정된 2권짜리 『우주의 세계 또는 대우주와 소우주De mundi universitate sive Megacosmus et Microcosmus』(『우주지 Cosmographia』)의 작가인 베르나르두스 실베스트리스Bernardus Silvestris(12세기)는 나름의 독자적인 위치를 차지하고 있다. 책은 우화적으로 의인화한 두 인물의 대화로 이

신학과 시

루어졌다. 그것은 (샤르트르 학파적인 해석에 의해서 신이 창조한 제2원인들의 종합으로 이해되는) 자연과 (신의 체계적인 최고의 정신을 나타내는) 신의 섭리 또는 지성 간의 대화였다. 플라톤과 피타고라스에 기원을 둔 이론적인 전제에서 영감을 받은 베르나르두스의 시적인 철학은 최초의 단자單子로부터 자연적인 우주의 기원을 설명하고자 했다. 모든 감각적인 세계에 널리 퍼져 있던 생명의 원리인 물질과 지성 사이의 중재자의 모습인 세계혼Endelichia의 역할은 매우 중요하다. 2권의 책은 각각 실바Silva의 최초의 대혼돈에 뒤이은 대우주의 창조에 대해서, 그리고 자연의 여신, 천문을 관장하는 여신(하늘의 존재의 원리), 피지스Physis(자연, 즉 지상의 삶의 원리)인 3위의 기여 덕분에 생겨난 소우주 또는 인간의 형성에 대하여 다루었다. 인간은 지상의 창조물이지만 하늘을 목적지로 하고 있기 때문에 특별한 위치를 차지하고 있다. 자연의 의인화는 『자연의 불평De Planctu Naturae』에서 릴의 알랭Alain de Lille(약 1128-1203)이 효과적인 방법으로 제안했던 그 당시 철학적인 문화의 전형적인 주제였다.

| 다음을 참고하라 |
역사 교육과 문화의 새로운 중심지(242쪽)
철학 12세기 신학적 문학의 형태와 주역들(320쪽); "거인의 어깨 위에 선 난쟁이", 아포리즘의 역사(325쪽)

생빅토르 수도원의 스승들과 신비 신학

| 루이지 카탈라니 |

신학과 변증법의 위대한 스승들이 성당 학교의 교양 과목에서 신앙의 진실을 지지하고
명확히 하는 중요한 역할을 맡은 신학 사상을 발전시켰던 반면, 대도시 변두리에서
활약하던 신학자들과 수도사들은 인간 이성의 요구를 억누르지 않으면서도 신과
완전한 일치를 이루기 위한 개인적인 연구를 우선시하며, 새로워진 철학적 인식을 통해
수도원 생활의 이상을 추구했다.

생빅토르 수도원과 시토 수도원

아벨라르(1079-1142)의 스승이자 (이 유명한 제자로부터 거친 비판을 받기 전에) 보편 이성과 신앙의
신비로운 조화
실재론의 확고한 지지자였던 샹포의 기욤(약 1070-1121)이 1108년에 설립한 생빅토
르의 성 아우구스티누스 참사회 학교는 이 시기에 파리의 노트르담 대성당의 영향을
받아 세워진 연구 중심지들 가운데 세속 성직자들의 연구에 대한 관심과 수도원 주
변의 신비적이고 해석적인 전통 사이의 균형을 가장 잘 표현한 학교였다. 신의 사랑
에 대한 주제에 집중한 정신적인 경향의 틀 안에서 생빅토르 수도원의 사제들은 주
저 없이 구원을 바라보는 인간의 지상에서의 여정에 필요한 권한 속에 기술을 집어
넣었다. 비록 이성의 유용성을 부정하지는 않았지만 신앙의 경험이 이성을 초월하
는 사색적인 분위기에서 신에 대한 지식과 세속적인 지식의 통합은 신의 계시와 인
간의 이성적 연구가 병행하는 방식으로 나타났다. 반면에 몰렘의 로베르(약 1028-
1111)의 시토 수도원 설립은 1098년으로 거슬러 올라간다. 대교황 그레고리오 1세
(약 540-604, 590년부터 교황)의 사상과 정신을 바탕으로 개혁을 이룬 베네딕투스파
의 대수도원으로 탄생한 시토(라틴어로 Cistercium) 수도원은 중세의 가장 개혁적인
명상 수도회의 선도자가 되었다. 시토 수도회의 가장 중요한 대표자들인 클레르보
의 베르나르두스와 생티에리의 기욤의 작품들에서는 신앙에 대한 이성적인 접근보
다 명상적인 정신적 경향이 더욱 우세했다. 하지만 자신의 그리스도교적인 삶이 지
복의 성취를 지향할 수 있도록 하는 방식의 제안은 사랑을 위한 지성을 배제하지 않
았으며, 오히려 그들이 수도원 생활의 단일한 이상 속에서 조화를 이루고 함께 살아
가도록 만들었다. 독일의 철학자이자 수녀인 빙엔의 힐데가르트(1098-1179)의 경험
또한 개인의 아주 특별한 경험과 그녀를 합리화하려는 헛된 시도들 사이의 대립을
통해서 간단하게 해석될 수 없다. 실제로 신비적인 경험의 예언은 동시대의 위대한
거장들에 버금가는 사색적인 능력과 지식을 보여 주었다.

생빅토르의 위그

1096년 작센에서 태어난 위그는 1115년에 생빅토르 수도원에 들어갔으며, 1135년 스승 아벨라르
경부터 그가 사망한 해인 1141년까지 수도원장을 역임했다. 그의 저서들 가운데 위
僞 디오니시우스 아레오파기테스Dionysios Areopagites(5세기)의 『천상의 위계Gerarchia
celeste』에 대한 논평을 다룬 방대한 작업인 『디다스칼리콘Didascalicon』과 신비론에 대

한 내용의 다양한 저술들, 중세 최초의 신학대전인 『성사대전Summa de sacramentis』이 특히 돋보인다. 위그는 플라톤(기원전 428/427-기원전348/347)을 시작으로 위대한 고대 철학자들이 이성을 사용하여 삼위일체의 신비에 대한 진실을 이끌어 내는 기준이 되었던 아벨라르의 사상을 공유했다. 이러한 이유로 『디다스칼리콘』에 들어 있는 그리스도교 교리의 해설은 신학litterae divinae과 인문학litterae humanae을 모두 포함하고 있다. 최종적으로 신에 대한 더 나은 이해를 목표로 하고 있는 학문의 가치는 결코 논란거리가 된 적이 없었으며, 오히려 모든 지식은 매우 단순한 형태일지라도 인간이 신을 이해하는 경지에 오르도록 도와주었기 때문에 강력하게 장려되었다. 위그는 위 디오니시우스의 한 구절에 대해 논평하며, 인간은 자연과 은총의 이미지를 통해 진실을 숙고할 수 있다고 주장했다. 자연의 이미지는 신의 존재에 대한 가장 강력한 증거이며, 반면에 두 번째 이미지는 인간의 흐려진 눈을 밝게 비춘다는 것이다. 위그는 신학과 세속적인 학문 사이에 조화로운 균형을 이룰 수 있었다. 그는 이 두 가지 학문 모두 점진적이지만 끊임없이 영적인 명상으로 이어졌던 자신의 조직체에서 완성된 성직자들의 지적 교육을 위한 계획에 기여한다고 보았다. 진실의 분명한 근원을 찾기 위해서 인간의 생각은 신의 은총의 개입을 필요로 한다. 원죄에 의해 타락한 본래의 상태를 회복할 수 있도록 신은 인간에게 철학, 더욱 자세히 말해서 네 가지 학문을 부여했다. 같은 중요성을 지니고 있는 4개의 학문은 진실을 아는 것을 가르치는 이론적인 학문과 덕행을 통하여 선을 수행하는 것을 돕는 실천적인 학문, 인간의 삶의 구체적인 조직화를 지향하는 역학, 모든 지식에 공통된 방법론적인 근거를 나타내는 논리학이었다.

성경으로부터의 출발 세속적인 학문으로부터 신에 대한 진실로의 상승은 위그가 성사sacramenta라고 정의했던, 인간 세계에 출현한 신의 존재를 인정하는 것에서 시작되었다. 성사 가운데 첫 번째는 정신과 물질 중간에 자리 잡고 있는 인간 자체에 의해 표현되었다. 따라서 지상 또는 자연의 신학은 신의 계시로 인하여 신앙에 우선하며, 그 뒤에는 성경 내용 또는 「요한 묵시록」의 자료들에 근거한 신에 대한 신학에 자리를 넘겨주었다. 성경의 해석은 생빅토르 수도원 스승들의 교육 계획에서 필수적이었다. 그들은 우선 성경에 대한 문자적인 이해와 그 뒤의 정신적인 이해를 목표로 3학trivium과 4과 quadrivium를 예리하게 적용했다. 사색과 숙고, 명상은 위그에게 성스러운 역사와 성경의 심오한 의미에 대한 연구에서 반드시 거쳐야 하는 세 가지 순간이었다. 이러한 순간들은 창조주의 절대적이고 직관적인 시각의 결과인 사후 세계의 지복에 대한 기대로 신자를 이끌어야만 하는 신앙의 길을 가는 과정에서 반드시 활용해야만 하는 것들이다.

생빅토르의 리샤르

스코틀랜드 태생으로 1162년부터 그가 사망한 1173년까지 생빅토르 대수도원장을 역임했던 리샤르Richard는 위그의 직계 제자이자 신비주의에 대한 책들과 백과사전적인 작품의 저자다. 그는 안셀무스의 신앙의 지성intellectus fidei을 가장 잘 실현할 수 있는 조직적이고 진보적인 교육 과정에 대한 계획을 공유했다. 그는 성경의 해석에서 원문에 충실한 분석을 완성하는 데 필요한 우의적이고 영적인 강독을 선호했다. 『삼위일체론』에서 그의 본보기는 아우구스티누스(354-430), 그리고 특히 그리스도교의 신비의 필연적인 이성적 근거들rationes necessariae에 대한 연구의 효시가 되었던 안셀무스(1033-1109)였다. 이성과 계시와 함께 지식의 세 가지 근원 가운데 하나를 나타내는 경험의 자료들로부터 신의 삼위일체의 존재를 증명하고자 했던 그의 노력은 매우 중요한 의미를 가진다. 존재의 근거를 스스로 지니고 있지 못한 유한한 것에 대한 성찰에서 시작하여 다른 것으로부터 유래하지 않은 존재 자체인 불변의 원리에 대한 사상으로 거슬러 올라갈 필요가 있었다. 삼위일체의 입증 또한 지각할 수 있는 경험으로부터 출발한다. 따라서 신에게는 인간의 영혼이 감지할 수 있는 것 가운데 가장 숭고한 덕목, 즉 사랑이 부여되어야만 했다. 이러한 사랑은 자신뿐만 아니라 자신의 창조의 결과물을 향해서도 표현되어야 한다. 이로부터 신을 삼위일체로 인정해야 할 필요성이 대두되었으며, 이러한 삼위일체 안에서 가장 완벽한 방식으로 신의 사랑의 소통이 이루어지게 된다.

성스러운 자연의 이미지인 인간의 영혼은 단 하나이지만 그 내부에 상상과 이성, 지성이라는 세 가지 인식 능력을 지니고 있다. 첫 번째인 상상은 감지할 수 있는 인지의 자취를 보존하고, 두 번째 능력인 이성은 담론적 지식을 이끌며, 마지막인 지성은 보이지 않는 실제의 상징들을 세상에서 인식할 수 있는 인간의 영적인 눈을 나타낸다. 신에 이르는 신비로운 길의 여정을 가리키며, 세부적이고 구체적인 것으로부터 보편적인 것으로 올라가는 이러한 인식의 과정은 『대 벤야민Beniamin maior』에 상세하게 설명되어 있고, 반면에 『소 벤야민Beniamin minor』에서 리샤르는 야고보의 12

영혼의
세 가지 능력

명의 아들들의 종합적인 해석을 통해 신의 본질에 대한 무아지경의 관조로 이끌며, 자신에 대한 인식과 마음의 순수함에 바탕을 둔 영혼의 정화 과정을 묘사했다.

시토 수도회의 영성

베르나르두스와 그리스도의 사랑

시토 수도회의 분파로 탄생한 4개의 수도원 가운데 하나인 클레르보 수도원의 창설자인 베르나르두스는 제2차 십자군 원정의 열렬한 주창자이자 속세의 삶에서 교회의 수위권을 주장했던 인물로서 그 당시 성직자의 삶과 문화생활에서 두각을 나타낸 인물이었다. 「아가」에 대한 설교에서 효과적으로 표현된 베르나르두스의 영성靈性은 그리스도의 중개자로서의 모습에 절대적인 위치를 부여했다. 그의 신학적인 고찰은 사랑 속에 영적인 전제를 지니고 있으며, 신에 대한 신비주의적인 관조에 유일한 목적을 두고 있었다. 그리스도교인에게 구원과 관련이 없는 것은 모두 헛되다고 주장했음에도 불구하고 베르나르두스는 지각과 관련한 경험과 이성, 권위 있는 책들과 같은 자신이 이용할 수 있는 모든 수단을 동원하여 지식을 폭넓게 수용하고 있음을 보여 주었다. 학문의 기본적인 기대가 구원이며, 이러한 구원은 자신에 대한 인식과 지적이고 영적인 이해를 통하여 이루어진다는 데에는 아무런 이견이 없다. 베르나르두스의 믿음직한 친구로서 아벨라르와 포레의 질베르(약 1080-1154)에 대한 전쟁에서 그를 지지했던 생티에리의 기욤은 명상적인 성향의 지식인이었지만 베네딕투스 수도원 제도의 개혁 계획에 직접 관여했다. 아담이 저지른 죄의 타락에도 불구하고 기욤은 인간이 신의 마음 한가운데 도달할 수 있다고 믿었다. 신의 단순성을 존중하는 영적 존재의 언어가 더 선호되기는 했지만, 신앙의 언어는 실체의 언어 같은 부적절한 용어의 사용으로도 경시될 수 없고 경시되어서도 안 되는 특별함을 지니고 있다.

신으로의 상승

모든 인간의 표현은 기술하고자 하는 신적인 대상에 대하여 부적절한 단계를 유지하고 있지만, 그럼에도 불구하고 인간의 이성은 물질주의와 개념론의 지나침을 떨쳐낸다면 모든 형태의 이단으로부터 신앙을 지켜내며 근본적으로 지지할 수 있는 것이다. 아벨라르의 신학과의 변증법적인 관계에서 기욤은 주로 성경의 진실에 의지했으며, 신의 삼위의 본질 사이의 역동적인 관계에 대한 개념을 자신의 삼위일체 교리의 바탕에 두었다. 이성과 신앙은 인간의 영혼과 사랑과 갈망의 주요 대상과의 만남이 실현되는 데 부합해야만 했다. 신의 삼위일체의 이미지는 아우구스티누스적인 의미 속의 이미지였다. 사랑의 교리는 몽디외Mont-Dieu의 형제들에게 보낸 황금의 편지Lettera d'oro에 기술된 문구들을 통하여 신격화 또는 은총의 계시 없이는 존재하지 않는 도덕적인 완벽함의 승화 과정에서 최고의 결과물인 신으로의 변화에 대한 교리로 귀결될 수밖에 없었다.

빙엔의 힐데가르트

세련되고 예리한 고찰과 통찰력을 갖춘 신비주의적인 영적 사상을 독창적으로 표현한 빙엔의 힐데가르트는 기나긴 생애를 수도원에서 보냈지만, 말의 힘으로 그녀가 키워 왔던 믿음을 증명하며 교황들을 비롯하여 황제들과 서신을 주고받았다. 그녀는 자신의 종교적인 작품과 공개적인 기도를 예언 속에서 새로운 스콜라 문화에 대한 효과적인 대안을 찾고자 했던 클레르보의 베르나르두스가 주창한 교회 개혁 작업에 이용하도록 했다. 힐데가르트는 상징적인 요소들을 담고 있는 예언적인 책들(『계시서Liber Scivias』, 『책임 있는 인간Liber vitae meritorum』, 『세계와 인간Liber divinorum operum』)의 저술에 전념했지만, 종교적인 서정시들과 『여러 가지 자연 피조물에 대한 분류서 Liber subtilitatum diversarum naturarum creaturarum』 같은 자연에 대한 책들도 남겼다. 역사에 대한 그녀의 예언적인 시각 속에서 독서에 의해서가 아닌, 지각 경험에 의해 영감을 받은 우주에 대한 사상은 매우 중요한 부분을 차지하고 있다. 신의 기원으로 거슬러 올라가는 이러한 시각은 자연과 역사, 영적인 삶의 영역에서 신뢰할 만한 지식의 전달자이자, 우화적 또는 교훈적인 문학의 입장에서 해석될 수 있다. 이러한 시각은 그녀에게 개념적이고 논증적인 추론 과정 없이 성경에 대한 완전한 이해를 가능하게 해 주었다. 이러한 경험 덕분에 힐데가르트는 신과 인간 사이의 중재 역할을 맡게 되었다. 그녀는 자연을 높게 평가했으며, 이러한 자연 속에서 논란의 여지가 있는 인간의 자주적인 특성보다는 창조주에 대한 종속성을 강조하며 인간의 가치를 부여했다. 힐데가르트는 인간-소우주의 개념을 받아들였으며, 그리스도의 신성과 인간의 속성을 반영하는 영혼과 육체의 합성에 의해 인간이 천사 같은 창조물보다 더 우월하다고 주장하였다. 피오레의 조아키노Gioacchino da Fiore(약 1130-1202)에 의해 체계화된 과정과 크게 동떨어지지 않았던 역사의 종교적인 차원에서 우주의 영원한 원칙과 관련한 생명력을 지닌 자연 세계에 대한 지식을 통해 도덕적인 삶 속에서 육체적인 세계와 영적인 세계를 통합시키는 것은 신성한 이성의 이미지인 인간의 이성의

철학자이자
신비론자이며
과학자였던 여성

320

권한인 것이다.

| 다음을 참고하라 |
철학 피에르 아벨라르(289쪽); 12세기 신학적 문학의 형태와 주역들(320쪽)

12세기 신학적 문학의 형태와 주역들

| 루이지 카탈라니 |

12세기에는 중세 전기의 교부적인 신학 지식의 풍부한 전통에 유기적인 일관성을
보장하기 위해 창안된 신학과 관련한 문학의 다양한 형태들이 번갈아 나타났다.
이러한 지식의 전체적인 구성을 계획하고 전달하기 위한 목적을 지닌 다양한 작품들은
서로 경쟁하며 영향을 주었는데, 이들 가운데 포레의 질베르에서 시작하여
릴의 알랭에 의해 더욱 의미 있는 결과로 나아갔다.

『명제집』에서 『전집』으로

12세기에 완성된 체계적인 신학의 초기 경험들은 랑의 학교로 거슬러 올라간다. 이 학교는 교부적이고 성경의 권위를 지닌 많은 작품들을 수집하였으며, 이로부터 권위와 완벽하게 일치하는 주장인 명제집sententiae이 유래하게 되었다. 명제집의 수집 작업은 독자적인 교육과 형식의 유형으로 12세기 전반의 대가들이 신학적인 소재를 핵심적인 내용으로 세분하는 단일한 논리적 계획에 따라 이성적으로 조직함으로써 그리스도교 교리에 대한 연구의 기초를 세울 수 있도록 해 주었다. 따라서 『명제집』은 주제별로 신학적인 문제들을 종합적으로 정리하고, 이러한 문제들을 논리적이고 이성적으로 설명하려는 최초의 신중한 시도였다. 12세기 후반부터 신학적인 지식을 개편하고, 피에르 아벨라르(1079-1142)와 생빅토르의 위그(약 1096-1141)의 의견을 고려하여 신학이라는 학문 자체를 공식화하려는 요구들이 나타나기 시작했다.

페트루스
롬바르두스의
『신학명제집』

당시 신학과 관련한 문학의 새롭고 성공적인 예는 교육적인 관점에서 강점을 지니며, 신성의 삼위일체와 천지 창조, 신이 인간의 모습으로 나타나는 육화肉化, 성

사에 대한 교부적인 교리들이 체계적으로 정리되어 있는 페트루스 롬바르두스(약 1095-1160)의 『신학 명제집Sententiae』 4권으로 나타났다. 이 작품은 옥스퍼드의 프란체스코파의 주변에서 공공연하게 나타났던 저항에도 불구하고, 대학교에서 신학적인 가르침의 기본적인 수단으로 자리 잡았다. 페트루스는 아벨라르의 『그렇다와 아니다』의 방법론에서 시작했지만, 교부적인 근원들 사이의 모든 대립을 누그러뜨리는 것을 선호하며, 모든 유형의 문제화를 회피했다. 따라서 페트루스의 『신학 명제집』은 신앙의 진실에 대한 사색적인 고찰로서가 아닌, 이보다 훨씬 더 명확하고 조화로운 저술로서의 가치를 지니고 있다. 그의 문체는 주어진 다른 입장들을 무비판적이라고 혼동할 정도로 자신의 개인적인 입장을 감추었다. 롬바르두스의 방식은 역시 체계적인 명제집을 남겼던 제자 푸아티에의 피에르Pierre de Poitiers(?-1205)의 작품에서 입증된 반면, 피에르 아벨라르의 학교는 궁정 학교 스승의 이론적인 계획을 따르며 다양한 교리들의 변증법적인 심화 학습을 추구하는 흥미로운 작업들을 했다. 익명의 저자의 『신학 입문Isagoge in theologiam』과 역시 익명인 『파리의 명제집 Sententiae Parisienses』 모음집이 이러한 예에 해당한다.

신앙의 내용에 대한 고찰의 바탕을 성경 해석에 둔 생빅토르의 모형은 위그의 위대한 신학적 집대성으로 나타났다. 『성사에 관한 대화Dialogus de sacramentis』, 『신성에 관한 명제집Sententiae de divinitate』, 그의 대표작이며 육화에 집중한 역사적 계획에 따라 입안된 대학이 세워지기 이전 시대의 교리적인 신학의 최초의 위대한 체계로 정의되는 『성사대전Summa de sacramentis』 같은 것이 이에 해당한다. 생빅토르의 모형은 곧 수많은 지지자들을 얻었는데, 동시에 아벨라르의 제안에서 영감을 받은 『명제 전집Summa sententiarum』의 익명의 저자도 이들 가운데에 포함된다. 생빅토르의 모형

이어지는 또 다른 모형은 실제로 매우 다양했으며, 아리스토텔레스와 보에티우스의 모형에서 얻은 형식상의 원리들을 최고의 이론과학으로 이해할 수 있는 신학의 분석 체계에 적용함으로써 신학 체계로부터 성경 해석을 구분한 포레의 질베르(약 1080-1154)의 추종자들에 의해 집약된 것이다. 제자들에게 체계적이고 다양한 주제의 작품을 남기지 않았던 질베르의 유산은 형식적인 관점에서 구분되지만, 공리公理 형태의 학문적인 신학의 분석 체계에서 더욱 성숙한 결과를 얻어냈던 단일한 방법론적 설정으로 한데 합쳐진 계획을 통해 급격하게 증대되었다. 포레를 배경으로 초기의 설익은 체계적인 신학의 시도(『질베르 학교의 스승들의 명제집Sententiae 질베르 학교

magistri Gisleberti』과『신성의 명제Sententiae divinitatis』) 이후에 질베르의 제2세대 추종자들에 속하는 위대한 스승들이 수행한 노력들은 절대적인 중요성을 가지고 있었다. 1160년대부터 1180년까지 파리에서 활동했으며, (자신과 동시대인인 믈룅의 로베르투스Robertus, 크레모나의 프레포시티노Prepositino di Cremona, 우르캉의 오동Odon de Ourscamp, 스티븐 랭턴Stephen Langton 같은 사람들과 마찬가지로)『토론 문제집Quaestiones』과 스승과 제자들 사이에 이루어진 토론의 다양한 주제들에 기초하여 구성된『토론집Disputationes』, 발간을 앞두고 있던『신학대전Summa theologica』의 저자인 투르네의 시몽Simon de Tournai(약 1130-1201)과 금욕주의적이고 도덕적인 것이 주를 이루지만 확고한 학문적 방법론에 의해 지배된『보편적인 거울Speculum universale』(또는『덕과 악덕에 관한 대전Summa de virtutibus et vitiis』)의 저자인 라울 아르딩Raoul Ardent(?-1200), 광범위한 관심과 신학과 관련한 다양한 저서들로 인해 보편적 박사Doctor Universalis로 정의되었으며 공리적인 신학의 최초의 전형이 된 작품과 종합적인 설정의 다양한 작품들의 저자인 릴의 알랭(약 1128-1203)이 이러한 스승들에 해당된다. 파리 부근에서 12세기 중반 이후에 나타났던 초기 신학대전들의 구성은 명제집과 매우 유사했지만, 더욱 확신을 가지고 일관성 있게 하나의 주제에서 다른 주제로 넘어갈 수 있도록 해 주는, 깊은 변증법적인 경향에 의해 특징지어진다. 또한 신학대전들은 중세 전기의 모든 것을 포괄하는 백과사전식 모델과는 구별되며, 법학에서 신학에 이르는 여러 연구 분야에서 전문화되는 경향을 보였다. 그뿐만 아니라 논의가 몇몇 의미 있는 권위자들auctoritates에게만 고착되어 있던 해석적이고 설교적인 유형의 신학대전들은 신과 관련한 지식의 모든 구상이 펼쳐졌던 신학적인 것들과는 구별되었다. 이러한 신학적 문학 장르의 발전에는 롬바르두스에게 영감을 받은『"바람을 불러일으키는 자" 대전Summa "Qui producit ventos"』과『시편에 관한 대전Summa super Psalterium』, 『의무에 관한 대전(또는 논고)Summa(tractatus) de officiis』의 저자인 크레모나의 프레포시티노(약 1150-약 1210)와『성사들 및 영혼의 충고들에 관한 대전Summa de sacramentis et animae consiliis』,『덕과 악덕에 관한 대전Summa de vitiis et virtutibus』(또는 요약된 말씀Verbum abbreviatum)과 철학과 신학, 성경의 용어 사전인『"아벨" 대전Summa "Abel"』의 저자 페트루스 칸토르Petrus Cantor(약 1130-1197) 같은 중요한 인물들이 기여했다.

릴의 알랭

릴의 알랭은 다른 신학적 계획과 관련한 다양한 형태의 신학대전들을 실질적으로 체험했다. 『"인간이니까" 대전Summa "Quoniam homines"』에서는 각각 창조주와 천지 창조, 부활을 집중적으로 다루는 세 부문을 규정하는 체계적인 구조 안에 사색적인 방식과 실증적인 과정이 주를 이루었다. 반면에 『이단들을 논박하는 가톨릭의 믿음에 관하여De fide catholica contra haereticos』는 명확한 변증론적인 의도를 가진 신앙의 포괄적인 표출이었다. 신앙의 적들(카타리파, 발도파, 유대인들, 이슬람인들)의 철학적·신학적인 오류를 없애기 위해서 저자는 교부들의 말을 인용했을 뿐만 아니라 이성적인 주제를 이용하였다. 『설교술에 대한 대전Summa de arte praedicatoria』(또는 『설교술Ars praedicandi』)에서는 설교적인 설정이 주를 이루었던 반면에, 일명 『"어떤 방식으로" 대전Summa "Quot modis"』은 실질적으로 그 세기의 특징이었던 다른 신학적인 장르, 즉 가장 주요한 관심사가 언어적이고 의미론적인 성격을 띠고 있던 철학적이고 신학적인 어휘들의 사전인 『구분Distinctiones』의 중요한 본보기였다. 하지만 질베르의 추종자들과 특히 릴의 알랭이 체계적인 신학의 분석에 기여한 가장 중요한 점은 격언적인 형태의 신학 작품들에서 나타났다. 이미 포레의 질베르는 명확한 것과 추상적인 것의 관계에 대한 9개 격언의 규명이 창조물의 선함에 대한 문제를 해결하기 위해 예비적으로 이루어졌던 『선함과 올바름De hebdomadibus』의 보에티우스의 모델을 철저하게 분석했다.

신학적인 영역에서 기하학의 전형인 엄격한 연역적 방식을 도입한 것은 새로운 시도였다. 이것은 그 자체로 명확하며, 따라서 증명될 필요가 없는 것으로 아리스토텔레스(기원전 384-기원전 322)가 『분석론 후서Analitici Secondi』에서 이야기했던 직접 명제의 형태로 만들어진 격언적 주장에 견고한 바탕을 둔 신학을 구축하기 위한 특별한 노력을 수반했다. 질베르의 격언에 대한 구상은 릴의 알랭과 아미앵의 니콜라(12-13세기)에 의해 다시 추진되고 보완되었다. 알랭은 『신학의 규칙Regulae caelestis iuris』을 집필했으며, 이 책에서 그는 『"인간이니까" 대전』에서 다루어진 신학적인 소재 자체를 격언들의 정확한 연결로 집약했다. 교리적인 관점에서 (아리스토텔레스의 이름으로 퍼져 나갔던 신플라톤주의적인 형이상학의 종합인) 『원인론Liber de causis』과 신비주의와 유사한 『철학자서 24권Liber XXIV philosophorum』의 영향이 인정되었다.

기하학에서 신학으로

알랭에게 신학은 다른 학문들과 마찬가지로 보편적으로 인정된 분명한 전제 위 **형이상학적 학문**

에 근거해야만 했다. 따라서 모나드monad(무엇으로도 나눌 수 없는 실체*)에 대한 정의로부터 관계로서의 삼위일체에 이르게 되었으며, 원인을 갖지 않는 원인과 지극히 평범한 형태의 신의 정의로부터 절대적으로 완전한 신성에는 그 어떤 이름도 적합한 방식으로 부여될 수 없다는 결과에 이르게 되었다. 한편으로는 위 디오니시우스(5세기)로 거슬러 올라가고 다른 한편으로는 아우구스티누스-보에티우스의 전통에 기인하는 이러한 신학적이고 언어적인 전제 조건으로부터 알랭은 그 어떤 용어도 신과 창조물에 같은 방식으로 부여될 수 없다는 가정에 근거하여 자연에 대한 과학으로부터 신에 대한 학문으로의 이름의 변환translatio에 대한 이론을 발전시켰다. 처음 115개 규칙은 전적으로 신학에 대한 내용을 다루었고, 이어지는 10개의 규칙은 자연 철학에 대한 것이지만 여전히 신학에 공통으로 적용되는 것들이었으며, 마지막 9개는 형이상학적인 과학의 전조로 고려될 수 있을 정도의 자연 철학 영역에 대한 것이었다. 첫 번째 부문은 나름대로 세 부분으로 나뉘어 있다. 첫 번째 부분은 신과 삼위일체에 할애되었으며, 두 번째 부분은 도덕적인 신학의 주요 문제들을 다루었고, 세 번째는 그리스도론과 성사에 집중되었다. 각각의 규칙은 앞선 규칙의 자연스러운 발전으로 보였으며, 모든 규칙은 계속되는 주장들을 정당화하는 짧은 설명들이 곁들여진 진정한 신학적 격언의 구성을 지지했다. 변하지 않는 신성한 개체에 대한 주장("모나드는 모든 것이 하나이도록 하는 것monas est qua quaelibet res est una")은 신앙의 진실에 대한 개념적인 해석의 원리로 정립되었다. 이러한 첫 번째 분명한 격언을 시작으로 규칙들이 연쇄적으로 펼쳐졌다.

아미앵의 니콜라와 신앙의 진실

한편, 아미앵의 니콜라는 유클리드(기원전 3세기)의 『원론』의 모델에서 착안한 연역적 신학의 소논문인, 교황 클레멘스 3세(?-1191, 1187년부터 교황)에게 헌정한 『가톨릭 신앙의 기술Ars fidei catholicae』의 저자였다. 이 작품은 정의와 공리, 격언으로 구분된 신학의 독특한 초기 원리들의 규명에 바탕을 두고 있다. 니콜라는 이러한 원리들로부터 엄격하게 연관되어 있는 신앙의 진실들을 일관성 있게 유추했다. 작품의 변증론적인 기획 의도는 신의 존재, 세계, 인간과 천사의 창조, 자유로운 의지, 타락, 구원, 교회, 성사, 죽은 자들의 부활과 관련한 5권의 단편들로 구분된 신앙 내용들의 종합적이고 완성된 해설적 논문의 형태를 보여 주었다.

| 다음을 참고하라 |
철학 샤르트르 학파와 플라톤의 재발견(309쪽); 생빅토르 수도원의 스승들과 신비 신학(314쪽)
문학과 연극 신학, 신비주의 신학, 종교 논문(477쪽)

"거인의 어깨 위에 선 난쟁이", 아포리즘의 역사

| 움베르토 에코 |

> 고대 사상의 열정적인 변론에서 이러한 아포리즘의 창시자로 알려진 샤르트르의
> 베르나르두스는 동시대 사람들을 단지 거인들의 어깨 위에 앉아 있음으로써
> 거인의 높이로 올라갈 수 있기 때문에 고대인들에 비해 더 멀리 볼 수 있는 사람들로
> 정의하였다. 철학, 특히 중세 철학의 역사에서 이러한 아포리즘의 이용은
> 바로 고대인들에 비해 동시대 사람들이 미약함을 천명한 것인지, 아니면 그들에게
> 전해진 사상에 대한 동시대인들의 우월함을 공개적으로 선언하는 것인지에
> 대한 피할 수 없는 문제를 제기했다.

되풀이되는 이미지

예전에 자크 마리탱Jacques Maritain이 주장했듯이 데카르트Descartes(1596-1650)와 함께 철학자들이 '절대성에 첫발을 내디딘 사람'으로 자리 잡고, 프랜시스 베이컨Francis Bacon(1561-1626)과 함께 전통이 만들어 놓은 우상들을 처단하며 사고하기 시작했다면, 중세는 성경은 물론 과거 위대한 철학자들의 사상에 대한 절대적인 복종을 강요하던 시대로 잘 알려져 있다. 중세 사상가의 문제는 독창적이지 못하고 그 이전의 권위자들의 사상을 그대로 따르는 데 있는 것으로 보이며, 이로 인해 신학의 모든 논문은 항상 해설로만 제기되었다.

하지만 스콜라 사상의 영역에서는, 예를 들어 적어도 새로운 것을 말하려는 의지까지는 아니더라도 새로운 방식으로 그것을 말하려는 의지가 드러나는 "새로운 것이 아닌 새 방식으로non nova sed nove" 같은 몇몇 격언들이 퍼져 나갔다. 이는 혁신에 대한 권리를 사칭하기 위한 하나의 구실로 사용되었을 것이다. 이러한 혁신이 어떻게 권위에 대한 존중과 함께 진행되었는지는 『가톨릭의 믿음에 관하여De fide

권위 앞에서

catholica』(I, 30)에서 릴의 알랭의 유명한 금언인 "권위는 기분 내키는 대로 비뚤어질 수 있는 밀랍으로 된 코다auctoritas cereum habet nasum, id est in diversum potest flecti sensum"가 잘 보여 준다. 권위자에 대한 존경이 사물을 보는 나름의 방식에 따라 글을 해석하는 권리를 유보하며 권위자들의 말을 글자 그대로 따르는 것에 있다고 말하는 것은 매우 경솔한 표현이다.

하지만 오늘날까지도 살아남았을 정도로 널리 유행했으며, 중세의 정신을 가장 심오하게 전달하는 금언은 일명 난쟁이와 거인의 금언이다. 이 금언에 의하면, 우리를 앞서갔던 사람들은 거인들이며, 우리는 단지 그들의 어깨 위에 앉아 있는 난쟁이들인데, 바로 이 때문에 우리가 그들보다 멀리 볼 수 있다는 것이다.

이 금언은 일반적으로 샤르트르의 베르나르두스(1110년경에 활동)로부터 기원한 것으로 보고 있는데, 솔즈베리의 요하네스(1110-1180)가『논리학 변론Metalogicon』(III, 4)에서 다음과 같이 언급한 것을 찾아볼 수 있다. "베르나르두스가 주장하기를, 우리는 거인의 어깨 위에 올라탄 난쟁이들이며, 그렇기 때문에 그들보다 더 멀리 더욱 많은 것들을 볼 수 있지만, 이는 거인들의 거대함 덕분에 우리가 더 높이 앉아 올라갈 수 있기 때문이다Dicebat Bernardus Carnotensis nos esse quasi nanos gigantium humeris insidentes, ut possim plura eis et remotiora videre, non utique proprii visus acumine aut eminentia corporis, sed quia in altum subvehimur et extollimur magnitudine gigantea." 그럼에도 불구하고 베르나르두스는 이 금언의 창안자는 아닌 것으로 보이는데, 그 이유는 (난쟁이들의 은유는 아닐지라도) 이 개념이 이미 6세기 전에 프리스키아누스의 작품(5세기 말)에 등장했기 때문이다. 하지만 프리스키아누스와 베르나르두스 사이의 흥미로운 중간 경로는 『프리스키아누스에 관한 주석Glosse a Prisciano』에서 난쟁이와 거인들에 대하여 이야기했던 콩슈의 기욤(약 1080-약 1154)일 것이다.

금언의 전파 기욤의 문헌은 솔즈베리의 요하네스보다 앞선 것이며, 베르나르두스가 샤르트르에서 교장으로 있던 시기에 작성된 것이다. 하지만 기욤이 쓴 주석의 첫 번째 판본이 1123년 이전에 작성된 것인 반면(요하네스의『논리학 변론』은 1159년이다), 이 금언은 1160년 랑의 학교의 한 문헌에서 발견되었으며, 그 뒤에는 1185년경 덴마크 역사학자 스벤 아게센Sven Aggesen(12세기)과 알렉산더 네캄(1157-1217), 블루아의 피에르Pierre de Blois(약 1135-약 1212), 릴의 알랭의 글에서 발견되었다. 13세기에 이 금언은 캉브르의 제라르Gérard de Cambrai, 롱샹의 라울Raoul de Longchamp, 코르베유의 에지디우스Aegidius, 오베르뉴의 제라르Gérard, 그리고 14세기 아라곤 왕의 주치의였던 알렉산드르 리차Alexandre Ricat의 작품에도 등장하게 된다.

　　로버트 머튼Robert Merton(1910-2003)은 그의 저서 『거인의 어깨 위에서On the shoulders of giants』(1956)에서 뉴턴Isaac Newton(1642-1727)의 "내가 더 멀리 볼 수 있었던 것은 거인의 어깨 위로 올라섰기 때문이다"(1675년 훅Hooke에게 보내는 편지)라는 문장을 시작으로 근대에 들어와 이 금언이 거둔 성공을 재구성했으며, 그 영향과 기여, 매력, 표절에 대한 현대의 논쟁에서 이것을 결정적인 생각으로 여기며 학술적인 탐구를 통해 다른 저자들의 글에서 이러한 금언을 찾아냈다. 툴리오 그레고리Tullio Gregory는 가상디Pierre Gassendi(1592-1655)의 글에서 이 금언을 규명했으며(v. *Scetticismo e empirismo. Studio su Gassendi*, 1961), 20세기에 오르테가 이 가세트Ortega y Gasset는 세대가 되풀이되는 것을 언급하며, "어떤 사람들은 다른 사람들의 어깨 위에 있으며, 높은 곳에 있는 사람은 다른 사람들을 지배하는 느낌을 즐기겠지만 동시에 그들의 포로임에 주의해야만 할 것이다"(v. "Entorno a Galileo" in *Obras completas*, V, 1947)라고 말했다.

겸손한 금언인가, 거만한 금언인가?

여기에서 무엇보다 우리의 관심을 끄는 것은 중세의 세계에서 이 금언이 지녔던 의미와 영향력이며, 반드시 제기해야 할 첫 번째 문제는 (에두아르 조노Edouard Jeauneau가 "거인의 어깨 위에 선 난쟁이-샤르트르의 베르나르두스에 대한 해설서"[*Vivarium*, V, 1967]에서 그것에 대해 폭넓게 논의했던 것처럼), 이 금언이 '겸손'한 것인지 '거만'한 것인지에 대한 점이다. 실제로 이 금언은 고대인들이 가르쳐 준 것을 우리가 심지어 더 잘 알고 있다거나 고대인들 덕분에 그들보다 더 많이 알고 있다는 의미로 이해할 수 있다. 벼를 베는 사람의 뒤를 따르는 이삭 줍는 사람에 대한 이야기를 했던 성 베르나르두스의 글에 나타난 이와 유사한 금언은 이삭을 줍는 사람들이 벼를 베는 사람들이 남긴 것만을 줍기 때문에 의심의 여지를 남기지는 않았지만, 프리스키아누스와 현대인들이 고대인들보다 영리할지는 몰라도 학식이 더 높지는 않다고 이야기했던 주석가 콩슈의 기욤의 입장은 모호한 상태로 남았다. 한편, 이러한 금언을 사용했던 중세가 당대 사람들의 뛰어남이나 역사의 연속성을 주장했는지, 그리고 주장했으면 어느 정도까지 했는지에 대해서는 여전히 의문으로 남는다. 이 금언을 헤겔

Georg Wilhelm Friedrich Hegel(1770-1831)의 방식으로 해석하기 위해 헤겔을 기다릴 필요가 없을 뿐만 아니라 베르나르두스가 뉴턴처럼 사고했을 것이라고 생각할 필요도 없다. 뉴턴은 코페르니쿠스 이후로 우주에 대한 혁명이 진행 중이라는 것을 잘 알고 있었으며, 베르나르두스는 지식에 대한 혁명이 존재하는지조차 몰랐을 것이다.

그뿐만 아니라 중세 문화에서 여러 차례 다루어진 주제들 가운데 하나가 세계의 점진적인 노화mundus senescit였기에, 베르나르두스의 금언을 세상이 노쇠해 가기 때문에, 그리고 이것이 피할 수 없는 것이라면 이러한 비극의 몇 가지 이로운 점들만이라도 최대한 칭송할 수 있다는 의미로 해석할 수 있을 것이다.

고대인들로부터의 자립

베르나르두스는 프리스키아누스의 뒤를 이어 고대인들의 문제에 대한 지식과 모방의 개념이 위협을 받고 있던 문법에 대한 논의에서도 이 금언을 이용했다. 신학적·과학적 지식의 발전과 축적 같은 개념은 아무런 관련이 없었다. 그럼에도 불구하고 (계속해서 솔즈베리의 요하네스의 증언에 의하면) 베르나르두스는 고대인들의 글을 맹목적으로 베끼는 제자들을 나무랐으며, 문제는 그들처럼 쓰는 것에 있지 않고 우리가 그들로부터 영감을 받았듯이 이후 누군가가 우리들로부터 그러한 영감을 받을 수 있도록 잘 쓰는 것을 배우는 데 있다고 말했다. 따라서 오늘날 우리가 읽고 있는 어휘로 표현되어 있지는 않을지라도 그의 금언 속에는 혁신에 대한 용기와 자주성에 대한 호소가 들어 있었다. 또한 솔즈베리의 요하네스가 금언을 문법 서적이 아니라 아리스토텔레스의『해석에 관하여』에 대해 말하는 장章에서 다시 인용했다는 것은 시사하는 바가 크다. 이보다 몇 년 전에 바스의 아델라드(1090-1146년에 활동)가 고대인들이 발견한 것들만을 수용하는 세대들을 향해 쓴소리를 했으며, 한 세기가 지난 뒤에는 브라반트의 시제루스Sigerus(약 1235-1282)가 우리도 우리가 영감을 받은 사람들과 똑같은 사람들이며, 따라서 "그들처럼 이성적인 연구에 전념하지 못할 이유가 무엇이냐?"고 물으며, 단 1명의 권위자로는 충분하지 못하다고 말했다(cfr. Maria Teresa Fumagalli Boenio Brocchieri, "L'intellettuale", in *L'uomo medievale*, 1987).

같은 생각으로『그리스도교의 교리에 관하여De doctrina christiana』(II, 40)에 나타났으며, 그 뒤에 로저 베이컨Roger Bacon(1214/1220-1292)이 반복했던 아우구스티누스의 권유를 받아들일 수 있다. 이는 이교도들에게서 좋은 생각을 발견하는 경우, 이러한 생각들이 진실하다면 당연히 그리스도교 문화에도 속할 수 있기 때문에 그것을 받아들일 필요가 있다는 것이다. 따라서 신학적·철학적 논쟁에 새로운 생각들이 도입되고 장려되었다.

| 다음을 참고하라 |
철학 샤르트르 학파와 플라톤의 재발견(309쪽)

지적인 여성들

| 클라우디오 피오키 |

중세 사회 대부분에 널리 퍼져 있던 여성 혐오적인 경향에도 불구하고, 읽고 쓸 줄 아는 여성들이 드물지는 않았다. 이것은 땅을 관리하던 귀족 여성들이나 가족의 사업을 돌보던 상인들의 부인들에게만 해당하는 것은 아니었다. 많은 경우 나름의 신학적·철학적 생각을 글로 옮기거나 심지어는 설파하던 진정한 지식인들이었다.

글을 쓰는 여성들

중세의 철학적·신학적 문화는 여성들에게 많은 기회를 주지 않았다. 공적인 영역에 진입하는 것을 제한하는 방식은 공부에도 그대로 적용되었다. 여자들은 수도원 학교와 시립 학교, 대학, 기숙 학교 등 모든 교육 제도에서 배제되었다. 교부들의 시대부터 사도 바오로의 말에 따라 여자들에게는 공개적으로 이야기하는 것(따라서 가르치는 것)이 금지되었다. "여자들은 교회 안에서 잠자코 있어야 합니다. 그들에게는 말하는 것이 허락되어 있지 않습니다. 율법에서도 말하듯이 여자들은 순종해야 합니다"(「코린토 1서」 14장 34절)라는 금기는 수세기 동안 거듭되었다. 여자들에게는 많은 비판이 가해졌다. 여자들은 이브처럼 부도덕하며, 남자들보다 열등한 사고 능력을 갖추고 있고, 변덕스럽고 연약하다는 것이다. 그럼에도 불구하고 관심을 끄는 지적인 여성들이 없었다고 생각하는 것은 옳지 않다. 사회로부터 여자들이 주목받고 모습을 드러내는 방식은 대학 교수들과는 많은 차이가 있었다. 그들의 교육은 전통적인 것과는 거리가 멀었다. 그들이 읽는 문헌은 쉽게 밝혀낼 수 없는 것들이었으며, 그들의 언어는 대학과 학교에서 사용하는 공식적인 언어와는 차이가 있었다.

　　문학과 종교, 철학 관련 작품들을 저술한 여성들은 생각보다 많다. 이러한 여성들 가운데 철학 사상의 역사에서 중요한 인물들을 찾을 수 있다. 이들이 관심을 가진 주제들은 윤리적·정치적·종교적 고찰 등에 대한 것으로 작가들마다 다양했다. 이들은 어찌 되었든 '이례적인' 여성들로, 이는 글을 쓰는 여성의 독특한 상태를 반영하고 정당화했다. 이것은 여성들과 그 당시 사회에 만연하던 금기들에 맞서 그들의 생각을 전파할 수 있는 가능성을 열어 주었다.

두오다: 멀리 떨어져 있는 아들을 위한 '교육서'

카롤링거 시대에 살았던 두오다Dhuoda(802-843년 이후)에 대해서 살펴보자. 그녀는 824년 카롤루스 대제(742-814, 768년부터 왕, 800년부터 황제)의 조카와 혼인한 고위 귀족 여성이었다. 그녀의 특별한 점은 『교육서Liber manualis』를 저술했다는 것이다. 이 작품은 군주들에게 신분에 맞는 의무, 권력의 행사, 신의 율법에 대한 존중을 가르치기 위한 교본인 『군주들의 거울』 장르에 속했다. 따라서 두오다는 윤리와 정치의 명확한 경계가 존재하지 않던 시기에 나름 정치에 대해 논했던 작가였다. 이 귀감서의 특징은 미래의 통치자를 위한 것이 아니라 평화 조약을 체결하기 위해 카롤루스 2세(823-877, 875년부터 황제)에게 인질로 간 자신의 아들을 대상으로 했다는 것이다. 두오다가 아들에게 쓴 훈계들은 사회와 군주에 대한 권력자들의 역할과 관련한 몇 가지 생각들을 표현한 것이며, 더 높은 존재들(신, 자신의 아버지, 주군)과 전우에 대하여 마땅히 표해야 할 충성을 강조했다. 이 작품에서는 수학과 기도, 독서의 중요성에 대한 언급들을 찾아볼 수 있다. 그리스도교인과 병사로서 지켜야 할 가치와 함께 즐거움과 행동의 절제 같은 다른 가치들도 부가되었다. 두오다의 글은 한 시대의 정치적인 이상뿐만 아니라 한 어머니가 겪은 교육에 대한 열정의 증거로 남았다.

엘로이즈: 사랑의 윤리

사랑과 죄　엘로이즈(약 1100-1164)는 전혀 다른 예를 보여 준다. 삼촌인 퓔베르의 보살핌을 받았던 그녀는 수녀원에 들어가기 전에 아벨라르(1079-1142)의 제자이자 연인이었으며, 그 뒤에는 부인이 되었다. 그녀를 유명하게 만들었던 편지들은 그녀가 파라클레트 수녀원장으로 있던 시기로 거슬러 올라간다. 그녀는 아벨라르와의 사랑에 대한 이야기를 회상하며, 자신의 불륜에 대한 선택을 정당화하고 현재 자신의 태도를 비판하기 위해 아벨라르가 주장한 의도의 윤리에 나타난 원칙을 이용했다. 의미 있는 것은 의도이며 (실제로 그녀는 그렇게 말했다) 엘로이즈는 영향력 있는 사람과 결혼하고 그의 재산을 누리기 위해서가 아니라 스스로 아벨라르를 사랑한 것이다. "나는 큰 죄를 저질렀지만, 알다시피 결백합니다. 사실 잘못은 행위의 결과에 있는 것이 아니라 그것을 행하는 자의 의도 속에 있는 것입니다. (중략) 내가 당신에 대하여 어떤 마음을 가졌는지는 오직 그것을 느껴본 당신만이 판단할 수 있습니다"(편지 II). 하지만 수녀원장으로서는 그녀의 태도가 현재 그녀가 받고 있는 칭송과는 어울리지 않는데, 그 이유는 외면적으로 단정한 모습과 여전히 신보다 아벨라르를 향한 마음이 부합하지 않기 때문이다. 엘로이즈는 당시의 문화 발전, 특히 (상당 부분 우정에 대한 키케로의 개념에서 기인한) 관대한 사랑에 대한 생각과 의도의 윤리에 대한 대표적인 증인이었다.

빙엔의 힐데가르트: 세계에 대한 시각과 합리성

빙엔의 힐데가르트(1098-1179)는 엘로이즈와 동시대에 살았던 또 1명의 여성 문인이다. 그녀가 특출했던 원인은 그녀가 물려받은 카리스마적인 재능에 있었다. 라인강 지역의 귀족 가문에서 태어난 그녀는 어렸을 때부터 수도원에서 성장했으며, 오로지 유모만 알고 있었던 예지 능력이 있었다. 몇 년 뒤 병을 앓았고, 이는 그녀의 정해진 역할을 깨닫게 해 주었다. 그녀는 자신의 예지 능력을 공개하고, 그리스도교를 올바른 길로 인도하여 이단을 물리쳐야만 했다. 힐데가르트의 명성은 널리 퍼졌으며, 그녀의 첫 번째 작품인 『스키비아스Scivias(길을 알라Conosci le vie)』는 교회의 권위자들이 읽으면서 지지를 얻게 되었다. 이 사건은 그녀의 예지 능력과 관련한 삶에서 중요한 분수령을 이루었다. 이때부터 힐데가르트는 문학 활동을 더욱 활발하게 했으며, 성직자들과 프리드리히 바르바로사 황제(약 1125-1190), 비잔티움의 여제, 교황과 서신 왕래를 유지했다.

힐데가르트의 계시는 명확한 방식으로 구성되어 있다. 종종 계시는 말을 수반했고, 여기에는 신에 기원을 둔 설명이 이어졌다. 따라서 힐데가르트는 단순한 중재자의 모습으로 나타났으며, 그녀의 부족한 교양과 라틴어 지식을 사용했다. 이는 약하고 교양이 없는 한 여성이 신의 선택을 받지 않았다면 그토록 중요하고 심오한 것들을 듣고 볼 수 있었겠는가에 대한 증거가 아닐까? 힐데가르트 작품의 몇몇 주제들은 특히 흥미롭다. 그녀의 책『세계와 인간』의 첫 번째 계시는 모든 것이 우주의 통일성과 조화, 합리성에 맞추어져 있었다. "나는 (계시 속에서 신의 목소리가 말한다) 널리 울려 퍼지는 말씀을 통해 모든 창조물을 만든 바람의 바탕을 이루는 합리성이다. (중략) 모든 생명체가 나에게서 열정을 얻음으로 나는 모든 것을 받들고 있는 지주다"(I, I, 2, 빙엔의 힐데가르트,『세계와 인간』, a cura di. Marta Cristiani & Michela Pereira, 2003).

세상의 조화 명확히 드러나지는 않았지만, 이러한 계시는 카타리파가 제안한 세계에 대한 이원론적인 시각을 비판하기 위한 의도가 들어 있던 것으로 보인다. 태초에 대한 부정적인 시각과 긍정적인 시각 사이의 다툼으로 황폐해지고 대립적이었던 세계관을 반박하기 위하여 힐데가르트는 신의 합리성은 이성적인 세상만을 만들 수 있다고 주장했다. 그녀가 말하는 합리성은 우주의 차원들 사이의 조화, 내부로부터의 호소, 삼위일체를 떠올리게 하는 많은 사물들의 삼위일체적인 구조로 표출되었다. 계시와 관련한 작품들(이미 언급했던 것 이외에『책임 있는 인간』을 떠올릴 수 있다)에 힐데가르트가 기질에 대한 이론뿐만 아니라 질병에 대한 수많은 처방을 설명해 놓은 의학적-자연과학적인 작품들(『자연학Physica』과『원인과 치료Causae et curae』)이 첨가되었다.

마르게리트 포레트: 의지의 무효 선언

교회와 여성들 힐데가르트는 카리스마를 지닌 다수의 여성들 중 첫 번째였다. 교회는 그들에 대하여 복잡한 태도를 보여 주었다. 교회는 이 여성들이 신빙성 있는 카리스마를 지녔는지, 아니면 그것을 사칭하는 것인지, 또는 악령에 홀린 것인지를 밝혀내고자 했다. 교회는 이 여성들이 쓴 글들을 심판했으며, 그들의 신비한 행동들을 조사할 심판관과 고해 신부를 파견했다. 경우에 따라 여성들은 유죄를 선고받거나 성녀로 추대되기도 했으며, 종종 의심의 눈초리를 받으며 단순하게 인정받기도 했다. 이들의 주위에는 추종자 무리들이 형성되었다. 이것은 의아하고 흥미로운 하나의 역설이었다. 중세 사회에서 여자는 신체적으로 약할 뿐만 아니라 이브의 죄악과 열등하리라고 추정되는 이성으로 인해 사적인 영역에서 제한되고 침묵을 지켜야만 한다고 생각했지만, 다른 한편으로 이 사회는 예지 능력을 지니고 겸손하게 살 것을 주장하는 여성들의 이야기를 기꺼이 수용할 자세를 갖추고 있었다. 이러한 중세 문화가 지닌 역할의 이중성은 구원의 역사와 관련이 있는 두 인물, 죄악의 근원인 이브와 구원의 기원이 된 마리아를 통해 표출되었다.

힐데가르트가 승인받은 신비주의 무리에 포함된 반면, 2세기 이후에 또 다른 신비주의자였던 마르게리트 포레트Marguerite Porete(?-1310)는 화형에 처해졌다. 그녀가 사형에 처해지기 전에 이미 다른 재판을 받았다는 것 이외에는 그녀에 대해 알려진 것이 거의 없다. 프랑스어 속어로 쓰인 그녀의 작품 『단순한 영혼들의 거울Specchio delle anime semplici』은 제도화된 교회에 대한 의문들과 단호한 비난을 포함하고 있다. 이 작품은 세속적인 재산에 대한 무관심과 의지의 무효화를 통해 신에게 이르는 길을 여러 사람들의 대화로 기술하고 있다. 이 자체로는 교회의 전통적인 신념과 동떨어진 주제를 다룬 것은 아니었다. 무엇보다 충격을 준 것은 마르게리트의 진실의 폭로 앞에서 후퇴할 수밖에 없었던 이성의 사용에 대한 공격과 신학자들에 대한 공격, 이 여성의 고집, 그녀를 따르는 독자들 무리의 형성, 교회에 대한 비판이었다. 이 작품은 커다란 성공을 거두었고, 프랑스 밖으로까지 알려졌다.

피장의 크리스틴: 평등을 위해 투쟁한 여성

두오다뿐만 아니라 엘로이즈는 중세 문화를 지배하던 여성에 대한 개념을 자신의 내면에 인식함으로써 스스로를 '연약한 여자'로 정의했다. 피장의 크리스틴Christine de Pizan(약 1364-약 1430)은 연약한 여자에 대한 상투적인 표현을 실질적으로 받아들이며 남자가 되었다고 이야기한 적이 있지만, 그 뒤로는 성의 평등을 주장하기 위한 문화적인 투쟁에 착수했다. 크리스틴은 많은 이유에서 매우 이례적인 인물이었다. 카를 5세Karl V(1338-1380, 1364년부터 프랑스 왕)를 위해 봉사했던 천문학자이자 의사로 학식이 풍부했던 아버지 피차노(볼로냐 인근 마을)의 톰마소에게 교육을 받았던 그녀는 몇몇 사건들로 인해 자신의 교양을 직업 활동으로 바꿀 수밖에 없었다.

그녀는 연이어 아버지와 남편을 잃은 뒤에 부양해야 할 3명의 자녀와 함께 경제적인 곤궁에 처했다. 그러자 그녀는 여성 작가로서 삶을 시작했으며, 프랑스 귀족들의 주문을 받아 윤리적인 논문들과 역사와 관련한 작품들을 집필하였다. 문학과 철학 서적들을 포함한 매우 폭넓은 영역의 교육을 그녀에게 제공했던 아버지의 흔치 않은 결정이 결실을 보게 된 것이다. 여성 작가라는 특이함이 작용했는지 몰라도 그녀는 커다란 성공을 거두었다. 그녀는 〈100곡의 담시Cento ballate〉 같은 시와 카를 5세의 전기, 기사騎士에 대한 작품들, 『유기체론Libro del corpo dello Stato』과 『평화론Libro della pace』 같은 정치 관련 저술 등 많은 작품들을 남겼다. 『부인들의 도시Città delle

여성 작가로서의 성공

Dame』에서 이성과 올바름, 미덕이라는 이름을 가진 3명의 귀부인이 방문한 것을 상상하며, 많은 예를 들어 여자들도 명령할 권한이 있으며 도덕적이고 남자만큼 지적임을 보여 주었다. 그녀의 견해로는, 여성의 열등함에 대한 사회적인 여건을 자연의 전제로 착각한 모든 사람들과 아리스토텔레스, 성직자들이 오류를 범한 것이다.

크리스틴은 독특한 자아 성찰의 형태와 비판 능력을 보여 주었다. 그녀는 중세의 모든 여성 사상가들 가운데 여성 작가들이 남성에 대한 여성의 종속적인 관계를 불가항력적인 것으로 받아들인 데 반해 이를 바꾸어 보려는 의지를 저술 활동과 연계한 유일한 여성이었다. 크리스틴은 여성들의 이름에 걸맞은 공부만 허용된다면, 자기 자신을 여성들이 변화할 수 있는 모델일 것이라고 생각했다.

| 다음을 참고하라 |

음악 음악과 여성의 영성: 빙엔의 힐데가르트(830쪽)

죄악과 철학

| 카를라 카사그란데Carla Casagrande |

12세기는 죄에 대한 인식의 역사에 전환점을 맞이한 시기였다. 쇄신한 인문주의를 바탕으로 인식의 새로운 지평을 발견해 나가고 있던 속죄의 변화에 병행하여, 피에르 아벨라르는 악에 대한 의향에 보인 내면적인 동의에서 유일한 잘못을 규명하는 죄악에 대한 새로운 정의를 제안했다.

아우구스티누스의 학설: 의지의 혼란과 최초의 인식

특히 수도원 주변에서 격한 반응을 불러일으킨 것으로 알 수 있듯이, 아벨라르의 정의는 혁신적이었음에도 불구하고 수용되기 시작했으며, 동시에 기본적인 면에서는 아우구스티누스(354-430)까지 거슬러 올라가 오래전에 확립된 죄악에 대한 학설과 거리를 보이기 시작했다.

죄: 모든 인간의
죄악과 벌

아우구스티누스에게 죄악은 세속적인 이익에 주의를 돌리기 위해(반감aversio) 신의 선으로부터 멀어지려는(회심conversio) 인간의 자유 의지에 의한 행위다. 이는 고급스러운 것보다는 저급한 것을, 변하지 않는 것보다는 변하기 쉬운 것을, 영적인 것보다는 감각적인 것을, 창조자보다는 창조물을 선호하는 혼란스러운 사랑에 의해 결정된 것으로, 신이 바라는 질서를 존중하지 않는, 의지가 결여된 행위다. 오만함, 즉 신보다 자기 자신을 위한 혼란스러운 사랑으로 신과 같이하기를 원했던, 악마의 유혹에 굴복하여 그들의 자유로운 선택으로 신의 명확한 명령을 위반하고 본래의 완벽함을 빼앗기는 벌을 받았던 조상들의 죄악이 그러했다. 하지만 최초의 죄악이 이후 죄악들의 전형인 것만은 아니다. "한 사람의 불순종으로 많은 이가 죄인이 되었듯이, 한 사람의 순종으로 많은 이가 의로운 사람이 될 것입니다"(「로마 신자들에게 보낸 서간」 5장 19절)라는 바오로의 말씀에 비추어 「창세기」의 이야기를 읽으며, 아우구스티누스는 최초의 남자와 최초의 여자의 죄악이 세대를 거쳐 모든 사람들에게 잘못뿐만 아니라 고통까지도 전했다고 생각했다. 그렇기 때문에 모든 인간이 조상들의 죄악에 대한 죄책감을 가지고, 그들처럼 신으로부터 벌을 받았다는 것을 의미한다. 결국 인간은 약한 육체와 영혼을 지니고 있으며, 죽음을 맞이하고 병에 걸리며, 고통과 무지에 사로잡혔고, 생존을 위해 일해야 하며, 무엇보다 최후에는 인간을 죄악으로 내몰게 되는 통제할 수 없고 혼란스러운 열망인 정욕의 노예라는 것이다. 따라서 원죄는 인류의 역사와 모든 인간의 삶의 기원에 자리 잡고 있으며, 이는 단지 그리스도의 육화와 성사의 설립 이후에 인간들이 자신들의 죄에 기초하여 결정적으로 구원자들과 벌을 받을 자를 구분하는 최후의 심판이 오기 전까지 중단할 수 있다고 생각했던 죄악의 기원이 되었다.

원죄에 대한 생각과 결합한 인간의 자유 의지의 행위로서 죄악에 대한 생각, 죄의 용서를 위한 은총의 행위와 육화의 필요성, 의지에 의한 모든 통제로부터 생식 행위를 제거함으로써 동시에 죄악의 표시이자 그 죄악을 전파하는 매개체가 되었던 육욕의 기본적인 역할 등과 같은 죄악에 대한 아우구스티누스 학설의 근본적인 요점에서 죄에 대한 중세의 고찰이 시작되었다.

수도원의 전통: 7대 죄악

학설보다 경험의 측면에서 아우구스티누스가 요약한 개요에 대한 첫 번째 반응은   **대죄악** 수도사들로부터 나왔다. 비록 본래의 상태로 되돌아가기 위해 금욕주의와 고난의 길을 가고 속세를 포기하는 선택이 이승에서도 가능하기는 했지만, 태초의 완전함은 속죄하고 정욕의 노예 상태를 막으며 죄악의 필요성으로부터 벗어나기 위한 본보기가 되는 동시에 가장 뛰어난 방법으로 소개되었다. 유혹과 악습에 대한 투쟁에 정통했던 수도사들은 죄악의 심리적인 원동력과 다양성, 상호간의 관계들을 보여 줌으로써 무엇보다 죄악에 대하여 인식하는 것을 가르치는 데에 전념하였다. 동방의 수도사들이 완성하고 요한 카시아누스Johannes Cassianus(약 360-430/435)가 서방에 도입한 뒤에 교황 그레고리오 1세(약 540-604, 590년부터 교황)가 최종적으로 개혁한 죄악의 체계는 '가장 주된' 죄악인 오만함의 뒤를 이어, 수많은 다른 부수적인 죄악들에 앞서는 7개의 대죄악(교만, 질투, 분노, 나태, 탐욕, 식탐, 색욕)으로 이루어졌다. 한 무리의 일반 병사들과 7명의 부관들을 이끄는 1명의 장수로 표현된 군대의 이미지, 또는 하나의 뿌리에서 7개의 가지가 나오고 그 가지들이 수많은 이파리와 꽃, 열매들이 가득 열린 줄기들을 이루는 나무의 이미지로 묘사된 대죄악의 체계는 명확하게 악행의 기원과 결과, 심각성을 규명함으로써 혼란한 악의 세계에 모든 죄를 순위별로 배치할 수 있게 해 주었고, 계층적인 동시에 계보를 따르는 질서를 부여했다. 이러한 이유로 죄악에 대한 체계를 고안한 이후 수세기 동안 7개의 대죄악에 대한 개념은 수도원 밖에서도 큰 성공을 거두었다. 1215년 제4차 라테라노 공의회에서 명했듯이 죄악에 대한 개인의 고백이 모든 신자들에게 하나의 의무가 되었을 때, 죄악에 대한 오랜 전통의 이러한 목록은 또 다른 권위 있는 목록인 십계명과 함께 고해자들과 참회자들의 죄악을 분류하고 평가하기 위해 가장 널리 받아들여진 수단이었음이 밝혀졌다.

재심과 새로운 사상들: 캔터베리의 안셀무스와 피에르 아벨라르

개인의 의지에 의한
행위로서의 죄악

학설의 측면에서 교황 그레고리오 1세부터 클레르보의 베르나르두스(1090-1153)와 생티에리의 기욤(1085-1148)에 이르는 수도원의 전통은 아우구스티누스와 본질적으로 연속선상에 놓여 있다. 반면에 히포의 주교인 아우구스티누스 학설의 몇 가지 면들, 특히 자유와 의지의 개념들과 관련한 것들을 부분적으로 수정하고 심도 있게 다루었던 캔터베리의 안셀무스(1033-1109)의 경우는 달랐다. 자유를 "올바름 자체를 위해 의지의 올바름을 유지하는 힘"(*De libertate arbitrii*, 3, in *Opera*, I, ed. F.S. Schmitt, Seccovii, 1938), 즉 오로지 의무만을 고려하고 그 자체로서의 도덕적인 의무(그리고 결국에는 신의 의지)를 존중하는 힘으로 정의한 안셀무스에게 죄악은 원죄부터 개인들의 마지막 죄악에 이르기까지 이러한 올바름을 상실하는 것, 즉 필연이 아니라 개인적인 이익commodum을 우선하는 의지의 움직임 속에 있는 것으로 결국 신의 의지와 나름의 의지의 차이에 있었다. 안셀무스는 아담에게 전 인류의 죄에 대한 책임이 있다는 것과 육화의 필요성에 대한 아우구스티누스의 논지를 받아들이고 철저하게 분석했지만, 본성을 결정하고 아담의 후손들에게 원죄의 전파를 실현할 때 아우구스티누스가 정욕에 부여한 역할에 대해서는 많은 수정을 가했다. 죄악을 의지의 올바름, 즉 정의의 결여로 규정하는 것을 시작으로 성욕에 대하여 도덕이 무관하며, 따라서 정욕과 원죄의 동일성을 부정하는 안셀무스의 주장이 이어졌다. 또한 죄의 자발적이고 내면적인 차원에 대한 강조는 인간 개개인의 본성이 아담의 본성에 함축되어 있다고 보는 존재론적인 면에 대한 확고한 현실주의적 인식과 결합하여 인간이 탄생의 순간에 죄악에 감염될 수 있는 가능성을 부정하도록 만들었다. 새로운 인간을 탄생시키는 성행위는 분명 죄악의 전파 경로이기는 하지만, 원죄 이후에 그 행위에 필연적으로 수반되는 정욕은 이어져 내려온 죄악이 지니고 있는 기존의 사악한 본성에 아무것도 더한 것이 없음으로 중립적인 경로다("인간의 씨앗에는 침 또는 피에 들어 있는 것보다도 죄악이 없다", *De conceptu virginali et de originali peccato*, 4, in *Opera*, II, 1940).

안셀무스 이후 몇십 년 뒤에 죄악에 대한 전통적인 인식과 거리를 둔, 새롭고 더욱 근본적인 입장이 피에르 아벨라르(1079-1142)의 작품에 나타났다. 기본적인 노선은 도덕적인 선택의 성찰에 대하여 아우구스티누스와 맥을 같이하고 있지만(아벨라르가 1138년부터 1139년까지 저술한 『윤리학』의 부제로 소크라테스의 좌우명인 "너 자신을 알라Conosci te stesso"를 택한 것도 우연이 아니다), 여기에서 만들어진 죄에 대한 인식은 아우구스티누스의 죄에 대한 학설의 몇 가지 기본적인 논제들과 충돌을 불러일으킬 정도로 급진적이었다.

아벨라르에게 죄악은 나쁜 짓을 저지르려는 자연적인 성향과 실질적으로 저지른 나쁜 짓 사이에 놓인 내면의 행위, 즉 인간이 의식적으로 악에 대한 자신의 의향에 내면적으로 동의함으로써 이루어진다. 이러한 정의를 통해 아벨라르는 죄악을 원죄 다음으로 모든 신체적인 결함을 판단하는 기준에 따라 영혼의 유약함으로 생각하는 악습뿐만 아니라 죄악의 관점에서 죄를 만들어 내는 데 동의한 것밖에 없는 사악한 행위와 구분하였다. 결국 신체와 겉모습에는 아무런 죄가 없고, 내면 또한 상당 부분

의지와 행위

이 무고하기 때문에 충동과 욕구, 심지어는 의지마저도 사악하지 않으며, 오로지 나쁜 짓을 저지르려는 충동과 욕구, 의지에 부여된 동의만이 유죄라는 것이다. 분노에 사로잡혀 다른 이를 죽이는 사람과 성관계를 억압받고 있는 수도사가 쾌락을 맛보는 것은 죄를 짓는 것이 아니다. 반면에 다른 사람의 여자의 욕구를 만족시키는 사람은 비록 그 여자와 육체적인 관계를 갖지 않더라도 그러한 죄악을 짓는 것이다. 따라서 동의는 죄악이 존재하기 위한 필요충분조건이다. 이러한 동의가 개인적이고 주관적이며 보편적이라면, 신과 그의 율법에 맡겨진 죄악에 대한 규명은 객관적이다. 실제로 아벨라르는 동의란 "신에 대한 경멸이며 그에게 가해진 공격이다"라는 사실을 명확히 했다(『윤리학』, tr. Mario Dal Pra, 1976).

참회의 성사 죄악에 대한 전통적인 인식을 보는 아벨라르의 입장은 다양하고 획기적인 결과들을 만들어 냈다. 겉으로 드러나는 행위는 죄악과 전혀 관련이 없다는 사상은 죄악과 범죄 사이의 명확한 구분을 가져왔을 뿐만 아니라, 고해성사에 대한 논쟁에서 매우 분명한 입장을 형성했다. 그것은 이 사상이 죄인의 의도는 고려하지 않고 모든 죄악을 규정의 위반과 그에 대한 제재에 지나치게 얽매인 형식적이고 규정적인 죄악의 개념에 맞서는 한편, 단지 내면적인 죄악을 상쇄하는 역할을 전적으로 회개자의 내면적인 고통에 부여했기 때문이다. 게다가 악습이 죄악이 아니라 단지 자연적인 성향이라는 생각은 수도사들이 가르쳤던 것처럼 고행과 은둔 생활, 금욕을 통해서 치유될 수 있는 정신과 육체의 타락에 대한 오랜 신념에 반하는 것이다. 그러므로 죄를 저지르려는 의식적이고 주체적인 동의가 있는 곳에만 죄악이 있다는 생각은, 그리스도의 십자가 처형이 신에 대한 경멸을 수반한다는 것을 모르는 사람들이 저지른 것은 무죄라고 주장하며 무지로 인한 죄악의 불가능성을 주장하고, 다른 한편으로는 죄악에 대한 아우구스티누스의 인식의 핵심들 중 하나인 세대를 거쳐 원죄가 전파된다는 것을 부정하며 인간들이 선조들의 죄악에 가담할 수 있는 가능성을 부정하도록 만들었다.

의식의 새로운 중심 역할 아벨라르의 인식이 지닌 가장 극단적인 논제들은 아벨라르 스스로도 부인했던, 그리스도를 십자가에 못 박은 사람들의 무죄의 경우처럼 부분적으로 거부되었으며, 급진적인 성향이 다소 누그러졌다. 1155년부터 1157년까지 저술되어 그 뒤로 대학의 신학자들을 위한 일종의 교과서가 되었던 페트루스 롬바르두스(약 1095-1160)의 『신학명제집』에서 이미 죄악의 존재와 심각성을 결정할 때 외면적인 행위의 중요성뿐만 아니라 속죄할 때 회개의 은밀하고 핵심적인 순간에 사제에게 고백하고 그 행위가 충족되는 외면적인 순간들이 함께할 필요성도 인정되었다. 그럼에도 불구하고 죄악은 본질적으로 죄악을 유발시키는 의도에 있다는 아벨라르의 생각은 이어지는 모든 고찰에서 확고한 기준으로 남았다. 비록 의지와 이성, 음란, 그리고 죄악을 불러일으키는 외부적인 상황들의 관계에 대한 스콜라 신학자들의 입장은 다르지만, 그 누구도 그러한 행위의 탄생과 사면이 의식의 내면적이고 개인적인 공간에서 이루어진다는 것을 의심하지 않았다.

이성과 법률 사이의 죄악

스콜라 신학자들의 고찰 속에서 '죄악'이라는 대상은 원죄와 개인적인 또는 실제의 죄악으로 구분되었다. 원죄에 대한 논쟁은 본래의 정의를 상실한 것으로 여겨진 안셀무스의 죄악에 대한 인식이 부활하면서 본질적으로 논의된 정욕과 원죄 사이에 대한 아우구스티누스의 규명, 죄악의 전달에서 정욕의 역할, 원죄로 인해 인간에게 박탈된 자연적 또는 초자연적인 것들 중심으로 활발하게 진행되었다. 무척 다양한 주제들을 보여 주었던 논쟁들에 대한 관심은 엄청났다. 실제로 많은 대가들이 제안한 다양한 해결책들은 사면 행위의 확대와 특성, 육화의 역할, 성모와 그리스도의 결백과 같은 절묘하게 신학적인 주제들을 정의하는 데 기여했을 뿐만 아니라 영혼과 육체의 관계, 성의 가치와 역할, 자연 윤리의 자율성의 정도와 가능성 같은 문화인류학과 관련 있는 주제들에도 관여했다.

체계적으로 본성과 원인, 동력, 효과, 심각성, 종류에 대한 분석이 이루어졌던 실제의 죄악에서 "신의 율법에 반하는 말과 행위 또는 욕망"과 같이 아우구스티누스가 만들고(*Contra Faustum*, XXII.27, ed. I. Zycha, CSEL 25, Pragae-Vindobonae-Lipsiae, 1891), 페트루스 롬바르두스가 전한(『신학명제집』, II, d. XXXV, c. 1, Ed. Collegii S. Bonaventurae, *Ad Claras Aquas*, 1971) 죄악에 대한 정의는 중요한 역할을 했다. 하지만 이것은 죄악의 다양한 양상을 나타낼 때는 명확한 정의였지만, 스콜라 신학에 스며 있는 다양한 노선을 충족시키기에는 만족스러울 만큼 유연하지 못했다.

토마스 아퀴나스(1221-1274)는 그러한 정의를 아리스토텔레스적인 관점에서 읽었으며, 죄악에서 물질적인 요소, 즉 그 행위가 이루어진 본질(욕망, 말, 행위)과 형식적인 요소, 즉 이성의 규칙의 위반과 이로 인해 영원한 신의 율법인 최고의 합리성

토마스와 우주의 합리성

의 형태의 위반으로 이해되는 법률의 위반을 구분하였다. 아우구스티누스처럼 토마스 아퀴나스에게도 죄악은 신의 율법을 존중하지 않는 의지의 무질서한 행위였지만, 그에게는 신의 율법을 따르는 것이 무엇보다 이성을 통해 신이 창조물에게 전해 준 합리적이고 필수적인 목표의 질서를 인정하는 것이었으며, 아울러 더욱 심각한 죄악들에서 나타나는 것처럼 최종 목표를 중간에 위치한 목표들과 바꾸지 않고, 또 덜 심각한 경우들에서 나타나는 것처럼 정당한 목표에 도달하기 위해 잘못된 수단을 사용하지 않고 추구해야만 하는 목표를 의지를 가지고 추구하는 것이었다. 14세기 유명론唯名論 신학자들이 그와 같은 정의에 대하여 내린 해석이 달랐던 이유는, '신의 율법'이라는 표현에 부여한 의미와 가치가 달랐기 때문이다.

스코투스, 오컴 그리고 신의 절대적인 자유

토마스 아퀴나스에게 율법이 창조물의 객관적인 합리성과 동일시되었다면, 둔스 스코투스(1265-1308)와 오컴의 윌리엄William of Ockham(약 1280– 약 1349)에게 율법은 모든 질서와 필연성으로부터 전적으로 자유로운 신의 의지의 결실이었다. 오로지 신만이 무엇이 죄악인지, 무엇이 그렇지 않은지를 결정할 수 있는 이유는 신만이 자신의 자유로운 의지로 무엇이 율법인지를 결정할 수 있기 때문이다. 역사적으로 율법은 신이 모세와 그리스도를 통해 인간들에게 내려 준 것이므로 죄악은 십계명과 복음에 규정된 규율의 위반을 야기하는 모든 것이지만, 그러한 규율들은 오컴의 윌리엄이 과감하게 이야기했던 것처럼 부분적으로 또는 전적으로 신의 의지의 자유로운 결단에 의해 철회될 수 있다고 보았다.

| 다음을 참고하라 |
철학 피에르 아벨라르(289쪽); 솔즈베리의 요하네스와 권력의 개념(299쪽)

과학과 기술
Scienze e tecniche

과학과 기술 서문

| 피에트로 코르시|Pietro Corsi |

일반적인 생각으로 당시 사람들에게 1000년을 알리는 종소리는 아마도 세상의 종말과 그리스도의 부활이라는 특이한 사건들을 예고했던 것일 수 있다. 1000년을 앞둔 마지막 30년 동안의 역사 기술에서는 전체 그리스도교 세계의 군주들과 주교들, 대중들을 무기력하게 만들었던 말세의 두려움에 대한 낭만적인 인식에 의문을 제기했다. 사실 많은 비종교인들과 농촌 사람들에게 예고된 사건들은 교회 권세가들의 횡포를 포함한 폭력과 굶주림으로부터의 해방을 예고하는 것이기도 했다. 이것은 종말론의 열기가 이단의 확산을 촉발하고, 부분적이지만 고위 성직자들의 통제를 벗어난 변화에 두려움을 가지고 있던 교회의 대표자들이 가짜 예언자들과 그리스도의 재림을 거짓으로 예고하는 자들을 경계하도록 만들었다. 지식의 측면에서 1000년에 대한 논의는 몇몇 교회의 지식인들이 연도 계산을 정확하게 확정하고, 연표를 작성하는 데 다시 노력을 기울이게 했다. 다양한 학문 분야에 속하는 역사학자들은 침착하게 1000년경의 생산 활동, 특히 농업 활동의 의미 있는 증대와 유럽 인구의 증가를 명시하였으며, 13세기에 완전한 결실을 낳은 동로마 제국과 드넓은 이슬람 세계에서 만들어진 기술 및 이론적인 지식을 이용하며 서방 라틴 세계의 새로운 능력을 입증하였다.

1000년: 농업 생산의 증대와 인구의 증가

많은 역사학자들을 매료시킨 (과거에 대한 것뿐만 아니라 미래에 대한) 기후 결정론에 집착하지 않더라도 10세기와 11세기 중반경에 북반구의 기후가 특히 온화해졌고, 이것이 14세기 초까지 유지되었음은 확실하다. 기후학을 연구한 몇몇 역사학자들에 의하면, 적어도 지난 2천 년간 가장 높은 평균 기온은 바로 11세기와 12세기에 기록되었다. 10세기 중반쯤 호전적인 노르웨이인들은, 비록 14세기에 평균 기온이 하강하면서 이 섬에서 농사와 가축 사육을 확대하려는 계획에 종지부를 찍게 했지만, 그린란드까지 식민지화하기에 이르렀다.

유럽의 모든 지역에 대한 정확한 지리적 자료들은 보존되지 못했다. 그럼에도 불구하고 농산물의 증가는 인구의 꾸준한 증가를 가능하게 했고, 인류 정착을 상대적으로 안정시키고 교회 단체(토지 소유주)와 특히 다양한 수도원 단체들의 정치적·경제적 비중을 증대시키는 경향을 강화하기에 충분할 정도로 뚜렷했다. 토지의 소유는 재산을 늘리고 부의 축적을 가능하게 해 주었는데, 이것이 없었다면 12세기의 대성당 건축, 물레방아의 폭넓은 이용 같은 기술 혁신, 요새화된 촌락과 성의 건축, 도시의 인구와 영향력의 증가를 생각할 수 없었을 것이다. 달리 말해서 중세 전기의 농업 혁명과 새로운 전쟁과 생산 기술의 발전, 이슬람 지배자와 같은 부담스러운 이웃과 비잔티움으로부터 지식을 습득하려는 노력 자체가 역시 기술 혁신으로 가능했던 식량 생산의 증가가 없었다면 불가능했을 것이라는 말이다. 1000년경 파리의 인구는 2만 명을 넘지 않았고(1220년경에는 20만 명을 넘기게 된다), 로마의 인구는 30만 명의 문턱을 넘었던 비잔티움에 비해 상당히 적은 3만5천 명을 넘기지 못했다. 도시 인구는 지속적으로 증가하지 못하고 더디게 늘었지만, 법과 재산과 관련한 전문가들과 의료 인력, 점성술사, 성직자, 건축과 축성술 책임자의 증원이 요구되었던 곳, 특히 현재의 프랑스와 독일, 영국, 이탈리아 같은 나라들에서 중소 규모 도시 중심지들이 증가한 사실은 흥미롭다. 당시 영국의 솔즈베리나 프랑스의 샤르트르, 또는 이탈리아의 다양한 코무네나 도시국가 등의 도시들은 강력한 종교적·정치적·문화적·기술적 힘을 획득하게 된다.

부의 강화

종교적인 지식과 이슬람 세계의 학식

의학 분야의 경우에 살레르노 의학교 같은 곳들은 교육과 교회 조직 내부에서 강화되고 있던 지식의 전달에 대하여 나름 상대적인 독립을 확보하는 데 관심이 많았던 뛰어난 엘리트나 군주들의 보호를 받으며 전문 지식과 기술의 성장을 보였지만, 자연에 대한 지식과 기술 분야에서 가장 활발한 활동을 벌였던 곳은 여전히 세속 성직자와 종교 단체였다. 10세기까지 도심지를 벗어난 곳에 세워져 상대적으로 자급자족의 구조였던 수도원들은 이제 주변에 도시가 형성되는 구조로 변모하기 시작했다. 동시에 많은 종교 단체들은 도시 안에 수도원이나 집들을 세움으로써 도시에서

수도원의 문화적 구심점

의료와 기술, 교육 활동을 제공하는 것이 경제적·정치적으로 점점 더 편리해졌다. 몇몇 종교 단체들은 야금술과 수력 이용, 또는 약의 조제, 금속 또는 약재로 이용하기 위한 동물과 식물 추출물 처리를 위한 화학과 연금술의 활용 분야에서 그들의 능력을 전문화시켰다. 예를 들어, 시토 수도회 수사들은 쟁기와 무기, 그리고 고딕 양식의 대성당 건축에 이용된 금속 인장引張 구조물 제작을 위한 새로운 금속 가공 기술을 발전시켰다.

지식과 기술의 교류 한 수도원에서 다른 수도원으로 다양한 수도회 구성원들의 빈번한 이동은 혁신적인 기술의 신속한 확산과 지식의 교류를 보장했다. 베네딕투스회 수사로서 프랑스, 에스파냐, 이탈리아 등지의 대수도원을 전전하던 순례자였으며 999년부터 사망할 때까지 (격렬한 반대를 무릅쓰고) 교황을 역임했던 오리야크의 제르베르(약 950-1003)는 아랍의 기술과 천문학, 수학을 접했으며, 이를 동료들과 그리스도교 세계에 전파했다.

최초의 과학 번역 1000년경 아랍의 기술과 의술, 항해술은 여전히 전성기를 구가하고 있었다. 에스파냐의 아랍 도시들과 특히 시칠리아, 이슬람 세계에서 성공적으로 육성된 지식에 대한 그리스도교 세계 학자들의 커져 가는 관심에 의해 새로운 요소들이 추가되었다. 지식의 교류는 더욱 활발해졌으며, 11세기 말부터, 특히 아랍의 지배를 받던 에스파냐의 문화 수도였던 톨레도의 함락(1085) 이후, 몇몇 학자들이 당시의 문화와 종교계에 전파되고 번역된 것을 받아들일 시간이 없음에 절망할 정도로 번역의 속도는 증가했다. 1140년대 초, 크레모나의 제라르두스Gerardus Cremonensis(1114-1187)는 톨레도로 향했으며, 자신의 여생을 프톨레마이오스의 『알마게스트Almagest』와 귀중한 천문학 관련 자료집인 『톨레도 표Tabelle di Toledo』 같은 다음 세기 유럽의 과학 문화에서 중요하게 여겨지는 작품들을 아랍어에서 번역하는 데 바쳤다. 1087년경에는 몬테카시노 대수도원에서 특히 의학 서적을 많이 번역했던 또 다른 위대한 번역가인 콘스탄티누스 아프리카누스가 사망했다. 콘스탄티누스와 (12세기에 최고의 번영을 누렸던) 살레르노 의학교 사이에 직접적인 연관성을 찾기는 불가능하지만, 이탈리아 남부와 라틴-그리스도교 세계의 자연 연구와 의학 교육의 주요한 중심지들이 많은 도움을 받았던 번역물과 백과사전적인 작품들이 몬테카시노 수도원의 필사실에서 계속해서 제작되었던 것만은 분명하다.

자연 세계에 대한 지식은 고전적인 전통으로부터 전승된 것과 크게 동떨어지지는 않았으며, 플리니우스Plinius의 『자연사Storia naturale』 또는 11세기에 몬테카시노에서 완성되고 삽화가 곁들여진 라바누스 마우루스(약 780-856)의 『사물의 본성De rerum natura』 같은 카롤링거 시대의 백과사전 편찬은 르네상스 말까지 엄청난 영향력을 미쳤다.

자연에 대한 지식과 기술과 관련한 분야에서 주요한 변혁은 정확하게 그 기원을 밝혀내기 어려운 혁신의 확산과 17세기까지 큰 인기를 누렸던 기술적인 의견들과 처방전과 관련한 문헌들의 보급으로 나타났다. 11세기와 12세기의 주요한 발명들은 농업 기술, 특히 가축의 힘을 이용하여 더욱 넓은 면적의 토지 경작을 가능하게 해 준 무거운 쟁기와, 물레방아를 도입하고 개량함으로써 에너지원으로 물을 이용하게 된 것이었다. 또한 뛰어난 설계자와 건축가들의 활동을 통해 거대한 성당과 요새의 건축으로 표출된 혁신적인 건축술의 능력 또한 간과해서는 안 될 것이다. 세속 성직자들의 다양한 기관들과 수도원 단체에 축적된 이론과 기술적인 지식, 장서, 고전 언어들과 아랍어, 히브리어에 대한 지식은 그들에게 중세 전기의 교육 체계를 실질적으로 독점할 수 있게 해 주었다.

13세기에 설립된 큰 대학들에서는 종교 단체의 구성원들과 세속 성직자들이 자연에 대한 연구와 물리-수학, 천문학, 의학 같은 주요 분야의 발전에서 주된 역할을 했다.

수학

SCIENZE E TECNICHE

천문학과 종교: 시간의 통제에 대하여

| 조르조 스트라노Giorgio Strano |

서방 라틴 세계에서 민감한 현실 분석에 대한 종교와 과학의 논쟁은 비록 정도는
다소 누그러졌지만 1000년 이후에도 계속되었다. 사실 교회는 신앙적이지 못하다는
이유로 고전적인 지식을 거부하였지만 곧 과학적인 지식이 그들의 수중에 확고하게
있다면 권력의 수단이 될 수 있음을 깨닫게 되었다. 시간에 대한 통제는 이러한 권력의
표현 가운데 하나였다. 달력 구성에 통제권을 행사하는 것은 그것을 이용하는
사람들에 대하여 권한을 행사한다는 의미다. 이슬람 세계 또한 같은 관심을 보였으며,
좀 더 정확한 천문학적·지리적 개념 덕분에 훨씬 신뢰할 만한 결과를 얻을 수 있었다.

서방 라틴 세계의 율리우스력

그리스의 과학 내용들과 성경 내용 간의 관계에 대한 논쟁은 다소 누그러지기는 했
지만 11세기 말까지 서방 라틴 세계에서 계속되었다. 수학자였던 오리야크의 제르
베르(약 950-1003)가 실베스테르 2세라는 이름으로 교황에 선출된 것은 그리스도교
세계 안에서 수학의 역할이 확고해졌음을 보여 준다. 그럼에도 불구하고 기나긴 논
쟁은 서방 라틴 세계가 백과사전적인 지식의 다양한 영역에 종합적인 시각을 제공
하는 데 적합한 설명적이거나 기계적인 암기의 기능을 지닌 도표, 개념의 열거, 논증

적인 해석, 진정한 수학에 대한 지식보다는 기존의 과학 지식에 안주하도록 했다. 수학의 핵심, 다시 말해 그리스 문헌에 표현된 개념들에 대한 이론과 실제의 진정한 이해는 초반에 중심이 되는 이론들이 신앙적이지 못하다는 이유로 거부되었으며, 중세에 편찬된 수사학적인 표현법과 거리가 있었기 때문에 부분적으로 방기되었다가, 끝내 비잔티움과 이슬람 문화 같은 보다 관심을 가지고 있던 다른 문화에 넘어갔다.

11세기 초, 자각할 수 있는 세계를 이해할 때에도 성경에 일임하려던 의지로 인하여 빚어진 이견들을 극복하고 난 뒤, 서방 라틴 세계는 수학이 종교의 강화와 표현에 가져다줄지도 모를 기여를 인식하기 시작했다.   **수학과 종교**

먼 옛날부터 시민 생활의 가장 중요한 것들 중 하나는 시간의 통제였다. 다시 말해 태양의 활동 주기와 태음 주기의 자연적인 흐름에 따라 일과 월, 연도를 옳게 맞추는 것이었다. 유럽 도시들의 중요성이 새롭게 커지고 교역이 되살아나면서 달력의 관리는 서서히 권력의 수단으로 인지되었다. 달력은 다양한 농업 활동에 종사할 수 있는 가장 적합한 날을 알아내고, 계약의 유효 기간을 분명하게 정하고, 신앙과 관련한 중요한 축제들을 가장 좋은 날에 행할 수 있도록 해 주었다. 달력의 구성에 통제권을 행사한다는 것은 그것을 이용하는 사람들에 대하여 권한을 행사한다는 의미다. 하지만 달력에 대한 정확한 정의는 천문학적인 사실들에 대한 특별한 주의와 수학적인 개념들에 대한 인식이 요구되었는데, 사실 수학적인 개념의 심오한 의미는 사라진 상태였다.

이러한 상실은 부분적으로 이집트의 천문학자 소시게네스Sosigenes(기원전 1세기)의 제안에 따라 율리우스 카이사르Julius Caesar(기원전 102-기원전 44)가 원했던 개혁으로 거슬러 올라가 서방 라틴 세계에서 사용 중이던 독특한 달력에 의해 조성된 것이다. 로마 제국의 지역들에서 기원전 46년부터 사용되던 율리우스력은 달력을 구상하고 적용하는 순간에 유효했던 천문학적인 제안에 의해 만들어졌다. 새로운 달력은 평행하게 전개되는 2개의 주기로 나뉜 1년 365일을 채택했다. 첫 번째 주기는 합쳐서 365일을 만드는, 31일에서 28일 사이로 할당된 길이의 (29일 반의 태음월을 개정한) 12달로 이루어졌다. 두 번째 주기는 그 배열이 월과 년과 연결되지 않는 (태음월의 4단계의 변화를 기억하는) 약 52주를 포함했다. 여전히 이 달력이 만들어지는 데 중요한 역할을 한 천문학적인 주기와 달력을 연결시키는 유일한 요소는 항상 춘분이 같은 달, 같은 날에 찾아오는 것에 있었다. 태양년(태양이 춘분점을 지나간 후 또 다시 춘분점을 지날 때까지의 기간*)의 길이는 365일과 4분의 1로 계산되었기 때문에 소시게네스는 매 4년마다 하루를 도입하는 것으로 문제를 해결했다. 이러한 여분의 하루는 윤일閏日로 불렸으며, 3월의 첫날 앞에 추가되었다.

율리우스력은 교회의 교부들을 비롯하여 그 뒤로도 관련 문제들이 대두되기 전까지 서방 라틴 세계의 얼마 안 되는 수학자들에게 그다지 문제가 있는 것으로 받아들여지지는 않았다. 문제는 율리우스력 안에서 춘분이 점점 빗나가는 것과 그로 인해 부활절 날짜가 맞지 않는 것이었다. 여러 세기가 지나면서 실제로 325년 니케아 공의회에서 확정된 3월 21일에 비해 춘분이 서서히 뒤로 밀리는 것이 드러나기 시작했다. 윤일의 추가로 이루어진 조정이 잘못되었기 때문에 빚어진 이러한 이탈은 11세기에는 5일경에 이르렀고, 초보적인 천문학 도구들을 이용할 줄 아는 사람이라면 누구나 알 수 있었다. 이러한 오류는 부활절을 기리는 것에 영향을 미치게 되어 부활절 날짜는 춘분날을 시작으로 정해지게 되었다.

이슬람 세계의 '태양력과 태음력'

계산 수단과
관측의 한계

시간을 통제할 필요성은 지중해에 면한 모든 문화권에서 공통된 문제일 만큼 중요했다. 그럼에도 불구하고 그리스도교 지역들과는 달리 이슬람 세계는 율리우스력을 받아들이지 않았고, 태양과 달의 주기의 정확한 배열에 기초했으며 머나먼 바빌론에 기원을 둔 훨씬 더 오래된 달력을 고수했다. 날짜 다음으로, 이 달력에서 가장 중요한 요소는 저녁 하늘에 첫 초승달이 나타나는 것에 기초하여 그 첫날이 정해졌던 29일 반의 태음월에 의해 나타났다. 이러한 결과는 직접적인 관찰에 의해 결정된 것이었지만, 이슬람 세계처럼 계속해서 넓어져만 가는 영토에서 장소마다 다른 위도와 경도의 차이와 함께 지역적인 악천후 상태로 인해 지역마다 매달 첫날이 다른 것을 더 이상 용납할 수는 없었다. 그리스인들의 수리 천문학은 직접적인 관찰로 확인하지 않더라도 1년의 다양한 기간 동안 해 질 무렵에 첫 초승달의 상태를 결정할 수 있도록 함으로써 이 문제에 대처했다. 따라서 적절한 계산에 기초하여 여러 달의 첫날을 정할 수 있었다. 이러한 원리들로부터 사람들은 354일에 해당하는 12개의 태음월로 이루어진 매년의 시작을 정할 수 있었다.

기도를
위한 계산

이러한 결정은 모스크나 코란 학교 내부에서 신앙 행위와 관련한 천문학적인 문제들의 해결에 전념했던 독특한 시간 계측원들muwaqqit의 권한에 속했다. 달력에 대한 문제 외에도 이슬람 신자들에게는 수학적인 접근을 필요로 하는 또 다른 중요한 두 가지 문제가 존재했다. 첫 번째 문제는 이슬람교에서 기도 시간을 알리는 모스크 직원인 무엣진muezzin이 신자들에게 기도를 권하기 위해 하루 중 새벽과 정오, 오후, 일몰, 저녁의 다섯 순간을 정확히 결정하는 것과 관련이 있었다. 하루의 길이는 계절과 위도에 따라 변하기 때문에 문제 해결이 그리 만만한 것은 아니었다. 시간 계측원들은 계산을 통하여 기도 시간을 정해야 할 뿐만 아니라 신자들이 의무를 따라야만 할 정확한 순간을 포착하기 위해 적절한 도구들로 태양과 다른 별들을 관찰해야만 했다. 한편, 두 번째 문제는 모든 신자들이 엎드려 기도해야만 하는 메카의 신성한 방향을 알아내는 것이었다. 이 경우에도 계측원들이 정확한 지리학적·천문학적 개념들을 이용하여 수학적인 문제의 해결을 맡았다.

하늘의 일상적인 변화와 관련한 신앙 활동의 선택은 이슬람 사람들이 어떻게 그 **다양한 요구들** 리스나 인도 문헌들로부터 영향을 받은 수리 천문학에 관심을 가지게 되었는지를 설명해 준다. 이슬람의 달력이 달과 태양의 상호적인 위치에 대한 지식에 의해 결정된다는 사실은, 천구를 따라 두 천체의 움직임을 연구하고 그 길을 미리 예견하기 위한 수학적인 모델을 도입하게 했다. 그리스도교인들은 반대로 율리우스력을 채택함으로써 몇 세기 동안 정확한 시간을 계산하는 문제가 영원히 해결되었다고 믿었다. 모든 신자들을 위한 기도 주기의 채택은 이슬람교인들이 주요한 종교 시설 안에 시간의 흐름을 통제할 수 있는 수학자들을 유치하지 않을 수 없게 만들었다. 반면에 그리스도교인들은 자유로운 기도 체제를 유지하였으며, 유럽 과학 지식의 보고를 이룰 수밖에 없었던 수도원 안에서만 수도사들이 정해진 시간에 기도하는 것을 유지하였다. 신성한 방향에 대한 규명은 이슬람교인들이 메카를 기준으로 신자가 위치한 곳의 지리적인 좌표를 결정하고, 그곳의 기본 방위를 규명하고, 진정한 신자는 적어도 일생에 한 번은 메카에 순례를 가야만 했기 때문에 그곳과 메카 사이의 거리에 대한 계산과 관련한 구면삼각법의 문제를 해결해 주었다. 비록 그리스도교인들도 중세 지도 표기의 중심으로 삼았던 예루살렘과 같은 매우 성스러운 곳을 정하기는 했지만, 이 도시는 물질적이라기보다는 정신적인 목적지로서의 역할을 했다. 더구나 수도원 단체에 속한 신자일지라도 이곳으로 여행을 떠나는 경우는 좀처럼 드물었다.

또 다른 사회적인 요인이 수리 천문학에 대한 이슬람의 강력한 자극제가 되었 **천체가 인간들의 삶을 조정할까?**

다. 8세기 후반 아랍어로 번역된 그리스의 초기 문헌들 중에는 클라우디오스 프톨레마이오스Klaudios Ptolemaeos(2세기)가 천문학에 매진했던 작품인『테트라비블로스 Tetrabiblos』가 있었다. 이러한 고대 천문학의 실용적인 구성 요소는 인간들의 일상사가 천체에 의해 조정된다는 것을 인정하는 것이 자유 의지를 부정하는 것이었기 때문에 교회의 교부들에 의해 폐기 처분이 내려졌다. 신성로마 제국을 특징지은 교회 권력과의 생산적인 관계는 정치 권력 또한 교회 교부들의 시각을 공유하도록 만들었다. 따라서 서방 라틴 세계에서 천문학은 천체가 질병에 영향을 미친다고 생각한 의학 분야에서 주로 육성된 잠재적인 요소로 남게 되었다. 자신들의 지도자를 신하들에 대한 생사 여탈권과 강력한 개인적인 신망을 지닌 정치적이고 군사적인 우두머리로 여겼던 이슬람의 특이한 사회 조직은 천문학에 매우 비옥한 토대를 마련해 주었다. 모스크와 코란 학교들에서 시간의 측정에 대한 '합법적인' 문제들이 다루어지고 있는 동안에도 정치적·군사적 지도자들의 궁전에는 최대한 정밀하게 천체들의 위치를 결정하고 그로부터 점성술을 이끌어 낼 수 있는 수리 천문학자들이 초대되었다. 이러한 예언에 따라 전쟁의 운명 또는 수리 천문학자 자신들의 길이 결정되었다.

| 다음을 참고하라 |
역사 교육과 문화의 새로운 중심지(242쪽)

이슬람 문화와 라틴어 번역

| 조르조 스트라노 |

지중해에서 이슬람교의 확장은 그리스도교 문화를 수도원에 고착시키는 한편, 그리스뿐만 아니라 이슬람 작가들이 저술하고 서방 라틴 세계의 문화유산에 편입된 수학과 철학 작품들에 대한 연구와 번역을 위해 이슬람과 그리스도교의 교양 있는 인물들이 몰려들었던 톨레도 같은 지중해 도시들의 탄생으로 이어졌다.

이슬람과 라틴 세계의 변화한 균형

10세기 말까지 서방 그리스도교의 수도원 문화는 로마 시대 후기를 모체로 하는 백과사전의 편찬에 대한 연구와 보관에 머물러 있었다. 많은 지중해 연안 지역들에 관심을 보이고 다른 지역에서 불안감을 형성하기 시작한 이슬람의 확장은 여러 세기 동안 이어져 내려온 균형을 깨는 데 기여했다. 우선 공동의 적에 맞서 힘을 모으기 위해 신성로마 제국과 로마 교회의 보호막 안에서 여러 그리스도교 지역들 사이의 연대가 강화되었다. 두 번째는 그리스도교와 이슬람 두 진영 사이의 긴장된 균형 상태는 시칠리아와 동방의 몇몇 교역로의 회복으로 이어졌으며, 그 결과 지중해 연안의 외곽 지역들은 그리스도교와 이슬람 두 문화가 겹쳐 나타나게 되었다. 이런 복합적인 상황은 교회와 제국이 부정적인 이미지를 주려고 했음에도 불구하고 중세의 이슬람 세계가 다른 민족과 다른 신앙에 대하여 높은 수준의 관용을 보였고, 이 덕분에 그리스의 수학이 서방 라틴 세계에 진출하는 데 매우 수월했던 것으로 드러났다. 문화가 겹치는 지역, 특히 에스파냐와 시칠리아에서 이슬람 학자들은 그리스도교 또는 유대교 학자들이 알라와 예언자 무함마드(이탈리아어식으로 마호메트라고도 함*)를 공개적으로 모욕하지만 않는다면, 그들과 함께 일을 하기도 했다.

이러한 우호적인 상황은 모든 유럽 학자들에게 받아들여졌으며, 그리스의 수학 유학을 습득하려는 관심이 높아졌다. 많은 학자들은 서방 라틴 세계에서 사라진 문헌들을 집중적으로 연구하기 위해 이슬람과 그리스도교 세계 사이의 경계 지역을 여행하고 그곳에서 오래 머물렀다. 11세기와 12세기에는 실제로 시칠리아와 에스파냐의 도시들에 학식을 갖춘 사람들이 계속 유입되었고, 이에 필수적인 과학 문헌들의 번역과 연구 활동이 활발하게 일어났다는 특징이 있다. 이러한 활동에 가장 관심이 많았던 곳 중 하나는 1085년에 이슬람의 지배로부터 그리스도교의 지배로 넘어갔지만 이원적인 문화적 정체성을 잃지 않았던 톨레도였다. 12세기를 거치면서 이 도시에 상주하던 엄청난 수의 번역가들과 실질적으로 아랍어에서 번역된 문헌의 숫자를 보면, 진정한 의미의 과학 문헌 번역 학교가 이곳에서 탄생한 것도 이례적으로 보이지 않는다.

톨레도: 이슬람과 서방의 문화적인 교류의 중심지

매우 다양한 출신의 학자들이 톨레도로 향했는데, 이들 가운데는 유클리드의 『원론

Elementi』과 이븐 무사 알-콰리즈미ibn Mūsā al-Khwārizmī(약 780–약 850)의 천문표를 번역한 바스의 아델라드(1090–1146년에 활동)와 역시 알-콰리즈미의 논문『대수학Al-jabr』에 매진했던 체스터의 로버트Robert of Chester(약 1150년에 활동) 같은 잉글랜드인들이 있었다. 11세기 중반부터 이슬람 수학자들에 의해 완성된 다양한 차수의 방정식을 해결하기 위한 계산 방식인 알헤브라algebra(대수라고도 함*)과 알고리트모algoritmo(산술이라고도 함*)라는 용어들과 무엇보다 아라비아 숫자(1, 2, 3, 4……)가 전 유럽에 확산된 것은『알고리즘에 대한 입문서Liber Isagogarum Alchorismi』라는 제목이 붙은 대수학의 번역 덕분이었다. 계산에서 아라비아 숫자의 도입은 더하기, 빼기, 곱하기, 양의 정수의 결과를 지닌 나눗셈 같은 기본적인 연산을 수행하기 위해 만들어졌던 로마 숫자(I, II, III, IV……)를 사용하는 것보다 훨씬 더 유리해 보였다. 무엇보다 영零을 가리키기 위한 특별한 숫자가 존재하지 않던 로마 숫자의 구조 자체는 그리스 수학이 점차 밝혀내고 있던 다양한 수학 문제들에 대처하기에 역부족이었다.

요하네스 히스파누스Johannes Hispanus(12세기, 세비야의 요하네스Johannes de Sevilla라고도 함)와 크레모나의 제라르두스 또한 다양한 수학 논문들을 라틴어로 번역할 목적으로 역시 톨레도로 향했다. 두 사람 모두 알-파르가니al-Farghani(알프라가누스Alfraganus라는 이름으로도 잘 알려져 있다)의『기초 천문학Rudimenta astronomica』작업에 착수했다.『기초 천문학』은 프톨레마이오스적인 천문학 작품으로 매우 기초적이었음에도 불구하고, 혹은 이 덕분에 유럽 전역에, 그리고 엄격한 의미로 과학적인 분야가 아닌 곳에서도 큰 영향력을 행사했다. 특히 제라르두스는 그리스뿐만 아니라 이슬람 저자들이 저술한, 본질적으로 다른 주제인 철학과 수학 작품들의 엄청난 번역 작업에 착수했다. 그것은 시각 기하학에 대한 논문인 알-킨디al-Kindi(9세기)의『시각론De aspectibus』에서부터 로마의 천칭 저울에 대한 연구인 타비트 이븐 쿠라Thābit ibn Qurra(826?–901)의『로마의 저울Liber Charastonis』까지, 아리스토텔레스의『기상학Meteorologica』과『천체론De coelo』에서 아르키메데스Archimedes(기원전 287–기원전 212)의『원주의 계량에 관하여De mensura circuli』와 디오클레스Diocles(기원전 240–약 기원전 180)의『집광 거울에 관하여De speculis comburentibus』에 이르는 방대한 것이었다. 하지만 무엇보다 제라르두스의 가장 큰 업적은 12세기 말경 그리스 수리 천문학의 가장 중요한 작품인 프톨레마이오스(2세기)의『알마게스트』를 아랍어에서 라틴어로 번역한 것이다.

아라비아 숫자

이러한 그리스 수학의 습득에 대한 자극은 번역 작업에 몰두했던 인물들의 작품을 통해 곧바로 독창적인 결실을 거두기 시작했다. 복원된 그리스 작품들에 대한 최초의 주석들과 특정한 주제들에 대한 초기의 소논문들은 이미 12세기가 끝나기 전에 나타나기 시작했다. 예를 들어, 제라르두스 자신도 13세기에 큰 성공을 거둔 유사한 작품들의 본보기가 되었던 프톨레마이오스의 천문학에 대한 종합적인 작업인 『행성 이론Theoricae planetarum』을 저술하거나 영감을 준 것으로 보인다. 물론 라틴 작가들이 아랍 문헌에 대한 활발한 번역 작업과 그 속에 들어 있는 내용에 대한 연구로부터 이끌어 낸 것은 그리스 지식에 대한 완전한 이해라기보다는 여전히 지식에 대하여 종교적이고 수사학적인 접근을 지향했던 빙엔의 힐데가르트(1098-1179) 같은 작가들의 작품과 완전한 대비를 이루는 수학에 대한 새로운 이미지였다. 몇 가지 개념에 대한 표현에서 천정天頂, 천저天底, 방위方位 등과 같은 풍부한 아랍 용어를 채택한 것에서 알 수 있듯이 본질적으로 이슬람의 특성을 지니고 있는 수학에 대한 새로운 이미지는 여전히 개척되지 않았으며, 그리스적인 요소들이 남아 있었음에도 불구하고 매우 매력적이었다.

| 다음을 참고하라 |
과학과 기술 이슬람의 수학(355쪽); 콘스탄티누스 아프리카누스와 서방 세계의 아랍 의학(364쪽); 라제스와 서방 세계의 이븐 시나의 규범(372쪽); 이븐 시나와 아랍의 연금술(375쪽); 서방 세계의 아랍 연금술의 수용(381쪽)

이슬람의 수학

| 조르조 스트라노 |

11세기와 12세기에 그리스 문화와 아랍 문화의 만남은 분명 과거의 모순을 극복하고 혁신할 수 있도록 해 주는 새로운 관찰과 새로운 과학 이론의 탄생을 고무시키는 환경을 만들었다. 이러한 논의들이 더욱 활발하게 펼쳐진 분야는 천문학과 광학이었다.

천문학: 그리스의 지식을 접하게 된 이슬람 과학자들

11세기와 12세기를 거치면서 천문학을 필두로 수학과 관련이 있는 모든 학문들은 이슬람 세계에서 엄청난 자극제가 되었다. 그리스와 인도 문헌들의 번역 내용을 습득함과 더불어 새로운 관찰과 다양한 과학적 이론을 접목시키기 위한 전반적인 연구를 통하여 과거에 얻은 결과들에 대한 혁신 작업이 더해졌다. 이러한 작업은 이슬람의 철학자들과 수학자들로 하여금 그리스인들로부터 물려받은 지식에 존재하고 있는 몇 가지 모순들을 밝혀내도록 해 주었다. 그리스도교 세계에서 그리스의 지식과 성경 사이의 괴리가 수학의 미래에 부정적인 영향을 미쳤던 반면에 철학적인 지식과 그리스 수학 사이의 차이점은 창의적인 결과들을 낳았다. 장기간에 걸쳐 유럽인들에게 매우 유용한 것으로 드러난 자연에 대한 혁신적인 시각이 이로부터 나타난 것이다.

이슬람 사람들이 접했던 첫 번째 모순은 위대한 철학자들로부터 나온 우주에 대한 물리학적인 해석과 뛰어난 수리 천문학자들로부터 얻은 기하학적인 해석의 불일치에 관한 것이었다. 플라톤의 일반적인 지침을 따르고 크니도스의 에우독소스Eudoxos(기원전 408-기원전 355)의 행성 모델을 받아들여, 아리스토텔레스는 부동의 지구 주위를 도는 동심원의 구체球體 체계로 이루어진 행성들이 위치하고 있는 우주론을 만들어 냈다. 이러한 구조는 행성들의 경로에서 전형적인 천상계의 순환적이고 일정한 움직임에 대한 물리적인 영향을 설명할 수 있게 해 주었다. 가장 외곽에 위치하고 속도가 빠른 고정된 별들의 구체는 자신들의 움직임의 일부를 서서히 속도가 느려지는 하부에 위치한 구체들에 전달하였다. 순환적이고 일정한 자연의 움직임은 천체의 무게에 따라 속도가 달라지며, 위에서 아래로(또는 반대로) 직선으로 나아가는 또 다른 자연적인 움직임이 지배하는 달의 구체 아래에서 멈추게 된다. 물리학적인 근거에도 불구하고 아리스토텔레스의 우주론은 별들의 위치를 계산하기에는 무용지물이었다.

프톨레마이오스의 우주　　페르가의 아폴로니오스Apollonios(기원전 약 262-기원전 약 190)와 니케아의 히파르코스Hipparchos(기원전 2세기)가 인지했던 것을 정밀하게 재구성하여 프톨레마이오스는 원주圓周 체계에 기초한 행성 모델을 이용했다. 가능한 한 관찰한 모든 행성들의 위치를 반영할 수 있는 다양한 모델들을 만들기 위해 프톨레마이오스는 천체의 순환적이고 일정한 움직임에 대한 플라톤의 일반적인 가르침을 위반하는 기하학적 장치들을 도입했다. 각각의 행성은 일정하게 주전원周轉圓(그 위의 원, 즉 프톨레마이오스의 우주계에서 중심이 다른 대원deferent의 원주상을 회전하는 작은 원*)을 따라 미끄러지듯이 움직이며, 이 주전원의 중심은 이심離心 궤도(원에서 벗어난 천체의 궤도*)를 따라 돌지만, 지구는 물론 이심 궤도의 중심과도 일치하지 않는 자기만의 또 다른 중심을 지니고 있는 제3의 원 '동시심equant'에 대하여 일정한 움직임을 보인다. 이러한 모델은 황도대(태양을 도는 주요 행성들의 행로*)를 따라 행성들의 위치를 예측 가능하게 해 주었지만, 물리학적인 의미를 부여하기가 어려운 단순한 고안에 불과해 보였다. 무엇보다 어떤 우주의 장치가 행성들의 다양한 원주 움직임을 만들어 낼 수 있는지를 설명하기는 어려워 보였다.

플라톤과 아리스토텔레스 작품들의 발빠른 아랍어 번역은 이슬람 사람들이 천상계superlunar 천체의 순환적이고 일정한 자연적인 움직임과 달의 밑에 있는 지상계sublunar 천체의 자연적인 직선 움직임에 대한 이론을 접할 수 있게 해 주었다. 특히 아리스토텔레스의 우주론을 실용적으로 만들기 위해, 타비트 이븐 쿠라(826?-901)는 이미 아리스토텔레스의 천문학에서 주요한 8개의 천체에 우주의 첫 번째 동력의 역할이 주어진 아홉 번째 천체를 추가하였다. 역시 조속하게 이루어졌던 프톨레마이오스 작품의 번역은 이슬람 사람들이 시간에 대한 계산을 하기 위해서뿐만 아니라 점성술로 점을 치기 위해 동시심과 이심, 주전원의 궤도에 기초한 행성 모델에 대하여 확신을 가지도록 만들었다. 이미 무함마드 알-바타니Muhammad al-Battani(약 850-929)가 몇 가지 척도에서 새로워진 프톨레마이오스의 행성 모델에 기초하여 새로운 행성표를 계산하는 데 매진했다.

철학자들을 만족시켰던 우주론적인 접근과 수학자들을 만족시켰던 기하학적인 접근 사이에 존재하는 괴리는 고대인들에 대해 다소 비판적인 입장들을 만들어 냈다. 대체로 아리스토텔레스보다는 프톨레마이오스에 대하여 좀 더 많은 비판이 제기되었다. 하지만 비판의 수위는 에스파냐부터 지중해 남부 연안을 따라 페르시아와 인도 북부까지 펼쳐져 있는 다양한 이슬람 지역들에서 많은 차이를 보였다. (이집트부터 페르시아에 이르는) 가장 동쪽 지역은 천문 현상에 대한 정확한 관찰을 시도한 끝에 입증된 수학적인 유형의 접근을 선호하였다. 또한 기하학적인 모델의 물리적인 조화에 비중을 두지 않음으로써 행성과 관련한 '현상들을 유지'할 수 있는 대안들이 모색되었다. 반면에 서쪽 지역(에스파냐와 모로코)에서는 우주에 완성된 물리학적 의미를 부여하는 가능성에 주의를 기울인 철학적인 접근이 우세를 보였다. 이 경우 우주론적인 구조와 관찰 가능한 천문 현상의 정확한 일치는 사소한 것으로 여겨졌다.

아리스토텔레스의 모델

서쪽 지역, 특히 안달루시아에서 아베로에스Averroes(1126-1198)라는 이름으로 더 잘 알려진 철학자 이븐 루시드는 프톨레마이오스의 천문학을 신랄하게 비판했다. 그는 주전원, 이심, 동시심이 우주의 물리적 실체 속에서 아무런 근거가 없다고 생각했으며, 한편으로 움직이지 않는 지구를 중심으로 하는 천체들의 시스템에 기초한 아리스토텔레스적인 유형의 개념을 주장했다. 이러한 생각은 또 다른 안달루시아 출신의 천문학자로서 후에 알페트라기우스Alpetragius로 잘 알려진 아부 이샤크 알-비트루지Abu Ishaq al-Bitruji(약 1150-약 1200)에 의해 자세히 보강되었다. 그는 같은 축을 가지는 천체들의 체계에 바탕을 둔 행성 모델들을 만들어 내려고 시도하였다. 이러한 모델들 가운데 몇몇은 어떤 경우 행성들이 수십 도나 경로를 벗어나는 상태에 이르게 했기 때문에, 그 결과들은 완벽하지 못했다. 하지만 상황은 이러한 모델들을 수정하기보다는 아리스토텔레스의 주장이 큰 비중을 차지하고 있던 일반적인 물리학 원리들을 뛰어넘어, 행성들의 작은 움직임이 근본적으로 불가사의한 것이라는 보편적인 철학적 결론에 이르게 만들었다.

천문표

동쪽 지역에서 프톨레마이오스에 대한 비판은 천문 현상들에 대한 세심한 관찰과 수학적인 방식들을 정확하게 적용하는 경로를 통해 진행되었다. 기초 대수학, 각도들 사이의 기본적인 관계, 그리고 직각 삼각형의 양변과 빗변(사인, 코사인, 탄젠트 등)을 정확하게 기술한 이슬람의 수학자들은 평면 삼각형과 구면 삼각형을 해결할 때 유용한 첫 번째 공식뿐만 아니라 몇몇 천체들의 매개 변수를 정하기 위한 그리스의 방식을 대체할 수 있는 수단을 완성하기 위해 심혈을 기울였다. 우월한 수학적 능력은 전 이슬람 세계에서 천문표 같은 것들이 번성했던 이유를 설명해 준다. 이슬람 세계에서 성공을 거두었던 그리스 작품은 알렉산드리아의 테온Theon(4세기)의 개정판으로 알려진 프톨레마이오스의 『실용적인 천문표Tavole pratiche』가 유일했다. 이집트에서는 이븐 유누스Ali ibn Abd al-Rahman ibn Yunus(950-1009)가 카이로의 대사원에 배치한 커다란 도구들을 이용해 태양의 경로를 관찰했다. 전해지는 이야기에 따르면, 그 도구들 중 가장 큰 원형 고리에 사람이 말을 타고 지나갈 수 있었다고 한다. 관찰 결과들을 통하여 프톨레마이오스의 모델들을 새롭게 수정함으로써 이븐 유누스는 가장 영향력 있는 천문표 모음집 중 하나인, 군주 알-하킴al-Hakim에게 바친 『알-지지 알-하키미Al-Ziji al-Hakimi』를 만들었다. 하지만 이슬람 학자들의 능력은 아스트롤라베 astrolabe라는 천문 관측의儀 같은 정교한 수학적인 도구들을 고안하는 데에서도 발휘되었다. 이러한 도구들은 시간 측정학과 천문학, 점성학, 지리학, 그리고 지형학적인 측량과 관련한 수많은 복잡한 문제들을 삼각법 계산을 하지 않고도 해결할 수 있도록 해 주었다. 또한 페르시아의 철학자로 후에 아비케나Avicenna라는 이름으로 더 잘 알려진 이븐 시나(980-1037)는 별들을 연구하기 위해 점성학과 관련한 엄청난 크기의 도구들을 고안하고 만드는 것을 가치 없다고 여기지 않았다. 같은 목적을 지닌 관측 기구들이 사원이나 코란 학교에 부속되거나 별들에 대한 연구 덕택에 자신의 미래를 가리고 있는 장막을 걷어내기 원했던 정치적·군사적 지도자들의 재정적인 지원을 받아 이슬람 동쪽 지역에 조금씩 세워지기 시작했다. 그리스의 과학에 대한 철저한 개정 작업은 바로 이러한 관측소 내부에서 시작되었다.

광학: 시각에 대한 철학적 이론과 이미지 형성에 대한 기하학의 연구 사이

이슬람 학자들이 그리스인들로부터 습득했던 수학적인 지식에 나타나는 또 다른 두 드러진 모순은 광학에 대한 것이다. 이 경우에도 빛의 속성과 시각 현상에 특히 많은 관심을 보였던 철학적인 개념과 이미지 형성에 대한 기제를 이해하는 데 전념했던 기하학적인 관점 사이에 차이가 생겼다. 첫 번째 주제에 대해 그리스 철학자들은 어떤 때는 인간의 눈이 멀리 떨어져 있는 물체를 촉감으로 식별할 수 있는 가시광선을 발사한다는 시각 발산 이론을 지지하는가 하면, 어떤 때는 광선을 발사하는 것은 주변의 물체들이기에 이 광선이 눈에 들어온다는 흡수 이론에 찬성함으로써 모순을 드러냈다. 이러한 주제에 대해서 아리스토텔레스 같은 철학자는 두 가지 이론 가운데 어느 것도 선택하지 않고 자신의 작품 속에 두 가지 모두를 언급함으로써 극히 애매한 태도를 보여 주었다. 그때까지 수용되었던 시각에 대한 이론과는 독립적으로 수학자들이 선호했으며, 광선 또는 가시광선이 직선으로 이동한다는 생각에 근거한 기하학적 광학은 조금도 바뀌지 않았다.

시각 현상
또는 작용

천문학에 대한 몇몇 연구 이외에 이븐 알-하이삼Ibn al-Haytham(965-1040)은 유클리드(기원전 3세기)의 『광학Ottica』과 프톨레마이오스의 『광학』, 후나인 이븐 이스하크 Hunayn ibn Isḥāq(809-873)와 알-킨디(?-약 873)의 후속 작업들의 아랍어 번역에 기초

발산 이론의
한계

하여 『광학의 서Kitab al-Manazir』(광학 논문Trattato di ottica)를 저술했다. 과학의 역사에서 오랜 족적을 남기게 될 『광학의 서』에서 그는 시각에 대한 철학적인 이론과 이미지 형성에 대한 기하학 연구 사이의 차이를 극복하기 위해 사용된 광학 분야에서 습득한 모든 지식을 집대성했다. 작품을 이루고 있는 책들 중 최초 3권에서 이븐 알-하이삼은 유클리드뿐만 아니라 프톨레마이오스가 받아들인 시각의 발산 이론을 폐기하기 위해 인간의 눈에 대한 해부학적인 분석을 이용했다. 눈은 어떠한 가시광선도 발산하지 않으며, 오히려 광선을 받아들여 이것이 내부로 들어오면 이미지를 형성한다고 주장했다. 이러한 방식으로 가시광선 이론을 통해서는 설명하기 힘들던, 무엇이 관찰한 이미지의 색깔을 만들어 내는지에 대한 해묵은 문제도 해결되었다. 색은 지각 세계의 고유한 속성이며, 어떤 사물을 감싸고 있는 빛이 접촉한 특정 색깔의 광선을 눈으로 되돌려 보낸다는 것이다.

『광학의 서』 이후 이어지는 4권의 책에서 이븐 알-하이삼은 대기 중에서 일어나는 광선의 직선 운동에 대한 유클리드의 연구와 반사(반사각 같은, 평면 거울에 투사되는 광선에 의해 만들어진 각도)와 굴절(밀도가 덜한 매질로부터 밀도가 더 치밀한 매질로 통과하거나 그 반대로 통과하는 빛은 휘어진다)의 법칙에 대한 프톨레마이오스의 연구를 상세하게 설명하는 데 할애했다. 이븐 알-하이삼은 실제로 평면 거울과 오목 거울, 볼록 거울에 반영된 광선 줄기의 움직임에 대해서뿐만 아니라 평면의 투명한 표면, 오목한 표면과 볼록한 표면에 굴절된 광선 줄기의 운동에 대해서도 연구했다. 이러한 연구들로부터 그는 특정한 원천에서 기원한 광선을 눈을 향해 반사하는 구형 거울의 지점을 결정하는 문제(알하젠Alhazen〔알-하이삼의 또 다른 이름*〕의 문제)의 해결을 이끌어 냈다. 이 작업에서 그는 아랍어로 완전히 번역된 그리스 기하학의 주요 문헌들 가운데 하나인 아폴로니오스의 『원뿔 곡선론Coniche』에서 습득한 지식들을 이용했다. 또한 이븐 알-하이삼은 석양의 지속 시간을 측정하는 것과 달이 지평선에 근접했을 때 왜 더 크게 보이는지, 해와 달의 후광과 무지개 같은 특이한 기상 현상이 무엇 때문에 나타나는지와 같은 광학과 연관이 있다고 여겨진 문제들에도 관심을 보였다.

화경 기하 광학에 대한 관심은 특히 거울의 반영의 특성에 대한 다른 수학자들의 참여를 유도했다. 구체의 오목 거울이나 포물선 거울의 불을 붙이는 특성을 알고 있었던 이슬람의 여러 군사 지도자들도 대체로 이러한 연구 분야를 싫어하지는 않았다. 또한 가까이 있는 로마인들의 배를 불태우기 위해 화경火鏡을 만든 시라쿠사의 아르키메데스Archimedes(기원전 287-기원전 212)가 엄청난 명성을 얻기 시작한 것도 바로 이무렵이었다. 위대한 수학자였을 뿐만 아니라 뛰어난 발명가이기도 했던 아르키메데스의 신화는 이후 몇몇 작품들에 힘입어 짧은 기간 안에 중세의 전 세계로 퍼져나갔다.

| 다음을 참고하라 |
과학과 기술 이슬람 문화와 라틴어 번역(352쪽); 이븐 시나와 아랍의 연금술(375쪽); 서방 세계의 아랍 연금술의 수용(381쪽)

의학:
신체, 건강, 치료에 대한 지식

SCIENZE E TECNICHE

11-12세기 서방 세계의 질병과 의학

| 마리아 콘포르티|Maria Conforti |

11세기 초만 해도 신체에 대한 치료보다는 정신에 대한 치료가 우세를 보이고 있었다.
하지만 이미 몇몇 수도원에서는, 세속적인 의학에 대한 비판에도 불구하고 치료와 관련한
처방전의 필사와 수집 작업이 수행되었을 뿐만 아니라, 환자들을 수용하기에 알맞은
공간을 이루어 수도원 공동체 구성원들의 신체적인 안녕과 치료에
열렬한 관심을 보이기 시작했다.

수도원과 나환자 요양소: 신체의 치료와 환자의 격리

11세기와 12세기 동안 서방 유럽에서는 인구와 경제, 사회, 문화적인 상황들이 향상
되려는 신호가 감지되었다. 이러한 부활의 가장 명백한 영향은 인구 증가와 도심지
의 중요성이 새롭게 부각된 것이다. 의학 또한 문화의 다른 모든 요소들처럼 오랜 정
체를 벗어나 긍정적인 기운이 감지되었다. 중세 전기의 전 시기를 통틀어 공동체 생
활의 관습과 고전 문화의 일부로 남게 된 것들은 대수도원과 수도원 단체들(베네딕투
스회, 클뤼니회, 시토회)의 중심지에서 보호되었다. 자선caritas에 대한 이상은 서방 세
계에서도 커다란 중요성을 띠고 있었지만, 모든 힘없고 약한 자들, 잠재적으로 모든
죄인들까지 확대된 병자infirmus라는 개념의 불명료함은 신체에 대한 치료보다는 영

혼에 대한 치료의 우월함을 강조했던 성인의 전기와 관련한 이론적인 고찰에 치중하며 구호 조직으로 이어지지는 않았다. 12세기부터는 허약함infirmitas(질병)에 대한 신조 또한 육체적인 안녕에 대한 새로운 관심과 더 나은 편안함을 추구하는 변화된 분위기를 감지함으로써 빈곤paupertas과 구분되어 나뉘었다.

그럼에도 불구하고 수도원 단체의 많은 규칙들은 세속적인 의학에 비판을 가하는 한편, 수도원 공동체 구성원들의 신체적인 안녕과 치료에 관심을 보였다. 또한 의학과 약학 서적들과 관련한 업무와 이것의 전파 활동이 집중적으로 이루어진 곳도 바로 수도원이었다. 7세기부터 10세기까지의 의학 서적들은 대체로 처방에 대해 설명하는 이론적인 체계화와 전반적인 설명이 배제된, 치료와 연관된 처방전 같은 실용적인 성격으로 편찬되었다.

수도원의 진료소와 병원hospitalia(호스피스라는 용어는 9세기부터 확립되었다)이 딸린 교회, 목욕탕 같은 집단적인 의료 원조가 제공된 장소와 시간을 관리했던 사람들은 거의 대부분이 수도사들이나 교회의 대표자들이었다. 이렇게 서방 세계에서는 아직 치료와 관련한 역할에 전념하지는 못했지만 다른 여러 활동들 가운데 치료 활동을 포함하고 있던 새로운 시설들이 설립되었다. 의미 있는 한 가지 예는 820년과 830년 사이에 건설되었으며, 의사들을 위한 공간과 약국, (위생과 연관된 일이라기보다는 널리 보급된 중요한 치료 수단이었던) 목욕탕, 사혈瀉血실을 갖춘 산 갈로 베네딕투스 대수도원의 진료소였다. 이와 같거나 비슷한 분위기 속에서 식물학, 약학, 치료학 서적들이 저술되었으며, 이러한 주제들과 관련한 고대 문헌들의 필사가 이루어졌다. [진료소의 구성]

11세기부터 수도원 주변에서는 사혈사, 의사, 간호사와 같이 각기 다른 역할을 수행하는 치료사들의 구분이 이루어졌다. 수도원 주위에는 이 시기 가장 특이하고 매력적인 여성 중 한 명인 빙엔의 힐데가르트 같은 치료사를 겸한 지식인들이 속해 있었다. 라인 지방의 루페르츠베르크의 베네딕투스 대수도원 수녀원장이었던 힐데가르트는 음악과 신학에 해박한 지식을 지니고 있었으며, 의학 서적과 신비주의 작품들의 저자였다.

11세기 말, 십자군 원정의 시대에 유럽에서는 그때까지 서방 세계에 잘 알려지지 않았던 나병이라는 끔찍한 병이 퍼졌다. 나환자는 도시와 소규모 주거 공동체에서 육체뿐만 아니라 특히 도덕적으로도 병든 부정한 사람으로 인식되었다. 중세 후기 [나환자들의 격리]

전염병 환자들의 격리를 위해 만들어진 격리 병원 같은 다양한 시설들의 전신인 나환자 요양소에서의 나환자 격리는 오로지 치료를 위한 목적만이 아니라 보균자를 가려내고 공동체로부터 병을 몰아내는 것과 같은 좀 더 근본적이고 드러나지 않은 요구에 부응하고 있었다. 실제로 그 당시의 사고방식에 의하면, 나환자는 치료가 아니라 그 병이 퍼져 나가지 않도록 감금되어야만 했다.

| 다음을 참고하라 |
역사 극빈자, 순례자, 구호 활동(209쪽)

콘스탄티누스 아프리카누스와
서방 세계의 아랍 의학

| 마리아 콘포르티 |

서방 세계에서 갈레노스Galenos 의학의 부활과 전파는 에스파냐가 일부 포함된
이탈리아의 역사였다. 또한 아랍 의학이나 그리스 의학에서 아랍 의학으로의
유래 과정에서 나타난 것처럼 그 기원은 아랍어에서 라틴어로의 번역의 역사였다.
언어적인 전환에 대한 관심은 번역 활용의 실용적인 측면을 등한시했으나,
얼마 전부터 역사학자들은 의학 문헌들을 가까이 하고 그러한 서적들의 이용과
독서와 관련한 상황, 그리고 비록 입증할 만한 증거들은 부족했지만 의사들과
환자들의 활동을 비롯하여 외과의, 약사, 산파들과 같은 의사들과는 다른 전문가들의
활동을 재구성함으로써 그러한 문헌들을 역사적인 사실의
전후 관계에 입각하여 배치하기 위해 문헌학에 대한 지식을 활용하였다.

몬테카시노 대수도원: 수도사들과 갈레노스 의학의 보급

고대 후기와 중세 전기에 서방 세계에서 갈레노스 의학은 상대적으로 많이 보급되지 않았으며, 갈레노스에 적대적인 원리주의 분파에 속한 사람들, 특히 에페소스의 소라노스Soranus(2세기)의 문헌들이 많이 읽히고 활용되었다. 이 문헌들은 병변의 원인에 대해 다루는 것을 거부했으며, 의사는 생리적이고 병리학적인 상태를 이완 상

태laxi(이완과 '개시'의 상태)와 수축 상태constricti('종결'의 상태), 그리고 혼합mixti의 단계로 구분함으로써 그러한 상태와 현상을 관찰하는 것에만 머물러야 한다고 주장했다. 하지만 역설적이게도 이러한 의학에 대한 지식은 갈레노스의 11세기 이전 문헌인 『의학의 다양한 분야에 관하여De sectis』의 번역과 세비야의 이시도루스의 『어원 사전』에서 유래했다. 서방의 라틴 세계에 남아 있는 얼마 되지 않는 증거 자료들 가운데 갈레노스의 작품들과 『히포크라테스 전집Corpus Hippocraticum』의 신빙성 있는 문헌과 다소 출전이 불분명한 문헌들의 또 다른 번역들도 보급되었다. 이러한 문헌들 중에는 『아포리즘Aforismi』과 『예후 진단Prognostica』, 그리고 특히 오리바시우스Oribasius(약 325-403)와 아이기나의 파울루스Paulus(약 620-약 680)와 같은 알렉산드리아를 중심으로 활동했던 의사들의 필사본이 있었다. 따라서 11세기 아랍 의학의 도입은, 가장 잘 알려진 주역들 중 한 명인 콘스탄티누스 아프리카누스(1015-1087)가 의학을 그리스 의학 문화의 부활(여전히 그리스어가 이탈리아 남부에서 문화어로 활발하게 사용되고 있었음을 기억할 필요가 있다)로 소개하고자 했으며 그로 인해 독창적인 노선에 따라 의학을 발전시키고자 했던 몇몇 아랍 저자들(예를 들어, 알-마주시al-Majusi)의 의도를 가로막았음에도 불구하고 진정한 혁명이었다고 할 수 있다.

콘스탄티누스 아프리카누스에 대한 이야기는 몬테카시노의 베네딕투스회 대수도원 수도사였던, '부제副祭'라는 별명을 가진 피에트로Peter the Deacon(1107-1159)와 그 이후의 다른 소식통으로부터 전해 들을 수 있었다. 그는 여러 가지 면에서 전설적인 인물로, 다소 상충되는 정보들이 존재하고 있었으며, 이 모든 것은 그리스, 아랍, 라틴의 지중해 문화들이 유입되어 '뒤섞인' 인물의 형성으로 이어졌다. 튀니지 출신으로 카르타고에서 태어난 그리스도교인인 (하지만 다른 증거들에 의하면 개종한 이슬람교도였다고도 한다) 콘스탄티누스는 오랫동안 동방을 여행했으며, 자신의 번역 작업을 완성하게 될 몬테카시노에 도착하기 전 1077년에 살레르노에서 만난 로베르 기스카르(약 1010-1085)를 비롯하여 이탈리아 남부 또는 시칠리아의 군주들과 관계를 맺었다고 한다. 몇몇 소식통에 의하면, 콘스탄티누스는 살레르노의 대주교인 알파누스Alfanus(?-1085)의 추천으로 몬테카시노 대수도원장인 데시데리우스(약 1027-1087)에게 소개되었다고 한다. 무엇보다 자신의 시로 명성을 날렸던 알파누스는 주교가 되기 전에 그 또한 몬테카시노의 수사였으며, 갈레노스의 이론을 널리 이용한 에메사의 네메시우스Nemesius(4-5세기)의 인간 본성에 관한 논문을 번역했다. 『맥박

의사 콘스탄티누스

에 관하여De pulsibus』와 4개의 체액에 대한 또 다른 의학 서적들도 알파누스의 작품으로 여겨진다.

따라서 이미 콘스탄티누스가 도착하기 전 의학 보급과 지식 활동이 활발했던 몬테카시노에서 그는 번역 작업에 2명의 조력자의 도움을 받았다. 그들은 같은 이름을 가진 살레르노의 교수와 동일시되는 인물로서 그리스도교로 개종한 이슬람교도였던 의사 요하네스 아플라치우스Johannes Afflacius와 아토Atto였다.

콘스탄티누스 아프리카누스의 작품과 미래의 성공

저자인가, 역자인가? 콘스탄티누스의 사망 날짜는 대체로 1087년(최대한 늦어도 1098/1099년)으로 알려져 있다. 그의 책들은 단순한 번역이라기보다는 아랍의 의학 서적들을 개작한 것이었다. 이로 인해 극심한 비판을 받았음에도 불구하고, 콘스탄티누스가 중세 서방 세계의 수준 높은 의학의 규범에서 필수적인 몇몇 서적들에 대하여 번역가가 아닌 저자로 자신을 내세우면서 자신의 번역과 작품의 출전을 생략한 것은 상당한 의미가 있다. 아랍 의학과 마찬가지로 콘스탄티누스의 치료법과 문헌 학자들(특히 의사들과 중세의 독자들)의 해석에 대한 어려움의 중심에는 전문 용어 번역에 대한 문제가 있었다. 실제로 중세 라틴어 어휘는 아랍어 어휘보다 한정되었으며, 그리스어보다 더 심각했다. 예를 들면, 'humor(체액)'라는 어휘는 그리스어에서 차용한 아랍어 문헌에서 실질적으로 각기 다른 6개의 어휘에 상응하고 있다. 『아리스토텔레스의 범주론 입문』의 라틴어 번역자는 'causa(원인)'라는 어휘 대신에 'occasio(기회)'를 사용함으로써 의학이 원인을 통하여 아는 것scire per causas에 초점이 맞추어진 학문scientia인지, 아니면 단순한 기술인지에 대한 인식론적인 규정의 논쟁을 불러일으킨 기나긴 모호함의 역사를 만들어 냈다.

콘스탄티누스의 문헌들은 갈레노스의 작품들에 대한 지식과 찬양에 바탕을 두었으며, 알렉산드리아 학파의 규범에 따라 16권으로 이루어진 전집을 완성했지만, 이는 아랍 고전 작가들의 문헌과 편집물에서 얻은 것들이었다. 콘스탄티누스가 번역한 작품들 중에는 이집트에 살았던 유대인 이삭Isaac(약 850-932/941)으로 잘 알려진 의사이자 철학자인 이스하크 알-이스라일리Ishaq al-Israili의 (열병, 소변, 식이 요법에 대한) 다양한 논문들도 있었다. 하지만 콘스탄티누스의 중요성은 무엇보다 서방의 학술적인 규범의 일부가 된 두 작품과 관련이 있다. 『의학집성醫學集成, Pantegni』은 10세기에 알-마주시(?-982/994)가 쓴 의학 백과사전의 번역이자 자유로운 개작이었다. 이 작품은 아리스토텔레스의 중요성을 재발견할 수 있었던 그리스의 전통과 비잔티움 시대 의학 백과사전들의 교차점에 위치함으로써 갈레노스의 체계화뿐만 아니라 실용적인 아랍 의학에서 얻은 결과들의 많은 가능성을 제공했다. 콘스탄티누스가 사망한 이후, 『이론적 의학집성Theorica Pantegni』과 『실용적 의학집성Practica Pantegni』이 보급되었다. 두 번째 책은 콘스탄티누스의 독창적인 번역에 기초하여 엄청나게 증보되었으며, 다양한 문헌들의 모음집이었다. 무엇보다 가장 영향력이 컸던 것은 콘스탄티누스의 다른 작품들과 마찬가지로 베네딕투스 수도회 대수도원들 사이에서 몬테카시노 수도원이 차지하고 있던 중심적인 역할과 살레르노 의학교와의 관계로 보급이 촉진된 12세기 전반부터 인용되기 시작했다.

다양한 가능성을 종합해 볼 때, 『요하니티우스의 입문서Isagoge Iohannitii』는 후나인 이븐 이스하크(809-873) 작품의 라틴어 요약집이다. 2권의 필사본으로 이루어진 이 문헌은 11세기 말에 최초로 확인되었으며, 그중 1권은 몬테카시노에서 발견되었다. 이것은 분명히 이탈리아 남부에서 만들어졌으며, 명시적으로 그의 작품이라고 밝혀진 바는 없지만(그러한 의견은 다니엘 자카르Danielle Jacquart로부터 나왔다), 콘스탄티누스 아프리카누스의 번역 활동과 관련이 있었다. 이 책은 『의학집성』과 엄청난 유사성을 보여 주었다. 두 작품 모두 그 이후 여러 세기 동안 엄청난 영향을 미칠 이론theorica과 실무practica의 구분에 의거하는 이분법적인 안을 따르고 있다. (포르피리오스[233-약 305]의 작품을 연상시키는 제목이지만) 이 책은 의학의 '구분'에 대한 입문서로, 18세기까지 대학 교육과 이론에서 유지된 분할에 바탕을 두고 있었다. 즉 7개의 자연적인 것res naturales(원소, 체액, 체액의 배합 정도에 의한 기질, 영혼, 사지四肢, 정력, 수술)과 치료와 연관된 계획과 섭생에서 의사의 개입의 여지가 있는 6개의 비자연적인 것non naturales(공기, 음식과 음료, 안정과 동요, 잠과 불면, 단식과 포만 상태, 마음의 열정), 그리고 마지막으로 자연을 거스르는 것res contra naturam, 즉 병리학과 치료학이 의학의 대상을 이루고 있었다. 살레르노 의학교 선생들이 주석을 달고 널리 보급한 이 작품은 곧바로 서방 세계에서 의학 교육의 '교본'이 된 문헌집 『아티셀라Articella』의 첫 번째 논문이 되었다.

서방 세계의 번역이 단지 아랍어로만 이루어진 것은 아니었다. 아랍어 문헌은 그리스어 원본을 활용할 수 없는 경우에만 이용되었다. 비잔티움 제국과 그리스 문화

의학의 대상

라틴어 판본의 갈레노스 작품

언어권인 동방 지역과의 교류는 쉬운 일이 아니었으며, 12세기에 공부를 위해 동방을 방문했던 바스의 아델라드(1090-1146년에 활동) 같은 경우는 극히 이례적이었다. 하지만 그리스어의 사용뿐만 아니라 비잔티움과의 교류가 결코 중단된 적이 없었던 시칠리아와 이탈리아 남부에서는 이미 12세기에 프톨레마이오스의 저서처럼 그리스어에서 번역이 이루어졌다. 이러한 번역들 중에는 다양한 아리스토텔레스 작품들을 비롯하여 의학 대학의 교육 과정과 교양학부 입문 교육의 일부가 될 책들도 있었다. 동방을 여행하고 살레르노 의학교의 선생이었던 바르톨로메우스를 위해 일한 법률가인 피사의 부르군디오Burgundio(약 1110-1193)는 갈레노스의 작품(『기예Techne』)과 히포크라테스의 『아포리즘』을 그리스어에서 라틴어로 번역했다. 따라서 아리스토텔레스의 라틴어 문헌들처럼 인내심을 가지고 재구성해야 할 '라틴어 판본의 갈레노스 작품'에 대해서 이야기할 수 있다.

| 다음을 참고하라 |
과학과 기술 이슬람 문화와 라틴어 번역(352쪽); 살레르노 의학교와 『아티셀라』(368쪽); 라제스와 서방 세계의 이븐 시나의 규범(372쪽); 이븐 시나와 아랍의 연금술(375쪽)

살레르노 의학교와 『아티셀라』

| 마리아 콘포르티 |

살레르노 의학교는 특히 나폴리를 중심으로 의학 관련 문화가 부활하는 분위기 속에서 10세기에 첫걸음을 내딛기 시작했다. 하지만 진정한 의미의 학교는 실용적인 의학뿐만 아니라 철학적인 고찰에 대한 문헌들의 확산에 많은 기여를 한 의학계의 수많은 인물들(트로툴라, 콘스탄티누스 아프리카누스, 로제리우스 살레르니타누스 등)의 활동이 살레르노에서 집중적으로 펼쳐졌던 11세기와 12세기에 와서야 시작되었다. 또한 이 학교가 결정적으로 확고한 제도적인 역할을 했던 것은 프리드리히 2세 덕분이었다.

경이로운 기원

살레르노에서 의학 교육이 정점에 올랐던 시기는 12세기였지만, 학교의 기원은 약한 세기 반 전으로 거슬러 올라간다. 살레르노 의학교와 그곳의 오랜 역사와 발전에 대하여 민족주의적인 자부심과 불명확한 언어적인 인식으로 인해 엄격한 검증을 거치지 않은 하나의 신화가 만들어졌다. 폴 오스카 크리스텔러Paul Oskar Kristeller는 10세기 중반 이전의 살레르노 의학교에 대해 이야기하는 것은 적절하지 못하다고 했다. 하지만 이탈리아 남부(예를 들어, 나폴리)에서는 의술 행위가 번성했으며, 이러한 상황에서 살레르노의 전통이 자리를 잡게 된 것이 분명하다. 이러한 기원의 조건이 무엇이었는지, 그리고 이어지는 학교의 역사에서 비종교적인 성격을 어느 정도까지 가지고 있었는지, 또 의사와 치료사들이 민간단체와 얼마나 관련이 있었는지를 명백히 밝히는 것은 쉽지 않다. 의사들의 특별한 의술 능력에 대한 명성은 치료 행위와 수술에 과도하게 우호적인 반응을 나타냈던 것으로 볼 수도 있지만, 단순히 이탈리아와 유럽에 널리 퍼졌던 명성이 반영된 것일 수도 있다. 어쨌든 8세기와 9세기 동안 만들어진 이러한 신화적인 이미지에 가해진 수정 작업에도 불구하고, 서방 세계에서 처음으로 스승들이 제자들에게 의과 관련 교육을 전승한 공식적인 활동이 살레르노에서 이루어졌으며, 이러한 활동은 극히 초보 단계의 실무 교육과 문헌에 기초한 섬세한 교육을 포함하고 있었던 것이 분명하다.

가리오폰투스Gariopontus(1050년에 활동)가 쓴 것으로 알려진 『파시오나리우스 Passionarius』를 포함한 살레르노의 최초의 의학 문헌들은 11세기로 거슬러 올라간다. 하지만 살레르노 의학교의 가장 중요한 문헌들은 그 다음 시기에 속하는 것들이다. 중세 의학에서 가장 논란거리가 되었으며 '신화화된' 일화들 가운데 하나로 지금도 남아 있는 여의사 트로툴라Trotula(11세기)의 작품으로 여겨지는 같은 시기 산부인과 의학 논문을 포함하여 해부에 대한 내용과 『니콜로의 약전藥典, Antidotarium Nicolai』이 그러한 작품에 해당한다. 트로툴라가 실제로는 결코 존재한 적이 없다는 의문이 제기되기도 했지만, 살레르노에서 많은 여의사들이 활약하고 있었으며 그들의 명성이 널리 퍼져 있었고, 수술과 출산과 관련한 업무가 일상적인 것으로 여겨질 정도로 많은 여성 외과 의사들이 시 당국으로부터 의사 면허를 취득했던 것만큼은 분명하다. 풍부한 해부학적인 기록과 치료와 관련한 정확한 처방을 담고 있는 이러한 문헌들은 실무에 특별한 관심을 나타내고 있는 것으로 보인다.

하지만 크리스텔러는 이러한 문헌들이 여러 세대에 걸쳐 저술되고 개정되었다는 사실 자체가 교육의 전통을 이어 오며 교육적인 목적을 전달하기 위해 만들어진 '학

(여백 주석: 트로툴라)

(여백 주석: 학교 의학의 탄생)

교'의 의학과, 권위 있는 문헌집의 구축과 논평에 기초하는 '문헌'의 의학이라는 이중적인 의미를 지닌 학술적인 의학이 살레르노에서 시작되었음을 가리킨다는 점을 강조했다. 따라서 살레르노 의학교는 이미 콘스탄티누스 아프리카누스(1015-1087)에 의해 드러났을 뿐만 아니라 이론과 실제를 구분할 때 나타나는 의학과 철학 사이의 관계에 대한 관심 또한 전해 주었다. 살레르노에서는 그 이후로도 오랫동안 전통적인 의학의 역사로 남은 학문scientia과 기술ars의 관계에 대한 문제가 처음으로 대두되었다. 이러한 논의에 기본적인 아리스토텔레스의 문헌들(『형이상학Metafisica』과 『니코마코스 윤리학Etica a Nicomaco』)이 잘 알려지지 않은 상황에서 살레르노의 선생들은 실무 또한 완전한 하나의 학문으로 충분히 고려할 수 있다고 주장했다.

해부학과 의학 이론 로제리우스 살레르니타누스(12세기)의 외과 수술에 대한 논문인 『니콜로의 약전』과 실무와 관련한 논문들을 포함하고 있는 필사본으로 카를 주드호프Karl Sudhoff가 연구했던 브레슬라우의 의약품집에 수록되어 있는 살레르노 의학교의 작품들은 12세기로 거슬러 올라간다. 살레르노 의학교의 다양한 논문들이 정밀한 해부학적 기술을 담고 있음을 알 수 있으며, 따라서 수업은 마테오 플라테아리오Matteo Plateario(12세기)의 가르침과 관련하여 처음으로 언급된 교육 훈련인 돼지와 다른 동물 해부가 더해졌음을 추정할 수 있다. 하지만 12세기 후반의 살레르노에서는 히포크라테스(기원전 460/459-기원전 375/351)의 『아포리즘』에 대한 마우로Mauro(?-1214)의 논평을 효시로 알렉산드리아에 기원을 둔 의학 논평이라는 장르의 영광스러운 전통이 다시 시작되었다. 이러한 논평은 이론적인 논쟁에 대한 관심과 그들이 종사하고 있는 학문 분야에서 독창적인 전통의 존재에 대한 인식을 전제로 하는 것이었다. 그 후 살레르노에서 활동하다가 1225년에 사망한 칼라브리아의 우르소네Ursone의 논평들에서 실무와 관련한 의학에서도 근본적인 것으로 여겨진 자연 철학에 대한 커다란 관심과 최근에 번역된 아리스토텔레스의 작품들에 대한 상당한 지식을 알 수 있다.

살레르노 의학교에서 작성된 문헌들 가운데 가장 유명한 것은 아마도 『살레르노 건강 규칙Regimen Sanitatis Salernitanum』이라는 운문으로, 분명한 '진부함'에도 불구하고 13세기에 빌라노바의 아르노(혹은 아르날도Arnaldo)Arnau de Villanova(1240-1311) 같은 다양한 주석가들에 의해 다양한 판본의 문헌들이 합쳐져 만들어졌을 뿐만 아니라 그 기원이 불분명한 문장들과 교훈들을 모아 만든 것이다. 하지만 이 작품의 유명세에도 불구하고 더욱 중요하고 유럽 의학 발전에 지속적인 영향력을 발휘했던 것은 살레르노의 다른 문헌들이었다. 콘스탄티누스 아프리카누스의 『의학집성』과 특히 『요하니티우스의 입문서』의 영향은 실제로 교육 목적을 위해 한데 엮어, 서방 세계에서 의학 교육을 위한 공식적인 교범이 된 문헌들에 대한 주해집들이 살레르노에서 일찍 등장했다는 사실로 입증되었다. 이후에 『아티셀라』라는 이름으로 출판되었으며, 13세기에 이미 살레르노에서 멀리 떨어진 파리 같은 곳에서도 의학 교과 과정에서 필수적인 것으로 여겨진 이러한 문헌들은 몇몇 다른 문헌들과 함께 콘스탄티누스 번역의 핵심을 포함하고 있었다. 실제로 여기에는 『요하니티우스의 입문서』, 『아포리즘』, (역시 콘스탄티누스 아프리카누스나 그의 학파의 것으로 추정되는) 히포크라테스의 『예후 진단』, 테오필루스 프로토스파타리우스Theophilus Protospatharius(6세기)의 『소변Urine』, 필라레토Filareto의 작품으로 생각되는 『맥박에 관하여』가 있었다. 12세기부터 아마도 그리스어 문헌의 직접적인 번역이 이루어진 것으로 보이는 갈레노스의 『의술Tegni(의학론Ars parva)』도 그러한 문헌들 중 하나로 여겨졌다. 카를 주드호프에 의해 이미 12세기에 확고한 기반을 다졌던 교육 전통의 일원으로 밝혀진 살레르노 의학교 선생이었던 바르톨로메우스와 마우로의 이러한 문헌들에 대한 주해서들은 의학 이론에 대한 빠른 관심을 보여 주는 것이며, 엄청난 성공을 거두게 되는 문헌학적 장르의 시작을 알리는 것이었지만, 또한 동시에 의학 교육 전통을 확산시키는 중심지로서 살레르노의 중요성을 보여 주는 것이기도 하다. 파리 최초의 의학 교수였던 코르베유의 에지디우스Egidius Corboliensis(13세기)도 살레르노에서 공부했다.

작품들의 대부분은 매우 교육적인 특성을 지니고 있었다. 하지만 이러한 문헌들 가운데 몇몇은 명백하게 학생들의 요구에 의해 저술되었음에도 불구하고, 살레르노에서 실질적으로 교육이 이루어졌음을 보여 주는 그 어떤 문헌들도 남아 있지 않으며, 무엇보다 학교에서 발급한 '졸업장' 또는 자격증에 대한 어떠한 증명도 남아 있지 않다. (근대의 많은 국가와 도시들처럼 의술을 펼치는 사람들을 위한 시험과 허가에 대한 권리를 지니고 있던) 시와 사법 당국으로부터 교육 제도에 대한 법적인 인정을 받은 기록도 발견되지 않았다. 이 학교가 전문적이고 교육적인 조직이었을 뿐만 아니라 렌치의 살바토레Salvatore de Renzi가 12세기로 못 박았던 의사들의 단체가 존재했음을 보여 주는 다양한 문헌들도 사실은 이후에 조작된 것들이었다. 또한 살레르노뿐만 아니라 다른 곳에서도 교육 활동에 대한 법률적이고 실무적인 고찰이 문헌으로 입증되기 시작했던 13세기부터 유럽 대학들에서 실무와 이론 교육의 구분이 어느 정도까지 이루어졌는지도 분명하지 않다. 노르만-슈바벤의 전통을 계승한 황제 프리드리히 2세(1194-1250, 1220년부터 황제)의 멜피 헌장(1231)에서 살레르노 의학교는 아직 학위를 발급할 권리를 부여받지는 못했지만 의사들(그리고 약사들)을 검증할 수 있는 기관으로 인정되었다.

자연 철학을 배운
학자 의사의 탄생

10여 년 뒤에 같은 황제의 칙령은 보다 명확하게 살레르노 의학교의 교육 과정이 철학에 대한 연구와 고대 작가들, 특히 히포크라테스와 갈레노스에 대한 연구를 규정하고 있음을 보여 주었다. 비종교적인 의학교의 신설은 (12세기부터 살레르노와 프랑스에서 입증되었듯이) '학교'의 의사를 가리키기 위한 '자연 철학자physicus'라는 용어의 등장을 이끌어 내며, 의사라는 직업의 중요성을 반증했다. 이러한 용어는 '의료직인medicus'이라는 용어를 사용했던 고대에는 알려지지 않았던 것으로, 처음으로 문헌에 근거하여 교육받은 의학 종사자들과 경험의 전달로 기술을 익힌 사람들 사이의 구분을 명확하게 도입했다.

| 다음을 참고하라 |
역사 교육과 문화의 새로운 중심지(242쪽)
과학과 기술 콘스탄티누스 아프리카누스와 서방 세계의 아랍 의학(364쪽)

라제스와 서방 세계의 이븐 시나의 규범

| 마리아 콘포르티 |

에스파냐, 특히 톨레도는 의학 분야뿐만 아니라 철학과 과학 분야에서도 아랍 문화의 추진체 역할을 하는 중심지로 대두되었다. 『아티셀라』와 함께 서방 의학의 중심 문헌으로 자리 잡게 된 이븐 시나의 『의학 정전』을 번역한 2명 가운데 첫 번째 인물인 톨레도의 마르코와 크레모나의 제라르두스는 뛰어난 번역가들이었다.

톨레도와 아랍어 번역가들

콘스탄티누스의 번역 전집은 그 뒤에 지리적·문화적으로 다른 지역에서 이루어진 의학과 과학 문헌들의 번역 작품과 점차 그 자리를 함께하게 되었다. 이러한 번역 작업이 이루어진 곳은, 더 이상 그리스어로 쓰인 기록물이 아닌, 종교적·정치적인 문제에도 불구하고 아랍 문화가 현실적으로 확고하게 지배하고 있던 에스파냐였다. 에스파냐어 번역은 실질적으로 그리스도교인들의 아랍 영토 수복과 함께 아랍어 과학 문헌들을 받아들이려는 전반적인 움직임 속에서 12세기 후반에 이루어졌다.

비록 이러한 움직임이 미미하게나마 오크어를 사용했던 랑그도크 지역과 다른 지역에 영향을 미쳤음에도 불구하고 번역의 중심지는 12세기 내내 이중 언어를 사용했던 톨레도였다. 톨레도 성당 참사회 번역 학교의 중요성은 아직 이 학교가 탄생하지 전인 12세기 초에 이 학교의 존재에 대한 '전설'을 만들어 내기에 이르렀다. 12세기 후반에 대주교 요하네스의 후원을 받아 번역자들(이 가운데 가장 유명하고 왕성한 번역 활동을 펼쳤던 사람은 크레모나 출신의 제라르두스[1114-1187]였다)은 아랍어로 쓰인 과학과 의학 문헌들을 번역했다. 사실 크레모나의 제라르두스는 자신의 명성에도 불구하고 콘스탄티누스 아프리카누스와 마찬가지로 혼자서 일을 하지 않았다. 또한 그의 아랍어 지식이 전혀 완벽하지 않았다는 가설이 제기되기도 했다. 다른 번역자들 중에서는 12세기 후반에 활동했던 톨레도의 마르코Marco가 두각을 나타냈다. 한편, 과학과 관련한 번역들과는 별개로 라제스Rhazes(865-925/935, 알-라지al-Rāzī라고도 함*)의 소품집들과 알부카시스Albucasis라는 라틴식 이름으로 불렸던 아부 알-카심 알-자라위Abu al-Qasim al-Zahrawi의 외과 수술 교본, 그리고 특히 『아티셀라』와 함께 1500년대까지 최고의 권위를 누리며 서방 의학계의 핵심 문헌으로 빠르게 자리 잡은 이븐 시나(980-1037)의 『의학 정전Canon』의 번역도 제라르두스의 이름으로 이루어졌다. 크레모나의 제라르두스와 톨레도 지역 전반의 번역들은 원문에 충실했으며, 이해가 가능한 전형화된 표현들로 이루어져 있었다. 하지만 스승의 원전에 충실했음에도 불구하고, 라제스의 작품인 『알-만수리에 관한 책Kitab al-Mansuri』(라틴어로는 Liber ad Almansorem)의 번역을 제라르두스의 것으로 여길 만한 확실한 자료는 발견되지 않았다.

톨레도에서 번역된 의학과 직접적인 관련이 없는 작품들 중에는 라틴어로 쓰인 아리스토텔레스의 문헌집을 다룬 것들이 발견되었으며, 그 뒤로는 당시에 보급되기

시작했고 종종 익명으로도 출판되었던 연금술 관련 논문들의 번역 외에도 아베로에
스(1126-1198) 저서의 출판이 이어졌다. 톨레도에서는 넓은 의미로 과학에 대한 것
뿐만 아니라 의학 또한 아리스토텔레스의 체계를 바탕으로 하는 자연 철학과 밀접하
게 결합시킴으로써 서방 세계 대학들의 성격과 교육에도 중대한 영향을 미치게 될
철학에 대한 관심을 키웠다. 콘스탄티누스 번역의 경우와는 달리, 이번에는 순례와
여행을 하며 책들을 몸에 지니고 다녔던 '떠돌이' 학자들과 실용주의 철학자들에 의
해 비종교적인 분위기에서 번역의 보급이 이루어졌다. 그들 중 몇몇은 살레르노나
몽펠리에에서 의학을 공부한 사람들이었다. 이탈리아에서 이러한 번역들이 엄청
나게 빨리 보급될 수 있었던 것은 제라르두스의 제자들의 영향에 기인한 것일 수도
있다.

| 다음을 참고하라 |
과학과 기술 이슬람 문화와 라틴어 번역(352쪽); 콘스탄티누스 아프리카누스와 서방 세계의 아랍 의학(364
쪽); 이븐 시나와 아랍의 연금술(375쪽)

연금술과 화학

SCIENZE E TECNICHE

이븐 시나와 아랍의 연금술

| 안드레아 베르나르도니Andrea Bernardoni |

10세기와 11세기 동안 아랍의 연금술은 동방의 칼리프 왕국들뿐만 아니라
코르도바의 에스파냐 왕국에서도 엄청난 번영을 누렸다. 동방 지역에서 이 시기
아랍 과학의 가장 중요한 인물들 중 한 명은 페르시아 출신의 철학자이자 의사였던
아부 알리 알-후사인 이븐 압드 알라 이븐 시나Abū Alī al-Ḥusayn ibn Abd Allāh ibn Sīnā였다.
서방 세계에 아비케나라는 이름으로 알려진 그의 연금술에 대한 추론은
이 학문 분야의 과학적 타당성에 대한 이후의 논쟁에 불을 지폈다.

이븐 시나: 생애와 작품

동페르시아의 한 촌락인 아프샤나에서 980년에 태어난 이븐 시나(980-1037)는 아직 어렸을 때, 코란과 아랍 시를 공부하며 자신의 수양을 시작했던 부하라 인근으로 이주했다. 그 뒤 산수와 철학, 의학 연구에 매진하여 18세의 어린 나이에 의사 자격을 취득했다. 그는 장년기에 이르러 과학자로 활동하며 정치 활동을 병행했고, 1037년에 생을 마감할 때까지 머물렀던 하마단의 번주藩主인 샴스 아드-다울라Shams ad-Dawlah의 궁정에서 수상을 비롯하여 중요한 공직을 수행했다. 이븐 시나는 엄청나게 많은 문학과 의학, 과학 관련 책들을 집필했는데, 그중에서 약 1백만 단어로 이루어

져 있는『의학 정전Al-Qanun fi t-tibb』과『치유의 서Kitab al-Shifa'』가 가장 잘 알려져 있다. 물리학 분야의 연구들 중에는 빛이 정해진 속도로 확산된다는 빛의 이론을 포함하여 열과 에너지, 중력, 운동에 대한 연구들이 많이 언급되었다. 수학에서는 소수를 측정하기 위한 부척副尺(길이나 각도를 잴 때 더욱 정밀하게 재기 위해 덧붙여 쓰는 자*)과 유사한 도구를 발명했으며, 음악 이론의 전문가였을 뿐만 아니라 독창적인 천문학 관찰의 창시자이기도 했다. 화학에 대해서는『의학 정전』의 약리학 부분에서 맨드레이크, 아편, 헴록(미나리과의 독초*), 대마 같은 몇몇 마취 물질들을 포함하여 760여 종이 넘는 약재 목록을 열거했다. 이븐 시나는 연금술로 전향한 뒤에 본질의 변화에 대하여 공개적으로 반대 의사를 표명했으며, 이러한 그의 추론은 르네상스까지 연금술에 대한 논쟁의 대상이 된다.

변질에 대한 이븐 시나의 생각은 아리스토텔레스 학설의 철학 대전인『치유의 서』중「행위와 열정에 관하여Al Afal wa al-infialat」에 포함되어 있는 지리-광물학 글에 표현되어 있다. 처음에 아리스토텔레스의 작품으로 여겨졌으며,「암석의 응고와 유착에 관하여De congelatione et conglutinatione lapidum」로 잘 알려져 있는 이 작품의 라틴어 번역은 3권으로 이루어진 아리스토텔레스의『기상학』(고대 라틴어역)에「광물에 관하여De mineralibus」라는 부록으로 삽입되었다.

광물학과 연금술: 변화의 문제

수은과 유황 「암석의 응고와 유착에 관하여」는 두 부분으로 구성되어 있다. 첫 번째 부분은 지구 표면의 지질학적 형성에 대한 연구였으며, 두 번째는 연금술과 관련한 것으로 바위와 지구 내부의 광물의 형성에 대한 연구였다. 이 작품의 주요한 주제는 금속의 구성과 형성에 관한 것이었으며, 이븐 시나는 이를 위해『기상학』제3권의 결론 부분에서 언급했던 금속의 생성에 대한 아리스토텔레스의 원리를 8세기 아랍 연금술사 자비르 이븐 하이얀Jābir ibn Hayyān(약 721-약 815)의 원리와 통합시킨 이론을 만들었다. 이븐 시나에게 금속과 암석은 지구의 내부로부터 표면을 향해 올라오는 건조하고 습한 두 가지 방출의 화학적인 결합의 결과였지만, 아리스토텔레스와는 달리 이것이 자비르의 전통 방식에 근거하는 수은과 유황이라고 밝혔다. 따라서 두 물질은 자연적인 물질과 매우 유사하지만 전적으로 그것들과 같이 취급되지는 않으며, 금속의 생성에 관여하는 이러한 물질의 순도와 응축도의 정도에 따라 자연에 존재하는 다양한 금속이 결정된다는 것이다. 예를 들어, 순수한 수은이 불연성의 백유황과 결합하면 최종적인 결과로 은을 만들어 낼 것이며, 반면에 유황이 최고의 순도를 지니고 있고 염색과 연소시키는 효력과 미세하고 불연소의 특성을 지니고 있는 경우에는 최종 결과로 금을 얻게 될 것이다.

이러한 이론 체계가 본질적으로는 자비르의 전통 방식에 의한 금속 이론을 재현했음에도 불구하고 이븐 시나는 이러한 과정이 인위적으로 재현되는 것을 부정하며, 아랍의 연금술사와 거리를 두었다. 이븐 시나의 생각은 연금술사들이 기껏해야 물질의 외면적인 상태만을 바꿀 수 있을 뿐이며, 그 본질은 변화시킬 수 없다는 것이었다. "나는 가장 예민한 전문가조차도 속일 수 있을 정도로 금속들을 모방하는 것에 관해서 완벽함에 도달할 수 있음을 배제하지는 않지만 변화의 가능성이 분명하게 이해된 적은 결코 없었다. 오히려 나는 어떤 금속의 화합을 다른 것과 구별할 수 있는 방법이 없기 때문에 그것이 불가능하다고 생각한다"고 이븐 시나는 말했다. 금속의 본질은 이러한 화합이 우발적이고 예측할 수 없고 금속의 성질에 대한 분명한 지침을 제공하지 않기 때문에 그들의 감각적인 속성에 기초하여 구별될 수 없다는 것이다. 이러한 결론은 이븐 시나로 하여금 (우리에게는 『연금 약재에 관한 서신 Lettera sull'elixir』으로 잘 알려진 『하센에게 보내는 서간 Epistola ad Hasen』인) 『별의 율법에 관한 증명 논문 Risalat fi ithbat ahkam al-nujum』에서 변화에 대한 문제를 다시 언급하도록 강요할 정도로 연금술사들의 반발을 불러일으켰다. 이슬람의 수장인 아불 하산 알살리 Abu l-Hasan al Sahli의 요청에 따라 연금술에 대해 비판적인 태도를 인정하지 않는 사람들의 판단에 좌우되지 않고 이븐 시나는 균형 잡힌 평가를 이루어 내고자 변화의 원리에 대한 상세한 분석을 제공했다.

첫 번째 장에서 변화 과정의 기술적인 작용의 근거가 되는 일반적인 원리들을 살펴보고 분석한 뒤에, 이븐 시나는 그들의 학문 전체에 대한 전반적인 재고 없이는 명백한 판단에 도달하는 것이 불가능하다는 결론을 내리며, 연금술사들뿐만 아니라 그들을 헐뜯는 자들 또한 연금술에 대한 논의 속에 엄격함이 결여되어 있다고 비난하는 것으로 끝을 맺었다. 이러한 이유로 이븐 시나는 한동안 연금술 이론의 신빙성을 입증하고 불의 해리解離 작용에도 견디며 다른 금속들을 물들일 수 있는 능력이 있는 연금 약재를 실현시킬 수 있는지의 여부를 이해하기 위한 실험에 전념했다. 이어지는 각각의 장에서 이븐 시나는 변화 과정을 완성하기 위한 시도의 일환으로 자신

연금술의 진위에 대한 판단

이 실행한 기술과 모든 물질에 대한 상세한 분석을 제공하며, 연금 약재의 화학적 성분에 대한 본질을 더욱 깊이 검토하였다. 그가 이끌어 낸 결론은, 비록 작품을 통해 최고의 전문가들까지도 속일 수 있는 장인들의 능력이 가장 강조되기는 했지만 본질적으로 『치유의 서』의 결론과 유사했다.

연금 약재에 대한 논문 　페르시아의 의사이자 철학자인 그가 연금 약재의 실현을 위한 과정과 물질들을 분석하고 기술할 때 기울였던 주의와 세심함은 라틴의 연금술사들과 철학자들에게 『하센에게 보내는 서간』에서 연금 약재의 화학 작용에 대한 논문을 보도록 유도했던 중요한 요인들이었다. 물질의 변화에 대한 저자의 비판적인 태도는 연금술의 진리에 관한 인식론적인 논쟁의 산물로 해석되었다. 서방의 문화 중심지들에서는 이론적일 뿐만 아니라 실용적인 학문의 가능성을 고찰하는 것에 대한 엄청난 거부감에도 불구하고 실제로 이 학문 분야를 지식의 전통적인 분류 체계 안에 융합시키고자 했다.

　연금술과 이븐 시나의 관계는, 서방의 학자들과 연금술사들은 그의 진본이라고 이해하고 있지만 저작자가 의심스러운 2권의 책 『연금술에 관한 이븐 시나의 책Liber Aboali Abincine de anima in arte alchimiae』과 『아부 알리의 아들인 이븐 시나의 자연과학의 기본 원리에 대한 선언Declaratio lapis physici Avicennae filio sui Aboali』의 존재로 인해 더욱 복잡해졌다. 『연금술에 관하여De anima in arte alchimia』의 진위 여부에 대한 기원은 살레르노의 의학 전통에 속해 있던 마리오 살레르노Mario Salerno라는 이름을 가진 사람의 『원소론De elementis』에 기인한 것으로 보이는, 자연 물질의 기본적인 구성에 대한 직접적인 개입 가능성에 기초하여 연금술 원리가 설명되어 있는 서문에서 이미 나타났다.

현자의 돌 　『연금술에 관하여』를 구성하고 있는 10권의 책 가운데 제1권에서는 연금술에 대한 옹호와 함께 그 본질이 식물임과 동시에 동물이며 광물이기도 한 복잡한 자연의 물질이자 비卑금속(공기 중에서 쉽게 산화하는 금속*)을 황금으로 바꾸거나 수명을 연장하는 힘이 있다고 생각되는 물질인 현자의 돌에 대한 전반적인 소개를 볼 수 있다. 이어지는 3권의 책들에서는 연금술의 실무와 관련한 문제들이 검토되었으며, 5권과 6권에서는 위대한 작업에 이용되는 물질들이 자세하게 분석되었다. 7권과 8권, 9권에서는 본질의 변화를 해와 달의 결혼에 대한 비유로 설명한 2개의 장을 포함하는 연금술의 작업 과정들이 기술되었다. 끝으로 제10권에서는 연금술 과정에 대한 효과적인 공식화와 수치화의 문제가 다루어졌으며, 논문에서 다루어진 주제들에 대한 종합적인 요약이 곁들여졌다.

『연금술에 관하여』에서 물질의 실체는 광물과 식물, 동물의 단계에 해당하는 저, 일탈에 대한
불관용
중, 고의 구분, 즉 아르테피우스Artephius의 『지혜의 열쇠Clavis Sapientiae』에 소개된 우
주 생성론으로 거슬러 올라갈 수 있는 방식에 따라 수용되었다. 3개의 부분으로 이
루어진 모형의 이용은 일탈에 대한 불관용congiuntio oppositorum의 원리에 기초한 연금
술-비전秘傳 전통의 전형적인 방식이었다. 이러한 이론에 따라 상반되는 2개의 원리
는 연금술 작업 과정들이 구체화되고 무생물과 생물체 사이의 영속성이 단절되지 않
는 중간 단계에서 연결되었다. 이러한 실체에 대한 연금술의 인식에서 중심을 이루
고 있는 것은 신체-정신-영혼의 세 부분으로 완성되는 연금 약재의 연구에서 인간의
역할에 대한 주제였다. 이븐 시나의 위작인 『연금술에 관하여』에 나타나 있는 연금
약재에 대한 생각, 즉 어떤 물체의 가장 안정적인 상태의 전형이며 따라서 가장 높은
수준의 완벽함을 갖춘 균형의 정도를 변경함으로써 자연의 물체의 구성 조직에 개입
할 수 있는 물질에 대한 생각은 특히 로저 베이컨(1214/1220-1292)의 작품을 통해 서
방의 연금술에 전승되었다.

후기의 아랍 연금술사들

11세기 이슬람의 지배를 받던 에스파냐에서 만들어진 가장 중요한 연금술 관련 작 『피카트릭스』
품은 『현인의 발걸음Kitab Rutbat al-Hakim』(현인의 예비 지식을 위한 발걸음)이었다. 이 책
은 라틴의 연금술사들 사이에서 엄청난 성공을 거두었다. 또한 중세 후기와 르네상
스 시대의 가장 중요하고 영향력 있는 마술에 대한 서적들 중 하나로 『피카트릭스
Picatrix』가 있는데, 이는 라틴어로 번역된 『현인의 목표Ghayat al-hakim』의 저자이기도
한 (마드리드 출신이라는 의미를 지닌) 알-마즈리티al-Majriti라고 불린 무함마드 이븐 이
브라힘 이븐 아브드 알-다임Muhammad ibn Ibrahim ibn 'Abd al-Daim(?-1007/1008)의 저작
으로 생각된다. 알-마즈리티에 의하면, 연금술은 자연의 통제와 이해를 위한 중요한
열쇠였다. 연금술은 지구의 생성 과정에 관여하는 지식을 다루기 때문에 첫걸음을
내딛는 지식인에게 필수적인 하나의 전제로 비추어졌으며, 그 다음으로 별들의 영
혼을 조작하여 지상의 사물과 천상의 것들을 다시 이어 주는 가장 높은 목표를 수행
하는 마술에 대한 입문으로 이어지게 된다. 『현인의 발걸음』에서 알-마즈리티는 연
금술을 실행할 때 중심이 되는 작업장의 실무에 대한 꼼꼼한 분석을 제시했다. 열은

지구의 모든 변형에 관여하는 가장 주된 작용으로 소개되었으며, 따라서 태양의 열이 기후의 차이와 계절의 변화, 모든 생물들의 생성과 성장을 유발하는 것처럼 화학적인 불꽃의 열기 또한 새로운 생성 과정들의 원인이 된다는 것이다. 따라서 불의 조작을 통해 연금술사는 존재의 대사슬(자연계의 요소-원소-광물-식물-동물-인간)에 명확하게 나타나 있는 창조 행위의 변환과 유사한 유형의 변화를 재현할 수 있는 것이다. 연금술사는 새로운 시작을 유발하기 위해 그 연쇄를 역방향으로 진행할 수 있다고 보았다. 알-마즈리티는 인공적인 생성 과정은 자연계에 존재하는 가장 완벽한 물질인, 하등의 자연계 요소들을 완벽함을 갖춘 물질로 변화시킬 수 있는 능력을 지닌 연금 약재를 추출하는 금을 취급하는 것으로부터 시작해야 한다고 생각했다.

알-마즈리티의 연금 약재에 대한 연금술은 아랍의 연금술사 발리누스Balinus(30/40-?)의 작품으로 생각되는『자연의 비밀에 관한 책Liber secretis naturae』을 시작으로 하는 전통으로 거슬러 올라갈 수 있으며, 자비르Jābir(약 721-약 815)와 알-라지(865-925/935), 이븐 시나의 작품들에서 발전한 금속을 기반으로 하는 연금술의 전통에 대한 대안으로 자리를 잡으면서 라틴 유럽에 확산되었다. 13세기 유럽에서 이러한 제2의 전통은 알베르투스 마그누스Albertus Magnus(약 1200-약 1280)의『광물에 관하여 De mineralibus』와 실제로는 프란체스코파의 철학자인 타란토의 파올로Paolo가 저술했을 것으로 추정되는 라틴의 가짜 게베르Geber(아랍식으로는 자비르로, 자비르의 명성을 이용하기 위해 이 필명을 사용한 것으로 보인다*)의『완전성의 총체Summa perfectionis』에서 그 절정을 맞이했다.

알-투그라이와
이븐 아르파 라스

12세기 아랍의 연금술은 이전 몇 세기 동안 이 학문 분야를 특징지었던 활력을 상실했으며, 얼마 되지 않는 연금술사 가운데 알-투그라이al-Tugra'i와 이븐 아르파 라스 ibn Arfa 'Ra's(12세기)만이 명맥을 유지하고 있을 뿐이었다. 당대의 사람들로부터 자비르의 시대 이후 가장 위대한 연금술사로 인정받은 알-투그라이는 1061년 페르시아의 도시 이스파한에서 태어났으며, 말리크샤Malik Shah의 지배기에 셀주크 제국의 주요 공직을 맡았다. 그는 배교자의 혐의를 받고 나서 1121년에 처형되었다. 천문학과 시 분야에서도 많은 작품을 남겼던 알-투그라이는『등불과 열쇠Kitab al-Masabih wa-l-mafatih』라는 자신의 가장 중요한 연금술 관련 저서에서 자신이 헤르메스의 지식을 물려받았다고 주장하며, 위대한 기술의 원리들을 시적인 형태로 풀어냈다. 한편,『순교의 진실에 관한 책Kitab Haqa'iq al-istishhad』에서는 이븐 시나의 반反변화론자의 입장에 대한 반론에 할애했다.

이븐 아르파 라스로 잘 알려진 아부 알-하산 알리 이븐 무사 알-자야니 알-안달루시Abu al-Hasan 'Ali ibn Musa al-Jayyani al-Andalusi는 파스에서 오랫동안 살다가 1197년에 사망했고, 『금붙이Shudhur al-dhahab』라는 연금술에 대한 논문으로 유명해졌다. 1,460행으로 이루어진 이 책은 아랍 문자 28개로 운각이 나뉜 완벽한 운율을 보여 주었다. 저자는 이븐 우마일ibn Umayl(10세기), 아부 알-이스바Abu al-Isba, 알-투그라이와 위僞 칼리드(약 660-약 704)의 신비주의적 전통을 따르며, 연금술에 대한 우화적인 접근을 선호했다.

| 다음을 참고하라 |
과학과 기술 이슬람 문화와 라틴어 번역(352쪽); 콘스탄티누스 아프리카누스와 서방 세계의 아랍 의학(364쪽); 라제스와 서방 세계의 이븐 시나의 규범(372쪽); 서방 세계의 아랍 연금술의 수용(381쪽); 비잔티움의 연금술과 광물학(387쪽); 마법과 주술 치료(427쪽)

서방 세계의 아랍 연금술의 수용

| 안드레아 베르나르도니 |

12세기 중반에 서방 세계에는 아랍 연금술 서적들의 초기 번역본들이 보급되기
시작했으며, 이 학문 분야가 빠르게 도입한 기술적이고 인식론적인 혁신들에
대해 라틴 학자들의 궁금증을 유발했다. 이론적인 고찰과 실무적인 효과를
결합함으로써 연금술은 수작업과 지적인 작업을 엄격하게 구분했던 전통적인 지식의
분류 체계 안에 자리를 잡지 못하고 이 학문의 가치를 부정하는 열렬한 논쟁들의
중심에서 논란의 여지를 안고 있는 학문으로 남게 되었다.

초기의 라틴어 번역들

일반적으로 1144년에 체스터의 로버트(약 1150년에 활동)가 번역한 모리에노Morieno 금 조제법의 『주석서Testamentum』가 이슬람으로부터 서방 세계에 소개된 연금술에 대한 첫 번째 작품으로 여겨진다. 그 이전에는 이러한 학문 분야에 대한 언급이 거의 전무했으

며, 해석 또한 어려웠다. 예루살렘에서 여행을 마치고 함부르크로 돌아온 후에 구리를 금으로 변하게 할 수 있다고 공개적으로 장담했던, 그리스도교로 개종한 유대인의 이야기를 들려준 연대기 작가 브레멘의 아담Adam(약 1040-1081/1085)의 기이한 증언은 11세기 중반으로 거슬러 올라간다. 이 연대기 작가의 어조는 이미 이븐 시나(980-1037)가 이야기한 아랍의 반反물질변환주의적인 경향에 나타나 있었고, 13세기에 진행 중이던 연금술에 대한 논쟁에서 힘을 얻어 가던 논의의 유형을 따라감으로써 냉소적이었으며, 유대인을 마치 사기꾼으로 지칭하는 것처럼 보였다. 그럼에도 불구하고 브레멘의 아담의 이야기가 아랍과 비잔티움 연금술의 영향의 명백한 흔적들을 보여 주는 화학과 금속에 대한 중요한 조제법들이 작성되고 기술에 새로운 관심을 가졌던 시기로 거슬러 올라간다는 사실은 의미가 있다. 예를 들어, 테오필루스Theophilus(약 1080-1125년 이후)의 『공예 개설Diversarum artium schedula』에서는 아랍-이슬람의 연금술 관련 논문들에서 인공 금을 가리키는 표현이었던 '에스파냐의 금oro spagnolo'의 조제를 위한 처방이 발견되었다. 적동광과 바질을 태운 재, 빨간 머리카락을 가진 인간의 피, 식초의 배합을 규정하고 있는 이 조제법은 『자비르 전집Corpus Jabiriano』의 한 필사본에서도 유사한 내용을 발견할 수 있다.

비록 북유럽에 진출한 방식이 불명확하지만, 이러한 조제법의 보급이 테오필루스가 속해 있던 베네딕투스회 대수도원 조직을 통해 이루어진 것은 짐작할 수 있다. 몇몇 아랍어 어휘들이 포함되어 있으며, 8세기로 거슬러 올라가는 비잔티움에 기원을 둔 또 다른 중요한 조제법 책인 『마파이 클라비쿨라Mappae Clavicula』에 바스의 아델라드(1090-1146년에 활동)가 추가한 2개의 조제법 또한 이러한 전통으로부터 유래한 것으로 보인다. 이 조제법 책에는 알렉산드리아의 요하네스의 『사제전Liber sacerdotum』에 포함되어 있는 조제법들과 비슷한 점들을 보여 주는 니엘로 세공과 금가공, 용접을 위한 지침들이 들어 있었다. 비록 이 책은 유실되었지만, 볼로냐의 산프로콜로San Procolo 수도원에 있는 8세기 연금술 서적들의 목록에서 이에 대해 언급한 덕분에 앞에서 이야기한 팜플로나의 대부제大副祭인 체스터의 로버트와 동일인으로 밝혀지기도 했던 로버트라는 인물이 아랍어에서 라틴어로 번역한 『마파이 클라비쿨라』에 대한 소식("로버트가 아랍어에서 라틴어로 번역한 『마파이 클라비쿨라』가 여기에서 시작되었다Mappae clavicula per Robertum traslate de arabico on latinum qui incipit")을 들을 수 있었다.

따라서 일반적으로 다른 아랍 학문들과 마찬가지로 연금술 또한 문화의 융합과 전파의 중심지였던 시칠리아와 에스파냐를 통해 유럽에 확산되었다고 결론내릴 수 있다. 11세기와 12세기는 확산에 의한 융합보다는 다음 세기에 라틴 연금술사들이 초기의 독창적인 작품들을 만들어 낼 수 있었던 문화적인 토대에 대하여 이야기해야 할 시기다. 전통적으로 가장 오래된 작품은 황제 프리드리히 2세(1194-1250, 1220년부터 황제)의 궁전에서 의사로 활동했던 마이클 스콧Michael Scot(약 1175-약 1235)의 것으로 짐작된다. 마이클 스콧의 중요한 아랍어 번역 외에도『연금술Ars Alkimiae』과『완벽한 명인의 솜씨De perfecto magisterio』로도 잘 알려진 연금술 관련 논문인 다양한『빛 중의 빛Lumen luminum』가운데 하나를 저술했다. 이슬람의 지배를 받은 에스파냐에서 작성된 이 논문은 때때로 아리스토텔레스(기원전 384-기원전 322)뿐만 아니라 알-라지(865-925/935)의 작품으로도 여겨졌다. 마법사로서 마이클 스콧의 명성은 너무나 대단해서 단테Dante Alighieri의『신곡Divina Commedia』에서 지옥의 8번째 원에 자리를 마련하게 할 정도였다(*Inf.*, XX, vv. 116-117). **마이클 스콧과 라틴 최초의 연금술**

모리에노의『주석서』가 번역되었던 바로 그 시기인 1140년과 1150년 사이, 산탈라의 우고Ugo는 아마도 북에스파냐의 타라조나에 체류하고 있던 기간에 발리누스(티아나의 아폴로니오스Apollonius, 30/40-?)의『창조의 비밀들에 관한 책Kitab Sirr al-haliqua』을『자연의 신비에 관한 책Liber secretis naturae』이라는 제목으로 번역했다. 이 번역본 안에는 헤르메스 트리스메기스투스의『에메랄드 석판Tavola Smaragdina』도 포함되어 있었다. 13세기에 다작을 했던 번역가인 크레모나의 제라르두스(1114-1187)는 자비르(약 721-약 815)의 작품으로 여겨지는『70인역 성경에 관한 신성한 책Liber divinitatis de septuaginta』(9세기)과 알-라지(865-925/935)의 작품으로 여겨지는『알루미늄과 염에 관한 책Liber de aluminibus et salibus』(10세기),『빛 중의 빛』같은 연금술 작품들을 번역했다. 그의 작품으로 생각되는 번역은 76편이 넘는데, 이 가운데는 이븐 시나의『의학 정전』도 있었다. 현재 남아 있는 연금술 관련 문헌들의 번역은 대부분 익명이며, 아랍 연금술사들의 문헌은 거의 12세기 말 이전에 번역된 것으로 추정된다. **연금술의 고전들**

서방 세계에 모리에노(7/8세기)의『주석서』가 보급되면서 대체로 라틴 철학자들의 문학 작품 활동에 기인하는 교양 과목과 기술 사이의 이분법을 초월하는 새로운 인식론적인 시각이 제공되었다. 모리에노에게 연금술은 실질적인 물건인 현자의 돌 **모리에노의『주석서』**

을 생산하기 위한 학문으로 보였지만, 작업 과정을 설명하는 기술 교본에서 기대하는 것과 달리『주석서』에서 위대한 작업의 실현을 위한 실무적인 단계들은 만들고자 했던 물건의 신비하고 불가사의한 분위기에 휩싸여 다소 불명확한 이론적인 맥락 속에 포함되었다. 실제로 연금술은 자연의 물질을 변화시키는 법을 가르치는 기술이었으며, 제작자는 물질의 창조주로 보였지만, 자신의 지식을 책에 남기면서도 그러한 지식을 전문가들이나 이해할 수 있는 현학적인 어투로 모호하게 쓴 사람들로 기억되었다.

아리스토텔레스가 누락한 부분에 대한 보완   10세기에서 12세기까지 자연계에 대한 지식은 본질적으로 대大 플리니우스(23/24-79)의『박물지博物誌, Naturalis Historia』와 세비야의 이시도루스(약 560-636)의『사물의 본성De rerum naturis』같은 작품들과 비잔티움 지역에서 들여온 초본지와 광물지에 의해 좌우되었다. 기술적-실무적인 작업 과정의 측면부터 이론적인 측면까지 연금술의 혼합적인 성격은 때때로 경계를 벗어나 비밀스럽고 신비한 개념 속에 빠짐으로써 지식에 대한 중세의 분류 체계에 동화되는 것을 어렵게 만들었으며, 교양 과목들 사이에서 명확한 자리를 찾을 수 없는 어려움이 연금술을 자연과학(군디살비Gundisalvi, 12세기) 또는 천문학의 범주(몰리의 다니엘Daniel of Morley, 약 1140-약 1210)로 분류하기에 이르렀다. 이러한 인식론적인 모호함은 현재는 유실되었거나 완성된 적조차 없었는지도 모르지만 아리스토텔레스가 전적으로 광물계만 다룰 것이라 약속하며『기상학』제3권의 결론 부분에서 금속들과 그들의 생성에 대한 주제만을 언급했을 뿐, 그 외 다른 어떤 작품에도 연금술이 등장하지 않음으로써 더욱 복잡해졌다.『기상학』제1권부터 3권까지는 크레모나의 제라르두스가 라틴어로 번역했으며(구번역), 반면에 물질과 물질의 변화를 다루었던 제4권은 카타니아의 대부제大副祭인 엔리코 아리스티포Enrico Aristippo(?-약 1162)가 번역하여 그 이후에 다른 것들과 합쳐졌다. 12세기 말『기상학』에 대하여 첫 번째로 주석을 달았던 영국인 사레셸의 앨프레드Alfred of Sareshel(알프레도 앙글리코Alfredo Anglico, 12세기)는 아리스토텔레스의 작품에 나타나 있는 광물계의 부족한 부분을 메우기 위해 구번역을 당대 사람들로부터 아리스토텔레스의 원작으로 오인받은「광물에 관하여」라는 장章으로 보완했다. 실제로 이 장은 서방 세계에『암석의 응고와 유착에 관하여』라는 제목으로 알려졌으며, 이는 페르시아의 의사였던 이븐 시나가 변화에 대한 부정적인 자신의 생각과 광물학을 설명했던『치유의 서』의 요약본이었다. 아리스토텔레스에게 반反변화론적인 태도를 부여했던 이러한 오해는 아리스토텔레스의 원작으로 여겨지던『완벽한 명인의 솜씨』같은 몇몇 연금술 관련 작품들의 존재로 인해 더욱 복잡해졌다.

헤르메스의 비밀들

12세기 유럽에는 거의 예언자적인 어조를 취하는 간결한 형태로 헤르메스 트리스메기스투스의『에메랄드 석판』에 포함되어 있던 이론적–실용적인 지침들을 설명하는『자연의 변화에 의한 금속의 발명가이자 철학자인 헤르메스의 비밀Secreta Hermetis philosophi inventoris metallorum secundum mutacionis naturam』이라는 논문이 등장했다. 이 논문은 지구의 사물들과 행성들에서 발산된 천체의 힘 사이의 밀접한 상관관계를 나타내는 우주론의 구도에 대한 설명과 함께 시작한다. 금속과 행성의 대응(수은-수성, 주석-목성, 철-화성, 금-태양, 은-달, 구리-금성)은 이를 통해 금속의 특성을 결정하는 기본적인 특징들이 인식될 수 있기 때문에 변형 과정을 수행하기 위해 첫 번째로 시도해야 할 것으로 생각되었다. 이러한 변형 과정은 금속의 생성을 결정하는 단계에서 물질의 차이가 구별되지 않는 상태에 도달할 때까지 거슬러 올라가는 것으로 이루어져 있다. 물질의 차이를 구별할 수 없는 이러한 상태는 모든 금속의 공통분모를 이루는 것으로, 이로부터 별들이 새로운 금속의 전형적인 특성이 만들어질 수 있도록 혼합 과정을 통제함으로써 자연적인 생성 과정을 거슬러 올라가는 것이 가능하다는 것이다. 연금술 이론에 의하면, 금속의 특성은 감각으로 감지할 수 있는 외면적인 특성들을 결정하는, 금속에 내재된 주된 성질에 좌우되었다.

금속을 구분하는 특정한 차이(뜨겁고, 차갑고, 건조하고, 습한 차이)가 주된 특성들 **4개의요소** 이 원료에 작용하는 정도에 따라 좌우된다는 이러한 '특성의 정도' 이론은 13세기 라틴 연금술사들에게 매우 긍정적으로 받아들여졌다. 이러한 이론에 의하면, 각각의 물체는 4개의 요소들로 구성되지만 단지 한 가지만 지각적인 특성들을 그 물체에 부여할 수 있는 반면, 다른 것들은 실현될 확률이 낮은 상태로 존재할 뿐만 아니라 그 작용 또한 분명하지 않다고 보았다. 예를 들어, 우리가 사용하는 불은 이러한 이유로 최고의 순도를 지니고 있는 불이라는 원소가 아니라 이 원소가 지배적인 화성 火成의 물질인 것이다. 이러한 생각에 바탕을 두고 라틴 연금술사들은 금속이 변형되기 위해서는 먼저 최초의 구성 성분으로 분해되어야만 하며, 그러고 난 뒤에 좀 더 높은 완성도를 지닌 금속을 얻을 수 있도록 다양한 비율로 새롭게 혼합되어야만 했다.

염도 『헤르메스의 비밀』에는 3개의 순수한 물질과 4개의 복합 물질인 각기 다른 7개의 염鹽 성분들(암모니아염, 식염, 암염, 질산염, 염 활석, 알칼리염, 알렘브로스 염〔염화암모늄과 염화수은의 복염複鹽*〕)을 밝혀낸 초기 시도들 중 하나가 소개되어 있다. 염의 다양한 물질적 특성들은 금속에 대한 이론과 유사한 이론에 근거하여 설명되었다. 다공성多孔性과 경도硬度, 색 같은 특성들은 금속 물질을 결정할 때 주된 특성들의 빈도에 대한 모델에 따라 수량화될 수 있는데, 예를 들어 어떤 금속이 2등급의 차가움과 3등급의 습도로 특성화될 수 있는 것처럼, 염 또한 4등급의 다공성과 3등급의 경도에 2등급의 노란 색도를 지닐 수 있다.

완벽한 작품

특히 서방 세계 연금술의 발전을 좌우했던 또 다른 작품은 아리스토텔레스의 원작으로 여겨지며 크레모나의 제라르두스의 번역 덕분에 유럽 전역에 보급되었던 『완벽한 명인의 솜씨』였다. 『빛 중의 빛』으로도 잘 알려진 이 작품은 사실 발리누스와 자비르, 알-라지로 거슬러 올라가는 이슬람 연금술의 다양한 계통에 기인한 몇몇 문헌들을 모아 놓은 것이다. 이 논문집은 13세기의 한 판본에 엘리아Elia 수사와 마이클 스콧 같은 라틴 저술가들의 작품으로 생각되는 초기의 글들이 들어 있었기 때문에 유명해졌다. 『완벽한 명인의 솜씨』의 주된 주제는, 뛰어난 침투성을 지니고 있어 물질의 생성과 부패 과정을 변화시킬 수 있는 재생과 치료 능력을 부여하며 수정처럼 생명수 빛을 발하는 특성을 지닌 생명수aqua vitae의 제조에 대한 것이었다. 금속의 변형에 대하여 『완벽한 명인의 솜씨』는 연금술의 모체인 이론과 우주론을 제안했다. 이러한 이론에서 금속은 또 다른 금속류의 생성을 좌우하는 비밀스럽거나 혹은 잘 알려진 특성들을 지니고 있는 물질로 소개되었다. 이 경우에도 『헤르메스의 비밀』에서처럼 물리적이고 화학적인 특성을 조절함으로써 원하는 완성도를 얻을 수 있도록 해 주는 특정한 연금약액을 사용하여 금속의 생성 과정에 관여할 수 있다는 것이다. 이 논문에 설명되어 있는 연금약액 이론은 아랍 연금술 전통에서 금속의 생성에 바탕을 둔 초기 원리들에 처음으로 염을 도입했던 인물인 알-라지에 의해서 발전한 수은과 유황, 비소, 암모니아염이라는 4개의 근본적인 생명 물질 이론에 바탕을 두고 있다. 또한 『완벽한 명인의 솜씨』는 주요한 특성들의 현시적-비전秘傳적인 경향과 알-라지의 작품은 물론 아리스토텔레스의 작품에도 들어 있지 않았던 물체의 여성적이고 남성적인 특성에 대한 것과 같은 연금술의 주제들과 우주론적인 생각들의 확산에 기여했다. 『완벽한 명인의 솜씨』가 그 당시 철학의 최고 권위자였던 아리스토텔레스의 작품으로 여겨지게 된 것은 무엇보다 아랍의 주요한 연구 노선의 결과인 이 이론에 권위를 부여하기 위함이었다.

| 다음을 참고하라 |
과학과 기술 이븐 시나와 아랍의 연금술(375쪽); 비잔티움의 연금술과 광물학(387쪽)

비잔티움의 연금술과 광물학

| 안드레아 베르나르도니 |

생산적인 활동이 지속되고 있음을 증명했던 조제법 모음집의 견고한 전통에 기반을
둔 11세기 비잔티움의 연금술은 파노폴리스의 조시모스Zosimos와 알렉산드리아의
스테파노스Stephanos로 거슬러 올라가는 신비주의적이고 비전적인 성격의 이론과
주제들을 발전시킨 것과 함께 관련 문헌들이 지니고 있던 학구적인 특성으로 잘 알려졌다.
미카엘 프셀로스의 작품은 실용적인 동시에 학구적인, 이러한 이중적인
시각 속에 자리 잡고 있었다.

도서관의 연금술사

미카엘 프셀로스의 작품은 조시모스와 스테파노스로 거슬러 올라가는 현학적인 전통과 그 노선이 완벽하게 일치했다. 『금 제작술Crisopea』이라는 변형에 대한 그의 논문은 콘스탄티노플의 총대주교인 미카엘 케룰라리우스(약 1000-1058)의 호기심을 만족시키기 위해 수행된 문학적인 습작으로 소개되었다. 1018년부터, 정확하게는 알 수 없지만 1078년에서 1097년 사이로 추정되는 시기까지 생존했던 프셀로스는 소위 말하는 비잔티움의 인문주의Umanesimo bizantino의 제2국면, 즉 마케도니아 왕

조 말기와 콤네노스 왕조의 확립기 사이의 문화적인 측면에서 분명히 가장 두드러진 인물이었다. 프셀로스는 고전 문화에 박식하고 뛰어난 철학적 감각과 가르치는 능력을 겸비했으며 자연과학에 열렬한 관심을 보여 주었던, 다방면에 관심을 가진 학자였다. 그는 연금술로 관심을 돌리면서 금속의 변형을 불러일으키는 원인을 밝히기 위해 이론적인 접근을 통하여 연금술의 과학성의 정도를 이해하려는 목표를 정했다. 프셀로스는 자연 철학에서 이러한 원인을 찾고자 했으며, 아리스토텔레스의 원소 이론에서 종류의 변형에 대한 이성적인 근거를 규명하고자 했다.

원인을 찾아서 『금 제작술』 논문에는 이러한 기술의 실용적인 결과들에 대한 프셀로스의 관심의 표시였던 인조금의 생산과 배양을 위한 다양한 연금술이 설명되었다. 이러한 조제법 가운데 하나는 제분, 산의 흡수 팽윤, 융합 작업들을 통한 모래와 은, 납의 혼합을 규정하였다. 또 다른 처방은 더욱 많은 재료들(샌드락 나무 수지, 황산염黃酸鹽, 웅황雄黃, 유황, 진사辰砂)을 규정하고 있다. 이 재료들은 분쇄되어 끓여지고 난 뒤에 반죽으로 만들어지고 다시 은과 함께 용광로를 거치면 금이 만들어진다는 것이다. 또 다른 조제법에는 알렉산드리아를 중심으로 하는 연금술의 전통에서 상징적이고 보편적인 의미를 지녔지만, 프셀로스에게는 단지 금 생산에 이용할 하나의 성분에 지나지 않았던 백白산화마그네슘의 이용이 규정되어 있다. 자신의 『금 제작술』에서 프셀로스는 금의 재생과 다른 금속류들이 금으로 변형되는 것을 구분했으며, 첫 번째 경우에서는 금의 표면적인 특성의 재생을 목표로 하는 명확한 조제법을 기록했던 반면, 두 번째 경우에서는 금속 물질의 본질적인 변화를 다루며 상징적-신화적인 맥락에서 기술상 절차에 대한 묘사를 보여 주는 모호한 언어를 채택했다. 예를 들어, 프셀로스는 변형을 위한 기초 금속인 구리를 지칭하기 위해 아프로디테 같은 신화의 인물을 이용했으며, 변형의 비밀들을 이해하기 위한 필수 요건으로서 신비로운 비법을 언급했다.

일반적으로 프셀로스의 『금 제작술』에서는 연금술에 대한 연구가 어떻게 르네상스 시대에 활약한 연금술사들에 의해 성공적으로 이어지고 복원되는 경향을 만들어 냈으며, 철학적-종교적, 그리고 그노시스(종교에서의 신에 대한 인식*)에 바탕을 둔 신비주의적인 사색과 결합되었는지 분명하게 드러났다.

편집-광물학

연금술에 대한 문헌에서 프셀로스는 금속에 관한 연구 이외에도 폭넓은 독서의 결과물인 편집증적인 성격의 광물학에 대한 글들도 작성했다. 이 글들에서 저자는 비전적인 성격에 대한 관심이 남아 있었음에도 불구하고 연금술의 특성을 지니고 있는 모든 언급을 배제하고자 했다. 광물들을 다룬 가장 주된 작품은 그가 1055년에 아토스 산의 수도원을 떠난 이후에 쓴 『힘의 돌De lapidum virtutibus』이다. 이 작품은 아마도 미카엘 케룰라리우스에게 보낸 것으로 추정되는 편지 형식으로 작성되었으며, 특히 치료 효과와 장식품으로서의 가치를 지닌 귀금속에 관심을 보이며, 학구적이고 겉으로 드러난 사실에 입각한 형식으로 광물학의 개념들을 설명했다. 『힘의 돌』의 주요한 출전들 가운데 하나는 프셀로스 자신도 인정했듯이, 바빌로니아의 천문학자 테우케르Teucer(1세기)의 저서였다. 테우케르는 풍신자석風信子石(히아신스라고도 함*)과 붉은 줄무늬 마노瑪瑙, 에메랄드 같은 변형된 돌들을 만들 수 있는 아질산염과 일산화납, 샌드락 나무 수지, 칼륨 명반 같은 광물들을 취급하면서 얻은 다양한 인공물질에 대해 기술했다. 『힘의 돌』에 나와 있는 것들과 유사한 광물의 정보는 역시 프셀로스가 미카엘 케룰라리우스의 조카인 콘스탄티누스라는 인물에게 보낸 편지에서도 발견되었다. 여기에서 이 학자는 주로 지진, 혜성, 천둥과 같은 지질과 기상학에 대한 주제에 집중하면서 동물계와 식물계, 광물계는 비록 모든 사람들이 이해할 수 있는 명백한 것은 아니지만 공통의 힘에 의해서 특징이 주어진다는 결론에 도달했다.

프셀로스의 광물학과 관련한 교양의 출전을 규명하는 것이 간단한 일은 아니지만, 그의 연구에 특히 플리니우스의 광물학의 출전이 되기도 했던 크세노크라테스Xenocrates 같은 그리스-로마 시대의 고전 작가들이 중요한 역할을 했던 것은 분명하다.

프셀로스의 광물학은 그의 철학 작품들과는 달리 당대는 물론 그 이후의 과학에도 아무런 영향을 미치지 못했다. 알려진 바에 의하면, 『힘의 돌』은 오로지 콘스탄티노플에만 국한되어 제한적인 보급이 이루어졌다. 또한 224개에 이르는 보석들을 기술한 테오도로 멜리테니오테Teodoro Meliteniote(14세기)의 보석학 문헌 목록에 그에 대한 언급이 존재하지 않았던 것으로 보아 프셀로스의 작품은 이후에 이어진 어느 작품에도 흔적을 남기지 않은 것으로 보인다. 1636년이 되어서야 데 부트de Boot의 보석학 교본에 이 비잔티움 철학자이자 과학자의 이름이 고대의 권위자로 기록되었지만, 그 후에 다시 잊히고 말았다.

| 다음을 참고하라 |
과학과 기술 이븐 시나와 아랍의 연금술(375쪽); 서방 세계의 아랍 연금술의 수용(381쪽); 중국의 과학과 기술(419쪽)

조제법 모음집의 전통과 직업서

| 안드레아 베르나르도니 |

10세기부터 12세기 사이에 베네딕투스 수도원에서 직업의 가치에 주목하면서
비잔티움과 로마의 전통에서 기인한 조제법을 모아 놓은 새로운 조제법 모음집과
직업서의 편찬이 결정되었다. 이와 함께 북유럽의 새로운 독창적인 지식의
습득뿐만 아니라 아랍 연금술의 전통에 대한 관심이 자리 잡기 시작했다.

에라클리오의 조제법 모음집

예술에 대한 논문 8세기로 거슬러 올라가는 조제법 모음집인 『마파이 클라비쿨라』와 함께 10세기와 12세기 사이에 기계술을 다룬 2개의 논문이 등장했으며, 이 가운데 두 번째 논문이 특히 성공을 거두었다. 첫 번째 논문은 에라클리오Eraclio라는 인물의 작품으로 여겨졌지만 실상은 10세기에 최초로 쓰인 것으로 보이는, 여러 사람들이 저술한 『색채와 로마 예술에 관하여De coloribus et artibus Romanorum』다. 서문에서 누구인지 모를 한 사제에게 바친 헌사는 이 작품을 수도원 문화에 포함시킬 수 있도록 해 주었다. 운문으로 쓰였으며 각각 20장으로 나뉜 2권의 책과 산문으로 된 1권의 책으로 이루어진 이 논문의 주된 주제는 제목에 명시되어 있는 것처럼 색의 조합을 위한 처방이었다. 그럼에도 불구하고 이 작품은 보석의 세척과 수정의 절삭, 구리의 돋을새김 세공과 같은 기술적인 문제들을 다룬, 폭넓은 의미의 예술에 대한 논문으로 소개되었다. 에라클리오는 수공 작업에서 자신의 솜씨를 강조했으며, 그 당시 사람들의 기술 지식은 로마인들로부터 물려받은 것이 아니라 신으로부터 직접 유래한 재능이라고 단언하

며, 로마 시대의 기술에 비해 당시 기술의 우월성을 주장했다. 에라클리오의 일생에 대한 기록은 없으며, 그의 성장기에 대한 정보들은 그의 작품에서 간접적으로 찾아볼 수 있다. 플리니우스의 『박물지』와 비트루비우스Vitruvius(기원전 1세기)의 『건축서 De architectura』, 세비야의 이시도루스(약 560-636)의 『어원 사전』에서 부분적으로 그들의 삶을 확인할 수 있는 것처럼 에라클리오의 작품 속에 삶이 드러났다.

에라클리오가 제안한 처방들은 『마파이 클라비쿨라』의 처방들과 비슷했지만, 『마파이 클라비쿨라』가 본래의 기술적인 배경과의 모든 관계를 단절하며 원본의 정보들을 간직했던 수도원 필사실에서 만들어진 것이라면, 에라클리오의 작품 역시 필사실에서 얻은 결과물이기는 하지만 처방들을 수동적인 방식으로 이끌어 내지는 않았다. 저자가 주장하는 것처럼 이러한 처방들은 필사본의 채식자彩飾者로서 자신의 전문적인 경험에 근거하여 실현한 선택과 적응의 결과물이었다. 이러한 경험적인 시도에 대한 '인식론적인' 가치의 주장은 10세기 이후에 필사실과 작업장이 어떻게 직접적으로 연관되었는지를 보여 주는 중요한 조짐이었다.

『마파이 클라비쿨라』 같은 다른 작품들에 비해 에라클리오는 역사적-문학적인 성격의 정보들도 제공하고자 노력했고, 처방전과 관련한 빈약한 영역을 넘으려는 시도를 했다. 작업 공정과 연관된 교본을 기술학artes mechanicae과 관련한 일화들과 역사들로 풍요롭게 만들려는 시도는 이 작품을 운문으로 쓰고자 하는 시도로 이미 나타났으며, 플리니우스로부터 유래한 유리의 발견에 대한 이야기와 그와 관련한 일화들과 같은 상징적인 역사를 지닌 몇 가지 처방들의 삽입을 통해 더욱 공고해졌다. 유리의 발견과 관련한 이야기에 의하면 이 물질은 불타고 남은 재에서 페니키아의 상인들이 우연히 발견했다고 하며, 장인들로부터 전해진 일화에 의하면 휘어지는 유리에 대한 처방의 보급을 막기 위하여 한 유리 장인은 황제 티베리우스Tiberius에 의해 교수형에 처해졌다고 한다.

기술에 대한 문화적 재평가와 테오필루스

기술에 대한 또 다른 논문은 그 완성도와 내용에서 12세기 기술에 대한 가장 중요한 출처일 듯한 『공예 개설』이다. 안타깝게도 원본은 유실되었으며, 현존하는 가장 오래된 판본들은 모두 12세기에 독일로 추정되는 곳에서 제작된 것으로, 제3세대를 넘어가지 않는 것으로 보인다. 또한 이 작품의 초고 날짜를 비롯하여 가장 오래된 판본

(필사본 2527. V. 빈 국립도서관)에서 이 작품의 원작자가 베네딕투스 수도회 수사로 묘사한 테오필루스(약 1080-1125년 이후)로 추정되기는 했지만, 저자의 실체 또한 분명하게 이야기할 수 없다. 작가에 대한 추정을 바탕으로 독일의 역사학자 게부르스탁 폰 헤르만 데거링Geburtstag von Hermann Degering은 테오필루스를 1100년경 쾰른에서 활동한 로제 폰 헬마르스하우젠Roger von Helmarshausen이라는 장인으로 규명했다. 따라서 아마도 작품에 표현된 기술의 뛰어남을 강조하기 위해 비잔티움에 기원을 둔 가명인 테오필루스를 선택한 것으로 생각된다. 이 사본은 공방에서 자신의 경험을 바탕으로 한 장인의 기술에 대한 개론서의 첫 번째 시도였다. 『마파이 클라비쿨라』와 『색채와 로마 예술에 관하여』에 비해서 『공예 개설』의 내용은 확고한 현실적 모습과 작업 수행을 위해 필요한 도구들과 절차에 대한 세심한 기술이라고 특징지을 수 있다. 수많은 기술에 대한 정보 외에도 이 필사본의 중요성은 일반적인 기술에 부여된 긍정적인 가치에 있다. 종교적인 성격의 예술 작품은 작가가 신의 영광을 실제로 접할 수 있도록 해 주는 것이었기 때문에 예술가의 작업은 영적인 가치도 지니게 되었다. 이러한 이유로 테오필루스에 의하면, 예술의 비밀은 장인들이 신의 아름다움과 위대함을 표현하는 작품들을 실현할 수 있도록 해 주는 방식으로 보급되어야만 했다. 12세기 베네딕투스회의 행동 규범에서 육체노동은 더 이상 '나태한' 삶의 유혹으로부터 수도사들을 보호하기 위한 소일거리가 아니라, 노동의 유용성과 기술 혁신에 대한 숙고가 결합된 긍정적인 활동으로 비쳤다. 육체노동에 대한 종교적·도덕적·사회적 측면에서 이러한 재평가는 장인의 창작 활동과 신의 창조 사이의 관계가 입증되었던 『공예 개설』을 구성하고 있는 3개 장의 각 머리글에 분명하게 나타나 있다. 장인 계층이 거의 문맹으로 이루어져 있고 자신들의 직업과 관련한 지식을 문서로 기록하는 데 익숙하지 않아 오늘날 우리가 이해할 수 없는 간단한 기록 형태로 전해졌기 때문에 이것은 매우 진기한 자료라 할 수 있다. 정보의 완성도나 명확함에서 『공예 개설』을 능가하는 기술의 역사에 대한 자료를 접하기 위해서는 1437년의 첸니노 첸니니Cennino Cennini(14/15세기)의 『예술서Libro dell'arte』와 1540년의 반노초 비린구초Vannoccio Biringuccio(약 1480-약 1540)의 『신호탄에 관하여De la pirotechnia』 같은 15세기와 16세기의 기술에 대한 논문을 기다려야만 한다. 하지만 중세 말기와 르네상스기에 기술의 현저한 발전과 기술에 대한 문학적인 전통의 확립에도 불구하고 테오필루스의 작품은 19세기까지 계속해서 사본이 만들어졌다.

『공예 개설』의 첫 번째 부분은 그림물감 조제를 위한 교본으로, 다양한 표면에 대한 물감 사용과 색의 혼합을 위한 조언들을 제공했다. 테오필루스는 아마씨 기름, 달걀흰자와 노른자, 석회수, 식물에서 뽑아낸 몇 가지 수지와 즙들을 포함하여 물감의 도포塗布를 위한 다양한 방식들을 언급했다. 그뿐만 아니라 아교풀에 갠 금박 가루 잉크와 금박을 입히기 위한 준비 기술에 대한 정확한 서술을 비롯하여 산화아연으로 만든 백색 안료, 연단鉛丹, 녹청綠靑, 적색 황화수은 같은 광물 안료의 화학 작용에 대한 정보들도 주었다.

두번째 부분은 유리에 색을 입히기 위한 풍부한 비법들과 함께 창문에 사용할 유 **유리 제조** 리판과 유리 그릇, 모자이크용 대리석과 유리 등의 네모난 조각을 생산하기 위한 설명에 많은 지면을 할애하는 등 유리 제작에 대해 다루었다. 또한 테오필루스는 유리를 부풀게 하는 대롱에 대한 최초의 묘사를 포함하여 도구들에 대한 상세한 기술을 제공했다.

끝으로 세 번째 부분에서 테오필루스는 금속과 관련한 기술을 다루었다. 먼저 그 **금속** 는 주조소, 대장간, 귀금속 가공을 위한 작업장과 같은 장소들의 설비에 대해 기술했으며, 특히 귀금속 가공은 기본적인 금속을 취급하기 위한 작업장들과는 분리된 환경에서 실현되었음을 강조하였다. 금속 가공을 다루었던 글에서 목공을 위한 수많은 도구들과 함께 선반과 천공기, 금형 철판, 주조를 위한 금형, 금속 상감 세공을 위한 기계 같은 수많은 공구들에 대한 묘사들도 발견할 수 있다. 몇몇 부분에서는 종의 주조 과정의 상세한 기술을 포함한 주조 기술과 금속 합금 제작을 다루었다. (회분접시를 이용하여 귀금속을 정련하는 방법인 회취법灰吹法과 강철 표면에 탄소 성분을 스며들게 하여 경화시키는 방법인 침탄浸炭 같은) 귀금속 세공 기술에 많은 관심이 주어졌지만, 몇몇 강가의 모래사장이 조그만 박편 형태로 이루어진 금을 만드는 데 이상적인 장소라는 주장을 펼쳤던 사금沙金에 대한 짤막한 언급을 제외하고는 금속과 그들의 기원이 되는 광물에 대한 이론 연구를 시도하지는 않았다. 일반적으로 그 이후에 발명된 것으로 여겨지는, 합금이 용융될 때 한 성분만 먼저 액상으로 분리되는 용리鎔離 기술에 대한 첫 번째 인용인 테오필루스의 납으로부터의 분리 과정의 용융鎔融 기술에 대한 묘사 또한 매우 흥미로웠다. 또한 테오필루스는 금세공 분야에서 용접용 땜질에 사용할 몇몇 합금(주석-납, 구리-은, 구리-금)에 대해서도 언급했다.

| 다음을 참고하라 |

역사 제조업의 성장과 직능 조합(185쪽); 부르주아(상인, 의사, 법학자, 공증인)(199쪽); 교육과 문화의 새로운 중심지(242쪽); 일상생활(269쪽)

과학과 기술 마법과 주술 치료(427쪽)

혁신, 발견, 발명

SCIENZE E TECNICHE

농업 혁명

| 조반니 디 파스콸레|Giovanni Di Pasquale |

중세 전기부터 11세기까지 경작과 관련한 분야에 서방 세계 농업 혁명의 기초가 될 많은
요소들이 도입되었다. 이 모든 것들 중 첫 번째로 윤작은 더욱 많은 수확을
가능하게 해 주었지만, 효율적인 관개灌漑 체계의 가동과 가축을 활용하는
새로운 기술, 쟁기의 혁신 또한 인간의 노동을 급격하게 감소시키면서 동시에 수확을
늘리는 데 기여했다.

윤작

농촌의 투자는 일반적으로 토지 매입에 국한되어 있었으며, 주로 육체노동에 바탕
을 두고 있던 농업 생산의 기술 수단을 강화하기 위한 재정적인 노력은 함께하지 못
했다. 하지만 중세 전기부터 11세기까지 서방 세계 농업 혁명의 근간을 이루었던 주
요한 요소들이 수용되며 결실을 맺게 되었다. 4세기부터 6세기까지 게르만 민족의
침입으로 촉발된 커다란 위기는 사방에 산재한 폐허들이 보여 주듯이 파멸에 휩쓸렸
던 서방 세계를 흔들어 놓았다. 당시의 자료들은 약탈당하고 쓸모없어진 광활한 공
간을 배회하던 굶주린 사람들과 위험한 야생 동물들이 몸을 도사리고 있던 숲, 전쟁,
기근, 도시와 농촌을 황폐화시켰던 전염병에 대한 이야기를 들려주고 있다. 새로운

1000년이 가까워 오면서 인구가 다시 늘어나기 시작하고 이탈리아와 갈리아 지방은 교회들로 채워졌으며, 대수도원과 영지는 새로운 경작을 장려하던 시기에 이미 카롤루스 대제(742-814, 768년부터 왕, 800년부터 황제)의 개혁과 함께 나타났던 회복을 계속 이어 오며 더욱 많은 수확을 거두었다.

서서히 이루어진 농업의 회복은 무엇보다 두 가지 문제를 해결해야 할 필요가 있었다. 그것은 인구를 기본적으로 부양하고 인간이 도움을 받을 수 있는 가축의 생존을 보장하는 것이었다. 지나치게 자주 경작이 반복되면서 토지는 점점 불모지가 되었고, 이와 관련한 기술적인 지식은 적절한 대체 수단을 제공하지 못하는 것처럼 보였다. 경작하던 토지에 휴식을 주기 위해 유일하게 알려진 관례화된 방식은 일정 기간 동안 그대로 방치하는 것이었다. 한편, 가축은 목초지를 필요로 했고 풀은 늘 부족했다. 지중해 지역에서 가장 널리 알려진 윤작 방식은 격년제 윤작으로, 매년 곡물 재배와 휴경을 번갈아 할 수 있을 정도로 2배 면적의 토지를 소유한 경우에만 가능했다. 반면에 북유럽에서는 곡물을 용의주도하게 선택하는 또 다른 복잡한 윤작 방식이 모습을 드러내고 있었다.

**2년 또는 3년
주기의 윤작** 이 방식은 3개의 시기로 구성되었다. 같은 땅에서 첫해에는 가을에 씨를 뿌린 곡물류를 겨울에 재배했으며, 두 번째 해에는 봄에 곡물류를 심고 가을에는 콩류를 심었으며, 세 번째 해에는 휴경을 실시했다. 이로부터 경작지의 3분의 1만 매년 경작을 중단하는 결과를 낳았다. 지중해에서 가장 널리 알려져 있던 기술과는 너무나 동떨어진 3년을 주기로 하는 윤작 방식이 어디에서 처음 시작되었는지에 대해서는 자료들에서 아무런 이야기가 없다. 가장 오래된 문헌 자료들은 9세기 갈리아 북부 지방과 루아르 지방에 대해 언급하고 있지만, 누군가가 이러한 혁신적인 경작 방식을 미리 경험했을 것이라는 점을 배제할 수는 없다. 시간이 흐르면서 이러한 3년 주기의 윤작은 지중해 지역에서 계속해서 실행되던 전통적인 방식과의 공존에 종지부를 찍으며 확산되었다. 파종과 경작 주기에 새로운 관계를 도입한 이러한 3년 주기의 경작 방식과 함께 수확은 증대되었다. 콩류와 섬유질 식물 위주의 경작은 효율적인 관개 체계의 가동에서도 긍정적인 효과를 낸 쌀과 보리, 누에콩, 렌즈콩, 시금치, 그리고 많은 다른 작물들을 생산하는 토지 경작자들을 위해 충분한 양식을 공급했다. 또한 관개 수로화 외에도 흐르는 물로 작동하고 그 물속에 일부가 잠긴 상태로 원주圜周 위에서 회전 운동을 하는 양동이가 달린 물방아와 특히 북아프리카 지역과 이베리아 반도에서 사용되던 아르키메데스의 나선 양수기 같은 고대의 기본적인 기계들의 사용도 결코 잊지 않았다.

가축의 노동에 적용된 과학 기술과 쟁기의 진화

이와 같은 발전에도 불구하고 농업의 생산은 기후와 토양, 경작의 유형에 따라 지역마다 차별화되어야만 했던 기술의 부족으로 인해 제약을 받았다. 부족한 노동력과 적은 수의 가축들, 짐이나 농기구를 끄는 짐승들이 충분히 힘을 발휘하는 데 방해가 되었던 멍에를 아직까지 사용했던 것, 그리고 귀한 비료는 여전히 아쉬운 점이 많았던 부분이다. 하지만 이러한 분야에서도 땅에 대한 긍정적이고 새로운 징후들이 나타나기 시작했다.

숲의 가장자리를 따라 경작할 토지들이 형성되었으며, 땔감용 나무들은 난로와 화덕에 들어가 석탄을 만들어 냈다. 나무 기둥과 나뭇가지는 많은 작업 도구들과 조명을 위한 횃불같이 다시 나무로 만들어지는 건축을 위한 목재로 공급되었다. 금속을 사용하지 않고 생활하는 데 익숙해진 사람들은 주변 환경과 균형을 되찾았으며, 서방 세계의 몇몇 지역들에서 중세 경제에 엄청난 영향을 미쳤던 기술 혁신이 시도된 10세기경부터 새로운 시대를 위한 발판이 마련되었다.

까마득한 옛날부터 여러 방면에서 인간의 동반자였던 말은 힘을 충분히 낼 수 없 **말의 역할** 게끔 굴레 장치가 말의 호흡 기관을 짓누르고 있던 이전 시기에 비해 이제 그 힘을 완전하게 이용할 수 있게 되었으며, 이는 급격한 생산성의 증가를 가져왔다. 10세기 후반부터 12세기 사이에 잡아당길 수 있는 끈이 달려 있고 말의 어깨 위에 올려놓는 새로운 목줄이 보급됨으로써 이제 말은 자신의 힘을 최대한 이용하여 앞으로 나아가고 사람이 끌어당길 수 있게 되었다. 실제로 견인 작업은 가슴에서 골격으로 옮겨 갔으며, 따라서 이는 말의 근육을 자유롭게 만들어 주었다. 이러한 방식 덕분에 그때까지 더 느리고 다루기 어려웠던 소들만 이용되었던 일에 말이 사용되었다. 9세기에는 현대적인 방식의 안장과 예전에 짐승의 발굽을 동여맨 띠를 대신하여 편자도 도입되었다. 등자가 일상적으로 사용되기 시작한 것 또한 매우 중요한 일이었다. 비록 등자가 문헌에 기록된 적은 없지만, 이것은 인류의 역사에서 엄청난 중요성을 지니는 것이다. 이러한 발명품이 아시아의 평원에 전파된 직후 서방 세계에 등장하는 데 매개체 역할을 한 것은 비잔티움이었을 것이다.

등자와 재갈, 발굽에 못으로 고정한 편자와 함께 말은 더욱 효율적인 방식으로 움직일 수 있는 상태가 되었으며, 쟁기질과 같은 중노동으로부터 인간을 자유롭게 해 주는 강력한 작업 기계로 변모함으로써 소들을 이용하는 것보다 더 빠르게 쟁기질을 가능하게 했다. 한편, 1000년경의 몇몇 세밀화들에서는 가로로 길게 늘어선 일렬 횡대의 연결에 비해 좀 더 효율적으로 앞뒤로 서 있는 일렬종대의 말들이 보인다. 전장에서 등자의 기능을 완전히 이해했던 것은 등자를 활용하여 말의 충돌에 기초한 새로운 전투 기술을 만들어 냈던 카를 마르텔Karl Martell(684-741)의 프랑크족 군대였다. 인간과 말은 말에서 발산된 에너지만큼이나 강력하게 앞으로의 전쟁터에서 그 효과를 보여 줄 진정한 전쟁 도구가 되었다.

쟁기의 진화 기본적인 모양을 수정하며 점점 더 기계화된 유형으로 쟁기 또한 진화를 거듭했다. 고대에 사용되던 단순한 방식의 가벼운 쟁기는 한 사람이 끌었는데, 흙을 갈아엎는 것이 아니라 헤치기만 할 뿐이었다. 고대 세계에서 쟁기의 보급은 큰 중요성을 띠는 사건으로, 처음으로 농부가 도구에서 전달된 힘을 땅에 적용할 수 있도록 해 주었다. 가장 단순한 형태로 제작된 굵은 장대 모양의 쟁기는 고랑을 남기며 땅을 좌우로 물리치기만 할 뿐 뒤집지는 못했다. 모든 유형의 흙에 적합하지 않은 이러한 쟁기는 북유럽의 차지고 질퍽한 흙을 잘 갈아엎기 위해서 변형되었다. 동방에서 슬라브 민족에게 전해진, 제작과 이용에 경비가 많이 드는 무거운 쟁기는 7세기부터 라인 강 지역에서 사용되기 시작했으며, 프랑크인들의 지배를 받은 경제 부흥에 기여하였다. 9세기에 바이킹인들은 잉글랜드와 노르망디에 영토를 확장하는 과정에서 쟁기를 가져갔으며, 10세기부터는 광범위하게 수용되었다. 기본적인 모양에 세 가지 요소가 새롭게 첨가된 쟁기는 땅을 수직으로 가르는 데 이용되는 축에 매달린 무거운 쟁기 날이 장착되어 있었다. 그리고 날과 수직으로 보습(농기구에 끼우는 넓적한 삽 모양의 쇳조각*)이 달려 있어 흙을 수평으로 헤쳤다. 쟁기는 말에 부착되었고 한 번에 여러 작업을 완수할 수 있게 된 농부의 노동력을 향상시켰다. 땅을 실제로 뒤집고 갈 수 있게 되면서, 예전의 쟁기로 반드시 해야 했던 엇갈리는 방향의 쟁기질을 생략할 수 있게 되었으며 적은 시간에 더 넓은 면적을 경작할 수 있었다. 이러한 장치가 완전히 보급된 것은 기본적인 형태의 수정이 광범위하게 이루어졌던 1000년 이후였다.

아랍 과학의 기여

동방 세계에서 농업은 이슬람 세계의 발전된 과학 기술로부터 엄청난 혜택을 받았 다. 중요한 기술의 실현들 중에서 서아시아와 북아프리카, 에스파냐에 건설되었던 대규모의 효과적인 관개 시설을 살펴봐야만 할 것이다. 이러한 지식의 발전은 12세 기 중반쯤에 세비야에 살았던 아랍 학자이자 중세의 전 시기를 통틀어 가장 중요한 농업 관련 문헌의 저자이기도 한 이븐 알-아왐Ibn al-Awwam의 작품에서도 연관된 대 목을 찾아볼 수 있다. 『농부의 직업서Libro del mestiere del contadino』라는 원제목은 『농업 서Libro dell'agricoltura』로 바뀌었다. 콜루멜라Columella(1세기)의 작품을 참고했던 저자 는 아리스토텔레스, 데모크리토스Demokritos, 히포크라테스 같은 인물들의 작품을 비 롯하여 수많은 자료들을 참조하고 충실히 인용하여 기존의 농업 관련 문헌들을 종합 하려는 야심 찬 작업을 실행했다. 책은 주로 남지중해의 전형적인 경작의 문제에 대 하여 특히 많은 지면을 할애했다. 매우 흥미로운 것은 아랍인들이 때때로 과학 기술 과 도구들, 다양한 장치들을 이용하여 경작해야만 했던 땅의 다양성에 대해 조명한 흙의 분류에 대한 부분이었다.

이븐 알-아왐의 작품에는 로마인들이 모래땅에서 사용했던 조그만 쟁기와 함께 진흙땅에 더 적합한 무거운 쟁기가 나타나 있다. 탁월한 결과를 얻은 연구들을 통하 여 아랍 과학의 발전과 강화에 많은 기여를 했던 뛰어난 과학 기술 중 하나인 유체 역학을 각별하게 다루었던 관개에 대한 부분 역시 매우 흥미롭다. 그리스의 기학氣學 전통에 대한 문헌들의 연구는 실제로 아랍인들이 오랫동안 독보적으로 두각을 나타 낸 수력 장치들과 분수, 물줄기의 분출에 대한 상세한 묘사와 함께 발전했다.

아랍 농경법의 비밀

관개 체계

| 다음을 참고하라 |
역사 경작지의 확장과 농촌 경제(166쪽)
과학과 기술 생산 활동을 위한 새로운 동력원(400쪽); 도시와 기술(404쪽); 기예에 대한 고찰(407쪽)

생산 활동을 위한 새로운 동력원

| 조반니 디 파스콸레 |

고대부터 사용된 방아가 생산 활동의 기계화에 대한 상징으로 자리 잡으며 중세에 널리 보급되었다. 기술적인 관점에서 거듭된 혁신은 많은 중노동으로부터 인간을 해방시켰고, 맥주 제조부터 종이 제작에 이르기까지 더욱 다양한 분야에서 그 사용 영역을 넓혀 갔다.

수력 방아의 보급

기계와 관련한 과학 기술의 관점에서 중세에는 5개의 기본 요소인 지레와 쐐기, 나사, 권양기, 도르래에 바탕을 둔 고대인들의 분류를 변경하지 않았으며, 그 뒤에 무거운 물체를 들어올리기 위해 사용하는 간단한 장치인 경사면傾斜面이 추가되었을 뿐이다. 지레의 원리와 원의 이론에서 기인한 것으로 볼 수 있는 모든 기계들의 기본적인 형태는 헬레니즘 시대 장치들의 다양한 조합으로 거슬러 올라간다. 중세 서방 세계에서 진정한 변화는 인간에 의해서 움직이는 기계와 다른 동력원에 의해서 작동하는 기계를 효과적으로 구분하는 영역에서 나타났다. 헬레니즘 시대 과학 기술의 기본적인 기계 장치들을 교묘하게 통합함으로써, 중세의 장인들은 공방의 기계화를 이끌었다.

이러한 혁신의 상징은 수력 방아였다. 고대인들은 힘든 맷돌 작업으로부터 여인들을 자유롭게 해 준 물의 힘을 찬양한 테살로니카의 안티파토루스Antipatro(기원전 1세기–1세기)가 노래했던 이러한 기계에 대해서 이미 알고 있었다.

이것은 폰토스 왕국의 카비라에 있는 미트리다테스Mithridates(기원전 2세기–1세기)의 왕궁에서 스트라보Strabo(기원전 약 63–21년 이후)가 목격하고 묘사했던 것과 같은 수직 물레방아였다. 이보다 더 오래된 것은 맷돌을 움직이게 하는 수평의 바퀴를 돌리기 위해 작은 물줄기에 걸쳐 놓은 나무 방아였다.『건축서』제10권에서 비트루비우스(기원전 1세기)가 묘사한 방아는 수직의 바퀴 형태였으며, 이것을 작동시키기 위해서는 톱니바퀴가 새로 필요했다. 외부의 바퀴는 그보다 아래에 있는 방아 내부로 들어가는 수평축에 단단하게 고정되었다. 이 구동축에는 튼튼한 막대의 바퀴살로 연결된 2개의 원판으로 이루어진 회전통에 끼워 맞추는 두 번째 톱니바퀴가 부착되어 있었다. 하나의 쌍을 이루는 톱니바퀴와 회전통은 속도를 증가시키는 한편, 바퀴 수직면의 회전 운동을 맷돌의 숫돌을 돌리는 수평 운동으로 바꾸었다. 언뜻 보기에 도 제작하기에 더 복잡한 구조이지만, 수직의 물레방아는 높은 곳과 중간 위치, 낮은 곳으로부터도 물의 충격을 받을 수 있는 이점이 있었다. 직선이나 곡선 또는 사선 모양의 날개는 이들이 붙어 있는 바퀴 자체가 그런 것처럼 크기도 다양하고 개수에서 도 차이를 보였다. 이러한 형태의 구조물들 가운데 가장 중요한 것은 고대 후기로 거슬러 올라가 아를 인근 지역에 위치한 바르브갈의 물레방아였다. 수로를 통해 그곳 까지 물을 끌어온 뒤 양 갈래로 나뉜 2개의 관을 통해 8개씩 나란히 연결되어 있던 각각의 물레방아에 물을 공급했다. 물의 낙차는 18미터가 넘었으며, 30도의 경사를 유지했다. 각각의 맷돌은 시간당 150-200킬로그램의 곡물을 제분했다. 오늘날에도 가축이나 일꾼들에 의해 돌아가는 방앗간이 존재하고 있다는 것을 떠올린다면, 이 는 거의 산업화되었던 것이라고 볼 수 있다.

중세 전기에도 이 기계는 사라지지 않았다. 로마에는 자니콜로 언덕에 트라야누 스Trajanus 황제(53-117, 98년부터 황제)의 수로로 끌어온 물로 작동하는 물레방아들이 있었다. 벨리사리우스Belisarius(약 500-565)가 동고트인들로부터 공격을 받았던 537 년에도 물레방아들은 여전히 운용되고 있었다. 동고트인들은 이러한 물레방아들을 못 쓰게 만들었다고 한다. 기록에 의하면, 벨리사리우스의 기술자들은 테베레 강의 둑으로 톱니바퀴와 맷돌을 가져다 놓고 2척의 배를 연결하여 그 가운데에 물레바퀴 를 장착해 물에 떠 있는 물레방아를 만들었으며, 이는 그 후로도 유럽의 크고 작은 강들에서 오랫동안 사용되었다.

매우 빠른 속도로 퍼져 나간 물레방아는 중세의 전형적인 풍경들 가운데 하나가 되었다. 8세기 루앙 지역에는 200개가 넘는 물레방아가 있었으며, 윌리엄 1세(약 1027-1087, 1066년부터 왕) 시대에 작성된 일종의 국세 조사인 『둠즈데이 북』은 1086 년에 대체로 트렌트 강과 세번 강을 따라 집중되어 있던 5,624개의 물레방아의 존재 에 대해서 언급하고 있다.

비록 13세기에 작성된 것으로 기록되어 있기는 하지만, 성 베르나르두스(1090- 1153)가 클레르보 수도원에서 물의 다양한 이용에 대해 묘사했던 문서(*Descriptio Monasterii Clarae vallis*, Migne, *Patrologia Latina*, CLXXXV, coll. 570-571)는 당시 작업의 기계화 수준을 조명했다. 강은 들로 물을 끌어오고, 양어장을 유지할 수 있게 해 주

클레르보
수도원의
독창적인 수단

었다. 또한 대수도원에서 상점들이 자리 잡고 있는 곳으로 적절하게 물길을 돌려 물레바퀴를 돌림으로써 맥주 제조를 위한 기계와 측융기, 제혁소, 그 외의 다른 공작소들을 작동시켰으며, 마지막으로 다양한 작업 폐기물들을 운반하며 수도원을 빠져나갔다.

기본적인 기술을 적용하여 물레방아의 원운동을 왕복운동으로 바꾸었으며, 이러한 방식으로 물의 에너지는 곡물을 가는 데만 사용되지 않고 옷감의 축융, 맥주 제조, 참나무 껍질의 분쇄, 철의 단조, 종이 제작 같은 작업에도 이용되었다. 기술적인 관점에서 기본적인 장치는 회전운동을 왕복운동으로 바꾸어 줌으로써 대장간 작업에서 망치를 높이 들어올렸다가 모루에 떨어지도록 만드는 캠(회전운동을 왕복운동으로 바꾸는 기계 장치*)이다. 아마도 고대 후기 사람들은 아우소니우스Ausonius(약 310-393년 이후)가 〈모젤 강Mosell〉이라는 제목의 시(4세기)에 쓴 대로 모젤 강의 흐름에 의해 작동하는 대리석 제재소에 등장하는 캠에 대하여 이미 알고 있었을 것이다. 하지만 기존에 인간이 팔로 하던 다양한 활동들이 기계화로 이어지며 캠이 일상적으로 사용된 것은 바로 중세 시기였다.

재순환 물레방아와 풍차

조력 물레방아

수력 에너지를 현명하게 이용하게 된 덕분에 힘든 일을 기술에 의지함으로써 자연은 인간을 중노동으로부터 자유롭게 해 주었다. 기술에 대한 이러한 확신은 '재순환'이라고 불린, 조수의 차이를 이용한 최초의 수차 계획의 기초가 되었다. 이것을 작동시키기 위해서는 만조와 간조의 명백한 현상을 이용할 수 있는 지역에 설치해야만 했다. 이러한 관점에서 특히 적합했던 지역은 베네치아 석호로, 이곳에 있던 최초의 재순환 물레방아는 1000년경으로 거슬러 올라간다. 지롤라모 자네티Girolamo Zanetti(Dell'origine di alcune arti principali appresso i Veneziani, 1758)는 만조와 간조를 이용할 수 있도록 2개의 모래톱 사이에 위치한 섬에 건설된 물레방아인 베네치아인들의 '수차'를 언급했다. 『둠즈데이 북』에 언급된 수차들 가운데 하나로, 도버 항 입구에 위치한 것도 같은 유형에 속했다. 대서양 연안에 많이 건설되었던 조수 간만의 차이를 이용한 수차들은 바닷물이 유입된 작은 만을 막기 위한 제방의 도움을 받아 작동했다. 즉 만에 물이 차면 제방이 닫히고 간조가 물레바퀴를 돌게 했다.

풍차

마지막으로 이야기할 것은 풍차다. 고대에 바람은 전적으로 선박을 위한 동력원으로 이용되었다. 알렉산드리아의 헤론Heron이 1세기 중반쯤 바람에 의해 작동되어 풍금을 소리 나게 하는 조그만 풍차를 고안하고 묘사한 것도 사실이지만, 이러한 직관적인 통찰이 실행된 것 같지는 않다. 12세기가 끝나기 전, 풍차는 영국과 포르투갈, 플랑드르, 프로방스, 북프랑스에 세워졌다. 연구를 통해 추정이 가능한 물레방아에 비해 풍차는 제작자들의 인식이 차이를 보이는 것으로 추정된다. 물레방아에 대한 것은 회전통과 결합한 톱니바퀴, 한 쌍의 맷돌이 남아 있었다. 풍차는 이러한 구성을 뒤집었으며, 맷돌은 아래로부터가 아니라 위로부터 눌렀다. 경사진 날개가 부착되어 있는 바퀴가 최초의 모델이었다. 4개의 날개는 바람을 향하고 있는 경우에만 바람을 맞아 회전하기 시작했다. 바람의 세기가 다양하기 때문에 선원들이 선박의 돛을 조정하는 것과 마찬가지로 기상 상태에 따라 표면적을 늘릴 수 있도록 천으로 씌웠다. 바람의 변덕스러운 변화에 대해서도 개선책을 마련해야만 했다. 풍차는 어쨌든 물레방아의 가장 오래된 형태를 충실히 따른 매우 간단한 기본적인 구성으로 탄생했다. 날개가 달린 나무 상자는 구조물에 고정된 커다란 들보를 뒷면에 삽입하면서 얻은 결과로, 견고하지만 자유로운 회전을 가능하게 해 주는 기본 구조물 위에 설치되었다. 항해에 도입된 지 얼마 안 된 회전 조타 장치의 기능을 모방함으로써 방앗간 주인이 필요에 따라 모든 방향으로 맞출 수 있게 된 것도 바로 이러한 들보를 조작하면서 얻어진 것이다. 종합적으로 볼 때, 풍차는 단순하고 기능적인 구조의 목공 작업 결과물에 지나지 않지만, 이후에 다양한 형태로 변화했다. 13세기 말에는 고깔 모양 지붕과 돌로 만들어진 원통형 구조물 내부에 맷돌이 자리 잡고 있는 탑모양의 풍차가 등장하게 된다. 이것이 풍차의 기본적인 두 가지 형태로, 기본적인 원리는 바뀌지 않았지만 지역마다 변형된 형태가 도입되었다.

| 다음을 참고하라 |
과학과 기술 농업 혁명(395쪽); 도시와 기술(404쪽); 기예에 대한 고찰(407쪽)

도시와 기술

| 조반니 디 파스콸레 |

서방 세계 전역에 세워지고 있던 대성당들은 혁신적인 건축 기술의 도입을 가져왔으며,
작업을 구성하는 새로운 방법을 만들어 낸 건축가라는 직업의 등장을 예고했다.
이러한 성당이 세워진 도시들은 당대의 학자들에게 경쟁과 연구의 중심지가 되었다.

대성당의 십자군

12세기 서구 유럽의 많은 도시들을 특징짓는 가장 주된 상징은 대성당이었다. 고딕
양식의 대성당은 종교적인 믿음과 성모에 대한 헌신에 그 뿌리를 두고 있었지만, 상
업의 확장과 새로운 사회 부유층의 등장과도 무관하지 않았다. 교회는 사람들의 의
식에 이윤에 대한 부정적인 가치를 심어 놓았으며 은행가와 환전상, 상인들에게는
사후 세계의 삶을 잘 맞이하기 위해 자신의 재산을 대성당 건축을 위한 자선 활동에
기부해야 한다고 설득하였다.

  11세기부터 건설된 대성당의 엄청난 크기는 당시로서는 혁신적이고 모험적인 건
축학적 요소들을 도입함으로써 구체화된 새로운 고찰의 결과였다. 기계에 대한 과
학 기술은 대부분 고대부터 사용 중이던 기계의 활용에 바탕을 두고 있었다. 새로운
건축의 기본적인 요소들은 이미 잘 알려져 있는 것들이었다. 그것은 혁신적인 방식
으로 활용된 랜싯(침형針形) 아치, 늑재 궁륭rib vault, 호弧의 한쪽이 짧은 아치, 복합재
기둥이었다. 이러한 요소들의 조화로운 활용은 대성당 설계에서 과감함이라는 새로
운 가능성을 보여 주었다.

**점점 더 높아지는
대성당들**

  '대성당의 십자군'으로 정의된 이러한 현상은 계속해서 점점 더 큰 건물을 지음으
로써 집단적인 열광을 고조시켰다. 파리의 노트르담 대성당은 35미터 높이로 바라
보는 사람들을 놀라게 했지만, 1194년에는 샤르트르 대성당이 36.5미터에 도달했
으며 이 높이는 해를 거듭하면서 랭스 대성당과 높이가 무려 42미터에 이르는 아미
앵 대성당에게 추월당했다. 이제 건물 전체의 안정성은 그것을 지탱하는 벽들이 아
닌, 위에서 누르는 하중을 견딜 수 있도록 강화된 기둥들 같은 건축물의 특정한 지점
들에 무게를 분배하는 것으로 인해 좌우되었다. 얇아진 벽에는 세련된 유리 예술 작

품들을 끼워 넣은 커다란 창이 있었다. 새로운 양식의 첫 번째 조짐들은 잉글랜드의 더럼Durham 대성당에서 나타났지만, 최초의 완성품을 만들어 낸 건물은 대수도원장인 쉬제르Suger(1081-1151)의 주도로 1132년과 1144년 사이에 건축된 파리의 생드니Saint-Denis 대성당이었다. 1133년과 1220년 사이에 상스와 누아용, 랑, 파리의 노트르담, 부르게스, 샤르트르, 루앙, 랭스, 아미앵, 보베에는 더욱 주목을 받은 대성당들이 세워졌다. 이러한 활동의 진정한 주인공은 계획을 수립하고 작업장에 속해 있는 일꾼들을 관리하는 새로운 방식을 만들어 낸 건축가였다. 석공과 조각가, 유리공, 대장장이의 일은 건축 전문가였을 뿐만 아니라 건물 설계도의 도안과 건축에 필요한 기계들의 고안에도 능한 건축가에 의해 조정되었다.

한 세기 만에 유럽 전역에 그들의 특별한 능력의 족적을 남긴 건축가와 예술가, 공학자를 정의하기에 안성맞춤인 인게니아토르ingeniator(R. Latham, *Revised Medieval Latin Word-List*, London, 1965, s.v. *ingenium*)라는 용어가 1086년에 최초로 언급되었던 것도 우연이 아니다. 인게니아ingenia는 기하학과 수학을 통하여 재료에 대한 작업을 조절하는 규정들을 규명하는 인간의 활동으로 여겨졌다. 나무와 돌은 건축과 가장 관련이 있는 기술의 이론적인 테두리 안에서 명확하고 합리적인 규정들에 따라 다루어져야만 했다.

> 새로운 인게니아토르

인간: 창조하고 변화시키는 장인

대성당은 도시 한복판에 고전에 대한 연구에 매진하며 독창적인 해석을 제공했던 학식이 풍부한 교인들을 끌어모았다. 12세기에 모습을 드러낸 문화에 대한 새로운 시각을 제공했던 샤르트르 대성당 성직자들의 작품은 중요한 의미를 지니고 있다. 샤르트르 대성당의 도서관에는 적절한 논평을 곁들인 철학 작품들 외에도 의학, 천문학, 점성술 등 다양한 분야의 책들이 있었다. 이곳에는 프톨레마이오스(2세기)의 저술을 번역했던 카린티아의 헤르만(12세기)과 그리스도교인들의 부족한 지식에 직면하여 이슬람 과학을 찬양했던 바스의 아델라드(1090-1146년에 활동)가 머물렀다.

인간을 사고의 중심에 자리 잡게 함으로써 샤르트르의 학자들은 문화를 인간에 대한 해석으로 바라보았다. 고대인들의 작품은 이러한 해석의 출발점으로, 앞으로 나아가기 위한 기본 요소를 이루고 있었다. 이것은 샤르트르의 베르나르두스(12세기 초에 활동)가 표현했으며, 『논리학 변론』 3, 4권에서 당대의 학자들을 '거인의 어

> 지속적인 연구의 가치

깨 위에 선 난쟁이'로 정의한 솔즈베리의 요하네스(1110-1180)가 인용했던 개념이었다. 권력에 대한 욕구가 아니라 호기심으로 인해 미지의 땅으로 진출했던 알렉산드로스 대왕Alexander Magnus(기원전 356-기원전 323)과 사후 세계 탐험가였던 베르길리우스Vergilius(기원전 70-기원전 19)를 동경한 고대의 현자들은 철학과 과학 분야에서 독보적인 연구의 주역이 되어 그들을 뛰어넘기 위해서는 먼저 모방해야 할 본보기를 만들어야만 했다. 고딕 양식의 대성당처럼 문화도 이성을 통해 한 단계씩 만들어야만 했던 것이다. 이러한 새로운 지식에 대한 표현은 플라톤(기원전 428/427-기원전 348/347)의『티마이오스』와 키케로(기원전 106-기원전 43)의『신의 본질에 관하여 De natura deorum』를 시작으로, 신과 재료 사이에 자리 잡고 있던 장인들이 수행한 인내심을 요하는 건축 과정 안에서 자연에 대한 지식을 체계화한 물리학 이론이었다. 이러한 표현은 장식적인 요소들에서도 포착된다. 샤르트르 대성당 정면 오른쪽 대문을 장식하고 있는 조각상들 사이에는 각각 다른 조각상의 무게를 지탱하며 허리를 구부리고 있는 두 인물이 있다. 그것은 논리학을 어깨 위에 떠받들고 있는 아리스토텔레스와 음악을 받치고 있는 피타고라스(기원전 6세기)다. 이러한 이미지는 12세기에 이곳에서 탄생한 학교의 스승들로부터 조각가에게 전해졌을 가능성이 있다. 북쪽의 회랑에는 마구스Magus라는 인물이 점성술과 연금술에 대한 학식인 신비주의 지식을 나타내고 있다. 북쪽 현관에는 한 화가와 그 옆에서 자와 컴퍼스를 손에 쥐고 있는 사람의 모습으로 건축을 나타내는 조형물도 있다. 그리고 과학과 병행하는 기계 기술에 포함된 직업들을 상징하는 조형물도 있다. 야금술과 농업, 가축 사육은 공부와 일이 철학과 신학을 통해 완성해야 할 진정한 지식의 길을 가리키는 임무를 지니고 있음을 보여 주었다.

　한편, 신이 창조한 세상은 중세 도시의 직업 활동에 반영되어 있는 것처럼 보였으며, 이러한 활동 속에서 지식인들은 신의 솜씨가 반영되었음을 인식하였다. 라이허스베르크의 게르호Gerhoh(1093-1169)의『건물에 관한 책Liber de aedificio』에서는 신이 세상을 만들었던 작업장과 유사한 커다란 작업장으로 중세의 도시를 이야기했다. 모든 것이 조물주와 자연의 작품으로 이루어진 무대 위에서 장인인 인간은 창조하고 변화를 만들었다.

| 다음을 참고하라 |
역사 경작지의 확장과 농촌 경제(166쪽)
과학과 기술 농업 혁명(395쪽); 생산 활동을 위한 새로운 동력원(400쪽); 기예에 대한 고찰(407쪽)

기예에 대한 고찰

| 조반니 디 파스콸레 |

기예에 대한 관심은 무엇보다 기술과 관련한 지식의 역할에 대한 철학적인
논쟁에 일생을 바쳤던 베네딕투스회 수사 테오필루스와 생빅토르의 위그,
오툉의 호노리우스, 에스파냐의 철학자인 도미니쿠스 군디살리누스Dominicus Gundissalinus의 작
품을 통해 더욱 커졌다. 하지만 이러한 논쟁은 여전히 책을 통한 연구에만 지나치게
얽매여 있던 철학과 과학 연구에 실질적인 영향을 주지는 못했다.

테오필루스와 생빅토르의 위그, 오툉의 호노리우스의 기여

조물주의 작품 안에서 인간의 일에 대한 새로운 시각은 중세 도시에서 매우 활발했
던 새로운 지식의 정착으로 이어졌다. 성당 학교들에서 실시한 공식적인 가르침은 7
개의 자유학예에 바탕을 두고 있었지만, 이러한 과목들에 점진적으로 자연과학 교
과들과 기계술 과목들이 병행되었다. 기예에 대한 관심이 결정적으로 확립된 것이
다. 이러한 관심들은 지식의 실용적인 면을 나타내는 것이었으며, 경험적인 방식으
로도 현실의 문제에 대처할 수 있는 가능성에 대한 증거가 되었다. 한편, 서방 세계
에 도입된 그리스와 아랍의 문헌은 문화 전반에 변화를 불러왔으며, 아리스토텔레
스의 작품들이 보급되면서 학자들에게 계시의 그리스도교 전통으로부터 자유로운
세계관을 심어 주었다.

테오필루스(약 1080-1125년 이후)라는 가명으로 베네딕투스회의 한 수사가 1100
년과 1125년 사이 분명하지 않은 시기에 『공예 개설』이라는 세 부분으로 나뉜 작품
을 저술했다. 자신의 개인적인 경험으로 무장한 테오필루스는 그림과 채색 장식, 그
당시에 한창 유행하던 유리 예술, 금세공술의 원리를 요약했다. 테오필루스는 자신
의 직접적인 경험만을 참조하지 않고 고대의 수많은 처방들에 담긴 정보들을 활용했

인간의 기술과
신의 선물

다. 이 작품 전반에서 배경이 되는 것은 주님에 대한 찬양 안에서 해당 분야의 실무적인 일을 칭송하는 것이었다. 지식으로 요약될 수 있는 모든 기술을 활용하는 육체노동은 어떤 의미에서는 신으로부터 자질을 물려받은 아담의 지혜에서 기인한 것이라는 확신을 가지고 있던 테오필루스에게는 반드시 필요한 활동이었다. 이러한 방식으로 테오필루스는 이성의 체계 안에서 지식의 근본적인 개념을 종합할 수 있는 재주를 지닌 인간의 새로운 경험 덕분에 세대를 거듭하며 성장하는 능력을 지닌 기술의 성격을 강조했다. 따라서 테오필루스에 의해 기술은 미래 세대를 위한 재능으로 소개되었다. 고전에 조예가 깊었던 테오필루스는 포시도니우스Posidonius(기원전 약 135-기원전 약 50), 루크레티우스Lucretius(기원전 약 99-기원전 55/54), 비트루비우스(기원전 1세기)처럼 기술적인 능력을 생존을 위해서뿐만 아니라 일반 시민의 삶의 필수 조건으로 생각했던 사람들의 입장을 받아들였다. 그럼에도 성경과 중재를 통하여 고전 사상을 재조명함으로써 테오필루스는 훌륭한 기술자가 되기 위해서 슬기, 지능, 신중함, 힘, 지식, 자비, 신에 대한 경외심 같은 성령의 7가지 재능을 소유해야만 함을 주장했다.

『디다스칼리콘』　　학문과 기술의 결합에 바탕을 둔 흥미로운 체계는 12세기 전반에 파리의 생빅토르 학교 교장이었던 위그(약 1096-1141)가 제안한 것이다. 위그는 자연에 대한 지식을 신에 이르기 위한 수단으로 생각했다. 이러한 여정에서 기술은 자연에 대한 모방이라는 점에서 신에 대한 지식의 최종 목표에 도달하는 데 기여했다. 『디다스칼리콘』(1120)에서 위그는 철학을 이론과 실습, 기계학, 논리학의 네 부분으로 나누었다(『디다스칼리콘』, 2-1; 3-1). 중요한 과목들과 같은 수준에 오르게 된 기계 철학은 각각 3개와 4개로 구성된 두 가지 부류로 나뉜 7개 학과에 대한 지식을 규정했다. 각각의 부류는 직조, 군사적 무장(건축을 포함한다), 야금술과 농사, 사냥, 의학, 무대 예술로 이루어져 있다. 세비야의 이시도루스(약 560-636)를 본받아 위그는 자연의 신성한 면을 이해하는 데 필요한 덕목으로 인간을 이끄는 유용한 노동이라는 활동적인 형태에 가치를 부여했다. 이 모든 것은 기술과 학문의 구분에 초점을 맞추었다. 기술은 재료를 기본으로 가지고 있으며 작업 과정을 통해 전개되지만, 학문은 과학적인 사색의 모습을 보여 주었다.

　　캔터베리 출신으로 레겐스부르크의 수사였던 오툉의 호노리우스Honorius(?-약 1137)는 무엇보다 스코투스 에리우게나(810-880)의 작품에 대한 논평으로 유명해졌다. 과학과 기술의 발전에 세심한 주의를 기울이며, 그는 질서 정연한 단계로 나뉘는 습득 과정으로서 지식을 향한 인간의 여정을 조명하였다. 최초의 7개 여정은 자유학예에 해당되었으며, 여덟 번째는 식물과 동물, 광물에 존재하는 가치를 인식하는 것을 가르치는 물리학의 여정에 상응하였고, 끝으로 아홉 번째 여정은 기계술에 해당되는 것으로 금속과 나무, 돌을 가공하는 기술과 그림, 일반적인 모든 수공예에 대한 지식을 포함했다.

학과의 추상적인 이론과 실무 사이의 구분

많은 아랍어 작품들을 라틴어로 번역한 톨레도의 번역 기관의 책임자라는 직위를 이용하여 에스파냐의 철학자인 도미니쿠스 군디살리누스(12세기)는 알-파라비(약 870-약950)의 연구에서 영감을 받아 『철학의 구분에 관하여De divisione philosophiae』(약 1150)에서 이론과 실무, 지식과 행동으로 이루어진 철학의 이중적인 성격을 조명했다.

군디살리누스는 이론적인 부분에 자연과학과 수학, 신학을 넣었다. 구분을 더욱 세분화함으로써 이 에스파냐 철학자는 자연과학이 의학, 설계, 농업, 항해, 연금술, 사물의 변형과 거울에 대한 과학을 비롯한 8개의 분야로 구성됨을 명확히 했다. 반면에 산수와 기하학, 음악, 점성술, 그리고 특히 무게에 대한 학문scientia de ponderibus, 공학scientia de ingeniis 같은 수치와 관련한 과목들은 수학의 일부를 이룬다. 이론과 실무와 연관된 각각의 기예는 그 내용을 보편적인 규칙에 근거하고 있다. 따라서 각각의 학문 분야에는 이론을 담당하는 사람과 실무적인 일에 종사하는 사람이 존재했다. 복잡한 문제를 해결하고 계산을 수행하는 측량사는 그러한 연산을 건축 현장에 적용하는 석공보다 높은 위치에 있었다.

무거운 물체를 들어 올리고 운반하는 데 적합한 기계들에 대한 광범위하고 복잡한 주제를 다룬 무게에 대한 학문은 흥미롭다. 아랍인들이 복구하고 발전시켰던 그리스 전통에 의하면, 여기에는 주로 저울과 대저울처럼 다양한 무게들을 지탱하는 일반적인 지렛대의 기능을 결정짓는 원리들을 설명하는 이론 부분과 다양한 장치들의 가설을 담당하는 이론 부분이 있었다. 공학은 수학을 물체의 실체 속으로 이끌었다. 여기에는 물체의 재료가 작업 과정 중에 수학을 통해 설명이 가능한 규정과 방식으로 어떻게 형성되는지 설명되어 있다. 건축과 무거운 물건을 들어 올리는 기계인 거중기, 무기, 악기가 이러한 예다. 그리고 시각과 거울, 다양한 기하학적 형태를 따

작업과 기술의 등급

르는 거울의 특성들에 대한 본질이 존재했다.

군디살리누스는 독창적인 해석을 제공함으로써 철학 속에서 실용적인 지식을 장려했다. 한편, 수학은 다양한 기술에 실용적인 원리들을 적용하고, 이는 지적인 절차를 통해 나타나는 것이기 때문에 기예는 이러한 지식에 완전히 들어맞는다고 할 수 있다. 철학이 보편적인 학문이라면, 어떤 식으로든 기예를 자신의 품에 수용하여 이러한 기술의 전통과도 조정해야만 했다. 테오필루스가 기술을 아담으로부터 유래했고 세대를 거듭할수록 더욱 커져 가는 지적 능력으로 보았다면, 군디살리누스는 이러한 기술을 수학을 매개로 하는 이성적인 개념들의 체계적인 적용으로 생각했다. 생빅토르의 위그 역시 기술에 자리 잡고 있는 이성적인 규칙들의 존재를 조명했다. 한편에는 계산이 위치하고, 가장 낮은 단계에는 재료가 자리 잡고 있는 계층 구조는 그리스와 로마 시대의 문화가 표출되는 발판을 이루었던 높은 수준과 낮은 수준의 지식들의 구분으로 이어졌다. 즉 한편에는 이성이, 다른 한편에는 실용이 자리 잡고 있었다.

알베르투스 마그누스(약 1200-1280)와 토마스 아퀴나스(1221-1274) 역시 추상적인 이론과 소재에 대한 실무의 분리를 강조했으며, 이것은 자유인과 그렇지 못한 사람들 사이의 구분으로 이어졌다. 성 토마스는 기예를 물리학에 종속된 것으로 생각했다. 예를 들어, 물체의 측량에 대한 학문(구적법求積法)은 기계에 대한 학문을 하위 분야로 두고 있다. 하지만 토마스에 의하면, 점성학과 음악, 원근법과 같이 수치를 다루는 중간 학문들scientiae mediae에 들어갈 수 있는 수학적인 성격을 지닌 기예도 존재했다.

기하학 규칙들이 측량과 원근법, 시각에 대한 학문을 필요로 하는 기예에 적용된다는 사실은 가치 위계가 존재함을 확인하는 것이다. 이러한 이야기는 음악과 수학을 맺어 주고 있다고 여겨지는 관계에도 해당된다고 말할 수 있다. 따라서 이러한 높은 수준과 낮은 수준의 분류에 따르면, 기계적 지식은 비록 공식적인 지식에 수용되었음에도 불구하고 단독으로는 어떠한 형태의 지식으로도 이어지지 않는다. 따라서 그 이후로도 오랜 세월 동안 그랬던 것처럼 학자들과 장인들은 각기 다른 세계에 속하게 되었다.

당시 교양인들은 도시와 농촌의 기술 발전에 주목했으며, 그들의 연구는 노동에 대한 긍정적인 재평가에 기여했다. 그럼에도 불구하고 기술적인 지식의 급격한 성장은 아직까지도 주로 문헌에 대한 연구에 얽매여 있던 철학적이고 과학적인 연구에서 직접적인 파급 효과를 거두지 못했다. 따라서 기예로부터 새로운 실마리를 이끌어 낼 연구에 대해서가 아니라 이러한 기술의 역할에 대한 철학적인 논쟁만 존재했을 뿐이다.

| 다음을 참고하라 |
역사 경작지의 확장과 농촌 경제(166쪽)
과학과 기술 농업 혁명(395쪽); 생산 활동을 위한 새로운 동력원(400쪽); 도시와 기술(404쪽)

동양과 서양

| 조반니 디 파스콸레 |

11세기부터 아랍의 과학은 이란과 인도, 그리스의 지식을 서양에 전파하여 눈에 보이는 영향력을 행사하기 시작했다. 그럼에도 불구하고 이것을 전적으로 과학적인 지식의 영역에서 의미 있는 진전을 이루어 낼 수 있었던 아랍인들의 공헌으로만 생각하는 것은 극단적이라고 할 수 있다.

수학, 기하학, 천문학

현대 세계가 정밀함의 세상이라는 쿠아레Alexandre Koyré(1892-1964)의 정의를 받아들인다면, 아랍 문명은 분명 이러한 단계를 앞지를 것이다. 천문학 분야의 정밀한 계산은 천체들의 움직임의 불변성에 대한 편견에 사로잡힌 이론들보다 관찰 자료들이 우선함을 보여 주었다. 정확한 측량과 관찰을 수행하고자 하는 바람은 아랍인들을 혼천의와 사분의 같은 과학 기기들의 개량으로 이끌었다. 점점 더 완성도가 높아진 천구의 모델은 그리스의 전통과 이란과 인도의 전통을 지혜롭게 조합했으며, 평사도법平射圖法(지구 위의 한 점에 시점을 두고 반대편을 평면에 투사하는 도법*) 이론에 바탕을 두고 구면 천문학의 문제들을 해결하기 위해 사용된 천체 관측의의 제작도 눈부신 발전을 이루었다.

**피보나치의
교본들**

(일반적으로 아라비아 숫자라고 부르는) 자릿수 표기법에 의한 숫자의 도입은 고대부터 계속 이어져 내려온 기호를 통한 표기법의 부족함에서 기인한, 수학의 불리한 조건을 상쇄했다. 이러한 숫자들은 레오나르도 피보나치(약 1170-1240년 이후)를 통해 1200년부터 유럽에서도 일상적으로 사용되었으며, 수학 분야에서뿐만 아니라 상업 활동과 관련한 모든 분야에 엄청난 발전 가능성을 열어 주었다. 수학과 기하학에서 뛰어난 능력을 발휘했으며, 유럽 전역의 문화계에도 잘 알려진 인물이었던 레오나르도 피보나치는 1202년에 아라비아 숫자를 사용하여 상업을 위한 진정한 계산 교본인『주판서Liber abaci』를 썼다. 기하학과 관련한 실무를 다룬 논문에서 피보나치는 유클리드 기하학에 정통함을 보여 주었을 뿐만 아니라, 당대 수학자들의 수준을 뛰어넘는 고난이도의 복잡한 대수 방정식의 기초를 쌓을 수 있었다.

『측량 논문집』

둘레의 계산을 비롯하여 매우 불규칙한 모습을 지니고 있던 지역의 측량과 같은 실무적인 문제들에 특별한 관심을 기울인 로마 제국 시대의 몇몇 토지 측량 기사들의 글들을 집대성한『측량 논문집Corpus agrimensorum』의 재발견 또한 서양의 과학 문화에서 매우 중요하다. 토지 측량 기사들은 이 문헌집을 토대로 발전을 이루었다. 이러한 문헌들에 대한 연구는 기하학의 규칙을 건물 높이의 원거리 측량, 강폭의 계산, 삼각 측량과 관련한 다른 연산들의 문제 해결에도 적용하려는 흥미로운 시도들을 이끌어 냈다. 리에주의 프랑코Franco가 비록 고대인들의 시도에 대한 언급은 하지 않았지만, 그리스 수학의 오래된 문제들 가운데 하나인 원의 구적법에 대한 문제를 해결하고자 했던 논문인『원의 구적법에 관한 대화Dialogus de circuli quadratura』는 1050년경으로 거슬러 올라간다.

1000년이 끝나 갈 무렵 999년에 실베스테르 2세라는 이름으로 교황이 된 오리야크의 제르베르(약 950-1003)는 고전의 독서와 4과quadrivium(천문·음악·산술·기하*)의 통합을 통해 과학적인 이해와 인문학적인 관심을 결합했다. 주판 사용에 특별한 재주를 보였던 제르베르는 수학 계산에 중대한 기여를 했다. 이는 산수와 기하학에 대한 그의 저서에 요약되어 있다. 과학 연구를 위한 정밀 기기와 계산 도구의 활용으로 얻을 수 있는 여러 가능성에 많은 주의를 기울였던 제르베르는『천체 관측에 관한 책Liber de astrolabio』도 출판했다. 이 책은 그에게 복잡한 천문학 기기에 대한 서술을 통하여 젊은 시절 카탈루냐 유학 기간 중에 습득했던 몇몇 지식들을 요약할 수 있는 기회를 제공했다.

번역가들의 활동

유클리드와 아르키메데스, 클라우디오스 프톨레마이오스, 갈레노스, 그리고 아랍   과학 번역
의 도서관들에서 찾아볼 수 있었던 다른 고전 작가들의 작품은 에스파냐와 이탈리아
를 통해 다시 서양으로 돌아왔다. 지식인들은 아랍인들에 의해 복원되고 새로운 번
역을 통해 접할 수 있게 된 그리스 문화 서적들을 공부하고 그 내용에 대해 논평했
다. 건축가들과 기술자들이 대성당 건축과 물레방아 제작에서 주된 역할을 했던 것
처럼 번역가들은 이러한 역사의 진정한 주인공들이었다. 이제는 서방 유럽에서 그
리스어에 대한 지식이 소수 지식인들만의 특권이었기 때문에 모든 것은 라틴어로 번
역되었다. 이러한 작업으로부터 많은 이득을 얻었던 쪽은 특히 과학과 연관된 학문
분야들이었다. 문법, 논리, 수사의 3학은 아직까지 유효한 것으로 여겨졌던 라틴어
문헌들에 의지할 수 있었던 반면에 4과의 과목들은 아랍 세계에서 발전했으며, 서양
에서도 아랍의 발전한 지식을 이용할 수밖에 없었다. 카린티아의 헤르만은 프톨레
마이오스(2세기)의 『평면 천체도Planisfero』를 프톨레마이오스의 『알마게스트』, 알-바
타니al-Battani(약 850-929)의 『천체 과학에 관하여De scientia stellarum』, 아부 마샤르Abū
Ma'shar(787-886)의 『천문학 대大입문Introductorium maius in astronomiam』 같은 참고 문헌
들과 천체 물리학을 재정립한 서문을 첨가하며 아랍어에서 번역했다. 12세기 초에
는 유클리드(기원전 3세기)의 작품들이 활용 가능해졌으며, 1126년에 바스의 아델라
드(1090-1146년에 활동)는 알-쿠와리즈미al-Khuwārizmī(약 780-약 850)의 천문표와 삼
각법을 번역했다. 이 외에도 비잔티움의 필론Philōn(기원전 약 280-기원전 약 220)과 알
렉산드리아의 헤론의 작품들의 요약본이 보급되었다. 이러한 문헌들과 유클리드,
아리스토텔레스, 아르키메데스의 작품들을 중심으로 무게에 대한 학문의 기초가 정
립되었다.

　이 경우에도 완성된 연구들을 지원하기 위해 아랍 학자들은 정밀한 과학 기구들
을 만들었다. 계산과 측량 도구, 저울, 대저울, 사분의, 육분의, 천체 관측의가 유럽
에 유입되었으며, 특히 수집가들의 많은 관심을 불러일으키기 시작했다. 그 효과는
두 가지 측면에서 나타났다. 하나는 유럽의 장인들이 유사한 도구들을 제작하는 데
힘을 쏟게 되었다는 것이며, 다른 하나는 지식인들이 학문의 실용적인 면에 더욱 많
은 관심을 기울이게 되었다는 것이다. 한편, 이슬람 세계에서는 과학적인 학문 분야
의 내용에까지 파급 효과를 미쳤던 실용적인 지식의 실체가 서양보다 더 분명하게

나타났다.

이슬람의 과학 관련 필사본들에서는 종종 그림을 이용하여 도구들에 대한 설명이 이루어졌으며, 이는 독자들이 이미지가 있는 책에 관심을 가지도록 만들었다. 비록 도구들과 기구, 기술에 대한 삽화들이 종종 불명확하고 경우에 따라 초고가 작성된 이후에 이루어지기도 했지만, 문헌과 과학적인 이미지의 관계를 형성한 것은 중요한 의미를 가진다.

지리학

지리적 호기심과
상업적 관심

해도는 중국과 순다 열도까지의 인도양처럼 서양인들에게는 잘 알려지지 않았던 지역들을 여행하며 서술한 형태로 지리학 지식들을 획기적으로 증진시켰던 아랍 여행자들의 탐사 자료들을 모아 놓은 것이다. 지리학자이자 수학자, 천문학자였던 알-비루니Al-Biruni(973-1048년 이후)는 많은 지역의 위도와 경도를 정확하게 계산했다. 1154년에 오트빌의 루제로 2세(1095-1154)와 이드리시Idrīsī(약 1099-1164)가 만나 시칠리아에서는『루제로 왕의 오락Svago di Re Ruggero』으로도 잘 알려진 지리학의 걸작『세계를 여행하는 데 매료된 사람들을 위한 오락Svago per chi è appassionato di girare il mondo』을 저술했다. 모로코를 거쳐 팔레르모에 도착한 이드리시는 여행자들의 이야기를 통해 이슬람 세계에서 습득한 지식들을 정리하여 이 작품을 완성했다. 이것이 따랐던 기본 구도는 적도에서부터 북쪽까지 7개의 기후대로 나누고 이를 각각 서쪽에서 동쪽으로 10개의 부분으로 나눈 클라우디오스 프톨레마이오스의 구도와 같다. 이 결과로 여러 가지 기후를 지닌 한 나라에 대한 묘사가 여러 부분으로 나뉘기도 했다. 이는 책에 여러 부분으로 나뉘어 있는 이탈리아에 대한 정보를 한 번에 얻고자 하는 독자에게는 불편함을 주기도 했다. 이 책은 중세의 지리학에 이슬람의 과학이 얼마나 많은 기여를 했는지 보여 주며, 북유럽에서 극동 아시아까지 알려진 모든 지역과 적도까지 이르는 아프리카에 대하여 서술했다. 이드리시는 이번에도 루제로 2세의 요청으로 자신의 작품에 바다와 강, 도시, 여정에 대한 묘사를 포함하고 있는 지도를 첨부했다. 여기에는 인도양과 아프리카의 광범위한 지역에 대해서 아랍인들이 습득하고 있던 폭넓은 지식이 분명히 드러나 있었다. 또한 이드리시는 몇몇 지점들 사이의 거리와 여정들에 대해서도 언급했지만, 일반적으로 아랍의 과학이 이러한 문헌들 속에서 고려했던 천문학과 관련한 부분은 소홀히 했다. 그리고 루제로 2

세가 습득하고 싶어 했던 정보들을 수집하기 위해 상인들과 군인들, 여행자 무리들과 협력했던 이드리시의 작업 방식을 살펴보는 것도 매우 흥미롭다.

하지만 브레멘의 아담(약 1040-1081/1085)의 작품이 학자들에게 잘 알려져 있던 서양에는 이드리시의 작품이 보급되지 않았다. 브레멘의 아담은 11세기 말, 문학 작품에 기록되지 않았던 그 이전 시대 바이킹의 해상 원정을 기록한 북대서양과 스칸디나비아 반도에 대한 부분을『함부르크 대주교들의 행적Gesta Hammaburgensis ecclesiae pontificum』에 집어넣었다. 소위 말하는 '북섬들'에 대한 묘사는 독자들에게 아이슬란드와 패로 제도, 특히 그린란드와 같은 지역들에 관심을 불러일으켰다. 당시 서양에서 출판된 지리학 문헌들은 북극 지역 여행자들의 도움으로 습득한 새로운 지식들을 이야기하고자 했다. 기랄두스 캄브렌시스(약 1146-1223)는『아일랜드의 지형Topographia Hiberniae』에서 아일랜드와 현재의 웨일스 지역을 서술하며, 지역의 동물군과 자연의 경이로움을 강조했다. 아랍인들은 번역이 이루어진 고대 문헌들에 기초하여 사람이 사는 모든 땅에 대한 표현과 묘사의 문제를 신중하게 재분석했던 반면에, 스콜라 철학은 우주와 천체, 우주의 중심으로서의 지구, 원소들의 자연스러운 위치에 대한 아리스토텔레스와 프톨레마이오스의 학설과 그리스도교 신학의 조화를 모색하고자 했다. 12세기 말경 알렉산더 네캄(1157-1217)이 아랍 문헌들과 고전 자료에서 정보를 얻고, 자연적인 현상들을 자연에 대한 철저한 연구를 통해 이해할 수 있는 성경의 해석으로 이끌며 하늘과 땅, 물에서 사는 동물들을 기술했던『사물의 본성에 관하여De naturis rerum』가 표방했던 지침이 이것이었다.

지구가 둥글다는 개념은 유지되었지만, 면적에 대해서는 포시도니우스(기원전 약 135-기원전 약 50)가 만들었으며, 1년의 기간에서 빛의 길이를 기초로 지구를 기후대별로 구별했던 클라우디오스 프톨레마이오스도 언급했던, 실제보다는 매우 작은 수치의 계산 결과가 받아들여졌다. 다양한 원소들이 각각 자신에게 알맞은 자리를 유지하며, 그들의 무게에 따라 구체로 배열되어 있다는 아리스토텔레스의 학설은 물로 이루어진 구체가 더 무겁고 단단한 육지의 구체를 전체적으로 감싸야만 한다는 결과를 수반했다. 실제로, 지구의 일부는 물 밖으로 드러나 있기 때문에 이 2개의 구체가 중심이 같지 않다는 것을 인정할 필요가 있었다. 그렇게 해서 많은 논란을 야기한 물과 육지에 대한 문제quaestio de aqua et de terra가 대두되었다. 이러한 문제는 단테 알리기에리Dante Alighieri(1265-1321)의 작품으로 여겨지기도 했던 동일한 제목의 글

물과 육지에 대한 문제

에서도 다루어졌다. 그런데 실험에 바탕을 둔 적이 없었던 오래된 문제인, 물 위로 드러난 땅의 면적이 더 많은지 그렇지 않은지에 대한 문제는 여전히 논란거리로 남아 있었다. 물의 기원과 강들의 순환, 지구의 공동空洞 속에 무질서하게 존재하고 있는 4개의 원소, 화산의 존재, 바람, 지진에 대해서는 아리스토텔레스의 학설을 따랐다.

지도 또한 12세기에는 인류의 역사적 사건들의 연대기를 정리하려는 야심 찬 계획의 일환으로 지구상의 모든 사람들과 관련한 역사적 성격의 지리학적이고 민속학적인 자료 목록인 생빅토르의 위그(약 1096-1141)의 『세계 지도 해설Descriptio mappae mundi』을 볼 수 있었다. 지리학과 연관된 주제를 다룬 다양한 방식들을 이해하기 위해서는 생빅토르의 위그가 묘사를 위해 이미지를 이용하는 뛰어난 능력을 갖추었고, 다른 사람들이 정보를 단지 서술하기만 했던 반면에 지도에 표현할 줄 알았던 교양인들이 있었음을 설명한 이 작품의 서문을 살펴보는 것도 흥미롭다. 캔터베리의 제르바시우스Gervasius(12세기)의 『마파문디Mappa mundi』(세계 지도를 말한다*)도 이러한 종류의 작품이었다. 이것은 실제로 휴식 지역과 담수와 해수가 분출되는 지역에 대한 표시를 곁들여 영국 지역을 기술해 놓은 것이다. 일반적으로 고대로부터 물려받고 중세 전기에 조정된 지리학 지식들은 이제 성경과 아리스토텔레스의 물리학의 가르침에 따라 다시 한 번 재고되었다.

물리학, 과학의 역사와 기계학

아랍의 학자들은 물리학에서도 매우 중요한 역할을 수행했다. 10세기 말과 11세기 사이에 이집트에서 활약했던 알하젠은 이후에도 엄청난 중요성을 지니게 된, 『광학의 서Opticae thesaurus』라는 제목으로 라틴어로 번역되어 비텔루Witeloo(13세기)와 로저 베이컨(1214/1220-1292)이 폭넓게 활용했던 생리광학 논문의 저자였다. 이 논문에는 처음으로 시각 기관을 이루는 각각의 부분이 정확하게 기술되었으며, 가시광선은 빛이 나는 물체에 도달하기 위해 눈으로부터 나오는 것이 아니라 이 물체로부터 퍼져 나와 눈에 도달함을 보여 주었다.

과학의 역사 아랍인들이 10세기 말 무렵, 과학에 대한 역사적인 관심 또한 불러일으킨 것을 지켜보는 일은 흥미롭다. 실제로 이것이 바로 각각의 과목에 대한 역사적인 정보를 제공하며 널리 알려진 저자들과 그들의 작품 목록을 작성했던 바그다드의 서점 주인 이븐 알-나딤Ibn al-Nadīm(10세기)의 작품이 지닌 의미였다. 반면에 톨레도의 학자 사이드 벤-아흐마드Said Ben-Ahmad(10세기)는 진정한 과학의 역사에 대해 저술했으며, 이를 통해 페르시아인, 인도인, 칼데아인, 그리스인, 이집트인, 아랍인들의 과학 활동에 대한 개요를 제공했다. 또한 자동화 기계 장치 분야에서도 유서 깊은 전통은 이 분야에서 뛰어난 결과를 이루었던 아랍인들로부터 전해졌다. 알렉산드리아의 크테시비우스Ctesibius와 필론, 헤론은 그리스의 기계 관련 과학 기술의 기준점으로 받아들여졌다. 그리스인들의 능력은 그들의 지식이 기록되어 있던 문헌들로 입증되었다. 이러한 지식의 주요한 부분은 알렉산드리아에서 비잔티움으로 옮겨 갔으며, 그 뒤로 그리스의 전통은 이란의 전통을 비롯하여 인도와 중국의 요소들과 융합된 사산 왕조의 페르시아로 전해졌다. 세대를 거듭하며 이러한 지적 재산은 무사의 세 명의 아들 중 바누 무사Banū Musā의 논문에 자리를 잡게 된다.

12세기에는 자동화 장치의 건조 분야에서 축적된 경험들과 물시계의 제작 분야 물시계를 결합시킨 매우 중요한 논문의 초안이 만들어졌다. 실제로 작자 미상의『물시계 제작에 관한 아르키메데스의 책Libro di Archimede sulla costruzione di orologi ad acqua』의 출판은 1150년으로 거슬러 올라간다. 다양한 사본으로 전해진 이 논문은 그리스와 페르시아, 비잔티움과 아랍의 기계 관련 과학 기술의 다양한 주제들을 다루었다. 이 논문의 핵심은 물이 가득 찬 용기 내부에서 일정한 방식으로 내려오며 연결된 톱니바퀴들을 작동시키는 평행추가 동력인, 수역학을 이용한 시계 설비 묘사로 이루어졌다. 매시간이 지날 때마다 하나의 원반이 일정하게 이동하고, 이는 정해진 구멍으로 조그만 돌을 떨어트려 용기 안에서 돌 수 있도록 만들었다. 동일한 기계 장치는 위에 걸쳐져 있는 빗장을 작동시켰다. 따라서 이 장치는 음향적으로도 하루의 시간이 흘러가는 것을 기록할 수 있게 해 주었으며, 하루의 시간을 정확하게 알기 위해서는 용기 안에 들어 있는 돌의 개수를 세기만 하면 되었다. 그 모습은 정면에서 바라본 시계의 모습을 하고 있었고, 내부는 그리스와 비잔티움의 문명에 이슬람 기계 과학 기술의 지대한 공헌이 있었음을 보여 주었다.

시리아에서 발견할 수 있었던 비잔티움의 기념물들과 9세기 바그다드에서 찾아볼 수 있었던 아르키메데스의 논문들을 비롯하여 비잔티움의 필론과 알렉산드리아의 헤론의 작품들의 번역은 이슬람 기술자들의 창의성을 자극했음이 분명하다. 실제로 아르키메데스의 작품이었는지, 아니면 신원 미상의 아랍 저자의 작품이었는지는 알 수 없지만, 이 논문은 보는 사람을 놀라게 할 뿐만 아니라 태양이 없이도 시간의 흐름을 나타낼 수 있는 기계를 실현하기 위해 수세기 전부터 내려오던 지식을 잘 활용했다.

새로운 병기 마지막으로 12세기에는 군사 분야에서도 새로운 과학 기술의 결과물인 투석기가 등장했다. 1000년 이후 중국에서 처음 사용된 이 병기는 애초에 나무틀을 축으로 하여 연결되어 있고, 발사체를 매다는 줄을 장착한 굵은 나무 기둥으로 이루어져 있었으며, 사람이 직접 그 기둥 끝에 부착된 견고한 끈을 잡아당겼다가 풀면서 작동했다. 유럽에 급속하게 전파된 이 투석기는 지역마다 다양한 형태로 수용되었다. 12세기 말, 아랍의 한 문헌은 아랍과 터키, 프랑스의 전형적인 투석기들에 대해 언급했으며, 페르시아에 도입된 가장 복잡한 형태의 투석기는 자유롭게 흔들리는 평형추라는 새로운 요소가 덧붙여진 것이었다. 바로 이 마지막 형태가 1199년에 유럽에 유입되었으며 트레뷰셋trebuchet이라는 이름을 얻었다. 100킬로그램 무게의 돌을 300미터가 넘는 거리까지 날려 보낼 수 있었던 투석기는 신속하게 보급되었고, 그리스 시대부터 사용되었던 구부리거나 비틀었다가 푸는 방식으로 돌을 발사하는 모든 형태의 기계들을 대신했다.

| 다음을 참고하라 |
과학과 기술 서방 세계의 아랍 연금술의 수용(381쪽); 비잔티움의 연금술과 광물학(387쪽); 농업 혁명(395쪽); 생산 활동을 위한 새로운 동력원(400쪽); 도시와 기술(404쪽); 기예에 대한 고찰(407쪽); 중국의 과학과 기술(419쪽)

유럽 밖으로

SCIENZE E TECNICHE

중국의 과학과 기술

| 이사이아 이아나코네Isaia Iannaccone |

11세기부터 13세기까지 중국의 문화는 급속하게 발전한 경제와 우호적인 정치적
분위기에 힘입어 엄청난 번영을 누렸다. 수학과 지리학에 대한 중국의 기여는 놀라웠고,
나침반과 화약, 물레, 가동 활자 같은 수많은 혁신적인 발명들이 서양에 비해
상당히 앞서 나타났다.

역사

중국에서 이 시기는 (960년부터 1279년까지 중국을 통치했던) 송宋 왕조가 지배했다. 이
왕조는 반란과 한 장군의 왕위 찬탈이라는 흔한 방식으로 시작되었다. 이 장군은, 얼
마 가지 못했던 후주後周 왕조의 조광윤趙匡胤(927-976)이었다.

송 왕조는 (허난성의) 카이펑에 수도를 정하고, 북쪽(북송)에서 시작되었다. 송나 **송 왕조**
라의 첫 번째 황제로서 (위대한 선조라는 의미를 지닌) 태조太祖라는 이름으로 기억되는
조광윤은 통치를 확고히 했으며, 사망하기 전인 976년에 (여러 왕조들이 번갈아 나타
났던) 남쪽 지방의 전 지역을 정복했다. 중국의 최종 통일은 979년, 태종太宗의 이름
으로 왕위에 오른 그의 동생 조광의趙匡義(939-997)에 의해 이루어졌다.

이미 중국 북부에서 (몽골어족에 속하는) 거란족이 세운 요遼나라를 멸망시켰던 (통

구스어족에 속하는) 비非중국계의 여진족 군대가 1127년에 중국 영토를 침략하여 카이펑을 점령함으로써 여진족 나라인 금金 왕조의 세력을 북송 지역으로 확장시켰다. 송 왕조는 북부를 버리고 남쪽으로 도망하여 저장성의 항저우를 수도로 삼았다. 이렇게 해서 남송 시대가 시작되었으며, 금나라와 송나라 사이에 군사적인 충돌이 빈번하게 발생했다. 한편, 금나라는 몽골족에게 쫓겨났고, 이 몽골족은 1279년 송나라마저 멸망시켰으며 중국을 통일한 뒤에 중국화를 이루어 원元나라를 세웠다.

군사적·정치적인 것뿐만 아니라 행정적·경제적인 개혁은 송나라를 북쪽에서부터 남쪽으로 약 3세기에 걸쳐 안정적으로 만들었다. 문화적으로 보았을 때 이 시기는 중국의 역사에서 가장 생산적인 시기였으며, 중국이 중세로부터 벗어난 시기였다. 역사가들이 한목소리로 송 왕조 시대를 중국의 르네상스로 정의하는 것도 우연이 아니다. 그들이 기술과 과학 분야에 미친 영향은 막대했다.

화폐 경제와 과학의 발전

중국의부흥 화폐 경제가 성장할 때마다 과학 기술도 이로운 발전을 겪었다. 송 왕조 시대는 중국에서 역동적인 경제 성장을 이루었던 시기다. 문화의 전파, 상인들과 장인들의 급증, 거대한 상업 중심지의 발전, 중국의 도시의 탄생은 이러한 역사적인 단계를 수반했다. 960년부터 1000년 사이에 북송이 전 지역에서 단일한 형태의 동전 사용을 확립하자 화폐의 유통량이 엄청나게 늘어났다. 하지만 위대한 혁신은, 지방 정부는 물론 개인이 발행하기도 했으며 쓰촨성에서 1024년에 처음으로 나타난, 수표에 앞서 사용된 (종이로 만들어 날아다닐 정도로 가벼운 돈이라는 의미를 지닌) 비전飛錢이라 불린 어음으로 인해 나타났다.

과학적인 성과라는 관점에서 볼 때 수학의 발전을 그 지표로 삼는다면, 대수학 분야뿐만 아니라 기하학 분야에서 이처럼 왕성한 성과와 논의, 독창적인 발견, 엄청난 발전을 거둔 시기가 없었음을 주목해야만 한다. 신종神宗 황제(1048-1085)의 원풍元豊 시대인 1084년, 수학 학회를 창립하려던 시도도 볼 수 있다. 비록 금나라가 북송을 침략하는 중이었기에 6개월이라는 짧은 시기밖에 지속되지 못했지만, 이는 이 학문이 지니고 있는 중요성과 이 학문이 불러온 관심을 보여 주는 것이었다. 또한 금나라의 여진족은 카이펑을 정복하고 나서 과학 발전과 자신들의 뒤를 잇게 될 몽골 왕국의 과학에 지대한 영향을 미친 송의 문화유산을 되살렸다.

　과학의 탄생으로 이어진 추상적인 과정에 대한 관심은 몇몇 수학자들의 활동으로 나타났다. 연대순으로 살펴보면, 비록 직접 전해 내려오지는 않지만 11세기 말에 송대의 또 다른 수학자인 양휘楊輝가 인용한 것같이 이후 여러 작품들에서 인용된 『의고근원議古根源』을 지은 유익劉益이 있었다. 작품 이외의 삶에 대해서는 별로 알려진 것이 없는 유익은 22개의 문제를 제기했으며, 이 문제들 가운데 하나는 (이후로 8세기가 더 지난 뒤에 서양에서 '발명'된) 루피니Ruffini와 호너Horner의 방식을 통해 해결되었다.

　그리고 궁정 관리이자 역시 양휘의 인용으로 유명해진 『황제구장산경상해黃帝九章算經細草』의 저자인 (12세기 말에 활약한) 가헌賈憲이 있었다. 근의 풀이의 두 가지 특별한 방식을 개발한 사람도 가헌으로 여겨진다. 첫 번째 방식은 서양에서 '파스칼의 삼각형'(17세기) 또는 '타르탈리아Tartaglia의 공식'(16세기)으로 불리던 이항식 $(a+b)^n$에 기초한 입성석쇄立成釋鎖라고 불리는 방식이었으며, 증승增乘(덧셈과 곱셈)이라 불렸던 두 번째 방식은 루피니와 호너의 방식에 대한 또 다른 제안이었다. 또한 『몽계필담夢溪筆談』(1086) 제18장에서 원의 분할과 간격의 축적에 대한 기술을 다루었던 심괄沈括(1031-1095)을 인용할 수 있다. 첫 번째 '기술'은 b가 원호圓弧의 두 끝을 잇는 선분線分인 현弦이고, h가 현에 직각인 현부터 원주까지의 구간, d가 직경을 나타낼 때 공식 $s = b + 2h^2/d$에 의해 원호의 대략적인 길이를 계산하는 것이다. 두 번째는 각각의 술 단지인 d의 종렬縱列 c에 의해서 만들어진 정사각형으로부터 시작해서 피라미드 형태로 쌓을 수 있는 술 단지의 총 개수인 N은 얼마인가라는 문제에서 시작되었다. 만일 (기초가 되는) 술 단지의 첫 번째 층이 cd라면, 이 용기들을 피라미드 모양으로 쌓아 올려야 할 필요가 있기 때문에 두 번째 층은 $(c-1)(d-1)$이 될 것이라는 추론이 가능하다. 이렇게 계속하게 되면, 매번 c뿐만 아니라 d에서도 술 단지 하나씩을 빼내면서 h층까지 이르게 된다. 마지막 층위는 ab와 같은 술 단지의 개수가 될 것이다. 결국 역방향으로 계산을 하면,

$$N = ab + (a+1)(b+1) + \cdots + (a+h-1)(b+h-1)$$

여기에서 $a = c - (h-1)$과 $b = d - (h-1)$이 나온다.

심괄은 다음과 같은 해법을 제시했다.

수학 계산과 쌓는 기술

$$N = (h/6) \{(2b + d)a + (2d + b)c\} + (h/6)(c-a)$$

이러한 방식은 이후에 '쌓는 기술'이라는 이름을 얻는다.

이후 남송과 몽골 왕조 시대에 살았던 뛰어난 수학자들인 양휘(약 1238-1298)와 이치李冶(1192-1279), 진구소秦九韶(1202-1261), 주세걸朱世傑(약 1270-약 1330)은 송나라 말기에 황제의 관리 양성에 많은 영향을 미친 수학에 대한 이해의 기초를 이룬 유익과 가헌, 심괄의 작품들에서 많은 도움을 받았다.

또한 송대의 과학은 신유교주의 철학자들의 이론적인 사고의 결실이기도 했다. 주돈이周敦頤(1017-1073)의 『태극도설太極圖說』에서 태극은 단일한 유기체로 여겨지는 우주 만물의 중심이었다. 그 속에는 연속적으로 하나가 포물선의 정점에 이르면 다른 하나는 최저점에 위치하는, 마치 물결의 움직임과 유사한 (음과 양이라는) 두 가지 근본적인 힘이 작용하고 있으며, 새로운 사물의 생성은 화학적인 반응에 의한 (또는 '화학적인 것이라고 망설임 없이 정의할 수 있는 반응에 의한') 음과 양의 변화를 통해 이루어지게 된다.

성, 질서의 원리　주돈이의 작품들 중 남아 있는 또 다른 것은 『통서通書』다. 여기에는 성실함과 본성을 거스르며 행동하거나 자기 자신에 대해 솔직하고자 하는 정직함을 나타내는 성誠이라는 개념이 등장한다. 일반적으로 성은 모든 유기체가 정확하게 자신의 역할을 다할 때 얻어지며, 형이상학적인 의미에서 성은 모든 사물에 들어 있고 행하는 데 어떠한 힘도 들지 않는 보편적인 원리다. 우주는 자발적이고 자존自存하는 것이지만, 성 덕분에 유기체들이 자신의 본성에 입각하여 얻은 최고의 질서에 대한 표현인 절대적인 질서를 유지했다. 물질적-보편적인 에너지(기氣)의 집합이나 응축 과정에 의한 모든 사물과 생명체의 형성 또는 분해와 분산에 의한 파괴는 장재張載(1020~1076)의 주요한 관심사였다. 중국 역사상 가장 체계적이고 뛰어난 사상가인 주희朱熹(1131-1200)는 사물을 '구분하고 그 경계를 정하는 데' 필연적인 것으로 수학을 강조하며 ('생명의 숨'으로도 번역되는 에너지 물질인) 기와 (유기적 조직의 보편적인 원리인) 이理의 개념들에 집중했다.

발명과 발견

무엇보다 자신들의 지혜와 비범한 재능으로 송나라 시대를 주름잡은 2명의 특별한 인물로 소송蘇頌과 앞에서 수학자로 언급했던 심괄을 소개해야 할 것이다.

개혁적인 유학자였던 심괄(1031-1095)은 만물박사이자 발명가였다. 그는 나라 심괄, 만물박사이자 천재적인 발명가의 여러 관직을 맡았을 뿐만 아니라 (실제로 그는 장군이기도 했으며 외교관, 재무상, 감찰관, 한림원장, 천문국의 장, 제국의 접견을 담당하는 대신의 보좌역을 역임했다) 수학, 천문학, 작도법, 지리학, 광학, 수력공학, 농업 경제학, 식물학, 약학, 동물학, 음악, 시 등 모든 분야에 관심과 재주를 보였다. 무엇보다 자석에 대한 최초의 설명과 자북磁北(자침의 북쪽을 가리키는 방향*)의 개념, 행성들의 퇴화에 대한 이론, 표토表土의 퇴적과 토양의 침식에 대한 관찰과 함께 그에게 지형학에 대한 이론을 설파할 수 있도록 해 준 (중국 허난성에 위치한) 타이항 산맥의 단층지괴에서 발견된 해양 화석에 대한 연구들이 그의『몽계필담』에 들어 있다. 그는 가동 활자를 발명한 필승畢昇(990-1051)에 대해 최초로 언급한 인물이기도 했다.

보수적 유학자이며 심괄의 경쟁자였던 소송(1020-1101) 역시 (황제의 칙령을 준비하는 책임자이자 청렴하고 강직함으로 빛났던 재무국 감찰관이었으며, 나라의 경계를 정하는 것과 관련한 문제를 위해 직접 천문학 지식을 습득했고, 요나라에서 외교관과 지도 제작자로 활동했던) 여러 가지 임무를 맡은 나라의 관리였다. 또한 그는 식물학, 동물학, 야금학, 의학, (에페드린 등의) 약재 같은 다양한 학문 분야를 다룬『본초도경本草圖經』(1070)의 저자였다. 소송은 또한 5편의 천체도를 출판했지만, 그의 작품들 가운데 가장 유명한 것은 기계화된 시계의 제작 역사에서 가장 인상적이고 뛰어난 체계인 시계탑이 소개된『신의상법요新儀象法要』였다.

나침반 또한 아랍인들의 중재 덕분에 1232년에 유럽에 도착했고 1190년에 처음 자기 현상에 대한 최초의 이론으로 알렉산더 네캄(1157-1217)의『사물의 본성에 관하여』에서 언급되었지만, 이미 기원전 4세기에 자기 현상에 대해 알고 있던 중국인들의 발명품이었다. 네캄보다 한 세기 앞서 심괄은『몽계필담』(1086)에서 (자철광으로 바늘을 문지름으로써) 어떻게 바늘에 자력을 띠게 하는지와 (촛농 방울 또는 겨자씨를 이용하여 그 바늘을 비단실에 매달아) 어떻게 북쪽을 가리키게 하는지를 설명했다. 중국에서 이 장치를 항해에 이용한 것은 (850년과 1050년 사이로) 늦은 시기였으며, 해양 나침반의 사용에 대한 최초의 언급은 1117년에 주욱朱彧(12세기)이 지은 책『평주가담萍洲可談』에서 찾아볼 수 있다.

'근대적인' 지질학 원리들(즉 지구 내부의 열에 의한 팽창 효과와 침식 현상과 관련한 침전물로부터 산山으로, 그리고 그 역방향으로 암석의 순환에 대한 연구)은 서양에서 제임스 허튼James Hutton(1726~1797)에 의해 처음으로 설명되었다. 하지만 중국에서는 이보다 700년 전에 심괄이 이러한 원리들을 『몽계필담』에서 명확하게 밝힌 바 있다. 심괄이 공식적인 임무를 띠고 허베이성에 왔을 때, 그는 타이항 산맥의 암석에서 해양 연체동물의 화석을 발견했으며, 이로부터 바다에서 수천 리里 떨어져 있는 이 산이 예전에는 바닷가였고 '지금 대륙이라고 부르는 것이 한때는 물 아래에 있던 침전물과 진흙으로 만들어졌다'는 것을 추론했다. 심괄은 침전물의 원인을 퇴적물과 진흙을 운반하고 쌓으며 바다로 흘러가는 강이라고 보았다. 수면 위에 나타나는 토양의 침식 과정은 1133년에 두관杜綰(12세기)이 지은 책 『운림석보雲林石譜』에 명확하게 설명되어 있는 반면에, 서양에서는 침식을 겪은 산들의 형태에 대한 최초의 언급이 1546년에 와서야 아그리콜라Agricola(1494~1555)에 의해 이루어졌다.

소송의
수운의상대
水運儀象臺 한편, 소송은 1092년에 우주와 연관된 진정한 기계 장치를 제작했으며, 이에 대한 상세한 정보들은 앞에서 언급했던 『신의상법요』에 담겨 고스란히 전해졌다. 이 장치는 10여 미터 높이의 나무로 만들어진 성채로 이루어져 있으며, 그 내부에는 노대 위에 놓인 천구의天球儀, 1층 내부에 놓인 천구天球, 그리고 역시 1층에 위치한 수력을 이용한 시계, 탑의 내부에 제작되어 탑의 5개 층을 각각 차지하고 있는 꼭두각시 인형들을 수력으로 움직이게 만드는 복잡한 기계 설비가 자리 잡고 있었다. 움직이는 인형들은 자리 잡고 있는 각 층의 위치에 따라 중앙 창문에 연속적으로 나타나 북과 종을 울리며 15분, 30분, 1시간을 알렸다. 1140년에 주변朱弁은 그의 저서 『곡유구문曲洧舊聞』(허난성의 구불구불한 웨이허 강 너머의 옛것들에 대한 이야기)에서 소송의 시계탑의 불운에 대해 이야기했다. 중국 북부의 침략이 있기 전, 이 시계는 카이펑에서 철거되어 베이징으로 옮긴 것으로 보이며, 이것을 파괴하려는 소송의 정적들에 의해 격렬한 반대에 부딪쳤지만 그 정교함에 반하고 달력의 보급을 위해 필수적이라고 여겼던 황실 도서관장의 보호를 받았다. 하지만 1126년에 결국 대신大臣이었던 채변蔡卞은 그것을 파괴하고야 말았다.

화약 제조 공식 무기의 발명에서도 중국의 과학은 중대한 기여를 했다. 1040년 황제의 명으로 증공량曾公亮(11세기)은 (중요한 군사 기술을 모아 놓은) 『무경총요武經總要』를 출판했다. 이 작품은 후대에 여러 차례 재판되었으며, 전해 내려오는 것 가운데 가장 오래된 것은 (명나라 시대인) 1510년에 인쇄된 것이다. 이 책은 각기 다른 3개의 폭발 장치를 제작하는 데 필요한 3가지 화약 제조 공식을 담고 있다. 첫 번째 공식은 투석기로 발사되는 준準폭발성의 폭약을 위한 것으로, 초석硝石(KNO₃) 50%와 유황 26%, (송진이 대부분을 차지하지만 대나무 뿌리, 말린 옻칠, 다양한 기름들이 함유된) 탄소화합물 23%, 그리고 비소와 납, 연단鉛丹 같은 다양한 물질 1%로 구성되었다. 두 번째 공식은 화염탄을 만들기 위한 것으로, 초석 61%, 유황 31%, 탄소화합물 7%, 다양한 물질 1%로 이루어져 있다. 세 번째 조합은 연막과 유독성 폭약을 위한 것으로, 초석 60%, 유황 30%, 탄소화합물 10%, 극소량의 다양한 물질에 의한 것이다. 한 가지 분명히 해야 할 것은 초석의 양은 폭약을 폭발시키는 것이 아니라 연소를 시키는, 즉 다시 말해 갑작스럽고 격렬한 연소를 통해 급격히 타오르게 만드는 데 관여한다는 것이다. 초석의 비율이 서서히 '근대적인' 화약의 비율(약75%)에 가까워지면서 폭약은 폭발성을 갖추게 되었으며, (1221년 중국 문헌에 기록되어 있듯이) 폭탄이 되었다.

증공량이 묘사한 '뇌성雷声'이라 불린 폭약은 중국에서 11세기 중반에 등장했다. 이 폭약은 폭발을 보장할 정도의 초석을 함유하고 있으며, 대나무 또는 가벼운 종이로 만든 막으로 싸여 있었다. 투석기로 발사되었으며, 초석을 묻힌 심지에 불을 붙이거나 빨갛게 달군 쇠막대를 사용하여 발사 전에 점화되었다. 폭발 소리는 무시무시했다고 기술되어 있다.

이미 2세기에 사용되었던 석회는 유독성을 띤 최루 효과를 위해 가루로 빻아 풀무로 적군들을 향해 날려 보냈다. 남송 시대로 거슬러 올라가는 2개의 문서는 유사하지만 매우 효과적인 무기들에 대한 설명을 남기고 있다. 첫 번째 문헌은 1135년의 것으로, 양요의 반란군에 맞서기 위해 장군 악비岳飛의 지휘로 이루어진 군사 원정에 대하여 언급하고 있다. 여기에는 석회 가루와 날카로운 쇳덩어리들을 가득 채운, 얇고 깨지기 쉬운 항아리들을 적들의 배를 향해 발사했다는 기록이 나온다. 두 번째는 1161년에 양만리楊萬里(1127-1206)가 쓴 것으로, 소흥紹興(1131-1162) 연간에 당 고종唐高宗의 통치를 받아 완안량完顔亮의 반란군과의 해전에 사용했던 효과적인 무기에 대해 서술했다. 여기에는 석회 가루가 '뇌성' 종류의 폭탄 안에 들어 있었다.

막강한 무기

더욱 중요한 발명들 중 하나는 가동 활자를 사용한 인쇄였다. 심괄이 『몽계필담』에서 언급했듯이 이 활자는 필승이 발명했으며, 구운 점토로 만들어졌다. 이후로 이 활자는 서적의 보급을 촉진하고, 문헌 전파에 일대 혁신을 불러왔다. 그 다음에는 1298년경에 왕정王禎(?-1333)에 의해 가동 나무활자가 개발되었으며, 1490년에는 화수華燧(1439-1513)에 의해 움직이기 쉬운 동활자銅活字가 만들어졌다. 유럽에서는 가동 활자가 요하네스 구텐베르크Johannes Gutenberg(약 1400-1468)에 의해 1458년에 와서야 '발명' 되었다(현재까지 연구된 자료에 의하면 최초의 금속활자는 1377년 고려 시대에 제작된 『직지심체요절直指心體要節』에 사용되었다. 구텐베르크보다 앞서 금속활자를 발명한 것이다. 현재 이 책은 프랑스 국립도서관에 소장되어 있다*).

방적기의 발명　　마지막은 실을 감는 데 쓰는 얼레다. 시골과 밀접한 관련이 있는 이 기구는 비단을 짜기 위해 중국인들에게 사용되었으며, 가장 오래된 형태가 1세기로 거슬러 올라간다. 이 장치들은 허신許愼(약 58-약 156)의 『설문해자說文解字』(121)와 장읍張揖(3세기)의 『광아廣雅』(약 230)에 인용되어 있다. 중국에서 진정한 방적기는 11세기에 나온 것으로 입증되었으며, 이에 대한 자세한 도해는 누숙樓璹(12세기)이 그린 〈경직도耕織圖〉의 1237년 판본에서 확인할 수 있다. 동양을 여행했던 이탈리아 상인들이 이 도안을 유럽에 들여왔을 것으로 추정된다(서양에서 이 방적기에 대한 최초의 언급은 1240년과 1245년 사이, 샤르트르 대성당의 커다란 장식 창에 그려진 그림을 통해서였다. 두 번째는 1280년에 슈파이어에서 발견된 독일의 길드 헌장에 기록되었다).

| 다음을 참고하라 |
과학과 기술 동양과 서양(411쪽)

귀금속에 관한 문헌과 마법

SCIENZE E TECNICHE

마법과 주술 치료

| 안토니오 클레리쿠치오Antonio Clericuzio |

이따금 철학뿐만 아니라 의학과도 구분이 매우 모호했던 마법은 중세 문화를
거치면서 종종 그리스도교 의례들과 융합되기도 했으며, 때에 따라서는 충돌하기도 했다.
광물들의 마법적인 힘부터 병을 낫게 하는 심령 치료사의 능력에 이르기까지 마법과
관련한 치료는 중세의 문헌에서 많이 다루어졌으며, 아랍과 이교도적인 전통을
지닌 요소들을 물려받았다.

상징과 마법

중세(12세기까지)에 자연의 세계를 이해하고 설명한다는 것은 이 세계가 보이는 것
과 다르며 심오한 실체에 대한 상징과 기호들의 통합체를 나타내는 것을 입증함을
의미했다. 자연적인 현상과 물건들에는 도덕적 또는 종교적인 성격의 의미가 부여
되었다. 동물들은 악 또는 선과 동일시되었으며, 모든 다른 창조물들과 마찬가지로
인간을 위해 창조되었기 때문에 그들의 기능에 우연한 것은 없었다. 동물들과 식물
들, 광물과 귀금속은 특별한 치유 능력과 초자연적인 힘, 매력과 반감을 가지고 있다
고 여겨졌다. 말과 소리도 유효한 기능을 지니고 있는 상상력을 통해 작용하기 때문
에 사람들(그리고 일반적으로는 자연)에게 특별한 영향을 발휘할 수 있다고 믿었다.

428

마법, 의례, 종교   마법이라는 어휘는 오랫동안 자연 철학과 종교와 쉽게 구별되지 않는 다양한 이론과 실제를 보여 주었다. 자연적인 발생과 마법에 의한 결과의 차이는 전혀 명확하지 않으며, 마법과 종교, 마법사가 야기한 신비스러운 일들과 기적적인 사건들, 마법을 지닌 물건들과 성물聖物 사이의 경계도 매우 불분명했다. 마법 행사와 종교적인 의례의 유사함과 초자연적인 세계와의 접촉에서 교회의 독점권을 보장해야 할 필요성은 종교 지도자들이 마법에 대해 적개심을 가지고 비난하게 된 주된 이유였다. 비록 교회는 모든 형태의 마법을 인정하지 않았지만, 신자들은(심지어는 종종 성직자들도) 치료를 위한 목적뿐만 아니라 일상생활에서 필요할 때 성물과 부적을 사용하고, 주문呪文과 기도를 결부했다. 중세의 마법은 그리스도교 본연의 의례들과 고대 이교도 세계로부터 유래한 마법을 종종 구분하지 못하고 혼동했다. 사악한 기운을 멀리하고 저주를 상쇄할 목적으로 평신도들뿐만 아니라 성직자들도 활용했던 액막이와 주문, 마법, 기도의 차이가 무엇보다 모호했다. 합법적인 마법과 그렇지 못한 것을 구별하기 위한 기준들 가운데 하나는 의식儀式과 의례, 신앙 고백문을 활용하기 위한 목적에 있었다. 만일 그 목적이 어떤 사람이나 그의 재산에 손해를 입히기 위한 것이라면, 이러한 마법을 행하는 사람들은 저주의 죄를 범하게 되는 것이다.

마법과 그리스도교

성인인가
마술사인가
주요한 성질(따뜻하고 차갑고 건조하고 습한 성질)로부터 유래하는 물체의 명백한 특성들에 의해 생겨난 효과가 자연적인 것이라고 말한다면, 예를 들어 하늘과 같은 다른 것에 기원을 둔 특성에 의한 것은 마법이라고 했다. 12세기까지 (서로 밀접하게 연관되어 있던) 마법과 점占은 악마의 거래와 연관되어 있다는 이유로 대부분 규탄을 받았다. 예를 들어, 12세기경에 초자연적인 힘과 공감과 반감에 대한 지식을 포함하는 자연적인 마법을 한 부분으로, 악마적인 마법을 다른 한 부분으로 보는 구분이 확립되었다. 악마적인 마법은 신을 거부하고 악마의 도움을 얻기 위해 그들에게 도움을 청하는 금지된 행위로 간주되었다. 한 인간이 자기 스스로의 능력으로 기적을 행한다는 것은 생각할 수 없는 것이었다. 신을 통해 기적을 수행하는 성인이 아니라면, 인간들의 기적은 그들과 협정을 맺은 순수하지 못한 영혼의 작품일 수밖에 없는 것이다. 역사학자 라울 만셀리Raul Manselli (1917-1984)에 의하면, "중세의 그리스도교가 실현을 목표로 했던 교계의 조직은 마법과 주문을 이해하고 밝혀내려는 집중적인 노력을 기울이는 와중에 이에 대한 반대 입장을 취하지 않을 수 없었다. 이로부터 비록 '미신'과 '이단' 사이에 갈등을 겪기는 하지만 항상 유죄를 선고하는 심판이 유래하게 되었다."

성경에서 야훼Yahweh와 그의 예언자들은 마법과 점을 비난했다. "누가 영매나 점쟁이에게 가서 그들을 따르며 불륜을 저지르면, 나는 그자에게 내 얼굴을 돌려 그를 자기 백성에게서 잘라 내겠다"(「레위기」20장 6절). 「사도행전」에서 마법을 부리던 시몬은 사도들에게 도전했으며, 베드로의 분노를 불러일으켰다(「사도행전」8장 9-24절). 사도들은 마법사들의 힘을 무너뜨렸으며, 에페소스의 마법사들이 그리스도교로 개종했을 때 그들의 책은 불태워졌다(「사도행전」19장 13-19절). 히포의 아우구스티누스(354-430)에게 약초와 돌, 부적을 사용한 치료들은 악마와의 비밀스럽거나 뚜렷한 교감에서 유래한 것이었다. 마법과 점은 아우구스티누스에게는 항상 사악한 영혼의 행위와 연관되어 있었던 반면에 기적은 신의 작품이었다. 아우구스티누스에 의하면, 악마들은 물질적인 것도 아니고 그렇다고 전적으로 영적인 것도 아닌 공기 같은 형체를 갖추고 있었기 때문에 특별한 날렵함을 가지고 있었으며, 이로 인해 인간들의 몸과 영혼을 비롯한 모든 곳에 들어갈 수 있었다. 이러한 그들의 특성 덕분에 악마들은 인간에게는 주어지지 않은 특이한 기술과 예측의 재능을 지니고 있었다. (406년과 411년 사이에 저술된) 『악마의 신통력에 관하여De divinatione daemonum』에서 아우구스티누스는 악마들이 질병을 유발할 뿐만 아니라 공기를 유해하게 만들고 무엇보다 잠 속에 환영을 불러일으킬 수 있는 힘을 지니고 있다고 주장했다. 마법에 대한 아우구스티누스의 비난과 그의 악마 연구(귀신학)는 중세에 지속적인 영향력을 행사했으며, 샤르트르의 이보(약 1040-1116) 같은 12세기의 교회법 학자들에 의해서 대부분 다시 받아들여졌다.

세비야의 성 이시도루스(약 560-636)는 마법에 대하여 아우구스티누스보다 다소 유연한 인식을 가지고 있었으며, 합법적인 마법과 금지된 마법을 구분했다. 합법적인 마법들에는 (흙과 물, 공기와 불을 통한) 흙점과 수점水占, 바람과 하늘에 떠 있는 구름의 모양, 혜성, 하늘 색을 통한 예언인 공기점, 불점과 새들의 나는 모양, 제물로 바친 동물들의 내장, 별들에 대한 관찰 같은 요소들을 통한 신통력이 포함된다. 『어원 사전』에서 이시도루스는 점성술을 합법적인 마법에 속하는 점의 형태로 보았다. 반면에 단어들과 매듭, 또는 풀과 돌, 신체의 유물 같은 마법적인 물건의 사용에 바

아우구스티누스의 영향

유죄의 선고와 형벌

탕을 둔 주문 같은 유효한 마술은 악마의 것으로 부정되었다. 4세기에 교회는 여러 공의회에서 마법에 유죄 판결을 내렸으며, 『유스티니아누스 법전』(534)은 마법과 점을 응징했다. 789년 카롤루스 대제(742-814, 768년부터 왕, 800년부터 황제)는 강령술 降靈術(죽은 사람의 영혼과 교감을 통해 미래를 점치는 마법*)과 점, 그리고 다른 형태의 악마의 마법을 행사하는 사람에 대하여 엄격한 대책을 마련했다. 813년의 투르 공의회는 '뼈 또는 풀의 묶음이 악마의 끈에 의한 결속에 지나지 않음'을 주장했다. 영국 제도와 유럽 중북부에 그리스도교를 보급할 때 교회는 개종시켜야 할 주민들 사이에 퍼져 있던 마법과 점술 행위에 성인들의 기적으로 대항했다. 성 패트릭Saint Patrick(약 389-약 461)의 삶은 고대 켈트족이 믿었던 드루이드교 사제들과의 투쟁으로 점철되었다. 이 투쟁에서 아일랜드 성인의 기적은 켈트족 사제들의 마술적인 신통력보다 우위를 보였다. 성 패트릭의 투쟁과 최종 승리는 성경에 나타나 있는 본보기들, 즉 모든 형태의 이교도 마법에 대하여 그리스도교의 신으로부터 기원하는 기적들의 우월성을 따르는 것이었다. 게르만 민족의 그리스도교 개종 과정(6-10세기)에서 교회는 악인과의 접촉에 바탕을 두고 있었기에 북유럽 주민들 사이에 퍼져 있던 마법적인 행위를 처단했다. 마법과 점은 북유럽 민족들이 믿던 최고의 신인 오딘Odin이 탁월함을 보인 수완이었으며, 신비한 기호들의 마법적인 힘에 대한 믿음은 교회의 단죄에도 불구하고 게르만 민족들의 그리스도교 개종 이후에도 오랫동안 살아남았다.

중세 사회에서 마법의 확산은 매우 광범위했으며, 성직자들을 포함하여 모든 계층에 나타났다. 참회 규정서에는 종종 (분명히 매우 일반적이었을) 부적, 주문의 사용, 점과 같은 마법 행위를 통한 면죄가 지시되어 있었다. 하지만 마법 행위와 종교적인 의례의 융합은 매우 긴밀했다. 악마를 내몰거나 사람과 짐승으로부터 병을 멀리하고 폭풍을 멈추는 것과 같은 정해진 목표를 얻기 위해 연이어 기도와 주문을 읊었다. 성체와 성인들의 유품은 땅을 비옥하게 하고 전염병과 기근을 피하기 위해 사용되었다. 11세기에는 가축이 새끼를 많이 낳게 하거나 질병을 치료하기 위해 부적처럼 성체(가끔 여기에 주문이 적히기도 했다)를 사용한 신성 모독 행위가 확산되기 시작했다.

마법 도서관: 마법 교본, 비법서와 신비주의 논문

가장 잘 알려진 마법 교본 가운데 하나는 11세기에 아랍어로 쓰이고, 그리스의 마법과 점성술 전통으로부터 영향을 받은 『피카트릭스Picatrix』였다. 이슬람 세계에서 별의 신에 대한 숭배가 만연했던 하란의 문화 같은 다른 문화와의 접촉은 마법의 발 이슬람의
마술, 알-킨디
전을 촉진시켰다. 아랍의 철학자들에 의한 마법의 우주론적이고 존재론적인 맥락
은 알-킨디의『광선에 관하여De radiis』를 시작으로 마법을 이성적으로 이해 가능하
도록 만들었다. 실제로 마법의 전반적인 실체는 하나의 힘이 작용하는 범위로 인식
되었으며, 이 속에서 성盛하고 쇠衰하는 것은 서로에 대한 상호적인 작용을 가능하게
해 주는 '공감'과 관련이 있었다. 인간은 우주에 작용하는 힘을 지배하고 조종함으로
써 이러한 분야에서 활동할 수 있었다. 중심적인 생각은 주체와 대상 사이에 구분과
혼란 없이 상호적으로 작용하고 있던 주체(마법사)와 세계의 변화에 대한 것이었다.
『피카트릭스』에서 천체와 지상의 물체들(돌, 식물, 동물), 신체 부분들, 냄새, 맛, 색,
기술, 직업은 정해진 행성의 영역 아래에서 자신의 자리를 발견함으로써 마법의 영
향을 받는 분야들로 구분되었다. 한편, 마법 행위는 천체와 지상의 물체, 인간의 행
위를 연결하는 관계들에 대한 지식을 전제로 했다. 예를 들어, 억제하고 가로막는 힘
의 근원인 토성 아래에는 비술秘術의 연구, 이집트어, 유대어, 그리고 신체 부분들 중
에서는 비장, 오른쪽 귀, 금속들 중에는 납과 철, 식물들 중에는 떡갈나무, 종려나무,
포도나무가 배치되었다. 반면에 생명의 영향을 발하는 목성에는 종교와 신학, 철학,
꿈의 해석, 그리스어와 왼쪽 귀, 간, 피, 통솔의 기술이 놓여 있었다.

　　『헤르메스주의 전집Corpus hermeticum』이라는 제목으로 통했던 (대부분이 기원후 초 『헤르메스주의
전집』
기 몇 세기 동안 작성된) 문헌집의 일부인 마법과 점성술과 관련한 몇몇 논문들은 12
세기경에 서방 라틴 세계에서 다시 확산되기 시작했다. 신비주의 문헌들 가운데 의
식과 연관된 마법 문헌들은 호기심을 더했을 뿐만 아니라 초기의 비난까지도 불러
일으켰다. 신비주의 문헌들의 기초를 이루는 우주론적인 전제들은 점성술과 관련한
활력론적인 성격을 지니고 있었다. 지상 세계에는 하늘이 영향을 미치고 있으며, 땅
은 살아 움직이고 신성함을 머금고 있었다. 신의 계시의 형태로 나타난 소위『헤르
메티카Hermetica』는 불변의 질서에 따라 구조화된 것은 아니지만 영적인 힘과 초자연
적인 능력, 하늘의 영향, 공감과 반감으로 충만한 우주의 단일한 개념을 주장했다.
우주의 중심에 자리 잡은 인간은 우주의 부분들 사이에 존재하는 감추어진 조화를
발견할 수 있었으며, 그러한 부분들을 자신의 목적을 위해 지배하고 사용할 수 있었
다. 신비주의 문헌들은 기적의 바탕을 이루고 있는 악마와 신의 위계질서, 즉 신과의
접촉을 실현하고 신의 덕으로 활동하는 것을 의도하는 기술을 주장했다. 신비주의

문헌에서 인간들은 조각상과 자신들이 만든 물건들에 신의 원리를 도입할 수 있었으며, 이러한 원리를 통해 인간들이 기적을 행하고 예언할 수 있음을 주장했다. (주요한 신비주의 관련 글들 가운데 하나인)『아스클레피오스Asclepius』는 낙관주의적인 영감을 지니고 있었다. 인간은 자신에게 내재되어 있는 지성이라는 신적인 기원을 통해 신과 결합되어 있다는 것이다. 모든 창조물들 가운데 유일하게 인간만이 신적인 성질과 원소들로 형성된 성질이라는 두 가지 성질을 지니고 있다는, 이러한 실용적이고 생산적인 해석은 12세기에『아스클레피오스』의 고유한 개념을 받아들였던 빙엔의 힐데가르트(1098-1179) 같은 이들에 의해 공유되었다. 힐데가르트는 천사 같은 영적인 창조물보다 그리스도의 신성과 인간성을 반영하는 (영혼과 신체의) 이중적인 성질이 신과 협력을 가능하게 해 주기 때문에 인간이 우월함을 주장했다. 헤르메스를 악마들에게 영감을 받은 예언자이자 이교도적인 우상을 숭배하는 자로 여겼던 아우구스티누스가 비난했던『헤르메스주의 전집』은 12세기에 그리스도의 말씀을 완성하고 개선시키는 신적인 영감의 결실로 인식되기 시작했다.

『비밀 중의 비밀』 　이슬람과의 접촉은 초기에 소수의 추종자들에게만 주어졌던 계시의 산물인 지식과 비밀들의 수집의 확산을 촉진시켰다. (근대 초기에도 매우 활발하게 보급된) 이러한 종류의 글들을 모아 놓은 전집의 내용은 가정생활과 상업에 대한 실용적인 조언들과 의학, 연금술, 마법 등 아주 다양했다. 이러한 비밀서들 중 가장 잘 알려진 것은 아리스토텔레스의 작품으로 잘못 알려진『비밀 중의 비밀Secretum secretorum』이다. 아랍에 기원을 두고 12세기에 라틴어로 번역된 이 작품은 제자인 알렉산드로스 대왕(기원전 356-기원전 323)에게 행한 아리스토텔레스의 가르침을 집대성한 것이다. 편지글 형식으로 쓰인『비밀 중의 비밀』은 정치적인 것뿐만 아니라 식생활에 대한 조언, 마법과 점성술과 관련한 가르침을 포함하고 있다. 아리스토텔레스의 비전秘傳의 지식을 전달하는 것을 밝힘으로써『비밀 중의 비밀』의 저자는 작품에 특별한 권위를 확보했다. 로저 베이컨(1214/1220-1292)의 사상은『비밀 중의 비밀』에 들어 있던 마법에 대한 학습으로부터 커다란 영향을 받게 된다.

마르보두스와 귀금속 　광물과 돌, 보석의 특별한 능력은 그 당시 속어로 된 많은 번역이 증명하듯이 여러 사회 계층과 궁정에 널리 보급된 귀금속에 관한 문헌이라 불린 논문들에 기술되어 있었다. 가장 잘 알려진 귀금속에 관한 문헌 중에는 아리스토텔레스의 작품으로 추정되는 것과 렌의 주교였던 마르보두스Marbodus(1035-1123)의 6보격 시행으로 이루어진 귀금속에 관한 문헌이 있었다. 마르보두스는 풀이 치료 능력을 지니고 있는 것이 사실이라면, 신이 특별한 능력을 부여한 귀금속 또한 충분히 그러한 능력이 있다고 주장했다. 차가운 성질을 지니고 있는 사파이어는 가루로 만들어서 우유와 섞어 주면 궤양과 편두통을 치료하고 공포와 질투심을 극복하며, 신으로 하여금 간청을 들어주도록 만드는 능력이 있다고 여겨졌다. 귀금속에 관한 문헌에 서술되어 있는 암석의 사용은 매우 다양했다. 자석은 부인의 정절을 확인할 수 있으며, 몇몇 보석들은 미래를 예견할 수 있게 해 준다고 믿었다.

대체로 작자 미상인 몇몇 마법 서적들은 실용적인 교본을 구성하고 있다. 이러한 책들은 정령을 불러오는 기술과 마법과 관련한 의식에 대한 서술과 지침을 담고 있다. 정령을 불러오는 기술은 이러한 작품들이 악마적인 성격을 가지고 있다고 의심하는 데 기여했다. 이 중 몇몇 책들은 유명한 저자의 작품으로 여겨진다. 『암소의 책Liber vaccae』 또는 『실험서Liber experimentorum』는 플라톤의 작품으로 생각되며, 『클라비쿨라Clavicula』라는 작품은 성경에 기원을 둔 인물인 솔로몬의 작품으로 추정되기도 한다.

마법의 물건들, 마법의 치료, 기적적인 능력

사물과 돌, 풀, 동물에 마법의 힘과 특별한 치유 능력을 부여하는 것은 그 기원이 매우 오래되었으며 다양한 문명에서 나타났다. 중세에 교회 당국자들의 의심과 비난에도 불구하고 여러 형태의 사물과 자연 물질 안에 특별한 힘의 존재가 있음을 가정하는 (또는 그것을 도입하는) 마법 행위는 전 유럽으로 확산되었다. 마법적인 치료의 준비 과정은 치료의 결과를 결정하는 절차와 의식을 규정하고 있었다. 의약의 목적으로 사용되는 동물의 생포와 도살은 정해진 규칙을 따라야만 하며, 따라서 도살이 이루어지는 순간에는 기도를 비롯한 주문을 올려야만 했다. 그뿐만 아니라 약을 만들기 위해 사용하는 부위의 선택은 다양한 난이도의 상징과 조화의 복합체로 결정되었다. 이것은 (떠오르는 태양으로부터 좋은 기운을 받아들인다고 믿었기 때문에) 동쪽을 바라보고 있는 나무의 면에서 채취한 껍질에 대한 조언부터 별과 사람의 신체, 식물, 금속들 사이의 복잡한 조화에 이르기까지 다양했다. 이러한 경우에 마법과 점성술, 의학은 서로 밀접한 관련이 있었다. 이후에 수많은 비밀서에 다시 등장하게 되는 마닐리우스Manilius(1세기)와 피르미쿠스 마테르누스Firmicus Maternus(337–350년에 활동)

신비주의 문헌들 속의 마법과 의술

의 기준에 의하면, 식물과 별, 신체 부분들은 서로 밀접하게 연관되어 있었다. 신체의 사지는 황도십이궁과 연결되어 있으며, 이러한 황도십이궁의 각각의 궁宮은 연결된 신체 부위에 대한 건강과 질병에 특별한 영향력을 행사했다. 각각의 궁은 다시 십분위로 나뉘었으며, 양자리의 첫 번째 십분위는 목덜미를 지배했고, 두 번째는 관자놀이와 코를, 세 번째는 귀를 관할했다. 예를 들어, 황소자리의 두 번째 십분위에는 기관지와 편도선이 자리하고 있으며, 따라서 이 부위들을 보호하려면 금과 은반지를 지니고 다닐 필요가 있었고 돌에 그 별자리의 모습을 새겨 넣어야만 했다. 각자에게 알맞은 식물과 보석, 금속을 통해 신체의 특정 부위에 별의 좋은 기운을 받아들일 수 있었다.

믿음과 미신　　복잡한 마법 행위 이외에도 의학은 자연적인 치료와 더불어 매우 광범위한 병리의 치료에 적용되었던 수땜과 액막이를 널리 이용했다. 이것은 질병을 자연적인 것과 초자연적인 원인들의 결합에 기인한 것으로 보는 인식에 의한 것이다. 대체로 악령의 도움으로 여인들이 도발한 마법이 생식 불능과 불임을 초래할 수 있다는 믿음도 널리 확산되었다. 860년에 랭스의 대주교 잉크마르Hincmar(약 806-882)의 편지에는 음탕한 여인들이 그들의 정부情夫가 다른 여인과 정식으로 혼인을 올리려 한다는 것을 알아채고 마법을 동원하여 그의 욕망을 없애 부인과 아무런 관계를 가지지 못하게 만든다는 계획이 처음으로 언급되어 있었다. 마법의 결과인 성 불능에 대한 생각은 샤르트르의 이보와 페트루스 롬바르두스(약 1095-1160), 알베르투스 마그누스(약 1200-1280) 같은 중세의 신학자들로부터 광범위한 동의를 얻게 되었다.

간질은 분명 매우 제한적인 경우이지만, (중세뿐만 아니라 근대 초기에도) 병과 치료에 대한 인식에서 자연적인 것과 초자연적인 요소들 사이의 불가분의 관계를 보여주었다. 빙엔의 힐데가르트는 이러한 '신성병'에서는 비록 이 질병의 직접적인 원인이 아님에도 불구하고 악마가 환자의 몸속으로 들어간다고 생각했다. 악마의 침투는 체액이 자극을 받고 뇌가 경련을 일으킬 때와 같은 위기의 순간에 이루어진다. 따라서 치료는 식이요법과 약뿐만 아니라 부적이나 액막이를 통한 방법도 고려했다. 간질의 치료에는 마법적인 의식과 기도, 약이 구분 없이 이용되었다. 간질과 신들림을 구분했던 최초의 인물들 중 한 명인 콘스탄티누스 아프리카누스(1015-1087) 같은 자연주의적 접근 방식을 채택했던 사람들조차도 치료는 사제들로부터 도움을 받아야만 한다고 생각했다. 길베르투스 안글리쿠스Gilbertus Anglicus(약 1180-약 1250)는 약의 투약에 앞서 그리스도를 기원하는 제문이 선행되어야 한다고 제안했다.

기적적인 능력은 신으로부터 성인들로만이 아닌 몇몇 왕조의 구성원들에게도 전 의사와 사제들
해졌다. 1000년경 프랑스에서는 (영국은 이로부터 한 세기 후에) 왕들의 치료 능력, 즉
손의 접촉을 통해 속된 표현으로 '선병腺病'이라 불렸던 결핵성 선염腺炎이라는 특이
한 질병을 치료할 수 있는 초자연적인 능력에 대한 믿음이 퍼져 나갔다. 손을 대는
행위는 성경 속 방식, 특히 그리스도가 행한 치료를 재현한 것이다. 의사들은 그들의
논문에 왕의 손길을 이러한 특이한 질병의 특효약으로 소개했으며, 영국에서는 이
러한 결핵성 선염을 (왕의 병을 의미하는) 왕의 악마King's evil로 불렀다. 프랑스와 영국
궁전으로 환자들이 엄청나게 많이 유입되었으며 영국에서는 1714년까지, 프랑스에
서는 프랑스 혁명 때까지, 그리고 그 이후 왕정 복고 시대부터 1825년까지 지속되며
여러 세기 동안 이어졌다.

처음부터 환자의 몸에 손을 대는 것에는 제2의 상징적인 동작인 십자가를 긋는
행위가 곁들여졌다. 이것은 조금 전에 손으로 만졌던 환자에게 축복의 의미를 주는
것임이 분명하다. 연대기 작가인 노장의 기베르(1053-약 1124)는 "우리의 군주이신
루이 6세께서 그분에게는 일상적인 기적을 행하는 것을 본 적이 없나요? 저는 제 두
눈으로 목이나 신체의 다른 부분에 결핵성 선염을 앓고 있는 환자들이 그분의 손에
닿기 위해 무리지어 몰려드는 것을 보았습니다. 그분께서는 손으로 만지는 것뿐만
아니라 십자가도 그었습니다. (중략) 그분의 아버지이신 필리프 왕께서도 정열적으
로 이러한 기적적이고 영광스러운 능력을 행하셨습니다"라고 했다. 십자가를 그으
며 접촉하는 것의 의미는 신성시되었던 군주를 통하여 하늘의 은총을 수행하는 도구
로서 군주가 단지 대리 활동을 수행할 뿐이라는 것을 가리킨다. 왕의 치료 능력의 도
구적이고 대리인적인 성격은 이러한 접촉과 함께 신에게 드리는 기도라는 제3의 요
소로 인해 더욱 분명해졌다. 메로빙거 왕조 같은 독일계 왕들에게는 군주의 초자연
적인 능력이 세습으로 전해져 왕가의 모든 사람들이 그러한 능력을 지니고 있었던
반면에, 프랑스와 영국 군주들의 치료 능력은 신성한 성유를 통한 도유식과 함께 교
황을 통해 신으로부터 수여되는 것이었다.

| 다음을 참고하라 |
과학과 기술 이븐 시나와 아랍의 연금술(375쪽); 서방 세계의 아랍 연금술의 수용(381쪽); 비잔티움의 연금술
과 광물학(387쪽)

문학과 연극
Letteratura e teatro

문학과 연극 서문

| 에치오 라이몬디Ezio Raimondi, 주세페 레다Giuseppe Ledda |

중세 전기에 문학과 관련한 문화의 산실이 사실상 수도원 한 곳뿐이었다면, 11세기와 12세기에는 문화적 생산의 중심지들이 급격하게 늘어났으며 문학 분야에서 활동했던 작가들도 마찬가지였다. 철저하고 단호한 개혁으로 나름의 혁신을 거친 수도원들과 어깨를 나란히 하며 등장했던 봉건 영주들의 궁전이 기하급수적으로 증가하고 도시가 탄생하면서 이러한 변화하고 차별화된 현실을 표현하는 다양한 목소리들과 상황, 양식, 문화 주체들이 함께 형성되었다.

문화의 중심지들

수사학과 법률학: 도시는 새로운 문화적 경험들이 독자적으로 발전하는 자유로운 공간이었지만, 동시
대학의 탄생 에 고대 방식을 복구함으로써 법률과 수사학의 재정립과 재건에 대한 요구가 감지되었던 곳이기도 하다. 코무네의 정치적·제도적인 실체를 더욱 견고히 하고자 했던 의지는 대중적인 의사소통과 정치 제도에 대한 권위 있는 자기 표상을 위한 기술로서만이 아니라, 정치적인 갈등을 조정하고 이끌어 나가기 위한 수단으로 수사학을 의식적이고 세련되게 이용하는 쪽으로 이어졌다. 역시 이러한 이유로 법률과 수사학은 대학의 탄생에 중요한 역할을 했으며, 이탈리아의 대학들, 특히 볼로냐 대학에서 법관과 공증인 같은 언어 전문가들이 더욱 광범위한 대중들에게 효과적인 의사소통의 기교를 보급한 구술 기예 또는 문서 작성법을 가르치는 새로운 수사학 학교가 이름을 떨쳤다. 큰 목소리로 낱말을 구술하는 방법으로부터 동사 'dictare'는 단순히 '작성하다'라는 의미를 지니게 되었다. 이로 인해 글을 작성하기 위한 기교와 관련한 규정 일체는 '구술 기예ars dictandi' 또는 '문서 작성법ars dictaminis'이라는 이름을 얻었다. 수사학적인 작성의 규칙을 이해하고 공식화하고자 하는 이러한 의지는 수사학에 대한 접근을 용이하게 만드는 한편, 점차 정치적인 담화(연설법artes arengandi), 종

교적인 담화(설교술artes praedicandi), 시, 문학론(작시술artes poeticae 혹은 artes poetriae)과 같은 구어와 문어로 이루어진 의사소통의 다른 영역들과도 관련을 맺게 되었다.

하지만 대학에서 수사학과 법학 교육을 받은 새로운 지식인들을 확보한 도시들의 주변에서는 수도원이 문화적인 생산과 수용이 활발하게 이루어지는 문화 중심지의 역할을 계속해서 수행했다. 11세기와 12세기에 수도원의 필사실은 나날이 증가하는 문헌학적인 관심과 번역 체계의 발전을 통해 법전 대부분의 사본이 만들어지던 장소였다. 짧은 논평으로 구성되었으며 수도원과 민간 학교들에서 작성한 주석註釋들은 시간이 갈수록 성경과 관련한 것뿐만 아니라 베르길리우스, 테렌티우스Terentius, 오비디우스Ovidius, 스타티우스Statius 같은 고대 작가들의 작품들에도 적용되었다. 극히 드문 몇몇 경우를 제외하고, 이 시기에 작성된 새로운 주석들은 4세기와 5세기에 만들어져 중세 전기를 통틀어 고스란히 보존된 옛 주석들을 대체하였다. *수도원의 필사실과 번역*

한 곳이 아닌 여러 개의 중심지에서 전개된 문화 활동은 정치와 종교의 다양한 주체들이 수도원과 왕국, 시민들, 도시들에 대한 역사적인 기억을 보편적인 영역으로 확장시켜 나가는 것을 기록했던 역사 기술로 인해 특별한 방식으로 증명되었다.

시 창작 활동 또한 문화적인 중심지들이 증가하면서 많은 영향을 받았다. 궁정과 수도원, 주교 학교와 도시, 국제적인 접촉과 여행이 서로 교차하던 11세기와 12세기에 루아르 지역에서 활약했던 렌의 마르보두스(1035-1123)와 부르괴이의 발드리쿠스Baldricus(1046-1130), 라바르댕의 일드베르Hildebert(1056-1133) 같은 시인들의 다양한 경험이 쏟아져 나왔다. 더욱 활동적이고 편력적이었던 것은, 역시 도시와 학교에서 만들어지고 소비되었지만 수도원과 궁정들과도 접촉을 유지했던 학생 방랑 시인들이 쓴 라틴어 풍자시로 입증된 문화였다. 수도원의 환경은 11세기 살레르노의 알파누스(?-1085)와 페트루스 다미아니(1007-1072)의 시와 같은 종교적인 영감을 지닌 라틴어 시에 강렬한 시적 감흥을 제공해 주었다. 신학과 철학, 과학 연구에서 명성을 얻은 샤르트르 주교 학교는 12세기에 특히 위세를 떨쳤다. 하지만 베르나르두스 실베스트리스(12세기)와 릴의 알랭(약 1128-1203)을 가장 대표적인 인물로 하는 교훈시와 우화시의 특별한 시대가 열리게 된 것도 샤르트르에서 완성된 가르침들로부터 기인한 것이다. *궁정과 수도원, 학교, 도시를 중심으로 전개된 시 창작 활동*

또한 수도원들은 종교와 관련한 글과 문학, 설교, 그리고 신학과 금욕주의, 신비주의, 논쟁 관련 논문 등의 전 장르를 섭렵하는 작품 활동을 펼치며 뛰어난 수사학적 전문 지식으로 '꿀처럼 단 박사Doctor Mellifluus'라는 칭호를 얻었던 당대의 가장 영향력 있는 지식인들 중 한 명인 시토 수도회의 클레르보의 베르나르두스(1090-1153)뿐만 아니라 페트루스 다미아니의 금욕주의적인 논문에서부터 빙엔의 힐데가르트의 환상을 보는 예언과 피오레의 조아키노(약 1130-1202)의 종교적인 예언에 이르기까지 가장 높은 영적 수준의 종교 담론에 대한 문헌들이 완성되었던 곳이다. 또 다른 수도원 시설인 파리의 생빅토르 대수도원은 생빅토르의 위그(약 1096-1141)와 리샤르Richard(?-1173)의 신비주의 신학의 발전을 통해 중요한 문화가 형성된 장소가 되었다.

하지만 위대한 영적 문학과 신학적·신비주의적 논문들만이 수도원을 생산과 보급 활동을 위한 중심지로 삼았던 것은 아니다. 사후 세계관을 다룬 대중적인 장르 또한 수도원 안에서 저자들과 유포자, 심지어는 종종 주인공들까지 발견되었다.

사랑의 탁월함

유럽 속어 문학의 탄생 또한 다양한 문화의 중심지들로부터 기인했다. 많은 언어권의 초기 증거 자료들과 문헌들이 수도원에서 유래했으며, 11세기 오일어oil(프랑스 북쪽에서 사용된 언어*)로 쓰인 성인전 시(『알렉시스 성자전La Vie de Saint Alexis』)와 오크어oc(프랑스 남쪽에서 사용된 언어*)로 쓰인 성인전 시(『성 피데스Sancta Fides』), 또는 마르셰 지역의 베네딕투스 수도원을 배경으로 만들어진 (12세기 말의) 『성 알렉시우스에 관한 운율시Ritmo su sant'Alessio』를 비롯한 그다음 세기의 이탈리아어 속어로 쓰인 성인전과 관련한 고전시들 가운데 몇몇 작품도 수도원의 주도로 만들어진 것들이다.

하지만 곧 속어 문학은 다양한 장르를 다룰 수 있으며 사회적·문화적 현실과 관련이 있는 여러 부류의 주인공들을 관심의 대상으로 부각시킬 수 있음을 보여 주었다. 그럼에도 불구하고 속어 문학이 가장 훌륭하게 표현할 수 있었던 무대는 라틴 교회 문화의 바깥에서 민간 귀족을 만들어 낸 궁정들이었다. 이로써 궁정은 가장 영향력 있는 문학적인 경험들의 궁극적인 가치도 제안하게 되었다. 궁정 문화는 서사시, 그리고 특히 소설과 서정시에 이상화되어 반영되었다.

궁정의 사랑 궁정의 문화가 자신의 문학적·문화적 경험의 중심에서 체계화했던 가치들 중에 전적으로 우위를 차지했던 것은 사랑이었다. 실제로 '궁정'을 의미하는 단어 'corte'에서 유래한 '호의cortesia'라는 어휘는 선행과 몸가짐의 집합체였을 뿐만 아니라, 무엇보다 사랑을 이해하는 새로운 방식이었다. 따라서 기사 소설과 서정시에서 예의 바른 영웅은 서사시의 영웅처럼 전쟁과 종교, 가족에 대하여 자신의 의무를 다하는 것에만 전적으로 초점을 맞추지 않고, 사랑에 의해 깊은 동요를 받기도 했다. 또한 궁정의 사랑은 샹파뉴의 마리아Maria(1145-1198)의 궁정에서 12세기에 안드레아스 카펠라누스Andreas Capellanus(12세기 후반)가 쓴 논문『사랑에 관하여De amore』에서 이론적인 고찰의 대상이 되었다. 궁정의 사랑에 대한 이론에는 도덕적이고 내면적인 고귀함에 바탕을 둔 새로운 이상뿐만 아니라 특히 결혼의 구속을 초월하며, 사회적인 장벽보다 더 강한 사랑의 억제할 수 없는 힘에 대한 인식이 접목되었다. 그럼에도 불구하고 궁정 연애는 항상 욕망의 충족이 유예되거나 부정되고, 심지어는 규칙상 도달할 수 없는 순수하고 사심이 없는 이상적인 사랑이었다.

하지만 이 시기에는 궁정의 사랑에 대한 문학과 함께 대개 서정시와 궁정 소설에서 배제된 관능적인 영역에 많은 부분을 할애함으로써, 덜 이상화되고 더 세속적인 어휘들로 사랑을 노래하는 데 매진한 오비디우스의『사랑의 기술Ars amandi』을 따르는 라틴 시의 위대한 부활 또한 목격할 수 있다. 또한 사랑은 12세기 최고의 지성인인 피에르 아벨라르(1079-1142)의 자전적인 사건의 극적인 주인공이었다. 엘로이즈(약 1100-1164)와의 어긋난 사랑은 그들의 서간문에서 회상되고 칭송되었다. 이것은 12세기를 겪었던 다양한 사랑의 이미지들이 집중되어 있는 것처럼 보이는 문학적 실존주의의 실현이었다. 이러한 것들은 서정시(아벨라르는 엘로이즈를 위한 노래도 많이 지었다)와 소설에서 이루어지는 궁정의 사랑, 즉 관능적인 자극에 대한 자신의 정열을 통해 육욕적인 사랑과 뉘우침을 되풀이하며 신성한 사랑을 향한 전향과 자신의 정화에 전념하기 위해 사랑의 물질주의를 포기하는 것으로 나타났다.

이제 종교 문화 또한 사랑의 우월함에 대한 찬양과 이러한 분위기에 편승하는 것 같았다. 이렇게 해서 12세기 수도원의 주변에서는 생티에리의 기욤과 생빅토르의 리샤르, 클레르보의 베르나르두스, 릴의 알랭 같은 당대 최고 지성인들의 기여를 통해 성경의 뛰어난 성애서인「아가」에 대한 끊임없는 논평이 이루어졌다. 그리고 신비주의 신학은 베르나르두스뿐만 아니라 생빅토르 대수도원에서 활약했던 철학자들과 신학자들의 신비주의 경험에서 인간을 신의 경지로 끌어올리고, '신격화'의 과정을 통해 인간을 변화시키는 사랑의 신학이 되었다.

정욕적 사랑의 다양한 인식에 대한 상반되지만 근본적인 유산은『장미 설화Roman

「아가」에 대한 칭송

de la Rose』와 토디의 자코포네Jacopone da Todi(1230/1236-1306), 그리고 젊은 시절의 운문에서부터『신곡』의 마지막 구절 "태양과 다른 별들을 움직이는 사랑"에 이르는 단테에 대한 과감한 고찰을 거치며, 아시시의 프란체스코(1181/1182-1226)부터 페트라르카Petrarca(1304-1374), 보카치오Boccaccio(1313-1375)에 이르는 그다음 세기의 가장 대표적인 작가들에 의해 그러한 인식들 사이의 관계와 대립의 측면에서 연구가 이루어졌다.

부흥과 혁신

LETTERATURA E TEATRO

대학의 수사학

| 프란체스코 스텔라Francesco Stella |

중세에 기원을 둔 것들 가운데 오래 지속된 '발명품' 중 하나는 대학이었다.
여기에서는 12세기와 13세기에 새로운 문화였던 법학과 신학, 의과학, 수사학이
만들어졌다. 인문학과에서는 무엇보다 문학의 번영에 기여할 지식의 세속화를
위한 수단인 문서와 서신 작성 기술을 가르쳤다.

대학의 탄생

대학이 언제 탄생했는지를 결정하는 것은 무엇보다 용어의 문제다. 'universitas'는
사실 대학이라는 제도 자체보다는 학생들과 교수들의 조합을 지칭했다. 반면에 대
학 제도의 라틴어 이름은, 많은 도시들에서 오랜 전통을 누렸지만 아직 대학의 형
태를 조직화하지는 못했던 법학이나 의학 학교, 혹은 참사회 학교와 혼동되었던 실
체인 'studium'이다. 12-13세기에 직능 단체들이 자신들의 직업 활동을 규정에 따
라 통제하기 위해 조합 형태로 조직되었을 때, 보편적인 교육 기관들을 장려했던 대
학의 제도와 교수들도 자신들의 공동 작업을 새로운 유형으로 표현했다. 가장 오래
전에 설립된 대학으로 여겨지는 (최초의 공식적인 문서는 신성로마 제국 황제 프리드리
히 바르바로사가 '타지의' 학생들에게 법적인 보호를 보장하기 위해 포고했던 〈학자의 특권

Habita〉이라는 헌장이었다) 볼로냐 대학은 학생들이 동향단同鄕團 또는 (각 지역별 동향단으로 나뉜) 지역적인 조합의 형태로 뭉쳐 (교수단을 이루는) 교수들을 채용하는 학장을 임명하고 교육 기관을 운영했던 학생들로 구성된 학문적 조합인 학생 조합 universitas scholarium의 효시가 되었다. 반면에 파리에서는 교수와 학생으로 구성된 학문적 조합인 교수와 학생 조합universitas magistrorum et scholarium이 만들어졌다. 1180년경에 설립되어 교황 그레고리오 9세(약 1170-1241, 1227년부터 교황)가 학문의 모체 Parens scientiarum로 선언했던 파리 대학은 신속하게 유럽 전역에 파급된 방식에 따라

교회로부터의
독립

교수들에 의해 운영되었다. 여기에서 학장의 권위는 교회 당국자, 즉 주교의 대리인인 주교구 상서 담당자의 권위와 대립했다. 실제로 학생들과 교수들은 공식적으로 모두 성직자들이었으며, 가르침은 설교와 마찬가지로 오랫동안 고위 성직자들의 특권이었다. 파리에서 대학의 자치권은 파업(1229)과 학생들과 경비대 사이의 광장 점거 대치를 통해 획득되었으며, 그 이후로 교수 자격licentia docendi을 수여하는 권리가 결정적으로 주교구 상서 담당자로부터 대학의 교수들에게 이전되었다. 이러한 과정은 종종 지역 교회 권력의 연대를 극복하고 이와 함께 수여한 성직들에 대한 보편적인 가치를 보장하려는 목표를 가지고 있었던 교황청과 대학의 도움으로 전 주교좌에서 점진적으로 이루어졌다.

인문학부와 수사학 연구

대학은 오늘날과 마찬가지로 학부(최대 4개였지만, 항상 동시에 나타난 것은 아니었다)들로 나뉘어 있었다. 이 4개의 학부는 (고대부터 모든 문학적이고 학문적인 형성의 기초가 되었던) 인문학부, (교황이 금지하기 전까지는 민법도 포함되었던) 교회법학부, 의학부, (가장 오래되고 엄격했던) 신학부였다. 예를 들어, 오를레앙에서 특히 발전한 인문학은 등록한 학생과 교수의 숫자와 재정적인 비중에서 4개 학부들 가운데 가장 컸으며, 2년의 학사 학위와 4년의 박사 학위로 이루어진 6년간의 고등 교육의 가장 중요한 기본 단계를 형성하고 있었다. 이 단계 이후에 (20-21세) 의학부와 법학부, 신학부를 다닐 수 있었으며, 또 다른 5-6년의 공부가 필요했다. 한편, '거룩한 책sacra pagina'의 교수(즉 성경의 주석가)와 신학 교수가 되기 위해서는 (35세가 지난 뒤) 성경에 대한 학사 학위와 명제학 학사Baccelliere Sentenziario를 취득해야만 했다.

인문학부Facultas artium에서는 언어 이외에도 수사학 교수가 가르치는 공식 문서

작성을 위한 의사소통 기술들을 배웠다. '작문의 기술'인 구술 기예는 이미 제국과 교황청의 서기국에서 실시되고 있었지만 11세기에 마침내 승인되었으며, 『화려한 수사Flores rhetorici』 또는 『서간의 기술에 관한 일별Dictaminum radii』, 『서한문의 개요 Breviarium de dictamine』 같은 몬테카시노의 알베리코Alberico(약 1030–약 1105)의 초기 수사학 교본들을 통해 대중화되었다. 이러한 책들에서 다루어진 핵심 내용은 수사적 표현과 그 표현 방식에 대한 것이었으며, 서한 작성에 대해서는 인사말에 대한 언급만이 있을 뿐이었다.

볼로냐 학교

서간문 쓰는 법에 대한 진정한 학문은, 아마도 대학을 탄생시키는 계기가 되었을 공증에 대한 연구와 이르네리우스의 학교가 글을 통한 의사소통에 실용적이고 정치적인 성격을 부여했던 볼로냐에서 특히 활발하게 발전했다. 12세기 초에 이곳에서는 아지눌포Aginulfo, 사마리아의 아달베르토(『서간의 기술의 계명Praecepta dictaminum』), 볼로냐의 우고Ugo(『서간문 작성의 원리Rationes dictandi prosaice』, 1119–1124년 사이), 작문을 유기적으로 운문과 운율, 산문으로 구분하고 편지의 다섯 부분인 인사salutatio, 호의好意 끌기captatio benevolentiae, 사실 진술narratio, 당부petitio, 결론conclusio을 정의한 『구술의 원리Rationes dictandi』의 익명의 저자가 활약했다.

여러 차례 중쇄되어 전해져 내려온 『전집Summa』의 첫 출판을 앞두고 있던 볼로냐의 베르나르도Bernardo(12세기 중반)와 아직 작품이 출간되지 않았던 그의 제자 아레초의 귀도Guido d'Arezzo는 구술 기예를 수사학과 시학과 융합함으로써 이러한 전통을 집약하고 강화했다. 이러한 시학에는 하나의 문장 혹은 하나의 구절을 마감하는 2개의 강세로 구성된 라틴어 산문 운율인 쿠르수스cursus도 포함되어 있었다. 이러한 운율들 가운데 가장 자주 등장하는 유형은 평조cursus planus($'--'-$, 예: víncla perfrégit), 지조cursus tardus($'--'--$, 예: víncla perfrégerat), 속조cursus velox($'--'-'-$, 예: vínculum frégerámus)다.

이러한 혁신적인 요소들은 이탈리아와 독일의 학교, 그리고 베르나르두스 실베스트리스(12세기)와 그의 제자인 방돔의 마티외Matthieu de Vendôme(?–약 1200), 편지 작성법을 필요로 하는 수천 가지 일상과 관련한 이야기에 대한 지대한 관심을 모아 놓은 『화려한 서간의 기술Flores dictaminum』의 저자 묑의 베르나르Bernard de Meung(12

세기)가 공부하거나 가르쳤던 투르와 오를레앙의 프랑스 학교에 영향을 미친 새로운 교육 수단들을 만들어 냈다.

수사학의 보급　　볼로냐와 프랑스에서는 1181년과 1185년 사이에 저술된 글쓰기의 일곱 가지 유형(서간문, 역사, 논쟁, 비평, 논문, 웅변, 토론)을 구분한 수사학적 구술 기예서『수사학 기술에 관한 책Libellus de arte dictandi rhetorice』의 저자로 추정되는 블루아의 피에르(약 1135~약 1212)와 1188년과 1190년 사이 볼로냐에서 학교 동료들의 간청으로 쓴『구술 기예 대전Summa de arte dictandi』과 엄청난 인기를 끌었던 시학 교본『새로운 시학Poetria nova』의 저자인 뱅소프의 조프루아Geoffroy de Vinsauf(12-13세기) 같은 순회 교수들의 등장으로 접촉이 더욱 늘어나고 빈번해졌다. 자신의 두 번째 수사학 논문인『구술과 작시에 대한 기술과 방법에 관한 개론Documentum de modo et arte dictandi et versificandi』을 통해 조프루아는 서간의 유용성에 대한 구상으로부터 볼로냐 지역의 다른 문헌들에 반영되어 있는 문학적인 이해로 관심을 옮겼다. 예를 들어, 1246년에 공증인들의 지역 조합 헌장에 따르면, 이 직업을 단지 정확하게 라틴어를 이해하고 받아쓸 수 있는 사람들에게만 인가해 주었다. 최근에 발견된 13세기 이탈리아 시의 단편들은 에밀리아 지방 공증 법전의 지면들에서 나온 것이다. 그 이후의 인물들은 이 기술의 실용적인 성격에 대한 옹호(특히 연애편지에 대한 첫 번째 학술 논문인『베누스의 수레바퀴Rota Veneris』의 저자 시냐의 본콤파뇨Boncompagno da Signa, 약 1170~약 1250)와 문학적인 수사학의 수용(1218년부터 볼로냐에는 피렌체 출신의 베네Bene와 전 유럽에서 대중적인 인기를 누렸던 논문에서 베네의『칸델라브룸Candelabrum』을 이용했던 귀도 파바Guido Faba[약 1190-1243]가 있다) 사이에서 머뭇거렸다.

아레초의 학교와 인문주의 이전 시기의 문화

대학 생활에 대한 글　1200년대 중반에 볼로냐뿐만 아니라 이탈리아 중부와 남부에서도 전반적으로 새로운 대학들이 많이 생겼다. 이때 탄생한 대학들은 1224년 프리드리히 2세(1194-1250, 1220년부터 황제)가 설립한 나폴리 대학과 1255년으로 거슬러 올라가는 유럽에서 가장 오래된 대학의 제정 법규를 자랑하며(볼로냐 대학의 제정 법규는 1237년에 만들어졌으며, 케임브리지 대학에서는 1250년에 제정과 관련한 법규가 마련되었다) 1205년부터 학문의 전통을 이어온 아레초 대학을 예로 들 수 있다(볼로냐의 로프레도Roffredo는 아레초에 이미 "인문학부가 번영을 누리고 있다viget studium litterarum"고 적었다). 아레초에서는 영향력 있는 문법과 수사학 학교가 발전했다. 이 학교의 교수들 중에는 볼로냐의 베르나르도의 제자인 귀도와 연결될 수 있는, 아직 미지의 인물들이었던 본필리오Bonfiglio(?-1266년 이후, 비녜의 피에르Pier delle Vigne[1190-1249]의 제국 문서국의 고귀한 문체를 공문서 작성 양식에 접목했다)와 콜레 발 델사의 미노Mino da Colle Val d'Elsa(13세기)가 있었다. 순회 방문 교수였던 미노는 아레초에서 종종 저속하거나 농담조 또는 독설적인 말투와 직설적인 접근의 신선함을 살려 대학 생활에 대한 글들의 효시가 되었던 학교를 위한 서간문집을 저술했다. 현재도 출판 중인 이러한 서간문들 가운데에는 준비 중인 직업에 대한 적응과 문화적인 의식의 형성을 위한 공부의 중요성을 고취시키고 교육과 수사학에 대한 깊은 신뢰를 보여 주었던 머리말들을 발견할 수 있다. 미노는 이러한 글들을 문자적인 학문scientia litteralis이라고 불렀으며, 다른 모든 학문들이 나름의 내용을 전달할 수 있도록 해 주는 역할을 함으로써 모든 학문들의 여왕에 비유했다.

콜루초 살루타티Coluccio Salutati(1331-1406)에 의하면, 이 시기의 몇십 년 동안 아레초는 '이제 막 빛을 발하기 시작한' 파도바와 함께 인문주의 이전 시기의 유일한 문화 중심지로 활약했다. 아레초가 이러한 문화의 중심지가 된 것은 레오나르도 브루니Leonardo Bruni, 포조 브라촐리니Poggio Bracciolini, 그레고리오Gregorio와 카를로 마르수피니Carlo Marsuppini, 조반니 토르텔리Giovanni Tortelli, 프란체스코Francesco와 베르나르도 아콜티Bernardo Accolti, 조르조 바사리Giorgio Vasari 같은 토스카나 인문주의의 위대한 인물들의 터전을 마련한 아레초 대학의 교수들 또는 고전의 주석가들, 문법학자인 제리Geri, 고로Goro, 도메니코 반디니Domenico Bandini 같은 스승들의 혁신적인 기여 덕분이었다. 아레초의 경우는, 폴 오스카 크리스텔러(1905-1999)의 논지에 의거하여 수사학과 특히 구술 기예가 '인문주의와 1200년대와 1300년대의 문학과 시학의 번영을 이루게 된 근간이 되었음'을 보여 준다는 면에서 볼로냐와 어떤 면에서는 유사했다. 그들의 대중적인 가르침은 글쓰기의 세속적인 직업화에 한 획을 그음으로써 글로 이루어진 의사 전달의 기술을 더욱 폭넓게 접할 수 있는 길을 열었으며, 결국 인문주의는 이러한 기술을 군주들의 궁전이라는 닫힌 공간으로 이끌게 되었다.

인문주의의 뿌리

| 다음을 참고하라 |
역사 교육과 문화의 새로운 중심지(242쪽)
문학과 연극 중세 라틴어 시학(448쪽)

중세 라틴어 시학

| 엘리자베타 바르톨리Elisabetta Bartoli |

문학 작품의 창작에 대한 모든 제반 규칙들을 주제로 다루었던 중세 라틴어 시학은
12세기와 13세기에 무르익어 가던 대학 문화의 결실이었다. 이러한 시학은 그 기원과
목적에서 중세의 다른 2개의 기예인 설교와 구술 기예와 연관되어 있었다.
지금까지 남아 있는 시학 작품은 10편이 안 되며, 이 중 가장 유명한 것은
『파리의 시학Parisiana poetria』이다.

시학과 다른 기예

시학artes poetriae은 산문 또는 시로 된 문학 작품의 문어적인 창작을 위한 모든 제반
규칙들을 대상으로 한 글을 말한다. 고대의 용어처럼 이미 중세에 '기예ars'라는 어휘
는 실용적인 영역뿐만 아니라 넓은 의미에서 기준을 정립하는 전문 서적의 이론적인
영역을 가리키기도 했다.

중세에는 문학적인 창작 활동과 관련한 세 가지 유형의 기예가 존재했다. 그것
은 지금 다루고 있는 시학ars poetrae, 편지 작성에 대한 문서 작성론ars dictaminis, 강연
sermo의 문어적·구어적인 구성과 설교를 위해 저술된 설교술ars predicandi 또는 변론
술ars sermocinandi이었다. 이 모든 기예들은 주제를 구성하는 방식에서 몇 가지 특성
을 공유하고 있었으며, 또한 분명한 것은 이 모든 것들이 이 시기 유럽의 주요한 학
교들에서 행해지던 가르침들로부터 기인했다는 것이다. 이러한 기예들은 단일한 저
자와 관련이 있는 것이 아니라 분명한 역사적 순간에 학자들의 공동체가 공유한 표
현인 이론적인 고찰을 제안했기 때문에 특히 흥미로웠다. 세 가지 기예들의 가장 주
된 차이는 시학이 이론적인 능력의 습득을 위해서만이 아니라, 정신적인 아비투스
habitus(개인의 습성이나 관습*)의 수립을 위해 필수 불가결한 수단으로 교육적으로 거

두었던 주요한 성과였다.

200편이 넘는 설교술과 약 300편 정도 되는 문서 작성론에 비해 남아 있는 시학
의 숫자가 상대적으로 미미한 이유를 머피J. J. Murphy(*The art of poetry and prose*, 2005)는
글을 쓰는 기술과 관련하여 보급된 규정들의 동질성에서 찾고 있다.

현존하는 시학 작품들

연대순으로 볼 때, 우리가 알고 있는 첫 번째 시학은 방돔의 마티외(?-약 1200)의
『작시법Ars versificatoria』(약 1175)이다. 마티외는 투르에서 베르나르두스 실베스트리
스(12세기)의 문하생으로 공부했으며, 오를레앙과 파리에서 가르쳤다. 운문으로 이
루어진 몇 가지 예와 함께 산문으로 쓰인 『작시법』은 호라티우스Horatius의 『시론Arte
poetica』으로부터 상당 부분 많은 영향을 받았으며, 주로 시로 된 문헌들을 다루었다.
이 작품의 주요한 독자들은 그의 제자들이었다. 이 학술서는 사적인 성과를 거두었
을 뿐만 아니라 대중적으로도 널리 읽혔다.

『아우도마루스의 시학Poetria audomarensis』은 12세기 말 생토메르의 작자 미상의
문헌이다. 이 작품을 이루고 있는 50개의 2행 연구聯句는 전부 묘사descriptio에 대해
다루고 있다. 비록 저자가 호라티우스(기원전 65-기원전 8)를 잊지는 않았지만, 주요
한 기원은 세비야의 성 이시도루스(약 560-636)의 『어원 사전』이었다.

당대의 진정한 베스트셀러는 교황 인노첸시오 3세(1160-1216, 1198년부터 교황)   **조프루아의**
에게 헌정된 영국인 뱅소프의 조프루아(12-13세기)의 『새로운 시학』(1200-약 1202)   **『새로운 시학』**
이었다. 이 작품은 약 200여 편이 남아 있는데, 이는 5편이 남아 있는 『작시법』과 6
편이 남아 있는 『파리의 시학』과 비교해 볼 때 엄청난 숫자로, 거의 1600년대까지 필
사되었다. 이 작품이 오랜 생명력을 누리며 학교 교육 영역에서 성공을 거둘 수 있었
던 것은 교육적인 요구에 완벽하게 부응할 수 있었기 때문이다. 또한 『새로운 시학』
의 한 구절에 의하면, 로마에서 체류하고 아마도 볼로냐에서 가르쳤을 것으로 보이
는 조프루아의 작품들 중에는 『구술과 작시에 대한 기술과 방법에 관한 개론』과 『색
채 대전Summa de coloribus』이 남아 있다.

묘사의 명확함과 조직적인 뛰어난 작업으로 가치가 높았던 것은 멜클리의 제르바
시우스Gervasius(약 1185-?)의 『작시법Ars versificatoria』(약 1215)이다. 제르바시우스는
자신과 동시대 또는 그보다 조금 앞선 인물이었던 방돔의 마티외와 뱅소프의 조프

루아를 자신의 작품에 언급했을 뿐만 아니라 그들의 사상 또한 본질적으로 재분석했다. 시뿐만 아니라 산문에 대해서도 다루었던 그의 논문은 문법적이고 수사학적인 규칙을 이용하고, 특히 모범이 되는 작품들에 대한 철저한 강독을 통해 진술의 오류를 피하는 방법에 집중했다.

규칙의 통합 『운율과 리듬, 산문의 기예에 대한 파리의 시학Parisiana poetria de arte prosayca, metrica et rithmica』(약 1220, 1231-1235년에 개정)은 아마도 살펴보고 있는 학술 논문들 가운데 가장 방대한 작품일 것이다. 이것은 옥스퍼드에서 공부하고 파리에서 다년간 가르치며, 다방면에 걸쳐서 다작을 했던 갈란디아의 요하네스Johannes de Garlandia(약 1195-약 1272)의 작품이다. 『파리의 시학』은 서간문 작성법과 구어 담화와 관련한 규칙과 같은, 시의 기예에 관한 지식들을 결합시킴으로써 각기 다른 창작의 장르(산문, 운율, 리듬)의 규칙들을 하나로 통일하고자 했다. 이 작품을 구성하고 있는 7개 부분들 가운데 가장 혁신적인 것은 주제의 발굴, 순서, 확장을 다룬 내용이었다.

에베라르두스 알레마누스Everardus Alemannus(13세기)의 『라보린투스Laborintus』(1213년 이후-1280년 이전)는 연대순으로 보아 현존하는 시학들 가운데 (14세기 린셰핑의 마티아스Matthias의 『린셰핑의 시학Poetria linkopensis』을 제외한다면) 마지막에서 두 번째 작품이다. 이 작가에 대해서는 그가 오를레앙과 파리에서 공부하고 브레멘, 그리고 아마도 쾰른에서 가르쳤다는 것 외에는 확실하게 알려진 것이 거의 없다. 제목은 '미로'를 의미하는 'labirinto'와 ('고뇌하며'라는 의미의) 'laborem habens intus'의 말의 유희를 노린 것이었다. 비록 앞선 4명으로부터 다양한 개념들을 받아들이기는 했지만, 우리가 알고 있는 기본적인 구도에 비추어 볼 때 주제들 중 몇몇 요소들은 완전히 새로운 것이었다. 이 작품은 스승의 역할을 했던 7개의 자유학예(1-3장)를 통해 자신의 탄생과 성장, 교육을 노래한 1,005개의 시구로 이루어져 있다. 실제로 저자는 확고한 운명을 지니고 태어났으며, 그의 경력이 자신에게 가져다줄 미래의 불행에 대해 이미 어느 정도 예지하고 있었다(이 모든 것은 6장에 설명되어 있다).

구조와 내용

이러한 학술 문헌들은 대개 하나의 기본적인 구성으로 이루어져 있다. (서론, 전개, 결론의) 주요한 세 부분은 거의 공통적으로 들어가지만 다양화와 부연, 인물에 대한 문체의 조정, 다양한 문학 장르의 특성들, 피해야 할 오류들, 전통적인 주제의 취급과 같은 구체적인 수사학의 개념들을 위한 지면은 작가 개개인의 이해에 따라 좌우되었다.

고대의 수사학에서 정립되었듯이, 중세 시학에서도 두 종류의 서론이 존재했다. 하나는 사건의 논리적인 순서를 추구하는 자연적인 것이며, 다른 하나는 이것을 변형시킨 인위적인 것이다. 시학들로 인해 도입된 새로운 것은 무엇보다 인위적인 순서를 이용했을 때 격언과 모범exempla의 활용에 대한 것이었다. 진술의 전개에 대해서는 『새로운 시학』과 『파리의 시학』만이 다루었다. 『새로운 시학』에서는 다시 한 번 사건이 스스로 진행되는 자연스러운 순서와 작가가 이용한 모범들과 격언들에 대한 설명 또는 관계대명사를 통해서 전개의 일관성을 강조해야만 했던 인위적인 경우에 대한 구분이 이루어졌다. 『파리의 시학』에는, 서간문 작성법과 웅변술에 채택된 관습적인 구도에 따라 작품의 특징적인 부분들인 서론, 서술, 요청, 확인, 거절, 결론이 제시되어 있었다. 결론은 보통 전반적인 사상과 격언 또는 영감을 주는 신에게 드리는 기원에 대한 것이었다.

자연적인 순서와 인위적인 순서

부연과 생략은 고대의 수사학과도 무관하지 않은 개념이지만 중세 시학에서 새로운 의미로 나타났다. '부연하다'는 '전개하다', '주제를 폭넓게 다루다'와 같은 의미를 지닌다. 이에 관해서는 고대의 수사학에서는 잘 알려지지 않았으나 『새로운 시학』과 『파리의 시학』에서 다룬 동의어, 직유법, 일화, 수사학적인 질문, 어원론, 용어법, (11세기까지 매우 유행했던) 우언법寓言法(숨겨진 원래의 뜻을 암시하는 표현법*), 돈호법頓呼法(시·문장·연설 도중에 감정이 고양되어 그 자리에 없는 사람이나 사물을 부르는 일*), 의인법, 묘사, 곡언법(표현하려는 것을 돌려 말하는 것*), 생략, 여담 같은 다양한 수단들이 존재했다.

주제의 전개

저급, 중급, 고급의 3개 문체에 대한 고전적인 이론이 다시 부활했으며, 『베르길리우스의 작품집Ruota di Virgilio』에서 각각 『목가집Bucoliche』, 『농경시Georgiche』, 『아이네이스Eneide』를 그 예로 들었다. 하지만 13세기부터 어떤 작품의 등급을 정하는 것은 더 이상 문체가 아니라 주인공의 사회적 계층에 의해 좌우되었다.

3개의 문체에 대한 전통적인 구분과 함께 시학에서 은유와 환유, 제유법, 대조법, 우언법, 풍유, 수수께끼 같은 다양한 수사학적인 표현들을 이용했던 복잡한 수식修飾과 단순한 수식과의 궁극적인 차이를 발견하게 된다. 단순한 수식은 수사학적인 문체의 이용을 규정하고 있다(가장 널리 보급된 방식은 유음 반복법annominatio, 즉 음이 비슷한 말을 익살스럽게 쓰는 말장난이었다). 이것은 중세 사람들이 관심을 가졌던 부분으로, 이에 대하여 앞에서 언급한 뱅소프의 조프루아의 글과 같은 독자적인 학술 논문들을 남길 정도였다.

시학과 수사학의 전통

쉽게 유추할 수 있듯이 시학 논집들에 제안된 이론적인 새로움은 상대적으로 얼마 되지 않았다. 하지만 이러한 새로움은 13세기 중반, 아리스토텔레스의 문헌들이 보급되기 시작할 때까지 의심의 여지없이 명성을 누렸던 키케로(기원전 106-기원전 43)의 『발견에 관하여De inventione』와 호라티우스의 『시론』 또는 『피시오네스에게 보내는 서신Epistola ad Pisiones』과 『헤레니우스에게 바치는 수사학Rhetorica ad Herennium』 같은 수사학의 고전적인 작품들과는 특히 많은 접점을 유지하고 있었다. 고전 라틴어 문체에 대한 수사학적인 논문들에는 이미 규범으로 자리 잡고 있던 베다Beda(637-735)와 이시도루스 같은 중세의 작가들뿐만 아니라 다양한 이론적인 부분에서 예로 든 수많은 별쇄본들이 보여 주듯이 저자들의 운문과 산문 문헌들도 포함되어야만 했다. 한편, 대학 교육의 기초는 기준이 될 만한 모범들에 대한 공부로 이루어져 있었다. 이와 관련하여 가장 명성이 높았던 학교는 오를레앙과 파리 대학이었다. 에드몽 파랄Edmond Faral(*Les artes poétiques du XII et du XIII siécle*, 1924)이 시학의 많은 저자들이 바로 이 대학들을 다녔다고 언급한 것도 전혀 우연이 아니다.

| 다음을 참고하라 |
문학과 연극 대학의 수사학(443쪽); 설교와 설교술(483쪽)

독서와 고전에 대한 주석

| 엘리자베타 바르톨리 |

> 12세기는 중세 역사의 신기원을 이룩했다. 이 시기에 저자들은 고전 문학에 대한
> 나름의 관계를 새롭게 써 나가기 시작했다. 고전 작품의 성공 여부는 인용이나
> 언급만이 아닌, 설명 작업이자 동시에 문헌에 대한 고찰의 특별한 시기의
> 결실인 주석과 주해로 평가되었다.

고전의 수용

카롤링거 왕조 시대는 고전 작품들을 모든 교양인의 형성 과정에 필수적인 것으로 여기며, 고전의 역할을 확고하게 강화했다. 10세기와 11세기에는 몇몇 그리스도교 작가들이 이교도적이라는 이유로 위험하다고 평가했던 고전 문화에 대한 해묵은 반감이 대부분 사라져 가고 있었다. 12세기에 중세 문학의 역사는 일대 전환기를 맞이했다. 찰스 호머 해스킨스Charles Homer Haskins(1870-1937)가 12세기의 부흥에 대한 논문을 출판했던 1927년부터 이러한 르네상스의 실체에 대한 논의는 여전히 진행 중이다. 변하지 않는 사실은, 이 시기의 저자들이 그들의 시대와 그 이전의 시기를 갈라놓는 명확한 구분에 대해 분명한 인식을 하고 있었다는 것이다. 몇몇 저자들이 앞서 갔던 고대인들antiqui에 비해 자신들을 현대인moderni으로 정의했던 신구논쟁 Querelle des anciens et des modernes의 시기는 문학 전통에 대한 다른 관계를 수반했다. 거부해야 할 것과 모방해야 할 것, 통합해야 할 것을 떠나서 문학적인 전통은 동시대 경험에 비해 무엇인가 다른 모습을 보여 주었다.

이것이 11세기와 12세기 동안 고전 작품들의 수용에 관한 대략적인 상황이다. 원 작자들에 대한 끈기 있는 연구는 책의 제작과 전파 과정에서 기인한 여러 변형된 판본들에 대한 고찰을 의무화했다. 11세기와 12세기에 막대한 양의 책들이 여러 판본과의 대조와 교정을 통해 문헌학적인 신중함을 가하고 몇몇 희귀본들의 가치에 대한 인식을 더하여 수도원 필사실에서 복사되었다. 책을 복사하는 행위는 사본 자체의 독서 양식에 의해 결정되었다. 현대적인 판본은 작품의 감상이 그 작품의 주석과 독자의 주해와 밀접한 관련을 맺기 시작했을 때 탄생했다. 주석과 주해는 그리스 문학

에서 시작되었다. 그리고 이러한 수단은 카롤링거 시대에 특히 성경과 관련한 문헌들에 집중되었으며, 또한 세속 문학으로까지 확장되었다.

주석과 주해

12세기에는 지식을 행사할 때 작성자들이 최고조에 도달한 순간으로 감지한 해석적인 장치들이 많이 있었다. 콩슈의 기욤(약 1080-약 1154)은 자신이 '새로운 것의 저자가 아니라 오래된 것의 해설자이자 발표자'임을 기꺼이 주장했으며, 마리 드 프랑스Marie de France(12세기 후반)는 고대인들은 후대 사람들이 그 문헌의 의미를 더욱 풍요롭게 하며, 문헌에 주석을 달 수 있기 때문에 그들보다 더 총명할 것이라는 것을 알고 있었다고 말했다.

홀츠Holtz(*Glosse e commenti*, 1995)에 의하면, 주석과 주해는 모든 유형의 작품들에 관련한 것이지만, 역사 문헌들(우리가 알고 있는 첫 번째 주해는 1334년 이후에 사망한 니콜라스 트리벳Nicholas Trivet의 티투스 리비우스[기원전 59-17]에 대한 것이다)과 연대기, 보고서, 성인전, 서간문집, 설교 같은 몇몇 작품들은 거의 주해가 이루어지지 않았거나 조금밖에 이루어지지 않았다. 반면에 성경에 대한 주해는 엄청나게 많았다. 수사학과 변증법에 대한 작품들 가운데 가장 주해가 많이 이루어졌던 것은 『발견에 관하여』와 『헤레니우스에게 바치는 수사학』이었다. 법학은 유스티니아누스(481?-565, 527년부터 황제), 기하학은 유클리드(기원전 3세기)였으며, 시인들 사이에서는 9세기부터 11세기까지 점점 더 복잡해진 베르길리우스의 필사본 판본들의 변화가 보여주듯이 당연히 베르길리우스(기원전 70-기원전 19)가 으뜸이었다.

주해는 종종 작품의 문체 또는 그 작품에서 다루어진 논제로부터 기인한 교육적 의도에 의해 발생했으며, 다른 경우에는 문헌의 긴 생명력에 좌우되기도 했다. 알퀴누스Alcuinus(735-804, '요크의 앨퀸'이라고도 함) 이후로 문법 교육의 바탕을 이루었던 도나투스Donatus(4세기)와 프리스키아누스(5세기 말)의 고대 논문들에 대한 접근은 최소한 12세기 말경 수사학에 대한 새로운 논문들이 작성되기 전까지 고전적인 수사학 논문들에 곁들여졌던 요약과 주해, 또는 주석들을 고려했던 스승의 조정이 없었다면 어려웠을 것이다.

고전의 생존은 원작자auctores가 논문에 나타나 있는 이론들의 실질적인 본보기를 제공한다는 사실에도 기인했다. 원작자는 당연히 규범을 따르는 사람들이었지만,

이러한 규범은 계속해서 새로워졌다. 중세 전기에 테렌티우스(기원전 195/185-기원전 약 159)와 베르길리우스는 세둘리우스Sedulius(5세기)와 아라토르Arator(약 480-약 550) 또는 놀라의 파울리누스Paulinus(약 353-431) 같은 새로운 고전 작가에 의해 대체되었으며, 그 뒤에는 새로운 관심의 대상이 되었고, 따라서 10세기부터 새로운 주해의 대상이 되었다.

주해는 11세기부터 늘어났지만, 앞에서 언급했던 것처럼 오랜 전통을 가지고 있다. 고전 작가들에 대한 중세의 주해는 2가지 유형으로 구분된다. 하나는 (베르길리우스에 대한 것처럼) 고전의 주해를 원형으로 하는 것들이며, 다른 하나는 테렌티우스에 대한 『브룬시아누스의 주해Commentum Brunsianum』 또는 베르나르두스 실베스트리스(12세기)의 작품으로 생각되는, 『아이네이스』의 앞부분 6권에 대한 우의적인 해석에 대해 다루었던 주해와 같은 새로운 유형이었다. 문크 올센Munk Olsen은 올바르게 쓰인 것으로 보이는 유일한 고전의 주해들은 베르길리우스의 『목가집』, 『농경시』, 『아이네이스』에 대한 세르비우스Servius(4세기)의 주해라고 말했다. 11세기에도 여전히 테렌티우스에 대한 엘리우스 도나투스Aelius Donatus의 주해, 락탄티우스(3-4세기)의 오비디우스(기원전 43-17/18)와 스타티우스(40-96)에 대한 주해, 또는 키케로의 『발견에 관하여』에 대한 마리우스 빅토리누스Marius Victorinus(4세기)의 주해 같은 고전의 주해들이 존재했지만, 12세기에는 『아이네이스』에 대한 세르비우스의 주해와 프리스키아누스를 제외하고 모두 다 사라졌다. 이것은 현대적인 주해가 확립되었음을 보여 주는 것으로, 이제 주해는 작품의 이해를 분담하게 되면서 시대에 뒤떨어지는 것으로 평가받는 것도 그만큼 쉬워졌다.

고전의 번성

가장 많이 복사되고 주해가 달렸던 저자들은 가장 많이 읽혔던 작품을 남긴 사람들로서 그 이전 세기에 비해 놀랄 만한 변수들은 많지 않았다. 베르길리우스는 가장 많이 연구된 고전 작가들 중 한 명이다. 베르길리우스의 필사본 숫자가 10세기에 감소하게 된 것은 그 이전의 몇 세기 동안 만들어진 책들의 양이 워낙 많았기 때문이다. 9세기에서 12세기까지로 거슬러 올라가는 50개가 넘는 사본들 중에 현재까지 전해져 내려오는 25편의 작품들을 각각 분류한 문크 올센의 분석에 의하면(*La popularité des textes classiques entre le IX et le XII siècle*, 1984-1985), 수집된 자료들은 11세기에 호라

가장 높은 인기를 누렸던 베르길리우스와 호라티우스

티우스에 대한 편애를 입증했지만(오늘날 더 이상 우호적으로 받아들여지지 않고 있는 중세학자 트라우베Traube의 유명한 구분에 의하면, 10세기와 11세기가 호라티우스의 시기에 상응한다고 했다), 페르시우스Persius(34-62)와 유베날리스(약 55-약 130) 또한 많이 읽혔다.

12세기는 『목가집』과 『농경시』에 비해 『아이네이스』가 선호되었으며, 9세기까지 꾸준하게 필사되고 읽혔던 호라티우스에 대해서는 11세기에 서정시로 인해 더 높은 평가를 받을 수 있었던 반면, 12세기에는 풍자시Satire와 서간문Epistole, 시학Arte poetica 의 필사가 특히 많이 이루어졌다. 12세기에 판본의 증가는 테렌티우스와 살루스티우스Sallustius(기원전 86-기원전 35?), 키케로(기원전 106-기원전 43)의 도덕에 대한 논문들, 세네카(기원전 4-65)에게서 두드러졌다. 실제로 1100년에는 산문으로 된 문헌들에 특별한 관심이 있었음이 분명하다(종종 테렌티우스는 운율을 고려하지 않고 필사되고 읽혔다). 시 작품들 중에서는 수도자의 삶을 노래한 『테바이스Tebaide』와 내란을 노래한 서사시 『파르살리아Farsalia』, 『변신 이야기Metamorfosi』가 눈에 띄었다. 결국 더 자주 필사되고 읽혔던 것은 규범이 되는 작가들의 작품이었다. 한편, 점점 조직적으로 학교가 변화를 거듭하면서 규범에 대한 존중은 더욱 엄격해졌다. 이러한 현상은 12세기에 가시화되었으며, 대학의 확립과 함께 더욱 뚜렷해졌다. 실제로 12세기에는 소수의 작가들의 판본이 대량으로 유지되기는 했지만 필사되고 읽히는 작가들의 명단은 줄어들었다. 이러한 선별 과정은 고전 작품들에 대한 선택의 폭을 감소시켰으며, 이는 개별적인 본보기로 또는 몇몇 선집에 단편으로 포함되어 전해져 내려온 진귀한 문헌들에 의해서 부분적으로만 보완되었다.

규범이 되었던 작가들에 대한 고찰은 남아 있는 필사본들에 기초하여 비평가들이 전적으로 나중에 수행한 작업은 아니었다. 히르사우의 콘라드Conrad(약 1070-1140)가 쓴 『작가들에 관한 대화Dialogus super auctores』처럼 문학적인 경험의 시대적인 가치와 전통의 의미에 대한 작가들의 생각을 읽을 수 있는 광범위한 문학 연구 또한 존재했다. 『작가들에 관한 대화』는 문헌 강독에 필요한 예비 지식을 위한 교재로, 이 책을 통해 규범이 되는 작가들이 열거되었을 뿐만 아니라 이교도와 그리스도교의 문학적인 유산을 체계적으로 접할 수 있었다.

도서관 또는 선집 안에서 찾아볼 수 있는 고전의 존재와 이에 대한 강독은 특정한 역사적 시기에 작가와 그의 기원을 맺어 주는 관계에 대한 문제를 제기하도록 하고, 그 책을 통해 수립된 모방의 관계와 인용/암시의 관계를 살펴보도록 강요했다. "주해는 중세 문학 비평의 가장 주된 부분이다"(Ileana Pagani, *Lo spazio letterario del Medioevo*, vol. III, 1995).

이러한 의미에서 자기 자신을 과시하는 존재가 되었을 때, 예를 들어 랭스의 잉크마르(약 806-882)가 비판했던 주해와 주석은 단순히 교육적인 활동의 축적일 뿐만 아니라 한편으로는 고전 작품의 감상을 규범적인 방향으로 이끌고, 다른 한편으로는 그 작품에 대한 독서의 다양한 경험과 그에 대한 반응의 기억을 유지하는 수단이 되었다.

| 다음을 참고하라 |
문학과 연극 마리 드 프랑스(553쪽)

유럽 언어로 쓰인 최초의 문헌들과 문학 작품

| 주세피나 브루네티|Giuseppina Brunetti |

다양한 유럽 언어들에 대한 문헌 자료들과 그러한 언어들로 쓰인 최초의 문학 작품은 그 등장 시기와 작품성에서 차이를 보였다. 각기 다른 속도의 차이는 라틴어나 다른 인도유럽어군 또는 다른 기원으로 거슬러 올라가는 언어들로부터 탄생한 문자화의 정착으로 기록되었다. 그러한 언어들의 정착 정도의 차이에 대한 관찰은 다른 민족과 문화의 표현에 대한 선택과 문학을 더 잘 이해할 수 있도록 도와주었다.

로망스어 지역

유럽의 다양한 언어적·문학적 전통에 대한 증거 자료들은 탄생 시기나 문헌의 종류에서 차이를 보였다. 역사적·지리적으로 차이를 보였던 증거들이 드문드문 개별적으로 나타나던 단계를 지나 문헌들의 출현 빈도가 급격히 늘어나면서 문학적인 표현과 완벽한 묘사에 도달하는 단계에 이르렀다.

지금까지 남아 있는 가장 오래된 로망스어 문헌 자료는 프랑스에서 나왔다. 이는 **로망스어 최초의 문헌들**

연대기 작가인 니타르트Nithard가 라틴어로 쓴 자신의 저서 『역사Historia』에 인용했던 유명한 〈스트라스부르 서약Giuramenti di Strasburgo〉(824)이었다. 이 서약은 고대 프랑스어 또는 오일어로 맹세했던 서프랑크의 카롤루스 2세 대머리왕(823-877, 875년부터 황제)과 서게르만어의 하나인 프랑코니아어로 맹세했던 동프랑크의 루도비쿠스 독일왕Ludovicus Germanicus (약 805-876, 843년부터 독일 왕, '루트비히 2세'라고도 함)이 형제들 중 셋째인 로타리우스 1세Lotharius I(795-855, 814년부터 황제)에 맞서기 위해 체결한 방어 조약을 조인한 것이다. 카롤루스와 루도비쿠스, 로타리우스는 카롤루스 대제(742-814, 768년부터 왕, 800년부터 황제)의 아들 루도비쿠스 1세 경건왕Ludovicus Pius(795-840, 814년부터 황제)의 아들들이었다. 로망스어 최초의 문헌에 대한 역사는 카롤링거 제국의 붕괴로 인해 탄생한 새로운 세계의 태동기에 자리 잡았다. 베르됭 조약은 스트라스부르에서 인식되고 확립되었던 언어적-문화적 차별화를 영토 구분에 대한 차원으로 바꾸어 놓았다. 반면에 프랑스어로 쓰인 최초의 문학 작품은 전형적인 라틴어를 이용했던 시적인 창작물인 약 880년의 『성녀 에울랄리아의 속창 Sequenza di Santa Eulalia』이었다. 그리고 9세기와 11세기 사이에 8편이나 되는 오일어 문헌과 9편의 오크어 문헌에서 프랑코프로방스어로 쓰인 『알렉상드르 이야기Roman d'Alexandre』를 확인할 수 있다.

이미 10세기부터 차이를 보였던 이탈리아어의 변형들이 처음으로 법령의 형태로 나타났다. 960년 카푸아에서 작성된 가장 오래된 문서는 몬테카시노 대수도원장들이 청구했던 몇몇 토지 소유권에 대하여 재판관이 내린 판결문을 담고 있다. 이 문서는 라틴어로 되어 있지만, 세 사람은 각각 속어로 된 문장을 소리 내어 읊으며 수도원에 유리한 증언을 했다. 최초의 증거 문헌들의 문서 종류로는 피사 조선소의 지출 계산서, 아미아타의 비망록, 트라발레의 증언뿐만 아니라 코모딜라의 카타콤의 낙서에 나타나 있는 속어("묵송默誦을 큰소리로 읊지 말라Non dicere ille secrita a bboce")와 로마에 있는 산 클레멘테 성당의 유명한 명문銘文이 있다.

로망스어 최초의 문학 작품들 반면에 최초의 문학 관련 문헌들은 1100년 이후에 등장하기 시작했다. 『몬테카시노의 성모의 눈물Pianto della Vergine di Montecassino』의 단편斷片은 12세기 중반에 쓰인 것이며, 프로방스의 음유시인 바케이라스의 랭보Raimbaut de Vaqueiras(약 1155-1205년 이후)의 『노래Ritmi』와 이탈리아어 스탠자(4행 이상의 각운이 있는 시구*)는 12세기 말에 쓰인 것이다. 그리고 성 프란체스코(1181/1182-1226)의 『피조물의 노래Il Cantico delle

Creature』, 라벤나와 피아첸차의 단편들의 운문, 프리드리히 2세(1194-1250, 1220년부터 황제)가 시인 학교의 시를 취리히어로 바꾼 형태 등이 거의 13세기에 와서 나타났다.

이베리아 지역에서는 레온에 있는 산 후스토San Justo와 산 파스토르San Pastor 수도원의 치즈 소비를 기록해 놓은 980년경의 목록이 있다. 그 뒤 베네딕투스회 소속의 두 수도원으로부터 에스파냐어의 변형으로 쓰인 최초의 체계적인 문서들이 유래했다. 그것은 산 밀란 데 라 코골라 수도원의 필사본 60번에 보관되어 있는 주석들(Glosas Emilianenses, 10세기)과 실로스의 산토 도밍고 수도원의 필사본으로 남아 있는 『실로스의 주석Glosas Silenses』(10세기)이다.

1040년대부터 하르차harǧa를 볼 수 있다. 또한 12세기에는 다양한 법률 문서fueros들이 편찬되었지만, 『알렉산드로스 대왕 이야기Libro de Alexandre』와 『아폴로니오 이야기Libro de Apolonio』, 그리고 널리 알려진 『엘 시드의 노래Poema de mio Cid』 같은 고대 로망스어 작품을 만나기 위해서는 13세기까지 기다려야만 했다. 12세기 말의 또 다른 유물은 『영혼과 육체의 논쟁Disputa del alma i del cuerpo』과 종교극의 효시가 된 『동방박사 시극Auto de los Reyes magos』이었다. 포르투갈어와 카탈루냐어로 쓰인 가장 오래된 문헌들 또한 12세기 말 이전의 것은 아니었다. 가장 오래된 갈리시아-포르투갈어 방언으로 쓰인 칸티가cantiga는 1196년의 것이다.

남아 있는 가장 오래된 루마니아어 문헌은 1521년 키릴 문자로 쓰인 편지였으며, 루마니아어로 인쇄된 첫 번째 책은 1544년 루마니아의 시비우에서 출판된 루터교의 교리 문답집이었다. 루마니아어와 마찬가지로 고립어인 알바니아어 역시 최초의 문헌이 비교적 늦게 나타났다. 북알바니아와 유고슬라비아의 방언인 게그어gheg로 쓰인 첫 번째 책인 존 부주쿠Gjon Buzuku(16세기)의 『미사전서Missale』는 1555년의 것이다. 그리고 마지막으로 로망슈어로 기록된 최초의 문헌은 10-11세기 성 갈로의 사본에 필기구를 시험하기 위해 적은 문장들과 아인지델른 수도원에 보관되어 있는 11세기 기도문 앞부분 몇 줄 사이의 행간에 기록된 해설로 이루어졌다.

독일 지역

대이주의 시기(375년부터 568년까지)와 바이킹의 원정 이후인 10세기에 게르만 민족의 정착과 국가로의 조직화 과정이 일어났다. 게르만어가 분포한 지리적 영역은 크게 스칸디나비아(스웨덴, 덴마크, 노르웨이, 아이슬란드, 페로 제도)와 영국, 유럽 중북

460

부 세 지역으로 구분된다.

게르만어로 쓰인 최초의 문헌 자료는 간헐적으로 필사의 형태로 존재하기도 했지만 원래는 비碑에 새긴 글의 전통이었던 룬 문자 비문碑文이었다. 룬 문자 비문의 전통은 독일에서는 8세기에, 영국에서는 9세기부터 10세기 사이에 중단되었으며, 스칸디나비아 지역에서는 14세기까지 남아 있었다. 이 비문의 제작이 중단된 시기는 구어의 전통이 끝났을 뿐 아니라 그리스도교화와 라틴어 문자의 대규모 침투 시기와 일치했다.

사실 고대 고지독일어 문헌 자료는 라틴어 전통과의 접촉으로부터 강한 영향을 받았다. (중세 프랑코니아어, 라인 지방어〔예를 들어, 같은 내용의 맹세들을 볼 수 있다〕, 알레만어, 바바리아어, 롬바르디아어의 동게르만어와 같은 다양한 변이 형태로 존재했던) 고대 고지독일어는 주석가들과 함께 시작되었으며(7–8세기의 『장크트갈렌의 어휘집 Vocabularium Sancti Galli』과 『아브로간스Abrogans』 주해집), 번역(예를 들어, 10세기에 풀다에서 작성된 타치아노의 『복음의 조화Armonia evangelica』)과 함께, 특히 장크트갈렌의 노트커 3세Notker III(약 950–1022)의 작업을 통해 계속되었다. 주요한 시 작품들 중에서는 두운頭韻 시행의 서사시인 『힐데브란트의 노래Hildebrandslied』와 종교적인 성격의 『무스필리Muspilli』가 특히 돋보였다.

고대 작센어 문학의 탄생 풀다의 프랑코니아어 필사실 덕분에 9세기와 10세기 동안 고대 작센어 문학이 탄생할 수 있었다. 작센어 문학의 주요한 기념비적인 두 작품은 종교적인 주제의 『헬리안트Heliand』(구세주)와 「창세기」의 번역본인 『게네시스Genesis』였으며, 그 후 앨프레드 대왕Alfred the Great(약 849–899?, 871년부터 왕) 덕분에 11세기에 앨프릭Aelfric(약 955–1020)과 울프스탄Wulfstan(?–1023)의 성인전과 『베어울프Beowulf』라는 걸작을 통해 절정을 맞이하게 될 (웨식스 왕국 언어인) 서부 작센 방언 문학의 확립을 마주할 수 있다. 1000년경, 유일하게 문학적인 특성을 갖추고 있었던 앵글로색슨 문학의 발전은 그 뒤로 1066년에 정복자 윌리엄(약 1027–1087, 1066년부터 왕)이 주도한 노르만인들의 잉글랜드 정복에 의해 크게 좌우된다. 이때부터 앵글로노르만어로 탄생한 프랑스어의 변형이 실질적인 문화어로 자리 잡았다.

1000년경 스칸디나비아 지역은 구어적인 전승이 여전히 지속되고 있었으며, 그리스도교의 영향력도 아직 미미했다. 처음에는 24개 기호로 이루어진 문자들로 기록된 수많은 룬 문자의 비문은 16개의 기호를 사용하고 있었으며, 이러한 기호들로 이루어진 언어는 일반적으로 고대 노르드어를 표준어의 지위로까지 이르게 한 '북유럽의 바이킹어'를 가리켰다. 독일(중세 고지독일어: 『민네장Minnesang』, 『니벨룽겐의 노래Nibelungenlied』)과 스칸디나비아(고대 노르드어: 고대 아이슬란드어로 쓰인 북유럽 신화와 시가인 『에다Edda』와 고대 스칸디나비아의 시인 스칼드Skald의 작품)의 문학어 탄생을 비롯하여, 저지 프랑코니아어와 네덜란드어(대표적인 작가로는 하인리히 폰 펠데케 Heinrich von Veldeke[1150년 이전-약 1190/1200]를 예로 들 수 있다), 프리지아어, 중세 영어에 대한 최초의 기록물은 12세기에 와서야 볼 수 있었다.

슬라브 지역

슬라브어 최초의 문헌 기록은 1000년 말로 거슬러 올라간다. 고ꜛ교회 슬라브어(또는 고ꜛ슬라브어)라는 것은 문헌에 최초로 기록된 가장 오래된 슬라브어를 말한다. 1세기부터 11세기를 아우르는 시기에 보존된 슬라브어 문헌들은 그것이 러시아를 기원으로 했든 세르비아나 불가리아를 기원으로 했든 간에 모두 고슬라브어의 기본적인 문헌에 포함된다. 모든 문헌들은 라틴어 자모로 쓰인 (슬라브어 최초의 기록인)『프라이징 단편Frammenti di Frisinga』을 제외하고는 모두 글라골 문자 또는 고대 키릴 문자로 기록되었다. 988년에 성 블라디미르 바실리우스의 개종 때부터 동슬라브 지역은 600년 넘게 분리될 수 없었던 통일체를 이루었으며, 18세기 후반 또는 표트르 대제 Pyotr I(1672-1725)의 개혁 이후부터 공통 어군에서 (그리고 러시아어에서) 우크라이나의 어문학과 벨라루스의 어문학이 분리된다. 결국 중세에 교회 슬라브어는 정교회를 믿는 슬라브 전 지역의 공통어였으며, 불가리아와 마케도니아어, 크로아티아어, 세르비아어, 체코어, 슬로바키아어, 폴란드어의 최초의 문헌 기록은 최근에 와서, 적어도 중세 이후의 것으로 밝혀졌다.

군소어군

켈트어 최초의 비문들은 기원전 6세기부터 5세기 사이로 거슬러 올라간다. 가장 오래된 기록들은 대륙 켈트어군에 속하는 비문들로 이루어져 있다. 이러한 변이형들 (유럽 대륙에 존재하던 언어들에 의해 입증되었기 때문에 그렇게 불렸다)은 갈리아어와 레폰티어, 켈트이베리아어, 갈라티아어를 포함했다. 두 번째 어군은 아일랜드어와 스코틀랜드어, 맨어(맹크스어라고도 함*), 웨일스어, 콘월어, 브르통어 등 영국의

켈트어의 변이형

섬들에서 발달한 도서島嶼 켈트어군이다. 이러한 도서 켈트어의 변이형은 앞에 열거한 3개의 언어를 포함하는 고이델어군(게일어군이라고도 함*)과 나머지 3개 언어를 한데 묶은 브리타니아어군으로 다시 구분된다. 도서 켈트어의 최초의 기록은 오검 문자Ogham, 즉 돌의 모서리에 점과 점선, 직선, 사선으로 문자 모양의 무늬 체계를 새긴 300여 개의 비문으로 남아 있다. 아일랜드어는 8세기 초반 이후에 기록으로 나타난다. 이 단계는 고대 아일랜드어 시기(8-9세기)로 구분되며, 더 중요한 문헌들로는 864년 이전에 쓰인 성경에 대한 다양한 주석들인 종교적인 주제의 『아르마서 Leabhar Ard-Macha』를 비롯하여 특히 다양한 책들leabhair, 즉 소규모 도서관을 보유한 수도원 또는 귀족 가문에서 활용하던 필사본들(『얼룩무늬 책Leabhar Breac』, 『발리모트의 책Leabhar Bhaile an Mhóta』, 『레칸의 책Leabhar (Mór) Leacain』 등)이 있었다.

중세 아일랜드어(10세기 중반-12세기 말)로 쓰인 중요한 문헌들 중에는 11세기 후반의 『토가일 트로이Togail Troí』("트로이의 멸망", 다레스 프리기우스Dares Phrygius 작품의 번역, 5-6세기), 『매콩글린의 환상Aislinge Meic Con Glinne』(12세기 초)과 1150년경에 작성된 루카누스Lucanus(39-65)의 『내전Bellum civile』의 번역본인 『로마인들의 내전In Cath Catharda』이 있었다.

브리튼어군에서 고대 웨일스어(8-12세기)의 가장 중요한 작품들은 웨일스의 4대 고서다. 오늘날의 에든버러에 정착하여 색슨인(작센인)들과 투쟁 중이던 고도딘인들(보타딘인들의 옛 이름)의 모험담을 노래한 장편시 『아네이린의 노래Canu Aneirin』, 스코틀랜드와 잉글랜드 사이에 위치한 레게드 왕국의 우리엔Urien 왕을 칭송하는 시 『탈리에신의 노래Canu Taliesin』, 분실된 무용담들에서 선별한 시들을 담고 있는 12세기의 『카마던의 검은 수첩Libro nero di Carmarthen』(여기에 아서Arthur와 메를린Merlin, 트리스탄Tristan의 이름이 등장한다), 그리고 마지막으로 다양한 시대의 문헌들을 포함하고 있는 『허제스트의 붉은 책Libro rosso di Hergest』이 있다. 고대 콘월어와 고대 브르통어에 대한 최초의 문헌들도 8-9세기부터 12세기 사이로 거슬러 올라간다.

언어와 문화의 새로운 혼합 유럽의 언어들 가운데 그리스어는 분명 가장 오래된 언어(선형 B문자로 쓴 미케네어는 기원전 1500년에서 기원전 1150년 사이의 것으로 밝혀졌다)이자 가장 오래 지속된 언어이기도 하다. 중세와 관련한 그리스어는 비잔티움 그리스어(300-1100)와 중세 그리스어(1100-1600)로 구분된다. 모든 신그리스어의 방언들과 펠로폰네소스 방언에 기초한 새로운 공통 그리스어(코이네koinē)의 모태가 되었던 디모티키dimotiki인 민중 그리스어는 그리스-로마 코이네의 발전에서 유래했다. 하지만 1000년경 그리스어 사용 지역은 중세 전기에 비해 축소되었다. 각기 다른 민족들(투르크족, 슬라브족, 아바르족)의 통합체인 스클라베니족Sklavinie의 이주가 집요하게 이루어졌던 만큼 (발칸 로망스어와 슬라브어 같은) 타 언어적인 요소 또한 당시에는 매우 많았다. 바로 이러한 스클라베니족들의 거주 지역에서 그리스적인 요소에 대해 항상 우호적이지만은 않았던 슬라브 귀족 계급의 지배를 받은 정치적-민족적 조직은 새로운 문화적-언어적 융합을 실현하게 되었다. 현대 그리스어권 문화는 그리스어-라틴어의 이중 언어에서 전적으로 그리스어로 바뀌었으며, 11세기와 12세기 사이에는 셀주크투르크인들이 그리스어 사용 지역의 대부분을 지배했다. 뒤이어 십자군 운동의 영향에서 시작해 서방 라틴어 사용권의 궁전 문화로부터 고취된 요소들은 그리스어 영역으로 침투하기 시작했다. 실제로 새로운 문화적인 모델을 강력하게 고수했던 테오도루스 프로드로무스Theodorus Prodromus(약 1100-약 1158)와 미카일 글리카스Michàil Glikàs(1460-1475년에 활동)의 작품들은 12세기 중반에 쓰였다.

비인도유럽어군의 유럽어

최초로 기록된 바스크어 어휘는 이미 앞에서 언급했던 10세기의 『에밀리아넨세의 주석Glosas Emilianeneses』에서 발견되었다. 반면에 산티아고로 가는 순례길 안내서(『코덱스 칼릭스티누스Codex Calixtinus』)에 열거된 짤막한 어휘 목록은 12세기에 쓰인 것이다. 우랄어족에서 카렐리아어(핀란드어/카렐리아어 표기로는 karjala, 러시아어 표기로는 karel'skij)는 (헝가리어 다음으로) 두 번째로 오래된 언어였으며, 발트핀계 언어에서는 자작나무 껍질에 새겨진 13세기의 비문이 첫 번째 기록이었다. 반면에 헝가리어 최초의 문헌은 11세기에 쓰인 것이며, 최초의 문학 작품은 볼로냐 대학을 다니던 한 수도사가 1300년경에 쓴 마자르어 서정시 『마리아의 눈물Pianto di Maria』이었다. 다양한 터키어 구어口語들 중에서는 11세기에 이미 최초의 터키어 사전을 보유하고 있던 중세 카라한 왕조의 터키어가 확인되었다.

| 다음을 참고하라 |
문학과 연극 신학, 신비주의 신학, 종교 논문(477쪽); 교훈시, 백과사전적 시, 우화시(498쪽)

새로운 환상 문학

| 프란체스코 스텔라 |

11세기와 12세기는 환상의 개념과 그것의 문학적인 표현에서 획기적인 혁신을
보여 주었다. 그것은 그리스도교 이전의 민간 전승이 구어적인 형태로부터
문인들의 소설 문학으로 나타난 것이다. 이렇게 해서 신기한 일들을 모은 선집과
기적에 대한 논문들(클뤼니의 피에르Pierre de Cluny)이 탄생했으며, 또한 국가의
역사(먼머스의 제프리의 영국)에서도 신비한 힘을 지닌 인물들과
우화적인 요소들이 대량으로, 그리고 종종 그리스도교의 문화적 환경과는
독립적으로 유입되었다.

월터 맵과 신화의 등장

**되풀이하여
등장하는 인물들**

잉글랜드 왕 헨리 2세(1133-1189, 1154년부터 왕)의 궁정에서 1154년과 1189년 사
이에 웨일스인 월터 맵Walter Map(약 1135-1209/1210)은 『궁정인들의 오락De nugis
curialium』에 그동안 입수한 이야기의 소재들을 한데 엮어 놓았다. 이 책에서 저자는
'올바른 몸가짐에 대한 가르침과 독서의 즐거움에 기여할 목적으로 기적이 일어났
던 모든 일에 대해서 그때까지 글로 쓰이지 않았던 사건과 이야기들'을 기술했으며,
보거나 듣고 알게 된 일을 설명했다. 이야기들은 실제 인물들에게, 아니면 적어도 우
화와는 달리 상대적으로 정확한 역사적인 시기와 지리적 공간에 배치할 수 있는 인
물들에게 일어난 초자연적인 사건들에 대한 것이었다. 예를 들어, 잉글랜드 왕 윌리
엄 2세 루퍼스William II Rufus(1056-1100, 1087년부터 왕)는 그에게 잔혹한 꿈을 꾸게 만
들고 죽음을 획책하는 자오선의 악마로부터 고통받았다. 그리고 프랑스의 루이 7세
Louis VII(약 1120-1180, 1137년부터 왕)에게 체포된 한 후작은 사형을 언도받았지만 임
신한 후작 부인의 애원으로 오른쪽 귀를 절단하는 형으로 감형된 뒤 4일 만에 아이
가 태어났는데, 그 아이의 귀가 없었다는 것이다. 또 바다 냄새를 맡지 않고서는 살
수가 없었던 니콜라 피페Nicola Pipe는 그를 알고 싶어 했던 시칠리아의 왕으로부터 부
름을 받았을 때 사망했다. 이 사람은 틸베리의 거베이스Gervase of Tilbury(약 1155-약
1234)와 음유시인 레이먼 조던Raimon Jordan(12세기)의 작품들과 이후에 실러Friedrich
von Schiller(1759-1805)의 발라드 『잠수부Der Taucher』, 또는 콜라 페셰Cola Pesce의 시칠

리아 민중 우화에 등장했던 인물과 동일한 인물이다. 바스티누스 바스티니아우크 Wastinus Wastiniauc와 난폭자 에드리코Edrico the Wild는 숲 속에서 만난 마법에 걸린 여인들과 결혼했다. 이 여인들은 정해진 조건에서만 부부 관계를 허용했는데, 이러한 조건을 어쩔 수 없이 위반하게 되자 이 여인들과 그들이 낳은 거의 모든 아이들이 사라졌다. 이러한 요정들의 이야기와 더불어 (아를레키노Arlecchino의 조상인 헤를라Herla 왕의 군대를 이루고 있던 무리들처럼) 되살아난 시체들과 흡혈귀, 아이들을 위협하는 마녀들의 이야기가 함께 등장했다.

틸베리의 거베이스와 환상의 도해서

월터의 책에 나타난 환상의 유형에 대한 체계적인 정리는 1210년 브라운슈바이크 환상의 즐거움의 오토 4세Otto IV(1175/1176-1218, 1209-1215년에 황제)를 위해 『황제를 위한 오락Otia Imperialia』을 쓴 귀족 출신의 떠돌이 작가인 틸베리의 거베이스에 의해 실현되었다. 거베이스는 의도적으로 세계의 신비한 일들에 대한 민족지학民族誌學의 백과사전을 편찬했으며, 신비로움을 무지의 산물로 보았던 아우구스티누스의 생각을 받아들이면서도 신선함으로 인해 즐거움을 불러일으켰던 이야기들의 중요성을 포착함으로써 어릿광대들이 고안한 것들과는 구분되는 자연적인 신비에 대한 진정한 범주화를 제안했다. 그는 '상황의 진실'을 기준으로 삼았으며, 자연의 경계를 뛰어넘는 기적을 풀어내지는 못했지만 자연의 법칙에 복종하는 신비와 구분했다. 그의 환상의 도해서는 2개의 중요한 출전에 바탕을 두고 있다. 하나는 고대 문헌들과 성경이며, 다른 하나는 신뢰할 수 있는 사람들의 일상의 흔적들이나 개인적인 경험이었다. 『황제를 위한 오락』의 이야기들은 습관에 의해 가려졌던 신비로움을 밝히는 인류학적인 역할과 사악한 것을 경계하기 위한 도덕적인 역할을 취했던 한편, 민속학에 대한 것뿐만 아니라 사상과 과학적 방식, 전례, 십자군의 이국적인 요소의 역사에 대한 것, 이단에 대한 투쟁과 궁정의 삶에 관한 것, 특히 12세기와 13세기의 일상에 대한 귀중한 자료임이 밝혀졌다. 피에르 베르쉬르Pierre Bersuire(약 1290-1362)와 보카치오(1313-1375)도 읽었던 이러한 도해서는 거인들에 맞선 멀린Merlin의 대결과 에트나산에 당도한 아서 왕의 죽음과 같은 영국의 이야기들을 중간중간에 집어넣으며, 불에 견디는 도롱뇽의 능력과 차가운 물을 적시면 타오르는 석회, 성 체사리오Caesarius에게 붙들린 바람, 에데사와 루카의 그리스도의 성의聖衣, 땅의 반대편으로 가는 길,

돌고래의 습성, 여인의 상반신과 뱀의 몸통으로 이루어진 마귀, 신생아를 납치하는 가면을 쓴 악마들, 아를의 시체들의 행진, 죽은 자들의 귀환, 악몽으로부터 보호하는 나무, 루카와 타라스코나의 유물을 이야기했다.

『황제를 위한 오락』의 일부를 담고 있는 것으로, 2002년까지 유일하게 남아 있던 첫 번째 판본은 18세기 초에 브라운슈바이크 대공의 사서였던 철학자 라이프니츠 Gottfried Wilhelm Leibniz(1646-1716)에 의해서 편찬되었다.

삭소 그라마티쿠스와 북유럽 신화

고대 노르드어로 쓰인 영웅담과 조상들에 대한 신화

켈트족의 상상력의 결과물과 함께 12세기와 13세기에는 북유럽 신화 역시 최초의 기록과 관련한 문헌이 발견되었다. 이러한 신화는 『에다』와 같은 고대 노르드어로 쓰인 시 작품들이나 『스노리의 에다Snorra Edda』 또는 『볼숭의 영웅담Volsung Saga』(또는 왕들과 아일랜드인들, 고대, 『스튀를룽가 사가Sturlunga saga』, 주교들, 기사들, 성인들의 다른 영웅담) 같은 산문들 또는 『데인인의 사적Gesta Danorum』의 저자로 '색슨인 라틴어 학자'인 신비스러운 삭소 그라마티쿠스(약 1140-약 1210)의 세련된 시구들이 삽입된 우아한 단편과 고전 라틴어 산문에서 발견할 수 있다. 1208년과 1228년 사이에 코펜하겐의 창설자인 룬드의 대주교 압살론Absalon을 위해 만들어진 이 작품은 룬 문자 비문으로 이루어진 '화강암으로 된 책'과 구전으로 이어져 내려온 데인족 출신의 위대한 시인들, 붉게 타오르는 샘과 '울부짖는 얼음' 사이에서 살아가는 한 민족이 겪은 당시의 사건들을 바탕으로 스칸디나비아의 신화를 들려주었다. 이 작품은 신비한 나라에서 태어나 어릴 때 그곳에 이르러 왕이 되었던 첫 번째 법률 제정자 스켈드르Skjöldr의 이야기나 셰익스피어(1564-1616)의 『햄릿』보다 4세기나 앞서 쓰인 형제를 살해한 삼촌을 응징하는 우울하고 빈정대기 좋아하는 왕의 줄거리, '털 반바지' 라그나르Ragnarr의 일대기까지 들려주었다. 신비스러운 분위기 속에서 역사 이전의 남녀 거인들과 변덕스럽고 까다로운 성격의 영웅들, 폭력에 노출되기 쉬운 수줍거나 뻔뻔한 여인들의 사랑과 모험이 펼쳐졌다. "문서화가 아닌 희곡화를 지향했던 무대와 시각예술"(L. Koch)을 통해 표현된 모든 요소들은 이 작품을 고대 북유럽 문학의 대표작으로 만들었다.

게르만족의 상상의 결과물과 『니벨룽겐의 노래』

유럽 환상 문학의 또 다른 커다란 흐름은 영국부터 오스트리아에 이르는 게르만 문 **북유럽의**
문학적 요소들의
혼합학 작품들에서 입증된 상상력의 결과물이었다. 이것에서는 삭소 그라마티쿠스와 고대 노르드어 영웅담으로 전해진 요소들과의 공통점이 발견되었다. 스웨덴에서 데인 왕 흐로트가르Hrothgar를 현대적으로 재구성한 많은 작품들의 소재가 되었던, 괴물 그렌델Grendel을 해치우기 위해 데인 왕국으로 오게 된 게테족 왕자의 모험에 대한 3,182연聯의 『베어울프』는 7세기와 9세기 사이에 쓰인 것으로 보이나 11세기 초에 기록된 필사본만이 존재하고 있다. 낭만주의 시대 독일 신화와 바그너 작품의 근원이 된 『니벨룽겐의 노래』는 파사우의 바바리아인 주교 볼프거 폰 에으라Wolfger von Erla(약 1140-1218)의 주문으로 12세기에 중세 고지독일어로 쓰인 것으로 추정되며, 라틴어 시 『발타리우스Waltharius』에서도 그 흔적을 발견할 수 있는 훈족에게 당한 부르군디Burgundi의 패배와 같은 고대 후기 게르만족의 이주에 대한 역사적인 흔적들을 영웅 지그프리트Siegfried와 브륀힐트Brünhild 여왕과 관련한 신화적인 요소들과 통합한 것이다.

요정의 유형

중세의 환상 문학이 만들어 낸 전형적인 예들 가운데 하나는 켈트인들이 예로부터 **대모 요정**마법을 지닌 님프로 생각했던 운명fatum의 여인 또는 자연의 여인인 요정fata(로마 신화의 자연의 신인 'fauni'의 여성형 'fatuae'로부터 나왔다)이었다. 중세는 요정이라는 실체를 낭만주의의 공상 문학과 아동 문학에 자리 잡게 되는 새로운 신화적인 항목으로 점점 변모시켰다.

요정 이야기의 서술 체계는 본질적으로 두 가지 기본 유형으로 세분화된다. 첫 번째 유형은, 대중적인 인기를 누렸던 프랑스의 무훈시chanson de geste인 〈보르도의 위옹Huon de Bordeaux〉(12-13세기, 이탈리아어로는 〈알베르니아의 우고Ugo d'Alvernia〉로 각색되었다) 또는 12세기 프랑스 소설 『아마다와 이두안Amadas et Ydoine』에서 입증된 파르셰Parche의 유산인 대모 역할을 하는 요정이다. 『잠자는 숲 속의 미녀La bella addormentata nel bosco』 같은 현대적인 전개들은 중세의 일화들(이 경우는 『페르스포레스트 이야기Roman de Perceforest』에서 나온 것이다)이 수정을 거쳐 재생된 것이다.

중세 문학에서 지배적이었지만, 우화적인 개작에는 그다지 많이 활용되지 않았

468

던 또 다른 유형은 비극적인 전개를 예감하는 약속을 하거나 아무런 해를 입지 않고 는 좀처럼 빠져나오기 힘든 마법의 세계에 사로잡아 얻게 되는 남자들의 사랑이 관 심사인 요정이었다. 이 유형은 또 다시 2개의 구도로 나뉜다. 하나는 (사람의 모습을 하고 인간과 결혼하지만 은밀한 계약이 깨지는 순간 사라지는) 멜뤼진Melusine의 구도로, 맵과 거베이스, 오세르의 조프루아Geoffroy d'Auxerre(약 1115-약 1194)의 작품에서 발 견되지만 특히 아라스의 장Jean d'Arras(14세기)의 프랑스어 산문으로 구성된 생동감 넘치는 소설『멜뤼진 이야기Histoire de Mélusine』(1392) 덕분에 널리 알려지게 되었다. 이 이야기는 몇 년 뒤에 라 쿠드레트La Coudrette(15세기)에 의해 운문 소설로 완성되 었으며, 1456년에는 튀링 폰 링골팅엔Thuring von Ringoltingen(1415-1483)에 의해 독일 어로 번역되었다. 1556년에는 한스 작스Hans Sachs에 의해 희곡으로 완성되었고, 괴 테와 티크Ludwig Tieck, 라 모테 푸케La Motte Fouqué, 보들레르, 지로두Jean Giraudoux에 의해 현대적으로 각색되었다.

요정 모르가나 　　반면에 인간 세상에 자신의 초자연적인 능력을 가지고 오지 못하는 대신 사랑하 는 사람을 자신의 사후 세계로 납치했던 요정은, 아마도 아일랜드의 물의 여신 무이 르겐Muirgen을 문학적으로 발전시킨 인물로서 멀린의 끔찍한 여제자이며 아서 왕의 누이로 아발론의 여군주인 모르가나Morgana의 구도를 따랐다. 모르가나는 먼머스 의 제프리(약 1100-약 1155)의『멀린의 생애Vita Merlini』에 갑작스럽게 등장하며, 크레 티앵 드 트루아(1160-1190년에 활동)와 보롱의 로베르Robert de Boron(12/13세기)의 소 설에도 개별적으로 소개되었다. 그 뒤로 트리스탄의 사시史詩 문학 작품군과 멀린의 사시 작품군, 그리고 토머스 맬러리Thomas Malory(15세기)의『아서 왕의 죽음Le Morte d'Arthur』을 통해 영국의 공상 소설에 전해졌으며 낭만주의 소설, 그리고 영화에도 소 개되었다. 이탈리아에서는 1400년대의 작품『아스토레와 모르가나의 노래Cantare di Astore e Morgana』와 마테오 마리아 보이아르도Matteo Maria Boiardo(1440/1441-1494)의 『사랑에 빠진 오를란도Orlando Innamorato』의 등장인물이었다. 이러한 유형은 월터 맵 의 이야기뿐만 아니라 마리 드 프랑스(약 1130-약 1200)의 운문 소설lai(12세기 후반), 또는 멀린으로부터 사랑을 받은 비비아나Viviana와 랜슬롯을 구출하고 기사로 만들 며, 한 인물 속에 이중 서술 구조의 역할을 지닌 호수의 여인이 등장하는 아서 왕의 사시 작품군에도 다른 이름과 형태로 등장한다. 이 인물에 대해서도 많은 개작들이 이어져 월터 스콧Walter Scott과 로시니Gioachino Rossini, 도니체티Gaetano Donizetti의 '호수의 여인'으로까지 이어진다.

| 다음을 참고하라 |
문학과 연극 내세관(493쪽); 기행 문학(542쪽); 마리 드 프랑스(553쪽)

학교와 수도원의 문화

LETTERATURA E TEATRO

종교시

| 프란체스코 스텔라 |

중세의 종교시는 오랫동안 전적으로 신앙과 관련한 것으로만 생각되었기 때문에
음악과 예배에 이용된 것을 제외하고는 널리 알려지지 않았던 문학 유산이다.
이러한 유산에 대한 유일한 역사는 1950년대 초에 F. J. E. 래비F.J.E. Raby에 의해서
저술되었다. 가장 왕성한 작품 활동이 이루어졌던 장르는 찬송가와 부속가,
애가, 성경과 성인과 연관된 서사시였다.

성가와 공동체 시

양적인 면에서 가장 발전한 장르는 연으로 이루어진 구조로 종종 음악과 함께하
는 서정시 같은 구성의 성가였다. 이러한 찬송으로는 55권의 『찬미가 전집Analecta
Hymnica』에 실린 약 1만6천여 편의 작품이 남아 있다. 성 암브로시우스(약 339-397)
를 중심으로 창작이 활발하게 이루어진 이후에 성가는 교황 그레고리오 1세(약 540-
604, 590년부터 교황)의 재위 기간에 로마에서, 그리고 7-8세기에는 아일랜드(모사라
베 성가)에서, 카롤링거 시대에는 현대에 이르기까지 가톨릭 예배의 근간을 이루게
될 프랑크-로만이라고 불린 새로운 성가집을 통해 에스파냐(『성가집Liber hymnorum』,
『뱅거 교송집Bangor Antiphonary』)에서도 새로운 원동력을 얻게 되었다. 시적인 문체라

는 면에서 카롤링거 시대에는 아퀼레이아의 파울리누스 2세Paulinus II(?-802)와 고트샬크(약 801-약 870)의 고해시와 같은 명상적인 성가를 선호했으며, (아마도 파울루스 디아코누스Paulus Diaconus의) 성 요한을 위한 〈당신의 종들이Ut queant laxis〉와 〈임하소서, 성령이여Veni creator Spiritus〉 등의 주옥같은 작품들이 만들어졌다. 하지만 특히 카롤링거 시대의 수도원 예배는 말더듬이 노트커Notker il Balbuziente(약 950-1022)를 통해 대칭적인 구조의 나란한 2개의 연으로 이루어진 이중창을 위한 성가의 일종인 부속가sequentia(세쿠엔티아라고도 함*) 탄생에 도움을 주었다. 부속가는 대조 악절 없이 종결되는 연의 앞에 나오는 같은 수의 음절을 가진 행으로 구성되었으며, 합창으로 불렸다. 할렐루야의 (음악적 보칼리제[모음으로 하는 발성 연습*]인) 유빌루스iubilus에 붙어 있기 때문에 초기에는 -a로 끝났던 모음 압운이 꾸준하게 자주 등장했다. Psallat ecclesia, / mater illibata / et virgo sine ruga, / honorem huius ecclesiae (교회를 찬양하라 / 순결한 어머니이자 / 흠결이 없는 동정녀이신 / 이 교회의 명예로다). 이와 비슷한 추세로 미사 전례문典禮文에 장식적으로 삽입된 어구가 만들어졌다. 이것은 ALLE - Pater - LU - Filius - IA Spiritus Almus 등과 같은 전개, 조정, 정리, 보완 또는 기존의 보칼리제를 대체하기 위해 삽입된 시적-음악적인 삽입구였다.

중세 중기에 부속가는 상대적으로 자유로운 형태를 보였던 초기 단계를 벗어나 성 갈로와 리모주의 성 마르티알리스를 동력으로 하여 점차로 규격화된 형태를 보인 제2단계에 이르렀다. 이 시기에 이 장르는 잘리에르 왕조의 황제인 콘라트 2세(약 990-1039, 1027년부터 황제)의 지도 신부였던 부르고뉴의 성 비그베르투스Wigbertus의 작품으로 보이는 〈파스칼의 희생Victimae paschali〉과 오리야크의 제르베르(약 950-1003, 999년부터 교황) 또는 스티븐 랭턴(약 1150-1228)의 작품으로 추정되는 〈임하소서, 성령이여〉에서 대표적인 소품들을 발견했다. 한편, 마치 시 작품과 같은 가장 세련된 성가의 대표 작가는 파리의 생빅토르의 아담Adam(?-1117/1192)이었다. 그의 작품들은 복잡한 상징 체계와 율동적인 음악성의 맥락 속에서 서정적인 경쾌함과 신학적인 영감의 암브로시오 성가의 조합을 복구했다. 【서정적인 경쾌함과 신학적인 영감】

시적인 측면에서 회죄시편悔罪詩篇의 성격을 띤 고해시의 몇 가지 감동적인 리듬뿐만 아니라 그레고리오와 베네딕투스, 다른 성인들을 위한 찬가로 기억되는 페트루스 다미아니(1007-1072)의 성가들 또한 널리 보급되었다. 이러한 성가들은 공동체의 요구에 부합하는 전례의 명문화가 필요한 지방의 예배를 위해 만들어졌다. 같은 시기에 이탈리아 중부에서는 훗날 살레르노의 대주교가 된 베네딕투스회 수사인 알파누스(?-1085)가 뛰어난 세련미를 갖춘 성인 찬가들을 지었다. 그의 시는 랑고바르드 왕국의 왕 지술포 2세Gisulfo II(?-1091)를 비롯하여 그 뒤로 노르만 지배자들을 위한 정치적인 송가頌歌와 호라티우스(기원전 65-기원전 8)의 다운율에 영감을 받았으며, 활기 넘치는 운율의 다양성을 특색으로 하는 행사시行事詩도 포함했다. 문학적인 측면에서 가장 세련된 예는 성 프란체스코의 『피조물의 노래』를 바탕으로 하여 성모 승천을 노래한 〈저기 산에서 달려오는In montibus hic saliens〉과 4음절 행으로 이루어진 반복적인 시구의 아기의 날을 위한 〈높은 곳에Est in Rama〉 같은, 엘로이즈(약 1100-1164)의 파라클레트 수도원을 위한 아벨라르(1079-1142)의 찬송들이었다. 그다음 세기에 부속가는 희곡화의 과정을 겪었다. 프란체스코회 문화의 일종인 이러한 희곡화 과정은 토디의 자코포네(1230/1236-1306)의 〈슬픈 성모Stabat mater〉와 첼라노의 톰마소Tommaso da Celano(약 1190-약 1260)의 〈진노의 날Dies irae〉에서 절정을 맞이하게 된다. 12세기와 13세기에 특히 널리 보급된 성가집을 만든 저자들은 성 베르나르두스(1090-1153)와 13세기와 14세기 사이 릴리엔펠트의 크리스티아노Cristiano(?-1330년 이후) 같은 시토 수도회의 성직자들이었다.

플랑투스

찬송가는 (행렬이 잠시 '머무는 곳'에 해당하는) 후렴구를 갖춘 행렬 찬송가 또는 베르수스versus, (성전에 올라가는 노래〔층계송〕graduale 다음에 이어지며, 참회의 사순절에는 할렐루야로 대체되는, 하나의 목소리로 '반복되는' 단성가인) 연송連誦, tractus, (전례 독서집 lezionario을 독서대로 옮기는 행렬을 위한 다성 또는 단성의 노래인) 콘둑투스conductus, 또는 플랑투스planctus(탄식이나 슬픔을 표현하는 시나 노래*)와 같은 유형들로 구분된다. 플랑투스 또한 망자를 위한 (814년의 〈망자 카롤루스에 대한 애도Planctus Karoli〉에 의하면, 카롤루스 대제를 위해) 한결같은 마음을 담은 공개적인 애도와 같이 공동체의 요구로 탄생했으며, 12세기에는 라틴어뿐만 아니라 (추모하는 사람에 대한 애도의 노래인 플란planh 같은) 프로방스어로 쓰인 고급스러운 문학 양식의 전례 장르가 되었다. 12세기 방랑 시인의 대표자로 대시인이라는 의미의 이름으로 불린 아르키포에타 Archipoeta(1125/1135-1165년 이후)의 실험이 이를 입증했다. 그는 자신을 불쌍히 여기거나 성모 마리아와 마리아 막달레나의 이름으로 자기 자신과 특히 두 사람과 관련한 이야기들의 극적인 잠재력을 포착하고 있는 성격의 애가를 구성하며 다양한 구도를 이용했다. 가장 중요한 작품집들 중 하나는 아벨라르가 쓴 것이다. 아벨라르는 신전의 붕괴를 보복 행위로 보기보다는 사회적이고 도덕적인 몰락으로 인한 절망적인 행위로 취급함으로써 행복을 잃어버린 남자의 고통을 상징하는 서정시를 삼손에게 바쳤다. 이 장르의 또 다른 뛰어난 작품들은 디돈Didone 같은 신화의 여주인공을 위해, 특히 성모 마리아를 위해 창작한 것들이며 종종 대화체적인 구조의 특징을 지니고 있다. 이러한 대화체 구조는 수십 년 안에 성극의 기원이 되는 부활절 암송인 무덤 예식officia sepulcri에 많은 기여를 한다. 이러한 무덤 예식들 중에는 파리의 '생빅토르 수도원 성직자들의 교양 있고 신비주의적인 영성'의 표현인, 브르퇴이의 고드프리Godfrey de Breteuil의 〈성모 마리아의 애가Planctus ante nescia〉와 행렬 찬송가에서 사용되었던 〈슬퍼하라, 독실한 영혼이여Flete fideles animae〉가 있다.

빙엔의 힐데가르트

문학 장르 양식에서 혁신적인 예는, 개혁적인 대수녀원장인 빙엔의 힐데가르트 (1098-1179)라는 특별한 인물이 제공한 것이다. (『스키비아스』라는 작품에서 알 수 있듯이) 예지 능력을 지녔기에 교회를 비롯한 사회의 권력자들과 지속적인 관계를 유지하고 있던 그녀는 한편으로 질병에 시달리며 의학에도 관심을 갖기에 이르렀다. 성녀 힐데가르트는 운율과 연과 관련한 구조를 잘 지키지 않는 대신 성령 강하를 기원하는 기도를 시작으로, 인유引喩적이고 세련된 간결한 표현을 통하여 연쇄적으로 기호를 이어 줌으로써 의미를 풍부하게 하고 찬송과 부속가, 응답가, 응창 성가로 이루어진 70편의 시를 담은 『하늘의 계시의 조화에 의한 교향곡Symphonia armoniae celestium revelationum』이라는 작품집을 남겼다(부르갱Bourgain). 사도들을 위한 응답가인 〈무리들O cohors〉에서는 무리들의 이미지로부터 군대의 의미지가, 군대로부터 우두머리가, 우두머리의 단독성으로부터 꽃의 본질의 단독성이, 꽃으로부터 이새의 나무의 줄기가, 가시가 없는 줄기로부터 결함이 없는 성모 마리아가 생겨났으며, 사도들의 무리는 우주와 비례하는 관계의 음악적인 가치가 되었고, 부활절 아침뿐만 아니라 그 이후로도 그리스도를 발견하지 못했지만 그리스도에게 자신의 존재를 부각시켰다고 믿는 사람들을 조롱하는 갑작스럽고 의기양양한 대단원을 맞이한다.

> 예지 능력을 지닌 수녀원장

성경 해석학 관련 시

루시퍼와의 싸움 종교시 가운데 널리 보급되었지만 잘 알려지지 않고 연구가 부족한 장르 중 하나는 성경시와 신학 사이의 연결 고리인 성경 해석학과 관련한 시다. 아마도 미완성으로 보이는 '교육적인' 예는 카노사의 도니초네Donizone(11-12세기)의 〈창세기 강해Enarratio Genesis〉다. 도니초네는 카노사의 마틸데(약 1046-1115)에 대하여 시적인 문체의 일대기를 썼던 작가로, 암브로시우스, 아우구스티누스, 그레고리오에서 이시도루스, 베다, 라바누스 마우루스까지 이르는 교부학의 해석을 그 당시의 신학적인 새로움에 지나치게 민감한 반응을 자제하며 재정리했다. 복잡한 우화적·수사학적 구조로 378개의 6보격 시행으로 이루어진 이 작품은 아가르Agar의 역사(20장)까지 성경의 첫 번째 부분만을 다루었다. 도니초네와 동시대 사람으로 1077년 아우크스부르크 대성당 참사의원이었던 아퀼레이아의 하인리히Heinrich(11세기)는 〈이브의 비가Planctus Evae〉를 저술하여 역시 천지 창조의 시작을 이야기했다. 이 작품은 2,167개의 레오니우스 시격(5보격 또는 6보격 시행을 이루는 2개의 불완전행 사이의 내부적인 운의 존재를 특징으로 하는 시격으로, 12세기 파리의 음악학교의 작곡가 이름으로부터 유래하였다*)의 6보격(즉 행내운行內韻 시행)으로 이루어졌으며, 원죄와 그와 관련한 우화적인 성경 해석에 도덕적인 훈계를 곁들이며 각별한 주의를 기울였다. 당대의 가장 위대한 시인으로 꼽혔던 라바르딘의 대주교 힐데베르트(1056-1133)나 캉브레의 오도Odo(?-1113)의 작품으로 생각되는 〈6일간의 일에 대하여De operibus sex dierum〉와 〈세상의 질서De ordine mundi〉도 천지 창조에 대한 것이었다. 이 시에서 성경 해석은 고전적인 직유법으로 유추하며, 현실의 다양한 차원들을 연결시켜 주는 역할의 장식적인 요소로 전락했다. 필명으로 흔히 불렸던 에우폴레미우스Eupolemius(12세기)는 엄청난 혁신을 불러왔다. 그의 〈메시아Messias〉는 1,464개의 6보격 시행으로 카코Caco(루시퍼Lucifer)와 국적이 없는 그의 기사들이 아가토(신)와 그의 아들 메시아, 아가토의 사람들에 대항했던 싸움과 같은 성스러운 역사를 들려주었다. 이 우화적인 서사시는 비교적 최근에 많은 비평적인 관심을 불러일으켰으며, 도덕적인 의미에서 영감을 받은 이름의 유추를 통하여 안트로포Antropo, 오피테Ofite, 아마르티제네Amartigene, 에트니스Ethnis 같은 성경 속 인물들로 대체되었다. 보베의 주교 풀코이오Fulcoio(11세기) 또한 (4,736개의 6보격 시행으로 이루어진 7권의) 〈그리스도와 교회의 결합에 관하여De nuptiis Christi et Ecclesiae〉에서 인간과 성령의 대화를 통해 독창적인 해결책을 제시하였다. 하지만 이러한 성경의 재해석은 렌의 마르보두스(1035-1123)부터 클뤼니의 베르나르두스(11세기), 테게른제의 프로우문트Froumund(12세기), 익명의 저자들의 시와 이 시기의 두 가지 중심 주제인 천지 창조와 역사책에 특별한 관심을 가진 것으로 보이는 교육적 목적의 시에 이르기까지 당대 거의 모든 위대한 시인들의 문헌들에서 널리 보급되었다. 천지 창조는 샤르트르의 신플라톤주의 학교의 우주론적인 연구들과 교차되는 영역을 제공했으며, 역사책들(유대왕, 「마카베오기」와 그들에 대한 재해석본)은 제국과 교황권의 충돌 시기에 특히 절실했던 정치적인 주제들을 다루고 있었다. 11세기에서 12세기로 넘어가는 기간에 소위 말하는 '루아르계界' 시인들의 새로운 의역意譯 작품들(짧은 풍자시, 〈세상의 예배용 장식품에 관하여De ornatu mundi〉, 라바르딘의 힐데베르트의 유대왕들에 대한 해석, 렌의 마르보두스의 〈요나서에 관하여De Iona〉와 〈마카베오기에 관하여De Macchabaeis〉, 그리고 이후 방돔의 마티외의 〈토비아Tobias〉에 대한 기사도騎士道적 관점의 재해석)이 클뤼니의 베르나르의 〈왕들의 노래 Carmen in Reges〉, 더럼의 로렌티우스Laurentius(1114-1154)의 〈하부 지식Hypognosticon〉, 애쉬비의 알렉산데르Alexander(13세기)의 〈성경에 대한 역사서의 간결한 운문화 Brevissima comprehensio Historiarum〉, 그리고 특히 주해가 달렸으며 6보격의 시행으로 성경 전체를 풀이하고 시로 표현되어 여러 가지 판본으로 보급된 페트뤼스 리가Petrus Riga(12세기)의 대작 〈오로라Aurora〉 같은 운문으로 된 성경 해석의 기념비적인 작품들과 함께했다.

이와 유사한 폭발적인 증가를 보인 것은 지역의 토착어 문학이었다. 프랑코니아어 시로 쓰인 성경인 〈빈 창세기Wiener Genesis〉, 〈밀슈테터 창세기Millstätter Genesis〉, 무훈시武勳詩, Chanson de geste의 문체로 쓰인 〈마리아의 삶Vita di Maria〉과 발랑시엔의 헤르만Herman의 〈천지 창조Genesi〉, 그리고 영국에서는 약 8배가량 더 많았던 원본 가운데 1만2천 개의 연이 남아 있는 오름Orm의 성경 의역집인 대작 〈오르물럼Ormulum〉, 그리고 마지막으로 다른 유사한 작품들처럼 직접적으로 성경에 바탕을 두지 않고 페트루스 코메스토르Petrus Comestor(?-1138)의 〈스콜라적 역사Historia scholastica〉 같은 교육적인 목적의 통합체에 바탕을 둔 압운 2행 연구의 시행으로 이루어진 성경 백과인 〈세계의 질주자Cursor mundi〉의 3만여 연으로 된 작품이 남아 있다.

실용적인 요구에 지배를 받은 성경 해석학적인 시의 특별한 범주는 그림이나 조각, 세밀화에 2행 연구 시행으로 이러한 작품들에 나타나 있는 일화들을 기록하고

지역의 토착어 문학

그것의 신학적인 의미를 언급해 놓은 글귀인 성서의 표제tituli였다. 이러한 표제의 발전은 힐데베르트의 『성경의 경구Epigrammata biblica』와 마인츠 대성당을 위해 준비했던(하지만 실제로 새겨지지는 않았다) 운문의 명문집銘文集을 남긴 장크트 갈렌의 에크하르트 4세Eckhart IV(약 980-약 1060)에 의해 나타났다.

장크트 에메람의 오틀로

그리스도의 우화 당시의 문학에서 성경 해석학이 지니고 있던 문화적인 중요성을 보여 주었던 이는 장크트 에메람 수도원의 수도사 오틀로Otloh(약 1010-약 1070)였다. 중세 최초의 고백-자서전 가운데 하나(『한 수사의 유혹에 관한 책Liber de tentationibus cuiusdam monachi』) 와 『환시들에 관한 책Liber visionum』을 저술하여 널리 알려진 오틀로는 자신의 첫 작품인 『영적인 교리에 관하여De doctrina spirituali』의 12장을 성경 해석학의 방법론과 절차에 할애했으며, 변증론자들과 논쟁을 벌이는 한편 성경의 올바른 활용에 대한 문제들을 다루었다. 오틀로는 지나치게 융통성이 없는 성경 해석학을 거부하며, 성경으로부터 모든 현실로 확장된 영적인 의미의 확산을 주장했다. "이 세상을 섬기는 모든 것은 그것이 책의 부호들이든 아니면 창작물 전체든 간에 궁극적인 의미를 지니고 있다." 이러한 기호학적인 과정의 공식적인 모델은 그리스도의 우화를 통한 설교 기술 속에 있다. 이 주제는 폴 리쾨르Paul Ricoeur(1913-2005) 같은 현대의 지식인들에게도 발견된다. 헬가 샤우베커Helga Schauwecker가 현시적인 것에 대한 신비주의적인 성경 해석학으로 정의했던 것은 오틀로가 가능한 모든 내용들의 생성의 주체인 성경을 카롤링거 왕조의 자취를 따르며 성경 분석의 언어학적·변증법적·수사학적인 기초로 자리 잡았던 기본 골격인 교양 과목들의 체계에 대한 지적인 대안으로 고려하도록 만들었다. 이와 유사한 논쟁적인 대립은 릴의 알랭(약 1128-1203)의 찬송가인 〈엑셉티밤 악티오넴Exceptivam actionem〉에서도 발견된다. 7개의 연으로 이루어진 이 작품의 각각의 연에서 신의 화신은 교양 과목들 가운데 하나의 전제들을 반박하고 있다.

성인전 서사시

종교시와 서사시 사이의 공통점은 수많은 성인들의 삶이 운문으로 구성되었다는 것이다. 이러한 작품들은 카롤링거 시대의 수많은 운율적인 개정 작업의 연속선상에서 11세기와 12세기에 많은 관심을 불러일으켰다. 더욱 두드러진 예들 가운데 캔터베리의 레지널드Reginald of Canterbury(11세기)의 〈비타 상티 말키Vita sancti Malchi〉를 기억할 수 있다. 성 히에로니무스(약 347-약 420)의 동명의 산문 작품을 기초로 한 이 작품에서 시인은 전기적인 양식에는 나타나지 않은 요소들과 일화들을 통해 이야기를 풍요롭게 만드는 문학적인 책임을 완수했다. 시인은 성 히에로니무스에게 전적으로 의지했던 역사적 기록의 이용을 (3,344개의 6보격 시행으로 구성된 6권의 책으로 이루어진) 자신의 작품이 제안하는 시적인 감상과 명확하게 구분했다. 또 다른 예는 라바르딘의 대주교 힐데베르트가 902개의 6보격 시행으로 지은 〈이집트인 성녀 마리의 삶Vita sancte Marie Egyptiace〉이다. 회개한 창녀의 고행을 노래한 이 이야기는 수많은 필사본들과 이후에 전설의 여러 가지 변형을 남긴 것에서 알 수 있듯이 엄청난 성공을 거두었다.

| 다음을 참고하라 |
역사 종교 생활(251쪽)
문학과 연극 신학, 신비주의 신학, 종교 논문(477쪽); 내세관(493쪽)
음악 전례와 종교의 단성 성가와 최초의 다성 음악(834쪽)

신학, 신비주의 신학, 종교 논문

| 이레네 자바테로Irene Zavattero |

11세기와 12세기에 우리는 수도원 세계를 고무시켰던 개혁 운동은 물론,
민간 학교들뿐 아니라 그 이후에 종교적인 문헌들의 해석과 가르침에 대한 새로운
방법론이 형성된 대학의 탄생으로 인하여 신학적인 내용의 문학이 엄청나게 증가한
것을 목격할 수 있었다. 이것은 한편으로는 금욕주의적이고 논쟁적인 문학의 생산을,
다른 한편으로는 이상과 믿음 사이의 긴장감의 첨예화를 보여 주었던 문헌들의
결과물인 성경 해석과 철학 관련 논문들의 집필을 이끌었다.

변증론자와 반反변증론자

중세 전기의 사상가들에게 신학theologia이라는 용어는 명상의 의미에서 관조觀照,

theoria와 사색의 동의어였다. 11세기와 12세기에 신학의 개념은 그리스도교 교리에 문법과 변증법을 적용하면서 변화했다. 이렇게 신학을 이성적인 지적 활동, 즉 진정한 학문으로 여기도록 만들고, 12세기 신학의 가장 중요한 순간을 구성하게 된 시기가 시작되었다.

순수 신학 11세기에 신앙과 관련한 문제들을 다루면서 변증법ars dialectica이라는 이름으로 학교에서 연구된 논리학의 사용에 대하여 성직자들과 수도사들 사이에 광범위한 논쟁이 시작되었다. 이러한 논쟁은 보통 변증론자들과 반변증론자들의 대립으로 요약되었지만, 11세기의 지적이고 종교적인 긴장들이 이러한 단순화된 대립으로 완전히 규명되지는 않았으며, 주제의 줄거리와 해석의 다양성이 훨씬 풍부했던 것이 분명하다. 반변증론자들 사이에서 장크트 에메람의 오틀로(약 1010-약 1070)와 라우텐바흐의 마네골트Manegold(?-1103)는 순수한 신학이 아닌 모든 것에 불신을 표명했으며, 신앙을 변증법의 규칙 아래에 두는 것이 불가능함을 주장했다. 신학의 가장 강력한 수호자는 페트루스 다미아니(1007-1072)였다. 그는 세속적인 권력의 수단으로서 신성하지 못한 문화를 유용하게 만드는 것을 거부했지만, 그럼에도 불구하고 그는 교양 과목에 매우 조예가 깊었을 뿐만 아니라 수사들의 무지를 깨우칠 목적으로 종교 서적들만이 아니라 다양한 주제의 책들을 통하여 수도원 도서관을 확장하는 데 많은 정성을 기울였다. 다미아니는 종종 성직자들의 대표자들과 수도사들을 수신인으로 하는 편지 형식의 글로 이루어진 많은 논쟁적인 소품들을 남겼다. 이 작품들은 문학적인 문화의 유용성을 한정하고 변증법을 악마의 발명으로 정의했던 『교만한 지식에 앞서는 성스러운 단순함에 관하여De sancta simplicitate scientiae inflanti anteponenda』 또는 『진정한 행복과 지식에 관하여De vera felicitate et sapientia』 같은 과감하고 예리한 언어와 간결한 문체를 특징으로 하고 있다. 변증론자들 중 가장 대표적인 인물은 투르의 베렌가리우스(1008-약 1088)다. 그는 진실을 밝히기 위한 수단으로 변증법을 생각했으며, 『성스러운 저녁 식사De sacra cena』에서 알 수 있는 것처럼 이성, 즉 인간을 '신의 이미지에 따라 만들었던' 능력에 의지하기 위한 수단으로 고려했다. 따라서 이성에 의지하지 않는 것은 새로워지지 않는 것이며, 하루하루 자신을 신의 모습으로 인식하지 못한다는 것을 의미한다.

신학에서 변증법의 이용

신앙과 이성 사이에 대립이 있을 수 없다는 확신에서 캔터베리의 안셀무스(1033- [병렬과 종속]
1109)는 오로지 이성만을 사용하여 신앙의 내용을 설명하고, 신앙의 이해(이성적인
신앙의 이치ratio fidei)에 대한 엄격한 교리를 만들어 냈다. 새로운 방식으로 표현된 혁
신은 안셀무스의 대표적인 작품인 『모놀로기온』과 『프로슬로기온』에서 사용된 문
체에도 나타났다. 이 두 작품에서 안셀무스는 종속 구문보다 등위 접속사를 사용
하는 병렬 구조를 선호했다. 실제로 그는 "신앙을 통해 신성한 것에 대하여 알고 있
는 것을 성경의 권위를 배제하고 필연적인 이성necessariae rationes을 통해 입증할 것"
(Epistola de incarnatione Verbi, 6)을 제안했으며, 따라서 논리적으로 매우 엄격하고 짧
은 구문들을 사용했다. 그의 서술은 주제들의 긴밀한 연결에 따라 계속 이어지는 하
나의 논증이었다. 이는 단편적인 구조를 규명하며, 성경과 교부의 다양한 권위들을
대립시키고 분석하는 물음quaestio을 통해 그 이후의 스콜라 철학과는 상반되는 것이
었다. 안셀무스가 채택한 변증법적 과정은 문체적인 측면에서 그리스도교의 교리를
이성적인 방법으로 설명하기 위한 선택의 결과였다.

개혁과 신비주의 신학 사이의 수도원 신학

11세기부터 특히 그레고리오 7세(약 1030-1085, 1073년부터 교황)의 재임 시기에 종 [성직자의 부패]
교 생활과 교회 제도 전반에 걸친 개혁의 요구는 청빈과 복음주의적인 검소함에 대
한 이상으로의 회귀를 장려했던 수도원 세계에서 특별히 강조되어 나타났다. 당시
의 논의들 중에는 성직 매수와 성직자의 혼인을 찬성하는 니콜라주의의 혐의로 비난
을 받고 있던 성직자들의 부패에 반대하는 논쟁을 비롯하여 그들이 교회의 직책을
맡는 것의 부적절함에 대한 것들이 있었다. 이러한 논쟁은 성직 매수의 죄를 지은 사
제들의 문제와 밀접한 관련이 있던 성찬식 논쟁과 같은 그 당시의 신학적인 고찰의
배경이 되기도 했다. 실제로 개혁적인 경향의 몇몇 대표자들은, 그러한 사제들이 부
적절하며 1079년 로마 공의회에서 공포된 교리에 의거하여 성찬식이 진행되는 동안
'빵과 포도주가 제단 위에서 성령에 의해 그리스도의 살과 피로 변하기 때문에' 성찬
식을 거행할 때 배제되어야 한다고 주장했다.

성 베르나르두스

개혁과 수도원 신학의 고행이라는 두 가지 임무에서 가장 두드러진 대표적 인물은 클레르보의 베르나르두스(1090-1153)였다. 1140년에 상스에서 열린 공의회에서 피에르 아벨라르(1079-1142)를 단죄하게 만든 장본인으로서 변증론자들의 무자비한 적이었으며, 신비주의 신학자로서 뛰어난 활약을 펼쳤던 베르나르두스는 금욕과 관련한 몇 편의 논문(『겸손의 관계에 관하여De gradibus humilitatis』와 『하느님을 사랑하는 것에 관하여De diligendo Deo』)을 통해 인간을 원죄로부터 신과 일치하도록 이끄는 숙고의 여정을 열정적인 표현과 과장을 통해 기술하였다. 인간은 겸손한 태도를 취함으로써 자신이 비천하고 죄에 이끌리기 쉬운 존재임을 인식하게 되고, 신을 위한 사랑과 자신의 삶을 동일시하기 위해 모든 육체적인 구속을 떨쳐 낸다는 것이 주된 내용이다. 성경에 대한 언급과 수사학적인 표현들로 넘쳐나는 그의 작품들과 시적인 문체의 산문은 작가로서 그의 재능을 드러냈으며, 그에게 주어진 '꿀처럼 단 박사'라는 칭호가 잘 어울림을 보여 주었다.

생빅토르 학파

세속적인 것들에 대한 초연한 태도

명상에 대한 신비주의 신학적 이상은 정교한 논문 『하느님을 명상하는 것에 관하여 De contemplando Deo』의 저자인 생티에리의 기욤(1085-1148)뿐만 아니라 생빅토르 성당 학교에 모여든 아우구스티누스를 추종하는 성직자들에 의해서도 철저히 분석되었다. 생빅토르 학파의 신학은 스콜라주의 철학의 이성주의적 접근과 수도원을 중심으로 하는 신학의 정서적인 접근을 중재하는 특성을 지니고 있었다. 생빅토르의 위그(약 1096-1141)는 실제로 속세와 단절할 필요성과 영적인 삶 속에서 신에 대한 사랑이 지니고 있는 중심적인 역할을 주장하면서도 모든 것들이 신비주의 신학의 발전에 유용했기 때문에 『디다스칼리콘』에서는 학문은 물론 3학과 4과에도 특별한 중요성을 부여했다. 생빅토르의 리샤르(?-1173)도 마찬가지로 비록 그의 주된 관심이 이성과 신앙의 관계가 아니라 그의 작품 『격정적인 사랑의 4가지 단계에 관하여De quattuor gradibus violentae caritatis』에서 보여 주었듯이 감동적이고 세련되며 서정적인 언어를 이용하여 인간의 감정 분석에 신비주의 신학을 활용한 숙고의 심리학으로 향해 있었지만, 이성적인 개념으로도 「요한 묵시록」을 표현할 수 있는 가능성을 인정했다.

예언 문학

이 시기에는 신비주의 신학과 함께 예언적인 문학도 번성했다. 『스키비아스』와 같은 빙엔의 힐데가르트(1098-1179)의 예언서들은 이러한 문학의 가장 대표적인 예다. 직접적으로 신에게 영감을 받은 그녀의 예언은 그리스도교 세계의 다양한 부분들을 보여 주었으며, 적敵그리스도의 출현을 포함하여 세기말에 대해 예언하는 것 같았다. 가장 독창적인 예언 작가는 피오레의 조아키노(약 1130-1202)였다. 조아키노는 성경 해석에 대한 자신의 주요한 작품들(『신약 성경과 구약 성경의 조화Concordia Novi ac Veteris Testamenti』와 『묵시록 해설Expositio in Apocalypsim』, 『10개의 줄이 달린 현악기Psalterium decem chordarum』)에서 역사적으로 삼위일체의 '위격person'으로 구체화한 3개의 시대로 구분된 인간의 운명에 대한 개념을 풀이했다. 성부에는 평신도들(결혼한 사람들 Ordo Coniugatorum)과 감각에 의해 지배되고 그리스도의 강림과 함께 끝이 나는 법률의 왕국인 구약의 시대가 해당되며, 성자에게는 신약과 교회(성직자회Ordo clericorum)의 시대와 조아키노가 믿고 있던 육신의 조건으로부터 벗어나려는 경향을 보이고 적 그리스도의 출현과 함께 종말이 멀지 않은 왕국이 해당된다. 성령에는 조아키노의 계산에 의하면, 1260년부터 완전하게 영적인 것이 승리하고 명상적이고 수도원적인 삶의 모델이 확립되는 미래의 시대가 해당된다. 이 시대는 (정의로운 자들Ordo iustorum 에 속하는) 영적인 사람들viri spirituales의 사회, 즉 세상을 영원한 구원의 길로 이끌기 위해서 자신이 세운 피렌체의 수도회 단체와 유사한 수사들 또는 은수자들의 시대였다. 조아키노의 예언은, 그의 작품으로 여겨지지만 (위僞 조아키노) 수많은 저작자가 의심되는 작품들(예를 들어, 「이사야서」와 「예레미야서」)이 보여 주듯이 그 이후에 엄청난 영향력을 행사했다. 이러한 작품들에서 조아키노의 사상은 교황의 지배 권력층 또는 황제의 권력에 반대하는 논쟁을 고취시키기 위한 수단으로 이용되었다. 이는 13세기 성령의 시대의 출현의 표시로, 프란체스코파 스스로의 존재를 부각시키기 위해 영적인 사람들의 새로운 단체의 등장을 이야기한 조아키노의 예언을 이용했던 프란체스코파의 영적 진영의 전형적인 예다.

인간의 3개의 시대

속세에 대한 경멸

그리스도교인의 궁극적인 목표는 신과의 영적 교감이 이루어지는 미래의 삶이다. 이 때문에 지상에서의 삶은 고통과 역경으로 이루어진 잠시 동안의 경험으로 생각되었다. 이러한 주제에 대한 의미 있는 작품들은 약 3천 개의 시행으로 사제들의 도덕적인 타락을 비난하는 신랄한 풍자를 제공했던 클뤼니 또는 모르발의 수도사 베르나르두스(11세기)의 『속세의 능멸에 관하여De contemptu mundi』와 훗날 인노첸시오 3세(1160-1216, 1198년부터 교황)의 이름으로 교황이 된 로타리오 데이 콘티 디 세니 Lotario dei Conti di Segni 추기경의 『속세의 능멸, 혹은 인류의 역경에 관하여De contemptu mundi, sive de miseria conditionis humanae』다. 로타리오 데이 콘티 디 세니는 평신도들을 대상으로 영원한 지복에 대한 희망조차 제공하지 못하는 지상 세계의 추잡함을 보여 주고자 간결하고 강렬한 언어로 인간의 덧없고 연약하며 비참한 삶을 기술했다.

스콜라 신학과 체계적인 성경 해석학

12세기에 새로운 문화와 경제의 중심지였던 도시에서 발달한 학교들은 신학의 이성화 과정을 추진하는 역할을 수행했다. 이러한 신학은 베렌가리우스와 안셀무스가 앞서 나아갔던 길을 따라 변증법의 승리를 이끈 피에르 아벨라르의 기여에 힘입어 13세기와 14세기에 절정을 맞이하게 된 학문으로서 자발적으로 형성되었다.

아벨라르의 계시   12세기 랑의 신학자 안셀무스(약 1050-1117)라는 인물을 중심으로 모인 랑 학파의 스승들은 교부의 저서들과 성경의 체계적인, 즉 종합적이고 유기적인 강독에 착수했다. 그들의 가르침의 결실인 『토론 문제집』은, 특히 아우구스티누스(354-430)를 필두로 다양한 신학적인 주제들에 대하여 항상 정확한 기준에 의해서 구성된 것은 아니지만 명확하고 단호한 견해를 제시했던 교부들의 작품에서 추출한 구절들의 선집이었기 때문에 후대에 종종 『명제집』으로 불린 작품집으로 엮였다. 이러한 스승들은 독창성이 뛰어나지 않았을 뿐만 아니라 다양한 권위들을 비판적으로 비교하지 못했지만, 성경 해석학 논문의 장르를 벗어나 신학적인 지식을 주제별로 일관성 있게 구성한 성과를 보여 주었다.

페트루스 롬바르두스의 『명제집』   페트루스 롬바르두스(약 1095-1160)의 『명제집』에서 분석한 논의들의 체계적인 성격은 그 이후에 엄청난 성공과 갓 생겨난 대학의 신학 학부의 교과서로 채택된 것에서 볼 수 있듯이 완벽한 구성에 도달했다. 주제와 관련한 기준 이외에도 롬바르두스의 작품은 초기 선집들의 역사적-성경적 기준뿐만 아니라 아벨라르의 『그렇다와 아니다』에 도입된 논리적-논쟁적인 기준에 영감을 받았으며, 문장의 선택과 주제의 설명에 일관된 교육적 관심을 보여 주었다. 신학적인 지식에 대한 이러한 체계화는 이후에 엄청난 성공을 거두게 되는 '전집summa'이라는 신학 장르가 탄생하는 길을 열어 주었다.

| **다음을 참고하라** |
역사 수도회(228쪽); 종교 생활(251쪽)
문학과 연극 종교시(470쪽); 내세관(493쪽)
음악 전례와 종교의 단성 성가와 최초의 다성 음악(834쪽)

설교와 설교술

| 실비아 세르벤티Silvia Serventi |

설교는 중세 그리스도교 유럽에서 중심적인 문학 장르였다. 이것은 신앙과 도덕을
중심 내용으로 하고 성경에 바탕을 둔 교육적이고 설득을 위한 장르다.
중세의 설교의 발전을 특징짓는 것은 교부적이고 수도원적인 특성이 가미된 설교에서
『설교술』에 명문화되어 있으며 새롭게 주제와 관련한 설교로 변화한 것이다.
이러한 변화는 대학과 탁발 수도회의 탄생과 더불어 12세기와 13세기에 이루어졌다.

글과 말 사이에 있는 설교

설교는 신앙의 진실을 전파하기 위한 성직자들과 평신도들 사이의 주요한 의사소통 수단을 대표하면서 중세 그리스도교 유럽에서 중심적인 문학 장르로 자리 잡았다. 설교는 중세의 다른 문학 장르들과는 달리 유창함 덕분에 여전히 매우 활동적인 문학 장르를 이루고 있다. 중세에 이 장르는 서간문과 논문, 성경에 대한 주석 같은 유사한 장르와도 관련이 있었지만, 그 밖에도 연극과 단편 소설, 정치적인 강연, 시 같은 동시대의 다른 문학 장르들과의 연관성도 보여 주었다. 설교를 다른 형태의 종교적인 글들과 구분해 주는 것은 무엇보다 구술적인 특성, 즉 설교가 전도되었다는 가능성을 입증하는 문서 외적이고 내재적인 표시들이 나타난다는 것이다. 이러한 방향에서 청중을 부르기 위해 자주 등장하는 2인칭 복수 형태의 호명과 개인적인 언급, 설교의 상대적인 길이, 설교가 실제로 이루어지고 있는 순간에 대한 회상, 대화

를 가장하는 화법의 이용, 설교자의 기억뿐만 아니라 청중들의 기억을 용이하게 하는 요소들의 활용 등을 볼 수 있다.

말을 통한 의사 전달

설교는 실제로 성경과 설교문이라는 2개의 문헌 사이에 형성된 구어적인 의사소통이다. 이것은 또한 문헌에서 정확하지 않은 생각을 찾는 일종의 공연이었다. 이것은 같은 설교에 관한 중복되는 기록에서 더욱 분명하게 드러났지만, 입수된 문헌이 전달의 어떤 단계를 나타내고 있는 것인지를 자문할 필요가 있다. 우리는 4가지 형태나 단계로 구분해 볼 수 있다. 그것은 청자가 행한 설교의 기록인 보고서reportatio, 종종 명제들sententia로 정의된 단순한 초안, 설교의 예와 앞에서 언급한 두 가지 유형에서는 일반적으로 생략되어 있던 설명적이고 서술적인 모든 요소들을 보완한 완성된 설교다. 이보다 중요한 것은 결국 문헌이 설교의 강연에 '역행'하는지 아니면 '순행'하는지, 또는 말을 통한 설교 이후에 저자가 작성한 설교가 다른 설교자들을 위한 본보기가 될 수 있는 경우가 있다는 것을 염두에 두고 문헌이 강연에 앞서는지 아니면 그 이후에 저술된 것인지를 이해하는 것이다. 말과 글 사이에 위치한 설교의 이중적인 성격과 관련한 또 다른 측면은 언어와 연관된 것이다. 만약 813년에 카롤루스 대제(742-814, 768년부터 왕, 800년부터 황제)가 소집한 교회 회의를 시작으로 설교에 로망스어와 게르만어 속어를 사용하는 것이 실제로 확립되었다 하더라도, 속어로 쓰인 설교에 대한 최초의 증거를 확보하기 위해서는 13세기까지 기다려야 했으며, 실질적으로는 1500년대까지 라틴어가 계속해서 주된 설교 언어로 사용되었다. 비록 9세기부터 설교가 청중들이 알아들을 수 있는 언어로 전개되었지만, 저자를 비롯하여 설교를 옮겨 적는 사람들이 글로 옮기는 과정에서 전 유럽에 퍼져 있는, 속어에 비하여 더 명문화된 라틴어를 선호했을 것임을 의미한다.

사회의 거울

설교는 신앙과 도덕을 다루고 (보통 성경을 비롯한 교부의 저서들과 예배에 대한 출전과 같은) 성경에 바탕을 둔 교육적이고 설득을 위한 장르였다. 중세의 설교는 성경에 바탕을 둔 성직자들의 문화를 지적인 범주와 평신도들의 언어 형태로 해석한 것이다. 설교의 주된 목적은 가르치고, 성스러운 말씀을 공포하고, 간절히 기도하기 위한 것이었지만, 설교에는 천문학부터 식물학, 지리학에서 기술 혁신에 이르는 다양한 학문에 속하는 주제들이 다루어졌다. 바로 이러한 이유로 설교는 당대의 주요한 대중 매체였을 뿐만 아니라 중세 사회를 비출 수 있는 하나의 거울이었다. 그리고 문헌들의 다양한 유형들을 정의하기 위해 이용된 용어들에도 주의를 기울일 필요가 있다. 가장 주된 구분은 강론와 설교의 구분이다. 4세기 말부터 말씀sermo은 설교의 가장 일반적인 이름이었으며, 주로 학술적인 해설을 가리키는 논문tractatus의 동의어였다. 반면에 강론homilia은 사적으로 작성된 문헌이 아닌 광범위한 대중을 대상으로 한 담론을 가리킨다. 강론은 일반적으로 예배와 관련한 상황에 포함되었으며, 반면에 설교는 도덕적인 가르침을 제공하고 교회의 기본적인 교리들을 가르치기 위해 고안된 것으로 강론처럼 성경의 한 구절이 아닌 하나의 주제를 중심으로 구성된 것이다.

중세 설교의 발달

9세기부터 13세기까지 설교는 인노첸시오 3세(1160-1216, 1198년부터 교황)의 설교를 모범으로 제안했던 로망의 윔베르Humbert de Romans(약 1200-1277)에 의해 명확하게 입증되었듯이 본질적으로 교부들의 강론을 단순히 속어화하는 것으로 이해되었다. "나는 위대한 지식인인 교황 인노첸시오께서 한번은 막달레나의 축일을 설교하시면서 한 부제副祭를 곁에 두셨던 것을 잘 알고 있습니다. 그 부제는 축제에 대한 그레고리오의 강론을 손에 들고 라틴어로 적힌 것을 한 글자씩 속어로 번역하였습니다"(로망의 윔베르, *De eruditione praedicatorum*). 교황 인노첸시오 3세의 발의로 1215년에 개최된 제4차 라테라노 공의회 기간 동안 설교의 필요성과 설교와 고해성사, 성체의 사용의 관계가 강력하게 확립되었다. 연례적인 고해성사와 부활절의 성찬식 의무화를 통해 참회와 재헌신을 요청할 수 있는 권한이 부여된 설교자들의 역할을 중심으로 하는 진정한 의미의 '목회의 혁신'이 실현되었다. 이전까지 설교는 주로 성무일과 중에 교부들의 설교가 강독된 수도원의 주위에서 이루어졌다. 사적인 명상과 대중들을 위한 설교뿐만 아니라, 이러한 목적을 위해 예배 순서대로 배열된 교부들의 강론과 설교 모음집인 강론집과 설교집이 만들어졌다. 12세기 수도원의 전형적인 설교는 수도원의 청중을 대상으로 수도원장이나 수녀원장 또는 그들에게 지명된 수사나 수녀의 종교적인 담론이었다. 설교는 전도와 강독에 이용되었으며, 교단의 전례의 일부였다. 하지만 서간문 형태의 설교 또한 빈번했다. 전례에서 시사된 성경 구절이 지속적으로 해석된 교부들의 강론과는 다르게 수도원의 전형적인 설교는 성경이나 전례의 강연을 시작으로 하나의 제재 또는 주제를 발전시켰다. 설교를 발전시키기 위해 (성경의) 인용구의 핵심 어휘들이 사용되기 시작했지만 이야기적인

인노첸시오 3세의 발의

면이 여전히 우위를 차지했다. 이리하여 규모가 큰 수도원 학교의 성공으로 대학과 탁발 수도회의 탄생과 밀접한 관련이 있는 새로운 설교sermo modernus 또는 스콜라적 혹은 주제 중심적인 설교에 이르게 되었다.

설교술

몇 가지 '구성 요소'의 측면에서 동시대의 고딕 성당에 비교할 수 있는 매우 복잡한 유형의 설교가 거둔 성공은 설교술Artes praedicandi이라 불리는 교범에 명확한 수사학적인 규정들을 명문화할 필요성을 느끼게 만들었다. 이러한 유형의 작업은 설교자에게 특정한 표제어와 연관되어 있는 모든 성경 구절 또는 이 표제어에 부여된 다양한 의미를 제공하기 위해 유용한 구분distinctiones과 성경 색인의 수집 또는 본보기가 될 만한 설교들의 수집, 모범exempla의 수집, 선집 같은 설교를 위한 다른 보조 수단들과는 구분할 필요가 있다. 설교술을 다른 것들과 구별해 주는 것은 그것이 이용할 준비가 되어 있는 자료들이 아니라 어떻게 설교가 이루어져야 하는지를 이야기한다는 것이다. 이러한 문학 장르의 갑작스러운 번영은 강론을 떠올리게 하는 설교의 방식으로부터, 자신의 제자들이 설교를 하면서 대부분의 시간을 보낸다는 사실을 알고 있던 스티븐 랭턴(1150-1228), 릴의 알랭(약 1128-1203), 페트루스 칸토르(약 1130-1197) 등 12세기 파리의 신학 교수들에 의해 공식화된 주제 중심의 설교 같은 복잡한 다른 양식으로 변화한 것과 밀접한 관련이 있다. 애시비의 알렉산데르의 『능숙한 설교술에 관하여De artificioso modo praedicandi』와 같이 12세기 말과 13세기 사이로 시기를 산정할 수 있는 가장 오래된 작품들 중 가장 유명한 작품은 시토 수도회 소속으로 1203년에 사망한, 파리에서 교수 생활을 했던 릴의 알랭의 『설교술 대전 Summa de arte praedicatoria』이다. 지금도 많은 학자들이 사용하고 있는 가장 잘 알려진 설교에 대한 정의 또한 그의 것이다. 그는 설교는 본질적으로 도덕과 교회의 교리와 관련한 공적인 교육이라고 주장했다. 그의 작품은 후대 사람들에게 단지 학예ars로만 정의되었는데, 솔즈베리의 토머스Thomas(약 1160-1233/1236)로도 잘 알려진 영국의 성직자가 설교의 본질에 대한 방대한 분량의 논문에서 이 용어를 처음 사용했기 때문이다. 1227년과 1228년 사이에 저술된 그의 『설교술 대전』은 고전 수사학의 전형인 상황circumstantiae의 이론을 재활용한 것이었다. 이러한 이론에 의하면 담론이 언제, 어디에서, 왜, 어떻게, 그리고 누구에게 행해진 것인지를 분석할 필요가

파리의
신학 교수들

있다.

이러한 고찰은 대체로 설교가 이루어지던 도시의 전형적인 특성인 청중의 다양 **청중의 영향**
함에 각별한 주의를 기울였으며, 상황별 혹은 다양한 범주의 사람들에게 행해진 설
교 모음집의 구성을 설명했다. 설교자는 주요한 세 가지 요소인 이성rationes, 권위 있
는 저서들auctoritates, 모범exempla을 이용하거나 논리적인 주제들을 이용하고 성경 또
는 교부들이나 전례의 권위, 그리고 이야기된 것을 확인시켜 주는 역사적이거나 만
들어진 예들의 도움을 받아 청중들을 교육하는 임무를 부여받은, 진실의 단순한 전
달자로서 신과 인간의 중재자로 여겨졌다.

정통과 이단 사이의 설교

12세기의 설교는, 실질적인 설교보다는 강독을 위한 목적으로 만들어진『아가에 관 **설교와**
한 설교Sermones super Cantica Canticorum』같은 높은 문학적 가치를 지닌 설교들을 쓴 클 **유럽어의 탄생**
레르보의 베르나르두스(1090-1153)라는 인물에 의해 주도되었다. 같은 시기에 이단
자들의 설교에 대한 문제가 대두되었으며, 이에 대해 1184년 베로나 교회회의를 통
해 교회의 권한을 부여받지 못한 사람에게는 설교를 금지하는 대책이 마련되었다.
이러한 방식은 무엇보다 급진적인 선악 이원설을 통해 믿음을 얻고자 분투했던 카
타리파와 1174년과 1176년 사이에 사도다운 삶의 방식을 고수하기로 결정한 리옹
의 부유한 상인인 발데시우스에 의해 명명된 발도파들(리옹의 극빈자들이라고도 불렀
다)을 물리치기 위함이었다. 카타리파의 설교에 대한 직접적인 증거들은 남아 있지
않지만, 이들이 성경의 문자적인 해석을 선호했다는 것은 잘 알려져 있다. 반면에 발
도파는 라틴어 문헌을 해석할 수 있는 능력이 없었기 때문에 성경 번역을 장려했다.
이탈리아에서 속어로 이루어진 설교의 자료들은『알프스 산록 지방의 설교Sermoni
subalpini』와『파도바의 속어 강론Omelia volgare padovana』을 통해 13세기에 와서야 볼
수 있었던 반면에, 유럽의 다른 지역에서는 이미 12세기 후반에 속어로 된 설교의 예
들이 나타났다. 파리의 주교 쉴리의 모리스Maurice de Sully(1105/1120-1196)는 1161년
과 1171년 사이에 본보기로 삼을 만한 설교집을 저술했는데, 처음에는 라틴어판만
제공되었으나 나중에는 속어로도 보급되었다. 중세 영어middle English로 쓰인 설교들
중에는 당연히 이단적인 환경에 속하는 보기 드문 중세 영어 설교의 보고서인 롤라
즈파의 설교가 매우 중요했다. 이베리아 반도에서는 12세기 말에 쓰인 것으로 볼 수

있는 『오르가냐의 강론집Homelies d'Organya』이 카탈루냐어 산문으로 된 가장 오래된 문헌들 중 하나다. 따라서 설교는 당시의 종교적인 문화에 대한 지식을 연구하기 위해서뿐만 아니라 유럽 언어의 탄생을 연구하기 위해서도 애용된 수단이었다. 또한 설교 교본과 설교와 관련한 자료집, 영성 지도의 서간문이나 찬가讚歌 같은 이 시기에 탄생한 수많은 문학 장르들에서 볼 수 있듯이 중세에 엄청난 발전을 이룬 이 장르의 수사학적인 규칙도 고려하지 않을 수 없다.

| **다음을 참고하라** |
문학과 연극 성인전(488쪽); 내세관(493쪽)
음악 음악과 여성의 영성: 빙엔의 힐데가르트(830쪽)

성인전

| 피에르루이지 리치아르델로Pierluigi Licciardello |

11세기와 12세기에 성인전은 변화를 겪었으며, 당시의 혁신에 동참했다. 신성함을 대표하는 사례들 중에는 왕으로서 성인이 된 모델이 독일 제국과 프랑스 왕국에서 나타났다. 이탈리아에서는 수도원 제도가 교회의 개혁을 향해 나아갔다. 수도사들은 수도원을 나와 설교자가 되었다. 11세기 중반 개혁 운동은 교황청으로부터 지지를 받았으며, 이는 교회를 수호하기 위해 순교한 성인과 교황으로서 성인이 된 모델과 같은 새로운 성인의 탄생으로 이어지게 된다. 12세기에 평신도 사회는 다시 순례자의 성인, 노동자의 성인 같은 또 다른 모델들을 제시했다.

신성한 왕위

신성함과 왕위를 연계하려는 부족 중심적이고 게르만적인 생각은 중세에 왕으로서 성인이 되는 새로운 모델의 탄생으로 이어졌다. 이미 중세 전기에도 존재했던 이러한 모델은 왕가와 관련한 명확한 정치적인 요구에 의해 1000년경에 확립되었다. 카롤루스 대제(742-814, 768년부터 왕, 800년부터 황제)의 것이었던 제국의 권좌에 자신의 존재를 정당화하고자 했던 작센 왕조의 몇몇 왕들은 성인이었다. 이러한 성인들 중에는 오토 1세(912-973, 962년부터 황제)의 어머니 마틸데(890-968)와 아내였던 아델라이데(약 931-999)도 있었다. 이러한 '제국의 성인'의 정점은 1165년에 황제 프리드리히 바르바로사(약 1125-1190)가 시행한 카롤루스 대제의 시성식으로 나타났다.

프랑스에서는 10세기부터 왕들이 손으로 만져 병을 치료하는 능력을 지닌 초자연적인 힘의 보유자로 비쳤다. 마르크 블로크(1886-1944)가 '마법사 왕'이라고 명명한 이러한 왕들은 카페 왕조를 공고화하는 데 매우 중요한 역할을 했다.

1000년경 서구의 그리스도교 문명의 일원으로 편입되었지만 여전히 유럽의 주변 국가로 머물고 있던 몇몇 나라들에서 (종종 전투 중에 사망한 '순교자' 또는 음모의 희생자들이었던) 왕 출신의 성인은 민족적 독자성의 기초를 이루었다. 이러한 인물들로는 보헤미아의 벤체슬라우스(약 907-929), 노르웨이의 올라프(995-1030, 1016-1028년에 왕), 헝가리의 스테파노(약 969-1038, 1000/1001년부터 왕), 덴마크의 크누트(약 1040-1086, 1080년부터 왕)를 생각해 볼 수 있다.

교회의 개혁

'교회의 자유Libertas Ecclesiae'는 11세기 중반 추기경 페트루스 다미아니(1007-1072)와 실바 칸디다의 홈베르투스(?-1061), 교황 그레고리오 7세(약 1030-1085, 1073년부터 교황)의 주위에 집결한 개혁가 집단의 좌우명이었다. 이것은 (평신도, 제국, 귀족 등의) 외부의 간섭과 (성직 매수와 니콜라주의 같은) 이단의 이론들로부터 교회의 자유를 말하는 것이었다. 이로부터 교회를 수호하는 그리스도교의 전사로, 필요하다면 순교자의 전형이 된 새로운 성인 모델이 유래했다.

11세기 전반에 교회의 개혁을 이끌었던 사람들은 수도사들이었으며, 개혁한 수도원 제도 속에서 만들어진 성인전은 새로운 메시지를 전달하는 중요한 수단이 되었다. 수사들과 순회 설교자, 은둔 수도사들은 신과 인간 사이의 다른 관계를 모색하며, 새로운 시대의 상징이 되어 버린 고뇌하는 영혼으로 이탈리아를 누비고 다녔다. (아레초 교구에 속하는) 카말돌리회의 창설자인 라벤나의 성 로무알두스(약 952-1027)의 삶은 1042년에 페트루스 다미아니가 저술했다. 이것은 성직자들의 성직 매수와 군주들의 횡포에 맞서 싸웠던 교회의 개혁가이자 수도원을 세우고 개혁하기 위해 피레네 산맥에서 이스트리아 반도까지 유럽을 누볐으며, 육체적인 시련의 고통 속에서 홀로 그리스도와의 접촉을 시도하고 이루어 낸 한 신비주의자의 삶에 대한 것이

순회 전도사

다. 매우 활동적이었던 또 다른 개혁가는 발롬브로사 수도회 창설자인 피렌체의 성 요한 구알베르토(약 995-1073)였다. 그의 수도사들은 수도원을 나와 성직 매매의 죄를 지은 주교에 대항하여 피렌체 사람들이 봉기하도록 설교했다. 이제노Igeno라고 불렸던 그의 제자 피에트로는 피렌체의 주교에 대한 자신의 규탄이 사실임을 입증하기 위해 불을 견뎌 내는 시련까지 겪었다. 11세기 말부터 12세기 초까지 수도원 제도는 쾰른의 성 부르노St. Bruno(약 1030-1101)가 창설한 카르투지오회와 부르고뉴의 시토회, 마테라의 성 요한(1070-1139)의 풀사노 수도회, 그리고 다른 단체들이 설립되면서 성 베네딕투스의 본래의 영성으로 돌아가려는 변혁을 시도했다. 12세기에는 아르브리셀의 로베르(약 1047-1117)와 셈프링엄의 길버트Gilbert(약 1088-1189) 같은 몇몇 성인들이 남녀 혼성 수도원 공동체를 만들기까지 했다. 이는 당시로서는 거의 혁명에 가까운 도발이었다.

신앙을 지킨 순교자들 11세기 중반부터 개혁 운동의 지휘는 교황청의 수중에 들어갔다. 밀라노에서 성직 매수의 죄를 지은 대주교에 맞서 투쟁한 시민들로 구성된 대규모 파타리아 운동은 순교자 아리알도(약 1010-1066)와 에를렘발도Erlembaldo(?-1075)를 중심으로 뭉쳤다. 사상 처음으로 교황에게 복종하는 그리스도교도들 중에서 그리스도교 내부의 inter Christianos 순교자가 등장했다. 이러한 순교자들 가운데 가장 훌륭한 이는 잉글랜드 왕 헨리 2세(1133-1189, 1154년부터 왕)에 맞서 가톨릭 신앙을 수호하다 죽음을 맞은 캔터베리의 대주교 토머스 베킷(1118-1170)이었다[도판 45 참조].

제국과 교황권의 투쟁에서 가장 첨예하게 대립했던 '서임권 분쟁'은 1122년 보름스 협약 체결로 끝났다. 이와 함께 성인에 대한 이상 또한 외부적으로는 교회의 수호에서 교회의 성공적인 확장으로 옮겨 가고, 내부적으로는 세속 성직자를 신성함의 중재자로 승격시켰으며, 성직자들의 우두머리로서 교황이라는 인물은 매우 특별한 중요성을 획득했다. 주적이었던 이슬람교도들을 비롯하여, 카타리파와 알비파의 이단들을 상대로 했던 십자군 원정은 새로운 유형의 성인을 탄생시켰다. 그것은 그리스도교의 적들이 어디에 있든 그들에 맞서 희생할 준비가 되어 있던 그리스도의 기사였다. 이들은 평화를 사랑하는 순교자가 아닌, 클레르보의 성 베르나르두스(1090-1153)로부터 영감을 받은 템플 기사단처럼 성전의 군인이었다. 교회 내부에서 수도원이 지니고 있던 주도권은 성직자들에게 넘어갔다. 점점 더 중앙집권적이고 계급화된 조직으로 변모해 가던 교회의 수장인 교황은 자동적으로 성인이 되거나, 어쨌든 단지 교황이라는 이유로 다른 그리스도교인들보다 신성한 인물이 되었다. 교황의 신성함은 역할에 의해 주어진 것으로, 이론적인 면에서 신학자들로부터 공격받았지만 성인전 작가들로부터는 즉시 칭송을 받았다. 개혁의 시대에 교황 출신의 성인들인 레오 9세(1002-1054, 1049년부터 교황), 그레고리오 7세, 빅토르 3세(약 1027-1087, 1086년부터 교황), 우르바노 2세(약 1035-1099, 1088년부터 교황)의 삶이 저술되었다.

권리와 세속주의: 12세기

수세기 동안 지역 공동체의 특권으로 남아 있던 성인의 추대에 대한 권리는 교회법의 규정에 따라 운영되었던 로마 교황청의 손에 넘어갔다. 처음에 교황은 지역 공동체에서 올라오는 요청petitio을 수용하여 시성식을 집전하고 순교자 명부에 이름을 등재하는 일만 했지만, 교회법 학자이기도 했던 교황 알렉산데르 3세(1110-1181, 1159년부터 교황)에 의해 하나의 진정한 절차로 확립되었다. 이러한 새로운 절차의 핵심은 성인의 진정한 초자연적인 힘을 증명하는 기적의 수집과 교황청 관리들 앞에서 이루어진 증인들의 증언이었다. 이러한 증언은 수많은 기록과 공증인의 서명으로 이루어진 진정한 심문inquisitio이었다.

알렉산데르 3세의 명령

    교회가 성인과 관련한 권리를 회복해 나가는 사이에 사회에서는 기준의 전통적인 양식을 벗어나는 새로운 성인의 모델이 출현했다. 로마와 산티아고 데 콤포스텔라 또는 다른 성지들을 향한 순례와 궁핍한 생활을 통해 그리스도를 따르기 위해 자신의 집과 가족을 버린 순례자가 대표적인 예다. 순례자 성인들 중 가장 감동적인 예는, 11세기에 처음 쓰였지만 11세기와 12세기 동안 널리 보급되고 수차례 개정된 성 알렉시우스의 로마 순례에 대한 이야기다.

    이와 함께 성스러운 물건들과 기적적으로 서방의 교회들까지 도달한 성유물에 대한 이야기와 숭배가 널리 확산되었다. 전해져 내려오는 이야기에 의하면, 그리스도가 세상을 떠난 다음 날 예루살렘 인근에서 조각되어 루카에 당도한 십자가에 못 박힌 예수상인 '성스러운 얼굴'에 대한 이야기는 11세기에 루카에서 쓰였다.

    12세기를 거치면서 교회에 소속된 성인들이 전통적으로 우세를 보여 주던 것에서 벗어나 중요함을 더해 가던 평신도 성인들에게 그 자리를 넘겨주었다. 피사의 라이네리우스Rainerius(1118-1160)와 크레모나의 호모보누스Homobonus(?-1197)는 평

신도인데다가 귀족도 아니었다. 라이네리우스는 광대와 음유시인 생활을 하다가 운
둔자로 살았던 성인이었으며, 호모보누스는 노동자로서 속세에 머물며 성인이 되었
다. 평신도들과 은둔자들은 도처에 흩어져 있었으며, 그들의 사회적인 신분 또한 가
지각색이었다. 자신의 폭력적인 삶을 뉘우친 기사 출신의 성인들로는 말라발라의
성 굴리엘모(?-1157)와 (현재 토스카나의 산 갈가노 대수도원 인근의) 몬테시에피 언덕
에 자신의 칼을 꽂은 것으로 유명해진 키우스디노의 갈가노Galgano(1150?-1181)가
있다.

새로운 언어를 찾아서

언어의 미학적 유희 중세의 절정기에 성인전의 언어는 더욱 세련되고 교양을 갖추었다. 대수도원들과
유럽의 성당 학교들에서 저술된 성인전은 라틴어 산문의 운율인 쿠르수스cursus와 수
사학, 세련된 표현과 흔치 않은 진귀한 어휘에 대한 취향의 재발견을 통해 고전 작품
들의 언어를 모방하며, 고전에 대한 새로운 관심을 보여 주었다. 많은 경우에 시형의
운율 구조의 즐거움이 문헌에 가미되었으며, 운문과 산문이 혼합된 작품prosimetrum
과 운문으로 고쳐 쓴 것이 나타나거나 단순하게 몇몇 시행이 첨가되기도 했고, 순수
한 미적 즐거움을 위해 대화글이 운문으로 작성되기도 했다. 11세기에 몬테카시노
의 수도사였던 성인전 작가 살레르노의 알파누스(?-1085)는 고전 작품과 변증법의
대가였다.

성인의 삶은 더 이상 막연한 상황 속에 자리하지 않게 되었으며, 로마의 역사 기
술 방식은 황제의 이름과 부수적인 역사적 사실들을 명확히 해 주었다. 문헌의 유용
성과 서술의 간략함, 이야기의 진실성 등과 같은 역사 기술의 기준들은 성인의 전기
에도 들어왔다. (페트루스 다미아니 같은) 몇몇 성인전 작가들은 기적이 성인의 존재
에 필수적인 것은 아니라는 사실을 주장했다. 그 이유는 기적이 인간의 가능성을 뛰
어넘고 역사를 벗어나기 때문이다. 반면에 성인의 미덕과 모든 사람들에게 인식 가
능한 현실적이고 이성적인 성인의 태도는 더욱 흥미를 유발했다.

또한 12세기는 보수적인 성직자의 공격을 받았던 '새로움'과 거부의 시대였다. 노
장의 기베르(1053-약 1124)는 당시의 모든 합리주의적인 영성을 표현했다. 그는『성
인들의 유물에 관하여Sulle reliquie dei santi』라는 작품에서 교회의 통제와 공식적인 인
가 없이 숭배되고 대부분 예루살렘에서 유래했던 성유물들의 무분별한 증가를 비판

했다.

성인의 전기 문학은 한편으로는 역사 기술에, 다른 한편으로는 일반적인 위인전에 근접하는 경향을 보였다. 성인들은 실제 인간의 모습을 가지게 되었다. 성인의 초상화에는 이미 육체적인 면까지도 고려되었는데, 역사적 진실에 대한 존중과 대중의 호기심이 그것을 요구했다. 12세기에 성인전은 중세 전기에 그랬던 것처럼 더 이상 지배적인 문학 장르가 아니었다. 하지만 이로 인해 위축되지는 않았으며, 오히려 다른 문학 장르들과 교류하고 시대에 뒤처지지 않는 능력을 보여 주었다.

| 다음을 참고하라 |
문학과 연극 중세 라틴어 시학(448쪽); 신학, 신비주의 신학, 종교 논문(477쪽); 설교와 설교술(483쪽)

내세관

| 주세페 레다 |

10세기와 11세기 동안 침체된 내세에 대한 문학은 빈사 상태에서 이루어진 영혼의 여행이라는 기존의 방식을 발전시키면서 힘차게 부활했다. 이 장르는 이미 서술적인 구조와 본문의 완전한 자율성을 지니고 있었으며, 12세기에는 좀 더 길고 복잡한 문학 작품에 도달했다. 이들 가운데 몇 가지 경우는 많은 언어로 속어화되었으며, 경우에 따라서는 시형으로 개정되기도 했다. 사후 세계의 구조는 더욱 명확해지고 세부적인 내용들로 보완되었으며, 연옥의 형태와 장소에 대한 관심이 커졌다.

지속성과 혁신

내세에 대한 문학은 중세 전기에 서술적인 양식으로 발전했다. 이러한 양식에 따라, 병을 앓는 동안이나 빈사 상태에서 영혼은 성인이나 천사의 안내를 받아 여행을 하게 되며 이 도중에 사후 세계의 왕국들을 방문하는데, 다시 의식을 되찾았을 때 주인공은 어리둥절한 주위 사람들에게 자신이 본 환상의 내용을 들려주었다.

내세의 묘사를 위해 지상의 삶에서 겪을 수 있는 가장 고통스러운 상황들과 가

세속적인 즐거움과
고통의 극대화

장 즐거운 것들에 대한 선별이 이루어졌으며, 이렇게 선택된 상황들에 묘사를 더욱 발전시키는 수사학적인 과정이 적용되었다. 지옥의 형벌과 천국의 기쁨이 지상에서의 고통과 즐거움과 유사함을 보여 줌으로써 이러한 기쁨과 고통을 상상할 수 있게 해 주었지만, 과장을 통한 강조는 이를 지상에서의 그 어떤 느낌들보다 더 강하게 보이도록 만들었다. 그리고 이제 연옥의 장소와 형태에 대한 관심은 더욱 커졌다.

11-12세기에 환상 문학은 중세 전기의 작품 활동과 연속성을 유지하는 것으로 보였다. 양적인 면에서 7세기부터 9세기까지 폭발적인 증가를 보인 이후 10세기와 11세기에 감소로 이어졌지만, 곧 회복하여 12세기에는 커다란 발전을 이루었다. 10세기에는 랭스의 플로도아르Flodoard(약 893-966)가 자신의 역사서에 몇몇 환상들을 삽입했고, 반면에 생반의 리카르도Riccardo가 지었으며 그 뒤에 플라비니의 위그Hugues(1065-약 1114)의 연대기 작품에 수집된 2편의 환상은 11세기 초에 속했다. 이 모든 문헌들은 장르의 연속성을 보여 주기는 했지만, 특별한 새로움을 보여 주지는 못했다.

반면에 11세기 전반으로 거슬러 올라가 프랑스 지역에서 쓰인 『안셀로의 환상Visione di Ansello(또는 오도의 환상Visione di Oddone)』은 엄청난 독창성을 보여 주었다. 여기에서는 외경인 「니고데모 복음서Vangelo di Nicodemo」의 지침에 따라 그리스도가 지옥에 내려간 내용이 생생하게 재현되었다. 연옥의 형벌이라는 새로운 관점에서 그리스도의 지옥의 강림이 다시 살아난 것이다. 오도는 십자가로부터 저승에 내려온 그리스도를 따라왔으며, 그리스도는 연옥의 불의 형벌을 받은 자들의 영혼을 자신의 주위로 불러 모아 이들을 천국으로 인도할 천사들에게 인계했다.

영국인들의 환상 프랑스 지역뿐만 아니라 영국에서도 환상의 전통이 부활했다. 더럼의 시메온Symeon(약 1060-1139)은 자신의 역사서(『더럼 주교구의 역사Historia ecclesiae Dunelmensis』)에 4개의 환상에 대한 보고서를 넣었다. 「옴의 환상Visione di Orm」은 이 가운데 가장 분량이 방대한 것으로, 다시 하늘로 승천하는 것에 대한 주제에 지면을 할애했다. 이 주제는 12세기에 2개의 단편으로 발전했다. 하나는 (리에주의)『생로랑의 장의 환상Visione di Giovanni di Saint-Laurent』이고, 다른 하나는 『군텔모의 환상Visione di Guntelmo』이다. 첫 번째 이야기에서 하늘로의 승천은 천국에 대한 명상으로 끝이 나지만, 영혼의 상태에 대해서는 기술되지 않았다. 반면에 두 가지 유형으로 이루어진 연옥의 형벌에 대한 묘사에 큰 관심이 주어졌다. 그 유형들 중 하나는 구원에 도달하리라는 확신을 가지고 있지 못했던 영혼들이 머물러 있는 일시적인 지옥이었으며, 다른 하나는 축복의 희망과 빛으로 인해 기쁨으로 충만했던 가벼운 참회의 공간이었다.

『군텔모의 환상』은 영국의 한 수련 수사의 환상에 대한 이야기이지만, 12세기 중반 프랑스 북부에서 쓰인 것이다. 여기에서는 특별히 천국에 대한 환상이 전개되었는데, 사다리를 이용한 하늘로의 승천이 특히 관심을 끌었다. 군텔모의 영혼은 성 베네딕투스에 의해서 하늘로 인도되었는데, 하늘로 오르는 동안 악마들의 공격을 받아야만 했으며 성인의 도움으로 이들을 물리칠 수 있었다. 이 이야기의 모티프는 야곱의 사다리(「창세기」 28장 12절)를 수정한 것으로, 여기에서 사다리는 다른 환상들에서 다리들이 맡았던 것과 같은 시험의 기능을 수행하고 있다.

12세기의 위대한 환상들

상징적인 요소들이 주된 발전을 이루었던 이러한 환상들에 비해 12세기에는 아래에서 위로 올라가는 상승 구조의 여정이 일관되게 나타났고, 매우 정밀하게 묘사된 개별적인 영혼의 상태에 각별한 관심을 기울인 방대한 문헌들이 등장했다.

『알베리코의 환상Visione di Alberico』은 1121/1123년에 몬테카시노의 베네딕투스 수도원에서 집필된 이탈리아 지역의 몇 안 되는 문헌들 중 하나다. 수련 수사 알베리코는 성 베드로와 두 천사들에게 이끌려 다양한 유형의 죄인들의 체벌을 위한 장소들로 구분된 지옥을 먼저 보았다. 특히 지옥 아래의 체벌과 7개의 일시적인 체벌 사이의 구분이 이루어졌으며, 불타는 역청瀝靑의 강은 정죄의 역할을 했다. 강 위에는 다리가 하나 놓여 있었는데, 순수한 영혼들은 쉽게 건너지만 죄를 완전히 씻지 못한 영혼들은 다리를 건너지 못하고 그 강에 빠져 정죄淨罪할 때까지 그곳에 머물게 된다. 알베리코는 그 다음에 올바른 자들의 영혼들이 있는 넓고 쾌적한 들판을 본다. 그 가운데에 천국이 있었는데, 심판의 날까지는 그곳에 들어갈 수 없었다. 올바른 자들 또한 그들의 공적에 따라 평가와 분류가 이루어졌다. 그리고 나서 알베리코는 7개의 하늘을 방문할 수 있었으며, 신의 권좌 앞에 이르게 된다.

『툰달의 환상Visione di Tundalo』은 12세기 중반으로 시기를 산정할 수 있는 라틴어 판본에 대한 많은 필사본이 아직도 존재하고 약 15개 언어의 속어로 번역이 이루어

알베리코의 이탈리아적인 환상

『툰달의 환상』

진 것으로 보아 당대의 베스트셀러였음이 분명하다. 이 책은 아일랜드의 한 수사가 저술했는데, 1148년 여느 때처럼 가사 상태에서 툰달이라는 한 기사가 겪었던 환상에 대해 이야기하고 있다. 툰달은 수호천사에게 이끌려 지옥과 천국을 방문한다. 다양한 죄에 맞는 다양한 체벌들로 정확하게 나뉘어 있는 지옥을 방문하는 동안, 툰달은 직접 몇 가지 체벌을 받아야만 했다. 특히 그는 상부의 지옥에서 8곳의 고통의 장소를 볼 수 있었는데, 이러한 체벌은 일시적인 것이었으며 따라서 이 지옥은 더욱 '상위의' 지옥으로 가기 전, 실제로는 심판의 날에 있을 판결을 기다리고 있는, 아직 최종적인 벌이 내려지지 않은 영혼들이 머무는 일종의 연옥이었다. 루시퍼가 자리 잡고 있던 지옥의 연못만이 신의 자비를 저버리고 신을 믿지 않았던 죄인들을 위한 영원한 체벌의 장소였다. 그 뒤에 툰달은 밝게 빛나는 평온한 곳에 이르게 되는데, 커다란 벽 앞에 지나치게 사악하지 않은 영혼들이 모여 배고픔과 목마름의 고통을 겪으며 참회하고 있었다. 좀 더 앞으로 나아가 쾌적한 곳에 이르러서는 이미 정죄의 과정을 통과한 지나치게 착하지 않은 자들을 만났다.

안내천사   한편, 천국은 금속과 귀한 보석으로 지은 성벽에 둘러싸인 넓은 들판의 형태였으며, 그 안에서 3개의 구역으로 구별되었다. 첫 번째는 결혼한 선량한 그리스도교인들을 위한 곳이었으며, 두 번째는 좀 더 높은 곳으로 정숙한 자들과 순교자들, 수사들을 위한 곳이었다. 세 번째는 성인들과 아홉 품계에 속하는 천사들의 무리들을 수용하고 있었다. 툰달은 교리의 문제와 생전에 알고 있던 사람들을 만나기도 했던 자신이 방문한 곳들의 특성에 대해 수호천사와 끊임없이 대화를 나누었다.

익히 알려진 구성으로 12세기 마지막 몇 년 동안 2개의 위대한 환상 문학은, 이미 『툰달의 환상』에서 분명해진 것처럼 일시적인 체벌의 장소들에 대한 관심이 커졌음을 보여 주었다. (독일의) 『고트샬크의 환상Visione di Godescalco』은 물론 (영국의) 『아인셤의 수사의 환상Visione di un monaco di Eynsham』은 단지 연옥의 체벌과 정죄받은 영혼들이 (지복을 누리기 위해 대기하고 있던) 지상 낙원으로 통과하는 것에 대해서만 묘사를 했던 반면에 하부의 지옥과 천국에 대한 묘사는 없었다. 한편, 본보기의 역할을 위해 그들의 자전적인 면을 소개하는 각각의 영혼들의 개별적인 사례에 대한 관심은 점점 더 강조되었다.

환상에 대한 문학 작품군은 13세기 초로 거슬러 올라가 영국의 『투르킬로의 환상Visione di Turkillo』과 함께 절정을 맞이했다. 이 작품은 이미 잘 알려진 요소들 이외에 살아 있는 사람들이 미사와 중재 기도를 통해 연옥의 형벌에 처한 영혼들과 정죄를 받았지만 천국에 오르기 위해 아직 대기 중인 영혼들을 도와주어야 할 필요성에 대해 지속적으로 이야기했다. 몸무게를 통해 영혼을 심판하는 설정은 분명 새로운 요소였으나, 진정한 새로움은 전대미문의 지옥의 무대를 묘사한 것이었다. 지옥의 하부에 가까운 곳에 실제로 커다란 극장이 있었으며 이곳으로 투르킬로도 인도되었는데, 여기에서 악마들이 조직한 연극 공연이 개최되었다. 죄를 지은 자들의 영혼은 그들의 죄를 묘사하는 장면을 무대에 올리고, 공개적으로 그들의 죄에 상응하는 끔찍한 벌을 받아야만 했다. 공연의 관중은 즐겁게 환호를 보내는 악마들과 넋을 잃고 의자에 앉아 있던 다른 저주받은 영혼들이었다.

육신이 함께한 내세에서: 『성 패트릭의 연옥』

위에서 소개한 모든 책들이 영혼의 여행을 이야기했던 반면에 아일랜드에서 쓰인 한 문헌은 육체적으로 내세를 여행한 보고서였다. 이 책은 12세기 중반 이후, 1185년 이전에 잉글랜드인 수사 솔트리의 헨리쿠스Henricus가 라틴어로 작성한 『성 패트릭의 연옥Tractatus de Purgatorio Sancti Patricii』이다. 이 책은 많은 필사본들과 속어로 된 번역본이 남아 있는데, 이 가운데 가장 뛰어난 것은 프랑스 고어로 쓰인 마리 드 프랑스(약 1130-약 1200)의 판본이다.

전설에 의하면, 아일랜드에 복음을 전파한 장본인인 성 패트릭Saint Patrick(약 389- 약 461)은 그 나라 사람들이 개종하도록 설득하기 위해 내세를 들여다볼 수 있는 장소를 계시해 줄 것을 신에게 요청했다고 한다. 그리스도는 그에게 동굴 하나를 보여 주었으며, 그는 그 주위에 성전을 세우도록 했다. 동굴에 들어올 수 있는 사람은 죄를 지은 자들의 고통과 복을 받은 자들의 기쁨에 대한 환상을 보게 되었으며, 모든 죄를 용서받을 수 있었다. 이로 인해 그 동굴은 '성 패트릭의 연옥Purgatorio di san Patrizio'으로 불리게 되었다. 이 장소는 북아일랜드의 러프 더그Lough Derg(붉은 호수) 안에 있는 스테이션 아일랜드라는 섬에 있다.

이러한 예언을 언급한 뒤에, 이 작품은 참회를 수행하기로 결심하고 동굴에서 머무는 동안 자신의 육신으로 내세를 방문하게 된 오웨인Owein이라는 기사에 대한 이야기를 들려주었다. 그는 15명의 성직자들로부터 접견을 받고 그들로부터 교육을 받은 뒤에 악마들에게 사로잡혀 9곳의 고문 장소를 방문하게 되었으며, 그곳에서 여

성 패트릭의 연옥

행을 시작할 때 미리 규정되어 있던 대로 그리스도의 이름을 부르는 순간까지 갖가지 벌을 받았다. 그리고 그는 역겨운 냄새를 풍기며 불타오르는 강 위에 놓인 미끄럽고 좁은 다리를 건너야만 했다. 그는 그리스도의 이름을 외치며 다리를 건널 수 있었고, 마침내 즐거운 자리에 함께하는 모든 요소들이 존재하는 지상 낙원에 도달하게 되었다. 여기에서 그는 최후의 순간에 모든 복된 자들에게 출입이 허용될, 하지만 지금은 오웨인에게도 주어진 불꽃의 형태를 띤 영적인 음식이 밖으로 나갈 수 있도록 매일 열리는 천국의 문도 볼 수 있었다. 지상으로 돌아온 뒤, 오웨인은 예루살렘에 성지 순례를 다녀왔으며, 수사가 되어 성인의 삶을 살았다.

| 다음을 참고하라 |
역사 수도회(228쪽); 종교 생활(251쪽)
문학과 연극 새로운 환상 문학(464쪽); 신학, 신비주의 신학, 종교 논문(477쪽); 설교와 설교술(483쪽); 교훈시, 백과사전적 시, 우화시(498쪽); 마리 드 프랑스(553쪽)

교훈시, 백과사전적 시, 우화시

| 프란체스코 스텔라 |

중세에 교훈시教訓詩의 개념은 고전 시처럼 오락 또는 학습의 역할뿐만이 아닌 기억의 기능을 맡으며, 더욱 이질적인 주제로까지 확장되었다. 여기에서 라틴 문학과 속어 문학의 상호 교류는 더욱 두드러졌다. 우화시 또한 도덕적이거나 연애의 주제에 관한 교훈적인 의도와 종종 밀접하게 연관되어 있었지만, 소설 쪽으로 활발한 성장을 이루었다.

라틴 시: 중세 전기의 기록들

시의 교훈적인 역할은 중세의 학교들에서 가장 널리 보급된 문헌들 중 마르티아누스 카펠라(410-439년에 활동)의 『필롤로기아와 메르쿠리우스의 결혼』과 보에티우스(약 480-525?)의 『철학의 위안』 두 작품에 삽입된 시들에서 이미 명백하게 나타났다. 여기에 서술적인 방식으로 인간의 영혼을 정복하기 위해 덕행과 악행의 싸움을 묘사한 대중적인 우화시인 프루덴티우스Prudentius(348-405년 이후)의 『영혼의 투쟁Psycomachia』이 더해진다. 더욱 기술적인 내용을 담고 있으며, 어느 정도 보급도 이루어진 시작론詩作論으로는 운율과 작시에 대한 논고인 테렌티아누스 마우루스Terentianus Maurus(2세기)의 『문자와 음절, 시의 운율에 관하여De litteris, de syllabis, de metris』와 퀸투스 세레누스 삼모니쿠스Quintus Serenus Sammonicus(3세기)의 『의학서Liber medicinalis』가 있다.

카롤링거 시대는 문법에 대한 내용과 (알퀴누스의 시처럼) 수도원의 규칙을 소개하거나 (아퀼레이아의 파울리누스의 『신앙의 규칙Regula fidei』 같은) 그리스도교의 교리를 6보격의 시행으로 소개하는 단편시들을 통해 어느 정도 장르의 다양화를 보이기 시작했던 반면에, 콜루멜라(1세기)의 『농업에 관하여De re rustica』 제10권 또는 『농경시Georgiche』 같은 고전적인 작품의 모델들은 사팔뜨기 발라프리트Walafrid Strabo(808/809-849)의 『정원Hortulus』 같은 걸작들에 영감을 주었고, 그 뒤에 묑의 오동Odon de Meung(11세기)의 『식물의 가치De viribus herbarum』로 이어졌으며, 유명한 살레르노 의학교에서 널리 받아들인 식생활과 위생, 예방 의학에 대해 암기할 만한 처방들을 6보격이나 2행 연구聯句의 시행으로 전해 준 『섭생Regimen sanitatis』 또는 『의학의 꽃Flos medicinae』으로 유입되었다.

우화시

12세기에 교훈시는 우화를 널리 이용함으로써 더욱 철학적이고 학문적인 구성을 취했다. 중세적인 의미에서 ('다른 것을 말하다'는 의미를 지닌 그리스어 'állon agoréuein'으로부터 유래한) 이 용어는 어떤 지시 대상이 다른 대상을 통해 의미를 가지게 되는 모든 표현 과정을 가리킴으로써 현대인들은 은유, 상징, 진정한 우화를 가리키는 것으로 이 어휘를 이해하게 되었다. 따라서 특히 성경의 우화는 글자 그대로의 해석과 대립했으며, 자기 나름대로의 비유적 해석(도덕적 우화)과 신비적 해석(고차원적인 영적 실체에 대한 우화), 예표론豫表論(일반적으로 구약의 전형과 신약의 대응형 사이의 상응)으로 분화되었으며 계속해서 세분화가 이루어졌다. 성경적 우화는 어휘(말씀으로 이루어진 우화allegoria in verbis)를 통하거나 사물(인물, 대상, 사건 등 사실로 이루어진 우화allegoria in factis)을 통한 의미화를 이용했다. 이러한 해석 체계는 성경 해석학을 비롯하여 결과적으로 성경시에서 자주 적용되었지만, 부풀리기amplificatio와 표현력을 강화하기 위한 형태로 활용된 것 이외에는 오랜 기간 동안 이야기체의 창작 수단이 되

성경 해석학에서 문학으로

지 못했다. 하지만『필롤로기아와 메르쿠리우스의 결혼』에서 마르티아누스 카펠라가 이용한 것과 샤르트르 철학 학교에서 되살아난 신플라톤적인 것과 같은 이교도의 우화적인 의인화의 전통을 접하게 되었을 때 이러한 해석 체계는 문학 창작의 역동적인 요인이 되었다.

베르나르두스 실베스트리스

12세기에 실제로 샤르트르 대수도원에서 베르나르두스 실베스트리스(12세기)는 산문과 운문이 교차하는 2권의 책으로 나뉜『우주지Cosmographia』를 저술했다. 이 책에서 베르나르두스는『아이네이스』와 마르티아누스 카펠라에 대한 비평에서 규명한 것과 같은 체계에 따라 서술적인 덧씌우기(외피integumentum 또는 피막involucrum)를 통해 세상의 구조를 기술하고자 했다. 중세에 처음으로 '신격화된' 자연의 여신을 의미하는『대우주Megacosmos』의 제1권에서는 세상의 이상적인 질서를 기술했으며, 반면에 제2권(『소우주Microcosmos』)에서는 (지혜의 여신인) 누스Nous가 태초의 형태에서 실바Silva 또는 ('물질'을 의미하는) 휠레Hyle라고 불린 자연의 여신 피지스Physis에게 천문의 여신 우라니아Urania와 협력하여 인간을 창조할 것을 요청했고, 물질의 상태는 '생성과 몰락의 무한한 순환이고, 이에 맞서 인간은 오로지 출산을 통해서만 싸울 수 있음'을 밝혀냈다. 영원성은 종種의 특성일 뿐 개개인의 특성은 아니지만 "올바르게 살아가는 모든 사람들의 영혼은 죽었을 때 그들이 내려오기 전에 머물렀던 별들에 다시 도달할 수 있기 때문이다"(드론케Dronke). 베르나르두스는 비극시『마테마티쿠스Mathematicus(점성술사)』에서도 개인의 운명에 대한 문제를 다루었다. 그는 여기에서 위 퀸틸리아누스Quintilianus의 웅변에 기초하여, 점성술 예언에 의해 자신의 아버지를 죽이고 폭군이 될 운명이었던 덕망 있는 한 젊은이에 대한 이야기를 들려주었다. 존속 살인자로 불리게 될 운명이었던 주인공은 이러한 범행을 피하기 위해 자살할 수 있게 해 달라고 백성들에게 요청하지만 거부당한다.

마찬가지로 플라톤의『티마이오스』와 이 작품에 대한 중세적 관점의 해석으로부터 영향을 받은 신플라톤주의적인 분위기 속에서 같은 인물을 주인공으로 하는 시와 산문이 혼합된 또 다른 작품『자연의 탄식De planctu Naturae』이, 파리와 몽펠리에에서 가르쳤으며 훗날 시토 수도회의 수사가 되어 '만물박사'라는 별명으로 널리 알려질 릴의 알랭에 의해 저술되었다. 그의 작품에서 자연의 여신은 (보에티우스의『철학의 위안』에서처럼) 시인의 심령 이탈alienatio mentis을 치료하기 위해 꿈속에 나타나서 역천사力天使의 요청을 받아 수호신 게니우스Genius의 저주를 받은 남성의 동성애를 특별히 언급하며, 인간의 악행에 대해 불만을 토로했다. 이 작품은 장 드 묑Jean de Meung(약 1240-약 1305)의『장미 설화Roman de la Rose』의 두 번째 부분에서 500시행 정도 재생되거나 번역되었으며, 초서Geoffrey Chaucer의『새들의 의회Parlament of Foules』도 다양한 언어들로 이루어진 중세 문학의 밀접한 상관관계들이 입증하듯이 그 작품으로부터 깊은 영향을 받았다.

알랭의 또 다른 시는 고대 후기 시인 클라우디아누스Claudianus(?-404/408)가 완 **알랭의 완벽한 인간**
벽한 악에 대한 인식을 제공했던『루피누스에 반대하여In Rufinum』에 반대되는 입장을 취하고자 했기 때문에『클라우디아누스에 반대하여Anticlaudianus』라는 제목이 붙었다. 알랭은 이 작품에서 자연의 여신과 역천사를 통한 완벽한 인간 '유베니스 iuvenis(젊은이)'의 성스러운 창조를 기술했다. 지옥의 세력들로부터 공격을 받았던 유베니스는 여러 가지 면에서 궁정의 완벽한 귀족과 동일시되었다. 자연의 여신의 궁정과 인간성의 몰락에 대한 여신의 한탄을 묘사하고 난 뒤에, 그는 지혜의 여신(프로네시스Phronesis 또는 프루덴티아Prudentia)과 이성의 여신의 도움으로 고결한 개체를 만들어 내기로 결심했다. 이러한 계획을 신에게 소개하기 위해 7개의 자유학예들은 조화와 평화의 여신 콘코르디아Concordia가 구성한 마차를 제작했고, 지혜의 여신과 이성의 여신은 이 마차를 타고 별들이 움직이지 않고 고정되어 있는 높은 하늘까지 올라갔다. 그들은 그곳에서 신학을 만났다. 신학은 지혜의 여신을 최고천으로 안내했으며, 그곳에서 신앙을 만났지만 마비 상태에 빠지게 되었다. 다시 깨어났을 때, 지혜의 여신은 거울 속에서 그리스도교의 신비와 신의 생각에 들어 있는 현실의 전형에 대해 명상할 수 있었다. 마침내 신의 승낙을 얻어 자연의 여신의 궁전으로 돌아올 수 있었으며 유베니스를 형상화하기 시작했고, 역천사와 기술의 신, (행운의 여신의 딸인) 고귀함의 여신은 경쟁적으로 이것에 자신들의 재주를 부여하고자 노력했다. 마침내 완벽한 존재가 탄생하자 죄악의 무리들이 그것을 무찌르고자 했지만, 이러한 충돌 이후에 지상에는 이성의 승리인 황금 시대가 도래했다. 이러한 이야기 구조는『장미 설화』부터 단테의『신곡』, 괴테Johann Wolfgang von Goethe(1749-1832)의『파우스트Faust』에 이르는 서양 문화의 다른 걸작들에서도 다시 나타났다.

우화는 (아라토르의 작품에서 페트뤼스 리가의 작품에 이르는 성경 해석 기술 같은) 성경 해석적인 성경시 또는 단테(1265-1321)와 페트라르카(1304-1374), 보카치오(1313-1375)에 의한 목가시 장르의 부활처럼 (예를 들어,『에우폴레미우스』에서 의인화의 수단으로) 이야기체 성격의 시에서 더욱 발전했다. 또한 우화는 중세 라틴 시와 소설의 두 장르를 아우르는 일관된 표현 방식이 되었으며,『칸그란데에게 보내는 편지 Epistola a Cangrande』에서 우화를 자신의 시의 다의성(의미의 다양성)을 이해하기 위한 주된 수단으로 소개한 단테는 이를 이론화하기에 이르렀다.

로망스어 문학에 대한 고찰

3개의 축 로망스어 문학에서 산문과 운문으로 이루어진 교훈적인 목적의 창작 활동은 라틴 문헌들의 속어화 작업과 그 이후의 자발적인 생명력 덕분에 폭발적인 증가를 겪게 되었다. 이러한 자발적인 생명력은 3개의 특정한 축을 바탕으로 하고 있는데, 첫 번째 축은 아미앵의 자크Jacques d'Amiens(13세기)와 기욤 기아르Guillaume Guiart(?-약 1316)의『사랑의 기술Arts d'amour』또는 작자 미상의『사랑의 열쇠Clef d'amours』, 드루아르 라 바슈Drouart La Vache(13세기)의『사랑의 책Livres d'amours』또는 푸르니발의 리샤르Richard de Fournival(1201-약 1260)의『사랑에 관한 논평Comments d'amour』과 같은 오비디우스의 모델 혹은 (예를 들어, 안드레아스 카펠라누스의『사랑에 관하여』같은) 궁정시를 모델로 하는 사랑에 대한 글로 구성되었다. 이러한 추세의 정점은 로리스의 기욤Guillaume de Lorris(13세기)과 장 드 묑의『장미 설화』로 나타났다. 이 작품에서 사랑의 기술과 사랑에 빠지고 그것을 쟁취하는 과정은 결정적으로 궁정의 덕목과 이에 대립하는 악행들의 의인화는 물론 종종 줄거리를 단절시키는 주제로부터의 일탈 속에서 철학적·도덕적·학문적인 엄청난 정보들을 전해 주며 성벽과 정원, 분수, 성城과 같은 상징적인 배경에도 바탕을 둔 우화적인 구성의 궁정 소설로 변모했다.

종교 교본 우화 문학의 두 번째 축은 신학적 주제에 대한 운문 형식의 대화인 페캄의 피에르Pierre de Peckham(?-1293)의『단시短詩에 관한 조망La lumière as lais』또는 모범에 바탕을 둔 고해성사의 참고서인 워딩턴의 윌리엄William(13세기)의『죄의 안내서Manuel des péchés』같은 종교적인 성격의 교본으로 나타났다. 반면에 세 번째 축은 4세기에 라틴어로 번역된 그리스의『생리학Physiologos』(2-3세기)의 모델에 따라 상상 속 동물들의 체형이나 행동에 대한 우화적인 해석들을 모아 놓은 중세의 동물 우화집 같은 자연주의적인 주제의 문헌들로 나타났다. 프랑스어로 쓰인 가장 중요한 예는 1121년경에 타온의 필리프Philippe de Thaon가 운문으로 쓴『동물 우화집Bestiaire』이었으며, 반면에 기욤 르 클레르Guillaume le Clerc(13세기)는 우화적인 성경 해석이 짧은 설교들을 이루는 것으로 그 범위를 넓혀 갔던 『신의 동물 우화집Bestiaire divin』에서 영적인 의미의 형태를 거부했다. 하지만 가장 혁신적인 사례는 이러한 구성과 57마리 동물의 모습이 등장하는 푸르니발의 리샤르의 독창적인 산문집 『사랑의 동물 설화집Bestiaire d'amore』 속 사랑의 기술에 대한 내용들과의 결합이었다. 각각의 동물들의 특성은 자신을 무시하는 여인을 향한 한 남자의 애원 속에 표현되어 있다.

프로방스 문학에서 교훈적인 내용과 관련한 장르는 교훈시ensenhamen('가르침')라는 특정한 이름을 지니고 있었다. 이 시는 (기사나 궁녀 같은) 인물들을 다루거나 마뢰유의 아르노Arnaut de Maruelh(12세기 말에 활동)의 『이것은 옳고 적절하다Razos es e mezura』에서와 같이 도덕적인 기준에 의해 일반화된 궁정 생활의 규칙들을 묘사했던, 대체로 6음절의 2행시로 이루어진 작품을 가리킨다. 라이몽 비달Raimon Vidal(13세기)의 『창작에 관한 해석Razos de trobar』은 운문으로 된 시작법이었으며, 반면에 마프레 에르멩고Matfre Ermengau(13세기)의 『사랑의 개론Breviari d'amor』은 개론이라는 이름에도 불구하고 나무 구조로 표현된 3만5천 개의 8음절 시행으로 이루어진 신학 백과사전이었다. 유사한 장르들이 에스파냐에서도 발전했다. 운문 작품들 가운데 특히 카리온의 산토브Santob de Carrión로도 알려진 랍비 셈 토브 이븐 아르두티엘 벤 이삭Sem Tob ibn Ardutiel ben Isaac(약 1290–약 1369)의 『도덕적 격언Proverbios morales』(1355–1360)이 대표적이다. 반면에 이탈리아에서는 중세 우화시의 걸작으로 여겨지는 단테의 『신곡』 이전에 브루네토 라티니(1220년 이후–1294)는 7음절의 운을 맞춘 2행 연구로 『보물Tesoretto』을 썼다. 이 작품에서 주인공은 위험을 무릅쓰고 '다른 숲'에 뛰어들었으며, 자연의 신과 역천사들을 의인화한 인물들을 만나게 된다. 이 인물들은 라틴어와 프랑스어 작품의 모델과 마찬가지로 주인공에게 세상의 구조를 설명하고, 예의가 지니고 있는 좋은 점들을 보여 주었다.

리바의 본베신Bonvesin de la Riva(약 1240–약 1315)의 시 『세 작품이 실린 책Libro delle 성경시 Tre Scritture』(약 1279)과 베로나의 자코미노Giacomino da Verona(13세기)의 『천상의 도시 예루살렘에 관하여De Ierusalem celesti』와 『지옥의 도시 바빌론에 관하여De Babilonia civitate infernali』, 크레모나 출신의 파테키오의 게라르도Gerardo da Patecchio의 『솔로몬의 금언에 관한 주해Splanamento de li proverbi de Salamone』는 성경시의 범주에 속한다. 반면에 우화의 사용으로 (라틴어로 쓰인 『이센그리무스Ysengrimus』와 프랑스어로 쓰인 『여우 이야기Roman de Renart』 같은) 동물 우화시 또는 우당크의 라울Raoul de Houdenc(13세기)의 운문 소설 『날개 이야기Roman des ailes』나 메리의 위옹Huon de Méry(13세기)의 『적그리스도의 시합Tournament Antechrist』이 그 범주에 속하기도 했다. 12세기와 13세기 사이에 많은 문학 작품들의 이러한 우화화 과정의 무수한 아류들 중에서 성경 해석의 기교는 본질적인 차이 없이 모험적이거나 세속적인 내용에도 그대로 적용되었음을 기억해야 한다. 『성배를 찾아서Queste del saint Graal』에서 저자는 문자적인 의미semblance를 우화적인 의미senefiance와 구분했으며, 역사를 3개의 시간적인 차원(성경, 현재, 예언)의 관계로 나누었다.

| 다음을 참고하라 |
문학과 연극 새로운 환상 문학(464쪽); 종교시(470쪽); 내세관(493쪽)

연애시

| 프란체스코 스텔라 |

12세기에 속세의 사랑은 다시 문학의 주제로 돌아왔다. 「아가」에 대한 위대한 주해들이 저술되었으며, 생빅토르 또는 시토 수도회의 수사들은 사랑에 대한 최초의 신학 이론을 만들었고, 수사학 교수들은 연애편지에 대하여 글을 쓰고 가르치기 시작했으며, 라틴어 시와 프로방스어 시에서는 성애에 대한 주제가 확립되었다.

『카르미나 라티스포넨시아』의 전례

연애편지는 고대에는 아무런 예가 없으며, 중세 전기에도 잉글랜드의 성직자 부부인 보니파시오Bonifacius—레오바Leoba(8세기)의 매우 사소한 예나 베난티우스 포르투나투스Venantius Fortunatus와 라드공드Radegonde 여왕을 비롯한 공주 아그네스(6세기) 사이의 시적인 전갈을 제외하고는 증거를 제시하지 못한 기록과 관련이 있는 문학 장르였다. 1100년 이후, 이러한 문학 유형은 다양한 형식과 수준의 문헌집들의 양산으로 이어졌다. 실존 인물이거나 아니면 매우 사실적으로 그려진 글쓴이들은 사랑의 인연과 밀접한 관계를 맺고 있었다. 12세기 초, 혹은 (페터 드론케Peter Dronke 같은)

몇몇 학자들에 의하면 이미 11세기에 레겐스부르크 교구 참사회 소속 학교에서 스승과 여제자들 사이에 오간 농담조나 현학적인 어조의 운문으로 쓰인 익살스럽고 모호한 50편의 사랑의 전갈들인, 레겐스부르크의 노래들이라는 의미의 『카르미나 라티스포넨시아Carmina Ratisponensia』는 그 첫 번째 경우로 소개할 수 있을 것이다. 이 노래는 문학적인 행위의 모든 실현 가능한 결과들을 보여 주었다.

아벨라르와 엘로이즈

12세기 초, 파리의 생트주느비에브Sainte-Geneviève 성당 학교의 뛰어난 신학 교수였던 피에르 아벨라르(1079-1142)가 성당 참사회원 퓔베르의 조카인 아름답고 똑똑한 엘로이즈(약 1100-1164)를 사랑하기 시작했을 때, 가장 오래되고 가장 중요한 사건이 발생했다. 아벨라르는 그녀를 위해 사랑의 노래를 썼고, 이 노래들은 도시에서 곧 유명해졌다. 하지만 엘로이즈와 관계가 깊어지자 그녀의 삼촌이자 후견인인 퓔베르는 이를 알아차리고 그를 집에서 내쫓았다. 두 사람 사이에서 아이가 태어나자 상황은 중대한 국면을 맞게 되었으며, 엘로이즈는 아벨라르의 가족이 살고 있던 르팔레로 도망을 갈 수밖에 없었다. 아벨라르는 자기 나름대로 그 혼인이 비밀로 유지될 수 있다면 결혼할 준비가 되어 있음을 퓔베르에게 알렸지만, 엘로이즈는 아벨라르의 앞날과 사회적인 평판을 손상시키는 것을 원치 않았기 때문에 이에 반대하였다. 결혼식은 치러졌지만, 이 소식이 퍼져 나가자 아벨라르는 엘로이즈를 자신이 공부했던 아르장퇴유의 수도원으로 보냈다. 이를 부정不貞이라 생각하고 있던 퓔베르의 친 잔인한 형벌 척들은 아벨라르를 응징하기 위해 원정을 조직했으며, 밤에 몰래 그의 집에 침입하여 그를 거세하였다. 이 사건의 가해자와 이를 청부한 자는 처벌을 받았지만, 두 연인은 헤어질 수밖에 없었다. 아벨라르는 다시 가르치는 일을 계속했으며, 엘로이즈는 아르장퇴유의 수도원에서 쫓겨났고 아벨라르가 은신처를 마련해 두었던 샹파뉴의 황무지에 파라클레트Paraclete라는 이름의 수도원을 세웠다.

바로 이즈음부터 그들은 편지를 쓰기 시작했다. 아벨라르는 『나의 불행 이야기』라는 제목의 '위문편지'에서 한 친구에게 이러한 극적인 사랑과 자신의 모든 생활사에 대한 이야기를 들려주었으며, 엘로이즈는 아름다운 편지로 그들의 열정과 자신의 사심 없는 사랑을 되짚어 보고 아벨라르의 냉정함을 나무랐다. 아벨라르는 그녀에게 부응했지만, 건립 중인 수녀원을 위한 가르침과 지시의 영적인 측면에서 관계를 유지하고자 했다. 엘로이즈는 낙담과 분노와 함께 부당함에 대한 신학적인 문제와 자신의 윤리적인 자주성에 대해 강력한 인식을 표출하며 자신의 경험에 대한 생생한 기억을 간직했다. 지적으로나 문학적으로 높은 수준을 유지하고 있는 이러한 편지 모음집은 아마도 파라클레트 수녀원의 유일한 기록물로서 교정되어 원래 글의 상태를 반영하지 못하고 문학적이거나 기념을 위한 목적의 개작이 이루어졌을 수도 있는데, 이 때문에 많은 문헌학자들은 전체적으로 다른 사람들이 썼을 수도 있다는 의심을 하기도 한다. 오늘날 주된 견해는, 중세가 나름의 고유한 특성을 인정받고 있는 것처럼 그들의 본질적인 독창성에 대해 설득력을 가진다는 것이다. 이러한 사건이 있고 나서 몇 년 뒤, 이 사랑 이야기는 이미 장 드 묑(약 1240-약 1305)의 『장미 설화』에서 프랑스어로 쓰였으며, 중세의 낭만주의적인 신화가 되어 비용François Villon부터 포프Pope, 루소Jean-Jacques Rousseau, 볼테르Voltaire, 빌란트Wieland, 뷔흐너Georg Büchner, 라마르틴Alphonse de Lamartine, 마크 트웨인Mark Twain, 달리Salvador Dalí, 그리고 그 밖의 많은 작가들에 이르기까지 후대의 많은 예술가들에 의해 노래되거나 그림으로 표현되었다.

『두 연인들의 옛 편지』

1400년대의 필사본 형태로 1974년에 트루아에서 발견된 서간집은 몇몇 학자들에 의해 아벨라르와 엘로이즈의 작품으로 여겨졌다. 이것은 고대 역사상 가장 위대한 연애편지 모음집이다. V와 M의 머리글자를 사용하는 한 남자Vir와 여자Mulier 사이에서 산문과 운문으로 작성된 113편의 편지 또는 쪽지들로, 답장이 없는 편지들과 이야기의 일관성이 부족한 편지들의 불연속성에도 불구하고 시와 산문이 어우러진 구조로 물리적으로 떨어져 있는 두 사람 사이의 사랑 이야기를 만남과 아쉬움, 질투, 흥분, 우울함, 체념과 무관심, 일시적인 화해 등을 통해 그려냈다. 여기에서 알 수 있는 것은 프랑스와 도시적인 배경에 대한 언급과 남자 주인공이 사람들로부터 촉망받는 뛰어난 젊은 선생이고 여자 주인공이 교양으로 인정받는 젊은 여학생이라는 것뿐이다. 클레르보의 시토 수도회 수사였던 필사가는 아마도 이 편지들을 파라클레트 수녀원에서 발견하여 서간문 작성 기술의 예시로 유용한 일반적인 요소들만을 선택하고 다양한 분량을 삭제하며 이들을 필사했을 것이다. 그가 이 편지들을 원본 그대로 사용했는지 아니면 개정했는지 알 수는 없지만, 『두 연인들의 옛 편지Ex epistolis

duorum amantium』라는 제목으로 한데 엮어 다른 서간집들에서 추려낸 진위 여부가 확 최근의 발견
실한 편지들과 함께 하나의 필사본으로 완성했다. 이 편지들은 1974년에 발견되어
파리의 유명한 두 연인의 작품이라는 추정과 함께 출판되었지만, 거의 25년 동안이
나 관심을 받지 못하다가 영어 번역본의 출간과 함께 갑작스러운 관심을 받았으며,
유럽과 미대륙, 호주의 전문가들의 개입과 비평을 촉발했다.

수사학 교본의 연애시

아벨라르와 엘로이즈가 세 번째와 네 번째 편지에서 논의했던 것들 중 하나는 편지 연애시 예시집
글 작성 규칙에 따른 올바른 머리글과 인사말에 대한 것이다. 실제로 그 시기에 편
지 작성에 대한 수사학 교본들이 확산되기 시작했으나, 이러한 교본들이 연애시와
관련한 부분들을 포함한 것은 12세기부터였다. 최초의 예는 12세기 중반 볼로냐의
베르나르도Bernardo와 아레초의 귀도의 작품들에서 나타났지만, 이로부터 몇십 년
이 지나지 않아서 묑의 베르나르는 지나치게 생생하고 분석적인 성애와 관련한 예
들을 곁들인 연애시 예시집을 소개했다. 이 예시집의 내용은 중혼죄부터 매춘부들
을 대동하고 다니는 수사들, 기사들과 사제들에게 성폭행을 당한 여인들 또는 남
편으로부터 버림받거나 결혼으로부터 위안을 얻지 못한 여인들, 원수의 가문과 사
랑에 빠진 왕가의 사랑, 그리고 연인들 사이의 단순한 서신들에 이르기까지 다양
했다. 저자의 의도에 의하면, 습작을 위해 작성했거나 실제로 보낸 이러한 편지들
은 비슷한 상황에 처해 편지를 쓸 필요가 있는 사람들을 위해 하나의 본보기로 이
용되었다.

역사적 사실과 관련이 있거나 허구인 306편의 편지들로 이루어진 필사본에 포함
된, 1160년부터 1186년까지 테게른제의 바이에른 수도원에서 작성된 연애편지의
목적도 이와 유사했다. 이 편지들 가운데 10여 편은 최근에 출판되었으며, 사랑이라
는 주제에 관한 것이었다. 그것은 사랑하는 사람으로부터 멀리 떨어져 있거나 자신
을 버린 남자에 대한 여인의 한탄이었으며, 여제자가 선생의 제안에 거절로 답하고
선생은 답장의 내용에 탄식하는 서신들이었다. 또한 여자들끼리 주고받은 글들도
있었다. 한 편지는 운율을 맞춘 산문 형식으로 B라는 여인이 G라는 여자 친구에게
보낸 것인데, 헤어짐에 대한 자신의 유감을 표현하고 그 친구만을 향한 애정을 보증
하며, 그 여자 친구를 다시 만난 뒤 죽게 해 달라고 신에게 기도하며 끝을 맺고 있다.

아마도 모두 진짜였을 것이며, 편지들 중 하나에 인용되었듯이 『카르미나 라티스포넨시아』의 기원과 유사한 상황인 '소녀들의 수녀원conventus iuvencularum'과 관련이 있는 다양한 편지 양식들을 감상할 수 있다.

『베누스의 수레바퀴』 연애편지의 작성법이 가장 완벽한 형태로 나타난 것은 아마도 1194년경 볼로냐 대학의 선생이었던 시냐의 본콤파뇨(약 1170-약 1250)가 저술한 『베누스의 수레바퀴 Rota Veneris』일 것이다. 이 작품에서 저자는 자신 앞에 나타난 베누스에게 사랑의 학교에서 가르치는 줄거리의 소설적인 틀에 서간문의 모델들을 집어넣었다. 이 작품에서 「아가」는 문학적인 해석의 측면에서 그때까지 적절한 대상이 되지 못했던 육체적인 사랑을 다룬 문학에 기울인 성의를 평가하는 하나의 선례로 채택되었다. 논문에서 본콤파뇨는 다양한 형태의 인사말 또는 전체적인 개요narratio나 유혹하기captatio benevolentiae, 수녀들과 다양한 부류의 연령, 사회 계층과 사랑에 빠진 여자들을 포함한 여성들의 심리에 대한 외설스러운 해석을 곁들인 다양한 편지 양식들을 분석했다.

운문 엽서

산문으로 쓰인 진짜 편지를 비롯하여 가상이나 본보기로 작성된 편지들에 대해 비록 중세가 신빙성 있는 증거들을 많이 남기지는 못했지만, 오비디우스의 『여인들의 편지Heroides』를 모방한 시적인 편지들을 살펴볼 수 있을 것이다. 가장 아름다운 시적인 서신들은 훗날 돌Dol의 대주교가 된 시인 발드리쿠스(1046-1130)와 아마도 롱스레의 수녀였을 콘스탄차 사이에 육체적인 관계의 대용품으로서 서신 왕래라는 것에 대한 사실주의적인 상상과 세련된 심리적인 변화를 표현한 것들이다. 이 경우에 대해 많은 학자들은 단 2통뿐이지만 매우 긴 편지로 구성된 서간집이 단 1명의 저자, 즉 시인의 작품이라고 의심했다. 이와 유사한 서신 교환의 또 다른 증거는, 1950년에 발터 불스트Walter Bulst가 복구한 렌의 마르보두스(1035-1123)와 그의 애인이자 제자였던 여인들 사이의 사랑의 엽서 모음집이었다. 이러한 유형의 편지는 산문으로 쓰인 연애편지와 멀리 떨어져 있는 연인들의 관계를 보여 주는 연애시 간의 연결 고리를 나타낸 것으로 보이며, 청신체파Dolce stil novo(사랑과 여성의 미를 찬미하는 시를 쓴 시인들*) 페트라르카의 시에 엄청난 영향을 준 모델이 되었다.

| 다음을 참고하라 |

철학 피에르 아벨라르(289쪽)

문학과 연극 대학의 수사학(443쪽); 서정시(577쪽)

궁정, 도시, 국가: 유럽의 문학

LETTERATURA E TEATRO

중세 라틴어 문학 장르: 우화와 풍자

| 로베르토 감베리니Roberto Gamberini |

고전 문학에 기원을 두고 있는 우화와 풍자는 중세에 자신만의 형태와 혁신의 원동력을
갖추게 되었을 뿐만 아니라 본래의 영역보다 광범위하고 다양하게 활용될 수 있었다.
이들의 발전은 (동물이 주인공으로 등장하는) 교훈담과 (비판적인 의도의)
풍자시, (서술적인 구조의) 서사시를 아우르는 새로운 장르인 동물담시動物譚詩로 이어졌다.

우화

중세의 라틴어 우화는 전달되는 메시지의 본질적인 특성과 유형의 명확함에서 기인
한 견고한 일관성을 갖춘 장르였다. 문학적인 범주의 기본적인 특성들을 결코 훼손
하지 않으면서도 저자들은 그 안에서 극단적인 창작의 자유를 누리고 종종 뛰어난
독창성을 발휘했다. 고대와 마찬가지로 주로 초등 교육 기관에서 읽혔던 이러한 작
품들의 교육적인 의도를 고수하고, 일반적으로 극히 단순한 서술 방식과 도덕적인
목적을 특징으로 하는 짧은 이야기로 구성된 외관을 유지하면서도, 이 장르는 세 가
지 주된 방향으로 발전한 수많은 변형들을 만들어 냈다. 세 가지 방향 가운데 두 가
지는 그 기원을 그리스의 우화 작가 이솝Aesop(기원전 4/5세기)의 작품에 두고 있다.
이 중 첫 번째는 파이드루스Phaedrus(기원전 약 15-약 50)의 라틴어 번역 작업을 통해

나아갔으며, 두 번째는 바브리우스Babrius(2세기)의 운문화와 아비아누스Avianus(4/5 세기)의 번역을 통해 진행되었다. 세 번째는 『판차탄트라Pañcatantra』라는 인도의 설화집으로부터 탄생했다.

파이드루스의 우화

파이드루스의 번역본을 통해 중세 라틴 세계에 전해진 우화들은 고대 후기와 중세 전기의 몇몇 우화집을 시작으로 널리 보급되었다. 이들 가운데 가장 중요한 것은 『로물루스Romulus』라는 우화집으로, 위 도시테오스의 『헤르메네우마타Hermeneumata』 를 비롯하여 다른 출전에서 유래한 문헌들로 보완된 파이드루스 우화의 산문 판본 으로 이루어져 있다. 이 우화집으로부터『비센부르겐(혹은 빈도보넨시스Vindobonensis) 의 레첸시오Recensio Wissenburgensis』(Recensio는 교정본을 의미한다*)와『갈리카나의 레 첸시오Recensio Gallicana』,『베투스 레첸시오Recensio vetus(혹은 불가리스 레첸시오Recensio vulgaris)』로 최소한 세 가지의 변형된 사본들이 만들어졌다. 수많은 작가들은 이러한 작품들을 기반으로 하여 다양하게 수정하고 분량을 늘리는 한편, 본래의 내용을 바 꾸기도 했다. 이 작가들 중 많은 이들은『로물루스 닐란티이Romulus Nilantii』또는 마 리 드 프랑스(약 1130–약 1200)가 프랑스어로 번역한 파이드루스 우화의 라틴어 재 번역본인『로물루스 LBGRomulus LBG』처럼 익명이었다. 또 몇몇 작가들은 팔레르모 의 대주교인 괄티에로Gualtiero(13세기)로 추정될 뿐인 잉글랜드의 괄테루스Gualterus Anglicus처럼 신원이 확실하게 밝혀지지 않았다. 중세에 가장 성공을 거두었던 우화 집들 중 하나로, 애가哀歌조의 2행 연구 시들로 이루어진 58편의 우화들을 포함하여 『네벨렛의 모음집Anonymus Neveleti』이라는 제목으로도 알려졌고, 라틴어로『공통 이 솝Aesopus communis』또는『이솝의 책Liber Aesopi』으로 불린 이솝 우화집도 그의 작품 으로 생각된다. 반면에 다른 저자들은 10편의 원작을 포함하여『로물루스』또는 파 이드루스의 다른 작품집들을 기초로 한 67편의 우화를 저술했던 샤반의 아데마르 (989–1034) 또는 구전 설화나 민간의 속담에 바탕을 둔 새로운 이야기들을 덧붙여 자신의 교본인『페쿤다 라티스Fecunda ratis』에 이솝 우화들을 수록했던 교사 리에주의 에그베르트Egbert de Liège(약 970–?) 같은 유명한 사람들이었다.

무명의 작가들과 유명한 작가들

아비아누스의 우화

우화의 두 번째 경향은 4세기와 5세기에 주로 바브리우스로부터 유래한 우화들을 애가조의 2행 연구 라틴어 시들로 번역했던 아비아누스의 작품을 기준으로 하고 있다. 필사본으로 널리 보급된 아비아누스의 작품 또한 중세에 엄청나게 개작이 이루어졌지만, 모두 원작보다 성공을 거두지는 못했다. 이러한 개작에 참여했던 사람들로는, 3권의 필사본으로 전해 내려온 작품집에 아비아누스의 우화들을 자유롭게 개작했던 시인 아스텐시스Astensis(11/12세기)와 파이드루스의 우화들을 개작한『새로운 이솝Novus Aesopus』외에 6편의 우화들을 담고 있으며 2권의 사본에 보존되어 있는『새로운 아비아누스Novus Avianus』를 저술한 알렉산더 네캄(1157-1217), 그리고『아비아누스의 교훈담Apologi Aviani』,『반反아비아누스Antiavianus』,『꽃과 같은 새로운 아비아누스Novi Aviani flores』와 주로 단 1권의 필사본에서 전해져 내려온 수많은 우화집들을 쓴 익명의 작가들이 있다.

동양의 우화

반면에 동양의 우화들은 12세기와 13세기에 인도의 우화집『판차탄트라』의 아랍어판인『칼릴라와 딤나Calila e Dimna』의 다양한 번역본을 통해 유럽에 전해졌다. 익명의 저자는『판차탄트라』에서 (칼릴라와 딤나라는 이름의) 2명의 모리배(온갖 수단과 방법으로 자신의 이익만을 꾀하는 사람*)가 들려준 교훈담을『군주들의 거울』을 써 보려는 의도를 가지고 한데 엮었다. 이러한 전통에 속하는 작품들로는, 레오니우스 시격의 6보격 시행으로 이루어졌으며 각각 서언과 결론을 갖춘 35편의 우화를 지었던 발도네Baldone(12세기)의『새로운 이솝』과『판차탄트라』의 히브리어본을 라틴어로 번역한 카푸아의 조반니Giovanni da Capua(1294-약 1303년에 활동)의『인생의 지침서 Directorium vitae humanae』, 프랑스 왕 필리프 4세Philippe IV(1268-1314, 1285년부터 왕)에게 바친 작품으로 에스파냐어 판본을 라틴어로 번역하여 문장들과 시적인 인용, 속담, 산문으로 된 짧은 문헌들을 곁들여 보완한 베지에의 레몽Raymond de Béziers(14세기)의 작품, 동양의 소재들뿐만 아니라 독일 전통 속담들을 언급한 저자 미상의『소小우화집Minor Fabularius』이 있다.

예시집과 설교

학술적으로 파생된 우화뿐만 아니라 대중적인 기원의 우화는 설교와 예시집을 통해 다른 유통 경로로 발전했다. 이러한 예시집은 29편의 우화를 모아 놓은 보베의 뱅상(약 1190-1264)의 『거울』 또는 약 200편의 작품이 수록되어 있는 할버슈타트의 콘라트Conrad(1342-1355년에 활동)의 『세 부분으로 이루어진 도덕Tripartitus moralium』 등이었으며, 이 가운데 새로운 우화들을 첨가하고 원전原典을 개정하여 설교 수단으로 저술한 체리턴의 오도Odo of Cheriton(13세기)의 『비유집Parabolae』은 뛰어난 독창성을 보여 주었다.

풍자

중세 라틴어 문학에서 풍자는 다양한 형태로 표현되었는데, 그 이유는 이 장르의 이론적인 정의에 대한 무관심과 더불어 정확한 목적이 결여된 것에서 찾을 수 있다. 고전 모델들은 도덕적인 영감을 지닌 호라티우스(기원전 65-기원전 8)와 페르시우스(34-62), 유베날리스(약 55-약 130)의 작품들이었다. 이들의 영감을 그대로 살린 6보격 시행으로 이루어진 『설교집Sermones』에서 섹스투스 아마르치우스Sextus Amarcius(11/12세기)는 대화체 형식과 논문 형식을 적절히 조합하여 당시 고위 성직자들과 권력자들의 폐단을 집중적으로 지적하였다. 많이 알려지지 않았던 『우정에 관한 풍자Satyra de amicicia』 역시 고전적이었다. 하지만 릴의 알랭(약 1128-1203)의 『자연의 탄식Planctus Naturae』 같은 몇몇 작품들은 매우 드물게 (시와 산문이 혼합된) 메니푸스식 풍자를 따르기도 했다. 풍자의 어조는 냉소적이고 해학적이며 농담조를 띠기도 했지만, 모를레의 베르나르Bernard de Morlaix(12세기)의 『세상의 경멸에 관하여 De contemptu mundi』처럼 많은 풍자들은 고대 대가들의 세련됨과는 매우 거리가 멀게 거친 욕설로 표현되기도 했다. 중세 풍자 작가들의 표적은 권력에 대한 욕망과 탐욕, 정욕, 그리고 수사와 고위 성직자, 학생, 선생, 통치자, 귀족, 궁정인, 서민을 비롯하여 성직자와 속인들의 여성 혐오증의 희생양이 되었던 여인 등 가지각색의 사람들에게 나타났던 악행들이었다. 폭넓은 대중을 겨냥했던 뛰어난 문학성을 지닌 4편의 작품은 길베르토Gilleberto(12/13세기)의 『성직자의 과잉에 관하여De superfluitate clericorum』, 코르베유의 에지디우스(약 1140-1224)의 『고위 성직자를 정화하는 약 Hierapigra ad purgandos prelatos』, 뷔르츠부르크의 하인리히Heinrich(13세기)의 『로마 교

고위 성직자들의 권력 남용

황청의 상태에 관하여De statu curie Romane』, 그리고 작자 미상의『고위 성직자를 위한 거울Speculum prelatorum』로, 교계教界를 대상으로 한 것이었다. 반면에 루앙의 가르네리우스Garnerius(10/11세기)가 2명의 동료이자 경쟁자를 맹렬하게 공격했던 시들은 학교의 선생들을 상대로 한 것이었다. 정치적인 풍자로는, 느베르의 백작 란데리코Landerico에게 퍼부은 28개의 암브로시오 연聯의 거친 욕설로 쓰인 랑의 아달베론(약 947-1030)의 작품으로 생각되는『풍자적 운율Rhytmus satiricus』과 11세기 말에 저술된 작자 미상의『메츠에서의 풍자Satira in Mettenses』가 있다. 한편, 장편 여행소설의 형태로 수도원과 궁정, 대학의 상황을 비판하고, 자연의 여신과 고대의 철학자들에 의해 거행된 절제의 여신과의 결혼을 통해 자발적인 구원을 표현한 오트빌의 장Jean d' Hauteville(약 1150-1200)의『대참회자Architrenius』의 표적은 더 다양하고 일반적이었다.

풍자의 수많은 대상들   갈란디아의 요하네스(약 1195-약 1272) 역시『모랄레 스콜라리움Morale scolarium』에서 대학과 일상생활, 행동 규칙, 부자와 가난한 자, 황제와 로마 교황청 등과 같은 여러 표적들을 공격했다. 신원이 확실하게 밝혀진 인물들이 공격을 받았던 비브라의 니콜라Nicola da Bibra(13세기)의『신비로운 에르푸르트에 관한 풍자시Carmen satiricum occulti Erfordensis』, 저자와 궁정인 사이의 궁정 생활과 아첨으로 보장된 이득을 둘러싼 의견 충돌을 다룬 가이스트의 베른하르트Bernard von der Geist(12세기)의『팔포니스타Palponista』, 430개의 6보격 시행으로 성직자들과 군주, 재판관, 노예, 부부, 요리사, 농부들, 그리고 다른 많은 범주에 속하는 사람들의 나쁜 습관들을 고치기 위한 규칙을 공식화한 크라쿠프의 프로비노Frovino(14세기)의『안티가메라투스Antigameratus』도 같은 경우에 해당된다.

학생 방랑 시인의 시대

풍자 장르는 (계시 문학 형식의 풍자인)『골리앗의 계시Apocalypsis Goliae』를 시작으로 12세기 학교들에서 발전했던 학생 방랑 시인의 전통에서 문체적인 완성과 번영의 시기를 맞이했다. 이러한 전통은 농담조 계시 형식의 여성 혐오 풍자시〈결혼에 반대하여De coniuge non ducenda〉와 시토 수도회의 대표자들을 가혹하게 공격했던〈골리앗 사제의 고백Discipulus Goliae de grisis monachis〉, 지식인들을 겨냥한〈마르크 은화銀貨의 복음Vangelo secondo il Marco d'argento〉의 패러디인〈골리앗의 완전한 변화Metamorphosis Goliae〉와 아마도 이 장르의 최고 시인들 중 한 명인 샤티용의 고티에Gautier de

Châtillon(약 1135-?)의 작품으로 생각되는 로마 교황청의 부패에 관한 시 〈악습에 맞서 싸우다Utar contra vitia〉 같은 서로 간에 많은 차이를 보이기도 했던 수많은 작품들로 나타났다. 당대의 다른 풍자 작가들도 많았지만, 그 가운데 좀 더 중요한 인물들로는 블루아의 피에르(약 1135-약 1212), 필리프 르 샹슬리에Philippe le Chancelier(약 1160-1236), 위그 프리마스Hugues Primas(약 1093-약 1160), '대시인'이라는 필명으로 알려진 아르키포에타Archipoeta(1125/1135-1165년 이후)가 반드시 열거되어야 한다.

동물담시

동물담시는 중세에 새롭게 만들어진 장르다. 이것은 영웅시 또는 오비디우스의 『변신 이야기』의 기교와 문체에 바탕을 두고, 이솝 우화를 서술적으로 확대함으로써 탄생했다. 우화 장르와 풍자 장르의 만남은 유명한 시골 쥐와 도시 쥐의 교훈담을 수록하고 있는 호라티우스의 풍자시집 제6편에 이미 나타났지만, 동물담시는 우화의 교육적인 의도와 풍자의 도덕적인 의도를 함께 연결시킴으로써 이러한 융합을 더욱 체계화했다. 동물담시집들은 결말 부분에 종합적인 도덕적 철학이 결여되어 있을 뿐만 아니라 명확한 해석적 단서도 결여되어 있는 여러 편의 우화들을 조합하고 살을 덧붙여 만들어 낸 장편 우의 소설로 구성되었다.

이러한 동물담시의 초기 작품들 가운데 하나는, 병든 사자를 주제로 9세기에 쓰인 『아픈 사자Aegrum fama fuit』다. 이 주제는 11세기 초에 베르첼리의 레오네Leone(?-1026)의 정치적 풍자인 『메트룸 레오니스Metrum Leonis』에서 다시 나타났다. 레오네는 병든 사자라는 주제를 사자의 가죽을 뒤집어쓴 당나귀와 수사로 변장한 늑대의 주제와 결합했다. 한편, 수사로 변장한 늑대라는 주제는 비록 맥락은 달랐지만, 렌의 마르보두스(1035-1123)의 『늑대De lupo』에서도 다시 나타났다.

중세에 가장 의미 있고 논란이 되었던 시들 중 하나는 수도원에서 만들어진 『비유적으로 표현된 어떤 포로의 탈출Ecbasis cuiusdam captivi per tropologiam』이다. 이 작품에서 병든 사자의 우화는 우리에서 도망친 송아지 수사가 짧은 자유의 순간을 누리다가 늑대 굴에 갇히게 되고, 숲 속의 동물들에게 구출되어 수도원으로 다시 돌아오게 된다는 구조에 포함되어 있다. 이 시에 등장하는 늑대는 이센그린Isengrin이라는 늑대와의 싸움에서 상대에게 엄청난 고통을 안겨 주며 승리한 여우 르나르Renard의 이야기를 약 3,200개의 연으로 이루어진 시를 통해 들려주었던 긴 동물담시 『이센그리무스』에서도 찾아볼 수 있다.

『바보들의 거울』

또한 동물담시는 보다 긴 꼬리와 대학 학위를 얻고자, 그리고 새로운 수도회를 세우기 위해 전 유럽을 돌아다니지만 불행하게도 꼬리뿐만 아니라 두 귀까지 잃게 되는 브루넬로Brunello라는 당나귀의 불행을 이야기하고 있는 탄탄한 구성의 풍자시, 롱샴의 니겔루스Nigellus de Longchamp 또는 니겔 비테커Nigel Witeker(약 1130-1200년 이전)의 『바보들의 거울Speculum stultorum』을 만들어 냈다.

| 다음을 참고하라 |
문학과 연극 라틴어 시와 학생 방랑 시인의 풍자시(516쪽); 역사 기술(523쪽); 라틴어 서사시(527쪽); 프랑스와 유럽의 속어 서사시(532쪽); 기행 문학(542쪽); 짧은 이야기 형식(547쪽); 로망스(558쪽); 서정시(577쪽); 전례와 종교극(590쪽); 고전극: 수용과 논평(595쪽)

라틴어 시와 학생 방랑 시인의 풍자시

| 프란체스코 스텔라 |

중세 중기에 라틴어 시는 속어 문학과의 교감을 통해 급진적인
변화를 겪었다. 애가 2행 연구는 서창調敎唱調의 성격을 띤 희극 소설인 '애가조의 희극'에
의해 채택된 형식이었으며, 반면에 서정시는 도덕적이고 정치적인 주제들을
곁들이며 풍자시 장르와도 밀접한 관계를 맺고 있던 '학생 방랑 시인들'이
애용한 사랑에 대한 주제를 전적으로 다시 사용했다.

애가조의 희극과 대화체적 형식의 경향

애가조의 희극은 과거에 '운문의 짧은 이야기'로 정의되었으며, 몇몇 경우에는 로마 희극의 줄거리와 유사한 내용의 애가哀歌 2행 연구로 지어진 20여 편의 작품을 가리키는 어휘다. 이 장르의 가장 오래된 예는 1080년에 쓰였다고 기록되어 있는, 297행으로 이루어진 『오비디우스 푸엘라룸Ovidius puellarum(기민한 통보에 관하여De nuntio sagaci)』이며, 반면에 가장 많이 따랐던 '모델'은 1100년경에 영국에서 쓰인 것으로 보이며 16세기까지 모방되고 필사된『팜필루스Pamphilus』였다. 이 두 작품은 모두 힘겹지만 무사히 해결된 사랑 이야기를 들려주었다. 중세적인 의미에서 생각되는 희극(즉 평범한 사회적 지위를 가진 주인공들이 등장하며, 행복한 결말로 끝나는 이야기)의 특성과 가장 분명하게 부합하며, 또 (비록 연극적인 것은 아니었지만) 어느 정도 서창조의 성격을 띤 작품들은 1125년과 1130년 사이에 블루아의 비탈Vital de Blois(12세기)이 창작한『게타Geta』와『아울룰라리아Aulularia』였다. 이 두 작품에는 호색적인 주제와 여성 혐오, 노예 상태의 등장인물 같은 전형적인 특성들이 나타난다. 이러한 장르의 작품 활동은 (2행 연구 사용의 기원이 된) 오비디우스의 모델에 특히 영향을 받았던 블루아와 방돔, 오를레앙, 투르 사이의 루아르 지역 문학 학교들에서 좀 더 활발했던 것으로 보인다. 이뿐만 아니라 비탈의 경우,『암피트리온Amphitryon』을 모델로 만든 게타의 모습에 영감을 얻었던 플라우투스Plautus(기원전 약 254-기원전 184)의 작품에도 그 기원을 두고 있지만, 냉소적으로 주인공인 암피트리온을 아테네에서 철학을 공부하는 지식인으로 변형시킨 것은 플라우투스의 구성에서 벗어난 것이다. 프랑스의 철학 학교들에 대한 패러디는 비록 플라우투스의 제목을 그대로 따랐지만, 플라우투스를 뛰어넘고자 하는 신념에서 고대 후기의『불평분자Querolus』의 모델을 추구했던『아울룰라리아』에서도 두드러지게 나타났다.

이러한 실험들은 대중의 사랑을 받았으며, 즉시 모방의 대상으로 자리 잡으며 학교 교과 과정에 편입되었다. 이번에도 블루아의 기욤Guillaume(12세기)은 메난드로스Menandros(기원전 343-기원전 291)로부터 영감을 받았음을 천명하며『알다Alda』를 저술했고, 반면에 오를레앙에서는 선생 아르놀포Arnolfo(12세기)가 플라우투스와 분명한 관련이 있는『허풍선이 병사Miles gloriosus』뿐만 아니라 보카치오(1313-1375)가 마법에 걸린 배나무에 대한 단편에서 그 줄거리를 다시 활용했던『리디아Lidia』를 지었다. 이 밖에도 방돔의 마티외(?-약 1200)의『밀로Milo』같이 저자가 확인된 작품도 있지만, 다른 희극들은 작자 미상으로 남아 있고 프랑스 지역이 아닌 다른 곳에서도 이 장르가 성공한 것이 확인되기도 했다. 이탈리아 남부에서는 베네벤토의 야코포Jacopo da Benevento(13세기)의『데 욱소레 케르도니스De uxore cerdonis』('제화공의 아내')와 리카르두스 베누시누스Richardus Venusinus(12/13세기)의『파울리노와 폴라De Paulino et Polla』(1229)가 널리 알려졌으며, 영국에서는 헨리 2세(1133-1189, 1154년부터 왕)

의 통치 기간인 1154년부터 1189년까지 『팜필루스』 이후에 모두 『게타』처럼 재기 발랄한 하인이 주된 역할을 펼치는 『글리세리움과 비리아Gliscerium et Birria』, 『바우키스와 트라소Baucis et Traso』, 그리고 『바비오Babio』('얼간이')가 창작되었다. 페터 드론케는 이러한 흐름을 권력 투쟁의 원리가 적용된 것(바흐친Mikhail Bakhtin의 '대화의 환상')으로 보았는데, 이는 아벨라르(1079-1142)의 각 종파 간의 대화와 이프르의 에베라르트Everard't(12세기) 또는 바스의 아델라드(1090-1146년에 활동)와 콩슈의 기욤(약 1180-약 1154), 그리고 또 이 시기에 번영했으며 속어 문학의 경시競詩(두 사람의 음유시인이 동일한 형식으로 교대로 대항하여 낭송한 시*)인 벡셀Wechsel과 시적인 논쟁jeux-partis을 만들어 냈던 운문의 콘플릭투스Conflictus(충돌*)에서도 나타났다.

루아르의 작품군

고전주의와 개혁 사이 루아르 지역에서는 당대의 주요한 시인들이 활발하게 활동했다. 이들은 오비디우스의 모델이 회복됨에 따라 수사학 학교들이 시에 대해 활발하게 관심을 가지기 시작하면서 조성된 그리스도교 시의 유산을 재분석했으며, 음유시인이 탄생하는 분위기를 형성하는 데 기여했다. 프랑스 남부에서는 리모주의 생마르샬 학교에서, 중부에서는 샤르트르의 시와 철학 모임에서, 북부에서는 복잡한 영적 내용의 성경 관련 시처럼 성직자들의 성적 타락에 대하여 거침없는 서간체 작품을 지을 수 있었던 보베의 풀코이오(11세기)에 의해 이미 증명된 라틴 시와 음악적 전통에서 그 활력을 찾을 수 있었다. 이러한 이중성은 오토 황제의 호화로운 궁정 응접실에 익숙한 성직 계급에서 나타난 고전주의의 부활과 그레고리오 교황이 주도한 개혁에 대한 반발 사이에 대립을 보인 이 시기의 전형적인 특성이었으며, 이것은 계속해서 주요한 시들에서 감지되었다. 앙제에서 태어난 렌의 주교 마르보두스(1035-1123)는 앙주의 학교들에서 오랫동안 교편을 잡았고, 롱스레 대수도원의 여제자이자 사랑하는 여인들에게 쓴 사랑의 시 이외에 시학과 문체론에 대한 최초의 교본인 『언어의 장식De ornamentis verborum』과 보석의 가치에 대한 『보석서Liber lapidum』를 남겼다. 렌의 주교로 임명된 이후에는 (1123년에 생을 마감한) 브르타뉴에서 『10개의 장으로 이루어진 작품집Liber decem capitulorum』처럼 성경과 관련한 신학적이고 도덕적인 주제에 전념했다.

발드리쿠스 주교의 시 묑쉬르루아르에서 태어난 부르괴이의 발드리쿠스(1046-1130)가 걸었던 길도 이와 유사하다. 그는 마르보두스와 함께 앙제에서 수학했고 부르괴이의 산 피에트로 대수도원장을 역임했으며, 돌Dol의 주교로 있다가 한 차례 해임 후에 복귀하였다. 그는 『여행기Itinerarium』라는 작품에서 로마와 영국 여행에 대한 이야기를 들려주었으며, 십자군 원정에 대한 저명한 역사서(『예루살렘의 역사Historia Hierosolymitana』)를 쓰기도 했다. 하지만 그는 무엇보다 세련된 시인이었다. 그는 자필 사본에 애가, 찬가, 정복자 윌리엄(약 1027-1087, 1066년부터 왕)을 위한 작품을 비롯한 비문체의 시문詩文, 『여류의 편지Heroides』(옛 전설 속 유명한 여성들이 남편이나 애인에게 보내는 편지의 형식*)를 모델로 하는 가상의 편지들과 수녀 뮈리엘Muriel, 사랑하는 코스탄차, 사악한 베아트리체, 여선생 엠마Emma와 백작 부인 블루아의 아델Adèle을 비롯한 여자 친구와 연인들, 남자 친구들에게 보내는 '진짜' 편지들을 남겼다.

　　루아르 지역에서 세 번째로 위대한 시인은 (방돔 인근의) 라바르댕에서 태어나 르망에서 교육을 받고 그곳에서 1096년에 주교가 되어 1125년까지 주교직을 역임했으며, 투르의 대주교로 지내다가 1133년에 사망한 힐데베르트(1056-1133)다. 그는 엄청난 성공을 거둔 『이집트의 성녀 마리아Vita di Maria Egiziaca』 같은 성인전과 문답식의 『영혼과 육신 사이의 갈등과 비가Lamento e conflitto fra spirito e carne』 같은 도덕적인 주제의 논문들을 썼다. 특히 시인으로서 뛰어난 활약을 펼쳤던 그는 성애와 궁정을 소재로 한 초기 작품과 성경 일화들에 대한 의역 또는 (이교-그리스도교의) 상호 성찰적인 아름다운 비가로 표현한 로마의 멸망이 지닌 역사적 의미와 같은 도덕적이고 성경과 관련한 주제에 관심을 기울인 작품들에서 변화를 보였다. 힐데베르트는 오랫동안 (유명한 인물들이나 위기에 처한 수사들에게 보낸 100편이 넘는 편지들을 통해) 서간문의 모델이 되었으며, 솔즈베리의 요하네스(1110-1180)와 그 다음 세기에 그를 모방했던 많은 작가들에게 하나의 '고전'으로 생각될 정도로 시의 모범으로 자리 잡았다. 그를 본받았던 많은 사람들은 (힐데베르트의 작품으로 추정되지만 아마도 다른 사람들에 의해 저술되었을) 가짜 서간문집을 만들어 냄으로써 아직도 확실하게 그의 작품을 재구성하기는 어렵다.

고전적인 작가 힐데베르트

학생 방랑 시인의 시집과 서정시집

12세기에 학자들은(생마르샬과 생빅토르, 노트르담에서 그랬던 것처럼 이교도적인 요소와 성스러운 요소를 갖춘) 라틴어 시의 형식과 이제 갓 태어난 프랑스어와 독일어 시 형식의 지속적인 융합을 기록했다. 가장 전형적인 예는 부속가附屬歌와 애가의 부류

종교 서정시와 개인 서정시

와 서정적인 레lai와 데스코르트descort 부류 사이의 유사성이었으며, 이러한 종교적인 서정시와 개인적인 서정시의 긴밀한 접촉이 노트르담의 찬송가 속에 등장하는 성스러운 시와 세속적인 시들의 창작자인 샤티용의 고티에(약 1135-?)와 블루아의 피에르(약 1135-약 1212) 같은 인물들에 의해 입증된 바가 있다. 가장 두드러진 예는, 라인 강 지역에서 기원했지만 케임브리지 대학 도서관의 Gg.5.35 필사본에서만 확인되었기 때문에 케임브리지의 노래라는 뜻의 『카르미나 칸타브리기엔시아Carmina Cantabrigiensia』라는 이름이 붙은 시가집일 것이다. 이것은 "카롤링거 시대부터 11세기 말까지 살아남은 유일하고 중요한 라틴어 서정시 선집"(지올코브스키Ziolkowski)이며, 세속적인 시도를 담은 첫 번째 선집이었다. 실제로 이 작품에서 희극적인 이야기들과 (〈오, 경이로운 베누스의 모습이여O admirabile Veneris idolum〉를 비롯한) 성애를 다룬 작품들, 시에 대한 권유Cordas tange 또는 음악적인 오락을 위해 사용된 다양한 책들로부터 한데 엮어 낸 학교의 시들을 찾아볼 수 있다.

『카르미나 부라나』

현대 유럽 문화에 큰 영향을 미친 것은, 바이에른 지방의 베네딕트보이렌 수도원으로부터 유래했기 때문에 『카르미나 부라나Carmina Burana』('보이렌의 시가'라는 의미다*)로 불리며 현재 뮌헨 국립도서관(lat. 4660)에 보관되어 있는 작품집이다. 1200년대 초에 티롤 지방에서 편찬된 것으로 보이는 이 시가집은 12세기부터 13세기 초 사이에 지어졌으며, 이 가운데 몇몇은 보표가 표기된 315편의 라틴어와 독일어 시가詩歌를 싣고 있다. 이 시가들은 (일반적으로 탐욕과 시기와 같은 악습과 성직자와 교황청의 타락에 대한) 풍자적이고 도덕적인 노래들과 사랑의 노래들, 권주가carmina potatoria(음주의 노래), 크리스마스에 대한 종교극 2편, 부록의 성격을 띤 노래들로 나뉘어 있다. 다루어진 주제들의 실체는 훨씬 더 다양해서 학생들의 처지에 대한 푸념과 『마르크 은화의 복음』과 같은 패러디, 구이가 된 백조에 대한 애가, 또는 사랑의 기술에 대한 우위를 놓고 성직자와 기사 사이에 주고받은 뛰어난 경쟁시를 포함하고 **방랑 학생들** 있었다. 이 시가집의 마지막 부분은 특히 여러 대학 도시들을 끊임없이 돌아다녔던 방랑 학생들clerici vagantes의 상황과 포도주, 놀이, 여자, 나름의 불안정한 상태를 자각하고 있는 청춘의 거침없고 즐거운 태도 등과 같은 그들의 사회적 환경과 관련한 요소들을 묘사하고 칭송했다. 예를 들어, 바로 이 시기에 정의된 하나의 사회적·문화적 부류인 학생 방랑 시인들의 찬송가였던 〈우리가 주막에 있을 때In taberna quando sumus〉도 이것의 일부다. 이 시기는 대학을 다니기 위해서 성직자가 되고 하급 성품聖品을 취해야만 했던 불안한 비주류 학생들을 일부 교회가 이스라엘의 적이자 성 베르나르두스(1090-1153)가 피에르 아벨라르에게 붙여 준 모욕적인 별명이기도 한 포악한 골리앗의 이름으로 한데 엮어 무례하고 불손한 반항자 무리로 인식하던 때였다. 학생 방랑 시인들은 저주받은 지식인의 전형이 되었다. 나름의 문화적 우월감은 이들에게 일종의 도덕적인 면책 특권을 부여했으며, 그들의 재능은 일탈의 권리를 허락했다.

1935년과 1936년 사이에 음악가 카를 오르프Carl Orff(1895-1982)는 이러한 창조적 자극은 물론 사본에 곁들여진, 당시에 발견된 지 몇십 년도 안 된 중세의 멜로디의 자취를 따라 웅장하고 멋진 〈카르미나 부라나〉를 작곡했다. 『카르미나 부라나』의 저자들 중에는 당대의 위대한 시인들도 있었다. 세련된 사랑의 서정 시인이었으며 시칠리아와 잉글랜드 궁정에서 수사학을 가르쳤던 블루아의 피에르, 자신의 시에서 구체적으로 표현한 것처럼 보헤미아의 항의자로서 매우 뛰어난 대표적 인물이었기 때문에 '수석 주교'(『데카메론Decamerone』 I 7의 프리마소Primasso)라고도 불렸던 오를레앙의 위그Hugues d'Orléans(약 1090-약 1160), 살레르노 의학교 학생이었으며 자신의 잘못에 대한 고해성사의 형식으로 방랑 학생들의 윤리에 대한 일종의 성명서였던 『방랑 학생의 고백Confessio Goliae』을 지었고 쾰른의 대주교 다셀의 라이날트Rainald von Dassel(약 1120-1167)와 독일 황제 프리드리히 바르바로사(약 1125-1190)의 궁정에서 활약했던 성직자인 아르키포에타(1125/1135-1165년 이후), 스승인 페로탱Pérotin을 위해 최초의 모테트motet(성경 구절 등에 곡을 붙인 다성多聲 악곡*)를 지은 노트르담 대성당의 상서尚書 담당자 필리프(약 1160-1236), 릴 인근에서 태어나 파리와 랭스, 볼로냐에서 교육받았으며 잉글랜드 왕 헨리 2세(1133-1189, 1154년부터 왕)의 궁정에서 활약했고 직접 부패를 목격한 교황청에 적대적이었던 샤티용의 고티에 등이 있었다. 고티에는 서사시 『알렉산드레이스Alexandreis』의 저자이기도 했으며, 『카르미나 부라나』에 〈악행에 대하여 반항적인 시를 이용할 것이다Utar contra vitia carmine rebelli〉와 같은 도덕적인 반란에 대한 뛰어난 찬가들을 남겼다. 아마도 나병으로 1179년 이후에 사망한 것으로 보인다. 『카르미나 부라나』는 피에르 아벨라르의 작품들도 포함하고 있다고 여겨지지만, 아직 분명한 결론에 이르지는 못했다.

풍자시

세속적인 존재에 대한 유심론적인 비판에 바탕을 둔 수도원 문학과 다양한 사회적 지위에 있는 인물들(수사, 신학생, 신부, 주교, 재판관, 귀족, 상인, 농부, 왕 등)의 분명한 결함들을 포착해 냈던 일반적인 풍자satira communis 또는 신분에 대한 풍자에 영감을 받았으며 로마 풍자시의 문체론적인 모델(유베날리스, 페르시우스, 마르티알리스, 그리고 중세의 계승자들)에서 자극을 받았던 풍자시의 사조는 학생 방랑 시인들의 시대로 거슬러 올라간다. 『골리앗의 계시』와 『골리앗의 변신Metamorfosi di Golia』, 서정 시인들의 시, 그리고 월터 맵(약 1135-1209/1210)의 『공판의 하찮은 일들De nugis curialium』의 풍자 부분들, 수사와 주교를 상징하며 끊임없이 적대자인 여우 르나르로부터 수모를 **주인공 늑대** 당하고 호된 꾸짖음을 당하는 늑대가 주인공인 겐트의 니바르두스Nivardus(12세기)의 『이센그리무스』와 부르넬로Burnello라는 당나귀가 주인공인 롱샹의 니겔루스 또는 니겔 비테커(약 1130-1200년 이전)의 『바보들의 거울』에서와 같이 명확한 사회적 계급을 나타내는 동물들이 등장하는 운문 작품들은 이러한 전통에 속한다. 『바보들의 거울』에서 당나귀 부르넬로는 탐욕에 물들지 않은 수도회 또는 무엇인가를 배울 수 있는 대학을 헛되이 찾아다니지만, 더운 여름날에 그늘을 만들고 몸을 깨끗이 하고 파리를 쫓기 위해 긴 꼬리가 얼마나 필요한지를 그에게 보여 준 암소 브루네타에게 깨달음을 얻는 지적인 욕구를 의인화하고 있다.

| 다음을 참고하라 |
철학 캔터베리의 안셀무스: 사상, 논리학과 실재(281쪽); 피에르 아벨라르(289쪽)
문학과 연극 종교시(470쪽); 중세 라틴어 문학 장르: 우화와 풍자(510쪽); 라틴어 서사시(527쪽)

역사 기술

| 피에르루이지 리치아르델로 |

중세 중기의 몇 세기 동안 역사 또는 보편적이거나 특정 지역에 한정된 연대기에
대한 기록이 계속되었다. 그레고리오 교황의 시대와 함께 교회의 역사 기록은
논쟁적이었다. 하지만 교회와 더불어 제국과 이탈리아 중북부의 자치 도시들,
이탈리아 남부와 노르망디, 그리고 잉글랜드의 노르만 왕국들, 예루살렘의 그리스도교
왕국들 같은 역사 기술과 관련한 기록을 논의할 여건을 갖춘 여러 권력 중심지들이
생겨났다. 또한 12세기 신학에서 교회는 역사의 변화에 대한 인식을 비롯하여
이어진 신앙의 발전에 대한 인식을 지니게 되었다.

교회의 역사 기술

중세에도 전반적인 역사와 편년사들이 계속해서 기술되었지만, 지리적으로 국한된
지역들에만 집중되었다. 이러한 역사 기술의 가장 흥미로운 예는 부르고뉴의 수사
인 라둘푸스 글라베르(약 985-약 1050)의 『역사서』다. 라둘푸스는 1000년의 도래와
관련한 공포와 기다림, 기근과 전염병, 세상을 뒤집어 놓을 것만 같던 이단들을 비롯
하여 커다란 공포가 지나고 난 뒤 다시 대지가 꽃을 피우고 생명이 되살아나며 세상
이 온통 '하얀 교회들로 뒤덮였음'을 기술했다.

　11세기 후반에 교회는 교황 그레고리오의 개혁과 관련한 사건들을 경험했으며,
이는 전통적으로 이어져 내려온 평신도 귀족 계급과의 권력의 융합을 위기로 몰아넣
었다. 파타리아 운동의 민중적인 저항 현상이 주교의 특권 계급에 맞서 사회적인 반
란을 일으켰던 밀라노에서 『밀라노 대주교들의 역사Storia degli arcivescovi di Milano』를
썼던 아르놀포Arnolfo(?-1077년 이후)는 물론, 『밀라노의 역사Storia Milanese』의 저자인
란돌포 세니오레Landolfo Seniore(11/12세기)는 파타리아 운동에 적대적이며 로마 교회
의 혁신에 의심이 많았던 보수적인 성직자들이었다. 독일에서는 『아우크스부르크의
연대기Annali di Augsburg』(973-1104)의 익명의 저자들이 교황청에 반대하며 하인리히
의 궁정 편을 들었다. 그 시기에 논쟁적인 작품의 저자들처럼 역사가들은 투쟁 중인
두 편 가운데 한쪽을 지지하는 입장을 취했다.

　12세기에 개혁과 서임권 투쟁의 폭풍이 지나간 뒤, 역사 기술과 관련한 진정한 혁

신이 이탈리아 중북부의 수도원들에서 탄생했다. 사비나에 위치한 파르파의 산타 마리아 수도원, 몬테카시노 수도원, 아브루초에 위치한 카사우리아의 산 클레멘테 수도원, 몰리세에 위치한 볼투르노의 산 빈첸초 수도원, 아브루초에 위치한 카르피네토의 산 바르톨로메오 수도원에서 기록 보관을 담당하던 수도사들은 그들의 수도원의 고유한 특성들과 관련이 있는 문서들을 수집하여 황제들과 왕들의 계승에 바탕을 둔 일관된 역사적 구조 안에서 그 자료들을 한데 엮었다. 이렇게 해서 '확증된 편년사' 혹은 '문서기록부–편년사'가 탄생하게 되었다. 이것은 기록 보관소의 문서들로 강화된 역사서, 또는 역사서에 포함된 기록 문서들이었으며, 이 모든 것은 평신도 통치자들의 폭정으로부터 위협당하고 논박된 고유성을 수호하기 위함이었다.

제국과 코무네, 왕국, 십자군 원정의 역사 기술

프라이징의 오토 독일에서 서임권 투쟁으로부터 벗어난 제국은 프리드리히 1세 바르바로사 황제(약 1125-1190)가 등극하기 전까지 위기의 시대를 겪었다. 프리드리히 1세에게 그의 삼촌 프라이징의 오토(약 1114-1158)는 중세 역사 기술의 걸작들 가운데 하나인 『두 도시의 역사Storia delle due città』를 헌정했다. 오토는 역사를 선과 악의 끊임없는 대립이라는 하나의 비극으로 보며, 신의 도시와 인간의 도시의 대립이라는 성 아우구스티누스의 전통을 활용했지만, 교회가 제국과 조화를 이루어 움직인다면 신의 도시를 해방으로 이끌 수 있다는 생각을 지니고 있었다. 오토의 작품에는 4개의 왕국에 대한 성경적 예언들의 해석부터 지상의 역사에 대한 아우구스티누스의 시대 구분, 그리고 제국의 권력이 신의 섭리로 동쪽에서 서쪽으로, 즉 바빌로니아인들로부터 마케도니아인들, 로마인들, 그리스인들, 그리고 지금 그 권력을 잡고 있는 프랑크인들에게로 전이가 되고 있다는 제국의 이전translatio imperii 개념에 이르기까지 역사에 대해 가장 잘 알려진 중세의 이론들이 표현되어 있었다.

오토의 역사 기술 작업은 제국에 대해서, 그리고 역사 속에서 신의 섭리에 의한 제국의 존재를 찬양하는 것으로 끝을 맺었지만, 급속하게 변화하는 세상에서 전 세계적인 제국에 대한 개념은 이것이 마지막이었다. 새롭게 부상한 정치 세력들은 세상에 자신들의 세력을 알리고 그 존재를 정당화하는 임무를 역사 기술에 맡겼다. 11세기 말 이탈리아 중북부에서는 자신들의 자치권을 확립하기 위하여 인근 세력들을 비롯하여 제국과 투쟁했던 코무네들이 곳곳에서 탄생했다. 거의 모든 도시들이 각각의 연대기를 만들었으며, 여기에 집정관과 행정 장관, 승전에 대한 소식부터 도로, 광장, 공공건물의 건축에 이르기까지 주요한 행사들을 기록했다. 문학적인 관점에서 가장 뛰어난 결과물은 운문(또는 역사 기술적 서사시)으로 쓰인 피사의 역사 기술(『피사인들의 승리에 관한 노래Carme sulla vittoria dei Pisani』와 『마요르카의 책Libro di Maiorca』)로, 팔레르모와 마요르카의 이슬람인들을 상대로 승리한 피사인들의 위업이 고대 로마를 계승한 민족의 승리로서 고전적인 문체로 표현되었다.

일반적으로 코무네의 역사를 기술했던 사람들은 초기에 주도적으로 이에 참여한 공증인 또는 공인 기록 담당자였고, 역사 기술은 개인적인 이해로 탄생했다. 하지만 코무네 조직체에 의해 이루어진 주체성에 대한 의식이 진정한 시민 의식을 형성할 정도가 되었을 때, 역사 기록서는 사적인 향유에서 공적인 활용으로 전환됨으로써 집단적인 기록이 되었으며, 군중들 앞에서 발표되고 공식화되었다. 1152년에 제노바 사람인 카파로(약 1080-약 1165)의 연대기처럼, 이제 문서들을 코무네의 문서고에 보관하고 해를 거듭하면서 새롭게 보완할 정도로 권위 있는 수준으로 올려놓은 것은 코무네의 집정관들이었다.

이탈리아 남부는 11세기 후반에 노르만인들의 지배를 받게 되었다. 이들은 이탈리아 남부에 왕국을 세웠으며, 여기에서도 역사는 정복을 수반했다. 노르만인들의 역사는 '궁정'의 다양한 역사가들(고프레도 말라테라Goffredo Malaterra, 풀리아의 굴리엘모Guglielmo il Pugliese, 몬테카시노의 아마토Amato)에 의해 사라센인들을 상대로 한 십자군 원정 서사시로 기술되었다. 이탈리아에서 가장 위대한 노르만인 편년사가는 우고 팔칸두스Hugo Falcandus(12세기)였다. 삶에 대한 절망적이고 비관적인 그의 시각은 살루스티우스의 문체로 소수의 선량한 사람들이 반대했지만 아무런 소용이 없었던 노르만 왕궁의 타락한 귀족들의 모습에 담겼다.

한편, 노르만인들의 서사시는 이탈리아 남부에만 국한되지 않았다. 노르망디에 정착한 뒤 이어진 정복자 윌리엄(약 1027-약 1087, 1066년부터 왕)의 앵글로색슨 왕국 정복(1066년의 헤이스팅스 전투), 앵글로색슨인들과 노르만인들의 융합이 맘스베리의 윌리엄William of Malmesbury(약 1090-약 1143)을 비롯한 이 시기의 수많은 잉글랜드 역사가들에 의해 기술되었다.

역사가들을 감동시킨 또 다른 역사적인 사건은 성지 예루살렘의 정복이었다. 이에 대한 역사는 원정에 참여했거나 어쨌든 이 일들을 목격했던 기사들과 성직자들

노르만인들의 서사시

에 의해 기술되었기 때문에 다분히 개인적인 문체를 보였다. 이 장르의 가장 유명한 작품은 예루살렘의 제2세대 그리스도교인에 속하는 티레의 윌리엄William of Tyre(약 1130-1185)의 『연대기Cronaca』다.

역사에 대한 새로운 인식을 향하여

그리스도교와 역사 사이 12세기의 신학은 역사에 대한 인식에서 중요한 진전을 이루었다. 도이츠의 루페르 트Rupert von Deutz(약 1075-약 1130), 생빅토르의 위그(약 1096-1141), 하벨베르크의 안셀름Anselm von Havelberg(1099-1158), 라이허스베르크의 게르호(1093-1169) 같은 성경의 주석가들은 고대와 그들이 살고 있는 시대의 유사성과 교회의 역사에서 연속성과 비연속성에 대하여 연구하기 위해 성경을 꼼꼼히 살폈다. 이들과 함께 교회는 역사 속에서 자신의 존재를 하나의 '변화'로 인식했다. 이로써 그레고리오 1세(약 540-604, 590년부터 교황)가 6세기에 처음으로 제기했던 진보에 대한 개념이 생겨났다. 그것은 교회가 축적된 신앙을 점점 더 충실히 이해하게 됨으로써 세월을 거듭하며 성장하고, 더욱 완벽해진다는 것이다. "그리스도교는 12세기를 거치면서 역사 속에서 자신의 변화에 대해 인식하게 되었다. 이것은 단 하나만으로도 이 세기를 위대하게 만드는 데 충분한 근본적인 요소다"(마리도미니크 셰뉘Marie-Dominique Chenu). 이로부터 시대 구분과 사건과 인물에 대한 유형론적인 분석, 그 당시의 신학자들을 그들의 선임자들과 구별하는 현대성의 개념이 쏟아져 나왔다.

역사의 진보에 대한 인식을 성숙하게 만든 사람은 역사가가 아닌 성경 해석학자인 피오레의 조아키노(약 1130-1202)였다. 3개의 시대에 대한 그의 이론은 인류가 이미 제3의 국면, 즉 최후의 심판이 얼마 남지 않았음을 예고하는 최종적인 계시의 단계에 접어들었음을 천명하며 기존의 아우구스티누스 이론을 뛰어넘었다. 이러한 이유로 조아키노는 성경 해석학자로서 천지개벽을 비롯하여 성부와 성자의 시대 다음에 오는 성령의 시대, 그리고 영적인 자유의 시대에 관한 예언자가 되었다.

| 다음을 참고하라 |
문학과 연극 중세 라틴어 문학 장르: 우화와 풍자(510쪽)

라틴어 서사시

| 로베르토 감베리니 |

11세기와 12세기는 엄청나게 많은 라틴어 서사시들이 양산되었다.
영웅시의 모든 장르들이 두루 다루어졌으며, 폭넓은 주제의 작품들이 양적으로 증가했다.
제국에서 만들어진 찬사 일색의 서사시와 함께 민족과 시민 중심의 정치적인
서사시도 번성했으며, 십자군 원정에 대한 시도 탄생했다. 또한 성경 서사시와
교훈 서사시, 성인들의 전기와 관련한 서사시들이 큰 성공을 거두었을 뿐만 아니라
민간 전통의 기원으로부터 발전했거나 고풍스러운 주제의 시들도 함께했다.

11세기와 12세기의 시

11세기와 12세기에는 라틴어 서사시의 엄청난 번성을 볼 수 있었다. 이 시기에는 중세 전기 동안 만들어진 것보다 더 많은 작품들이 쓰였다. 또한 바로 앞 시기에 우세를 보였던 승리의 노래와 같은 짧은 구조들보다는 위대한 고전 시의 틀에 접근하며 평균적인 길이도 대부분 늘어났다. 이제 이러한 시 작품들을 감상하는 사람들도 더 이상 세속 군주들 또는 교회와 관련한 궁정의 구성원들이나 수도원 학교와 성당 학교의 학생들로만 국한되지 않고, 대학이 대중들의 삶에 점점 더 많은 영향을 행사하면서 그 폭이 넓어지고 차별화되었다.

프리드리히 바르바로사와 호엔슈타우펜 왕조

프리드리히 1세 황제(약 1125-1190)의 무훈시를 노래한 시인은 1명이 아니었다. 『롬바르디아에서의 프리드리히 1세 황제의 무훈시에 관한 노래Carmen de gestis Frederici I imperatoris in Lombardia』를 지은 베르가모 출신의 익명의 저자는 1054년부터 1160년의 카르카노 전투까지 초기 두 차례 이탈리아 원정을 3,343개의 6보격 시행으로 기술했다. 프라이징의 오토(약 1114-1158)와 라헤빈Rahewin(12세기)의 역사 이야기들을 『리구리누스Ligurinus』에 운문으로 옮긴 시인 군터Gunther(12세기)는 크레마의 함락(1160)까지의 이야기를 들려주었다. 1155년과 1180년 사이에 이루어진 위업들에 대해 『프리드리히의 무훈시Gesta Friderici』를 지은 비테르보의 고프레도Goffredo da Viterbo(1125-약 1202)는 192개의 운율 시행으로 이루어진 『하인리히 6세의 무훈시

전설적인 주인공

Gesta Heinrici VI』도 지은 것으로 보인다. 에볼리의 피에트로Pietro da Eboli(?-약 1220) 또한 현재는 유실된 프리드리히 1세에 대한 시(『프리드리히의 무훈시』)를 지었으며, 『시칠리아에서 일어난 일들에 관하여De rebus Siculis carmen(또는 황제를 기리는 책Liber ad honorem Augusti)』를 통해 황제 가문 주위에서 작품 활동을 이어 갔다. 하인리히 6세(1165-1197, 1191년부터 황제)에게 헌정된 이 작품은 시칠리아의 정복으로 1194년에 종결된 전쟁에서 레체의 백작인 탕크레드를 상대로 거둔 황제의 승리를 찬양했다.

유럽을 경계로 하는 역사시

아미앵의 기Guy d'Amiens(11세기)의 작품으로 생각되는 『헤이스팅스 전투의 노래 Carmen de Hastingae proelio』는 헤이스팅스 전투뿐만 아니라 정복자 윌리엄(약 1027-1087, 1066년부터 왕)의 잉글랜드 침략 역사를 1066년 성탄절에 이르기까지 모두 기술한 것이다. 독일 전선에 대해 3권으로 쓴 『색슨인들에 관한 전투의 노래 Carmen de bello Saxonico』는 색슨인들을 상대로 한 하인리히 4세(1050-1106, 1084년부터 황제)의 1073년부터 1075년까지의 전쟁을 이야기한 것이다. 풀리아의 굴리엘모Guglielmo(11/12세기)는 교황 우르바노 2세(약 1035-1099, 1088년부터 교황)의 요청으로 노르만의 공작인 로베르 기스카르(약 1010-1085)의 삶과 죽음, 위업을 칭송하는 『로베르 기스카르의 무훈시Gesta Roberti Wiscardi』를 지었다. 파리의 에기디우스Aegidius(약 1160-1224년 이전)는 (1195년과 1196년 사이에 저술한) 『카롤리누스 Karolinus』에서 필리프 2세 존엄왕(1165-1223, 1180년부터 왕)의 아들로 훗날 프랑스 왕 루이 8세(1187-1226, 1223년부터 왕)가 되는 루이 왕자에게 하나의 본보기를 제시하기 위해 카롤루스 대제(742-814, 768년부터 왕, 800년부터 황제)의 이야기를 다루었다. 루앙의 스테파노Stephanus(12세기)는 약 2,200개의 애가조 2행 연구로 쓴 3권의 작품 『노르만인들의 군기Draco Normannicus』에서 1154년부터 1169년 푸아시 평화 조약까지 노르만인들을 상대로 한 잉글랜드 왕 헨리 2세(1133-1189, 1154년부터 왕)의 전투 이야기를 들려주었다. 수많은 단편들 중에서 기억할 만한 것으로는 프랑스 도시 루앙에 대한 칭송, 11세기까지 노르만인들의 역사, 프랑크 민족의 초기 역사, 1159년부터 1168년까지 알렉산드리아의 분열에 대한 역사 등이 있다.

십자군 원정 서사시

십자군 원정을 주제로 한 시들은 원작자에 대한 추정이 불분명하고 다른 출전들로부터 유래한 요소들이 이리저리 뒤섞이는 바람에 문헌학적으로 까다로운 문제들을 야기했다. 랭스의 산 레미지오 수도원 수사인 로베르Robert(12세기)가 제1차 십자군 원정에 대해 산문으로 쓴 『예루살렘의 역사Historia Hierosolimitana』로부터 최소한 3개의 시 작품들이 유래했다. 테게른제의 메텔루스Metellus(12세기)의 시 작품은 정치적·외교적인 선례들, 십자군의 승선과 여행, 예루살렘이 함락될 때까지의 공격과 전투를 기술했다. 독창적인 시적 문체로 작성된 (『리구리누스』의 저자인) 군터의 『솔리마리우스Solimarius』는 현재 일부만이 남아 있다. 니케아에 대한 공격부터 시작하여 제6권에서 부용의 고드프루아(1061-1100)가 예루살렘의 군주로 선출되는 것으로 끝나는 파리의 질론Gilone(?-1142)의 『우리 시대를 통해 본 예루살렘의 무훈담의 역사Historia gestorum viae nostri temporis Hierosolimitanae』도 그중 하나다.

제1차 십자군 원정의 주역인 오트빌의 탕크레드(?-1112)의 구술에서 유래한 작품들도 있었다. 탕크레드의 신하들 중 한 명이었으며, 전장에서 직접 그를 수행했던 캉의 라울Raoul de Caen(약 1080-약 1130)의 『탕크레드의 무훈시Gesta Tancredi』는 1105년까지의 사건들을 기술한 것으로 보에티우스를 모델로 했으며, 수사학적인 관점에서 매우 정제되었을 뿐만 아니라 고풍스러운 서사적 문체를 띤 산문과 시가 한데 어우러진 작품이었다. 1098년 안티오키아(현재의 안타키아*)의 정복에 대해서는 엑서터의 조지프Joseph of Exeter(?-약 1193)의 『안티오키에이스Antiochieis(또는 안티오키아 전쟁Bellum Antiochienum)』를 반드시 언급할 필요가 있다. 제3차 십자군 원정은, 과거에는 피렌체의 아이마로 모나코Aimaro Monaco Fiorentino(?-1202)의 작품으로 추정되었으나 저자가 분명치 않은 작품인, 224개의 연으로 아크레의 함락을 기술한 『예루살렘 원정에 관한 운율Rithmus de expeditione Ierosolimitana』에서 이야기되었다.

탕크레드의 무훈시

민간의 서사시

도시의 자치권이 커짐에 따라 그 도시의 역사에 대한 영웅적인 찬양도 증가했다. 이러한 작품들로는 피사 공화국과 사라센인들의 싸움을 다룬 『피사인들의 승리의 노래Carmen in victoria Pisanorum』와 『마요르카의 책』이 있다. 코모 출신인 익명의 시인은 『코모의 책Liber Cumanus』에서 괴롭고 흥분된 마음으로 역사적 사실에 충실하게 1118

년부터 1127년까지 밀라노와 코모의 전쟁에서 자신의 도시가 패배한 이야기를 들려주었다. 브롤로의 모세Mosè del Brolo(약 1100-약 1157)의 작품인『베르가모의 책Liber Pergaminus』은 베르가모 설립의 기원을 골 지방 출신의 장군 브렌노Brenno(기원전 5/4세기)까지 거슬러 올라가면서 전설적인 기원과 고대 역사에 대해 이야기했다.『피아첸차의 단편 시Poemetto piacentino』는 피아첸차 사람들이 파르마 사람들을 물리쳤던 1187년의 전쟁 묘사와 승리에 대한 감사를 노래했다. 효율적인 서술 구조와 강렬한 극적 효과를 지닌『루디아노(또는 말라모르테) 전투에 관한 운율Ritmo sulla battaglia di Rudiano』은 1191년 베르가모와 크레모나를 필두로 한 13개 코무네의 동맹을 상대로 거둔 브레시아 사람들의 승리에 대한 이야기를 들려주었다.

신화적이고 전설적인 주제의 서사시

12세기에는 고전적인 신화가 부활했다. 시모네 아우레아 카프라Simone Aurea Capra(12세기)는 두 부분으로 이루어진『일리아스Ylias』를 지었다. 첫 번째 부분은 트로이 전쟁에 대한 것이고, 두 번째는 아이네아스Aeneas의 이야기를 다루었다. 이보다 조금 뒤에 엑서터의 조지프는 다레스 프리기우스의『트로이 멸망의 역사De excidio Troiae historia』를 시적 작품으로 재구성한『다레스 프리기우스의 일리아스Frigii Daretis Ylias』를 썼다. 같은 시기에 브렌던Brendan(6세기)과 클론퍼트 수도원의 동료 수사 17명이 대서양 한가운데에 있는 천상의 섬을 향해 떠난 모험을 이야기한 아일랜드의 전설『성 브렌던의 항해Navigatio sancti Brandani』는, 쿠르티우스 루푸스Curtius Rufus(1세기)의 알렉산드로스 대왕의 이야기에 소재를 곁들이고 살을 덧붙이는 개작을 통해 고전적인 서사시 문체의 10권의 책으로 재작성한 당대 최고의 서사시들 가운데 하나인『알렉산드레이스』의 저자이기도 했던 샤티용의 고티에(약 1135-?)의 작품으로 추정되는 라틴어 시로 다시 옮겨졌다.

최초의 기사 소설 반면에『멀린의 생애』에서 이성을 잃고 숲 속에 들어가 야만인처럼 살았던 마법사이자 예언가였던 멀린의 옛 이야기를 들려준 먼머스의 제프리(약 1100-약 1155)는 잉글랜드의 영웅담을 직접 묘사했다. 아마도 11세기경에 살았던 바이에른의 테게른제 수도원 수사로 보이는『루오틀리프Ruodlieb』의 익명의 저자는 분명 서술적으로 참신하고 예측이 불가능할 정도로 독창성 있게, 그리고 가장 효과적으로 민간 전승의 주제들을 다시 활용한 가장 뛰어난 시인들 중 한 명이었다. 중세의 서사적 기사 이야기들 중 가장 뛰어난 그의 시는 그리스도교 기사로서 자신을 위험에 빠트린 음모들을 모면하기 위해 나라를 등지고 먼 나라의 왕에게 망명을 요청할 수밖에 없었던 루오틀리프라는 한 영웅이 주인공이다. 사냥에서 용맹을 발휘했을 뿐만 아니라 군대의 지휘관과 왕의 대사로서 그 나라의 왕을 섬기며 10년의 세월이 흘렀을 무렵, 뜻밖에 한 전령이 그에게 2통의 편지를 전해 준다. 1통은 자신의 적들을 모두 없앴다는 것을 알리고 다시 돌아올 것을 요청한 군주가 보낸 것이고, 다른 1통은 그를 필요로 하는 이제는 늙어 버린 어머니가 보낸 것이었다. 루오틀리프는 고향으로 떠날 수 있게 허락해 달라고 요청했는데, 왕은 돌아가는 길에 유용하게 사용할 12가지 가르침을 선물로 하사하며 이를 수락했다. 이 기사는 모험으로 가득 찬 여행 중에 여러 사람들을 만나게 되는데, 그들 중에는 살인죄를 짓는 빨간 머리의 남자를 비롯하여, 매춘부의 품에서 구해 내야만 했던 자신의 조카, 한 성주의 부인, 그리고 자신의 조카와 사랑에 빠져 결혼하는 그녀의 딸이 있었다. 어머니의 집에 도착한 뒤에 루오틀리프는 환영을 보았으며, 자신이 섬겼던 왕이 선물로 주었던 것이 무엇인지 깨달았다. 이 영웅의 어머니는 아들이 결혼하기를 바랐지만, 행실이 좋지 않은 여자와의 만남으로 이어지는 바람에 좋은 결과를 거두지 못했다. 이즈음에 어머니의 꿈을 통해 영웅의 미래가 드러나게 되는데, 그것은 2명의 왕을 상대로 전쟁을 하고 그들의 보물과 (훗날 그의 부인이 되는) 공주와 왕국을 차지하게 된다는 것이었다.

성경, 교훈, 성인전 서사시

성경 서사시의 장르는 12세기에도 더럼의 라우렌티우스(1114-1154)의 『구약과 신약의 운문韻文으로 된 성경의 장절Hypognosticon de Veteri et Novo Testamento』과 교훈적이고 성경 해석적인 구성을 지닌 페트뤼스 리가(12세기)의 『오로라』같이 엄청난 성공을 거둔 작품들을 통해 이어졌다. 교훈 서사시의 장르에는 베르나르두스 실베스트리스(12세기)의 2권짜리 책에서 자연과 신의 지력에 의한 우주와 인간의 창조를 다룬 『우주지』와 적절히 조화를 이룬 철학적-신학적 비유담인 릴의 알랭(약 1128-1203)의 『반反루피누스를 노래한 클라우디아누스를 반대하며Anticlaudianus de Antirufino』가 포함된다. 더욱 확연하게 영웅적인 색채를 띤 서사시로는 성 히에로니무스(약 347-약 420)의 성인전을 전쟁에 대한 이야기와 여담을 가미한 서사시로 변형시킨 캔터베리의 레지날드(11세기)의 『말키우스의 삶Vita Malchi』이 있다.

| 다음을 참고하라 |
문학과 연극 중세 라틴어 문학 장르: 우화와 풍자(510쪽); 라틴어 서사시(527쪽); 프랑스와 유럽의 속어 서사시(532쪽)

프랑스와 유럽의 속어 서사시

| 파올로 리놀디|Paolo Rinoldi |

중세 유럽의 서사시는 확고하면서도 변하기 쉬우며, 몇 가지 특징적인 면에서
매우 엄격하지만 소설과 다른 문학 장르의 영향에도 꾸준히 문호를 개방했던 장르다.
서사시는 중세의 정신에 부합하여 게르만적인 요소(전사의 가치, 씨족의 자치권과 중요성)를
강력한 종교적 영감(이교도들에 대한 투쟁)과 결합함으로써 봉건적인 내부의 전쟁과
그리스도교 사회의 이상으로 나뉜 영웅을 전해 주었다.

헤이스팅스의 롤랜드

맘스베리의 윌리엄(약 1090-약 1143)은 헤이스팅스 전투 중 정복자 윌리엄(약 1027-1087, 1066년부터 왕)의 궁정 광대 가운데 한 명이 『롤랜드의 애가Cantilena Rollandi』를 노래했다고 이야기했다. 이 '애가'와 『롤랑의 노래Chanson de Roland』 사이에 어느 정도의 유사성이 있는지를 명확하게 짐작하기란 쉽지 않다. 이 작품이 진정 군인들을 독려하기 위한 것이었다면, 『롤랑의 노래』에서 그려졌던 것과는 달리 그 전투가 잉글랜드 해협의 해안에서 노르만인들과 앵글로색슨인들, 즉 그리스도교 군대들 사이에 벌어진 것이었으므로 그 목적과 어울리지 않았기 때문이다. 우리에게 롤랑의 일화는 영웅들에 대한 노래의 상징으로, 그리고 허구임에도 불구하고 역사와 일정한 관계를 유지하고 있는 문학 장르의 상징으로서 가치를 지니고 있다.

「서사시와 소설」 장르들에 대한 아리스토텔레스의 정의定義부터 분석의 대상이 되었던 서사적인 작품의 특징들은 계속적인 변화(서사시의 전통은 모든 시대와 지역에 걸쳐 수없이 다양했다)를 겪었지만, 오늘날까지 대중의 정서에 부합해 왔다. 이러한 정서의 바탕에는 역사(카롤루스 대제, 롤랑, 오랑주의 기욤Guillaume d'Orange, 엘 시드 또는 『베어울프』의 몇몇 인물들은 실제로 생존했다)가 있었으며, 그리고 이 역사는 항상 전쟁과 피로 얼룩진 것

이었다. 전장에 내던져진 영웅은 하나의 공동체를 대표하는 인물이었으며, 그는 공동체를 위해 싸웠다. 물론 한 도시를 정복하고 그 전리품을 차지하기 위해서도 싸웠지만, 타자他者를 적으로 삼음으로써 (이러한 관점에서『베어울프』의 괴물과 무훈 서사시의 사라센인들은 매한가지였다) 그의 목표는 공동체의 이상을 이루거나 강화하는 것이었다. 따라서『서사시와 소설Epos e Romanzo』에 나타난 바흐친(1895-1975)의 (조금 진보적이기는 하지만) 창조적인 자극으로 충만한 글에 근거하여, 서사적이고 정적이며 내면적인 성찰과 정신적인 발전이 결여된 인물(예를 들어, 영웅은 이미 그러한 인물로 나타났다)을 계속해서 변화하는 소설적인 인물에 대립시키고, 동시에 '안으로부터' 내생적인 익명의 서사적인 작품을 외생적이고 풍자적이며 대화체적인 것과 구별하는 것이 일반화되었다.

자신의 씨족들과 영웅의 무력으로 만들어진 귀족들, 에스파냐의 이슬람인들에 맞섰던 프랑스의 용맹한 기사들의 전투, 과다한 (무절제한) 분노와 자존심, 다시 말해 머릿속에 즉각적으로 떠오르는 부분들이『롤랑의 노래』에 등장하는 것들이다. 가노Gano의 배반, 론세스바예스에서 배신한 후방 부대의 공격, 오를란도Orlando의 용맹스러운 방어와 죽음, 호각 소리를 감지한 카롤루스 대제의 복수 등은 헤아릴 수 없을 만큼 변형된 이야기들을 많이 만들어 내며 수세기 동안 이어졌고, 1400년대 이탈리아의 기사 문학에 이르게 된다.『롤랑의 노래』와 유사한 모습을 보이는 것은 피할 수 없었겠지만, 두 가지 인식을 통해 바로잡을 것이 있다. 첫 번째는 엄숙하고 비극적인 것 이외에 다른 주제와 표현 양식들도 충분한 자격이 있다는 것이다. 두 번째는 항상 운문으로 이루어진 서사적인 작품이 지금은 없어진 방식으로 활용되고 감상되었다는 것이다. 사실 서사시는 노래와 악기 연주가 함께 어우러지는 광대의 공연에 올라갔다.

초기

역사 기술은 항상 그 기원부터 사람들의 관심을 끌며, 따라서 우리들의 이야기에서도 한 걸음 더 뒤로 물러나 바라볼 필요가 있다. 서사시의 경우에 이러한 난제는 더욱 절실했으며, 그 문제들은 역사 연구의 영역을 넘어서는 것이기도 하다. 중세에도 고전 세계와의 관계는 그대로 유지되었다. 라틴어 서사시, 특히 베르길리우스(기원전 70-기원전 19)와 스타티우스(40-96)는 계속 연구되었으며 수준 높은 중세 라틴어

게르만인들의 자취

서사시 작품들의 창작도 끊이지 않았지만, 이제 고전의 뿌리가 속어 서사시를 이해하기 위해 가장 중요한 것은 아니었다. 수준 높은 문화적 자취의 부정할 수 없는 영향들에도 불구하고, 이제는 게르만인들과 그들이 중세 유럽에서 나름의 정체성을 확립하는 과정에서 보여 준 가치들에 주목할 필요가 있다. 실제로 타키투스Tacitus(약 55-117/123)의 『게르마니아Germania』에서부터 라인 강 너머에 정착하고 있던 민족들은 영웅들의 무훈담과 민족의 이주, 땅을 비롯한 정체성의 획득과 관련한 (서사시인들과 음유시인들에 의해 구전으로 전해지고 쓰인) 작품들을 만들어 냈다. 유럽의 속어 서사시는 풍부한 문헌과 수준 높은 작품성으로 인하여 무엇보다 무훈시chansons de geste(여기에서 'geste'는 한때 서사적인 기원과 영웅적인 위업을 가리키는 것이었다)의 오일어 서사시(즉 프랑스 남부의 오크어 서사시에 대립되는 북프랑스어 서사시)를 의미했고, 그 소재를 대개 (프랑크인들과 게르만 시조들의 유대가 우세를 보일 때였던) 카롤링거 시대의 사건들에서 이끌어 냈기 때문에 보존된 서사시 작품들과 보존되지 않은 게르만 서사시 작품들 사이의 관계를 설정하는 것이 언뜻 매력적인 작업으로 보이지만, 전달의 형식과 방식에서 그 관계가 매우 모호함을 알 수 있다.

모음운과 불협화음 중세 전기의 게르만 작품들에 대해서는 알려진 것이 많지 않으며, 다만 간접적으로 혹은 남아 있는 몇 안 되는 문헌들로부터 유추할 수 있을 뿐이지만 한 가지 분명한 것은 게르만적인 기원이 적어도 문화적인 영역에서 갈리아 지방과 이베리아 반도에 해당되는 지역(이탈리아의 속어 서사시는 이보다 뒤에 나타난 현상이었다)의 로망스어 서사시 작품 활동을 이해하는 데 유용할 수는 있지만, 발생의 관점에서 보면 많은 연결 고리들이 빠져 있으며, 특히 형식적인 관점에서 보면 그 차이들이 엄청나게 크다는 것이다(예를 들어, 뒤에 언급할 로망스어로 쓰인 중세 서사시의 모음운母音韻을 맞춘 시절時節에 독일어 서사시 작품에서는 4개의 긴 행으로 이루어진 연聯이 상응하지만 앵글로색슨어 서사시에서는 다양한 길이의 두운을 맞춘 행들로 이루어진 연이 이에 부합한다). 많은 저술가들이 언급했던 중세 전기의 축가들을 초기의 시가들과 차별화시킨 오랜 기간의 침묵 뒤에서는 무슨 일이 벌어진 것일까? 지금까지 보유하고 있는 모든 시가들이 다소 의도적이지만, 게르만의 찬가로 거슬러 올라가는 것일까? 많은 문헌들이 손실되었기에 시작부터 힘겨운 이러한 논의는 (천진난만하게 서사시 장르를 한 민족의 '자연스럽고', '살아 있는' 표현으로 고려했던) 초기의 학자들이 흠뻑 빠져들었던 낭만주의의 풍토에 의해서 역사적으로 오염되었을 뿐만 아니라, 창작자 개인의 뛰어난 능력에 더욱 주의를 기울였던 시기에는 현재 문화 정책이라고 부르는 문제들에 의해 변질되었다(따라서 이미 맹목적인 숭배의 대상이 된『롤랑의 노래』가 1870년부터 제1차 세계대전에 이르는 시기까지 증오의 대상이었던 적대적인 독일과 동일시된 게르만적인 요소의 수혜를 받은 것으로 비쳐서는 안 되었다). '전통주의자들'과 '개인주의자들' 사이에 열띤 공방도 벌어졌다. 전통주의자들은 시가詩歌의 '전통적'이고 '제창齊唱적'인 특성과 (단순하고 짧은 이야기들과 복잡한 장시長詩 등 매우 다양한 방식으로 표현되었던) 게르만 서사시와의 연관성을 강조했지만, 문헌의 공백에 대한 문제를 해결해야만 했다. 한편, 조제프 베디에Joseph Bédier(1864-1938)와 그의 기념비적인 저서『사적 전설Les légendes épiques』을 따르는 개인주의자들은 수도원의 전통과 콤포스텔라 순례길과의 관계를 강조했다. 그들에게 시가는 서사적인 영웅들을 (순례길가에 위치한 수도원에서 적당한 묘지를 제공받은) 순교자들로 변모시킨 주역들인 성직자들과 광대들이 모두 각자의 사비를 들인 공동 집필 작업의 결실이었다. **수도원 제도와의 관계**

이러한 가정은 (우리에게 전해져 내려온 형태 속에 다양한 그리스도교의 영감을 지니고 있으며, 어떤 경우에는 몇몇 종교 단체를 분명하게 언급하기도 하는) 보존된 문헌에 기초하기 때문에 확실히 위험성이 덜하고 믿을 수 있지만, 게르만의 과거와 모든 관계를 단절하고자 하는 경우 어려움이 있으며, 솔직히 말해서 이따금 (특히 추종자들에게서) 분명하게 입증된 것에만 편협하게 집착하는 근시안적인 모습을 보이기도 했다. 게다가 문어文語 또한 역사의 구속물이기 때문에 필사본의 자료에 의지하는 것이 항상 모든 병을 치료하는 만병통치약은 아니다. 튀롤Turold이라는 신비스러운 인물이 딕비Digby 판본의『롤랑의 노래』를 끝맺었던 마지막 어휘인 동사 'declinet(낭독하다)' 또는『시드의 노래Poema de Mio Cid』의 유일한 판본에서 못지않게 신비스러운 인물인 페르 아밧Per Abbat(13세기)의 활동을 기술하고 있는 'escrivo(쓰다)'는 진정으로 무엇을 의미하는 것인가? 우리가 알고 있는 것처럼 시드와 롤랑의 작품을 그 이전 시기로 자리매김할 수 있게 해 주는 단순한 필사 작업을 가리키는 것인가? 또는 지금은 아무것도 확실하게 말할 수 없는 다양한 롤랑과 시드의 소재들을 떠올리게 해 주는 심오한 저술과 개정 작업을 암시하는 것인가?

살펴볼 만한 가치가 있는 또 다른 문제들은 기원의 문제와 관련한 것들이다. 예를 들어, 비록 서로 얽혀 있는 것 같지만 (최소한 창작, 전파, 공연의 3단계인) 매우 다른 단계들을 두루 포괄하는 일반적인 용어인 말orality과 글literacy의 문제, 혹은 표현 양식의 전형성과 풍부함의 문제, 또는 성직자의 영향이 느껴지는 9세기 말의 『성녀 에울랄리아Santa Eulalia』, 10세기의 『파시온Passion』과 『성 레제르S. Léger』, 11세기의 『보에티우스Boeci』, 『성녀 피데스Sancta Fides』, 『성 알렉시우스Saint Alexis』 같은 성인의 전기에 대한 옛 시의 작시 기교와 문체와 관련한 문제 등이다. 이러한 목적에서 『성녀 에울랄리아』와 같은 판본에서 노르만인들을 상대로 루이 3세Louis III(약 863-885, 879년부터 왕)가 거둔 승리에 대한 이야기를 들려주었던 〈루트비히의 노래Ludwigslied〉를 재발견하는 것도 상당히 교육적일 것이다.

오늘날은 그 누구도 성직자들의 문화를 수세기 동안 이어져 내려온 민중의 전통과 접목함으로써 궁정 광대들에 의해 탄생한 즉흥적이고 세속적인 문화와 대립하는 것으로 생각하지 않지만, 서사시의 문화적인 특성들(교회의 영향, 서사적인 10음절 시의 수도원적인 기원)을 인정하는 것이 종종 (전설적인 전통과 문헌에 기초를 둔 전통 사이의 혼동과 같은) 과장된 가정으로 이어졌던 과정을 생략하며 무훈시가들을 이러한 시가들의 탄생이 기록된 세기에 어떻게 해서든지 일괄적으로 끼워 맞추려는 것을 의미하지는 않으며, 오히려 이 때문에 비판이 아닌 신중한 주의가 필요하다.

무력과 종교　　오일어 서사시를 읽다 보면, 카롤링거 왕조와 카페 왕조의 특성이 혼합된 것을 접하고 있다는 인상을 분명히 가지게 된다. 종종 이야기는 카롤루스 대제나 루도비쿠스 1세 경건왕(778-840, 814년부터 왕)의 시대 또는 신화적이거나 먼 과거(『니벨룽겐의 노래』나 『베어울프』를 생각해 보라)를 배경으로 하고 있으며, 중세 전기의 풍습에 대한 흔적들이 여기저기 드러나지만(심지어는 다른 문학 장르들보다 서사시에서 더 명확한 것으로 보이는, 인도유럽에 기원을 둔 고대의 흔적들이 새로 주목을 받기도 했다), 실질적으로는 종종 군사적인 성격의 분위기를 감지하게 된다. 시가들은 기사들의 호전적인 윤리(영광에 대한 갈망, 싸움에서의 용맹함, 동료와 군주를 향한 의리)를 머금고 있었으며, 11세기와 12세기의 중앙 권력과 봉신 계급 사이의 권력 투쟁을 배경으로 하고 있다. 아직 이교도적인 가치를 지니고 있던 이러한 호전적이고 폭력적인 계급에 대하여 교회는 인도자 역할을 하고자 했으며, 이로 인해 사라센인들을 향한 투쟁은 십자군 원정이 표방했던 이념의 영향을 분명하게 보여 주었다.

구술과 기술　　균형 잡힌 평가에서는 오늘날 무훈시와 (우리들이 관심을 가지고 있는) 속어 서사시가 대략 11-12세기 이후의 작품이라고 판단하고 있으며, 따라서 우리도 이 시점까지 고려해야 한다. 하지만 어떤 사건과 거의 동시대에 뒤이어 탄생한 시가들(예를 들어, 십자군에 대한 역사 시가)은 3세기 전의 실체와 다시 연결 지은 것들과 구분할 필요가 있으며, 후자의 시가들에 대해서는 (베디에의 논문이 설명하지 못했던 고고학적인 능력과 갑작스러운 관심을 인정하지 않는다면) 이전의 소재에 대한 개정과 개작의 가능성에 대한 분석이 이루어져야만 한다. 이것은 분명 수세기 동안 전설적인 소재가 이어질 구전口傳과의 관계를 강조하는 것을 의미하지만(켈트인들과 게르만인들은 제한적이고 간헐적으로만 문자에 접근할 수 있었다), 11-12세기의 개작이 원전의 철저한 그리스도교화를 수반하고 문화적으로 수준 높은 원전과 구술적인 구성을 손상시키는 '책상머리에서의' 문서 작업과 그것의 전승 과정만을 강조했음을 배제할 수는 없다(따라서 문어적인 창작과 관련 있는『롤랑의 노래』는 세련된 문체와 구성을 특징으로 하며, 필사의 전통은 대부분의 경우 역시 문어적이며 단지 부분적인 경우에만 구어적인 것과 혼합된 오랜 전승의 현상들과 오류들을 보여 주고 있다).

이러한 전제로부터 실무적인 면에서 (고유 명사 연구를 비롯하여 역사와 연대기와 관련한 라틴어와 속어로 이루어진 다양한 출전, 또는 조각이나 세밀화 등으로 재구성된) 서사적인 '전설들'과 진정한 서사시 작품들의 연대를 파악하는 것은 물론, 이 둘을 분간하기가 쉽지 않음을 추론할 수 있다. 우리의 경우 12세기와 13세기의 구분이 의미가 없기 때문에 최소한 우리가 지금 알고 있는 형태로는 분명한 시기상의 경계 안에 좀처럼 분류하기 힘든 요소들을 내포하고 있는 일련의 현상들(특히 로망스어 서사시)을 이어지는 페이지에서 함께 분석하는 것이 아무런 문제가 없다.

게르만 서사시

구성의 탄탄함과 풍부함에서 오일어 서사시에 견줄 만한 게르만 서사시는 존재하지 않으며, 이질적일 뿐만 아니라 묘사하기가 쉽지 않은 게르만이나 앵글로색슨의 서사시 작품들은 로망스어 서사시와의 관계에서 의미를 지니고 있다. 한편으로는 매우 오래되고, 다른 한편으로는 단편적이거나 (고대 앵글로색슨의 문학의 경우) 단 하나의 필사본으로만 존재하고 있으며, 몇몇 경우에는 프랑스 문학의 영향을 받은 이후 편집을 통해 전해졌다. 이 장르의 특성들은 익명성과 (변동) 시행詩行, 고대 게르만 민족의 역사와의 관계, '서정적' 요소 또는 대화체 형식의 결여 등이다. 잘 알려진 작품들 사이에는 시기를 정하는 데 다소 이견이 있기는 하지만, 괴물과의 싸움이라는 신화적인 구도를 따르는 대략 8세기 초의 것으로 추정되는 앵글로색슨의『베어울프』,

아버지와 아들의 싸움이라는 비극적인 주제를 다시 그려 낸 (9세기 초의) 독일어 서사시 『힐데브란트의 노래』, 또는 중세 라틴어 서사시 『발타리우스』에 상응하며 우리가 가정만 할 수 있을 뿐인 문화의 양 측면 (라틴어와 속어) 사이의 논증을 실질적으로 보여 준 앵글로색슨의 두운체頭韻體(행의 앞부분에 반복되는 단어를 넣은 것*)시 『왈데레 Waldere』(8세기)의 단편斷片들이 있다. 부르군트족과 훈족의 싸움이 중심인 『니벨룽겐의 노래』는 부득이 이전의 『니벨룽겐의 노래』를 원형으로 가정할 수밖에 없지만, 프랑스의 영향이 느껴지는 13세기 초 판본으로 전해졌다.

별도의 언급이 필요한 작품은 작성 연대가 분명하지 않지만 12세기에 쓰인 것으로 보이는 『롤랑의 노래』에 소설적인 특성을 가미하고 강력하고 새로운 종교적 영감을 곁들여 '해석한' 『롤랑의 노래Rolandslied』다. 그리고 마지막으로 서사시의 두드러진 특성을 띠고 있으며 오래전으로 거슬러 올라가는 (10-11세기) 몇 편의 단편들과 시가들은 (시가의 형태로 옮겨졌기 때문에) 노르웨이의 『에다』라고 불리는 사본이나 『앵글로색슨 연대기Cronaca Anglosassone』에 실리거나 재구성될 수 있었다.

오일어 무훈시

무훈시 문헌집은 분류 기준에 따라 모음운 또는 압운을 맞추고, 고정된 연이 아니라 오래되었음을 보여 주는 기준이 되는 10음절 또는 다양한 길이의 알렉산더격格 시구 (12음절로 구성되는 시구로, iambics〔단장격〕또는 trochaics〔장단격〕6개를 포함한다*)로 되어 있는 (따라서 융통성 있고 유연한) 중세시의 시절時節, laisse로 구성된 100여 편에 달하는 많은 문헌들을 포함하고 있다.

가장 오래된 필사본들은 12세기 전반기로 거슬러 올라가며, 반면에 가장 나중의 예들은 15세기 후반의 것으로 볼 수 있다. 시가들의 창작은 가장 오래된 작품들의 예를 볼 때 11세기로 거슬러 올라갈 수도 있으며(이것은 우리가 알고 있는 시가〔모음운을 맞춘 시절로 되어 있고, 일화들의 명확한 연쇄로 이루어져 있다〕에 해당하는 것이며, 그 이전 시기에 대해서는 이 논의가 기원에 대한 것과 혼동될 수 있음을 주의할 필요가 있다), 반면에 가장 늦은 작품들은 14세기에 만들어졌다(대체로 이전의 작품들을 개작한 것이기는 하지만, 15세기에 이례적인 예들이 발견되기도 한다).

이러한 문헌 자료들corpus은 다른 종류의 작품들과 구분되는 나름의 강력한 특성들을 지니고 있지만, 전혀 획일적이지는 않다. 전투에 대한 장황한 묘사와 시가들마다 장르를 특징짓는 역할을 하는 다양한 문체론적인 장치들(각 시행마다 되풀이되어 나타나는 다양한 유형의 형용어구, 점진적인 집중을 보이는 유사한 시절, 만사를 꿰뚫고 있는 작가의 직관적인 통찰력과 그 밖의 다른 전형적인 교묘한 수법들, 병렬적인 구조)과 유사한 공식들이 되풀이되었음에도 불구하고, 수세기를 거치며 서사시는 점진적으로 수용했던 주제들(사랑과 마술)을 비롯하여 창작의 기교와 그것의 수용에 대한 분석이 보여 주듯이 오일어의 설화 문학 장르, 특히 소설과의 접촉을 통해 계속 발전했다.

『롤랑의 노래』의 예술적인 탁월함은 역설적이게도 이 무훈시를 전체적인 장르의 특성을 설명하기에 적합하지 않은 예로 만들어 버렸다. 12세기에 쓰인 작품들만 보더라도 십자군 정신에 영향을 덜 받고, (어떤 면에서 이탈리아의 기사騎士 서사시의 8행시와 유사한) 긴 시절로 이루어져 서정적인 면에서 함축적인 성격이 덜한 소설적인 전개를 보이거나 풍자적인 취향에 이미 물든 작품들(신성 모독의『카롤루스 대제의 여행 Voyage de Charlemagne』 참조)의 식별이 가능하다.

『롤랑의 노래』 외에도 이슬람인들을 물리치며 굴곡 많은 운명으로 점철된 삶을 살다가 자신이 세운 겔론 수도원에서 성인으로 생을 마감한 툴루즈의 백작 기욤을 전형으로 하는 의미적인 함축이 풍부한 영웅 서사시『오랑주의 기욤의 무훈시La Geste de Guillaume d'Orange』도 반드시 언급되어야만 한다. 이 무훈시들은 역사시가군群을 형성한 초기의 예를 보여 준다. 이러한 역사시가의 집성은 촉매 역할을 하는 하나의 작품 주위로 (마치 영화의 앞과 뒤를 다룬 속편처럼) 그 영웅의 이전과 이후의 전기傳記를 이루는 작품들이 점진적으로 모이는 것이다. 이는 매우 다양한 주제들(예를 들어, 기욤과 루이 왕의 관계는 왕권과 귀족들 사이의 투쟁을 배경으로 하는 해석에 활용되었다. 기욤은 변장의 명수였으며 많은 것들이 패러디, 즉 개작 시문改作詩文의 단초가 되었다)을 다루고 있다. 또는 모든 종교적인 요소가 거의 결여되어 있는 귀족 구성원들 사이의 동족상잔에 동요된『로헤라인의 무훈시가집Geste des Loherains』도 살펴볼 필요가 있다. 공동체 의식과 상당히 비관적인 시각이 어느 정도 가미되어 있는 것으로는 일명 '반역한 봉신들'의 시가가 있다. 이야기를 이끌어 가는 원동력인 왕권과 귀족들의 대립이 더욱 고조되어 나타났던 이 시가집들은『고르몽과 이장바르Gormond et Isembart』, 『캉브레의 라울Raoul de Cambrai』,『오지에 르 다누아Ogier le Danois』,『몽토방의 르노 Renaud de Montauban』 등을 예로 들 수 있다. 또 이와는 별도로 십자군 원정에 대한 시가군이 있는데, 그 중심이 되는 시가(『안티오키아의 노래Chanson d'Antioche』,『셰티프

다른 노래들

Chétifs』,『예루살렘의 노래Chanson de Jérusalem』)는 12세기로 거슬러 올라간다.

그리고 운율과 문체, 내용으로 볼 때 소설적인 장르와 서사적인 장르의 교차점에 위치하며, 이후의 '혼종' 작품들의 효시인 알렉산드로스 대왕을 노래한『알렉상드르 이야기』는 매우 이른 시기에 등장했다(가장 오래된 판본은 1130년경의 것으로 생각된다).

오크어 서사시

중세 오크어 문학은 음유시인들의 서정시가 주를 이루었지만 다른 장르들의 존재를 보여 주는 작품들도 빠지지 않고 나타났으며, 이 중에는 전해져 내려온 작품들이 종종 일부분만 남아 있는데다가 (몇몇 시가들cansos은 단편들만 남아 있거나 일부가 훼손되었으며, 대부분이 단독본만 존재한다) 그 시기마저 불분명한 문헌 자료들이기는 했지만 서사시도 분명히 있었다. 오크어 서사시 작품들은 무엇보다 오일어 시가들과의 명확하지 않은 관계와 (강한 오일어 어법과 범오일어 어법의 특성을 지니고 있기 때문에 서정시보다 매우 풍부하고 복잡한) 그 언어에 대한 연구로 다음과 같은 구분이 가능하다.

- 『오크어 롤랑의 노래: 사라고사의 롤랑Roland occitan: Rollan a Saragossa』과『론사스발Ronsasvals』: 이 두 작품 모두 14세기 말 공증 등기소에서 필사되었으며, 오일어로 쓰인『롤랑의 전설』과 무관하거나 배제되었던 주제들을 발전시켰다. 이 작품들의 작성 시기는 분명하지 않지만, 몇몇 전설적인 요소들이 그리 먼 옛날로 거슬러 올라가지는 않는 것으로 보인다(13세기 중반?).

- 동시대 같은 주제의 작품: 이러한 작품들에는 (12세기 초반 몇십 년 사이에 저술된 제1차 십자군 원정의 안티오키아 함락에 대한 단편으로, 오일어 서사시『안티오키아의 노래』와의 관계에 대해서는 좀 더 깊은 연구가 필요해 보이는)『안티오키아의 노래Canso d'Antioca』, 13세기 초반에 시작된 (알비파 교도들에 대한 십자군 원정의 귀중한 자료인)『십자군의 노래Canso de crozada』, 그리고 (13세기 말의)『나바라 전투Guerra de Navarra』가 포함된다.

- 다양한 노래들: 베즐레 수도원과 밀접한 관련이 있으며, 반역한 봉신들의 시가의 사조에 완전히 부합하는 (하지만 주인공의 회개와 구원을 강조한)『루시용의 지라르Girart de Roussillon』, 오일어 서사시『피에라브라스Fierabras』와의 관계가 시기적으로 논란이 되었던『페라브라스Ferabras』등이 있다.

에스파냐의 서사시

이베리아 반도에서도 무훈시가cantares de gesta 작품들은 오크어 서사시의 상황을 떠 기원에 대한
힘겨운 연구
올리게 하는 양적인 부족함과 단본을 통해 근근이 이어진 전승의 모습을 보여 주었
을 뿐만 아니라 지리적으로도 카스티야에 국한되어 나타났다. 이미 다른 곳에서 언
급했듯이 에스파냐의 민족의식에 대한 뛰어난 서사시(『엘 시드』)의 존재와 이후의 대
중적인 로망스romances에 서사적인 특성들이 남아 있었다는 사실은, 『롤랑의 전설』
이 이베리아 지역에서도 매우 일찍 알려졌으며(다른 것은 제쳐 놓더라도 카롤루스 대제,
롤랑, 기옴의 이름을 발견할 수 있는 1070년경의 라틴어 단편인『성 에밀리아누스의 주석본
Glosas Emilianenses』이 이것을 잘 보여 주고 있다) 엘 시드가 등장하는 라틴어 작품들(예를
들어, 12세기 중반의『알메리아의 시Poema de Almeria』)이 잘 알려져 있음에도 불구하고
오일어의 모델과 완전히 독립적인 문학 작품의 존재를 이치에 맞지 않게 이끌어 내
는 것을 공식적으로 인정하는 것은 아니다. 하지만 시대순으로 보았을 때, 속어에 대
한 것이 입증되지 않았던 지역으로 조심스럽게 길을 트는 것은 받아들일 만하다.

비록 존재했었다 하더라도 서고트적인 서사시의 특성들에 대해 이야기하는 것이
옳을지 확실하지는 않지만, 최소한 알폰소 6세(1040-1109, 1072년부터 카스티야의 왕)
시대에는 클뤼니 수도회의 개혁과 순례길을 통한 예술과 전례, 문자의 역사에서 분
명하게 확인할 수 있는 프랑크 문화의 영향이 분명했다.

11세기 후반에 생존했던 로드리고 디아스(1043-1099)의 무훈담을 노래한『시드 『시드의 노래』
의 노래』는 에스파냐 서사시의 보석이다. 1300년대의 유일한 필사본이 보존되었지
만, 13세기 초의 1차 필사본을 다시 필사한 것이기 때문에 작품의 집필은 12세기로
거슬러 올라갈 수 있다(한편으로는 동질성이 결여된 것으로 생각할 수 있는 것처럼, 지금
은 사라진 1차 필사본을 필사한 사람이 다른 경로를 통해 그가 입수한 전설적인 소재들을 각
색했을 수도 있다).

또한 롤랑을 주제로 하는『론세스바예스Roncesvalles』의 단편과 젊은 시절의 위업을
들려주기 위해 전형적인 서사적 과정을 통하여 시드의 일생을 거슬러 올라간 말기
의 (하지만 이전 작품의 개정판인)『로드리고의 젊은 시절의 위업Mocedades de Rodrigo』도
지금까지 남아 있다. (시행들 사이에 음절의 차이를 보이는) 다양한 길이의 시행이 얽혀
있는 모음운을 맞춘 중세시의 시절로 이루어진 작품들 외에도, 예를 들어 (4개의 알
렉산더격 시구로 이루어진 연聯인) 콰데르나 비아cuaderna vía(각 행이 14음절로 되어 있으

며, 각 행마다 휴지부가 있고 1연이 4행으로 구성된 형식*)로 13세기에 다시 쓰인 『페르난 곤살레스Fernán González』 같은 각색된 작품들과 특히 13세기부터 산문으로 이루어진 역사 편찬물 속에 보존되어 있는 서사시의 자취들에 만족해야만 한다(예를 들어, 앵글로색슨 서사시와 유사함을 발견할 수 있는 에스파냐 서사시의 독특함을 접하게 된다). 몇몇 경우에는 극히 일부만 남았거나 사라져 버린 시들인데, 이들에 대해서는 단지 그 존재만을 확인할 수 있을 뿐이거나 기껏해야 어렴풋하게만 그 내용을 알 수 있는 반면에, 다른 경우에는 산문으로 쓰인 작품에서 원본의 모음운까지 확인되기도 한다.

| 다음을 참고하라 |
문학과 연극 중세 라틴어 문학 장르: 우화와 풍자(510쪽); 라틴어 서사시(527쪽); 로망스(558쪽)

기행 문학

| 프란체스코 스텔라 |

중세는 정적인 시대가 아니라 지속적인 움직임이 있는 시대였다. 5세기에 대규모로
이주한 고트족들로부터 11세기의 노르만인들까지, 기사들부터 음유시인까지,
선교사로부터 외교관들까지, 상인들부터 순례자들까지, 그리고 수사들로부터 학생들에
이르기까지 이러한 움직임은 고대 그리스 로마 시대에는 알려지지 않았던
새로운 문학 장르와 경향을 탄생시켰다.

여행의 발견

여행에 대한 취향은 중세에 발견된 것이다. 중세에도 처음에는 정치적 또는 종교적 임무나 군사적 정복, 상거래, 성지의 방문 같은 확실한 목적을 위해서만 사람들이 움직였다. 오로지 사람들과 풍물들을 보기 위해 20세부터 세계를 돌아다니기 시작한 피렌체 출신의 보나코르소 피티Bonaccorso Pitti(1354-1430년 이후) 같은 사람의 일기는 1300년대에 와서야 접할 수 있었다. 중세에 가장 근본적으로 바뀐 것은 이러한 행위가 기술된 문화적인 상황이었다. 그리스도교인들을 천국을 향해 걸어가는 '행인과

이방인advenae et peregrini'으로 정의했던 만큼(「베드로의 서간」) 여행은 여행자, 즉 호모 비아토르homo viator로 승화된 영적 상태의 본보기가 되었다.

여행기: 예루살렘, 로마

중세에 순례의 주요 목적지는 예루살렘, 그리스도가 성장하고 숨을 거둔 장소들을 비롯한 성지들, 교황청이 자리 잡고 있는 곳이자 무엇보다 성 베드로와 성 바오로가 순교한 로마, 성 야고보의 유해가 묻혀 있고 그가 다시 재현했다고 전해지는 산티아고 데 콤포스텔라 3곳이었다. 이러한 장소들 외에도 훌륭한 사람들의 유해가 묻혀 있거나 성스러움을 증명해 주는 경이로운 기적과 출현, 치료들이 이루어짐으로써 성역화된 수많은 소규모 목적지들이 첨가되었다.

콘스탄티누스 대제(약 285~337, 306년부터 황제)의 어머니인 헬레나Helena가 예루살렘에서 '성십자가' 유물을 발견했을 때부터 서방 세계는 성지를 향한 순례를 시작했다. 여행자들의 경험으로 지나온 경유지, 한 구간의 거리, 그리고 그 경로의 난관에 대한 조언들을 담은 여행 안내서인 여행기들Itineraria과 다른 한편으로는 개인적인 경험과 기억을 재현해 놓은 광범위하고 상세한 기술을 다룬 작품인 명세서들descriptiones이 만들어졌다. 『보르도 여행기Itinerarium Burdigalense』로 알려진 이러한 장르의 첫 번째 예는 333년 보르도에서 콘스탄티노플을 경유하여 예루살렘까지, 그리고 로마를 경유하여 밀라노로 돌아오는 여행의 경로를 묘사하고 있다. 하지만 이러한 초기의 안내서들 가운데 가장 뛰어난 작품, 또는 진정한 최초의 여행 이야기는 1884년에 몬테카시노에서 유래한 아레초의 한 필사본에서 발견된 것으로, 갈리시아 출신의 한 여인이 4세기와 5세기 사이에 쓴 『에게리아 여행기Itinerarium Egeriae』다. 중세 이전에는 매우 보기 드물었던 여성 저자이기도 하고, 또 예루살렘의 전례 의식의 중요한 기술을 포함하고 있기 때문에 특별한 이 문헌 자료는 고대 후기의 구어와 유사한 라틴어로 저술되었다. 매 경유지마다 에게리아는 자신이 머물던 곳과 관련이 있는 성경의 한 구절을 읽었으며, 상황에 맞는 찬송가를 부르고 기도로 끝을 맺었다. 이것은 여행을 신성화시켰으며, 중세에 여행은 새로운 세계를 발견하기 위한 출발이 아닌, 문화적인 기억이 이미 자리 잡고 있는 장소들에 대한 답사임을 보여 주었다.

성지로의 여행

종이 여행

실내 여행자들 이제 책에 쓰인 이러한 기억을 통하여 집에서 움직이지 않고도 여행기를 쓰는 것이 가능했다. 이러한 인물들 가운데 앞장선 사람은 702년과 703년 사이에 교부들로부터 얻은 정보들을 바탕으로 『성소에 관하여De locis sanctis』를 집필한 영국 역사의 아버지 노섬벌랜드의 수사 베다Beda(673-735)였으며, 이러한 경향은 이 장르의 걸작인 2편의 작품에서 절정을 이루었다. 첫 번째는 신비스러운 인물인 존 맨더빌 경John Mandeville의 『여행기Viaggi』로, 1300년대 중반에 그때까지 알려졌던 모든 민간적이고 전설적인 소재들을 하나의 작품에 수집함으로써 독자들을 34개의 장을 통하여 인도와 중국, 프레스터 존Prester John의 전설적인 왕국으로 데려다주었다. 이 작품은 수백 편의 필사본과 9개의 유럽 언어로 속어화된 수십 편의 작품들로 확산되었다. 두 번째는 프란체스코 페트라르카Francesco Petrarca(1304-1374)의 성지 예루살렘 여행기였다. 비스콘티 왕실의 순례에 초대받았던 페트라르카는 1358년에 성경과 교부들의 글을 비롯하여 고전 시인들의 회상과 지리학자들의 자료에 기초하여 이 작품을 저술했다. 이러한 작품의 저자들은 장 리샤르Jean Richard(1921-)가 정의했듯이 '실내 여행자'들이었으며, 이들의 종이 여행은 그 진실을 잃지 않고 실질적인 여행을 대체했다.

산티아고

중세의 여행에 대한 가장 뛰어난 안내서는 아마도 산티아고 데 콤포스텔라 대성당의 필사본인 『칼릭스티누스 코덱스Codex calixtinus』 제5권, 일명 『산티아고의 순례자를 위한 안내서Guida del pellegrino di Santiago』일 것이다. 『칼릭스티누스 코덱스』는 성 야고보를 기리기 위해 만들어졌으며, 교황 갈리스토 2세(약 1050-1124, 1119년부터 교황)의 글로 보이는 헌사를 담은 서간으로 인해 그렇게 불리게 되었다. 목적지에 대한 묘사가 주를 이루었던 로마와 예루살렘을 위한 안내서와는 달리 여기에서는 "자료에 대한 연구"(카르디니Cardini)라는 목표가 순례길을 형성하고 산티아고에 도달하기 위해 선택할 수 있는 다양한 여정들(주요한 여정은 툴루즈 길, 르퓌를 경유하는 포덴세 길, 리모주를 경유하는 레모비첸세 길, 그리고 투르를 통과하는 투로넨세 길 4가지다)인 산티아고로 가는 경로에 대한 것이었고, 그 다음으로는 접하게 된 도시들과 경유지, 중요한 숙박 시설, 강, 만났던 사람들에 대한 묘사가 이어졌으며 장소들과 유적들, 그리고 무엇보다 유물들에 대한 정확한 목록을 열거하는 것으로 끝을 맺었다.

상상 여행

결코 채워지지 않는 호기심에 이끌려 자신이 지나온 지역을 정복하고, 결코 돌아올 수 없는 길을 떠난 불굴의 여행자의 전형은 기원전 4세기에 그리스로부터 인도, 이집트까지 밀고 나아가며 그때까지 알려졌던 아시아의 대부분을 정복한 위대한 마케도니아의 지도자 알렉산드로스 대왕(기원전 356-기원전 323)이었다. 곧바로 그의 여행과 모험에 대한 많은 이야기들이 꽃을 피웠으며, 고대를 거쳐 중세에 이르러서는 거의 대부분의 언어로 시와 산문의 공상-서사 문학이 집성되었다. 이러한 작품 활동의 정점은 『알렉산드레이스』로 볼 수 있다. 6보격으로 이루어진 12권의 작품을 통하여 샤티용의 고티에(약 1135-?)는 12세기에 『아이네이스』에 필적할 만한 작품을 만들고자 했다. 이 작품은 곧 많은 학교들에서 채택되었으며, 단테(1265-1321)도 그것을 알게 될 정도였다. 알렉산드로스라는 신화적인 인물을 통해 무적의 지도자를 기념비화하고, 온갖 일들이 벌어지고 갖가지 형태의 기적적인 삶을 접할 수 있는 '꿈의 터전'인 완전히 다른 세상으로 아시아를 그리는 작업이 이루어졌다. 하지만 이러한 사조 외에도 중세에는 종종 환상과 (『성 브렌던의 항해』처럼) 초자연적인 범주의 상상 여행에 대한 다양한 형태의 수많은 작품들이 만들어졌다.

최초의 여행자, 알렉산드로스 대왕

신화에서 탐험의 대상이 된 동방

인간적인 경계를 뛰어넘는 마술의 땅에 대한 시각은 알렉산드로스의 아시아를 중세와 근대 여행자들의 꿈을 키워 주는 신화로 만들었다. 이러한 아시아는 구체적으로 명시되지 않은 동방에 홀로 떨어져 있는, 윤리적으로 완벽한 사회 원리를 지닌 왕국의 가상의 그리스도교 군주가 등장하는 『사제 요한의 편지Lettera del Prete Gianni』 같은 작품들에서 발견되었다. 12세기 말에 라틴어로 저술된 이 작품은 그 이후에도 계속해서 개정되었으며, 운문화되고 연구되었다. 이 편지는 카탈루냐 출신의 히로나의 세르베리Cerveri de Girona(1250-1280년에 활동)의 『프레스터 존의 왕국에 관한 시Vers de la Terra de Preste Johan』와 같은 매우 매력적인 작업을 이끌어 내며 '유럽의 창의성에 촉매제'가 되었고, 특히 제2차 십자군 원정 이후에 상실감에 빠진 서방 세계의 종말론적인 희망이 실현되는 아시아에 대한 상상력을 키우는 데 기여했다.

동방의 매력

    이러한 역사적인 맥락과 문학 양식들은 크게 두 가지 흐름으로 전개되는 수많은 작품들을 만들어 냈다. 하나는 『비참한 게린Guerrin Meschino』과 많은 기사시들처럼 환

마르코 폴로와 다른 사람들

락향歡樂鄕에 대한 가상 여행이었으며, 다른 하나는 서방 세계에서 더 이상 공상적이지는 않지만 여전히 경이롭고 진귀한 아시아의 지리적이고 인간적인 풍경을 펼쳐 보여 준 진정한 의미의 여행 보고서들이었다. 알다시피 (1215년 이후 교황 인노첸시오 4세를 시작으로) 교황을 위하여 나락의 세계인 타르타로스Tartaros(그리스 로마 신화에 나오는 지하 세계의 심연이나 신*)에서 이러한 임무에 종사했던 사람들은 프란체스코회 수도사들이었으며, 곧바로 그들의 경쟁자인 도미니쿠스회 수도사들도 이에 참여했다. 가장 뛰어난 인물로는, 인류학적 가치뿐만 아니라 환상 문학과 유사한 전설들에 대한 언급으로 인해 매우 귀중할 뿐만 아니라 여행 중 만났던 민족들, 특히 몽골 민족의 외교적인 관례와 역사적인 역할, 자연에 대한 깊은 관심으로 흥미를 자아냈던 『몽골인의 역사Historia Mongalorum』의 저자 피안 델 카르피네의 조반니Giovanni da Pian del Carpine(약 1190-1252)를 꼽을 수 있다. 그 밖에도 문학적인 기원으로부터 전해져 내려온 편견들과 직접 목격한 현실의 차이를 세심하게 비교한, 프랑스 왕 루이 9세Louis IX(1214-1270, 1226년부터 왕)의 사신이었던 프란체스코회 수도사 뤼브룩의 기욤Guillaume de Rubrouck(13세기), 1298년 피사의 루스티켈로Rustichello(13세기)에게 받아쓰게 했던 『세계의 서술Divisament dou Monde』에 자신의 임무를 묘사했던 마르코 폴로Marco Polo(1254-1324), 그리고 마지막으로 중국에 다녀온 중세의 마지막 여행자들, 즉 티베트에 들어간 최초의 인물인 포르데노네의 오도리쿠스Odoricus(오도리코라고도 함*)(약 1265-1331), 『보헤미아 연대기Chronicon Boemiae』를 지은 마리뇰리의 조반니 등이 커다란 족적을 남겼다. 마르코 폴로의 '이야기'는 이미 1477년부터 수많은 인쇄물이 증명하듯이 엄청난 성공을 거두었다. 하지만 독자들은 실질적인 보고서보다 재미있고 현실과 동떨어진 실내용 여행의 전형에 더욱 충실하게 부합하기 때문에 어색하지 않은 존 맨더빌의 『여행기』 같은 가상의 여행을 계속해서 선호했다. 크리스토퍼 콜럼버스(1451-1506)를 경이로운 동방의 세계와 프레스터 존이 안내하는 새로운 길로 이끌었던 것도 바로 이러한 실제와 가상의 자극이었다. 제노바 출신인 콜럼버스의 주해를 곁들인 『밀리오네Milione』(일명 『동방견문록』)의 콜럼버스 판본이 아직도 세비야에 보존되어 있다. 새로운 인도에서 엘도라도에 대한 1500년대 신화를 탄생시킨 것은 바로 일본의 황금 지붕에 대한 묘사였을 것으로 보인다.

| 다음을 참고하라 |
문학과 연극 새로운 환상 문학(464쪽); 중세 라틴어 문학 장르: 우화와 풍자(510쪽)

짧은 이야기 형식

| 다니엘레 루이니Daniele Ruini |

11세기와 12세기에 프랑스에서는 속어로 된 최초의 짧은 이야기들이 나타났다.
다양한 기원의 라틴어 작품들은 오락을 목적으로 하는 즐거움의 시학을 위해
속어로 재작업되었다. 만들어지고 있던 원문의 (종교적·귀족적·회극적-사실주의적인)
또 다른 경향들은 1300년대에 산문으로 쓰인 짧은 이야기라는 새 장르로 유입되었으며,
이것은 중세의 짧은 이야기 전통에 예술적 품위를 부여했다.

짧은 이야기의 기원과 특성

중세의 짧은 이야기는 동화와 전설의 민중적인 전통들이 이솝 우화와 발레리우스 막시무스Valerius Maximus(1세기)의 역사적인 도덕적 일화들을 비롯하여 이솝 우화의 스콜라 철학 전통뿐만 아니라 개종한 아라곤의 유대인 페트루스 알폰시Petrus Alphonsi(1062-1110)의 『성직자의 규율Disciplina clericalis』 같은 동방 세계에 기원을 둔 이야기들과도 공존하고 있던 다양한 문학적 경험에서 유래했다.

속어로 쓰인 첫 번째 짧은 이야기는 11세기와 12세기에 프랑스에서 나왔다. 이 작품은 다양한 유형의 습작들을 포함하고 있는데, 그 공통점은 고전 수사학(『헤렌니우스에게 바치는 수사학Rhetorica ad Herennium』, 기원전 92)으로 거슬러 올라가는 간결함이라는 원리를 고수하는 것이었다. 이러한 경향은 자연스럽게 그 이전의 짧은 이야기들이 완전한 문체의 성숙과 집약으로 이루어진 『노벨리노Novellino』(1281-1300)와 1349년과 1353년 사이에 쓰인 보카치오(1313-1375)의 『데카메론』과 같은, 문집 형식으로 구성된 노벨라의 탄생으로 귀결되었다.

속어로 쓰인 이러한 최초의 문학 작품의 기본적인 원리는 다음과 같다.

1) 이러한 작품들의 본래 목적에 부합하는 구어적 활용에 유용할 것 같은 (보통 운

율을 맞춘 8음절 시구octosyllabes로 이루어진 2행 연구의) 운문을 사용한다.

2) 문체적·서술적 간결성을 중시하는 경향이 있다. 각각의 이야기는 부수적인 사건들을 다루지 않고 단 하나의 통합된 서술적 구성을 바탕으로 하고 있다. 초반의 도입부에서 자세하게 이야기하며, 발단부터 결론까지 선적인 방식으로 전개되었다.

3) (라틴어와 중세 라틴어 소설에서 지배적인 교화적 목적에 반하여) 이야기적인 재미를 주된 목적으로 하고 있다.

종교적 전통

광범위한 중세 라틴어 전통에 이어서 처음으로 나타난 작품은 종교적인 영역에 대한 것이었다. 이러한 작품들은 라틴어를 모르는 평신도의 교화를 목적으로 한 것이었지만, 그 안에서 독자들의 관심을 불러일으키기 위해서는 필수적인, 하지만 다소 상반된 요소인 이야기 특유의 생동감과 교육적인 의도가 충돌하지는 않았다.

성인전 　주요한 유형은 성인전과 기적 문학letteratura miracolistica 두 가지였다. 성인들의 삶은 가장 빨리 발전하고 보급된 문학 장르를 이루고 있었으며, 가장 널리 이용된 것은 문학적으로 더욱 매력적인 전기傳記들이었다. 전례적인 이용과는 별개였던 이러한 유형의 첫 번째 성인전은 10음절décasyllabes의 연으로 이루어진 『알렉시스 성인전 La Vie de Saint Alexis』이었다(11세기 중반). 이 작품은 자신의 신앙을 따르기 위해 가족과 아내를 버리고 여러 곳을 순례하고 집으로 돌아왔으나 그를 알아봐 주는 사람이 없어 계단 밑에서 거지처럼 살아가다가 생을 마감하고, 그 뒤에 성인으로 추대되었던 로마 귀족의 아들의 이야기를 들려주었다.

기적문학 　기적 문학은 성모 마리아가 행한 기적들에 대한 찬양을 바탕으로 했다. 이러한 하위 장르는 먼저 라틴어로 발전했으며, 그 뒤 11세기와 12세기에 널리 퍼진 성모 마리아에 대한 특별한 심취에 뒤이어 속어로도 확산되었다. 이러한 작품들을 성인전과 구분 짓는 것은 주인공의 본래 모습이었다. 이 작품들의 주인공은 성인이 아니라, 기적적으로 사람들을 죄로부터 구하는 성모를 향한 각별한 헌신을 통해서만 파멸로부터 구원을 받았던 죄인들이다. 이러한 기적들을 다룬 프랑스의 첫 번째 전집은 1170년경 앵글로노르만인의 지배를 받던 잉글랜드에서 쓰인 에드거Adgar(12세기)의 『그라시알Gracial』이었다. 하지만 쿠앵시의 고티에Gautier de Coincy(약 1177–

1236)의 『성모 기적담Les Miracles de Nostre Dame』과 (『실로스의 산토 도밍고의 삶Vida de Santo Domingo de Silos』과 같은) 성인들의 전기와 관련한 시들의 저자이기도 한 카스티야 출신의 베르세오의 곤살로Gonzalo de Berceo(약 1197-약 1264)의 『성모 마리아의 기적Milagros de Nuestra Señora』(1246년 이전), 1240년과 1284년 사이에 갈리시아 포르투갈어로 쓰인 알폰소 10세 현명왕(1221-1284, 1252년부터 왕)의 『성모 마리아 송가집 Cantigas de Santa Maria』 같은 이 장르의 걸작들은 그다음 세기에 와서야 접할 수 있었다. 널리 보급된 고티에의 작품은 세속적인 문학에 대한 예리한 비판을 특징으로 하는데, 이 작품 속에서 궁정 연애amour courtois의 이상은 세속적인 서정시를 노래한 귀부인이 성모 마리아로 대체되어 헌신적인 에로티시즘을 제안하는 문체의 요소들을 이용함으로써 내부적으로 뒤집혔다.

　일상의 현실에 바탕을 둔 앵티미슴intimisme(주변 생활에서 주제를 찾는 사조*)의 종교적 색채를 띤 (기적, 일화 등) 다양한 종류의 헌신적인 이야기들로 이루어진 작품집 『사제들의 길Vie des Pères』은 13세기 전반으로 거슬러 올라간다.

　평신도들의 교화를 위해 설교 중에 구두로 전파된 모범적인 짧은 이야기인 예화　예화의 변모
들은 일반적으로 라틴어로 되어 있으며, 남아 있는 문헌 자료들이 얼마 되지 않는다. 이 작품들은 (성인들처럼) 본받을 만한 가치가 있는 사람들에게 요청한 모범이 되는 행동facta 또는 말씀dicta에 기초했다. 먼저 12세기 시토 수도회와 클뤼니 수도회 수도사들의 활동에 힘입었으며, 또 그다음 세기에 탁발 수도회의 설교를 통해 이러한 예화는 대규모로 확산되었고, 내부적으로도 이에 부합하는 의미 있는 발전을 이룩했다. 그리스도의 가르침을 알리기 위해 세상으로 나아가야 할 필요성은 도미니쿠스회와 프란체스코회 수도사들에 의해 강하게 인식되었으며, 이제는 더 이상 도덕적인 교화의 수단으로서만이 아니라 이미 부르주아를 비롯한 민중들의 주위로까지 침투한 세속적인 문학 장르들과 경쟁하고 있던 오락의 예술적인 수단으로 받아들여진 예화의 문학화와 세속화를 이루었다. 이로써 가르침은 오락과 '멋진 격언'에 대한 탐구에 그 자리를 양보했다. 성인전 이외에도 고대 우화부터 우화시fabliaux에 이르는 다양한 출전出典들이 함께했으며, 또 한편으로는 모범이 되는 행동 또는 말씀에 개인적인 일화들이 같이 나타났다. 한편, 13세기와 14세기에 함께 엮인 예화집들은 비트리의 자크Jacques de Vitry(약 1165-1240)의 『대중 설교Sermones vulgares』 같은 노벨라의 서막을 알리는 요소들을 보여 주었다.

귀족적인 전통

세속적이고 평신도적인 영감을 지니는 한편, 문체적으로 더욱 고상한 작품집은 궁정에서 생활하는 계층들을 위한 것이었다. 이러한 작품들은 비통하고 환상적인 요소들을 특징으로 하며, 종종 우화적인 과거를 배경으로 귀족들이 겪은 이례적인 모험을 기초로 한 이야기들이다. 오일어에서는 세 가지 유형이 확인되었다. 고대를 소재로 한 이야기들과 짧은 담시lais, 그리고 궁정을 소재로 한 다양한 노벨라가 그것이다. 첫 번째 유형은 오비디우스(기원전 43-17/18)의 『변신 이야기』로부터 영감을 받은 3개의 사랑 이야기인 『피라무스와 티스베Pyramus et Thisbé』(약 1160), 『나르시스Narcisse』(1165-약 1175), 『필로멜라Philomela』(1165-약 1170)다. 이 가운데 크레티앵 드 트루아(1160-1190년에 활동)의 젊은 시절 작품으로 보이는 마지막 작품은 슬프고 잔인한 폭력을 중심으로 전개되며, 『피라무스와 티스베』와 『나르시스』는 비극적인 결말로 끝나는 젊은이들의 사랑에 대한 이야기를 들려주었다. 이 이야기들에서는 독백을 사용함으로써 감정에 대한 내면적인 분석이 문체론적으로 강조되어 부각되었다.

짧은 이야기récit bref의 최고 걸작은 1160년과 1190년 사이에 집필된 마리 드 프랑스(12세기 후반)의 짧은 담시 모음집이었다. 중세 프랑스의 짧은 이야기 시를 의미하는 레lai는 음악 작품을 가리키는 켈트어 'laid(노래)'로부터 유래했으며, 1160년대부터 1200년대 초 사이에 나온 (40편이 안 되며, 이 가운데 12편은 마리 드 프랑스의 것이다) 조그만 작품집에 붙여졌다. 이 작품들은 브르타뉴 지방을 배경으로 하고 있으며, 기적의 출현과 모험aventure에 대한 기호, 사랑과 관련한 문제들을 특징으로 한다. 원형의 수준에 미치지 못하는 마리 드 프랑스 이후의 작품들은 장 르나르Jean Renart(12세기)의 『그림자의 시Lai de l'Ombre』처럼 현실적이고 부르주아적인 환경 같은 새로운 요소 또는 먹힌 심장에 대한 전설의 패러디인 『이그노르의 시Lai d'Ignaure』 또는 그리스 철학자인 아리스토텔레스가 만인의 조롱거리가 되었던 발랑시엔의 앙리Henri de Valenciennes(13세기)의 『아리스토텔레스의 시Lai d'Aristote』에서처럼 풍자적인 모방이 가미된 희화적인 색채를 도입했다.

같은 제목이지만 필사본을 보관해 온 장소(베른과 옥스퍼드)에 따라 구별되는 작품인 『트리스탄의 광대짓Folies Tristan』은 (이미 마리 드 프랑스의 『인동덩굴의 시Lai de Chievrefeuille』의 주인공이었던) 트리스탄의 신화를 다루었다. 이 두 작품들은 미친 사람인 척했던 영웅 트리스탄이 위장을 해 마크 왕의 금기를 깨트리고 사랑하는 연인 이졸데를 다시 보는 데 성공한다는 이야기를 들려주었다. 미친 척했던 트리스탄이 들려주는 그들의 사랑에 대한 회상은 어수선하고 모호한 분위기 속에서 사랑과 광기의 경계를 논의하기 위한 기회가 되었다.

간통을 저지른 배우자에 대한 책망에 뒤이은 귀부인의 고통으로 인한 죽음과 같은 주제가 나바르의 마르그리트Marguerite de Navarre(1492-1549)와 마테오 반델로 Matteo Bandello(1485-1561) 등의 르네상스 시대 작가들을 더욱 매료시켰고 운문의 궁정 노벨라『베르지 성주의 마님Châtelaine de Vergi』은 13세기 중반으로 거슬러 올라간다. **궁정 노벨라**

오크어로 쓰인 짧은 이야기들 또한 귀족적인 경향에 속한다고 볼 수 있다. 단지 4개의 예들만 남아 있는(이 중 3개는 12세기와 13세기에 활동했던 베살루의 라이몽 비달 Raimon Vidal de Bezalú의 것이다) 8음절의 2행 연구 노벨라인 노바스novas(프로방스어로 노벨라에 해당하는 노벨novel의 복수형*)는 음유시인의 서정시 작품들을 자주 언급하는 특징을 지닌 사랑 이야기들이다. 반면에 (더욱 중요한 프로방스어 서정시집이 만들어지고 있던) 이탈리아 북부의 궁정에서 13세기 전반에 만들어진 이야기의 원래 형식인 비다스vidas와 라조스razos는 산문으로 개정되었다. 이것은 음유시인들의 서정시에 첨부되는 초록으로, 각각의 저자에 대한 전기적인 요소를 제공하거나(비다vida) 한 작품의 역사적 근거와 관련한 정보를 제시했다(라조razo).

희극적-사실주의적 전통

반反이상주의적이고 부르주아적인 영감은 주로 우화적이고 동물들을 주인공으로 하는 해학적인 작품들(『여우 이야기』), 그리고 도시를 배경으로 하는 다양한 노벨라(파블리오fabliaux: 중세 시인들의 객담)를 포함하는 이야기들에 주로 나타났다. 우화적인 전통은 1170년과 1180년 사이에 이솝으로 알려진 우화집 저자인 마리 드 프랑스에 의해 일찍이 오일어로 다시 쓰였다.

『여우 이야기』는 수도원에 기원을 둔 라틴어 시『이센그리무스』(1148-1149)를 시작으로 1175년과 1200년대 초반 사이에 만들어진 다양한 분야의 작품들로 구성된 이야기들을 모아 놓은 것이다. 하지만『여우 이야기』에서 동물들은 우화처럼 유형별로 구체화되지 않고, 본보기로 전유專有된 모든 것들로부터 벗어난 사건들의 중심에서 인간과 같은 위상을 지니게 되었다. 이야기의 핵심은 탐욕스럽고 멍청한 늑대 이장그랭Ysengrin과 교활한 여우 르나르Renart의 다툼이었다. 비록 이 이야기의 진정한 주인공인 여우의 난폭하고 악한 교활함의 결실인 궁정의 영웅주의로부터 벗어난 특성들이 찬양되었음에도 불구하고 이러한 갈등은 봉건 제도와 연관된 전쟁에 비유되었다. 따라서 『여우 이야기』는 폭력적이고 도발적인 귀족 사회와 이를 표현한 문학에 대한 풍자의 모습을 취했으며, 이로부터 조롱을 하기 위해 소설적이고 서사적인 토포스topos(문학의 전통적인 주제와 사상*)가 광범위하게 이용되었다.

**보델과
그 당시의
사회**

파블리오 또한 외설적인 방향을 지향했던 해학적-풍자적인 모방에 대해 반이상주의적인 정신을 공유했다. 이 장르의 창시자는 서서히 모습을 갖추어 가던 도시 부르주아의 세계에서 1190년대에 탄생한 새로운 문학 모델을 대표한 아라스 출신의 작가 장 보델Jean Bodel(?-약 1210)인 것으로 보인다. 작품의 배경은 일반적으로 프랑스 북부의 번잡한 도시였으며, 주인공들은 돈은 없지만 의욕이 충만한 학생들과 사치스러운 여자들, 여인숙 주인들, 사제들, 다루기 쉽지 않은 정부情婦들같이 일상생활을 반영하며 반복적으로 나타나는 유형이었다. 더욱 일반적으로 등장했던 상황들 중에는 탐욕스럽고 공사다망한 부르주아 남편들이 항상 젊은이들에게 조롱을 당하는 애욕의 삼각관계에 대한 상황이 포함되어 있다. 젊은이들은 파블리오의 진정한 주인공이자 유일하게 긍정적으로 그려진 인물이었다. 성적性的인 신선함과 영리함, 관습으로부터의 자유로움을 상징하는 젊은이들은 즐거움을 주는 것이 유일한 목적인 이 이야기의 자유주의적인 정신을 충실히 구현했다. 비록 대부분의 작품들이 도덕적으로 끝을 맺고 있지만 거의 이야기와 무관한 결론이었다. 이러한 결론은 세속적이고 실용적이며 부르주아적인 윤리에 대한 찬양이 유일한 목적인 파블리오의 비도덕성과 확연한 대조를 보이는 우화적인 전통의 유산이었다.

| 다음을 참고하라 |
문학과 연극 중세 라틴어 문학 장르: 우화와 풍자(510쪽); 짧은 이야기 형식(547쪽)

마리 드 프랑스

| 주세피나 브루네티 |

마리 드 프랑스는 서양의 중세에서 가장 중요하고 신비스러운 작가들 중 한 명이다.
관련 기록들이 얼마 되지 않을 뿐만 아니라 심지어는 역사적인 실체까지 불분명한
이 작가는 유럽 대륙 출신임에도 불구하고, 잉글랜드의 플랜태저넷 왕가의 궁정이나
영국적인 현실과 밀접한 관계를 맺고 있는 것처럼 보인다. 마리 드 프랑스는
고대 프랑스어로 첫 번째 이솝 우화집(『우화집Fables』)과 가장 매력적인 사후 세계 여행기
(『패트릭 성인의 연옥Espurgatoire seint Patriz』)를 저술했을 뿐만 아니라, 세속적인 주제들에
대해 속어로 단가들(레Lai)을 지은 최초의 여성 작가였다.

신원과 이름

마리라는 이름은 12세기 후반에 고대 프랑스어(오일어)로 쓰인 3개의 작품에 서명으 한계를 모르는 여인
로 자주 등장했다. 3개의 작품은 12편의 레를 모아 놓은 단가집과 『패트릭 성인의 연
옥』, 『우화집』이다. 이 중 마지막 작품에서 작가가 운문으로 쓴 다음과 같은 글이 발
견되었다. "내가 기억될 수 있도록 서명할 것입니다 / 나는 마리이며, 프랑스에서 왔
습니다"(Epilogo, vv. 3-4). 우리는 몇 안 되는 뛰어난 중세 여성 속어 작가들 가운데 한
명으로 남아 있는 사람의 삶과 신원에 대하여 아는 것이 거의 없으며, 이 작가의 신
원 확인에 대한 제안들이 무수히 많았음에도 불구하고 어떤 것도 신빙성 있다고 판
단할 만한 것이 없어 보인다. 이 여성 작가가 여러 언어들(라틴어, 프랑스어, 중세 영어,
그리고 아마도 다양한 종류의 켈트어)을 이해할 수 있는 능력을 갖춘 교양 있는 사람이
며, 마리라고 불리고, 잠정적으로 프랑스 밖에서, 그리고 아마도 이중 언어를 사용하
는 헨리 2세(1133-1189, 1154년부터 왕)의 플랜태저넷 왕가의 잉글랜드에 살며 작품
을 쓰고 있으면서도 자신의 출신과 문화적인 유대를 알렸다는 사실은 무시할 수 없
다. 최근에는 색슨의 수녀원장 엘리의 성녀 에텔드레다Eteldreda(?-670)의 삶에 대한
성인 전기시인 『성녀 오드리의 삶Vie de seinte Audree』도 같은 작가의 것으로 보는 연구
가 있다. 실제로 이 작품에서도 같은 서명이 등장한다. "여기에 나의 이름을 적는다.
마리 / 내가 기억될 수 있도록"(vv. 4619-4620).

마리 드 프랑스의 신원에 대한 다양한 가정에 대해 살펴보자. 홈스Holmes에 의 신원에 대한 가정

하면, 그녀는 먼머스의 제프리(약 1100-약 1155)의 저서『브리타니아 열왕사Historia Regum Britanniae』를 첫 번째로 받은 묄랑의 갈레랑 4세Galéran IV(?-1166)의 딸인 묄랑의 마리Marie de Meulan였다. 하지만 이 갈레랑의 외동딸은 이사벨Isabelle이었으며, 1000년경 갈레랑 2세의 딸인 묄랑의 마리를 입증하는 공문서들 사이에서 오류가 있었던 것으로 보인다. 신원 확인에 대한 또 다른 가정들 중에는 에치오 레비Ezio Levi가 제안했던 레딩의 수녀원장 메리Mary라는 인물을 떠올릴 수 있지만, 실제로는 이 인물 역시 역사적으로 분명하지 않다. 또 다른 가정은 마리를 (오스틸리Ostilli 혈통이며 헨리 2세의 이복동생인) 섀프츠베리의 수녀원장으로 보았던 폭스Fox의 의견이 있었다. 냅튼Knapton이 제시한 또 다른 가정은 불로뉴의 백작 부인, 즉 잉글랜드 왕 스티븐(약 1096-1154, 1135년부터 왕)과 불로뉴의 마틸데(약 1103-1152)의 딸로 1125년에 태어났으며 후에 롬지 수도원의 수녀원장이 된 블루아의 마리Marie de Blois로 생각하기에 이르렀다. 하지만 이러한 가정들 가운데 어떤 것도 확실한 근거를 가지고 있거나 설득력이 있어 보이지는 않는다. 최근에 이 여성 작가를 마리 베킷Marie Becket과 동일하게 보는 의견이 제기되었다. 마리 베킷은 1170년에 살해당한 저명한 캔터베리의 대주교 성 토머스 베킷(1118-1170)의 여동생이었다. 그녀는 1167년에 프랑스로 유배되었다가 오빠의 살해 사건 2년 뒤인 1173년 봄에 에식스에 위치한 바킹 수도원의 수녀원장으로 추대되었다. 이 또한 매력적인 가정으로 보이지만, 그럼에도 불구하고 확실한 자료에 근거하고 있지는 못하며, 마리 베킷의 문학 활동에 대한 어떠한 간접적인 증거들도 접하지 못했다.

중세의 문헌들 가운데 마리 드 프랑스의 작품들에 대한 명확한 언급은 3곳에서 찾아볼 수 있다. 첫 번째는 상대적으로 이른 시기(약 1175년)에 나타났는데, 버리 세인트 에드먼즈 대수도원의 영국인 성직자 데니스 피라무스Denis Pyramus가『성 에드먼드 왕의 삶Vie de saint Edmund le rei』에서 단가들을 저술하여 진실을 외면했다는 마리라는 이름의 한 귀부인을 언급했다. 다른 2개의 문헌인『르나르의 대관식Le couronnement de Renart』(1232년 이후)과『여성에 대한 복음Évangile aux femme』(13세기 후반)은 모두『우화집』에 대해 언급하고 있으며, 두 번째 문헌에서는 같은 작품을 콩피에뉴의 마리Marie de Compiègne가 썼다고 언급하고 있다.

단가

마리 드 프랑스의 12편의 단가 레lai(『기주마르Guigemar』, 『에키탕Equitan』, 『물푸레나무 Freisne』, 『비스클라브레Bisclavret』, 『랑발Lanval』, 『두 연인들Deux Amants』, 『요넥Yonec』, 『로스틱Laustic』, 『밀룅Milun』, 『샤이티벨Chaitivel』, 『인동덩굴Chevrefeuille』, 『엘리뒤크Eliduc』)는 세속적인 주제에 대해 여성이 쓴 최초의 현대적인 속어 이야기 작품집이었다. 이 작품들은 8음절의 운율을 맞춘 2행 연구로 이루어졌거나 동시대 기사 이야기의 운율적 형식으로 이루어졌으며 사랑과 영웅, 기적들에 대한 이야기를 다룬 세련되고 섬세한 단가들이었다. 이러한 사랑과 모험 이야기들은 특별하고 환상적인 줄거리를 통해 심리적이고 윤리적으로 사랑이라는 주제를 살펴봄으로써 세속적으로 집대성되었다. 분명 레는 마리 드 프랑스의 가장 중요한 작품이었다. 이 작품들은 1160년에서 1170년 사이에 쓰였을 것으로 추정되며, 서문에 따르면 플랜태저넷 왕가의 헨리 2세(1133-1189, 1154년부터 왕)와 동일 인물로 보이는 고귀한 왕에게 헌정되었다(v. 43). (모두 머리글자 H가 적혀 있고, 13세기 중반에 잉글랜드에서 필사된) 런던 영국도서관의 필사본 할리 978Harley 978만이 유일하게 모든 레를 보존하고 서문까지 전하고 있다. 남아 있는 4개의 사본들 가운데 일부는 단 하나의 레(CQ)만 보존하고 있고, 다른 것은 3개(P), 마지막은 9개(S)를 보존하고 있다. 레들 사이의 시기적인 순서와 이 작품들이 언제 최초로 보급되었는지를 정하는 것은 쉽지 않다. 마리 드 프랑스는 자신의 작품들이 전적으로 새로운 것임을 주장하지만, 라틴어에서 로망스어 속어로 번역하며 무엇인가를 유익하게 이용하고자 하려는 많은 시도들이 있었다. "하지만 나는 그럴 만한 가치가 있다는 것을 깨닫게 되었습니다 / 많은 다른 것들이 시도되었습니다! / 그때 나는 예전에 들었던 레들을 생각했습니다"(Prologo, vv. 31-33). 마리 드 프랑스는 여기에서 브르타뉴의 하프 연주자들이 노래로 불렀고, (비록 파리의 필사본 BN fr. 2168에 보존되어 있는 작자 미상의 『그렐랑Graelent』에 악보를 위해 남겨 놓은 빈 공간을 음악적인 서막을 알리는 것으로 생각할 수도 있지만) 지금은 자신의 펜으로 오로지 강독을 위한 순수한 단가短歌가 된 이야기들을 언급한 것이다. 자신의 이야기에서 요정들의 초자연적인 능력을 봉건적이고 궁정과 관련한 특성들과 융합시켰던 마리 드 프랑스는 때로는 (보이지 않는 기사, 요정의 출현, 늑대인간, 새-인간의 이야기처럼) 환상적일 뿐만 아니라 고상하고 신비로우며, 종종 서정적인 분위기로 이야기를 이끄는 풍부한 특성들과 감정의 뉘앙스, 세련되고 심리적인 관찰을 곁들임으로

환상적인 구성과 정신적 심오함

써 줄거리 구성에 탁월한 능력을 발휘했다. 일명 '브르타뉴의 소재'인 켈트적인 출처 이외에도 마리 드 프랑스는 오비디우스를 비롯한 고전들과 웨이스Wace(?-1175년 이후)의『브뤼트 이야기Roman de Brut』,『테베 이야기Roman de Thèbes』,『아이네아스 이야기Roman d'Enéas』,『트리스탄 이야기Roman de Tristan』 같은 로망스, 그리고 라틴어로 쓰인 당대의 새로운 작품들 중에서는 솔즈베리의 요하네스(1110-1180)의『메탈로지콘 Metalogicon』 같은 앵글로노르만의 동시대 문학도 잘 알고 있음을 보여 주었다.

처음부터 고전적인 토포스topos(몇 개의 모티프들이 자주 반복되면서 이루는 고정형이나 진부한 문구를 지칭한다*), 즉 정확하게 말하면 복음적이고 사도 바오로의 가르침의 색채를 띤 상투적인 표현을 떠올리게 하는 서언에서 밝혔던 명확함을 그 특성으로 한다. "신으로부터 교리의 선물을 / 그리고 멋진 말을 하는 능력을 받은 사람은 / 침묵해서도 안 되고 숨어서도 안 되며 / 자신을 과감히 드러내야만 한다." 이후에는 당시 사람들을 위해 '작품에 주석을 달고 / 지혜를 더하여 작품을 더욱 풍부하게 할' 필요성과 심지어는 성경 해석에서도 포괄integumentum이라는 철학적인 개념에 대해 애매하게 언급한, 과거 작품들의 모호함이 특별한 주제였다. 모든 것에서 기억과 망각, 그리고 속어 작가에게는 자신의 작품과 함께 기억remembrance의 필요성에 대한 주제가 근본적인 것이었으며, 이는 다른 작가들과 자신의 모든 작품 여기저기에 이를 일관되게 활용한 마리 드 프랑스가 공유했던 중요한 주제였다.

마리의 레들은 엄청난 인기를 누렸으며, 속어로 된 짧은 이야기들(특히 보카치오에 이르기까지 매우 활발하게 작품의 소재가 되었던 먹힌 심장이라는 유명한 주제의『마법의 뿔 이야기Lai du Cor』와『이고노르 이야기Lai d'Ignaure』,『만텔 모타이예 이야기Lai du Mantel mautaillé』 등)뿐만 아니라 분명한 영향을 찾아볼 수 있는『여우 이야기』와 토마스 Thomas의『트리스탄 이야기』 같은 작품을 위한 초석이 되었다. 마리의 레들은 영어와 노르웨이어로도 번역되었는데, 이 작업이 상당히 이른 시기에 이루어져 그 작품이 프랑스어 작품의 개정판에 수용된 진본으로 생각될 정도였다(작품집의 이름은 현악기라는 의미의『스트렝레이카르Strengleikar』로 노르웨이 왕 하콘 4세Hákon IV Hákonarson[1204-1263, 1217년부터 왕]를 위해 고대 판본을 번역한 것이었다).

『우화집』

『우화집』은 오일어로 쓰인 우화들 가운데 가장 오래된 것이다. 작품에 이름이 올라 인기와 유행 있는 윌리엄 백작이 바로 1189년에 사망한 맨더빌의 기욤Guillaume de Mandeville이 맞 다면, 1167년과 1189년 사이 또는 아마도 조금 뒤인 1189년과 1208년 사이로 시기 를 산정할 수 있다. 주인공은, 전통적으로 그랬던 것처럼 주로 동물들이지만 남자 와 여자들도 빠지지 않았다. 교육을 위한 목적으로 쓰인 이들의 사건을 통해 12세기 북유럽 사회를 이해할 수 있다. 레들을 온전하게 보존하고 있는 동일한 할리 필사본 에 (102편과 서언과 종결부) 담긴 우화들은 꾸준한 인기를 누렸고, 13세기와 14세기 에 30개 이상의 사본이 필사되었다. 작품을 위해 마리는 앨프레드 왕(약 849-899?, 871년부터 왕)이 중세 영어로 쓴 문헌을 활용했다고 말했다("이솝을 매우 좋아했던 앨 프레드 왕은 / 그것을 영어로 번역하고자 원했다 / 그리고 나는 그것을 프랑스어로 번역했다", *Epilogo*, vv. 16-18). 이 앨프레드 왕의 우화 작품에 대한 흔적은 아무것도 남아 있지 않지만, 적어도 페트로니우스Petronius(1세기)가 쓴 『사티리콘Satyricon』의 에페소스 과 부 이야기를 각색한 이야기와 다른 세부적인 것들에서 마리는 솔즈베리의 요하네스 의 『정치가론Policraticus』 같은 가까운 시기의 다른 출전들로부터 주제를 이끌어 냈음 을 보여 주었다. 분명한 것은 이 『우화집』이 중세 유럽에 고전 우화, 특히 소위 말하 는 『앵글로-라틴어의 로물루스Romulus anglo-latino』라는 작품집 또는 (앨프레드 왕의 작 품으로 추정되는) 영어 출전에 의해 한층 풍부해진 11세기 말의 라틴어 작품집을 알 린 복잡한 이솝 전통의 한 분야를 활용했다는 것이다. 『앵글로-라틴어의 로물루스』 역시 그 나름대로는 『로물루스』의 다른 형태(첫 번째 편찬자인 닐란티의 이름을 딴 『닐 란티의 로물루스Romulus Nilantii』) 또는 라틴어 운문으로 쓰인 파이드로스(기원전 약 15- 약 50)의 이솝 판본에서 유래했거나 아비아누스(4/5세기)에 의해서, 그리고 샤반의 아데마르(989-1034)의 『이솝Esopo』과 같은 중간적인 형태들에 의한 다양한 변조를 통해서 한층 보강된 산문 판본에 기인했음이 틀림없다.

『패트릭 성인의 연옥』

(이질적인 작품들을 한데 엮은 유일한 필사본인 ms. Paris, BN, Petits f. fr. 25407로 전해져 내려온) 마리 드 프랑스의 세 번째 작품 『패트릭 성인의 연옥L'Espurgatoire Seint Patriz』은 1185년경 잉글랜드 시토회 수사 솔트리의 헨리Henry de Saltrey(12세기)가 라틴어 산문

으로 쓴 『성 패트릭의 연옥에 관하여Tractatus de Purgatorio s. Patricii』를 속어로 번역한 것이다. 헨리의 작품은 폭넓은 인기를 누렸는데, 마리 드 프랑스는 익명의 유력자의 주문에 따라 아마도 12세기 말경에 번역한 것으로 보인다(현재는 유실되었다*). 이 작품은 실제로 평신도들의 이해를 돕기 위해 번역되었다. "(중략) 속세의 사람들도 이해하고 도움이 될 수 있도록." 이 작품은 신에게 죄를 뉘우친 사람들이 다른 세상으로 들어갈 수 있는 (더그 호수의 한 섬에 위치한) 장소에 대한 계시를 받은 성 패트릭(약 389-약 461)에 대한 이야기다. 이 장소는 기사 오웨인과 율수사제들이 지키고 있었는데, 수도원장의 추천을 받은 뒤에도 여러 가지 시험을 거치고 다양한 기적들을 목격해야 이곳에 들어갈 수 있었다. 이러한 기적에 대한 체험담은 지옥에 내려가는 과정을 다룬 중세의 뛰어난 문학 작품들 중 하나로 남아 있다.

| 다음을 참고하라 |
역사 여성의 권력(260쪽)
문학과 연극 새로운 환상 문학(464쪽); 크레티앵 드 트루아(568쪽); 서정시(577쪽)
음악 트루바두르(840쪽)

로망스

| 주세피나 브루네티 |

현대의 소설은 중세 속어로 탄생했다. 엄밀하게 문학 장르를 가리키는 로망스(roman,
romance, romanzo)라는 용어는 중세에 처음으로 확인되었으며,
본질적으로 이 장르는 초창기부터 이미 현재 이 장르의 전형적인 구조적 특성들로
이루어져 있었다. 익명의 저자들을 비롯하여 (특히 크레티앵 드 트루아 또는 토마스같이)
이름이 알려진 위대한 로망스 작가들은 민중과 왕들의 신화적인 이야기와 함께
개인의 사랑 이야기와 모험, 음모, 새로운 유럽에서 생겨난 복잡한 궁정 세계의
특이한 사건들과 끊임없는 탐닉을 표현하기 위해 속어를 이용했다.

로망스의 장르

장르의 탄생 'Romanz'는 (특이하게도 '로망스에 말하다romanice loqui'라는 어구 속의) 부사 'romanice'

로부터 유래했다. 즉 부사적인 상태에서 명사적인 상태로, 따라서 어떤 것의 양상을 가리키는 것에서 '어떤 것res'을 가리키는 것이나 무엇인가의 자질로 그 의미가 옮겨 갔다. 처음부터, 그리고 더 오래된 문헌들에서 로망스romanz는 '속어'(신라틴어), 즉 라틴어로부터 유래한 언어적인 변형들 가운데 하나와 마찬가지로 취급되었다. 이러 한 의미는 오늘날에도 '로망스어', '로망스 문헌학' 등과 같은 표현들에서 확인된다. 이미 12세기에 이 어휘는 라틴어가 아닌, 문어 또는 구어의 모든 형태를 가리키게 되 었다. 대표적인 예로는 '속어로의 번역', '라틴어의 번역'에 대해 'romanz'를 사용한 것이며, 즉 협의로 '번역하다' 또는 더욱 넓은 의미로 라틴어 문헌의 새로운 번역과 같은 '기존의 소재에 속어의 형태를 부여하다'의 의미를 가지는 'mettre en roman(또 는 enromancier)'라는 표현이 확산되었다. 12세기 후반부터 로망스roman(z)는 '속어로 운문화한 이야기 작품'을 가리키게 되었는데, 정확히 말해 특정한 형태의 구조를 보 이고 수사학적이고 구성적인 수단을 통해 조직된 구체적인 문학 장르에 상응하게 되 었다. 이러한 의미에서 비록 모두 이야기라는 큰 흐름 속에 있지만 서로 간에 차이 를 보이는 콩트conte(이야기), 우화fable, 이야기estoire, 무훈시chanson de geste와 같은 어 휘들에 대한 로망스romanz의 대립은 의미가 있다. 이와 관련하여 옛 문헌, 즉 다시 말 해 크레티앵 드 트루아(1160-1190년에 활동)의 『클리제Cligès』의 서언에서 발견된 명 확한 정의를 상기해 보는 것이 적절할 것이다. 작품에서 크레티앵 드 트루아는 확고 하게 입증된 토포스에 따라 보베의 산 피에트로 도서관에서 이야기하기conter를 원했 던 것을 발견했으며, 이는 그곳에 보관되어 있던 책에서 찾아냈다고 말했다. 그 책 에서 그는 한 콩트를 뽑았으며, 이 콩트를 기반으로 로망스를 이끌었다(또는 구축했 다). 위에서 쓰인 이야기estoire escrite가 라틴어 출전이며, 저자가 먼저 이로부터 콩트 (이야기의 줄거리)를 끄집어내고, 여기에서 로망스를 만들었다는 것은 의심의 여지가 없다.

13세기 이후에야 로망스라는 어휘는 '속어 산문으로 이루어진 이야기 작품'을 가 리키게 되었으며(따라서 단테는 "사랑의 시와 로망스의 산문"이라는 표현을 사용하기도 한 다, *Purg.* XXVI, 118), 그 후 15세기와 16세기에는 운문이든 산문이든 모험적이고 기 사의 세계를 떠올리게 하는 이야기 작품을 명칭하기 위해 사용되었다. 그 이후에는 로망스가 (부르주아 로망스, 역사 로망스 등의) 다양한 정의를 지닌 현대적인 의미의 로 맨스 장르를 가리키게 되었다.

문체적인 특성 로맨스가 특정한 문학 장르로 탄생하게 된 것은 고대 프랑스 문학, 즉 오일어 설화문학의 시기와 관련이 있다. 이 시기는 이러한 장르가 다른 이야기 표현 방식에 비하여 한 민족의 영웅의 위업을 회상하는 이야기로서 서사적인 어조를 채택하고, 중세 시의 시절時節로 구성되어 있으며, 광장이나 길거리에서 음악을 곁들여 공연을 펼치기 위해 실현되었던 무훈시나 이야기의 짧은 형태들(콩트, 레 등)에 비해 나름의 모양을 갖추어 가던 때였다. 로맨스는 다소 틀을 벗어난 것들도 있긴 하지만, 주로 다양한 어조(서정적 또는 풍자적인 어조도 수용되었다)로 이루어진 (이야기의 운율로 특화된) 2행 연구의 운율을 맞춘 8음절 시구로 구성되었으며, 대체로 큰 목소리로 낭독하는 (하지만 이러한 필사본들에서 로맨스 안에 나오는 서정적인 독백들 또는 연결부에 악보가 곁들여진 것은 매우 의미가 크다) 장편 이야기를 의미한다. 하지만 이러한 장르들의 체계는, 특히 로맨스가 아직 첫걸음을 떼고 있었을 무렵에는 확고하게 조직되지 않았다. 고대의 분류법은 종종 우리의 분류법과는 일치하지 않는데, 과거에는 (예를 들어, 장 보델의 『색슨족의 노래Chanson de Saisnes』에 명시되어 있는 것처럼) 이야기할 만한 소재가 '프랑스에 대한 것'(서사시), '브르타뉴에 대한 것'(아서 왕에 대한 것), '로마에 대한 것'(일반적으로 그리스, 로마, 비잔티움 같은 고전적인 소재)이라고 명시되어 있었지만, 현재에는 구분되어 있는 장르의 대비를 무훈시와 로맨스 사이의 대비로 보기 때문에 만일 동일한 문학 장르 안에서 주제의 유형이 아니라면 (예를 들어, 랜슬롯에 대한 로맨스의 소재인) 아서 왕의 소재를 아이네아스의 로맨스의 소재와 구분하지 않는다.

로맨스와 서사적인 이야기 서사적인 이야기와 로맨스의 구분은 기술하기가 좀 더 단순하다는 것을 알아야 한다. 즉 우리는 서사적인 이야기가 의식적인 특성을 지니고 있으며, 함께하는 무리의 유대를 수립하는 것을 지향하고, 바로 그 당시 역사가의 머릿속에 신성한 것으로 각인되어 있는 반복적이고 공식적인 형식을 선택했다고 말할 수 있다. 반면에 로맨스는 신화적인 성격을 지니고 있으며, 세상에 대한 담론이다. 로맨스가 제공하는 지식은 주의를 끌고 신비로움을 자아내며, 따라서 개인의 청취와 낭독의 즐거움을 만들어 내기 위해 우화적이고 특이하며 예측 불가능한 특성들을 적절히 안배한 복잡한 줄거리로 이루어져 있다. 형식적인 관점에서 볼 때 서사적인 이야기는 단속적이고 병렬적이며, 반면에 로망은 분명 다소 일관적인 이야기가 연속되고 우연성이라는 명백한 원리에 지배를 받는 구조의 요소인 계통적인 배열과 집합을 선택했다. 특히 브르타뉴를 소재로 한 로맨스에서 이러한 원리는 각기 다른 3개의 유형을 통해 실현된다. 그것은 탐구quête, 강요된 선물don contraignant, 뒤얽히게 짜 맞추기entrelacement다.

첫 번째 동기는 (예를 들어, 크레티앵 드 트루아의 『수레를 탄 기사Chevalier de la Charrette』와 『성배 이야기Conte du Graal』에서 각각 기니비어 여왕에 대한 랜슬롯과 갈바노의 탐구와 페르스발Perceval의 성배에 대한 탐구와 같은) 로망스의 등장인물들 가운데 여러 명이나 1명의 물리적·정신적인 탐구로 이루어져 있다. 이러한 동기에 (이후에 일명 현대 교양 소설Bildungs roman의 중심적인 요소가 될) 발전과 향상이라는 함축적인 이상이 연관되어 있음은 분명하다. 반면에 강요된 선물의 동기는 '백지의 약속'이다. 이 것의 구조는 2개의 시간대로 나뉘어 있으며, 첫 번째 시기에 (그것이 무엇이라는 것을 명시하지도 않고) 의무의 수행에 대한 선물을 약속하도록 하는 것이며, 종종 시간상 다르게 나타나기도 했다(예를 들어, 『아서 왕의 죽음Mort le roi Artu』에서 랜슬롯은 에스칼 로의 아가씨에게 선물을 수여했으며, 그 뒤에 이 여인은 랜슬롯에게 자신을 위해 자신의 깃발 을 지니고 싸울 것을 구체적으로 부탁했고, 랜슬롯은 기니비어의 충실한 연인임에도 불구하 고 어쩔 수 없이 그 부탁을 들어주어야만 했다).

반면에 독점적인 것은 아니었지만 대부분이 산문 로망스에서 시도되었던 뒤얽 히게 짜 맞추기는 로망스적인 구성에서 하나 이상의 줄거리들을 이끌고 나아가며, 상응하는 시간들을 조정하고, 공간과 시간의 결합을 강조하도록 해 주었다. 이러한 수단은 하나의 사건과 관련해 실현될 수도 있었고(예를 들어, 『트로이 이야기Roman de Troie』에서 트로일루스Troilus와 브리세이다Briseida의 사랑 이야기는 9개의 각기 다른 단편들 로 나뉘었다), 한 인물에 대한 인물 소개를 강화함으로써 실현될 수도 있었다(『랜슬롯 Lancelot』에서 호수의 부인의 부탁에 복종하는 랜슬롯이라는 인물의 신분을 가능한 한 다르게 표현했다. 이 기사는 저자와 시기에 따라 '하얀 기사', '고통스러운 경계Dolorosa Guardia라는 성을 탈환한 기사', '주황색 무기의 기사'로 불렸으며, 상황과 등장인물에 따라 랜슬롯의 이름 은 다르게 나타나며 단지 작품의 3분의 1 정도에서만 분명하게 나타났다).

서사적 이야기와 로망스의 마지막 차이점은 관념적인 표현력과 관련한 측면에서 나타났다. 무훈시는 본질적으로 단성적이다. 전달되는 메시지는 호전적인 정신과 정서적 긴장에 의해 하나가 된 저자와 대중들 사이는 물론, 그러한 대중들 안에서의 동질적이고 견고한 관계를 전제로 했다(예를 들어, 『롤랑의 노래』의 첫 번째 시행부터 카 롤루스는 의미심장하게 '우리들의 위대한 황제'였다). 반면에 로망스는 대화적인 경향을 현저하게 보여 주었다. 이 장르의 전형적인 다성적 특성은 다양한 차이들 덕분에 실

연구

뒤얽힌 구성

독백과 대화

현되었다. 그것은 작가의 목소리와 등장인물들의 목소리의 차이로, 오래된 예는 토마스(12세기)의 『트리스탄 이야기』에서 찾아볼 수 있는데, (여기에서 실제로 작가는 등장인물들의 선택을 공유하지 않으며 사랑에 대한 경험이 없기 때문에 주인공들의 경험조차 이해할 수 없다고 공공연하게 말했다) 자신의 소재로부터 작가의 거리 두기 전략과 같은 풍자까지 이를 수 있다. 봉건 귀족 계급의 자기 표상으로서 로망스는 실제로 표현된 다양한 계급들과 관련한 태도와 이야기, 목소리, 기록들에서 한계와 경계를 정했다. 이러한 다성적인 특성은 (서정적인 삽입글 등) 다양한 장르들의 로망스적인 합체와 다양한 시각 효과를 실현하는 것을 지향하는 수단들을 통해 표출될 수 있었다. 이러한 다양한 시각 효과에서 실제 세계를 통해 묘사된 세상의 개연성이 설득력을 얻게 되었다(이러한 개연성은 이따금 무대 위에서 이 작품을 활용하고 있던 사람들과는 다른, 촌부들부터 상인들, 『트리스탄 이야기』의 나환자들 같은 소외된 사람들까지 포함하는 사회적인 무리들의 등장도 이끌었다).

귀족주의의 언급   하지만 실제로는 이 장르가 지향했으며 본질적으로 대변했던 귀족 계급에 유리한 선택도 실현되었다. 이와 관련하여 『테베 이야기』의 서언은 의미가 있다. "수공업 종사자들은 모두 침묵을 지켰다 / 성직자와 기사들이 아니면 / 그들은 내 말을 들을 능력이 있었다 / 당나귀처럼 하프를 연주할 줄 알았다 / 나는 가죽 제품 상인에 대해서는 이야기하지 않을 것이다/ 농부들과 목동들에 대해서도 하지 않을 것이다 / 두 형제에 대해서 나는 말할 것이다 / 그리고 그들의 기억할 만한 업적들에 대해서." 결국 우리가 "부르주아의 서사시"(죄르지 루카치György Lukács)라는 로망스의 개념, 즉 현대 사회의 표현 그 자체로 여겨진 장르로부터 벗어나면, 그리고 당연히 부르주아를 배제한다면, 여기에서 '로망스'의 중요한 의미와 나름 원형에 가까운 의미를 포착해낼 수 있음은 의심의 여지가 없다.

초기의 로망스들

『알렉상드르 이야기』와 『티레의 아폴로니우스Apollonius de Tyr』의 단편들을 제외한다면, 온전히 보존된 가장 오래된 로망스는 1155년에 완성되고, 최초의 음유시인의 조카이자 플랜태저넷 왕가의 헨리 2세(1133-1189, 1154년부터 왕)의 부인이 된 잉글랜드 여왕 아키텐의 엘레오노르(1122-1204)에게 헌정된 웨이스(?-1174년 이후)의 『브뤼트 이야기Roman de Brut』다.

『브뤼트 이야기』는 1135년 먼머스의 제프리(약 1100-약 1155)의 『브리타니아 열 브리타니아의 영웅, 왕사』를 각색하고 (1만5천 시행으로) 번역한 것이다. 실제로 1066년에 정복자 윌리 브뤼트 엄(약 1027-1087, 1066년부터 왕)의 노르만 군대의 침입에서 유래한 앙주 가문 권력 의 정당성이 불확실한 것으로 비쳤다면, 군주들의 브르타뉴 조상들에 대한 찬양은 교묘하게 섬의 역사를 트로이의 디아스포라에 결부시킨 것이다. 왕조의 창시자이자 브리튼인들의 시조인 영웅 브뤼트는 실제로 아이네아스의 조카로 여겨졌다. 이렇게 해서 이후에 폭넓게 세분화되는 성인 유해 이전담translationes의 첫 번째 작품을 이루 게 되었다. 역사가인 길다Gilda와 넨니우스Nennius(8-9세기)도 지명했던 신화적인 지 도자 위대한 아서 왕과 특히 대대로 브리타니아인들의 숙적이었던 사라센인들과의 전투에 대하여 다루었던 이 로망스는 전적으로 연대기적인 진행 방식을 취하고 있 다. 따라서 로망스 작품은 역사 기록 장르와 매우 유사할 뿐만 아니라, 라틴어로 쓰 인 위대한 작품들과도 밀접한 관련이 있는 것으로 보인다. 속어로 쓰인 새로운 로망 스 작품들 가운데 여기에서는 제프리 가이머Geffrei Gaimar(12세기)의 『잉글랜드의 역 사Estoire des Engleis』와 역시 웨이스의 작품인 『루의 이야기Roman de Rou』, 즉 첫 번째 봉 건 영주인 루를 시작으로 노르망디 공작들의 연대기가 언급될 것이다. 역사 기술과 로망스 사이의 밀접한 관계는 분명하지만, 그럼에도 불구하고 『브뤼트 이야기』는 새 로 만들어진 장르의 특성들을 많이 포함하고 있음을 강조할 필요가 있다. 이 작품은, 예를 들어 기니비어 여왕의 부정不貞과 이것이 아서 왕의 권력에 가져다준 균열에 대 해 이야기하고(이러한 소재는 『랜슬롯』과 다른 로망스들에서도 다시 등장한다), 뒷날 통 치자들보다도 더욱 많은 모험의 진정한 주인공이 될 기사들의 화려한 세계를 조명한 첫 번째 작품이었다. 결국 이것은 '세상처럼 빙글빙글 도는' 둥근 테이블인 원탁에 대해 이야기한 최초의 작품인 것이다. 원탁이라는 토포스는 기사적-봉건적인 세계 에서 내부적인 관계들의 진정한 상징이 되었을 뿐만 아니라, 아서 왕에 대한 로망스 의 중심 주제가 되었다.

고대를 소재로 한 로망스와 왕들에 대한 로망스

고대를 소재로 한 로망스라는 꼬리표 아래 보통 1160년부터 1165년까지로 그 시기 고전적인 소재 를 산정할 수 있는 세 작품을 열거할 수 있다. 그것은 (『브뤼트 이야기』 직후이거나 아마 도 같은 시기일 수도 있는) 『테베 이야기』와 『아이네이스 이야기』, 『트로이 이야기』로 모두 플랜태저넷 왕국을 중심으로 하고 있다. 소재와 관련해서는 『알렉상드르 이야기』 같은 다른 작품들도 '고대의'라는 형용사가 붙을 수 있다. 이러한 작품들과 함께 고전 서사시는 오비디우스 작품의 호색적인 주제와 계속해서 관련을 맺으며 바로 로망스가 되었다.

(단편과 장편의) 2개의 다른 판본으로 전해진 『테베 이야기』는 스타티우스(40-96) 의 『테바이스』의 줄거리를 충실하게 따르면서도 두 형제인 에테오클레스Eteocles와 폴리니케스Polynices의 유명한 싸움에 앞서 그들보다 더 유명한 아버지 오이디푸스 Oedipus의 싸움을 먼저 등장시킨 익명의 노르만인 성직자의 작품으로 보인다. 좀 더 가까운 현실에 대한 암시도 빠지지 않고 나타났는데, 예를 들어 서사적인 어조와 비교는 물론 『롤랑의 노래』에 대한 명확한 참조(예를 들어, 티데우스Tydeus가 말한 문장인 "그(에테오클레스)는 옳지 않고, 우리가 맞다"는 무훈시의 전형적인 문체적 요소를 활용한 것이다)만큼이나 십자군 원정과 관련한 회상들도 엄청나게 많았다.

『아이네이스 이야기』 속 새로운 일화의 삽입

고대에 대한 로망스들 가운데 두 번째인 『아이네이스 이야기』 또한 익명의 노르만인 성직자의 작품으로 평가된다. 작가는 베르길리우스(기원전 70-기원전 19)의 『아이네이스Eneide』를 자유롭게 활용했지만, 의미 있는 구문들로 작품의 분량을 대폭 늘렸다. 즉 (메넬라우스Menelaus로부터 시작하는) 역사의 자연적 순서를 재수립함으로써 파리스Paris의 판정에 대한 일화를 삽입했으며, (거의 1,600시행에 이르는) 아이네이스에 대한 라비니아Lavinia의 사랑을 노래한 독창적인 부분이 더해졌다. 『아이네이스 이야기』는 일찍이 벨데케의 하인리히(1150년 이전-약 1190/1200)에 의해서 첫 번째 부분은 1174년경에, 두 번째는 1184년과 1190년 사이에 중세 고지 독일어로 각색되었다.

역사의 반영

반면에 『트로이 이야기』는 작자 미상의 작품이 아니다. 이 작품의 저자는 『노르망디 대공의 역사Histoire des ducs de Normandie』의 저자인 브누아Benoît와 (거의 확실하게) 같은 인물로 알려진 투르 지역 출신 성직자 생트모르의 브누아Benoît de Sainte-Maure(12세기)였다. 그의 작품의 출처는 호메로스Homeros의 시들이 아니라 고대 후기에 라틴어로 작성된 2개의 요약본이었다. 이 2개의 작품은 트로이 전쟁을 직접 목격한 증인에 의해 저술되었기 때문에 사실에 입각한 증거 자료로 여겨진다. 이 작품들은 그리스의 입장에서 쓴 딕티스 크레텐시스Dictys Cretensis의 『트로이 전쟁 일기Ephemeris belli Trojani』(4세기)의 라틴어 번역본과 트로이의 입장에서 기술한 다레스 프리기우스의

『트로이 멸망사Historia de excidio Troiae』의 라틴어 번역본이다. 역시 정책적으로 변환 translatio의 개념에 따라, 그리고 플랜태저넷 왕가 권력의 신화적인 창립에 초점을 맞추었던 이 로망스는 트로이에 대한 이상화된 묘사를 보여 주었는데, 이는 종종 위에서 언급한 다른 2개의 로망스와 대립적인 모습을 보이기도 했다. 트로이는 서방 세계의 모델이 되는 도시이자 아름답고 정의로운 장소이지만, 처참하게 파괴된 이미지는 혈통의 운명과 지속이라는 역사의 의미를 다시 되새겨 볼 계기를 제공했다. 브누아의 이 로망스는 엄청난 (그리고『트로이 이야기』같은 산문으로 고쳐 쓴 작품이 13세기의 다양한 판본으로 전해진 것으로 알 수 있듯이 지속적인) 인기를 누렸으며, 1190년과 1217년 사이에 프리츨라르의 헤르베르트Herbert von Fritzlar가 쓴『트로이의 노래Liet von Troye』와 1287년의 뷔르츠부르크의 콘라트Konrad von Würzburg(?-1287)의『트로이의 책Buch von Troie』같이 중세 고지 독일어로 번역되었고, 이탈리아에서는 슈바벤의 프리드리히 2세 (1194-1250, 1220년부터 황제)의 궁정 시인으로도 활동한 것으로 보이는 콜론네의 귀도Guido delle Colonne(약 1210-약 1287)에 의해 라틴어 산문으로 각색되었다. 브리세이스Briseis의 사랑과 관련한 일화도 엄청난 인기를 누렸다. 이 일화는 초서(1340/1345-1400)와 보카치오(1313-1375)의 작품과 셰익스피어William Shakespeare(1564-1616)의 『트로일러스와 크레시다Troilus and Cressida』에도 다시 등장했다.

고대의 소재에 관해서는 산문으로 쓰인 또 다른 로망스인『티레의 아폴로니우스』가 추가된다. 이 작품의 전형은 현재 단편으로만 남아 있는 12세기의 운문 로망스로 볼 수도 있는데,『티레의 왕 아폴로니우스 이야기Historia Apollonii regis Tyrii』(5-6세기)와 특히 다양한 형태의『알렉상드르 이야기』로부터 유래한 것이다. 프랑스 남동부에서는 12세기 초에 피장송(또는 브리앙송)의 알베리크Alberic de Pisançon(Briançon)가 현재 단음조의 8음절로 이루어진 (105시행의) 15개 시절만 남아 있는 작품을 썼다. 이것은 2세기에 칼리스테네스Callisthenes라는 가명을 사용했던 알렉산드리아의 그리스인이 위대한 지도자에 대해 저술했던 아름다운 이야기를 번역한 율리우스 발레리우스 Julius Valerius(4세기)의 라틴어 판본에서 (9세기에) 추출한 발췌문으로부터 추론한 알렉산드로스 대왕(기원전 356-기원전 323)에 대한 이야기다. 푸아투의 한 시인도 자기 나름대로 알베리크의 작품을 10음절의 시절로 각색했으며, 이 작품은 그 후로도 지속되었다. 같은 맥락을 유지한 작품들 중에는 샤토됭의 랑베르 르 토르Lambert le Tort de Châteaudun(12세기)가 지은 작품이 있다. 사실상 분실된 이 작품은 단지 11개의 시행만이 남아 있다. 여러 부분으로 이루어진 이 모든 작품에 『알렉상드르 이야기』라는 제목이 주어졌으며, 일반적으로 4개의 주요한 부문으로 구분된다. 첫 번째는 10음절로 이루어진 것으로, 영웅의 유년기와 초기 정복에 대한 내용을 담고 있다. 두 번째는 외스타슈가 지은 것으로, 대체로 『가자의 습격Fuerre de Gadres』으로 이루어져 있다. 세 번째는 가장 긴 것으로, 다리우스Darius(?-기원전 486)의 패배와 알렉산드로스에 대한 독살 음모를 포함하고 있다. 영웅의 죽음과 제국의 분열을 노래한 네 번째는 그 일부가 파리 출신으로 알려진 (하지만 12세기에 노르망디의 베르네에서 태어난) 알렉상드르의 작품으로 여겨진다. 알렉상드르는 알렉산드로스 대왕에 대한 소재를 처음으로 만들었을 뿐만 아니라 랑베르로부터 중간 휴지cesura를 도입한 12음절 시행의 운율을 이끌어 냈는데, 이러한 연유로 이것을 오늘날까지도 그 기원을 기리는 의미에서 '알렉상드르 운율'이라 부르고 있다. 이러한 형식을 훌륭하게 재구성한 작품은 토머스 켄트Thomas Kent(12세기)의 『기사 이야기Roman de toute chevalerie』다. 이러한 개작과 내용의 보강은 자연스럽게 다양한 성격의 여러 출전들(유스티누스Justinus, 약 100-약 165, 오로시우스Orosius, 4세기)을 이용하게 했지만, 『알렉산드로스 대왕 이야기Historia de Preliis』, 『아리스토텔레스에게 쓴 알렉산드로스의 편지Lettera di Alessandro ad Aristotele』, 『사제 요한의 편지Lettera del Prete Gianni』 등의 작품들 또한 이러한 로맨스를 가장 복잡하게 얽힌 구조로 만들었고, (그 이후로도 속어로 명맥을 유지했던 수많은 작품들로 인하여) 중세에도 알렉산드로스 대왕의 주제가 엄청난 인기를 누렸다는 것을 증명했다.

황금기: 1165년부터 1190년까지

『브뤼트 이야기』로부터 갓 20년이 지났을 무렵 오일어 로맨스는 이미 나름의 복잡하고 다면적인 모습을 갖추었으며, 원시적 서사시epos에서 로맨스로 변화한 이후에는 새로운 브르타뉴에 대한 소재인 트리스탄과 이졸데의 아름다운 전설과 관련한 로맨스 작품군과 크레티앵 드 트루아의 아서 왕에 대한 로맨스, 또 다른 동시대의 로맨스 작가인 아라스의 고티에Gautier d'Arras(12세기)의 경험이 포함되었다.

트리스탄과
이졸데의 전설

콘월의 유명한 두 연인, 즉 자신의 남편인 마크 왕의 조카 트리스탄에 대한 아일랜드 여인 이졸데의 사랑이라는 소재는 다양한 표현 방식들(로맨스, 폴리아folies, 레)을 취했다. 브르타뉴의 브레리Breri와 '라 시에브르La Chièvre'라는 별명으로 알려진 작가의 옛 판본들을 비롯하여 크레티앵의 판본도 유실되었기 때문에 전해진 작품들 중 가장 오래되고 복잡한 것은 (토머스와 관련한 연대순 배열은 분명하지 않다) 아마도 베룰Béroul이 자신의 작품『트리스탕Tristan』에서 실현한 형태일 것이다(이 작품에 대한 것은 단 하나의 필사본만 남아 있는데, 시작과 끝이 잘려 나간 이 필사본은 '일반 판본'으로도 불린다). 또 다른 세련되고 뛰어난 형태는 학식 있는 영국의 성직자 토머스의 작품이었다(6개의 필사본에 속한 10개의 단편만이 남아 있는 이 판본은 '궁정 판본'으로 불린다). 과거는 물론 현재에도 유럽에서 이 전설의 인기는 엄청났다. 이것은 중세 고지 독일어로 쓰인 여러 번역서들(이 중에는 오베르크의 아일하르트Eilhart von Oberg〔12세기〕와 스트라스부르크의 고트프리트Gottfried von Strassburg〔약 1180-약 1215〕의 뛰어난 작품들이 있다), 스칸디나비아의 사가Saga, 영국의『트리스트렘 경Sir Tristrem』뿐만 아니라 네덜란드어와 에스파냐어, 슬라브어 번역본으로도 만들어졌다. 이탈리아어로는 산문의 다양한 판본이 존재했는데, 이 가운데『원탁의 기사Tavola rotonda』로 불렸던 로망스와 트리스탄의 시들이 기억될 것이다.

크레티앵 드 트루아와 동시대 인물인 아라스의 고티에는 프랑스의 피카르 출신으로, 주로 프랑스 북동부 지역의 궁정들에서 활동했다. 그는 1176년과 1184년 사이에 2개의 로망스를 썼다. 하나는 성 십자가와 비잔티움 황제 헤라클리우스(575-641, 610년부터 황제)의 전기를 주제로 한 성자전 성격을 띤 로망스인『에라클Eracle』이었으며, 다른 하나는 프리드리히 1세 바르바로사 황제(약 1125-1190)의 부인인 부르고뉴의 베아트리스Beatrice(1145-1184)를 위해 쓴『일과 갈레롱Ille et Galeron』이었다. 이 두 번째 로망스는 이미 마리 드 프랑스(약 1130-약 1200)의 레『엘리뒤크』의 소재가 되기도 했던 두 여인에 대한 사랑으로 절망하는 남자를 주제로 이야기가 전개되었다.

다른 흥미로운 로망스들 중에는 온갖 기구한 일들을 겪게 되는 두 젊은이의 사랑을 다룬 목가적인 로망스인『플루아르와 블랑슈플로르Floire et Blancheflor』가 있다. 이 로망스의 주인공들은 카롤루스 대제(742-814, 768년부터 왕, 800년부터 황제)의 할머니인 전설적인 베르타의 부모가 되었으며, 이러한 특이함이 서사적인 주제와 로망스적인 주제의 변조와 통합을 만들어 냈다. 다른 한편으로는, 동방 세계와 관련한 배경이 로망스를 그리스-비잔티움적인 경향으로 바꾸어 놓기는 했지만, 이러한 이야기 구조는 꾸준한 인기를 누렸으며 보카치오의『필로콜로Filocolo』까지 이어졌다.

1170년경부터 1200년까지의 시기에도 다양한 작품들이 만들어졌다. 이들 중

『플루아르와 블랑슈플로르』

고귀한 키스

일부는 동방에 관련한 배경과 알렉산드로스 대왕에 관한 소재와 연관되거나(영웅과 요정의 사랑 이야기[클로비스Clovis 왕의 조카인 파르테노파이오스Parthenopaeus는 멜리오르Melior라는 그리스의 신비로운 공주를 사랑하게 된다]를 다루었던 『블루아의 파르테노파이오스Partenopeu de Blois』와 알렉산드로스 대왕의 가상의 할아버지에 대한 이야기 『플로리몽Florimont』) 특정한 대상, 예를 들어 (『티레의 아폴로니우스』에 이미 등장했던 주제와 동기들을 되살린 『왈데프Waldef』와 『잉글랜드의 윌리엄Guillaume d'Angleterre』 같은) 조상들 가운데 전설적인 인물에 대한 칭송과 같은 것이었다. 특히 앵글로노르만인 (아마도 웨일스 사람인) 로틀란드의 휴Hue de Rotelande(12세기)의 작품으로 이탈리아 남부와 부르고뉴 사이를 배경으로 한 2편의 로망스 『이포메돈Ipomedon』과 『프로테실라우스Protheselaus』는 매우 독특했으며, 보주의 르노Renaut de Beaujeu가 지은 『진걸레인Gingalain』 또는 『알려지지 않은 미녀Bel Inconnu』는 괴물로(정확히 말해서 뱀으로) 변했다가 영웅(진걸레인)의 키스를 통해 다시 사람으로 돌아오는 미녀에 대한 주제를 다루었다. 이러한 '고귀한 키스le fier baiser'의 주제는 그라펜베르크의 비른트Wirnt von Grafenberg(13세기)의 『비갈로이스Wigalois』나 안토니오 푸치Antonio Pucci(약 1310-1388)의 『카르두이노Carduino』 같은 다양한 작품들에서 다시 나타난다.

| 다음을 참고하라 |
문학과 연극 중세 라틴어 문학 장르: 우화와 풍자(510쪽); 프랑스와 유럽의 속어 서사시(532쪽); 짧은 이야기 형식(547쪽); 크레티앵 드 트루아(568쪽); 서정시(577쪽)

크레티앵 드 트루아

| 주세피나 브루네티 |

크레티앵 드 트루아는 중세 유럽 초기의 속어 로망스 작가들 가운데 한 명이자 가장 위대한 인물이다. 다양한 문학적 시도 외에도 프랑스 북부의 궁정들에서 1160년과 1185년 사이에 쓰인 5편의 운문 로망스가 그의 작품이라고 전해진다. 아서 왕과 원탁의 기사들의 세계는 그의 문학 작품의 꾸준한 소재와 배경이었다. 그의 작품은 (랜슬롯과 갈바노 등의) 전설적인 기사들의 이야기와 복잡한 구조와 세련된 심리 상태를

보여 주면서도 명예와 용기, 대담함이라는 전사의 가치와 궁정과 사랑의 주제들 사이의
대립이 (랜슬롯과 페르스발 같은) 등장인물들의 영적이고 개인적인 모험과 조화를
이루며 명확한 역사적·봉건적인 역동성 안에 자리 잡고 있는 사랑 이야기를 소개했다.

작가와 궁정

크레티앵 드 트루아(1160-1190년에 활동)가 비록 유럽의 새로운 소설 문학과 로망스 **신비로운 신원**
의 전반적인 진행 과정에서 최초의 인물은 아닐지라도 가장 위대한 중세 속어 로망
스 작가인 것만은 분명하다. 그에 대한 아무런 기록도 없을 뿐만 아니라 작가의 신
원 자체가 문서에 명확하게 근거하고 있지 않기 때문에 그에 대한 정보는 그가 직
접 자신의 작품에 써 놓은 것들이 전부다. 그의 문학 활동 일부가 아키텐의 엘레오노
르(1122-1204)와 그녀의 첫 번째 남편인 프랑스의 루이 7세(약 1120-1180, 1137년부
터 왕)의 딸인 샹파뉴의 마리(1145-1198)의 궁정에서 전개되었다. 왕의 딸인 마리는
1164년에 뛰어난 학식을 갖춘 인물인 샹파뉴의 백작 앙리 1세Henri I와 결혼했다. 크
레티앵은 자신의 첫 번째 로망스인『수레를 탄 기사』의 서두에 백작 부인의 권유로
이 작품을 썼다고 밝히고 있다. 반면에 그의 마지막 작품『성배 이야기』의 머리말에
서 그 작품이 플랑드르의 백작 알자스의 필리프Philippe(1142-1191)에게 헌정되었음
을 알 수 있다. 필리프 백작은, 비록 수포로 돌아갔지만 남편을 잃은 마리아에게 청
혼하기 위해 1181년 이후에 잠시 트루아에 있는 마리아의 궁정에 머물렀는데, 아
마도 크레티앵은 그곳에서 그를 알게 되었을 것으로 보인다. 보존되어 있는 그의 로
망스『에렉과 에니드Erec et Enide』의 머리말에서는 아홉 번째 시행에 자신을 '크레스
티앵 드 트루아Crestien de Troyes'라고 칭했을 뿐만 아니라 자신의 출생지인 샹프누아
즈까지 밝히고 있다(그 뒤로 다른 곳에서는 크레티앵으로만 소개했다). 이것이 우리가
이 위대한 로망스 작가에 대해 알고 있는 전부다. 결국 인간 크레티앵은 그의 작품
에 나와 있는 것이 전부인 셈이다. 물론 이 작가의 역사적인 실체에 대한 다소 기상
천외한 가설들이 없었던 것은 아니지만, 지금까지 그 어느 것도 설득력을 얻지는 못
했다. 1173년의 한 문서에 기록되어 있는 트루아의 생 루 대수도원 사제인 '크리스
티아누스Christianus'와 그를 동일 인물로 보려는 시도가 있었으며, 특이한 성명 해석
interpretatio nominis으로부터 개종한 유대인으로서(『성배 이야기』는 이러한 개종을 표현한

것일 수 있다) 젊은 시절 잉글랜드의 플랜태저넷 왕가와 가까이 지내며 『에렉과 에니
드』를 썼을 것으로 보기도 한다. 하지만 이러한 가정들 중 어느 것도 개연성이 있어
보이거나 확고한 근거에 바탕을 둔 것으로 보이지는 않는다.

성직자로서의
개연성

반면에 그의 교육과 관련해서는 최초의 오일어 로망스 작가이자 사제였던 웨이
스(?-1174년 이후)나 생트모르의 브누아(12세기)와 동일인으로 생각할 여지가 보이
기도 한다. 이와 관련해 기억할 만한 흥미로운 사실은 『성배 이야기』를 중세 고지 독
일어로 각색한 에셴바흐의 볼프람Wolfram von Eschenbach(약 1170-약 1220)이 그를 스
승으로 지목했다는 것이다(meister Christiân von Troys).

샹파뉴의 마리의 궁정은 12세기에 가장 큰 '문학 공간들' 중 하나였다. 라틴어와
속어 문인들에게 둘러싸여 있던 엘레오노르의 딸 마리는 역사 기록과 관련한 신화
를 뛰어넘어 매우 세련되고 문학적으로도 감수성이 충만한 환경의 중심에 있을 수밖
에 없었다. 남편인 앙리가 주로 고전적인 문화와 신학과 연관된 연구 활동에 관심을
가졌다면(도서관의 모든 서적들의 목록이 작성되었으며, 이 가운데 몇몇 서적들은 지금까지
보존되어 있는 필사본으로 밝혀졌다), 마리는 속어 문화에 각별한 관심을 가졌다. 성경
을 풀이한 작품들(『봉헌Eructavit』과 에브랏Evrat의 「창세기」 풀이)을 받은 샹파뉴의 마리
는 안드레아스 카펠라누스(12세기)의 『사랑에 관하여』의 등장인물이기도 했으며, 사
랑의 이론에 정통한 귀부인들 가운데 한 명이었다. 또 다른 프랑스의 로망스인 아라
스의 고티에(12세기)의 『에라클』을 받기도 했다. 심지어 몇몇 서정시들도 그녀와 연
관이 있으며, 특히 가스 브륄레Gace Brulé(1160년 이후-1213년 이전)의 오일어 서정시
들과 베르베질로의 리가우두스Rigaudus de Berbezillo(12/13세기)의 서정시들, 이복동생
인 사자심왕 리처드가 감금을 당했던 시기에 지은 시들도 그녀에게 바치는 것이었
다.

작품

크레티앵 드 트루아의 작품도 부분적으로만 알려져 있다. 그의 로망스『클리제』의
서언에서 크레티앵은 자신의 이전 작품들의 목록을 제시했다. 그것은 오비디우스의
작품을 각색한 것들(이 중『변신 이야기』 6권의 테레우스Tereus와 프로크네Procne의 이야기
를 바탕으로 한 『필로메나Philomena』만 보존되었으며, 이는 조심스럽게 그의 작품으로 여겨
지고 있다), 분명히 트리스탄의 소재와 관련이 있는 (하지만 여기에서 영웅의 이름은 거

명되지 않았다) '마크 왕과 금발의 이졸데' 로망스, 그리고 마지막으로 아서 왕을 소재로 한 로망 『에렉과 에니드』였다. 따라서 크레티앵의 작품을 연대순으로 배열하면 다음과 같다.

　– 1160-약 1170: 오비디우스의 작품을 각색한 것들과 마크와 이졸데의 로망스

　– 1170: 『에렉과 에니드』

　– 1176: 『클리제』

　– 1177-약 1181: 『수레를 탄 기사』(랜슬롯)-미완성 작품으로 레이니의 고드프루아Godefroi de Leigni에 의해 완성되었다. 그리고 아마도 동시에 쓰였을 것으로 보이는 『사자를 이끄는 기사Le Chevalier au lion』(이뱅Yvain)

　– 약 1181-1185?: 미완성으로 남아 있는 『성배 이야기』

　크레티앵의 작품들 중에는 2편의 사랑 노래도 남아 있는데, 이로 인해 그는 최초의 공인된 음유시인으로 여겨졌다. 반면에 아서 왕의 주제와 관련이 없으며, 오히려 성 외스타슈의 전설을 바탕으로 구성된 『잉글랜드의 윌리엄』을 이 위대한 로망스 작가의 작품으로 고려하는 것은 다소 의문이 간다.

　크레티앵의 로망스 5편은 알려진 아서 왕의 로망스 중 최초의 작품들로 인정되었으며, (트로이의 위대한 역사의 후손이자 상속자인 브르타뉴인들의 시조인) 브루투스Brutus 이래로 영국의 역사를 지배해 왔던 수많은 전쟁들 이후 아서 왕이 수립한 평화로운 세계의 변화들을 들려주었고, (아서, 기니비어, 에렉, 갈바노Galvano, 랜슬롯 등의) 여러 인물들과 역사적인 장소들을 소개했다. 이로 인해 12년간의 평화로운 시기에 역사의 기록이 없던 세상에서 이러한 무훈담이 아방튀르aventure로 대체될 수 있었으며, 영웅들에 대한 서사적 성격의 노래 또는 혈통에 대한 역사 이야기는 메르베유merveille에 자리를 넘겨주었다. 따라서 기오Guiot가 필사한 유명한 판본인 파리, BN, F. fr. 794와 함께 크레티앵의 로망스 5편 모두를 담고 있는 단 2개뿐인 필사본들 중 파리 국립도서관에 보관 중인 필사본 fr. 1450에서 『에렉과 에니드』의 사본이 브르타뉴의 소재를 그리스의 소재(『트로이 이야기』)와 로마의 소재(『아이네아스』)와 합쳐 놓은 보다 광범위한 연계 속에서 웨이스의 『브뤼트 이야기』의 사본과 결합되어 있던 것도 이례적인 일은 아니다.

　아서의 세계는 결국 크레티앵의 기사들과 영웅들의 모험이 펼쳐지는 복잡하지만 변함없는 배경이었다. 배경 속에 영국과 동방을 비롯한 비잔티움 세계를 결합한 『클

(여백 주석) 5편의 로망스로 알려진 아서 왕의 세계

리제』를 제외하면, 실제로 다른 로망스들은 종종 12세기 현실에 대한 명확한 시각을 반영하며, 위업들이 완수되는 동일한 배경을 선택했다. 서사적인 주제들이 나타나지 않은 것도 아니었다. 예를 들어 『클리제』에서는 앙그레Engrès 백작의 반란이 가노Gano의 반란과 비교되었으며, 『사자를 이끄는 기사』에서는 주인공 이뱅이 롤랑보다 더 용맹했고, 『수레를 탄 기사』에서는 일명 기욤을 주인공으로 한 무훈시가군의 하나인 『기욤의 수도 생활Moniage Guillaume』의 주인공 거인 이소레Ysoré의 이름이 거명되었다. 하지만 영웅들의 성격은 변했으며, 그들과 함께 용맹함과 관용, 정당성에 대한 서사적인 가치도 바뀌었다.

집필과 연결

작품의 구성   12세기의 부흥이 가장 잘 표현된 시기인 12세기 후반에 만들어진 크레티앵의 작품은 위대하고 세련된 구성의 산물이었다. 등장인물들의 귀환을 고안해 낸 사람도 그였으며, 자신이 만든 로망스와 관련하여 다양한 전통의 조화로운 '조합conjointure'을 공개적으로 이야기한 사람도 그였다. "그는 한 모험 이야기로부터 이끌어 냈다 / 매우 세련된 조합을"(『에렉과 에니드』, vv. 13-14). 앞에서 언급했던 「창세기」에 등장하는 이러한 특이한 용어는 분명 결합과 연결의 의미학적인 분야와 연관되어 있었으며, 작품의 출전을 호라티우스(기원전 65-기원전 8)의 『시론』의 세련된 연결callida iunctura과 같은 수사학적인 유형과 보에티우스(약 480-525?)의 구논리학Logica Vetus과 『오르가논Organon』 같은 신학적 또는 논리학적-철학적 유형의 기준 틀에서 찾았다는 사실 외에도 이것이 작가가 속어로 쓴 작품의 구성을 이해하는 새로운 방식을 가리키게 되었으며(경우에 따라 이 용어는 소재들과 역할들의 결합, 작품의 통일성, 정신적인 일치, 서사의 일관성으로 이해되었다), 논쟁적으로 '이야기로 먹고살기 위해 그 이야기들을 쪼개고 분리하는' 사람들의 작품에 반대했다는 것은 분명하다. 이러한 논쟁은 당연히 작품 감상과도 관계가 있었으며, 서정시 같은 다른 유형의 속어로 이루어진 창작 활동에도 나타났다. 아마도 크레티앵의 이러한 행적과 가장 가까운 것은 작가가 다른 사람들이 '다양한 방식으로 말하는' 이야기를 '일관성을 가지고 조화롭게 이야기하기en uni dire'를 원했던 『트리스탄 이야기』에 다시 나타났다.

로마를 거쳐 그리스에서 프랑스까지   크레티앵 덕분에 현대 문학까지 이어져 내려온 또 다른 주제는 지식 또는 배움의 전이translatio studii다. 이러한 생각은 그리스에서 로마로, 그리고 최종적으로 로마에서 프랑스로 (기사의) 용맹과 용기처럼 (성직자의) 전이된 지식과 배움을 구체적으로 서술한 『클리제』의 서언에 명시되어 있다. 이것은 결국 샤르트르의 베르나르두스(12세기 초에 활동)의 유명한 은유에 의하면, 과거 거인의 어깨 위에 올라앉아 있기 때문에 더 멀리 볼 수 있는 현대 난쟁이들의 모습에 대한 또 하나의 변형이었다. 하지만 크레티앵에게는 이러한 뛰어남이 단지 현대인들에게만 주어진 것이 아니라 세상에 알려진 다른 어떤 지역들보다 더 예의 바른 장소인 프랑스에 전해졌다.

크레티앵의 첫 번째 로망스인 『에렉과 에니드』는 라크Lac 왕의 아들인 기사를 영웅으로 내세웠다(영웅의 이름 자체는 켈트와의 직접적인 관계를 부정하고 있다. 베록Weroc은 아르모리카어의 형태였으며, 게렌트Gereint는 웨일스어의 형태다). 에렉은 흰 사슴을 사냥하던 중에 마상 시합이 열리던 한 마을에 이르게 되었다. 그는 그곳에서 이데르Yder를 물리치고, 아서 왕의 궁정에서 가장 아름다운 에니드와 성대한 결혼식을 올렸다. 한편, 신혼의 행복에 빠져 있던 에렉은 기사로서의 고귀한 의무를 지키지 않은 태만recreantise에 대해 비난을 받았다. 그 이후로 에렉은 모험을 떠났다가(가장 위험하고 매력적인 것들 가운데 하나는 마법으로부터의 해방을 주제로 한 '궁정의 기쁨Joie de la Cour'의 모험이었다), 이후 아서 왕의 궁정으로 돌아오게 된다. 그리고 마침내 그의 아버지가 사망한 후에 에렉과 에니드는 군주로 즉위했다.

반면에 『클리제』는 소레다모Soredamor에 대한 알렉산드로스의 사랑을 이야기했다(알렉산드로스는 기사가 되기 위해 아서 왕의 궁정에 온 콘스탄티노플 황제의 아들이었다). 이들로부터 클리제가 태어나고, 여기에서부터 콘스탄티노플 황제의 자리를 놓고 알렉산드로스와 동생인 알리스 사이의 권력 투쟁이 우여곡절 끝에 클리제를 게르마니아 왕의 딸인 파니스와 맺어 주는 사랑의 관계로 엮이는 로망스의 두 번째 줄거리가 전개된다. 이러한 방식으로, 그리고 (그리스로부터 런던으로) 이러한 전이를 통해 완전한 이전이 이루어졌다. 이제 더 이상 (알렉산드로스 대왕의 무훈담과 관련한) 고대의 로망스가 아닌, 프랑스를 소재로 한 새로운 로망스가 등장한 것이다. 이 로망스는 권력을 향한 투쟁과 암투 외에도 연애와 심리와 관련한 복잡한 줄거리와 짜임새, 그리고 각 역할들 간에 놀라울 정도로 고르게 분배된 가상과 현실 세계가 조화를 이루고 있었다. 연애에 대한 담화 측면에서 『클리제』는 반트리스탄적인 작품으로 고려되었다. 트리스탄과 이졸데 사이의 부정한 애정은 마크 왕이 트리스탄의 삼촌이었기 때문에 봉건적인 계약을 위반했을 뿐만 아니라 기존의 사회 질서까지 위협했던

『에렉과 에니드』

『클리제』

반면, 여기에서는 트리스탄에 대한 클리제의 우월함과 파니스가 이졸데처럼 두 남자 사이에서 자신의 육체가 공유되는 것에 대해 거부하는 행위가 강조되었다.

랜슬롯의 로망스　크레티앙의 세 번째 로망스는 랜슬롯이라는 뛰어난 인물을 중심으로 만들어졌다. 그리스도 승천 대축일에 기니비어 왕비는 아서 왕에게 로그레스 왕국의 많은 신하들을 자신이 거느리고 있다고 말했던 한 기사에게 납치되었다. 그는 왕에게 도전하며, 왕비를 호위할 기사가 결투에서 승리하면 그들을 모두 풀어 줄 것이라고 했다. 집사였던 케Keu가 용감하게 돌진했으나 패하고 말았으며, 기니비어와 그녀를 납치한 기사는 숲으로 사라졌다. 그러자 왕비를 찾기 위해 갈바노가 출발했고, 그는 이미 그 작전에 참여하고 있던(나중에서야 그 작전이 같은 것임이 밝혀지게 된다) 기사(랜슬롯)를 발견한다. 그 뒤에 이 기사는 (작가가 이야기하기를) 한때 죄인들을 조롱거리로 만들기 위해 사용했던 한 난쟁이가 몰고 있는 수레와 마주했다. 난쟁이는 수레에 올라타야만 기니비어를 다시 찾을 수 있을 것이라고 말했다. 그는 명예를 위해 수레에 오르지 말아야 할지, 사랑을 위해 수모를 감수해야 할지 난감했다. 한동안 주저하다가 그는 수레에 올랐다. 여기서부터 갖가지 모험과 역경을 겪게 되며(고레 왕국, 위험한 침대, 영웅 랜슬롯이 자신의 묘비를 마주하게 되는 묘지, 칼의 다리, 즉 랜슬롯이 맨발과 맨손으로 피를 흘리며 건너야 하는 칼날의 다리 등), 이를 모두 극복한 뒤에 호수의 기사 랜슬롯은 무자비한 멜레아간트Maleagant를 무찌르고 왕비와 감옥에 갇혀 있던 로그레스의 사람들을 구한다. 하지만 랜슬롯은 그가 수레에 오르기까지 한동안 머뭇거렸다는 사실을 알게 된 기니비어로부터 경멸적인 대우를 받는다. 이때부터 랜슬롯은 다시 역경과 싸우게 되는데, 이것은 왕비를 위해 다시 한 번 수모와 불명예를 감수해야 했던 노아우즈 마상 시합에서 절정을 맞이했다. 그 뒤에 랜슬롯은 반역죄로 탑에 갇힌다(여기서부터 이 로망스는 레이니의 고드프루아에 의해 완성되었다). 그리고 마침내 풀려난 랜슬롯은 궁정의 대대적인 환호 속에 멜레아간트를 이기고 그의 목숨을 빼앗았다.

복잡하고 수수께끼 같은 이러한 크레티앙의 세 번째 로망스는 논쟁과 대립으로 점철되었다. 아서 왕의 궁중 세계와 고어 왕국의 사후 세계를 부분적으로 포함하는 암흑의 세계 사이, 왕비뿐만 아니라 백성들도 구원한 랜슬롯의 탐색과 갈바노의 탐색 사이, 기사의 용맹과 수레의 굴욕 사이의 대립은 물론 사랑과 용기, 명예, 감성적인 경향 사이의 문체 속에 드러난 대비들이 존재했다.

로망스 『사자를 이끄는 기사』는 사실 랜슬롯의 기니비어 구출과 같은 시기에 있 『사자를 이끄는 기사』
었던 기사 이뱅의 모험을 이야기하고 있다. 이야기는 항상 아서 왕의 궁정에서 시작
되었다. 이곳에서 기사 칼로그레넌트Calogrenant는 자신의 패배를 이야기했다. 브로
셀리앙드Broceliande 숲에는 무시무시한 기사가 지키고 있는 위험하고 신비로운 샘이
하나 있었다. 이뱅은 승리자가 되기 위해 같은 모험을 시도하기로 결심한다. 실제로
그는 그 기사를 물리쳤지만, 길을 가는 도중 한 성에 포로로 갇힌다. 여기에서 그는
루네트Lunete와 그녀의 여주인인 귀부인 라우디네Laudine를 발견하고 그 귀부인과 사
랑에 빠지게 되는데, 이들은 함께 모험을 계속하며 뱀이 휘감고 있는 사자를 구해
준다. 이때부터 이 사자는 이들의 충실한 동반자가 되었으며, 로망스의 제목에도
등장했다.

새로운 후원자인 알자스의 필리프의 권유로 집필했으며, 작품을 계속 이어서 집 마지막 로망스, 『성배 이야기』
필한 사람들 중 한 명인 몽트뢰유의 제르베르Gerbert de Montreuil(13세기에 활동)의 말
을 믿는다면, 크레티앵의 죽음으로 미완성으로 남게 된 그의 마지막 로망스는 그 소
재에서 새로운 경향을 제시했다. 『성배 이야기』(『페르스발Perceval』은 아마도 이후에 붙
였을 것으로 보인다)라는 제목 자체가 보여 주듯이 이제 이야기의 소재는 더 이상 한
기사의 모험이나 한 여인(에니드, 기니비어, 라우디네)에 대한 쟁취가 아닌, 성배라는
신비한 물건이었다. 따라서 탐구는 사랑에 대한 것도 정신적인 것도 아니었다. 탐구
의 대상은 그리스도 수난의 성물인 성배였으며, 이것을 통해 그 누구와도 비교할 수
없는 운명을 지닌, 예정되고 선택받은 기사의 모습이 창조되었다. 자신의 이름도 알
지 못하고 있던 젊은 페르스발은 기사로서 생을 마감했던 남편과 두 아들의 죽음을
지켜본 어머니의 보호를 받으며, 세상과 동떨어진 삶을 살고 있었다. 어느 날 숲 속
에서 페르스발은 번쩍이는 갑옷을 입은 5명의 기사를 만나게 되고, 그 길로 자신도
기사가 되기 위해 아서 왕의 궁정에 가기로 결정한다. 이때 한 소녀와 광인이 그 천
하고 거친 소년의 영광스러운 미래를 예언한다. 페르스발은 이윽고 그에게 기사의
기술을 전수해 줄 구르트의 고르네멍Gornemant de Goort의 성에 도달한다. 이윽고 모
험과 더불어 흰 꽃이라는 의미를 지닌 블랑슈플뢰르Blanchefleur에 대한 사랑이 시작
되고, 그 뒤에 페르스발은 신비로운 성에 이르러 그곳에서 특이한 행렬을 목격한다.
한 남자는 아직도 끝에 피가 묻어 있는 창을 들고 있었으며, 한 소녀는 성배를, 그리
고 세 번째 사람은 은 접시를 들고 있었다. 페르스발은 침묵을 지킬 뿐, 감히 그 행렬

과 진열된 물건들의 의미를 물어볼 엄두를 내지 못했다. 그다음 날 잠에서 깨어났을 때, 페르스발은 텅 빈 성을 발견한다. 성을 빠져나온 그는 숲을 지나 그의 조카딸을 만나고, 그녀를 마주하고서야 마침내 갈루아인 페르스발Perceval le Gallois이라는 자신의 이름을 알게 된다.

페르스발의 신비　그 소녀는 페르스발에게 그가 저지른 잘못을 이야기해 주었다. 만일 그가 성배와 칼을 요청했더라면 부상당한 왕은 치유되고 그 왕국은 부활할 수 있었을 것이며, 페르스발이 침묵을 지킨 것은 어머니를 고통스럽게 죽게 만든 원인이라고 했다. 다시 여러 시련들과 결투, 용기에 대한 시험을 거친 뒤에 그는 한 은자의 집으로 인도되었다. 그 은자는 페르스발에게 성배의 비밀 가운데 일부와 그의 어머니가 왕의 누이라는 것을 밝혔다. 그리고 다시 이번에는 고뱅Govain의 모험이 이어지다가 로망스는 중단되었다. 페르스발과 갈바노의 이원성을 시작으로 이야기의 소재와 출전, 토대를 이루고 있는 켈트인들의 그리스도교화와 같은 해결되지 않은 문제들이 매우 많았다. 미완성으로 남은 작품은 그 뒤로 여러 작가들에 의해 계속 이어졌으며, 기념비적인 로망스의 기원이 되었다(이러한 필사본들의 다양한 후속 작업들은 종합적으로 6만 개의 시행에 달한다). 크레티앵의 작품은 엄청난 성공을 거두었다. 중세 고지 독일어로 쓰인 작품들 중에서 기억할 만한 것으로는 아우에의 하르트만Hartmann von Aue(약 1170-약 1220)의 로망스 『에레크Erec』와 『이바인Iwein』과 에셴바흐의 볼프람의 『파르치발Parzifal』이 있으며, 중세 영어로 된 작품들 가운데 가장 오래된 것에 속하는 『이웨인과 가웨인Ywain and Gawain』, 그리고 스칸디나비아의 다양한 사가들(『에렉스 사가Erex Saga』, 『이벤스 사가Ivens Saga』, 『페르스발 사가Percevals Saga』)이 있다. 아서 왕을 소재로 한 로망스도 엄청난 인기를 누렸으며, 현재까지도 이러한 인기는 이어져 내려오고 있다.

| 다음을 참고하라 |
문학과 연극 마리 드 프랑스(553쪽); 로망스(558쪽)

서정시

| 주세피나 브루네티 |

서양의 현대 서정시는 중세에 음유시인들의 시와 함께 탄생했다. 이러한 시인들은
유럽 최초의 문학 운동과 함께 고대 세계가 끝난 이후 처음으로 문인들의 사회를 형성했다.
예의와 완벽한 사랑fin'amor, 궁정시와 서정시풍은 다른 문학적인 경험들과 함께 유럽의
진정한 '감성 교양'을 만들어 냈다. 오크어로 쓰인 이러한 새로운 노래의 전문가들인
음유시인들은 서정적인 표현에 주제와 형식, 모범들을 제공했으며, 이러한 표현은
프랑스 남부 궁정들에서 곧바로 국제적인 것이 되어 북쪽으로는 영국과 독일 지역까지,
동쪽으로는 헝가리의 궁정들까지, 서쪽으로는 이베리아 반도의 궁정들까지,
그리고 남쪽으로는 이탈리아 북부 지방을 거쳐 슈바벤의 프리드리히 2세의
시칠리아 궁정까지 퍼져 나갔다.

기원

이미 문헌의 증거가 나타나기 전에 사랑의 노래가 불렸으며, 이는 종종 교회로부
터 가혹한 비판을 받았다는 수많은 간접적인 자료들이 남아 있다. 아를의 체사리오
Caesarius(약 470-542)의 설교에서, 어릿광대들(익살꾼들, 즉 다시 말해 재담꾼과 온갖 유
흥의 전문가, 시인, 광대, 악사, 곡예사들)에 대해 이미 589년의 톨레도 공의회에서, 그
리고 축제 기간에도 불린 천박한 사랑 노래에 대해 경멸적으로 언급했던 813년의 투
르 공의회에서도 비판들이 기록되었다. 이러한 시들은 아마도 학생 방랑 시인이나
방랑 수도사들의 중세 라틴어 시와 관련이 있을지도 모르며, 최소한 같은 지역에서
다양한 시적 경험들과 공존했음이 분명하다. 하지만 우리는 존재가 확실한 이러한
시에 대하여 어떠한 문헌 증거들도 가지고 있지 않으며, 이것이 모든 로망스어 사용
지역이나 심지어 전 유럽의 공통적인 전통을 이루고 있었는지도 알지 못한다. 그 이
후의 다양한 증거 자료들에서 (여자들이 부르고 후렴구와 반복구를 갖추고 있는 등의) 비
슷한 특성들이 되풀이되는 것 또는 (여명과 연인들의 대화 형식의 만남 같은) 공통적인
주제들을 강조했던 연구는 효과적이지 못했으며 사소한 것, 즉 어디에서나 같은 느
낌과 같은 악곡의 주제를 노래하고자 하는 인간의 성향을 분석하는 것은 독특하고
다양한 전통을 소홀히 할 우려가 있었다.

오늘날 근대 속어시의 기원에 대한 문제를 제기하는 것은 결국 무엇보다 '기원'이라는 어휘로부터 자연주의적 또는 형이상학적이며 역학에 관한 모든 뉘앙스를 끄집어내는 것을 의미한다. 민족성이 역사적인 개념인 것처럼, 중세에 태동하여 발전한 언어와 문학 같은 역사적인 현상들은 복수의 어원, 즉 하나 이상의 전통의 실질적인 공존(그리스 로마의 고전, 중세 라틴어의 전통, 북구와 야만인들, 동방과 아랍의 요소들)을 고려하지 않은 극단적인 단순화에는 맞지 않아 보인다. 로망스어 서정시는 실제로 활발한 이중 언어의 문화적 환경에서 탄생하고 발전했으며, 새로운 시적인 낱말들이 만들어지고 보급되었던 논리 체계들 가운데 그 어느 것도 배제될 수 없는 것이다. 무훈시의 기원에 대한 것처럼 부분적으로 다른 이유이기는 하지만, 서정시의 기원에 대한 문제는 세대를 거듭하며 학자들의 관심을 끌어 왔다. 계몽주의자들과 낭만주의자들, 그리고 '역사학파'는 집단적·민족주의적·독창적인 특성에 대한 사고와 함께 이러한 서정시의 '민중적'인 성격을 강조했다. 이러한 시각에서 교양 있는 교회와 야만적인 기사들, 로마로부터 유래한 민중적인 민족의 요소들이 엄격하게 구분되면서도 공존하고 있었을 뿐만 아니라, 진정한 고유의 민중적인 표현은 사실상 실현 불가능하고 정의내리기조차 쉽지 않다. 반대로 중세 라틴어와 중세 로망스어의 공존은 영속성의 문제를 해결하지 않고 새로운 음유시인들의 시가 위대한 고전의 전통, 즉 학교를 비롯하여 중세의 문화 중심지들에 스며 있고 전해져 내려온 고전적인 과거의 특별한 형태로부터 유래했다고 보는 것 또한 경계해야 할 것이다. 비록 속어로 쓰인 시들에서 오비디우스 같은 고전들에 대한 의존이나 (예를 들어, 음유시인의 작품들의 세련되고 엘리트주의적인 운율과 구조의 창작과 관련한) 중세 라틴어 수사학의 기여가 명확하고 분명할지라도 이것이 속어 시 전체를 설명하기에는 충분하지 못하며, 반드시 매 경우마다 그 출전과 특정한 후렴구를 적절하게 그리고 정확하게 입증해야만 할 것이다. 일반적으로 중세 라틴어의 전통은 몇몇 시적인 모습들을 이해하기 위해, 예를 들어 음유시인 마르카브루Marcabru(12세기)에게는 시토 수도회의 몇몇 출전들이 매우 효과적인 존재였던 것처럼 중대한 의미를 지닐 수 있었다. 이것은 종교시와 세속적인 시 사이의 변증법과 관련해서도 매우 유용한 것으로 보인다. 그 이유는 음유시인의 정중한 표현이 사랑과 그러한 사랑의 종교인 그리스도교를 바탕에 두고 있는 것이 맞더라도, 종교적인 사랑과 세속적인 사랑 사이의 구분은 분명 그 대상과 관련한 것이고 영적인 힘의 성질에 대한 것이 아니기 때문이다. 이로부터 종종 구상의 교환, 간섭과 상호적인 표현의 중의성이 나타나게 되었다.

　현대 속어시가 수준 높은 문화에 기원을 두고 있다고 주장하는 사람들과 민중적
인 기원임을 주장하는 사람들 사이의 논쟁에 첨가된 중요한 요소는 1948년까지의
생각들을 완전히 뒤집어 버린 몇몇 문헌들의 발견과 해석이었다. 그것은 모사라베
하르차스ḫarğāt(시가의 끝 구절을 말한다*)에서 발견된(가장 오래된 하르차스는 1042년
이전의 것이다) 또 다른 고대의 속어 서정시였다. 하르차스는 10세기 이후 알안달루
스 지방(에스파냐의 아랍어 사용 지역)에서 유행했던 장르인 무왓샤하트muwaššaḥāt의
종지부(또는 빠져나오는 부분)를 사용한 것을 일컫는다. 무왓샤하muwaššaḥā는 고전 아
랍어로 쓰인(유대어로 된 것들도 존재한다) 각 절이 같은 음악으로 이루어진 시적 장르
를 말하며, 기본적인 양식은 AA, bbbAA(AA), cccAA(AA) 등이며, 여기에서 AA는
첫 번째 단선율 부분(bbb)에 의해 구성되었으며, 각각 다른 압운으로 이루어진 연들
에 선행하는 서언을 이루고 있고, 다시 서언이 두 번째로 반복되며 그 뒤로 종종 후
렴구가 반복된다. 일관된 모습의 3행으로 이루어진 이러한 연의 형태는 아랍 안달루
스의 자잘zajal(아랍어로는 ghazal, 에스파냐어로는 zéjel)의 전형적인 형식이다. 작품에
서 시인은 (아랍어나 히브리어로) 자신의 생각을 표현했으며, 반면에 마지막 연(즉 하
르차)의 마지막 부분(AA)에서는 일반적으로 사랑에 빠진 여인이 이야기를 들려주었
다. 이 부분은 알안달루스의 로망스어, 즉 라틴어를 계승한 모사라베어 방언으로 작
성되었다.

　가장 오래된 하르차들은 현존하는 최초의 음유시인의 작품들을 약 반세기 정도
앞서며, 음유시인 이전의 서정시와 관련한 문제를 분명히 하였고, 유럽 지역에서 여
성들의 시가 오래전부터 존재했음을 입증했다. 그럼에도 불구하고 적어도 하르차의
일부는 로망스어 서정시의 전통으로부터 유래한 것으로 보이며, 작품 자체의 진위
여부를 가릴 수 있을 정도로 강력한 조정을 통해 전해졌음을 명확히 할 필요가 있다.
하지만 몇 가지 이유들로 인하여, 예를 들어 앞에서 언급한 단선율의 3행 연구로 이
루어진 연은 중세 라틴어 서정시에서는 확인되지 않은 것으로 보이며, 반면에 이것
이 최초의 음유시인 기욤 9세Guillaume IX(1071-1126)에 의해 이미 사용되었다는 사실
로 인해 아랍어 서정시와 음유시인의 서정시의 접촉은 최초의 문학기로 거슬러 올라
갈 수 있을 정도로 매우 중요한 사실이다.

　한편, 음유시인의 속어시는 중세 라틴어의 전통, 그리고 진정한 의미에서 교회

의 전통과 밀접한 관련이 있는 것으로 보인다. 이러한 유사성은 초기부터 중세 라틴어 시의 모델들이 취했던 수사학적인 절차를 비롯하여, 심지어는 이미 최초의 음유시인들에 의해 발전된 운율적·수사학적 구도와 관련해서도 나타났다. 'tropi'라는 어휘(전례, 특히 〈할렐루야Alleluia〉 이후의 미사에 삽입된 창작물을 이렇게 불렀다)로부터 새로운 시인들은 실제로 자신들의 이름을 이끌어 냈으며, '미사 전례문典禮文에 장식적으로 삽입한 어구를 작시하다'라는 의미를 지닌 'tropos invenire'로부터 'tropare'라는 어휘가 유래했다. 따라서 '음유시인, 새로운 형식의 발명가들'이라는 의미의 'Tropatores'는 새로운 속어 시인들을 구분하고 가리키기 위한 어휘가 되었다. 여기에서부터 작품을 읽어 주고 보급하는 공연가의 소박한 역할로 몰락한 어릿광대와 음유시인들을 차별화하는 요소와 함께 음악적·기술적인 전문 지식 또는 자신들의 가치 자체에 대한 자부심이 생겨나게 되었다.

형식과 장르, 전통

오크어, 즉 라틴어로부터 유래했으며 프랑스 남부 지역(이로부터 남부 지역들 중 한 곳만을 가리키는 '프로방스provençal'보다 더 정확한 표현인 '옥시탕occitan'이라는 형용사가 유래했다)의 고유한 언어로 쓰인 트루바두르의 시는 궁정에서 발전하고 퍼져 나갔기 때문에 궁정시이며, 완벽한 사랑fin'amor, 즉 바로 서정적인 자아에 대한 표현과 구성을 가능하게 해 주는 사랑에 대한 특별한 개념을 담화의 중심에 두고 있는 시다. 좀 더 시간이 지난 뒤에야 오크어 모범들을 바탕으로 오일어, 즉 고대 프랑스어로 자신들의 작품을 쓰는 프랑스 북부의 음유시인인 트루베르Trouvère가 등장했다.

귀부인에 바친 노래 음유시인의 시는 전형적인 의미의 서정시다. 즉 음유시인이 '가사와 음악los motz e·l so'을 지은 단선율 성악곡의 시였다. 이러한 서정시의 주요한 장르는 주로 초기의 음유시인들에 의해서 12세기 말까지 사용되었던 가장 오래된 (베르수스versus로부터 유래한) 베르스vers 이후에 존재가 입증된, '노래'라는 의미의 칸소canso다. 칸소는 일반적으로 5개에서 7개의 연을 포함하며, 수신자 또는 종종 센할senhal이라는 가명으로 이름을 숨겼던 귀부인의 이름을 포함한 하나 또는 그 이상의 동반구tornada와 함께 끝을 맺는다. 이 노래는 음유시인의 예술에 대한 최고의 완성된 표현이었을 뿐만 아니라, 독창적인 (운율적·음운적·음악적인) 형식으로 사랑의 주제를 표현할 수 있도록 해 주었다. 사랑은 음유시인들에게 삶의 활력이자 마음의 종교, 노래의 중심이었다.

1170년대의 가장 위대한 음유시인들 중 한 명인 방타도른의 베르나르Bernart de 노래하고/
Ventadorn(약 1130-약 1195)는 노래하는 것이 사랑하는 것이고 사랑하는 것이 노래하 사랑하고
는 것인 만큼, 시적 표현과 사랑의 느낌 사이에 완벽한 조화를 이루어 냈다.

> Non es meravelha s'eu chan
>
> Melhs de nul autre chantador
>
> Que plus me tra·l cors vas amor
>
> E melhs sui faihz a so coman
>
> 내가 노래 부른다고 해서 놀라운 일은 아니다
>
> 그 어떤 시인들보다 더 아름답게
>
> 내 마음이 사랑을 향해 움직이면 움직일수록
>
> 나는 그의 명령에 더욱 잘 따를 마음의 준비가 되어 있다네

사랑은 그 자체로 가치가 있고, 그것이 추구하는 완벽함으로 인해 귀중한 것이며, 이러한 세련된 이끌림의 대상인 (집안의 여주인을 의미하는 domina에서 유래한 domna로 부터 만들어진) 여인donna은, 비록 시적인 구성과 상황에 의해 그 여인이 있는 곳이 아무리 멀리 떨어져 있다 해도 (조프레 뤼델Jaufré Rudel이 쓴 12세기의 〈멀리 있는 사랑Amor de lonh〉을 생각해 보라) 사람들이 그녀를 사랑하는 것을 허용해야만 하며, 이러한 사랑을 받을 만한 가치가 있음을 보여 주어야만 했다. 연인은 봉신이자, 다가갈 수 없는 귀부인이었고, 사랑은 종종 불륜이었으며, 사랑의 희열과 성취를 암시하는 종합적이고도 구체적인 어휘인 'joi'는 사랑 그 자체이자 모든 완벽함과 미덕의 근원이 되었다. 비록 음유시인들이 사랑에 대한 체계적이고 완성된 논문을 남기지는 않았지만, (안드레아스 카펠라누스[12세기]의 라틴어 시 〈사랑에 관하여〉는 독특한 구성으로 이루어져 있으며 미묘한 사례를 제공하고 있으면서도 실제로는 다양하고 복합적인 작품이었다) 완벽한 연인과 완벽한 시인에 대한 규정은 작품들에서 (예를 들어, 행동과 표현의 절제 la mezura, 마음의 교양lo saber, 판단의 올바름lo sen, 그리고 지혜la conoissensa 등의) 정확한 규칙과 가치들로 이루어져 아주 엄격하게 나타났다. 위에서 언급한 규칙과 가치들은 덕목과 관련한 이러한 규정을 기사들의 규정에 버금가는 것으로 만들었다.

사회적 규약의 측면에서 몇몇 사람들은 이러한 궁정시가 봉토를 보유하지 못하고 경제적으로 예속되어 있는 영주의 개인 사병 집단을 구성하는 (젊은이들iuvenes로 불렸던) 소小기사들인 소외된 사람들로 이루어진 특정 계층의 이상을 반영하고 있다고 주장했다. 음유시인들은 호의와 완벽한 사랑에 대한 독특한 인식을 통해 가진 것과 혈통에 의해서가 아니라 그 사람의 내면적인 덕목과 자질로부터 기인하는 고귀함에 대한 생각을 정당화하려 했던 계층의 사상가로 볼 수 있다. 하지만 당연히 이러한 사회학적인 논제는 음유시인과 관련한 현상의 일부만을 설명하고, 중세 프랑스의 복잡한 시 세계의 내부적인 논리 체계들 중 몇 개만을 밝히고 있다는 점을 분명히 할 필요가 있다.

칸소는 문체와 운율적인 효과, 언어의 기교를 통해 음유시인들의 예의에 대한 이론을 전달하기 위해 선택된 장르다. 그 표현은 의식적으로 복잡하고 모호하기도 했는데, 이는 오랑주의 랭보Raimbaut d'Aurenga(?–1173)같이 트로바르 클뤼스trobar clus의 형식, 즉 노골적인 귀족적 주장에 부합하고 자기 작품의 독자들을 상류층으로 선별하기 위해 암시적이고 모호한 시 문체인 '숨기고 시 짓기'의 애매한 양식을 선택했던 시인들에게서 특히 잘 나타났다. 반면에 (방타도른의 베르나르 또는 보르넬의 지로Giraut de Bornelh의 양식인 '가볍게 시 짓기'인) 트로바르 뢰trobar leu는 반대로 쉽게 접근이 가능한 문체와 바오로의 자비caritas에 대한 생각에 속하는 평신도적인 다른 미학을 선택했다. 아르노 다니엘Arnaut Daniel(약 1150–약 1200)을 가장 대표적인 인물로 여기는 트로바르 리크trobar ric('풍요롭게 시 짓기')는 트로바르 클뤼스에서 거침없는 언어의 유희와 세련된 운율의 기교를 강조한 새로운 의미의 변형된 양식이었다.

칸소의 유추에 의한 이러한 확장은 이후의 논문들(『사랑의 노래Leys d'amors』와 『시작詩作의 규칙Règles de trobar』)이 단지 부분적으로만 제공했던 정확한 어원과 역사적인 변화의 광범위하고 복잡한 체계로 구성된 거의 모든 시 장르들에 영향을 주었다. 이러한 시들은 사랑의 노래로부터 음악과 형식을 차용한 중세의 프랑스 음유시인이 지은 풍자시 시르벤테스sirventes(이 속에는 〈십자군의 노래Canso de crozada〉도 포함되어 있다)로부터 (텐소tenso와 파르티망partimen 같은) 대화체 장르, 그리고 (애도의 노래planh, 새벽 노래alba, 전원 노래pastorella 같은) 또 다른 장르들까지 포함한다. 이 외에도 서정적인 안무와 관련성을 지닌 부수적인 장르인 (음유시인들의 론도rondeau인) 발라드balada와 춤의 노래 단사dansa가 특색을 보였으며, 오일어 영역으로부터 도입된 것으로는 중세 무곡estampida과 레트로엔차retroencha가 있다.

(로망스처럼 단지 강독만을 위한 것이 아닌) 노래를 위한 이러한 시는 아마도 음유시
인들에 의해 글로 쓰였을 테지만(예를 들어, 작품들이 보급되는 매개체가 되었던 낙장인
'양피지 문서breu de pergamina'로 불렸다), 종종 이름이 알려지지 않은 어릿광대들을 통
해서, 그리고 구전으로도 전해질 수 있었다. 약 460여 명의 음유시인들의 작품은 필
사된 서정시집을 통해 전해졌으며(브루넬Brunel이 목록에 포함한 95개의 서정시집), 이
중 4개만이 약 250편의 작품, 즉 전체 문헌들 가운데 대략 10분의 1에 해당하는 것
들의 악보를 보존하고 있다. 이 악보에는 서정시의 정확한 낭독을 위해 필수적인 박
자에 관련한 표시가 빠져 있기 때문에 음악 작품의 해석은 매우 복잡하다. 반면에 글
로 이루어진 작품은 새로운 로망스의 운율 규칙을 따르고 있다. 이를 통합하기 위해
브루네토 라티니(1220년 이후–1294)가 사용한 공간의 은유를 활용함으로써 이러한
규칙들은 설명될 수 있다. 라티니는 시적인 창작을 담벼락과 무게, 숫자, 박자의 길
이가 새겨진 말뚝들로 둘러싸여 있는(여기에서 숫자는 음절의 산정 수치이며, 박자의 길
이는 압운의 계산에 의해서, 그리고 무게는 강세에 대한 운율 분석으로부터 나왔다), 가로질
러야 할 좁고 험한 오솔길에 비유했다. 만일 운율을 시적인 창작에 대한 반복적인 구
조적 제약과 관련한 규칙 전체로 이해한다면, 이러한 규칙들은 시행의 음절의 길이
와 내부의 휴지休止, 주 강세와 이차 강세에 대한 것뿐만 아니라 중세와 현대 유럽 시
창작의 전형적인 특성인 시행의 동화와 시의 형식과 함께 연의 반복에 대해서, 그리
고 마지막으로 각 요소들이 조화를 이루는 통일된 방식으로 구성된 연이나 시행 내
부의 수사학적인 수단들에 대해서 가치가 있다고 말할 수 있을 것이다.

결론적으로 후기 라틴어의 운율 체계에서 유래했으며, 어김없이 음유시인들에
의해 처음으로 사용된(프랭크Frank는 음유시인들의 서정시에서 800개가 넘는 각기 다른
운율 형식들을 목록으로 만들었다) 로망스어의 운율 체계는 다음과 같이 요약할 수 있
다. 1) 음절 일치의 원리에 부합하는 운율 구조의 완성, 2) 미학적, 역사–문화적인
것뿐만 아니라 시행에 통일성을 부여하고 그 시행의 강세를 받는 마지막 모음의 경
계를 수립하기 위한 운율적인 기능을 지닌 동화(압운 또는 유운)의 체계적인 활용, 3)
장르의 구조화(서사시를 위한 레세laisse 형식, 서정시를 위한 시절詩節, 로망을 위한 단운율
의 2행 연구, 교훈시敎訓詩를 위한 4행 연구聯句의 알렉산더격 시행 등) 속에서 운율과 압운
이 결합된 기능적인 조직화. 앞의 2개의 원리는 양적인 체계와 체계적인 동화의 부

재를 특징으로 하는 고전적인 운율에는 나타나지 않으며, 반면에 압운의 활용에 대해서는 로망스어 체계와 게르만어 체계 사이에서 유추할 수 있다.

트루바두르

현재까지 작품이 남아 있는 유럽 최초의 속어 시인은 푸아티에의 백작(기욤 7세 Guillaume VII)이자 아키텐의 공작이었던 기욤 9세다. 프랑스의 가장 강력하고 명망 높은 가문에서 태어난 기욤은 위대한 봉건 군주였으며, 당시 가장 큰 도서관들 중 하나를 가지고 있었다(그의 봉토는 루아르 지방에서 피레네 산맥까지 펼쳐져 있었으므로 왕보다도 더 넓은 땅을 소유하고 있었다). 이 도서관은 샤르트르의 퓔베르(10-11세기)의 친구였으며 자신과 같은 이름을 지닌 위대한 그의 할아버지가 만든 것이었다. 그의 광활한 영지에서는 매우 훌륭한 문화 중심지들이 탄생했다. 퓔베르의 제자인 힐데가리우스Hildegarius가 설립한 푸아티에의 주교 학교와 중세 라틴어 시를 비롯하여 찬송가집, 미사 전례문집의 창작으로 가장 유명한 곳들 가운데 하나인 리모주의 생 마르샬 대수도원 등이 이러한 중심지였다. 전해 내려온 작품들은 없지만, 후대의 음유 시인들에 의해 에블 학파' escola N'Eblon의 대표자로 기억된 방타도른 자작 에블 2세 Ebolus cantator는 그의 봉건 가신임이 분명하다. 당대의 라틴어 연대기에 나타난 기욤에 대한 언급은 매우 사실적이고 방대했다. 그는 위대한 봉건 영주가 광대들의 저속하고 익살스러운 재주들을 흉내 내고("다양한 종류의 놀이 공연에서 빼어난 광대들보다 더 뛰어나다"고 오르데리코 비탈레Orderico Vitale는 기록했다), 방랑 수사들뿐만 아니라 아벨라르(1079-1142)와 루아르 지역 시인들의 특유의 표현을 받아들임으로써 속어로 외설적이고 감성적이거나 우스꽝스러운 노래들을 짓는 것에 열의를 보일 정도로 '쾌활하고 다정하고 순수하고 모험적인', 속박되지 않은 유연한 생각을 가진 사람으로 묘사되었다. 오비디우스(기원전 43-17/18)의 『사랑도 가지가지Amores』의 숭고한 예를 떠올리게 하는 이러한 재미있는 글들facetiae을 시로 승화시킨 것은 페트라르카(1304-1374)가 자신의 창작물에 경묘하고 우스운 시라는 별칭을 붙였을 때 나름의 방식으로 다시 나타나게 될 것이다. 세속적이고 교양 있는 학교와 전례의 전통의 만남, (많은 운율 형식과 기욤이 채택한 일명 '긴 음절의 시'들은 풍자적인 모방을 위해 미사 전례문에 장식적으로 삽입한 어구들에 의해 되풀이되었다) 거리낌 없이 대중적인 것과 재미를 추구했던 이러한 시는 특히 하나의 범례로서 교육적인 결과를 낳았다. 따라서 이미 기원에서부터 새로운 유럽의 시는 서로 엄격하게 분리되어 있다고 생각했지만, 실제로는 매우 가깝고 상호 간에 깊은 관련을 맺고 있으며 각기 다른 세계가 어우러지는 교차점에 위치하고 있었던 것이다.

기욤의 작품은 11편이 남아 있지만 그중 하나는 신빙성이 낮다. 이러한 작품들에서 알아볼 수 있는 시인의 면모는 매우 복합적이고 다양한 모습을 가진다. 밝고 파격적이고 냉소적인 작품들도 있었지만, 다른 한편으로는 그 후에 모든 음유시인들 작품의 전형적인 특징이 되는 (봄의 시작incipit과 가까이 다가가기 어려운 귀부인, 험담꾼 lauzengiers 또는 부드러운 언어에 맞는 봉건적인 이미지의 각색 등과 같은) 주제들을 통해 완벽한 예절을 구현하는 노래들도 있었다. 따라서 서정시의 전통이 이어져 내려온 전 시기에 걸쳐 양식화가 전개된 세 가지 경향은 이미 모두 나타나 있었다고 볼 수 있다. 그것은 감성적인 사랑의 경향과 풍자적 소극풍의 경향, 그리고 (종교적인 것뿐만 아니라 민간의) 도덕적인 영감이었다.

음유시인의 운동은 13세기 말에 끝을 맺는다. 기로 리키에Guiraut Riquier(약 1230-약 1292)는 자신의 마지막 시를 1292년에 쓰지만, 이미 알비파(1208-1229)를 상대로 한 십자군 원정은 프랑스 남부 궁정들의 봉건 체제에 심각한 타격을 가했으며, 이로써 음유시인들의 시가 퍼져 나가고 꽃피울 수 있는 환경 자체가 파괴되었다.

이러한 시작과 끝의 양극단 사이에서 음유시인의 운동은 보통 3개의 시기로 구분된다. 첫 번째 시기는 그 기원에서부터 12세기 중반경에 이르는 기간으로, 대표적인 인물로는 기욤 9세, 조프레 뤼델(12세기)과 마르카브루(12세기)가 있다. 기욤과 마찬가지로 조프레도 대봉건 영주였으며(자신의 프로방스어 작품 〈생애Vida〉에 의하면, 지롱드 강 어귀에 위치한 브라유의 영주였다), 1147년에는 십자군 원정에도 참가한 것으로 보이며, 〈생애〉가 만든 신화인, 한 번도 본 적 없는 멀리 떨어져 있는 귀부인에 대한 그의 유명한 사랑은 계속해서 수많은 시인들(페트라르카, 하이네Heinrich Heine, 카르두치Giosuè Carducci, 로스탕Edmond Rostand, 그리고 파운드Pound와 되블린Döblin)의 상상력을 키우는 데 기여했다. 아마도 귀족이 아닌 미천한 신분으로 1130년과 1148년 사이에 처음에는 푸아티에의 기욤 8세의 궁정에서, 그리고 그 뒤에는 카스티야의 알폰소 7세(1105-1157, 1135년부터 황제)의 궁정에서 활약했던 마르카브루의 창조적인 자극은 더욱 난해하고 견고했다. 그는 특히 성경에서 한두 번밖에 나오지 않는 단어들, 즉 하파스hapax를 비롯하여 밝고 생소한 어휘들이 풍부하게 곁들여진 매우 사실

첫 번째 시기: 뤼델과 마르카브루

적이고 개인적인 언어를 통해 완벽한 사랑을 거짓과 불륜으로 가득 찬 것으로 매도했으며, 궁정 사회의 타락을 고발하고 그 잘못을 비웃었다. 자신의 작품의 가치에 대해 의식을 가지고 있었으며, 자부심이 강하고 고독한 인물로서 의미적 함축과 자발적으로 독설을 지향하는 말하는 방식genus dicendi과 세심한 장식ornatus의 옹호자였던 마르카브루의 작품들 중에서 당대와 후대의 시에 엄청난 영향을 주었던 40여 편의 작품들이 보존되었다.

두 번째 시기: 가장 풍요로운 시기 　음유시인들의 2기(12세기 중반-13세기 중반)는 더욱 풍요롭고 고른 발전을 이룬 시기였다. 이 시기는 1170년대 세대, 즉 '위대한 궁정의 노래'라는 고전적인 방식의 정의가 이루어지는 매개체가 되었던 시인들을 포함했다. 뛰어난 시인들 중에는 방타도른의 베르나르(약 1130-약 1195), 오랑주의 랭보, 알베르녜의 페르Peire d'Alvernhe, 보르넬의 지로, 보른의 베르트랑Bertran de Born, 아르노 다니엘, 마르세유의 폴케 Folquet de Marseille, 페르 비달Peire Vidal, 바케이라스의 랭보, 그리고 일명 트로베리츠 trobairitz라고 하는 여성 시인들도 있었다.

　방타도른의 베르나르는 음유시가의 영감을 그 누구보다도 잘 표현한 시인이었다. 주제와 형식에서 다양한 모습을 지니고 있는 음유시인의 작품을 한데 묶어 살펴보는 것이 비록 진부하고 잘못된 것이긴 하지만, 일반화시켜 보면 베르나르의 시 전반에 흐르는 일관된 주제는 인물에 대한 묘사와는 관련이 없는 구체화된 정서인 사랑이었다. 풍경과 현실 세계는 사라졌으며, 마음의 고독과 사랑받았던 기억에 대한 아름다운 선율과 부드러운 움직임만이 유일하게 남아 있는 서정적인 공간으로 옮겨졌다. 오랑주 공국의 군주로서 1173년에 요절한 랭보에 대해서는 전혀 다른 분위기를 발견한다. 그가 사랑에 대해 무엇보다 즐거움과 대조, 어휘적이고 형식적인 기교를 강조하며 기욤 9세의 경쾌한 문체를 되살렸다면, 매우 독창적인 몇몇 형식들은 단테(1265-1321)에 의하면, '모국어의 가장 뛰어난 창작자'인 아르노 다니엘의 전형적인 방식의 전조가 되었다. 아르노는 ('황소로 토끼를 쫓다', '공기를 쌓다', '밀물을 향해 헤엄치다'와 같이 실제로 불가능한 일들인) 과장법인 아디나톤adynaton의 시인이었으며, 이후에 모든 시대의 시들을 매료시킨 역교차retrogradatio cruciata의 원리에 따라 무의식중에 되풀이된 6행 6연체 시의 창시자였다(단테와 페트라르카뿐만 아니라 미켈란젤로, 세르반테스, 옹가레티Giuseppe Ungaretti, 파운드, 포르티니Fortini까지도 6행 6연체로 시를 지었다). 한 음유시인의 작품에 나타난 사랑과 관련 없는 분야에 대한 예로는, 단테(*De vulgari eloquentia*, II, 2)가 전쟁을 노래하는 최고의 시인으로 인정한 보른의 베르트랑(약 1140-약 1215)의 사실적이고 호전적인 작품이 있다. 오트포르의 영주였던 베르트랑은 정확한 역사적 근거에 바탕을 두고 전쟁의 생생한 소리와 빛깔을 되살리는 한편, 현실과 봉건적인 삶에 가장 효과적으로 접근하는 시를 통하여 카페 왕조와 플랜태저넷 왕가의 전투와 사자심왕 리처드(1157-1199)의 전쟁을 노래했다.

13세기 중반부터 13세기 말까지 이어지는 제3의 시기는 풍자적인 감각을 타고난 페르 카르드날Peire Cardenal(1204-1272년에 활동), 몽타나골의 길렘Guilhem de Montanhagol(1229-1258), 그리고 소르델로Sordello(?-1269)를 비롯한 이탈리아의 음유시인들과 카탈루냐의 히로나의 세르베리(1250-1280년에 활동) 같은 이후의 음유시인들의 작품을 포함한다. 세 번째 시기: 이탈리아의 음유시인들

이미 13세기 중반부터, 그리고 알비파에 대한 십자군 원정으로 유발된 디아스포라 이후에 음유시인들의 유산에 대한 의식적인 체계화를 목격할 수 있었다. 이탈리아에서도 작품 감상과 시인들을 이끌고 조정했던 필사본 편집은 비다스와 라조스 같은 특정한 서사적 장르를 통해서도 이루어졌다. 이러한 작품들은 저자에 대한 접근accessus ad auctores을 모델로 작품 형식을 제안했던 음유시인에 대한 정보를 모아놓은 인물들에 대한 비다스vidas를 전면에 내세웠다. 하지만 이러한 정보는 종종 낭만적으로 묘사되거나 전형이 되었다. 반면에 라조스razos는 작품을 쓰게 된 계기와 특정한 감상의 대상을 설명하는 개별적인 작품들에 대한 서언이었다.

트루베르

트루바두르의 시는 12세기 중반경 북프랑스에서 새로운 환경에 적응했다. 이러한 전환translatio의 상징은 1137년 최초의 음유시인인 기욤 9세의 손녀였던 아키텐의 엘레오노르(1122-1204)와 프랑스 왕 루이 7세(약 1120-1180, 1137년부터 왕)의 첫 번째 결혼과 1154년에 플랜태저넷 왕가의 헨리 2세와의 두 번째 결혼이었다. 음유시가가 루아르 강 북쪽의 프랑스 궁정에 스며들고 트루베르(오일어 음유시인들*)의 경쟁 관계가 시작된 정확한 경로와 상황은 알려지지 않았다. 아마도 프로뱅의 기오Guiot de Provins(12-13세기 활동) 같은 뜨내기 음유시인 또는 어릿광대를 통해서, 그리고 오일어로 쓰인 가장 오래된 2편의 음유시가의 저자로 보이는 크레티앵 드 트루아를 받아들인 엘레오노르의 딸, 샹파뉴의 마리(1145-1198)의 궁정 같은 로망스어 문학에 각 궁정시

별한 주의를 기울였던 특정한 궁정을 통해서였을 것이다. 1170년경의 이러한 시도들이 처음으로 이루어진 작품은 프로뱅의 기오와 모Meaux 지역의 자작인 오이시의 위옹Huon d'Oisy(12세기)의 몇 안 되는 서정시들이었다. 많은 작품을 남겼던 또 다른 샹파뉴의 음유시인인 가스 브륄레Gace Brulé(1160년 이후–1213년 이전) 또한 마리의 궁정에서 활약한 것으로 밝혀졌다. 친구인 뷰메종의 질Gilles de Vieux-Maisons(12세기)과 물랭의 피에르Pierre de Moulins(12세기)처럼 작위가 낮은 귀족 출신 기사였던 브륄레는 제3차 십자군 원정(1189)이 멀지 않은 때에 활약한 것으로 볼 수 있다. 하나의 모델만으로는 이러한 확산을 이해하기에 충분하지 않다. 실제로 오일어와 오크어가 직접 대화하는 여러 목소리가 한데 어우러진 예들도 발견되었으며(예를 들어, 사랑에 대한 트리스탄의 모델에 대해서 크레티앵과 방타도른의 베르나르, 오랑주의 랭보 사이 또는 바케이라스의 랭보와 베퇸의 코농Conon de Béthune[약 1150–약 1220]의 관계는 분명했다), 랭보조차도 트루베르인 오이시의 위옹으로부터 프로방스어 시에 새로운 형식이 도입되었을 때 지금까지와는 다른 강화력을 보여 주었다. 더욱 위대하고 중요한 트루베르 중에는 아당 드 라 알Adam de la Halle과 콜랭 뮈제Colin Muset(13세기에 활동), 샹파뉴의 티보Thibaut de Champagne(1201–1253), 그리고 장 보델(?–약 1210)과 서정적인 어휘의 변화를 결정적으로 구체화시킨 뤼트뵈프Rutebeuf(1250–1285년에 활동)가 있다.

고전적인 주제들 트루바두르의 경쟁자이기도 했던 북부의 시인들은 그들의 모델로 구분된다. 예를 들어, 트로바르 클뤼스trobar clus와 트로바르 리크trobar ric, 사실주의적인 시(몇몇 풍자시와 십자군 원정에 대한 시를 제외한다), 심지어는 신랄하고 역설적인 문체도 결여되어 있다. 실제로 트루베르들의 작품 활동은 주로 고전적인 기사도와 사랑의 시가인 위대한 노래grands chants로 이루어졌으며, 이러한 시가들의 미세한 수사학적 변형들은 항상 일관된 정통파적인 관행의 경계 안에 포함되어 있었다. 실제로 혁신적인 것들은 주로 세심하게 심혈을 기울인 음악과 관련한 것이었다(필사본에는 엄청난 수의 음유시가 선율이 전해 내려왔다). 또한 몇몇 특정한 조건들도 차이를 보였다. 비록 궁정은 예외였지만, 트루베르는 (부르주아라기보다는) 도시의 시인이었으며, 따라서 무엇보다 도시 환경, 즉 아라스 같은 상업적으로 꽃을 피운 북부 지방 도시들에 속해 있었다. 아마도 이러한 이유에서 특정한 장르들에 대한 각별한 취향이 생겼는지도 모른다. 흔히 '객관적인 장르'라고 불린 이 장르는 트루베르들에게는 알려져 있지 않던 것으로, 한편으로는 위대한 궁정 시가와 대비를 이루면서도 다른 한편으로는 고전적인 형식을 지속하고 있는 것으로 보였다.

이러한 장르들 중에는 밤에 깨어 있는 연인들과 그들의 헤어짐에 대한 주제를 전 레와 여인의 시가들
개한 새벽의 노래alba와 특히 레lais와 여인의 시가들 같은 서정적-서사적인 언어의
전형적인 기록이 있다. 이러한 작품들 중에서 약 80여 편이 남아 있는 물레질 노래
chansons de toile를 살펴봐야 한다. 주로 10음절로 이루어져 있으며, 짧막한 서사적인
이야기 형식으로 쓰인 이 시가들은 창가에서 수작업에 참여하며 유혹의 몸짓과 멀리
떨어져 있는 사랑을 노래하는 여인들을 소재로 했다. 이 밖에도 시가 전체에 봄의 시
작incipit이라는 주제를 적용한, 일명 봄의 노래인 레베르디reverdie와 남편을 잘 못 보
는 여인, 즉 불만족스러운 결혼을 한 여인의 노래, 그리고 오크어 음유시가를 모형으
로 하는 인물들에 대한 시가인 파스투렐pastourelle이 독특했다. 그리고 음악이나 합창
에 각별한 신경을 기울인 론도rondeaux와 발라드balletes 장르도 번영을 누렸다. 트루
베르는 오크어 음유시가를 유럽으로 퍼트린 최초의 움직임이었다. 곧 이베리아 반
도, 북유럽과 독일 지역, 그리고 이탈리아는 각각 그들 나름의 언어로 위대한 궁정시
가, 즉 점차 음악 공연을 벗어나 서정적인 자아의 구성을 명확히 함으로써 현대 서양
시의 전형이 될 표현 양식을 '해석하게' 된다.

| **다음을 참고하라** |
문학과 연극 종교시(470쪽); 교훈시, 백과사전적 시, 우화시(498쪽); 중세 라틴어 문학 장르: 우화와 풍자(510
쪽); 라틴어 시와 학생 방랑 시인의 풍자시(516쪽); 라틴어 서사시(527쪽); 마리 드 프랑스(553쪽)

연극

LETTERATURA E TEATRO

전례와 종교극

| 루치아노 보토니Luciano Bottoni |

성직자들의 자유로운 학교뿐만 아니라 수도원 학교 또는 교회법 학교의 문화가 전통과
혁신, 권력에 대한 지식과 철학, 성직자들과 평신도들 사이의 갈등을 통해 혁신이
이루어졌던 정치적·종교적인 대충돌의 시기에 그리스도교회의 제전 속 전례는
극적인 상징적 표현을 표명했으며, 공연을 위한 의식儀式의 발전을 이끌었다.

교회 극장과 '배우' 사제

이미 11세기 말에 오툉의 주교 호노리우스(?-약 1137)는 비극 배우와 미사 집전 신
부의 이미지를 중첩시켰다. "극장에서 비극을 공연하는 사람들은 연기를 통해 관객
들에게 전사들의 행위를 묘사하는 것으로 우리는 알고 있다. 이처럼 우리들의 비극
배우도 자신의 몸짓을 통해 그리스도교의 민중들에게 교회라는 극장 속에서 그리스
도의 투쟁을 표현했다"(『영혼의 보석Gemma Animae』). 따라서 호노리우스는 사제들에
게 성부에 의해 용인된 신의 죽음 속에서 말씀의 의식을 통해 성자의 육신이 상징적
인 제물로 바쳐지는 속죄의 희생을 위한 비극 배우의 역할을 상기시켰다.

이러한 교회 극장theatrum Ecclesiae에서 건축적인 공간 자체는 신자들에게 믿음의
진실로 충만한 곳이었다. 주랑 현관 또는 정면의 소小예배당, 동양식 둥근 천장 지붕

은 갈릴레아Galilea라는 이름으로 불렸으며, 이것을 치장하는 조각상들과 장식들처럼 천국과 지옥의 대립적인 역할과 의미를 보여 주는 최후의 심판에 대한 무대의 전환으로 상징될 수 있었다. 교회 내부에 있는 중앙 제단은 순교/부활의 장소로서 무덤의 우화적/상징적 가치를 지니고 있었지만, 성찬식 때 장막을 늘어뜨리는 그 위의 제단 닫집은 크리스마스 예배에서 아기 예수를 안고 있는 성모 마리아의 도상을 이례적으로 보여 줄 수 있었다. 신자들의 모임에서 교회력의 전례 과정들은 십자가의 길via crucis의 극적인 권역별 구분으로 나뉜 감성적인 공간들을 더욱 친근하게 만들어 주었다. 탄생의 신비로운 동굴 또는 부활의 무덤은 성당 지하실과의 항구적이고 고통스러운 일종의 연결인 무덤과 요람의 이중적인 이미지로 자리 잡고 있었다. 전례의 공연에는 합창대와 제식의 집행자들의 대화 속에 고전적인 드라마의 구도를 되살리며 2개의 합창이 대화하듯 노래하는 안티포니아antiphonia의 형식으로 찬송가의 합창과 음악이 함께했다.

　정서적으로 더 강할 뿐만 아니라 전례 의식들 가운데 가장 두드러진 공연과 관련한 특성들은 그리스도의 수난과 죽음, 부활의 재현을 통한 성주간의 부활절 예배에 특히 잘 나타났다.

전례 행사의 연극화와 시각화

이러한 행사들은 전례의 순간을 풍요롭고 다양하게 만들어 주었으며, 성토요일 밤에 거행되었던 부활절 미사의 입당송으로 수사들이 불렀던 〈누구를 찾느냐Quem quaeritis〉라는 짧은 작품은 3명의 마리아의 무덤 방문에 함축적으로 나타나 있는 대화적인 구조의 연극성을 차츰 강조하기 시작했다. 흰옷을 입고 천사 역을 맡았던 합창단원은 제단 가까이에 자리 잡았고, 나머지 3명의 성가대원은 3명의 여인들의 역할을 수행하기 위해 단상에서 내려와 합창대 중앙으로 이동하여 노래로 이루어진 대화를 시작한다. 그리고 수도원 단체의 부활절 예배가 먼저 수도원의 가족들과 보조 수사들에게 공개되고 그 뒤에 일반 신도들에게 개방되었을 때, 천사의 물음과 부활에 대한 예고는 〈무덤에 가서Visitatio Sepulchri〉의 순간을 가시화하기 위한 연극 무대의 기초적인 보조 요소들을 갖추게 되었다. 의식은 돌로 된 묘지와 관을 덮는 천, 십자가를 활용했다. 세 번째 (독창자와 성가대가 번갈아 노래하는 전례 성가인) 레스폰소리움 responsorium(전례에서 불려지는 응송*)이 울려 퍼지는 가운데 천사를 재연한 수사는 빈

승리의 대미

무덤으로 내려갔으며, 목에 짧은 망토를 두른 3명의 수도사들이 머뭇거리는 3명의 여인의 자세를 취하며 나아갔다. 중간음의 부드러운 목소리로 "그리스도교인들이여, 무덤에서 누구를 찾느냐?"라는 노랫소리에 대해 3명의 여인들은 한목소리로 "십자가에 못 박힌 나자렛의 예수입니다, 천사이시여"라고 답했다. 대화체 형식의 노래는 교창 성가를 재촉했으며, 예수의 몸을 휘감고 있는 신성한 몸의 환유인 십자가 없는 무덤에서 끄집어낸 그리스도의 성해포聖骸布(성인의 유골을 감싼 포*)의 제시로 이어졌다. '교회 극장'에서 기쁨의 외침 소리인 할렐루야가 우렁차게 울려 퍼지는 가운데 죽음과 부활의 색깔인 눈부신 흰색의 사용은 하늘의 영광을 받고 득의양양하게 인간의 유한성과 묘지의 오점을 극복한, 보이지 않는 그리스도의 육신에 대한 숭배를 찬양했다. 그 뒤에 〈무덤에 가서〉는 여인들의 통지를 받고 역시 무덤으로 달려간 사도 베드로와 요한에게까지 확대되었으며, 합창 성가는 이 행위에 대한 비통한 해설자의 역할에 적응했다.

13세기 후반에 와서야 〈무덤에 가서〉는 그리스도의 육신의 상처를 완화하기 위한 향유를 공급하는 향유 상인unguentarius이라는 인물을 보강했으며, 결말 부분에서는 휘황찬란하게 다시 나타나기 전 청과물상의 모습으로 막달레나 앞에 나타나는 극적인 장면이 첨가되었다.

대화의 확장은 점진적으로 그리스도의 체포와 재판, 십자가의 길, 십자가형, 그리고 성모 마리아의 탄식planctus Mariae으로까지 이어졌다. 이러한 명확한 표현들을 통해 진정한 성극의 모습을 띤 주제와 인물들의 확산이 이루어졌다. 이제 종교극은 전례를 대체하게 되었으며, 서구 유럽에서 연극의 부활을 예고했다.

수난극과 바이에른의 막달레나의 유혹

고통과 회한　〈카르미나 부라나〉의 필사본에 보존되어 있는 가장 유명한 수난극 중 하나는 12세기 후반으로 거슬러 올라가며, 그리스도를 골고다의 십자가로 이끌었던 사건들 전체를 극화했다. 글머리의 해설은 필라투스Pilatus와 헤로데Herodes를 그들의 군사들과 함께 무대로 불러냈으며, 구세주는 어부인 베드로와 안드레아Andrea를 부르며 활동을 시작했다. 장님을 치료한 이후에 합창은 그리스도의 예루살렘 입성을 노래했으며, 막달레나의 일을 화해하기 위한 바리새인의 식사 초대가 있었다. 그 여인은 속세의 즐거움에 대한 강렬한 쾌감을 독일어로 읊으며, 궁정 여인의 화려함을 강조했다. "쾌락 속에 나를 불태우기를 원하며, 어떠한 색정도 마다하지 않을 것이오. (중략) 나를 바라보시오, 젊은이들, 그리고 나를 좋아하도록 해 보시오." 향수 상인과 연인이 그녀를 만족시키지만 밤에 갑작스럽게 나타난 천사는 죄를 지은 이 여인을 구원을 향한 운명의 격변으로 이끌었다. 천사의 검은 망토가 연인과 악마를 쫓았음에도 불구하고, 바리새인은 매춘부가 포옹하고 자신의 발에 기름을 바르는 것을 허락하는 자의 예언 능력을 희극적인 대선율對旋律의 노래를 통해 의심했다. 유다Juda 또한 향기로운 향유의 낭비를 비난하며, 그에 못지않게 의심했다. 라자로Lazarus의 부활과 유다의 배반, 올리브 산에서 예수의 고뇌에 찬 불면이 이어지는 가운데 4명의 제자들은 잠에 빠져들었다. 예수의 체포 장면에서는 그 과정을 목격한 사람들을 죄 없는 예수를 필라투스와 헤로데에게 인계한 자들과 별반 차이 없는 것으로 비교하였다. 십자가가 세워지기 전에 해설은 악마에게 뉘우치며 울고 있는 유다를 스스로 목매달아 죽도록 유도했다. 요한의 부축을 받은 마리아는 죽어 가는 예수의 괴로움을 고대 독일어로 쓰인 3개의 시절時節을 통해 슬퍼하기 위해 앞으로 나왔다. 3개의 시절 다음에는 라틴어로 된 애가가 이어졌다. 그 애잔한 노래 가사는 마리아가 예수를 잉태한 순간부터 겪게 될 것임을 알고 있던 고통을 보여 주는 "신실한 영혼들이여, 탄식하라……", "나의 생각 속에 감추어진 성모 마리아의 비밀 (중략) 나를 찌르는 칼"이었다.

수난극과 함께 예수 탄생극Ludus de nativitate은 비슷하게 극적이고 복잡한 운율을 취했는데, 이 작품 역시 크리스마스에 예수의 탄생이라는 주제와 관련한 다른 전례들을 만들고 통합하기에 이르렀다.

적敵그리스도의 오라토리오와 무용의 시각적인 요소

복장과 몸동작(무용)의 시각적인 구경거리와 관련하여 진정한 장식의 성공은 적그리스도Antichrist극으로 본다. 12세기 독일 교회를 무대로 했던 이 극은 로마와 그리스도교 제국의 멸망 시기에 종말론적인 인물의 출현과 연관된 것이다. 416개의 시행으로 이루어진 100개가 넘는 해설은 음악과 시가 어우러진 오라토리오oratorio의 대략적인 줄거리를 조정했다. 눈이 휘둥그레진 신도들 앞에서 무대 위 황제의 군대는 프랑크인들과 대결했으며, 바빌로니아의 왕이 예루살렘을 포위하고 있는 사이에 그리스 왕을 굴복시켰다. 그때 황제는 바빌로니아 왕을 공격하고 신전 안의 교회를 포위

적그리스도의 숭배

하였음에도 불구하고, 적그리스도가 위선자들과 이단들의 지지로 그리스 왕과 프랑크인들의 왕을 유혹하여 자신의 권력에 굴복시켰다. 또 세 가지 거짓 기적들을 통해 독일 왕을 부추겨 우상 숭배자들과 유대교 예배당을 굴복시키기 위한 용도로 썼다. 이제 최후의 저항에 맞서기 위해 메시아로부터 총애를 받았던 예언자 엘리야Elijah와 에녹Enoch만이 남게 되었다. 하지만 적그리스도가 자신에 대한 예찬을 기념하는 사이에 대단원의 파국이 대지를 흔들어 놓는 요란한 소리와 함께 그를 무너뜨렸으며, 교회는 다시 자신의 권위를 회복했다. "나는 주님의 집에 있는 열매가 무성한 올리브 나무와 같다오."

12세기 이후로 적그리스도의 오라토리오는 극적인 효과를 지닌 합창의 특성과 함께 서구 유럽의 거의 대부분의 교회들에서 다양한 형태의 공연들을 발전시켰다.

희극적인 선도로 정당화된 성극

클뤼니 수도사들의
스포소

연극적인 오락에 대해 성극은 이제 극을 통한 전례와 관련한 공연들뿐만 아니라 성경 외의 복음서들과 성인들의 전집으로부터 내용을 뽑아내고 주제와 연관된 창작력과 방언들을 가미하여 혁신적인 작품들을 제공했다. 민중들을 위한 이러한 즉흥적인 작품들은 음유시가가 활발하게 꽃을 피운 아키텐 지방의 클뤼니회 수도사들이 만든 스폰수스Sponsus의 구조에서 발견할 수 있다. 스포소Sposo는 그리스도의 기다림과 도착을 돌이킬 수 없는 최후의 심판의 의미로 곡해하여 램프에 기름을 채워 넣지 않은 우둔한 성모 마리아들과 현명한 성모 마리아들의 비유담으로 극화했다. 반면에 주제와 관련한 독특한 일탈은 플뢰리의 대수도원에서 만들어진 몇몇 작품들에 남아 있다. 이들 중에는 성 니콜라우스St. Nicholas의 성인전집에 영감을 받은 '기적' 작품집이 있다.

플뢰리 수도원의
'기적' 작품집

첫 번째 작품인 〈3명의 소녀Le tre ragazze〉는 빈곤에 빠진 한 아비의 집에 신의 섭리로 금으로 만들어진 가방 3개가 떨어진 것을 극화했다. 사실 큰딸은 몸을 파는 것에 대해 이미 체념하고 있었지만, 다른 두 딸들과 마찬가지로 성인으로부터 때맞춰 제공된 지참금 덕분에 남편을 만나게 되었다. 〈3명의 성직자Tres clerici〉라는 다른 작품은 늙은 집주인 부부를 등장시킨다. 3명의 학생들을 손님으로 받은 이 부부는 그들의 두둑한 가방을 차지하기 위해 그들이 잠든 사이에 3명을 모두 살해했다. 하지만 성 니콜라우스가 도착하여 죄인들을 회개시키고 젊은이들을 되살렸다. 세 번째 기적적인 사건은 〈제토네의 아들Il figlio di Gettone〉로 극화되었다. 이 극은 왕의 아들이 납치되어 이교도인 마르모리노Marmorino의 노예가 되지만, 끝까지 자신의 신앙을 수호하다가 어머니의 간절한 호소로 성 니콜라우스가 그 아들을 다시 도시의 성문 앞으로 데려온다는 내용이다. 성 니콜라우스는 〈성 니콜라우스의 놀이Ludus super iconia Sancti Nicolai〉라는 연극에서도 주인공이었다. 도둑들이 성인 조각상에서 귀중한 보물 상자를 빼내어 갔을 때, 범인들을 쫓고 그들을 교수형에 처할 것이라고 위협하며 생명을 다시 얻었다. 이때 종교극은 아직 초기 단계이기는 했지만, 〈키프리아누스의 만찬Coena Cypriani〉이 이미 무언극 방식을 통해 고무시켰던 것처럼 성스러운 것과 세속적인 것을 풍자적으로 어우러지게 하여 희극적인 해학hilaritas을 표현하고, 이를 자기 것으로 만들었다.

고전극: 수용과 논평

| 루치아노 보토니 |

시장과 대학, 국제적인 정기시定期市의 부활은 11세기에 고대의 문학적인 명성을 되찾으려는 야심을 지닌 문화적 혁신에 도움이 되었다. 그리하여 오비디우스와 플라우투스에 대한 숭배로부터 학교를 중심으로 여성 혐오적이고, 풍자적이며, 소극풍의 다양하게 변형된 형태들과 더불어 애가조의 희극이 탄생했다.

문화적 혁신과 '애가조의 희극'

12세기 중반경 오를레앙과 샤르트르, 아라스 사이의 루아르 계곡에서는 농업과 가내 수공업 생산과 함께 대규모 정기시들이 번영을 되찾아 부흥했으며, 이와 아울러 수도원 학교와 주교의 신망을 받는 민간 학교, 그리고 성당의 문화적인 삶도 다시 꽃을 피웠다.

학생들과 선생들의 공동체적 또는 조합적인 성격의, 그리고 종종 비종교적인 조직인 대학이 발전했다. 세속적인 면에서 이러한 문화적 혁신은 고대 문학과 라틴어 희극 작가들의 작품, 그리고 오비디우스의 시에 대해서도 나름의 관심을 기울였다.

플뢰리
수도원의 희극

루아르 계곡의 플뢰리 수도원으로부터 유래한 20여 편의 작품들은 오비디우스의 애가조의 2행 연구에 의해 조정되기는 했지만, 바로 플라우투스(기원전 약 254-기원전 184)와 테렌티우스(기원전 195/185-기원전 약 159)의 양식과 등장인물들로부터 영감을 얻은 것들이다. 학자들은 그 형태가 때로는 서사적이고 때로는 대화체의 형식을 띠고 있으며, 종종 그 의도가 극적인 방식을 통해 민중적인 취향의 우화시와 소설로 이루어진 파블리오(프랑스에서 12세기에 유행한 운문의 짧은 이야기*)에 자주 등장한 현실적이고 풍자적이며 자극적인 상황들을 극화하기 위함이었음에도 불구하고, 이 문헌들을 '애가조의 희극'이라고 정의했다.

희곡과 이야기로 이루어진 시가 혼합된 연극조의 극적인 성격의 작품들을 축제 때 학생들이 낭독하거나 연기했으리라고 보는 것도 불가능하지는 않지만, 주로 학교 주변에서 연구와 강독의 대상이 되었을 것이다. 적어도 전통적인 무언극처럼 다양한 등장인물의 목소리와 성향을 파악하는 능력이 있는 단 1명의 배우가 연기하고 대화체로 표현한 독백으로는 활용되었으리라고 본다. 분명한 것은 이러한 작품들 중 해박한 성직자들이 무대 위에서 연기하기 위해 수용한 것은 채 10여 편도 되지 않았다는 점이다.

블루아의 비탈: 『게타』와 플라우투스의 『아울룰라리아』

『게타』 속에 나타난
철학적 풍자

이러한 지식인들 중에는 단연 블루아의 비탈(12세기)이 돋보였다. 수사학적인 기교의 대가였던 그는 플라우투스의 『암피트리온』을 모방한, 혹은 고대 후기의 개작들을 모방한 자신의 작품 『게타』를 통해 1140년에 새로운 작품 양식을 제안했다. 기본적인 줄거리에 의하면, 하인인 게타는 자신의 주인이 제우스가 항시 탐할 기회를 노리고 있던 아름다운 부인 알크메네Alcmene를 남겨두고 전쟁터로 떠난 집으로 돌아오다가 자신의 모습으로 변신한 아르카데Arcade를 만나게 된다. 파리의 궁정에서 철학과 변증법의 논리를 귀동냥으로 배웠던 이 하인은 독백으로 다음과 같은 표현을 하며 자신의 존재에 대한 위기를 나타냈다. "나란 놈은 정말 딱한 존재로다! 처음에는 존재라도 있었건만 이젠 아무것도 아닌 것이 되어 버렸구나! 게타, 넌 도대체 누구인 거냐? 남자냐? 아니, 맙소사! 만일 게타가 남자라면, 게타말고 누구이겠는가? 나는 플라톤이다. 아마도 나의 공부가 나를 플라톤으로 만들었을 것이다. (중략) 변증법은 악마에게 꺼져 버려라. 변증법의 잘못 때문에 이제 내가 악마에게 가게 생겼다! 이제 나는 안다. 아는 것은 해로운 것이다."

독백은 계속해서 궤변들에 대한 학문이, 철학적인 논쟁에 대한 유쾌한 풍자를 이해할 수 있는 유일한 사람들이었던 교양 있고 틀에 박히지 않은 성직자들 같은 학식이 풍부한 대중의 명백한 오락이라고 공격했다. 고통스럽고 저속한 하인들이 출연한 이후에 영리한 알크메네 또한 날카로운 궤변을 읊으며, 불륜을 의심하는 암피트리온을 진정시킨다. "나는 분명 당신과 함께 있었던 꿈을 꾼 겁니다……."

학교 교육을 통하여 고대인들의 지식을 연마함으로써, 그들로부터 자유로워질 수 있다는 확신을 가지게 된 블루아의 비탈은 자신의 두 번째 희극 『아울룰라리아』의 머리말에서 플라우투스의 작품보다 자신이 작품이 더 우월함을 주장하는 것을 주저하지 않았다. 그는 자신의 작품을 작자 미상의 『쿠에롤루스Querolus』와 혼합함으로써 플라우투스의 작품과 차별화했다. 금이 가득 찬 보석함을 물려받은 주인공 쿠에롤로Querulo는 자신의 탐욕스러운 하인인 사르다나Sardana가 저지른 도둑질을 막아야만 했으며, 인간의 역설적인 운명과 신에게 주어진 역할에 대해 생각하게 되었다. "인간들의 어리석은 신앙심은 스스로 만들어진 신을 섬기는 데에 만족하며, 신의 존재를 결정하는 것은 바로 이러한 신앙심 자체다. 인간은 자신의 손으로 만든 우상 앞에서 떨며, 명령을 내려 달라고 요청한다. (중략) 만일 인간들이 멍청하지 않았더라면, 아마 신들은 구걸이나 하고 있었을 것이다."

그의 이야기 상대자인 정교회 신자 라레Lore가 사건들의 과정 속에는 순서가 있다고 주장하는 사이, 젊은 주인을 속이기 위해 마법사로 변장한 영악한 사르다나는 샤르트르 학교의 우주 이론에 대해 동료를 비웃고, 보석 상자 앞에서 진공의 원리를 논하며, 교양에서 전혀 떨어지지 않음을 보여 주었다. "비어 있는 것은 아무것도 없다. 우리를 둘러싸고 있는 공기는 손으로 만지거나 느낄 수 없는 특성으로 인하여 어떤 공간도 비어 있는 채로 존재하는 것을 허용하지 않는다. 공기는, 어떠한 물체에서도 공간을 빼앗지 않듯이 어떠한 물체로부터도 배제되지 않는다. 공기는 보이지 않는

『아울룰라리아』,
어리석은
신앙심에 맞서다

구멍들을 통해 모든 사물에 침투한다." 비탈의 두 희극의 성공은 작가들의 의도와 독자들의 기대 속에서 경합해야 할 모델이 더 이상 플라우투스나 테렌티우스가 아니라 『아울룰라리아』와 66편의 필사본으로 거듭난 『게타』라는 것을 보여 주었다.

'희극' 장르의 국제적인 부활

성애에 대한 주제 　헨리 3세Henry III(1207-1272, 1216년부터 왕)의 잉글랜드에서도 음탕하고 허풍쟁이인 군인에 대한 재치 있는 조롱을 담은 작자 미상의 『바우키스와 트라소』가 젊은 여인 글리세리오Glicerio의 유린당한 처녀성을 회복하기 위해 중매인인 바우키스가 이용했던 예언을 극화했다. 겉모습을 활용하는 교묘한 수법은 우연히 찾아온 사람을 유혹하기 위해 사르다나가 『아울룰라리아』에서 이용했던 속임수들과 야비한 마술을 떠올리게 한다. 선정적인 주제의 교묘한 재현은, 메난드로스(기원전 343-기원전 291)의 『안드로지노Androgino』에서 차용하여 블루아의 기욤Guillaume de Blois(12세기)이 1166년과 1169년 사이에 굴리엘모 2세(1153-1189)의 팔레르모 궁정을 위해 준비한 희극 작품인 『알다』 이야기와 대화 장면들에서 유혹과 기만의 다양한 변형으로 나타났다. 딸이 부인처럼 출산 중 사망할 위험을 없애기 위해 아버지가 늘 감시를 했던, 엄마 없는 여자아이 알다의 이야기는 마녀 스푸르카Spurca에 매료되어 있던 뻔뻔한 하인 스푸리오Spurio의 활약에 쓸데없이 의지한 피로Pirro에 의해 전개되었다. 늙은 유모만이 동정심을 느끼고, 알다의 친구인 피로의 여동생과 피로가 놀라울 정도로 닮은 점을 이용하여 여동생으로 변장한 피로를 사랑하는 여인의 방으로, 그리고 그 뒤에는 침대로 들어가도록 도와주었다. 순진한 알다는 가짜 친구의 외설적인 성인식에 열광적으로 참여하며, 심지어는 시장에서 더 굵은 '꼬리'를 사지 않았다고 나무라기까지 했다. "이런 몹쓸 인간아, 빌어먹을 절약이로다! 너의 꼬리가 제일 큰 것이었다면, 너는 돈은 없지만 행복하였으리라!" 알다가 임신한 것을 알게 되었을 때, 그녀의 아버지는 피로의 여동생을 양성애자로 고발하지만 피로와의 결혼으로 모든 것을 정리했다.

　성직자들과 궁정인들로 이루어진 선택된 독자들에게 희극 장르의 부활은 상류층 여성들을 편들며, 교부들이 행했던 여성 혐오적인 풍자를 조롱하고, 하인 같은 등장인물들을 부각시키기 위해 이러한 풍자를 수용할 수 있게 해 주었다.

여성 혐오의 희화적인 측면과 양면성

여성 혐오의 양면성은 오를레앙의 아르놀포(12세기)의 작품으로 여겨지는 『리디아』 **대담한 난봉꾼들**
에서도 드러난다. 이 작품에서는 육체관계를 가지는 것을 주저하는 피로의 망설임
을 은밀히 수습할 정도로 수완이 좋았던 여주인공의 사랑에 대한 확고한 의지가 남
편이 지켜보는 바로 앞에서도 간통을 저지를 정도로 그녀를 대담하게 만들었다. 공
작의 정원에 있는 잎이 무성한 배나무 위로 올라간 젊은이는 부도덕한 행위에 분개
하며 리디아와 공작과의 갑작스러운 밀회를 보고 있는 척했다. "공작님, 그만이오!
이제 제발 그만하세요! 여기에서 이런 불결한 행위를 하시면 안 됩니다. 이것은 천
박한 사랑이고 무분별한 색정입니다. 숨을 헐떡거리는 당신의 리디아와 다른 곳에
서 관계를 가질 수 있잖아요……" 공작은 그 속임수에 넘어갔으며, 확인하기 위해
나무 위로 올라가 몸을 떨며 두 연인의 적나라한 관계를 지켜보았다. 하지만 그 잘못
이 나무, 즉 '비어 있는 것에 실체를 부여하는' 배나무에 있다는 확신을 가지고 마지
막에는 나무를 베어 버리라는 명령만을 내릴 수밖에 없었다.

베네벤토의 야코포(13세기)의 희극 『제화공의 아내La moglie del calzolaio』에서 독자
들에게 제공된 여성 혐오에 대한 시각 또한 그 양면성이 덜하지 않다. 공문서 기록관
인 저자의 법률적 성향은 여성을 돈으로 매수하는 것에 대한 일반적인 생각을 바꾸
어 놓았다. 아름다운 여인은 처음에는 자신에게 반한 사제의 선물이 아닌 애원에 더
굴복하는 척했으며, 그 뒤 탐욕스러운 제화공에게 유혹하려 했음을 밝힌 뒤에는 협
박을 위한 미끼에서 고분고분한 연인으로 변모했다. 격언은 다음과 같이 설명한다.
"계략을 계략으로 물리치는 것은 각자에게 정당한 것이다."

『멍청이』, 희극의 촌뜨기

익명의 영국 작가가 지은 『멍청이Babbeo』라는 작품 또한 성직자들의 교양 있는 사회
에서 농촌 세계와 거칠고 오만한 농부에 대한 풍자적인 조롱으로 탄생했다. 이 작품
의 첫 번째 부분에서는 자신에게 '나뉘지도 않고 움직임도 없는' 고통을 가져다준 젊
은 처제 비올라Viola를 갈망하는 부유하고 소심한 바비오네Babione라는 인물을 등장
시키고 있다. 그의 경쟁 상대로는 자신의 물건들뿐만 아니라 부인인 파퓰라Papula마
저도 가로채는 집안의 하인 포디오Fodio를 내세웠다. 그 멍청이가 처제에게 마침내
고백을 하자("비록 남자이지만, 당신에게 굽히고 들어갈 것이오") 그의 상관인 크로체오

Croceo가 고압적으로 비올라에게 육체적인 허락을 강요하기에 이르렀다. 사랑에 눈먼 자만심 강한 이 사람은 대조법의 수사학적 표현의 장점을 살려 아내를 재평가하며 처제를 체념했다. "페툴라Petula는 비올라와는 다르다. 그 여자는 거짓말쟁이이지만 내 아내는 고결하다. 그 여자가 밤이라면, 내 여자는 낮이다. 그 여자가 들장미라면 이 여자는 장미다. (중략) 그 여자는 뱀, 이 여자는 비둘기. 그 여자는 모든 게 사기, 이 여자는 모든 게 품위." 두 번째 부분은 이제 하인과 부인의 불륜 관계를 알게 된 바비오네를 등장시키지만, 애인 관계의 두 남녀는 위증을 통해 그를 혼란에 빠트릴 수 있었다. 바비오네가 이들을 불시에 덮치고자 했을 때, 그는 도리어 매질을 당하게 된다. 세 번째 장면에서 2명의 친구들에게 도움을 요청하고 군사력을 동원하는 것도 아무런 소용이 없었다. "나는 불륜을 추적하였습니다. 순결한 달의 여신이여, 나는 당신의 깃발 아래 있는 군인입니다. 당신이 지니고 있는 모든 힘으로 당신의 군대를 보호해 주세요!" 하지만 신화도 이 바보의 비참한 최후를 막을 수 없었다. "나는 너의 권력의 도구만을 가져갈 것이다. 너에게 더한 모욕을 주고 싶지는 않구나"라고 포디오는 냉소적으로 말했다. 그의 주인에게는 수도원으로 들어가는 것 외에 선택의 여지가 없었다.

전체가 대화체로 이루어진 이러한 소극풍의 희극 구조는 연극 상연에 대한 가정에서 학자들을 갈라놓았다. 실질적인 공연은 하지 않고 여러 사람의 목소리가 함께 어우러지는 낭독을 위한 것이었을까? 여러 역할의 목소리와 성향을 취할 수 있는 능력이 있는 단 1명의 배우의 모사 낭독이었을까? 아니면 개별적인 배우들에 의한 진정한 연극 상연으로 실현되었는지에 대해 의견 일치를 보지 못하고 있는 상황이다.

비극적인 장르의 부활을 위한 수사학적 시도

낭독 또는 수사학 연습을 위한 용도의 이야기체 문학은 비극적인 장르의 고급스러운 문체에서 더욱 두드러지게 나타났다. 이러한 비극적인 장르에 블루아의 기욤 역시 일반적인 애가조의 2행 연구를 사용하여 자신만의 문학적인 역량을 쏟아부었다. 이러한 고대 비극의 재해석의 본보기는, 샤르트르 학교의 선생으로 이야기와 대화를 번갈아 들려주고 퀸틸리아누스(약 35-약 96)의 『변론집Declamatio』을 극화한 베르나르두스 실베스트리스(12세기)의 『부친 살해Patricida』다. 주인공은 오이디푸스처럼 끔찍한 신탁의 표적이 되었으며, 그의 어머니는 그것을 숨기고 그 젊은이는 로마의 왕위에 오르게 된다. 오만해진 어머니는 더 이상 비밀을 감출 수 없었으며, 아버지는 자신의 목숨을 영광스러운 아들에게 바치며 명예를 회복했다. 젊은 왕은 운명적인 폭정으로부터 자유로워질 수 있었으며, 원로원 의원들에게 왕국을 포기한다고 선언했다. "나의 열망을 자유롭게 실현하기 위해 나는 곧 왕의 직위를 버릴 것이오." 이러한 경구는 국가의 모든 권리보다 개인적인 애정에 가치를 부여하는 것으로 보인다.

세네카(기원전 4-65)의 이름으로 엄격하게 하나로 묶을 수 있는 문맥 속에서 작자 미상의 117개 2행 연구로 이루어진 『아프라와 플라비오Afra e Flavio』의 모험이 전개되었다. 불임 판정을 받은 비극적인 여주인공은 사내아이를 낳게 되고, 재판정으로부터 간통녀로 여겨졌으나 극적으로 아버지와 아들의 쏙 빼닮은 점을 보여 줌으로써 재판관을 설득했다. 하지만 플라비오의 분노는 진정되지 않았으며, 갓난아이와 함께 아프라를 한 섬에 방치했다. 이 섬에서 젖이 말라 버린 어미는 맹수들에게 자신의 아기를 내맡기기보다는 자신이 잡아먹는 것을 선택했다. "나의 자궁이 너의 생명을 잉태하였으니, 나의 아들아, 나의 내장이 그 생명을 끝낼 것이다." 애처롭고 소름 끼치는 기억으로 그 여자는 아이의 한 손을 간직했다. 배 한 척에 의해 구조되어 고국으로 되돌아온 여인은 충격에서 벗어나지 못한 상태에서 플라비오에게 유체를 먹을 것을 권한다. 어미에게 유아 살해를 전가한 아비의 처벌을 원한 것이다. 그 여자는 '유배의 동반자'인 자신이 낳은 아기의 운명을 따라 자살로 속죄했다. "생명은 생명으로 죽음은 죽음으로 바꾸리니, 나의 죽음으로 아기의 죽음을 갚고자 한다." 이는 많은 희극들의 여성 혐오로부터 일종의 격렬한 해방이었다(또는 그렇게 비쳤다).

비극 속 여성의 해방

| 다음을 참고하라 |
문학과 연극 중세 라틴어 문학 장르: 우화와 풍자(510쪽); 라틴어 시와 학생 방랑 시인의 풍자시(516쪽); 전례와 종교극(590쪽)

시각예술
Arti visive

시각예술 서문

| 발렌티노 파체Valentino Pace |

역사적 맥락 11세기는 권력을 쟁취한 작센 왕조의 오토 3세(980-1002, 983년부터 황제)와 함께 시작되었다. 오토 2세(955-983, 973년부터 황제)와 비잔티움의 공주 테오파노(약 955-991, 973-983년에 황후)의 아들인 그는 비잔티움 황제의 딸과 혼인이 약속되어 있으나, 이 약혼녀가 배를 타고 바리에 도착하자마자 오토 3세는 22세의 이른 나이에 사망했다(1002). 만약 오토 3세가 이때 숨을 거두지 않았다면, 독일의 역사학자 카를 리카르드 브륄Carl-Richard Brühl이 기록한 것처럼 이들이 낳았을지도 모를 상속자는 4분의 3이 '그리스' 혈통이고 4분의 1만이 독일 혈통으로, 독일 왕으로 즉위하게 되었을 때의 결과에 대해서는 그 누구도 예측하기 힘들었을 것이다. 하지만 운명은 다르게 흘러갔고, 그렇게 역사는 다른 길을 가게 되었다.

교황의 자리에는 랭스의 대주교가 선임되었으며 999년에 젊은 황제 오토 3세에 의해 교황에 선임되었던 오리야크의 제르베르가 실베스테르 2세(약 950-1003, 999년부터 교황)라는 이름으로 여전히 건재하고 있었다. 황제는 그와 함께 그리스도교 세계를 초대 교회와 콘스탄티누스 대제(약 285-337), 실베스테르 1세(?-335, 314년부터 교황) 시대의 위대함으로 되돌려 놓으려는 의지를 가지고 있었다.

중요한 인물들, 제휴, 혼인, 사상이 복합적으로 혼합된 이러한 이야기는 결국 상징적으로 11세기의 시작을 알리는 것이다. 11세기는 한편으로 1054년 동방 교회의 분리와 비잔티움의 이탈리아 지역 상실에 의해서, 다른 한편으로는 유럽 세계로 비잔티움 예술 양식이 유입되면서 이루어졌고, 또한 초대 교회로의 회귀에 대한 교황과 황제의 의견이 일치한 것과 황제 하인리히 4세(1050-1106, 1084-1105년에 황제)를 카노사의 굴욕으로 이끌었던 대립으로 특징지어지며, 접근과 분리로 점철된 두 제국의 세력들끼리, 2개의 교회 사이에, 그리고 서방 제국과 로마 교황청 사이의 관계에서 결정적인 역할을 한 시기였다.

예술사에서 관례적으로 '로마네스크'라고 정의했던 시대의 여명과 확고한 자리매김을 볼 수 있었던 시기 또한 바로 11세기 후반부터였으며, 성장 국면에 있는 경제의 새로운 가능성의 뒷받침과 지원, 도움을 받은 서방 교회와 제국이 역사에서 동등한 힘과 열정으로 나름의 이상을 주장하고 그들의 권력에 대한 요구를 주장했던 시기도 바로 이 세기였다.

동방 제국의 영토에서는 11세기에도 사반세기 동안은 여전히 바실리우스 2세(957-1025)의 통치를 받았으며, 마지막 20년 동안은 알렉시우스 1세(1048/1057-1118)가 제위에 올랐다. 이 2명의 위대한 황제의 이름은 제국의 위대한 예술의 시대인 마케도니아 시대와 콤네노스 시대를 나타내기도 한다. 1185년에 안드로니쿠스 1세(약 1122-1185, 1183년부터 왕)의 비극적인 죽음과 함께 끝난 콤네노스의 시대는 콘스탄티노플의 예술에서 자신의 예술적인 양식들을 러시아부터 시칠리아까지, 마케도니아부터 팔레스타인까지 전면적으로 확장한 시기였다.

그레고리오의 개혁과 예술의 부흥

로마의 위대함을 되살리고자 한 오토 3세의 꿈은 무엇보다도 그의 때 이른 죽음으로 무산되었다. 이 죽음과 함께 황제를 단지 신으로부터 제관을 수여받는 존재가 아니라, 복음서 저자들의 상징과 나란히 하는 인물로 형상화하고자 했던 그의 야망 또한 타격을 받았을 것이라고 충분히 가정할 수 있다. 자신의 이름을 딴 교회 개혁 운동의 전형적인 대표자인 교황 그레고리오 7세(약 1030-1085, 1073년부터 교황)가 이 모습을 보았더라면 분명히 파문으로 이어졌겠지만, 작센가의 황제들과 그들의 후계자인 잘리어 왕조 황제들의 통치 시기에는 황제가 직접 선택하거나 의무를 부여한 교황들의 반발이 이루어지기에는 아직 때가 일렀다.

그레고리오의 개혁은 광범위한 사회적 상황들도 반영하고 있었기 때문에 이 세기의 영적인 역사에서 가장 중심적인 사건이었다. 이러한 개혁은 널리 확산되어 있던 소득의 10분의 1을 바치는 세금과 관련한 교회 조직을 이용할 수 있었으며, 이미 작센에서 라인란트에 이르는 제국의 영토에서 시도되었던 건설 활동의 비약적인 발전을 명백하게 지원하는 새로운 부를 활용할 수 있었다. 이렇게 동시 다발적으로 확장되고 있을 때 교회의 전례에 적합한 구조들과 함께 성직자들과 신도들에게 전달하고자 하는 이미지들을 갖추고자 했던 것은 수월하다 못해 지나칠 정도로 맹목적으로

로마 교회 권력의 확장

실현되었다. 새롭고 화려한 교회 건물들과 성당과 수도원 등은 11세기 후반부터 12세기 초까지 유럽, 특히 밀라노와 베네치아, 파르마, 모데나, 피사, 피렌체, 루카, 몬테카시노, 아말피, 살레르노, 바리, 오트란토, 아체렌차, 제라체 등 이탈리아 곳곳을 뒤덮기 시작했다.

조각과 그림, 모자이크를 통해 교회의 외부는 물론 내부도 이미지들로 장식되었으며, '혁신된' 영적인 분위기에 대한 요구를 중심으로 전개된 해설 체계가 내포되어 있는 프로그램들을 보여 주었다. 실제로 교회의 최초의 승리와 공인의 시대부터 수 세기에 걸쳐 교회와 관련한 선택들을 밀접하게 연결시킨 지속적인 연결 고리가 존재했다. 이제 교회학적인 의미는 집요하게, 그리고 때로는 상징적으로 자신의 적들에 맞선 (교황을 그 정점으로 하는) 교회의 승리에 집중되었다. 따라서 개별적인 역사적 맥락과 특히 의뢰인의 의지를 고려해야만 '개혁' 행위의 구체적인 자극의 정당성과 중요성을 수립할 수 있을 것이다. 하지만 고대의 순수함으로 회귀하는 것과의 비교라는 이름으로 과거 표현 양식의 막연하고 모호한 복원을 언급하는 것은 너무나 진부한 것일 수 있다.

어쨌든 성인들의 삶과 관련한 서술적인 주제들이 폭넓게 이용되었는데, 다만 차이가 있다면 중세 전기에는 이것이 이야기로 전달되었던 반면에 이제는 차별화된 숭배의 필요에 따라, 그리고 처음에는 성찬 제대祭臺의 앞에 진열되었다가 나중에는 제대 위에 전시된 수많은 제단의 벽 장식에 반복적으로 다시 나타났다. 베네딕투스 성인의 삶에 대한 장면이 그려져 있고 금과 보석으로 치장한 교회 제대 앞면 장식은 몬테카시노 대수도원의 중심 교회를 장식해야만 했는데, 이 성인의 이미지를 통한 찬미가 극히 드물었기 때문에 이러한 선택은 더욱 의의가 있었다. 생브누아쉬르루아르Saint-Benoît-sur-Loire에서만 보기 드물게 주두柱頭에 새겨진 조각 군상들이 보존되어 있다. 이미지 사용에 대한 이러한 정책은 13세기에 프란체스코 수도회 수사들이 채택한 공격적인 정책과 비교할 때 분명한 대립을 보여 주는 것이다.

조형적 화려함   어떠한 장식도 조형예술에 대한 요구를 벗어나지 못했다. 이탈리아의 예술을 경험한 감상자들의 눈에 이러한 구상적인 특성이 거대한 성벽들과 연관된다면, 중세에 이러한 조형예술이 도처에 깔려 있었던 것이 사실이다. 제대 앞면의 장식은 중세 이후에 파괴되거나 다른 유형의 장식들로 대체되지 못한 환경이었던 스칸디나비아와 카탈루냐에 특히 많이 보존되어 있는데, 다른 곳에 남아 있는 것들 중에서 몇몇은 최고의 수준을 보여 주었다. 황제 하인리히 2세(973-1024, 1014년부터 황제)의 기증품으로 현재 클뤼니 박물관에 보관되어 있는 바젤의 금 제단이 그 예다. 영국과 프랑스뿐만 아니라 특히 뫼즈 강과 라인 강 사이 지역에서 전례 장식들은 화려함이 절정에 달하고 엄청난 번영에 이르렀다. 콘스탄티누스와 어머니 헬레나의 이야기들로 구성된 측면뿐만 아니라, 아마도 이 작품의 의뢰인으로 추정되는 수도원장 비발드 Wibald(혹은 비발도Wibaldo)가 1155년에서 1156년 사이에 콘스탄티노플에 파견되었을 때 마누엘 1세 콤네누스(1118-1180, 1143년부터 황제)에게 기증했던 것으로 중앙에 위치한 2개의 비잔티움 채색 3폭 제단화의 존재로 인해 (이 가운데 가장 큰 것은 그리스도의 십자가 조각을 보존하고 있는 십자가 모양의 제단화인데, 뛰어난 모범으로 꼽을 수 있다) 더욱 의미 있는 스타벨로의 3폭 제단祭壇은 기억할 만한 가치가 있다. 현재 베를린(베를린 장식 예술 박물관Kunstgewerbemuseum)과 런던(빅토리아 앤드 앨버트 박물관 Victoria and Albert Museum)에 보관되어 있는, 12세기 말에 제작된 소위 '돔' 형식의 작품과 같은 성인들의 유체의 일부를 보관한 성골 상자들도 이에 못지않게 웅장했다. 마이크로 건축microarchitecture이라고 부르는, 가구보다는 더 크고 건축물보다는 더 작은 이러한 작품들은 기하학과 식물을 주제로 아름답게 채색되어 있었으며, 바닥에는 신약 성경 장면들 외에도 사도들과 예언자들, 그리스도의 상아 조각상들이 새겨져 있었다. 원래 설교단의 양옆을 에나멜로 칠했던 클로스터노이부르크의 유명한 제단은 신약 성경의 장면들로 이루어진 가운데 부분을 중심축으로 하는 조형적인 특성의 전형을 보여 주었다. 중간 부분의 위아래에는 성경의 원리에 따라 (즉 구약과 신약의 장면들에 앞서 나타났던 주제들을 그대로 유지해 나가며) 2열로 구약 장면들이 나열되었다. 이러한 원리는 북유럽에 널리 확산되었던 반면에 이탈리아에서는 매우 드물게 이용되었다. 이러한 원리가 극단적인 조형적 특성과 함께 나타났던 작품들 중에서 특히 영국의 버리 세인트 에드먼즈 대수도원을 위해 12세기 초에 제작되었던 회랑의 십자가를 기억해야만 한다. 십자가의 가로대가 교차하는 지점에 이미 성 요한이 십자가형 자체의 '전형'으로 고려했던(「요한 복음서」 3장 14절) 청동으로 만든 뱀이 직립해 있는 장면이 자리 잡고 있으며, 반면에 그 표면(57×36cm)에는 100개가 넘는 바다코끼리가 상아로 조각되어 있다.

게다가 이러한 이미지(조형)의 과도한 증가는 12세기 초 영국의 글로스터(지금은 런던의 빅토리아 앤드 앨버트 박물관에 소장되어 있다)의 샹들리에에 나타났던 것과 마찬가지로 언뜻 보기에 일종의 빈 공간에 대한 공포에 상응하는 것으로 보이는 경우들도 있었다. 반면에 이 샹들리에의 주제는 선과 악의 세력들의 투쟁에 대한 묘사라는 상징적인 가치를 지닌다.

교회, 성당, 수도원

프랑스 자연스럽게 11세기와 12세기의 대성당과 대수도원 예배당의 전면과 벽은 형상성과 서사성을 '대규모의 형태로', 그리고 보다 큰 시각적인 효과를 표현한 예술 작품이 되었다. 그리스도와 관련한 이야기들과 구약 성경의 내용, 최후의 심판에 대한 예상, 교회에 대한 주제들, 성자전, 우주론적이고 백과사전적인 시각들을 다양하게 곁들이며 예수를 통한 구원이라는 중심 주제를 치밀한 계획을 통해 강조했던 프랑스의 예배당은 분명 돋보였다. 대성당과 대수도원들 중에서 몇 개만 예로 든다면, 툴루즈, 무아사크, 콩크, 생드니, 샤르트르, 파리, 아를과 생질에서 출입문과 전면의 조각들이 매우 상징적인 맥락 속에서 신학이 창조와 역사의 전반적인 발전을 지배하고 관할하는 정신세계를 반영했다. 엄청난 양의 형상화에 사용된 공간도 바로 대문의 깊은 사면(출입문의 양쪽 벽 공간, 겹겹의 아치형 장식, 문 위쪽의 반원형 부분)을 통해서였기 때문에 전면부의 명확한 표현 자체는 이러한 요구를 따르고 있었다. 전면부의 형상 장식은 그렇게 두드러지지는 않았지만, 3개의 아치형 문들 위에 (이 가운데 중앙에 위치한 것만 출입문의 역할을 했다) 성경 장면들로 꾸민 수평의 띠 모양 소벽小壁, 조각상들이 자리 잡고 있는 2개의 공간, 그리고 그 정점에 후광으로 둘러싸인 그리스도가 배치되어 있는 12세기 말 푸아티에의 노트르담 대성당과 같은 경우들도 있었다.

카탈루냐에서 로마의 위대한 모델에 바탕을 두고 중앙의 출입문과 인접한 벽의 장식이 서사적인 표현 방식으로 실현된 곳도 리폴 대수도원의 예배당이었다. 건물의 외부뿐만 아니라 건물의 내부, 특히 성당 본채의 기둥들이나 회랑에서 발견되는 주두도 서사적인 조형성의 가치를 높이는 역할을 하는 구조물 중 하나다. 무아사크 대수도원 회랑[도판 20]에 성경의 내용이 새겨져 있는 주두들부터 12세기 초 클뤼니 대수도원 예배당의 내진에 있는 '음악을 주제로 한 부조들'로 장식된 주두들, (12세기 중반) 프랑스의 생미셸 드 쿡사Saint-Michel de Cuxa 수도원 회랑에 있는 상직적인 묘사들, (12세기 초) 에스파냐의 산토 도밍고 데 실로스Santo Domingo de Silos, 그리고 이탈리아 아오스타의 산토르소Sant'Orso 성당과 베네벤토의 산타 소피아Santa Sofia 성당, 몬레알레 대성당에 이르기까지 조각의 이야기적인 특성이 번영을 누렸으며, 이러한 경향에 그림과 스테인드글라스도 동참했다.

로마네스크 없는 로마

그리스도교 세계의 중심인 로마가 보여 준 근본적인 독특함을 살펴보는 것이 흥미로운 것도 바로 이러한 배경 때문이다. 실제로 로마는 유럽의 거대한 로마네스크 양식의 구조물과 조화를 이루는 건축물뿐만 아니라 웅장한 조각 작품도 없었지만, 서사적이거나 최소한 형상성이 강조된 프로그램들이 전통적인 모자이크를 기반으로 하여 계속해서 체계를 갖추어 갔다. 따라서 로마에서는 로마네스크 시대와 11세기부터 12세기까지 전 시기에 예술의 발달 과정이 주로 그리스도교 초기 시대 또는 중세 전기와 연결되어 있었다. 산타 마리아 인 트라스테베레Santa Maria in Trastevere 성당과 같은 높은 지위에 있는 교황의 의뢰로 세워진 바실리카 성당들은 이전의 건축 자재 또는 장식 조각품들을 재활용하여 고대 그리스도교의 형식을 다시 제안했다. 산타 마리아 인 트라스테베레 성당의 경우는 카라칼라 욕장의 자재들과 조형물을 재활용했다. 이 성당과 역시 트라스테베레 지역에 위치한 또 다른 성당인 산 크리스고노 성당, 그리고 복원된 산 클레멘테 성당도 밀라노의 산탐브로조 대성당 또는 베즐레나 투르뉘의 성당들과 같은 시대에 지어졌다는 것을 생각해 보면, 최소한 한 번쯤은 당황할 것이다. '로마네스크 없는 로마'는 용어의 모순으로 보이지만, 지금은 거의 사라진 중세 예술사에 대한 전통적인, 그리고 형식주의적이고 순수한 시각주의적 접근의 오류를 강조한다면 쉽게 설명된다.

로마에서 그 모델과 명성의 힘으로 높이 평가된 것은 그리스도교의 유물이었으며, 건축 형식과 전례의 필요성, 신앙의 부응 사이에 확고하게 다져진 완벽한 일관성을 추구함으로써 다른 전환을 모색할 필요성을 느끼지 못했다. (12세기 중반 수십 년 동안 산 클레멘테 성당 또는 산타 마리아 인 트라스테베레 성당에서) 모자이크가 다시 우위를 보이기 시작했지만, 그 이전에 산 로렌초 푸오리 레 무라San Lorenzo fuori le mura(11세기 초)와 산 클레멘테 성당(약 1080)의 하층부에 유럽의 다른 교회들과 마찬가지로 프레스코화가 그려진 것도 매우 의미가 있다. 이는 아마도 숙련된 기능공의 부족이 그 원인이었을지도 모르며(1060년대 말 몬테카시노 대수도원장은 콘스탄티노

범접할 수 없는 모델

플의 모자이크 거장들을 초빙하는 것으로 이 문제를 해결했다), 또 그보다 당시 유행에 부합했던 것이 더 큰 이유인지도 모른다. 하지만 (1110년대의) 새로운 산 클레멘테 성당에서 5세기에 붕괴되었던 이전 교회당과 유사한 제단 후방의 돌출된 반구형 또는 다각의 옥실이 비슷하게 복원되었을 때, 곧 경향의 전환이 이루어지게 된다.

유럽과 성지의 비잔티움 양식

서유럽 예술에 대한 비잔티움의 존재와 영향력은 결정적이었으며, 몬테카시노의 예술적인 실험은 이를 잘 보여 준다. 이미 오토 황제 시대의 예술은 비잔티움의 공주를 황후로 받아들인 까닭에 비잔티움의 예술을 맛보았으며, 앞에서 보았듯이 비잔티움 양식과 이것의 기여에 대한 이해 없이는 설명이 불가능한 다른 유물들도 있었다.

두 예술 문화의 만남 　12세기 유럽은 시칠리아와 베니스를 예술의 최첨단으로 보았지만 바다 너머의 유럽, 즉 1099년 예루살렘의 탈환과 함께 십자군에 의해 그리스도교화가 이루어진 성지에서 전개되었던 예술도 아주 중요했다. 이 왕국은 1187년 살라딘(1138-1193)의 예루살렘 함락과 그 뒤 1291년, 최후의 보루였던 아크레의 함락으로 인해 단명에 그쳤다. 하지만 어쨌든 이 시기는 두 문화가 만나는 순간이었으며, 예술 작품의 의뢰인이었던 유럽에서 온 고위 성직자들이나 귀족들을 비롯하여, 로마와 이슬람의 과거가 함유되어 있는 상황의 현실에 각별한 주의를 기울이고 그들 나름의 경험에 대한 기억을 되살려 그곳으로 이주한 예술가들과 건축가들을 작품 속에서 볼 수 있었다. 세밀화로 장식한 책들에서 이러한 만남은 아마도 12세기 중반 예루살렘의 한 필사실에서 완성된 것으로 보이는 산 다니엘레 델 프리울리San Daniele del Friuli의 성경처럼 몇몇 진정한 걸작들에 의해 완벽하게 확인되고 균형을 이루었던 반면에, 회화와 조각은 각각 비잔티움과 서방을 지향하고 있었다. 즉 아부 고시Abu Ghosh(엠마우스Emmaus)나 베들레헴의 예수 탄생 교회의 프레스코화, 그리고 다른 한편으로 나자렛의 주두들이나 신전(하람 아스-샤리프Haram as-Sharif)의 평지에 위치한 조각품들은 그 모델에 대한 증명이었다. 베들레헴에서는 프레스코화가 모자이크와 공존했으며, 아말리크Amalrich 왕(1136-1174, 1163년부터 왕)과 마누엘 1세 콤네누스 황제를 회상하는 그리스어와 라틴어 이중 언어로 쓰인 명각이 1169년이라는 연도 말고도 에프렘Effrem(라틴어) 또는 에프라임Efraim(그리스어)이라는 예술가의 이름을 언급하고 있다는 사실은 매우 의미가 크다.

이러한 종류의 글귀들이 좀 더 자주 첨부되었더라면, 분명 예술사는 역사 기술 예술가의 서명
에 관련한 분쟁을 덜어 주었을 것이다(프란체스코 성인과 관련한 작품들을 통한 회화 장
식과 아시시만을 생각해도 알 수 있다). 예술가의 이름에 대한 언급과 자신을 드러내 보
이려는 의지가 11세기나 12세기에 와서야 생겨난 것은 분명히 아니며, 비록 산발적
이었지만 이러한 예는 중세 전기에도 찾아볼 수 있다. 하지만 새로운 1000년의 시작
과 함께 이러한 산발성은 규칙적인 빈도로 등장했으며, 이후에는 일상적인 것이 되
었다. 오툉(부르고뉴)의 생라자르 대성당 정문 팀파눔tympanum(건축에서 상인방 위의
아치 안에 있는 삼각형 혹은 반원형 부분*)의 그리스도 발밑에 기록되어 있는 기슬레베
르투스Gislebertus(12세기 초에 활동)의 존재 또는 빌리겔무스Wiligelmus(1099-약 1110년
에 활동)의 잘 알려진 예들과 모데나의 건축가 란프랑쿠스, 파르마의 베네데토 안텔
라미Benedetto Antelami가 그 예다. 그리고 작품에 대한 자랑스러운 공표와 이름에 대
한 기록은 로마의 대리석공들 사이에서도 폭발적으로 증가했으며, 이는 종종 예술
의 기록 역사에 대한 목록의 기초를 설정해 주기에 이르렀다. 이는 로마의 산 로렌초
푸오리 레 무라의 제단 닫집에서처럼 연도(1148)와 의뢰인인 수도원장의 이름(우고
Ugo), 대리석공들의 이름(조반니, 피에트로, 안젤로, 사소), 아버지의 이름에 접사를 붙
인 이름(파올로의 아들filli Pauli) 같은 모든 정보를 우리에게 알려 준다.

새로운 1000년의 초기 200년 동안은 유럽 전체의 조형예술 문화가 당시의 사회
와 마찬가지로 전례 없는 빠른 성장을 이루었다. 이러한 두 세기가 끝나는 시점에 건
축과 예술의 전체적인 모습은 권력과 신앙의 요구로 결집된 건축물과 작품들의 밀집
을 통해 형성되었으며, 이것은 특정한 방식으로 로마가 자신의 제국을 통해 브리타
니아에서 아프리카, 이베리아 반도에서 아시아까지 영토들을 정복함으로써 폭넓게
형성했던 통일성을 다양한 상징으로 재구성했다.

12세기를 마감하는 1200년이 비록 앞뒤로 10년씩의 기간을 포함해 20년 동안 조 '1200년 양식'
형예술과 관련한 사건들을 일괄하는 '1200년 양식'이라는 이름으로 위대한 예술의
특별한 국면을 가리키기 위해 역사 기록에 이용되었다고 해도 1200년과 함께 예술
의 역사가 대전환점을 맞이하지는 못했다. 시헤나의 에스파냐와 윈체스터의 잉글랜
드, 상스의 프랑스, 금세공인 베르됭의 니콜라Nicolas de Verdun의 활동 지역인 뫼즈,
그리고 이보다 정도는 약하지만 조각가 베네데토 안텔라미가 활약했던 이탈리아 지
역의 조각을 여전히 비잔티움의 특성이 많이 가미된 양식의 자연스러운 반영이라는

전제 조건 아래 통합한 것도 바로 이러한 양식이었다. 13세기에도 이러한 추세는 이어졌으며, 그 뒤에는 시민적이라고까지는 할 수 없지만 더욱 민족주의적인 경향으로 전개되었다. 기원후 초기 몇 세기가 새로운 교회의 구조와 도해 체계에 영원한 족적을 남겼던 것처럼, 새로운 1000년의 초기 몇 세기도 마찬가지로 뒤를 이을 13세기와 14세기의 위대한 유물들의 기준에 대한 전반적인 모습을 결정했다.

건축 공간

ARTI VISIVE

그리스도교 유럽의 새로운 신성한 공간의 생성과 발전

| 루이지 카를로 스키아비|Luigi Carlo Schiavi |

새로운 형식과 새로운 구조적 구성의 고안을 소수 지역에 국한시켰던 로마네스크에
대한 역사 기록의 선입견을 버리고 난 뒤에는 거리상으로 많이 떨어져 있는 지역들
간의 문화적인 교류의 중요성과 유럽 로마네스크의 역사에서 게르만 지역 같은
한 지역의 영향력도 고려할 필요가 있다. 1000년 이후 초기 몇십 년 동안
이탈리아 중북부와 프랑스, 피레네 산맥 지역의 비교 연구는 기둥의 기능성에 대한
정의와 공간을 경간(徑間) 별로 나누고자 했던 초기의 시도들과 함께 교회 건물의
둥근 천장 지붕의 문제에 집중했다. 이러한 연구들이 포 강 평원 지역에서는
완전한 성숙 단계에 이르렀던 반면, 로마에서는 교회 개혁이 새로운 몬테카시노
수도원을 본보기로 하여 널리 보급되었던 초기 고대 그리스도교 양식을 부활시켰다.
같은 시기 이탈리아 남부에서 시작된 노르만인들의 지배는 북유럽의 혁신적인
해결책과 지역의 건축 관련 경험들의 융합이 이루어졌던 풀리아와 칼라브리아,
시칠리아 건축의 번영기를 알리는 하나의 전조였다.

로마네스크 양식의 도입

비전문가들에게도 1000년경에 태동하여 고딕 양식이 출현하기 전 서유럽 대부분
의 지역에서 공통적인 특성을 보이며 발전했던 건축 용어로 로마네스크 건축이라는
개념은 친근하다. 이것은 학문적인 개념으로 입증 가능한 몇 가지 요인들에서 그 원

인을 찾을 수 있지만, 큰 해석적인 범주들 못지않게 예술적인 표현의 독특한 다양성을 포함하고 있으며, 또 그 결과 정의에 대한 심각한 문제를 감추고 있는 것도 사실이다. 실제로 11세기 말경에 유럽의 많은 지역에서 기술과 특징적인 양식의 통합이 이루어졌다는 것을 인정한다면, 유럽 전역에 나타났던 명확한 실험주의를 특징으로 하는 시기로서 이 공통적인 용어가 만들어진 시기에 대한 의미를 결정하는 기본적인 틀을 정의하는 것이 그만큼 쉽지는 않다.

로마네스크라는
어휘의 기원

'로마네스크'라는 개념 자체가 처음부터 19세기의 역사 기술에서 다소 모호한 방식으로 만들어졌다. '암흑기'에 대한 낭만주의적 복원 속에서 각각의 민족은 '자신만의' 중세와 자신의 건축을 민족의 정체성과 고유한 특성들이 축적되어 있는 것으로 바라보았다. 지식은 오랜 기간 동안 민족주의적인 해석 체계에 의해 발전했으며, 이러한 해석 체계 속에서 역사 해석의 다양성은 다른 나라들에 비해 (문화적·기술적·양식적으로) 어떤 나라가 우월하다는 주장의 논리와 함께 예술적으로 더 수준 높은 문명의 중심지로부터 '변두리'로 확산된다는 생각에 묻혀 버렸다. 또한 실증주의 문화는 기술적-구조적인 논거를 진화론적인 시각에서 평가의 가장 주된 기준으로 삼았다. 이 시기에 '새롭게 창조된' 중세의 교회들에 직접적인 영향을 미쳤으며, 프랑스 건축가 외젠 비올레르뒤크Eugène Viollet-le-Duc를 대표적인 인물로 하는 양식의 복원은 중세에 대한 이러한 이념적 해석이 가장 분명하게 표출된 것이다. 이탈리아에서는 서유럽의 공통 언어가 되었으며, 동로마-비잔티움과 랑고바르드 왕국의 유산을 이어 성장한 롬바르디아 예술에 대한 1800년대의 관점(드 다르텡De Dartein, 리보이라Rivoira)은 미국의 위대한 학자 아서 킹슬리 포터Arthur Kingsley Porter의 철저한 연구에 압도되었다. 포터의 연구들은, 알프스 산 너머의 학자들이 제안한 로마네스크의 기원에 대한 프랑스 중심의 시각에 반하여 전 유럽에서 이탈리아 북부의 건축 현장들이 기술적·양식적으로 더 빠르게 발달했음을 강조하였다. 같은 시기 조셉 푸이그 이 카다팔치Josep Puig i Cadafalch(1867-1956)는 이탈리아 북부를 알프스 지역 숙련공들을 동원하여 이루어진 작업장의 우월성에 기초하여 초기 로마네스크의 요람으로 인정했다. 건물 외벽으로 돌출된 소형 아치들과 같은 독특한 장식적 상징들과 성당 본채의 둥근 천장 지붕과 같은 새로운 구조적인 해결책을 특징으로 하는 남유럽의 초기 로마네스크 양식이 발달한 지역들(롬바르디아, 남프랑스, 카탈루냐)은 잘리어 왕조의 오토 황제 시대에 초대 그리스도교 교회의 모델과 카롤링거 시대의 '고전적인 모델'

을 충실히 따르는 것을 특징으로 하는 (민중적인 영감의 로마네스크 양식에 비하여 세련
되고 오랫동안 널리 유행했던 오토 황제의 궁정 예술 개념 역시 이로부터 나온 것이다) 다른
지역, 즉 게르만 지역과 대비되었다. 관념적인 선입견에 근거한 유사한 이론들은 이
제 20세기 후반에 시작된 '과학적'이고 경험적인 연구들에 자리를 내 주었다.

중세의 실질적인 정치적 지형과는 아무런 관련이 없는, 1800년대의 근대적인 국 **국가가 아닌 지역에**
가의 경계 안에 형성된 지역과 국가 단위에서의 규범화는 건축적인 해법뿐만 아니라 **기반을 둔**
로마네스크 양식
전통적인 건축술과 기존의 기념비적인 건축물들의 영향권에서 좀 더 제한적이고 동
질적인 지리적 경계에 대한 규명에 그 자리를 넘겨주었다. 대체로 지금은 로마네스
크 양식이 여러 중심지들에 기원을 두고 있다는 생각이 우세하며, 다양한 유럽 지역
들에서 건축과 연관된 중요한 몇몇 새로운 변화들이 동시에 나타났던 이유를 로마
문화의 공통적인 토대 속에서 찾을 수 있다. 따라서 이것은 중요도에 따라 배열할 수
없는 로마네스크 양식들의 집합체로 볼 수 있으며, 이로 인해 통일된 정의를 내리려
는 시도는 매우 곤란해졌다.

하지만 공통적인 특성들은 존재했으며, 이는 형식주의적인 시각이 아닌 역사적 **공통적인 특성들**
인 관점에서 찾아야만 했다. 실제로 지역의 다양한 예술의 현실에 대한 최고의 지식
은 몇 해 전까지만 해도 문화적으로 대립된 것으로 여긴 머나먼 지역들 간에 로마네
스크 양식의 발전을 위한 기본 명제인 활발한 문화 교류와 초지역적인 밀접한 관계
가 이루어진 모습을 잊지 말아야 한다는 것이다. 단지 이렇게 할 때만 건축과 관련한
새로운 표현에 게르만 지역이 결정적인 기여를 했음을 이해하게 된다. 1800년대에
주장한 것처럼, 현대 민족 국가들의 경직된 울타리에 의해서 경계가 정해진 상태와
는 거리가 먼 중세 유럽의 문화적인 지리는 교역로와 순례길, 베네딕투스 수도회의
여러 교파들에 의해 구축된 연락망, 정치, 그리고 절대적인 권력자들의 예술 작품 의
뢰 등과 같은 다른 요인에 의해서 결정되었다.

1000년경 유럽의 공통분모는 교역의 동력 속에서, 그리고 건축의 부활의 확산과 **하얗게 뒤덮인**
침투에서 찾을 수 있다. 1000년을 넘기는 시점에 나타난 이러한 건축의 회복을 보여 **교회들**
주기 위해 종종 연대기 작가인 라둘푸스 글라베르(약 985-약 1050)의 유명한 글귀가
인용된다. 그에 의하면, 일반적으로 유럽의 전 지역, 특히 이탈리아와 갈리아 지방은
그 시기에 '새하얀 교회들로' 뒤덮였다. 비록 정치적·경제적인 명확한 요인들과 밀
접한 관련이 있는 이러한 현상이 모든 곳에서 같은 시기에 같은 방법으로 이루어진

것은 아니지만, 이것은 실질적으로 옳은 주장이다. 몇몇 지역에서는 이러한 회복이 좀 더 신속하게 이루어졌으며, 다른 지역들에서는 초대 그리스도교 또는 카롤링거 시대의 기존 건축물들에 의해 주어진 조건이 실험적인 시도를 가로막았다. 또한 특정 지역들에서는 건축과 자연경관의 일대 혁신이 있었으며, 다른 지역들에서는 이러한 과정이 영속성에 대한 해결책 없이 이미 오래전에 융성한 조직에 이식되었다. 이와 유사한 시각에서 지금까지도 사람들은 (외벽의 성형 조정에 대한 관심, 경간을 기초로 한 내부 공간에 대한 분석, 면적의 유기적인 배치 등과 같은) 로마네스크 양식의 일반적인 특성들을 설명하려는 시도를 포기하지 않고 있지만, 이제 사람들은 양식과 건축의 상징, 문화적인 토대, 그리고 건축된 공간의 활용(건축과 전례와의 관계)에 새로운 관심을 기울이게 되었다. 이 가운데 마지막의 공간 활용에 대한 측면은 실내 비품들과 조형 장식(주두의 조각, 프레스코화, 석고 세공)이 "전례에 의해서 제안된 진정한 의미적 규범에 기초하여"(피바Piva) 건축물과 함께 건축물의 이용 방식뿐만 아니라 신자들과 성직자들에게 공간에 대한 독특한 인식을 심어 주는 데 상호작용을 했다는 면에서 매우 중요한 의미를 지닌다.

필연적으로 극도로 단순화되기는 했지만 이러한 불가결한 전제로부터 시작하여 때로 혼란스러운 유럽 건축 풍경의 다양성을 통찰하게 해 주는 것을 목표로 하며, 특히 두드러진 문화적 영역을 밝혀내고, 1000년의 전환기를 시작으로 교회 건축의 초기 발전을 조망하도록 도와줄 예시로서 여정을 준비하는 시도를 할 수 있을 것이다.

오토 왕조와 잘리어 왕조의 건축

고대의 건축적 요소들

게르만 지역은 1090년대까지 카롤링거 시대의 전통과 밀접한 관련을 맺고 있었다. 많은 건축물들의 뛰어난 기념비적인 특성은 다시 한 번 콘스탄티누스 황제(약 285-337) 시대의 중요한 그리스도교 바실리카 교회들을 기념하려는, 제국의 궁정과 밀접한 관련을 맺고 있던 수도원장과 주교들인 의뢰인들의 의지로 설명된다. 카롤링거 시대의 고전적인 양식은 이미 벽면의 석조 건축을 시작으로 언급되었다. 건물의 외벽은 4세기 건축물들의 양식에 따라 부채꼴 모양의 홍예틀(아치를 받쳐 주는 틀*)을 형성하고 있는 커다란 홍문虹門들에 의해 종종 규칙적인 모양을 이루고 있었다. 이는 셀레디낭의 생아들랭Saint-Hadelin 성당(약 1030), 리에주의 생드니 대성당(972-1008), 니벨의 생트제르트뤼드Sainte-Gertrude 성당(1046년에 봉헌) 같은 뫼즈 지역의 예들이 매우 많았다. 라인 강 골짜기(쾰른의 성 판탈레온 성당), 스위스 쥐라 지방(로맹모티에 성당), 이탈리아 북부(갈리아노, 비골로 마르케제)에서도 이러한 예들이 발견되었다. 카롤링거의 문화로 전해진 고대 그리스도교 양식, 특히 서양의 가장 중요한 순교자 기념 교회(마르티리움martyrium)인 로마의 성 베드로 대성당 양식에 뿌리를 내린 명백한 증거는 (십자형 교회의 좌우로 연결된) 수랑袖廊의 오랜 유행에서 찾을 수 있다. 이어지는 넓은 수랑을 갖춘 3개의 실내 공간으로 이루어진 거대한 건축물들로는 아우구스타의 오토 왕조 시대(994년 이후)의 대성당들, 하인리히 2세(973-1024, 1014년부터 황제)가 1004년부터 1012년 사이에 세운 밤베르크의 대성당, 975년과 1009년 사이에 대주교 빌리지스Willigis에 의해 기초부터 세워졌으며 화재로 파괴된 이후 11세기 중반 이전에 같은 구조물 위에 재건축된 오토 제국의 가장 드넓은 교회 관구인 마인츠 대성당이 있다. 마인츠의 바실리카 교회는 후진後陣을 대신하여 특이한 세잎 클로버 모양의 내진을 갖추었다. 반면에 동쪽 구역의 재건축은 확실하지 않다. 이곳에서는 이미 초기 단계에서 (아우구스타뿐만 아니라 밤베르크에서 존재가 확인된) 동쪽의 제2의 후진의 존재가 불분명했던 반면에, 정방형의 두 탑 사이에 회랑으로 둘러싸인 아트리움atrium은 입증되었다. 이 아트리움은 고대의 양식을 따르려는 의지를 강조하는 또 다른 요소다. 이보다 조금 전인 베르너Werner 수도원장(968-973) 시절에 바실리카 교회의 중앙 정원은 이미 802년과 819년 사이에 커다란 수랑에 뒤이어 연결된 서쪽 후진과 함께 로마 양식으로 재건축된 풀다 대성당에 나타났다. 이러한 혁신을 잘 드러내고 있는 상징인 중앙 정원은 10세기와 11세기에 게르만 지역에서 오랫동안 이용되었다(10세기 중반 트리어의 생 막시맹St. Maximin 대수도원, 968년부터 시작된 마그데부르크 대성당, 1039년부터 1058년까지 에센의 삼위일체 성당, 11세기 후반의 샤프하우젠 성당). 역시 1220년부터 1230년까지 마인츠와 슈파이어 같은 위엄 있는 전형들에 기초하여 1127년부터 건립되었으며, 히르사우의 개혁과 밀접한 관련이 있는 마리아라흐 수도원 성당은 라인 강 지역 바실리카 교회의 전형적인 특성들 가운데 하나인 입구에 회랑이 딸린 조그만 중앙 정원을 갖추고 있었다.

　웅장한 대건축물인 (십자형 교회의 좌우로 이어진) 익랑翼廊은 풀다의 헤르스펠트 Hersfeld 대수도원 유적을 시각적으로 압도하고 있다. 1005년과 1012년 사이에 하인리히 2세의 지원을 받았던 수도원장 고데하르트Godehard는 (현관과 내진 사이의 좁고 기다란 부분인) 3개의 신랑身廊과 돌출된 익랑의 건립을 진행했다. 1040년 화재 이후

헤르스펠트 대수도원

에 보수된 이 교회는 소예배당 제단 쪽 지하실 위의 기다란 내진內陣과 지붕을 지탱하는 기능을 지닌 타원형 구조물로서 롬바르디아의 초기 로마네스크 양식 건축의 전형적인 요소인 아치 형태의 천장으로 된 첨두를 갖춘 후진의 추가적인 건설로 완성되었다. 11세기가 끝나기 전, 교회의 정면에는 상층부에 제단을 갖추고 제2의 후진의 형태로 외부를 꾸민 서쪽 측면의 구조물과 양옆에 정확히 비례하는 2개의 첨탑이 추가되었다. 부르카르트Burchard 주교(1000년부터 1025년에 주교)가 실현한 보름스 성당과 1015년 베르너 주교가 시작한 스트라스부르 대성당 같은 하인리히 2세 시대의 두 성당은 주랑이 열을 지어 있는 신랑과 익랑이 '초대 그리스도교' 시기의 크기를 그대로 유지한 것뿐만 아니라 전면부의 쌍둥이 탑과 같은 새로운 요소에서도 전적으로 유사했다.

이원화된 전례 체계

분할된 공간들과 분할할 수 있는 공간들

위에서 언급했던 여러 교회들에서 정면에 부속되어 있는 후진은 제단 구역과 대비되었으며, 미사를 집전하는 성직자를 위한 제2의 내진 공간으로 이용될 수 있었다. 메르제부르크Merseburg 대성당(1015-1021)과 헤르스펠트 또는 프렉켄호르스트Freckenhorst와 같은 몇몇 경우에 후진은 다용도의 공간을 추가로 만들어 내는 상단上段에 의해 수직의 2개 층으로 나뉘었다. 대개의 경우, 후진은 제대가 차지하고 있었으며, 그 밑에는 지하실이 있었는데 고리 모양 회랑 방식의 고풍스러운 유형(쾰른)과 소예배당의 새로운 유형(멤레벤, 풀다)으로 구분이 가능하다. 제2의 후진에 대한 주제는 11세기의 중요한 유적들 가운데 하나로서 1010년경에 베른바르트Bernward 주교(993-1022년에 주교)에 의해서 건축이 시작된 힐데스하임의 성 미하엘 성당에 가장 두드러지게 나타났다. 게르만 지역에서는 카롤링거 시대의 이원화된 전례 체계의 다양한 형식이 11세기에 지속적으로 적용되었다. 아마도 이것은 제단이 차지하고 있는 구역과 신자들에게 허용된 구역을 엄격히 구분하기 위해 동쪽의 앞머리 부분에 유골을 안치하는 곳과 제대를 집중시키려는 움직임이 더 강했던 유럽의 다른 지역들과 독일을 구분하는 가장 주된 특징일 것이다.

베스트베르크의 기능

베스트베르크Westwerk(서향 구조물*)는 여러 층으로 이루어진 거대한 부피의 건축물로서 카롤링거 시대의 건축에서 성당을 비롯한 대수도원 교회의 신랑 앞에 서쪽으로 건립되었다. 이는 프랑스의 센툴라와 코르베이에 관해서 살펴본 것처럼 아치가 이어진 회랑으로 둘러싸여 상층부의 설교단과 기층으로 이루어진, 건축과 기능에서 많은 자율성을 지닌 중앙에 배치된 시설들이다. 오랫동안 사람들은 베스트베르크가 황제와 그의 궁정만을 위한 특별한 공간이라고 믿었다. 일말의 주저 없이 이러한 범주에 대한 원조가 되기를 원했던 센툴라의 예와 같이 매우 잘 알려진 경우에는 공간을 전적으로 전례에 이용한 기록이 문헌 자료들에 보존되어 있다. 따라서 이것이 신앙뿐만 아니라 상징성과 대표성을 요구하는 다용도 공간이었다는 것을 인정해야 한다. 베스트베르크의 유산은 11세기에 북유럽 건축 전반에서 발견되었다. 하지만 유형론적으로 다른 형태들이 증가하면서 더욱 차별화되었던 교회 건축물의 영역에서 채택되었다는 사실이 건물 전면의 선단부를 건립했던 현상을 한 가지 공식으로 해석하는 것이 잘못되었음을 보여 준다. 오토 황제 시대의 건축도 평면도와 입면도에서 가볍고 덜 복잡한 해결책을 선택하며 이 전통을 이어 나갔다. 가로축뿐만 아니라 세로축으로도 대규모로 전개된 구조물의 확장과 중앙의 탑들과 그보다 높이가 낮은 양측면 첨탑의 체계화된 돌출이 주를 이루는 구조물의 엄청난 크기로부터 만들어진 외부의 효과는 내부 공간의 구분을 단순화하는 한편, 시각적으로 강렬한 인상을 남겼다. 10세기 중반과 11세기 초 몇십 년 사이로 시기를 산정할 수 있는 독일 북부의 다양한 건축물들은 마인베르크 주교와 관련이 있는 건축 시기에 교회 정면에 위치한 정방형의 거대한 탑과 함께 양 측면의 원통형 첨탑들로 이루어진 돌출부를 공유하고 있다. 건물 내부에서 탑은 나무 마루에 의해 2개의 층으로 나뉘었으며, 상단은 2개나 3개의 창으로 구성된 첨두창을 통해 교회 예배자들을 위한 공간인 신랑으로 이어져 있었다. 이 경우 상단의 여성들을 위한 특별석은 크기도 매우 축소되었을 뿐만 아니라, 카롤링거 시대의 양식을 잃게 되었다. 하지만 차별화된 기능을 가능하게 해 주는 공간의 평면 분할과 여러 층으로 제단좌를 전환 배치하는 것은 그대로 유지되었다.

이러한 동일한 건축물들 가운데 가장 중요한 것은 게른로데의 성 치리아쿠스St. Cyriakus 수녀원 교회였다. 960년경 건립이 시작된 이 교회는 라인 강 지역의 규칙적이고 반복적으로 번갈아 나타나는 전형적인 기둥과 장식용 기둥들에 의해 양 측면이 구분된 중앙의 짧고 넓은 신랑을 갖추고 있었다. 가장 흥미로운 특성들 중 하나는 소규모 신랑들 위의 회랑이었다. 이처럼 에게 해 지역의 초대 그리스도교 교회의 건축에서 애용되었으며, 6세기 말과 7세기 초 (게다가 특수한 지형학적인 상황에 기인

게른로데의 성 치리아쿠스

하여) 로마(산 로렌초 성당과 산타녜세Sant'Agnese 성당)에서 일시적인 인기를 누렸던 주제가 서양 건축에 재등장했다. 증축된 내진內陣의 아래에는 건립 연도와 같은 시기에 건축된 것으로 볼 수 있는 지하 예배당이 있었다. 앞에서 묘사한 성 치리아쿠스 수녀원 교회의 선단부는 12세기 전반 에드비게 2세Edwige II 수도원장의 재임 시기(1118-1152)에 상단을 없애고 지하실을 갖춘 제2의 후진의 건립을 통해 변형되었다.

베르덴의 성 루드게르 대성당과 쾰른의 성 판탈레온 대성당(이후의 상황에 대해서는 이 책의 「독일: 힐데스하임, 쾰른, 슈파이어」를 참조하라)처럼 서양의 유명한 또 다른 기념비적인 건물들은 민덴과 코르베이의 카롤링거 시대 독일 양식들로부터 측면 상층부의 주랑과 같은 요소들을 선택했지만, 평면의 분할을 중단하고 중앙의 공간을 단일하게 구성하는 것을 선호했다. 이미 오토 왕조 시대 초기에 전체적으로 지하 예배당을 갖춘 제2의 내진과 유사한, 단순한 서쪽의 내진(베른바르트가 건설하기 전에 지어진 힐데스하임 대성당과 마그데부르크 대성당)이 등장했다. 매우 독창적인 해법은 테오파노 수녀원장 시기(1039-1058)에 대대적으로 재건축된 에센의 삼위일체 대수녀원에서 채택한 것이다. 이 교회는 재건축을 통해 추가된 정면의 돌출부가 외부적으로 양 측면의 쌍둥이 첨탑과 함께 돌출된 아치로 이루어진 로마네스크 장식의 높은 팔각형 탑의 모습을 갖추었으며, 내부적으로는 아헨의 팔라틴 예배당을 모방한 회랑과 주보랑周步廊(측랑이 내진으로 연장되어 생긴, 내진과 후진을 감싸는 회랑*)을 갖춘 다각형의 후진이라는 새로운 구조를 보여 주었다.

이 외에도 팔츠와 라인 강 상류 지역 사이(림부르크, 바젤, 콘스탄츠, 슈파이어, 아인지델른)에서 날렵한 형태의 양 측면 종탑들이 우뚝 솟아 있는, 일명 '조화로운 입면(또는 파사드)'의 독특한 형태가 널리 보급되었음을 주목해야만 한다. 이 지역에서 시작된 이러한 주제는 알프스 지역과 롬바르디아 지방(무티에, 캔터베리, 밀라노의 산타 트리니타 교회, 코모의 산 자코모 교회)의 로마네스크 양식의 발전에 영향을 미치기에 이르렀지만, 동시에 노르망디(쥐미에주의 노트르담 성당과 캉의 생테티엔 성당) 같은 유럽의 다른 지역들과 동일한 유형의 파사드가 독자적으로 형성된 사실을 반드시 지적해야 한다.

제단 구역을 위한 해결책

이보다 더하지는 않더라도 이와 유사한 다양한 해결책들은 11세기에 제단이 자리 잡고 있는 구역을 위한 건축물을 특징지었다. 또한 여러 개의 제단좌를 옮겨 놓고 미사를 집전하는 성직자들을 신자들의 무리와 적절하게 격리하고자 하는 요구는 교회의 개혁 움직임의 영향으로 인해 결정적이었으며, 점점 더 시급해졌다. 제단 상부의 봉쇄가 시작되었고, 이로써 민중들은 모든 형태의 의례에 배제되었으며, 동시에 대규모 지하실 위에 증축된 내진과 함께 동쪽에는 특정한 상황에 성직자들에게만 출입이 허용되는 여러 개의 소예배당을 갖춘 새로운 건축적 대안이 만들어졌다. 특별한 묘지 또는 제단좌와 유골을 위한 장소인 동쪽의 외부에 위치한 소예배당과 교회의 제단presbyterium과의 연결 문제는 (코르베이에서) 교회의 축을 따라 내진 아래의 고해실로 이어지는 익랑과 외실을 위한 현관으로 인해 교차되고 보조 제실과 통하는 내진-후진의 공간 주위의 주보랑과 같은 매우 복잡한 해결책을 통해 이미 카롤링거 시대에 다루어졌다. 오세르와 플라비니의 경우, (여기에 10세기 말의 재건축과 함께 작센의 힐데스하임과 할베르스타트 대성당의 동시대 예들이 추가되어야만 한다) 이와 유사한 건축은 2개의 층으로 실현되었으며, 다른 제실로 들어가는 입구가 되는 지하실의 주보랑 위에 설치된 이동로를 갖추었다.

　　오토 왕조 시대의 건축에서는 이 모든 요소들이 발견되었다. 외부의 소예배당은 수스테런Susteren과 스타벨로, 뫼즈 지방 또는 레겐스부르크의 장크트 에메람 수도원 교회와 트리어의 생 막시맹 교회에서 보듯이 엄청난 크기에 도달했다. 하지만 로마네스크 시대의 발전에서 더 흥미로운 것들은 9세기 부르고뉴에서 시작된 시도들로, 유골을 보관하는 성스러운 공간이 제대를 설치하기에 충분할 뿐만 아니라 찬양을 드리는 장소로 바뀔 수 있을 정도인 소예배당의 크기에 이르게 되었다는 점이다. 따라서 독일과 프랑스, 이탈리아에서 10세기 후반에 처음 나타난 것으로 기록된 지하 예배당은 더 이상 이동로가 아닌 숭배의 공간으로 인식되었다. 초기의 예들은 게른로데(약 965)와 파더보른(레타르의 재임 시기, 약 1000) 동쪽의 지하 예배당들이었다. 십자가를 이루는 둥근 천장으로 뒤덮인 공간들에 대한 건축술은 매우 빠르게 지하 예배당의 확장으로 이어져 후진과 이를 마주하고 있는 내진의 경계를 벗어나 신랑의 일부분인 익랑을 침범하기에 이르렀다. 11세기 초 운테레겐바흐Unterregenbach의 지하 소예배당은 이미 이러한 경향을 실제로 보여 주었던 한편, 설계상과 양식상의 확고함에서 최고의 표현은 1030년 건립 이후 얼마 되지 않은 시기에 만들어진 것으로 산정할 수 있는 슈파이어 대성당의 지하 소예배당이었다.

유골 보관을
위한 성소聖所

엄청난 크기의 지하 소예배당

또한 이탈리아 북부에서도 엄청난 크기의 지하 소예배당들이 이른 시기에 확인 되었으며, 몇몇 경우에는 진정한 아래층 교회로 자리 잡았다. 여전히 제단 상부의 발전과 관련하여 널리 보급되기 시작한, 전적으로 로마네스크 양식의 특성을 지니고 있던 또 다른 구조물은 일명 조화로운 후진chevet harmonique이라는 구조물, 즉 첨탑 또는 쌍둥이 종탑 사이에 자리 잡은 내진이었다. 여기에서도 카롤링거 시대 이전의 예들이 보여 주었던 분배와 관련한 선택에 대한 것이었지만, 압도적인 크기로 탑이 발전한 것은 새로웠다. 몇몇 경우(베르덴의 장크트 루치우스 교회)에 층마다 나뉜 이러한 탑들은 보조 제대들을 설치하여 예배를 드리는 공간으로 바뀔 수도 있었다.

클뤼니와 방사상放射狀 슈베의 평면도

클뤼니 수도원의 확고한 정체성

너무나 오랫동안 로마네스크적 표현과는 동떨어져 있었던 것으로 여겨졌지만, 사실은 독창적인 해결책들의 시험장이었던 게르만 지역은 과거에 새로운 건축 표현의 진정한 요람으로 여겨진 부르고뉴와 랑고바르드의 두 지역과 정치적·문화적으로 연결되어 있었다. 역사적·예술적인 관점에서 매우 이례적인 사건은 클뤼니 수도회의 탄생이었다. 이후 이어지는 두 세기 동안 수도원 개혁의 중심을 이루었던 클뤼니의 베네딕투스 대수도원은 909년 아키텐의 공작이자 마콩의 백작이었던 경건공 기욤 Guillaume le Pieux(?-918)에 의해 설립되었다. 기욤은 곧바로 이 수도원이 로마 교회의 직접적인 관할을 받도록 했다. 교회와 민간의 사법권으로부터의 면제라는 법적 지위는 이러한 전제에 바탕을 두고 있다. 이러한 법적 지위는 지부들까지 확장됨으로써 전 유럽에 클뤼니 수도회의 성장과 성공을 결정지었으며, 동시에 정치적이고 영적일 뿐만 아니라 엄청난 결집력을 지닌 제도적인 실체를 이루게 되었다. 이 수도원 교회는 위대한 수도원장 마이올로Maiolo(약 910-994)의 재임 시기에 최초로 웅장한 외형을 갖추게 되었다.

많은 제단을 수용하기 위한 방사형 평면 구도

미국의 고고학자 케네스 코넌트Kenneth J. Conant의 발굴로 인해 부분적으로 복원이 이루어진 (제2클뤼니 교회로 알려진) 교회의 가장 의미 있는 특징은 동쪽 구역의 형태였다. (주신랑의 높이보다) 나지막하고 좁은 익랑의 동쪽에 위치한 내진은 실제로 안쪽 깊숙이 자리 잡았으며, 후진과 맞닿은 (또는 지성소와 연결되어 있지 않은 양 측면의 공간으로 볼 수도 있는) 3개의 신랑으로 나뉘어 있었다. 신랑의 양 측면에는 2개의 정방향 부속 구조물이 자리 잡고 있었는데, 이것은 익랑의 양 끝단으로 열려 있는 조그만 후진들과 함께 안으로 들어갈수록 더 깊어지는 평면 구도(방사상 슈베)를 정의하는 데 기여했다. 일반 신도들을 위한 제대를 많이 설치하기 위해 고안되었으며, 개혁적인 특정한 환경에서 실시되었던 전례를 동쪽에 집중시키는 과정의 가장 명백한 예로 비쳤던 이러한 독창적인 평면도의 중요성은 10세기와 11세기 사이에 교회의 본산이었던 클뤼니 교회를 모델로 하고, 여러 지회의 교회에 재현되었던 진정한 '클뤼니 건축'의 존재 가능성을 분석하는 논의의 중심에 있었다.

이러한 의미에서 정해진 표상들의 규범적인 활용에 대한 엄격한 규정들이 없었던 것이 분명할지라도, 어쨌든 클뤼니 수도회의 고유한 전례 전통들이 교회 건축물의 표현에서 일반적인 개념들을 채택하도록 유도하였을 가능성을 부정하기는 어렵다. 클뤼니 수도원 교회의 고유한 개념들은 제단 주변 내진의 크기의 확대, 제단의 3분할, 단계적으로 발전하는 후진의 증가, 둥근 천장 지붕을 갖춘 나지막한 익랑(이것의 존재는 실제로 클뤼니 성당 교회의 제2기 건축물에서는 입증하기 불가능했다)과 갈릴래아galilaea라고 불렸던 독특한 형태의 돌출부와 같은 것이었다. 기니Gigny, 페르시레포르주Perrecy-les-Forges, 로맹모티에Romainmôtier, 히르사우의 성 베드로와 성 바오로 교회뿐만 아니라 고고학적인 발굴로 매우 불완전하게 복원이 이루어졌지만 클뤼니 성당 교회의 제2기 건축물의 양식을 고수했던 (11세기 전반의) 매우 이른 시기의 경우로 볼 수 있는 파비아의 산 마이올로 교회, 11세기 말 알프스와 롬바르디아 지역의 베르테마테Vertemate 교회와 카포디폰테Capodiponte 교회와 같은 이탈리아의 경우들을 보게 되면, 이러한 가능성은 더욱 분명해진다.

볼피아노의 굴리엘모

방사상 슈베(교회 본당 동쪽 끝의 외관*)의 설계도는 클뤼니 수도회의 규정을 준수한 3개의 건축물에서 그 본보기를 찾을 수 있다. 그 시대의 위대한 개혁가들 중 한 명인 볼피아노의 굴리엘모Guglielmo da Volpiano(960/962-1031)가 추진했던 이러한 건축물들은 최근의 발굴로 밝혀진 피에몬테 주 프루투아리아의 산 베니뇨 수도원 교회, 페캉의 트리니테 교회와 관련이 있으며 1030년대에 개축된 노르만 양식의 베르네의 노트르담 교회, 그리고 특히 굴리엘모가 990년부터 사망할 때까지 40년 동안 수도원장으로 있으면서 1001년과 1018년 사이에 직접 건축을 지휘했던 부르고뉴 디종의 생베니뉴Saint-Bénigne 성당이 있다. 이 중 마지막의 생베니뉴 성당은 13세기 고딕

디종의 생베니뉴 성당

양식으로 개축되고 프랑스 대혁명기에 파괴된 이후에 남은 것이 많지 않지만, 성상화와 관련한 다양한 자료들은 건축물의 이례적인 구조를 재구성할 수 있도록 해 주었다. 사실 이 경우, 깊이에 따라 크기가 줄어드는 소예배당을 갖춘 선단부를 기본으로 하는 설계도는 원통 모양의 중심 주위를 완전히 둘러싼 채로 덮고 있는 2개의 주 보랑을 갖추었으며, 아치에 의해 관통된 측면의 소예배당들과 후진의 벽들을 통해 제단과 통해 있고, 교회와 축을 이루며 동쪽에 서 있는 3층 원형 건물의 웅장한 고안물에 스며들어 있다. 이 원형 건물은 성모 마리아에 봉헌되었으며, 설계도상으로 개구부에 의해 하늘로 열려 있는 둥근 천장 지붕 형태인 로마의 판테온, 즉 609년 이후로 순교자들의 성모 마리아 성당이 된 교회를 상기시키고자 했다. 오세르와 플라비니의 2층 외부 지하실이라는 카롤링거 왕조 시대의 주제는 여기에서 전례 없는 크기와 구조적이고 공간적인 일관성을 획득하게 되었다. 아직도 건재한 생베니뉴 성당의 유일한 원형 건물 1층은 돌출된 익랑 아래로, 그리고 교회 중앙 신랑 전체를 따라 이어져 있는 아래층의 진정한 교회인 지하 예배당과 관련이 있었다. 지하에 출입하기 위해서, 제2의 후진을 특징으로 하지만 상부 설교단을 갖추지는 않았던 돌출부의 주신랑에 계단이 설치되었다.

롬바르디아의 영향? 굴리엘모가 이탈리아 출신이라는 점은 생베니뉴 성당의 엄청난 크기의 지하실이 롬바르디아 지역과 관련이 있을 것이라는 생각을 가지게 했다. 실제로 피에몬테와 롬바르디아의 여러 경우들에서 제단의 지하실은 (11세기 중반경의 테스토나와 카부르, 페도나, 발데블로레의 교회들과 피아첸차의 산 달마치오 교회들처럼) 측면의 빈 공간으로, 그리고 (스피뇨[991]/ 아키의 대성당[1018] / 생장드모리엔처럼) 익랑 또는 신랑의 일부로 확장되었으며, 산타 트리니타–산 세폴크로 (1030-약 1040)의 밀라노 교회나 베로나의 산 페르모 교회(약 1067)의 경우처럼 아래층의 진정한 예배당으로 변모하기도 했다. 하지만 유럽 로마네스크 양식 건축의 전체적인 모습에서 유일한 것으로 남고자 했던 이례적인 설계안 자체로 인해 실제로는 가혹한 평가를 받았던 디종의 생베니뉴에 적용된 해결책에 진정으로 견줄 만한 것은 아무것도 없었다. 많은 유골함과 제대들을 안치하고 있으며, 기능적인 지하실을 갖추고 여러 층의 통행로로 이루어진 동쪽 공간의 구성은 앞으로 널리 적용될 다른 해결책을 찾게 될 것이다.

주보랑으로 둘러싸인 내진과 방사형으로 배치된 소예배당

10세기 중반부터 프랑스에서는 방사형으로 배치된 소예배당으로 들어가는 입구 역할을 했던 주보랑으로 둘러싸인 기도실 용도의 지하실이 하나의 유형으로 자리 잡았다. 이와 유사한 평면과 배치의 구조는 고고학적인 발굴로 인해 10세기 중반으로 시기를 산정할 수 있는 오베르뉴의 클레르몽페랑 대성당에서 확인되었지만, 1000년 이후 초기 몇십 년 사이(1019년에 축성)에 이러한 구조가 완전한 조화를 이루었던 곳은 투르뉘의 생필리베르Saint-Philibert 대성당이었다. 한 지역에서 다른 지역으로의 명확한 영향을 인식하는 것이 쉽지는 않지만, 1000년경 서로 간에 비교 가능한 2개의 층으로 이루어진 제2의 순환 통로에 대한 시도들이 북부 이탈리아에서도 발견되었다는 것(이브레아 대성당의 서쪽 내진과 베로나의 산토 스테파노 대성당의 경우 모두 방사형으로 배치된 소예배당은 없었다)은 매우 의미가 있다.

일반적으로 이야기된 것처럼, 방사형으로 배치된 소예배당의 표현 방식은 장방형에서 반원형으로 변한 소예배당의 형태적인 변화(오를레앙의 생태냥 성당과 루앙 대성당)와 함께 프랑스 지역에서 한 세기 넘게 유행했다. 게다가 방사형으로 배치된 소예배당 상층부의 주보랑은 때때로 동일한 평면 설계의 지하실의 존재로부터 벗어나 독자적으로 유행했다(비뇨리, 특히 툴루즈의 생세르넹 성당의 예배당들과 콩크의 생트포이 수도원 교회, 리모주의 생마르샬 성당 등의 순례를 다룬 「순례길」에 대한 장을 참고하라). (1088년부터) 우고의 수도원장 재임 시기에 마이올로의 교회(제2기 클뤼니 교회)를 대체하기 위해 클뤼니에 짓기 시작했던 엄청난 크기의 대수도원 교회에 있는 5개의 조그만 후진을 갖춘 내진은 바로 이러한 유형이었다. 2개의 교차점과 주 익랑의 양 날개 위로 4개의 첨탑이 솟아 있는 2개의 익랑을 갖춘 (갈릴래아라는 이름의 돌출부를 제외하고도 길이가 150미터인) 대성당의 크기는 엄청나다. 1798년과 1823년 사이 건축 자재의 채석장으로 전락한 교회의 '꼼꼼한' 해체 이후에 오늘날에는 후기의 갈릴래아 하부의 벽과 함께 커다란 익랑의 남쪽 날개의 극히 일부분과 남쪽의 조그만 신랑의 경간이 남아 있을 뿐이다.

투르뉘의 상황을 다시 살펴보면, 생필리베르 대성당은 알프스 너머 로마네스크 양식의 핵심적인 유적으로서 잘 짜여진 공간의 분할과 둥근 천장 지붕의 기술에 대한 진정한 실험실이었다. 이미 1020년에 반구형 지붕으로 내진을 덮는 조치가 취해졌던 만큼, 몇 년 뒤에 건축물에 추가된 갈릴래아를 위한 선택에 특히 주목해야만 한

새로운 반원형
소예배당

투르뉘의
생필리베르
대성당

다. 이는 분명 소실된 마이올로의 교회(제2기 클뤼니 교회) 서쪽에 수도원장 오딜로 Odilo가 건축한 갈릴래아와 시대적으로 가까운 클뤼니의 가장 오래되고 잘 보존된 상징적인 본보기였다. 클뤼니의 나르텍스(고대 가톨릭 교회당 본당 입구 앞의 넓은 홀로 참회자, 세례 대기자를 위한 공간으로 활용됨*)의 형태는 발굴에 대한 정보 부족으로 인해 논란의 대상이었지만, 클뤼니의 전통을 채택했던 다른 중심지들과 투르뉘의 갈릴래아가 전반적인 경향에서 모母교회 본산의 전형을 본받았을 가능성이 매우 크다. 여기에서 이와 유사한 건축물의 기능과 위에서 기술했던 카롤링거와 오토 왕조 시대의 베스트바우Westbau라 불린 서쪽 구조물 같은 다른 형태의 구조물과의 관계는 사실 매우 불확실하며 다분히 추정일 뿐이어서 다룰 수는 없으며, 여기에서 우리는 이러한 지붕에 대한 실험 정신 자체에만 관심을 가질 수 있을 뿐이다.

하중을 지지하는 기둥과 둥근 천장 지붕의 문제

1층에는 중앙 신랑에 십자형의 반원통형 지붕, 그리고 경간으로 나뉜 완벽한 로마네스크 양식 특유의 공간 분할로 실현된 양 측면의 공간 위에 2개의 아치를 교차하여 만든 지붕이 설치되어 있었다. 위층의 주신랑 공간에는 가로로 교차하는 아치들 위에 세로로 걸쳐 있는 반원통형 지붕을 올렸으며, 그 아래로 대담하게 창들을 냈다. 측면 신랑들의 준準반원통형 지붕들은 반反추력推力을 얻기에는 지나치게 아래쪽에 자리 잡고 있었는데, 그렇기 때문에 구조물의 붕괴 위험을 덜기 위해 육중한 지붕 들보들이 이용되었다. 11세기 말에 교회의 신랑은 방향이 바뀌었으며, 원통형의 높은 주랑들은 나르텍스의 건축과 같은 시기인 1040년경에 이미 세워졌다. 지붕에는 모든 경간들에 교회의 축에 대해서 가로로 걸쳐 있는 반원통형 지붕을 통한 새로운 체계가 선택되었는데, 이는 중앙 신랑의 상층부에 창문을 낼 수 있게 해 주는 독창적인 해결책이었다.

둥근 천장 지붕의
다양한 형태들

하지만 이러한 투르뉘의 해결책은 큰 반향을 불러일으키지 못했으며, 가장 실용적인 방식은 이미 오래전부터 가로 아치에 세로로 걸쳐 있는 반원통형 지붕이었는데(샤페즈, 루시용의 카니구, 카르도나, 카세레스의 산 페드로, 카탈루냐의 산트 요렝크 델 문트), 뒤이어 11세기 말부터는 구간별로 나뉜 원통형 지붕이 널리 이용되었고, 끝으로 중앙 신랑의 상층부에 채광을 가능하게 해 주고 12세기 중반 이후로 고딕 양식의 발전에서 결정적인 요소로 작용했던 첨두형 둥근 천장 지붕의 활용이 이어졌다. 한

편, 신랑의 벽 위 둥근 천장 지붕에 대한 연구와 함께 '특화된' 다양한 요소들의 결합
으로 탄생한 기하학적 도형의 직선과 곡선 아치의 활꼴로 구성된 지지대인 복합 기
둥에 대한 연구들이 처음부터 병행되었다. 이러한 기둥은 십자형의 반원통형 지붕
에 의해 가해지는 각각의 힘들에 최상의 방식으로 부합할 수 있었다. 정방형 또는 십
자가형 구역인 중앙의 중심부에서 각각의 측면 위로 4개의 반기둥이 세워져 십자형
반원통형 지붕의 가로 아치들을 지지하는 데 이용되었다. 반면에 이 지붕의 대각선
아치형 서까래는 중심부 네 모서리의 돌출부 위로 하중이 전달되었다. 투르뉘에서
는 인근 샤페즈의 교회처럼 둥근 천장 지붕(양 측면의 십자형 반원통형 지붕)이 그 지역
의 전형인 석조 건축으로 이루어진 원통형 기둥들과 여전히 관련이 있었다. 실제로
이러한 과정에서는 단순한 지주 또는 기둥 위의 둥근 천장 지붕을 발견할 수 있으며,
동시에 아직은 발생 단계이기는 하지만 복합 기둥이 등장했던 건물들 사이에는 샤티
용쉬르센의 생보를Saint-Vorles 대성당 교회처럼 나무 지붕을 수용한 몇몇 건물들도 있
었다.

오세르의 생테티엔 대성당(1023-1035)의 화려한 지하 예배당에는 매우 명확한 미학적인 혁신
다주식 기둥의 초기 증거들 중 하나가 있었지만, 여기에서도 전적으로 기술적인 면
만을 고려하지 않았듯이 기둥들의 과도한 크기는 구조적인 요구들로 정당화될 수 없
으며, 기둥 조각에 건축가들이 기여한 바를 고려해야만 한다. 11세기 후반에 이러한
복합 기둥은 부르고뉴와 푸아투, 루아르 계곡, 그리고 (1067년에 축성된) 쥐미에주의
노트르담 성당의 기본적인 작업장에 신랑의 형태적인 조화에 맞추어 복합 기둥과 단
순한 원통형 기둥이 적용되었던 노르망디로 확산되었다. 신랑은 노르만의 로마네스
크 양식(캉의 생테티엔, 스리시라포레)의 전형적인 구도인 중앙 신랑 양 측면의 각각의
소형 신랑에 세워진 내부 회랑과 높은 외담이 첨두창이 나 있는 신랑의 상층부와 함
께 3단계로 나뉘었다. 양 측면의 소형 신랑들과 회랑들은 십자형의 반원통형 지붕으
로 되어 있었고, 주신랑은 처음에는 나무로 된 지붕이 올려져 있었으며, 복합 반기둥
들은 세로로 형성된 공간을 경간으로 나누는 가로 아치들을 지탱하는 데 이용되었
다. 1050년에서 1060년 사이 이러한 노르만의 교회에서는 엄격한 설계의 체계 속에
서 로마네스크적인 표현의 많은 건축적인 요소들이 결합되었으며, 이러한 요소들은
10여 년 동안에 카탈루냐 지역과 다음에 살펴볼 이탈리아에서도 이어졌다.

이탈리아 북부의 로마네스크 양식

노바라와 베르첼리의 몇몇 건축물들은 오래전부터 양 측면의 공간에 석재로 만든 둥근 천장 지붕(수노의 산 제네시오 대성당과 단 하나의 넓은 공간의 구조를 보이는 첫 번째 단계의 예인 발로코의 산 미켈레 성당)과 쌓아올린 붙임기둥들과 접합된 십자형의 반원통형 지붕(카르피냐노 세시아의 산 피에트로 대성당, 폼비아의 산 빈첸초 대성당)이 매우 이른 시기에 등장한 것으로 유명하다. 여러 경우들(비구촐로, 페도나, 포르노보)에서 반기둥의 각 부분으로 나뉜 지주의 채택은 샤티용쉬르센의 생보를 대성당처럼 지붕의 유형과는 무관했다. 거대한 넓이의 반원통형 둥근 천장 지붕은 11세기 초 몇십 년 동안에 등장했다. 밀라노의 산탐브로조 대성당의 내진은 그 크기로 보아 전 유럽에서도 이례적으로 두드러진 경우일 수 있다. 건축 시기의 산정은 오래전부터 논란이 되었지만, 1030년부터 1040년까지임이 분명하다. 최초의 첨탑들과 (아키의 대성당, 피아첸차의 산탄토니노Sant'Antonino 대성당같이) 익랑을 갖춘 교회의 십자형 경간 위, 그리고 소형 신랑에 세워진 내부 회랑 또한 십자형의 원통형 지붕으로 되어 있던 갈리아노의 빼어난 세례당처럼 대칭심對稱心 구조의 둥근 천장 지붕도 같은 시기에 건축된 것으로 산정된다.

로멜로의 산타 마리아 마조레 성당 일관되고 유기적인 건축 설계도에 따라 롬바르디아 로마네스크 양식의 수많은 혁신들이 통합된 전형적인 예를 보여 준 건축물은 (1040년경의) 파비아 인근 로멜로의 산타 마리아 마조레Santa Maria Maggiore 성당이었다. 오토 1세 백작의 야심 찬 주문으로 지어진 이 건축물은 낮고 돌출된 익랑과 3개의 후진과 3개의 신랑으로 이루어진 교회였다. 이 교회의 3개의 후진들 중 가장 큰 것은 본래 반지하의 넓은 예배당을 갖추고 있었는데, 이는 담벼락의 돌출부와 결합된 반기둥과 함께 둥근 천장 지붕의 벽을 지지하는 지주들의 조형미술로 인해서 1000년 이후 초기 수십 년 동안 이러한 유형들 가운데 가장 두드러졌다. 건축술의 역사에서 이에 못지않게 두드러진 것은 익랑의 양 날개와 내진의 경간에 반원통형 천장을 이용하고 양 측면 공간에 십자형의 반원통형 지붕을 채택한 것이다. 이 경우는, 이후에 프랑스의 시도와 병행해 기둥의 둥근 형태가 공간을 조화롭게 나누고 둥근 천장을 가장 효과적으로 지지하는 기능을 하는 벽기둥의 추가를 통해 변형되었다. 소형 신랑을 향해 있는 벽기둥은 십자형 반원통형 지붕에 가로로 걸쳐 있는 아치들을 지탱하였으며, 중앙 신랑을 향하고 있는 벽기둥은 공간을 경간으로 구분하는 거대한 격막 아치들을 기둥 하나당 2개씩

지지했다.

11세기 롬바르디아 건축가들의 숙련된 기술에 대한 또 다른 증거들도 발견되었다. 예를 들어, 브레시아의 원형 공간인 로톤다rotonda(원형의 건물이나 방*)의 건축 시기를 역사적인 자료에 기초하여 교회의 건설 단계인 11세기 후반으로 산정해야 한다면, 이 건물의 거대한 둥근 지붕에서 그러한 증거들을 발견할 수 있다. 하지만 이탈리아 북부 건축의 전체적인 모습은, 특히 대도시 중심부에서 초대 그리스도교 고대 건축물들의 영향으로 인해 엄청나게 다양한 결과를 낳았다. 파비아 또는 노바라의 주교 단체들의 경우와 밀라노의 암브로시우스식 건축 유산에 대한 로마네스크 양식의 체계적인 개축을 고려해 보는 것만으로도 충분하다. 로마의 위대한 유적에서 새롭게 터득되었으며, 필요한 경우 과감한 건축 양식들을 이용할 정도였던 건축술과도 관련한 이러한 자극은 고대와 경쟁했다. 12세기 초 몇십 년 동안 이루어졌던 산로렌초 마조레 대성당의 엄청난 크기의 돔과 그 원형 건물 주위에 배치된 4개의 반구형 건물들의 개축은 선풍적인 반향을 불러온 경우임이 분명하다. 하지만 안타깝게도 이러한 개축은 1573년에 일어난 건물의 붕괴에 뒤이은 건축가 마르티노 바시Martino Bassi의 재정비 이후에 단지 몇몇 도상학적인 자료로 문헌상으로만 남아 있다. 따라서 이탈리아 북부는 여전히 통용되던 고전적인 기초들과 초기 로마네스크 양식의 새로운 기술과 건축 관련 경향들을 비롯하여 자생적인 것이 아니라 북유럽으로부터 기원한 것으로 생각할 수 있는 또 다른 요인들의 독창적인 통합이 이루어지고 있던 장소였다.

과거에는, 예를 들어 혁신의 매개체로서 클뤼니 수도회에 많은 중요성이 부여되었는데, 이는 라인 강 중류와 상류의 신성로마 제국 지역과 특히 활발했던 교류를 간과하기에 이르렀다. 아마도 (쾰른의 장크트 아포스텔른 대성당과 레겐스부르크의 장크트 에메람 대성당의 익랑들과 비교가 가능한) 파르파와 피아첸차의 산탄토니노 대성당의 직선으로 된 제2의 내진을 갖춘 서쪽 익랑과 (11세기 후반의) 치바테의 산 피에트로 대성당의 서로 마주 보고 있는 후진의 설치, 교회의 정면뿐만 아니라 내진의 양 측면에(이 경우에는 높은 소예배당을 갖춘) 쌍둥이 첨탑들로 그 높이가 강조된 캔터베리 대성당의 양 극단을 강조하는 해결책 같은 장치들은 바로 라인 강 중상류 지역으로부터 유래한 것들이다. 특히 코모 지역은 수용력이 풍부하고 역동적이었다. 도시에는 북유럽의 영향이 스쳐 지나갔던 이탈리아 로마네스크 양식의 중요한 건축물들

초대 그리스도교 건축물의 참조

게르만의 영향

중 몇몇이 남아 있다. 이에 대한 명료한 예는, 1013년에 건축이 시작되어 1060년에서 1070년 사이에 완성된 산타본디오Sant'Abbondio 바실리카 교회였다. 이 교회는 (중앙의) 원통형 기둥들과 (양 측면 공간들의) 지주들의 지지를 받는 5개의 신랑, 그리고 2개의 거대한 십자형의 반원통형 지붕으로 덮여 있고, 형태적인 특성에서 슈파이어 대성당 종탑들과 비교할 수 있는 종탑 2개의 대건축물 안에 자리 잡고 있는 길고 높은 내진으로 이루어져 있다. 조화로운 파사드뿐만 아니라 출입문 위의 높은 설교단으로 인해 림부르크, 콘스탄츠, 샤프하우젠 같은 라인 강 상류의 건축물을 본뜬 것으로 보이는 같은 시기 건축물인 산 자코모 성당도 그러한 예들 중 하나다.

이탈리아 중부의 건축술

피사 대성당 이탈리아 중부와 남부의 다른 지역들도 건축과 관련한 혁신적인 활동의 시기를 겪었다. 상업과 경제의 막대한 발전과 자치 도시의 새로운 정치 체제를 도모했던 몇몇 도시들의 사회적·경제적 활력은 사회 전체와 교회의 권력과 정치 권력이 응집된 엄청난 규모의 건축의 수주에 반영되었다. 포 강 중류 지역 대성당들의 대규모 건설 현장에 대해서는 추후에 언급하겠지만, 대성당의 기초 공사(1064)부터 (1152년 디오티살비Diotisalvi가 착수한) 조반니 피사노Giovanni Pisano(약 1248-1315/1319)가 세례당을 완성한 두 세기 동안 이미 11세기에 티레니아 해 전역으로 뻗어 나갔던 자치 도시 공화국의 권력이 가장 의미 있고 웅장하게 구체화된 곳은 피사였다. 피사 대성당 건축의 시작은 성당의 파사드에 세워진 비문에 언급되었듯이, 팔레르모 항구에서 이슬람교도들을 상대로 피사 함대가 거두었던 승리와 관련이 있었다. 주교는 즉위한 지 얼마 되지 않았던 파비아의 귀도Guido da Pavia(1060-1076년에 활동)로, 훗날 교황 알렉산데르 2세Alexander II(?-1073, 1061년부터 교황)가 되는 파타리아파의 바조의 안셀모Anselmo da Baggio의 개혁적인 입장과 오래전부터 제휴를 모색했던 인물이었다. 승리의 전리품은 건축 사업을 시작하는 데 이용되었으며, 이 공사는 실제로는 교황 젤라시오 2세Gelasius II(?-1119, 1118년부터 교황)가 헌당식을 거행한 1118년 이후에 완성되었다. 두 번째 비문으로 설계자의 이름이 제2의 다이달로스Daedalus로 칭송받고 있는 부스케토Buscheto였음을 알 수 있다. 건물의 평면은 코린트식 기둥의 지주들로 세워진 5개의 신랑으로 구성된 라틴 십자가(세로가 가로보다 긴 십자가*) 모양이었다. 많이 돌출되어 있는 익랑은 3개의 신랑으로 구분되었으며, 선단부는 후진들로

마무리되어 밖에서 보기에 본체 위에 대각선으로 붙어 있는 2개의 바실리카 교회 같은 느낌을 주었다. 뾰족한 아치로 이루어진 가로로 길게 늘인 교차 지점의 위에는 하나의 둥근 지붕이 놓였다. 양 측면의 공간은 십자형의 반원통형 지붕으로 덮여 있었으며, 둥근 아치 아래로 화려한 2개의 첨두창을 갖춘 중앙 신랑을 향하고 있는 (교차 지점의 공간을 활용한) 여성 전용 내부 회랑을 지탱하고 있었다. 1140년경 라이날트는 3개의 신랑으로 이루어진 대성당의 본체를 서편으로 확장했으며, 가로축의 벽으로 막혀 있는 블라인드 아치 형식의 부스케토 양식의 부활과 (루카의 산 마르티노 대성당과 아레초의 본당처럼) 특히 오랫동안 유행할 위쪽 개랑開廊, 즉 한쪽에 벽이 없는 복도의 설계를 통해 파사드를 실현하기 시작했다. 경이로운 고전적인 표현과 두 가지 색의 특색 있는 장식, 그리고 벽면 아치를 갖춘 피사 대성당은 토스카나와 리구리아, 그리고 사르데냐와 코르시카에서도 규범의 역할을 수행했다. (1147년에 축성된) 루카의 산 미켈레 인 포로San Michele in Foro 바실리카 교회와 산 마르티노San Martino 대성당은 이러한 경우에 적합한 예들이다.

새로운 자극과 배합

  하지만 고대의 부활을 중심으로 하는 이러한 건축 문화의 파급 효과에 대한 역사 기술의 집중은 사실 이탈리아 북부 로마네스크 양식의 혁신이 결실을 맺었던 동시대의 시도들을 망각한 것이다. 예를 들어, 피렌체에서 클뤼니 수도회의 교육을 받고 훗날 개혁주의적인 교황 니콜라오 2세(약 980-1061, 1058년부터 교황)가 되는 제라르 주교는 방사상 슈베의 구조로 이루어진 산 레파라타 대성당의 양 측면에 2개의 후진 형태로 이루어진 소예배당을 추가하며 복원을 추진했다. 제단이 자리 잡은 구역은 또 다시 중앙 후진의 양 측면에 위치한 두 종탑과 커다란 지하 예배당으로 나뉘었다. 롬바르디아에서 나타났던 것처럼 지역의 건축적인 전통에 속하지 않는 양식의 수용과 실험적인 자극, 그리고 바실리카 양식의 설계도에 대한 엄격한 준수의 적절한 배합을 특징으로 하는 움브리아와 마르케 지역 또한 수많은 훌륭한 건축물에도 불구하고 유감스럽게도 소홀히 다루어진 지역이었다. 여기에서는 아마도 비잔티움의 영향이 가미되었던 것으로 보이며, 이러한 경향들은 그리스 십자가(가로와 세로의 길이가 같은 십자가*)형 교회들의 설계도에 나타난다. 11세기 중반, 숙련된 기술자들은 이제 반원통형 천장을 기술적으로 완전히 제어할 수 있는 숙달된 단계에 도달했다. 포르토노보의 산타 마리아 대성당과 키엔티 계곡에 위치한 산 클라우디오 알 키엔티 성당, 그리고 인근의 키엔티 산기슭의 산타 마리아 성당이 이러한 건축물로 고려될 수 있다. 특히 11세기 중반 이전으로 시기를 산정할 수 있는 산타 마리아 성당의 초기 건축 단계는 십자형의 반원통형 천장으로 되어 있고, 여성들만을 위한 내부 회랑 아래에 위치한 신랑들에 뒤이어 방사상으로 배치된 소예배당을 갖춘 주보랑을 그 특징으로 하고 있다. 이는 동시대에 건축된 프랑스 비뇨리의 설계도와 신기할 정도로 유사한 구조를 보여 주고 있으며, 프랑스의 영향이 분명하게 드러났던 아베르사(1090년 이전), 베노사(내진, 약 1100), 그리고 아체렌차(12세기 초)의 이탈리아 남부 노르만 양식의 건축물 이전에 알프스 남부의 거의 유일한 본보기로 남아 있다. 하지만 서쪽의 설교단(산투르바노 알레시난테San't Urbano all'Esinante 성당)과 조화로운 파사드(아스콜리의 본당인 산타 마리아 알레 모예Santa Maria alle Moje 대성당)를 갖추었으며, 지하실과 마주 보고 있는 후진(몬테스피노의 산탄젤로 대성당)으로 이루어진 건축물에서 파사드 구역의 특이하고 명확한 표현에 대해 고조된 관심에 주목해야만 한다.

몬테카시노 대수도원 이보다 남쪽에서는 일반적으로 이탈리아 북부의 로마네스크 양식을 채택하거나 이따금 제단의 지하 예배당을 설치하는 것에 국한되었으며, 3개의 신랑과 후진을 갖춘 전통적인 바실리카 교회의 도면에 따른 분할과 표현은 논의되지 않았다. 로마에서는 교황 파스칼 2세(1053/1055-1118, 1099년부터 교황)의 시기에 초기 교회의 형태의 혁신renovatio Ecclesiae primitivae formae과 로마 교회의 보편적 교리의 표명과 같은 개념적인 면에서 초대 그리스도교의 위대한 건축적 전통을 되살린 건축 예술 번영의 시작을 알렸다. 산타 마리아 인 코스메딘Santa Maria in Cosmedin 성당과 산 크리스고노San Crisogono 성당, 산 클레멘테 성당의 재건축과 (1120년경) 마지막 산 클레멘테 성당의 경우처럼 모자이크 기술과 후진의 둥근 천장의 도상화 복원은 이러한 시각에서 해석되어야만 한다. 고대의 부활이라는 관점에서 가장 영향력 있는 건축물은 의심의 여지없이 이후에 교황 빅토르 3세(약 1027-1087, 1086년부터 교황)가 되는 데시데리우스가 1066년과 1071년 사이에 세운 몬테카시노 대수도원의 새 교회였다.

널리 보급된 모델 여러 세기를 거치며 많이 변형되었으며, 또 1944년에 연합군의 폭격으로 완전히 파괴된 데시데리우스의 대성당은 레오네 마르시카노Leone Marsicano(약 1046-1115/1117)의 『연대기Chronica』 덕분에 잘 알려져 있다. 이 교회는 열 쌍의 기둥들로 구분된 3개의 신랑으로 이루어졌으며, 이어져 있는 익랑과 함께 그 앞에는 '초대 그리스도교의' 기둥만 있고 벽이 없는 복도로 둘러싸인 커다란 아트리움을 갖추고 있었다. 이 아트리움의 고전적인 형태는 로마에서 입수한 오래된 대리석 자재를 광범위하게 재활용한 것과 함께 특별히 후진의 장식을 위해 콘스탄티노플로부터 모셔 온 예술가들과 모자이크 제작자들의 활동에 의해 주어진 것이다. 몬테카시노 성당을 그대로 빼닮은 건축물은 살레르노 대성당이었다. 이 성당의 건축은 중앙 정원의 같은 주제를 가진 그림들에 대한 해설과 함께 몬테카시노의 상징인 도상화 작품들의 기획에 기여했던 주교 알파누스에 의해 로베르 기스카르(약 1010-1085)의 경제적인 후원을 받아 1076년에 시작되었다. 세사 아우룬카의 대성당과 카푸아, 아말피, 캄파니아 지방과 이탈리아 남부의 다른 지역 성당들도 유사한 형태를 지니고 있다.

이탈리아 남부의 노르만 건축

11세기 중반 이후 노르만인들에게 지배를 당한 이탈리아 남부의 전 지역에서 몬테카시노의 데시데리우스의 건축 작업 현장은 지속적인 영향력을 행사했다. 실제로 풀리아는 그곳에서 만들어진 고전적인 기반과 비잔티움의 영향, 로마와 몬테카시노의 새로운 경향으로 이루어진 부분과 전략적인 항구들과 도로 덕분에 유입된 노르만과 롬바르디아 문화의 또 다른 부분이 독창적으로 통합되어 11세기 말부터 12세기까지 전반적인 유럽 건축에서 가장 흥미롭고 지나치게 과소평가된 지역들 중 하나였다. 1087년 바리에 이르렀던 성 니콜라우스의 유해를 수용하기 위해 미래의 대주교 엘리야(1089)가 세웠으며, 대부분이 1106년 이전에 지어진 바리의 바실리카 교회는 혁신적인 요소들의 축적과 12세기 건축 작업에 대한 규범적인 성격으로 높이 평가된다. 몬테카시노로부터 유래했거나 또는 이미 알려져 있었으며, 1034년부터 비잔티움의 주교가 추진한 대성당 개축에 채택된 것으로 보는 것이 더 신빙성 있는, 이어지는 익랑과 3개의 신랑으로 이루어진 구조는 이곳에서 완전히 뒤바뀌었다. 신랑에는 '작센'의 엇갈리는 구조(2개의 장식용 지주-1개의 강한 기둥)가 채택되었으며, 소형 신랑들은 십자형으로 교차하는 반원통형 천장으로 되어 있었고, 쥐미에주를 연상시키는 하나의 아치 아래 있는 3개의 첨두창에 의해 밖으로 통하는 여성 전용 내부 회랑을 지탱하고 있었다. 익랑은 넓은 제단의 지하실 위에 세워졌고 커다란 아치로 나뉘었으며, 아치 위에는 돔이 세워져야 했지만 실현되지는 않았다. 후진은 외부에 직선의 담으로 둘러싸였다. 두 쌍의 쌍둥이 종탑들은 파사드에, 그리고 중앙 후진 둥근 천장의 양 측면에 세워져야만 했는데, 이는 조화로운 슈베chevet harmonique라는 주제로 바리와 조비나초, 몰페타에서도 나타났다.

교회 건축 영역에서 새로운 노르만 정복자들의 영향은 특히 시칠리아에서 두드러지게 나타났다. 노르만인들에 의해 2세기에 걸친 아랍의 지배로부터 벗어나게 된 이 지역은 새로운 건축 형태가 강력한 문화적인 기반의 영향을 덜 입었으며, 동시에 이슬람의 장식적인 상징들을 자신의 것으로 만들었다. 또한 이 지역의 정치 조직은 주교좌의 설립을 통해서도 진행되었다. 위대한 백작 루제로Ruggero(약 1031-1101)는 칼라브리아에서 산테우페미아Sant'Eufemia 수도원(1062)과 (1080년에 축성된) 밀레토의 산티시마 트리니타Santissima Trinità 수도원 등 2개의 중요한 수도원의 창설을 준비한 뒤, 동시에 아그리젠토와 마자라, 시라쿠사, 카타니아의 교구를 설립했다. 이러한 수도원들로부터 프랑스 출신의 많은 개혁적인 수사들이 시칠리아 주교좌의 지도자로 배출되었다. 체팔루 대성당[도판 8]은 노르만인들의 지배를 받던 시칠리아의 가장 대표적인 기념 건축물들 중 하나다. 1130년경 자신의 묘로 사용하기 위해 루제로 2세(1095-1154)가 세운 이 교회는 기둥들로 구분되는 3개의 신랑을 갖춘, 세로로 길게 늘어진 본체와 나무로 된 천장으로 이루어졌는데, 건축이 진행되는 과정에서 돌출된 반원통형 지붕(1148년 이전)의 익랑을 계단식으로 점점 깊어지는 3개의 후진과 연결시킴으로써 그 높이가 많이 줄어들었다. 최근의 연구들(간돌포Gandolfo)은 후진의 구조로 인해 체팔루 대성당을 트로이나(1080)에서부터 마자라 델 발로, 카타니아(1094년부터), 그리고 체팔루를 거쳐 (루제로 2세에 의해 설립되었지만 1168년에 완성된) 메시나, (굴리엘모 2세[1153-1189]에 의해 세워진) 몬레알레와 팔레르모 대성당에 이르기까지 11세기 말과 12세기 시칠리아 대성당들의 규범적인 전형이었던 평면 설계도의 출발점들 가운데 하나로 보았던 전통적인 이론이 근거가 없음을 보여 주었다. 이러한 평면 설계도는 (밀레토의 산티시마 트리니타 성당같이) 루제로가 설립한 성당들의 요직을 차지한 노르만의 수도사들에 의해 칼라브리아에 전해진 클뤼니의 방사상 슈베 구조를 바탕으로 형성된 것이다. 체팔루 성당에서 신랑의 본체를 3개의 평면으로 구분하며 신랑으로 이어져야만 했던, 익랑의 테두리 벽 위의 통로들과 조화로운 파사드 같은 북유럽의 기술을 비롯하여 공간 분할과 관련한 해결책들이 분명히 드러났지만, 이러한 해결책들은 알프스 너머의 양식들이 맹목적으로 적용되었다기보다는 시칠리아의 예술적·건축적 문화에 강하게 뿌리내린 전반적인 틀 속에서 재구성된 것들이었다.

롬바르디아의 로마네스크 양식의 주요한 작업 현장들

11세기 말경 로멜로의 건설 작업장처럼 11세기 전반의 몇몇 작업 현장들에서 수립된 전제들이 어떻게 형성되었는지를 입증하기 위해서는 이제 롬바르디아 지역으로 돌아갈 필요가 있다. 1050년에서 1060년 사이에 신랑의 돌출부에서도 복합 기둥의 이용이 일반화되었던 프랑스에 비해 이탈리아에서는 확실한 연대순 기술의 근거를 통해 이 기둥이 체계화된 과정을 추구하는 것이 용이하지는 않다. 코마치나 섬의 산테우페미아 성당(1030–1050), 놀리의 산 파라고리오San Paragorio 성당(약 1050), 코모의 산타본디오Sant'Abbondio 바실리카 교회(약 1070), 그리고 란프랑쿠스의 건축에 자리를 넘겨주기 위해 무너트렸던 구舊모데나 대성당(11세기 중반)의 기둥들을 고려해야만 한다. 하지만 2개의 아치를 대각선으로 교차시켜 만든 새로운 유형의 둥근 천장인 용마루를 갖춘 십자형 반원통 천장을 위해 복합 기둥이 사용되었던 순간에 롬바르디아의 로마네스크 양식을 최대한 드러낸 것은 바로 이러한 과정이다.

상징적인 건축 현장은 이미 1080년대에 건축이 시작된 것으로 보이는 밀라노의 산탐브로조 바실리카 교회였다. 이곳의 중요성은 밀라노 건축 현장의 실험적인 여러 단계들이 축적되어 있다는 사실로부터 기인한 것으로, 11세기 말의 대대적인 개축에 최소한 50년 앞서는 후진들의 초기 로마네스크 양식이 이를 잘 보여 준다. 건축적인 표현과 성숙해진 천장의 독창적인 기술에 앞서 혁신적인 공간의 역동성을 강조했던 엄격함을 엿볼 수 있는 이러한 재건축은 (너비와 길이, 신랑들 사이의 치수 비율과 같은) 크기와 비율, 그리고 절대로 바뀌지 않는 신성함의 핵심인 중앙 제대 아래의 암브로시우스 성인의 무덤이 따르고자 했던 기존의 초대 그리스도교 바실리카 교회의 조건들을 고려해 본다면, 더욱 높은 평가를 내릴 만하다. 이러한 포장 속에서 한 천재적인 건축가는 강한 기둥과 약한 기둥의 기능적인 배열을 통해 체계화된 공간들 사이의 합리적이고 리듬감 있는 비례를 이끌어 낼 수 있었다. 중앙의 신랑은 측면 신랑보다 2배 더 넓으며, 서로 다른 형태의 기둥이 번갈아 나타나는 체계는 중앙의 경간에 2개의 소형 경간들이 짝을 이루도록 했다. 커다란 둥근 천장은 굵은 기둥 위에 걸쳐져 있었으며, 반면에 얇은 기둥들은 상응하는 2개의 조그만 경간들을 덮고 있는 십자 모양 반구형 천장의 대각선 아치들과 아치형 서까래들을 수용했다. 하지만 한쪽 면이 12미터가 넘는 정방형 위에 걸쳐 있는, 중앙의 거대한 서까래를 덧댄 둥근 천장을 떠받드는 체계는 양 벽면 위에 세워진 각각의 소규모 신랑에 위치한 여성 전

산탐브로조 바실리카 교회, 독창적인 걸작

용 내부 회랑의 십자형 둥근 천장들의 지지가 없었다면 충분하지 않았을 것이다. 구조물을 약화시킬 위험이 있는 내부 회랑 위의 창문들같이 전적으로 만족할 만한 결과를 얻어내지 못했던 선택들 또한 최첨단 건축 현장의 전형이었다. 중앙의 주신랑은 교회 정면(파사드)에 있는 3개의 커다란 창으로부터 빛을 받아들였다. 이 창문들은 회랑으로 둘러싸인 중앙 정원 동쪽 부속 건물의 역할을 하는 2층 나르텍스의 중앙 경간들 3개에 상응하여 설치된 것이다(1110-1120).

암브로시우스 방식에 대한 롬바르디아 지방의 다양한 변형

산탐브로조의 건축 공사의 영향은 도시와 외곽에서 크게 나타났다. 많은 건축물들에서는 조형적인 장식의 표면적인 부활에 그쳤지만, (1110년 이전에 건립된) 피아첸차의 산 사비노San Savino 성당과 리볼타 다다의 산 시지스몬도San Sigismondo 또는 밀라노의 산 조르조 알 팔라초San Giorgio al Palazzo 성당 같은 곳들에서 서로 다른 형태들이 번갈아 나타나는 '암브로시우스 방식'의 체계는 둥근 천장의 신랑에 위치한 여성 전용 내부 회랑을 한쪽 창으로 대체함으로써 단순화된 형태로 받아들여졌다. 그 뒤 서까래를 덧댄 십자형 둥근 천장이라는 독창적인 작업이 12세기 초 몇십 년 동안 노바라 지역(노바라 대성당과 노바라의 오니산티 성당, 산나차로 세시아 대수도원)에서 이루어졌다. 그리고 마침내 다른 지역들(산토 스테파노 성당, 산 비토레 알 코르포 성당, 밀라노의 산테우스토르조 성당, 오로의 산 피에트로 인 치엘 바실리카 교회, 산토 스테파노 성당, 파비아의 산타 마리아 델 포폴로 성당)에서는 직사각형의 십자형 둥근 천장의 주요 경간들과 함께 동일한 형태로 이어진 신랑의 명확한 구분으로 다른 길을 걷기 시작했다.

복잡한 지지벽 체계의 부활은 (파괴된) 산 조반니 인 보르고San Giovanni in Borgo와 특히 파비아의 산 미켈레 성당에서 둥근 지붕의 십자형 경간을 갖춘 돌출된 익랑을 규정했던 평면도의 설계를 따른 12세기 초에 볼 수 있었다. 특히 파비아의 산 미켈레 성당에서는 소규모 신랑에 위치한 여성 전용 내부 회랑 위로 창을 내서 밀라노 모형의 조명과 관련한 문제를 해결했으며, 밀라노의 모형을 뛰어넘으려는 시도가 있었다. 암브로조의 건축 현장에 새롭게 등장한 혁신과 그와 관련된 문제들은 12세기 포 강 유역의 로마네스크 양식의 전 과정을 특징지었다. 산타 마리아 인 베틀렘Santa Maria in Betlem 또는 파비아의 산 테오도로San Teodoro 성당들은 11세기 말에서 12세기 초의 파비아와 밀라노의 건축 현장들에서 공들여 만든 건축 방식들을 1150년이 넘어서도 충실하게 따랐다. 여기에서 다루고 있는 시기가 끝나갈 즈음에는 (키아라발레 밀라네세, 키아라발레 델라 콜롬바, 코레토 로디자노 등의) 시토회 대수도원들의 건축에

서도 '암브로시우스 방식'의 서로 다른 형태들이 번갈아 나타나는 체계와 일맥상통하는 성 베르나르두스의 설계도 구성 방식이 롬바르디아 지역에 뿌리내린 건축 방식에 의해 쇠퇴했다. 이러한 일은 탁발 수도회와 후밀리아티회의 교회들에도 종종 나타났다.

포 강 중류 지역의 대성당들

산탐브로조 대성당은 로마네스크 양식의 건축 현장에서 더욱 분명해진 새로운 혁신이라는 면에서, 그리고 무엇보다 건축 사업에 활기를 불어넣었던 동력으로 인해 하나의 본보기가 된 재건축이었다. 실제로 새로운 바실리카 교회는 황제나 주교의 요구도 아니었으며, 여러 권력의 결집된 발의와 성직자를 비롯한 활동적인 평신도 구성원들의 이해가 집산된 결과였다. 이러한 재건축은 평신도들의 사법부의 통제가 주교들의 지휘권에 가까워지고, 또 우위를 점하기 시작했던 도시의 사회적 현실을 반영했다.

따라서 이것은 비슷한 정도의 상징성을 지닌 모데나의 새로운 대성당 건축과 쌍 **모데나 대성당**
벽을 이루는 하나의 본보기적인 변천이었다. 황제의 권력과 교황권의 대립으로 점철되었던 역사적 배경에서 웅장한 대성당의 건립은 정통성의 확립과 로마 교회와의 회복 내지는 재확인된 관계를 입증하는 가장 설득력 있는 증거였다. 그렇게 모데나의 건축 현장 역사에 대한 가장 중요한 문헌인 『성 게미니아누스의 시신 이전에 관한 이야기Relatio translationis corporis sancti Geminiani』에는 이 도시가 기나긴 분리주의의 시기를 막 벗어났던 1099년을 건축 작업이 시작된 해로 기록하고 있다. 이러한 새로운 계획은 란프랑쿠스(약 1005-1089)에게서 천재적인 설계자(경이로운 예술가mirabile artifex)의 면모를 발견한 유력자들에 의해 발의되었다. 1106년에는 카노사의 마틸데(약 1046-1115)까지 참석한 가운데 성 게미니아누스의 시신이 이장되면서 대성당이 봉헌되었다. 따라서 이 시기에 동쪽 구역의 작업들이 상당히 진척된 단계에 있었으며 제단의 지하 예배당은 완공되었던 것으로 보이지만, 건물 전체는 외부와 내부를 연결하는 유기적인 설계에 기초하여 지금 우리가 예상할 수 있는 것보다 매우 신속하게 완공되었다. 외벽은 각각의 아치마다 삼두창을 통해 외부와 면하고 있는 주랑을 수용하는 블라인드 아케이드blind arcade로 둘러싸여 있었다. 파사드의 거대한 원화창圓華窓(창살을 꽃송이 모양으로 만든 둥근 창*)과 측면 출입구의 개구부, 모의 익랑의 선단부와 그란데 광장 쪽 출입문인 포르타 레자의 추가(약 1178)는 란프랑쿠스의 설계와 무관하며, 12세기 말과 13세기 초 사이에 영향을 주었던 모범적인 작업 현장에서 그 기원을 찾을 수 있다.

산탐브로조 대성당과의 비교 산탐브로조 대성당과 비슷하게 내부에는 굵은 기둥과 둥근 원통형 지주의 서로 다른 형태의 기둥들이 번갈아 나타나는 체계가 선택되었는데, 이로 인해 기본을 이루는 문화적인 면에서는 로멜로를 참조했으며, 신랑의 3단계로 이루어진 구분에 부합하는 형태에서는 쥐미에주를 참조했다. 하지만 란프랑쿠스의 설계는, 모데나 대성당의 모든 부분이 나무 천장으로 뒤덮여 있으며(둥근 천장은 15세기의 것이다) 다주식 기둥들은 오로지 예각의 대각선 아치들만을 지탱하는 데 이용되었고, 세로로 이어진 각각의 아치 위에는 열린 삼두창이 여성 전용 내부 회랑을 대체했다는 점에서 밀라노의 바실리카 교회와 현저한 차이를 보였다. 돌로 만들어진 거대한 외부 장식과 벽돌로 만들어진 내벽 사이의 대조가 두드러졌다. 벽돌 내벽은 대리석 원주들과 세련된 코린트식 주두를 이용하여 전형적인 고전주의 모범으로 보였다. 란프랑쿠스의 건축은 안정성이라는 복잡한 문제에 관여하지 않았으며, 천장의 독창적인 해결책에 대한 시도에도 개입하지 않고 세련된 표현과 건축물의 크기와 관련한 균형을 통해 고전적일 뿐만 아니라 로마네스크적인 공간을 창조할 수 있었다.

페라라 대성당 페라라 대성당과 베로나의 산 제노 바실리카 교회는 모데나 대성당과 밀접한 문화적 유사성을 보여 주었다. 여기에서는 12세기 초 파다니아 지역 조형예술의 위대한 주역이자, 빌리겔무스의 조각 작업장과 란프랑쿠스의 건축 현장을 오가며 모데나에서 교육을 받았던 시기가 분명하기 때문에 많은 사람들로부터 두 교회의 진정한 건축가로 여겨진 니콜로Nicolò(12세기)의 최고의 작품들을 감상할 수 있다. 특히 완전히 변형되었지만 매우 상세한 도상화 자료에 기초하여 재구성이 충분히 가능한 (1135년에 세워진) 페라라 대성당은 5개의 신랑으로 이루어진 구조로 수정된 모데나 대성당을 반영한 것이다. 이 구조는 당시에 밀라노 또는 베르첼리 대성당 같은 이탈리아 북부의 초대 그리스도교 대성당에도 남아 있었다. 하지만 페라라 대성당의 구조는 로마의 콘스탄티누스 모형을 따른다고 공개적으로 천명한 가운데, 교황의 권위에 대한 충성의 증거로서 피사의 부스케토 대성당의 모형을 재해석한 것이다. 페라라 대성당의 공간 분할은 여러 층 위에 하나의 첨두창과 여러 개의 첨두창이 나 있는 대각선과 세로의 격막벽의 구성에서 결정되었으며, 진정한 로마네스크 양식의

공간이 석조로 된 둥근 천장을 통해서뿐만 아니라 단순하게 빛을 통해서도 계획될
수 있음을 가장 잘 보여 준 것이다.

모데나 사람들이 그들의 산 제미니아노 대성당을 쇄신할 수 있는 능력을 갖춘 건 **파르마 대성당의
건축**
축가를 찾기 시작했을 시점에 파르마 대성당의 건축은 이미 몇 년 전에 시작되었던
것으로 보인다. 친황제적인 성향의 주교로서 훗날 호노리오 2세의 이름으로(1061-
1064) 대립 교황이 되는 카달로Cadalo(?-1072)의 건축에 대해서는 오늘날 남아 있는
것이 없지만, 라인 강 지역의 예들(슈파이어 대성당)이 교황 파스칼 2세(1053/1055-
1118, 1099년부터 교황)가 1106년에 축성한 (하지만 완공되지 않은 것이 확실하며, 몇몇
학자들의 견해로는 〔특히 세로축과 관련하여〕 1130년대로 그 시기를 늦출 필요가 있는) 새
롭고 거대한 건축물의 독특한 구조를 결정하는 데 기여했을 가능성이 있다. 북유럽
의 모형들은 선단부와 동쪽 측면, 내진에 설치된 후진들과 함께 익랑의 양 날개에 적
용된 돔 형식의 둥근 지붕의 십자형 경간 같은 동쪽 구역의 사각형 분할ad quadratum
건축에 영향을 주었다. 동쪽 구역에는 여러 개의 첨두창으로 신랑을 향해 개방되어
있는 여성 전용 내부 회랑의 수평면을 뛰어넘어 채광용 높은 창이 나란히 있는 측벽
을 가리키는 클리어스토리(지붕 밑에 한 층 높게 창을 내어 채광이 되도록 한 장치*)의 높
이까지 이르렀던 아치형 서까래를 덧대었으며, 다발 모양으로 이루어진 노르만 방
식의 굵은 기둥과 얇은 기둥이 번갈아 나타나는 체계로 특성화된 신랑의 본체가 더
해졌다. 현존하는 세로로 긴 십자형의 반원통형 천장은 대각선 아치 위에 본래의 나
무 지붕을 대체했다.

이러한 모티프들은 포 강 중류 유역의 각각 다른 로마네스크 양식의 두 대성당, **크레모나와
피아첸차**
즉 1107년에 공사가 시작된 기록을 볼 수 있으나 1117년 지진으로 파괴되었다가
1128년 이후에 부분적으로 재건축되었던 크레모나 대성당과 더 이상 검증이 불가
능한 비문에 1122년에 공사가 착수된 것으로 기록되어 있는 피아첸차 대성당에서도
발견되었다. 두 경우 모두 3층으로 이루어진 신랑이 겉모양만 흉내를 낸 내부 회랑,
또는 이용 가능한 공간이 아닌 십자형 반원통의 지붕으로 덮여 있으며, 측면에 위치
한 신랑의 다락으로 나 있는 여러 개의 첨두창들을 갖추고 있었다. 기둥들은 원통 모
양이었다. 파르마에서처럼 클리어스토리까지 올라왔으며, 서로 다른 형태의 기둥이
번갈아 나타났던 부분의 구조재들은 크레모나에서는 나무 지붕에 이용되었으며, 반
면에 피아첸차에서는 12세기 후반에 '노르만 양식'의 6개 부분으로 이루어진 둥근

천장 건축에 이용되었다. 다양한 건축 현장들의 시대적인 순서가 아직 너무나 불명확하기 때문에 떨어뜨려 놓기가 불가능하며, (이미 1107년에 크레모나에서, 그리고 피아첸차 대성당의 북쪽 대문에서 활약한) 빌리겔무스(1099-약 1110년에활동)와 니콜로의 작업실의 조형 장식이 중심적인 역할을 수행했던 이러한 주요 작업 현장들 사이의 관계와 영향들의 복잡한 작용 속에서 크레모나와 피아첸차 대성당들은 피사 대성당을 모방한 것이 분명한, 3개의 신랑으로 이루어진 익랑을 갖춘 십자형 평면 구조의 설계도를 볼 때 서로 밀접한 관련이 있었다.

| 다음을 참고하라 |
시각예술 교회의 공간으로 들어가는 정문과 출입문(649쪽); (성직자와 평신도) 권력자들의 공간(656쪽); 유럽 그리스도교 교회의 구상미술 프로그램(모자이크, 회화, 조각, 스테인드글라스, 바닥, 서적)(660쪽); 교회의 의전 관련 비품들(제대 앞 장식, 교단, 제대 닫집, 강론대, 양초)(707쪽); 서방의 권력 표시(716쪽); 동방의 권력 표시(724쪽)

그리스 정교회의 신성한 공간

| 안드레아 파리베니Andrea Paribeni |

비잔티움 제국의 중기에 수도원은 전례와 미사와 관련한 나름의 특성들을 취했으며, 이는 건축물 자체의 건축술에도 반영되었다. 4개의 기둥 모양이라고도 불렸으며 훗날 콘스탄티노플에서도 유행했던, 내접하는 그리스 십자가 모양의 교회 양식이 시도되었던 곳도 바로 비티니아의 초기 수도원들이었다. 11세기에는 각진 계단통(수직으로 뚫린 공간) 위에 돔을 올린 교회 같은 또 다른 혁신적인 건축 유형이 위세를 떨쳤다. 독특한 건축 형태들은 3개의 후진을 갖춘 평면 구조로 귀착되는 다양한 변형을 통해 특정한 수도원의 환경에서 발전했다. 이러한 실험적인 취향은 콤네노스 왕조 시기의 건축에서 약화되는 것처럼 보였으나, 교회의 평면도법에서는 특히 외관의 장식적인 화려함에 공을 들임으로써 이미 공고해진 4개의 지주 방식의 구조가 되살아났다.

비잔티움 제국 중기의 교회: 새로운 유형의 교회의 형성

11세기와 12세기 동안 비잔티움의 정교회 지역에서 발달한 종교 건축물들의 평가와 분석에 들어가면, 한편으로는 마케도니아 왕조의 마지막 후손들과 콤네노스 왕조의 후계자들이 통치했던 이 두 세기의 독특한 건축 유형과 접하게 되고, 다른 한편으로는 8세기부터 10세기까지, 즉 성상 파괴의 마지막 시기와 마케도니아 황제들의 통치 기간 초기 150년 동안에 구체화되었던 위대한 유스티니아누스 시대 모범들의 개편 과정을 통해 비잔티움 제국 중기의 예술 문화에 완전히 뿌리내린 명확한 표현들과 마주하게 된다. 따라서 두 번째 측면을 명확하게 밝히기 위해서는 한 걸음 뒤로 물러나 두 가지 근본적인 사실을 살펴볼 필요가 있다. 그것은 서로 밀접하게 연관되어 있으며, 바로 이 마지막 시기에 부각되었던 수도원 제도의 탄생과 내접하는 그리스 십자가 모양의 설계를 바탕으로 하는 교회 같은 매우 명확한 유형의 확립이다.

450년에 집정관 스투디오Studio가 콘스탄티노플에 건립했던 산 조반니 수도원이 보여 주는 것처럼 비잔티움 제국의 초기에도 한적하고 고립된 곳들뿐만 아니라 도시 한복판에도 분명 수도원이 있었다. 하지만 비잔티움 제국 중기부터 수도원(호시오스 멜레티오스Hosios Meletios 수도원은 성상화로 상징적인 곳이었다)은 분명 매우 독특한 전례와 미사, 그리고 행정과 관련한 특성들을 취했다. 따라서 세상의 고립된 장소들뿐만 아니라 도시의 심장부에도 세워질 수 있었던 수도원들은 꼭 필요한 숫자만큼의 수도사들로 운영된 영적 생활과 노동, 자선 활동의 중심지였다. 대개의 경우 교회 행정이 수도원 설립을 떠맡을 형편이 되지 못했기 때문에, 이러한 수도원들은 설립을 지원한 유복한 평신도들로부터 기부를 의미하는 샤리스티케charistikè로 잘 알려진 방식의 후원을 받았다. 그들의 자비로운 호의에 대한 보답으로 이 평신도 후원자들은 확실한 이미지 개선과 수도사들이 집행하는 자신과 가족들의 장례를 보장받고, 수도원 토지 수익의 초과분을 이용할 수 있는 특혜를 받았다.

수도원 예배당은 수도사들의 주거 공간과 공공시설들이 주위에 밀집해 있는, 담벼락으로 경계가 나뉘는 수도원의 중심에서 눈에 가장 잘 띄고 격리된 두드러진 요소다. 스투디오스의 테오도루스Theodorus Studita (약 759–826)와 아트로아의 피에트로 Pietro d'Atroa (?–837) 같은 높은 영적·지적 면모를 보였던 수도사들과 그리스 정교회 수도원장들이 생활하고 활동했던 비티니아의 영토 곳곳에 산재한 비잔티움 제국 중기 최초의 수도원들은 비잔티움 제국 중기 교회의 가장 성공적인 모델, 즉 11세기 초

수도원의 역할

비잔티움 제국 중기의 교회

로 설립 시기를 산정할 수 있는 트릴리예의 파티 카미Fatih Cami 같은 4개의 기둥 유형이라고도 불렸던 내접하는 그리스 십자가 모양의 교회 양식의 실험실이었다. 798년 스투디오스 수도원에 정착한, 앞에서 언급했던 테오도루스 같은 뛰어난 인물 덕분에 수도원과의 결속이 더욱 긴밀해졌으며, 이러한 교회의 모델은 콘스탄티노플로 확산되었다. 그 이후, 907년 원로원 의원 코스탄티노 리프스Costantino Lips가 세운 수도원의 카톨리콘katholikon(그리스 정교에서 수도원의 주성당*) 교회와 제독이자 훗날 황제가 되는 로마누스 레카페누스Romanus Lecapenus(870-948, 920-944년에 황제)가 주문해 920년에 세워진 미렐라이온Myrelaion 수도원 교회 같은 10세기 전반의 성숙한 예들은 이를 잘 보여 준다.

땅 위의 하늘: 그리스 정교회의 전례 공간

더욱 조그만
교회들 그러면 이러한 수도원의 모델이 성공을 거둔 이유는 어디에 있는 것일까? 독특한 정치적·경제적·사회적 상황의 영향으로 초기 몇 세기에 비해 대대적으로 숫자가 줄어든 비잔티움의 공동체들은 영적인 교화의 요구에 테오도시우스와 유스티니아누스 시대의 대형 바실리카 교회들만으로 충분했으므로 웅장한 규모의 건축물을 필요로 하지 않았다. 따라서 전례 집전에 참여하는 수사들과 선택된 평신도들의 숫자에 완벽하게 맞춘 적당한 크기의 교회들이 선호되었다. 이러한 수도원의 상황에서 신자들을 성별과 소속된 공동체의 수준에 기초하여 구분해야 했던 필요성이 과거에 비해 많이 사라졌다. 종교적이고 건축학적인 특성의 원칙들로부터 중앙 집중적이며 그 위로 반구형의 둥근 지붕을 올린 설계를 특징으로 하는 교회 유형이 모습을 드러냈다. 물론 종교 단체의 주요 인물들을 비롯하여 부유한 평신도와 그 가족들로 이루어진 의뢰인의 묘지를 유치하고, 종종 특별한 예배 활동을 위해 활용된 곳으로서 내부와 외부의 여과와 차단의 공간이었던 나르텍스 같은 고대 그리스도교 교회의 전형적인 요소들은 분명 남아 있었다. 반면에 지성소에서 신도석을 향해 돌출된 반구형의 솔레아solea라고도 불리는 암본ambon(높은 장소라는 의미로, 사제나 강독자가 성경을 읽는 공간*) 같은 전례 비품의 다른 요소들은 사라지거나(강독과 설교는 템플론templon[내진 장벽*]의 문 앞에서 낭독되었다) 나지막하고 신도들이 들여다볼 수 있도록 투명했던 것에서 열주列柱 사이를 낮은 담장들로 막은 일종의 벽과 성상聖像을 지탱하고 있는 처마도리로 인하여 점차 제단을 막으며, 모양이 바뀌는 경향을 보였다. 미사 집전자는 이 벽으로부터 성소naos에 앉아 있는 신도들 앞에 좀처럼 모습을 드러내지 않았다.

섬세한 세공 장식에서 볼 수 있는 평면의 분할에서 이러한 공간의 계층 구조는 우주의 질서와
성소의 계층 구조 (건물의) 입면의 발전에서 생각하면 명백해진다. 기둥 또는 지주로 구성된 4개의 지지 거점과 하나의 고상부 위에 얹은 위압적인 반구형 둥근 지붕은 십자형 건축물 양 날개의 반원통형 둥근 천장으로 이루어진 몸체 위와 후진의 반구형 건물, 그리고 비잔티움의 성전 건축 요소인 (성찬식 준비와 전례 도구를 보관하는 데 사용되어 제대를 보관하는 프로테시스prothesis〔성찬대〕와 성찬용 그릇, 전례복, 성서 등을 보관하는 디아코니콘 diaconicon〔성구실〕으로 구분되고, 세 부분으로 나뉜 통로의 측면 공간들인) 파스토포리아 pastophoria의 가장 낮은 지붕들 위로 폭포처럼 떨어지는 효과를 만들어 냈다. 이러한 효과는 외부로부터 시각적으로 쉽게 지각될 수 있는 반면, 내부에서는 공간의 계층 적인 배치를 강조하고 있다. 순수하게 설계도면과 관련한 표현으로 이루어진 건축 물 해석에 의해 가로축이 후진 구역을 강조하고 있다면, 입면도에 의해 세로축은 유 스티니아누스 황제(481?-565, 527년부터 황제) 시대에 반구형 돔을 갖춘 바실리카 교 회를 특징지은 중앙 집중화된 공간과 세로 공간 사이의 합리적인 관계를 다른 표현 으로, 그리고 복잡함을 달리하여 다시 제안함으로써 반구형 돔이 씌워진 건축물의 중심을 전면부에 배치했다. 공간의 계층적인 배치는 신자들에게 우주의 위계질서 에 대한 이미지, 그리고 인류의 구원을 가능하게 하는 섭리의 구상에 대한 이미지를 되돌려주는 것을 명백하게 겨냥했다. 이러한 의미에서 우주의 지배자의 흉상이 세 워진 반구형 돔의 정상에서부터 신도들과 가장 가까운 곳인 건축물의 가장 낮은 부 분들에 나타나 있는 성인들의 군상에 이르기까지 이미지의 계층적인 구성을 특징으 로 하는 장식 프로그램을 비잔티움 제국 중기 교회의 건축학적인 분석에서 배제할 수 없다. 신도들은 이러한 공간의 질서정연한 체계 속에서 총대주교인 게르마누스 Germanus(8세기)가 『신비로운 역사Historia Mystagogica』에서 적었듯이, 하늘의 신이 '거 주하고 행하는' 곳인 교회에서 지상 위에 형성된 하늘의 이미지를 목도하고 참여하 게 된다.

11세기 수도와 지방의 비잔티움 교회의 유형

4개의 원주로 이루어진 교회 모델은 지방에서 엄청난 성공을 거두었다. 그리스에 4개의 원주로
이루어진 교회의
모델 서 다른 곳들보다 일찍이 이러한 증거들이 발견된 곳은 테살로니키였다. 1028년 롬바르디아의 통치자 크리스토포로스Christophoros가 건축한 파나기아 찰케온Panagia Chalkeon 교회는 벽돌을 붙여 쌓아올린 붙임 기둥들과 아치들을 통한 외벽 장식의 공간 배치에서 비록 성공적이지는 못했지만, 한 세기 이전의 미렐라이온의 콘스탄티노플 교회를 모방했다. 그리고 이전의 또 다른 건축물은 건립 시기를 산정하기가 더욱 불확실하지만, 10세기 중반이나 후반으로 볼 수 있는 그리스 포키다 지역의 호시오스 로우카스Hosios Loukas 수도원의 테오토코스Theotokos 교회다. 이 교회는 이후에 아토스의 수도원들에서 유행했던 리테lite라고 불리는 유형의 나르텍스의 모델로서, 6개의 경간으로 구분된 나르텍스의 엄청난 넓이로 인해, 그리고 벽돌을 주위에 두른 석조 덩어리들 (일명 칠보세공 기술)의 활용으로 인해 강렬한 장식적 취향의 벽 장식, 그리고 이후에 그리스 반도의 모든 종교 건축을 특징짓게 될 벽돌로 실현된, 쿠파체의 아라비아 서체를 모티프로 하는 (즉 아라비아 문자의 서체를 흉내 낸) 띠 모양의 장식으로 콘스탄티노플의 규범적인 모델들과 차이를 보였다. 4개의 기둥을 갖춘 교회 모델은 카파도키아 같은 아나톨리아에서 멀리 떨어진 지역들에서도 규범이 되었다. 수도에서 시작된 모델들은 지역의 건축적인 전통에 따라 모두 바위를 공들여 파내고 만든 반구형 돔과 반원통형 둥근 지붕, 원주들을 갖춘 소안르의 산 바르바라San Barbara 교회 같은 몇몇 그리스 십자가식 교회들에 실제로 보급되었던 반면에 찬르 클리세Çanlikilise 교회 같은 벽돌로 이루어진 몇 안 되는 교회들 또한 독특한 기술을 모방하며 콘스탄티노플의 모델을 재활용했지만 둥근 원주 대신에 기둥들을 이용했다.

더 큰 둥근 지붕을 위한 새로운 모델 하지만 11세기에는 또 다른 혁신적인 건축 유형으로, (건물의) 계단을 포함하는 수직 공간인 각진 계단통 위에 반구형 돔을 갖춘 교회가 자리 잡는 것을 볼 수 있다. 이러한 부류의 교회들에서는 펜덴티브pendentive(둥 바닥 네 구석에 쌓아올리는 삼각형 부분*)를 세우는 지지대 역할을 했던 아치들로 연결된 4개의 지지 기둥을 포기했다. 따라서 이제 나오스naos(신전의 내실*)의 기초를 이루는 정방형의 공간과 반구형 돔의 원형 아치굽 사이의 변화를 가능하게 하는 건축 요소는 둥근 지붕의 무게가 부과되는 8각형 내만곡부內彎曲部의 기점을 형성함으로서 각을 완만하게 해 주는 벽감 또는 계단통이었다. 이것은 좀 더 개방적이고 바람이 잘 통하는 나오스를 가질 수 있게 해 주었을 뿐만 아니라, 특히 8개의 지지대에 의지할 수 있게 됨으로써 둥근 지붕의 직경을 엄청나게 확대했다. 그리스의 중요한 수도원 교회들 가운데 몇몇 곳들, 그

리고 특히 제국의 경계 안에서 비잔티움 제국 중기의 가장 중요하고 완벽한 모자이
크 작품들을 보유하고 있는 3곳 교회(호시오스 로우카스 수도원과 키오스 섬의 네아 모니
Nea Moni 수도원, 다프니Dafni 수도원)의 카톨리콘은 이러한 혁신적인 프로그램으로부
터 장점을 이끌어 냈다. 회화의 장식 프로그램에 대한 언급은 전혀 우발적인 것이 아
니다. 그 이유는 여러 명의 학자들이 각진 계단통 위의 돔을 채택하며 수립했던 목표
들 중에 도상화 프로그램을 위해 이용할 수 있는 표면의 확장, 그리고 이야기들의 연
출을 위한 벽감의 볼록한 곡선 덕분에 지면에서 도상화를 명확하게 알아볼 수 있도
록 하는 것이 있었기 때문이다.

    각진 계단통 위에 돔을 갖춘 교회의 영역에서는 일반적으로 돔이 나오스 구역 키오스 섬의
네아 모니 수도원
의 담벼락 위에 바로 놓여 있는 단순한 유형과 중심을 이루는 둥근 지붕이 보조 공
간들에 둘러싸여 있는 복잡한 유형으로 구분된다. 콘스탄티누스 9세 모노마쿠스(약
1000-1055)가 키오스 섬에 건축한 네아 모니 수도원 교회는 첫 번째 부류에 속한다.
이후에 이 교회의 앞쪽에는 2개 후진을 갖춘 외부의 나르텍스가 부속되었다. 교회는
1881년 지진 이후에 재건축된 거대한 돔에 압도되어 있는 것처럼 보이는데, 이는 외
부의 모습을 다소 불균형하게 만들었으며, 내부에서는 후진과 아치굽의 팔각형 사
이의 연결을 어렵게 만들었다. 이러한 불안정은(이에 대해 네아 모니 수도원 교회의 유
형을 재현했던, 키오스 섬과 키프로스 곳곳에 산재해 있는 교회들은 부분적으로 대책을 마련
하게 될 것이다) 콘스탄티누스 9세가 자신의 왕위 등극을 예고했던 지역 수사들을 위
한 선물로 건립한 화려한 카톨리콘을 본래 4개의 원주로 설계되었으나 건축 도중에
변경된 실험적인 작품으로 만들었다. 이러한 단서는 그 당시 예루살렘의 성묘 재건
축에 전념했던 콘스탄티누스의 건축가들이 잘 알고 있던 아르메니아와 특히 아랍
(10세기 말 카이로의 알-하킴 모스크)의 건축물들에 대한 지식에서 기인했을 것이다.

    또 다른 단서들은 11세기 전반에 비잔티움 황제들이 기발하고 기상천외한 건축 비잔티움
수도사들의
창의성
학적인 변화를 시도하고 당시 문헌들에서 신랄한 비난을 받았던 과도한 지출을 통
해 화려한 수도원을 건축하는 경쟁을 펼쳤던 수도 자체로부터 유래했을 수 있다. 안
타깝게도 로마누스 3세(약 968-1034, 1028년부터 황제)가 건립한 테오토코스 페리
블렙토스Theotokos Peribleptos와 미카엘 4세(?-1041, 1034년부터 황제)의 코스미디온
kosmidion, 콘스탄티누스 9세의 산 조르조 델레 만가네San Giorgio delle Mangane에 대해
서는 황홀한 과거에 대한 묘사와 몇몇 기초들 밖에 남아 있는 것이 없지만, 어쨌든

이러한 것들로부터 대략적으로나마 교회의 평면도를 추측해 볼 수 있다. 특히 산 조르조 교회에서 곡선으로 이루어진 교대橋臺의 등장은 입면도상으로 둥근 지붕의 팔각형 아치굽의 구상을 가능하게 해 줌으로써 그때까지 콘스탄티노플에 존재했던 비잔티움 교회들 가운데 어떤 곳에서도 나타나지 않았던 (유일한 예외는 헤이벨리아다의 파나기아 카마리오티사Panagia Kamariotissa 교회였다) 각진 계단통의 설계가 알려지고, 이 모델이 그리스 지역으로 퍼져 나가는 매개체 역할을 할 수 있도록 해 주었다.

앞에서 언급했듯이 그리스에는 이러한 구조를 가진 교회들, 특히 더욱 유기적인 통합과 건축 공간들 사이의 견고한 조합으로 인해 선호된 '포괄적인 유형'의 변형된 형태들로 이루어진 많은 교회들이 있었다. 이제 10세기 말부터 11세기 초 몇십 년 사이로 다양하게 시기가 산정되며, 중앙 공간의 십자형 평면 구조는 훼손하지 않으면서도 보조 공간들이 회랑을 포함하고 있는 호시오스 로우카스 수도원의 무덤 주변에 세워진 카톨리콘으로부터 다프니(11세기 말)처럼 내부 회랑이 없으며 완벽한 비율의 외관이 칠보세공 기술로 가공된 벽의 꼼꼼한 배치로 한층 보완된 이후의 다른 예들로 넘어가게 된다. 이 모델은 11세기 말에 크리스티아누에서, 그 뒤 12세기에는 모넴바시아의 산타 소피아, 그리고 팔라이올로고스 왕조(비잔티움 말기 왕조, 1261-1453*)의 절정기에 미스트라의 산티시미 테오도리Santissimi Teodori 교회의 마지막 예들에서도 다시 제안되었다.

아토스 산의 모델　　몇몇 독특한 건축학적 구조들은 이후 성 아타나시우스St. Athanasius가 수행한 수도원 공동체의 위대한 조직가의 활동과 지원 덕분에 아토스 산에서 발전한 매우 유명한 수도원들 같은 특정한 영역으로 확산되었다. 여기에서 진정한 아토스 산의 유형에 좀 더 가깝게 다가간 것은 수사들의 독방과 편의 시설 구역, 중앙에 홀로 자리 잡은 카톨리콘과 그 주변의 (종교적인 의식이 끝났을 때 단체 식사를 위한 식당인) 트라페자trapeza와 (기념을 위한 분수인) 피알레phiale를 둘러싼 성곽이 자리 잡고 있는 수도원의 구조라기보다는 교회의 구조였다. 그리스 십자형의 고전적인 설계에 예배의 목적과 관련하여 도입된 여러 개의 경간으로 구분된 길이가 깊은 나르텍스와 나르텍스의 확장으로 인해 만들어진 소예배당들, 테트라콘치의 평면도를 결정하는 측면에 자리 잡은 2개의 넓은 후진이 첨가되었다. 이 경우, 이러한 별도의 공간들에 수도사들의 배치를 요구했던 수도원 전례의 영향 또는 아타나시우스를 필두로 하는 몇몇 영향력 있는 그리스 정교회의 수도원장들을 통해 이곳까지 이르게 된 아르메니아와 조지 왕조 양식의 건축학적 전통으로부터 기인한 것으로 이야기되었다. 하지만 최초의 설계에서 후진은 계획되어 있지 않았으며, 11세기와 14세기 사이에 대라브라Grande Lavra 수도원의 카톨리콘같이 주요한 교회들에 추가되었던 것만큼은 분명하다.

12세기 건축

11세기 동안 비잔티움 건축가들에 의해 표출된 창의력과 실험적인 감각은 콤네노스 왕조 시대(1081-1204)에 주문된 작품들에서는 일시적으로 중단된 것처럼 보였다. 교회들의 평면도에서는 무엇보다 외부와 내부 표면의 장식적인 장치들의 완성도를 지향하는 4개의 기둥의 견고한 구조가 부활했다. 콘스탄티노플에서 매우 이른 시기에 나타난 예는 알렉시우스 1세(1048/1057-1118)의 어머니인 안나 달라세나가 세운 크리스토 판테포프테스Christo Pantepoptes 수도원의 교회로 여겨지는 에스키 이마레트 카미Eski Imaret Cami에 의해 형성되었다. 이 교회는 조그만 지주들이 지지하는 3개의 아치가 한 조를 이루는 삼중 아치tribelon를 통해 나오스에 면해 있는 나르텍스 위에 세워진 연속 아치의 회랑, 그리고 아치형 서까래를 덧댄 반구형 돔으로 이루어진 4개의 기둥 구조의 우아한 건축물이었다. 하지만 단연코 가장 매력적인 기념비적 건축물은 저수조로 사용된 높은 지하 구조물 위에 우뚝 솟은 위압적인 건축물인 크리스토 판토크라토Cristo Pantocrator(천지의 창조주라는 의미다*) 수도원이었다. 현재는 효율적이고 유능한 자선 조직으로 잘 알려져 있는 이 수도원에는 요하네스 2세(1087-1143) 황제와 이레네 황후(약 1065-1123)의 의지로 1118년과 1136년 사이에 나란히 건축된 3개의 예배당만이 남아 있다. 4개의 기둥 구조로 된, 남쪽의 오래된 카톨리콘과 북쪽의 블라디미르의 성모Virgin Eleousa에게 헌정된 두 교회는 바로 이어지는 공간에 자리 잡고 있으며, 타원형과 반구형 형태의 2개의 둥근 지붕으로 덮여 있는, 천사장 미카엘에게 바친 콤네노스 왕조의 영묘靈廟와 경계를 이루고 있다. 이 건축 단지에서도 교회의 평면 설계도는 근본적인 변화 없이 초기의 마케도니아 황제들의 시기에 유행했던 평면도를 그대로 받아들였다. 단지 벽돌로 만들어진 장식적인 주제들을 간직하고 있는 벽감과 블라인드 아치의 독특한 시각적인 효과를 통한 외벽 장식의 역동적인 구조와 콘스탄티노플에서 이미 11세기부터 한창 인기를 누리고 있던(인접한 2개의 열에 비해 뒤처져 있는 한 줄의 벽돌 열은 두꺼운 회반죽으로 덮여 있었

콤네노스
왕조 시대

다), 교대로 보이지 않게 나열하는 기술의 조화로운 사용만이 혁신적으로 나타났을 뿐이다. 교회의 내부는 파손된 것으로 보이지만, 남쪽 교회의 기하학적 무늬와 꽃무늬로 된 포장을 의미하는 오푸스 세크틸레opus sectile로 시공된 바닥의 넓은 판들, 비잔티움에서도 창문에 여러 색 유리를 붙였음을 입증하는, 복원 과정에서 발견된 장식 유리 조각들이 보여 주듯이 교회는 엄청나게 화려했음이 분명하다. 이와 유사한 유리 조각들은 12세기 후반에 대군sebastokrator 이사키오스 1세 콤네노스(약 1007-약 1060, 1057-1059년에 황제)에 의해 복원되어 여러 차례 보수된 예배당인 (지금의 카리예 사원인) 코라의 산 살바토레 교회의 콤네노스 왕조 시기에 발견되었다. 이 경우 설계도는 퇴화된 양 날개로 이루어진 그리스 십자형의 구조를 보였으며, 흔히 그렇듯이 그 기능에서 독특한 기둥 모양으로 대체되어 지지대 역할을 하는 지주들이 없었다. 또 다시 평면도의 유형론에서 실제로 과거에 그랬던 것처럼 7-8세기의 기념비적인 건축물들과 동화될 수 있는 건축 연대를 결정하는 연구를 보장하는 것은, 전적으로 콤네노스 시기의 석조 기술이었다. 유사한 설계가 마르마라 해에 면한 쿠르쉰루에 위치한 산타베르초Snat'Abercio 교회 같은 수도 바깥 지역의 12세기 건축물들에서 발견되었던 반면에, 여전히 수도 밖이기는 하지만 주문의 동기와 관련하여 밀접하게 연관되어 있던 곳은 코라의 수도원을 복원시켰던 인물과 동일인인 이사키오스 콤네노스의 주문을 받아 1152년에 건립된 페레스의 파나기아 코스모소테라Panagia Kosmosoteira 수도원 교회였다.

| 다음을 참고하라 |

교회의 공간으로 들어가는 정문과 출입문

| 조르자 폴리오Giorgia Pollio |

11세기 중반부터 종교 건축물의 정문과 출입문은 당연히 지니고 있어야만 했던
교리적인 의미뿐만 아니라 때로 정치적인 연관성도 지니고 있는 우화적인 표현들과
조형 체계를 수용했다. 이탈리아 중남부에서는 다양한 주제의 형상을 표현하는
청동문이 엄청나게 보급되었다. 하지만 조형된 거대한 대문은 프랑스에서 특히
유행했으며, 곧 인근 지역으로 확산되었다.

"나는 문이다. 누구든지 나를 통하여 들어오면 구원을 받고"

「요한 복음서」의 이 구절(10장 9절)은 그로타페라타의 산타 마리아 수도원 교회 출입문의 (아치의) 꼭대기에 위치한 모자이크에서 아래의 출입구를 명확하게 가리키며 그리스도가 펼쳐 보인 책에 분명한 글씨로 쓰여 있다. 영원한 심판자인 신의 자비로움을 발견하기 위해 지상의 탐욕을 벗어나 교회로 들어오도록 신자들에게 권유하는 대문의 처마도리에 새겨진 그리스어 글귀는 대비를 이루며 강조되었다. 이 표현법 역시 특별한 권리를 지닌 중재자인 세례자 성 요한과 성모 마리아로부터 도움을 받고 있는 그리스도가 심판자로 그려진 그 위의 모자이크를 다시 언급하고 있다. 그로타페라타의 '미문美門, porta speciosa'이라는 미사여구에는 신성한 공간으로 들어가는 출입문과 앞으로 있을 하늘나라의 구원의 관계가 명료하게 표현되었다. 이 미문은 대략 1100년경으로 거슬러 올라간다. 이미 11세기 중반부터 현관과 출입문은 큰 관심을 끌기 시작했다.

이탈리아 남부의 청동문의 유행

1060년과 1076년 사이의 채 20년도 되지 않는 기간에 아말피 대성당과 몬테카시노 대수도원, 로마의 산 파올로 푸오리 레 무라San Paolo fuori le mura 대성당, 몬테 산탄젤로Monte Sant'Angelo의 지성소는 콘스탄티노플에서 특별히 수입한 청동으로 만든 대문을 갖추었다. 이것은 비잔티움과 교역에 매진하고 있던 아말피의 한 가문의 경쟁심과 진취적인 기상 같은 오래된 여러 가지 요인의 결합으로 촉발된, 전례 없는 현상이었다. 그때까지만 해도 값이 비싼 소재에 세심한 공정을 요했던 청동 대문은 매우 드

물었으며, 라테라노 세례당 또는 콘스탄티노플의 산타 소피아 성당 같은 극히 소수의 건축물만의 전유물이었다. 아직도 아말피의 산탄드레아Sant'Andrea 성당에서 작업 중인 이러한 문들 중 첫 번째는, 극히 이례적인 경우를 제외하고는 조형 장식의 대문을 무시하고 재료의 품격에만 의지했던 고전적인 전통과 맥을 같이하여 금과 은의 상감과 니엘로(금속의 겉면을 꾸미는 데 사용하는 공예 재료*) 상감으로 형상화된 그리스도와 성모 마리아, 성 베드로, 성 안드레아를 기리는 4개의 판에 담긴 도상화의 축소된 표현을 보여 주었다. 하지만 이로부터 얼마 지나지 않아 대문의 판들은 형상들로 가득 채워졌다.

세련된 장식   소바나의 힐데브란트(약 1030-1085, 1073년부터 그레고리오 7세의 이름으로 교황)의 교구 사제 재임 시기에 주문된 산 파올로 푸오리 레 무라 대성당의 2개의 문짝에는 54개나 되는 형상들이 두 성경의 조화라는 고대의 논리에 따라 구약 성경의 예언자들과 함께하고 순교자 이야기에 등장했던 그리스도를 묘사한 조형들을 통해 5세기 초 산타 사비나 대성당의 나무 대문 이후로 더 이상 볼 수 없었던 장엄한 조형 체계를 보여 주었다. 신의 구원의 계획에 대한 도해는 이제 추구해야 할 것을 상기시키며, 신도들을 맞이할 준비를 갖춘 출입구로 옮겨 갔다.

   여전히 금과 은 상감과 니엘로 상감으로 만들어진 가르가노 반도의 산 미켈레 교회의 청동 대문 판들에 표현된 장식 역시 표현력이 매우 풍부했다. 여기에는 이 교회 이름의 기원이 된 대천사의 기적을 행하는 능력이 성경을 비롯해 성인전들에 나오는 천사의 기적적인 출현을 경이롭게 묘사하며 찬양되었다. 여기에는 당연히 교회의 설립 초기에 시폰토의 주교였던 로렌초(5세기 말?) 앞에 나타난 대천사 미카엘에 대한 이야기도 들어 있었다.

살레르노
대성당의
〈천국의 문〉   살레르노 대성당의 청동 대문들도 그 뒤를 따랐으며, 11세기 말에 〈천국의 문Porta del paradiso〉으로 잘 알려진 정면 입구에 자리 잡았다. 정문의 이 부조는, 고전적인 전형을 담고 있는 포도 넝쿨의 절제된 주제를 다시 제안하고 있음에도 불구하고, 몇 가지 우화적인 해석으로 이어졌다. 장식이 없는 단순한 형태였던 처마도리의 두 끝단에 삽입된, 열매가 주렁주렁 달린 야자나무에서는 천국의 의미를 쉽게 포착할 수 있었으며, 측면에 새겨진 한 쌍의 사자는 신성한 공간을 지키고 있었다. 살레르노 대성당이 축성된 해인 1084년에 〈천국의 문〉이 제작되었다는 주장을 받아들인다면, 문 앞에 액막이를 위한 2마리의 맹수가 등장하는 첫 번째 예인 것이다. 한편, 대문 위에 있는 커다란 반원형 채광창(반월창)은 채색된 이미지를 담고 있었다.

프랑스의 거대한 조각 팀파눔

시대순으로 보았을 때 대략 같은 시기에 프랑스 성당의 정문은 조형 체계를 수용할 수 있는 건축의 구성 요소와 표면들이 증가하면서 더욱 웅장한 구조를 취해 나갔다. 콤포스텔라로 향하는 순례자들의 중요한 여정들 중 하나로, 성 사투르니노St. Saturninus의 유해를 모시고 있는 툴루즈의 생 세르냉St. Sernin 교회는 신도들의 통행을 용이하게 하기 위해 1080년경 익랑이 시작되는 초입 부분의 남쪽 측면에 넓은 출입구를 갖추었다. 〈백작의 문Porte des Comtes〉이라고 불리는 대문은 선반 형식의 테두리로 상부가 둘러싸인 돌출부의 뒤에 자리 잡았으며, 내부 공간의 이음매를 반영하여 2개의 아치형 천장으로 되어 있었다. 전체적으로 이것은 로마 개선문 각 부분의 치수와 비율, 구조 등을 그대로 제안하고 있는 것처럼 보였다. 정면에는 지역의 순교자 성인과 그 동료들을 부조로 묘사해 순례자들을 맞이하고, 기둥에는 대식가들과 음란한 자들, 수전노들을 벌하는 가엾은 라자로와 대식가의 우화(「루카 복음서」 16장 19-31절)를 필두로 하여 죄악과 구원에 대한 주제에 초점을 맞추어 교리 문답적인 장면들이 전개되었다. 〈백작의 문〉에서 조형물들은 팀파눔을 그대로 두거나 그림을 그려 넣을 용도에 할당함으로써 아직 조그만 요소들에 국한되어 있었다. 그로부터 20여 년이 지난 뒤에야 샤를류의 생 포르튀나St. Fortunat 수도원 교회(루아르) 정문의 팀파눔이 복음서 저자들의 상징들로 둘러싸이고 한 쌍의 천사들에 이끌려 후광에 감싸여 권좌에 앉아 있는 위엄 있는 그리스도의 부조를 수용했다. 그 아래의 처마도리에는 열두 사도들의 군상이 종말의 시기에 그리스도의 재림을 묵묵히 지켜보고 있었다. 이 주제는 한때 후진에서 선호된 것이었지만, 이미 11세기 중반 이전에 개략적인 형태로 루시용의 몇몇 교회들의 파사드에 처음으로 모습을 드러냈다.

한 세기만인 1120년경부터 아직 무르익지 못한 이러한 형태들은 이례적으로 복잡함의 정점에 도달했다. 처마도리를 지탱하는 중앙의 기둥인 현관 중앙 기둥 트루모trumeau는 일반적으로 다양한 방식으로 변형되었으며, 빗면과 창문 장식을 따라 펼쳐진 최후의 심판을 중심으로 하는 조직적인 시각 프로그램에 의해 밑그림이 그려진 거대한 팀파눔의 발전을 가능하게 했다. 무아사크(타른에가론 주)의 생 피에르 수도원 교회에서 위엄 있고 엄격한 그리스도는 남쪽 문 위의 반원형 채광창의 폭 전체를

상징과 우화 사이의 최후의 심판

차지하고 있었다. 그리스도는 요한의 계시를 거의 글자 그대로 예를 들며, 3개의 권역에 배치된 복음서 저자들의 상징과 한 쌍의 천사들, 「요한 묵시록」의 24명의 장로들에게 둘러싸여 있었다. 종말의 날의 최후의 심판이라는 주제는, 상단의 권역에 가엾은 라자로와 부유한 대식가의 우화가 등장하고, 그 아래에는 죄지은 자들이 그에 상응하는 고통을 겪고 있는 모습이 묘사되어 있는 주랑 현관의 왼쪽 측면을 따라 부조로 명확하게 표현되었다. 같은 현관 중앙 기둥은 그 측면에 각각 문설주를 따라 조각되어 있는 성 베드로와 이사야를 마주 보고 있는 성 바오로와 예언자 예레미야의 모습을 만들어 내는 데 이용되었다. 신도들을 신성한 공간으로 인도하는 이 두 쌍의 인물은 고딕 양식 조각 기둥의 원조가 되었다. 〈최후의 심판〉은 1120년대 또는 1130년대경으로 시기를 산정할 수 있는 오툉(손에루아르 주)의 생 라자르 대성당과 콩크의 생트 푸아St. Foy 수도원 교회, 그리고 베즐레(욘)의 성 마들렌St. Madeleine 대성당의 팀파눔에 가장 분명하게 나타났다. 기슬레베르투스(12세기 초에 수십 년간 활동)의 이름이 적힌 생 라자르 대성당의 서쪽 입구 조각들[도판 25]은 이제 막 묘지에서 나와 처마도리를 따라 구원이나 영겁永劫의 벌을 받기 위해 걸어가는 다양한 인간들을 통해 육신의 부활이 이루어지는 순간을 특히 강조했다.

천국과 지옥의 묘사 반면에 생트 푸아 수도원 교회의 정문은 교회 안으로 들어오는 사람들이 볼 수 있는 가장 가까운 곳인 가장 낮은 권역에 천국과 지옥의 한 장면을 매우 정밀하게 표현했다. 천국은 세밀화의 성화상처럼 움직이지 않고 정면을 바라보고 있는 복자들의 인물상을 놓은 아치가 이어진 회랑을 갖춘 교회로 묘사되었다. 그 맞은편에 있는 지옥에서는 저지른 죄에 따라 다양한 벌을 받고 있는 망령들의 아비규환 속에 악마가 위압적으로 내려다보고 있었다. 담담하게 잔혹한 묘사가 보여 주고 있는 의도를 강조하고자 처마도리의 아래쪽 테두리를 따라 "죄지은 자들아, 너희들의 품행을 바꾸지 않는다면, 가혹한 심판이 기다리고 있다는 것을 알게 될 것이다"라는 문구가 새겨져 있었다.

이탈리아의 조각상으로 표현된 정문의 유행

신속한 확산 프랑스, 특히 부르고뉴와 아키텐 지역에서 탄생한 조각상으로 구성된 정문은 경이로울 정도로 신속하게 인근 지역으로 퍼져 나갔으며, 알프스 산맥 남쪽까지 도달했다. 초기의 증거들은 노르만인들의 지배를 받고 있던 남부 지방에서도 발견할 수 있다. 한 비문은 아베르사 대성당 건축을 노르만의 두 군주인 리카르도(?-1078)와 그의 아들 조르다노Giordano(?-1090)의 주문에 의한 것으로 여기고 있다. 이 건축물은 노르망디나 루아레의 기념 건축물들과의 연관성을 보여 주며, 명확한 알프스 산맥 북쪽의 모형을 기반으로 하는 조각 작품들과 건축학적인 해법들을 보여 주었다. 주보랑에는 2차원적인 평평한 부조와 추상적이고 기하학적인 형태들로 조각된 정방형의 판 2개가 벽을 둘러싸고 있었다. 하나는 옷감 두루마리로부터 이끌어 낸 장식적인 주제를 나타냈으며, 다른 것은 칼로 괴물 같은 용을 찌르고 있는 기사가 폭 전체를 차지하고 있었다. 이러한 두 번째 도상은 일반적으로 성 게오르기우스로 알려졌지만, 또 다른 의견에 의하면 니벨룽겐 용사들의 무용담에 나오는 지그프리트를 묘사한 것일 수도 있다. 둘 중 무엇이 되었든, 악에 대한 선의 승리에 관한 수사학인 것만큼은 분명해 보인다. 그 형태나 크기로 보아 충분히 개연성이 있어 보이기 때문에 2개의 판들이 애초에 정문의 문설주였다면, 이는 이 지역의 이례적인 경우로 볼 수 있다.

또 다른 특이한 경우는 트로이아 대성당이다. 이곳 역시 일찍이 1119년 이전에 고전적인 모델을 기원으로 하는 장식적인 주제들 사이에서 변화를 겪기는 했지만, 조각상으로 표현된 정문이 발견되었다. 처마도리의 중앙에는 데에시스Deesis(기도와 간구로 번역되는 데에시스는 가난한 자와 환자들을 위한 기도를 주제로 하는 그림들을 말한다*)처럼, 성모 마리아와 성 베드로를 양옆에 두고 옥좌에 앉아 있는 그리스도가 자리 잡고 있었다. 그리고 도시의 수호성인이 된 주교 엘레우테리오Eleutherius와 세콘디노Secondino, 그리고 복음서 저자들이 각각 성모 마리아와 성 베드로의 양옆으로 도열해 있었다. 여기에는 영원한 구원으로 이끄는 교회의 문이라는 일반적인 의미에 지역에 대한 자부심이 결합되어 있었다. 그 아래 2개의 문설주에는 식물 덩굴들 사이로 각각 천벌과 지복으로 해석될 수 있는 이미지인, 왼쪽에는 악마의 모습이, 그리고 맞은편에는 성찬에 쓰는 잔 속에서 상반신이 모습을 드러내고 있었다. 아래의 문턱을 따라서 다음과 같은 문장이 적혀 있다. "+ISTIUS AECC(LES)IAE P(ER) PORTAM MATERIALIS INTROITUS NOBIS TRIBUATUR SPIRITUALIS(물질적인 이 교회의 문을 통한 출입이 우리에게 정신적인 문을 준비해 주시니라)" 정면의 현관은 1119년으로 제작 시기를 볼 수 있고, 주교인 굴리엘모 2세가 수주한 다양한 양식이 어우러진 28개의 형상들이 그 자태를 뽐내는 청동문을 포함하고 있었다. 콘스

트로이아
대성당에서

탄티노플로부터 유래한 문들의 공통적인 유형인, 상감 세공으로 만들어진 군상들은 문을 두드리는 데 사용되는 손잡이 기능의 둥근 쇠붙이 고리를 물고 있는 사자 머리 장식과 교대로 나타났다. 2개의 문짝에 설치된 사자 머리 장식은 작센의 조형미술의 특징인 밖으로 불쑥 튀어나올 듯한 강렬한 부조의 조형이었다. 8년 후에도 굴리엘모 2세는 베네벤토의 주조 장인인 오데리시오Oderisio에게 오른쪽 정문을 위한 또 다른 청동문을 주문했다. 이번에는 트로이아의 여러 주교들을 찬양하고, 이제 적대적으로 바뀐 노르만인들로부터 도시와 주교 소재지의 자치권을 회복하기 위해 기존의 밋밋한 모습으로 돌아왔다.

모데나 대성당 역시 매우 이른 시기에 모데나 대성당 같은 특별한 건축 현장에서는 조각상으로 표현된 정문이 웅장한 구도와 다양한 주제를 통해 여러 가지 형태로 변형되었다. 주 출입문에는 기둥을 받치고 있는 사자상 위에 세워진 2층의 현관 통로인 프로티룸 prothyrum이 전면에 위치했다. 정문의 테두리는 문설주의 기초를 이루고 있는 2개의 남상주男像柱, atlas로부터 솟아 나왔으며, 그 안에 사람과 동물의 형상들로 가득한 포도 넝쿨로 온통 둘러싸여 있었다. 입장하는 신도들을 향해 있는 문설주의 안쪽 면에는 교회의 '중심적인 인물들'과 건축물의 구조적인 요소들 사이의 상징적인 연결을 나타내기 위해, 12명의 예언자들을 연속적으로 표현했다. 천지 창조의 일화들이 새겨진 뛰어난 석판에서 절정을 맞이했던 화려한 조각 장식은 파사드에 부착되어 있으며, 1099년이라는 연도가 기록되어 있는 대성당 석조 현판의 말미에 나타난 전설적인 창시자 빌리겔무스(1099-약 1110년에 활동)의 천부적인 재능에 기인한 것이다[도판 41 참조]. 남쪽 측면에 위치한 〈군주들의 문〉과 그 맞은편의 페스케리아라고 불린 〈어시장의 문〉은 그의 동료들과 제자들의 작품으로 여겨진다. 〈군주들의 문〉의 처마도리는 1106년 대성당에 화려하게 유해가 안치된 성 게미니아누스St. Geminianus의 일생에 대한 우화들로 장식되었다. 반면에 〈어시장의 문〉의 장식 창도리(아치의 바깥쪽을 따라서 댄 장식용 틀*)는 세속적인 주제를 나타냈다. 이는 아서 왕의 무용담에 대한 가장 오래된, 심지어는 최초의 문헌 자료보다도 앞선 도해인데, 아마도 순례길을 따라 구전으로 내려온 이야기들에 기초한 것으로 보인다[도판 57]. 〈어시장의 문〉에는 잇달아 1138년에 베로나의 산 제노 대성당 정문을 완성했던 조각가 니콜로(12세기)도 힘을 보탰던 것으로 보인다. 출입구 앞에는 기둥을 받치고 있는 사자상 위에 세워진 프로티룸이 자리 잡고 있었다.

커다란 반원형 채광창에는 거의 대부분 가운데 우뚝 솟아 있는 성 제노 주교가 차 교회와 정치의 모습
지하고 있었다. 그의 양옆에는 귀족을 대표하는 기사와 민중을 대표하는 보병으로
나뉜 베로나의 시민들이 도열해 있었다. 베로나 자치 도시를 기념하기 위한 이러한
장면의 정치적인 의미를 명확하게 할 수 있었던 데에는 다음과 같이 해석되는 비문
이 많은 기여를 했다. "주교는 민중들에게 수호될 만한 가치가 있는 깃발을 하사했
다. / 성 제노는 그 군기를 평온한 마음으로 하사했다." 성인의 영광을 기리기 위해
처마도리에는 그가 행한 기적들이 연이어 이어졌다. 정문 옆에는 니콜로와 굴리엘
모가 신약과 구약의 일화들을 표현한 부조들을 담은 한 쌍의 석판이 붙어 있었다. 정
문은 공을 들인 도상화로는 충분하지 않았던지, 위에서 아래까지 조형 작품들이 빽
빽하게 장식된 청동문을 설치했다. 2개의 문짝에 골고루 배치되어 있는 48개의 조그
만 조각상들은 성경 일화들과 성 제노의 삶의 일부분을 풀이한 것이다. 몇몇 주제들
의 반복과 명확한 양식상의 차이는 현재의 양쪽 문이 적어도 확연히 구분되는 두 종
류의 다른 조각상들을 재조립한 결과물이라는 것을 보여 주고 있다. 독일의 영향권
에 속해 있는 한 공방의 작품으로 보이는 첫 번째 부류의 청동 부조들은 본래 파사드
의 조각상으로 표현된 정문을 위한 것이 아니라 다른 문의 일부를 이루어야만 했다.
1178년 이후, 이 건축물이 증축되었을 때 이전 건물의 구성 요소들은 전부 새로운
파사드에 재배치되었다. 이때 예전의 문 또한 새로운 조각상들로 보완되어 이전되
었다. 이렇게 해서 조각상으로 표현된 정문과 양 옆문의 조합은 달리 설명할 길이 없
는 풍요롭고 독특한 효과를 만들어 냈다. 이러한 배치를 통해 베로나의 산 제노 대성
당의 파사드는 당시 이탈리아의 가장 화려한 조각 작품들의 집합체로 알려졌다.

| 다음을 참고하라 |

시각예술 그리스도교 유럽의 새로운 신성한 공간의 생성과 발전(613쪽); 그리스 정교회의 신성한 공간(640
쪽); (성직자와 평신도) 권력자들의 공간(656쪽); 유럽 그리스도교 교회의 구상미술 프로그램(모자이크, 회화,
조각, 스테인드글라스, 바닥, 서적)(660쪽); 그리스 정교회의 도상 프로그램(696쪽); 교회의 의전 관련 비품들
(제대 앞 장식, 교단, 제대 닫집, 강론대, 양초)(707쪽); 서방의 권력 표시(716쪽); 동방의 권력 표시(724쪽)

(성직자와 평신도) 권력자들의 공간

| 루이지 카를로 스키아비 |

카롤링거 왕조의 왕궁들은 오토 1세와 함께 작센의 마그데부르크에 본거지를 두었던 새로운 오토 왕조와 불가분의 관계에 있는 모델을 형성했다. 이 경우에도 건축물들은 대표적인 주거 중심지와 일찍이 대주교좌로 승격된 교회의 중심지 주위로 다시 나뉘었다. 10세기와 11세기 사이에 사라센인들과 슬라브인들, 헝가리아인들의 침입에 기인한 불안정과 정치적인 분열로 인해 영토 내의 모든 생산과 권력의 중심지에는 성채, 즉 방어 시설 건축이라는 보편적인 현상이 목격되었다. 로마네스크 시대에 북유럽에서 온 노르만인들의 확장을 통해 아성牙城, donjon(중세 성 안에 지어진 탑으로, 성 안의 성이라 할 수 있기 때문에 내성內城으로 번역되기도 한다*)이라는 이름으로 잘 알려진 여러 층의 견고하고 전투와 관련이 있는 독특한 유형의 건축물이 널리 퍼져 나갔다. 시칠리아에 도착한 노르만인들은 이슬람의 일반 건축의 영향을 특히 많이 지각할 수 있는 수도 팔레르모(치사Zisa와 쿠바Cuba를 보라)에 화려한 궁전들을 세웠다. 지금 살펴보고 있는 시대가 끝나 갈 무렵, 이탈리아 중부와 북부에서는 도시의 행정관청을 위한 새로운 유형의 건축물로서 아치로 이어진 넓은 회랑과 집회를 위한 위쪽 응접실로 향하는 1층의 긴 개랑을 갖춘 장방형 구조가 특징인 시청사가 세워졌다.

작센의 황궁

10세기 말부터 11세기 중반까지 (마그데부르크, 크베들린부르크, 그로나, 묄데, 베를라의) 프랑크 살리족과 오토 왕조에 의해 채택된 궁궐같이 호화로운 유형은 카롤링거 시대 제국의 모델에도 견고하게 뿌리를 내렸다. 이것은 그 장소의 방어적인 능력에 주의를 기울인 도시 외곽 지역의 건축물들로서 주거 건설 단지와의 조화를 고려하여 세워졌으며, 종종 2개 층으로 이루어졌다. 이러한 건축물들은 관공서 역할을 했으며, 십자가형 또는 원형의 설계로 이루어진 개인 예배당을 갖추고 있었다. 마그데부르크는 오토 1세(912-973, 962년부터 황제) 정권의 수도였다. 왕조의 발상지이자 새로운 오토 제국의 중심지였던 작센의 한복판에 오토는 거대한 궁전과 카롤루스 대제(742-814, 768년부터 왕, 800년부터 황제)가 아헨에서 했던 것을 모방하여 이후에 동슬라브 복음화를 추진하는 중심지이자 작센 전체의 대주교좌로 승격되는 산 마우리치오 수도원을 기반으로 하는 종교 시설들을 세웠다.

궁전뿐만 아니라, 10세기 말에 재건축되었다가 1208년에 오토 1세의 무덤을 내진에 안치한 고딕 양식 대성당으로 바뀐 교회에 대해서 자료는 거의 없지만, 이 적은 정보만으로도 이것들을 콘스탄티누스 시대의 건축과 고전적인 고대 형태의 재건과 특별히 로마와 라벤나에서 약탈한 재료들을 광범위하게 사용한 오토 황제 시대의 혁신에 대한 최고의 표현들 중 하나로 생각하기에 충분하다.

시칠리아의 노르만인들의 주택과 요새화된 건축물

10세기와 11세기 사이, 공권력의 기나긴 분열 과정과 헝가리인들과 사라센인들의 침입으로 인한 불안정한 분위기는 성채, 즉 요새화라는 현상을 불러일으켰다. 따라서 영토의 모든 생산 중심지와 제후들의 권력 중심지에서는 방어 체계와 성채 건설을 목격할 수 있었으며, 이곳의 요새들은 도시와 인구의 구성에서 구심점이 되었다. 이러한 결과로 군주들의 궁전도 군사적·시민적인 권력의 표현이 부여된 요새화된 건축물의 형태와 점점 더 밀접한 관련을 맺었다. 로마네스크 시대에는 북유럽과 서유럽에서 발전한 독특한 전장의 유형이 보편화되었다. 이것은 평지에 세워진 아성 donjon이라는 유형으로(라틴어로는 dominarium으로, '군주들의 집'에서 유래했다), 여러 층(3층 혹은 4층)으로 이루어졌으며 땅 위 수 미터 높이에 출입구를 둔 주거 공간과 보조 공간이 집약되어 있는 견고한 건축물이었다. 이것은 외딴곳에 자리를 잡을 수도 있었고, 대부분의 경우처럼 다른 방어 시설들과 두세 개의 동심원을 그리는 성벽으로 둘러싸여 있었으며, 그 안으로 수비대의 숙소와 예배당, 창고, 부속 건물들이 적절하게 배치되어 있었다. 점점 궁궐같이 호화롭고 복잡한 형태로 발전한 아성은 노르만인들의 확장과 관련이 있었다. 프랑스 북부와 잉글랜드의 표준 형태는 정사각형 또는 직사각형의 탑이었다. 콜체스터, 런던 탑, 캉, 샹부아, 로체스터에서는 한쪽 면이 50미터가 넘는 면적으로 이루어진 형태가 주를 이루었다. 기초를 이루는 성벽은 그 두께가 최소한 4미터 이상이었다. 12세기에 아성의 몸체는 군사적인 실무와 관련한 이유로 다각형 또는 원형의 형태를 선택하거나 모서리의 부벽을 설치함으로써 다양한 형태로 세분화되었다(코니스버러Conisborough 성).

정복 이후 이탈리아 남부 지역에 아성을 건설했던 노르만인들은 팔레르모를 시칠리아의 수도로 삼아, 혁신적인 기술들이 가미되었을 뿐만 아니라 특히 이슬람의

건축물의 요새화

차사성

민간 건축 기술의 평면 배분과 장식적인 요소들을 수용한 설계를 통해 화려한 저택들을 건설했다. 1130년에 시칠리아의 왕위에 오른 루제로 2세(1095-1154)는 9세기 아랍의 성 카스르Qasr(요새나 성으로 번역되지만, 창고의 기능을 하는 경우도 많았다*)를 재건하며, 도시에서 가장 방어하기 적합한 곳에 자신의 왕궁을 마련했다. 모서리에 거대한 탑들을 갖춘 대규모의 밀폐된 구조인 다각형의 노르만 왕궁은 그 중심을 팔라티나 예배당Cappella Palatina(궁전 예배당)에 두고 있었으며, 여기에 일명 피사의 탑이나 산타 닌파 탑과 화려한 청사가 부속되어 있었다. 아랍의 영향을 물씬 느낄 수 있는 것은 굴리엘모 1세(1120-1166, 1154년부터 왕)에 의해 1165년 이전에 시작되어 아들인 굴리엘모 2세(1153-1189)가 완공한 치사Zisa 성(알-아지자al-Aziza, 또는 〈화려한 궁전〉)이었다. 블라인드 아케이드(개구부 없이 기둥이 벽면에 장식적으로 붙어 있는 것으로, 벽면 아케이드라고도 한다*)로 치장된 3층의 외부 입면도를 보여 주며, 직사각형의 짧은 양변에는 탑으로 부벽이 설치된 평면의 견고한 건축물인 치사 성은 제노아르도Genoardo라는 왕국의 넓은 대지 중앙에 자리 잡고 있었다. 파사드를 따라 연결되어 있는 현관은 3개의 거대한 아치형 출구가 있었으며, 건물의 심장부와 바로 연결되었다. 건물의 중심에는, 십자형 둥근 천장에 무카르나스muqarnas식(종유석 모양의 조그만 둥근 천장)으로 장식된 독특한 하프돔semicupola(둥근 지붕의 구조물을 세로로 자른 모양의 건축 요소*)으로 화려하게 꾸며진 실내에 여러 겹의 벽감들이 출구가 없는 3개의 벽면에 설치되어 있는 분수가 놓인 응접실이 있었다. 이와 유사한 건축학적인 해법들은 1180년 굴리엘모 2세에 의해 추진되었으며, 원래 제노아르도의 인공 호수 가운데에 위치했던 쿠바 궁전 건축가들에게도 영감을 주었다. 이 경우에도 치사 성처럼, 첨탑형 블라인드 아케이드에 의해 4개의 층위로 변화를 준 외벽의 명확한 표현은 실제로는 둥근 천장의 거대한 단일 공간이었던 건물 내부의 입면도와는 일치하지 않는다.

이탈리아 북부 시청사의 유형

전혀 다른 배경인 이탈리아 중북부, 특히 롬바르디아 지역에서는 콘스탄츠 협약(1183) 이후, 큰 도시들 안에 사법부의 소재지이자 자치 도시의 자주성의 표현으로서 시민 권력인 청사의 새로운 유형들이 태동했다. 처음에는 이러한 유형의 청사들이 공공장소나 교회 당국이 사용한 곳에 수용되었으며, 12세기가 끝나 갈 무렵이 되어서야 독특한 유형이 선택되었다. 시청사라는 의미의 '브롤레토broletto'라고 불린 건축물은 넓은 아치가 이어진 회랑을 향한, 지상의 긴 개량을 갖춘 직사각형의 평면으로 이루어졌다. 그 위로 3중 첨두창들이 조명 역할을 하고 외부의 계단으로 출입이 이루어지는 집회를 위한 공간이 위치했다. 이것은 시토 수도회의 정착과 함께 12세기 후반에 포 강 유역에 뿌리를 내렸으며, 소박한 건축과 함께 널리 보급된 반원통형 지붕 경간의 다양한 이용에 기반을 둔 설계 문화의 결실로 탄생한 유형이었다. 매우 이른 시기의 건축물들 중에는 파비아 시청사(약 1195)의 남쪽 돌출부에 여전히 예전 핵심 부분이 남아 있지만, 기념비적인 건물들은 이미 13세기가 끝나기 전 대대적으로 건축된 코모(1215)와 밀라노(1228), 피아첸차(1280)의 시청사였다. 그리고 더 넓은 공간에 대한 필요성은 여러 세기를 거치며 중앙의 뜰을 주변 다른 건축물과 결합하면서 초기 건축물의 증축을 수반했다(파비아, 브레시아, 크레모나).

| 다음을 참고하라 |

시각예술 그리스도교 유럽의 새로운 신성한 공간의 생성과 발전(613쪽); 그리스 정교회의 신성한 공간(640쪽); 교회의 공간으로 들어가는 정문과 출입문(649쪽); 유럽 그리스도교 교회의 구상미술 프로그램(모자이크, 회화, 조각, 스테인드글라스, 바닥, 서적)(660쪽); 그리스 정교회의 도상 프로그램(696쪽); 교회의 의전 관련 비품들(제대 앞 장식, 교단, 제대 닫집, 강론대, 양초)(707쪽); 서방의 권력 표시(716쪽); 동방의 권력 표시(724쪽)

도상 프로그램

ARTI VISIVE

유럽 그리스도교 교회의 구상미술 프로그램
(모자이크, 회화, 조각, 스테인드글라스, 바닥, 서적)

| 알레산드라 아콘치Alessandra Acconci |

숙련공들의 기동성은 도상학의 관점에서뿐만 아니라 양식적인 관점에서도
라틴 그리스도교 세계의 광범위한 분야에 공통적인 요소들의 확산을 초래했다.
이것은 최첨단의 예술적인 프로그램이 무르익었던 국제적인 배경의 자취들을
수용할 준비가 되어 있던 평신도들, 특히 성직자였던 의뢰인들의 사업 능력에
의해 대부분 야기되었다. 특히 도상의 의사 전달 능력과 그 상징적인 내용에
대해 주의가 깊었던, 표현 수단에 정통한 전문가이자 예찬자인 성직자들 가운데
뛰어난 인물들의 추진력이 결정적인 역할을 했다.

회화와 모자이크

로마의유산 로마네스크 양식의 후진이 표현하고 있는 중심 주제는 일반적으로 건축물 외형 자
체에 이끌린 신도들의 구원의 도착점인 세기말의 상징적인 계시에서 광륜에 싸인 영
광의 옥좌에 앉은 그리스도나 성모 마리아, 그림 형태로 나타난 신의 현현顯現이었
다. 이러한 종류의 구도를 구성하는 요소들은 구약 성경의 예언자들, 특히 에제키엘
Ezekiel과 이사야Isaiah의 계시로 거슬러 올라간다. 일반적으로 주된 주제는 4명의 복
음서 저자에 대한 상징이나 천사단에 둘러싸여 온몸이 밝은 후광으로 감싸인 그리

스도였다. 이 경우에 밀라노 대성당의 차부제次副祭인 인티미아노의 아리베르토(약 975-약 1045, 1018-1045년에 밀라노 주교)의 주문으로 1007년에 에제키엘의 계시에 대한 전통적인 묘사와 함께 숭고한 종교적 의미를 지녔을 뿐만 아니라 성경의 내용을 충실히 따르며 도상화로 표현한, 구약 성경 「시편」 118장의 이미지를 곁들여 갈리아노(칸투)의 산 빈첸초 성당의 후진에 그려진 〈존엄한 지배자Maiestas Domini〉는 좋은 예다. 후광에 감싸인 채로 서 있는 그리스도는 신도들의 기도를 해석하는 역할을 했던 대천사 미카엘과 가브리엘과 나란히 있다. 그보다 아래에는 예언자 예레미야와 에제키엘이 구세주의 양옆으로 몸을 낮추고 있다. 후광 너머까지 활기차게 뻗어 나온 그리스도라는 주제는 산티 코스마에 다미아노 성당의 후진과 같은 로마의 전형에서 기원했으며, 표준화된 구성 체계는 로마의 것이다. 로마에서도 팔라티노 언덕의 산타 마리아 인 팔라라Santa Maria in Pallara 성당의 조그만 후진의 모사화는 1000년 이전의 것이다.

유럽 종교 건축물들의 장식은 일반적인 공간 구성의 체계를 따르고 있는 반복되는 핵심 주제들 안에서이기는 하지만 변화의 폭이 넓었음을 분명히 해야만 한다. 영광의 옥좌에 앉아 있는 그리스도나 성모 마리아, 신의 그림은 성 베드로와 성 바오로 사이에 있는 그리스도라는 3요소로 이루어진 '율법의 수여Traditio Legis' 라는 구도로 대체될 수 있었는데, 이러한 구성은 고대 그리스도교의 전형들과 비교하여 본질적인 변화 없이 12세기 라치오 지방 교회들의 후진에도 그대로 등장했다(카스텔 산텔리아의 산타나스타시오Sant'Anastasio 성당, 티볼리의 산 실베스트로San Silvestro 성당).

신의 출현은 4명의 복음서 저자들의 상징적인 묘사, 즉 테트라모르프Tetramorph(3마리의 동물 머리와 1명의 사람 머리가 결합되어 있는 동물 도상으로 4복음서를 의미한다*)를 수반한 옥좌에 앉아 있는 그리스도의 모습을 취할 수도 있으며, 몬테카시노의 수도원장 데시데리우스(약 1027-1087, 1086년부터 교황)에 의해 1072년부터 1086년까지 재건되고 새롭게 장식된 카푸아 인근의 산탄젤로 인 포르미스Sant'Angelo in Formis 성당 후진의 프레스코화에서 볼 수 있는 것처럼 이탈리아 남부에서 잘 묘사되었던 계시록적인 상황에서는 치천사熾天使(최고의 지위에 속하는 천사*)와 지천사智天使(두 번째 계급의 천사*)들이 함께 등장하기도 했다. 카탈루냐와 피레네 산맥 북쪽에는 신의 존재의 진정한 구현 과정에서 미사 전문의 서창敍唱에 의해 신의 출현이 명시적으로 공표되었던 바로 그 순간, 광륜에 싸인 영광의 옥좌에 앉아 있는 그리스도에 치천사와 지천사, 천사장들을 결합시켰던 막대한 양의 후진 도상들(이 중에는 11세기와 12세기 전반기의 에스테리 데 카르도스Esterri de Cardós, 산테울랄리아 데 에스타온Sant'Eulallia de Estaon, 타울의 산 클레멘테의 도상들이 있다)이 교회에 보존되어 있었다. 특히 카탈루냐의 두 도상, 즉 타울의 산트 클리멘트와 산타 마리아 성당의 도상 체계에서는 치천사와 지천사에 성찬의 희생을 가장 잘 상징하는 아벨의 희생과 양을 가까이 두었다. 심지어 투렌의 몽투아르쉬르르루아르에 위치한 생질의 베네딕투스 수도원 예배당에서는 '세상의 지배자 그리스도Maiestas Domini'가 3개의 후진에 모두 그려졌는데, 이러한 독특함은 영광의 옥좌에 앉아 있는 그리스도를 중앙에 각각 배치하고자 했던 다른 두 단체의 신도들에게 2개의 후진을 제공해야만 했기 때문에 나온 결과였다.

클뤼니 수도회의 모델   베르제라빌(부르고뉴)의 클뤼니 수도회 교회 후진의 영광의 옥좌에 앉아 있는 위엄 있는 그리스도는 다른 성인들과 사도들의 무리와 함께 베드로 성인과 바오로 성인이 나란히 있는 꽉 찬 구도의 중심에 우뚝 서 있었다. 이 구도는 1100년경 부르고뉴의 클뤼니 수도회의 모체가 되었던 수도원 교회를 위해 표현된, 지금은 사라진 후진의 구성을 모방했을 것이다. 또한 이것을 그린 익명의 화가는 로마와 라치오 지방의 몇몇 기념비적인 작품들을 잘 알고 있었던 것으로 보이며, 그가 수도사들의 예배당Cappella dei Monaci에 남긴 경이로운 작품은 교회의 개혁과 클뤼니 수도회 전례의 철학적이고 영적인 분위기를 반영하고 있었다. 우리는 로마 교회를 관할하던 주교단에 의해 받아들여진 그리스도의 유산을 표현하고 있는 이 장면의 엄숙한 분위기로 인하여 그의 작품임을 쉽게 규명할 수 있다.

강력한 총대주교의 신격화   〈영광의 옥좌에 앉아 있는 마리아Maiestas mariana〉는 바이에른 출신의 강력한 총대주교 포포네Poppone(?–약 1042)가 추진한 독특한 정치적 분위기 속에서 설계가 이루어진 아퀼레이아(1031) 바실리카 교회의 둥근 천장 프레스코화에서 볼 수 있었다. 포포네는 살리계 독일 황제 콘라트 2세(약 990–1039, 1027년부터 황제)의 강력한 버팀목으로서 자신의 교회에 대해 로마로부터의 독립을 주장하고, 독일의 민족적인 요소들의 결합을 지지했던 인물이었다. 이 프레스코화에는 두 무리의 형상들이 영광의 옥좌에 앉아 있는 아기 예수와 성모 마리아를 둘러싼 커다란 광륜에 붙어 있었다. 이 광륜은 「요한 묵시록」의 4마리 짐승들이 받치고 있다. 중앙 무리들에 가까이 있는 성인들 중에는 황제와 황후 지젤라Gigella, 포포네 자신도 등장했다. 초대 그리스도교의 전형들에서 기원했기 때문에 천사들 사이의 성모 마리아 도상(12세기 초 카탈루냐,

페놀라르의 생마르탱Saint-Martin 예배당과 약 한 세기 뒤 카세르타의 벤타롤리에 위치한 산타

마리아 디 포롤라우디오Santa Martin di Forolaudio 성당)이 더욱 일반적이었다. 반면에 카탈

루냐의 몇몇 건축물들(타울의 산 클레멘테 성당, 에스테리 다네우의 산타 마리아 성당)에

서 활용된 동방박사의 경배를 받는 구세주의 현현에 바탕을 둔 변형들은 베들레헴의

예수 탄생 교회의 사라진 후진을 위해 기획된 구성에 기원을 둔 것으로 보인다. 토르

첼로 대성당(12세기 후반) 후진의 움푹 들어간 부분에 설치되어 번쩍이는 금 바탕의

모자이크에서 특히 눈에 띈 호디기트리아Hodigitria 성모(길의 인도자 성모*)의 주제는

중세 서구에 널리 퍼져 있던 성경 해석의 주제인 '구원의 문Porta salutis'이라는 성모 마

리아의 매력적인 문학적 이미지를 표현한 것이다. 실제로 성모 마리아는 신의 어머

니, 테오토코스Theotòkos로 간주되었으며 후진 중앙의 비문에는 '구원의 문'과 새로운

이브로 칭송되었다. 이미 「에제키엘서」(44장 1–2절)에 표현된 이러한 문의 개념은 성

암브로시우스의 주석에서 바로 현현 이후의 성모 마리아에게 가까이 다가가게 되었

다.

승천, 즉 부활 이후에 사도들이 지켜보는 가운데 그리스도가 하늘로 올라갔다는 승천의 주제

주제는 비잔티움 예술의 직접적인 문화적 영향을 받는 지역으로까지 확산된 동방의

역작에서 기인했다. 프레스코화의 바탕에 (아마도 올리브 산에서 가져온 돌로 추정되는)

유물을 삽입하면서 독특하게 성모 마리아를 높은 위치에 배치한 산 클레멘테의 바

실리카 교회(847–855) 하부에 있는 로마 특유의 장식 이후에, 우리가 아는 한 이러한

구도는 로마 교회들의 후진 구성에서는 배제되었으며, 그 대신 몬테카시노 수도원

의 문화적·영토적인 영역에서 호의적으로 수용되었다. 이곳에서는 주의 승천이 11

세기 수도원 교회의 후진을 위압하고 있는 듯했다. 사비나의 파르파 대수도원의 탑

(11세기 후반)에서 보여 주었던 이러한 보기 드문 구성과 1093년경 투스카니아의 산

피에트로 교회의 구성은 라치오 지역에서 이례적인 것이었다. 대부분 출입구 벽의

회화 장식을 위해 선택된 주제는 로마네스크 교회들에서 지배적이었던 신의 위대한

계시의 모습들 중 하나인 '최후의 심판'이었다. 그리고 800년경 그라우뷘덴 주의 뮌

스터에 등장했을 때에는 교회의 문턱 너머 파사드의 맞은편 벽면에 위치했다. 하지

만 13세기 전까지 도상화는 자주 등장하지 않았으며, 설치 장소 또한 일정하지 않았

다. 〈최후의 심판〉이 파사드와 입구에 나타나지 않는 경우에는, 예를 들어 여러 장면

들로 꾸며진 스테인드글라스와 서섹스의 클레이턴에서처럼 후진의 입구, 그리고 아

마도 클뤼니 대수도원 교회에서 그렇게 했을 것으로 보이는 대식당의 다른 곳에 설치될 수 있었다. 도상 내용에서는 '육신의 부활'이라는 주제에 대한 집착이 좀 더 늦게 도입되었으며, 반면에 로마네스크 시대에는 선택받은 자들과 타락한 자들 사이의 구분에 대한 주제가 자주 나타났다.

12세기와 13세기의 위대한 신학적 개론에서 최후의 심판은 천지 창조와 원죄, 속죄와 함께 구원의 역사에 포함되었다. 모두 11세기 초에 플뢰리와 생브누아쉬르루아르의 생피에르 대수도원 내부의 파사드를 위해 만들어졌던 〈최후의 심판〉의 사라진 장면들의 주해 역할을 했으며, 건축물의 의뢰인인 고즐랭Gauzlin(1004-1029)의 전기 작가가 충실하게 인용했던 수많은 구절들 덕분에 명확한 생각을 가질 수 있었다. 이 공간의 대부분은 영광에 대한 2가지 위대한 계시가 차지했다. 한편에는 순교자들이 지켜보는 가운데 4복음서 저자를 상징하는 형상들과 장로들로부터 받은 옥좌의 등극에 대한 경배가 표현되어 있었으며, 다른 한편에는 「요한 묵시록」(20장 11-15절)과 말세의 계시에 대해 고즐랭이 한데 모아 재구성한 다양한 인용들에 바탕을 둔 거대한 〈최후의 심판〉이 나타났다. 〈최후의 심판〉 도상의 종교적인 역할은, 콩크의 생트푸아 교회의 〈최후의 심판〉의 여백에 덧붙인 글귀들로 알 수 있듯이 미래의 현실에 관련한 것이었지만, 개개인을 향한 현재의 훈계의 가치를 지닌 근본적인 모습을 보여 준 것이기도 했다.

〈최후의 심판〉은 심판자 그리스도가 2명의 천사, 그리고 아마도 성모 마리아와 세례자 성 요한일 듯한 인물들과 함께했던, 991년에 세워진 스피뇨 몬페라토 인근의 산 퀸티노San Quintino 성당의 몇몇 단편적인 예들과 그 이후 천사들의 무리와 사도들, 그리고 선택받은 자들로 한층 풍부하게 장식된 폼비아 인근의 산 빈첸초 소小교회의 예들을 제외하고는, 11세기 전까지 이탈리아에서 나타나지 않았다. 노바라의 올레조 근교의 산 미켈레 묘지 교회(약 1060)에서는 성모 마리아와 세례자 요한의 중재와 함께 복자들의 상징적인 모습들을 가슴에 안고 있는 아브라함, 이사악, 야곱 3명의 선조들의 존재도 부각되었는데, 이는 서구에서는 처음으로 등장한 것이지만 이미 10세기 카파도키아에서 시도되었던 것으로, 12세기 초에 아쿠아네그라 술 키에세(만토바)의 산 토마소San Tommaso 교회 파사드에 상당 부분 잔존하고 있는 〈최후의 심판〉에 다시 등장한 주제였다.

〈최후의 심판〉의 위대한 장면은 몬테카시노의 수도원장 데시데리우스로부터 의뢰받은 프레스코화의 일부로, 포르미스의 산탄젤로 교회 신랑의 안쪽 벽면에 온전하게 보존되어 있다. 이것은 5개의 권역대로 나뉘어 있었다. 벽면의 가장 상층부에는 3세기 전 뮌스터에서 배열된 것과 유사한 구성으로, 뿔나팔을 부는 4명의 천사들이 무덤에서 나온 죽은 자들을 위한 권역 위에 위압적으로 자리 잡고 있었다. 거대한 심판자 그리스도는 온몸이 후광으로 둘러싸인 채 중앙을 차지하고 있었으며, 그 옆으로 2명의 대천사와 하늘의 위계를 대표하는 9명의 다른 천사들이 함께 나타났다. 그 아래의 권역대에는 사도들이 금으로 만들어진 권좌 위에 무리 지어 앉아 있었다. 그보다 아래에는 3명의 천사들이 ("축복받은 자들이여, 나의 주님에게로 오라–저주받은 자들은 물러가라"라고 적힌) 이제 시간이 종료되었음을 알리는 두루마리 꼴 장식을 펼쳐 들고 있는 문 위로 선택받은 자들과 저주받은 자들이 자리 잡고 있었다. 문의 오른쪽에는 무릎을 꿇고 있는 변절자 유다와 심연에 빠진 타락한 자들과 함께 악마의 모습을 한 지옥이 나타났다. 그 맞은편에는 선택받은 자들이 2개의 지대로 나뉘어 있었다. 위쪽에는 수사, 주교, 왕과 왕비 같은 높은 지위의 인물들이 있었으며, 아래에는 단순한 복자들의 무리가 있었다.

〈최후의 심판〉의 이탈리아적인 도상을 특징짓는 요소는 사람의 아들에 대한 상징의 과시로서 종종 제단의 앞이나 위에 위치하며, 일반적으로 천사들이 운반한 승리의 십자가에 대한 찬양이다. 이에 대한 하나의 예는, 그리스도 수난의 상징인 손에 든 가시관과 물과 식초를 섞은 용액을 적신 해면을 단 막대와 창이 양옆에 있는 그리스도가 사도들로부터 일종의 대림 시기待臨時期, Adventus(그리스도의 탄생을 기다리는 예수 성탄 대축일 전 4주간*)에 영원한 승리자로 추대되는 모습이 그려진 프루자스코(티치노 주)의 산 카를로San Carlo 성당의 〈최후의 심판〉으로부터 유래했다. 포르타 라티나의 산 조바니 로마 교회(약 1190)에서 그리스도는 십자가형에 사용된 못들이 놓여 있는 제단의 제대에 놓인 십자가 위로 6명의 대천사들 사이에서 권좌에 앉아 있었다. 이와 유사한 도상의 요소들은 개혁적인 분위기의 11세기 말로 볼 수 있는 시기, 소위 〈최후의 심판〉의 도해(바티칸 미술관)와 로마 북쪽에 위치한 체리의 성모 프레스코화의 단편들 같은 로마 회화의 다른 예들에서도 발견된다. 11세기 비잔티움의 규범에 충실한 예로는, 토르첼로 대성당의 (11세기 작품으로 1117년 이후 12세기에 복원된) 호화로운 모자이크를 언급해야만 한다. 〈최후의 심판〉의 성상화는 십자가형에 대한 성상화와 그리스도의 부활Anastasis(〈림보로 내려가심Descent into Limbo〉)에 관한 성상화의 아래에 놓였으며, 수평하게 4개의 권역대로 나뉘어 있는 파사드 뒤쪽 면의 상당 부분을 차지하고 있었다. 문 위의 세 번째 권역대 안에는 영혼들의 무게를 재는 매혹적인 장면이 펼쳐졌다. 복자들의 무리는 왼쪽에 있었으며, 오른쪽에는 창으로 무장한 두 천사가 저주받은 자들을 밀치고 있는 가운데 악마가 무릎에 한 아이를 안고 흉측한 왕좌에 앉아 있었다.

묵시의 주제   묵시에 대한 주제는 중세의 영감을 불러오는 중요한 근원이었다. 9세기 카롤링거 시대의 혁신을 통해 「요한 묵시록」은 새로운 세대의 주석가들을 발견했으며, 이들은 계시를 알리고 그것을 기억에 각인시키고 도상의 유산으로 새기는 데 많은 기여를 했다. 「요한 묵시록」의 다양한 요소들이 활용되었으며, 이러한 요소들은 미래에 대한 상징적인 계시를 예형像型으로 풀어내기 위해 종종 그들 사이에 혼합되었다. 이미 초대 그리스도교 예술에도 등장했던 주제인 24명 장로들의 경배(「요한 묵시록」 4장과 5장)는 이제 종종 (서적 등의) 채색된 삽화(예를 들어, 생세베르의 복자의 필사본, 파리, 국립도서관, Lat. 8878)나 조각(무아사크의 생피에르 대성당 입구의 팀파눔, 1120–약 1130)에 장로들이 그리스도의 주위에서 성배를 들고 왕좌에 앉아 있는 모습으로 그려졌다. 이와 같이 교황 파스칼 1세Paschalis I(?–824, 817년부터 교황) 시대 로마의 모자이크에서 이미 상징으로 나타났던 천상의 예루살렘Gerusalemme celeste의 주제인 '어린 양의 신부'(「요한 묵시록」 21장 2절, 22장 5절)는 유럽의 로마네스크 회화에서 새로운 가치를 인정받았다. 바이에른의 레겐스부르크 대성당(약 1165)에 있는 모든 성인들의 회화 구도는 더욱 복잡했다. 여기에는 성인들을 위한 전례와 교부들의 주석에 기초하여 「요한 묵시록」 7장에서 뽑은 천사들에게 붙잡힌 사방의 바람, 동방에서 올라온 천사, 인장으로 표시를 받은 이스라엘 민족, 신의 옥좌 앞에 선 선택받은 자들의 무리 등의 장면들이 비잔티움의 수사들에 의해 전해진 전능한 신의 이미지와 뒤섞였다. 성경 해석과 관련한 전통의 영향은 요한의 이 난해한 책에서 야기된 상징적인 이미지에 바탕을 둔 성상화 프로그램의 명확한 표현에 항상 결정적으로 나타났다. 오세르 대성당의 지하 예배당은 기사의 모습을 한 그리스도가 천사들의 무리를 대동하고 있는 장면(「요한 묵시록」 19장 11–16절)을 보존하고 있는데, 이러한 주제는 아마도 십자군 원정의 열렬한 지지자였던 주교 훔보드Humbaud의 시대에 제1차 십자군 원정의 선전과 관련지을 수 있을 것이다. 매우 복잡하고 뛰어난 예술적 품격을 지닌 회화 작품들이 주교 피에트로 3세Pietro III(993–1032)의 재임 시기에 복원되었던 노바라의 초대 그리스도교 교회 세례당을 장식했다. 이러한 회화 작품들은 커다란 팔각형 공간의 꼭대기에 있는 긴 개량과 아치들 위에 놓인 3개의 권역대에 펼쳐져 있었다. 회화의 주제는 『운명의 책Libro del Destino』의 일곱 번째 봉인을 개봉하자 일곱 나팔을 가진 일곱 천사가 나타났으며 이어지는 각각의 나팔 소리와 함께 무자비한 형벌이 인간들에게 내려진 「요한 묵시록」의 가장 극적인 부분들(「요한 묵시록」 8-12장) 중 하나에서 뽑은 것이다.

　그 이후 11세기와 12세기에 걸쳐 「요한 묵시록」과 관련한 보다 야심 찬 프로그램은 산 칼로체로San Calocero 교회, 바위 절벽 위에 세워진 요새화된 성역의 장소인 산 베네데토San Benedetto 소예배당과 산 피에트로 알 몬테San Pietro al Monte 바실리카 교회로 구성되어 있는, 코모에서 멀리 떨어지지 않은 치바테의 베네딕투스 수도회의 복합 건축물에서 전개되었다. 연작을 이룬 회화 작품들의 기획은 수사이자 산 빈첸초 알 볼투르노San Vincenzo al Volturno 수도원장인 프랑크인 신학자 암브로시우스 아우트페르투스Ambrosius Autpertus(?-781)에 의해 쓰인 「요한 묵시록」에 대한 주석을 활용했으며, 1093년에 주교로 선출된 이후 교황 우르바노 2세(약 1035-1099, 1088년부터 교황)와의 불화로 치바테에 칩거하고 있던 카피타니의 아르놀포Arnolfo de' Capitani에 의한 것으로 생각된다. 산 칼로체로 교회의 장면들은 신약 성경의 사건들을 상징적으로 표현한 이야기를 통해 그리스도의 삶과 죽음, 부활을 이야기한 것이다. 산 베네데토 소예배당의 회화 작품들 가운데 남아 있는 것은 얼마 되지 않지만, 다양한 재능들을 보여 주면서도 양식적인 면에서 동질성을 지니고 있던 여러 장인들을 거느린 공방의 작품인 산 피에트로 성당의 명확한 회화 프로그램은 석고 장식과 완벽하게 조화를 이루었다. 예전의 후진을 구분하는 3칸으로 이루어진 방들의 둥근 천장 지붕의 주제는 「요한 묵시록」의 묘사를 따른 '천상의 예루살렘'이었다. 중앙에는 옥좌에 앉은 신의 양, 즉 그리스도가 있었으며, 그 아래로는 천국의 4개의 강이 그리스도의 발 아래로 갈라졌다. 입구의 양 측면에 위치한 후진들 한편에는 사도들과 순교자들, 성인들, 천사들이 묘사되어 있었고, 다른 편에는 구도자들에 대한 성 마르첼로의 환대가 그려져 있었다. 서쪽의 현관 통로인 프로티룸의 파사드에 설치된 석고 테두리 반원형 채광창인 뤼네트lunette에는 「요한 묵시록」의 짐승들에게 거둔 천사들의 최후의 승리를 표현한 호화로운 작품이 자리 잡고 있었다. 옥좌에 앉아 있는 영원의 신 위에는 신의 어린 양 그리스도가 있었고, 양옆으로 한쪽에는 머리가 7개 달린 「요한 묵시록」의 용을 상대로 한 성 미카엘과 천사군의 전투 장면을, 다른 한쪽에는 여인과 신을 향해 들어올린 아이가 함께 나타났다.

암브로시우스 아우트페르투스의 주석에서 엄청난 영향을 받은 「요한 묵시록」을 묘사한 연작들 가운데 세 번째 군상으로부터 성경의 많은 채색 사본들과 산 세베로 아 바르돌리노San Severo a Bardolino 성당(11세기 말-12세기)의 회화 장식들, 네피 인근의 산타나스타시오 아 카스텔 산텔리아Sant'Anastasio a Castel Sant'Elia 성당(1120-1130)의 회화들, 그리고 아마도 이탈리아 롬바르디아 지역에서 그림을 배웠을 것으로 보이는 화가의 작품으로 생각되는 산 퀴르체 데 페드레San Quirce de Pedret 성당의 회화들(카탈루냐 미술관, 바르셀로나 / 디오체사노 박물관, 솔소나)이 유래했다.

구약과 신약
성경의 장면들

신랑의 회화 장식은 초대 교회 교부들에 의해 시도되었고, 초대 그리스도교 교회의 예술에 잘 알려졌으며 이따금 카롤링거 시대에도 반복적으로 나타났던 대구법對句法(어조가 비슷한 문구를 나란히 두는 표현법*)을 통한 상징적인 표시를 보여 주기 위해 구약 성경의 사건을 신약 성경 장면들에 병렬시켜 대조한 유형론적인 체계의 일관된 적용을 보여 주었다. 그 후속 모델은 5세기 중반에 대교황 레오 1세Leo I(약 400-461, 440년부터 교황)가 계획했던 로마의 성 베드로 바실리카 성당과 산 바오로 바실리카 성당의 장식에서 유래했다. 예정된 이러한 구도는 오버첼(라이헤나우)의 장크트 게오르크 성당과 포르미스의 산탄젤로 성당, 체리(로마)의 산타 마리아 임마콜라타Santa Maria Immacolata 성당에서 신랑 벽면의 1개 내지는 2개의 권역대에 마련된 다양한 연속 작품의 전개를 가능하게 했다. 특히 로마와 라치오 지역에서는 12세기에 오스티아의 바실리카 성당에 의해 수립된 규범의 재검증이 활발하게 이루어졌다. 포르타 라티나의 산 조반니 바실리카 성당의 작품들은 이로부터 유래한 가장 유기적인 결과물이다. 구약과 신약 두 성경이 일치하는 부분에서 (신과 인간의) 계약이라는 주제는 12세기를 거치며 상당히 복잡한 형식을 체험하게 되었다. 여기에서 그리스도는 신이 노아와 맺은 계약을 십자가 위에서 새롭게 채결한 새로운 아담으로 등장했다. 이러한 의미에서 아라곤 지방 바구에스의 성경 연작들은 십자가를 통해 그리스도가 실현한 구원에 대한 개념의 표현으로 해석되었다.

로마의
산 클레멘테
바실리카 성당

교회의 개혁적인 분위기와의 관계는 도상화의 선택과 장식 프로그램의 발전과 관련해 유럽 회화의 많은 부분에서 가장 중요한 기준점을 이루고 있다. 로마에서는 11세기 말로 거슬러 올라가는 현재 산 클레멘테 바실리카 성당의 지하에 있는 프레스코화가 이러한 움직임을 회화를 통해 표명한 것으로 여겨진다. 가장 주된 주제는 성 베드로를 이은 로마 교회의 첫 번째 계승자인 교황 클레멘스 1세Clemens I의 성인전에 대한 이야기였다. 바실리카 성당의 이름의 유래가 된 성인 이야기와 함께 전적으로 혁신적인 교회의 이상에 부합하는 하느님의 사람Homo Dei의 본보기적인 삶과 관련한 사건들과 사람들을 밝혀 준 비명에 관한 연구와 연관된 지식을 곁들인 성 알렉시우스 이야기가 두드러지게 부각되었다. 한편, 성 클레멘스의 숭배에 가치를 부여하는 것은 개혁의 주체가 베드로의 후계자의 도덕적인 권위라는 주제를 강조하고 있음을 보여 주는 것이다. 성 베드로의 교황 서임 장면을 통한 방돔의 삼위일체 사제 회의실의 프로그램은 의뢰인인 로마 교회 추기경 방돔의 조프루아Geoffroi de Vendôme(1093-1132)의 개혁적인 조치에 대한 직접적인 개입을 고려하지 않고는 이해할 수 없을 것이다. 조프루아는 몬테카시노의 수도원장 데시데리우스와 생드니의 수도원장 쉬제르(1081-1151)에 버금가는 도상의 창조자였으며, 서임권 투쟁 중에는 교황의 확고부동한 지지자이기도 했다. 이 서사 연작은 부활한 그리스도의 출현에 대한 주제를 중심으로, 「요한 묵시록」(21장 15-19절)을 기초로 그리스도가 사도 요한에게 목자pastor와 주교episcopus의 임무를 부여하는 특별한 장면이 추가되었는데, 이는 아마도 부활절 축일을 위한 설교를 특별히 작성했던 샤르트르의 이보(약 1040-1116)로부터 영감을 받은 것으로 보인다. 이 연작은 그리스도의 수난 장면과 함께 티베리아스 호수의 고기잡이에 대한 일화(「마태오 복음서」 8장 24절)를 포함하고 있었다. 주교단의 유일성, 교황의 수위권과 로마 교회가 세계 교회의 중심이라는 생각의 원리를 강조함으로써 중요성을 지니는 이 일화에서 교회를 상징적으로 조그만 배로 표현한 것을 볼 수 있다(조토Giotto가 바티칸의 주랑현관에 제작한 〈작은 배Navicella〉 모자이크에 이 주제가 다시 부활한 것을 볼 수 있다). 그 시기에 로마에서 세속 군주와 같이 왕좌에 정면으로 앉아 있는 교황이라는 주제는 라테라노 궁에 있는 성 니콜라우스 소예배당 현관 홀을 위해 교황 갈리스토 2세(약 1050-1124, 1119년부터 교황)가 로마에서 주문했던, 지금은 사라진 프레스코화들에 묘사되어 있었다. 영국 쿰베스의 클뤼니 수도원장 집무실의 프레스코화들 또한 로마의 추세를 따르고자 했던 주문자들의 의지가 드러난 것이다. 이 교회의 개선 아치 그림은 실제로 초대 주교인 성 베드로의 자태의 가치를 높이기 위해 '율법의 수여'의 구도를 되풀이했다.

서 있는 그리스도의 온몸을 둘러싸고 있는 후광 옆에 자리 잡은 마리아와 세례자

요한의 존재로 인해 율법과 열쇠의 수여Traditio legis et clavium는 물론 성인들이 함께 머리 숙여 기도하는 모습의 구도인 데에시스를 떠올리게 하는 3개 요소로 이루어진 구성은 1150년에서 1160년경 사이 10여 년의 시기로 추정할 수 있는 노바라의 카르피냐노 세시아에 있는 산 피에트로 성당의 후진 역시 지배했다. 둥근 천장과 후진의 고상부鼓狀部 사이에 새겨진 명각은 주님의 신부인 교회와 동정녀 사이의 연합을 제안했던 가경자 베다Beda Venerabilis(673-735)의 구약 성경 「아가」에 대한 주해를 언급하고 있는 문장들 가운데 일부를 인용하고 있다. 교황 그레고리오의 개혁에서 영감을 받은 교회학의 의미가 가미된 마리아에 대한 숭배는 카르피냐노 세시아의 교회가 속해 있는 클뤼니의 개혁파 베네딕투스회에 의해 특히 고취되었다.

카르피냐노
세시아의 산
피에트로 성당

1130년대경에는 장식 프로그램을 통해 교회의 권위와 구원의 역사에서 보여 주었던 교회의 중요성에 대한 기억을 전해 주고자 만들어진 교회 도상화의 조정을 겪게 되었다. 옥좌에 앉은 교회의 의인화는 1명의 주교와 1명의 왕에게 교권sacerdotium의 칼과 왕권regnum의 칼을 건네주는 교황좌에 앉아 있는 성 베드로의 모습과 함께 레겐스부르크의 프뤼페닝Prüfenning 교회(1120-1150)의 성직자석에 묘사되어 있다.

개혁에 대한
도상학적 정신

교회의 개혁적인 분위기에서 다양한 도상 해석학적인 비평들을 얻은 장치는 옥좌에 앉아 있는 성모의 모습과 관련해 로마 가톨릭 교회와 유대교 예배당의 대조를 보인 것이었다. 상트 페레 데 소르페Sant Pere de Sorpe 성당의 후진에 설치되어 이러한 의인화를 칭송하고 중재자 마리아를 암시하는 〈장엄한 성모Maiestas〉('위엄'을 의미하는 라틴어로, 미술에서는 '장엄한 성모' 혹은 '옥좌의 성모자'라고 부른다. 주로 옥좌에 앉아 있는 성모자를 중심으로 그 주변에 이들을 경배하는 천사와 성인들을 배치한 구도를 말한다*)는 압도적이었다(바르셀로나, 카탈루냐 국립미술관). 마리아의 옥좌로부터 두 그루의 나무가 솟아올랐다. 왼쪽에는 교회Ecclesia의 우화적인 묘사를 입증하는 비문과 함께 가지가 울창한 튼실한 나무가 있었으며, 오른쪽에는 7개의 가지가 있는 촛대 모양의 나무가 뿌리도 없이 서 있었다. 소르페 성당의 장식은 유대교 예배당의 몰락과 비교되는 번성하는 교회에 대한 주제를 고수했는데, 이러한 개념은 십자군 원정이 가까워지면서 특히 가톨릭 교회의 성직자들 중에서도 지식인 집단에서 확산된 반유대적인 비판의 요소들을 설명해 주는 것이었다. 동시대의 한 예로는, 생토메르의 랑베르Lambert가 편찬한 백과사전 『리베르 플로리두스Liber Floridus』(겐트 대학교 도서관, ms. 1125)에 수록된 채색 장식화가 있다. 이 장식화에는 2쪽에 걸쳐 교회의 좋은 나무Arbor bona Ecclesia와 유대교 예배당의 나쁜 나무Arbor mala Sinagoga가 체계적으로 묘사되어 있었는데, 교회 정문에도 그대로 받아들여진 도해 프로그램의 배경은 「마태오 복음서」(3장 10절, 7장 17-19절)와 「루카 복음서」(3장 9절, 6장 44절)의 산상 설교에 대한 우화에 바탕을 두고 있다.

이러한 주제들은 특히 채색 장식화와 스테인드글라스에 반복적으로 나타났으며, 12세기 도상화의 레퍼토리에 자주 등장하는 이새의 나무가 연관되어 있었는데(「이사야서」 11장 1절), 그 이유는 식물을 통한 상징이 구약 성경의 가계도로부터 성모 마리아를 거쳐 그리스도 부활의 태동을 정점으로 하는 신약 성경의 계보로 이어져 올라가는 형태를 취했음을 보여 줄 수 있었기 때문이다. 예술적인 관점에서 이러한 민감한 개념들로부터 유래한 가장 대표적이고 독특한 이미지는 로마의 산 클레멘테 바실리카 성당(1110년대) 상층부의 후진을 압도하고 있었다. 휘황찬란한 금빛으로 빛나는 모자이크의 중앙에는 나선형 모양의 이파리가 둥근 천장을 휘감고 있는 아칸서스의 무성한 수풀 위의 마리아와 세례자 요한 사이에 그리스도의 십자가가 세워져 있었다. 십자가를 상징하는 이 나무는 하늘을 향해 솟아올랐으며, 그 가지들은 별들을 향해 뻗어 있어 천국에서 열매를 맺었다. 여기에서 생명나무는 천국의 상징으로 여겨지는 교회의 포도나무의 꽃이 피어난 십자가의 모습이었다. 교회-포도나무라는 주제는 성경(「이사야서」 5장 5-6절, 「마태오 복음서」 21장 33-41절, 「요한 복음서」 15장 1-8절)에 그 기원을 두고 있으며, 시간에 대한 해석에서 고대 율법의 바싹 마른 나무와 대비되었다. 좋은 열매의 나무는 교회를 상징함과 아울러 교회 속에서 생활하며 좋은 나무와 좋은 열매가 되는 사람들을 상징했다.

교회 안에서, 그리고 개혁 원리의 전파 속에서 확고한 권위는 베네딕투스 수도회의 큰 지배력을 지닌 수도원장들에 의해 행사되었다. 1058년에서 1086년 사이에 수도원장을 역임했으며, 1086년에 빅토르 3세의 이름으로 교황의 자리에 올랐던 몬테카시노의 데시데리우스는 교황청과 노르만인들 사이의 정치적인 관계에서 두각을 나타낸 인물이었다. 그는 비잔티움 황제의 사려 깊은 말상대였으며, 서로마 제국 황제 하인리히 4세(1050-1106, 1084-1105년에 황제)를 상대로 한 투쟁에서 교황 그레고리오 7세(약 1030-1085, 1073년부터 교황)의 충실한 지지자임을 보여 주었다. 그는 이탈리아 중남부에서 그리스도교 선도에 강력하게 기여함으로써 자신의 수도원의 영향력을 확장시켰을 뿐만 아니라, 예술의 보호자 겸 제작자로서 수도원장의 본보기

몬테카시노 수도회의 영향

가 되는 인물이기도 했다. 다른 그 무엇보다도 베네딕투스 수도회의 지적이고 영적인 최고의 번영을 상징했던 기념물인 몬테카시노 대수도원의 유실로 인해 그의 끊임없는 활동을 보여 주는 가장 의미 있는 증거는 문화적·예술적으로 열정적이었던 이러한 시기를 직접 목격한 레오네 마르시카노(약 1046-1115/1117)가 1090년부터 저술한 수도원의 『연대기』에 제시되어 있다.

장식의 풍요로움　　몬테카시노는 11세기에 이탈리아 남부에서 진행 중인 가장 큰 예술 작업 현장이었다. 비록 모자이크와 대리석 장식이 서유럽의 체험과 지식을 통해 축적되지 못하고, 잃어버린 기술들을 되살리기 위해 부름을 받은 그리스와 알렉산드리아의 숙련공들에 의해 실현되었지만, 작품의 전반적인 경향은 개혁의 이상에 대한 데시데리우스의 관여와 라틴어권 수도원 제도에 대한 고취의 결과로 서구적이라고 말할 수 있다. 『연대기』의 저자는 온갖 귀한 재료들로 실현된 작품들의 완벽함과 모자이크에 대하여 경이로움을 표했을 뿐만 아니라, 후진과 중앙의 둥근 천장 지붕을 찬양하기 위해 살레르노의 알파누스(?-1085)가 쓴 문구들을 기록했다. 1071년 교황 알렉산데르 2세(?-1073, 1061년부터 교황)가 주재한 축성식은 라틴인, 노르만인, 랑고바르드인, 그리고 성직자와 평신도 신분의 당대의 모든 권력자들이 참석한 가운데 진행되었다. 이 수도원은 콘스탄티노플로부터 귀중한 예술 작품들을 수입하는 동안에도 줄곧 대수도원이 지배하던 광범위한 경계 너머로 기술과 도상 프로그램, 서사의 유형들을 수출했다. 이러한 데시데리우스의 자취는 이탈리아 북부(모데나 인근의 노난톨라 수도원 식당의 베네딕투스에 대한 연작)와 1123년 몬테카시노를 방문했던 수도원장 쉬제르의 프랑스 생드니 대수도원에서도 발견되었다. 아마도 파리의 매력적인 건축물의 파사드에 있는 모자이크 장식 팀파눔과 청동문은 몬테카시노와 관련이 있는 것으로 보인다. 잘 알려진 것처럼, 14세기의 엄청난 지진과 제2차 세계대전으로 말미암아 이 중 극히 일부분만 남아 있다. 후진에서 성 베네딕투스 곁에 기증자의 자격으로 데시데리우스의 초상화가 그려져 있는 (하지만 베네딕투스 성인의 초상은 그 이전의 벽면에 다시 그려진 것으로, 아마도 이 작업의 재정을 부담했던 아베르사의 백작이자 카푸아의 군주였던 노르만인 리처드 1세Richard I의 초상 위에 덧댄 것으로 보인다) 산탄젤로인 포르미스 대수도원의 벽 장식은 후원자의 예술적인 취향과 선택을 증명했다. 신랑의 프로그램은 로마 가톨릭 바실리카 교회의 모델로부터 영감을 받은 구약과 신약의 일화들에 집중되어 있었다.

몬테카시노에서의 이러한 모자이크 기술의 부활은 비非로마 가톨릭 교회가 로마 교회처럼 보일 수 있도록 곧바로 몬테카시노의 영향권에 있던 지역들로 전파되었다. 살레르노에서는 대주교 알파누스가 1076년에 이 도시를 점령한 정복자, 노르만의 로베르 기스카르(약 1010-1085)의 재정적인 지원을 받아 건축하고 장식한 새로운 대성당의 창립자였다. 후진의 아치는 본래 후진까지 확장된 모자이크 장식의 일부를 보관하고 있다.

로마에서 교황들은 도상학적으로 매우 복잡한 기념 건축물의 도안을 실현하는 것에 고도로 전문화된 숙련공들의 도움으로 후진의 장식에 모자이크라는 표현 수단을 다시금 선택하게 되었다. 앞서 언급했던 산 클레멘테 바실리카 성당 상층부의 꽃이 피어난 십자가가 주축을 이루는 휘황찬란한 둥근 천장 지붕이 그 대표적인 예다. 산타 마리아 인 트라스테베레 바실리카 성당의 모자이크는 1130년에 교황의 옥좌에 부름을 받았으나 그의 적수였던 대립 교황 아나클레토 2세(?-1138, 1130년부터 대립 교황)가 사망한 1138년부터 비로소 그 자리를 차지하게 된 교황 인노첸시오 2세(약 1080-1143, 1130년부터 교황)의 후원을 받았다. 둥근 천장에서 가장 눈에 띄는 곳은 고딕 양식 성당들의 대문에서 커다란 발전을 이룬 주제인 〈성모 마리아의 대관식 Incoronazione della Vergine〉이라는 새로운 이미지가 차지했다. 비록 초대 그리스도교 교회의 전통적인 요소들을 완전히 포기하지는 않았지만 프로그램은 본질적으로 새로운 것이었으며, 교회 건축학적인 기조에서 성모에 대한 숭배에 중점을 두었던 12세기 신학적 고찰의 광범위한 분야에 대한 해석을 조형적인 표현으로 나타낸 것이다. 성모 마리아의 형상은 아기 예수를 무릎에 안고 옥좌에 앉아 있는 통상적인 구성에 따랐고, 열을 지어 서 있는 조그만 아치들을 틀로 삼아 배치되어 있는 사도들이 함께 나타난 산타 마리아 노바Santa Maria Nova 교회(1165-1167)의 모자이크에서도 그 자태를 뽐냈다. 마리아를 주님의 은신처인 지상의 여왕으로 칭송하고 있는 둥근 천장 바탕의 비문은 다시 한 번 후진의 체계에서 이것이 차지하는 주도적인 가치를 보여 주었다.

12세기 후반에 이탈리아에서 유럽으로 확산된, 비잔티움에서 유래한 이러한 변화의 물결의 두 축은 통령이 통치하고 있던 베네치아와 노르만인들의 지배를 받던 시칠리아에 위치한 비잔티움의 정착지로 나타났다. 석호의 도시 베네치아에서는 동로마 제국에서 온 숙련공들이 상층부의 그리스도의 승천과 그 아래에 있는 사도들과

모자이크

베네치아와 시칠리아의 비잔티움인들

성모 마리아, 아랫부분에 창문들 사이로 이어져 묘사된 덕목들에 대한 우의화를 통해 산 마르코 바실리카 성당 익랑의 가운데에 있는 거대한 둥근 지붕의 복잡한 도상 장치를 실현했다.

노르만인 로베르 기스카르는 1071년 바리의 점령과 함께 이탈리아 남부 지역들에서 비잔티움의 기나긴 지배의 종말을 기록하며 고통스러운 전쟁을 끝냈다. 노르만인들의 시칠리아 정복은 기스카르에 의해 1061년에 시작되었으며, 30년 뒤 과업이 끝났을 때 '시칠리아의 위대한 백작'으로 불리게 된 그의 동생 루제로 1세Ruggero I(약 1031-1101)에 의해 종결되었다. 왕국의 수도는, 한때 이슬람인들의 지배를 받았던 거대한 도심지이자 효율적인 행정 중심지였으며 이제는 서구 사회 전체에서 그 유래를 찾아볼 수 없을 정도로 경이롭게 융합된 아랍과 비잔티움 양식의 전통이 조화를 이루는 상징적인 이미지가 된 팔레르모로 정해졌다. 루제로 2세(1095-1154, 1112년부터 활동)와 굴리엘모 1세(1120-1166, 1154년부터 왕), 굴리엘모 2세(1153-1189, 1166년부터 왕)의 통치 시기에 시칠리아는 동로마 제국에서 온 숙련공들에 의해 실현된, 팔레르모의 궁정 예배당인 팔라티나 예배당, 체팔루 대성당의 내진, 마르토라나Martorana라고 불렸던 팔레르모의 산타 마리아 델람미랄리오Santa Maria dell'Ammiraglio 성당, 그리고 자신과 후계자들을 위한 묘지로 굴리엘모 2세가 기획한 몬레알레 대성당(1172)의 방대한 공간들을 특징지은 거대한 모자이크 도안에 의해 인상적인 방식으로 표현된 특별한 건축과 장식을 접하게 되었다.

몬레알레와
체팔루에서 여기에 〈노르만인의 방〉 또는 〈루제로 왕의 방〉 같은 세속적인 환경의 모자이크들이 추가로 언급되어야만 하는데, 대체로 이러한 모자이크들은 빛나는 금빛 표면 위에 진기한 식물들과 이국적인 동물들, 중세의 동물 우화에 등장하는 짐승들의 모습으로 채워졌다. 또한 순수한 이슬람의 장식적인 모형을 보여 주는 팔라티나 예배당 천장 부분들과 체팔루 대성당의 (단편들로만 존재하는) 천장의 장식적인 요소들도 기억할 필요가 있다. 왕국의 제독이었던 그리스-시리아인인 안티오키아의 조르조가 부담하여 건축되고 장식된 마르토라나 성당(1143)을 제외하고, 전적으로 왕들의 주문은 비잔티움을 왕권의 위엄을 나타낼 수 있는 능력을 가진 예술적인 모델로 고려한 것이다.

북유럽의
로마네스크 양식 잉글랜드 정복(1066) 이후 약 50년이 지났을 즈음, 북유럽의 노르만인들은 서섹스의 쿰베스와 클레이턴의 회화 작품들 같은 교훈적인 글들을 곁들인 사도들과 성인들, 그리스도와 관련한 회화를 주문했다. 이러한 작품들은 이미 양식적인 관점에서 가장 상징적인 증거 자료들 중 하나인 바이외의 태피스트리(약 1080, 태피스트리 박물관)에서 볼 수 있는 기념비적이며 견고한 로마네스크적 표현이 성숙했음에도 불구하고, 오토 황제 시대의 영향과 앵글로색슨 계통의 회화를 연상시키는 요소들을 간직하고 있었다. 열정적인 어휘들을 통해 맘스베리의 윌리엄(약 1090-약 1143)이 묘사한 캔터베리 대성당의 〈영광의 성가대Glorious Choir〉(1109-1126) 작품들은 1174년에 화재로 대리석 바닥과 스테인드글라스, 그림들, 격자 장식의 천장 일체가 파괴되어 소실되었지만, 캔터베리 대성당의 세인트 가브리엘 예배당은 둥근 천장의 아기 예수와 세례자 성 요한, 그리고 종말론의 계시에 대한 장면들을 통해 중요한 건축물을 결정지을 도상 프로그램의 화려한 특성과 복합성을 드러냈다. 그리스도의 수난에 대한 장면들을 곁들인 윈체스터 대성당의 그리스도 성묘 예배당 그림들은 이미 12세기 말경에 비잔티움적인 색채가 강한 도상화를 이용했음을 보여 주었으며, 『윈체스터의 성경Bibbia di Winchester』이라는 필사본에 실려 있는 세밀화뿐만 아니라 몬레알레 대성당의 모자이크들(1183-1189)과도 양식상의 유사성을 드러냈다.

서적

카롤링거 시대의 필사본들은 오토 왕조(936-1002)의 통치와 함께 게르만 제국에서 번창했던 서적 제작에 필수적인 기준을 만들었다. 977년부터 트리어는 이 도시의 주교였던 에그베르트의 인도를 받아 10세기 수도원 개혁의 가장 중요한 중심지들 가운데 하나가 되었으며, 그 개혁의 원리는 성 아달베르토(956-997)의 선교 활동의 출발점이 된 산 마시미노San Massimino 수도원에 의해 일찍이 수용되었다. 에그베르트는 황제 오토 2세(955-983, 973년부터 황제)의 궁정 신부이자 비서였으며 대주교, 예술 후원자이자 열성적인 개혁가였다. 치비달레 델 프리울리 박물관에 보관되어 있는 에그베르트의 『시편』(cod. 136)은 필사가 또는 세밀화가 루프레히트Ruprecht의 이름으로 분류되는 세밀화 작품들의 초석이었다. 그로부터 몇 년 뒤(약 985)에는 2명의 수사들을 양옆에 거느린 의뢰인의 초상화가 실려 있으며 트리어(시립도서관, ms. 24)에 보관되어 있는 부제용 복음집인 『에그베르트 코덱스Codex Egberti』가 만들어졌다. 이 필사본 제작에는 『그레고리오 교황 교간집Registrum Gregorii』을 만든 거장으로 알려진 익명의 뛰어난 예술가가 참여했는데, 이 사람은 지금은 남아 있지 않은 아헨 대성당의 프레스코화를 그린 롬바르디아 출신의 화가 요하네스Johannes 또는 요하네스 이탈리쿠스Johannes Italicus로 추정된다. 『에그베르트 코덱스』라는 제목은 983년 이후 에그베르트의 의뢰를 받은 대교황 그레고리오 1세의 『서한집Epistolario』에 속해 있던, 회화적으로 우수함을 뽐낸 화려한 2점의 세밀화로부터 유래했다. 하나는 오토 2세 황제가 제국의 4개 지역으로부터 봉신의 예를 받아들이는 것(샹티이, 콩데 박물관)이었으며, 다른 하나는 책상에 앉아 있는 그레고리오의 모습(트리어 시립도서관, ms. 24)이었는데, 이러한 1장의 기록이 보여 주고 있는 고전적인 기준은 이 거장이 당대 로마의 프레스코화와 모자이크에 대한 지식이 있었음을 확인시켜 주는 것이다.

『발췌서』　　전통적으로 콘스탄츠 호수의 라이헤나우 섬의 필사실에서 만들어진 필사본들은 오토 왕조 시대 예술의 주요 작품들을 이루었으며, 복음서들을 순서대로 구성한 것이 아니라 교회와 전례 일정에 따라 배열해 놓은 『발췌서Libro delle Pericopi』가 만들어졌다. 이러한 서적들은 오토 왕조 시대의 세밀화에 이야기의 수많은 세부적인 요소들을 전해 준 초대 그리스도교 교회 모델들에 의해 변형된 회화 작품들로 이루어진 새로운 화보들을 필요로 했다(『밤베르크의 묵시록』[국립도서관, Bbl. 140], 『하인리히 2세의 발췌서Libro delle Pericopi di Enrico II』[뮌헨, 바이에른 국립도서관, Clm 4452]).

**이브레아와
밀라노의 성사집**　　오토 왕조 시기에 이탈리아에서 가장 왕성한 세밀화 제작이 이루어졌던 중심지는 알프스 북쪽의 작품들과 비교하여 독창적인 양식을 형성한 밀라노였다. 지금까지 전해 내려오는 롬바르디아 지방의 필사본들 대부분은 밀라노의 대주교 아르놀포 2세Arnolfo II(?-1018, 998년부터 주교)와 이브레아의 주교 바르몬도Warmondo(?-1014)와 관련이 있는 성사집이었다. 이러한 필사본들이 성사집들인 까닭에 여기에서는 북유럽의 부제용 복음집에서 볼 수 있었던 이야기의 원리들을 발견하지는 못했다. 주요한 묘사 대상은 그리스도의 십자가 위의 죽음이었다. 십자가는 성찬 기도문의 첫 문구인 "Te igitur(그러므로 주여)"의 머리글자인 T자 모양이다. 이브레아의 주교 바르몬도는 이브레아와 밀라노의 세밀화가들의 힘을 빌려 지역의 필사실을 강화했으며, 전례의 혁신과 이브레아 대성당이 맡게 된 중요성으로 인해 필요해진 세밀화가 담긴 3편의 화려한 필사본을 제작했다. 그것은 『전례서Cerimoniale』(이브레아, 대성당 도서관, cod. IV), 『감사 기도서Benedizionario』(cod. XVIII), 직접 운문으로 각각의 제목을 달았던 바르몬도 주교의 『성사집Sacramentario』(cod. LXXXVI)이었다. 밀라노파의 대표적인 작품은 대주교 아르놀포 2세의 『성무일과서Breviario』로, 매우 조그만 판본의 필사본(런던, 영국도서관, ms. Egerton 3763)에 성화상들로부터 영감을 받아 갈색 잉크로 윤곽을 그린 성인들의 정교한 이미지들을 담았다. 대주교는 비잔티움의 테오파노(약 955-991, 973-983년에 황후)와 오토 3세(980-1002, 983년부터 황제)의 혼인을 협상하기 위해 동로마 제국의 수도에 파견된 사절단에 참가한 적이 있었기 때문에 비잔티움 예술에 대한 직접적인 지식을 지니고 있었다. 생브누아쉬르루아르의 수도원장 고즐랭은 프랑스 왕을 위해 『가니에르의 복음서Evangeliario di Gagnières』(파리, 국립도서관, Lat. 1126)로 잘 알려져 있는 『선홍색 성구집Lezionario purpureo』을 주문했는데, 여기에는 밀라노 세밀화의 비잔티움적인 요소들과 오토 왕국의 다양한 소재들이 융합되어 있었다. 1017년 보베 대성당에서 로베르 2세의 장자 즉위식에 봉헌된 화려한 성사에 대한 도해(말리부, J. 폴 게티 미술관J. Paul Getty Museum)는 롬바르디아의 화가 니바르두스Nivardus의 작품으로 여겨진다.

이탈리아 중남부에서 몬테카시노 수도원은 테오발도Teobaldo(?-1035)와 데시데리우스가 수도원장으로 재임하던 시기에 가장 왕성한 활동을 보여 주었다. 테오발도의 재임 시기에 수도원 필사실은 풀다의 수도원장 라바누스 마우루스(약 780-856)의 작품으로 중세 지식의 거울로 여겨진 백과사전(『만물의 기원에 관하여De originibus rerum』)을 세밀화로 장식한 필사본(몬테카시노, 수도원 문서고, Casin. 132)을 제작했다. 몬테카시노에서 번호가 매겨진 22권의 책으로 구성된 이 작품에 대한 필사는 무궁무진한 도상화의 모티프를 통해 모자이크로 장식한 모든 바닥과 조각에 이미지들을 추가하기 위해 곧 도서관의 경계를 벗어난 창작물들로 이어져, 활력 넘치는 서술적인 양식의 300개가 넘는 세밀화를 곁들인 당대의 걸작이 만들어졌다.

몬테카시노의 위대한 수도원장들은 예술 분야에서 다방면에 걸쳐 매우 세련된 창의력을 지닌 주역들이었다. 이들은 수도원 필사실의 가장 귀중한 책들을 소개하는 헌정 장면에서 성 베네딕투스와 함께 묘사되었다. 수도원장 데시데리우스는 화려한 『성구집』(바티칸 도서관, Vat. Lat. 1202, c. 2r)의 「헌정Dedica」에서 애서가이자 복원사로 기억되기를 원했다. 책의 한쪽 면 전체를 차지하는 화려한 세밀화에서 2명의 주역인 수도원장 자신과 창설자 주위에 책들과 교회들이 무리 지어 있었다. 몬테카시노 세밀화의 정점에 위치한 이 『성구집』은 성 베네딕투스와 성 마우루스, 성녀 스콜라스티카의 삶과 관련한 이야기를 그린 도해를 포함하고 있었는데, 이러한 것들은 로마의 산 크리소고노San Crisogono 바실리카 성당(11세기 중반) 하부의 벽들에 그

몬테카시노 수도원장들의 예술 후원

려져 있는 성 베네딕투스의 삶에 대한 기존의 일화들과 밀접한 유사성을 지니고 있었다.

공국의 수도였던 베네벤토의 대성당 필사실로부터 주교 란돌포 1세(?-998, 957-982년에 활동)의 사제 서품식을 위한 서식집인 『주교용 전례서Pontificale』(로마, 카사나텐세 도서관Biblioteca Casanatense, ms. 724 B.Ⅰ. 13)와 세례수 축복 성사를 위한 기도의 서식들을 포함하고 있는 『세례반洗禮盤에 대한 강복식Benedictio Fontis』(로마, 카사나텐세 도서관, ms. 724 B.Ⅰ. 13 Ⅱ)이라는, 도해를 넣은 2점의 두루마리가 유래했다. 낱장으로 꿰매 있으며, 거의 빠짐없이 도해들이 곁들여진 이 양피지 두루마리들(로틀리rotuli)은 도해를 넣은 책의 분야에서 이탈리아 남부의 가장 의미 있는 창작을 대표하는 것이다. 이것은 형태뿐만 아니라 그 용도와 장식적인 유형에서도 전적으로 새로운 종류였다. 이러한 두루마리는 30개가 조금 넘게 남아 있으며, 2개를 제외하고는 모두 롬바르디아와 몬테카시노의 문화적인 영향권 속에서 10세기와 14세기 사이에 만들어졌다. 32개의 두루마리들 가운데 28개는 성토요일 전야 예배에서 초를 바치는 의식이 이루어지는 동안 부제가 부활의 신비로움이 이루어질 것이라는 사실을 고지할 때 불렀던 부활 전야 찬송가로부터 이름을 따온 『부활찬송Exultet』이었다. 여기에는 눈에 띄게 화려한 색깔로 묘사된 장면들이 포함되어 있었는데, 때로는 테두리를 따라, 혹은 찬송가의 머리글자 안에 그려져 두루마리를 펼치는 순간에 신도들이 볼 수 있었으며, 반면에 글씨는 예배를 집전하는 사제를 향해 있었다(바리의 『부활찬송』을 시작으로 함, 메트로폴리탄 사제회 문서고). 형상들은 다양했으며, 거의 대부분 신약 성경에서 도출한 종교와 관련한 역사 속 장면이나 역사적으로 기릴 만한 장면들, 전례 의식들, 동시대 인물들(교황, 주교, 왕과 왕자, 백작)의 초상화, 우의화(대지의 여신, 교회의 어머니mater Ecclesia)와 연관된 것이었다. 꿀벌들의 장면은 마리아의 정결함을 상징하며, 비록 변형된 형태이기는 하지만 모든 두루마리에 등장한다.

반면에 11세기 중반부터 12세기 중반까지 로마에서는 그레고리오 개혁의 개념적이고 영적인 완성의 절정기에 로마 교회가 추진했던 이론적인 통합 과정을 표현한 서적이 탄생했다. 본래의 순수함을 되찾고 그 구성에서도 동일한 성경의 필요성은 문헌에 대한 논평에서부터 세밀화가 그려진 글자의 소박한 장식의 서체에 이르기까지 세부적인 것에 대해서도 미리 계산된, 아틀라스판(약 660×864mm 크기의 판본*)이라고 불리는 엄청나게 큰 판형의 성경 제작으로 이어졌다. 전해 내려오는 이러한 종류의 성경은 100여 권 정도로, 주로 로마에서 제작되어 유럽 그리스도교 전 지역으로 확산되었다. 이러한 성경들은 카롤링거 왕조의 유산을 수용하고 발전시킨 로마네스크 시기 유럽 출판 문화의 진정한 기준점이었다(로마에서 출판된 서적들의 모델이 된 것은 투르의 판본들이었다). 또한 이 성경은 수도원의 중심에서 이루어진 필사 활동의 부활과 개혁적인 행위, 그리고 종교 서적 기증에 대한 유력한 평신도들의 기여와 관련하여 살펴봐야 한다. 이러한 도상 장식은 초기에 구약과 신약 성경의 표지와 그 밖의 이야기와 관련한 몇몇 부분에만 국한되었지만, 더욱 발전한 예들(『산타 체칠리아의 성경Bibbia di Santa Cecilia』 [바티칸 도서관, Barb. Lat. 587], 『판테온 성경Bibbia del Pantheon』 [바티칸 도서관, Vat. Lat. 12958], 『로렌초 데 메디치 도서관의 성경Bibbia della Biblioteca Medicea Laurenziana』 [Laur. Edili 125-126])에서는 그림으로 치장한 머리글자 또는 커다란 삽화들이 발전했다. 그럼에도 불구하고 가장 특징적인 장식의 구성 성분은 문헌에 예술적인 가치를 지닌 요소들을 도입하며 책마다 첫 부분을 장식했던 엄청나게 큰 기하학적인 머리글자였다. 이탈리아 성경들은 유럽 국가들에서 영적인 혁신의 전달 수단을 상징했으며, 곧이어 이탈리아 북부와 알프스 북쪽 지방의 중심 지들로 전파되었다. 남아 있는 몇 안 되는 단편들을 통해서이기는 하지만 이러한 보급이 대대적으로 이루어졌을 것이라는 점도 생각해야만 하며, 다른 많은 경우들에서 이러한 성경들이 이탈리아의 모델을 기반으로 지역적으로 제작되었다는 사실 또한 간과해서는 안 될 것이다.

이탈리아의 기하학적인 장식 목록은 북유럽의 다양한 지역적인 양식에 전이되었는데, 11세기 말 리모주에서 만들어진 『성 마르티알리스의 삶Vita Martialis』이라는 화려한 필사본(파리, 국립도서관, Par. Lat. 5298A)과 성 우고Ugo(1024-1109)의 재임 시기에 절정을 맞았던 클뤼니 수도원을 위해 왕성한 활동을 펼친 작업장들에서 만들어진 작품들도 그러했다. 12세기의 여명기에 클뤼니 수도원 필사실의 작품은 베르제라빌 지역의 그림들을 통해 본격적으로 알려졌으며, 로마에 기원을 둔 모델들의 영향을 받았던 동시대 회화 양식과 밀접한 관련이 있었다. 클뤼니 수도원의 서적들이 지니고 있는 로마적인 유산의 표현의 완성은 오로지 파르마의 팔라티나 도서관의 화려한 필사본 『성 일데폰수스Ildefonsus』(cod. 1650), 그리고 그리스도와 성 베드로의 모습을 정면에 나란히 둠으로써 로마 교회의 우월성을 입증하는 오순절에 대한 도해를 한쪽 지면 전체에 보여 주는 클뤼니의 『성구집Lezionario』(파리, 국립도서관, nouv. acq. Lat.

클뤼니 수도원의 필사 작업

2246) 같은 소수의 수제품을 통해서만 평가할 수 있다.

　　노르만인들이 잉글랜드를 정복하기 전에 두 지역의 접촉은 이미 빈번하게 이루어지고 있었다. 노르망디에서는 잉글랜드 앵글로색슨 왕국의 수준 높은 예술 작품인 윈체스터 유파의 세밀화가 특히 높은 평가를 받았다. 이러한 양식으로 만들어진 책들은 잉글랜드 해협을 건너와 그 지역의 회화와 조각에 많은 영향을 주었다. 페캉과 쥐미에주, 몽생미셸의 수도원에서는 프랑스 전통 동물을 소재로 하는 모티프들과 켈트족의 영향을 받은 이야기들, 그리고 로마와 비잔티움을 기원으로 하는 자연주의적 장식들로부터 영감을 받은 커다란 머리글자의 독창적인 예술이 무르익었다. 노르만의 세밀화가들은 장식적일 뿐만 아니라 글의 다양한 부분들을 나누는 데 이용되었던 장식 머리글자로부터 나뭇잎 장식 가운데에 자연 형상이나 상상의 동물들과 인간의 모습을 생생하게 묘사한 머리글자로의 변화를 이끌었다. 1090년부터 1110년까지 20여 년은 노르만 세밀화의 절정기를 이룬 시기로, 그 양식은 윌리엄 1세(약 1027-1087, 1066년부터 왕)가 자신의 주위에 당대의 고위 성직자들을 불러 모았던 잉글랜드로 급속하게 확산되었다. 노르만인들은 고국의 수도원에서 필사되고 기묘한 머리글자로 장식된 성경의 주석들과 교부들의 저작과 관련한 문헌들을 가져와 잉글랜드 수도원 중심지의 도서관들을 새롭게 만들었다. 지역의 베네딕투스회 단체들은 곧 폭넓은 지식을 추구했을 뿐만 아니라 서적의 제작과 도해에서도 최첨단의 실력을 가지게 되었다. 세인트올번스, 캔터베리, 윈체스터의 수도원에서는 한쪽 전체를 차지하는 이야기 형식의 장면과 아라비아풍으로 장식된 머리글자와 풍부한 도해를 곁들인 대형 판본의 성경들과 성경에 대한 주석, 시편들을 제작했다. 노르만 도해의 전형적인 특징들은 머리글자의 형태에 적합한 동물과 식물, 인간의 모습이 상상의 창조물들에 굴복하고 있는 머리글자들을 선호하는 데에서 찾아볼 수 있다. 하지만 이야기의 특성을 지닌 회화는 12세기가 되어서야 접할 수 있었다. 이러한 새로운 발전의 가장 중요한 예는 1123년 직후 화려하고 풍부한 색채로 그려진, 한쪽 전체를 차지하는 42편의 도해들과 이야기를 주제로 하는 200개의 머리글자를 담은 세인트올번스의 『시편』(힐데스하임, 장크트 고드하르트키르헤)에 제시되었다. 서편의 버리 세인트에드먼즈 대수도원을 위해 1135년에 수도원장이자 성구聖具 보관인이었을 뿐만 아니라 수도원 중앙 현관의 청동 대문을 제작한 사람으로 인정받고 있는 조각가이자 주조자였던 후고Hugo가 그린 『버리의 성경Bibbia di Bury』(케임브리지, C.C.C., 2)의 양식은 비잔티움의 특성이 더욱 분명했다.

윈체스터에서는 국왕 스티븐(약 1096-1154, 1135년부터 왕)의 동생인 주교 블루아 **윈체스터의 성경들**
의 헨리Henry(1111-1171)가 수도원장으로 재임하던 시기에, 1161년 이전의 세밀화 작업이 이루어진 윈체스터의『시편』(런던, 국립도서관, Cott. Nero C. IV)과 1150년에서 1180년 사이의『윈체스터의 성경Bibbia di Winchester』(대성당 도서관) 같은 매우 중요한 사본들이 제작되었다. 특히『윈체스터의 성경』은 성경과 성경 이외의 책들이 두루 망라된 장중한 외형의 책으로, 1명의 필사가가 400장이 넘는 양피지에 작성했으며, 시칠리아와 노르만의 모자이크에 대한 지식을 갖추고 있던 2명을 포함한 총 6명의 화가들이 20년 동안 작업한 수많은 머리글자들이 여기저기에 산재해 있었다.

노르만인들은 그리스 정교회와 이슬람 신앙이 널리 보급되어 있던 이탈리아 남부 **종교 서적과 비종교 서적**
를 라틴화하는 작업에 동참한 베네딕투스회를 통해 이탈리아에 서적들을 도입했다. 하지만 이러한 서적들이 모두 종교와 관련한 문헌은 아니었다. 오비디우스의『변신 이야기』의 도해 판본(나폴리, 국립도서관, ms. IV F 3)은 11세기 말과 12세기 초 사이에 고전 문헌의 구현에 힘썼던 한 예술가에 의해 중세 기사 소설에서 볼 수 있었던 표현 방식으로 제작되었다. 루제로 2세의 책과 관련한 분야에서의 자극은 과학적이었으며, 아랍의 문화가 배어 있었다. 이를 보여 주는 좋은 예는 이드리시의『세계 일주를 갈망하는 자의 즐거움Diletto di chi brama girare il mondo』 또는 알-수피Al-Sufi의『항성恒星에 관한 책Liber de locis stellarum』(파리, 아스날 도서관Bibliothèque de l'Arsenal, ms. 1036)으로, 이 책들의 도해 속에 천문학과 관련한 신화 속 인물들은 동양적인 인상이 분명한 인물들로 변모했다.

노르만인들의 지배를 받던 시칠리아는 대륙에서 확산된 경향들과는 동떨어져 있는 것처럼 보였지만, 유럽과 지중해의 다양한 추세에 개방적이었다. 광범위하게 보급된 양식과 전통을 상징하는 필사본은 시칠리아를 비롯하여 콘스탄티노플에서 만들어진 것이라는 주장도 제기되었지만 성지 예루살렘에서 만들어진 것으로 보이는 화려한『푸리울리의 산 다니엘레 성경Bibbia di San Daniele del Friuli』(12세기 중반, 과르네리아나 시립도서관Civica Biblioteca Guarneriana, ms. 3)이었다. 어쨌든 12세기 말과 13세기 초 사이에 잉글랜드의 대주교 리처드 팔머Richard Palmer(?-1195)가 운영했던 메시나의 필사실을 비롯하여 팔레르모와 몬레알레의 필사실과 같은 시칠리아의 필사실을 특징지은 양식들 사이의 매력적인 혼합은 노르만 시칠리아 왕국과 대륙, 지중해 사이의 꾸준한 교류에 의한 것임이 분명하다.

　　제국의 경계 안에 자리 잡은 지역들 가운데 유일하게 로마네스크 양식을 받아들였던 리에주 교구는 12세기에 특히 필사 작품들로 대표되는 예술의 기적적인 발전을 이루었는데, 가장 대표적인 예는 필사가 고데란Goderan과 에르네스트Ernest에 의해 제작되었으며 1097년에 스타벨로 수도원을 위해 4명의 예술가들이 그린 2권짜리 성경(런던, 영국도서관)이었다. 1160년경 『뫼즈 강 유역의 플로레프 성경Bibbia di Floreffe sulla Mosa』(런던, 영국도서관, Add. ms. 17738)의 도해들은 욥의 3명의 아들과 7명의 딸에 직접적으로 비유한 신학의 3가지 덕목과 성령의 7가지 선물에 대한 주제를 통해 은유적으로 표현된 '관조적인 삶의 비유Allegoria della vita contemplative' 같은 명백한 신학적 구성으로 이루어진 도상화의 출발점을 보여 주었다.

시토 수도회의 필사실　　서양 중세 책의 역사에서 가장 흥미로운 부분들 중 하나는 금욕적인 영적 규율의 수호자인 몰렘의 로베르Robert de Molesme(약 1028-1111, 1053년부터 수도원장)의 개혁적인 활동으로 11세기 초에 탄생한 시토 수도회의 여러 필사실에서 만들어진 작품에 나타났다. 시토 수도회의 영적인 규정에 새로운 자극을 준 사람은, 전 유럽에 세워진 수도원 본부와 지부의 치밀한 조직에 로마 개혁 교회의 엄격하고 청빈한 요구에 따라 성 베네딕투스의 규칙 준수의 의무를 부여함으로써 시토 수도회를 서구 수도원 제도의 진정한 세력으로 변모시킨 클레르보의 베르나르두스(1090-1153)였다. 부르고뉴에 위치한 시토 수도회 본원의 필사실에서는 잉글랜드로부터 기원한 형상화된 머리글자 속에 세련되고 차분한 그림들이 삽입되어 있는 사본들이 만들어졌다. 수도회의 제3대 원장 스티븐 하딩(약 1060-1134)의 이름이 붙은 성경과 12세기의 가장 위대한 세밀화 작품들 중 하나인 대교황 그레고리오의 『욥기 교훈Moralia in Iob』은 이러한 양식이 발전한 예들이다(두 사본 모두 디종의 시청사 도서관에 보관되어 있다). 성 베르나르두스의 고무적인 엄격한 원리들은 시토 수도회의 창의적인 활동과 관련한 모든 분야에 반영되었다. 세밀화에서 절제된 우아함은 뒤이어 최소한으로 감소되며 미학적인 측면에서 해석된 절도의 가장 완벽한 표현인, 인간이나 동물 형태가 아닌 식물들로만 이루어진 단색의 머리글자의 공식화로 이어졌다. 이것은 그 메시지의 본질만 남기기 위해 무의미한 것들을 삭제함을 의미하는 것이었다.

조각

오토 왕조 시기(936-1002)에 조형적인 감수성이 가장 높았던 표현은 중세의 창조적인 활동이 귀족적으로 이루어진, 법적으로 사치 규제의 대상이 되었던 예술 작품에서 나타났다. 이것은 기본적으로 다양한 소재들을 사용하여 만들어졌으며, 주조 기술 분야에서 힐데스하임의 주교인 베르나르두스Bernardus(약 960-1022, 993년부터 주교)가 수용한 실무와 관련한 경험들과 성 미하엘 수도원 교회를 위해 동일한 인물이 주문했던 (현재 힐데스하임 대성당에 있는) 작품들, 즉 부활절 샹들리에를 위한 용도로 계획되었으며 자신이 로마에서 직접 목격했던 나선형 계단이 설치되어 있는 기둥들을 떠올리게 하는, 그리스도와 관련한 이야기들로 장식된 기둥들과 한 쌍의 청동 대문이 보여 주듯이 고급스러운 주문으로 제작된 작품들의 경우에는 동으로 된 재료를 선호했다.

회반죽 세공은 고대 말에 기원을 두며, 알프스 북쪽 지역(작센 주 게른로데의 성묘 교회에 있는 석고 세공품들을 이와 관련한 예로 들 수 있다)과 특히 이탈리아 북부(예를 들어, 로멜로의 산타 마리아 마조레 교회와 코모 인근 치바테)에서 널리 이용되었던 장식적인 해법을 대표했다. 로마네스크 시대 이전에 새로운 자극을 받은 건축 관련 조형미술 분야는 건축물 기둥의 머리 부분인 주두柱頭였다. 이 분야에서는 (파데보른의 팔라티나 예배당 주두들을 제작한 그리스 기술자들처럼) 대리석 또는 돌을 소재로 아칸서스 잎 모양 장식의 고전적인 주제들을 모방하거나 다양한 자세를 취하고 있는 인물들과 가면들을 만들었던 비잔티움 장인들의 활약을 종종 볼 수 있었다. 1000년경 제국의 영토에서는 건축물의 파사드와 대문에 초기의 형상화된 요소들이 등장했다. 로마 또는 고대 말기 조각상의 모델들로부터 유래한 형상을 갖춘 벽감이 설치된 쾰른의 산 판탈레오네San Pantaleone 교회와 높은 돋을새김으로 성 에메람St. Emmeram과 성 디오니시우스St. Dionysius 사이의 옥좌에 앉아 있는 그리스도의 모습들로 장식된 레겐스부르크의 장크트 에메람 수도원 교회(1048-1060)에서 그 예를 찾아볼 수 있다.

원래 잉글랜드 해협 양 연안 지역 노르만 조각의 영감의 근원 또한 사치의 규제 대상이 되었던 귀중한 수공품이었으며, 반면에 조형 부조에 대한 관심은 그렇게 크지 않았다. 노르망디의 공작들에게, 그리고 11세기 초의 베르네와 11세기 후반 캉 대수도원의 대규모 건설 현장에서 조각에 관심을 불러일으킬 수 있는, 고대에서 영

석고 세공과 주두

감을 받은 양식의 원리들을 선보였던 사람들은 이탈리아 출신의 위대한 수도원장인 볼피아노의 굴리엘모(960/962-1031)와 파비아의 란프랑쿠스(?-1089), 캔터베리의 안셀무스(1033-1109)였다. 루앙 대성당의 주보랑 또는 몽생미셸 수도원 익랑에 장식된 몇몇 주두는 이미 툴루즈와 콤포스텔라의 건축 현장에서 활동했던 순회 조각가들의 작품이었을 것으로 보인다. 잉글랜드가 정복되었을 때(1066)에는 이제 해협 너머의 땅에도 건축 구조재의 장식적인 장치들의 발전이 시작되어 곧 지나치게 화려한 경향을 보였으며, 상상 속 동물 설화의 요소들을 합쳐 놓은 구상 장식이 시도되었다. 앵글로와 노르만, 스칸디나비아, 그리고 심지어는 극동 지역의 요소들이 혼합된 형태는 노르만인들의 특별한 절충주의를 바탕으로 다른 유럽 민족들과의 폭넓은 교류가 풍부한 예술적인 기여를 가능하게 해 주었음을 보여 준다.

로마네스크 예술의 발전은 이탈리아 북부와 프로방스 지방, 카탈루냐의 정착지와 론 강과 손 강의 계곡들에서 베네딕투스 수도원, 그리고 특히 클뤼니 수도회에 의해 추진되었던 교회 개혁을 추구하도록 해 주었다. 조각은, 앞에서 이야기했던 것처럼 1000년에 수도원장 고즐랭이 건설하고 클뤼니 수도회가 개축했으며 수도원 생활과 가르침의 중심지가 된, 한때 플뢰리 수도원으로도 불렸던 생브누아쉬르루아르의 위대한 수도원 중심지에서 「요한 묵시록」에서 이끌어 낸 이야기들이라는 초기 주제로 주두에 등장했다[도판 25 참조]. 몇몇 경우에는 고무적인 주제들이 세밀화가 그려진 필사본들로부터 유래했다. 클뤼니 대수도원 교회 내진의 주두들은 아칸서스 잎들 사이에 새겨진 우의적인 섬세한 조각들을 보여 주었던 반면에, 주보랑(1088-1095)에서는 주두들이 지상의 천국에 대한 주제와 음악의 음조, 계절, 신의 시간과 속세의 시간을 강조했다.

조각과 순례길   피레네 산맥과 론 강 사이의 랑그도크 지역, 특히 수도 툴루즈에서 로마네스크 양식 조각의 발달은 제단 돌판의 거대한 대리석 부조 7개와 익랑의 설교단 주두들의 제작자로서 작품 속에 초대 그리스도교의 조형적인 전형들을 다시 도입했던 베르나르두스 겔두이누스Bernardus Gelduinus의 서명이 새겨진 생세르냉의 공주共柱 성직자단 성당으로 이어졌다. 건축 현장은 문 위쪽 반원형 부분의 〈그리스도의 승천Ascensione di Cristo〉과 처마도리 위의 열두 사도들의 행렬, 그리고 성 베드로와 성 야고보의 조각상들과 함께 〈미에주빌 문Porte Miègeville〉으로 잘 알려진 입구가 완성된 1120년경까지 지속되었다. 겔두이누스의 작품은 순례길이 조각에 미친 커다란 영향력의 증거로서 콤포스텔라의 성지를 위해 구체화되었던 위대한 조형예술의 실현을 예고했다. 1112년에는 익랑의 양 끝단에 2개의 대문이 제작되었다. 북쪽에는 대부분이 파괴된 〈프란치제나 문Porta Francigena〉이, 남쪽에는 은세공인의 문이라는 뜻의 〈플라테리아스 문Porta de las Platerias〉이 설치되었다. 조각 장식은 중첩되어 있는 한 쌍의 형상들이 조각된 대리석 기둥들의 건축 구조재를 따라 이어졌으며, 문설주와 펜덴티브에도 다른 조각상들이 적용되었다. 비록 주요한 곳은 아닐지라도 순례길에는 산토 도밍고 디 실로스Santo Domingo di Silos 대수도원(카스티야)도 자리 잡았다. 이 수도원의 회랑에 조각되어 있는 석판은 무엇보다 산티아고 데 콤포스텔라를 향하는 순례자로 묘사된 〈엠마오로 가는 길의 그리스도Cristo sulla via di Emmaus〉를 표현했다.

상징적인 이미지와 새로운 주제들을 직접적으로 전달해야 할 필요가 있었기에 파사드는 백과사전의 요소들과 고대 그리스도교의 도상화 일체(예를 들어, 무아사크 수도원 교회의 팀파눔에 조각되어 있는 그리스도의 재림에 대한 위대한 계시), 그리고 다양한 문화적인 근원으로부터 전해 내려온 전설들을 포함한 일종의 널따란 장식 벽의 형태를 취하게 되었다. 예를 들어, 푸아티에의 노트르담라그랑드Notre-Dame-la-Grande 교회에서 파사드의 조형 장식은 조각상으로 벽면 전체와 수많은 아치 안쪽까지 확장되었다. 정문은 양옆에 2개의 벽감을 거느리고 있었으며, 그 위로는 이새의 나무에 대한 가장 오래된 표현들 가운데 하나가 띠 모양의 장식 형태로 나타났다[도판 6].

로마네스크 조각의 발달에서 이탈리아는 남과 북 사이에 명확한 차이를 보이기는 했지만, 매우 의미 있는 기여를 했다고 말할 수 있다. 노르만인들의 지배를 받던 남부에서 조각은 비잔티움의 영향을 결정적으로 받았다. 돌이나 대리석으로 이루어진 조각은 건축에 종속되어 있었으며, 아말피와 살레르노의 시장을 거쳐 풀리아의 항구들에 도달했던 화려한 예술 작품들의 형태로 나타났다. 기념비적인 조각은 처음에는 거대한 주두들 주위로 2개의 권역에 집중되었으며, 뒤이어 바리의 산 니콜라 바실리카 성당 후진의 창문처럼 신성한 공간을 수호하는 액막이용으로 사자뿐만 아니라 소 또는 코끼리들이 조각되어 있는 입구와 웅장한 창문들 위에 더 많은 환상적인 동물들을 제작했다. 흉측한 잡종 괴물들에게 짓눌리거나 휘감긴 채로 등장했던 인간의 모습은 드물었으며, 성경이나 복음서의 주제들은 단발적으로 이용되었다.

이따금 (베네벤토의 산타 소피아 성당의 회랑처럼) 목발 모양의 주두들에 재구성된 기사들의 결투 또는 바리의 산 니콜라 바실리카 성당에 있는 〈사자의 문〉의 처마도

이탈리아 북부와 남부

영웅과 종교의 모티프

리에 흩어진 포도 넝쿨 사이에 배치된 십자군과 사라센인들의 충돌 장면과 함께 노르만 서사시의 이야기들로부터 유래한 조형물들이 등장했다. 커다란 입구들은 엄숙한 헌정 비문에 웅장한 테두리 역할을 했다. 산 니콜라 대성당의 정문은 성찬식의 가치를 찬양하며 교회 개혁의 원리를 증명하는 수단으로 변모했다.

이탈리아 북부에서는 한때 세밀화의 상상의 세계에 속해 있었으며 코모의 산타본디오Sant'Abbondio 성당(약 1080), 밀라노의 산탐브로조 성당(약 1090), 그리고 가장 발달한 예를 보여 주었던 파비아의 산 미켈레 성당(약 1130)에 등장했던 엮어 묶은 모양들, 나뭇잎 장식, 동물의 모습을 본뜬 장식 주제들, 인간과 비슷한 모양에 바탕을 둔 비구상적인 영감의 주제들이 탄생하며, 11세기 말에 코모의 새로운 유행이 인기를 누렸다.

빌리겔무스의 작품 에밀리아로마냐에서는 11세기 말에서 12세기 초 30년 동안 빌리겔무스(1099-약 1110년에 활동)의 활동이 전개되었다. 조각가로서 그의 활동은 서임권 분쟁과 제1차 십자군 원정(1096-1099)의 준비로 만들어진 분위기 속에서 교회 개혁의 통일된 이념적 체계에 비추어 살펴보아야 한다. 모데나 대성당 건축(1099-1120)에서 란프랑쿠스를 도왔던 빌리겔무스는 이 성당의 파사드를 위해 아담의 창조부터 노아에 이르는 성경의 앞부분에서 이끌어 낸 「창세기」 이야기들로 띠 모양 장식을 조각했다. 정문 측면의 4개의 영역에 4개로 구분되어 있는 화판 속에 계속 이어져 있는 「창세기」 이야기들은 일종의 교육용 책자 또는 세밀화로 장식된 성경의 겉표지처럼 건물의 정면을 차지하고 있었다. 이 조각 장식들은 구원의 원리를 구현한 교회/노아의 방주를 구체적으로 참조하여 죄악으로부터 구원에 이르는 과정을 보여 주었다. 카인의 희생과 그의 처벌은 (예를 들어, 황제와 교회의 분열을 조장했던 라벤나의 주교에게 충성한 사제들과 같은) 지역 교회와 관련 있던 당대의 사건들에 대한 일종의 경고처럼 울려 퍼졌다. 「창세기」의 내용이 묘사되어 있는 4개의 석판은 나중에 건물 전체를 둘러싸게 되는 다른 조각 작품들과 함께 거대한 작품군을 형성했다[도판 41 참조]. 한편, 이렇게 새로 추가된 조각들의 일부는 역시 빌리겔무스의 작품으로 여겨진다. 몇몇 주제들은 동로마 제국 황제와의 관계를 비롯하여 십자군 원정을 암시하며, 바다를 거쳐 동방으로 향한 성 게미니아누스의 여행과 같은 당시의 일화들과 아서 왕 이야기와 같은 우화 작품들로부터 영감을 이끌어 냈다. 모데나에서는 빌리겔무스의 작품으로, 베로나 대성당의 현관 통로인 프로티룸(약 1140)에서는 니콜로의 작품으로 표현된 무훈시 이야기는, 이때부터 입구에 세속적인 이야기의 모험들을 그리스도교적인 요소로 묘사했다.

니콜로는 1125년부터 1150년 정도까지 활약한 예술가로서 아마도 세밀화 분야 **니콜로의 작품** 에서 활동하기 시작했을 것으로 보이지만, 툴루즈의 조각에 대해서도 잘 알고 있었다. 그는 이탈리아 북부 로마네스크 양식의 주요한 4개의 기념비적인 조각 작품들, 즉 발 디 키우사(토리노)의 사크라 디 산 미켈레Sacra di San Michele 성당의 〈12궁의 문〉, 페라라와 베로나 대성당, 베로나의 산 제노 마조레San Zeno Maggiore 성당의 정문들을 제작했다. 그는 빌리겔무스의 작업장에서 조각을 배웠으며, 모데나와 피아첸차의 대성당에서 조각상-기둥의 주제 같은 프랑스의 것들을 재치 있게 감각적으로 되살렸다. 베로나의 산 제노 성당 정문 팀파눔에 있는 성 조르조San Giorgio 조각상은 이탈리아 로마네스크 양식의 기념비적인 최초의 기마상을 묘사한 것이다. 자신의 이름을 딴 베로나 성당 정문 위의 팀파눔에 조각되어 있는 제노 주교 또한 기사들과 보병들을 양옆으로 거느리고 있다. (칼에 새겨진 듀린다르다Durindarda라는 명각에 의해 신원이 확인된) 성기사聖騎士 오를란도(롤랑)와 올리비에로(올리비에)는 베로나 대성당 (약 1139)의 현관 통로뿐만 아니라 페라라 대성당의 〈12달의 문〉 양옆에도 묘사되었다. 수사학적인 내용, 그리고 도덕성을 고취하는 교육적인 내용의 금석문 설비들은 서명과 헌사를 첨가함으로써 의뢰인과 제작자를 찬양하며 조각 프로그램의 심오함을 뒷받침했다.

프랑스의 조각은 이어지는 다음 세기에 유럽의 위대한 작품들에서 발전한 조각의 **프랑스의 조각** 전제로 자리 잡게 된 입구 조형 장식의 초기 예들을 시작으로, 건축의 주제들과 훨씬 더 밀접하게 관련했다. 툴루즈의 생세르냉 교회의 남쪽 익랑에 위치한 〈백작의 문Porte des Comtes〉(약 1080)은 대체로 문틀과 창틀의 바깥쪽으로 벌어지는 외면 경사의 기둥들의 주두에 집중되어 있으며, 죄와 구원이라는 상반된 주제들을 암시하는 잘 구성된 도해 프로그램을 보여 주었다. 처마도리의 중간에 위치한 기둥 또한 조형 장식을 위한 영역이 되었다. 도해 프로그램에는 이따금 묵시默示와 최후의 심판에 대한 언급이 가미되었으며, 다른 경우에는 우주의 질서를 요약한 신의 출현을 포함하고 있었다. 이러한 장면들은 베즐레의 대성당(1125-1130)과 오툉의 생라자르 대성당 (1120-1130 또는 1130-1140), 무아사크의 생피에르 수도원 교회(1120-1135)의 거대한 팀파눔에 표현되었다. 바람과 해, 달의 상징들과 함께 12궁에 대한 묘사가 하부의 둥근 천장 아치로 이어진 회랑을 둘러싸고 있는 피아첸차 대성당의 중앙 현관 통로처럼, 오툉의 생라자르 대성당 파사드의 깊숙한 벽감의 내부에는 12궁의 조각상들이 각각의 12개월에 해당하는 노동을 상징하는 조형들과 교대로 나타났다.

12세기 중반, 프랑스 군주국은 유럽에 그리스도교 신앙과 관련하여 교회의 주된 표현일 뿐만 아니라 신학적으로 제안된 미학적인 가치들이 축적된 성당의 새로운 모델을 따르게 했다. 이러한 발전을 보여 주는 가장 중심적인 건축물은 루이 6세(약 1081-1137, 1108년부터 왕)의 고문이자 제2차 십자군 원정 기간에는 왕을 대신해 섭정을 하기도 했던 수도원장 쉬제르의 지휘를 받은 짧은 기간(약 1135-1145) 동안 지어졌으며, 이 시기 대성당의 신학적인 예술 작품 속 내용 해석의 기초를 이루는 문헌들에도 언급된 생드니 성당의 내진과 재건축된 중앙 정원이었다.

쉬제르의 계획 쉬제르의 계획은 신이 기거하는 공간인 교회를 입장introitus이 이루어지는 공간인 정문부터, 참석자가 보다 잘 인식할 수 있도록 기능적인 분배에 주의를 기울인 설계를 통해 그 가치에 걸맞게 장식하고자 하는 요구와 결합되어 있었다. 장식된 작품의 명료성과 세부적인 부분들의 섬세함은 의뢰인과 건축가, 그리고 조각가 사이의 긴밀한 관계를 인식할 수 있는 종합적인 거대한 장치인 건축 현장의 원활한 작용에서 기인했다. 샤르트르의 노트르담 대성당 파사드의 3개의 입구는 1145년과 1155년 사이에 만들어진 것으로, 샤르트르 성당 학교의 학식이 풍부한 스승들에 의해, 특히 오랫동안 학교의 교장직을 맡았던 티에리(?-1150, 1120년부터 교직 활동)에 의해 수립된 매우 조직적인 체계를 통해 단일한 장식 복합체로 여겨졌다. 문틀과 창틀의 사면에는 그리스도의 선조들이 새겨진 조각상 기둥들이 세워졌으며, 주두들과 양옆에 위치한 문의 팀파눔에는 오른쪽의 유년기부터 왼쪽의 승천에 이르기까지 그리스도의 삶이 묘사되었다. 대성당의 수호성인인 성모 마리아는 그리스도의 유년기가 묘사되어 있는 팀파눔 상부에 자태를 드러냈는데, 이 팀파눔의 장식 창도리에 지식에 대한 상징이 묘사되었던 반면, 왼쪽 문 팀파눔의 장식 창도리에는 연간 예정표와 일상의 삶이 나타나 있었다. 중앙의 반원형 채광창에는 그리스도와 그의 신도들이 묵시의 환영 속에서 개선하는 모습이 묘사되었다.

베네데토 인텔라미 프로방스에서 로마네스크 유파는 1150년에서 1175년 사이에 생질뒤가르Saint-Gille-du-Gard 수도원 교회와 아를의 생트로핌Saint-Trophime 수도원의 대표적인 예들과 함께 등장했다. 이러한 건축물에는 로마 예술에 대한 강한 종속과 동시에 이탈리아에서, 특히 베네데토 안텔라미(약 1150-1230)에 의해서 만들어진 조각들과의 긴밀한 관계가 드러나 있었다. 베네데토 안텔라미는 파르마 대성당의 (안텔라미라고 불렸던 조각가 베네딕투스 Benedictus에 의해 1178년에 제작된 것으로 기록되어 있는) 〈십자가에서 내려지는 그리스도 Deposizione〉를 제작했다. 이 작품은 성당 익랑의 오른쪽 동棟의 벽에 장식되어 있지만, 본래는 좀 더 조직적인 조각 작품의 일부였다. 안텔라미 역시 숙련공들의 기여를 기정사실화했던 종합적인 공정 속에서 활동했다. 〈십자가에서 내려지는 그리스도〉가 포함된 작품군과 연결되어 있으며 「창세기」와 「열왕기」의 이야기들로 이루어진, 현존하는 3개의 주두 양식은 이를 입증하고 있다. 이 주두들은 2열의 아치들로 만들어진 공간에 세워진 조각상들의 독특한 형태를 특징으로 하고 있는데, 이러한 형태는 부조로 조각된 작품 속에 회화적인 취향을 나타낸 샤르트르 대성당의 〈왕의 문〉에도 이미 적용된 바 있다. 이것은 베네데토 안텔라미가 1172-1173년경에 일드프랑스에 머물렀으며, 프랑스 군주들과 수도원장 쉬제르가 장려했던 웅장한 입구에 만들어진 새로운 '이미지의 백과사전'에 대한 직접적인 지식이 있었을 가능성을 보여 주는 것이다. 12세기가 끝날 무렵 안텔라미와 그의 작업장은 반원형 파르마의 세례당(1198) 조각 작품들[도판 35 참조]을 만들었는데, 문 안쪽 위의 반월형 부분에 '그리스도를 성전에 봉헌함'이라는 주제를 만들어 내면서 샤르트르 대성당 서쪽 입구를 참조했으며, 반면에 북쪽 문에 있는 땅과 하늘 사이의 중재자인 마리아의 형상은 샤르트르 대성당과 노트르담 대성당의 유사한 형상을 본뜬 것이다. 파르마의 세례당은 일관성이 드러나 있는 부조들로 빈틈없이 둘러싸여 있었다. 안쪽 입구와 바깥쪽 입구 위 6개의 반원형 부분은 프랑스 조각의 경험들을 로마 제국 조각의 원리들을 되살려 웅장하고 화려하며 고상한 양식으로 재탄생시킨 베네데토의 프로그램으로 보인다. 세례당에 만들어진 도해에서 그리스도의 신성과 최후의 심판에 대한 주제를 고수하고, 뉘우치지 않는 자들에게 동정과 벌을 통한 죄의 사면을 수단으로 하여 1160년대에 만연했던 카타리파의 이단에 반대하는 프로그램에 대한 의식적인 지지를 읽을 수 있다. 이러한 주제들 자체는 명확한 반反이단적인 역할을 통해 보르고 산 돈니노 Borgo San Donnino(피덴차) 대성당 입구 프로그램에 맞추어 조정된 이야기들을 참조하고 있는 것으로 보인다.

　　로마네스크 시대의 조형적인 표현들이 선호했던 영역은, 일반적으로 주두와 각 수도원의 회랑들 주角柱 안쪽 부분에 배치되어 있던 구약과 신약 성경의 장면들, 동물 우화집, 신화적인 것과 세속적인 일화들, 수도원 규칙의 원칙들로부터 착상을 얻은 조형 같은 도해의 특별한 주제들이 전개된 장소인 수도원의 중앙 정원을 둘러싸고 있는 회랑이었다. 초기의 증거들은 콤포스텔라, 즉 아키텐과 피레네 산맥을 향한 순례길이 지나는 지역들에서 볼 수 있다. 무아사크의 생피에르 수도원(1085-약 1100) 회랑은 복도 모서리의 기둥들에 배열되어 있는 열두 사도들의 전신 묘사 외에도 장식된 주두들이 촘촘하게 들어서 있었다. 이것은 카스티야(산 도밍고 데 실로스[도판 19])에서도 어느 정도 활기를 띠기는 했지만 프랑스 남부에서 확산된 장식 조각 유형의 가장 오래된 예들 가운데 하나다. 12세기 후반, 프랑스 성당의 회랑들에서는 초기 고딕 양식의 정문에서 이끌어 낸 조각상-원주의 모델이 시작되었다. 아를의 생트로핌 수도원 회랑의 조각들로부터 전해진 프로방스 양식은 노르만 지배를 받은 시칠리아에서도 체팔루(약 1160)와 몬레알레(약 1180) 수도원 회랑에서 그 영향이 발견되었다. 시칠리아-노르만 조각의 국제적인 취향은 성지 예루살렘의 십자군들(성묘 교회의 건축 현장)과 접촉했으며, 동시에 토스카나와 프로방스, 루시용과 카탈루냐까지 이르는 연안 지역도 끌어들였다. 매끈한 몸통으로 이루어졌거나 모자이크로 장식되고, 심지어는 동물들과 어린아이들의 형상과 함께 식물들을 주제로 조각된 200여 개가 넘는 대리석 원주들은 다양한 장식들을 곁들인 양식화된 식물 장식을 특징으로 하는 같은 수의 주두들을 각각 지탱하고 있었다. 또한 이러한 주두들은 기욤 2세의 수도원 건립에 대한 헌사와 12달을 상징하는 조형물로 장식되거나 시간상의 순서를 지키지 않고 배열된 신약과 구약 성경의 일화들로 장식되었다. 비평가들은 아마도 시간적 순서를 지키지 않은 이러한 배열이 상징적이고 도덕적인 가치를 지닌 전형적인 예들을 만들어 낸 주요인이라고 여기고 있다.

스테인드글라스

프랑스와 독일 유럽의 대성당들은 로마네스크 양식 건축물보다 얇고 반짝이는 여러 가지 색의 유리판들에 훨씬 더 적합한 넓은 창이 있던 고딕 양식 건축물의 발전과 관련이 있을 뿐만 아니라 제조 공정의 수준 높은 전문화로 인해 방대한 규모의 장식 색유리들을 만들어 냈다. 그럼에도 불구하고 장식된 스테인드글라스의 발전이 이루어진 곳은 프랑스와 독일의 로마네스크 건축물이었으며, 교회의 독특한 장식 유형의 확산은 먼저 수준 높은 의뢰인의 지시에 부응하며 경우에 따라서는 평신도 후원자의 도움을 통해 계획되었지만, 그래도 본질적으로는 신자들을 고려하는 도상화 체계를 효과적으로 전파할 수 있었던 능력에서 그 원인을 찾아야만 한다. 12세기의 창작 활동에 대한 연구는 높은 창문에 위대한 인물들(성경의 왕들, 구약에 등장하는 모세 이전의 선조들, 사도들, 성인들)을 배치함으로써 미래에도 유효한 규범들과 신약 성경의 주요한 일화들로부터 영감을 얻은 웅장한 구도, 복음서와 성인전과 관련한 이야기들, 또는 원형이나 타원형 스테인드글라스 안에 배치된 신약과 구약 사이의 관계를 수립했다. 선호된 주제는 삶과 죽음, 제관식 장면들에 자주 묘사된 성모 마리아였다. 프랑스 지역에서 마리아의 이미지는 종종 상징적으로 솔로몬 왕의 왕위와 동일시되었다. 또 11세기부터 큰 발전을 이루었던 주제로, 지상과 천상의 왕국의 개념과 밀접하게 연관되어 있으며 그리스도의 고귀한 직계 가계도로 해석된 이새의 나무(「이사야서」 11장 1-3절)도 빠지지 않고 등장했다. 특히 생드니 수도원장이었던 쉬제르는 내진의 중심축을 이루는 스테인드글라스를 이러한 모습에 할당했다. 이파리 모양 또는 장미 모양의 원형 스테인드글라스의 조판은 로마네스크 양식 예술의 편재偏在하는 백과사전적인 주제들을 수용할 수 있었다. 이러한 주제들은 신이 창조한 우주와 인간, 그리고 구원의 역사에서 인간의 운명에 대한 일반적인 담론에 포함되기 때문에 단지 표면적으로만 세속적인 것이었다. 다른 동기들은 동시대 문화와 정치적인 사건들로부터 유래했다. 십자군 원정과 이단과의 싸움, 반유대적 논쟁, 교회와 대주교좌 또는 황제의 수위권, 유해와 유품의 이전과 관련한 사건들은 모두 주제로 수용되었으며, 즉시 도상 프로그램, 특히 프레스코화와 모자이크 작품들 못지않게 의뢰인과 후원자의 성향과 그들에 의해 권장된 포교의 기능에 좌우된 스테인드글라스 예술로 기록되었다.

시간이 지나면서 입은 손상과 도난에도 불구하고 생드니 대수도원에 남아 있는 장식 스테인드글라스는 1140년과 1147년 사이에 수도원장 쉬제르로부터 후원을 받았던 건축물과 시기적으로 확실하게 연관되어 12세기 스테인드글라스 예술의 가장 풍요롭고 대표적인 핵심 작품을 보여 주었다. 쉬제르는 자신의 글을 통해 도상 메시지의 독창성과 다루기 힘들고 값비싼 소재의 선택, 그때까지는 사치스러운 예술의 전유물이었던 고상함을 띤 결과에 도달하려는 야심, 전 라틴 지역에서 제공할 수 있는 최고의 숙련공과 같은 자신의 강한 정치적·영적 개성을 보여 주는 효과적인 창조 행위를 장식 프로그램 속에 수용했음을 보여 주었다. 결과는 재료의 미학과 종교적-

생드니
대수도원의
탁월함

철학적 바탕에 근거한 빛에 대한 예찬을 최대한 고려해야만 했다. 그 반향은 프랑스의 샤르트르 대성당과 르망, 앙제, 방돔, 푸아티에의 뛰어난 스테인드글라스 작품들에서 즉시 감지되었다. 1162년과 1175년 사이에 플랜태저넷 왕가의 헨리 2세(1133-1189, 1154년부터 왕)와 아키텐의 엘레오노르(1122-1204)의 기증품일 것으로 추정되는 푸아티에 대성당의 화려한 스테인드글라스 〈그리스도의 십자가에서의 죽음〉은 그 당시 얻을 수 있었던 가장 인상적인 색채의 조화를 수반한 순수한 공백 공포horror vacui(빈 공간을 그대로 두지 않고 채우려는 경향*)의 표현이었다. 12세기가 끝날 무렵, 랭스의 생레미 대수도원(1162-1181)에서 천상의 예루살렘을 주제로 한 스테인드글라스로 장식된 3개 층의 창의 조합은 지역적인 형식들을 웅장한 고딕 양식으로 발전시켰다.

잉글랜드 잉글랜드에서 발견된 스테인드글라스의 초기 예들 중에는 요크 대성당을 위해 대주교 퐁레베크의 로저Roger de Pont L'Évêque(1151-1181)가 주문하여 성인들의 삶과 최후의 심판을 포함한 도상화들로 구성된 판들이 지금까지 남아 있는데, 이것은 프랑스 북부에서 제작된 유사한 작품과 공통적인 요소가 있을 뿐만 아니라 잉글랜드의 세밀화와 사치스러운 소재의 예술과도 밀접한 관계를 보여 주었다. 1176년에서 1180년 사이에 제작된 캔터베리 대성당의 남쪽 익랑과 내진의 스테인드글라스 작품들은 영어 이름이 윌리엄인 프랑스의 십장什長 상스의 기욤의 지도를 받은, 잉글랜드 해협 너머에 보존되어 있는 가장 중요한 작품이다.

독일에서는 게를라쿠스Gherlacus가 왕 중의 왕rex regum으로 부름을 받은 신을 기원하는 자신의 모습을 묘사하고 서명을 남긴 (현재 뮌스터의 베스트팔렌 주립미술관에 소장된) 아른슈타인 안 데어 란의 프레몬트레 수도원 스테인드글라스를 제작했다. 또한 풍부한 조형적인 요소들로 표현된 일곱 가지 성령의 선물, 즉 성령칠은聖靈七恩 사이에 그리스도가 묘사된 장면 외에도 모세와 선조 이새의 삶의 주기와 관련한 판들이 몇 개 남아 있다.

유럽의 스테인드글라스 작품 중에서도 독특한 경우는 이러한 특정 예술 매체의 전유물인 화려한 색채와 과도한 우상에 대한 시토회 수도원장들의 거부에 의해 나타났다. 이 스테인드글라스 역시 성 베르나르두스의 규정에 충실한 시토 수도회 고유의 엄격주의를 반영하고 있다. 따라서 유리질의 표면은 흰색을 유지했으며, 규격화된 각 부분들 간의 엄격한 수학적인 비율에 따르고, 특히 작업의 용이함과 규율화된 아름다움의 원리에 부응하기 위해 양식화된 식물 모양 또는 기하학적인 모티프로 이루어진 단색의 얇은 윤곽선의 그리자유 기법(회색 계통의 채도가 낮은 한 가지 색만으로 그리는 화법*)으로 장식되었다.

바닥

바닥의 모자이크 장식에 그려진 이미지의 대부분은 크게 성경과 관련한 묘사, 우주 의 생성 또는 지리학과 연관된 백과사전적인 내용으로부터 이끌어 낸 도해, 그리고 동물 우화집으로부터 추출한 모티프라는 세 가지 부류로 구분이 가능하다. 첫 번째 경우는 아담과 이브, 요나, 삼손, 다윗 같은 신약 이전의 성경 속 인물들의 이미지를 다루고 있다. 더욱 의미 있는 예들 중 하나는 의심할 여지없이 그리스도의 선조의 모습들이 현실과 상상의 동물들과 함께 그리스도교와 세속적인 것, 서양과 비잔티움, 아랍의 자료들, 규범적인 복음서들과 성경 외전, 라틴어로 쓰인『피지올로구스』, 알렉산드로스 대왕 이야기, 아서 왕의 무훈담을 바탕으로 세세한 부분에 이르기까지 계획된 위대한 장면을 원형 또는 타원형의 공간에 연출했던 오트란토 대성당(1163-1165) 후진의 도상으로부터 유래했다[도판 37, 38 참조].

성경 속 이미지의 묘사

두 번째 주제의 무리에는 1년 12달과 황도 12궁, 사계절, 동서남북의 방위 기점, 바람, 행성, 원소 또는 7개의 교양 과목에 대한 구체화가 발견되었다. 대표적인 예는 해와 달, 12달과 천국의 강들을 통해 1년의 구체화가 주를 이루는 우주론의 모습이 거대한 원형의 영역을 장악하고 있는 캔터베리 대성당(12세기)이다. 토리노의 산 살바토레 성당의 모자이크에서는 정사각형 안에 내접하고 있는 둥근 원으로 표현되었으며 바람, 대양, 섬들과 세비야의 이시도루스(약 560-636)의『사물의 본성De rerum natura』과『어원 사전』에서 그대로 인용한 갖가지 종류의 동물 형상들로 둘러싸여 있는 초기의 중세 세계 지도를 발견할 수 있다.

동물 우화집에 바탕을 둔 구성은 대체로 교육적이고 도덕적인 가르침을 주는 우화적인 메시지의 예들을 모아 놓은 것이며, 중세 설교법의 큰 바탕을 이루기도 했던 백과사전과 우화집을 인용하여 가장 폭넓게 이용된 영역이었다. 이미 성 암브로시우스의 도덕적 가르침들은 품행을 통해 인간들에게 교훈을 준 다양한 동물들에게 생명을 불어넣은 전능한 창조주의 영광을 찬양하도록 고무했다. 오트프로방스에 위치한 가나고비Ganagobie 수도원(1122-1126)에는 내진에 황도 12궁을 상기시키는 동물

동물 우화집으로부터 인용한 모티프

들을 포함한 현실과 상상의 동물들을 프랑스에서 가장 큰 중세 모자이크로 묘사했던 반면에 측면의 후진들에는 악마의 세력과 싸우는 그리스도인을 상징하는 선과 악의 영원한 투쟁이 용과 싸우는 기사와 반인반수인 사티로스를 찌르는 동작을 취하고 있는 기사의 장면 속에 종합적으로 나타나 있다.

단순한 장식　　중요한 조형적인 모티프들 외에도, 특히 아드리아 해를 중심으로 널리 보급된 절제된 장식 효과로 인하여 중세 전기에 이미 시도되었던 비조형적이고 기하학적인 도안을 꾸준히 선호하는 흐름도 있었다. 베네치아의 석호에서는 그림을 그리고자 하는 모양에 따라 여러 가지 색의 대리석이나 그 밖의 돌을 잘라 짜 맞춘 오푸스 세크틸레opus sectile 보다 모자이크가 지배적이었지만, 이 두 가지 유형으로 이루어진 바닥은 동질성을 띠고 있었다. 비록 많은 부분이 수리되었지만, 가장 중요한 바닥은 전적으로 동물을 주제로 형상화한 여러 개의 판으로 모자이크와 오푸스 세크틸레를 결합한 산 마르코 성당의 장식일 것이다[도판 10].

　　종종 이미지를 동반한 명문銘文 일체는 서양의 로마에서뿐만 아니라 특히 비잔티움에서 전해 내려온 오래된 전통에 따라 의뢰인과 예술가의 역할에 대한 증거를 남겼다. 현재 토리노 박물관에 있는 아퀴Acqui의 모자이크는 주교인 귀도가 기증한 것이며(1067), 오트란토에 남아 있는 빼어난 모자이크는 이 도시의 대주교 조나타Gionata의 기증을 찬양했다. 사제 판탈레오네Pantaleone의 작품[도판 37, 38]은 처음의 계획을 초월한 것으로 전해진다. 프랑스의 가나고비 수도원 교회에는 수도원장 베르트랑Bertrand이 작품의 의뢰인으로, 그리고 작업의 감독관이었을지도 모르는 작업자로는 피에르 트뤼베르Pierre Trutbert가 명시되어 있다.

로마의 대리석　　전적으로 특이한 이러한 상황은 오푸스 세크틸레로 이루어진 장식에 대한 취향이 주를 이루며, 로마의 영광을 되돌아보는 이미지에는 대리석이 필수적이었던 로마를 비롯하여 그 문화적인 영향을 긴밀하게 받은 지역들, 즉 몬테카시노 수도원의 영향권에 있는 캄파니아와 노르만 군주들이 지배하는 시칠리아를 다른 곳과 구분해 주었다. 중앙 신랑에는 파사드에서 후진으로 신도들을 인도하는 통행로를 강조하기 위해 서로 고리로 연결된 붉은색 반암의 원반들이 이용되었다. 신랑과 내진 사이의 교차 지점에는 반암으로 만들어진 거대한 둥근 바퀴 모양이 새겨졌으며, 계속해서 원의 두 번째 열이 이어졌다. 대리석 모자이크 상像에 대한 로마의 새로운 구상은 전례와 관련한 장면의 연출에서 큰 역할을 했으리라고 추정할 수 있다. 황제의 대관식이 거행될 때, 바티칸의 성 베드로 대성당 신랑에 자리 잡고 있는 반암의 거대한 둥근 바퀴 모양 안에서 황제와 대주교가 함께 기도를 드렸으며, 교황의 즉위식에서도 교황은 '바닥의 둥근 원 위에서super rotam pavimenti'라는 기도를 드렸다. 중세 오푸스 세크틸레의 독특한 유형은 고대의 재료를 복원하고 재가공하는 현상과 관련이 있었다. 몬테카시노에서 수도원장 데시데리우스의 부름을 받은 비잔티움의 숙련공들은 구심적인 움직임을 모티프로 하는 바닥을 제작하며, 수도원장이 직접 로마에서 구한 여러 가지 색의 대리석을 이용했다. 데시데리우스가 추기경으로 있었으며 자신이 직접 복구를 주창했던 트라스테베레의 산타 체칠리아Santa Cecilia 성당(약 1073)에서 로마의 최초의 예를 발견할 수 있을 것이다. 실제로 개혁적인 성향의 교황 파스칼 2세(1053/1055-1118, 1099년부터 교황)를 시작으로 산티 콰트로 코로나티Santi Quattro Coronati 성당과 산 클레멘테 성당의 신랑들에서 볼 수 있듯이 오푸스 세크틸레의 사용이 광범위하게 이루어졌으며, 놀라울 정도로 성숙한 양식적인 결과들을 보여 주었다. 대리석 가공에 전문화된 로마의 작업장들은 13세기까지 유지되었으며, 대리석 가공에 종사했던 로마의 여러 가문들 중 한 가문의 이름에서 유래한 '코스마테크 cosmatesche' 기법의 명작들을 만들어 냈다.

| 다음을 참고하라 |

시각예술 그리스도교 유럽의 새로운 신성한 공간의 생성과 발전(613쪽); 그리스 정교회의 신성한 공간(640쪽); 교회의 공간으로 들어가는 정문과 출입문(649쪽); (성직자와 평신도) 권력자들의 공간(656쪽); 그리스 정교회의 도상 프로그램(696쪽); 교회의 의전 관련 비품들(제대 앞 장식, 교단, 제대 닫집, 강론대, 양초)(707쪽); 서방의 권력 표시(716쪽); 동방의 권력 표시(724쪽)

그리스 정교회의 도상 프로그램

| 프란체스카 차고Francesca Zago |

성상 파괴 운동의 위기를 극복하고 난 뒤인 9세기와 10세기에 소위 말하는 비잔티움의 '부흥'의 특성들이 뿌리를 내렸다. 장식 프로그램은 구원의 역사와 성찬 의식에 대한 주제에 각별한 주의를 기울인 새로운 전례로부터 영감을 받은 도상의 창작물인 그리스도교의 교리에 대한 묘사로 설정되었다. 이러한 회화 작품들 가운데 지금까지 남아 있는 것들은 과거의 유산과 조형적인 표현 방식에 대한 열망이 한데 어우러진 표현 수단과 방법에 대한 연구 자료를 제공한다. 제국의 개념이 지니고 있는 명성과 힘, 정교회의 권위, 확장된 문화적·정치적·경제적 관계망은 비잔티움의 예술이 자신의 모델과 형태를 통해 11세기 말과 12세기 초 사이에 이루었던 광범위한 전파의 기초를 형성했다. 그 결과 비잔티움 예술은 정교회의 확장된 영토를 따라서, 그리고 콘스탄티노플의 숙련공들을 통해 확산되었다.

성상 파괴 운동의 위기 이후에 제작된 회화 작품

성상 파괴 운동의 위기를 극복하고 난 뒤인 9세기와 10세기에 동로마 제국은 영토의 회복을 위한 기나긴 공세를 개시했으며, 자신들의 명성과 패권을 확인하기 위해 필요한 조치들을 취해 나갔다. 마케도니아 왕조 시대(867-1056)인 9세기는 불가리아(864)와 세르비아(867-874), 러시아(988)를 향한 정교회의 팽창의 시기였으며, 그 결과로 훗날까지도 여전히 지속된 행정 제도와 전례, 비잔티움 예술의 채택을 통하여 정치적인, 그리고 부분적으로는 문화적인 통합을 이룬 시대였다. 성상 파괴 운동은 이제 극복되었으며, '자비로운 황제들'에 의해서 콘스탄티노플 성 소피아 대성당의 성스러운 이미지들이 다시 제자리를 찾게 됨으로써 끝을 맺었다.

구세주
그리스도의 위치

따라서 '고전적'이고 보편적이며 집중화되었을 뿐만 아니라 문화와 이념에서 동질성을 보이는 한편, 그 안에 소위 말하는 비잔티움의 '부활'의 특성들이 뿌리를 내리고 있는 비잔티움 모델이 정립된 것도 바로 이 시기였다. 9세기부터 자리를 잡았던 장식 프로그램의 목표는 각각의 부분이 나름의 상징적인 의미를 지니고 있는 정사각형 안에 등변 십자가(그리스식 십자가라고도 함*)가 내접하는 설계로 이루어진 교회의 유형, 즉 당시의 예술 문화 속에서 지배적이던 중앙 집중적인 건축 유형에 적합하게, 대상들의 위계 제도에 따라 배치하면서 구원의 역사와 그리스도교의 교리를 종합적으로 묘사하는 데 있었다. 교회는 총대주교 포티우스(약 820-약 891)가 주장했듯이 우주의 상징인 '또 다른 지상의 하늘나라'였기 때문에, 장식은 주요한 예배와 미사가 이루어지는 장소를 내려다보고 있는 돔에 형상화된 전능자라는 의미의 판토크라토르Pantokrator(세상의 창조자이자 구원자)인 그리스도의 상반신을 넣는 것에서 최고조에 달했다. 교회는 포티우스가 재차 강조하고 있듯이 "총대주교들로 예시되었으며, 예언자들을 통해 예고되었고, 사도들과 함께 형태를 갖추었으며, 순교자들을 통해 완성되고, 주교들에 의해 대표되었다." 한편, 교회의 이미지는 후진인 베마bema(사제석*)가 상징하는 천구와 성전을 의미하는 나오스naos라는 공간으로 표현된 지상과 밀접하게 연결된 모습으로 나타났으며, 벽에는 구원의 역사가 복음 일화들로 요약되어 있었다.

구원의 역사에 대한 도상의 주제

안타깝게도 자료들에 언급된 세속적인 주제의 대작大作들이 사라져 버렸기 때문에 성상 파괴 운동 이후에 부활한 방대한 회화 작품들 가운데 지금까지 남아 있는 것들은 문화적인 주도권을 쥐고 있던 콘스탄티노플에서 이어졌으며, 여기에서부터 제국의 드넓은 지방으로 퍼져 나갔던 수준 높은 표현 도구와 방식에서도 엄청난 긴장의 시기였음을 증명해 준다. 11세기 양식은 실제로 지적인 세계와 그에 대한 지상의 반영인 고행의 윤리를 이미지로 풀어내는 조형적인 표현 방식에 대한 갈망과 고대의 유산이 성공적으로 융합한 고전적인 완벽함에 도달했다. 따라서 형상화된 근엄한 인물들은 비잔티움인들 고유의 영적인 향상과 엄격함에 대한 이상을 완벽하게 표현했다. 키예프의 성 소피아 성당, 다프니, 키오스, 호시오스 로우카스 수도원의 거대한 모자이크 작품들뿐만 아니라 오크리다의 산타 소피아 성당의 회화 작품들은 정교회의 승리 직후 수십 년 사이에 조형적인 종교 예술로의 복귀를 강조하기 위한 성상의 대량 주문과 이를 위한 황제의 의지는 물론, 그 다음 시기 회화에서 더욱 중요해진 전례로부터 영감을 받은 성상화의 시작을 알렸다.

　조형적인 표현 양식은 미사의 집행이 구원에 대한 작품을 새롭게 만들었으며, 따라서 새로운 관심은 이제 그리스도의 죽음을 통한 구원의 역사의 감상적인 측면과 성체성사와 관련한 주제로 옮겨 갔음을 상기시켜 주었다. 실제로 바로 11세기에 후진에서는 더 이상 신의 현현뿐만 아니라 만찬의 의식, 즉 그리스도의 인도를 받아 영

후진의 새로운 요소들

속적으로 하늘에서 집전되었으며 그 결과 지상의 의식을 위한 모델로도 여겨진 전례인 사도들의 성찬식 장면을 제2권역에 도입하였다. 이러한 주제의 벽화로 그려진 첫 번째 작품은 테살로니키의 파나기아 톤 찰케온Panagia ton Chalkeon 교회(1028)의 후진에서 찾아볼 수 있다. 이 교회의 둥근 천장에는 콘스탄티노플의 성 소피아 성당에 있는 펜덴티브의 이미지들을 떠올리게 하는 또 다른 고풍스러운 표현인 그리스도의 승천 장면을 여전히 수용하고 있으며, 이 이미지는 고상부皷狀部의 예언자들과 펜덴티브의 지천사들의 이미지로 이어졌다. 비잔티움의 대종교 축제를 묘사한 범주에 포함되는 그리스도의 십자가 처형과 나오스의 아나스타시스Anastasis(죽음에서의 부활) 장면들은 회화 작품들 속에 장례식과 관련한 구성 요소를 도입하며 아마도 이 교회 창립자의 무덤으로 추정되는 아르코솔리움arcosólium이라는 아치형 묘소 옆에 자리 잡고 있었다. 이러한 회화 작품들은 완전한 발전을 이루었을 뿐만 아니라, 그 시기를 산정할 수 있는 것들 가운데 가장 오래된 작품인 (11세기에 결정적인 발전을 이루었던 성화상의 주제인) 나르텍스에 묘사된 〈최후의 심판〉에 의해 더욱 강조되었다.

예술 작품에 대한 황제의 추진력

포키스의 수도원 11세기 초, 아마도 황제의 주문에 따라 산 루카 스티리오타San Luca Stiriota(?–953)의 무덤 위에 건축되었을 그리스 포키스 지방의 호시오스 로우카스 수도원 예배당은 1040년경에 도상의 규범적인 설계에 따라 제작된 모자이크 장식(또한 예배당과 회랑, 성당 지하실의 회화) 가운데 현존하는 가장 중요한 작업을 수용했다. (19세기에 다시 그려진) 둥근 천장은 실제로 4명의 천사와 성모 마리아, 세례자 성 요한에 둘러싸인 전능자 판토크라토르의 이미지가 차지하고 있으며, 고상부에는 16명의 예언자들이 서 있었다. 후진에는 옥좌에 앉은 성모와 아기 예수의 도상화가 있었으며, 그 위로 교회 내부의 높이 올린 단壇 위 둥근 천장에는 성령 강림 대축일의 장면이 묘사되어 있었다. 사제가 성령의 강하를 비는 기도인 에피클레시스epiclesis를 올리는 바로 그때 이 둥근 천장 밑에서 성찬식의 빵과 포도주를 그리스도의 몸과 피로 변화시키기 위해 성령을 보내 달라고 신에게 요청했기 때문에 이것은 적절한 해법이었다. 이 시기에는 복음서와 관련한 장면들의 수가 아직 제한적이었기 때문에 나오스의 무덤에는 단지 4개의 대축제인 수태고지(현재는 소실되었다), 그리스도의 탄생, 그리스도를 성전에 봉헌함, 세례의 장면만이 묘사되었다. 반면에 나르텍스에는 하나의 전통으로 자리 잡게 된 그리스도의 죽음과 부활을 예시하는 사건들, 즉 그리스도의 십자가에서의 죽음, 림보로의 하강, 그리스도께서 돌아가시기 전날에 제자들의 발을 씻겨 준 일, 토마 사도의 의심과 관련한 장면들을 모아 놓았다. 그리스도는 자신의 현현의 실체와 영향을 나타내기 위해 십자가에서의 죽음으로 표현되었으며, 반면에 그리스도의 이중적인 실체에 대한 증인들인 성모 마리아와 요한은 이 사건의 모든 고통을 아직 표면화시키지 않음으로써 단순한 명상에만 그치고 있었다.

　　포키스 지방의 수도원에서는 콘스탄티누스 9세 모노마쿠스(약 1000-1055)가 주문했던 키오스 섬의 네아 모니 수도원 모자이크 작품들에서 황제의 개입이 분명하게 드러났다. 따라서 11세기의 도식에 충실하며, 거의 대부분이 온전하게 보존되어 있는 방대하고 화려한 모자이크 장식의 실현을 가능하게 한 것은 비잔티움 황제의 아낌없는 지원과 아마도 지방의 숙련된 장인들과 함께 작업했을 콘스탄티노플 출신의 거장들이었다. 둥근 천장에는 위 디오니시우스 아레오파기테스의 천사들의 아홉 계급을 떠올리게 하는 9명의 천사들에 둘러싸인 (지금은 사라진) 전능자 판토크라토르가 묘사되어 있었으며, 기도하는 사람의 자세로 표현된 성모 마리아는 (비록 일반적으로 궁정 예배당에 좀 더 빈번하게 나타나기는 했지만) 후진의 반구형 지붕에 자리 잡은 반면에 나오스에 위치한 대축제의 장면들은 네이브로 들어가는 입구 역할을 하는 에소나르텍스(건물 안쪽의 나르텍스*)의 그리스도의 수난의 일화들로 이어졌다. 에소나르텍스의 둥근 천장에는 거룩한 군인들과 순교자들의 호위를 받고 있는 성모 마리아의 그림들 중 가장 오래된 작품이 전시되어 있다. 장면의 극적인 상황에 대한 최초의 언급으로는, 3명의 마리아가 그들의 고통을 함께하기 위해 서로 마주 보며 (이미 고대에 슬픔을 표현하는 동작이었던) 베일로 가린 양손을 그들의 얼굴에 가져다 대는 장면이 묘사된 〈십자가에서의 죽음〉의 이미지뿐만 아니라 성모 마리아가 자신의 뺨에 손을 가져다 대며 아들에 대한 변함없는 애정을 보여 주었던 〈그리스도를 십자가에서 내림〉에서 확인할 수 있다.

　　하지만 콤네노스 왕조 초기 몇십 년 동안 모자이크 예술의 가장 수준 높은 작품은, 비록 수도에서 온 숙련공들이 활약하고는 있었지만 수도인 콘스탄티노플을 벗어난 아티카의 다프니(약 1100)에서 찾아야만 한다. 테오토코스라는 이름이 붙은 수도원의 예배당은 실제로 규범적인 도상 프로그램의 일반적인 노선에 따라 설계되었으며, 비록 1800년대에 큰 지진이 일어나 건물이 심각하게 훼손되었음에도 불구하

키오스 섬의 네아 모니 수도원

다프니의 수도원

고 중세 비잔티움의 중요한 모자이크 작품들 중 하나를 보존하고 있다. 둥근 천장에서는 전능자 판토크라토르의 상반신이 내려다보고 있으며, 후진인 베마의 둥근 천장은 텅 빈 옥좌Hetoimasia(빈 옥좌는 그리스도가 어디에나 존재함을 상징하는 표현으로, 그리스도의 현존을 상징한다*)가 차지했다. 여기에서 광범위하게 혁신적인 발전이 일어났으며, 무엇보다 마리아에 대한 숭배가 도상화에 등장하는 빈도가 점점 늘어난 것은 마리아의 유아기에 대한 성경 외전의 이야기가 나르텍스에 등장하면서 한층 강조된 대축제에 관한 작품들에서 확인할 수 있다. 이 모자이크들은 자세의 기품과 태도의 우아함, 동작의 민첩성에서 비잔티움 수도의 귀족적인 취향을 반영했으며, 밑그림은 가늘었고 섬세한 형상 덕분에 형태는 둥글둥글했다.

제국의 이념이 지니고 있는 명성과 힘, 정교회의 권위, 확장된 문화적·정치적·경제적 관계망은 비잔티움의 예술이 나름의 모델과 형태를 통해 11세기 말과 12세기 초에 경험했던 광범한 확산의 기초를 이루었다. 결국 비잔티움의 예술은 정교회의 확장된 영토를 향해, 그리고 콘스탄티노플의 숙련된 장인들의 도움을 받아 퍼져 나갔다.

정교회 세력권으로의 비잔티움 예술의 확장

키예프 루스의
교회들에 나타난
비잔티움의 모델
지금까지 전해 내려오는 네 번째로 큰 규모의 동시대 모자이크 작품들은 제국의 경계 밖에서 당시 막 그리스도교화가 이루어진 루스 군주국의 키예프에 위치한 성 소피아 대성당(1037-1046) 예배당에서 실현되었다. 이미지의 배치는 중세 비잔티움의 도상 프로그램을 엄격하게 따랐다. 판토크라토르와 4명의 천사는 둥근 천장을 압도하고 있었으며, 반면에 후진에는 데에시스와 개선문 위의 성 수태고지에서 도입한 기도하는 사람의 자세로 표현된 수호자 성모 마리아가 사도들의 성찬식 장면과 마케도니아의 오크리드에 있는 산타 소피아 성당에서처럼 다시 한 번 정면을 바라보는 모습으로 묘사된 (크림 반도에 복음을 전한 교황 클레멘스 같은) 교부들의 행렬을 내려다보고 있었다. 오크리드의 산타 소피아 성당의 장식 프로그램은 한때 콘스탄티노플의 성 소피아 대성당의 문서 담당 사제였으며 오크리드의 자치 독립 교회의 대주교였던 레오네에 의해 11세기에 추진된 문제의 프레스코화들을 지배하고 있는 이론과 상징에 대한 심층적 연구를 증명했다. 한층 강화된 성체성사에 대한 주제는 실질적으로 거의 후진 전체를 차지하고 있었다. 이 후진의 반구형 지붕에는 후광으로 둘러싸인 축복하는 그리스도를 앞에 두고 옥좌에 앉아 있는 (5세기부터 비잔티움의 동전에 묘사되었던 니코포이아Nikopoia〔성모와 예수 모두 정면을 향하고 성모가 양손에 예수를 안고 있는 모습*〕 또는 블라케르니오티사Blacherniotissa〔이 유형의 원형 성상이 보존되어 있는 블라케르나이 교회에서 나온 명칭*〕 유형의) 성모 마리아와 그 위로 천사들과 함께 그리스도의 상반신이 등장하는 데에시스가 장식되어 있었다. 그 아래에는 가운데에서 예배를 집전하는 그리스도와 함께 사도들이 (성체배령에 앞서 드리는 의식의 순간인) 성체성사를 드리는 장면과 그 아래로 여기에서도 정면을 가만히 바라보고 있는 성인들의 행렬이 묘사되어 있었다. 후진의 반구형 천장은 그리스도의 승천에 대한 계시의 프레스코화로 장식되었다. 이러한 묘사들이 지니고 있는 성체의 상징성은 (아브라함의 희생과 같은) 흔치 않은 구약의 장면들과 비잔티움 교회의 주요한 전례를 만들어 냈던 바실리우스 마그누스Basilius Magnus와 성 요하네스 크리소스토무스Johannes Chrīsostomus가 미사를 집전하는 보기 드문 이미지들에 의해 강조되었다. 일부만 남아 있는 12가지 대축제 도데카오르톤Dodekaorton과 관련한 작품들 외에도 산타 소피아 성당은 비잔티움 성당의 보편적인 성격을 강조하고, 불가리아 총대주교들의 순종 (976-1014)에 뒤이어 그 지역에서 콘스탄티노플 권위의 재확립을 알리려는 명백한 의도로 콘스탄티노플과 안티오키아, 예루살렘, 알렉산드리아, 로마, 그리고 그리스도교 중심지들의 총대주교들과 주교들의 초상화를 수용했다.

실질적으로 지방의 문화적인 맥락 속에서도 마케도니아 시대의 벽화는 명확히 대중적인 성격의 작품들과 함께 종교적이고 세속적인 권력의 집중 또는 주문의 효과로 수도나 테살로니키의 작업장들로부터 확산된 지배적인 예술적 경향과 직접적인 관계를 계속해서 보여 주었다. 비록 일부가 파손되어 부분적일지라도, 지금까지 전해 내려온 작품들의 전체적인 개요는 어쨌든 폭넓고 다양하게 나타났다. 차츰 경제적인 이유뿐만 아니라 종교적인 공간에 대한 인식과 배치상의 이유로 모자이크보다 벽면의 프레스코화가 우세를 보이기 시작했다. 활용 가능한 모든 표면으로 확장된 프레스코화는 도상 작품들을 풍요롭게 하고 확대시키는 것을 가능하게 했으며, 또한 그 유연성은 특히 콤네노스 왕조 시대(1081-1204)에 정서적이고 심리적인 내용과 표현력에 대한 탐구를 충족시켜 주었다.

회화가 모자이크를 대체하다

11세기와 관련 있는 카파도키아의 예술 작품 또한 새로운 토칼리 킬리세Tokali Kilise 교회(11세기 말)의 경우처럼 잘 증명되었다. 일반적으로 이제 도상화는 앞서 보았듯이 나름의 독창성과 동쪽의 다른 그리스도교 지역들과 공통적인 특성을 유지하면서도 지배적인 프로그램을 따랐다.

그리스 지역에서는 대륙뿐만 아니라 섬들에서도 동시대 카파도키아의 몇몇 교회들(예를 들어, 엘 나자르티 Nazar 교회)처럼 호시오스 로우카스와 키예프의 작품들과 유사한 자질들이 드러났다. 또한 11세기 초에 조반니 크세노스Giovanni Xenos에 의해 크레타 섬의 미리오케팔론 산 정상에 세워진 성모 수도회 교회에서 둥근 천장은 예언자의 모습으로 2쌍의 수레바퀴 사이의 옥좌에 앉아 있는 그리스도를 수용했으며, 반면에 고상부에는 성경의 인물들이 계시의 성모Panagia를 비롯하여 2명의 천사와 함께 나란히 나타났다. 1192년 십자군 원정 때까지 비잔티움 제국에 속해 있던 키프로스에서는 이미 다프니 수도원 교회에서 전조를 보였던 양식과 묘사와 관련한 몇 가지 경향들이 독특한 표현으로 성모 영면 장면이 장식된 아시노우 수도원의 파나지아 포르비오티사Panagia Phorbiotissa 성당(1105-1106)에 나타났다. 이와 유사한 결과들은 이후 처음으로 돌아가신 그리스도에 대한 연민이라는 애도의 노래threnos의 주제가 나타났던 코우초벤디스Koutsovendis 수도원의 살바토레Salvatore 성당(1110-1118)에 다시 나타났다. 그 뒤에는 이와 동일한 주제가 프스코프의 미로츠에 위치한 그리스도 변모Trasfigurazione del Salvatore 성당에도 나타나게 되지만, 여기에서는 키프로스의 성당처럼 정서적인 표현력이 아직은 매우 절제된 채로 나타났다.

도상의 새로운 주제들

종교 논쟁의 반항

11세기 비잔티움의 고전주의는 등장인물들의 동작 속에 나타나 있는 역동적이고 시각적인 양식을 특히 많이 사용했을 뿐만 아니라 나름의 역동적인 옷의 주름을 표현하는 특별한 방식과 함께 12세기 초 수십 년 동안 지속되었다. 그리스도의 고통을 강조함으로써 그의 신격과 그에 대한 묘사에 인간미를 부여했던 (한때 성상 옹호론자들에 의해 이미 다루어진) 교리적인 사상에 대한 철저한 분석과 그리스도 연구와 관련한 격렬한 논쟁의 대두, 그리고 성찬 의식의 발전은 피에타의 그리스도와 그를 부축하고 있는 비탄의 성모, 후진의 어린 양Amnos, 미사를 집전하는 주교들의 행렬과 같은 새로운 도상의 주제들을 탄생시켰다. 초기에 정면을 바라보는 모습으로 묘사된 주교들의 행렬은 11세기 말경에 그들을 의식의 집행자로 정의하는 전례의 명문을 담은 경문phylacteries을 손에 들고 제단을 향하는 모습으로 바뀌며 이제 천상과 지상의 두 예배는 나란히 놓이게 되는데, 이것은 성체의 축복과 배령의 순간에 이루어진다. 이러한 변화에 대한 첫 번째 흔적은 성 바실리우스와 성 요하네스 크리소스토무스 주교가 왕의 제단의 상징이기도 한 헤토이마시아Hetoimasia(텅 빈 옥좌*)가 자리 잡은 후진의 중앙을 향하고 있는 마케도니아의 엘레우사Veljusa 수도원(1085-1093)에서 나타났다. 재림Parousia의 순간이 되어서야 구체적으로 표현된 구원에 대한 묘사는 십자가 위의 희생에 의해서, 그리고 성 삼위일체에 바친 성체를 통해 얻게 되었다. 마케도니아 네레지의 산 판텔라이몬San Panteleimone 교회 후진에는 8명의 주교가 전례용 부채를 흔들고 있는 2명의 천사–부제와 함께 나란히 중앙의 헤토이마시아를 향하고 있었다. 여기에 처음으로 헤토이마시아의 성체와 관련한 함축적인 의미가 명백하게 드러나게 되었다. 무엇보다 그리스도의 수난에 대한 일화들을 포함하고 있는 서사적인 성격의 작품들은 엄격한 도안과 거침없는 붓놀림으로 이루어진 콤네노스 왕조 시대의 뛰어난 회화 작품들의 수준 높은 표현들 중 하나임을 보여 주었다. 이러한 작품에서 선으로 얼굴의 주름살을 표현하고 그 윤곽을 도드라지게 할 수 있는 수단으로 여겼으며, 고통과 죽음의 괴로움으로 일그러진 관절과 자세, 동작을 극적으로 강조했던 반면에 인물의 외관은 감상적인 면을 강조하기 위하여 정상적인 범위를 벗어나 길게 늘어나 있었다.

중세 회화의 가장 인상적인 장면이 발견된 곳도 바로 네레지의 애도의 노래Threnos 의 일화 속에서였다. 깊은 연민 또한 그림으로 표현되었는데, 여기에서 고통받는 자들과 그리스도의 주검과의 직접적인 접촉은 도상의 본질적인 역할을 지니고 있었으며, 고통에 대한 표현은 그리스도의 현현에 대한 실재성을 재확인시켰다. 역시 마케도니아의 카스토리아에 위치한 카스니치의 산 니콜라San Nicola 성당(1160-1180)에 있는 〈성모 영면koimesis〉에서도 비통하고 극적인 색감은 유사한 처리를 통해 강조되었으며, 어두운 색조의 사용으로 강화되었다. 카스토리아의 또 다른 성당인 산티 아나르기리Santi Anargyri 바실리카 성당의 돌아가신 그리스도에 대한 애도의 묘사에서는 극적인 느낌이 더욱 예리해졌으며 비극적인 면이 강조되었다. 이 그림에서 마리아는 아들의 굳어 버린 몸을 껴안고 있으며, 옷은 음침한 바람에 흔들려 물결치고 있다. 희미하게 표현된 배경의 풍경은 그리스도의 죽음에 이르는 고통스러운 여행의 순간에 발생한 지진에 의해 흔들리는 것처럼 보였으며, 동시에 이 모든 이미지는 복음서의 이야기를 도상으로 해석한 것이다.

더욱 극적인 색채와 표상들

헤토이마시아(텅 빈 옥좌)를 조지아의 버투바니Bertubani 성당(1212-1213) 또는 불가리아의 보자나에 있는 산 판텔레이몬San Panteleimone 성당(1259)에서 볼 수 있는 것처럼, 12세기부터 13세기까지 변함없이 나타났던 성찬용 잔과 빵, 성반이 놓여 있는 제단으로 대체한 곳도 바로 이곳이었다. 카스토리아에서 활동했던 같은 범주의 작업장에는 아마도 마케도니아, 쿠르비노보의 산 조르조San Giorgio 성당(1191)의 장식을 위해 초빙된 장인들도 속해 있었을 것이다. 이곳에서 12세기 말 콤네노스 왕조 시대 회화의 감성적인 힘과 선형주의linearism가 극단적인 해석으로 이어지게 되었으며, 처음으로 후진의 하단부에 이후 거의 의무적으로 나타나게 되는 주제인 암노스 amnos(속죄양)가 등장했다. 멜리스모스Melismos(즉 성찬용 빵의 분배와 관련한 나눔)라는 이름으로도 불렸던 이 주제는 십자가가 그려진 흰 가운을 일부만 걸친 채 감사의 기도를 올리는 한 아기(이후에 이 아기는 점점 작아져서 성반 위에 놓였다)가 제단 위에 놓여 있는 모습과 주교 성인들이 그를 향해 고개를 살짝 숙이고 있는 모습으로 이루어졌으며, 이따금 별 문양이 들어 있는 성찬용 빵이 담긴 성반과 술잔이 항상 제단 위에 놓여 있었다. 이러한 속죄양의 모습은 「이사야서」(57장 7절)에서 처음으로 표현되었으며, 그 뒤에 「요한 복음서」(1장 29절)와 「요한 묵시록」(5장 6절, 5장 13절)에 나타났다. 성찬 예배는 봉헌예의奉獻禮儀, prothesis 예식, 즉 사제가 성찬용 빵을 자르는 순간과 빵과 포도주가 그리스도의 몸과 피로 변할 때인 프로스코미디Proskomidie(준비 예식)의 끝에 이러한 글들로부터 영감을 받았다. 이미지는 이러한 의식, 즉 성체성사의 실체를 그대로 표현했다. 아기는 진정으로 그리스도의 몸을 떠올리게 하는 성찬용 빵으로 상징적으로 표현되었다. 이러한 해석은 당시의 수많은 교부들의 저작에서도 증명되었다. 네레지의 변형된 형태는 매우 광범위한 지역으로 퍼져 나갔다. 이 가운데 세르비아의 노비 파자르 인근에 스테판 네마냐가 설립한 주르제비 스투포비 Djurdjevi Stupovi 수도원 성당(1175)에 있는 프레스코화들은 하나의 좋은 예이며, '규범적'인 장식 프로그램이 발칸 반도의 형태로 표출된 것으로 생각할 수 있다.

불가리아, 조지아, 지중해에서 비잔티움의 영향

비잔티움의 영향은 1083년에 설립된 바츠코보의 페트리조스Petritzos 수도원의 납골당-교회처럼 11세기와 12세기 불가리아의 예술에서 결정적으로 나타났다. 11세기 말과 12세기 후반 사이로 제작 시기를 추정할 수 있는 이 교회의 초기 프레스코화들

(그 뒤에 나르텍스에 그려진 작품들은 14세기의 것들이다)은 비록 콘스탄티노플에서 양성되었을지라도 카파도키아 같은 외곽 지역으로부터 표현과 형식의 영향을 받았던 장인들에 의해 그려졌다. 건물의 장례식과 관련한 기능은 지하 예배당 후진에 묘사된, 심판자 그리스도에게 드리는 중재 기도인 데에시스와 죽은 자들의 부활에 대한 예고로 해석되는 에제키엘의 뼈의 환상 같은 도상 프로그램이 만들어진 이유를 보여 주고 있다.

그리스도교 왕국인 조지아에서도 12세기와 13세기에 군주들과 귀족들을 위한 기준점이 되었던 주요한 모델은 여전히 비잔티움 제국이었다. 1106년에 설립된 젤라티 Gelati(이메레티아Imeretia) 수도원 단지의 신의 어머니Madre di Dio 교회에서 콘스탄티노플의 장엄한 분위기의 의도적인 재현은 후진에 장식된 2명의 대천사와 함께 서 있는 니코포이아형 승리의 성모(이미 프레스코화로 대체되었기 때문에 이 장르에서는 이례적이었다)의 모자이크(1125-약 1130)에서 분명하게 나타났지만, 반면에 도상의 변형된 형태와 색조는 전적으로 조지아의 고유한 특성을 보여 주었다. 바르지아의 성모 영면 Dormizione 교회(1184-1186) 프레스코화들에서는 조지아의 왕 게오르게 3세George III 와 그의 딸인 여왕 타마르Thamar가 콘스탄티노플의 바실레우스(황제) 예복을 입고 있는 모습으로 그려졌다. 조지아

콤네노스 왕조 말기, 콘스탄티노플의 모델들이 지중해로 확산되는 과정에서 십자군의 키프로스 점령 바로 다음 해에 이 섬의 라고데라에 세워진 파나기아 토우 아라코우Panagia tou Arakou 성당은 확실하게 역할을 수행했다. 시메온에게 그리스도를 봉헌하는 장면의 요약된 형태와 신의 어머니 키코티사Kykkotissa 형식의 성모를 묘사한 프레스코 성화상이 그것을 입증했다. 화가들과 모델 또는 작품을 통한 동양과 서양으로의 확산은 특히 시나이 반도의 산타 카테리나Santa Caterina 수도원의 수태고지 성화상과 풀리아의 살렌토에 있는 산타 마리아 델레 체라테Santa Maria delle Cerrate 대수도원처럼 1200년대 이탈리아 남부의 프레스코화들 또는 그림판들에 의해 입증되었다. 잘 알려진 것처럼 이탈리아 남부에서 모자이크와 성화상을 통해 비잔티움 예술이 가장 뚜렷하게 침투한 곳은 노르만의 지배를 받던 시칠리아였다. 키프로스에서 살렌토까지

12세기 마지막 몇 년 동안 일반적으로 콘스탄티노플 화가들에게 할당되었던 블라디미르의 산 데메트리오San Demetrio 성당(1194-1197) 벽화의 걸작품이 만들어졌다. 여기에서는 인물들, 열두 사도, 그리고 이따금 예기치 않게 〈최후의 심판〉의 몇

몇 천사들의 표현적·심리적인 특성들에 대한 주의가 특히 강하게 나타났다. 그리스도의 수난 장면을 제외하고는 결코 접할 수 없었던 하늘의 전령들에게 나타난 이러한 강한 슬픔은 동양뿐만 아니라 서양의 13세기 예술에 획을 그을 인문주의 현상을 예고하는 것이었다.

| 다음을 참고하라 |
역사 동방 교회의 분열(24쪽)
시각예술 그리스도교 유럽의 새로운 신성한 공간의 생성과 발전(613쪽); 그리스 정교회의 신성한 공간(640쪽); 교회의 공간으로 들어가는 정문과 출입문(649쪽); (성직자와 평신도) 권력자들의 공간(656쪽); 유럽 그리스도교 교회의 구상미술 프로그램(모자이크, 회화, 조각, 스테인드글라스, 바닥, 서적)(660쪽); 교회의 의전 관련 비품들(제대 앞 장식, 교단, 제대 닫집, 강론대, 양초)(707쪽); 서방의 권력 표시(716쪽); 동방의 권력 표시(724쪽); 콘스탄티노플의 성 소피아 대성당(731쪽); 비잔티움과 서방 교회(테오파노, 몬테카시노의 데시데리우스, 클뤼니, 베네치아, 시칠리아)(773쪽)

전례용 도구들과 권력의 표시

ARTI VISIVE

✦

교회의 의전 관련 비품들
(제대 앞 장식, 교단, 제대 닫집, 강론대, 양초)

| 마누엘라 잔안드레아Manuela Gianandrea |

11세기와 12세기 사이에 교회의 공간은 과거로의 복귀와 전통에 대한 변형된 형태
사이에서 다양한 변화를 보인 매우 복잡한 전례의 비품 체계에 의해 표현되었다.
내진과 신랑 구역에 배치되어 있는 설비는 내진에 일반적으로 제대 앞 장식인
안테펜디움antependium 현수포, 닫집으로 장식한 제대를 필요로 했으며, 신랑의
바로 한가운데에는 종종 한두 개의 강론대와 부활절 초를 위한 촛대를 갖춘 스콜라
칸토룸schola cantorum이라는 (성가대를 위한) 울타리로 둘러싸인 공간이 배치되었다.
종교 건축물(성당과 수도원 교회, 교구 교회, 소예배당, 성당 참사회가 관리하는 교회, 수녀원
교회 같은 건축물)의 기능과 (주교와 수사, 보조 수사, 세속 수도사 같은) 다양한 이용자들에게
맞는 용도는 어쨌든 건축과 장식, 전례 비품과 관련한 구성 요소들을 결정짓는
것들이었다.

교회의 심장: 제대 비품

초대 그리스도교 시대와 중세 초기에 비해 성당과 수도원과 관련한 건축물 또는 일
반 건축물에서 제대가 증가한 것을 목격할 수 있다. 이는 9세기 성 갈로 수도원 교회
설계도가 증명하듯이, 특히 신성한 장소의 중심부에 자리 잡고 있는 가장 주요한 제
대에는 그 주변 공간 또는 바로 인접한 장소에 1개 또는 여러 개의 부수적인 제대들

이 더해졌기 때문이다. 그 모양과 표현에서 성인들의 육체에 대한 새로운 숭배와 그에 따른 (성인들의) 유물과 제대와의 필연적인 조합이 그 구조를 결정했음을 주목해야만 한다. 신성한 유물들은 실제로 안쪽을 들여다볼 수 있는 작은 창문을 갖춘 제대의 몸체 또는 특히 1096년 베르나르두스 겔두이누스에 의해 실현된 툴루즈의 생세르냉 성당 제대에서 볼 수 있는 것처럼 성찬대와 같은 층에, 지지대를 갖춘 제대들 위에 자리를 잡을 수 있었다.

제대의 수적인
증가와 장식

또한 지지대를 갖춘 두 번째 형태의 제대는 한때 그리스도의 수난의 역사와 구약의 인물들로 장식된 스타블로 수도원 제대(브뤼셀, 벨기에 왕립미술관)처럼 이동식 제대에 적용 가능한 유일한 해결책이었다. 수도원장 비발도(1130-1158)가 주문했던 이 조그만 제대는 귀금속과 보석, 샹르베 에나멜 기법으로 특별하게 제작된 작품으로, 12세기 모잔파(뫼즈 강 계곡, 특히 스타블로의 리에주 및 베네딕투스 수도원을 중심으로 11-12세기에 꽃피운 사본 채식, 금속 세공, 에나멜 세공 등의 지역적 로마네스크 양식을 탄생시킨 유파*)의 귀금속 세공사들의 높은 수준을 증명했다. 반면에 유물을 수용하기 위한 지하 납골당의 존재를 규정했을 때 제대는 일반적으로 성인들의 유물과 나란히 지면으로부터 솟아 있는 제단 쪽에 설치되었으며, 지하 납골당은 양옆에 놓인 계단을 통해 내려갈 수 있었다. 유형론적인 관점에서 1000년 이후에는 이 제대의 방식이 신속하게 자리를 잡았다. 예를 들어, 라트키스Ratchis 제대에서 이미 나타났던 사각형 통 모양의 틀은 신랑과 신자들을 향한 제대 앞 장식이라는 즉각적인 결과로 이어지게 되었다. 안테펜디움 또는 현수포懸垂布로 불린 이러한 제대 정면 장식은 금속과 돌, 나무 또는 천을 소재로 했다. 실제로 초기에 성찬대는 제대 앞에 걸어두거나 늘어트린 팔리움pallium이라는 휘장으로 덮여 있었는데, 이로 인해 안테펜디움 또는 현수포라는 이름이 유래했다. 1000년경의 수준 높은 작품으로 2개의 제단이 보존되어 있다. 그것은 엑스라샤펠Aix-la-Chapelle 대수도원의 안테펜디움과 황제 하인리히 2세(973-1024, 1014년부터 황제)로부터 기증받은 것으로 금과 보석, 진주로 만들어졌으며 바젤 성당의 제대를 장식했던 (현재 파리의 클뤼니 국립중세박물관에 소장된) 안테펜디움이다. 보석을 비롯한 다양한 소재에 클루아조네cloisonné 칠보 기법이 첨가된 이례적인 경우로는, 원래 콘스탄티노플에서 제작되었으며 처음에는 현수포로 계획되었을 개연성이 충분한 베네치아 산 마르코 대성당의 유명한 '팔라 도로 Pala d'Oro'다. 비록 지금은 사라졌지만, 매우 중요한 또 하나의 작품은 수도원장 데시데리우스(약 1027-1087, 1085년부터 수도원장)가 36파운드가 넘는 금으로 몬테카시노의 제단을 위해 콘스탄티노플에 제작을 의뢰했던 현수포였다. 연대기 작가 레오네 오스티엔세Leone Ostiense(약 1046-1115/1117)의 이야기에 의하면, 이러한 결과는 경이로움을 불러왔음이 분명하다. 금빛으로 빛나고 보석과 에나멜로 반짝이는 테이블은 복음서의 에피소드와 성 베네딕투스의 모든 기적들로 장식되어 있었다. 하지만 최소한 17개가 넘는, 지금까지 남아 있는 금속 안테펜디움의 대부분은 신기하게도 스칸디나비아 지역에 보존되어 있다. 금이나 은이 아닌 도금한 청동으로 제작되었던 것이 살아남는 데에 도움이 되었던 것으로 보인다. 가장 오래된 예는 1140년경 유틀란트 반도의 오르후스 부근 리스비에르의 안테펜디움(코펜하겐, 국립박물관)이다. 안테펜디움뿐만 아니라 커다란 아치의 십자가에 못 박힌 그리스도 상을 얹어 놓은 제단화altarpiece를 통해 이 제대는 아마도 전 유럽에 확산된 로마네스크 양식의 본보기를 제공했을 것이다. 실제로 서구에는 그림이 그려지거나 조각에 나무 같은 가치가 낮은 소재들을 사용한 수많은 안테펜디움들이 있었다. 이들 중 많은 것이 이베리아 반도에 보존되어 있다. 카탈루냐에는 12세기 중반에 그려진 서로 비슷한 2개의 중요한 작품들이 남아 있다(바르셀로나, 카탈루냐 미술관). 힉스와 라 세우 두르헬에서 유래한 두 작품 모두 화려한 장식 테두리를 뼈대로 하고 있으며, 중앙의 화판에는 양옆에 열두 사도를 거느리고 정면으로 옥좌에 앉아 있는 위엄 있는 그리스도의 모습(마에스타)을 나타냈다. 12세기 후반의 것으로 보이는 조각품들 가운데 가장 오래된 작품은 산 페드로 디 리폴San Pedro di Ripoll에서 유래했으며(비크, 고고학예술 교회박물관), 보통 후광에 둘러싸여 정면으로 옥좌에 앉아 있는 그리스도의 모습을 복음서 저자들의 상징과 열두 사도들과 함께 중앙에 표현했다.

1175년경으로 제작 시기를 산정할 수 있으며 현재 뮌스터(베스트팔렌, 주립박물관)에 보관 중인 조스트의 성 발푸르기스St. Walpurgis의 아우구스티누스 율수 수녀회 교회로부터 유래한 것과 같은 그림으로 그려진 현수포 또한 전 유럽에서 상당수 존재했다.

안테펜디움의 점진적인 쇠퇴는, 몇몇 학자에 의하면 후진을 향한 제대의 이동, 그리고 사제가 더 이상 제대 뒤가 아니라 신도들을 등지고 제대 앞에서 미사를 집전하는 방식과 같은 전례의 몇 가지 의미 있는 변화들로 인해 나타났다. 이러한 방식으로 안테펜디움이 거의 보이지 않게 됨으로써 장식을 제대의 위쪽과 뒷부분으로 옮기는 경향이 두드러졌다. 아마도 이것이 제대 앞 현수포 또는 이동이 가능하며 금속, 나무, 천, 돌 또는 상아로도 제작된 제단화의 탄생에 결정적인 계기가 되었던 것으로 보인다.

안테펜디움과 현수포

하지만 일부는 미사 집전자의 위치가 전례와 관련한 일반적인 변화에 의한 것이 아니라 단순히 건축 공간에서 제대의 위치가 변화한 결과라는 확신으로 안테펜디움에서 제대 앞 현수포로의 변화가 지나치게 일반화된 것이라고 비판했다. 측면의 제대 위에서 미사를 올리는 현상의 확산이 실제로 이 제대들을 후진 또는 소예배당의 구석으로 밀어냈으며, 사제들이 신도들에게 등을 돌리고 미사를 집전하게 만들었다. 이 학자들에 의하면, 제대의 위 또는 정면의 장식은 미사 집전자의 위치처럼 건축과 관련한 특정한 상황에 의한 것일 뿐 미사를 집행하는 방식의 개정에서 기인한 것은 아니었다. 뫼즈 강 유역에서 제작된 성령강림절 장면을 묘사한 제단화(파리, 클뤼니 국립중세박물관)는 12세기에 제작된 초기 제단화의 구조적인 형태가 수직으로 전개되고, 경우에 따라 상단부가 반원형이나 세 갈래 또는 삼각형의 몇몇 변형된 형태를 띠기는 했지만, 주로 정방형이었음을 보여 주었다. 그렇지만 유럽 전체적으로 보면, 제단 위에 호화스러운 제대 닫집까지 높이 세워져 있는 산티아고 데 콤포스텔라 대성당 주 제단의 경우처럼 안테펜디움과 제단화가 함께 사용된 개별적인 예들도 존재했다.

제대 닫집

제대 닫집은 중세 전기부터 이 지역 제대의 가장 핵심적인 장식 가운데 하나를 이루고 있었다. 제대 닫집의 유형에서 결정적인 혁신은 10세기 말 밀라노의 산탐브로조 대성당에서 나타났으며, 그 영향은 치바테에 있는 산 피에트로 알 몬테San Pietro al Monte 바실리카 성당에서도 포착되었다. 그 안에서 또 다시 2개의 모델로 구분이 가능한 새로운 유형은 로마의 대리석공들에 의해 로마에서 만들어졌다. 첫 번째 모델은 삼각형 팀파눔이 설치된 조그만 판자 지붕과 제2의 처마도리를 지탱하고 있는 조그만 원주들을 받치고 있는 처마도리를 4개의 원주들이 다시 지탱하고 있는 구조로, 12세기 초 로마의 산 클레멘테 바실리카 성당과 네피 인근 카스텔 산텔리아의 산텔리아Sant'Elia 바실리카 성당에서 볼 수 있다. 반면에 두 번째 모델은 기본적인 사각형 구조에서 최소한 2층의 조그만 기둥들과 함께 팔각형 지붕 구조로의 전환을 보여 주었다. 2층의 기둥들에서 하층부는 평형 육면체의 형태를 띠고 있으며, 상층부는 팔각형으로 분할된 프리즘 모양을 취했다. 덮개는 잘린 피라미드 모양의 지붕으로 만들어졌으며, 그 위로 다시 여러 층의 조그만 기둥들로 이루어진 피라미드 모양으로 끝나는 작은 등이 세워져 있었다. 이러한 유형으로는 많은 증거들이 남아 있지만, 초기의 예들 중 1148년에 파올로의 안젤로Angelo di Paolo에 의해 실현된 로마의 산 로렌초 푸오리 레 무라 성당 제대 닫집은 반드시 살펴보아야 한다.

로마의 유형과 유사하지만 도상과 구조적인 특성으로 인해, 그리고 특히 처마도리 대신에 이중 또는 세 갈래로 나뉜 아치의 사용으로 인해 별도로 살펴볼 수 있는 것들은, 1158년 루제로Ruggero와 로베르토Roberto의 작품인 과르디아 알 보마노의 산 클레멘테 성당 제대 닫집과 같은 장인 루제로의 작업장에서 제작된 아브루초의 석고 세공 제대 닫집들이었다. 제대 닫집은 11세기부터 에스파냐의 제대 위에 많이 제작되었던 그림이 그려진 나무 재질의 제대 덮개(발다키노baldacchino) 같은 몇몇 변형된 형태를 보이기는 했지만, 전 유럽으로 확산되었다. 제대의 화려한 장식에는 촛대와 향로도 추가되었다. 촛대는 12세기에 신학자 오툉의 호노리우스가 분명하게 만든 상징적인 복잡한 공식을 통해 2개, 4개 또는 7개가 제대 테이블 위나 뒤에 배치되었다. 한편, 호노리우스는 향로가 그리스도의 몸을 상징하고 향은 그의 신성神性을, 그리고 향을 태우는 불꽃은 성령에 해당한다고 설명했다. 비록 더 귀한 재료들로 만들어진 예들도 있었지만, 종종 동이나 청동으로 만들어진 이러한 장치들은 힐데스하임의 베르나르두스(약 960-1022, 993년부터 주교)의 이름과 관련이 있는 2개의 은촛대(힐데스하임, 디오체사노 박물관Museo Diocesano) 또는 트리어 대성당의 금박을 입힌 동향로가 보여 주듯이 최고의 작업 난이도와 도상 프로그램을 통해 11세기와 12세기 사이에 그 정점을 기록했다. 이에 못지않게 흥미로운 장식 요소는 프란체스코 성인이 성 다미아노의 십자가Crocifisso di San Damiano 앞에 있는 모습을 묘사한 아시시의 상부Basilica superiore 바실리카 성당의 프레스코화에서 볼 수 있는 것처럼 보통 제대 위쪽 또는 제대 바로 옆에 자리 잡은 십자가로 만들어졌다. 예를 들어, 1140년경 파리의 유명한 생드니 수도원의 2미터가 넘는 거대한 금십자가는 주 제대의 뒤편에 자리 잡은 약 4미터가량의 기초 위에 우뚝 솟아 있었다. 1150년에서 1160년 사이에 프랑스 노르의 생베르탱Saint-Bertin 대수도원으로부터 기원한 십자가의 기초처럼 그 아래 지지대에는 십자가에 못 박힌 그리스도의 이미지뿐만 아니라 화려한 도상 프로그램도 적용되었다.

제대의 다른 장식들

나름의 공간들: 울타리, 성상 칸막이, 스콜라 칸토룸

성직자와 평신도의 분리

아시시에서 그레초의 말구유Presepe di Greccio를 묘사하고 있는 프레스코화는 성직자 석과 신랑을 구분하는 튼튼한 격벽 위에 자리 잡은 대형 십자가를 나타냈다. 따라 서 십자가의 무게 때문에 지지대 역할을 하는 벽 구조물이 필요했다. 실제로 새로운 1000년이 도래하면서 종교 건축물의 내부에서 성직자들과 평신도들 사이에 더욱 분 명하게 공간을 구분할 필요성이 커졌다. 하지만 당시의 자료를 근거로 판단한다면, 이러한 공간의 엄격한 구분이 신자들을 향한 성직자들의 폐쇄성으로 이해되어서는 안 되며, 둘 모두에게 최대한 영적인 집중력을 가능하게 해주는 방식으로 여겨져야 할 것이다. 성직자석, 즉 제단 쪽과 신랑 사이의 구분은 돌로 쌓은 높은 벽이 담당하 거나 울타리와 작은 기둥들, 코니스(처마 돌림띠)들이 한데 어우러진 형태로 해결되 었다. 이미 아시시의 프레스코화에서 입증된 첫 번째 경우에 3개의 측면에 자리 잡 은 높은 돌울타리는 내벽을 따라 성직자들의 좌석을 수용했으며, 종교인들의 행렬 이 내진으로 들어오는 데 이용되었던 중앙의 문을 통해 신랑 방향으로 개방되어 있 었다. 안타깝게도 이탈리아에는 아시시 인근 수바시오 산의 산 베네데토 대수도원 처럼 이러한 내진 유형들이 남아 있는 것이 얼마 되지 않지만, 작센 지방에는 힐데스 하임의 성 미하엘 성당부터 할버슈타트의 리프프라우엔Liebfrauenkirche 성당에 이르 기까지 빼어난 증거들이 남아 있다.

이탈리아의 페르굴라이

반면에 이탈리아 반도에는 비록 많은 것들이 현대에 재건축된 결과물이기는 하 지만 지성소의 심장부와 신랑을 나누는 (금속이나 돌의) 얇은 판과 작은 기둥, 코니스 (처마 돌림띠)로 이루어진 페르굴라이pergulae(교회의 공간으로부터 내진의 전례 공간을 구분하는 구조물로서 정교회의 성상벽과 기능상 유사하다*)의 증거들이 많이 남아 있다. 그와 같은 유형의 울타리는 또 다시 아브루초 지방에서 볼 수 있는데, 로시올로 인 근 산타 마리아 인 발레 포르클라네타Santa Maria in Valle Porclaneta 성당의 울타리는 각 기 다른 시기(12-13세기)에 만들어진 것들이지만 제대와 제대 닫집, 강론대와 함께 중세 성당의 전례와 관련한 장치들이 어떻게 나타나야 하는지에 대한 대단히 흥미로 운 개념을 제공해 주었다. 대략적으로 중앙 신랑의 중심에 자리 잡은 2개의 낮은 담 장은 4개의 조그만 기둥을 지탱하고 있었으며, 4개의 조그만 기둥은 다시 화려하게 장식되었고, 성화상을 세우는 역할을 했을 상인방 구조물을 떠받치고 있었다. 몇몇 학자들은 아브루초의 이러한 구조물이 11세기 말 수도원장 데시데리우스의 요구로 몬테카시노 대수도원에 제작되었지만 지금은 사라지고 없는 구조물을 재현한 것이라고 생각했다. 6개의 은기둥들로 지탱되고 음각을 한 나무 대들보로 구성되었으며, 금과 적자색 염료로 장식된 이 구조물에는 5개의 둥근 성화상이 걸려 있었고, 꼭대기에는 13개의 그림들이 우뚝 세워져 있었다고 전해진다. 어쨌든 아브루초의 경우는 동방의 그리스도교 교회에 널리 확산되었으며, 특히 포키스의 호시오스 로우카스 수도원과 오크리다의 산타 소피아 성당, 카스토리아의 산토 스테파노 성당에서 발견할 수 있는 진정한 성상벽이라고 할 수 있을 것이다. 또한 로마와 베드로 세습령Patrimonium Petri, 즉 교황령의 다른 지역에서도 이러한 페르굴라이의 예들이 보존되고 있었지만, 코스마티 세공의 전형적인 양식(로마의 장식가와 건축가들이 12, 13세기에 이용한 모자이크 기법의 일종*)으로 상감 장식이 이루어지고 대리석으로 만들어진 나름의 형태를 보여주었다. 12세기 초 실제로 로마의 산 클레멘테 성당에는 보통 제단 쪽 성직자석에서 신랑으로 뻗어 있는 직사각형 형태의 성가대원들을 수용하는 공간인 스콜라 칸토룸(성가대석)의 가장 중요한 증거가 남아 있었다. 스콜라 칸토룸은 중간 정도 높이의 돌판으로 만들어졌으며, 한쪽은 제대를 향해 다른 쪽은 예배를 드리는 공간을 향해 열려 있었다. 돌판들은 건축물의 구조와 유기적으로 고정되어 있지는 않았지만, 종종 중앙 신랑의 공간에 미치지 못하는 넓이였다. 자연스럽게 성가대석 밖으로, 그리고 대개 그 측면에서 신도들fideles의 공간이 시작되었다.

민중의 편에서: 독서대, 강론대, 촛대

성당의 제단 쪽 구역 또는 스콜라 칸토룸(성가대석)과 연결해 강론대가 세워졌다. 실제로 강론대는 1개 또는 2개가 있었는데, 왼쪽에 후진을 향해 있는 강론대는 복음서의 낭독에 할애되었으며, 오른쪽의 또 다른 강론대는 사도 서간의 낭독을 위한 것이었다. 아마도 12세기 초에 생겨난 것으로 보이며, 초대 그리스도교와 중세 전기의 건축물들과는 무관했을 가능성이 있는 2개의 독서대는 이미 전례 단계에서 명확해진 복음서와 사도 서간의 위계질서를 좀 더 직접적으로 느낄 수 있도록 하고자 하는 바람을 배제하지 않으면서도 사도 서간-중간 찬송-복음서 순환을 우아하고 엄숙하게 만듦으로써 미사의 집행에 극적인 효과를 부여한 것으로 보인다. 산 클레멘테 성당처럼 스콜라 칸토룸(성가대석)이 설치되어 있는 경우, 2개의 독서대는 그 울타리 안에 서로 마주 보고 세워졌다.

이탈리아 교회들이 채택한 다른 해법들

반면에 성가대를 위한 울타리가 없는 경우에 강론대는 산타 마리아 인 발레 포르 클라네타 성당 또는 그레초의 말구유를 묘사하고 있는 아시시의 프레스코화에서 볼 수 있는 것처럼 하나만 세워졌을 경우에 제단 쪽 벽에 바로 연결되었다. 그렇지만 강론대와 울타리가 완전히 독립되어 있는 경우도 있었다. 이것은 단 하나의 강론대가, 그것도 나무로 만들어진 강론대가 내진 밖에 세워진 몬테카시노 대수도원에서 벌어진 상황이었다. 유형론적인 면에서 로마에서는 2개의 경사면을 가진 독서대, 즉 서로 마주 보고 있는 2개의 계단에 난간 역할을 하는 2개의 삼각형 돌판이 측면에 위치하고, 그 위에는 단상이 세워져 있는 거대하고 높은 기초로 이루어진 독서대가 자리 잡았다. 로마와 인근 지역에 널리 전파되었던 이 유형은 로마의 산타 마리아 안티쿠아Santa Maria Antiqua 성당의 독서대와 베이오의 산 코르넬리오San Cornelio 성당의 독서대(로마, 중세전기박물관) 유물들뿐만 아니라 연간 제식祭式 규정서, 즉 전례 의식의 전개에 대한 모음집의 글들이 입증하듯이 초대 그리스도교와 중세 전기의 모델을 재현한 것으로 보인다. 2개의 경사면을 가진 독서대의 존재는 뒤이어 1180년경 만들어진 살레르노 대성당의 유명한 강론대들에서 발견할 수 있듯이, 기둥들 위에 네모난 칸막이를 올린 유형이 자리 잡은 캄파니아 지방에서도 12세기 전반까지 확인되었다. 단연코 가장 널리 전파된, 기둥들 위에 네모난 칸막이를 올린 유형은 상대적으로 강론대의 숫자가 다른 지역들보다 적게 남아 있으며 그 가운데 소수는 서사적이고 조형적인 조각 장식이 있던 풀리아 지방에서도 나타났다. 가장 오래된 강론대들은 11세기 중반에 활동했던 주교좌 성당 부제 아셉투스의 작업장과 관련이 있으며, 그중 가장 보존이 잘 이루어진 것은 카노사(바리) 대성당의 강론대다. 독서대가 특히 화려하게 나타난 곳은 아브루초였다. 아브루초의 중앙 지역에 집중된 독서대들은 제작자의 이름과 날짜가 들어 있기 때문에 귀중한 자료로서 충분한 가치를 지니고 있다. 아브루초의 강론대들은 크게 두 가지 부류로 구분할 수 있다. 하나는 1159년 니고데모Nicodemus에 의해 만들어진 모스쿠포(페스카라)의 산타 마리아 델 라고 Santa Maria del Lago 성당 강론대 같은 서사적인 장면을 담은 것이었으며, 다른 부류는 1176년경 카사우리아(페스카라)의 산 클레멘테 성당의 강론대에서 볼 수 있는 것처럼 주로 꽃문양으로 장식된 것들이었다.

로마의 코스마티들의 전례 비품

토스카나 지역은, 현재 칼리아리 대성당에 있지만 피사로부터 기원한 석공 장인 굴리엘모의 강론대처럼 서사적인 장식이 풍부하거나 피렌체의 산 미니아토 아 몬테

San Miniato a Monte 성당의 강론대같이 상감 세공이 이루어진 강론대들을 많이 보유하고 있다는 특징을 보여 주었다. 한편, 전례 비품의 진정한 제작자이자 사업가들로, 12세기 초부터 로마와 라치오 지역에서 주로 활동하며 대리석 가공에 종사했던 몇몇 가문들(이들 중 코스마Cosma라는 이름이 여러 차례 나타났다)을 가리키는 관례상의 명칭인 코스마티들Cosmati이 제작했던 일반적인 로마의 전례 비품들과 독서대는 별도로 논의할 가치가 충분하다. 종종 고대와 비교하며 영감을 받은 그들의 작품은 꼼꼼하고 세련된 기하학적 디자인을 만들어 내기 위해 흰색과 여러 가지 색의 대리석, 단단한 돌(특히 반암과 사문석蛇紋石), 유리판, 금을 사용한 장식을 특징으로 했다.

　호화롭게 장식된 웅장한 독서대는, 뫼즈 강 유역 금세공 유파의 뛰어난 최후의 제작자 베르됭의 니콜라(12세기)가 빈 인근의 클로스터노이부르크에서 1181년에 제작했던 독서대가 잘 보여 주듯이 알프스 너머에서도 만들어졌다. 1330년 이후 3개로 이어진 그림판으로 변형된 독서대는 신약 성경 장면에 이를 미리 예시했던 구약 성경의 두 장면을 이어 맞춘, 알프스 산맥 너머 지역에서 자주 나타났던 정교한 '유형론적인' 관계로 결합된 에나멜과 금을 칠한 판으로 화려하게 구성되었다.

　독서대 옆에는 부제가 그리스도 부활의 상징인 촛불을 엄숙하게 점화하는 의식　**촛대**
이 있던 성토요일 미사에서 절대적인 역할을 하던 부활절용 초를 위한 촛대가 자리 잡고 있었다. 부활절용 초를 받치기 위한 용도로 사용된 촛대들은 기둥 형태로 되어 있었으며, 주로 은이나 청동 또는 로마 대리석공들이 상감 세공한 기둥들처럼 대리석으로 만들어졌다. 반면에 제대의 촛대 또는 일반적으로 전례 의식에 사용된 촛대들은 초를 꽂기 위한 뾰족한 꼬챙이가 끝에 있고, 여러 개의 다리를 가진 몸체로 이루어졌다. 또한 꼬챙이가 2개 또는 그 이상, 심지어는 7개까지 되는 촛대들도 많이 보급되었다.

　전례 비품에는 당연히 세례대도 포함된다. 11세기와 12세기를 거치면서 리에주의 노트르담 성당을 위해 수도원장 헬리누스Hellinus(1107-1118)가 제작한 청동 세례대(현재 산 바르톨로메오San Bartolomeo 성당 소장) 또는 루카의 산 프레디아노San Frediano 성당(약 1150)의 세례대 같은 초대 그리스도교의 욕조들을 떠올리게 하는 웅장하고 거대한 다각형 욕조들과 함께 성수 살포를 통한 세례 덕분에 널리 확산된 조그만 구조물 또한 접할 수 있었다.

| 다음을 참고하라 |
시각예술 그리스도교 유럽의 새로운 신성한 공간의 생성과 발전(613쪽); 그리스 정교회의 신성한 공간(640쪽); 교회의 공간으로 들어가는 정문과 출입문(649쪽); (성직자와 평신도) 권력자들의 공간(656쪽); 유럽 그리스도교 교회의 구상미술 프로그램(모자이크, 회화, 조각, 스테인드글라스, 바닥, 서적)(660쪽); 그리스 정교회의 도상 프로그램(696쪽); 서방의 권력 표시(716쪽); 동방의 권력 표시(724쪽)

서방의 권력 표시

| 알레산드라 아콘치 |

서구 세계는 왕관과 망토, 홀笏과 같은 풍부한 중세 시대 권력의 상징들을 보유하고 있으며, 이러한 상징들의 귀중함과 기술적이고 양식적인 완벽함은 이들을 왕의 권력과 권위의 화려한 상징뿐만 아니라 진정한 문화적인 대상으로 만들었다. 그 대상에 의해 표현된 상징은 그 대상 자체보다 더한 가치를 지니게 되었는데, 이것은 왕관과 같은 귀중한 요소들을 교회의 보물창고나 수도원에 헌납했던 이유를 설명해 준다. 사치 규제의 대상이 되었던 예술 작품들은 해체되었다. 그렇게 분해된 귀중한 부품들은 성골함 같은 성스러운 물건들에 이용되었다.

권력 상징의 표현과 귀중함

사치 규제의 대상이 되었던 중세의 예술은 동방과 서방, 그리고 이슬람 세계의 장식 원리들이 지속적으로 유입되며 장려되었던 극도로 복잡한 가공을 통한 응용 예술 분야에서 기술적이고 양식적인 최상의 결과들을 축적했다. 중세에 사치스러움과 권력의 미학은 본질적으로 복합적인 문화를 모체로 하고 있었다. 이러한 미학은 궁중의 화려함, 귀족의 사치스러움, 전례용 의복의 엄숙한 격식을 반영했다. 어쨌든 군주의 검뿐만 아니라 주교장主敎杖(주교의 지팡이*)도 세속적인 왕족 예술의 결실이었다. 이 예술의 사회적인 역할은 이슬람 세계뿐만 아니라 그리스도교 왕국들에서도 군주를 신격화하는 데 있었다. 종종 그 대상에 의해 표현된 상징은 그 대상 자체보다 더한 가치를 지니게 되었는데, 이것은 왕관과 같은 귀중한 요소들을 교회의 보물창고나 수도원에 헌납했던 이유를 설명해 준다. 소재 특유의 귀중함은 제작된 작품에 권력의 상징과 숭배의 도구를 한데 엮어 아우르는 의미를 부여했다. 앞면에는 반짝이는 보석이 박혀 있으며, 뒷면에는 그리스도의 모습이 새겨진 제국의 왕관(빈, 미술사 박물관, 왕실 보물관) 위에 얹어 놓은 십자가가 그 예다. 신성한 운명의 창은 권력의 상징이었으며, 성골함은 숭배의 도구이기도 했다. 오토 1세(912-973, 962년부터 황제)는 이 창을 움켜쥐고 955년에 헝가리아인들을 무찔렀다. 황제들을 위해 사용된 것과 같은 예법을 통해 산티 코스마 에 다미아노Santi Cosma e Damiano로 불렸던 칼은 에센의 여수도원장들 앞에서 행해진 종교 행렬에도 함께했다. 이 칼에 새겨져 있는 상징들은 그것들을 숭배의 대상에 포함시키는 초자연적인 가치를 취했다. 하지만 군주의 즉위식을 정당화하는 기능을 가진 진정한 왕권의 표상regalia은 왕국의 중요한 행사 때 경의를 표하기 위한 다른 물건들과 구분할 필요가 있다.

왕관

권력으로의 진입을 상징하는 즉위식의 순간에는 숭고하고 엄숙한 전통적인 의미들이 부여되었다. 의식은 먼저 도유식과 제관식 이후에 홀과 검, 지팡이, 반지, 그리고 상징적인 구체의 수여가 이어졌으며, 옥좌에 오르는 것으로 끝을 맺었다. 예복을 입고 옥좌에 앉아 후광에 둘러싸여 있으며, 그들의 특성을 보여 주는 상징들을 갖춘 군주의 이미지는 구체적인 내용들이 많이 가미되어 있는 세밀화로 그려져 책에 삽입되어 엄청난 양의 도해들을 통해 전해졌다. 「오토 3세의 신격화Apoteosi di Ottone III」 (*Evangeliario di Liuthar*, Aquisgrana, Domschatzkammer, Inv. Nr. G. 25, f. 16r)로 잘 알려진 부제용 복음집의 한 장은 황제에 의해 실현된 세속적인 왕권과 영적인 권한 사이의 완벽한 연합을 의미 있게 보여 주었다. 그리스도의 전형인 마에스타(신, 그리스도, 성모가 정면으로 옥좌에 앉아 있는 그림*)의 도상적인 상징과 특성들을 이용함으로써 신의 손으로 관이 씌워지고 복음서 저자들의 상징과 함께 묘사된 황제는 빛나는 후광으로 둘러싸인 모습으로 표현되었다. 이 장면의 상징적인 심오한 반향은 신성로마 제국과 같은 왕국의 그리스도교적인 통치와 교회가 모든 신자들에게 요구했던 그리스도교적인 삶의 실현의 완벽한 집중에 대한 이상을 제안했던 오토 황제가 추구한 모든 현실의 성스러운 개념을 보여 주고 있다.

오토 3세의 화려한 대관식

　왕관은 특히 왕권의 표상이었다. 이것은 이미 랑고바르드 왕국의 장식품에 늘 등장하는 요소였다. 현존하는 가장 오래된 왕관은 훗날 봉헌 왕관(몬차, 두오모 박물관)으로도 사용되었던 일명 테오돌린다Teodolinda(?-628, 616년부터 권력을 유지)의 왕관

제국의 왕관

이었다. 백합 문양이 솟아오른 장식과 두 귀의 양옆으로 늘어뜨린 장식인 펜딜리아 pendilia, 머리 위 아치 모양으로 연결된 장식으로 이루어진 둥근 모양의 왕관들은 중세 전기 예술 관련 자료들에 자주 등장해서 잘 알려져 있다. 1043년에 사망해 슈파이어 성당에 묻힌 황후 지셀라Gisella의 왕관은 백합 문양이 솟아오른 장식으로 이루어진 둥근 왕관이었으며, 슈파이어 대성당을 위한 황제 하인리히 3세(1017-1056, 1046년부터 황제)의 『아우레우스 코덱스Codex Aureus』(자주색 물감으로 물들인 종이나 양피지에 황금색 글씨로 쓴 책을 가리킨다*)의 세밀화에서 황후인 푸아투의 아그네스 (1025-1077)가 썼던 왕관은 아치 모양 장식으로 이루어진 둥근 왕관이었다. 콩크의 생트푸아 수도원 성당[도판 4]의 옥좌에 앉은 마리아 상의 왕관(수도원 미술관)은 둥근 모양의 기본적인 요소와 백합 문양과 가로 아치로 이루어진 윗부분을 결합한 것이다. 산타 페데Santa Fede 대수도원의 조각상(10세기)은 툴루즈와 오베르뉴 지방, 그리고 그 인근 지역들에 뿌리내린 독특한 전통, 즉 종교 행사와 관련한 행렬 또는 심지어 전쟁에서도 수호용으로 소지했던 수호성인의 성골함 겸 조그만 조각상을 전체적으로 귀금속으로 치장하는 풍습을 반영한 것이다. 진주와 보석들이 촘촘히 박혀 있는 백합 문양 장식을 갖춘 둥근 왕관(에센, 뮌스터 보석박물관)은 아마도 983년에 아헨에서 3살이었던 황제 오토 3세(980-1002)가 사용한 것으로 보인다. 오토 왕조의 시대로 거슬러 올라가 우주의 상징적인 표시에 상응하는 것으로 여겨진 귀금속의 삽입물과 이마에 십자가가 장식되어 있으며 이마에서 목덜미까지 이어지는 금속 띠 모양의 아치로 이루어진 팔각형 왕관은 단 하나밖에 없는 독특한 모양을 보여 주었다. 왕관들을 분해하고 계량하거나, 아마도 1220년에서 1230년 사이로 거슬러 올라가 황제 프리드리히 2세(1194-1250, 1220년부터 황제)의 왕관에서 유래한 것으로 보이는 서로 교차하는 2개의 아치가 있는 성 엘리자베스의 성골함(스톡홀름, 스웨덴 역사박물관)처럼 왕관의 귀중한 부분들을 재활용하는 일은 매우 흔했다. 에나멜을 칠한 아치 모양 금속 띠와 11세기로 거슬러 올라가는 늘어뜨린 장식, 즉 펜딜리아로 이루어진 원형의 그리스 왕관과 사도들의 8개의 초상과 창조주의 모습을 담고 있는 십자가 모양을 이루기 위해 서로 교차하는 2개의 아치형 구조로 이루어진 고대 로마 왕관의 조합으로 탄생한 헝가리의 성스러운 왕관(부다페스트, 헝가리 국립박물관) 또한 변경된 것이다.

다른 권력의 상징들과 함께 왕관을 교회에 기증하는 풍습은 이미 8세기부터 확인되었다. 가톨릭 신앙을 지닌 왕의 자질에 대한 이론을 만들었던 랑고바르드의 왕 리우트프란드Liutprand(?-744, 712년부터 왕)는 금으로 만든 왕관을 성 베드로의 무덤에 공탁했다. 뒤이어 귀중한 왕관들을 (10세기 이탈리아의 왕 프로방스의 위그Hugues de Provence[약 880-947]가 빈의 산 마우리시오 대성당의 성골함에 기증한 경우처럼) 성골함이나 중요한 수도원에 기증하는 관습이 확립되었다.

홀과 검

위에 조그만 둥근 물체를 얹은 긴 지팡이baculus 또는 단장은 카롤링거와 오토 왕조의 군주들을 묘사한 도해에 등장했다. 이 지팡이는 황제 하인리히 2세(973-1024, 1014년부터 황제)의 『발췌서Libro delle Pericopi』(모나코, 바이에른 국립도서관, Clm 4452)에서는 황후 쿠네군다Cunegunda(?-1039)에게도 부여되었다. 비록 2개 모두 속성이 잘 알려져 있었고 카롤링거 왕가에서 사용 중이었지만, 긴 지팡이는 11세기부터 짧은 홀로 대체되었다. 가장 오래된 앵글로색슨의 홀은 서튼 후Sutton Hoo로부터 유래한 것(런던, 영국박물관)으로, 7세기의 절정기에 돌로 만들어졌으며 둥근 공 모양이 윗부분을 이루고 있었다. 카를 5세(1338-1380, 1364년부터 왕)를 위해 14세기에 만들어진 일명 카롤루스 대제의 홀(파리, 루브르 박물관)은 금으로 만들어졌으며, 진주와 보석들로 장식한 둥근 모양이 윗부분을 감싸고, 그 위에는 카롤루스 대제의 조형이 우뚝 솟아 있었다.

창槍은 10세기부터 독일 왕실 보물에 포함되었다. 이것은 부르고뉴의 왕 루돌프 2세Rudolf II(880-937)에 의해 도입되었으며, 그를 통해 오토 왕조와 살리 왕조의 황제들에게 전해졌다. 오토 1세는 당시 사람들이 마우리티우스 성인의 것이라고 믿었던 창을 전쟁에 지니고 나가 955년에 헝가리인들을 상대로 대승을 거두었다. 창이 갑작스럽게 명성을 얻은 것은 매우 특이하고 의미가 있었으며, 황제 하인리히 2세의 시대에는 자신의 창끝에 박아 넣은 징을 그리스도의 십자가와 동일시하기에 이르렀다. 이 창이 롱기누스Longinus가 그리스도의 옆구리를 찌른 창으로 여겨지면서 13세기부터 창의 명성은 절정을 맞이했다. 11세기부터 창은 귀중한 유물이 되어 제국의 십자가Reichskreuz의 양 날개에 삽입되었다.

독일 황제들의 신성한 창

창과 마찬가지로 검劍 또한 왕권과 권력의 특징적인 표식이 되었다. 12세기 중반경 황제의 제관식에 사용된 상징들에 이 검(예를 들어, 식물의 잎과 넝쿨 모양이 양각되어 있는 금으로 만든 에센의 오토 3세의 검〔뮌스터 보물박물관〕)을 집어넣음으로써 카롤링거 시대부터 지속된 하나의 전통(군주마다 각자의 검을 지니는)이 확립되었다. 『레겐스부르크의 성사집Sacramentarium di Ratisbona』(모나코, 바이에른 국립도서관, Clm 4456, f. 11r)의 한쪽 면 전체를 차지하는 세밀화에서 하인리히 2세의 서임식 장면은 왼손에 검을, 오른손에 지팡이를 높이 움켜쥐고 있는 왕의 모습을 나타냈다.

왕의 팔찌(아르밀라armilla)는 콩크의 조형상의 펼친 두 팔을 장식하고 있는 금선金線 세공과 보석으로 장식한 고리 모양으로 전해졌다. 이와 유사한 요소들은 힐데스하임 대성당에 보존된 성 오스왈드St. Oswald의 왕관을 조립하는 데 재사용되었다.

황제의 망토와 옷감

망토를 장식하는 성스러운 형상들

망토는 다른 어떤 것보다 군주의 몸에 하늘의 '봉인'을 찍은 왕의 장식품들 가운데 하나였으며, 중세의 직물은 조형적이고 우화적이거나 교육적인 성격의 장식품을 통해 '상징적인' 의복을 입으려는 열망을 드러냈다. 라벤나의 산 비탈레 성당 모자이크에서 황후 테오도라Theodora(?-548, 527년부터 황후)를 감싸고 있는 망토에는 〈동방박사의 경배〉가 수놓여 있었다. 크베들린부르크Quedlinburg 수도원의 여수도원장은 오토 3세가 로마의 산탈레시오Sant'Alessio 수도원에 기증한 망토에 종말의 계시를 수놓았다. 그리고 1031년에 스테파노 성인이 기증한 헝가리의 즉위식 망토는 자수로 종말론의 주제를 표현했다(부다페스트, 헝가리 국립박물관). 11세기에 보편적인 왕권에 대한 개념의 변화는 종교적인 힘을 통해 군주가 전해 준 조화로운 질서의 메시지와 함께, 그 개념의 원리를 지지하는 모든 형태의 메시지를 장려했다. 따라서 별의 상징 또는 이미 이란과 메소포타미아의 고대 예술에서 시도되었던 군주의 추상적인 이미지와 도상화의 모형, 문장紋章의 독특한 모티프들, 그리고 의식의 특성을 강조하는 주제들은 그 어떤 것보다 적합한 주제들이었음이 분명하다. 중세 유럽의 수도원과 교회들은 사산 왕조 페르시아 또는 그 인근의 이집트, 그리고 마케도니아 왕조 시대에 '사산 왕조 특유의' 비단을 생산했던 비잔티움으로부터 수입한 귀중한 직물 제품들을 보유하고 있었다.

'카롤루스 대제의 베일'

일명 '카롤루스 대제의 베일'은 오토 3세가 1000년에 카롤루스 대제의 무덤을 다시 개봉했을 때 그의 무덤에 놓아둔 상징적인 경의의 표현이었다(아헨, 대성당 보물관). 이것은 매우 단순하게 표현된 나무 앞에서 움직이고 있는 코끼리들과 함께 조그만 둥근 원(둥근 바퀴 모양 장식rotae)으로 꾸며진 비단이었다. 그리스어로 적힌 글은 이것이 콘스탄티노플 비잔티움 제국의 에르가스테리온ergasterion(직물 작업장)에서 만들어진 작품임을 밝혔다. 아내인 쿠네군다처럼 시성되었으며, 그녀와 함께 자신들이 세운 밤베르크 대성당에 묻힌 하인리히 2세는 예전에 카롤루스 2세 대머리왕(823-877, 875년부터 황제)이 생드니 대수도원에 기증했으며 '전 세계의 모든 지역에 대한 묘사Descriptio totius orbis terrarum'라고 불렸던, 제의祭衣 양식에 따라 바이에른 작업장에서 만들어진 (별들의 망토라는 이름의) 망토를 받았다. 별의 상징과 관련한 권력의 개념에 따라 별들의 동반자particeps siderum로 여겨진 군주에 대한 찬사로 가득 찬 헌사들을 사이에 두고, 우주의 상징으로 의복의 반원형 부분에 방사상으로 배치된 황도 십이궁의 상징들과 종교적인 주제들을 담고 있는 별들이 파란색 바탕에 금과 여러 색의 비단으로 수놓여 밤하늘의 별처럼 흩뿌려져 있었다. 수놓인 글씨에는 기증자인 풀리아의 공작 이스마엘Ismael의 이름도 있었다(밤베르크, 주교구박물관). 또한 1019년에서 1020년 사이에 '기사용 망토'라고 불렸던 두 번째 망토로 카롤루스 대제에 대한 경의를 표했다(밤베르크, 주교구박물관). 푸른색 비단 전체에 둥근 바퀴 모양 장식을 주제로 금으로 수놓았으며, 그 원 안에 말을 탄 군주의 이미지는 용기와 무류성無謬性(가톨릭 교회의 가르침은 오류가 없다는 의미*)의 개념과 밀접하게 연관된 영웅적인 사냥의 주제를 참조한 것이다. 이 2개의 망토는 모두 사산 왕조만의 전유물이었지만, 메소포타미아 세계에 그 기원을 두고 있는 연속적인 구성의 도식을 후세에 전해 주었다. 이러한 직물들의 주제가 보여 주는 고대의 성스러움에 대한 가치는 엄청난 명성에 대한 명확한 표시로 중세 서양에 남게 되었다.

황제의 옥좌

중세의 옥좌는 다리가 4개에 낮은 등받이가 있는 의자인 셀라 쿠룰리스sella curulis를 **고대의 영감** 비롯하여 운반을 위해 팔걸이가 달린 접이의자, 또는 콩크의 조형상에 표현된 마에스타(신, 그리스도, 마리아가 정면으로 옥좌에 앉아 있는 이미지)의 옥좌를 예로 들 수 있는 대관식의 닫집까지 장착한 발판과 팔걸이를 갖춘 진정한 의미의 옥좌solium 등 모양을 가리지 않고 모두 고대로부터 그 형태가 유래되었다. 8-9세기로 거슬러 올라가지만, 그 이후 여러 차례 보완을 거쳐 생드니 대수도원의 보물로 국고에 귀속되었으며 수도원장 쉬제르(1081-1151)에 의해 복원된, 청동에 금박을 입힌 〈다고베르트Dagobert의 옥좌〉는 로마의 X자형 접이식 대관 의자처럼 구성된 것이다(파리, 국립 도서관, 메달 박물관). 세밀화의 몇몇 식물 장식 머리글자와 매우 유사한 포도송이 모양을 특징으로 하는 (11세기 말의) 고슬라르에서 제작된 하인리히 4세(1050-1106, 1048-1105년에 황제)의 옥좌는 청동으로 만들어졌다. 일명 〈카롤루스 대제의 옥좌〉는 대리석 구조에 떡갈나무 재질의 좌석으로 되어 있었다(10세기, 아헨 대성당). 대리석 부조들은 노르만-시칠리아 왕국 궁정의 팔걸이가 달린 접이식 또는 상자 모양 옥좌들의 배경을 이루었다(몬레알레 대성당과 팔라티나 예배당).

노르만 보물들의 분산

이탈리아 남부 노르만 왕국의 작업장에서 만들어진 이동식 옥좌들은 그 수가 매우 제한적이다. 노르만 왕국의 보물은 윌리엄 1세(1120-1166, 1154년부터 황제)에 맞섰던 1161년의 봉기 기간 중에 약탈당했으며, 굴리엘모 2세(1153-1189)에 의해 재정비되었다가 루제로 2세(1095-1154)의 딸인 콘스탄차(1154-1198)와 결혼을 하게 됨으로써 이탈리아 남부 노르만 왕국을 물려받은 호엔슈타우펜 왕가의 하인리히 6세(1154-1197, 1191년부터 신성로마 제국 황제, 1194년부터 시칠리아와 풀리아의 왕)를 통해 (1194년에) 슈바벤의 소유로 넘어갔다. 또한 라인 강 유역 팔라티나의 트리펠스 Trifels 성으로 보물을 이전하는 과정에서 많은 것들이 분산되었다.

루제로 2세의 망토

(1130년부터 1154년까지 시칠리아를 통치했던) 루제로 2세의 망토[도판 16]는 1133년에서 1134년 사이에 팔레르모 왕궁의 작업장에서 만들어졌다. 망토는 곤충인 목슬로 염색한 밝은 빨간색 새마이트(비단)에 금실 자수와 비단, 진주, 클루아조네 기법으로 처리된 에나멜, 비틀어 꼰 금실을 이용한 세공, 끼워 넣은 보석으로 만들어졌다. 반원형 재단에 맞추어 망토에 전체적으로 활용되고 있는 조형적인 주제는 사산 왕조의 도식을 그대로 물려받은 이슬람의 축적된 조형 요소들로부터 기인했다. 생명의 나무를 뜻하는 양식화된 가는 종려나무로부터 늠름한 자태에 서로를 쏙 빼닮은 한 쌍의 사자가 서로 등지고 걸어 나와 자신의 낙타를 물리치는 구도였다. 망토의 테두리 장식은 클루아조네 기법으로 에나멜 처리된 마름모꼴의 조그만 판들과 교차로 나타나는 네 잎 모양 장식 모티프들의 가장자리에 진주를 꿴 줄들을 엮어 만든 띠로 구성되었다. 반면에 곡선의 테두리 부분을 따라서 1133년에서 1134년 사이에 해당되는 헤지라(이슬람 원년*) 528년이 적혀 있으며, 찬미를 표하는 어휘로 시칠리아의 수도에 자리 잡고 한창 성업 중이던 제작소인 히자낫 앗-티라즈hizanat at-tiraz, 즉 팔레르모에 설립된 아랍-이슬람 궁전의 제작소에서 만들어졌음을 가리키는 금으로

자수를 놓은 쿠픽 문자(오래된 이슬람식 서체 형태*)가 미끄러지듯이 써 있었다. 사자의 모습은 황도 12궁의 상징에 대한 명백한 인용으로 볼 수 있다. 또한 망토의 결합 부분의 양옆을 꾸미고 있는 양각 장식에는 클루아조네 기법으로 처리된 에나멜 바탕에 서로 교차하는 2개의 정사면체로 구성된 8개 꼭짓점의 별 문양이 두드러지게 표현되어 있다. 이것은 아마도 이미 서양과 동양 예술에서 널리 확산되었으며, 우주론적인 의미를 위해 그리스도교의 목록에 채택되었던 이란에 기원을 둔 고대의 모티프였다. 둥근 판은 금이었으며, 비틀어 꼰 금실을 이용한 세공과 보석으로 장식한 네 잎 모양 틀 안에는 에나멜 칠이 되어 있었다. 선線 세공으로 장식된 틀에는 망토의 붉은색 비단에 맞추기 위해 테오필루스가 『서로 다른 기예에 관하여De diversis artibus』에서 묘사했던 아랍 황금aurum Arabicum으로 보이는 붉은색 계열의 백금 합금이 사용되었다. 하지만 이 귀중한 휘장揮帳을 루제로 2세는 자신의 대관식(1130)에서 입을 수 없었다. 실제로 교황 에우제니오 3세(?-1153, 1145년부터 교황)는 1149년에야 노르만 출신의 시칠리아 왕과 후계자들에게 이 휘장을 서임식 때 의전용 복식으로 이용할 수 있는 특권을 수여했다. 그럼에도 불구하고 루제로는 (왕권을 상징하는) 홀과 왕관은 물론 팔찌와 반지, 그리고 고위 성직자가 특별한 의식에 입는 긴 망토인 코프와 특히 문제의 망토와 유사한 반원형 망토를 받았다. 13세기부터 루제로 2세의 망토는 왕과 신성로마 제국 황제들이 즉위식 때 착용하는 복식의 필수적인 요소를 이루었다. 신성로마 제국 황제와 독일의 왕, 시칠리아 왕국의 왕의 역할을 실현했던 마지막 인물인 슈바벤의 프리드리히 2세(1194-1250, 1220년부터 황제) 역시 1220년 로마에서 이 망토를 착용했을 가능성이 매우 크다.

　프리드리히 2세의 부인인 아라곤의 콘스탄차의 석관 내부에서 발견된 관冠은 챙 **콘스탄차의관** 이 없는 모자 형태의 왕관 유형 가운데 유일하게 남아 있는 예다(팔레르모, 성당 보물 박물관). 이 왕관은 카멜라우키온kamélaukion, 즉 비틀어 꼰 금실로 장식을 입히고 금박 처리된 은으로 만든 모자 틀 위에 여러 색의 에나멜로 세공한 얇은 쇠판들을 끼워 넣고, 진주로 촘촘하게 자수를 놓은 천으로 만든 2개의 띠가 교차되어 있는 모양이었다. 또 다양한 크기의 보석들이 관의 띠와 조각들에 수놓여 있었다. 아래쪽 테두리에는 얼굴을 감싸는 펜딜리아라는 긴 걸개 장식이 양쪽에 늘어져 있었다. 이 왕관은 콘스탄차가 사망한 해인 1220년에 제작되었는데, 프리드리히 2세가 1220년 11월 22일 로마에서 있었던 자신의 황제 즉위식에 사용한 뒤에 부인에게 경의를 표하기 위해 그녀의 석관에 안치했다는 설이 있다.

의전용 칼은 빈에 보존되어 있는 또 다른 제국의 상징이다. 칼집 입구에는 황제의 망토의 양각 장식을 꾸미고 있는 일반적인 네 잎 도안과 같은 문양이 새겨져 있었다. 하지만 금사 세공 기술에서 볼 수 있는 조잡함은 슈바벤의 이 모조품이 팔레르모의 작업장들과는 무관하다는 가정을 가능하게 해 준다.

| 다음을 참고하라 |
시각예술 그리스도교 유럽의 새로운 신성한 공간의 생성과 발전(613쪽); 그리스 정교회의 신성한 공간(640쪽); 교회의 공간으로 들어가는 정문과 출입문(649쪽); (성직자와 평신도) 권력자들의 공간(656쪽); 유럽 그리스도교 교회의 구상미술 프로그램(모자이크, 회화, 조각, 스테인드글라스, 바닥, 서적)(660쪽); 그리스 정교회의 도상 프로그램(696쪽); 교회의 의전 관련 비품들(제대 앞 장식, 교단, 제대 닫집, 강론대, 양초)(707쪽); 동방의 권력 표시(724쪽)

동방의 권력 표시

| 안드레아 파리베니 |

비잔티움 말기 왕조인 팔라이올로고스 왕조(1261-1453)의 점진적인 몰락과 마지막 왕들의 비극적인 최후는 동양에서 권력의 표상과 상징들이 사라지는 계기가 되었다. 이러한 손실을 부분적으로나마 보상했던 것은 역사 자료들과 찬사, 규정과 법령과 관련한 서적들이었다. 이것들로부터 동로마 제국 황제, 즉 바실레우스의 의복과 표상들에 대한 귀중한 자료들을 추출하고, 이를 황제의 힘과 능력을 공개적으로 보여 주기 위한 풍부한 상징들을 담고 있는 진귀한 직물들에 묘사된 이미지들과 사치 규제의 대상이 된 예술과 훌륭한 작품들 속에 산재해 있는 매력적인 표현들과 비교하는 것이 가능하다.

주요한 역사와 문학 자료

흥망성쇠를 되풀이하며 1100년 이상을 지속하여 거의 90명의 바실레우스를 배출했던 제국으로부터 권력의 표시와 상징들에 대한 상당한 이야기를 기대했을 수도 있다. 하지만 비잔티움에는 중세의 문턱을 뛰어넘어 제국 권력의 상징물로서 서양에 전해지고 화려함을 드러냈던 게르만과 슈바벤 왕가 황제들의 망토와 홀, 왕관과 견줄 만한 그 어떤 것도 없었다는 점을 분명히 알아야 한다. 아마도 팔라이올로고스 왕조의 점진적인 몰락과 마지막 왕들의 비극적인 최후가 이러한 표상들과 상징물들의 상실을 불러왔을 것으로 본다. 1453년 5월 29일 콘스탄티노플 함락의 마지막에 대한 이야기는, 위기의 순간에도 바실레우스가 결코 몸에서 떼어 낼 수 없었던 자신의 지위에 대한 명백한 표상인 독수리가 새겨진 자주색 구두와 금으로 수를 놓은 왕관, 혁대를 착용하고 있던 황제 콘스탄티누스 11세Constantinus XI(1405~1453, 1448년부터 황제)의 죽음과 함께 엄숙하게 자신의 몸에 상징을 두른 비잔티움 제국의 황제에 대한 마지막 모습들을 들려주었다.

이러한 손실을 부분적으로나마 보상해 준 것은 무엇보다 문헌 자료들이었다. 그 **문헌 자료들** 것은 주요한 활동 무대가 수도인 콘스탄티노플과 궁정이며 사건들의 주인공으로 황제와 그의 궁전이 등장하는 역사 자료들과 찬사, 황제를 칭송하기 위해 작성된 수사학적인 문학 작품들, 그리고 무엇보다 『비잔티움의 궁정 의례 규범De Caerimoniis aulae byzantinae』과 같은 기본서를 비롯하여 박식한 황제인 콘스탄티누스 7세Constantinus VII(905~959, 912년부터 황제)가 10세기 전반에 동시대뿐만 아니라 그 이전 시기의 관습과 풍속을 기록한 예법에 대한 학술서 등 규범과 관련한 문헌들이었다. 이러한 문헌들로부터 바실레우스가 다양한 의식에서 과시했던 의복과 표상들에 대한 귀중한 자료들을 추출하고, 이를 사치 규제의 대상이 된 예술(상아, 세밀화, 성화상, 에나멜)과 훌륭한 작품들(모자이크, 회화, 부조) 속에 산재해 있는 황제에 대한 매력적인 표현들과 비교하는 것이 가능해졌다.

비잔티움 제국의 직물

"우리가 다른 모든 나라들보다 문화적으로나 국가적인 부富에서 우위에 있으므로, **비잔티움의 화려한 비단들** 의복에서도 최고의 위치에 있는 것은 당연하다. 특별한 덕을 지닌 사람들은 그들이 입고 있는 옷 또한 특별히 아름다워야 한다." 콘스탄티노플 왕실의 고위 관리가 968년에 나름대로 장만한 소량의 자주색 비단을 가지고 자기 나라로 돌아가려 했던 대사 크레모나의 리우트프란드(약 920~972)에게 했던 이 말은 비잔티움에서 생산된 비단의 귀중함과 함께 특히 이 옷감에 부여된 관념적이고 관습적인 가치를 잘 드러내고 있다. 바실레우스와 그의 신하들이 성스럽게 등장하는 모습에서 화려한 의복과 직물의 역할이 『비잔티움 의전서De Caerimoniis』의 페이지마다 나타나 있었으며, 반면에 황실의 전유물인 (내부적인 교역이 엄격하게 통제되었던) 비단옷은 자주색 옷감의 수출을 금지했던 『도시 관리자의 책Libro dell'Eparca』(9세기 말)처럼 법률적-규정적인 문헌들에서 강조되었다. 이후 11세기와 12세기에 이르러 이탈리아 해양 도시국가들의 상업 중심지들이 콘스탄티노플에 뿌리를 내리면서 비단의 보유와 거래에 대한 비잔티움의 독점은 와해되기 시작했다. 하지만 지금까지 전해지고 있는 비잔티움의 모든 비단 표본들은 이미 고대에 서양에 도달했으며 특별한 존경을 받는 유해들을 감싸고 보관하기 위한 성체포로, 혹은 왕 또는 주교들을 매장할 때 얼굴에 씌우는 천으로 바로 재활용되었기 때문에 이들이 보존되었다는 사실은 엄격한 보호 무역주의 체제에 반하는 것이었다. 전파 경로는 외교 조약과 경제 협정 또는 정치적인 전략을 비준하기 위해 수행한 서양의 정치인을 비롯한 성직자들과 비잔티움 황실 사이의 예물 교환을 통한 것이었다. 카롤루스 대제의 무덤(아헨, 대성당 보물관)으로부터 유래한 조그만 원들 안에 코끼리들이 수놓여 있는 유명한 비단이 그 예인데, 1000년경에 이 비단을 무덤에 바친 사람은 오토 3세(980-1002, 983년부터 황제)였다. 장식 테두리를 두른 원 안에서 묘사의 대칭축 역할을 하는 생명의 나무 같은 식물적인 요소들과 문장紋章의 형상과 같은 자세를 취하는 동물들의 극히 단순화된 정형화는 동양의 제작품을 연상시키지만, 제1서기관 미켈레와 제우스 신전 욕장의 장長이었던 피에트로라는 이름을 명명한 기록은 이것이 제국의 진귀한 비단들이 제조되었던 작업장 가운데 하나인 대궁전과 면해 있는 오래된 목욕 시설 주변에서 제작된 것임을 확인시켜 주기 때문에, 콘스탄티노플을 생산지로 볼 수 있었다.

주교 군터의 직물 제명학題銘學과 관련한 또 다른 유용한 자료들은 바실리우스 2세(957-1025)와 콘스탄티누스 8세(960-1028)의 이름을 담고 있는 쾰른 교구박물관의 비단에 포함되어 있었다. 이러한 종류의 옷감을 위해 미리 정해져 있던 주제, 즉 상대방을 향해 위협적이면서도 굳게 결속된 자세로 마주 보고 있는 사자의 이미지는 힘과 단결을 강조하는 동시에, 기록에 등장하는 두 황제 부부를 은유적으로 암시했다. 하인리히 3세의 고문이었던 밤베르크의 주교 군터(1057-1065)가 콘스탄티노플에서 받은 것으로 비잔티움의 수도에서 돌아온 뒤 1065년에 사망했을 때 함께 매장된 것과 같은 직물들에는 제국의 사상이 미사여구를 곁들여 강조되어 표현되었다(밤베르크, 교구박물관). 엄청난 크기(220×210cm)로 광범위하게 복원된 이 밤베르크의 직물에는 양식화된 꽃 장식들을 포함하는 조그만 둥근 바퀴 장식들이 서로 연결되어 2개의 테두리 띠 사이에 강렬한 빛에 휩싸인 말을 탄 황제와 그 옆에서 각각 왕관과 깃 장식이 있는 투구를 그에게 바치는 2명의 여인의 이미지가 담겼다. 손상된 모습에서 분간할 수 있는 것으로는 황제가 푸른색 짧은 망토 위에 스카라만지온skaramangion이라는 자주색의 긴 소매 가운 같은 겉옷을 입고 있으며, 오른손에는 보석으로 장식한 군기를 들고 있다는 것이다. 이와 같은 화려함은 군마의 장식적인 마구馬具에도 나타났다. 비잔티움 사람들이 사치와 관련한 법의 규제 대상이 된 사산 왕조(5-7세기)의 화려한 예술 작품들에서 알게 되었고 『비잔티움 의전서』에서도 언급하고 있듯이, 오순절 월요일 행렬에서 황제가 타는 말을 위해 규정되어 있던 왕권의 상징인 매듭이 있는 자주색 리본이 이 군마의 꼬리와 다리에 매여 있었다. 여성으로 보이는 두 인물은, 비잔티움의 몇몇 자료에 의하면 황제 바실리우스 2세가 1019년에 불가리아인들을 상대로 거두었던 최후의 승리 이후에 개선을 축하했던 곳인 콘스탄티노플과 아테네 두 도시를 의인화한 것으로 보아야 할 것이다. 하지만 이러한 가정은 최근에 논란이 되었으며, 말을 탄 황제를 971년에 러시아와 불가리아에 대한 원정을 무사히 마치고 돌아온 황제 요하네스 1세 치미스케스Joannes I Tzimiskes로 볼 것을 제안하기도 했는데, 이는 요하네스 1세가 당시 2개의 왕관을 받았음을 암시하는 다른 자료에 기인한 것이다. 이러한 새로운 해석에 의하면, 성장을 하고 자주색 숄과 화려한 보석, 왕관으로 치장을 했던, 하지만 이와 전혀 어울리지 않게 맨발인 2명의 여인은 더 이상 도시의 번영과 운명을 지키는 수호신인 티케Tychai가 아니라 그들이 걸치고 있는 겉옷의 색깔인 녹색과 청색을 대표색으로 하는 파벌들에 대한 상징적인 묘사로 볼 수 있을 것이다.

아무래도 바실레우스의 초상은 상대적으로 직물에 자주 등장하지는 않았다. 그보다는 바실레우스의 힘과 능력을 공표하기 위한 상징적인 이미지들을 더 많이 이용했다. 널리 확산되고 이용되었던 이미지들 중 하나는, 각각의 열에 4마리의 독수리가 수놓여 있으며 길이가 2.36미터에 달했을 것으로 보이는 직물의 일부분으로, 오세르의 주교 성 게르마누스의 무덤에서 출토된 푸른색 바탕에 노란색의 넓은 (중세의 고급 견직물인) 새마이트에 묘사된 두 쌍의 독수리처럼 일반적인 문장의 자세를 취하고 있는 독수리였다. 독수리는 강력한 발톱을 발판 위에 올려놓고 있으며, 왼쪽으로 머리를 돌리고 정면을 향하고 있었다. 극도로 정교한 깃털의 재현은 동물들의 다양한 해부학적 부분들로 차별화된 주제에 따라 세분화되었으며, 직물의 화려하면서도 절

초상보다 상징적인 이미지들을 더 많이 이용하다

제된 우아함은 색채의 배합에 대한 교묘한 선택뿐만 아니라 적절하게 되풀이되는 다양한 장식 주제들을 제한적으로 현명하게 이용함으로써 확보할 수 있었다. 브레사노네의 직물 또한 자주색 바탕에 넓은 검은색 새마이트의 일부분이었다. 이것 역시 거대한 새들과 대형 꽃들을 병렬로 배치한 것뿐만 아니라 깃털의 장식적이고 섬세한 문양들을 오세르의 직물과 공유한 것이다. 두 직물에서 공통적인 것은 무엇보다 독수리가 부리에 물고 있던 펜던트가 달린 반지였다. 이것은 이미 고대에 분명하게 입증되었으며, 고대에 임신과 분만에 특별한 효험이 있다고 여겼던 독수리의 돌이라고도 불린 해산석aeties을 독수리가 부리에 물고 있거나 목에 걸고 있는 모습으로 그린 성화상의 주제를 일부 변경한 것이다. 따라서 이러한 직물이 황제의 지위에 오를 만한 인물의 탄생을 계기로 제작되었으며, 황제의 자녀들의 수태와 분만에 사용되었던 장소인 자주색 방Porphyra 같은 대궁전의 특별한 장소에 걸렸다는 것을 충분히 짐작할 수 있다.

독수리를 비롯하여 그리핀과 같은 상징적인 가치들을 담고 있는 동물들은 황제들과 다른 고관들의 의복에 나타났을 수도 있다. 현재 남아 있는 얼마 되지 않는 예들과 비교하여, 이에 대한 증거를 제공해 주는 것은 또 다시 문헌 자료들과 성화상의 자료들이었다. 문헌 자료들에서는 (12세기에 콘스탄티노플에서 높은 인기를 누린 서양의 오락이었던) 마상 시합 중에 황제 마누엘 1세 콤네누스(1118-1180, 1143년부터 황제)가 착용했던 정장들에 대한 묘사를 볼 수 있으며, 이 가운데 특히 등을 맞대고 다른 곳을 향하고 있는 그리핀을 포함한 원형의 이미지가 묘사되어 있는 옷이 눈에 띈다. 두 번째 부류의 자료들에는 요하네스 크리소스토무스의 설교를 포함하고 있는 서책의 상단에 위치한 세밀화에서 볼 수 있는 황제 니케포루스 3세 보타니아테스(1001/1002-1081, 1078년부터 황제)를 비롯하여 그의 궁정에 출입하는 사람들이 입고 자태를 뽐냈던 화려한 의복에 대한 성대한 묘사가 두드러진다(파리, 국립도서관, ms. Coislin 79).

왕관

보존된
2개의 왕관

14세기 초에 다시 조립되어 산 마르코 대성당의 보물고에 보존된 황제 레오 6세Leo VI (866-912, 886년부터 황제)의 왕관을 별개로 하면, 현재까지 남아 있는 비잔티움 왕국의 왕관은 2개다. 하나는 콘스탄티누스 9세 모노마쿠스(약 1000-1055)의 왕관이라고 잘 알려진 것으로, 이 역시 사실은 1861년과 1870년 사이에 슬로바키아의 농촌 마을인 니트라이반카에서 농사일을 하던 도중 우연히 발견되었으며 현재는 부다페스트 국립박물관에 보관되어 있는, 클루아조네 기법으로 에나멜 처리된 조그만 금 조각판들을 재조립한 결과물이었다. 발견된 방식을 비롯하여 새겨진 글귀에서 너무나도 확연하게 드러나는 철자와 문장 구성법상의 오류들은 몇몇 학자들이 이 작품의 진위 여부에 의심을 가지게 만들었다. 다른 학자들은 기술적인 특성과 조그만 조각판들을 고정하는 구멍들의 위치로 보아 이 조각들이 왕관의 깃 장식이라기보다는 허리띠 장식을 이루고 있었던 것임을 시사했다. 길이도 다르고 끝이 구부러져 있는 조그만 조각판들은 시나이의 산타 카테리나Santa Caterina 대수도원의 cod. 364 세밀화에서도 볼 수 있었던 콘스탄티누스 9세와 그의 부인인 조에(약 980-1050, 1042년부터 황후), 그리고 그녀의 여동생인 테오도라(약 981-1056, 1042년과 1055년에 황후)로 구성된 비잔티움 황제들과 그들이 거느리고 있는 2명의 무희들을 비롯하여 진실과 겸양을 의인화한 도상들을 중앙에 묘사하고 있었다. 이러한 모든 모습들은 날짐승들이 빽빽이 들어차 있는 꼬불꼬불한 포도송이 모양 장식으로 이루어진 마법에 휩싸인 것 같은 풍경 속에 담겨 있었으며, 황궁의 화려한 정원들 또는 좀 더 정확히 말해서 외국의 사절단이 보고서에서 놀란 어조로 들려주었을 뿐만 아니라 『비잔티움 의전서』에도 언급되어 있는 마그나우라Magnaura 궁전의 응접실에 설치된 움직이고 노래 부르는 새들로 이루어진 청동 자동 장치를 떠올리게 했다. 젊은 무희들은 이슬람을 떠올리게 하는 모습과 역할로 인해 특별한 호기심을 불러왔다. 그들의 역할은 황제를 찬양하는 무리들 사이에서 우아한 안무를 하는 여신들을 상징하는 것으로 이해해야만 한다. 이러한 은유는 웅변가들의 열변은 물론 황제의 성상화에도 자주 나타났다.

두 번째 왕관 역시 2000년 이후로 부다페스트의 하원에 보관 중인 성스러운 왕관을 구성하는 일부분이므로, 이 역시 헝가리와 관련이 있었다. 그리스의 왕관은 뒷부분에 황제 미카엘 7세 두카스Michael VII Ducas(약 1050-약 1090, 1071-1078년에 황제)의 모습을 담은 금속판이 있었으며, 이 금속판과 완벽한 축을 이루며 대칭을 보이는 앞면 중앙에 위치한 금속판에는 옥좌에 앉아 있는 그리스도의 모습이 묘사되어 있었다. 그리고 앞면 중앙 금속판의 양옆으로 금 바탕에 에나멜 처리된 사각 판들과 보석들을 끼워 넣은 사각 판들이 부착되어 있었으며, 그 상단에는 (성 소피아 대성당의 요하네스 2세의 모습이 그려진 유명한 모자이크에서 이레네가 쓰고 자태를 뽐냈던 왕

권력에 대한
비잔티움의
생각

관처럼) 원형과 삼각형 모양이 교차하는 에나멜 판들이 배열되어 있었다. 유기적이고 균형 잡힌 형상들의 배치로 인해 이 왕관은 이미지로나 개념적인 면에서 전 세계를 아우르는 신과 황제의 권력에 대한 비잔티움의 인식을 요약한 것이다. 범세계적 바실레우스panbasileus와 바실레우스는 같은 높이에 놓여 있었지만, 앞을 바라보는 자세와 옥좌에 앉아 있는 전체 모습의 묘사는 분명 첫 번째 자태에 더 큰 명예가 있음을 짐작할 수 있게 했다. 그리스도는 한 쌍의 대천사, 그리고 기적을 행하는 능력으로 인해 황제로부터 특별한 숭배를 받았던 성인 코스마Cosma와 다미아노Damiano, 군인들의 성인인 데메트리우스Demetrius와 게오르기우스로 형성된 일종의 호위 부대를 거느리고 있었다. 실제로 성 코스마와 성 다미아노는 비잔티움 황제권의 또 다른 표식에도 모습을 나타냈으며(베를린 국립미술관의 레오 6세의 홀), 황제 미카엘 4세(?-1041, 1034년부터 황제)는 그들을 기리기 위해 콘스탄티노플의 교외에 거대한 지성소를 건립했다. 한편, 미카엘 7세는 자신의 뒤쪽으로 아들인 콘스탄티누스, 그리고 군사적인 동맹을 체결하기 위해 비잔티움에서 보낸 (미래의 황제 니케포루스 보타니아테스의 조카인) 공주와 정략결혼을 했던 헝가리 왕 게저 1세(약 1044-1077)를 거느리고 있었다. 로마인들의 바실레우스와 '터키의 크랄(왕)'이 각각 손에 들고 있던 칼은 이러한 동맹을 암시했다. 따라서 실제로 둘 사이의 위계의 차이를 지적하는 표기법에 따라 미카엘과 게저는 이러한 방식으로 정의되었다. 반면에 궁정의 삶뿐만 아니라 세계 전체의 생활 방식을 규정하는 질서taxis에 대한 표현은 모든 등장인물이 신으로부터 지상에 있는 대리인에게 전달되어 나름대로 모든 백성들에게 합법적으로 행사된 권력을 상징하는 황제와 그리스도의 성화상이라는 2개의 주요한 요소를 향해 시선을 향하고 있는 모습으로 묘사되었는데, 이는 두 권력의 균형을 상징하기 위해 미리 계산된 것이었다.

| 다음을 참고하라 |

시각예술 그리스도교 유럽의 새로운 신성한 공간의 생성과 발전(613쪽); 그리스 정교회의 신성한 공간(640쪽); 교회의 공간으로 들어가는 정문과 출입문(649쪽); (성직자와 평신도) 권력자들의 공간(656쪽); 유럽 그리스도교 교회의 구상미술 프로그램(모자이크, 회화, 조각, 스테인드글라스, 바닥, 서적)(660쪽); 그리스 정교회의 도상 프로그램(696쪽); 교회의 의전 관련 비품들(제대 앞 장식, 교단, 제대 닫집, 강론대, 양초)(707쪽); 서방의 권력 표시(716쪽)

영토와 도시

ARTI VISIVE

콘스탄티노플의 성 소피아 대성당

| 프란체스카 차고 |

콘스탄티노플의 성 소피아 대성당(교회력의 주요한 축일에 총대주교와 황제의 동반 참석을
규정하는 특별한 전례를 집전하던 제국의 교회) 내부에 있는 모자이크 패널들에 대한
해석은 군주의 대표적인 역할을 이해할 수 있도록 해 주었다. 이들 가운데 마케도니아
시대에 속하는 모자이크와 콤네노스 왕조와 관련이 있는 모자이크의 이미지는 동일한
성화상의 도식에 따라 재구성되었으며, 도식화된 얼굴들은 엄격하고 금욕적인 표정을
취하고 있었다. 군주는 왕권의 상징들을 몸에 두르고 있었으며, 지상의 주님이라는
제도화된 공식적인 이미지가 되었다.

비잔티움의 의례와 성 소피아 대성당의 모자이크

콘스탄티노플의 성 소피아 대성당은 이 도시의 총대주교를 위한 가장 큰 교회Megale 의례의 해석
Ekklesia로서 이 도시의 주교좌 교회였을 뿐만 아니라 황제의 교회로, 교회력의 주요
한 축일에 총대주교와 황제의 동반 참석을 규정하는 특별한 전례를 집전함으로써
예배를 드리는 장소 안에 궁정 의례의 개입을 수용한 곳이었다. 군주는 왕권의 상
징들을 몸에 두르고, 창조주의 특성과 덕목을 취함으로써 지상의 주님이라는 제도
화된 공식적인 이미지가 되었다. 마케도니아 왕조 출신의 황제 콘스탄티누스 7세
(905-959, 912년부터 황제)가 저술한 『비잔티움 궁정 의식에 관하여De ceremoniis Aulae

Byzantinae』 같은 자료로부터 궁정 의식에 따라 군주와 그의 모든 수행원들은 보통 몇몇 학자들이 황제를 위한 공간인 메타토리온metatorion이라고 확인한 성 소피아 대성당 남쪽 회랑의 그들만을 위한 공간에서 전례를 수행했다는 것을 알 수 있다. 지금도 남쪽 회랑의 동쪽 벽면에서 감상할 수 있는 모자이크 패널들은 비잔티움의 전례에 대한 첫 번째 해석에 이르기 위한 수단이다. 이 모자이크들을 명확히 구별하는 연대의 차이에도 불구하고 두 부류의 모자이크들은 인류애philanthropia라는 주제를 다루면서 황제의 덕행의 영속성의 표시로서 동일한 성화상 도식을 채택했다.

바라볼 때 왼쪽에 위치한 모자이크는 마케도니아 시대 말기 콘스탄티노플의 모자이크 장식에 속했다. 콘스탄티누스 9세 모노마쿠스 황제(약 1000-1055)와 황후 조에(약 980-1050, 1042년부터 황후)는 위대한 교회를 위해 공물을 바치며, 옥좌에 앉아 축복을 내리는 그리스도를 바라보고 있다. 콘스탄티누스는 주님께 (약 3킬로그램의 금이 들어 있는 자루인) 아포콤비온apokombion을 건네고 있으며, 황후는 아마도 자신의 기증품 목록 또는 성 소피아 교회에 수여한 특권들이 나열되어 있을 양피지를 보여주고 있다. 이들의 얼굴에서 예전 이미지들을 대체하며 생겨난, 모자이크 조직의 변형을 간직한 흔적을 관찰할 수 있다. 기록 말살형damnatio memoriae 또는 시각적인 공간에 대한 단순한 도용으로 포르피로게니투스Porphyrogenitus(자주색 방에서 태어난 황위 계승자) 출신의 최초의 두 성인들 가운데 한 명의 얼굴로 대체된 것이 분명한 콘스탄티누스의 경우는 그 당시에 이러한 이미지들이 가질 수 있었던 관념적인 힘에 대한 중요한 예였다. 반면에 조에 황후와 그리스도 얼굴의 변형의 이유에 대해서는 논쟁이 있었다.

자태의 위엄과 엄격한 모습

이들 황제 부부는 비잔티움 궁정의 관례에 따라 (로로스loros가 그리스도의 죽음과 부활을 상징하는 수의를 암시했기 때문에 특히 부활절과 오순절에 착용했던) 금박을 입히고 진주와 보석으로 장식한 로로스와 디비티시온divitision을 착용하고 있었으며, 또한 제국 궁정의 화려함을 반영한 상자형 보닛과 비슷한 머리 장식인 카멜라우키온kameláukion과 모디올로스modíolos를 쓰고 있었다. 그 구성은 장중한 구조를 보이고 있으며, 자세의 엄격함은 전통적으로 처리된 초상화들에도 반영되어 있는 것으로 보인다. 예를 들어, 그녀의 세 번째 결혼식 때 64세였던 조에는 세월의 힘을 전혀 느낄 수 없는 매력적인 젊은 여인으로 묘사되었다. 또한 콘스탄티누스의 얼굴에서도 그의 개인적인 특성들뿐만 아니라 그리스도의 모습과 유사한 근엄한 표정을 비롯하여 힘과 박력의 명확한 이상이 드러나 있다. 영적인 사상이 결정적인 우위를 보였고, 자태는 추상적인 모습을 취하게 되었으며, 엄격하고 금욕적인 표정의 얼굴은 윤곽선에서 강력한 양식화를 보여 주었다. 이와 관련한 특성은 둥근 모양을 강조하기 위해 곡선을 이용한 광대뼈 작업에 잘 나타나 있다. 색감은 초기 성상 파괴 운동이전 시대의 전형인 인상주의적 색조의 변화를 상실했고, 에나멜로 처리된 귀중한 합금들과 유사하게 매우 치밀하고 짙었다. 12세기와 콤네노스 왕조와 관련이 있는 새로운 조형예술의 풍토는 역시 신에게 바친 봉헌물인 또 다른 모자이크 패널(1118)과 함께 새로운 시대를 열었다. 아기 예수를 안고 있는 성모 마리아는 요하네스 2세 콤네노스(1087-1143)와 그의 배우자이자 헝가리 왕 라디슬라오의 딸인 이레네를 양옆에 거느리고 있었고, 이 두 인물은 각각 그들의 선조들의 봉헌물을 내놓았다. 이들 부부는 이전의 모자이크에 나타났던 제국의 상징들을 그대로 다시 보여 주었는데, 이는 제국 궁정의 이미지에 대한 의례가 매우 엄격함을 입증하는 것이다. 인근에 위치한 기둥의 측면에는 1122년에 요하네스가 공동 황제로 지명했던 그의 아들 알렉시우스의 초상이 추가되었다. 정면을 바라보고 있는 배치는 신성함을 불러왔을 뿐만 아니라, 엄숙하고 초연한 기품이 움직임이 없는 그들의 온몸에서 느껴졌다. 이번에도 작품 전반을 지배하는 요소는 추상적이고 정형화된 가는 선이었으며, 이것은 특히 숙달된 필치의 가는 소묘를 통해 황제의 얼굴의 홍조를 평평하고 섬세하며 선으로 이루어진 형태로 강조함으로써 이 모자이크 패널에서 부피감을 상쇄했다. 반면에 성모 마리아와 아기 예수의 얼굴에는 집중적으로 인간적인 면을 부여함으로써 동글동글한 인상을 주려는 시도가 있었다.

특히 높은 수준을 보여 준 것은 황제의 모자이크 패널에서 얼마 떨어지지 않은 곳의 남쪽 회랑 서쪽 벽에 초벌 작업된 간구의 기도인 데에시스를 포함하고 있는 모자이크였다. 체팔루 대성당 후진에 위치한 모자이크들(1148)을 비롯하여 12세기 전반 블라디미르의 성모 성화상과의 비교를 바탕으로 콤네노스 왕조 시대의 예술적인 과정이 성숙한 결실을 맺었다고 생각할 수 있는 이 모자이크 패널은 아마도 1261년 이후 13세기 후반으로 제작 시기를 산정할 수 있을 것이다. 이 시기에 이 작품은 새로운 지배 왕조인 팔라이올로고스 왕조의 헌신적인 행위로서, 그리고 라틴인들로부터 이 도시를 재탈환하게 된 것에 대한 감사의 표시로 이해할 수 있을 것이다. 이 패널은 팔라이올로고스 왕조의 새로운 예술적 경향을 여는 역할을 맡았다. 한편으로는

데에시스를 포함하는 모자이크

그리스도의 모습에서 또는 금 바탕의 반월형 작은 방패의 주제에서 볼 수 있는 것처럼 고대의 모델이 부활했으며, 다른 한편으로는 콤네노스 왕조의 위대한 고전주의 모델들에 주의를 기울이고 색과 디자인에 영향을 주었으며 매우 세련되고 혁신적인 결과들을 얻어냈다. 성모와 세례자 성 요한의 그리스도를 향한 중재기도를 묘사하고 있는 구성은 여유롭고 조화롭게 다루어졌으며, 축복을 내리는 그리스도의 연민과 같은 절제된 페이소스와 하느님의 어머니Theotokos를 비롯한 선구자(프로드로모스 Prodromos)의 인간적인 미를 감지할 수 있을 정도로 매우 섬세하게 세공된 이들의 얼굴에서는 후기 비잔티움 왕조 시대의 심오한 정신적 경향이 드러나 있다. 그림자에서는 그윽한 투명함을 느낄 수 있고, 빛으로부터 어둠에 이르는 추이는 시각적으로 거의 포착할 수 없으며, 연한 색감의 흰색과 분홍색 조직은 주로 빛이 있는 구역에 활용되었다. 모자이크 제작자들은 보색을 통해 의복의 기본색을 더욱 풍요롭게 만들었는데, 이 덕분에 색감은 영묘한 경쾌함과 독특한 부드러움을 얻게 되었다. 또한 금색 바탕은 세 인물의 형상을 하늘의 밝은 빛으로 감싸며, 시공을 초월한 자태를 만들어 내는 데 기여했다.

| 다음을 참고하라 |
역사 십자군 원정과 예루살렘 왕국(51쪽)
시각예술 그리스도교 유럽의 새로운 신성한 공간의 생성과 발전(613쪽); 그리스 정교회의 신성한 공간(640쪽); (성직자와 평신도) 권력자들의 공간(656쪽); 그리스 정교회의 도상 프로그램(696쪽); 비잔티움과 서방 교회(테오파노, 몬테카시노의 데시데리우스, 클뤼니, 베네치아, 시칠리아)(773쪽)

루스족: 키예프, 노브고로드, 블라디미르
| 프란체스카 차고 |

988년 키예프의 군주 블라디미르 1세는 그리스도교로 개종했으며, 그리스 정교를 국교로 삼았다. 이때부터 루스 지역에서 비잔티움의 모든 문화는 엄청난 영향력을 행사하기 시작했으며, 특히 건축은 비잔티움 전통의 고유한 양식과 유형의 영향을 많이 받았다. 12세기 말 키예프 공국의 몰락과 봉건제의 붕괴에도 불구하고, 위대한 문화적 전통은 새로운 노브고로드 공국과 블라디미르-수즈달 공국의 건축가들과 예술가들에 의해 수용되었으며, 이렇게 받아들인 요소들은 이들의 새로운 작품에 활용되었다.

비잔티움이 루스에 미친 영향

"우리는 천상에 있는지 지상에 있는지 알 수 없었다. 지상에는 이렇게 아름답고 화려
한 곳이 없었기 때문에 우리는 말로 이것을 표현할 수 없다. 단지 신께서 여기 인간
들 사이에 살고 계시다는 것만 알 수 있을 뿐이다." 이것은 987년 키예프의 군주 블
라디미르 1세 스비야토슬라비치Vladimir I Svjatoslavič(약 956–1015, 약 980년부터 왕)가
그리스 신앙을 검토하려는 목적으로 콘스탄티노플에 파견한 사절단이 성 소피아 대
성당에서 펼쳐진 비잔티움 의례의 화려함에 대한 인상을 옮겨 놓은 것이다. 비잔티
움 황제 가문과 맺은 관계 덕분에 988년 루스의 군주 블라디미르 1세는 그리스도교
로 개종했으며, 그리스 정교를 국교로 삼았다. 이때부터 비잔티움은 루스에서 광범
위한 종교적·문화적·정치적인 영향력을 행사하기 시작했다. 블라디미르 1세는 '모
든 러시아 도시들의 어머니'인 키예프에 콘스탄티노플의 숙련공들과 건축가들, 화
가들을 합류시킴으로써 비잔티움 전통의 고유한 장식적인 수단들과 양식, 유형, 기
술들을 전해 주었다. 989년에 실제로 성모 마리아에게 봉헌되었으며 대공들의 소득
의 10분의 1을 교회에 바쳐야 하기 때문에 십일조 교회chiesa della Decima라고 잘 알려
진 이 교회를 건축하고 장식하기 위해 군주는 그리스의 숙련공들을 채용했다(이 교
회는 1240년에 붕괴되었다). 1037년 블라디미르의 아들인 현자 야로슬라프(978-1054)
의 시대에 루스의 수도의 주교좌 성당으로 둥근 지붕과 정사각형에 내접하는 그리스
식 십자가 모양으로 이루어진 성 소피아 대성당이 건립되었다.

첫 번째 축성식이 있던 1046년에 성 소피아 성당은 루스의 복음화에 대한 정신적
인 태도를 가장 잘 나타내며 그리스도의 구원과 관련한 활동 전반을 상기시키는 모
자이크로 제단 쪽 장식을 완성했다. 반면에 중앙의 신랑과 익랑, 회랑의 프레스코화
들은 중앙 신랑에 위치한 가문의 초상화를 비롯한 야로슬라프와 관련한 일화들과 복
음 일화들에 대한 묘사를 통해 교훈적인 의도를 분명히 보여 주었다. 이 작업에는 비
잔티움의 숙련된 작업자들이 지역 조력자들의 도움을 받으며 참여했는데, 고풍스러
움이 특히 강조되었던 표현에서는 키예프의 모자이크에 11세기 초 호시오스 로우
카스의 그리스 모자이크를 떠올리게 하는 요소들을 많이 가미했던 반면, 프레스코
화에서는 오크리다의 성 소피아 대성당 프레스코화들과 많은 유사점들이 발견되었
다. 1061년과 1067년 사이에 두 번째 축성식을 위해서 대부분 루스인들로 이루어진
장인들이 양 측면의 신랑들을 프레스코화로 장식했다. 그리고 마지막으로 대공 블

라디미르 2세 모노마흐Vladimir II Monomakh(1053-1125, 1113년부터 왕)의 시대에 세례 당과 외부 회랑이 장식되었으며, 호화로운 후진들과 연결된 2개의 탑에서 볼 수 있 는 콘스탄티노플의 마상 시합장에서 펼쳐진 오락과 의전 장면들은 루스의 대공의 권 위에 대한 찬미와 매우 잘 맞아떨어졌다. 현재 그 잔해들인 성 소피아 대성당 인근에 남아 있는 대천사 미카엘 성당chiesa dell'Arcangelo Michele의 모자이크들(약 1112)은 루 스 지역의 모자이크 예술에 대한 마지막 증거 자료다. 숙련된 콘스탄티노플 장인과 지역 장인들에 의한 성찬식의 자유로운 구성은 선을 강조한 사도들의 묘사를 통해 12세기의 기념비적인 프레스코화들을 생생하게 재현했지만, 동시에 11세기 말 다프 니Daphni 수도원의 조화롭고 균형 잡힌 작품들에 대한 기억을 간직하고 있다.

노브고로드와 블라디미르 공국으로부터 물려받은 문화적 전통

강한 외부적인 압박이 봉건제를 붕괴시키고 12세기 말 키예프를 몰락에 이르게 했 음에도 불구하고 위대한 문화적인 전통은 새로운 노브고로드와 블라디미르-수즈달 공국의 건축가들과 예술가들에 의해 수용되었다. 이렇게 얻은 요소들은 이들의 새 로운 작품에 활용되었다. 12세기 전반 노브고로드의 훌륭한 회화 작품들은 키예프 의 수도에 있는 같은 이름의 성당을 모델로 건축한 성 소피아 대성당에 그려진 것으 로, 그 웅장함과 간결함, 견고함에서 키예프의 궁정 양식을 떠올리게 하는 1108년 의 프레스코화들부터 '새로운 도시' 노브고로드가 로마 예술과 서양과 맺고 있던 활 발한 관계를 입증하는 산탄토니오Sant'Antonio 대수도원의 성모 탄생 교회cattedrale della Nativitá에 제작된 1125년의 프레스코화들에 이르기까지 엄청나게 다양한 양식들을 보여 주었다. 이와 함께 12세기 후반부터 특히 비잔티움과의 관계가 완전히 단절되 었던 13세기에 번영을 누린 지역 화가 양성 학교는 무게감 있는 윤곽선과 활기 넘치 는 필치를 특징으로 하는 얼굴 모습을 보여 주는 성 소피아 성당의 데에시스와 비잔 티움화된 간결한 경향들이 현실적이고 풍부한 표현력의 '민족적인' 양식과 함께 나 타났던 스타라야 라도가의 성 게오르크 성당에 설치한 1167년의 프레스코화 작업에 도 참여했다. 또한 노브고로드의 예술가들은 최후의 심판의 위엄과 웅장함, 풍부한 표현력 속에서 루스 지역 그리스도교 사상의 엄격한 풍조를 반영한 네레디차 언덕 의 구세주 성당chiesa del Salvatore(1199)의 지금은 사라진 회화 장식이 입증했던 것처 럼 (비잔티움 예술, 동방의 그리스도교 예술, 로마네스크 예술 같은) 외국 문화로부터 얻은 모든 요소들을 새롭게 바꾸는 능력이 뛰어났다. 블라디미르-수즈달의 대공 프세볼로트 유리예비치Vsevolod Jurevic(1154-1212)에 의해 1194년에서 1197년 사이에 세워진 성 드미트리의 왕궁 대성당의 회화 작품들은 루스인들과 그리스인들의 예술적인 협력을 증명했을 뿐만 아니라 루스 숙련공들이 비잔티움의 유산을 어느 방향으로 새롭게 변화시켰는지를 명확히 해 주었다.

〈최후의 심판〉에 등장하는 사도들은 노골적으로 그리스화가 이루어져 자연스럽고 자유로운 자세를 보였고, 의상의 주름들은 유려했으며, 거의 초상화 작법과 다름없는 방식으로 묘사된 얼굴은 영적인 심오함과 풍부한 표현력을 보여 주었다. 비잔티움의 규범을 다소 완화시킴으로써 이곳의 화가들은 전통적인 형태 속에 서서히 순수한 '민족적인' 특성들을 확립하기 시작했으며, 천사들의 얼굴과 연인들의 의복 또한 그리스의 우아함과 지나친 섬세함을 벗어나 전형적인 슬라브족 문화의 특성을 지닌 세속적이고 자유로운 예술을 지향했다. 14세기와 15세기에 모스크바의 군주들은 비잔티움과 발칸 반도와의 문화적인 관계를 단절시키며 1223년부터 (노브고로드를 예외로 하는) 광활한 루스 땅을 굴복시킨 타타르족의 침략으로 입증된 확고한 민족적 실체의 요람인 블라디미르-수즈달 공국의 문화에서 힘과 독립을 누리던 12세기에 탄생한 위대한 기념물들로부터 영감을 얻었다.

덜 추상적이고 민족적인 특성이 가미된 예술

| 다음을 참고하라 |
시각예술 그리스도교 유럽의 새로운 신성한 공간의 생성과 발전(613쪽); 그리스 정교회의 신성한 공간(640쪽); (성직자와 평신도) 권력자들의 공간(656쪽)

독일: 힐데스하임, 쾰른, 슈파이어
| 루이지 카를로 스키아비 |

오토 왕조의 예술이라는 이름으로 10세기와 11세기 독일 지역에서 볼 수 있었던 예술의 번영은 쾰른의 주교 브루노Bruno와 힐데스하임의 베르나르두스, 파더보른의 마인베르크Meinwerk 같은 궁정과 긴밀한 관계를 유지하던 추기경들인 고위층 의뢰인들의 눈부신 활약과 관련이 있었다. 힐데스하임에서 이러한 경향이 가장 잘 드러나 있는 건축물은, 마주하는 익랑에 의한 양극의 명확한 구분과

지하 소예배당을 갖춘 성당 서쪽의 엄청난 크기의 내진-후진을 특징으로 하는 성 미하엘
성당이었다. 쾰른에서는 브루노로부터 의뢰를 받았으나 1000년 이후
첫 번째 베스트베르크를 새롭고 더 거대한 서쪽 구역과 대체함으로써 변형시킨
성 판탈레온 성당과 11세기 중반 콘라트 2세에 의해 착수되었으며 11세기 말경에
둥근 천장의 도입과 함께 변형된 슈파이어 대성당과 함께 유럽 로마네스크 양식의
발전에서 혁신적이고 현대화된 독일의 예를 만들었던, 주보랑을 갖춘
테트라콘치를 특징으로 하는 산타 마리아 임 카피톨 성당을 살펴보아야 한다.

힐데스하임

베르나르두스의 묘지 베르나르두스(약 960-1022)는 993년부터 그가 사망한 1022년까지 힐데스하임 대
성당의 주교를 지냈다. 황후 테오파노(약 955-991, 973-983년에 황후)의 궁정 예배당
사제이자 황제 오토 3세(980-1002, 983년부터 황제)의 개인 교사를 지냈던 이 인물은
1010년에 건축이 시작된 교구 최초의 베네딕투스 수도원인 성 미하엘 성당을 창설
했다. 수세기 동안 여러 차례 전면적인 보수가 이루어졌으며, 1945년에 폭격을 맞
은 이후에 복원을 거쳤던 이 건축물의 축성식은 1033년이었다. 성당의 도면은, 1개
의 정사각형 각주角柱와 2개 지주의 세 가지 요소가 번갈아 나타나는 조합을 특징으
로 한다. 그리고 3개의 신랑으로 이루어진 세로 방향 본체의 동쪽과 서쪽에 동일한
모양으로 돌출된 2개의 익랑들에 바탕을 두고 구성되었다. 동쪽 익랑의 끝부분에는
3개의 후진이 설치되었으며, 이 가운데 가장 큰 후진 앞에는 경간經間을 이루는 홍문
虹門이 위치했다. 깊이 들어가 있는 후진이 이 수도원의 가장 중요한 2개의 제대, 즉
익랑과의 교차점을 향해 있는 구세주의 제대와 구석에 위치한 성 미하엘의 제대가
설치되어 있는 높은 위치의 내진을 수용하는 서쪽 구역 공간에 대한 해결책은 더욱
매력적이었다. 그 아래로는 성당의 바닥과 거의 같은 층에 위치한 3개의 신랑으로
이루어진 지하 소예배당이 펼쳐져 있었다. 성모 마리아의 제대가 설치되어 있고 주
보랑으로 둘러싸인 이 지하 예배당은 곧바로 베르나르두스의 매장을 위한 장소로 설
계되었다. 대칭을 이루고 있는 익랑의 양쪽 구조물이 전례에 이용되었다는 사실에
주의를 기울일 필요가 있다. 양쪽 구조물의 각각의 선단부는 실제로 지상층의 십자
형 반원형 천장이 있는 2개의 경간 위에 올린 2개의 회랑으로 이어져 있었다. 익랑의
양 측면에 계단이 설치된 원통형 탑을 통해 진입했던 이 회랑들에는 또 다른 제2의

제대들이 설치되어 있었다. 외부에서 볼 때 동쪽과 서쪽으로 계단이 설치된 원통형 두 탑과 익랑의 좌우 구조물, 십자형의 반원형 천장으로 이루어진 정방형 경간 위로 돌출된 탑들의 동일한 크기와 모양은 설계도의 양극성을 명확하게 보여 주었다. 이 성당에 대한 평가는 베르나르두스에 의해 실현된 2개의 뛰어난 예술 작품에 대한 평가를 통해 완성할 수 있을 것이다. 하나는 두 문짝에 그들 사이의 유형론적인 관계를 이루며 배치되어 있는 신약과 구약의 이야기들을 담은 높은 돋을새김 판들로 이루어 졌으며, 이는 현재 대성당의 서쪽 정문에 설치되어 있는 청동 대문이다. 다른 하나는 베르나르두스가 1001년 오토 3세의 로마 궁정에서 체류했기 때문에 잘 알고 있었던 마르쿠스 아우렐리우스Marcus Aurelius와 트라야누스 황제의 고대 로마 개선문 원주들에 바탕을 두고 기둥 주위에 나선형으로 배치하여 부조로 묘사한 그리스도의 삶을 담은, 오토 왕조 시대의 혁신을 상징하는 최고의 표현들 중 하나인 청동 지주다. 반면에 카롤링거 왕조 시대의 대성당(851-874) 서쪽 구역의 재정비에 대해서는 알려진 것이 거의 없다. 발굴된 증거들에 의하면, 베르나르두스 이전에 건축된 지하 예배당을 갖춘 주요한 내진의 맞은편에 위치한 제2의 내진의 존재가 밝혀졌다. 반면에 이미 1035년에 후계자 고데하르트는 성 미하엘 대수도원에서 이곳으로 옮겨온 청동 대문의 틀을 만들기 위해 외부의 거대한 주랑 현관과 보조 후진을 갖춘 완전히 새로운 서쪽 입구의 구조물Westbau을 세웠다.

쾰른

작센 왕조 권력의 중심지이자 대도시였던 쾰른에서 예술의 발전은 무엇보다 오토 1세(912-973, 962년부터 황제)의 동생인 대주교 브루노Bruno(925-965)라는 인물과 밀접한 관련이 있었다. 성당의 확장이 전적으로 그에 의해 이루어졌기 때문이다. 9세기 후반에 서로 마주 보는 후진이 딸린 내진과 익랑을 갖춘 3개의 신랑으로 이루어진 구조로 완전하게 재건축된 건축물은 2개의 지주와 1개의 각주의 조합이 번갈아 나타나는 방식으로 구분되는 양 측면 2개의 신랑을 덧붙여 확장되었다. 하지만 브루노라는 이름과 불가분의 관계를 맺고 있는 또 다른 건축물은 베네딕투스 수도회가 재건축과 관리를 맡았던 성 판탈레온 성당이었다[도판 2]. 초기의 건축물은 블라인드 아치로 이루어진 장식 수단과 함께 양 측면에 후진이 설치된 부속 건축물, 그리고 성 갈로 성당 설계도의 내진 유형에 바탕을 둔 회랑으로 이루어진 지하 예배당을 갖

성 판탈레온 성당

춘 십자가 모양의 초대 그리스도교 평면 구도(밀라노의 산 심플리치아노San Simpliciano 성당)를 복원하고자 했다. 내진과 신랑(양 측면의 2개의 조그만 신랑은 12세기에 첨가된 것이다)은 990년경에 완공되었음이 분명하다. 반면에 고고학적인 발굴을 통해 코르베이 대수도원 성당 서쪽 입구 구조물인 베스트베르크의 모델에 따라 각주들로 3개의 신랑이 확연하게 구분된 지상층의 공간과 측면에 계단을 갖춘 탑들과 함께 좀 더 크게 변형된 돌출부의 건축 시기는 의문스러운 점이 많다. (코르베이는 브루노가 이 판탈레온 성당의 운영을 맡겼던 수사들의 출신지였다.) 이것이 만일 브루노가 세운 돌출부라면, 몇 년 뒤 성 판탈레온 성당에서 거행되었던 황후 테오파노의 매장식 이후에 신랑이 확장되었으며 당시에 설교단들의 북쪽과 남쪽, 서쪽 면들과 마주하고 있는 상단의 설교단을 갖추지 않았던 거의 정방형의 중앙 공간이 특징적인 장엄한 서쪽 입구의 구조물이 새로 세워졌기 때문에 이 돌출부는 완공되지 않았을 가능성이 크다. 원래 이 돌출부는 현대에 복원되었을 때에는 제거된 아치들로 이루어졌던 벽 칸막이로 신랑과 분리되어 있었으며, 독립성을 유지하고 있었다. 이 경우에도 지상층의 지하 예배당을 없앤 코르베이 대수도원 모델의 영향을 발견할 수 있다.

산타 마리아 임 카피톨 성당 우리는 여기에서 12세기에 대폭적으로 변경되었던 오토 왕조 시대의 건축물들을 풍부하게 간직하고 있는 쾰른의 로마네스크 양식 건축이 지닌 특별한 풍요로움에 대해 간단하게 언급할 수 있을 뿐이다. 산타 체칠리아Santa Cecilia 성당, 브루노가 세운 또 다른 성당인 성 안드레아Sant'Andrea 성당, 서쪽 익랑과 12세기 말에 동쪽의 테트라콘치로 이루어진 기념비적인 내진을 갖춘 지하 소예배당이 있는 정방형 내진으로 구성된 (프리모Primo 주교 시대[1021-1036]의) 성 사도들의 성당, 6세기 순교자 기념 성당martyrium의 타원형 구조물에 바탕을 두고 11세기에 성장한 성 게레온San Gereone 대성당의 바실리카 교회, 11세기 중반에 쾰른의 한노 2세Hanno II(약 1010-1075)에 의해 설립되었으나 한 세기 뒤에 완전히 재건축된 성 게오르크 성당이 이러한 건축물에 해당된다. 하지만 가장 유명한 건축물은 소형 신랑들과 연결되어 있는 주보랑을 갖추었으며, 테트라콘치 형으로 조정된 동쪽의 선단부를 고안한 산타 마리아 임 카피톨Santa Maria im Kapitol 성당이었다. 1049년 성 십자가Santa Croce 성당 제대의 축성식은 황제 하인리히 3세(1017-1056, 1046년부터 황제)와 교황 레오 9세(1002-1054, 1049년부터 교황)가 쾰른을 방문하는 기회였던 반면에, 그 뒤에 있었던 1065년 대주교 한노의 축성식은 상당히 진척된 작업 상태를 의미한다고 볼 수 있다. 이 성당은

12세기를 거치며 십자형의 반원형 천장의 도입(주보랑의 십자형 반원형 천장만 최초에 만들어진 것이다)과 (지난 세기의 복원 과정에서 사라진) 후진들의 재건축을 통해 다시 한 번 개조되었다. 둥근 지붕을 얹은 주보랑을 통한 동쪽 구역에 대한 새로운 해결책과 성당 제단 쪽의 거대한 지하 예배당, 카롤링거-오토 왕조 시대 양극 체계의 포기, 벽에서 돌출된 조그만 아치 장식은 산타 마리아 임 카피톨 성당을 슈파이어 대성당과 함께 라인 강 지역 로마네스크 양식의 건축물 중 가장 두드러진 곳으로 만들었다.

슈파이어

슈파이어 대성당[도판 3]의 재건축은 황제 가문의 출생 지역인 팔츠에 건축된 림부르크 안 데어 하르트Limburg an der Hardt 대수도원 이후에 콘라트 2세(약 990-1039, 1027년부터 황제)가 두 번째로 의뢰한 위대한 작업이었다. 비슷한 건축 설계도를 기초로 했지만 훨씬 더 웅장한 슈파이어 대성당은 1030년경에 건축이 시작되었다(축성식은 1060년에 거행되었다). 각주에 의해서 분할된 3개의 신랑으로 이루어진 긴 본체는 익랑으로 끝났다. 이 익랑에서 십자형의 경간은 정방형 구조를 만들었는데, 이는 직선으로 끝나는 (1100년경에 후진으로 교체된) 내진과 익랑의 양쪽 구조물에도 재현되었다. 림부르크처럼 새롭고, 로마네스크 양식의 건축에서 많이 따르게 될 팔각형의 반구형 둥근 지붕이 교차점에 세워졌다. 슈파이어 대성당을 오토 왕조 시대의 전통을 간직한 건축학적인 개념과 혁신적인 자극 사이의 완벽한 통합체로 규명했던 또 다른 특성들도 발견되었다. 동쪽의 반구형 둥근 지붕과 균형을 이루고, 정방형의 거대한 두 탑들 사이에 배치되어 있으며, 건축물의 확장과 비례하여 돌출부의 부피가 상대적으로 축소된 것을 확연하게 느낄 수 있는 팔각형의 반구형 둥근 지붕이 우뚝 솟은 파사드의 세분화는 다음과 같이 이루어졌다. 내진과 관련해서만이 아니라 익랑 전체의 아래쪽에 확장되어 있는, 하인리히 3세 시대에 지어졌을 것으로 보이는 광범위한 동쪽 지하 예배당, 각주 위에 올린 주각柱脚에 걸쳐져 있는 거대한 블라인드 아치들에 의해 조형적으로 리듬감 있게 표현된 거대한 중앙 신랑 벽면의 독창적인 처리 등은 모두 나름의 독특함을 지니고 있다. 복합적인 성격의 기둥을 비롯하여 동시에 세로로 배열된 공간(이 공간은 두 번째 대대적인 작업 시기[1080-약 1106]가 끝났을 때 번갈아 나타났던 십자가 모양의 반원형 천장 건축에 의해 다시 한 번 변형되었다)을 경간으로 구분하려는 독일 지역 최초의 시도가 여기에서 발견되었다.

오토 왕조 시대 모델의 다양한 변형들

742

영국

| 루이지 카를로 스키아비 |

처음에 유럽의 다른 지역들에서 볼 수 있었던 건축학적인 시도에 반응을 보이지 않던
영국은 헤이스팅스 전투와 노르만의 정복 이후에 새로운 건축술에 대한 혁신적인
추진력을 특징적으로 보여 주었다. 규칙적이고 빠른 속도로 이어졌던 새로운 수도원과
주교좌 성당의 설립에서 건축물의 웅장한 크기, 매우 복잡하게 세분화된 다발 모양의
각주와 뼈대가 드러나 있는 십자가 모양의 새로운 반구형 천장, 그리고 세로 방향으로
건축물의 규모를 확장시킴으로써 선단부를 특별히 강조한 것과 같은 몇 가지 공통적인
특성들을 발견하는 것은 어렵지 않다.

노르만의 영향과 새로운 건축학적 체험

**노르만의 건축
기술과 건축학적인
유형**
10세기 말과 11세기 전반기 사이에 영국은 다른 지역들의 건축학적인 시도에 사실
상 무감각했다. 버리 세인트 에드먼즈 수도원(1015) 같은 몇몇 수도원들의 개혁에
도 불구하고 건축과 관련한 특별한 열기를 느낄 수 없었을 뿐만 아니라 특별히 기념
이 될 만한 웅장한 규모의 건축물이 세워졌다는 기록 또한 발견되지 않았다. 변화의
신호는 에드워드 참회왕(약 1005-1066)의 의지로 실행된, 왕의 즉위식 장소인 웨스
트민스터 사원의 재건축(1043년부터 건축, 1065년에 축성식)을 통해 감지되었다. 1050
년에 램스버리의 주교인 허먼Hermann(?-1078)은 교황에게 영국의 다양한 지역들에
서 이제 매일같이 새로운 교회들의 건축이 시작되고 있다는 편지를 보냈다. 하지만
본격적으로 일리와 캔터베리, 링컨, 세인트 올번스, 노리치, 윈체스터, 더럼에 새로
운 수도원과 주교좌 성당의 설립이 규칙적이고 빠른 속도로 이어진 것은 헤이스팅스
전투와 노르만 정복의 결과에 의한 것이었다. 이 섬나라에는 새로운 지배자들과 함

께 노르망디에서 시도된, 뫼즈 강 유역과 부르고뉴 지방의 영향들을 수용한 건축 기술과 건축학적인 유형들도 합류하게 되었다. 11세기 후반에 해당하는 짧은 기간 동안 절정에 달했던 이러한 건축에서 공통적인 특성들을 규명하는 것은 그리 어렵지 않다. 건축물의 규모는 웅장했고, 3개의 신랑으로 이루어져 좁으면서도 세로 방향으로 확연하게 늘어난 구조를 선호하는 분명한 취향이 알려졌으며, 엄청나게 긴 세 부분으로 이루어진 내진은 나지막하게 돌출된 익랑의 동쪽에 위치한 신랑들로 이어졌다. 입면도에서 신랑은 세로로 아치가 이어진 회랑, 측랑에 위치한 통행이 가능한 내부의 긴 개랑, 클리어스토리(고딕풍 교회 등에서 채광용의 높은 창이 나란히 있는 측벽*)의 세 층위로 이루어져 있었으며, 쥐미에주의 노트르담 대성당과 캉의 생테티엔 대성당의 모델에 따라 지주支柱는 다른 형태가 교대로 나타나는 체계를 보였고, 다발 형태의 기둥들은 조그만 원주들과 구조재의 수를 늘림으로써 매우 복잡하게 세분화되었다. 클리어스토리는 11세기 중반경에 노르망디의 쥐미에주와 베르네의 익랑에 나타났던 또 다른 요소인 회랑을 갖추고 있었다. 이러한 회랑들은 벽과 같은 두께로 건축되었으며, 창문들과 나란히 위치했다. 외부에서는 세로 방향으로 건축물의 규모를 확장시킴으로써 선단부와 연결 부분을 강조하는 데 많은 주의를 기울였다. 십자 모양의 교차점에 위치한 꼭대기 탑 가운데 유명한 것은 방사형의 조그만 예배당들을 갖춘 주보랑으로 이루어진, 영국에서는 보기 드문 내진이 이용된 (허버트 로징 Herbert Losing 주교에 의해 1096년에 공사가 시작된) 노리치Norwich 대성당의 탑이었다.

새로운 건축 유형: 시토 수도회의 건축부터 프랑스 고딕 양식의 새로운 형태까지

11세기와 12세기에 거대한 경간들의 지붕을 위한 엄청난 기술적인 혁신이라고 할 수 있는 뼈대가 드러난 십자형의 새로운 반구형 지붕이 널리 보급되었다. 생칼레의 윌리엄William de St-Calais(프랑스명으로 기욤이라고도 함*)과 함께 1093년에 건축이 시작되었으며, 1128년과 1133년 사이에 완성된 더럼 대성당의 내진[도판 1 참조]은 초기의 예다. 평면은 3개의 신랑으로 이루어져 있었다(이 가운데 중앙 신랑은 본래 대각선으로 걸쳐져 있는 아치 위에 설치된 나무 지붕으로 덮여 있었다). 그리고 이 3개의 신랑은 2개의 신랑으로 나뉜 돌출된 익랑의 동쪽에 위치한, 4개의 경간에 의해 세 부분으로 이루어진 긴 내진으로 이어져 있었다. 다른 형태가 교대로 나타나는 체계를 보였던 지주들은 가는 원통형 기둥들의 마름모꼴과 줄무늬 모양의 새로운 장식으로 강

새로운 반구형 지붕

조되었다. 파사드의 일부를 이루고 있던 2개의 탑은 측면의 후진에 위치한 다른 2개의 탑과 균형을 이루어야만 했다. 그리고 또 다른 사각형의 평면적인 탑 하나는 교차점의 경간 위에 우뚝 솟아 있었다. 첨탑 아치 지붕에 대한 실험은 잉글랜드(글로스터)의 다른 성당들을 비롯하여 거의 동시에 지어진 프랑스 북부(르세)의 건축물들과 관련이 있었지만, 최첨단 건축 기술과 함께 (프랑스의 캉과 세리지라포레 같은 곳처럼) 나무 지붕으로 된 매력적인 건축물 또한 빠지지 않았음을 지적할 필요가 있다. 1080년에 수도원장 시메온의 지휘를 받아 시작되어 1091년에 성당으로 변모했으며, 1106년에 축성식이 거행되지만 완공을 보지 못했던 일리 대성당 또는 캔터베리 대성당(1096-1130년 사이)의 초기 내진이 이를 보여 주고 있다.

베르나르두스의 모델 영국에는 시토회의 수도원 제도 또한 매우 일찍 전해져 나름의 거주 형태와 수도원 건축 유형들이 전파되었다. 이미 1128년에 윈체스터의 주교 지파드Giffard의 의지로 웨이벌리Waverley 대수도원(1128)이 세워졌다. 클레르보 베네딕투스 수도회 계열의 리보Rievaulx 수도원 설립은 1132년으로 추정된다. 1135년에는 요크셔에 파운틴스Fountains 수도원이 처음으로 자리 잡았으며, 아직도 시설 전체의 화려한 잔재들이 남아 있다. 이 교회는 세로 방향으로 이어진 첨두형 아치들과 (퐁트네Fontenay 수도원〔1139-1147〕의 유형에 기초한) 단절된 반원통형 둥근 천장, 계단식으로 배열된 직선의 선단부로 이루어진 7개 후진을 갖춘 내부와 함께 베르나르두스의 평면도가 독창적으로 적용된 건축물이었다.

모든 것이 화재로 파괴된 이후 1174년에 이루어진 캔터베리 대성당의 재건축과 같은 이유로 1186년에 이루어진 치체스터Chichester 대성당 재건축은 아치와 첨두형 둥근 천장뿐만 아니라 프랑스의 예를 그대로 따랐던 주두 장식의 세부적인 부분들에서 일드프랑스 지역의 새로운 고딕 양식 형태를 일찍 받아들였음을 보여 준다.

| 다음을 참고하라 |
시각예술 그리스도교 유럽의 새로운 신성한 공간의 생성과 발전(613쪽); (성직자와 평신도) 권력자들의 공간(656쪽)

노르만의 지배를 받은 시칠리아: 체팔루, 팔레르모, 몬레알레

| 마누엘라 데 조르지|Manuela De Giorgi |

1130년 루제로 2세의 대관식은 시칠리아에서 새로운 노르만 왕조를 구성하는 행위로
보였다. 국가적인 차원에서뿐만 아니라 개인적인 주문에 의한 집중적인 건축이 특징인
문화 정책이 시작되었다. 체팔루 대성당은 군주가 의뢰했던 초기 건축물들 가운데
하나였으며, 동시에 팔레르모에서는 왕궁에 부속된 궁정 예배당(팔라티나 예배당)을 볼
수 있었다. 더욱 큰 규모의 민간 주도 건축물들 중에는 안티오키아 출신의 해군 제독
조르조Giorgio의 후원을 받아 건축된 마르토라나Martorana라는 교회와 해군 제독 바리의
마이오네Maione의 의지로 건축된 산 카탈도San Cataldo 성당이 있다. 12세기 말에는
괄티에로 오파밀리오Gualtiero Offamilio 주교가 세운 팔레르모 대성당과 굴리엘모 2세의
위대한 업적인 몬레알레 대성당의 새로운 건축이 진행되었다.
일반 건축 또한 주로 치사 궁전과 파바라 왕실 공원 같은 여름 별장과 오락을
위한 장소들의 건설에서 노르만 군주들의 눈부신 추진력의 영향을 받았다.

체팔루 대성당

이탈리아의 비잔티움 속주인 바리의 정복은 최소한 정치적인 측면에서 볼 때 1071
년에 이탈리아 땅에서 동로마 제국의 지배를 마감하며, 이탈리아 남부에 노르만인
들의 진출을 결정적으로 확정지었다. 한편, 1080년대에는 시칠리아의 정복이 종결
되었으며, 1130년에 루제로 2세(1095-1154)의 대관식은 실질적으로 자신의 관할 하
에 이탈리아 반도 남부 지방 전체를 통일한 것이다. 이 사건은 시칠리아에서 새로운
노르만 왕조를 구성하는 행위로 보였으며, 동시에 왕조 나름의 독창적인 문화 정책
의 시작을 알렸다.

시칠리아의 새로운 군주가 자신의 영묘로 쓰기 위해 직접 주문한 체팔루 대성당
[도판 8] 건축은 이러한 시각에 완벽하게 부합했다. 1131년 성령 강림 대축일에 세워
졌고, 구세주와 성 베드로, 성 바오로에게 봉헌된 이 성당은 광범위한 도시와 성당의
재편성 계획에 포함되었다. 대성당의 설립은 체팔루가 교구의 지위로 승격함을 의
미했으며, 이미 1132년 루제로에 의해서 직접 땅과 재산을 갖출 수 있었다.

엄청난 크기에도 불구하고 1145년에 반암으로 제작된 2개의 석관을 익랑에 설치
한 것과 후진의 모자이크 장식으로부터 전해진 1148년이라는 기록이 보여 주듯이,

이 건축물의 대부분은 루제로의 통치기에 완성되었다. 이것은 모두 장식이 없는 요소들로 이루어졌으며 대리석 기초 위 8개의 거대한 화강암 기둥들로 구분되어 3개의 신랑으로 나뉜 라틴 십자가 모양의 바실리카 양식 설계도에 따라 전개되었다. 체팔루의 건축물에서는, 아마도 1154년 루제로 2세의 죽음을 기점으로, 특히 입면도에서 확인할 수 있는 몇몇 불일치와 동질성이 없음을 보여 주는 2개의 건축 시기가 명확하게 대조를 이루었다.

파사드의 혁신 깊은 곳에 있는 제단은 어쨌든 초기 설계와 일치했던 반면에 신랑에 설치된 이슬람의 특성을 지닌 채색한 대들보의 파편들만 소량 남아 있는 나무 재질의 지붕은 거의 사라졌다. 외부는 매우 간결하면서도 균형을 이루는 것처럼 보인다. 미완성으로 남아 있는 파사드는 시칠리아에서는 완전히 새로운 것이었지만, 12세기 유럽 건축에서는 일반적이었던 기준에 따라 넓은 서쪽 면의 경계를 결정하는 2개의 거대한 탑을 지니고 있었다. 벽의 외관은, 기둥에 붙인 선반들 위에 조형적인 요소들을 절도 있게 곁들인 조그만 아치 모양 장식들로 둘러싸여 재단된 돌로 만들어진 높은 벽기둥들의 칸막이로 강조되었다.

조각들도 매우 흥미로웠다. 성당의 주두들은 대부분 바리 지역의 조형적인 표현과 관계가 있었으며, 반면에 인근 수도원에서 작업하던 석공들은 보다 강조된 고전주의를 표방했다.

모자이크: 비잔티움의 장식과 자축의 목적 숙련된 비잔티움 장인들의 작품인 체팔루 대성당의 모자이크는 내진(주요한 후진, 반원통형 궁륭이 수직으로 교차하여 만들어진 천장 면들, 그리고 그 아래의 벽)만을 장식했는데, 이 모자이크들은 비잔티움 장식의 일반적인 규칙과 루제로의 계획 전반에 내재되어 있던 자축의 목적이 완벽한 균형을 이룬 결과였다. 이것은 2개의 차원에 바탕을 두고 발전한 것이다. 하나의 차원은 위로 놓인 권역들에 펼쳐져 있는 개개의 형상들이 정확하게 일치하는 수직면으로 이루어졌다. 그리고 다른 차원은 비잔티움에서 형성된 이미지들의 위계를 인식할 수 있으며, 다른 한편으로는 앞에서 말했던 1148년이라는 연도를 전해 주었고 중앙의 거대한 창문의 기저부에 펼쳐져 있는 은색 바탕의 긴 줄에 새겨진 글자들에 신도들의 시선을 사로잡은 수평면의 차원이었다. 이 구성은 라틴어와 그리스어 2개 언어로 쓰인 복음서와 함께 묘사된 판토크라토르의 상반신이 자리 잡고 있는 후진의 둥근 천장으로부터 전개되었다. 원기둥의 표면에는 셋으로 나뉜 권역 위에 중앙 창문 양쪽으로 3명씩 무리 지어 있는 사도들

과 4명의 대천사 사이에서 기도를 올리는 천주의 성모가 묘사되어 있다. 반면에 2개의 반원통형 궁륭이 수직으로 교차하여 형성된 천장에는 세라핌과 케루빔과 함께 찬미하는 천사들의 상반신이 그려져 있다. 역시 4개의 권역으로 구성되어 있는 제단祭壇의 벽은 구약의 예언자들과 전사戰士 성인들, 부제들, 그리고 주교들(북쪽에는 로마인들, 남쪽에는 그리스인들)의 묘사를 위한 공간으로 제공되었다.

양식상 체팔루 대성당의 모자이크는 명확하고 경쾌하며, 치밀하게 주기적으로 반복되는 구성 단위로서 고전적으로 위엄 있지만 때에 따라 엄한 태도를 취하고 있는 단 하나의 형상을 사용하며 엄격한 도식적 배치를 따랐다.

성당의 가장 주요한 후진에 설치된 둥근 모양의 창문들이 외부에서 장착된 것임을 증명하듯이, 장식과 관련한 계획이 성당 건축과 동시에 마련된 것은 아니지만 모자이크의 제작 시기가 12세기 중반임은 확실해 보인다. 아마도 창문들은 루제로 2세가 자신의 유해와 자신의 과업을 입증하는 기념물들을 보관하고자 했던 반암으로 만들어진 2개의 석관들을 익랑의 양쪽에 설치한 뒤에 결정한 것으로 보인다.

팔레르모의 궁정 예배당

1130년경에 건설 중이던 체팔루 대성당과 같은 시기에 팔레르모에서는 왕의 주문으로 두 번째 건축물인 궁정 예배당(팔라티나 예배당Cappella Palatina) 건축이 한창 진행 중이었다. 왕궁 안에 부속된 이 궁정 예배당은 도상적인 측면에서 바깥 면을 약간 높게 들어 올린 제단 쪽에 상응하여 그리스 십자가 모양의 본체가 포함되어 있는 세 부분으로 이루어진 고대 로마 궁정의 적절한 융합으로 제시되었다. 이것은 각진 벽감壁龕들과 높은 고상부鼓狀部 위에 반구형의 둥근 지붕으로 덮여 있었으며, 반면에 내진은 제단 앞에 위치한 넓은 중앙의 후진과 그리 깊지 않은 측면의 후진 2개로 끝났다. 신랑들은 짧은 각주들로 구분되고, 다소 예리한 각도로 높이 들어 올린 아치들로 덮여 있는 4개의 경간으로 구성되어 있었다. 서쪽 측면에는 바닥과 조화를 이루는 코스마티 세공의 대리석 상감으로 만들어진 왕의 옥좌가 위엄 있게 세워져 있었다.

하지만 이 예배당은 건축물 안쪽 표면 전체를 덮고 있는 거대한 모자이크 바닥이 완성되기 전까지는 끝났다고 말할 수 없었다. 반구형 지붕의 밑바탕에 새겨진 그리스어 모자이크 글자들은 루제로 2세의 이름뿐만 아니라 1143년이라는 연도를 전해 주었다. 따라서 이 해에 장식이 전체적으로 완성되었으리라고 추정하는 것은 충분

평면도

한 개연성이 있다. 완벽한 보존 상태로 인해 특히 독보적이었던 것unicum은 12세기 시칠리아의 예술 문화에서 이슬람의 존재를 강하게 느낄 수 있는 세속적인 그림들로 장식된 무카르나muqarnas 양식(벌집형 천장. 나무나 석회로 적당히 작은 조각을 만들어 일일이 벽에 붙여 장식을 하는 것을 뜻한다*)의 나무 지붕이었다.

그리스도와
관련한 작품들

제단 쪽 프로그램도 루제로의 시기와 맞물리고 있다. 이 신성한 공간을 지배하고 있는 것은 고상부에 묘사된 예언자들 무리와 사도들, 복음서 저자들, 그리고 모두 서로마 출신들로 이루어진 주교들을 앞에서 인도하고 있는 반구형 천장의 천사들을 비롯하여 4명의 대천사에 둘러싸인 전능자 그리스도의 모습이다. 궁정 예배당의 프로그램들 가운데 가장 혁신적인 것은 비잔티움처럼 치밀하게 계산되었으면서도 매우 유연한 장면들의 배치 전환을 통해 만들어진 그리스도와 관련한 작품들 속에 있다. 양 측면의 조그만 후진들의 장식 또한 전체적으로 복원이 이루어진 북쪽의 성 베드로와 남쪽에 원형을 그대로 유지하고 있는 성 바오로의 상반신과 함께, 작업의 초기 단계에 속했다. 한편, 두 성인에 대한 묘사는 양 측면에 위치한 조그만 신랑들을 장식하고 있는 성인들의 일대기와 관련한 작품들에 상응하고 있다. 그리고 내부 장식은 이후 굴리엘모 1세(1120-1166, 1154년부터 왕)의 통치기에 (성 베드로 성당부터 성 밖의 성 바오로 대성당에 이르기까지) 콘스탄티누스 시대 로마의 거대한 바실리카 교회의 서로마적인 전통에 따라 중앙 신랑 벽들에 (「창세기」, 천지 창조, 그리고 야곱의 이야기까지) 구약 성경 내용을 이어지게 배치함으로써 완성되었다.

마르토라나 성당과 산 카탈도 성당

1150년대에 맹렬한 기세를 떨쳤던 왕국의 건축은 다른 민간 주도의 사업들과 연관되어 있었다. 큰 규모의 건축물들 중에는 안티오키아 출신의 해군 제독 조르조Giorgio의 후원으로 건축된 마르토라나Martorana라는 성당이 반드시 포함된다. 이 건물의 장식과 건축에 대한 것은 성당의 나오스 입구 바로 앞에 위치하여 루제로 2세가 그리스도에게 왕관을 받는 그림과 짝을 이루는, 엎드려 절하며(proskynesis: 높은 계급 사람 앞에서 오른손 끝을 입에다 가져다 대고 입맞춤 소리를 내며 예를 표하는 행위*) 헌신을 표하는 안티오키아 출신의 장군이 그려진 화판 속 성모에 대한 헌신의 글을 통해 전해졌다. 마르토라나 성당은 (가장 주요한 후진 또한 완전히 제거했던 바로크 시대의 재건축으로 모두 정리된) 예전 출입구 앞에 위치한 넓은 공간 뒤에, 3개의 후진을 갖춘 정사각형에 내접하는 그리스 십자가 구도에 따라 전개되었다. 지붕의 체계는 외부의 고상부를 갖춘 중앙 돔을 중심으로 그 밖의 공간에 위치한 반원통형 둥근 지붕들로 구성되었다. 또한 십자가 모양의 날개 부분에 상응하는 돔의 고상부에는 넓은 아치들이 자리 잡았다.

이러한 공간 분할은, 마르토라나 성당에 이웃하며 바리의 해군 제독 마이오네의 의지로 지어진 산 카탈도 성당처럼 의뢰인의 개인적인 취향이 반영되었다. 이 성당은 창문을 감싸고 있는 깊은 블라인드 아치로 변화를 주었으며, 3개의 조그만 반구형 지붕으로 덮인 평행 육면체의 구조를 취하고 있다.

일반적으로 비잔티움 예술가들의 작품인 산타 마리아 델람미랄리오Santa Maria dell' Ammiraglio 성당(마르토라나 성당을 이렇게도 부른다*)은 궁정 예배당 모델에 충실했다. 특히 유사점들은 고상부 모자이크 구성에 분명히 나타났다. 반면에 그리스도와 관련한 작품들의 구성은 차이를 보였는데, 이 마르토라나 성당에서는 신의 현현뿐만 아니라 양 측면의 후진에 성모 마리아 부모의 반신상을 배치하는 선택에서 볼 수 있듯이 성모의 역할을 매우 강조하고, 성경과 더욱 일치하는 구성을 보였다. 전적으로 형태적인 측면에서 마르토라나 성당의 모자이크들은 비록 궁정 예배당의 모자이크와 같은 시기의 작품이기는 하지만, 각각의 인물과 장면들 사이에 형성되었을 뿐만 아니라 많은 인물들을 연결시켜 주는 관계들을 벗어나 각 장면들이 자유롭게 표현되었다는 차이를 보여 준다.

팔레르모 대성당과 몬레알레 대성당

12세기가 끝날 무렵에 노르만의 지배를 받던 시칠리아의 마지막 건축물 2개가 세워졌다. 1169년부터 1190년까지 팔레르모의 대주교로 있던 잉글랜드 출신 사제 괄티에로 오파밀리오가 주도하여 세운 시의 새로운 대성당과 굴리엘모 2세(1153-1189)의 위대한 업적인 몬레알레 대성당이었다. 오파밀리오의 작품인 팔레르모 대성당이 1700년대에 근본적인 변화를 겪은 이후에 오늘날 이론적으로만 재구성이 가능한 반면, 몬레알레 대성당은 구조와 장식의 고유한 실체를 그대로 간직했다. 몬레알레 대성당 일체는 왕궁과 주교관, 산타 마리아 누오바Santa Maria Nuova 교회, 그리고 (웅장한 회랑을 갖춘) 베네딕투스 수도원으로 이루어졌다. 건축물은 장엄하면서도 신속하게 지어졌다. 성당은 1174년과 보난노 피사노Bonanno Pisano(12세기)가 건물의 청동

몬레알레 대성당, 굴리엘모 2세의 걸작

문에 서명했던 1186년 사이에 완성되었다. 건물의 구조는 3개의 신랑으로 이루어진 다소 돌출된 넓은 익랑으로 끝나는 본체와 역시 세 부분으로 이루어지고 매우 깊은 3개의 후진을 갖춘 지성소를 통해 노르만 대성당의 고전적인 모델의 변화를 제안했다. 각진 큰 첨두 아치들로 경계를 이루고 있는 내진의 정방형 중심부는 건축물 전체의 중심으로 여겨졌다. 뼈대를 덧댄 중앙 신랑을 포함한 조그만 신랑들에 있는, 편평하고 나무로 되어 있으며 궁정 예배당처럼 채색되어 있는 지붕들은 1800년대에 대부분 파괴되었다. 현재의 파사드는 비록 1700년대의 작품이기는 하지만 중세 시대 본래의 것이 지닌 양식의 경향을 그대로 따랐다. 파사드에 비해 약간 돌출되었으며, 3개의 아치문이 설치된 현관은 체팔루 대성당의 모델에 따라 거대한 두 탑 사이에 우아하게 설치되어 있다. 그리고 최종적으로, 특히 후진 부분에서 밝은 석회암에 검은색 용암 탄산석회로 만든 꽃과 동물, 기하학적인 문양이 들어 있는 움푹 들어간 첨두 아치들의 우아한 교차가 특징적인 외부 벽면은 매우 흥미롭다.

모자이크:
비잔티움과
시칠리아의
여러 가지
요소들의 융합

장식 프로그램은 원래의 회랑에 장식되어 있던, 지금은 사라진 성모 마리아의 이야기를 제외하고는 대부분 원형을 그대로 유지하고 있다. 지성소의 중앙 경간 출입구에 있는 지주들 위에 위치하며, 각각 굴리엘모 2세가 교회 모형을 성모에게 바치는 장면[도판 33]과 이 군주가 그리스도로부터 왕관을 받는 모습을 묘사한 2개의 봉헌된 화판이 명백하게 보여 주듯이 이 장식은 굴리엘모 2세가 사망하기 이전에 완성되었다. 후진의 반원형 돔에는 위엄 있는 판토크라토르가 그려져 있으며, 반원통형 벽면에는 대천사들과 사도들 사이의 옥좌에 앉아 있는 성모 마리아를 비롯하여, 라틴어와 그리스어로 새겨진 글귀로 알아볼 수 있는 교부들이 자리하고 있었다. 베드로와 바오로 성인은 그들의 삶에 대한 장면들과 함께 각각 남쪽과 북쪽의 후진에서 자태를 뽐냈다. 내진의 내부를 비롯하여 조그만 신랑들을 따라 그리스도의 공적인 삶의 일화들을 강조한 작품들이 넓게 펼쳐져 있었다. 중앙 신랑에는 각각의 장면에 넓은 공간적인 여유를 부여한 것을 제외하고는 굴리엘모 1세에 대한 작품들과 실질적으로 동일하게 구성된 구약과 관련한 작품들을 수용했다. 비록 팔레르모의 건축물과 인접해 있었지만, 양식적인 면에서 그리고 경우에 따라서는 도상학적인 측면에서 많은 차이를 보였다. 아마도 시칠리아 숙련공들의 도움도 받았을 것으로 보이는 비잔티움의 숙련된 장인들은 혁신적인 기술을 보여 주었으며, 후기 콤네노스 왕조의 방식에 정통했을 뿐만 아니라 이미 확립된 도상학적인 전통을 새롭고 혁신적인 양식

은 물론 전적으로 서양의 특성을 지닌 건축물과 융화시키는 탁월한 능력을 지닌 사람들이었다.

원래 성당 전체를 구성했던 구조들 가운데 특별히 관심을 기울일 만한 것은 빼어난 회랑이었다. 이것은 같은 작업장 내에서 고풍스러운 취향의 서사적인 리듬과 형태를 선호했던, 최소한 2곳 이상의 대규모 복합형 공방에 소속된 다른 장인들이 공생했음을 보여 주는 예인 노르만 시대 조형예술의 발전을 자세하게 살펴볼 수 있게 해 준다.

민간 건축: 파바라, 치사, 쿠바

민간 건축 또한 노르만의 지배기에 괄목할 만한 발전을 이루었다. 이러한 건축 가운데 일부는 공공시설과 주거용 건축물이었다. 자료에 따르면, 중세 연대기 작가들의 경이로움을 불러일으켰던 중앙의 거대한 정원을 갖추었을 뿐만 아니라 원형을 거의 그대로 유지하고 있는 파바라Favara라는 대형 건축물은 루제로 2세 시대로 거슬러 올라간다. 같은 범주에 속하지만, 조금 뒤에 세워진 치사Zisa 궁전은 굴리엘모 2세의 여름 별장이었다. 이것은 1층의 분수가 설치된 거대한 연회장과 2층에는 여러 개의 방들을 갖춘 평형 육면체 건물이었다. 또 12세기 후반에는 왕궁에서 얼마 떨어지지 않은 곳에 또 다른 세기의 건축물인 쿠바Cuba 궁전이 세워졌다. 이러한 건축물들 중 몇 군데에는 세속적인 모자이크 장식이 소량 남아 있다. 팔레르모의 왕궁에 있는, 일명 〈루제로의 방〉이 이 경우에 해당된다. 모자이크에는 화려한 금 바탕에 쌍을 이루는 (이국적인 종려나무 양옆에서 마주 보는 공작들, 수염이 난 사자들, 상반신은 사람, 하반신은 말의 형상을 한 괴물 켄타우로스 같은) 동물들과 상상의 인물들, 그리고 사냥 장면들이 윤곽을 드러냈다. 사냥 장면에는 반복적으로 나타났던 요소인 풍부한 꽃송이 장식이 함께 나타났으며, 둥근 지붕에는 교차하는 다발들의 복잡한 엮임이 다양한 형상들을 담고 있는 잎과 덩굴의 나선형 장식이 만들어졌다.

| 다음을 참고하라 |
시각예술 그리스도교 유럽의 새로운 신성한 공간의 생성과 발전(613쪽); (성직자와 평신도) 권력자들의 공간 (656쪽)

베네치아의 산 마르코 대성당

| 프란체스카 차고 |

마르코 성인의 유해를 가져옴으로써 베네치아는 사도를 모신 장소에 버금가는 명성을
얻게 되었으며, 교회의 자치권과 나름의 힘을 보여 주었다. 비잔티움의 통치자들과
같은 호칭의 사용이 인정되었던 베네치아의 통령이 세운 산 마르코 바실리카 성당은
베네치아인들의 군사적·정치적·경제적 힘을 기념하는 것이었다. 지역의 숙련공들과
비잔티움의 모자이크 제작자들, 서구의 조각가들은 다양한 요소들을 통합하여 동방
지중해 중심지들의 조형예술 문화는 물론 1200년대 이탈리아 중부의 회화를 변화시킬
수 있는 새로운 표현력을 만들어 내며, 한 세기 이상 작업 현장을 지켜냈다.

베네치아의 성당과 정치 권력의 새로운 중심지인 산 마르코 바실리카 성당

810년에 아넬로 파르티치파치오Agnello Participazio(?-827)는 공국의 중심지를 말라모
코에서 리알토, 즉 오늘날의 두칼레 궁을 포함하는 지역으로 옮겼다. 두칼레 궁은 이
후에 마르코 성인에게 봉헌된 첫 번째 바실리카 성당의 건축과 함께 베네치아의 성
당과 정치의 명실상부한 새로운 권력 중심지가 되었다. 우리가 오늘날 감상할 수 있
는 산 마르코 바실리카 성당은 829년에 세워진 첫 번째 건축물인 두칼레 예배당을
대체했으며, 이집트의 알렉산드리아에서 훔쳐온 복음사가 마르코의 유해를 보관하
기 위한 순교자 유품 보관소로서 도메니코 콘타리니Domenico Contarini(?-1070)에 의
해 1063년에 건축되었다. 976년 화재 이후에 통령 피에트로 1세 오르세올로Pietro I
Orseolo(약 928-987)에 의해 976년에서 978년 사이에 복원된 새로운 바실리카 성당
은 1094년에 (1086년부터 1096년까지 통령을 역임했던) 비탈레 팔리에르Vitale Falier의
축성식이 거행되었는데, 이때 성인의 유해가 지하 납골당으로 이장되었다. 복음사
가의 유해를 얻게 됨으로써 사도를 모신 장소에 버금가는 명성을 얻게 되었으며, 해
상 강국의 지위를 확고히 했고, 마르코 성인에 대한 숭배의 우선권과 베네치아의 성
당과 관련한 제도 전반에서 우월성을 주장했던 아퀼레이아의 강력한 총대주교의 요
구에 맞서 진정한 교회의 자주성을 확보하게 되었다.

콘스탄티노플에
대한 고찰

11세기와 12세기에 비잔티움의 통치자들과 같은 호칭의 사용이 인정되었던 베
네치아의 통령이 베네치아인들의 정치적·군사적·경제적인 힘을 자랑스럽게 기념하

기 위해 세운 산 마르코 대성당은 사도들의 유해 안치소이자 황제들의 묘지인 사도 Santi Apostoli 교회(아포스톨레이온Apostoleion)를 모델로 삼으며, 콘스탄티노플 제국의 전통을 지닌 자료들을 참고했다. 평면은 십자가 모양으로 이루어졌으며, 중앙의 가장 큰 후진을 비롯하여 3개의 후진이 동쪽 끝에 자리 잡았고, 지하 납골당과 익랑, 3개의 신랑으로 이루어진 내실을 포함하고 있었다. 위에는 5개의 둥근 지붕이 조성되었는데, 이 가운데 3개는 중앙의 중심축을 따라 배치되었으며, 2개는 각각의 익랑 위에 설치되었다. 서쪽 끝의 출입구 앞에는 12세기와 13세기에 양옆으로 남쪽과 북쪽에 구조물을 추가함으로써 완성된 나르텍스가 설치되었다. 다섯 눈 모양quincunx의 비잔티움의 특정한 형식으로부터 벗어나 라틴 십자가형 바실리카 성당의 특징인 공간의 위계화를 결정지었던, 세로축이 더 긴 평면도의 특이함은 중세 비잔티움의 조형적인 도식을 수용하는 데에는 적합하지 않았다. 교회를 복음사가인 마르코에게 봉헌한 것과 통령의 예배당이라는 특이함은 동일한 주제로 쉽게 규명할 수 없는 복잡하고 풍부한 장식 프로그램의 창작으로 이어지게 만든 몇 가지 요인들이었다.

아마도 이미 11세기 전반에 토르첼로에서 작업 중이던 비잔티움의 숙련공들이 제작했을 것이며, (비록 몇몇 학자들에 의해 라벤나의 우르시아나 바실리카 성당Basilica ursiana di Ravenna과 트리에스테의 산 지우스토San Giusto 대성당에서 볼 수 있는 아드리아 해 연안 북부 지방의 모자이크들과 양식상의 유사성으로 인해 12세기 전반으로 늦추어지기는 했지만) 11세기 말로 거슬러 올라가는 최초의 모자이크 장식들 중에는 단지 몇 개의 작품들만이 남아 있다. 이것은 (포치데의 호시오스 로우카스 수도원 교회를 본보기로 들 수 있는 비잔티움의 예술적 영향력을 밀접하게 받은) 후진의 반원형 벽면에 자리 잡고 있는 수호성인 니콜라우스, 베드로, 마르코와 헤르마고라스Hermagoras의 모습과 정면 입구 중앙 주랑 현관의 배경에 그려진 인물들(성모와 8명의 사도들, 4명의 복음사가)의 모습, 그리고 애초에 제단 남서쪽 지주에 배치되어 있던 〈그리스도를 십자가에서 내림〉의 단편들 속에서 확인된다. 많은 지역 보조 인력들의 도움을 받아 구원이라는 주제가 가미된 새롭고 성대한 도상화 장식을 12세기 후반부터 건축물의 모든 높은 벽들에 입힌 그리스인 모자이크 제작자들은 3명이었다. 반구형 천장, 마르코와 베드로, 클레멘스의 이야기로 장식한 양 측면의 예배당, 역동적인 외면과 강조된 인상을 특징으로 하는 성숙한 콤네노스 왕조 시기 회화의 전형적인 특성들을 발전시킨 그리스도의 역사를 통한 익랑 작업에 참여했던 에마누엘레Emanuele라는 명인은 '에마누

유실된 모자이크와 개작

엘레의 대가大家'라는 이름으로 불렸다. 반면에 그리스도 승천의 대가는 세로의 중심 축에 자리 잡은 중앙의 반구형 지붕과 그리스도의 수난사가 묘사되어 있는 그에 인접한 아치, 양 측면의 2개의 반구형 지붕, 바실리카 성당의 전실前室에 위치한 남쪽의 둥근 천장에 제작되었으며 대담한 색 배합을 통한 위대한 창작 능력과 마케도니아에서 만들어진 옷과 외관의 강렬한 윤곽의 역동성, 그리고 1164년 네레지의 프레스코 화들과 그보다 뒤인 1191년 쿠르비노보의 프레스코화들(두 지역 모두 현재 슬라브계 마케도니아에 속한다)과의 비교를 특징으로 하는 사도들의 순교를 작업했다. 그리고 마지막으로 오순절의 반구형 지붕, 그리고 비록 예전 모자이크 표현들을 다시 시도했음에도 불구하고 생김새를 중후하게 만드는 선을 사용하고, 의상의 주름에 복잡하고 구불구불한 미로를 도입함으로써 중앙의 반구형 지붕의 '격렬한 양식'을 어렴풋하게나마 해석했던 서쪽 2개의 둥근 지붕 작업을 맡았을 것으로 보이는 대가가 있었다.

베네치아의 모자이크 학교   두 번째와 세 번째 대가들은 아마도 산 마르코 광장을 확장하고 뒤이어 모자이크와 대리석 돌판, 조각상들을 통해 바실리카 성당의 외관을 아름답게 꾸민 인물인 세바스티아노 치아니Sebastiano Ziani(1102–1178)의 통령직 임기인 1170년대에 활약했을 것이다. 제4차 십자군 원정(1204) 다음 날, 바실리카 성당 내부의 아래쪽 부분들은 비잔티움 양식이 강조되었음에도 불구하고 이미 서구와 고딕의 조형 문화에 큰 영향을 받았음을 분명히 보여 주는 모자이크로 치장되었다. 이는 내실의 벽들을 따라 배치되어 있는 4명의 예언자들 모습 사이에 각각 에마누엘레와 기도하는 성모를 묘사하고 있는 2개의 모자이크 성화상으로 이루어진 베네치아 유파 특유의 〈올리브 산의 그리스도〉 화판이었다. 13세기 동안에도 익랑의 남쪽 건물을 따라 장식된 마르코 성인의 유해 발견에 대한 장면 2개와 중앙 정원 반구형 지붕의 (일명 『코튼 창세기Cotton Genesis』의 장식 세밀화들로부터 영감을 받은) 구약과 관련한 대규모 연작들, 그리고 복음사가 마르코의 유해 이전에 대한 묘사와 함께 성 알리피오St. Alypius에 대한 장식이 유일한 원본으로 남아 있는 파사드의 반월창 작업을 완성시키며 모자이크 장식은 계속되었다. 바실리카 성당의 파사드를 비롯하여 북쪽과 남쪽 측면에 조각 장식을 활용한 것 역시 중요한 의미를 지닌다. 이러한 장식은 (고대의 개선문을 인용하여 중앙 정문 위에 올린 유명한 청동 사두 이륜전차 또는 반암으로 만든 사두 정치의 지도자들Tetrarchy 같은) 유명한 콘스탄티노플 함락 이후에 부분적으로 재활용했거나 일부 모방한 것들이다. 초대 그리스도교의 명확한 부활을 입증하는 것으로서 중앙 주 제단 위의 성체 용기를 받치고 있는 조각상들로 장식된 지주들 또는 소위 헤라클레스의 대가의 베네치아 작업장에서 만들어진 것으로 여겨지며 비잔티움의 모델들을 자유롭게 해석한 성화상 장식 조각들은 모방한 것이다.

지역의 숙련공들과 비잔티움 모자이크 제작자들, 포 강의 배후지를 비롯하여 새로운 고딕 문화가 번성하고 있던 알프스 북쪽 중심지 출신의 서양 조각가들, 그리고 세밀화가들과 호화로운 전례 도구들을 만드는 데 종사한 세공업자들은 함께 기거하며 한 세기 넘게 산 마르코 대성당의 활력 넘치는 작업장을 지켰다. 그리스도 제국의 부활을 꿈꾸며, 13세기에 산 마르코 대성당은 동방 지중해 중심지들의 조형예술 문화는 물론 1220년대 이탈리아 중부 지방의 회화를 획기적으로 변화시킬 수 있는 비잔티움과 서구의 요소들이 한데 어우러진 새로운 표현력과 독자적인 묘사에 생명을 불어넣었다.

| 다음을 참고하라 |
시각예술 그리스도교 유럽의 새로운 신성한 공간의 생성과 발전(613쪽); (성직자와 평신도) 권력자들의 공간 (656쪽)

에스파냐: 리폴, 타울, 하카, 바게스, 레온
| 알레산드라 아콘치 |

11세기 초, 에스파냐의 칼리프 왕조의 해체는 에스파냐 북부에서 그리스도교 왕국의
확장과 고대 중심지들의 부흥, 그리고 문화적인 부활 및 건축 활동에 중요한 반향을
불러온 전례와 수도원의 개혁을 촉진했다. 예술의 새로운 번영의 첫 번째 효과는
북부 수도원 필사실의 활동에서 볼 수 있었으며, 이러한 필사실의 장식 원리들은
지역 교회들에도 반영되었다. 리폴과 타울, 하카, 바게스, 레온은 로마네스크 시기의
카탈루냐에 내재되어 있던 문화적인 혁신을 특징으로 하는 새로운 형태의 장식과
회화들이 완성된 교회들의 주요한 중심지였다. 프랑스와 이베리아 반도 사이의
순례길을 따라 순회하던 예술가들은 카탈루냐와 서프랑크 왕국의 로마네스크 양식
표현이 발달했던 중심지들 사이에 제기될 수 있는
양식적이고 도상학적인 비교를 설명해 준다.

정치적 구성

9세기에 에스파냐 반도는 본질적으로 중세 말까지 그대로 유지될 정치적인 구도를 보여 주었다. 남부와 중부에는 이슬람 정복자들이 굳건하게 정착했고, 산맥 뒤의 북부 지역에는 서로 반목하고 있던 조그만 왕국들이 모여 있었으며, 반면에 카롤링거 제국의 남서쪽 경계인 에스파냐 국경 지역은 아랍의 모든 공격을 굳건히 막아낸 반도 동쪽 지역 저항의 중심지였다. 마우리타니아인들의 통제를 받던 지역에서는 비非아랍인들, 즉 유대인들과 중세 전기의 주된 백과사전이었던 『어원 사전』의 저자로 서고트 시대에 세비야의 이시도루스(약 560~636)로 대변되었던 원래의 라틴 문화와 언어를 부분적으로 간직하고 있던 그리스도교인들이 계속 삶을 이어 갔다. 레콘키스타는 이베리아 반도에서 아랍인들을 축출하기 위해 원주민들이 수행한 여러 세기에 걸친 노력에 해당한다. 이것은 영구적인 대립이 아닌 이슬람 세계와 서방 세계의 힘이 표출되었던 성쇠의 반복이었다.

　이러한 왕국들 사이에서는 사도 야고보의 보호 덕분에 무어인들에게 승리를 거둔 라미로 1세(?~850)가 다스리던 9세기 초의 아스투리아스 왕국이 두드러졌다. 야고보 성인과 관련한 전통은 먼저 에스파냐인들과 프랑스인들, 그리고 이후에는 서유럽 전체에 잘 알려진 콤포스텔라 지역의 산티아고에 봉헌된 지성소에 만들어진 신앙 중심지의 기원이 되었다. 이와 동시에 아라곤과 같은 그리스도교 권력의 중심지들이 형성되는 한편, 카탈루냐와 나바라는 독립 국가로 공고해졌으며, 레온 왕국이 설립되었다. 11세기 초, 칼리프 왕조의 해체는 에스파냐 북부로 그리스도교 왕국의 확장과 고대 중심지들의 부흥, 그리고 문화적인 부활 및 건축 활동에 중요한 반향을 불러온 전례와 수도원 개혁을 촉진했다.

에스파냐 북부의 수도원에 부속된 필사실

^{『요한 묵시록 주해서』} 예술의 새로운 번영을 보여 주는 초기의 가시적인 효과들 중에는 10세기 에스파냐 북부의 수도원에 부속된 필사실에서 이루어진 서책 관련 예술에 대한 특별한 자극이 있었다. 간행된 장소와 날짜, 저자에 대한 언급과 함께 필사본에 상세하게 등장했던 간기刊記, colophon(고서나 필사본의 마지막 장. 이곳에 저자, 제목, 인쇄소, 발행인, 날짜 등을 기입한다*) 덕분에 이러한 문화 중심지들의 이름을 알 수 있다. 더 중요한 카스티야의 발레라니카와 레온 왕국의 타바라는, 서구에서는 그 유래를 찾아볼 수 없었던 풍부

한 조형적인 요소들이 가미된 사본들을 만들어 내며 삽화를 곁들인 성서聖書 제작을 재개했다. 하지만 이베리아 반도 세밀화의 가장 전형적인, 그리고 아마도 가장 이상한 작품은 『요한 묵시록 주해서Commentario dell'Apocalisse』의 다양한 판본에 나타났다. 이슬람교도들에 대한 레콘키스타가 시작되었던 그리스도교도들의 고립된 영토(에스파냐의 남서부)에서 786년경 리에바나 산 투리비오의 베네딕투스회 수도원의 베아투스Beatus 수사는 성서에 주석을 달았던 모든 고대 저자들을 인용한 주석집catena을 작성했다. 이는 카롤링거 시대의 전형적인 백과사전적 시각에 따라 베아투스 수사가 자신의 주석을 위해 선택한 구절들로 이루어진 진정한 전집이었다.

세밀화가

이 주석집의 다양한 필사본들 가운데 일부를 통해 도해 작업에 참여했던 몇몇 화가들의 이름을 알 수 있다. 예를 들어, 10세기 중반쯤 산 미켈레 수도원에서 사제장 마지오Magio는 현재 피어폰트 모건 도서관Pierpont Morgan Library에 보관 중인 『베아투스 주해서Beatus』를 완성했을 뿐만 아니라, 화가pintrix이자 신의 협조자Dei adjutrix였던 엔데Ende 수녀와 공동 작업으로 헤로나Gerona 대성당을 위해 『베아투스 주해서』의 세밀화 작업을 수행했던 인물과 동일인인 사도 에메테리오Emeterio에 의해 완성된, 마드리드 국립역사고문서실l'Archivio Histórico Nacional에 보관 중인 타바라의 동명의 필사본 작업에도 참여한 것으로 보인다. 모든 필사본은, 비록 방식은 다르지만 화려한 색채와 원초적인 디자인, 그리고 「요한 묵시록」 자체가 그렇듯이 두려움과 희망이 스며들어 있는 상징들의 세밀하고 현학적인 기교를 이용했다. 이것은 화가가 모든 상상의 수단들을 동원하여 추상적인 개념을 나타내지 않는다면 표현이 불가능했던 종말론과 관련한 사건들을 그려 낸 것이다. 그리고 중세의 회화적 형상은 각각의 형상들이 권역별로 나뉘어 있는 지도처럼 일목요연하게 정리된 조망도의 기원인 학술적인 작품들(동물 우화집, 천지 창조설) 속 형상의 묘사들을 참고했다. 이러한 표현 방식에는 에스파냐와 초대 그리스도교, 서고트로부터 유래한 요소들과 로마를 비롯하여 아일랜드, 프랑크 왕국의 위대한 유산을 바탕으로 가공된 카롤링거 시대의 종합적인 이미지들이 가미되어 있었다. 또한 이 모든 것에 이슬람 세계의 경험을 비롯하여 사산 왕조 페르시아부터 콥트인들의 이집트에 이르는 동방 지중해의 모든 전통들이 더해지게 되었다. 회화적인 표현은 자주성을 띠기 시작했으며, 서적의 한쪽 면 전체를 차지하고 심지어는 두 쪽에 걸쳐 나타나기도 했다. 요한의 계시에 대한 이 난해한 책은 10세기에 바로 이러한 이미지의 활용을 통해 새로운 해석을 찾게 되었다.

리폴의 베네딕투스회 수도원

수도원 교회 피레네 산맥의 경사지에 위치한 리폴의 베네딕투스 수도원은 9세기 창설의 순간부터 카탈루냐 지방의 권위 있는 수도원 중심지들 가운데 하나였다. 이 수도원의 산타마리아 교회는 1000년대를 거치며 여러 차례 중요한 개축이 이루어졌다. 이러한 개축은, 특히 몇 차례의 기회를 통해 로마의 성 베드로 대성당을 방문한 적이 있던 베네딕투스회 소속의 에스파냐 출신 수도원장 올리바Oliva(1008-1046)에 의해 성 베드로 대성당의 콘스탄티누스 바실리카 교회를 모델로 삼아 실행되었다. 이야기의 한 장면으로 장식된 바닥은, 지역의 필사실에서 이루어진 세밀화 제작에 영감을 받은 오푸스 세크틸레와 모자이크 기법의 화려한 조합이었다. 12세기 중반경에 서쪽 면에 첨가된 정문[도판 18]은 유럽의 로마네스크 양식에서 독보적인 사례였다. 이것은 위로 돌출된 3개의 처마돌림띠로 나뉘었으며, 상층부에 연결되어 있는 띠 모양 조각의 수평 부재에 의해 경계가 정해진 사각형 구조의 로마 기념 아치 모양으로 고안되었다. 이 정문 전체는 7개의 층으로 구분된 권역에 정연하게 배치되어 있는 성경과 우화 장면들의 부조로 장식되어 있었다. 출입문 아치 위에 설치된 장식 일체는 승리를 얻은 교회라는 주제의 묘사를 목표로 한 것이다. 문의 측면에는 신에 이르기 위해 지상에서 수행해야 할 본보기들이 자리 잡고 있었다. 성경에서 발췌한 이러한 예들에는 동물들에 대한 묘사와 우화들이 함께 곁들여졌다. 아치 기둥의 안쪽 면에는 12달에 대한 카탈루냐 로마네스크 양식의 첫 번째 조각 작품들이 있었는데, 이것은 유럽의 유사한 작품들에서 볼 수 있었던 일반적인 도상화의 요소들이 결여된 다양한 전통의 결실이었다.

타울의 산트 클리멘트 성당과 산타 마리아 성당

보이 계곡에서 11세기 초에 (3개의 후진으로 되어 있지만) 바실리카 형태의 산트 클리멘트 성당과 산타 마리아 성당의 건설로 표출되었던 지역 제후들의 야심을 반영한 것은 조그만 피레네 산맥의 중심지 타울이었다. 산트 클리멘트 성당에 묘사되어 있는 기록문은 축성 연도를 1123년으로 언급하고 있다. 같은 해에 하루 차이를 두고 툴루즈의 생세르냉 수도원 원장과 알폰소 1세 전쟁왕(약 1073-1134, 1104년부터 왕)

의 궁정 예배당 사제를 역임했던 로다바르바스트로 교구의 주교 라몬은 산타 마리아 성당을 봉헌했다. 각각 부속되어 있던 장소에서 이전하여 1920년대부터 바르셀로나 (카탈루냐 미술관)에 보관된 프레스코화 작품들도 봉헌식이 거행되었던 이 시기로 거슬러 올라가야 한다. 산트 클리멘트 성당의 후진 구조는 이탈리아 북부, 그리고 랑그도크와 푸아투 지역 회화의 새로움과 툴루즈와 프로방스 지역 조각의 경향에 정통했던 로마네스크 시기의 카탈루냐가 간직한 문화적인 요소들이 분담하고 있던 모든 복잡성을 보여 주었다.

한동안 후진에서 독보적인 자태를 뽐냈던 그리스도의 초상화 〈존엄한 지배자〉는 (앙골라스테스의 산 미구엘Sant Miguel 성당과 루시용 지방의 생 마르탱데페놀라Saint Martin-de-Fenollar 성당에서 볼 수 있는 것처럼) 성 마르코의 사자와 성 루카의 황소의 꼬리와 발을 잡아당기고 있는 천사의 모습으로 그려진 복음서 저자들의 상징처럼 다소 특이한 도상화의 세부에 대한 관심과 고차원적인 정형화된 모습을 특징으로 하는 장식적인 부분들에 대한 섬세한 취향과 화려한 색조를 통해 실현된 웅장한 작품이었다. 후진의 반원형 공간 중앙에서 사도들의 무리 가운데에서 빛줄기를 발산하는 잔蓋을 손에 들고 있는 마리아의 이미지 또한 도상학적인 관점에서 매우 흥미로운 것으로, 이는 (부르갈의 산트 페레Sant Pere 수도원의 이미지와 유사한) 성배Graal에 대한 카탈루냐 지방의 특별한 신앙심을 보여 주는 것이다. 산트 클리멘트 성당의 건축 책임자는 아라곤의 로다 데 이사베나Roda de Isábena 대성당에서도 활약한 것이 공식적으로 확인되었다. 반면에 아랍인들의 지배를 받던 에스파냐의 그리스도교 신자들인 모사라베인들에 기원을 둔 토착적인 구성 요소는 타울의 산타 마리아 성당에서 그랬던 것처럼 신앙에서 화가의 작업 방식을 특징지었다. 이곳에서는 다양한 분야에 전문화된 여러 작업장들이 후진과 신랑 전체를 그리스도와 관련한 작품들로 치장하며 여러 차례 작업에 참여했다. 중앙의 후진에는 처음으로 그리스도의 탄생이 지닌 성스러움의 가치를 확인했던 '동방박사들의 경배'라는 형태로 이루어진 주현절Epifania과 관련한 복음서 일화가 묘사되어 있는데, 이것은 아마도 11세기와 12세기에 민중 전례극인 『별들의 성무일과Officium Stellae』의 영향을 받아 나타난 것으로, (11세기와 12세기 사이에 부르갈의 산트 페레 수도원과 에스테리 다네우의 산타 마리아 성당에서도 나타났던) 카탈루냐 로마네스크 양식의 회화에서는 드물지 않은 선택이었다. 문 주변의 서쪽 벽에는 다윗과 골리앗의 죽음의 장면들이 군데군데 삽입되어 지옥의 고통을 노골적

매우 독특한 상징의 사용

으로 묘사한 작품들에 바탕을 둔 최후의 심판의 해석이 펼쳐졌다.

하카의 산 페드로 대성당과 바게스의 산 훌리안과 산타 바실리사 성당

산 페드로
대성당의
2개의 정문 아라곤 북부의 하카는 솜포르트의 피레네 산맥 통로에 위치한 조그만 중심지다. 이 도시는 피니스테레 반도의 콤포스텔라로 향하는 순례자들의 왕래가 잦았던 에스파냐로 들어가는 길목인 프랑스의 길camino francés을 관할했다. 바실리카 교회의 구조를 본받아 11세기부터 건축된 산 페드로 대성당의 정문 2개는 이베리아 반도 지역의 로마네스크 양식으로 제작된 정문에 나타나 있는 장식 형태들의 발전을 보여 주고 있다. 가장 오래된 서쪽 정문에는 작품 구성에 대한 의미를 밝히는 명문과 함께 그리스도의 (머리글자를 도안화한) 결합문자가 상징적인 사자 2마리 사이에 나타나 있는데, 이 사자들 또한 파멸시키고 구원하는 그리스도의 자태를 취했다. 남쪽 정문의 팀파눔에는 같은 시기에 에스파냐의 후진들에서 매우 유행했던, 4개의 복음서를 상징하는 상이한 4개의 형상인 테트라모르프에 둘러싸인 후광 안의 그리스도가 옥좌에 앉아 정면을 바라보는 구성으로 묘사되어 있었다.

산 훌리안 성당의
프레스코화 12세기 초, 바게스(사라고사)의 산 훌리안과 산타 바실리사의 교구 교회는 푸아투와 부르고뉴에서 형성된 전례가 있는 서사적인 장면들로 이루어진 프레스코화(하카, 디오체사노 박물관)로 전체가 장식된 건축물이었다. 북쪽과 남쪽의 벽면은 4개의 구역으로 나뉘었으며, 여기에 각각 아담과 이브, 노아의 삶에 대한 상세한 장면들과 그리스도의 체포에 이르는 그리스도와 관련한 일화들이 배치되었다. 세 구역으로 나뉜 후진에는 각각 창조부터 타락에 이르는 주제들을 비롯해 이와 연결되는 노아와 구원의 전령인 야훼 사이의 계약, 그리스도의 현현과 십자가 위의 죽음, 그리고 약속의 실현을 보여 주는 승천이 자리 잡고 있었다. 그림들로 이루어진 다른 자료들과 마찬가지로 이 자료들에서도 프랑스와 이베리아 반도 사이의 순례길을 따라 오가던 방랑 예술가들의 기동성에 대한 언급이 반드시 필요하다. 이것은 서구 프랑크 지역의 로마네스크 양식이 발전했던 중심지들(몽투아르, 생사뱅과 베르제라빌 대수도원)과 카탈루냐 사이에 특별하게 형성된 도상학을 비롯한 양식의 관련성을 설명해 준다.

레온의 왕들의 판테온

레온 왕국 북서부 지역 서고트 교회 개혁자인 성 이시도루스에게 헌정된 교회의 부속 건축물로서 왕가의 영묘靈廟 역할을 했던 판테온 역시 매우 독보적인 기념물이다. 「요한 묵시록」의 일화들과 그리스도와 성모 마리아의 삶에 대한 작품들로 이루어진 활기 넘치는 벽화 작품들[도판 36 참조]은 페르디난트 2세Ferdinand II(1137-1188, 1157 년부터 레온의 왕)의 통치 시기와 관련한다고 보고 있지만, 페르디난트 1세와 산시아 Sancia의 딸인 우라카Urraca의 후원과 연관이 있는 1124년으로 제작 시기를 앞당길 수 있는 개연성 또한 충분하다. 이와 같은 유동적인 연대상의 차이는 이러한 그림들의 독자적인 양식을 그 지역의 다른 예전 양식들과 연결하기가 불가능했기 때문이며, 반면에 레온 왕국 출신인 익명의 대가가 밝혔던 주요한 접점은 흰색 바탕의 공통적 인 사용과 디자인의 유연성, 화려한 색감에서 알 수 있듯이 프랑스 서부 지역(몽투아 르와 생사뱅)이었기 때문이다.

| **다음을 참고하라** |
시각예술 그리스도교 유럽의 새로운 신성한 공간의 생성과 발전(613쪽); (성직자와 평신도) 권력자들의 공간 (656쪽)

대성당의 나라 프랑스: 상스, 랑, 파리
| 루이지 카를로 스키아비 |

프랑스 중세 대성당의 예술은 12세기 중반부터 고딕 양식과 일치한다는 것이 공통된 견해다. 실제로 그 이전의 두 세기 동안 대규모 건축 공사들에 대한 문헌 기록이 있는데, 오툉의 생라자르 대성당 같은 몇몇 로마네스크 양식의 대성당은 오늘날까지도 남아 있으며, 다른 성당들 또한 알프스 북쪽 로마네스크 양식의 건축 발전에서 이러한 건축 현장들의 중요성을 입증해 주는 고고학적인 발굴 덕분에 부분적으로나마 알려지게 되었다. 하지만 이러한 모든 건축물들은 고딕 시대의 재건축으로 대부분 대체되거나 변형되었다. 1135년에서 1140년 사이 일드프랑스 지역에서 건축적인 표현의 근본적인 변화가 이루어졌다. 북부 지역 로마네스크 양식의 기술적인 독자성은 첨두형 아치와 고딕 양식의 둥근 천장, 그리고 호弧의 한쪽이 짧은 아치의 체계적인 사용을 통해 수직면과 빛이 지배하는 공간에 대한 새로운 미학을 정의하게 된 독창적인 해결책을 따르게 되었다. 이러한 원리에 기초하여 12세기 후반에 프랑스의 첫 번째 고딕 양식의 대표적인 건축물들인 상스와 랑, 누아용, 파리의 대성당들이 세워졌다.

프랑스의 로마네스크 양식 대성당

이 장의 주제인 '대성당의 나라 프랑스'는 예술과 관련한 역사 기술에서 정확하게 12세기 중반경에 해당하는 시기를 알프스 이북 지역 대성당들의 대대적인 재건축이 시작된 순간으로 공인하고, 고딕 양식과 대성당 예술의 일체감을 확인하는 데 바탕이 되는 고전적인 주제로 삼았다. 실제로 프랑스의 도시 풍경은 아미앵과 샤르트르, 랭스, 파리를 보면 충분히 알 수 있듯이, 종종 고딕 양식 대성당의 웅장한 건축물이 우뚝 솟아 있는 모습이었다. 이러한 규모의 건축 사업은 낙관적인 사회-경제적 상황과 루이 6세(약 1081-1137, 1108년부터 왕)와 루이 7세(약 1120-1180, 1137년부터 왕)의 카페 왕조와 잉글랜드 왕의 지배를 받던 대륙 서쪽 지역의 플랜태저넷 왕조와 밀접한 관련이 있는 주교들이 의뢰하며 구체화된 정치적인 의지로부터 비롯되었다. 그러나 대성당과 고딕 양식 사이의 일체감은 역사적인 시각의 문제이기도 하다. 12세기와 13세기 사이 대성당들을 중심으로 이루어졌던 고딕 양식으로의 재건축은 종종 기나긴 발굴 활동에 의해서만 알려진 카롤링거 시대와 로마네스크 시기 건축물의 역사와 관련한 기록을 그 이후의 시기로 산정하게 함으로써 이전의 건축학적인 시기에 대한 기억을 없앴다. 이러한 흔적들이 발견되는 곳에서는 로마네스크 양식의 건축 기술과 표현의 발달로 인해 10-11세기의 예전 건축 현장들이 지니고 있던 절대적인 중요성을 이해하게 되었다. 옛 대성당들의 기념비적인 재건축은 도시의 모습을 대대적으로 바꾸어 놓았다. (상리스, 루앙, 파리, 리옹과 같은) 많은 경우들에서 새로운 건축물들은 건물의 위치를 부분적으로 변형시켰을 뿐만 아니라 인근의 구역들로 확장해 나가며 2개의 예배당을 갖춘 쌍당식 대성당雙堂式 大聖堂의 중세 전기 또는 초대 그리스도교 교회의 건축물들을 대체했다. 그 기능이 서서히 힘을 잃어 가고 있던 쌍당식 대성당 구조의 옛 건축물 인근에 1120년부터 세워진 오툉의 생라자르Saint-Lazare 성당은 매우 특별한 경우였다. 유럽 로마네스크 양식 최고의 조각 작품들 가운데 하나로 꼽을 수 있는 기슬레베르투스의 주두들을 비롯해 중앙 정면 출입구의 〈최후의 심판〉으로 장식된 반원형 채광창으로 특히 유명한 생라자르 성당은 방사형으로 배치된 소예배당이 부속된 주보랑이 없으며, 나지막한 익랑과 세 부분으로 나뉜 내진의 단순화된 평면 구조에 바탕을 두고 있지만 3층으로 이루어진 신랑의 입면도와 뾰족한 반원통형 둥근 천장을 모방할 때 모범으로 삼았던 클뤼니 수도원의 세 번째 교회 모델을 따랐다. 따라서 부르고뉴 지방의 성숙한 로마네스크 양식의 결정체인 오

팅의 생라자르 성당은 고딕-대성당이라는 등식이 얼마나 부정확한 것인지를 보여
주는 좋은 예다. 다른 경우들에서는 입면도에 따른 건축물의 잔재들이 많이 남아 있
지 않으며, 따라서 고고학적 자료들과 고문서의 출전에 의지해야만 한다. 느베르
에서는 양쪽 끝에 소예배당이 설치된 익랑을 갖추고 있으며 서쪽을 향하는 구조의,
1028년과 1058년 사이에 건립된 성당의 일부를 볼 수 있다.

　　같은 부르고뉴 지방의 동시대 건축물인 오세르의 생테티엔Saint-Étienne 대성당 **신비함으로**
(1023-1039) 가운데에는 지하 예배당만 남아 있지만, 이것만으로도 특별한 건축 **가득 찬**
지하 예배당
적 위업의 의의를 전해 주기에 충분하다. 재단한 돌로 장식된 중간 벽의 우수성, 축
의 동쪽에 단 하나의 소예배당과 주보랑을 갖춘 지하 소예배당 유형의 혁신에서 평
면 측량과 관련한 선택, 그리고 (측면 위 4개의 반기둥으로 이루어진 정방형의 중심인)
이미 체계화된 구역에 여러 개의 기둥 다발로 만들어진 복합 원주 위의 아치와 2개
의 반원통형 궁륭이 수직으로 교차하여 만들어진 천장을 통한 건축학의 기본 원리
가 이 건축물의 특별함을 만들어 주는 요소들이다. 이러한 종류의 지하 예배당은 오
늘날 문서로만 증명 가능한 것으로 본다면, 10세기 중반경에 주교 에티엔 2세Étienne
Ⅱ(937-984)에 의해 초대 그리스도교 교회 구조물 위에 다시 세워진 클레르몽페랑
Clermont-Ferrand 대성당을 살펴봐야 한다. 이러한 새로움은 매우 인상적이었으며, 몇
십 년이 지난 뒤 로베르 2세 경건왕Robert le Pieux(약 970-1031, 996년부터 왕)은 1029년
에 바로 "클레르몽의 (중략) 산타 마리아 성당의 이미지"에 봉헌된 오를레앙 생테냥
의 공주共住 성직자단 성당의 재건축을 요구하게 된다. 실제로 오를레앙에서는 샤르
트르 대성당의 건축 현장으로부터 대두된 또 다른 중요한 혁신이 나타났다. 샤르트
르 대성당의 (웅장한 고딕 양식 건물 아래로 사라진) 로마네스크 양식의 시기는 1020년
에 주교인 퓔베르(10/11세기)에 의해 시작되었다.

　　이곳에 보관되어 있는 성모 마리아의 귀중한 유물들은 많은 순례자들의 관심을 **고딕 양식의**
불러일으켰으며, 신자들의 끊임없는 왕래가 주교좌 성당 참사회의 성무聖務를 방해 **다양한 형태들**
하지 않도록 하기 위해 이 바실리카 교회의 서쪽 구역에서 파사드 가까운 곳 양 측면
의 긴 지하 복도를 통해 출입하는 지하 예배당이라는 독창적인 선택이 널리 이용되
었다. 지하 예배당의 방사형으로 배치된 3개의 예배 공간은 이제까지 볼 수 없었던
방식으로, 각각 2개의 열주에 의해서 다시 2개의 조그만 신랑으로 나뉜 루앙Rouen 대
성당의 내진 또한 클레르몽페랑 대성당에서 기원한 것이다. 오를레앙의 생트크루아

Sainte-Croix 대성당도 건축의 선택과 기념비적인 발전으로 인해 매우 유명해진 로마네스크 양식의 교회였다. 중세 전기의 건축물이 989년 화재로 소실된 뒤에, 이 교회는 로마네스크 양식의 실험주의에서 대성당 건축이 지니고 있는 중요성을 거듭 보여 주는, 각 부분으로 나뉜 십자가 형태의 지주들을 이용하여 후진이 부속되어 있는 익랑과 (제2기의) 방사형으로 배치된 3개의 소예배당으로 나뉜 긴 내진을 갖춘 5개의 신랑으로 재건축되었다.

최초의 고딕 양식 대성당

고딕 양식의 대변혁

로마네스크 양식의 대성당은 오랫동안 지속될 수도 있었다. 하지만 일반적으로 이야기되는 것처럼 거의 모든 건축물들이 고딕 시대의 재건축에 의해 대부분 대체되거나 변형되었다. 1135년에서 1140년 사이에 파리 외곽의 일드프랑스에서는 건축적인 표현 양식의 근본적인 개정이 이루어졌다. 프랑스 왕실과 밀접한 관련이 있던 동시대의 다양한 건축 현장들에서는 북부 지역, 특히 앵글로노르만 로마네스크 양식의 가장 새로웠던 기술이 지붕의 방식과 표현 양식, 입면도의 분석, 공간에 대한 개념, 그리고 조명의 원천과 이 공간과의 관계에 대한 개념에서 독창적인 해결책에 굴복하게 되었다. 이러한 해결책은 몇십 년 사이에 로마네스크의 미학과 다를 뿐만 아니라 어떤 측면에서는 대립 관계에 있는 새로운 미학을 정의하기에 이르렀다. 일반적으로 고딕 양식은 첨두형 아치와 고딕 양식의 둥근 천장(또는 골재를 덧댄 2개의 반원통형 궁륭이 수직으로 교차하여 만들어진 천장)으로 생각되지만, 건축의 역사에서 이러한 요소들은 단독으로는 어떤 방식으로도 진정한 혁신을 보여 주기에 충분하지 않다. 오래전 이슬람에 기원을 둔 첨두 아치는 이미 프랑스(오툉의 제3 클뤼니 성당)와 이탈리아(피사 대성당의 십자형 경간과 모데나 대성당의 가로지르는 아치)의 몇몇 건축 현장에 모습을 드러냈지만, 이러한 요소를 사용하는 것이 이 건축물들의 전형적인 로마네스크 양식의 특성을 바꾸어 놓지는 못했다. 롬바르디아와 노르망디, 잉글랜드에서 맞보(형)의 첨두 아치로 이루어진 둥근 천장은 1100년경에 나타났지만, 고딕 양식의 건축물들에서 이것은 틀에 끼워져 있는 첨두 아치와 함께했으며, (중앙 신랑, 측랑, 주보랑, 후진들과 같은) 다른 공간들로 확장되어 전혀 다르게 이루어졌다. 초기 고딕 양식으로 지어진 대성당들의 신랑 입면도상의 분할은 노르만의 로마네스크 양식을 모방한 것이다. 초기의 건축물들에서 표면을 구성하는 요소들을 엇갈리게 배치하는 방식을 광범위하게 사용한 것과 초대 그리스도교 바실리카 교회의 전형이었던 내부 회랑의 존재, 벽의 두께와 같은 회랑 겸 계랑階廊을 신랑의 가장 높은 층 높이에 맞추어 실현시키는 기술인 두꺼운 벽mur épais의 기초적인 기술, 그리고 캉의 생테티엔 교회에서 1120-1130년경에 이미 등장했던 6개의 면으로 이루어진 둥근 천장 지붕인 6분 볼트sexpartite vault와 연결하기 위해 다른 모든 돌출부들의 높이를 뛰어넘어 내부 회랑보다 높은 위치까지 도달한 구조재들이 이에 해당한다. 하지만 이러한 기술들의 모든 가능성을 활용하고 건축물의 세로면을 강조한 수직주의verticalism와 벽 쌓기의 단순화, 모든 측의 벽면을 비워 두는 것에 바탕을 둔 새로운 공간의 창조를 통해 이러한 기술들을 완성한 사람들은 고딕 양식 건축가들이었다. 그 결과 경간을 모듈로 하고 균일한 단위들의 연결을 중심으로 하는 로마네스크 공간은 대혼란을 겪게 되었다. 고딕 성당에서 둥근 천장과 기둥들 사이의 선형적인 연속성은 높은 곳으로 이어지는 느낌을 특징으로 하는 공간을 만드는 구조재들의 설계에 의해 결정되었다(각각의 원주들은 정확하게 둥근 천장의 아치형 서까래나 단벽段壁과 연결되었다). 명확한 단위로 인식되지 못했던 이러한 연속된 공간들은 안으로 들어오는 빛으로 인해 자연스러움을 지니고 있으며, 역동적이지만 조직적인 공간을 만드는 데 기여했다. 작은 십자가 모양의 반원형 천장 지붕들 위로 걸쳐진 큰 십자가 모양의 교차하는 반원형 천장들의 하중을 지탱하는, 외부의 한쪽 받침대가 높은 아치 기술의 완성은 구조적인 관점에서 일드프랑스 지역의 고딕 양식이 하중을 버티는 작용을 상실한 양 측면의 신랑들로부터 중앙 신랑을 자유롭게 해 주어, 그 결과 중심의 신랑을 예기치 않았던 높이까지 세우도록 해 주었다. 첨두형 둥근 천장이 점차 편평해지는 경향, 즉 다시 말해 가로지르는 아치들과 대각선 늑재肋材들의 정점이 수평면을 이루는 경향을 보였는데, 그 결과 벽은 떠받치는 역할로부터 벗어나게 되었다. 높은 채광용 창이 나란히 있는 측벽인 고창(클리어스토리)의 창문들은 점점 더 크기가 커졌으며, 세로면의 구조재들 사이에 있는 벽을 없애기에 이르렀다. 많은 경우에 성스러운 이야기를 수용했던 다색多色의 거대한 스테인드글라스의 효과가 어떤 것이었는지는 상상만이 가능할 뿐이다.

둥근 천장과
스테인드글라스

고딕 양식 건축을 천상의 예루살렘이라는 유형의 이미지로 평가하기도 하고, 12세기 스콜라 철학의 논리에 상응하는 완벽함을 건축 원리의 합리성 속에서 찾기도 하며, 다양한 방법으로 해석하려는 시도가 있었다. 또 역사적인 맥락에서는 봉건 시

생드니 대성당의
주보랑

대에 대한 최고의 형식적인 표현으로 삼기도 했으며, 반대로 수도원의 어두운 로마네스크 양식에 대립할 수 있는 평신도 중심 시대와 도시국가 시대, 그리고 진보적인 시대의 표상으로 고려하기도 했다. 하지만 고딕 양식 성당 건축에서 빛에 부여한 가치와 그 빛의 종교적-상징적 의미는 논란의 여지가 없는 확실한 것이었다. 이러한 의미에서 대수도원장 쉬제르(1122-1151)에 의해 추진된 성당의 개축에서 유일하게 살아남은 부분인 (1144년에 축성된) 생드니 대성당[도판 7]의 주보랑은 새로운 미학에 대한 최초의 증거였을 뿐만 아니라 최고의 걸작들 가운데 하나였다. 우리가 간과하고 있던 독창적인 평면도의 분할을 보여 준 내진 중에는 우아하고 섬세한 지주들 위의 첨두형 둥근 천장을 비롯하여, 서로 인접한 바깥쪽 주보랑의 공간과 통합되는 방사형으로 배치된 7개의 소예배당을 갖춘 이중 주보랑이 남아 있다. 반면에 벽에 의한 모든 구분은 사라졌으며, 각각의 소예배당의 두 창문에서 들어오는 빛이 지배하고 있었다. 공간을 감싸는 경이롭고 지속적인 빛lux mirabilis et continua은 성스러운 빛의 반영이며 영적인 등극의 수단이라는 것을 주장하며 위 디오니시우스의 신플라톤주의 이론을 언급했고, 새로운 건축학적인 개념을 설명한 것도 쉬제르 본인이었다.

파리 교구를 관할하고 있던 가장 중요한 대주교좌 성당인, 앙리 상글리에Henri Sanglier 대주교에 의해 재건축된 상스Sens 대성당은 생드니 대성당의 내진과 함께 만장일치로 고딕 양식의 가장 위대한 건축물로 꼽힌다. 상스 대성당은 익랑이 없는 관계로(현재의 익랑은 이후에 덧붙인 것이다), 축 방향에 단 하나의 소예배당을 갖춘 내진의 주보랑까지 이어진 3개 신랑의 넓은 평면도를 기초로 1140년에 재건축이 시작되었다. 상스에는 아직도 약한 기둥과 강한 기둥이 번갈아 나타나는 노르만 체계를 고수하기도 하지만, 약한 기둥에서 이러한 선택은 한 쌍의 지주들로 이루어진 고전적인 양식의 구조적인 요소에 국한되었다. 상리스Senlis 대성당처럼 생제르맹데프레 Saint-Germain-des-Prés 성당(1150-1161)의 내진과 아마도 쉬제르 대주교의 생드니 교회의 독창적인 내진에도 적용되었을 6분 볼트와 3개의 배열로 이루어진 평면도 역시 노르만의 것이었다. 이미 이때 버팀벽을 대신하는, 외부의 한쪽 받침대가 높은 초기의 아치들이 시도되었다. 12세기 중반(신랑은 1170년 이후다) 누아용Noyon 대성당의 평면도는 지금은 둘 다 사라진 캉브레Cambrai 대성당과 보베의 생뤼시엥Saint-Lucien 대성당처럼 반원으로 끝나는 익랑에서 차이를 보였으며, 수아송Soissons 대성당에서는 모두 주보랑에서 차이를 보였다. 상스 대성당보다 단순화되었으며, 상리스 대성당의 유형과 동일한 지주-각주의 변형으로 번갈아 나타나는 체계가 다시 나타났다. 위로 더해진 4개 구역의 분할을 통해 누아용 대성당이 고딕 양식의 첫 번째 시기를 특징짓게 될 혁신적인 요소를 도입한 분야는 입면도의 분할이었다. 내진에는 (랑에 서처럼) 신랑에서 벽 두께의 회랑(트리포리움)으로 변모하게 되는 블라인드 아치의 구역이 내부 회랑 입구들과 클리어스토리 사이의 통로를 연결시켜 주었다. 이와 유사한 입면도는 같은 시기에 초기 형태로 생제르메르 디 플리Saint-Germer di Fly 성당에도 나타났으며, 랭스의 생레미 대성당의 내진(1160~1170)과 랑과 파리의 대성당에도 적용되었다. 랑 대성당(약 1170)의 평면도는 3개의 신랑과 (지금은 사라진 아라스의 대성당과 유사한) 동쪽의 후진, 그리고 거대한 원화창圓華窓에 의해 뚫려 있는 선단부들로 이루어진 익랑의 발전이 특징이었다. 신랑에는 일정한 모양으로 이어진 원통 모양의 원주들이 선택되었지만, 6개의 면으로 나뉜 지붕들에서 번갈아 나타나는 흔적은 지주의 주두 위로 높이 세워진 구조재들의 숫자에 살아남아 있다.

이번에는 완벽하게 동일한 형태의 경간의 배열로 나타난 원주들이 그때까지 볼 수 없었던 규모와 신랑의 둥근 지붕의 지지면까지 35미터에 달하는 높이로 같은 시기에 건축이 시작된(1163년부터 약 1182년 사이, 내진) 파리의 노트르담 대성당에 다시 나타났다. 본래의 도면에서 랑 대성당의 통행이 가능한 트리포리움은 원화창으로 대체되었으며, 이 원화창은 클리어스토리의 빛을 더욱 많이 받아들이기 위해 1225년경에 제거되었다. 노트르담 성당의 가장 중요한 특징은 돌출되지 않은 높은 익랑의 동쪽에 정방형으로 배치된 소예배당을 갖추지 않은, 이중 주보랑으로 이어지는 5개 신랑으로 이루어진 평면도에 있었다. 이러한 평면도는 아마도 초대 그리스도교 시기(몇몇 사람들에게는 6세기 초의) 생테티엔 성당을 염두에 둔 것으로 보이는데, 이 성당의 외부 담벼락이 고딕 양식의 대성당 아래에서 발견되었다. 매우 복잡한 건축물이 지탱할 수 있었던 것은 벽을 얇게 만드는 건축술과 신랑의 둥근 천장들과 내부 회랑의 둥근 원통형 천장들을 지탱하기 위해 겹쳐서 나타났던 외부의 한쪽 받침대가 높은 아치들이 있었기 때문에 가능했다.

파리의 노트르담 대성당

| 다음을 참고하라 |
시각예술 그리스도교 유럽의 새로운 신성한 공간의 생성과 발전(613쪽); (성직자와 평신도) 권력자들의 공간 (656쪽)

성지

| 조르자 폴리오 |

제1차 십자군 이후, 유럽 대륙과 북부 유럽의 여러 지역 출신 귀족들이 성지聖地에
정착함으로써 알프스 이북 지역의 새로운 문화적인 요소들과 초대 그리스도교,
비잔티움, 그리고 아랍 지역의 고대 유산이 융합되어 있는
독창적인 예술적 표현의 번영을 성지에서 가능하게 했다.

예루살렘

플랑드르의 지휘관, 베르망두아와 발루아의 백작, 플랑드르의 백작과 노르만 공작,
툴루즈의 백작뿐만 아니라 프로방스의 후작과 타란토의 이탈리아계 노르만 군주는
십자군 원정에 참여한 이질적인 귀족들의 집단이었다. 이들의 십자군 원정 참여는
셀주크투르크에게 위협을 당하고 있던 동로마 제국을 보호하고자 교황 우르바노 2
세(약 1035-1099, 1088년부터 교황)가 촉구한 것이었다. 셀주크투르크는 그 당시 이
슬람교도들이 점령한 구역의 성지들을 차지했고, 우선적으로 예루살렘 왕국을 포함
한 통치망을 확립했다(1099-1187).

　　예루살렘은 모든 그리스도교 안에서 가장 거룩한 도시이고, 전 세계 순례자들
의 목적지다. 또한 콘스탄티누스 대제에 의해 촉진된 '성묘聖墓(그리스도의 묘*)'에 대
한 개입을 목격하며 수세기를 이어온 전통의 수탁지다. 그리고 동로마 제국의 개입
과 7세기 초 여러 아랍 왕조들의 칼리프(무함마드의 후손*)의 개입이 이어졌다. 이
처럼 여러 층으로 형성된 복잡한 유산 위에 한 세대 또는 최대 두 세대 만에 새로
운 경험을 만들어 낸 동화 현상을 통하여 서로마 제국의 특성을 지닌 문화의 영향
이 접목되었다. 이와 같은 인식은 새로운 경험을 일으켰다. 『예루살렘의 역사Historia
Hierosolymitana』의 저자 샤르트르의 푸셰르Foucher de Chartres (1059-1127)는 이미 1124
년경에 다음과 같이 썼다. "신은 서방을 동방으로 변모시켰다. 왜냐하면 우리가 서방
인이었지만, 동방인이 되었기 때문이다. (중략) 우리는 이미 우리가 태어난 곳을 잊
어버렸다. 그래서 우리의 대부분은 이미 그곳을 모르고 있으며 심지어 그곳에 대해
말하는 것을 들어 본 적도 없다."

이 증언에 어떠한 수사적 과장도 없다고 생각되지는 않지만, 적어도 1140년대에 성묘의 재건축
시작된 '성묘'의 대규모 재건축의 결과를 반영한 것으로 보인다. 실제로 성지의 주요
입구에 성묘를 놓아두었는데, 이는 프랑스나 에스파냐 순례지의 주요 성당들과 크
게 다르지 않다. 이 입구는 가느다란 아치와 화려한 조각들 위에 놓여 벌어진 정문들
과 함께 수랑의 남쪽 끝머리에 개방되어 있으며, 문틀의 경우에도 그리스도의 생애
에 대한 일화가 그려져 있다. 적어도 조각에서 조국에 대한 전형을 남기는 일은 계
속 유지되었다. 반대의 경우도 마찬가지로, 동방 교회의 신자들은 커다란 쿠폴라(반
원형의 지붕*), 혹은 홀의 중심에 만들어진 모자이크와 같이 건축적이고 장식적인 해
법으로 그들의 조국을 느끼게 되었다는 것을 알 필요가 있다. 교회 동쪽에 우뚝 솟
은 후진은 소실되었으나, 그 당시 모자이크 장식을 잘 보존한 증거는 칼바리오의 카
펠라cappella del Calvario에 남아 있다. 남동쪽 공간의 경간 천장 위에 있는 〈그리스도의
승천〉은 동방 교회 모자이크 기술의 정통성과 서방 교회의 영향력으로부터 자유롭
지 못한 도상의 성공적인 통합의 한 예다.

새로워진 '성묘'의 축성식은 예루살렘 탈환 50주년과 일치하는 때인 1149년 7 『성 다니엘의
성경』에 대한
가정
월 15일에 거행되었다. 최근의 연구에 의하면, 저명한 『성 다니엘의 성경Bibbia di San
Daniele』(프리울리의 산 다니엘레, 우디네, 과르네리 도서관, ms. 3)은 이러한 축성식을 위
해 특별히 제작되었을 것으로 여겨진다. 이것은 입증 불가능하긴 하지만, 적어도 이
성경이 지니고 있는 다양한 특성들로 인해 필사본의 기원과 제작 연도에 대한 활발
한 토론이 이루어지고 있는 현재 상태의 지식으로는 매우 설득력 있는 가정으로 보
인다. 십자군 왕국, 혹은 안티오키아 왕국의 필사실에서 제작되었으리라는 추측에
대한 대안으로 십자군 지역과 긴밀한 접촉이 이루어지고 있던 시칠리아나 풀리아에
서 제작한 것으로 보는 의견이 있기도 하다. 그러나 결국 서체 유형에서부터 장식의
목록과 문체의 영역에 이르기까지 『성 다니엘의 성경』의 모든 형식적인 특징들을 종
합적으로 살펴보았을 때, 12세기 중반 여러 언어가 사용되던 국제화 도시인 예루살
렘에서 제작이 이루어졌을 개연성이 커 보인다.

실제로 책 속의 세밀화보다는 유약을 떠올리게 하는 배색과 12세기 전반기의 프 내막을 보여 주는
흔적들
랑스 지역들로부터 유래한 것이 분명한 서법과 조판을 통해, 잉글랜드에서 뫼즈 지
역과 프랑스에 이르는 서방뿐만 아니라 비잔티움, 즉 좀 더 자세히 말해 콘스탄티노
플에 뿌리를 둔 다양한 전통들로부터 기인한 장식 형태들과 특징적인 조형 양식들

이 공존했던 작업장atelier을 다른 곳으로 결론짓기란 쉽지 않다. 확실한 것은 러시아와 관련이 있다는 것이다. 이는 대형 판과 금을 충분히 사용하여 더욱 화려하게 장식한 다량의 머리글자로 증명된다. 이러한 화려함을 가지고 있는 것으로는 멜리장드 Mélisende의 『시편』(런던, 영국도서관, Egerton ms. 1139)이 있는데, 이는 개인적인 용도로 완성한 필사본에 적합하게 작은 크기로 되어 있지만, 시작 부분의 전체 페이지에 그리스도의 생애와 관련한 24개의 에피소드에 대한 포괄적인 도해를 넣은 인상적인 장식이 첨부되어 있다. 또한 장식된 머리글자와 달력의 십이궁도가 있다. 필사본 달력에서 잉글랜드의 성인들이 절대 다수를 차지한 것은 유명한 성 알바누스St. Albanus의 『시편』(힐데스하임, 대성당 도서관)과 같은 잉글랜드의 원전이 모범을 제공했음을 보여 준다. 그러나 이러한 잉글랜드의 기원은 11세기에 그리스의 도해 필사본을 동시에 이용함으로써 균형이 유지되었다. 이러한 유형은 예루살렘의 교구 도서관에서 확인할 수 있다.

멜리장드의 『시편』

　　『시편』은 여왕 멜리장드(?-1160)의 이름을 취하며, 그녀가 주문자일 가능성이 있다. 멜리장드 여왕은 앙주의 백작 풀크Foulque(약 1090-1143)의 부인이자 잉글랜드 왕실과 인척 관계를 맺었으며, 1131년부터 예루살렘의 고대 로마 땅에 대한 통치권을 가졌다. 티레의 대주교 윌리엄(약 1130-약 1186)은 그의 비망록에서 적극적인 예술적 개입을 통한 종교 기관을 위한 멜리장드의 활발한 후원, 특히 그녀가 베타니아에 세운 수도원에 기부한 사본들에 대한 후원을 강조했다. 그녀의 아들 보두앵 3세 Baudoin III(약 1130-1163, 1143년부터 왕)가 왕위에 있는 동안 섭정을 맡은 멜리장드의 적극적인 활동은 다양한 예술 분야에서 작품들을 꽃피움과 동시에 절정에 다다르게 했다. 1030년대부터 '성묘'에는 금세공사들의 공방이 만들어졌는데, 이곳에 '성십자가'에서 나온 유물을 담기 위한 3개의 십자가 모양 유물함이 복원되었다. 내용물의 모양에 부합하여 이 3개의 성유물은 분명한 십자가 형태를 띠고 있으며, 금으로 된 섬세한 세공 장식의 나선형 장식들 사이에 보석을 끼워 넣거나 귀중한 색상의 돌로 대체한 '성묘'의 돌을 포함하고 있다. 이 십자가 모양 유물 중 2개는 독일로 보내졌고, 앞의 것보다 더 잘 보존된 세 번째 것은 오랜 세월 동안 바를레타 성묘 성당의 보물로 보존되어 있었다. 이것은 1144년 이후, 예루살렘에 있는 동일한 이름의 교회에 기증되었다.

베들레헴의 예수 탄생 교회

이 시기의 기념비적인 회화는 확실히 더 피상적인 모습을 보인다. 풀크와 멜리장드의 통치 기간 동안 베들레헴의 예수 탄생 교회 기둥에는 보통 아기 예수, 예언자 혹은 성인들과 함께 있는 성모 마리아의 모습과 함께 봉헌된 위대한 그림들이 나타나기 시작했다. 이렇게 제작된 봉헌물은 성묘 다음으로 중요한 이 거룩한 장소를 방문한 순례자로서 자신의 영혼의 구원을 실현하는 것과 관계가 있다. 동방 지역에는 성 코스마와 성 다미아노 또는 성 조르조의 선명한 초상 곁에 스칸디나비아 성인 올라프와 크누트의 이국적인 모습이 나타난다. 이는 실제로 1050년대에 덴마크나 노르웨이에서 온 많은 귀족들이 방문했던 거룩한 장소에 대한 다수의 국제 규약집에 나타나 있다.

그러나 유감스럽게도 1169년경에 예수 탄생 교회의 신랑에 제작된 모자이크 작품들은 조금밖에 남아 있지 않다. 이는 연단에 보존된 그리스어와 라틴어의 이중 언어로 쓰인 비문으로 알 수 있듯이 아말리크 1세(1136-1174, 1163년부터 왕)와 비잔티움 제국의 황제 마누엘 1세 콤네누스(1118-1180, 1143년부터 왕), 그리고 앵글로노르만의 랄프Ralph 주교(?-1174)의 진취적인 정신의 결합 덕분에 만들어진 것이다. 드물게 현존하는 3명의 원작자의 서명, 즉 수도자 에브라임Ephraim, 시리아 출신의 부제 바실리우스, 그리고 베네치아 출신으로 추정되는 잔Zan(조반니)의 서명은 공방이 잘 갖추어져 있었음을 말해 준다. 회랑에 있는 그리스도와 관련한 작품들 가운데 잔존하는 일부는 서술적인 표현으로 비잔티움의 전통을 충실하게 준수하는 것임을 나타낸다. 토마 사도의 의심과 승천에 대한 에피소드는 격한 몸짓과 동적인 움직임을 나타낸 주름에서 콘스탄티노플의 동시대적 표현인, 일명 '콤네노스 양식'에 배치되는 것처럼 보인다.

여러 예술가들의 공동 제작

나자렛의 성모 영보 성당

나자렛은 앞의 두 신성한 장소와 경쟁할 수 없었으므로 건축이나 구조물 제작을 주문하고 이에 참여한 사람들도 그만큼 저명할 수는 없었다. 그럼에도 불구하고 13세기의 파괴로 인해 얼마 남지 않은 성모 영보 성당Annunciazione의 유물들은 대주교 르타르Letard(1160-1190)가 1170년 지진 이후에 추진한 재건축 때 제작된 작품들의 뛰어난 독창성을 보여 준다. 이것은 이미 파편화되어 전체적인 맥락의 재구성이 불가능한 조각 작품들로서, 그 지역 박물관에 보관된 형상이 조각된 5개의 주두, 그리고 머리가 유실된 상반신 고부조 3개, 채츠워스Chatsworth의 데번셔 컬렉션Devonshire Collection 중 하나가 그것이다. 이 주두들은 미완성된 것들이며, 건축물에 장착된 적도 없는 것으로 보인다. 이는 아마도 1187년 이슬람교도들의 예루살렘 정복 시기에 갑작스럽게 작업이 중단되었기 때문일 것이다. 그들의 원래 사용 목적은 논란이 되고 있지만, 여러 가능성들 중에서 기념비적인 입구를 위해 고안되었을 수 있다는 것도 배제할 수 없다.

주두에 대한 프랑스 지역의 새로운 제안 　4개의 주두는 같은 수의 사도들에 대한 기적을 보여 주며, 다른 구역에 있는 다섯 번째 주두에는 악마들에게 둘러싸여 있는 다른 한 사도를 구원하는 교회에 대한 특이한 의인화가 표현되어 있다. 중앙 기둥의 예외적인 기능과 함께 중간 부분을 완성하기 위해서는 성 베드로처럼 열쇠로 명확하게 식별이 가능한 인물의 상반신을 놓을 곳을 찾게 되었을 것이다. 이것은 교회론적 의미에서 매우 효과적인 계획이었다. 이러한 제안은 잘 구성된 조각 장식으로 볼 때, 베리 또는 부르고뉴의 조형 건축 예술에 적용된 몇몇 공식적인 해결책들에서 알 수 있듯이 프랑스로부터 나온 것이 분명하다. 그러나 프랑스의 선례들은 나자렛의 성모 영보 성당의 주두들이 어떤 양식을 참조했는지에 대해서는 규명하지 못했다. 무질서하게 역동적으로 주름 잡힌 장식의 조형물들은 '후기 콤네노스' 양식에 기반을 둔 동시대 비잔티움 양식을 모델로 했을 것이라는 주장을 배제할 수 없게 만들었다. 이는 분명 '성지'의 독특한 문화적 양극성의 새로움과 관련한다.

　1187년의 패배 이후 예루살렘에서 도망친 숙련공들은 남부 이탈리아에 엄청난 영향을 미쳤으며, 지중해 연안에서 그들이 정착한 지역을 따라 이러한 복합적인 예술적 표현들이 전파되었다.

| 다음을 참고하라 |
역사 십자군 원정과 예루살렘 왕국(51쪽); 프리드리히 바르바로사와 제3차 십자군(56쪽)

문제들

ARTI VISIVE

비잔티움과 서방 교회
(테오파노, 몬테카시노의 데시데리우스, 클뤼니, 베네치아, 시칠리아)
| 마누엘라 데 조르지 |

10세기부터 12세기까지 다량의 수공예품들이 다양한 동기로 비잔티움 제국에서 로마와 중부 유럽으로 들어왔다. 이는 이주해 온, 즉 서로마 제국에서 일을 하기 위해 건너온 비잔티움의 직공들이 만든 예술 작품뿐만 아니라 일찍이 서로마 제국의 전통과 혼합한 동로마 제국 문화의 확산에도 기여했다. 이는 몇몇 핵심 인물들에게 부여된 역할이 결정적이라는 것을 알 수 있으며, 이들 중에는 비잔티움의 영감의 대상을 제작하여 유럽에 가지고 들어온 테오파노 공주와 콘스탄티노플의 기술과 양식에 기반을 둔 모자이크 세공가들을 위한 지역 학교 설립에 기여한 몬테카시노의 데시데리우스가 있다. 로마 양식과 불확실한 기원의 비잔티움 요소들이 공존하는 클뤼니 수도원 필사실의 세밀화 작품들은 비잔티움과 관련이 있으며, 이러한 관계는 더욱 논의할 만한 여지가 있다. 반면에 콘스탄티노플 '제국'과 동일한 환경을 흡수한 베네치아와 시칠리아 같은 도시들은 특별한 경우다.

비잔티움과 서로마 제국 사이의 중세 예술: 테오파노에서 베네치아까지 끝없는 의견 교환

여러 방법론적인 함의를 통해 매력적이면서도 신중을 요하는 조합인 '비잔티움과 서로마'의 문제는 다양한 관점에서 분석할 가치가 있으며, 학자에게는 다양한 해석을 제공한다. 첫째로, 오스만 제국 초기와 특히 십자군 이후에 온갖 이유들로 비잔티움 제국(거의 대부분 수도로부터)에서 서쪽, 즉 로마와 중앙 유럽을 향했던 '이주'는 수공예품과 다른 제품들의 직접적인 전달의 관점에서 이해해야 한다. 둘째로는, 장인들이 만들어 낸 물건들뿐만 아니라 이러한 장인들 또한 1000년 이후 특별한 능력을 지닌 그들의 명성으로 인해 비잔티움으로부터 서로마 제국으로 대규모로 유입되었다는 사실을 고려할 필요가 있다.

예술 작품과
예술가들의
뒤섞임

이러한 장인들은 중세 유럽 예술의 역사에서 매우 중요한 작품들을 만들었다(몬테카시노 수도원은 가장 대표적인 경우다). 그리고 마지막으로 사상이 유입되었다. 비잔티움에서 완성한 것과 같이 양식적인 분야에 대한 예술 작품의 형식적이고 개념적인 발전은 종종 유럽에서 (예를 들어, 베네치아 같은 곳을 생각해 볼 수 있다) 동로마적인 요소들과 서로마의 지역 전통이 결합하여 비옥한 터전을 만들었다. 하지만 새롭게 만들어진 이러한 분류가 각각의 예술 현상을 하나의 범주 또는 다른 범주의 틀에 끼워넣도록 해서는 안 된다. 왜냐하면 대부분의 경우 그것들은 뒤섞여 결합되어 있으며, 또한 그러한 수공예품과 작업장의 확실한 발신지를 추정하는 것은 거의 불가능하기 때문이다.

비잔티움 제국으로부터 서로마에 도달한 물품들은 그들의 근원을 훨씬 오래전으로 추정하도록 했는데, 적어도 초기에는 비잔티움 제국 황제들 또는 고위 계급 사람들이 수공예품을 보냄으로써 전통으로 형성되었다. 이는 특히 교황과 황제의 관계를 회유할 의도로 로마로 보낸 것이다. 이는 6세기 이후, 575년경 비잔티움 제국의 황제 유스티누스 2세Iustinus II(?-578, 565년부터 황제)가 로마 교황에게 개인적인 선물로 귀중한 십자가 성해함을 보냄으로써 시도되었다. 그러나 비잔티움 제국의 강력한 존재감과 이에 대한 수용은 제국의 궁정과 같은 가장 높은 수준(빈의 카롤링거 왕조 제관식의 복음서를 기억하라)에서만 평가된 것이 아니라 10-11세기에 비잔티움 제국의 살렌토에서 그랬던 것처럼 지방에서도 평가되었다. 여기에는 이 문답에 대해 10세기 말에서 12세기 사이에 기록된, 역사적으로 가장 의미 있는 시기 중 일부에 대한 간략한 개요가 들어 있었다.

테오파노: 오토 왕조의 비잔티움 제국 황후

테오파노 황후가
지참금으로
지니고 온 보물과
사상

972년에 서로마 제국에 온 테오파노 황후(약 955-991, 973-983년에 황후)는 그 당시 비잔티움 제국의 황제 요하네스 1세 치미스케스(약 925-976, 969년부터 황제)의 조카였으며, 작센의 왕위 계승 후계자, 즉 미래의 오토 2세(955-983, 973년부터 황제)와 결혼했다. 이는 두 제국의 외교 관계에 따라 계획된 것이었고, 유럽 문화 전반에 의미 있는 영향을 미치게 되었다. 이 사건은 국제적인 균형에서 역사-정치적인 측면에 중요한 반향을 불러왔다. 이러한 상황은 크레모나의 리우트프란드(약 920-972)의 『콘스탄티노플의 공사관Legatio constantinopolitana』에 상세하게 서술되어 있다. 우리는 이러한 혼인이 카롤링거 왕조의 유산과 후에 여제가 되는 테오파노 황후에 의해 '수입된' 양식이 융합된, 여러 언어권의 문화로 이루어진 예술의 번영을 위한 상황을 조성했을 것이라는 점을 쉽게 상상할 수 있다. 젊은 테오파노는 (보석, 상감 흑탄, 풍부한 직물과 귀금속으로 이루어진 물건들로 구성된) 풍부한 지참금 외에도 예술을 권력의 한 부분으로 보는 동로마 제국의 확고한 전통 또한 가져왔다. 이러한 전통은 곧바로 오토 제국의 궁정에 받아들여졌다. 중부 유럽 예술에 대한 새로운 동향을 보여 주는 결정적인 표시는 오토 2세와 그의 부인이 (981년부터 '공동 황제co-imperatrix'라는 칭호로) 왕위에 오른 다음 날, 그리스도가 이 새로운 황제 부부에게 관을 씌우는 모습이 새겨진 화려한 상아 조각판으로 공인되었다.

이 조각판의 전 장면은 비잔티움을 기념하는 제단 위 닫집 안에 보관되었다. 그런데 무엇보다 클뤼니의 조각판을 비잔티움의 모델 또는 (아마도 이탈리아 남부에서 제작된) 전형을 모방한 작품으로 보게 만드는 요소들은 이 두 인물이 입고 있는 콘스탄티노플 왕국풍의 의복, 그들의 신원을 확인시켜 주는 라틴어와 그리스어 기록, 묘사의 구성, 또한 이 작품의 구성 재료로 상아를 선택한 것이다. 이러한 작품의 가장 대표적인 예는, 현재 파리 국립도서관의 메달 박물관에 있는 로마누스 2세Romanus II(939-963, 959년부터 황제)와 에우도키아의 제관식 조각판이다. 클뤼니의 조각판은 아마도 이후에 피아첸차의 대주교가 되는 수사인 칼라브리아의 조반니 필라가토Giovanni Filagato의 선물로 보이며, 학자들은 오토 황제의 발치에 무릎을 꿇고 있는 인물을 이 사람으로 보고 있다. 그러나 이 물건이 전하고자 하는 가장 강력한 메시지는 콘스탄티노플 궁정과 작센 궁정 간의 역할이 전적으로 동등하다는 것이다. 하지만 위에서 언급한 표현 방식들은 콘스탄티노플의 궁정에 좀 더 적합하고 친근한 것들이었는데, 이는 그 명칭titulus이 보여 주는 것처럼 새로운 로마ROMANORUM 왕국이 비잔티움 제국과 지속적인 경쟁 국면을 보이고 있음을 알리는 것이었다.

앞에서 언급했듯이, 테오파노는 동로마 제국에서 예술품을 직접 가져왔지만, 일

클뤼니의 조각판

황제가 주문한 세밀화

단 유럽에 온 뒤로는 많은 작품들을 현지에서 제작하게 했다. 이들 가운데 세밀화는 중요한 역할을 담당했다. 예를 들어, 라이헤나우 학교의 가장 뛰어난 필사본 중 하나(하이델베르크 대학교 도서관, cod. sal. IXb, f. 40v)에 비잔티움 제국의 여제를 '동정녀 마리아'로 묘사한 것을 생각해 볼 수 있다. 즉 『전례서Liber Sacramentorum』 필사본의 한 페이지 전체를 채우고 있는 이 세밀화는 관 모양의 받침대와 함께 등받이가 없는 왕좌에 앉아 있는 마리아의 모습이다. 이는 콘스탄티노플에서 동정 마리아를 표현하는 전형적인 방법(성 소피아 성당 후진의 모자이크와 일치한다)으로, 휠로 장식된 성모의 베일maphorion로 싸여 있으며 넓은 방패로 구성되어 있다. 비록 그 양식과 특성에서 작센 왕조의 세밀화 전통이 나타난다 할지라도, 도상은 테오파노 자신의 초상화를 직접적으로 이해하기 위해 몇몇 학자들이 주도할 만큼 동방의 풍속과 관련한 것으로 보인다. 이뿐만 아니라 라이헤나우 학교에 미친 비잔티움 제국의 동시대 세밀화의 영향은 다른 요소들에서도 나타난다. 예를 들어, 건축의 배경에 삽입되는 복음사가의 초상화의 경우에 고전적인 자세 또는 고전적인 양식(『트리어의 복음서』〔현재 프라하, 체코문학박물관, MSD.F.III, f. 3, 104v〕에서 복음사가 루카를 볼 수 있다)을 활용한 것이나, 비잔티움 제국 성구집에 직접 재개한 오토 왕조의 가장 뛰어난 필사본들 중 그리스도와 관련한 일부 작품들에 대한 조판과 도상에서도 나타난다. 가장 중요한 것들로는, 985년경 라이헤나우의 『에그베르트 코덱스Codex Egberti』(트리어 시립도서관, cod. 24)와 콜로니아의 성 게레온St. Gereon의 성사집(파리국립도서관, cod. Lat. 817, 996-1002년)이 있다.

오토 왕조의 예술은 직접적인 도상학적 영감 외에도, 작센 왕조에서 제작된 수공예품들 속에 비잔티움 제국의 물건들을 '재활용'했다. 가장 자주 등장한 것은 콘스탄티노플 공방의 〈동정녀 마리아의 영면Dormizione della Vergine〉 또는 1000년경 풀다 성사집의 〈호디기트리아〉(밤베르크, 국립도서관, Lit. 1)와 더불어 모나코에 있는 오토 3세(980-1002, 983년부터 황제) 복음서(모나코 국립도서관, Clm. 4453)의 빛나는 황금색 표지에서 재사용된 상아 팻말이었다.

특히 테오파노 시대 이후에 오토 왕조와 구별되는 비잔티움 제국에 대한 경쟁의식은 동로마 제국과 대립함으로써 서방의 '새로운' 신성로마 제국의 근원을 확실하게 만들고자 하는 강한 의지의 역사적인 정당화에서도 분명히 발견되었으며, 그중 작센 왕조가 직접적인 계승자가 되었다. 이와 관련하여 여제 테오파노의 친아들인 오토 3세가 자신의 오토 왕가에서 유산을 물려준 카롤루스 대제(742-814, 768년부터 왕, 800년부터 황제)의 시신을 가장 귀한 직물인 10세기의 명주로 감쌌다는 사실은 중요하다. 또한 비명은 콘스탄티노플 대궁전의 공방에 위탁했다. 이는 비잔티움 제국의 그늘에 있던 과거와 현재의 이상적인 중개자trait d'union 역할을 했다.

데시데리우스와 몬테카시노: 그레고리오의 개혁과 비잔티움의 공헌

몬테카시노의 데시데리우스 (약 1027-1087, 1058년부터 수도원장)는 문화의 가치를 드높인 또 다른 인물로, 정치적인 것뿐만 아니라 예술적인 측면에서 비잔티움과 밀접한 관계를 맺으며 새로운 시대를 열었던 사람이다. 데시데리우스는 1058년에 베네딕투스 수도원장으로 임명된 후에 곧바로 수도원의 근본적인 재건축을 개시했다. 1070년 10월 교황 알렉산데르 2세(?-1073, 1061년부터 교황)에 의해 직접 축성된 교회가 그 첫 번째 대상이었다. 당시 문서들로 전해진 상세한 기록들(레오네 오스티엔세의 『몬테카시노 수도원 연대기Chronica monasterii Casinensis』, 몬테카시노의 아마토Amato의 『노르만의 역사Historia Normannorum』)은 새로운 건축에 참여시키기 위해 데시데리우스가 직접 불러온 비잔티움의 장인들이 여러 분야에 걸쳐 막대한 공헌을 했음을 분명히 보여 주고 있다. 비잔티움에서 온 숙련된 장인들의 활동이 특히 두드러졌던 분야는 이미지와 관련한 장식 분야였다.

비잔티움의 장인들

실제로 이미 새로운 건축 현장의 작업들이 시작되기에 앞서 데시데리우스는 예전의 건물을 위해 두 문짝으로 이루어진 청동문 제작을 주문함으로써 콘스탄티노플의 공방들과 관계를 유지하고 있었다. 이 문은 12세기 초에 다시 제작된 문 때문에 더 이상 공개되지는 않았지만, 오늘날에도 부분적으로나마 보존되어 있다. 사실 청동문은 서로마가 콘스탄티노플을 특히 주목하게 만든 대상들 중 하나였다. 이는 몬테카시노의 경우뿐만이 아니라, 그에 못지않게 유명한 아말피 대성당 대문(여기에서 데시데리우스는 몬테카시노 수도원의 주문을 위한 영감을 얻었다)을 비롯하여 인근의 아트라니와 살레르노 대성당들과 산 파올로 푸오리 레 무라 성당 등의 대문을 통해서도 확인할 수 있다.

베네딕투스 수도회의 새로운 바실리카 교회의 조형 장식과 관련하여, 데시데리우스가 교회의 모자이크 장식에 참여할 수 있는 장인들을 콘스탄티노플에서 선발했다는 것은 잘 알려진 사실이다. 반면에 이 교회의 사각형 모양으로 이루어진 외부 회랑은 프레스코화로 장식되었다. 이러한 콘스탄티노플의 참여 방식에 따라 1084년에 축성된 살레르노 대성당 후진의 아치 위에는 현재 몇 개의 단편들이 남아 있는 모자이크 장식 작업이 이루어졌고, 곧이어 가까운 카푸아 인근의 산탄젤로 인 포르미스 수도원 교회에서는 프레스코화가 제작되었다.

　몬테카시노에서도 비잔티움의 직공들은 오푸스 세크틸레 기법으로 바닥을 장식했으며, 특히 콘스탄티노플의 성 소피아 성당의 우아한 모델을 본뜬 화려한 성상벽을 만들었는데, 이는 현재 기록으로만 남아 있다. 또한 동로마 제국 수도로부터 고가의 안테펜디움을 포함하여 많은 전례 도구들이 들어왔다.

　데시데리우스의 위대한 공로는 물품이나 공방들을 받아들인 것뿐만 아니라, 그가 몬테카시노에 불러온 장인들 스스로 콘스탄티노플의 기술과 양식에 기반을 둔 모자이크 세공가 양성을 위한 지역 학교를 세울 수 있도록 만들어 주었던 것에 있다. 바로 이러한 점이 학식 있는 수도원장인 데시데리우스를 11세기 남부 이탈리아에서 비잔티움의 예술을 진흥시킨 최고의 후원자로 만들었다. 누락된 많은 증빙 자료들 (특히 기념비적인 회화 작품들에 대한 자료들)로 인하여 데시데리우스의 영향력이 이탈리아 남부에서 언제까지 지속되었는지에 대한 올바른 평가가 항상 가능한 것은 아니지만, 12세기 초까지는 지속되었던 것으로 보인다. 이러한 맥락에서 수도원 필사실에서 제작된 세밀화가 포함된 많은 채색 필사본들은 부분적으로나마 누락된 자료들을 메우는 역할을 했다. 『성구집 Vat. lat. 1202』가 몬테카시노 수도원의 대표적인 작품임에는 틀림없지만, 다른 필사본들과 특히 부활찬송의 대규모 모음집 또한 데시데리우스 시대의 예술이 지니고 있는 개혁 정신을 효과적으로 각인시켰고 필사자들의 작품을 형성하는 데 비잔티움 회화가 매우 중요한 역할을 했음을 보여 주었다.

그 밖의 공헌들　특히 서사적인 묘사에서 비록 비잔티움 문화가 촉매제 역할을 했다 할지라도, (바리 대성당, 『부활찬송 1Exultet 1』의 아나스타시스Anastasis의 경우에서 명확히 알 수 있듯이) 장식 머리글자에서 볼 수 있는 카롤링거와 오토 왕조의 예술과 초기 그리스도교 예술의 공헌도 매우 컸음을 반드시 기억해야만 할 것이다. 고전적인 전통에 대한 열망은 로마에서 새 수도원의 원주와 주두의 복원을 동시에 진행한 것에서 확인할 수 있다. 하지만 이러한 열망은 몬테카시노의 『강론집 98』(몬테카시노, 수도원 기록보관소, Casin. 98, 186쪽)의 성모의 안식Dormitio Virginis에 관한 아름다운 삽화에서 더욱 확고해졌다. 비잔티움 예술의 영향을 강하게 받은 세밀화가는 성모 마리아를 전통적인 관대棺臺 대신에 물결 모양으로 장식한 석관石棺 위에 안치함으로써 고대 예술의 전통적인 이미지를 직접적으로 재현했다.

엄밀한 의미에서 몬테카시노의 인근 지역들에 직접적인 기원을 두지 않고 해상 도시국가 아말피의 상업적인 패권의 영향을 받는 11세기 지중해 연안 지역으로부터 유래한 또 다른 범주의 대상은 상아로 만들어진 작품들이었다. (비록 지금까지 캄파냐 지방의 두 도시 사이에서 세공 작업 중심지를 명확하게 규명하는 것이 가능하지 않았지만) 아말피-살레르노의 축을 따라 실제로 이 지방에서 상아의 가공이 가장 풍부하게 이루어졌다. 특히 상아로 만든 뿔피리의 동물들을 휘감고 있는 식물 줄기 장식에서 볼 수 있듯이 이른바 살레르노 교단의 몇몇 판 장식 방법에서 10세기와 11세기 비잔티움의 작품들과 유사성이 포착되었다. 이러한 유사성은 나뭇잎 장식의 섬세한 세공 분야를 비롯하여 이따금 '풍요의 뿔'의 예와 유사한 모양을 이용한 조형 분야에서 발견되었다.

클뤼니와 알프스의 비잔티움 양식

11-12세기 세밀화의 전통을 잠시 살펴보면, 클뤼니 수도원의 필사실과 비잔티움을 연결시켜 주는 관계에 대한 문제는 더 애매해진다. 비록 수도원장 우고(1024-1109) 시기 클뤼니 수도회의 유산이 아주 조금밖에 남아 있지 않지만, 여기에는 분명히 클뤼니에서 만들어진 필사본들도 일부 포함되어 있었다. 이러한 필사본들은 이중적인 특성을 강하게 보여 주었다. 한편으로 오토 왕조의 로마네스크 양식이 (특정한 이미지 묘사와 초기의 양식에서) 분명히 드러났던 반면, 다른 한편으로는 언급한 바와 같이 그 기원을 명확하게 규명하기 어려운 몇몇 비잔티움의 요소들도 식별할 수 있었다. 대부분 이 두 구성 요소들은 동일한 필사본 내에 공존하고 있다. 일데폰수스의 멋진 필사본 『동정녀 마리아에 관하여De Verginitate Mariae』(파르마, 궁중도서관, ms. 1650)가 이러한 부류에 속하는데, 이 필사본의 간기刊記에는 필사자와 비잔티움(혹은 이탈리아계 비잔티움) 직계의 주교 고데스칼크Godescalco의 초상화가 게재되어 있었다. 또한 『파리의 성구집 2246』(파리, 국립도서관, nouv. acq. Lat. 2246)과 마지막으로 성 루카의 모습이 묘사된 낙장落張(클리블랜드 미술관, J. H. Wade Fund 68.190)도 마찬가지다. 비록 논란의 여지는 없지만, 어쨌든 이러한 수제품에 대한 비잔티움의 영향은 클뤼니의 베네딕투스 수도회가 로마뿐만 아니라 특히 몬테카시노와 유지했던 긴밀한 관

양식상의 의문점

계들을 통해서 설명되어야만 한다. 또한 콘스탄티노플 작품들의 직접적이고 선험적인 지식 또한 배제해서는 안 된다.

시칠리아와 베네치아

서로마와 비잔티움의 관계에 대한 전반적인 모습 속에서 베네치아와 노르만의 지배를 받던 시칠리아는 전적으로 독특한 역할을 하고 있었다. 이 두 경우에 시대적 배경과 역사적 상황은 달랐지만, 석호의 도시는 물론 이탈리아 남부의 왕국 또한 동로마 제국의 수도인 비잔티움의 예술적 이상의 영향을 매우 강하게 받았다. 데시데리우스 시대의 몬테카시노와 달리 베네치아와 시칠리아는 비잔티움 수제품이나 그리스의 장인들을 받아들이는 것에 그치지 않고, 콘스탄티노플 궁정의 특징을 드러내는 제국 예술의 이데올로기 자체를 그대로 받아들였다.

　　노르만의 지배를 받던 시칠리아를 서방 세계 비잔티움 예술의 전초 기지로 만드는 데에는 1175년부터 1190년대 사이에 완성된 대규모 모자이크뿐만 아니라 동로마 제국에 기원을 둔 수제품의 대규모 생산도 크게 이바지했다. 팔레르모 왕궁에서는 국왕의 직속 장인들이 수많은 공방에서 활약했다. 이러한 공방들에서는 군주의 옷이 제작되고 직물들이 만들어졌는데, 이는 종종 12세기 시칠리아의 두 문화의 정신이 결합된 작품들이었다. 두 문화의 정신은 훌륭한 장식 목록(특히 마주 보고 있는 동물들의 무리)에서 직접 추론한 몇 가지 장식적인 요소들에서 알 수 있는 이슬람의 정신과 독특한 유형의 장신구들(예를 들어, 로로스loros)에서 드러난 비잔티움의 정신이었다.

팔레르모의 왕궁　　세속적인 예술 작품들에 비해 남아 있는 것이 많지는 않지만, 왕실 교회의 풍부한 전례 도구 역시 의미가 있다. 동시에 시칠리아 섬에서는 필사본을 비롯하여 나무판 위에 그리는 회화의 제작도 활발하게 이루어졌다. 예를 들어, 오늘날 팔레르모 교구박물관에 보관되어 있는 아름다운 성화상인 〈성모 마리아와 아기 예수〉는 시칠리아에서 제작된 것으로 보인다. 이 성화상에 대한 자료들에는 주문자의 이름(굴리엘모 2세의 서기관인 아젤로의 마테오Matteo d'Ajello[1153-1189])과 1171년 팔레르모의 산타 마리아 데 라티니스Santa Maria de Latinis 성당에 봉헌된 날짜가 기록되어 있다. 아름다운 성모 마리아와 예수의 우아한 자태, 약동적인 곡선을 그리는 풍성한 옷자락, 그리스도의 히마티온himation(팔리움이라고도 함*)에 새겨진 세련된 황금색 글씨는 모두 콘스탄티노플 목판화의 후기 콤네노스 시대 예술 활동과 그 맥을 같이하는 요소들이다.

12세기와 13세기 사이 베네치아와 콘스탄티노플 간의 관계 역시 복잡해 보인다. 이미 산 마르코 대성당 콘타리니의 바실리카 교회는 건축물을 비롯하여 특히 모자이크 장식에서 석호 위에 건설된 도시인 베네치아가 비잔티움으로부터 엄청난 영향을 받았음을 집약적으로 보여 준다. 사실이든 추정이든 이미 옛날부터 원전들에 인용되어 있던 콘스탄티노플의 아포스톨레이온Apostoleion의 오각형 돔 체계에 대한 참고와 (특히 교회와 부분적으로는 아트리움의) 모자이크 장식의 양식과 도상은 비잔티움 예술과의 복잡한 관계를 보여 준다. 하지만 이 관계는 수동적인 예속 관계나 일방적인 의존 관계로 규명되지는 않으며, 동시대 베네치아 예술 자체가 지닌 풍부한 문화적 영감 속에서 그 원인을 찾아야 한다. 이는 예를 들어, 토르첼로의 산타 마리아 아순타Snata Maria Assunta 성당 모자이크 장식의 다양한 제작 시기에서 확인할 수 있다.

베네치아의 전통적인 조형 작품의 유산과 함께 이 도시가 콘스탄티노플에서 가져온 풍부한 물질적인 유산 역시 두각을 보였다. 이러한 관점으로 베네치아-비잔티움 관계에서 눈에 띄는 변화는 1204년의 역사적인 격변의 후폭풍으로 일어났다. 콘스탄티노플의 함락은 십자군과 베네치아인들 간의 비잔티움의 영토 분할을 알렸을 뿐만 아니라, 베네치아 공화국을 동지중해의 패권 세력으로 승격시켰다. 이러한 새로운 상황은 베네치아가 정치적 명성뿐만 아니라 콘스탄티노플의 예술과 종교적 정체성까지도 자신의 소유로 만들도록 해 주었다. 실제로 이 시기에 보스포루스 해협에 위치한 성당들의 보물은 물론, 콘스탄티노플의 소중한 유물들 중 상당 부분이 아드리아 해를 향했다. 그리하여 오늘날 산 마르코 대성당 등의 보석들 대부분은 이것들로 구성된 것이다. 콘스탄티노플의 마상 시합장에서 강탈해 온 4마리의 청동 말에 대한 정치적 의미, 오늘날 대성당의 남서쪽 모퉁이를 장식하고 있는 사두정치를 상징하는 군주들의 반암斑岩 조각상들, 산 마르코 대성당 입구 앞에 우뚝 서 있는 아크레의 기둥들, 산 마르코 대성당의 남쪽 측면을 장식하고 있는 약탈품spolia으로 이루어진 대리석 조각들은 모두 베네치아 공화국이 최소한 그 순간만이라도 비잔티움의 몰락에 대한 자신의 정치적 패권을 공고히 하기 위해 채택한 상징들이다. 이와 마찬가지로 약탈한 도시로부터 가져온 유물들과 성화상, 전례 물품들은 대성당의 전례 의식에 흡수되었다. 즉 수정으로 만들어진 파티마 왕조의 단지들과 10세기로 추정

베네치아의
산 마르코 대성당

비잔티움의
많은 보물들을
도용한 베네치아

가능한 칠보 유약으로 장식된 준보석準寶石의 성작聖爵과 성반, 쿠폴라와 그리스 십자가가 있는 교회의 모형을 재현한 향로, 미카엘 대천사의 반신상으로 구성된 화려한 성화, 각종 보석과 진주, 그리고 칠보 유약으로 장식되어 양각 도금된 얇은 조각으로 만들어진 더 오래된 콘스탄티노플의 작품, 이뿐만 아니라 각기 다른 시기에 여러 차례 에나멜을 입힌 호화로운 중세의 콜라주인 바실리카 교회 내부의 거대한 '팔라 도로Pala d'Oro' 등이 그것이다.

| 다음을 참고하라 |
역사 동방 교회의 분열(24쪽)
시각예술 그리스 정교회의 도상 프로그램(696쪽); 콘스탄티노플의 성 소피아 대성당(731쪽)

순례길
| 루이지 카를로 스키아비 |

초기 그리스도교 이후, 순례는 포교와 그리스도의 수난으로 거룩해진 장소와 사도들 및 순교자들의 무덤에 대한 존경과 관련이 있다. 성인들에 대한 존경으로 유럽 전역에 있는 성인의 무덤들은 신앙과 참회의 순례를 위한 주요 목적지가 되었다.
2세기 이후 지중해의 전 지역에서 모여든 순례자들이 가장 많이 방문했던 장소는 로마 순교자들의 지하 무덤과 바실리카였다. 그러나 무엇보다 신약 성경을 회고할 수 있는 예루살렘, 특히 아나스타시스 성당의 그리스도 무덤을 가장 많이 찾았다. 성지를 향한 순례가 가장 활발했던 시기는 알-하킴의 파괴가 이루어진 극적인 역사적 시기와 일치하는데, 이는 십자군의 전조를 알리는 것이기도 하다. 가장 중요한 순례지들로는 가르가노 산에 있는 미카엘 대천사에 대한 성소들, 노르망디 지방의 몽생미셸, 수사 계곡에 있는 산 미켈레 성당, 그리고 무엇보다 사도 야고보의 무덤, 반反아랍 그리스도교 레콘키스타의 상징이 된 산티아고 데 콤포스텔라 등의 성소들이 있다.

순례의 중심이 된 거룩한 장소들
초기 그리스도교 이후 순례 현상은 물리적 또는 시각적인 접촉으로 직접적인 참여를 통해 성소들을 경배하고자 하는 신자들의 요구와 관련이 있다. 순례의 목적지는 여러 유형이 있었다. 즉 성경 속의 서사적인 현장같이 공유된 전통을 기반으로 하여 확인된 장소들, 천사의 실존을 통해 신성함의 표시로 거룩해진 장소들, 그리고 성인들의 무덤을 포함하는 성지들이다. 가장 희구하는 목적지는 그리스도의 가르침과 수난과 부활의 현장인 성지 예루살렘과 로마 사도들의 무덤이었다. 2세기 이후 에우세비우스는 서로마 지역부터 예루살렘까지를 순례지로 명시했다.

　로마에서는 사도 베드로의 바티칸 무덤과 오스티엔세 위쪽에 있는 사도 바오로의 무덤에 세워진 기념비들뿐만 아니라 성 세바스티아누스의 바실리카가 우뚝 서 있는 아피아 가街 3마일 지점에 위치한 '사도들의 기념memoria apostolorum'이라고 불리는 곳이 동시대 순례자들에 의해 고고학적으로 명시되었다. 아직 명확한 이유는 없지만, 아마도 사도들의 주검을 일시적으로나마 안치하고 있었던 것과 관련이 있는 것 같다. 그리하여 3세기 중반, 동굴 내부의 더 오래전에 만들어진 묘지가 있는 곳에 사도 베드로와 바오로에 대한 경의의 표현으로 장례 연회refrigeria를 위한 회랑을 갖춘 기념관이 지어졌다. 멀리 북아프리카에서 온 순례자들을 비롯하여 많은 순례자들이 남긴 낙서가 보여 주듯이 이 두 사도들에 대한 경배는 이미 일반적인 현상이었다. 이러한 순례의 엄청난 원동력은 콘스탄티누스 칙령과 함께 성지 이스라엘, 로마, 콘스탄티노플 등지의 지역 교회들이 숭배의 대상으로 삼았던 장소들을 기념하고자 한 콘스탄티누스 황제의 작업에 의해 주어진 것이다. 313년 이후, 제국의 모든 대도시의 공동묘지에 순교자martyria와 관련한 묘지 교회가 세워졌다. 지정성당指定聖堂의 전례 제도에 따라 주교가 인도했던, 현지에 묻힌 순교자들에 대한 공개적인 예배는 축제 분위기 속에서 거행되었으며, 도시 공동체 전체가 참여하는 일종의 '작은 순례'로 여겨지기도 했다. 순교자들의 탄생일dies natalis 혹은 사망일에는 유품들을 보관하고 있는 교회에서 주교의 전례 예식을 위한 모임이 소집되었다. 또한 이러한 절차에 근거하여 종교 축제일에 길고 힘든 이동을 감내하면서 각자의 도시에서 멀리 떨어진 주요 성소들을 방문하는 것이 정례화되었다. 이와 유사한 숭배 방식의 출현은 분명 성인들에 대한 숭배의 발전과도 연결되었다. 여전히 이교도들의 모델과 조상 숭배와 연관되어 있던, 고인에 대한 예우는 이미 콘스탄티누스 이전 시기에 순교자들에 대한 특별한 경배로 변형되었다. 또한 순교자들에 대한 극단적인 숭배는 곧 그리스도에 대한 숭배와 개념적으로 결합되었다. 「요한 묵시록」 6장 9절인 "어린양이 다섯째 봉인을 뜯으셨을 때, 나는 하느님의 말씀과 자기들이 한 증언 때문에 살해된 이들

사도 베드로와 바오로에 대한 숭배

의 영혼이 제단 아래에 있는 것을 보았습니다vidi subtus altare animas interfectorum propter verbum Dei"라는 성경 구절에 입각한 제단과 순교자 주검 사이의 필수적인 연결은 4세기 말부터 의무적이라 할 수는 없었지만 일반화되었는데, 성물res sacra이 된 성인의 주검에 대한 경배는 민중들 사이에서 엄청난 속도로 증가했다. 또한 순교자를 '위한' 연민의 기도에서 순교자'에게' 바치는 기도로 변화했다. 이는 순교자가 인간과 하느님 사이를 중개하는 능력이 있다고 인정되었기 때문이다.

중세의 순례에
대한 자극 그리스도교 이전의 민간 전승적인 요소들이 가미된 민중 신앙에서 신성의 징표들은 성인의 주검의 불후성을 비롯하여 특히 신비하고 기적적인 힘과 연결되었다. 순교자들에 대한 숭배의 신학적인 면보다는 원초적인 요소들에 우선순위를 부여함으로써 신성을 지극히 통속적인 것으로 만들었던 과정 속에서 중세 시대의 순례를 촉진시켰던 주요인들 가운데 하나를 발견하게 된다. 로마 교회가 시성諡聖의 절차를 행사하기 시작한 10세기까지 성인에 대한 '승인'은 자발적인 민중의 움직임을 통해 지역 내에서 이루어졌는데, 교회 당국이 정통적인 형태로 나아가도록 유도했으나 항상 성공을 거두지는 못했다. 성소가 되는 행운을 누렸거나 지역을 뛰어넘는 순례의 목적지가 될 수 있었던 가능성의 바탕에는 구전 전승과 기적을 일으킨 성인의 명성뿐만 아니라, 세속적인 지방 권력과 종교적인 지방 권력의 명확한 투자가 있었다. 서방 세계의 왕조들은 그들의 운명이 특별한 성인에 대한 경배와 관련이 있다고 생각했다. 그러므로 그 성인의 무덤은 '국민의' 순례 중심지가 되었다. 예를 들어, 메로빙거 왕조 시대의 프랑크족들 사이에서는 투르의 성 마르티누스와 랭스의 성 레미기우스가 그러했다. 한편, 한 왕조가 다른 왕조로 교체되면 경배 중심지들의 교체도 함께 이루어지곤 했다. 즉 한 성인의 운명은 종종 그 왕조의 운명과 함께했다.

성물에 대한 숭배

유물의
두 가지 유형 성인 경배는 성인들의 유물에 대한 숭배에서 더욱 분명하게 드러났다. 실제로 중세 시대에 성인의 덕성virtus과 그의 수호 능력이 성물의 유형성과 관련이 있다는 일반적인 믿음은 곧 그 성물과 접촉한 물건들로까지 전파되었다. 따라서 성물들은 두 가지 종류로 구분된다. 첫 번째 유형은, 말하자면 성인들의 주검에 관련한 것이고, 두 번째 유형은 팔레스타인 같은 순교자들의 땅과 그리스도의 성묘 바위 조각, 성인의 개인적인 물품들, 성역loca sancta을 비추는 등불 기름, 또는 순례자들이 숭배하는 무

덤에 있던 작은 옷감 조각들(성물의 비단보brandea, 망토palliola)과 관련한 것이다. 제
단을 봉헌하기 위한 성인들의 유물에 대한 수요로 인해, 그리고 놀라의 파울리누스
Paulinus(약 353-431)가 "매일의 보호와 치유ad quotidianam tutelam atque medicinam"라고
쓴 것처럼 성인들의 물품을 개인적으로 소장하고자 하는 욕구에 의해 성물 절도라든
지 성인들의 주검을 나누어 가지는 의식, 기적을 일으키는 무덤들에 대한 기상천외
한 조작, 성물들 특히 그리스도와 관련한 성물들의 증식, 그리고 이러한 것들을 사고
파는 것 등의 심각한 폐습들이 발생했다. 이 두 번째 유형의 성물들은 엄청난 순례자
들이 모여들었던 이집트의 성 멘나St. Menna의 성소처럼 거의 기억 속에서 사라진 순
례지에서 챙겨온 것들로서 봉헌자들이 개인적인 보호 부적phylacteria용으로 목에 걸
기 위해 현지에서 생산되고 판매되었던, 점토로 만들어진 작은 병들로 이루어졌다.
이러한 독특한 유물은 특히 성지 예루살렘에서 콘스탄티누스가 건립한 건물들의 모
습을 형상화한, (6세기 말) 팔레스타인에서 백랍으로 제작된 에울로기아eulogia로 잘
알려져 있다. 이 수집품들의 대부분은 몬차의 두오모 박물관과 보비오의 산 콜롬바
노San Colombano 수도원 박물관에 보관되어 있다.

　6세기부터 아일랜드의 수도원 제도로부터 발전하여 대륙에 도입된 참회의 실천 **참회적 성격의**
은 순례의 새로운 유형을 만들어 냈다. '정도에 따른 구조'에 상응하는 죄와 회개의 **순례**
모음집인 참회록들의 성공으로, 속죄는 덜 임의적이며 정돈된 규칙 체계로 돌아왔
다. 순례는 공개적인 속죄의 이상적인 형태가 되었으며, 죄의 무거움과 도달해야 할
성역의 중요성을 조정하려는 주장으로 인해, 좀 더 중요한 순례peregrinationes maiores
와 덜 중요한 순례peregrinationes minores 간의(그리스도교 시대 초기부터 신자들에 의해 공
유되었던) 구별이 점점 더 엄격한 방법으로 공식화되었다. 분명 첫 번째 무리를 형성
했던 예루살렘과 로마의 순교자 기념 교회들과 함께 11세기에는 곧바로 유럽에서
가장 선호하는 순례의 목적지가 되었던 에스파냐 북부 신앙의 중심지인 산티아고 데
콤포스텔라가 가세했다.

　천국의 예루살렘Jerusalem coelestis의 상징이자 순례 교회의 이상적인 중심지로 인 **대규모 이동**
식된 도시인 예루살렘으로의 성지 순례는 중세 전기 내내 이어졌다. 4세기부터 바다
와 육지를 통한 다양한 경로들(보르도의 순례자, 에게리아)과 길을 따라 방문해야 할
성소들을 기술하고 '복음서들의 전설적인 지형도'(알박스Halbwachs)의 구축을 증명
하는 많은 여행 안내서들이 있었다. 순례가 가장 활발하게 이루어졌던 순간들은 그

리스도의 성지들의 가장 극적인 역사적 시기와 일치한다. 칼리프인 카이로 알-하킴 Cairo al-Hakim(985-1021?)에 의해 '성묘'가 파괴된 해인 1009년 직후, 앙굴렘의 백작 기욤이 주도한 1026년의 순례처럼 유럽 각지로부터 대규모 순례가 시작되었다. 이 시기의 성지 예루살렘을 향한 순례는 그 어느 때보다 영적인 가치로 가득 차 있었다. 이는 '천국'을 향한 고뇌의 순례가 그리스도교 신자가 처한 상황을 완벽한 은유로 보여 주기 때문이다. 그러나 이러한 종말론적 의식이 내포된 집단적인 움직임은 11세기 후반 끊임없이 제기되었던 성전聖戰을 위한 지속적인 교황의 요구와 혼합되었으며, 그로부터 얼마 지나지 않은 1089년에 플랑드르의 로베르 1세Robert I(약 1030-1093)와 그 이후의 그리스도 성묘의 해방(1099)을 위한 십자군 같은 무장한 형태의 최초의 순례로 거듭나게 되었다.

서방 세계의 새로운 성소들의 모델인 '성묘'

유물의 소유 성지 예루살렘에서 도착한 성물들과 함께 유럽 지역 나름의 순례의 새로운 여정을 구축하게 될 서방 세계의 성소들이 세워졌다. 숭배의 대상이 되었던 장소들로부터 유물들이 이전되면서 수도원이 설립되거나 새로운 성소가 건설되는 방식은 베드로와 야고보의 유물들에도 해당되었던 일반적인 수순이었다. 성인들의 유해 또는 더욱 중요한 그리스도와 관련한 성물들을 소유한 사람들이 고위 성직자들과 귀족들이었다는 사실은, 전략적인 정책의 통제를 받거나 순례의 왕래를 통해 특정 지역들을 강화하기 위해 만들어진 이러한 새로운 단체들이 정치적으로 이용되었음을 알 수 있게 해 준다. 그러나 건축적인 측면에서 독창적인 발전은 성지 예루살렘에 대한 기억과 관련이 있다. 성물들의 도입은 때로는 새로운 시설 내에 예루살렘의 지정指定 전례의 모습을 재현하거나, 혹은 그 거룩한 지리적 모습 또는 상징적으로 두드러진 건물의 형태인 아나스타시스의 원형 건물을 모방하려는 시도를 동반했다. 몇몇 경우에는, 오직 팔레스타인의 순교자 기념 교회들 가운데 가장 성스러운 곳을 모방함으로써 교회를 천상의 예루살렘의 모습으로 만들려는 열망만으로 이러한 재현을 추구하기도 했다. 해외를 향한 순례의 엄청난 증가와 더불어 건축학적인 '모방' 현상이 뿌리를 내린 시기는 특히 카롤링거 왕조 시대부터다. 이러한 예들 중 가장 잘 알려진 것으로는 풀다의 산 미켈레 장례 경당(820), 아헨의 팔라티나 예배당, 피카르디에 있는 센툴라 생리키에Saint-Riquier a Centula 수도원의 베스트베르크(790-799)가 있다. 센툴라 생리키에 수도원에서는 부활절 전례 또한 예루살렘의 순교자 기념 교회와 아나스타시스 사이에서 거행된 전례를 기리고자 노력했다. 파르티치아코 공작 가문 소유의 예배당, 즉 베네치아에 있는 최초의 산 마르코 성당은 829년부터 '예루살렘에 있는 주님의 무덤 위에 지어진 성당과 비슷한 모습으로ad eam similitudinem, quam supra Domini tumulum Hierosolumis viderat' 건립되었다. 두 번째로 활발했던 시기는 1000년경, 특히 1009년 이후였다. 애초에 성묘 경당을 본뜬 작은 예배당을 내부에 건축한 뇌비생세퓔크르Neuvy-Saint-Sépulchre 교회(약 1045)나, 이중 회랑이 있는 원형의 제단을 갖추고 그리스도의 성덕과 팔레스타인의 다른 유물들의 숭배를 위해 축성된 거대한 성소인 샤루의 생소뵈르Saint-Sauveur 교회(약 1047, 지금은 파괴되었다) 같은 성묘 교회를 모방한 서방 세계의 가장 매력적인 건축물들은 이 시기에 세워졌다. 알프스 산맥 남쪽에서도 순례자들이 갈망하는 목적지가 된 그리스도와 관련한 성소들이 늘어났다. 1030년에 2층 구조의 최신 설계를 기초로 건립된 밀라노의 성 삼위일체 성당에는 상징적인 성묘가 설치되었으며, 제대의 프로그램은 그리스도의 수난과 죽음과 부활을 회상했다. 제1차 십자군 이후에 이 교회는 밀라노 대주교의 뜻에 따라 예루살렘 해방 기념일에 주어진 면죄부와 함께 성지 예루살렘을 대체할 수 있는 추가적인 순례의 중심이 되었으며, '성묘'라는 이름으로 기억되기 시작했다. 그러나 불행히도 이 거대한 성당의 형태는 알려지지 않았으며, 그리스도와 관련한 유물들 중 서방 교회의 가장 소중한 유물인, 1048년에 발견된 '성혈'을 보존하기 위해 11세기 중반 무렵 북유럽의 건축 모델에 따라 만토바에 건립된 알베르티의 산탄드레아San'tAndrea 성당으로 대체되었다.

승리를 거둔 제1차 십자군은 유럽 전역에 기사단의 장착과도 관련이 있는 모방 건축의 엄청난 증가를 불러일으켰다. 그러나 종종 문헌 자료에서 예루살렘 성소의 정확한 측량을 재현하며 아나스타시스를 정확히 모방해 세워진 교회들에 대해 이야기할지라도, 중세의 모방은 '정확한 복제'라는 현대적 개념에 부합하지 않는다. 따라서 우리에게 잊힌 개념적이고 상징적인 카테고리에 기반을 둔 중요한 건축의 일부 요소들 가운데 몇 가지만을 채택한 것으로 보아야 한다. 예를 들어, 자료에 기인한 모든 변형들을 대략적으로 살펴보면, '복제' 도면은 원형(풀다, 랑레프, 케임브리지)이 될 수도, 팔각형(피사의 산 세폴크로, 파더보른)이 될 수도, 16개의 외부면(아퀴스그라나)이 될 수도 있다. 회랑 또한 자주 등장하는 건축 항목이었지만 선택적이었으

아나스타시스의 모델

며, 그 위에 위치한 여성 전용 회랑(뇌비생세퓔크르, 볼로냐의 산토 스테파노 성당)도 마찬가지였다. 또한 중앙 공간을 구분하는 기둥은 단 4개(브르타뉴의 캥페를레Quimperlé, 빌뇌브 다베롱의 생세퓔크르Saint-Sépulcre)가 될 수도, 6개(비골로 마르케제)가 될 수도, 8개(풀다)가 될 수도, 또한 12개(캉)가 될 수도 있다. 그렇지 않으면 아나스타시스의 전형과 비교하여 더 유사한 것으로 원주와 각주가 교대로 나타나는 형태가 될 수도 있었다(피사의 세례당).

프란치제나 가도

예루살렘을 향했던 순례의 점진적인 감소는 호라즘인들의 손에 의해 그 도시가 결정적인 손실을 입은 1244년 이후와 교황 보니파시오 8세(약 1235-1303, 1294년부터 교황)의 대희년(1300) 제정을 통해 이루어졌다. 성 베드로의 무덤 참배ad limina sancti Petri 순례는 서방 교회에서 가장 중요한 것이었다. 이는 그곳에서 숭배되는 성인들의 유해의 수나 가치뿐만 아니라 서방 교회의 보편적 우위를 위해서도 중요했다. 또한 로마는 북유럽에서 출발하여 예루살렘으로 향하는 순례자들에게는 거의 필수적인 경유지였다. 교황 스테파노 2세Stephanus II(?-757, 752년부터 교황)가 다른 3개의 새로운 시설들과 함께 이전부터 있던 4개의 (성지 순례자들을 보호해 주는 숙박 시설인) 세노도키아xenodochia를 나란히 배치하여 복원한(752-757) 것처럼, 로마에는 이미 7-8세기에 병원과 수용 시설들이 많이 들어섰다.

아펜니노 산맥을 가로지르는 여정

순례자들이 사용할 수 있도록 이 도시의 거룩한 지형에 대한 지침을 곁들이며, 앞으로 다가올 수세기 동안 엄청난 인기를 누리게 될 여행 문학의 전형으로 자리 잡게 되는 로마에 대한 최초의 안내서들도 이 시기에 제작되었다. 한편, 순례자들은 '국립' 학교scholae를 조직했다. 데시데리우스(?-약 774, 756년부터 왕)의 부인인 안사Ansa가 설립한 롬바르디아인들의 학교, 781년경에 카롤루스 대제(742-814, 768년부터 왕, 800년부터 황제)가 설립한 프랑크인들의 학교, 그리고 그보다 더 오래된 앵글로색슨족의 학교(727)가 있다. 로마와 북유럽 간의 통행로에 관해서는 집정관들에 의해 만들어졌던 간선 도로 체계가 로마 제국 멸망 이후에 쇠퇴해 가는 전반적인 분위기 속에서, 이미 5세기에 아우렐리아 가도의 해안 노선은 통행이 불가능한 길이 되었다. 따라서 아펜니노 산맥을 넘어 에밀리아 지방의 북부와 연결되며, 포 강 유역의 평야에서 알프스 산맥의 주요 통로로 이어지는 길들과 연결되는 내륙의 길들을 통과해야 했다. 랑고바르드 왕국 시대에 이미 파울루스 부제Paulus Diaconus(약 720-799)가 언급한, 북쪽의 타로 계곡과 남쪽의 마그라 사이의 연결 가도인 바르도네 산의 통로와 연결된 길처럼 플라미니아 가도에 비해 선호되었던, 더욱 북쪽에 위치한 길들로 이루어진 아펜니노 산맥을 통과하는 특별한 여정이 선택되었다.

이것은 아펜니노 산맥의 하천 계곡을 따라 뻗어 있는 평행한 여러 오솔길들 가운데 가장 잘 알려진 여정이다. 이 길은 9세기부터 문헌에서 프란체스카 가도via di francesca 혹은 프란치제나 가도via di francigena라는 이름으로 명명되기 시작했다. 왜냐하면 이 길을 통과하는 사람들의 민족적 배경 때문이기도 하고, 또는 이 길을 반대로 횡단하면 프랑스에 이르게 된다는 사실 때문이기도 하다. 또한 (로마의 형용사 형태를 이용한) 로메아 가도via di romea라고 명시되기도 했는데, 이는 알프스 산맥을 넘어오는 순례자들 쪽에서 봤을 때 여행의 최종 목적지의 이름에서 유래한 것이다. 유럽에서 로마와 남부 이탈리아를 연결하여 왕래가 잦았던 이 여정들을 기록으로 남긴 기행문들이 여러 개 있다. 이 가운데 가장 유명한 것은 989년부터 캔터베리 대주교를 지낸 시제리코Sigerico(950-994)의 기행문이다. 그는 교황에게 팔리움pallium(가톨릭에서 교황이나 주교 등이 미사용 제의 위에 걸치는 어깨 띠*)을 받기 위해 로마로 내려왔고, 다시 돌아가는 길에는 칼레 항구까지 79개의 휴식 장소submansiones 목록을 작성했다. 시제리코의 알프스 산맥 남쪽 노선은 한 세기 반 뒤에 아일랜드의 수도자 니콜라스가 횡단하고 그의 이티네라리움itinerarium(여행기)에 쓴 것과 거의 유사하다. 그랑 생 베르나르Grand-Saint-Bernard 고개를 넘어가는 이 길은 캔터베리와 이브레아, 그리고 베르첼리를 지나 포 강 유역의 평야로 구불구불 이어진다. 여기서 프랑스 남부, 즉 수사 계곡과 토리노 쪽으로 지나가는 몬체니시오와 몽주네브르의 산간 통로에서 만들어진 두 번째 구간이 연결된다. 프란치제나 가도는 베르첼리부터 파비아를 향해 남쪽으로 진행된다.

포 강을 지나면, 이 길은 피아첸차로부터 에밀리아 지방으로 연결되며 보르고 산 돈니노Borgo San Donnino(현재의 피덴차)까지 이어진다. 그리고 바르도네와 베르체토 산을 통해 아펜니노 가도로 진입하게 되며, 아울라와 루니의 티레니아 해 비탈 위로, 그 다음에 바로 '볼토 산토Volto Santo'에 대한 숭배 같은 지역적인 참배가 유럽 전역으로 전파하는데 큰 역할을 한 로메아 길이 있는 루카에 도달하게 된다. 이러한 통행로를 따라 로마 순례에 대한 귀중한 도상학적 가치를 지니고 있는 조각상들로 장식된

순례자들의 여행기

프란치제나 가도를 따라 세워진 로마네스크 양식의 건물들

많은 로마네스크 양식의 건축물들이 있는데, 즉 피덴차의 산 돈니노San Donnino 대성당, 콜레키오의 산 프로스페로San Prospero 성당, 포르노보의 산타 마리아 아순타Santa Maria Assunta 성당, 베르체토의 산 모데란노San Moderanno 성당, 아울라의 산 카프라시오San Caprasio 성당을 그 예로 들 수 있다. 순례자들을 위한 환대는 다리, 해협, 그리고 위험한 삼림 지역 근처의 모든 길목에 위치한 세노도키아와 수도원의 조밀한 조직과 도시 병원들에 의해 이루어졌다.

대체 가능한 길들　　베르체토에 있는 여행자들의 쉼터를 위한 수도원은 이미 리우트프란드(?–744)에 의해 건립되었다. 그리고 중세 후기에 알프스 산맥 북쪽에 있는 순례길에 위치한 단체들을 이끌었던 알토파쇼의 산 자코모San Giacomo 병원(11세기 중후반)이 유명하다. 니콜라스 수사는 루카에서 포지본시, 시에나, 볼세나, 비테르보를 거쳐 카시아 가도로 로마에 들어왔다. 그러나 프란치제나 가도의 여정-유형의 복원이 현대적으로 지나치게 단순화되었으며, 무수하게 변형된 형태들로 인하여 역사적 사실과도 거의 관련이 없다는 점을 강조해야 할 것이다. 모데나에서 알프스 산맥의 산 펠레그리노를 향한 가도, 혹은 11세기부터 밀라노 대주교좌가 톨라의 산 살바토레 수도원과 보비오에 대한 통제를 통해 권력을 확장했던 트레비아와 아르다의 노선같이 바르도네 산의 경로를 대체할 수 있는 아펜니노의 여정은 다양했다. 우리는 특별히 선호되었던 길이 존재했을 것이라는 점을 부정하려는 것이 아니라, 오히려 일반적인 여행 안내서들이 명확한 여정을 명시하는 문제를 제기하지 않고 문화적인 모델과 상징적인 체계, 그리고 여정의 개별적인 선택을 통해서도 표출되는 개개인의 영적 체험을 반영했기 때문에 보통의 '안내서'를 기준으로 로마 순례에 대한 기록을 읽는 것은 옳지 않다는 것을 강조하기 위함이다.

　　남부 이탈리아의 항구로 가서 성지로 이동하기 위해 이탈리아 반도를 지나는 순례자들은 로마를 지나 아피아와 트라이아나 같은 고대 집정관들에 의해 건설된 가도들을 중심축으로 하는 주요한 간선 도로를 거쳐 갔다.

이탈리아와 유럽의 미카엘 대천사에 대한 숭배

성 빌리발트St. Willibald의 기나긴 순례에 대한 이야기인 『여행의 노래Hodoeporicon』(722–729)에서 성인이 이탈리아 반도를 가로질러 내려와 레조에서 배를 타고 '성지'를 향해 떠났다는 것에서 볼 수 있듯이, 풀리아의 항구들은 분명 중세에 가장 많이 이용된 정박지들이었다. 그 이유는 아드리아 해를 건너면 로마인들이 건설한 또 다른 길인 에그나티아 가도를 통해 콘스탄티노플에 이르게 되고, 여기에서 다시 아나톨리아를 지나 팔레스타인까지 계속해서 나아갈 수 있었기 때문이다. 예를 들어, 매튜 패리스Matthew Paris(13세기)가 쓴 것으로 생각되는 『런던에서 성지로의 여행Iter de Londinio in Terram Sanctam』에 나오는 승선 항구는 오트란토다. 이 순례길은 몬테카시노 수도원 같은 특별한 종교적 의미를 지닌 장소와 바리의 산 니콜라 수도원처럼 남쪽 지역 대규모 순례 성소들에 이르게 되는데, 트라이아나를 지나는 순례자들은 거의 대부분 미카엘 대천사에게 봉헌된 서방 지역의 가장 중요한 성소인 가르가노로 가기 위해 우회했다.

몬테 산탄젤로 동굴에서 시작된 미카엘에 대한 숭배는 『몬테 가르가노에서 미카엘 대천사의 발현Apparitio sancti Michaelis in monte Gargano』과 『성 로렌초의 생애Vita sancti Laurenti』에서 전해진 5세기 말경 시폰토의 로렌초 주교에게 3번에 걸쳐 나타난 대천사의 발현에 대한 이야기와 관련이 있다. 비잔티움에 기원을 둔 이러한 신앙은 이후에 랑고바르드인들의 차지가 되었다. 베네벤토의 공작 그리모알드 1세Grimoald I(약 600-671, 662년부터 왕)와 로무알도 1세Romualdo I(?-686)는 7세기 중반경에 거룩한 동굴로 내려가는 계단의 체계화 작업을 시작했다. 이 작업은 후에 11세기 후반 건축으로 대체되었는데, 콘스탄티노플에서 주조된 청동문(1076)에 그 흔적이 남아 있다. 한편, 앙주의 샤를 1세Charles I(1226-1285)의 의지에 따라 13세기 말엽 동굴은 진정한 고딕 양식 교회로 변형되었다.

8세기부터 가르가노의 숭배는 더 이상 랑고르바르드 왕국에만 국한되지 않았으며, 전 유럽에서 명성을 얻기 시작했다. 870년경에 예루살렘의 순례자인 프랑스 수도자 베르나르두스는 미카엘의 동굴을 로마와 예루살렘과 함께 그리스도교 성지의 중심지들 가운데 하나로 생각했다. 940년에 클뤼니 수도원장 외드Eudes(약 879-942) 또한 가르가노를 향해 갔으며, 999년에는 오토 3세(955-983, 973년부터 황제)가 로무알두스 성인이 그에게 부과한 회개의 순례길에서, 1022년에는 헨리 2세(1133-1189, 1154년부터 왕)가, 그리고 11세기 중반에 교황 레오 9세(1002-1054, 1049년부터 교황)가 반노르만적인 정치적 의미가 함축된 순례 중에 여러 차례 그곳을 방문했는데, 그때는 이미 미카엘 천사의 성소가 '이탈리아 남부 전체에 대한 최고 권력을 서임받기에 가장 적합한 장소'로 되어 있었다(페트루치). 유럽에서는 미카엘을 숭배하는 가르

가르가노의
성 미카엘 성역

몽셀미셸의 성역

가노와 더불어 국경을 초월하는 순례가 이루어지는 대규모 연결망의 종착지가 또 다른 두 기점이 되었다. 미카엘 천사가 아브랑슈의 주교 오베르토Oberto에게 발현한 이후, 성 미카엘에 존경을 표하기 위해 708년 노르망디의 암반이 많은 작은 섬 정상에 오라토리움(기도실)을 세웠는데, 이는 후에 몽생미셸Mont-Saint-Michel이 되었다. 오늘날 이 수도원 교회는 1023년부터 착수한 건축 작업들로 만들어진 회랑이 있는 내진, 다주식 기둥들로 구분된 3개의 본당으로 이루어진 구조, 그리고 경간마다 한 쌍의 첨두창이 나 있는 여성 전용 회랑을 갖춘 형태를 보여 주기 때문에 9세기의 발현 Apparitio에 대한 자료에 진술된 가르가노의 성역과 이 새로운 성지와의 건축적인 연관성을 포착하기는 쉽지 않다. 대천사의 또 다른 발현 이후, 한 세기 전에 설립된 세 번째로 큰 성 미카엘의 성지인 사크라 디 산 미켈레Sacra di San Michele 또한 12-13세기에 알프스 이북의 요소들(방사형 경당에 있는 성가대석)과 롬바르디아의 로마네스크 양식이 혼합된 설계에 따라 재건축되었다. 수사 계곡의 초입에 있는 이곳은 중세의 순례 역사에서 가장 전략적인 장소였는데, 미카엘 천사와 관련한 대규모 순례지인 노르망디와 풀리아 두 극점의 중간 지점에 위치해 있을 뿐만 아니라, 특히 여기에서 프란치제나 가도의 서쪽 지류가 동쪽을 향하였으며, 반대 방향으로는 프랑스 남부로부터 산티아고 데 콤포스텔라에 이르는 길들과 몽스니 계곡에 도달할 수 있었기 때문이다.

산티아고 데 콤포스텔라의 순례길

첫 번째 성당 비잔티움 제국의 고대 성인전에 따르면, 갈리시아 지방의 모퉁이에 있는 산티아고 데 콤포스텔라에서는 펠라요Pelayo라는 이름으로 알려진 은수자의 가르침을 따랐던 주교 테오데미르Theodemir에 의해 820-830년경에 이베리아 반도의 전도자이자 순교자인 제베데오Zebedeo의 아들 사도 야고보의 것으로 알려진 무덤이 발견되었다. 성인의 무덤의 소예배당 위에 하나의 신랑만으로 이루어진 첫 번째 성당은 아스투리아스 왕국의 군주 알폰소 3세Alfonso III(759-842, 791-835년에 왕)의 지원으로 아스투리아스의 전형적인 건축적 설계에 기초하여 성인의 무덤을 포함하는 사각 내진內陣의 3개 신랑으로 이루어진 대규모 바실리카 성당(899)으로 재건축되었으며, 그 뒤에는 1075년에 건축이 시작되어 로마네스크 양식의 대성당으로 대체되었다. 이 성지는 9세기와 10세기 사이, 성인의 유해의 신비한 기적에 대한 소식과 840년의 클라비호 전투에서 이슬람에 대항하는 그리스도교도들의 머리 위에 이 사도가 발현했다는 전설이 퍼지면서 엄청나게 명성이 높아졌다. 또한 레콘키스타의 지리적이고 상징적인 일종의 신호를 보여 주었다. 순례의 꾸준한 증가는 로마 교회와 클뤼니 수도원 제도에 대한 지지로도 설명된다. 로마 교회와 클뤼니 수도회는 11세기에 콤포스텔라의 순례를 개혁 정신의 확산을 위한 중요한 수단으로 인정했으며, 따라서 지역 교회의 '사도적인' 요구에 반대하지 않고 1120년, 즉 갈리스토 2세(약 1050~1124, 1119년부터 교황)가 디에고 헬미레스Diego Gelmirez 주교에게 대주교직을 수여했던 것처럼 그 열망을 지지했다.

산티아고를 향한 순례가 유럽에서 눈에 띄게 증가한 것은 바로 이 시기의 몇십 년 동안이었다. 갈리스토 2세에 대한 연구를 위한 가장 귀중한 자료는 『야고보 성인전 Liber Sancti Jacobi』 혹은 『칼릭스티누스 코덱스Codex Calixtinus』에 의해 만들어졌는데, 특히 1130년경에 작성된 순례자의 진정한 안내서인 제5권은 파르트네르비외Parthenay-le-Vieux 수도원의 애므리 피코Aimery Picaud가 쓴 것으로 여겨졌다. 이 안내서는 남부 프랑스에서 출발하여 부르고스와 레옹을 지나 야고보 사도의 무덤에 도달하는 에스파냐 북부의 유일한 길인 나바라로 합류하는 4개의 중심 도로를 매우 자세하게 기술했다. 거대하고 유일한 신성한 공간에 대한 이러한 기술에서 모든 길은 신앙의 위대한 중심지를 위해 존재하는 것처럼 보였다. 북쪽 길(투르)은 투르의 성 마르티누스와 푸아티에의 성 힐라리우스의 성지에 다다르며, 두 번째 경로(레모비첸세lemovicense)는 베즐레와 리모주를 지난다. 또한 세 번째 길(포덴세podense)은 콩크와 무아사크의 생트푸아 성지에 도달하게 되며, 마지막으로 프란치제나 가도를 통해 오는 사람들이 가장 빈번하게 이용하는 남쪽 경로(툴루즈)는 아를과 툴루즈의 생세르냉에 있는 생질뒤가르Saint-Gilles-du-Gard처럼 큰 명성을 지닌 숭배의 중심지들 사이를 지났다. 1100년경 예술과 건축의 비약적인 발전을 목격할 수 있었던 곳도 바로 이러한 길들의 주변이었으며, 주요 도로들 자체는 툴루즈, 콩크, 레온, 산티아고 같은 건축 현장의 조각품들에서, 그리고 성인의 유해에 가까이 다가가기를 원하는 순례자들과 전례를 집행하는 성직자의 필요에 따른 기능적인 평면 구도의 보급에서 양식상의 유사점들을 분명하게 확인할 수 있듯이 공방과 예술가의 이동을 용이하게 했다.

예를 들어, 『야고보 성인전』에서 인용된 중요한 몇몇 성지들의 유사성은 깊은 인상을 남겼다. 콩크의 생트푸아, 투르의 생마르탱, 산티아고 데 콤포스텔라, 리모주

『칼릭스티누스 코덱스』, 순례자의 안내서

산티아고로 가는 길에 위치한 교회들

의 생마르샬, 툴루즈의 생세르냉 성당은 모두 11세기 말에 건축이 시작되었으나, 어느 것이 시대적으로 앞섰는지에 대해서는 아직 분명하지 않음에도 건축학적인 요소들의 조합에서 공통적인 특성들을 공유하고 있었다. 프랑스 중남부 로마네스크 양식의 표현에 공통적으로 나타났던, 연단을 갖춘 3개 혹은 5개의 신랑으로 이루어진 세로의 긴 몸체, 중앙 신랑 위에 설치된 반구형 둥근 지붕, 여성 전용 회랑 위의 준準 반구형 둥근 지붕, 신랑으로 구분된 돌출된 익랑, 그리고 제대와 유물을 위한 방사형 소예배당을 갖춘 회랑으로 둘러싸인 내진 등의 건축적인 요소들은 산티아고 같은 숭배의 목적지와 순례자들의 통행과 관련하여 탄생한 예술이라는 로마네스크 양식의 신화에 따라 '순례길'의 측면에서만 보아서는 안 될 것이다.

| 다음을 참고하라 |
문학과 연극 유럽 언어로 쓰인 최초의 문헌들과 문학 작품(457쪽); 기행 문학(542쪽)

11세기와 12세기의 예술과 교회 개혁

| 알레시아 트리벨로네Alessia Trivellone |

11세기와 12세기 교회 개혁은 교회의 구조적인 개혁뿐만 아니라 제국을 상대로 한 교회의 정치적인 성공 또한 내포한다. 예술품 생산을 위한 공식적은 지침은 없었지만, 교회 개혁의 반향과 영향을 개혁가들이 주문한 작품에서 확인할 수 있다. 수도원장 데시데리우스 시대의 몬테카시노, 알파누스 주교 시대의 살레르노, 그리고 11세기와 12세기 로마의 예술품에서는 초기 그리스도교의 양식과 도상학적 요소의 복원에 따른 특징이 나타났으며, 개혁의 이상적인 표현으로 여겨졌다. 이러한 징후와 영향은 필사본 제작에서도 찾아볼 수 있다. 소위 말하는 '아틀라스판版 성경'과 함께, 유럽 전체의 수도원과 전례 분야의 개혁을 확산하는 데 큰 기여를 한 클뤼니 수도회와 카노사의 마틸데 백작 부인과 관련한 필사본들 또한 기억되어야만 한다.

교황청과 개혁 운동

11세기 로마 교회는 종종 그레고리오의 개혁이라고 불리는 교회의 광범위한 개혁 작업에 착수했다. 그레고리오는 이전에 몬테카시노의 수도자였고, 그레고리오 7세 라는 이름으로 교황이 된 소바나의 힐데브란트(약 1030-1085, 1073년부터 교황)로, 실제로 교회 개혁의 주요 인물이었다. 그러나 이러한 교회 개혁 현상은 그레고리오 7 세의 교황 재위 기간을 넘어 확장되었으며, 레오 9세(1002-1054, 1049년부터 교황)의 재위 기간과 함께 시작하는 이전 단계와 12세기의 절정에 이르는 새로운 방향의 설 정과 수용 기간 또한 포함하는 것이다.

게르만 국가의 신성로마 제국 황제들은 사실상 개혁 운동을 시작한 사람들이었 다. 즉 로마 교회의 쇄신된 권위는 실제로 이탈리아와 독일 교회의 거대한 공국에 대 한 그들의 통제 정책을 견고히 하는 데 유용했다. 3명의 교황이 교황의 자리를 놓고 다투던 1046년에 황제 하인리히 3세(1017-1056, 1046년부터 황제)가 이탈리아로 내 려와 연달아 3명의 독일 출신 교황을 임명함으로써 이 3명의 경쟁자들을 제거했다. 이 독일 출신 교황들은 교회의 재조직과 개혁의 임무에 전념했다. 그러나 그들은 하 인리히 3세 황제가 처음에 의도했던 것 이상으로 임무를 완성했으며, 그들의 활동은 로마에 유리하도록 권력의 균형을 이루는 과정의 도화선이 되었다. 비록 레오 9세가 여전히 친제국적인 정책을 펼치기는 했지만, 몇 가지 선택들을 성공적으로 완수했 으며 매우 능동적인 태도를 보여 주었다. 처음으로 (1049년의 랭스와 마곤자 같은) 공 의회의 결정들을 시행하러 가는 교황이 순례자 복장을 하고 갔던 일은 특별하게 평 가되고 있다. 교회의 독립에 대한 또 다른 중요한 단계는 니콜라오 2세(약 980-1061, 1058년부터 교황)와 함께 달성되었다. 니콜라오 2세는 교황 선출 선거에서 추기경들 에게 중요한 역할을 부여함으로써 황제의 결정에 힘이 실리는 일을 없앴다.

그레고리오 7세가 교황의 자리에 올랐을 때, 그는 이미 이 분야에서 충분한 정치 적 경험을 가지고 있었다. 그는 실제로 1048년부터 교황청에서 그의 영향력을 행사 하면서 앞선 4명의 교황을 수행했다. 1075년에 그의 실질적인 통치 계획인『교황령』 은 황제가 개입할 여지를 조금밖에 남겨두지 않았다. 교회의 서임권 문제는 주교의 직무를 부여하는 권리를 박탈당한 황제와 교황과의 충돌의 시초가 되었다. 이후 몇 년 동안 이탈리아 북부에서는 황제와 카노사의 마틸데(약 1046-1115) 사이의 길고 힘든 전쟁이 시작되었다. 마틸데는 그레고리오 7세와 동맹을 맺었으며, 자신들의 독

하인리히 3세의
개입

그레고리오 7세와
제국과의
노골적인 충돌

립을 위해 제국에 대항하여 싸웠던 북부의 여러 도시들로부터 지원을 받았다. 그레고리오 교황이 강경하게 펼친 정책은 그 다음 교황들의 단호한 입장에 길을 열었다. 클뤼니 수도원장이었던 우르바노 2세(약 1035-1099, 1088년부터 교황) 교황은 황제에게 협조적이었으며, 제1차 십자군 운동을 촉구하는 설교로 잘 알려진 인물이다. 교황 파스칼 2세(1099-1118년에 교황)와 함께 하인리히 5세(1081-1125, 1111년부터 황제)와의 대립은 다시 시작되었다. 그러나 교황 갈리스토 2세(약 1050-1124, 1119년부터 교황)가 마련한 타협책은 결국 보름스 협약(1122)으로 인준되었으며, 제1차 라테라노 공의회(1123)에서 승인되었다.

개혁의 새로움   이 개혁은 다양한 분야에 깊은 흔적을 남겼다. 가장 널리 알려져 있던 두 가지 형태의 부패, 즉 시모니아(성직을 사고파는 것)와 니콜라이즘(성직자들의 내연 관계)은 성공적으로 소멸되었다. 공동생활의 형태에 고무된 성직자들은 실질적으로는 세속의 계급에 편입되었지만 수도자의 삶의 규칙을 고수하는 율수 수도회 모임을 결성했다. 교회법에 주어진 이 새로운 자극은 1140년경에 집대성하고 1917년까지 유효했던 교회 법령집인 『그라티아누스 교령집』의 편찬으로 이어졌다.

전체적으로 교회 개혁은 (세속적인 정규 수도회의) 교회 구조에 대한 도덕적이고 제도적인 쇄신과 제국에 대한 교회의 정치적 영향력을 수반했다. 따라서 이러한 과정 끝에 맞이한 전반적인 균형은 교회에 매우 긍정적인 작용을 했으며, 그 결과 12세기에 교회는 권력과 명성에서 유럽의 신생 군주국들과 경쟁할 수 있는 명확하고 중앙집권적인 모습을 지닌 제도로 자리 잡게 되었다.

예술에 대한 개혁가들의 견해

교회 개혁이 당대의 예술에 미쳤을지도 모를 영향에 대한 다양한 연구들이 이루어졌다. 하지만 우리는 교회의 성직자들이 전통과 수도자 삶의 형태, 전례, 교회법을 개혁하고 성경의 새로운 판본 작업까지 진행했지만 그들의 글 속에서 예술의 체계적인 이론을 재구성할 수 있는 규정을 발견할 수는 없었다는 것에 유의해야만 한다. 물론 개혁가들은 때때로 중세에 일어났던 일과 관련하여 예술에 대한 자신의 견해를 표현했다. 예를 들어, 세니의 브루노Bruno(1045/1049-1123)는 주님의 집을 장식할 자재의 풍성함을 칭송했다. 게다가 이것은 베난티우스 포르투나투스(약 540-약 600)에게서 선례를 찾을 수 있었던 고대의 토포스tòpos였다.

브루노는 개종을 시키고 '가르침을 주는' 이미지에 대한 개념을 수정하여 다시 취했다. 이 개념은 그레고리오 1세(약 540-604, 590년부터 교황)에 의해 먼저 표현되었으며, 이후에 카롤링거 왕조 시대에 다시 기억되었고, 1025년부터 1030년까지 캉브레의 주교를 지낸 제라르(13세기)에 의해 새롭게 공식화되었다. 반면에 페트루스 다미아니(1007-1072)가 몬테카시노의 데시데리우스(약 1027-1087)에게 보낸 편지에는 좀 더 독창적인 주장들이 발견되었는데, 로마에 근접한 모든 지역에서 베드로가 자신의 수위권에도 불구하고 그리스도의 왼편에 묘사되어 있는 반면, 바오로는 **베드로의 수위권** 오른편에 나타나는 이미지의 근거를 설명하고 있다. 이 편지는 교회 개혁의 시기에 근본적인 중요성을 지녔던 베드로의 우위성에 대한 주제와 관련한 11세기 도상학적 공식에 나타났던 초반의 관심을 증명했다. 그러나 페트루스 다미아니의 주장은 당대의 예술에 적용하기 위한 규정이라기보다는 초기 그리스도교 시대부터 나타난 도상학적 공식에 대한 귀납적인 정당화였다. 마지막으로 주목할 만한 증언은 레오네 마르시카노(약 1046-1115/1117)의 것인데, 그는 수도원장 데시데리우스가 건설한 산 베네데토 성당에 대한 축하와 기술을 위해 그의 『몬테카시노 연대기Cronaca di Montecassino』의 긴 지면을 할애했다.

예술의 다양한 모습에 대한 이러한 간헐적인 언급에도 불구하고 통일된 지침이 결여되어 있는 상태에서 11-12세기의 개혁적인 분위기와 관련한 예술에 대해 '혁신적인 예술'이라고 표현하는 것은 어쨌든 옳지 않다. 사실 역사 기술로 넘어가면, 이러한 표현은 사실상 예술이 명확한 규제의 대상이었던 반종교 개혁 시기로부터 차용해 온 부정확한 표현이다(거룩한 이미지의 내용과 그것의 사용에 대해 1563년 트렌토 공의회의 25번째 규율 및 법령에서 교회 건설을 위해 예수회 회원들이 주었던 지침을 기억할 필요가 있다).

몬테카시노, 살레르노, 로마

종교 개혁이 예술에 미친 확고한 영향을 구체적으로 분석하기 위해서는 개혁가들 **고대에 대한 회상** 또는 주변 인물들로 추정되는 사람들이 주문한 작품들을 직접적으로 분석하는 수밖에 없다. 1058년과 1086년 사이에 몬테카시노 수도원장을 지낸 데시데리우스의 주문은 많은 학자들에게 종교 개혁의 이상에 대한 표현으로 여겨졌다. 이러한 이상들에 대한 동참이 고대의 건축학적 형태의 정확한 재현을 통해 표출될 수 있기 때문이다. 콘스탄티노플의 장인들에게 내부와 외부 장식까지 맡겼던 몬테카시노 수도원 성당의 재건축(1066-1071)에서 데시데리우스는 고대의 산 피에트로 성당과 비슷한 익랑과 5개 신랑으로 이루어진 바실리카 양식의 설계도를 채택했다. 그러나 불행히도 1349년 지진으로 인해 파괴되었기 때문에 이 바실리카에 대해서 더 많은 것을 알 수는 없다. 데시데리우스는 그의 주문과 관련이 있는 또 다른 교회를 위해 로마의 초기 그리스도교 순교자를 위한 바실리카 교회의 다른 요소들을 차용했다. 이렇게 지어진 산탄젤로 인 포르미스 성당 후진의 원통형 벽면에 그려진 프레스코화에는 데시데리우스가 교회 모형을 들고 있는 모습으로 묘사되어 있으며, 교회 입구 처마도리 기록문에도 언급되었다. 중앙 신랑의 프레스코화들은 그리스도의 생애를 묘사하고 있는 반면, 양 측면의 신랑에는 구약 성경 장면들이 자리 잡았다. 신랑의 두 벽면을 구약과 신약 성경 장면들로 장식하는 선택은 로마의 고대 바실리카 양식 교회인 산 피에트로와 산 파올로 푸오리 레 무라 성당으로부터 영감을 받고자 하는 의지로 생각된다. 이 두 성당은 12세기에 카세르타 근교의 몬테스에 있는 산 피에트로 성당과 로마 근교의 체리에 있는 산타 마리아 임마콜라타 같은 이탈리아 중부의 다른 성당들에도 모델로 쓰였다. 초기 그리스도교 예술로부터의 영감, 특히 옛 성 베드로 성당으로부터의 영감은 예술적인 선택에서도 초대 교회를 재현하고자 하는 의지로 해석된다. 이러한 경향은 무엇보다 데시데리우스가 로마와 유지하고 있던 밀접한 정치적 관계로부터 활력을 얻었는데, 데시데리우스는 1086년 빅토르 3세라는 이름으로 교황의 자리에까지 올랐다.

살레르노 대성당　　몬테카시노 수도원장의 주문 못지않게 1058년부터 1085년까지 살레르노의 주교를 지냈던 알파누스(?-1085)의 행보도 주목할 필요가 있다. 알파누스 주교로부터 건축 의뢰를 받아 1084년에 교황 그레고리오 7세에 의해 축성된 대성당에는 지금은 유실된 후진의 모자이크에 개혁적인 인물인 그레고리오 7세 교황과 함께 주교 자신의 모습도 묘사되어 있었던 것이 분명하다. 반면에 〈개선문〉은 뒤이은 수십 년간 로마에서도 광범위한 호응을 얻게 되는 양식의 막을 열며 예언자들의 모습을 표현했다(성 클레멘스, 산타 마리아 인 트라스테베레, 산타 마리아 노바의 〈개선문〉들). 특히 이른바 '천국의 문'이라고 불리는 처마도리를 포함한 대성당 조각 작품들은 개혁가들의 생각에 부합하는 교화라는 주제를 선보였다.

　　로마와 그 인근에서도 당시 예술에 초기 그리스도교의 도상학적 공식과 장식 프로그램, 양식적인 유행의 부활이 두드러지게 나타났다. 초기 그리스도교의 장식 프로그램은 산 니콜라 인 카르체레San Nicola in Carcere 성당, 카스텔 산텔리아(비테르보)의 산타나스타시오Sant'Anastasio 바실리카 교회, 그리고 에스퀼리노 언덕 위에 세워진 산타 푸덴치아나Santa Pudenziana 성당 후진의 둥근 천장 뒤편 소예배당(11세기 말)에 그려진 프레스코화에 적용되었다.

이러한 모든 경우에 나타났던 초기 그리스도교 양식과 도상학적 구성 방식을 이용하려는 시도는, 사상적인 경향에 의하면 개혁가들에 의해 공표된 초대 교회(초대 교회의 형태Ecclesiae primitivae forma)가 지니고 있던 순수함의 전통으로 회귀하려는 움직임의 예술적인 적용으로 볼 수 있다. 하지만 초기 그리스도교 예술은 또 다른 역사적인 시기(이른바 '카롤링거의 부흥'을 생각해 보면 알 수 있다)에 예술적 영감의 원천이 되었으며, 고전적인 모델의 부활이 11세기만의 것이라는 사실과는 거리가 있음이 알려졌다. 이렇게 확인된 사실에는 이 시기 작품들의 주문과 관련한 많은 문제들도 추가되었다.

앞에서 언급했듯이 1080년대에 발견된 체리의 산타 마리아 성당 프레스코화에 대해 생각해 보자. 최근의 연구에 의하면 이 회화 작품들의 의뢰인이었을 것으로 추정되는 포르토의 피에트로Pietro da Porto는 파스칼 2세, 갈리스토 2세 같은 개혁파 교황들과 매우 가깝게 지내며 활동했으나, 1130년에 대립 교황 아나클레토 2세(?-1138, 1130년부터 대립 교황)의 편에 서게 되었다. 고대 성 베드로 성당의 전형에서 영감을 얻었던 이 회화 작품들이 종교 개혁과 관련한 예술적 풍토의 산물로 여겨진다는 사실은 전혀 역설적인 것이 아니다. 그 당시 교황과 친황제 무리의 두 세력은 양쪽 모두가 자신의 통제 아래에 두고 싶어 했던 교회 제도의 재조직이라는 같은 목표를 추구했으며, 이러한 정치적 대립은 기록된 역사가 남긴 것보다 훨씬 더 많은 함축적인 의미를 내포하고 있다. 이와 마찬가지로 산 클레멘테 성당 지하 예배당의 프레스코화를 '종교 개혁' 예술의 '전형'이자 고대의 장식 양식과 프로그램을 채택한 본보기로 생각하는 역사 기술에 비해, 최근의 몇몇 연구들은 반그레고리오 세력이 작품들을 의뢰했을 가능성을 검토하고 있다. 실제로 11세기, 즉 1070년대에 산 클레멘테 성당의 명의名義 추기경은 황제의 편에 섰던 우고 칸디도Ugo Candido였다. 그는 그레고리오 7세에 의해 여러 차례 파문을 당한 이후에도 자신의 직무를 정상적으로 계속해 나갔다.

체리의 산타 마리아 성당 프레스코화

그레고리오 7세 교황이 우고를 첫 번째로 파문한 직후, 훗날 교황 파스칼 2세가 되는 라이네리오Raynerius를 산 클레멘테 성당의 새로운 명의 추기경으로 임명하기 위한 조치를 취한 것은 분명해 보이지만, 대립 교황 클레멘스 3세(1023-1110, 1084년부터 대립 교황)의 시조 성인의 삶이 프레스코화로 그려진 지하 예배당이 바로 친황제파 추기경인 우고의 주문이었을 것이라는 가정은 불가능한 것이 아니다. (이러한 프레스코화들의 제작 시기로 산정해야 하는) 1080년부터 1100년에 이르는 시기에 예술 작품의 의뢰인이기도 했던 로마 가문들 대부분은 실제로 대립 교황 클레멘스 3세를 지지했다. 대립 교황 클레멘스 3세는 1080년부터 그가 사망한 해인 1100년까지 자신의 직무를 수행하며 로마에 머물렀다. 이후에 '공식적'으로 여겨진 교황들은 이 시기에 로마와 도시 외곽의 다양한 사유지에 번갈아 가며 체류했다. 밝혀진 바에 의하면, 건설 즉시 이루어진 산 클레멘테 성당의 파괴는 사고나 자연적인 재앙이 원인은 아니었으며, 그 건물의 건축을 의뢰한 장본인에 대한 기록 말살형damnatio memoriae(유죄 판결을 받은 사람에 대한 모든 기록을 없애는 형벌*)에서 자연스러운 해답을 찾아야 할 것으로 보인다.

'교회 개혁'의 예술에 대한 정의가 학자들에게 제기하고 있는 모든 의문에도 불구하고, 그 당시 로마 내부의 갈등과 이해관계를 설명하고 있는 도상학적인 창작과 그 작품들의 중요성을 망각해서는 안 될 것이다. 현재 바티칸 박물관에 보관되어 있는 〈최후의 심판〉(11세기 중반)은 묵시의 주제를 당시 고문서학의 구체적인 내용들에 접합한 것으로 보인다. 이것은 그리스도의 이미지 속에서 황제 하인리히 3세 인장의 도상학적인 형태를 재현했으며, 성화의 형태 자체는 1049년 교황 레오 9세가 교황의 공식 문서들에 사용할 인장으로 도입한 로타Rota를 재현했다. 좀 더 일반적인 관점에서 보자면, 그 시대 로마의 기념비적인 회화들이 성 알렉시우스(산 클레멘테 지하 예배당의 프레스코화) 또는 성녀 체칠리아(산타 체칠리아 인 트라스테베레Santa Cecilia in Trastevere 성당의 프레스코화, 카파렐라의 산투르바노Snat'Urbano 성당의 지금은 유실된 여러 장면들, 산타 푸덴치아나Snat Pudenziana 성당의 후진 뒤편 소예배당 프레스코화) 같은 그들의 정결함 때문에 특별히 숭상되는 몇몇 성인들의 생애를 묘사한 도해에 집중했음을 알 수 있다. 로마의 산 클레멘테 성당 후진의 둥근 천장 전체를 차지하고 있는, 그리스도의 십자가로부터 솟아오른 포도나무—아칸서스—교회의 형상은 결국 교회가 일구어 낸 성공에 대한 강력한 상징이며, 중앙에 자리 잡은 기관이 중심으로부터 '주변'으로 뻗어 나간 새로운 힘에 대한 생생한 묘사다.

카노사의 마틸데와 관련한 작품

예술에 대한 교회 개혁의 영향은 카노사의 마틸데 백작 부인이 다스리는 영토의 예술 작품에서도 찾아볼 수 있다. 그러나 불행히도 건축 예술에 대한 자료는 충분하지 못한데, 예를 들어 수도 생활을 위한 장소들이 어떤 방식으로 교구의 중심지들에 부속되었고, 어떻게 정규 율수 성직자 단체의 형성에 가담하게 되었는지에 대해서는 알 길이 없다.

마틸데 백작 부인과 관련한 작품들에서 개혁의 이상이 더욱 분명하게 드러나는 흔적들은 필사본에서 찾아볼 수 있다. 이 가운데 특히 11세기 말, 산 베네데토 알 폴리로네San Benedetn al Polirone 수도원에서 제작된 것으로 보이며, 현재는 뉴욕(피어폰트 모건 도서관Pierpont Morgan Library, ms. 492)에 보관되어 있는 미사용 복음집이 가장 대표적인 예다. 산 베네데토 알 폴리로네 수도원은 1007년 건립부터 카노사의 백작 가문과 관련이 있었다. 이 수도원은 1092년부터 상당한 기증품들을 받기 시작했는데, 마틸데 백작 부인도 기증자들 중 한 사람이었다. 확인되지는 않았지만 전해 내려오는 이야기에 따르면, 해당 필사본 또한 카노사의 마틸데 백작 부인이 수도원에 기증한 것으로 보인다. 미사용 복음집 삽화의 몇몇 장면들에서는 개혁가들이 칭송하는 가치들의 구현에 적합한 일부 장면들이 특히 강조되어 있다. 예를 들어, 〈그리스도의 체포〉 장면의 여백에 묘사된 말코Malco의 귀를 자르는 베드로에 대한 복음서 장면이 그에 해당된다. 페이지 하단에는 격노한 베드로가 말코의 머리채를 움켜쥐고 공격하는 모습이 그려져 있다. 확신을 가지고 제안되었듯이, 이 이미지는 요하네스 그람마티쿠스Johannes Grammaticus가 주장하고 있는 권리를 암시한다. 그는 토스카나의 마틸데 백작 부인에게 헌정된 「아가」에 대한 주석에서 세속적인 힘의 상징인 단검이 베드로에 의해 사용되는 것을 전적으로 정당화하였다. 이 묘사에서 베드로는 그리스도의 바로 아래에 있다. 그리고 그의 단검은 의도적으로 그리스도를 체포하는 병사들의 무기를 겨누고 있다. 병사들의 무기에는 로마 제국을 암시하는 것으로 보이는 SPQR이라는 글자가 적혀 있다. 또한 미사용 복음집에서 개혁의 가치를 구현하고 있는 또 다른 장면들이 있다. 즉 넓은 공간이 '성전'에서 상인들을 쫓아내는 장면에 할애되었는데, 이는 아마도 성직 매매에 반대하는 교황들이 착수한 투쟁을

필사본의 흔적

암시하는 것으로 보인다.

도니초네(11-12세기)가 기록한 백작 부인의 일대기를 담고 있는『마틸데의 생애 Vita Mathildis』필사본(바티칸 도서관, Vat. lat. 4922)은 카노사의 이야기를 대표하는 이미지들의 마지막에 서임권 투쟁의 가장 두드러진 사건들 가운데 하나인 하인리히 4세(1050-1106, 1084년부터 황제)의 항복으로부터 영감을 받은 세밀화를 포함하고 있다. 이 일화는 1077년으로 거슬러 올라간다. 하인리히 4세는 교황으로부터 파문을 당한 뒤 이미 약화될 대로 약화된 독일 봉건 영주들에 대한 자신의 권위가 더욱 위태로워지자 항복을 할 수밖에 없었다. 하인리히 황제는 그레고리오 7세와 동맹 관계를 맺고 있던 마틸데 백작 부인의 성으로 와서 교황에게 파문에 대한 철회를 요청했다. 당시의 연대기에 따르면, 그는 성 안으로 들어가기 전에 3일 밤낮을 아펜니노 산맥의 엄동설한 속에 야숙을 하며, 속죄자의 복장을 한 채 기다렸다고 전해진다. 그리고 마침내 마틸데와 클뤼니 수도원장 우고(1024-1109)의 중재 덕분에 교회에 복권될 수 있었다. 세밀화에서 하인리히 4세는 대관 의자에 앉아 있는 클뤼니 수도회의 우고 수도원장과 호화로운 옷을 입고 건물 내부의 아치 아래 제왕처럼 앉아 있는 마틸데 백작 부인 앞에 무릎을 꿇고 있다.

클뤼니 수도회의 예술과 개혁

세밀화에 묘사되어 있는 우고 수도원장이 속해 있던 클뤼니 수도회는 교회 개혁에서 중요한 역할을 수행했다. 교황 직속 수도원들은 전 유럽의 수도원과 전례 개혁의 확산에서 중요한 중심지였으며, '로마 교회'의 중앙 집권에도 기여했다. 중세 전반에 걸쳐 수도원의 감독과 재산 관리에 고위 성직자들과 평신도 세력가의 친척들이 진출하는 것이 일반적으로 널리 인정되는 관례였는데, 11세기에 클뤼니 수도회는 전적으로 교황에게만 순종함으로써 세속적이고 종교적인 모든 형태의 권력으로부터 자율성을 확보할 수 있었기 때문에 종교적인 면뿐만 아니라 실용적인 측면에서도 본보기가 되었다. 클뤼니 수도회와 관련한 일부 작품들은 이 시기 수도회의 입장을 표현하고 있다. 예를 들어, 1100년경 클뤼니 수도회의 필사실에서 세밀화 작업이 이루어졌으며, 파르마 팔라티나 도서관의 필사본 1650에 포함되어 있는 〈성 일데폰수스의 생애Vita di Sant'Ildefonso〉는 동시대 해결이 시급한 문제를 다룰 수 있는 기회가 되었다. 수도사 복장을 하고 있는 7세기 톨레도의 주교 일데폰수스는 사실상 레콘키스타의 시기에 에스파냐에 나타난 클뤼니 수도회의 수사-주교의 전형으로 이해되어야 한다. 따라서 세밀화들은 교황에게만 전적으로 의존하기 위해서 에스파냐 주교들의 통제를 벗어나고자 하는 수도회의 열망을 표현했다. 클뤼니 수도회가 전적으로 로마 교회에 직속되어 있음을 보여 주는 메시지는 12세기 초(1109년 이전)로 추정되는 부르고뉴의 베르제라빌Berzé-la-Ville 성당 후진에 그려진 프레스코화 〈율법의 수여 Traditio Legis〉에서도 전달된 것으로 보인다.

아틀라스판 성경

세밀화가 담긴 필사본에서 특히 주목해야 할 것은 이른바 아틀라스판版 성경이다. 이것은 개혁주의자들에 의해서 만들어진 것으로, 성경의 개정판을 포함하는 대형 판본(가장 큰 판본은 때로 600×400mm를 넘었다)의 필사본이었다. 11세기 중반부터 제작된 초기 필사본들은 라치오 지방에서 제작되었으나, 성경의 새로운 판본은 유럽의 몇몇 주요한 수도원에서 곧 큰 성공을 거두었다. 고위 성직자인 잘츠부르크의 게브하르트Gebhard, 지네브라의 페데리코Federico, 그리고 히르사우 수도원에 이러한 새로운 판본을 기증했던 하인리히 4세 황제는 초기의 아틀라스판 성경들 가운데 3 개의 판본(아드몬트, 수도원 도서관, C-D, 1088년 이전; 제네바, 국립대학교도서관, lat. 1, 11세기 중반; 뮌헨, 바이에른 주립도서관, Clm 13001, 약 1070)의 필사를 후원하고 장려 했던 사람들이었다. 아틀라스판 성경의 장식적이고 도상학적인 장치는 매우 다양하다. 이러한 채색 필사본들은 종종 성경의 각 권 첫 구절을 복음사가들과 예언자들로 장식했다. 몇몇 장면들에서는 상징적인 가치가 분명하게 나타났다. 가장 자주 나타났던 표현들 중 하나는 이미 9세기에 라바누스 마우루스가 표현했던 유디트가 홀로페르네스의 목을 베는 장면인데, 이는 자신의 적들에게 승리한 교회로 해석할 수 있다. 이러한 가정은 카롤링거의 성경들이 아틀라스판 성경의 영감의 원천들 중 일부이며, 산 파올로 푸오리 레 무라 수도원에 보관된 카를로스 2세(823-877, 875년부터 황제) 황제의 성경에 담겨 있는 세밀화 작품들이 바로 유디트와 교회의 비교를 역설했다는 사실로부터 확인되었다.

　11세기와 12세기 교회 개혁과 관련한 복잡하고 종종 논란의 여지가 있는 역사적 사건들은 예술에 다양한 흔적을 남겼다. 따라서 지금까지의 관찰 결과, 이 당시의 추이에 대한 가장 직접적인 암시는 필사본의 특성상 제한된 사람들 사이에서만 유통될

개정된 성경

수밖에 없었던 세밀화가 담긴 서적들에서 발견할 수 있음을 주목해야 한다. 반면에 기념비적인 그림들은 양식적이고 장식적이며 도상학적인 수단을 통해 (교회 개혁의 복잡한 정치적 계획들과 직접적인 관련이 있는 모든 부분들로 표명된 것과 일치하는) 고대 문화의 모델에 대한 지지를 표현하였으며, 중세 내내 그랬던 것처럼 교화적이고 복음적이며 성인들과 관련한 장면들을 계속해서 묘사했다.

| 다음을 참고하라 |
역사 교회 개혁에 대한 열망과 1000년 이후 초기 2세기 동안의 이단(234쪽)

예술가의 자아의식
| 마누엘라 잔안드레아 |

예술 작품 의뢰인에게 공식적으로 인정을 받은 확고한 명성과 예술가들의 익명성, 예술을 장인들이 만들어 낸 제품과 동일시하는 풍토는 중세의 예술가를 가장 고귀한 학예學藝, 즉 시학, 문학, 철학, 음악에 종사하는 엘리트들과 구별하는 결과를 가져왔다. 이러한 상황은 12세기에 와서야 실질적으로 바뀐 것으로 보인다. 예술가들이 자신의 긍지를 되찾았다는 명백한 증거는 그들이 남긴 서명의 증가뿐만 아니라 예술가를 칭송하거나 자찬하는 공식 문서들의 증가에서 포착되었다. 예술가는 자신의 기여와 능력을 인정받기 시작했으며, 신분과 경제적 상태의 발전을 가져다준 새로운 사회적 상승을 경험했다.

단순한 직공으로서의 예술가

1150년의 한 에나멜 세공 작품에 "예술은 금이나 보석을 능가한다. 그러나 그 모든 것을 능가하는 것은 주문자다"라는 명각이 새겨져 있다. 이 문장은 확실히 중세의 긴 세월 동안 후원자의 역할이 예술 작품을 실질적으로 만들어 내는 사람에 비해 압도적이었던 절대적으로 중요한 위치에 있었음을 상징적으로 보여 주는 것이다. 예술가들에 비해 압도적이었던 작품 의뢰인의 명성은, 작품을 근면하게 만든 사람, 즉 예술가를 전적으로 익명으로 남겨둔 채 후원 활동을 칭송하기 위해 만들어진 수많은 명각들과 생드니의 쉬제르(1081-1151)나 힐데스하임의 베르나르두스(약 960-1022, 993년부터 주교)와 같은 예술 후원자들의 모습을 꼼꼼히 기록하고 있는 중세의 많은 문헌들로 더욱 확고해졌다. 이러한 문제의 고유한 본질은 사실상 예술가들이 중세에 지니고 있던 사회적 역할과 정의 속에 있다. 조형적인 작품 활동을 수공예품 영역 속에 포함시키려는 시도는 개념적으로 로마 제국으로부터 유래했으며 5세기 마르티아누스 카펠라(410-439년에 활동)에 의해 체계화되었는데, 이로 인해 예술가들은 시학, 문학, 철학, 음악 등의 7학예에 종사하던 사람들로 구성된 당시 문화적 엘리트들과는 동떨어진 부류로 인식되었다.

따라서 예술가는 지식인이라는 인식 대신에 단지 수공예-기술 분야에 전문화된 장인이 되었다. 이것은 바꾸기 쉽지 않은 편견이었다. 단테(1265-1321)가 『신곡』의 「연옥편」11곡(91-102)에서 2명의 세밀화가, 2명의 화가, 2명의 시인을 같은 위치에 둠으로써 초기의 몇몇 주석가들 사이에서 분노를 낳았을 정도였다. 따라서 우리는 단테와 함께 예술가에 대한 사회적 재평가를 위한 새로운 시대의 여명을 맞이하게 되었다. 반면에 『신곡』이 나오기 이전인 1000년경에 예술가는 어느 정도의 몰락을 경험하고 있었거나 아니면 정확히 말해 사회에서 달라진 역할을 인식하고 있었다. 예술품 수집과 개인 간의 거래가 사라지자 교회가 도상에 부여한 교육적인 역할은 분명 작품에 대한 미학적 평가와 예술가에 대한 찬미를 최우선의 필요 조건으로 고려하지 않았다. ^{예술가와 지식인}

놀라의 파울리누스(약 353-431)의 "나는 종교가 없을 뿐만 아니라 글을 읽을 줄 모르는 백성들을 위해 나의 교회에 성경의 이미지를 그렸다" 혹은 대교황 그레고리오(약 540-604, 590년부터 교황)의 "문서는 그것을 읽을 수 있는 사람들을 위한 것이고, 회화는 문맹자들을 위한 것이다"는 언급은 교육받은 사람들을 위해 기록한 글의 위엄과 근본적으로 교육받지 못한 이들을 위한 도상의 가치 사이에 메울 수 없는 간극을 만들어 내는 데 기여했다. 또한 대부분의 예술 작품들이 지닌 의사소통이나 전도적인 목적은 작품 제작에 재정적인 지원을 하고 특히 도상학적 계획을 지시했던 평신도 또는 교회의 고위 인사들에 대한 완전한 복종을 수반했다. 따라서 예술 작품의 제작자는 현재 우리가 독창적이고 재능 있는 예술가에 대해 가지고 있는 현대적인 개념과는 결정적으로 멀어졌을 뿐만 아니라 개성을 잃어버림으로써 단순한 기능인artifex이 되었다. 실제로 이러한 익명성은 중세 예술가의 두드러진 특징이며, 이것 ^{조형예술에 대한 과소평가}

이 근본적으로 바뀌는 경우는 매우 드물었다. 개인의 독창성은 주문자의 의지에 대한 복종과 상징적인 전통에 부여된 교의적인 가치에 의해 압도되었다.

작자 미상의 작품들　따라서 중세는 작자 미상의 기념 건조물들과 작품들로 이루어진 특별한 유산을 우리에게 소개한다. 매우 중요한 인물로 볼 수 있는 작가의 높은 예술적 가치는 종종 편의상의 인물을 만들어 내기에 이르렀다. 이는 『그레고리오 교황 교간집Registrum Gregorii』의 거장이라고 불린 오토 왕조 시대의 재능 있는 세밀화가, 또는 페르피냥에 있는 작은 마을에 그의 걸작들 중 하나를 조각함으로써 '카베스타니의 거장'으로 불린 훌륭한 조각가와 같이 '……의 거장'이라는 명칭으로 구분되었다. 이것이 분류상의 목적에서 유용한 조치였다 할지라도 중세에 예술가의 작업이 해낸 핵심적인 역할을 묵살해 버릴 위험과 르네상스 이후에 그랬던 것처럼 단지 예술사의 개별적인 주역들만을 만들어 낸 잘못에서 그 한계들은 최고조에 도달했다. 하지만 작자 미상의 수많은 작품들 중에서 중세 전기부터 12세기에 이르는 시기에 중세 사회의 예술가 혹은 장인의 사회적 역할에 대한 중요한 정보들을 얻을 수 있는 몇몇 흥미로운 예외들이 나타났다.

매우 드문 예외들　예를 들어, 중세에는 바사리의 저술과 같은 예술가의 전기가 존재하지 않았기 때문에 작자의 이름이나 그들에 대한 정보는 편지나 계약서, 성당의 부고, 종교적으로나 정치적으로 뛰어난 인물들의 생애뿐만 아니라 작가가 직접 서명을 남긴 작품들과 같은 다른 자료들에서 얻어야만 했다. 그 자체로 강한 자기 지시적인 의미를 포함하고 있는 서명은, 몇몇 이례적인 예외들도 있었지만, 사실상 중세 전기에는 매우 드물었다. 739년에서 742년 사이에 스폴레토 공국의 지배자였던 일데리코 다길레오파Ilderico Dagileopa가 주문한 발레 아 페렌틸로(테르니)의 산 피에트로 성당 주 제대 앞에는, 뾰족한 도구를 쥐고 있는 동작을 취하고 있으며 이를 "만든fecit" 것은 "우르수스 마제스테르(대가*)Ursus magester"라는 비문으로 신원이 확인된 흥미로운 남성의 모습이 주의를 끈다. 그 결과 우르수스는 자신의 서명을 남겼을 뿐만 아니라 제대 위에 아마도 주문자와 함께 자신의 모습을 직접적으로 반영했을 것이다. 이러한 자기 표현은 서명과 함께 예술가가 만들어 낸 자신을 확인하는 최초의 표시들 중 하나다. 이런 의미에서 이례적인 경우는 824년과 859년 사이에 밀라노의 산탐브로조 성당의 금 제대를 제작한 부올비노Vuolvino에 의해서 만들어졌다. 이 예술가는 작품의 뒷면에 서명을 했으며 밀라노의 성인을 숭배하는 자신의 모습을 묘사했다. 이와 같은 명예는 부올비노가 아마도 성직자, 즉 수도사였다는 사실과 그의 역할이 금 세공사였다는 것으로 정당화할 수 있다. 실제로 중세 문화에서 금세공에 종사하는 사람은 다른 장인들에 비해 더 큰 신용을 유지할 수 있었다. 이는 유명한 성 엘리지오St. Eligius처럼 최고의 가치를 지닌 귀금속을 다루는 일에 종사했기 때문이기도 하며, 주로 당시에 엄청난 존중의 대상이었던 전례 용품과 유골함을 제작할 임무를 지니고 있었기 때문이다.

우르수스와 부올비노 같은 특별한 경우를 제외하고, 1000년 이전의 예술가들에 대한 인식은 보비오의 수도원장 쿠미아노Cumiano의 석관에 새겨진 '마제스테르 요하네스magester Iohannes'라는 서명, 치비달레 델 프리울리의 소예배당 창문 중 하나의 안쪽에 자필로 쓴 파가누스Paganus의 서명, 발폴리첼라(베로나)의 산 조르조 성당의 성체용 제단 제작자들의 서명, 그리고 리우트프란드 왕(?-744, 712년부터 왕) 이후 헌정문 비문에 삽입된 우르수스, 유벤티노Juventino, 유비아노Juviano와 같은 단발적인 서명에만 제한되어 있었다. 또한 11세기 중반경에 저술된 성 갈로의 편년사 같은 기록들도 때때로 예술가들과 그들의 신분에 대한 귀중한 정보들을 제공했다. 장크트 갈렌 수도원 이야기의 주역들 가운데 한 명은 분명 9세기 말의 수사-예술가로서 '노래에 풍부한 감성과 뛰어남을 보이고 (중략) 조각과 회화예술에서 품위를 보여 준' 투오틸로Tuotilo였다. 투오틸로가 예술 활동에서 보여 준 다재다능한 능력은 바로 카롤링거 시대에 그의 지적인 특성과 함께 다면적이고 다양한 가치를 지닌 예술가의 전형을 완벽하게 반영했다.

예술 활동에 대한 인정과 찬양

주문자의 우월한 지위와 예술가의 익명성, 그리고 수공예품과 예술을 동일시하는 것에 바탕을 둔 예술 체계는 12세기에 변화를 보이기 시작했다. 금 세공사들과 함께 건축가들 또한 그들의 실천적인 지식뿐만 아니라 건축 설계에 필요한 이론적인 지식이 인정을 받게 된 이후로 어느 정도의 개인적인 성공을 이루었다. 세밀화가들도 존중을 받게 되었다. 이들은 11세기 말, '화가와 채색가pictor et illuminator'임을 강조하면서 펜과 그림을 벗겨 내는 도구를 들고 있는 자신을 묘사한 우고가 그랬던 것처럼(옥스퍼드, 보들리언 도서관Bodleian Library, ms. 717, f. 287v) 상당한 자부심을 가지고 작업 도구들과 함께 필사실 안에 있는 자신의 모습을 묘사했다.

　　　창작자의 자긍심 회복에 대한 명백한 징조는 서명의 증가뿐만 아니라 예술가를 칭송하거나 자찬하는 공식 문서의 증가에서도 포착되었다. 모데나 대성당에 있는 2개의 비석은 각각 그 건물의 건축가 란프랑쿠스(?-1089)와 조각가 빌리겔무스(1099-약 1110년에 활동)를 기념한다. 피사 대성당의 건축가인 부스케토(11-12세기)는 그 성당의 파사드에 위치한 석관에 안치되어 있으며, 비석은 그를 크레타 섬 미로의 고안자인 다이달로스에 비유했다. 비문은 또한 피사 대성당을 확장했던 라이날도Rainaldo(12세기)를 '신중한 건축가이자 거장'이라고 정의하며 칭송했다. 니콜로Niccolò(12세기)도 페라라 대성당의 파사드에서 같은 방식으로 찬양을 받았으며, 피사 대성당 설교단 위의 명문(현재 칼리아리)은 제작자 굴리엘모를 당대의 예술가들 가운데 가장 유능한 이로 찬양했다. 또한 툴루즈에서는 조각가 기슬레베르투스가 '비상한 사람vir non incertus'으로 칭송되었다.

　　　특히 모데나에서 '재능, 지식, 능력으로 유명한' 란프랑쿠스와 '조각가들 가운데 존경을 받을 만한' 빌리겔무스에 대한 최고의 칭송의 말과 그들의 우수성에 대한 인식은 이제 주문자들의 독선적인 개입에 비해 예술가들과 그들의 감각이 예술 작품에 더욱 많은 기여를 한다는 인식이 생겼음을 의미한다. 보난노 피사노(12세기)의 자긍심에서 볼 수 있듯이 자신에 대한 자의식을 재발견하면서 예술가들은 다시 자신의 공헌과 능력을 인식하기 시작했다. 그는 1180년 피사 대성당에 제작한 청동문의 아름다움을 칭송한 뒤에 자신의 솜씨 덕분에 단 1년 만에 그것을 완성했다고 자랑했다. 자아 의식을 가지게 된 것에 대한 흥미로운 예는 12세기 초부터 성공적인 대리석 기업가로 로마에서 활동한 코스마티Cosmati와 바살레토Vassalletto 같은 대리석 장인들의 가문에 의해 주어졌다. 항상 그리고 고집스럽게도 로마의 정신을 강조했던 그들의 서명은 자기 자신과 그들의 예술, 그리고 고대 로마의 연속성 안에 있는 그들의 존재에 대한 강한 자각을 보여 준다. 이러한 예술가의 사회적 지위의 혁신적인 상승은 금 세공사인 위의 고드프루아Godefroy de Huy가 뇌프무티에Neufmoûtier 수도원에 귀중한 성골함을 제공하고, 유리공 거장인 제흘라우스Gerlachus가 아른슈타인Arnstein 수도원에 자화상과 함께 자신의 이름을 새긴 스테인드글라스를 기증할 수 있을 정도로 경제적인 발전도 가져왔다. 금 세공사와 스타블로 수도원장 비발도 사이에 오간 특이한 서신은 주문자가 돈을 지불하지 않았을 때 예술가가 처하게 될 수 있는 어려운 상황에 대해 알려주었다. "내 가방은 비어 있다. 내가 일을 해 준 사람들 가운데 그 누구도 나에게 임금을 지불하지 않았기 때문이다." 결국은 중세에도 '돈은 냄새가 나지 않았다pecunia non olet.'

| 다음을 참고하라 |

시각예술 그리스도교 유럽의 새로운 신성한 공간의 생성과 발전(613쪽); 교회의 공간으로 들어가는 정문과 출입문(649쪽); 유럽 그리스도교 교회의 구상미술 프로그램(모자이크, 회화, 조각, 스테인드글라스, 바닥, 서적)(660쪽); 11세기와 12세기의 예술과 교회 개혁(794쪽)

음악
Musica

음악 서문

| 루카 마르코니|Luca Marconi, 체칠리아 판티|Cecilia Panti |

아레초의 귀도의 기보법

11세기와 12세기에 음악은 과학의 개념을 넘어 서구의 근대성을 계승한 예술의 개념에 명확하게 접근함으로써 이론과 실제에서 주목할 만한 발전을 이루었다. 이러한 발전은 문화 전반에서뿐만 아니라, 실질적인 음악의 활용 영역에서의 의미 있는 변화로 인해 가능해졌다. 이와 같은 변화의 결정적인 발단은 무엇보다도 아레초의 귀도Guido d'Arezzo(약 990-1033년 이후)의 이론과 교수법의 수립이었다. 적용의 용이함과 '보편성'의 기준에 근거하여 아레초의 수사 귀도에 의해 도입된 음표의 독법 체계와 유선 기보법의 보급은 새로운 음악 형식과 장르의 번영을 촉진하였으며, 다성 음악의 초기 형태의 발달을 이론적인 맥락에 접목시키는 데 도움을 주었다. 또한 음악 이론가 스스로가 기술적이고 전문적인 용어를 통해 다양하고 복합적인 형태를 띠는 예술의 구성 원리와 기본 개념들을 이해할 수 있도록 해 주는 매개자로 변모하는데 기여했다.

이는 또한 철학적인 차원에도 반영되었는데, 당시의 백과사전에서 음악은 여전히 수학의 학문 영역으로 분류되었지만, 전문적이고 유용한 내용 때문에 관심을 받았다. 음악은 과학일 뿐만 아니라 가창과 연주 기법과 예술이었다. 이는 과학 이론적 지식에 기예와 기술을 연관시키려는 경향을 보였던 중세 중반의 백과사전적 지식으로도 증명되었다. 음악은 이미 고대에 확립된 3학, 특히 문법학과 수사학과의 관계에서도 '활용'되었다. 또한 이론가들은 도덕적인 고취와 즐거움을 목적으로 인간이 창조한 완전한 언어로 여겨진 음악의 선율 구조와 소리로 표현된 언어 체계 사이의 유사성에 대해 과거보다 자세하게 역설했다.

하지만 이러한 세기를 특징짓는 혁신의 의미가 이전의 문화적 전통을 단절시키지는 않았으며, 그리스도교 신앙의 유럽은 오늘날까지도 본질적인 면에서 전해 내려온 종교적 신앙, 전례, 성가의 표현을 공고히 하며 발전시켰다. 전통과 혁신 사이의 이러한 결합은 트로푸스tropus(그리스어 'tropos'에서 유래한 것으로, 로마 교회의 전례 성가에 삽입된 선율 및 설명적인 가사를 가리키기도 했다*)에 의해 분명해졌다. 트로푸스는 리드미컬한 새로운 칸초네canzone의 전통, 종교적 범위의 각색과 다성 음악을 제도적 범위 안에 수용하고 발전시켰으며, 유럽 음악 역사에 유입된 이러한 모든 현상들은 오늘날까지 유지되고 있다.

이러한 혁신의 과정에서 여성의 문화 역시 지난 세기에 비해 중심적인 역할을 맡 **음악과 여성 문화** 게 되었다. 유럽 전역에 널리 퍼진 성모 마리아에 대한 숭배와 궁정 서정시는 어머니 와 수녀로 정형화된 기존의 이미지보다 훨씬 더 현실적인 여성 이미지를 제공했다. 여성 세계의 이러한 새로운 모습은 수녀원 문화 내에서 그리고 궁정 사회와 시민의 삶 속에서 자신의 목소리를 낼 수 있었던 실제 여성들의 경험을 수반했다. 이러한 여 성 문화의 전형들 속에 빙엔의 힐데가르트(1098-1179)와 프로방스의 '여성 트루바두 르' 같은 예술적인 감수성을 지닌 매우 다양한 경험들을 이어주는 연결 고리로 음악 이 유입되었다.

지금 신라틴어 속어들로도 표현되는 유럽 문화의 뿌리에는 프랑스 남부 궁정에 **트루바두르와** 서 활동한 트루바두르의 서정시 전통이 자리하고 있다. 이 트루바두르의 활동은 사 **트루베르** 랑과 노래에 대한 새로운 시를 표현하는 문학적 언어인 오크어의 선택으로 구현되었 다. 속어로 된 노래와 '칸초네'의 시적-음악적 형태가 고귀한 장르로 발전하게 된 것 은 트루바두르 덕분이다. 또한 궁정 서정시는 북쪽으로 확장되면서 '궁정의 사랑(핀 아무르fin'amor)'을 고대 프랑스어로 찬양한 트루베르에 의해 새롭게 변화된 반면, 독 일 지역에서는 미네젱거Minnesänger(중세 독일의 음유시인*)들이 즉흥성과 자연스러움 이 내포된 궁정의 이상을 노래한 광범위한 서정시 작품에 생명을 불어넣었다. 이렇 게 다양하고 흥미로운 시와 음악의 중심에는 문화적으로 매우 융성했던 시칠리아의 음악 레퍼토리 또한 자리하고 있었다. 이러한 음악에 대한 증거들은 그레고리오 성 가가 이전 세기에 확립한 양식과는 거리가 먼 해법들인 독창적인 운율과 새로운 리 듬 체계, 심지어 '시대에 앞선ante litteram' 강렬한 음감을 통하여 시대와 장르에서 과 감하다 싶을 정도로 구성상의 근대적인 특징을 보여 주었다.

이러한 분위기에서 여전히 대부분 불명료하고 구전성에 기댄 연극의 실험, 특히 역사적인 맥락 속에 직접적으로 끼워 넣기 힘든 형태로 나타났으며 여전히 형성되어 가던 이미지와 더 관련 있는 모습으로 춤이 등장했으며, 특히 잡다한 사건들이 가미 된 종교적인 연극의 실험이 서서히 나타난 것도 놀라운 일이 아니다. 마찬가지로 기악 음악은 성경의 상징적인 증명이나, 반대로 중세 전기에 음악에 부여되었던 마성의 부정성에 대한 개념에만 머물러 있지 않았으며, 문학과 도상화에 산발적으로 존재하는 단편들뿐만 아니라 악기의 유물에서 증명된 변화 과정이 서서히 시작되었다.

음악의 이론적 고찰

MUSICA

아레초의 귀도와 새로운 음악 교육

| 안젤로 루스코니Angelo Rusconi |

11세기 이탈리아에서는 수세기 동안 음악 교육의 기초를 이루며 즉각적인 성공을 거둔 원리에 따라 음악 이론과 교수법이 혁신되었다. 이러한 개혁의 주요한 인물은 이론과 실제의 상호 보완적인 새로운 관계를 제시한 수사 귀도였다. 유선 기보법과 음정 조율 방법의 발명을 통해 음악이 전적으로 기억을 통해 학습되던 것을 극복하고 기록으로 정확히 전달되도록 했다.

아레초의 귀도의 업적과 삶

11세기 전반에 이탈리아에서 일어났던 음악 이론과 교육법의 혁신은 분명 적어도 2세기 동안, 즉 전례곡에 관련한 음악에 대한 중세의 초기 연구서들이 저술되었을 때부터 정성을 기울인 실험과 심사숙고의 결과였다. 하지만 또 한 가지 분명한 것은 당대에 행해진 통합이 음악 외적인 요인들로부터도 자극을 받았다는 것이며, 특히 주로 이탈리아에서 로마 교회가 겪은 특별한 역사적 순간을 고려해야 개혁의 즉각적인 수용을 충분히 이해할 수 있다는 것이다.

새 1000년의 여명이 밝았을 때, 카롤링거 제국의 붕괴에 따른 위기는 교회에 무거운 짐이 되었다. 가톨릭 사제들의 내연 관계, 그리고 니콜라이즘에 의해 악화된 성직 매매는 고질적인 문제였으며 복잡한 이해의 충돌을 야기했다. 교황은 독일 황제에 의해 좌우되었다. 같은 시기에 이탈리아는 전위적인 수사들이 이끄는 교회 개혁의 소용돌이에 휩싸였다. 수사들의 곁에는 세속적인 권력으로부터 자주권을 회복하고 복음 설파의 의무를 교회로 되돌리고자 노력하는 개혁파 주교들이 교구에서 활동하고 있었다. 토스카나 지방과 포 강 유역 사이에 카리스마적인 지도력을 갖춘 인물들이 나타났다. 카말돌리회의 창설자인 로무알두스(약 952-1027) 성인은 은수자적 삶의 재발견을 옹호하였으며, 페트루스 다미아니(1007-1072) 성인은 열정적인 복음 선포의 삶과 고독한 은수자적 삶을 병행했고, 얼마 뒤 요한 구알베르토(약 995-1073) 성인은 발롬브로사 수도회의 개혁 운동에 생명을 불어넣었다.

음악 기보법의
표준화

전례곡의 교육에 대한 논쟁이 이러한 사건의 영향을 받은 지역에서 발전했다는 것은 의미 있는 일이다. 눈에 띄는 인물로는 귀도(약 990-1033년 이후)가 있다. 포 강의 삼각주에 위치한 페라라 근교의 폼포사 수도원 수사였던 귀도는 이곳저곳에서 매우 다르게 연주되던 전례곡의 이질성에 대한 수세기 동안의 문제를 해결하고자 애썼다. 귀도에 의하면 이 문제는 기보, 즉 음악의 기록에서부터 다루어져야만 했다. 선창자cantore(그레고리오 성가를 선창하거나 독창하는 자를 가리킨다*)에게 멜로디의 진행을 제시하는 기호인 네우마neuma(그레고리오 성가, 동방 여러 교회의 성가 기보법에 사용되는 기호*)는 음의 높이를 정확히 나타내지 않았으며, 따라서 선창자가 멜로디를 암기하지 못한다면 아무런 소용이 없었다. 실제로 당시의 음악은 구전 또는 반半구전의 체제 안에 있었다. 귀도는 적절한 기보법(초기에는 아마도 알파벳을 이용한 기보법이었을 것이다)을 갖춘 저술을 사용하여 교육을 시도했지만, 그의 제안은 동료 수사들에게 받아들여지지 않았다. 인식 방식의 변화(청창에서 시창으로)는 그들에게 매우 갑작스러운 것으로 여겨졌을 것이다. 게다가 귀도는 더 이상 성가의 선율을 특정한 사람에게만 맡기지 않음으로써 선창자의 역할을 축소했다. 귀도는 동료 수사들의 비판으로 인해 아레초로 망명할 수밖에 없었으며, 이 도시에서 자신의 활동을 펼쳐 나갔다. 이곳에서 그는 지역 교회의 개혁에 전념했던 고위 성직자 테오달도Teodaldo(약 990-1036) 주교의 환대를 받았다. 귀도는 대성당의 소년 성가대를 교육하며, 음악 이론의 원리를 설명하는 연구서인 『미크롤로구스Micrologus』를 저술했다. 또한 다른 2개의 논문 『운율의 규칙Regulae rhythmicae』(운문)과 『미카엘에게 보내는 서간Epistola ad Michaelem』의 한 부분(아마도 원래는 독립되어 있었을 것이다)에서도 동일한 주제가 약술되었다. 『교창 성가집의 서문Prologus in Antiphonarium』에서는 새로운 기보법 체계를 설명했다.

그가 양성한 소년 성가대의 명성은 널리 퍼져 나갔고, 교황 요한 19세(?-1032, 1024년부터 교황)는 그를 로마로 불렀다. 새로운 체제의 효과를 몸소 체험한 귀도에게 이듬해 겨울 성직자를 교육하기 위해 다시 로마로 돌아올 것을 요청했다. 그러나 얼마 후 교황이 타계했기 때문에 그 일이 실제로 행해졌는지는 알 수 없다. 아마도 교황의 관심이 귀도식 혁신들의 이례적인 성공을 장려했을 것으로 보인다. 이러한 혁신들은 11세기 후반 그레고리오 7세(약 1030-1085, 1073년부터 교황)의 개혁과 함께 절정기를 맞았던 교회에 의해 착수된 재편성과 조직, 균등화에 대한 광범위한 작업의 맥락 속에서 전례적인 부분과 관련한 실용적인 것들로 가정된다. 귀도에 의해서 완성된 체계의 커다란 성공에는 그 밖에도 그의 문체의 명쾌함과 매력이 많은 기여를 했다. 그는 활기 넘치고 명확하게 글을 썼으며, 기술적인 설명에 사실적인 견해와 비유가 풍부한 예시를 적절히 곁들였다. 또한 '쿠르수스cursus(각각의 문장을 강조하는 말의 강세에 기초하여 차별화된 운율로 끝이 나는 율동적인 산문)'를 훌륭하게 사용했으며, 『운율의 규칙』이 잘 보여 주었던 것처럼 시행詩行에 정통했다.

음악 이론

앞서 이야기한 것처럼 귀도의 업적은 모방에 바탕을 둔 음악의 전통적인 학습에 대한 극복을 기반으로 했다. 선창자들은 더 이상 마에스트로maestro의 노랫소리를 기억하기 위해 계속해서 되풀이하지 않아도 되었다. 사실상 이러한 교육 방식은 끝이 없는 견습 기간을 필요로 하는 것 외에도 아레초의 귀도에 의하면 장소마다 마주하게 되는 차이들이 보여 주듯이 선율의 정확한 전달을 위태롭게 함으로써 여러 부정확함에 노출되어 있었다. 따라서 더욱 실용적이고 효율적이며, 신뢰할 수 있는 다른 체계를 필요로 했다. 그러나 이러한 체계는 선창자가 자신의 예술 행위를 이해할 수 있도록 해 주는 이론적 기초 위에 바탕을 두어야만 했다. 이것은 즉 보에티우스(약 480-525?)에 의해 라틴 문화권에서 공인되었던 '무지쿠스musicus(음악가/이론가)'와 '칸토르cantor(선창자/실제)' 사이의 구분에 대한 과거의 관계를 변화시켰다.

모든 것들이 『운율의 규칙』 도입부의 유명한 시구들을 떠올리게 했으며 '음악가'와 '선창자'의 차이를 강조하는 것으로 보인다. 그러나 이러한 글들을 읽으면, 귀도 **귀도와 보에티우스**

의 '선창자cantor'는 보에티우스의 '선창자cantor'와는 다른 것이라는 것을 깨닫게 된다. 즉 귀도의 '선창자'는 음악에 대한 철학적 연구에 적극적으로 참여하던 학자가 아니라, 이론적인 원칙들을 알고 자신만의 예술을 행하는 음악가다. 이러한 원칙들은 산술–신학의 전통적인 지식(귀도는 그것을 무시하지는 않았지만, 실제로는 무용한 것으로 판단했다)에 해당하지 않는다. 그에게 음악 이론은 노래를 잘 부르기 위한 기초적인 기능상 지식의 총체였다. 『미카엘에게 보내는 서간』의 결론은 '보에티우스의 저술은 성악가들에게는 유용하지 않으며, 단지 철학자들에게만 유용하다'라는 입장을 분명히 했다. 보에티우스의 '음악가musicus/선창자cantor의' 이분법은 이제 삼분법, 즉 '고대의 음악가'에 상응하는 '철학자'가 추가된 '철학자philosophus/음악가musicus/선창자cantor'로 대체되었다. 귀도는 이론과 실제는 서로 보완되어야 한다고 여겼다. 즉 이론 자체를 위한 이론은 의미가 없으며, 논리적이지 않은 실제 또한 가치가 없기는 마찬가지다.

귀도는 이를 고려한 작업을 통하여 음악 이론의 근대적 개념을 확립했다. 개별적인 소리의 연구를 시작으로 이론은 실제를 위한 음악의 기본적인 요소들을 수용하며 점진적으로 발전해 갔다. 『미크롤로구스』는 대단히 새로운 내용을 소개하지는 않았지만, 개념을 설명하는 방식은 새로웠다. 예를 들어, 옥타브(8도 음정)는 모든 전통에 반하는 위치인 '협화음consonantiae' 사이에 분류되지 않았다. 귀도에 따르면, 협화음의 개념은 다른 2개의 음이 조화를 이루는 상태를 의미하는 것인데, 옥타브는 단순히 다른 높이에 위치한 2개의 같은 음으로 구성된 것이므로 '협화음'이 아니라 2개의 음이 '균등'한 것이다. 이론적 개념들을 정립하는 이러한 방법은 실제의 관찰에 근거한 것이며, 곡의 활용 목적과의 밀접한 관계에 의해 정당화되었던 것이 분명하다. 중요한 또 다른 이론적 요소는 변화된 방식의 개념에 대한 합리화다. 그레고리오의 양식은 더 이상 음악 공식의 집합으로 인식되지 않았으며, 음계로 이해되었다.

알파벳 기보법

음악적인 방식 이러한 이론적인 고찰은 음의 높이를 정확하게 표현할 수 있는 새로운 체계의 기보법에 대한 기초를 제공했다. 귀도가 참조했던 주요한 출전은 두 가지였는데, 하나는 프랑스 북부에서 9세기에 저술된 학술서 『무지카 엔키리아디스Musica enchiriadis』(음악

입문서*)이고, 또 다른 하나는 실질적으로 귀도와 동시대의 북이탈리아를 기원으로 하는 『음악에 관한 대화Dialogus de musica』다. 귀도는 『무지카 엔키리아디스』로부터 음악의 기본적인 요소들의 심층 분석을 위한 영감을 받았다. 또한 이로부터 전조轉調를 가능하게 하는 '유사음'에 대한 이론과 소리들 사이의 관계에 대한 연구를 발전시켜 나갔다. 귀도는 『음악에 관한 대화』(최근 드러난 것들을 비롯한 몇 가지 증거들에 의하면, 그의 초기 저작 중 하나일 가능성이 있다)로부터 어떤 곡의 음악적인 방식을 정의하기 위한 규칙을 채택했다. 이런저런 방식의 부여는 마지막 음표(종음)에 달려 있었으며, 평가의 또 다른 요소는 선율의 음역이었다. 이야기했듯이 이러한 생각은 선법들을 음조의 중심부 주변에 있는 음들의 집합이 아니라 음계의 부분으로 이해했던 그 시대의 경향과 일치한다. 귀도의 명성은 그레고리오 성가의 8개 단계를 음계로 나타내는 이론을 확산시키는 데 큰 기여를 했다.

　　『음악에 관한 대화』의 또 다른 중요한 공헌은 (이전에 사용하던 테트라코드 tetrachord〔온음과 반음의 조합에 의한 4음의 음렬을 가리키지만, 일반적으로는 4음 음계의 의미로 사용된다*〕가 아닌) 옥타브에 기반을 둔 음계의 구성이다. 음계는 귀도가 각각의 음표에 하나의 고유한 문자를 지정하는 형식으로 개량한 특별한 알파벳 기보법으로 표현되었다. 처음의 7개 음은 대문자이고, 같은 음의 높은 자리에서의 반복은 소문자로 나타냈다. 그리고 중복된 소문자로 초고음의 음표 4개가 추가되었다. 반면에 저음에는 그리스 감마 문자로 표현한 음표가 위치한다(ΓA B C D E F G a b/♮c d e f g aª b♭/♮ cᶜ dᵈ). 음표 'b'는 원형일 수도 있고(♭, 즉 둥근 b), 또는 정방형일 수도 있다(♮, 즉 사각 b). 그러나 첫 번째는 예외적으로만 허용되었다. 옥타브를 기반으로 구성된 이러한 기보법의 실용적인 이점은 동일한 부호에 동일한 음이 일치한다는 것이었다. 또한 이 경우에도 이론적인 정의가 실용적인 기능성의 척도에서 이루어진 것이 분명하다.

유선 기보법과 음악 교수법

음악 체계의 바탕에 옥타브를 배치하고, 응용된 알파벳 기보법을 채택함으로써 귀도는 다양한 발전 단계를 거쳐 완성한 교수법 체계를 발전시켜 나갔다. 초기에는 아마도 모노코르드monochord(음정 측정용 기구*)를 사용한 듯하다. 이 고전적인 교육 도구의 도움을 받아 어린이들은 알파벳 기보법으로 필사된 음표 하나하나의 선율을 익

새로운 음악 교육을 위하여

혔다. 『미크롤로구스』에서 음악의 기록과 교수법의 다른 체계에 대한 어떤 언급도 찾아볼 수 없었던 것으로 보아, 폼포사에서 보낸 시기와 아레초에서 생활한 시기 초반에는 단지 이러한 방법과 기보법만을 알고 있는 듯 보였다. 그러나 귀도의 독창적인 교수법에 대한 생각은 이 두 가지의 한계를 곧바로 실감했다.

알파벳 기보법의 결점은 그레고리오 성가의 분절법(선율을 작은 악절로 구분하는 것*)이 사라졌다는 것이며, 반면에 유연한 네우마는 그 분절법을 완벽하게 보여 주었다(그러나 알다시피 음의 높이를 정확하게 나타내지는 못했다). 그래서 귀도는 더욱 효과적인 기보법을 연구하게 되었다. 이 결점에 대한 해법은 유선 체계 속에 전통적인 네우마를 삽입하는 것이었다. 즉 한 음에 해당하는 각각의 부호는 하나의 선 위에(또는 두 선 사이의 공간에) 배치되었다. 이러한 방식으로 같은 음들은 항상 동일한 선 위에(또는 동일한 공간에) 위치했다. 음의 높이를 명확히 하기 위해 각각의 선(또는 공간)의 시작 부분에 알파벳 기보법의 문자 하나를 적어 넣었다(예를 들어, 어떤 특정한 선의 시작 부분에 배치된 문자 'C'는 그 선 위에 위치한 모든 네우마들과 네우마의 구간을 'C', 즉 '도'로 연주한다는 정보를 준다). 또한 파(F)와 도(C) 음에 해당하는 선들은 각각 빨간색과 노란색이 칠해졌다. 이것은 곧 반음의 존재를 가리키는 것이었으며, 전조(파와 도는 '유사음'이다)에 유용한 논거를 제시했다.

모노코르드의 극복　모노코르드로 하는 학습의 위험성은 도구의 노예가 되는 것이다. "이것은 초보자들에게 좋은 방법일 뿐이며, 연구를 계속해 나가는 사람을 위해서는 매우 좋지 않은 방법이다"(『미카엘에게 보내는 서간』). 귀도는 유선 악보를 읽으면서 한 번만 보고 노래를 부를 수 있는 방법을 만들어 냄으로써 선창자를 완전히 자유롭게 하기를 원했다. 사람들은 선율이 아닌, 음과 음정 같은 선율을 구성하는 요소들을 암기해야 했다. 이러한 방식으로 선창자는 유선 기보법으로 기록된 생소한 멜로디를 스스로 부를 수 있었을 것이며, 그와 반대로 들었던 멜로디를 보표 위에 정확하게 그릴 수도 있었을 것이다. 귀도는 학생들을 연습시키기 위해 목소리와 곡에 관한 강력하고 상징적인 가치를 지닌 〈세례자 성 요한 찬미가〉의 첫 번째 시절詩節 'Ut queant laxis'를 이용했다.

이 텍스트에 그는 특별한 선율을 적용했으며, 이 텍스트의 문장들은 앞의 음정보다 한 단계 더 높은 음정으로 시작되었다. 각 악절은 중간에 반음 E-F(미-파)와 함께 음계의 첫 6개 음을 가진다. 시간이 지나면서 각각의 음들에 해당하는 텍스트의 음절은 해당 음들을 가리키게 되었다. 라틴어권 국가에서는 지금도 음의 이름이 우트 Ut−레Re−미Mi−파Fa−솔Sol−라La(우트는 17세기에 도Do로 전환되었다)다. 이 6개의 음계는 후에 '헥사코드hexachord'로 불리게 되었다.

그러나 보다시피 일곱 번째 음(시Si)을 위한 음절이 없으므로 '솔미사티오 **헥사코드와 반음** solmisatio' 또는 '솔피사티오solfisatio'라고 불린 헥사코드의 이조移調 체계가 만들어졌다. 그 덕분에 모든 반음이 미−파라고 불리게 되었다. 이렇게 모든 반음이 미−파로 불린 한편, 그에 가까운 음들은 종종 반음과 관련해서 다른 이름을 취하였다. 이는 이른바 이동하는 도Do를 사용하는 음악 학습 체계인 코다이Kodaly 또는 고이터Goitre 식의 현대적인 방법과 비슷한 체계다.

일반적으로 계명창법solmization(음계의 각 음을 각각 다른 음절로 부르는 창법*)의 발명은 귀도의 업적으로 여겨져 왔다. 그러나 사실 그의 저작에는 이 단어가 없을 뿐만 아니라 헥사코드의 이조 체계 또한 기술되어 있지 않기 때문에 오늘날 몇몇 학자들은 그에게 이러한 공헌을 돌리는 것을 인정하고 싶어 하지 않는다. 실제로 계명창법의 복합적인 작업은, 중세와 르네상스의 자료에 기술되어 있듯이 그로부터 직접 전해 내려오지 않았을 가능성이 크다. 그러나 기본 체제는 '유사음'의 이론과 완벽하게 일치했으며, 11세기 중후반에 기록된 음악 텍스트 모음집인 몬테카시노의 필사본 318(귀도의 생존 시기와 매우 가까운 시대에 쓰인 것으로 그의 작품들을 언급하고 있는 것들 가운데 가장 오래된 이탈리아 사본)에 이미 적용된 것을 찾아볼 수 있다. 그뿐만 아니라 귀도가 『미카엘에게 보내는 서간』에서 바로 그 방법의 기본적인 구성 요소를 언급했다는 것을 기억해야 한다. 그러나 그는 "매번 힘들게 이것을 글로 설명하지만, 이 모든 것은 단지 간단한 대담만으로도 명확해진다"라고 서술한 것처럼 그것을 상세하게 설명하지는 않았다. 계명창법은 오랜 세월 동안 음악 교육의 기초가 되었다. 계명창법이 쓰이지 않게 되었을 때 〈성 요한 찬미가〉의 마지막 두 단어에서 취한 음절인 시Si가 도입되었다.

귀도가 만들어 낸 또 다른 교육 도구는 사실상 '귀도의 손'이라고 불린 '음악의 손'이다. 이것은 왼손의 손가락 끝 또는 관절 하나에 각각의 음을 일치시켜 음계를 암기하기 위해 이용되었다. 이는 그의 저작들에 언급조차 되지 않은 것이다. 그러나 다양한 목적(음악적이거나 그렇지 않거나)에 손을 이용한 기억술을 사용한 것은 매우 오래된 것이며 수도원에서 공통적으로 발견된 교육 유산의 일부였다.

화성　　귀도가 다루었던 다른 주제들 가운데 일부는 많은 논쟁을 불러일으켰으며, 특히 '화성和聲, modulatio'에 관해 한 장을 할애한『미크롤로구스』15장은 고무적이고 대조적인 해석을 낳았다. 여러 연구가들은 이 장에서 그레고리오 성가를 부르는 방법에 대한 정확한 지침을 찾고자 노력했다. 또한 몇몇은 각각의 음표에 정확하고 차별화된 값을 부여하며, 귀도의 시대에 그레그리오 성가가 정량定量적으로 연주되었다는 것을 확인하기 위해 이 장을 이용했다. 또한 존 블랙클리John Blackley는 스콜라 안티쿠아Schola Antiqua 그룹과 함께 작업했던 수많은 레코드 녹음으로 증명된 그레고리오 성가의 운율적인 해석을 지지하기 위해 중세의 다른 문헌들과 함께 이 장을 이용했다.

음악의 미학　　그러나 이 논의의 기저에는 한 가지 애매모호한 것이 있다. 귀도는 여기에서 곡의 연주에 대해서가 아니라, 구성에 대해 이야기하고 있다는 것이다. 몇 쪽 되지 않는 『미크롤로구스』에서 최초의 '작곡 교본'을 비롯하여 음악의 미학에 대한 첫 번째 습작을 발견하게 된다. 작가는 여기에서 작곡의 구성 요소에서 조화롭게 균형이 잡힌 악절로 구성된 절제된 양식을 제시함으로써 전례곡의 작곡에 대한 자신의 이상을 보여 주었다. 또한 작곡가의 작업을 시인의 작업에 비유했지만, 작곡가에게 더 많은 자유를 부여했다. 작곡가는 때로 그 규칙에 전적으로 부합하지 않는 방식으로 작업할 수도 있다. 하지만 그럼에도 불구하고 그 결과는 우리의 마음과 정신으로부터 호의적인 평가를 얻었다. 이로부터 우리는 음악이 내면적인 본질에서 인간의 완전한 이해를 초월하는 심오하고도 성스러운 것이라는 추론을 하게 된다.

다성 음악

단성가와 디아포니아　　『미크롤로구스』에 대한 또 다른 관점은 디아포니아diaphonia(그리스의 음악 이론 용어로 심포니아의 반대어이며 불협화음을 가리킨다*) 또는 오르가눔organum(9~13세기에 불린 초기 다성 음악곡의 총칭*), 다시 말하면 제2성부의 추가를 통한 기존 전례 선율의 확장에 대한 것이었다. 새로운 자료들은 이러한 관행이 이탈리아 교회에 널리 퍼져 있었다는 것을 보여 주었으며, 오늘날 단성가(즉 제창곡)로서의 그레고리오 성가의 전통적인 개념을 재고하거나 구분하지 않을 수 없게 만들었다. 많은 '미사성제 통상문 Libri ordinarii(어떤 특정 교회, 일반적으로 대성당의 전례 관행을 상세히 기술해 놓은 책들)'은 쿰 오르가노cum organo(이 표현은 악기가 아니라 다성 음악곡을 가리키는 것이다)로 노래했던 이유를 알려준다. 예를 들어, 13세기 피렌체 대성당의 미사성제 통상문으로부터 그레고리오의 단성가 연주가 이례적인 것이며, 공식적인 것이 아니라는 점을 알게 되었다. 귀도에 의해 기술된 오르가눔(다성 음악곡)에서 새로운 성부는 고대의 전통에서 그랬듯이 본래의 성부 선율 아래에 배치되었다. 주로 4도의 수직 음정이 기초가 되었고, 그 외에 5도 음정, 3도 음정 장음계와 단음계, 2도 음정 장음계, 그리고 8도 음정(옥타브)에서의 중창을 허용했다. 종지 장식구cadenza 부분의 2성부 선율에도 심혈을 기울였다. 하지만 오르가눔에 대해 설명하면서 귀도가 이러한 음악 장르에 대한 자신의 이론을 보여 주고 있었는지, 아니면 아레초의 대성당에서 실행했던 방식으로 다성 음악을 묘사하고 있었는지는 분명하지 않다. 만일 후자가 맞다면, 귀도의 문헌은 1000년경 이탈리아에서 여러 목소리로 연주된 음악에 대한 유일한 증거로 남을 것이다. 오르가눔은 모든 면에서 현대 학자들의 관심을 끌었지만 귀도 자신은 특별히 마음에 둔 것으로는 보이지 않는다. 그것에 대해서는 『미크롤로구스』에서만 언급할 뿐, 후속 작품에서는 언급조차 없었다.

보존을 위한 개혁

전체적으로 보았을 때 귀도의 업적은 9세기 이후부터 착수되었던 음에 대한 연구와 그것을 기보법으로 정확히 표현하고자 했던 노력의 절정을 보여 준다고 할 수 있다. 교회 개혁의 가장 활발한 흐름을 피부로 느끼며 살았던 바로 그 당시 인물인 귀도는 이러한 기술적 노력과 함께 그레고리오 성가가 고대와 로마, 그리고 그레고리오의 전통에 충실하며 가능한 한 더 정확한 방법으로 연주되고 기록되도록 주의를 기울였다. 이에 대한 관심은 로마의 전례적 전통의 회복과 그것의 보급을 바라는 개혁적인 시도와 완전히 맞아떨어졌다. 귀도는 그레고리오 성가의 선율이 혁신에 의해서 혹은 성가를 부르는 사람들에 의해서 빚어진 오류들로부터 보존되어야만 한다고 생각했다. 이것은 그의 저작들로부터 대두된 외면적인 모순을 설명해 준다. 한편으로는 훌륭하고 독창적인 교수법을, 다른 한편으로는 음악적인 표현과 창의성의 영역에서 나타난 모든 종류의 새로움에 대립하는 그의 이론(위험한 개혁에 길을 여는 것으로 비칠 수 있기 때문에 변음變音을 사용할 때 최대한 신중을 기하라는 권고가 이에 해당하는 예다)은 이러한 인상을 주기에 충분했다. 그의 노력의 목적은 불완전한 전달뿐만 아니라 음악에 펼쳐진 새로운 시각으로부터 야기된 변화와 이탈로부터 그레고리오 성가를

천재적인
혁신자이자
충실한 보수주의자

지키는 것이었다. 요컨대 그는 보존을 위한 개혁을 꾀한 것이다.

| 다음을 참고하라 |
음악 중세의 백과사전적 문화의 음악(824쪽)

중세의 백과사전적 문화의 음악
| 체칠리아 판티 |

11세기와 12세기에 음악에 대한 개념은 전반적인 문화 수준뿐만 아니라 곡의 실행 영역에서 일어났던 중요한 변화들을 반영했다. 귀도식 기보법의 확산, 새로운 음악 형태와 양식의 성장, 다성 음악의 초기 발전은 음악 이론가로 하여금 작곡과 연주에 대한 기술적이고 실질적인 문제들을 처리할 필요성을 제기하게 한 다양한 예술을 접하게 만들었다. 이것은 철학적 단계에도 반영되었으며, 당시의 백과사전적 저술들에서 음악은 여전히 수학 분야로 분류되었음에도 불구하고 과학적이고 철학적인 지식에 역학적인 예술과 기술을 결부시키려는 그 시대의 전형적인 경향에 따라 노래, 연주, 작곡의 기술적이고 생산적인 내용에 관심을 가지게 되었다. 이러한 구도에서 음악 자체는 언어 예술, 특히 말의 언어 체계와 인간에 의해 만들어진 완전한 언어로 점차 인식된 음악적 선율 구조 사이의 유사성을 찾기 위한 도구로서 문법과 수사학 같은 언어 예술과도 더욱 밀접한 관련을 맺게 되었다.

새로운 백과사전에서 4과에 포함된 음악

12세기는 역사 기술의 전통적인 방식이 보통 '부흥'이라고 일컬었던 활기찬 문화의 개화기로 기록되었다. 거대한 대성당들을 중심으로 그 주변에 집결하여 만들어진 도시에서 정치적이고 의도적으로 조직된 새로운 세계는 수도사를 헌신적인 삶으로 이끄는 주된 역할을 상실하고 지식인들을 위한 체류와 토론의 장소와 열린 공간으로 변모한 학교들에 새로운 정체성을 부여했다. 이러한 맥락에서 고대의 자유학예(3학과 4과) 또한 변형되었다. 다시 말해 그 내용이 바뀌었는데, 그 결과 학자들은 음악, 문법학, 변증법, 천문학 또는 기하학의 개별적인 분야에서 전문 과정을 지향했다. 또한 그 과정의 수가 증가했는데, 이제 과목은 예를 들어 의학, 광학, 공연술theatrica 또는 건축학 같은 기술적이고 실용적인 지식들을 포함했다. 분명한 것은 지식의 재편이 시민들로 이루어진 새로운 전문 인력인 법학자, 의사, 은행가, 상인, 교사 등에게는 실용적이었다는 것이다. 따라서 학교의 지식은 점점 '기술'과 '역학'에 관련한 실용적인 관심을 동반하게 되었으며, 백과사전은 문화 형성에 대한 새로운 요구의 대변인 역할을 하였다.

음악의 개념 또한 이러한 새로운 체계의 영향을 받았다. 특히 이론과 실제 사이의 격차가 완화되었으며, 보에티우스의 음악적 수학에 대한 문제에 별다른 관심이 없었던 백과사전파들은 비록 음악을 여전히 ('다른 것과 관련한 수에 대한de numero relato ad aliud') 연산 과학으로 정의하고 있었음에도 불구하고 노래와 악기, 보컬 기술의 여러 가지 유형과 다양한 사용에 대해 큰 호기심을 보였다.

이러한 경향은 12세기의 가장 유명한 백과사전적 저서인 생빅토르의 위그(약 1096-1141)의 『디다스칼리콘』에서 이미 예견되었다. 생빅토르 학파의 스승인 위그는 수도원 환경에서 탄생한 그의 작품을 인간의 지식이 유래하는 두 가지 기원, 즉 지성은 신학의 표상이며, 인문학은 자연을 모방한다는 출발점에 바탕을 두었다. 따라서 생빅토르의 위그의 종합적인 지식 체계 속에서 인간은 신과 자연 세계, 그리고 정신과 물질 사이에서 통합의 중심이 된다. 위그는 어떤 지식도 무의미한 것은 없다고 주장했다. 모든 것은 인간을 완전하게 만들고, 삼라만상 내에서 인간의 중심적 역할을 유지하는 데 도움이 되는 것이다. 그런 개념에서 음악은 여전히 보에티우스식의 고전적 구분에 따라 구성된 4과, 즉 산술, 음악, 기하, 천문에 포함되었으며, 보에티우스식 세 가지 구분인 세속, 인간, 도구로 나뉘었다. 하지만 이제 백과사전 편집자의 관심은 인간의 '소우주'와 같은 세계에서 음악의 하모니가 실현되는 여러 가지 방식에 집중되었으며, 또한 그들의 관심은 특히 인간의 다양한 활동의 세계를 비롯하여 육체와 영혼을 긴밀하게 유지시켜 주는 '사랑의 결속egami d'amore'의 특성을 겨냥하였다.

생빅토르의 위그에 의한 지식

12세기 학파의 자연주의적인 문화와 음악

그 당시 수도원 문화의 맥락에서 추론할 수 있는 것처럼 『디다스칼리콘』이 자유학예의 틀 안에서 음악의 총체적인 위치를 설명해 준다면, 저명한 아랍어 번역가이자 과

아델라드의 관점에서 본 음악

826

학의 숭배자였던 영국인 바스의 아델라드(1090-1146년에 활동)의 백과사전적인 저술에서는 새로운 평신도 지식인이 가질 수 있었던 음악의 개념을 접할 수 있었다.『같음과 다름에 관하여De eodem et diverso』에서 비유적 소녀 '필로코스미아Philocosmia'로 의인화된 새로움에 대한 호기심과 열망은 음악을 사랑하게 만드는 것이었다. 음악은 자유학예에 대한 의인화들 가운데 가장 유쾌한 것이었다. 음악을 의인화하고 있는 인물은 쳄발로cembalo(하프시코드*)와 음악 이론에 대한 소책자를 작업 도구로 지니고 있었다. 마르티아누스 카펠라(410-439년에 활동)의『필롤로기아와 메르쿠리우스의 결혼』에서 표현된, 시대에 뒤떨어지고 진부한 하르모니아Armonia에 대한 묘사와는 반대로, 아델라드의 젊은 음악Musica은 높은 세상의 하모니를 만들어 내는 우주의 소리에 사로잡힌 천상의 지식이 아니라 유연하고 적절한 폭넓은 지식을 겸비하고, 음악의 화음에 대한 지식, 곡에 대한 기술, 악기를 연주하는 능력에 정통한 '지상'의 소녀로 표현되었다. 과학자이자 자연주의자인 아델라드는 음악 이론 분야에서 충분한 능력을 가졌으며, 이 분야에서 그의 가르침은 12세기로 거슬러 올라가는 보에티우스(약 480-525?)의『음악 입문De institutione musica』에 대한 몇몇 주석에서도 언급되었다. 그러나 음악적인 수학의 문제들은, 그에 의해 소리 예술의 기초로 인정되었음에도 불구하고 이제는 철학적인 것과 관련이 있었으며 불충분한 음악적 관심에 대한 것이었다.

최초의 음악 사전 음악 이론은 단성 성가, 즉 그레고리오 성가에 관한 것뿐만 아니라 다성 음악에 대한 것에서도 실용적인 목적에 적합한 지식의 맥락을 점점 갖추어 가고 있었다. 실제로 11세기와 12세기에 선창자를 대상으로 하고 다성 음악(오르가눔과 디스칸투스discantus[일반적으로 중세 초기 다성 음악에서 찾아볼 수 있는 음악 기법*])의 초기 형태뿐만 아니라 곡의 기본 원리와 귀도식 기보법, 그리고 이러한 기보법 발전의 체계화를 목표로 한 전문적인 음악 이론서들이 크게 유행했다. 이 시기에 음악 전문 사전이 생겨나기 시작했으며, 한스 하인리히 에게브레히트Hans Heinrich Eggebrecht가 그의 저서『서양 음악Musica in Occidente』(M. Giani 옮김, 1996)에서 주지한 것처럼 그렇게 재구성된 이론은 소리의 실제에 대한 과학적인 탐구를 '소리(음)를 매개로 생각하기'로부터 기인한 음악 형식의 논리적인 창조와 특성으로 인식했다.

이러한 음악 이론서의 변화는 중세 중기에 음악에 대해 가지기 시작했던 개념의 매우 논리 정연한 이미지를 다시 확립했다. 그리고 이론과 실제의 점진적인 통합 과정에서 새로운 문제들, 특히 소리의 물리학이 중세에 인간의 관심거리로 대두되었다. 이러한 경향에 대한 관심을 고취시킨 것 또한 백과사전 작품들이었다. 무엇보다 이러한 관심은 자연 철학에 대한 아리스토텔레스의 저작(12세기 중반에 이미 영혼에 대한 논문이 라틴어로 번역되었다)과 그리스와 아랍의 의학과 과학 저술의 초기의 유포로부터 탄생했다. 논의된 주제들은 소리의 전파와 성질, 공명통과 악기, 특히 종 속 울림에 대한 것이었다.

12세기의 4과에 대한 개념은 아랍 문화와 접촉한 아델라드와 그의 '동료들'(알렉 **샤르트르 학파** 산더 네캄[1157-1217], 사레셸의 앨프레드[12세기], 도미니쿠스 군디살리누스[12세기]) 같은 번역가들과 지식인들, 과학자들뿐만 아니라 샤르트르의 티에리(?-약 1150), 샤르트르의 베르나르두스(12세기 초에 활동), 콩슈의 기욤(약 1080-약 1154), 베르나르두스 실베스트리스(12세기), 솔즈베리의 요하네스(1110-1180) 등의 거장들을 보유했으며 과학적인 측면에서 가장 명성이 높았던 이른바 샤르트르 학파 같은 매우 전위적인 대성당 학교의 최고 대표자들이 추구했던 자연과학에 대한 관심을 꽃피웠다. 이러한 학자들의 공동체는 플라톤(기원전 428/427-기원전 약 348/347)의 『티마이오스』의 해석과 깊이 있는 연구에 바탕을 두고 자연과학에 대한 관심을 키웠다. 이들은 플라톤의 작품 속에서 성경 텍스트와의 일치를 추구했다. 베르나르두스로부터 유래한 "우리는 거의의 어깨 위에 선 난쟁이와 같다"는 유명한 금언에서 위대한 라틴 고전 작가(키케로, 플리니우스, 베르길리우스)와 후기 고전 작가(보에티우스, 마르티아누스 카펠라, 카시오도루스Cassiodorus)와의 연속성의 의미는 아랍 과학의 새로운 자료들에 의해서 보강된 진보적인 개념에 스며들었다.

샤르트르의 티에리의 백과사전적 저작 『헵타테우콘Heptateucon』에서 7개의 자유학예, 특히 음악에 대한 설명은 여전히 보에티우스의 개념에 기초를 두었지만 소리의 이론에 대한 연구 또한 포함했다. 이와 마찬가지로 보에티우스식 천구의 음악도 실현되었으며, 세상에 대한 단일한 시각의 징후가 되었다. 플라톤 철학의 특징인 상징적이고 비유적인 언어로 베르나르두스 실베스트리스는 그의 작품 『우주 구조학Cosmografia』에서 "하모니와 리듬에 따라 움직이는 존재"(I,2,14)로서 초자연과 자연 사이에 중재와 질서를 부여하는 생명력 있는 원리를 상징하는 엔델리키아Endelichia 라는 등장인물을 다루었다.

음악과 3학

중세에 정립된 지식 체계에서 음악은 보에티우스에 의해 정의된 원칙과 내용에 바탕을 둔 수학적 성격 덕분에 4과에 속하게 되었다. 하지만 가곡, 특히 그레고리오 전례 성가의 실제 응용 덕분에 3학, 즉 문법학, 논리학, 수사학과도 밀접하게 관련을 맺었다. 11세기부터 점차 소리 음악의 창작과 실행을 목적으로 하는 실용음악을 지향하는 이론서가 발달하기 시작했을 때 이러한 이론적 지식의 맥락은 성악의 기술인 '아르스 칸투스ars cantus'로 정의되기 시작했으며, 이러한 자격으로 교회, 수도원, 대성당에 부속된 학교에서 교과목으로 구성되었다. 언어과학에 대한 이러한 이론적 배경은 카롤링거 시대의 저작, 특히 작자 미상의 『음악Musica』과 『스콜리카 엔키리아디스Scholica enchiriadis』에 이미 그 뿌리를 두고 있었다. 그러나 에게브레히트가 『서양 음악』에서 강조한 것처럼 음악 용어에 많은 언어적 개념의 삽입, 음악 형식의 구성과 담화의 전개 사이에 유추의 형성, 악보와 음악의 구조 사이의 상호작용 방식, 그리고 일반적인 의미에서 언어의 운율과 리듬에 대한 음악의 동향 덕분에 음악 이론과 언어과학 사이의 긴밀한 관계가 더욱 명확해졌다.

음악과 언어와의 이러한 관계는 조반니 코톤Giovanni Cotton으로도 알려진 아플리겜의 조반니Giovanni(약 1100년에 활동)의 연구서 『음악론De musica』에서 입증되었다. 당시의 문화적 형성 과정을 반영한 문법에 대한 해박한 지식을 겸비한 이 음악가는 그레고리오 성가의 선율에 대한 효과적인 분석을 위해 음악 이론에 문학 이론의 기본 요소들과 개념을 대입했다. 조반니에 의하면, 특히 세련된 담화의 서론, 본론, 결론을 결정짓는 수사학의 기교들은 선율 구조의 발달 양상을 충실히 모방한 것으로, 이 원리는 조반니와 같은 시기 익명의 학술서 저자의 오르가눔의 올바른 창작과 활용을 위한 다성 음악 언어에도 적용 가능한 것이었다.

하지만 이러한 대응은 이것에 그치지 않았다. 실제로 아플리겜의 조반니에게는 문법 또한 곡에 대한 선율의 적절한 연주를 설명하는 음악 텍스트의 해석의 기준을 제공하는 것이었다. 그가 제시한 분석, 예를 들어 「루카 복음서」 3장 첫머리와 '산 피에트로 인 빈콜리 기념일'을 위한 안티포나antifona(서로 번갈아 부르는 교송*)의 선율 사이에 대한 비교 분석은 최종적으로 음악에 대해서 문장의 최소 단위들(콤마타commata)과 이들의 결합(콜라cola), 그리고 콜라의 집합으로 이루어진 복합문의 구조(페리오두스periodus)와 같은 문장의 문법적인 부분들과 유사한 부분으로의 분할을 명확히 했다.

　현대음악 이론은 중세의 전례 텍스트(이뿐만 아니라 세속적인 텍스트도 포함된다)와 그 텍스트에 곡을 붙이는 음악의 통사적인 구조를 비교하는 방법을 통한 분석 가능성에 대한 관심을 발전시켰다. 음악학자 레오 트라이틀러Leo Treitler와 리트바 존손Ritva Jonsson은 예를 들어, 주현절을 위한 교창 성가에 대한 트로푸스의 경우에 운율과 반복의 적절한 사용을 특징으로 하는 제한된 공식에 바탕을 둔 선율이 교창 성가의 내용과 트로푸스 자체의 관계를 분명히 하는 데 기여했음을 보여 주며, 트로푸스의 라틴어 작품들에 이를 적용하며 연구를 수행했다. 이와 유사한 관계들은 '새로운 노래nova cantica', 즉 11세기와 12세기의 라틴어 음악-시 작품의 레퍼토리 속으로 들어감으로써 규명될 수 있었다. 그러나 이러한 음악 형식과 그 용도의 다양함 자체는 모든 체계적인 기준도 적용 불가능하게 만들었을 뿐만 아니라 텍스트-음악 관계의 어떠한 기준도 지나치게 강압적이고 시대 착오적인 것이 되었을 것이다. 중세 시대에 음악과 시의 창작 시기는 파브리치오 델라 세타Fabrizio Della Seta가 그의 논문『음악 속의 언어』(*Lo spazio letterario del Medioevo*, a cura di G. Cavallo, C. Leonardi, E. Menestò, 1995, 537-569쪽)에서 적절하게 강조한 것과 같이 음악가와 시인이 동일인인 이상적인 경우일지라도 매우 다양하게 나타났다. 즉 시는 기록, 회고적 대조, 교정과 긴밀하게 연결되어 있으며, 음악은 대부분 전통으로부터 이끌어 낸 선율의 구조 및 형태의 지속적인 작업에 바탕을 둔 구술성의 방법으로부터 강한 영향을 받았다. 실제로 트루바두르(중세 남프랑스의 음유시인*)와 트루베르(중세 북프랑스의 음유시인*)의 로망스어 서정시 레퍼토리에서도 이러한 차이가 확립되었음을 고려할 수 있다.

| 다음을 참고하라 |
음악 아레초의 귀도와 새로운 음악 교육(815쪽); 음악과 여성의 영성: 빙엔의 힐데가르트(830쪽)

음악과 여성의 영성: 빙엔의 힐데가르트
| 체칠리아 판티 |

12세기를 특징짓는 혁신의 과정 속에서 여성의 문화는 지난 세기에 비해 중심적인
위치를 차지하게 되었다. 성모 마리아에 대한 숭배는 커다란 원동력이 되었으며,
궁정 서정시는 차갑고 귀족적이며 신화화된 여성의 이미지를 제공했다. 이러한 새로운
표현의 한편에 수도원 문화의 영역에서, 그리고 도시 생활과 귀족 사회 내에서 자신의
목소리를 내기 시작했던 실제 여성들의 경험이 함께 나타났다. 증거 부족으로
이를 예외적이라고 여기게 만드는 오류를 유발하는 이러한 예들에서 음악은 일종의
공통적인 요소를 형성했다. 라인 강 지방의 수녀원장 빙엔의 힐데가르트는 최초의
종교 서정시 작가였다. 수녀원장 란츠베르크의 헤라트Herrade는 그 당시의 새로운
감수성에 부합하는 자유학예로서의 음악에 대한 시각을 묘사했다. 당대 최고의 학자인
피에르 아벨라르의 연인이자 불행한 제자였던 엘로이즈는 자신이 몸담고 있던
수도원의 전례 개혁에 영감을 주었던 사람이자 공동의 주체로 인식되었다.
디아의 백작 부인, 마리 드 프랑스, 그리고 다른 트로베리츠trobairitz의 서정시는
프로방스 귀족 부인의 뛰어난 시적-음악적인 감각과 소양을 분명히 드러냈다.

란츠베르크의 헤라트의 『환희의 정원』에서의 음악

헤라트의 관점에서 본 예술들 사이의 관계

수녀원 생활에 나타난 음악의 개념을 체계화하기 위해 우리는 대수녀원장 란츠베르크의 헤라트(약 1130-1195)가 12세기에 쓴 흥미로운 백과사전인 『환희의 정원Hortus deliciarum』을 언급하게 된다. 유감스럽게도 그 작품을 전한 필사본은 분실되었지만, 텍스트를 비롯하여 무엇보다 아름다운 세밀화를 재현할 수 있게 해 준 복제품이 보존되어 있다. 이 세밀화들은 단순한 장식이 아니라, 특히 학교 밖에서의 중세 문화의 본질적인 기반인 '시각적 지식'의 관점에서 그 작품의 이론적 내용을 정확하게 설명해 주는 요소였다. "나는 음악을 지배한다. 그리고 그 음악의 바탕에는 철학Filosofia인 나를 비롯하여 내가 일곱 부분으로 나누었으며 나의 지배를 받고 있는 다른 학과들이 자리 잡고 있다." 매우 잘 알려진 자유학예에 대해 이 묘사는 그들의 '귀부인'인 철학과 이론적이고 과학적인 지식을 비교했다. 그 과목들 가운데 음악은 어린 소녀로 묘사되었으며, 두 손에 쥐고 있는 하프와 그녀의 주위를 둘러싸고 있는 허디거디(찰현악기의 하나*), 리라(칠현금*), 비엘라(오현금*)와 같은 이제는 전

형이 된 악기를 갖추고 있었다. 그녀에 대한 해설은 "나는 음악이며, 다양하고 광범위한 과목을 가르친다"라고 단언했다. 수녀원 문화의 이미지 속에서도 자유학예로서의 음악은 교육을 통해 전달되는 이론적 지식이었지만, 이제 그 가르침은 단순히 사색적인 것만이 아닌, 노래하고 연주하는 '광범위하고 다양한' 실제를 지향했다.

빙엔의 힐데가르트의 서정시

루페르츠베르크 수녀원의 대수녀원장이자 라인 강 지역의 수녀였던 빙엔의 힐데가르트(1098-1179)는 12세기의 매우 뛰어난 여성들 중 한 명이었다. 신비주의자이자 환시가, 예언자이자 자연주의자였던 힐데가르트는 『하늘의 계시에 의한 조화로운 심포니Symphonia harmoniae caelestium revelationum』라는 이름으로 알려진 80여 개의 서정시를 모은 선집과 전례극(『성덕의 열Ordo virtutum』) 등의 귀중한 저작들을 남겼다. 이 작품들은 힐데가르트의 수녀원에서 유래한 텍스트와 음악으로 완성된 2개의 필사본으로 전해지며, 힐데가르트의 생애 말년으로 거슬러 올라간다. 노래와 관련한 행위들은 인간이라는 존재의 필연적인 요구라는 그녀의 가르침과 일관되게, 힐데가르트의 서정시들은 음악의 활용이 학술서와 대학들의 수학-과학적 탐구로부터 해방된 이론적 정당성에 바탕을 둘 수 있으며, 중세의 독특한 면인 색다른 문화적 모체, 즉 신비주의적이고 환시적인 문화로 인도될 수 있음을 증명하였다.

실제로 힐데가르트는 교황의 승인 덕에 기록되고 유통될 수 있었던 그녀의 신비적인 환시와 서정시들이 환각이나 꿈의 소산이 아닌 신성한 기원(하늘로부터 오는 것)을 가진다는 것을 강조했다. 그러나 오늘날 힐데가르트를 연구하는 학자들은 이 신성한 기원을 그녀의 육체적 고통, 즉 그녀가 어려서부터 고통받아 왔던 지독한 편두통의 결과로 해석한다. 힐데가르트는 그녀의 첫 번째 예언서 『계시서』에 천상 음악의 '환시'에 기원을 두고 기록한 그녀의 음악 텍스트들을 소개했다. 이 서정시들은 하느님의 최고의 작품이자 완성체인 성모 마리아의 모습에 대한 예찬을 주요한 주제로 하고 있다. *서정시에 나타난 예언적 계시*

음악학은 최근에 극히 개인적이며 생생한 이미지가 가미된 시 텍스트의 특이성을 수반하고 강조하는 독창적이고 특이한 선율을 특징으로 하는 힐데가르트의 단선율 곡의 레퍼토리에 대한 연구에 착수했다. 이러한 선율들이 지니고 있는 명백한 독특함은 화려하고 멜리스마(장식적인 선율법*)적인 진행, 2옥타브 이상의 확장을 포함하는 음역, 그리고 그레고리오 선율의 절도 있고 정돈된 취향과는 분명 거리가 먼 *성스러운 재능*

'삼위적인' 경향의 인상을 주게 될 5도, 8도, 3도 음정에 대한 집착이었다. 힐데가르트는 "나는 음악을 읽고 부르는 것을 배운 적이 없었음에도 불구하고 그것들을 노래했다. 아무도 나에게 음악을 가르쳐 주지 않았지만, 하느님과 성인들에 대한 찬송의 말과 음악 역시 만들어 낼 수 있었다"(드롱크의 저서에 인용된 자서전의 일부분, 1984, 232쪽)고 주장했다. 시를 쓰고 노래하는 그녀의 능력에 대한 의지와 신성한 힘은 이 레퍼토리의 의미뿐만 아니라 수도원 내에서의 활용을 밝히는 중요한 핵심이다. 수도원의 이러한 레퍼토리는 라인 강 유역의 귀족 여성이 힐데가르트에게 보낸 서간에서 강조한 것처럼 동시대 사람들 사이에서도 혼란을 야기했으며, 힐데가르트가 몸담고 있던 수녀원의 폐쇄적인 공간에서 그녀가 구성한 기묘하고 '부적합한' 의식으로 묘사되었다.

힐데가르트는 말년에 이단으로 간주된 귀족 남성을 수도원 묘지에서 파내는 것을 거절했기 때문에 그녀의 반란 행위에 대한 처벌로 전례곡을 연주하는 것을 금했던 고위 성직자들에게 항의 서한을 보내 명확하게 자신의 선택을 정당화했다. 노쇠한 수녀원장은 명석한 예지적인 권위를 통하여 성聖음악의 필요성을 강조했는데, 그것은 오로지 성가의 영창 속에서 인간의 본성과 '조화를 이루는' 인간의 영혼이 아담이 성심을 다해 재현하고 숙고했던 천상의 하모니의 '극히 적은 부분'이나마 받아들일 수 있었기 때문이다.

트로베리츠

12세기 오크어 서정시의 번영은 트루바두르의 예술뿐만 아니라, 귀족 출신 여성 시인과 여성 음악가의 기여와도 관련이 있었다. 유감스럽게도 그들의 삶에 대한 불확실한 기록은, 그들이 자신의 예술을 어떻게 접하게 되었는지, 그리고 어떤 경로로 그것을 표현할 수 있었는지 묘사하기 어렵게 만들었다.

고명한 마리 드 프랑스   트로베리츠들은 음악과 무용, 시를 알고 있던 교양 있는 귀족 여성들이었다. 그들은 본인의 재능을 통해 남성 동료들이 노래한 것처럼 자신들도 노래로 궁정 여인의 이상을 구체화했다. 그러나 유감스럽게도 자서전인 『인생들Vidas』로부터 소수의 이름들과 곡을 붙인 하나의 작품을 포함한 25개의 시절만이 전해졌다. 그 이름들 가운데 가장 유명한 이들은 디아의 백작 부인(13세기 후반), 카스텔로차Castelloza(13세기 초), 마리 드 프랑스(약 1130-약 1200)다. 후자는 12세기 후반의 인물로 아마도 잉글랜드 플랜태저넷 왕가의 헨리 2세(1133-1189, 1154년부터 왕)의 부인 아키텐의 엘레오노르(1122-1204)의 수행원이었던 것으로 보인다. 12편의 단시lais의 작가인 마리는 매우 교양 있는 여성의 이미지를 보여 주었으며, 프로방스와 라틴 문학에 정통한 인물이었다. 사랑에 대한 주제와 우화적인 배경을 지닌 그녀의 시들은 단편소설의 전통과 동방의 전통, 그리고 성경과 기사도 이야기에서 영향을 받았다. 이 가운데 『비스클라브레Bisclavret』는 늑대인간의 신화가 재연된 것이고, 요정에게 사랑을 받았던 젊은이 랑발이 삶을 단념하는 이야기(『랑발』), 그리고 특히 『인동덩굴Lai du Chevrefeuille』 이야기는 트리스탄과 이졸데의 슬픈 사랑에 대한 것이었다. 끝으로 이솝 우화(기원전 6/5세기)를 영어에서 프랑스어로 번역한 것도 그녀였고, 에필로그에 자신의 시적 능력에 대한 명쾌한 주장을 남겼다.

5편의 시가 남아 있는 디아의 백작 부인의 음악적이고 시적인 작품은 마리의 작품과는 매우 다른 감수성을 보여 준다. 12세기 후반에 살았던 그녀의 전기vida는 그녀의 신분을 확실히 규명하기에는 너무나도 미미한 묘사만을 제공해 준다. 이 여성에 대해 공식적으로 제기된 여러 가정들 가운데, 발랑티누아의 백작(1020-1087년 이후)인 푸아티에의 기욤Guillaume de Poitiers의 부인 또는 아구의 레몽Raimon d'Agout(약 1180-약 1240)의 부인이자 '디아'의 백작의 딸인 아소아르로 규명되었다. 그녀가 누구였는지는 분명하지 않지만, 그녀는 감미롭고 균형 잡힌 언어로 오랑주의 랭보(?-1173)에 대한 불행한 사랑을 작품 속에 관능적이고 격정적으로 표출하였다. 곡이 붙어 있는 유일한 노래는 〈노래해야만 해요A chantar m'er de so qu'eu no volria〉라는 작품이다. 이 작품 속에는 잃어버린 사랑에 대한 슬픔과 자포자기의 감정이 주를 이루었으며, 그것을 해석하고 옮겨 놓은 옆 페이지에는 사랑의 욕망에 대한 솔직한 언어를 접할 수 있다. 한편, 이러한 그녀의 솔직함은 지성뿐만 아니라 여성적인 매력에도 확신을 가지고 있던 이 여인의 고귀한 마음에 아무런 흠집을 내지 못했다.

신비에 싸인 디아의 백작 부인

| 다음을 참고하라 |
역사 프리드리히 바르바로사와 제3차 십자군(56쪽)
철학 지적인 여성들(329쪽)
문학과 연극 설교와 설교술(483쪽)
음악 중세의 백과사전적 문화의 음악(824쪽)

음악의 실제

MUSICA

전례와 종교의 단성 성가와 최초의 다성 음악

| 조르조 모나리Giorgio Monari |

그리스도교 신앙이 주류를 이루던 유럽 세계에서는 지난 세기들에서 11세기와 12세기로
이어지는 연속성이 오늘날까지 전승되었는데, 이 시기에 확립된 종교적 신앙, 전례,
성가의 표현에도 유효했다. 동시에 트로푸스를 통해 새로운 운율의 노래, 종교적 배경의
극화, 다성 음악, 그리고 유럽의 공식적인 역사에 유입되어 지속된 모든 현상들을
포함하는 또 다른 전통들이 제도적인 공간에서 다듬어지고 수용되었다.

속어 성가의 최초의 사례들과 라틴 성가

서양 그리스도교 세계의 두 번째 천 년의 시작은 특별 전례서들에 포함된 성무일
과 일체의 확립으로 이어졌으며, 전례력은 새로운 축일들, 특히 성인들과 거룩한 동
정녀 마리아를 위한 축일들로 보강되었다. 잘 알려진 성모 마리아에 대한 교창 성
가들(〈천상의 모후Regina Caeli〉, 〈성모 찬송Salve Regina〉)과 많은 다성 음악 곡들이 만들
어진 샤르트르의 퓔베르(10-11세기)의 성모 마리아의 탄생을 위한 레스폰소리움
responsorium(로마 가톨릭 교회의 전례에서 불리는 응창*)인 〈이새의 나무Stirps Jesse〉는 이
시기로 거슬러 올라간다. 서양의 라틴어권 세계는 현재 몇몇 경우를 제외하고 동일
한 전례를 가지고 있다. 비록 로마에 〈사도신경〉이 도입된 것이 1014년부터라고 할

지라도 9세기 이후 미사는 그 후 수세기 동안 안정적으로 이어진 특성들을 획득하게 된다.

전례와 성가는 클뤼니 수도회 생활의 중심에 있었다. 클뤼니 수도회는 수도원 생활의 근본적인 개혁 속에서 로마식 전례를 보존하고 장려하면서 10세기와 11세기에 널리 확산된 수도회다. 음악 필사본들의 보존에 중요한 역할을 했던 리모주의 생 마르샬 수도원처럼 권위 있는 수도원들은 이 수도회에 속해 있었다. 생 마르샬 수도원에서는 샤반의 아데마르(989–1034) 수사가 활약하고 있었는데, 그의 음악적 활동에 대한 유용한 증거들이 예외적으로 많이 남아 있다. 1028년 11월 18일, 수도원의 새로운 바실리카 교회 축성 이후에 아데마르는 제임스 그리어James Grier가 예리하게 설명했듯이, 그의 음악적인 실현의 핵심을 체계화하고 발전시킨 세밀한 전례의 도움으로 성 마르샬St. Martial의 사도성을 주장하기 위한 캠페인에 착수했다. 이러한 자료들은 1033년에서 1034년 사이, 아데마르가 예루살렘으로 떠나기 전 수도원 도서관에 직접 기탁한 것으로 보인다. 수도원의 불안정안 재원으로 인해 1730년부터 루이 15세Louis XV 왕립도서관에 보관된 이 문헌들은 당시에 잘 알려진 저자를 확인할 수 있는 음악 레퍼토리들 가운데 하나를 제공하며, 오늘날까지 전해지고 있다.

이 시기에는 산티아고 데 콤포스텔라 성당이나 11세기부터 막달레나의 유해로 생각되는 유품들을 수용하고 있는 베즐레 성당 같은 대성당들의 번영도 관찰되었다. 또한 이 시대는 예루살렘이나 로마와 마찬가지로 산티아고를 향한 위대한 순례의 시대였다. 〈오 고귀한 로마O Roma nobilis〉는 11세기 혹은 그 이전의 오래된 선율로 베드로의 도시인 로마로 향하는 순례자들을 노래한 것이다.

이 시대의 전례곡 필사본 자료들은 견고한 종교적 공동체가 번창하고, 많은 학자들이 서슴지 않고 인문주의라고 불렀던 정신이 함양된, 정치적으로 매우 안정된 지역에서 유래하였다. 9세기와 10세기에는 미사전서의 사용이 널리 퍼졌으며, 11세기에는 성무일과서聖務日課書가 등장했다. 이와는 별도로 트로푸스 모음집, 베르수스 모음집, 부속가(주로 가톨릭 교회의 전례에서 사용되는 시적·음악적 요소*) 모음집에 특별한 레퍼토리들이 수집되었다. 12세기부터는 행렬 성가집들도 유통되었다. 선율의 정확한 독해를 가능하게 하는 유선 보표의 확산과 함께 음악 기보법을 사용한 문헌들이 많았다. 그러나 아직 리듬 기보법의 예들은 볼 수 없었다. 이 때문에 학자들 사이에 '그레고리오 성가' 레퍼토리의 자유로운 리듬의 특성에 대해서는 의견의 일치

생 마르샬 수도원의 아데마르 수사

필사본 자료

가 있는 것으로 보이지만, 찬미가처럼 특수한 레퍼토리의 리듬에 대해서는 이질적인 가정들이 대조를 보였다.

클뤼니회 수도사들이 전례의 레퍼토리에 '트로푸스tropus'(덧붙여진 멜로디를 의미한다*)로 알려진 새로 고안된 가사들을 덧붙이는 것을 제한했다면, 다른 곳에서는 이러한 덧붙임이 매우 일반적인 것이 되었고, 11세기부터는 대성당들에서도 그러했다. 트로푸스 모음집들은 현재 중요한 의미를 가지고 있는데, 1000년이 조금 지나 귀중한 사본을 필사하도록 한 사람이 오틍의 주교였기 때문이다. 한편, 11세기경 이 레퍼토리는 유럽의 다른 지역, 특히 새로운 트로푸스들이 계속해서 창작되었던 아키텐에 뿌리를 내렸다.

트로푸스 모음집과 베르수스   노래의 새로운 형태가 11세기 말에 도입되었다. 그것은 운을 맞춘 리듬이 있는 시구에 바탕을 둔 베르수스versus(라틴 노래의 한 유형. 주로 종교적인 것이 많다*)였다. 성무일과의 대부분을 끝맺는 〈주님을 찬미합시다Benedicamus Domino〉의 트로푸스도 이 시기에 만들어졌다. 하지만 베르수스는 독립적인 작품으로도 발전했으며, 이러한 독특한 유형의 노래들로 이루어진 풍부한 작품집이 리모주의 수사본으로 보존되어 있다.

9세기부터 둘씩 짝지어 다른 선율의 반복을 특징으로 하는 부속가들도 유사한 혁신을 보여 주었다. 부속가 〈유월절의 희생Victimae Paschali laudes〉(11세기)은 이미 각운을 사용했지만, 더욱 결정적인 것은 운율의 독창성에도 관심을 가졌던 파리의 성 아우구스티누스 수도회 수사 생빅토르의 아담(?-1170/1192)의 작품에 나오는 규칙적인 각운의 선택이었다.

시토 수도원(1098)으로부터 클뤼니 수도회의 경향과는 대조적으로 선율을 단순화하고 멜리스마를 없애며 예식에서 트로푸스를 제외하고, 전례 성가를 개혁한 시토 수도회가 퍼져 나갔다. 이러한 개혁에 대해 클레르보의 베르나르두스(1090-1153)는 대변인 역할을 하였으며, 이러한 개혁들은 1256년에 영향력 있는 도미니쿠스 수도회에도 받아들여졌다.

전례 성가와 다른 노래들   속어 성가들 가운데 프랑스어로 쓰인 〈성녀 에울랄리아의 속창Sequenza di Santa Eulalia〉은 9세기로 거슬러 올라가며, 오크어로 쓰인 것으로는 11세기의 〈보에티우스〉와 〈거룩한 신앙의 노래Canzone di Santa Fede〉가 있다. 이 자료들에서는 악보가 발견되지 않았지만, 찬미가 〈바다의 별이여Ave maris stella〉의 선율에 대한 최초 증거인

11세기 말경의 것으로 보이는 〈성모 마리아의 베르수스Versus de Sancta Maria〉와 속어로 된 노래 부분이 있는 전례'극'의 한 종류인 스폰수스Sponsus가 포함된 리모주의 필사본에서 몇 개의 오크어로 지어진 노래들의 악보가 발견되었다. 그리고 종교적인 주제들은 12세기부터 오크어와 오일어 궁정 서정시에 나타났다. 〈카르미나 부라나 Carmina burana〉로 알려진 유명한 레퍼토리는 12세기의 비전례(세속적) 라틴시에서 가장 중요한 자료다. 40여 개 정도의 작품에 대해서는 판독하기 쉽지 않지만, 종종 다른 자료들 덕분에 재구성이 가능한 악보에서 선율을 발견할 수 있었다. 한때 베네딕트보이렌(여기에서 노래 제목 〈Carmina burana〉가 나왔다) 수도원에 보존된 이 선집은 티롤 혹은 슈타이어마르크 지방에서 유래했으며 교훈가, 애정가 그리고 희극적이고 종교적인 곡들을 포함했다.

12세기에 피에르 아벨라르(1079-1142)는 해석이 어려운 악보로 기록된, 성경을 주제로 한 6개의 플랑투스planctus(슬픔을 표현하거나 애도하는 내용의 시나 노래*)를 남겼으며, 같은 선율은 프랑스어로 쓰인 〈퓌셀의 레Lai des pucelles〉에도 사용되었다.

전례'극'

현대의 많은 학자들이 '전례극'이라고 일컬었던 것은 연극과는 그다지 관계가 없는 것으로 보인다. 9세기부터 전례의 기능적인 면과 형식적인 모습 속에 극의 특성을 보여 주고 있는 것처럼 보이는 새로운 텍스트가 삽입된 것은 단순한 모방적인 차원이 아닌, 상징적인 면에서 실현된 전례 내부의 확장 또는 추가로 보였다. '전례극'이라고 불린 것은 고전 텍스트에서 주로 전례 예식을 가리키는 용어들인 예식ordo 또는 성무officium로 정의되었다. 이것은 모두 곡이 붙어 있는 라틴어 텍스트였으며, 반면에 동시대의 지방어로 쓰인 연극은 주로 구어□語였다.

부활 트로푸스인 〈무덤을 방문하기 위해Ad visitandum sepulchrum〉는 전례에 덧붙여 진 '극'의 최초의 형태로 여겨진다. 첫 구절인 "무덤에서 누구를 찾느냐, 그리스도 냐?Quem queritis in sepulchro, o Christicole?"는 그리스도의 무덤을 찾아갔지만 그의 부활로 빈 무덤만을 발견한 예루살렘 여인들에게 천사가 던진 질문이다. 이 짧은 대화는 널리 퍼져 나갔지만, 곳곳마다 달랐던 전례의 배열 방식 때문에 통일되고 안정적인 전통이 되지 못했다. 의식의 실행도 확고한 특징들을 보여 주지 못했으며, 몇 세기가 지나서도 '극적인' 특성들을 획득하지 못했다.

첫 번째 예

또 다른 중요한 주제는 그리스도의 수난이었으며, '오르도 파스칼리스Ordo paschalis'라고도 불린 의미 있는 예들이 있었다. 부활절 트로푸스 〈무덤을 방문하기 위해Ad visitandum〉를 모델로 하여, 이와 유사한 추이를 보여 주는 성탄절의 〈목동들의 노래Officium pastorum〉(구유에서 누구를 찾느냐, 목자냐?Quem queritis in presepe, pastores?)가 발전된 것으로 보인다. 또한 성탄절과 관련한 작품들 속에는 '예언자들의 행렬Ordo prophetarum'에 대한 찬양과 라온의 필사본에서 '별들의 임무Officium stelle'라는 다른 이름으로 불린 동방박사의 방문, 무고한 어린이들의 학살, 그리고 '프라이징 사본'에 포함되어 있는 '오르도 라켈리스Ordo Rachelis'가 있었다. 의미 있는 예들로 이루어진 선율의 레퍼토리는 전통적인 전례의 레퍼토리에 포함된 성가들과 트로푸스, 찬미가, 부속가, 플랑투스와 베르수스를 포함했다.

장소들　최근에 전례 '극'이라는 이름이 붙여진 문헌 자료들의 중심지들로는 리모주의 생 마르샬과 산 갈로, 그리고 플뢰리에서 겐트와 생 브누아쉬르루아르의 영향을 받아들인 윈체스터가 있다. 전례 '극' 작품은 12세기에 절정을 이루었으며, 앞에서 언급한 바와 같이 13세기까지 이러한 의식들은 전례의 영역으로 여겨졌지만 이후에는 세속화되어 교회와 미사를 벗어날 정도로 자율성을 가지게 된다.

동방박사들이 헤로데를 방문한 것과 관련한 축일들은 수잔 랭킨Susan Rankin이 『음악백과사전Enciclopedia della musica』(2004, IV, 94-117쪽)에 실린 그녀의 논문 「극적인 전례와 전례극」에서 잘 설명한 것처럼 매우 흥미로운 선율의 다양성을 보여 준다. 실제로 선율의 음조 차이는 동방박사들과 헤로데 사이의 대조를 강조하였는데, 이는 동방박사들의 음조와 아기를 보여 주는 산파들의 음조 사이의 근접성에 의해서도 역설적으로 나타났다. 이렇게 해서 우리는 음악적 '극작술'에 대해 알려진 초기의 예시들 가운데 하나를 보게 된다. 『별의 행렬Ordo stellae』에 대한 가장 오래된 자료들은 10세기 후반의 것이지만, 20편 정도는 10세기와 11세기 사이에 만들어진 것이다. 종종 의례가 행해진 전례 장소는 명시되지 않았지만, 텍스트와 선율이 비교적 안정적이었기 때문에 이것을 진정한 종교극으로 취급할 수 있다고 생각한다.

생 마르샬의 오르가눔과 산티아고 디 콤포스텔라: 다성 음악의 초기 형태

화성의 조화를 찾아서　2개의 다른 선율이 '음표 대 음표'로 조화롭게 노래된 오르가눔의 초기 예들은 9세기로 거슬러 올라간다. 2성부(불협화음)로 이루어진 다성 음악이 많이 포함된 첫 번째 모음집은 아마도 10세기 말경의 것으로 보이는 윈체스터의 트로푸스 모음집이었다. 이는 미사의 여러 부분과 성주간 성무일도의 레스폰소리움을 위한 트로푸스였다. 그 악보가 명확하게 해석되지는 않았지만 최근의 연구는 그 독해에 설득력 있는 가정들을 제시했다. 리듬과 관련한 기호들이 없기 때문에 이 레퍼토리에 대해서도 동시대의 단선율이 가지는 해석의 문제들과 같은 문제들이 제기되었다. 소리의 평행한 전도에 의해 생성된 화성들은 '동조'와 '옥타브'의 수많은 실제에 덧붙여 '4도'와 '5도' 음정의 단순한 구성으로 되어 있다. 반면에 선율들은 음악학자 시어도어 카르프Theodore Karp가 다성 음악의 초기 형식에 대한 저명한 연구에서 잘 보여 주듯이 화성의 다양성에 대한 연구에서 기인한 것으로 보이는 반대 진행의 다양한 경과음들을 제시한다. 불행히도 샤르트르 수도원의 또 다른 다성 음악 레퍼토리를 전사한 몇 개 안 되는 단편들에서는 '3도', '6도', '2도' 음정으로 구성된 많은 경과음을 활용하였으며, 따라서 2성부 사이의 더 균등한 선율의 운용을 보여 주는 다양한 화성적인 감성이 관찰되었다.

2성부로 구성된 약 70여 편의 다성 음악은, 12세기 전반 4권의 아키텐 필사본이 전해 준 것이다. 이 중에는 50여 편의 (20편은 〈주님을 찬미합시다Benedicamus Domino〉에 들어 있다) 베르수스와 10여 편의 부속가가 포함되어 있다. 음고의 표시는 잘 읽을 수 있지만 특별한 리듬 표시는 없다. 앞의 예시들과 다른 한 가지 차이점은, 이 오르가눔은 학술서『속어의 지위에 관한 고찰Discantus positio vulgaris』(13세기 초 무렵에 저술된 것으로 추정된다)에서 디스칸투스와 오르가눔으로 명확히 정의하고 있는 다른 두 가지 유형의 다성 음악이 종종 번갈아 나타난다는 것이다. 오르가눔은 낮은음이 음계를 옮겨 가며 서서히 진행하고 높은음은 신속한 모음의 변조를 할 때 볼 수 있는 반면, 디스칸투스는 2성부가 음 대 음으로 진행될 때라는 것이다. 카르프는 후방 처리의 원칙으로 일관성 있는 이 레퍼토리의 리듬적 해석을 제시했다. 이 선율에 의해 이어지는 파리의 다성 음악에서 이론화되고 편곡된 리듬 전략이 예상되었다.

갈리스토 2세(1050-1124, 1119년부터 교황) 교황 시대에 아키텐 수사본의 일부에서 풍부한 다성 음악 레퍼토리를 지니고 있는『칼릭스티누스 코덱스Codex Calixtinus』라는 사본이 1140년경 산티아고에 도달했다. 다성 음악에 대한 몇몇 자료들은 작가의 이름, 즉 골의 레퍼토리에서 유래한 것이 확실한 교부 알베르투스 파리시엔시스Albertus Parisiensis(약 1146년부터 파리 노트르담 성당의 선창자로 추정, 약 1177년에 사망)의

시대를 앞서간 운율

사본으로 인용되었다. 3성부를 위한 최초의 다성 음악이자 〈주님을 찬미합시다〉의 트로푸스인 〈모든 교회여 즐거워하라Congaudeant catholici〉는 알베르투스에 의해 마련되었다. 이뿐만 아니라 몇몇 사람들은 교차하는 2부의 주성부를 기억하고 있었다.

성악
연습곡으로서의
다성 음악

다성 음악 곡들은 무엇보다 독창곡의 레퍼토리에 포함되었지만, 일부는 합창으로 불렸을 가능성 또한 있다. 아플리겜의 조반니(약 1100년에 활동)는 음악 이론에 대해 서술하면서 다성 음악은 적어도 2명 이상의 독창 가수를 필요로 한다고 설명했다. 속어 문학 역시 『아이몽의 4명의 아들 이야기Les Quatre Fils Aymon』(12세기 후반)처럼 다성 음악의 적용에 대해 언급했다. 여기에서 2명의 남자들은 프랑스 가스코뉴 지방어와 리모주의 음악을 노래한다. 반면에 세 번째 사람은 보르돈bordon(용어에 대한 최초의 증거)을 노래한다. 오르가네르Organer는 『호른 이야기Roman de Horn』(약 1170)에서 다성 음악을 노래하는 것과 이미 그 구성과 기능을 가진 곡을 연주할 특별한 방법을 명시하기 위해 사용되었다. 무엇보다 초기에 기록된 증거들이 부족한 것은 작곡 구성의 형식에 얽매이기 전에 다성 음악이 실제로 적용되어 헨드릭 판 더르 베르프 Hendrik van der Werf(1992)가 판단한 것처럼 아마도 즉석에서 탄생한 것이라는 설득력 있는 가설로 나아가게 한다.

| 다음을 참고하라 |
역사 수도회(228쪽); 종교 생활(251쪽)
문학과 연극 종교시(470쪽); 신학, 신비주의 신학, 종교 논문(477쪽); 내세관(493쪽); 전례와 종교극(590쪽)
음악 11세기와 12세기의 춤: 춤과 종교(855쪽)

트루바두르

| 조르조 모나리 |

프랑스 남부 지방에 있는 궁정들에서는 12-13세기에 트루바두르 서정시의 전통이 신라틴어 속어로 표현된 유럽 문화의 뿌리로 자리 잡았다. 트루바두르의 활동은 무엇보다 문학적 언어인 오크어의 노작勞作에서 구현되었으며 '학교' 그리고 새로운 사랑시와 노래에 대한 자각이 생기게 되었다. 트루바두르들은 시인이자 가수였으며, 라틴 유럽의 중심에서 속어로 된 노래가 오늘날 여전히 '칸초네canzone'로 불리는 시적-

음악적 형식의 품위 있는 장르로 승격된 것은 이들 덕분이었다.

오시타니아 트루바두르의 시와 노래

오시타니아(현재 프랑스 남부 지방)의 궁정에서 다루어진 서정시는 그 당시 보에티우스를 근간으로 하는 나름의 이론적 장치를 갖춘 음악의 범주로 분류되지 않고, 단순히 '노래'의 응용으로 그 경계를 한정했다. 따라서 트루바두르는 그들의 노래 소리를 옮길 때 예외적인 경우가 아니라면 음악 이론 용어를 언급하지 않았으며, 풍부하고 다양한 어휘로 표현된 새들의 노래를 비롯하여 자연 세계로부터 얻은 이미지들을 이용했다.

고대 오시타니아에서 서정적인 노래를 해석하는 방법에 대한 다양성을 인정할 때 최근 학자들 간의 의견 일치가 있었다 할지라도, 트루바두르의 서정시의 의미에 대해서는 다양한 분야에서 수많은 논쟁이 있었으며, 지금도 논쟁의 대상이 되고 있다. 라틴어가 문화어인 유럽에서 세련된 시의 창작이 속어 사용에 기반을 두었다는 사실은 유럽 문화의 역사에서 너무나도 중요한 가치를 지닌다. 이러한 시의 중심 주제는 작가들에 따라 다양하게 발견되었지만, 서정시의 기본적인 가치를 잃지 않았던 핀아무르, 이른바 '궁정 연애'에 대한 이상인 것 같다. 단테 알리기에리(1265-1321)는 서정시의 이상을 세 가지 영역, 즉 덕, 전쟁, 사랑으로 세분화했다. 방타도른의 베르나르(1147-1180년에 활동)가 노래했듯이 노래의 완전함은 입과 눈, 이성, 그리고 마음을 통한 사랑의 표현에서 나오기 때문에 사랑은 시작 활동의 진정한 영감의 주체로 갈구되었다. _{궁정 연애}

13세기 중반부터 이탈리아, 프랑스, 오시타니아, 이베리아 반도에서 쓰인 오크어 서정시를 모은 시집들 가운데 소수만이 악보를 담고 있다. 오크어 서정시의 선율을 담고 있는 가장 오래된 필사본들은 대개 오일어 서정시에 헌정된 북쪽 지역의 것들이다. 지금까지 전해 내려온 선율의 자료집은 (문헌 자료의 10분의 1인) 약 250개의 표본에 상당하지만, 작가와 세대를 충분히 대표하는 듯 보인다.

악보에서 이러한 선율에 대한 리듬 표시가 결여되어 있는 것은 실제적인 리듬의 특성과 관련한 많은 추측을 낳았다. 그 이후의 논고는 선율이 측정된 리듬의 윤곽을 가지지 않지만 대체로 문학적 텍스트의 낭송을 따랐다. 즉 다양한 전통 리듬 또한 받아들일 수 있는 레퍼토리를 없애지 않았으며, 부차적인 것이지만 레퍼토리의 일정한 춤의 리듬에서 반드시 단사스dansas와 에스탕피estampie(현존하는 중세 기악 춤곡의 가장 일반적인 형태*)에 대해 고려할 필요가 있다.

구술의 운율성　　여러 자료들에 기록되어 있는 몇 가지 선율들은 이러한 레퍼토리가 주로 글로 기록되지 않은 상태로 전해짐으로써 상당한 차이를 보였다. 선율의 필사는 실제로 그것의 작곡과 보급 이후에 이루어진 것으로 보인다. 하지만 그러한 다양함이 일반적으로 다양한 출처에서 정확한 정체성을 가진 선율들의 특성을 모호하게 만들지는 않았다.

오크어로 작곡된 선율들 중 몇몇은 다른 언어들, 즉 라틴어, 프랑스어, 독일어 텍스트로도 유통되었다. 다양한 출처들 중 어떤 경우에는 모방과 직접적인 '차용'의 관계에 있다. 예를 들어, 풍부한 전통을 자랑하는 방타도른의 베르나르의 〈종달새가 날갯짓을 하면Can Vei la lauzeta〉의 선율은 프랑스어와 라틴어로 쓰인 여러 텍스트로도 작곡된 것이 발견되었다. 또한 아키텐의 기욤 9세(1071-1126) 공작의 칸초네 선율 중 일부는 14세기에 오크어로 쓰인 〈성녀 아그네스의 신비Mistero di Sant'Agnese〉에서 똑같은 선율의 사용을 통해 알려졌다.

세대와 작가

오시타니아 서정시의 전통은 아키텐의 기욤 9세 공작과 어떤 서정시로도 알려지지 않았던 방타도른의 에블Eble de Ventadorn 자작(1096-1155년에 활동)으로 거슬러 올라간다. 12세기 중반 무렵 가장 걸출한 두 인물로는 먼 옛날의 사랑에 대해 노래했던 블라야의 왕자 조프레 뤼델(12세기)과 소귀족 출신의 품행과 도덕에 대한 가혹한 검열관 마르카브루(12세기)가 있었다. 이 작가들 간에 주목할 만한 차이점은 주제와 관련한 선택에서 문장법뿐만 아니라 선율에서도 나타났다.

선율 구성은 12세기 후반과 13세기 초에 활동한 수많은 작가들에게서 확인되었다. 이 시기는 오크어 서정시의 '고전적'인 시기로서 오크어(프로방스어) 사용 지역에서의 프랑스어 확장으로 인해 13세기 초를 경계로 끝을 맺게 된다. 비록 단테에게 칭송받은 보르넬의 지로Guiraut de Bornelh(12세기), 보른의 베르트랑Bertran de Born(1175-1202년에 활동), 아르노 다니엘Arnaut Daniel(약 1150-약 1200) 같은 시인들이 연대순으로 앞선다 할지라도 어떤 의미에서는 방타도른의 베르나르 또한 '고전적'이라고 볼 수 있다.

방랑 생활은 대부분의 트루바두르와 귀족들 또는 다른 계층 사람들의 활동을 특 **위대한 여행자들**
징지었다. 기욤 9세 공작은 성지聖地의 십자군 원정에 참여했으며, 이베리아 반도에
서 싸웠다. 조프레는 트리폴리에서 숨을 거두었을 가능성이 크다. 마르카브루는 카
스티야의 알폰소 7세(1105-1157, 1135년부터 황제), 즉 기욤 9세의 아들의 궁정에서
지냈던 것으로 보인다. '고전적' 세대의 대변자들뿐만 아니라 그 이후 세대도 종종
유럽 각지의 궁정, 이탈리아, 이베리아 반도, 그리고 북쪽에 머물러 있었다. 또한 페
르 비달(약 1175-약 1205)은 헝가리 궁정에도 머물렀을 것으로 추측된다.

프랑스어의 지배가 오크어 서정시 전통을 종식시키지는 않았지만, 13세기 후반
오크어 정체성의 위기에 이르기까지 그에 대한 문화적 맥락과 지리적 영역을 근본적
으로 바꾸어 놓았다. 또한 오크어 서정시를 보존하고자 하는 노력으로 수사본들과
문법의 수집, 그리고 시적 논고의 제작과 14세기 툴루즈 '연애 문학에 대한 추기경
회의Consistòri del gai saber'가 개최될 때까지 시 대회를 장려했고, 장대한 학술서『최고
의 기쁨으로 정의되는 사랑의 법칙Las flors del gay saber estier dichas las Leys d'amors』을 집
필하게 했다.

선율의 레퍼토리와 오크어 서정시의 장르

궁정 오크어 서정시는 규칙적이고 종종 대칭적인 선율의 악절, 억양법에 의한 시구,
각운과 규칙적인 시절로 된 형식, 시절에서 시절로 이어지는 선율의 반복을 지니고
있는 새로운 라틴어 칸초네와 유사한 선율과 운율의 원리에 의해 모든 것이 구성된
것으로 보인다.

이 레퍼토리는 항상 시의 절에 맞추어진 선율의 작곡에서 두 가지 다른 경향을 보 **선율의**
여 준다. 즉 (대부분 방타도른의 베르나르의 것과 같은) 선율의 동일한 악절의 반복에 기 **두 가지 유형**
초한 것과 (방타도른의 베르나르의 〈종달새가 날갯짓을 하면〉 또는 아르노 다니엘이 남긴 2
개의 선율처럼) 더 '높은' 형식의 이상에 부합하는 듯한 시절 속에 반복 없이 '이어진
오드oda continua' 형식의 선율들이 그것이다.

최근의 연구는 문학적 텍스트와 무관한 원칙을 받아들임에 따라 트루바두르의 선
율을 일반적인 생각에 일치시키지 않으며 반대로 다양한 단계, 그리고 동일한 것의
요구(예를 들어, 엘리자베스 오브리Elizabeth Aubrey가 저술한 것을 참조할 수 있다)에 응하

는 것으로 밝혀냈다. '감미로움'으로 특징지어졌으며 음조의 상승과 하강으로 점진적으로 구성된 선율의 한 형식은 바로 연가에서 기인한 듯하며, 조프레 뤼델과 방타도른의 베르나르, 그리고 마르카브루의 서정시들 중 사랑의 주제를 다룬 것이 남아 있는 유일한 선율로 인정된다. 페이르라는 인물과 방타도른의 베르나르 사이의 논쟁에서 트루바두르의 예술적인 개성을 함축하고 있는 풍자적이고 통찰력 있는 효과를 확립함으로써 아키텐어 문학과 선율의 레퍼토리가 부활했다. 이른바 콘트라팍툼 contrafactum(원래의 가사를 새로운 가사로 대신하는 성악 작곡법*), 즉 전해진 범례들의 확실한 수로 증명된 기존 선율에 대한 새로운 텍스트는 선율에 대한 일반적인 입장의 대표적인 예로 이해될 수 없었고, 서정시 텍스트뿐만 아니라 특히 사랑의 테마에 대한 칸초네의 선율이 지녀야만 하는 새로움의 특성에 대한 학술서도 그 요구에 직면해야만 했다.

다양한 장르를 위한 다른 언어 트루바두르 첫 세대들의 서정시를 정의하기 위해 사용한 용어는 내용 지상주의적이고 문체론적이며 형식적인 차이들과는 별개로 라틴어 베르수스에 상응하는 '베르스vers'였다. 곧바로 칸소canso(사랑의 노래*)도 등장했지만, 트루바두르인 오랑주의 랭보(?-1173)는 여전히 이 두 용어의 호환 가능성을 지지했다. 13세기 초 무렵, 라이몽 비달은 분모 언어, 즉 로망스와 파스토렐라pastorella(중세 말의 서정시*)에는 프랑스어, 그리고 베르스와 샹송, 시르반테스를 위해서는 오크어(아키텐어lemosin)라는 기준에 따라 작품을 구분했다. 더 나아가 라이몽은 이후 장르들 가운데 특색 있고 중요한 요소를 의미하게 된, 라조razo라는 주제의 단위를 고려할 것을 권장했다.

진정한 장르들dictats의 체계는 13세기의 학술서들, 특히 『장르의 이해를 위한 학설Doctrina de compondre dictats』에만 나타나는 것으로 보인다. 칸소라는 용어는 사랑의 테마를 지닌 작품들을 의미하는 반면, 시르벤테스sirventes는 비록 이러한 양상들을 종종 레퍼토리에서 동일한 서정시로 결합했을지라도 정치적이거나 도덕적인 테마들을 위해 사용되었던 것 같다. 학술서들에 의하면, 이 두 가지 장르에서 한 가지 근본적인 차이점은 선율의 단계와 관련한 것이다. 다시 말해 칸소는 본래의 것이 아닌 선율의 사용을 뜻하는 시르벤테스를 위한 서정시 텍스트 저자이자 시인으로부터 만들어진 새로운 선율을 지녀야 했다. 시적·사실적 또는 허구적 대화 부분의 분명한 형식은 텐소tenso(논쟁의 노래*)와 2명 또는 그 이상의 대담자가 기존 선율을 사용하면서 교차하는 시절을 노래하는 파르티망partimen(대화 또는 언쟁*)이었다. 전달된 선율들의 대부분은 사랑의 칸소의 범례들과 연관되는 반면, 다른 장르들을 위한 유용한 멜로디는 손에 꼽힐 정도였다. 종종 연구서들에서 지적하는 내용은 레퍼토리의 특징으로 확인되지 않았다. 파스토렐라, 알바alba(새벽의 노래*), 플란planh(프로방스의 만가체 시*)과 같은 '더욱 낮은' 장르의 선율에 대한 선례의 부족과 관련한 결론을 내리기는 어렵다.

트루바두르의 노래

트루바두르의 사회적인 유형은 몇몇 시집들에 포함되어 있는 전기적인 내용의 짧은 이야기들인 『인생들Vidas』에서도 볼 수 있는 것처럼 첫 세대부터 매우 다양하게 나타난다. 높은 귀족 계급의 트루바두르로는 기욤 9세 공작이 있으며, 조프레 뤼델 또한 귀족 출신이다. 반면에 방타도른의 베르나르는 신분이 낮았으며, 마르세유의 폴케(?-1231)와 페르 비달 같은 몇몇 사람들은 중산 계급에 속했다. 중세 라틴어 'tropator(tropus에서 나왔다)'에서 유래한 트루바두르라는 호칭은 사회적 지위는 물론 직업을 가리키는 것이 아니었으며, 시와 이야기, 그리고 선율을 창작하는 시적 활동 자체를 지칭한 것이다. 트루바두르 중에는 페르디곤Perdigon(1190-1212년에 활동), 알베르테트Albertet(1194-1221년에 활동), 피스톨레타Pistoleta(1205-1228년에 활동) 같은 광대들도 몇 명 포함되어 있었다.

보통 트루바두르는 이야기와 선율을 창작했으며, 『인생들』은 종종 이러한 시인들의 크고 작은 문학적 또는 음악적인 재능을 강조했다. 이 증거들은 시간과 인내심을 요하는 작업을 바친 시인의 창작에 대해 생각하게 한다. 몇몇 논쟁적인 시의 경우에는 공개적인 즉흥시의 분명한 증거들과 직면한다. 광대 또는 여러 수신자가 자유롭게 그것을 사용했던 텍스트의 기록에 대한 가설이 제기되었다. 반면에 더욱 논의하기 어려운 것은 곡의 창작 자체(아마도 그것은 한 가지 분모에 의해 설명될 수 있다)에서 저술의 기여에 대한 것이었다. 트루바두르의 서정시가 지닌 '상호 텍스트성'과 '대화법'에 대해 논의되었으며, 모방과 인용을 사용함으로써 동일한 주제에 대해 다양한 서정시를 창작했던 시인들 간의 원거리 논쟁이 빈번하게 일어났다. 논쟁시들은 대화체 실습의 가장 분명한 경우에 불과했다.

서정시의 '전형'의 중심에는 청중을 주목하게 만드는, 그러나 종종 연속성을 유지하기가 어려운 선창자cantor가 있다. 청취를 위한 상황의 다양성에 대해 생각하는 것

정성을 기울인
창작과 즉흥곡

도 적절하지만 그들은 많은 청중이 있는 축제 기간보다 제한된 청중을 상대로 한 사적인 기회가 더 많았던 것으로 보인다. 또한 풍자적인 희극의 과장이 특별한 평가를 얻지 못했으며, 궁정의 청중은 아무래도 '극적인' 묘사를 기대하지 않았던 것으로 보인다. 악기에 대한 언급과 묘사는 드물었으며, 악기의 존재는 몇몇 학자들에 의해 대중적이고 보다 낮은 수준의 양식으로 레퍼토리를 연주하는 것에 결부되었다.

| 다음을 참고하라 |
역사 여성의 권력(260쪽)
문학과 연극 마리 드 프랑스(553쪽)
시각예술 대성당의 나라 프랑스: 상스, 랑, 파리(761쪽)

트루베르와 미네젱거

| 제르마나 스키아시Germana schiassi |

궁정 서정시는 북부 유럽으로 확산되었으며, 주관적인 서정성의 개념을 깊이 연구하며
핀아무르를 프랑스어로 찬양했던 트루베르(중세 남프랑스의 음유시인*) 덕분에
새로워졌다. 독일 지역에서는 미네젱거가 자발성과 자연스러움이 내포된 궁정의
이상을 노래하는 많은 작품들을 만들어 내며, 로망스어 시의 주제와
형식들을 받아들였다.

오일어 서정시의 기원

엘레오노르
왕비의
궁정에서
1130년대부터 트루바두르의 서정시는 귀족 후원자인 아키텐의 엘레오노르(1122-1204)의 영향 덕분에 프로방스에서 프랑스 전역으로 퍼져 나가며 엄청난 발전을 이루었다. 최초의 위대한 트루베르이자 아키텐의 공작이었던 기욤 9세(1071-1126)의 조카인 엘레오노르는 1137년에 프랑스 왕 루이 7세(약 1120-1180, 1137년부터 왕)와 첫 혼인을 했으나, 1152년에 파경을 맞았다. 엘레오노르는 곧 세력 있는 봉건 영주인 노르망디의 공작으로 후에 잉글랜드 왕 플랜태저넷 헨리 2세(1133-1189, 1154년부터 왕)가 되는 앙주의 앙리와 재혼했다. 엘레오노르는 프랑스 북부에 트로바르

trobar 예술의 형식과 내용을 전파하는 권위 있는 통로가 되었다. 사자심왕이라고 불린 엘레오노르의 아들 리처드 1세(1157-1199)는 몇 개의 궁정 음유시의 작곡가였고, 그녀의 딸 블루아의 엘리스Aelis de Blois(1150-1191)는 시인 아라스의 고티에(12세기)의 후원자가 되었다. 한편, 그녀의 또 다른 딸인 샹파뉴 공작 부인 마리아Maria(1145-1198)는 그녀의 궁정에 위대한 소설가이자 오일어 궁정 서정시의 탄생을 공식적으로 알린 2개의 칸초네를 쓴 작가 크레티앵 드 트루아(1160-1190년에 활동)를 초대하여 머물게 했다. 이 시인은 후에 궁정 서정시 확산의 또 다른 중심, 즉 알자스의 필리프(1142-1191)의 플랑드르 궁정에서 거주하게 되었으며, 마리아의 조카인 베르망두아의 엘리자베스Elisabeth de Vermandois(1143-1183)를 아내로 맞았다. 크레티앵 드 트루아는 그의 저명한 소설 『페르스발 혹은 성배 이야기Perceval ou le conte du Graal』를 필리프에게 헌정했다.

주제: 트루바두르와 트루베르의 비교

트루바두르 시에 대한 단순한 모방이나 경쟁을 원하지 않았던 이러한 서정시의 특징들은 처음부터 분명하게 드러났다. 프랑스어 어휘 'trouveor'는 프로방스어 'trobador'의 차용어다. 당대의 모든 시인들과 음악가들을 통칭했던 트루베르들은 프로방스에서 활약하던 그들의 동료들이 만들어 놓은 서정시의 표현 방식에 공감하고 있었다. 트루베르들은 단지 그들의 아류나 추종자에 그치지 않고 대등한 자격으로 시와 음악에 대한 대화에 참여하였으며 북부 지방의 동료들에게 영감을 주는 경우도 있었다. 트루베르 서정시의 주목할 만한 부분은 사랑을 감정으로 이해한 것이 아니라 연인의 행동에 대한 원동력, 도덕과 품행의 기준, 그리고 이념적 원리로 이해했다는 것과 그런 사랑의 기본 개념에 대한 궁정의 모티프를 깊이 연구했다는 것이다.

크레티앵 드 트루아는 자신의 젊은 시기에 속하는 것이 분명한 서정시에서 2명의 유명한 오크어 서정시 선구자였던 오랑주의 랭보(?-1173)와 방타도른의 베르나르(1147-1180년에 활동)에 의해 만들어진 궁정 이데올로기의 핵심, 즉 사랑이 이루어지지 않는 경우에 사랑의 규범을 따라야 하는지에 대한 대화에 개입했다. 트리스탄이 그랬던 것처럼 랭보가 사랑의 묘약을 마시고 사랑하는 여인의 승낙을 확신하고 그 여인과의 불륜에 빠져들었으며, 베르나르는 그 반대로 사랑에 패배하고 좌절했음을

크레티앵 드 트루아의 사랑에 대한 관념

밝히며 노래를 그만두려 했지만, 크레티앵은 보상으로 주어진 것과는 별개로 절대적인 충절을 수호하였다. 사랑은 트리스탄처럼 마법의 묘약으로 유인되지 않으며, 오히려 거절당한다 할지라도 언제나 신의를 가지는 자유롭고 지각 있는 선택의 결실인 것이다.

초기 트루베르의 샹송

궁정 음유시의 특성들 방타도른의 베르나르를 본보기로 하는 서정적인 영감만이 지닐 수 있는 유일한 주제인 사랑이라는 모티프는 12세기의 마지막 25년 동안 특히 샹파뉴 지역과 피카르디아 지역에서 활동했던 이른바 트루베르의 첫 세대, 혹은 '고전적인 작가들'로 불린 가스 브륄레Gace Brulé(1160년 이후–1213년 이전), 베튄의 코농(약 1150–약 1220), 쿠시의 샤틀랭Châtelain de Coucy(?–약 1203), 네슬의 블론델Blondel de Nesle(약 1155–약 1200), 수아니의 공티에Gontier de Soignies(약 1180–약 1220)의 작품을 특징지었다. 다음 세대의 트루베르들뿐만 아니라 이 시대의 트루베르들이 선호했던 공식적인 표현 수단은 이른바 위대한 궁정 가요 또는 트루바두르의 칸소에 상응하는 샹송chanson이었다. 이것은 서정시가의 더욱 높고 고귀한 표현이었다. 서로 독립적이지만 동시에 섬세한 음운과 운율의 일치 관계 속에 배열된 다양한 개수의 시절strofa로 구성된 샹송은 일반적으로 각 시절마다 일정하게 반복되는 단선율 곡의 형식을 취하였다. 시적 텍스트의 보충과 연장인 선율의 음조가 없는 칸초네는 생각할 수 없었다. 트루바두르 칸초네의 음조들과는 달리 이러한 선율들은 일반적으로 장식음을 지나치게 사용하지 않고 안정적인 구도와 명확하게 표현된 음조의 중심을 나타냈다. 그뿐만 아니라 드물기는 하지만 시의 행(이어진 오드oda continua)마다 음악이 바뀌는 음조 또한 존재했다.

가스 브륄레의 샹송 마리 드 프랑스의 후원을 받았으며 1179년에서 1212년 사이에 활동했던 샹파뉴의 트루베르 가스 브륄레는 엄청난 분량의 작품들(약 80여 개의 샹송)을 남겼다. 이 창작물들의 반복적인 주제는 접근할 수 없는 상류 계층의 귀부인에 대한 불행한 사랑의 수용, 매우 기품 있는 태도로 감내한 사랑의 결과에 대한 불확실함, 끝까지 모두 불태워 버리는 욕망의 강렬함이었다. 장식음이 없는 그의 곡조는 자신의 감정의 기복을 반영하듯이 때때로 매우 방대한 구성을 가진다. 이 시인은 뒤따라 나온 미네젱거들에게, 특히 페니스노이엔부르크의 루돌프Rudolf von Fenis-Neuenburg(1150–1196)와

『속어론De vulgari eloquentia』에서 〈사랑의 격정Ire d'amors〉이라는 서정시를 언급한 단테 (1265-1321)에 이르기까지 하나의 전형이 되었다.

가스 브륄레는 그와 동시대에 활동하던 네슬의 블론델, 다르지의 고티에Gautier de Dargieso(약 1165-약 1236), 그리고 쿠시의 봉건 영주 같은 가장 중요한 트루베르들의 친구이자 대담자였다.

1175년과 13세기 초반 사이에 활동한 네슬의 블론델은 귀족인 네슬의 장 2세Jean II de Nesle와 동일인으로 추정된다. 가스보다 더 낙관적인 특징들을 보이는 음조를 지닌 감미롭고 우아한 시작詩作은 그의 작품으로 여겨지는 24편의 노래에서 궁정의 사랑에 대한 모티프와 토포스topos(문학의 전통적인 주제와 사상*)를 다시 취했다. 아마도 그의 창작물의 전형적인 특성으로 인하여 블론델이라는 인물은 곧바로 전설적인 성격을 취했다. 그는 바벤베르크의 레오폴드 5세Leopold V(1157-1194)에 의해 갇혀 있던 그의 친구 사자심왕 리처드를 찾아 떠났는데, 함께 작곡했던 한 시절을 리처드가 노래하고 있었기 때문에 그와 다시 해후할 수 있었다고 한다. 1250년경 트루베르인 외스타슈 르 펭트르Eustache le Peintre는 네슬의 블론델이 트리스탄과 또 다른 위대한 '고전적'인 트루베르로서 쿠시의 봉건 영주로 불린 퐁소의 기Guy de Ponceaux와 함께 포함되어 있는 유명한 연인들의 목록을 작성했다. 우리는 그가 제4차 십자군 원정 중 1203년에 에게 해에서 사망했음을 알고 있다. 그의 곡조가 지니고 있는 애수, 그리고 선율의 다양성과 창의성은 그를 시인-연인의 전형으로 만들었다. 많은 세월이 지난 후, 1285년경 이 인물은 자케메스Jakemes(13세기 말)의 유명한 전설『쿠시 성주와 마담 파엘의 이야기Roman du Castelain de Coucy et de la dame de Fayel』의 주인공이 되었다. 여기에서 트루베르는 바다에서 죽기 전에 그의 심장이 썩지 않게 보존해 줄 것을 청했으며, 사랑의 증거로 연인에게 보냈다는 이야기를 들려준다. 질투가 심한 그 남편은 심장을 빼앗아 그것을 부인의 식탁에 올렸다. 이 끔찍한 진실이 드러났을 때, 그녀는 비탄 속에 죽었다.

제2세대

트루베르의 제2세대는 13세기에 대략 루이 9세(1214-1270, 1226년부터 왕)의 치세와 일치하는 기간에 활약했다. 샹파뉴의 티보(1201-1253), 브리엔의 장Jean de Brienne(1148-1237), 브라반트의 앙리 3세 공작(약 1230-1261)과 같이 최상위 귀족 계급이거나 로베르 보부아쟁Robert Beauvoisin, 세밀리의 리샤르Richard de Sémilly, 블래송의 티보Thibaut de Blaison, 디종의 기오Guiot de Dijon, 에피날의 고티에Gautier d'Epinal, 외스타슈 르 펭트르, 다르지의 고티에, 아미앵의 자크, 푸르니발의 리샤르(1201-약 1260)와 같이 귀족들 가운데 더 낮은 계급에 속한 많은 시인들을 보유하고 있었다.

새로운 형태와
새로운 장르　　그들의 작품은 궁정 문학의 토포스의 혁신과 심화뿐만 아니라 새롭고 다양한 시 장르의 탐구를 추구하는 더욱 명확한 실험주의를 특징으로 한다. 예를 들어, 궁정 샹송의 형식적인 모델을 바탕으로 종교적 영감(십자군에 관한 칸초네 또는 성모 마리아를 위한 칸초네)의 칸초네가 발전했다. 또한 프로방스를 기원으로 하는 시르벤테스(프랑스 중세의 음유시인이 사회악을 풍자한 풍자시*)와 트루바두르의 탕소와 같은 죄파르티 jeux-parti(대화체의 시*)가 널리 퍼졌다. 고대 프랑스에서 매우 번창했으며 오시타니아 지역에서 기원한 또 다른 장르는 궁정 가요와 대중적인 가요 사이에 있었던 파스토렐라다. 이것은 (귀족 부인과 대조적인) 양치기 소녀를 유혹하려는 방랑 기사를 주제로 대중적인 어조의 담화로 전개되었다.

샹파뉴의 마리아의 조카이자 나바라의 왕인 위대한 샹파뉴의 티보의 작품은 이러한 주제의 전형이다. 그의 명성은 단테에게까지 이르러 단테의『속어론』에서 저명한 시인들 사이에 그를 열거하기도 한다. 그의 주목할 만한 시가집은 궁정 샹송 37개로 이루어져 있지만, 이외에도 몇몇 파스토렐라와 십자군에 대한 칸초네 4개, 성모 마리아에 대한 레와 칸초네들, 시르벤테스, 그리고 여러 죄파르티가 있다.

콜랭 뮈제는 귀족들이 베푼 후원으로 살았던 음유시인 티보와 비교된다. 그의 칸초네는 풍자적이고 가벼운 느낌에 자전적인 암시로 물들어 있다. 좀 더 정확히 말하자면, 받아들일 수 없는 귀부인에 대한 고뇌로 여위어 가기보다는 포도주와 식사의 즐거움, 그리고 로렌, 샹파뉴, 부르고뉴에서 머무는 동안 만났던 소녀들과의 쉬운 사랑에 몸을 맡기는 것을 선택했다.

제3세대: 도시의 시인들

많은 작품을
남긴 트루베르　봉건 영주의 궁정들이 확장되던 부르주아들의 도시에 주도권을 넘겨주는 사회적 상황 속에서 아당 드 라 알(약 1237-1287)과 함께 트루베르의 제3세대가 열렸다. 아라스에서 성장한 아당은 파리의 소르본 대학교에서 공부했고, 이어서 나폴리와 시칠리아 궁정에서 아르투아의 로베르 2세Robert II(1250-1302)와 앙주의 샤를 1세(1226-

1285)를 섬겼다. 그는 아마도 1288년경 풀리아 지방에서 사망했을 것으로 추정된다. 엄청난 다작을 했으며 다재다능했던 시인이자 음악가였던 아당은 초기에 고대 프랑스어로 보존된 2개의 세속적인 연극 작품(『잔디밭의 연극Jeu de la Feuillée』과 『로뱅과 마리옹의 유희Jeu de Robin et Marion』)을 썼던 것 외에도, 상당한 수의 다선율 곡(롱도 rondeaux[2개의 운으로 10행 또는 13행으로 된 단시*]와 모테토motetto[성악곡의 중요한 분야로서 폴리포니에 의한 종교곡의 일종*])을 작곡했고, 고통스러운 기다림으로 완성된 사랑에 대한 가스의 가르침을 다시 취했지만 분명히 보다 낙관적인 시각을 지닌 완벽한 궁정 양식의 단선율 칸초네 36편을 남겼다. 트루베르 아당은 그의 친구 장 브르텔 Jean Bretel과 함께 죄파르티 장르에 자발적으로 매진했다. 사랑의 사례 연구에 관련한 것뿐만 아니라 정치적 시사성에 대한 주제에서도 두 트루베르가 대립을 보였던 서정 시-대화체의 이 장르는 도시 차원에서, 특히 지역의 모든 트루베르들의 성장 터전이었던 아라스에서 이례적인 성공을 거두었다.

　이러한 현상은 자신의 맥락을 벗어남으로써 기사도적 사랑인 핀아무르와 그 가치와 관련이 있는 모든 기준이 변증법적인 지침에 따라 이율배반의 관점에서 분석되어야 할 논제이자 하나의 단순한 관행이 되었음을 명확하게 보여 주었다. 아당 드 라 알이 소르본 대학에서 수학하는 동안 이러한 학설을 받아들였던 것도 우연이 아니었다.

대중화된 서정시

오일어와 오크어 서정시 사이의 큰 차이를 보여 주는 것은 오크어 서정시가 대부분 작자 미상이고, 여성에 의해 천명된 사랑의 비탄에 초점을 맞춘 (샹송과는 정반대의) 이른바 대중화된 서정시라는 것이다.

　이러한 비탄이 드러난 맥락에 따라 칸초네는 다른 명칭을 취했다. '친구의 노래 **여인들의 한탄** canzone d'amico'의 경우에는 여성이 연인의 부재를 개탄한다. 또는 공격적이거나 질투가 심한 남편에게 당한 폭력을 노래하기도 한다. 이 경우는 '불행한 결혼을 한 여성의 노래canzone di malmaritata'다.

　비록 트루바두르에 비해 트루베르들이 많이 다루지는 않았지만, 알바(새벽의 노래*) 또한 이러한 작품에 포함된다. 해가 뜰 무렵의 연인들의 이별에 대한 주제는 미네젱거들에게 매우 인기 있는 주제였음을 알게 될 것이다.

한편, 트루베르 시의 전적인 새로움은 13세기 초로 거슬러 올라가는 20여 개의 텍스트로 전해진 샹송 드 트왈chanson de toile(베틀가*)에 나타난다. 젊은 여인이 바느질을 하거나 자수를 놓는 것(또는 귀족 계급이라면 책을 읽는 것)에 열중하며, 질투심 많은 남편이나 연인의 죽음 또는 그의 무관심에 기인한 불행한 상황에 대해 한탄하는 것으로 그려졌다. 문헌으로 이루어진 작품들은 물론 음악은 전설적인 과거의 흔적을 만들어 내기 위해 확실히 필요로 했던 고풍스러운 표현 양식을 보여 주었다.

인수

시가집 트루베르들의 서정시 문헌집은 대부분 13세기 중후반과 14세기 초중반에 지어진 시가집이라고 불린 22개의 필사본에 의해서 대대로 전해져 왔다. 이 가운데 18개는 텍스트뿐만 아니라 선율도 인용하고 있었다. 프랑스에서 이 시기는 필사본 제작의 황금기였다. 이러한 집중 덕분에 가장 대중적인 범주에 속하는 많은 칸초네들이 필사되었다. 반면에 오시타니아 지역에는 이러한 대안적인 작품들의 흔적이 전혀 남아 있지 않다.

그러나 이러한 필사본들은 트루베르 서정시의 초기 증거보다 한 세기 이후에 나타났다는 것에 주목할 필요가 있다. 이러한 시기상의 차이는 전달 과정에서 수많은 오류를 발생하게 만들었다. 실제로 그들의 명성으로 인해 일부 서정시는 보다 많은 시가집에 인용되는 일이 빈번하게 나타났다. 하지만 이 경우에 텍스트는 물론 선율이 변형되어 나타나기도 했다. 심지어 몇몇 경우에 하나의 동일한 텍스트가 필사된 사본에 따라 완전히 다른 선율을 동반하기도 했다. 따라서 이러한 서정시와 관련한 원본을 확정하는 것은 때에 따라 불가능하다.

현재 이러한 레퍼토리를 최상의 품질로 녹음한 많은 음반들이 레코드 시장에 존재한다. 음악가들은 플루트, 비엘, 하프, 큰북, 리벡, 오르간, 백파이프 등 도상학적 자료에 대한 연구 덕분에 재창조된 그 시대의 악기들로 선율을 연주했다.

미네쟁거: 민네의 출현

독일 지역에서는 궁정의 사랑에 대한 서정시를 미네장Minnesang이라고 불렀다. 라틴어 'amor'와 상응하는 'Minne'라는 말은 애초에 종교적이고 도덕적인 의미를 지녔지만, 시간이 지남에 따라 보다 관능적이고 세속적인 의미를 얻게 되었으며, 남성

Ritter과 여성Frowne 사이의 관계를 나타내기에 이르렀다. 이 사랑 노래의 번성은 12세기 중반부터 14세기 중반에 이르는 매우 광범위한 시기를 아울렀다.

바르바로사라고 불린 슈바벤의 프리드리히 1세(약 1125-1190)의 즉위와 함께 1152년에 기사도의 규범에 영향을 받은 귀족 사회가 구성되었다. 1156년에 프리드리히는 부르고뉴의 베아트리스(1145-1184)와 혼인함으로써 독일 시의 발전에 결정적인 역할을 한 프랑스와의 문화 교류의 물꼬를 트게 되었다. 한 예로, 베아트리스의 궁정에서 트루베르인 프로뱅의 기오(12-13세기)가 활동한 기록이 남아 있다.

또 다른 교류의 기회들은 십자군 원정 기간에 찾아왔다. 실제로 일부 미네젱거는 쿠시의 봉건 영주, 오이시의 위옹, 베퇸의 코농 같은 트루베르들처럼 제3차 십자군(1189-1192)에 참여했다. 초기 미네젱거이자 프리드리히 황제를 수행했던 프리드리히 폰 하우젠Friedrich von Hausen(1150/1160-1190)은 1190년에 이 원정에서 죽음을 맞았다.

장르

시가의 전통이 시작될 때 시들은 시절詩節이라는 기본적인 운율 구조로 구성되었다. 초기 작품들은 서사시의 양식에 따라 4개의 긴 행으로 된 단일 시절로 만들어졌다. 그 후 이러한 기본 도식은 운율 리듬의 공식과 더욱 세밀한 각운을 도입하고 더 많은 시절로 이루어진 칸초네로 귀결됨으로써 풍부해졌다. 이러한 변화는 칸소와 로망스어 샹송의 전형을 기반으로 다양한 음절의 계산에 기초한 시절에 이르기까지, 최초로 리듬의 강세에 바탕을 둔 시행들로 이루어진 독일의 시절 구조 자체의 내부적인 변화와 부합한다.

대개 사랑에 대한 주제로 여러 개의 시절로 되어 있고, 언제나 곡이 붙어 있는 칸초네는 리트Lied(독일 가곡*)라고 명명되었다.

곡이 붙어 있는 또 다른 장르는 초기의 리트처럼 단일한 시절로 구성된 시프루흐Spruch(한 절로 된 격언시가*)다. 단일 시절의 운율적-시적인 도식(톤Ton)은 동일한 작자뿐만 아니라 시대를 달리 하는 작자들에 의해서 다양한 시프루흐에 활용되었다. 따라서 일부 미네젱거들이 그들이 도출한 시프루흐의 첫머리에 원전의 이름을 인용하며 오래된 톤을 활용하는 일이 생겼다. 시프루흐의 주제들은 무엇보다 뛰어난 교훈적 기능을 가진 도덕적이고 정치적인 성격의 것들이었다.

단일 시절에서 칸초네로

미네젱거의 시에서 중요한 의의를 가지는 또 다른 장르는 라이히Leich다. 이것은 동일하지 않은 시절의 연속적인 반복으로 구성된 매우 길고 복잡한 작품이었다. 이 장르 역시 곡이 붙여졌고, 사랑의 테마가 중심이 되었다..

미네장의 황금기

1190년대부터 1230년경까지는 미네장의 고전기에 해당한다. 주요한 인물들 가운 데에는 12세기 말 빈의 문헌에 기록되어 있는 라인마르 데어 알테Reinmar der Alte(?–약 1210)와 무엇보다 유명한 『파르치발Parzival』과 (프로방스의 '새벽의 노래'의 전형에 기반을 둔) 많은 타겔리에더르Tagelieder(밤을 함께 보낸 연인이 아침에 이별해야만 하는 주제의 시*)의 작가인 에셴바흐의 볼프람, 그리고 로망스어 시의 양식에 정통하고 높은 식견을 지닌 서정시인 하인리히 폰 모룽겐Heinrich von Morungen(?–약 1220)이 있다.

사랑에 대한
주제의 쇠퇴

발터 폰 데어 포겔바이데Walther von der Vogelweide(약 1170–약 1230)는 그 시대 최고의 서정시인으로 여겨진다. 시인이자 전문적인 음악가인 발터는 1170년경 티롤로에서 태어났으며 슈바벤의 필리프Philipp von Schwaben의 빈 궁정에서 가솔로, 또 그에게 작은 봉토를 수여한 프리드리히 2세를 섬겼던 것으로 알려져 있다. 시인으로서든 음악가로서든 동시대인들로부터 인정받은 발터는 귀부인의 모습을 마리아(신의 사랑)로 대체하며, 신비주의의 시각에서 민네의 주제를 탐구했다. 동시에 이 시인은 사랑과 연애시에 대한 새로운 개념을 도입하거나 민네(사랑, 봉건적 연애*)로부터 보다 낮은 사회적 계층의 인물들만이 누릴 수 있었던 대등하고 진정한 관계로 여겨진 리베Liebe(사랑, 연애*)로 옮겨 가며 다가갈 수 없는 귀부인에 대한 궁정의 난관을 극복했다. 또한 발터는 정치 현실과 사회에 대한 비판과 관련한 시프루흐를 많이 쓴 작가였다. 그의 작품들 중 가장 유명한 것은 1228년경 여섯 번째 십자군 원정으로부터의 귀환을 주제로 한 『팔레스타인의 노래Palästinalied』다. 이 작품의 원전과 음악의 모델은 트루바두르인 조프레 뤼델의 칸초네다.

발터에 의해서 시작된 '반궁정적'인 모델은 나이트하르트 폰 로이엔탈Neidhart von Reuental(약 1190–1245)에 의해 깊이 연구되었다. 시인 나이트하르트는 비록 풍자와 조소를 피할 수는 없었지만, 농촌 사회를 배경으로 한 그의 텍스트 덕분에 큰 성공을 거두었다.

울리히 폰 리히텐슈타인Ulrich von Lichtenstein(1227–1274) 같은 시인들이 가졌던 더

보수적인 사조는 미네장의 '고전적'인 전통을 계속 이어 나갔다.

민네의 쇠퇴

13세기 말에서 14세기 초 사이에 부르주아 계급의 부상과 함께 민간의 영역이 중요한 가치를 지니게 되었던 정치적이고 사회적인 분위기 속에서 미네장은 궁정의 이상으로부터 근본적으로 자유로워졌다. 미네젱거의 예술이 아직 명맥을 부지하고 있다는 것은 사랑을 주제로 하는 서정시에 종교적 또는 도덕적이며 때로는 학문적인 성격의 교훈적인 주제들을 집어넣었던 시인들의 진정한 조합 설립이 보여 주었다. 하지만 시인 프라우엔로프Frauenlob(1250/1260-1318)의 죽음으로 한 시대가 막을 내렸다. 그로부터 얼마 지나지 않아 미네젱거는 부르주아 도시들의 유명한 '칸토르의 거장'인 마이스터징거Meistersinger(도시의 장인이자 상인으로, 음악에 직업적으로 종사한 장인 시인*)로 발전했다. 미네젱거 중에서 가장 유명하며 가장 중요하게 여겨지는 프리드리히 바르바로사의 아들 하인리히 6세(1165-1197, 1191년부터 황제)의 초상화를 첫 페이지에 장식한 『마네세Manesse』 사본은 특히 아름다운 세밀화로 잘 알려져 있다. 『마네세』 사본(현재 하이델베르크에 보관되어 있다) 세밀화의 이러한 미네젱거들의 문헌을 포함하는 위대한 필사본 전집들은 이 시대로 거슬러 올라간다.

| **다음을 참고하라** |
역사 독일의 도시들과 공국들(80쪽)
시각예술 독일: 힐데스하임, 쾰른, 슈파이어(737쪽)

11세기와 12세기의 춤: 춤과 종교

| 스테파노 토마시니Stefano Tomassini |

중세의 종교극(세속적인 연극과의 구분이 명백하지 않기 때문에 이 표현은 다분히 관례적인 것임을 밝힌다)은 서로 간에 매우 이질적인 사건들을 많이 포함하고 있었다. 이러한 종교극에서 춤은 직접적으로 역사적인 시기와 관련지을 수 없는 형태로 나타났으며, 극적인 특성의 구체적인 역사보다는 종종 미래의 연극적인 이미지와 더욱 관련 있는 모습을 보여 주었다.

몸과 전례

짧은 대화 형식의 노래 〈누구를 찾으세요Quem quaeritis〉 또는 3명의 수사들이 부활의 증거자인 3명의 마리아를 재현하는 〈무덤에 가서Visitatio Sepulchri〉는 통상적으로 수도원의 전례에서 중세 종교극의 기원을 형성하며, 923년에서 934년에 이르는 시기에 지어진 리모주의 성 마르티알리스의 트로푸스(파리, 국립도서관, ms. Lat. 1240)를 통해, 그리고 10세기 중반 성 갈로의 또 다른 트로푸스(산 갈로 수도원, 수도원 도서관, ms. 484)를 통해 알려졌다. 이 문헌에서는 춤과 종교 사이의 관계와 몸(배우로 분한 수사들의 존재와 모든 것을 이룬 부활한 그리스도의 부재)의 양립하는 존재/부재의 중심적인 문제가 직접적으로 제기되었다.

일부 역사가들은 전례극에서 예정된 행렬에 참석하고 또 종종 직접 참여했던 신자들의 안무의 기본적인 역할에 대해 이야기하거나, 안무의 율동의 구성과 지침들을 포함하고 있는 해설, 또는 종교적인 표현의 구성으로서의 춤에 대해 이야기했다.

춤과 전례 축제　평범한 민중들이 행한 연기와 무용 이미지들의 존재로 인하여, 그리고 일상생활에 미친 종교의 강력한 영향 때문에 무용수들의 행렬, 유물의 이전을 기념하기 위한 춤 또는 묘지에서 행해지는 고인故人을 기리기 위한 추모(여기에서 후에 '죽음의 춤danses macabres'이 유래했다), 그리고 언제나 지나치게 자유로운 유희로 전락할 경계에 있었던 성인들을 기원하는 '격렬한' 춤들은 매우 중요한 의미를 지닌다. '무죄한 어린이들의 순교 축일'에 등장하는 춤의 경우, 또는 12세기부터 차부제次副祭(부제의 아래*)들이 새해를 기념하기 위해 수행한 예식의 총체는 후에 성탄절 직후 보름 동안 많은 대성당들과 중세 교회의 여러 수도회에서 사용한 전례에 포함된 4개의 축일 모두에 (부적절하게) 부합되는 것으로 간주되었다. 자크 히어스Jacques Heers의 『무죄한 어린이들의 순교 축일Le feste dei folli』(1983)의 연구에서 잘 알려진 것과 같이, 종종 미사는 특히 문화적·정치적으로, 그리고 놀이 공동체에서도 중심지로 선정된 대성당에서 '노래와 찬송가를 동반한 (종교 의식과 행렬에서 탄생했던) 매우 오래된 기원의 놀이, 농담, 그리고 춤'으로 끝이 났다. 로마의 축제인 사투르날리아Saturnalia가 이상적으로 지속된 축제에서 이 춤들은 아마도 사회적 역할을 뒤바꾸는 것을 기념하는 놀이를 위한 기회였을 것이다. 이 춤들은 교회의 권력층을 의례적으로 공격하였다. 의식의 춤 또한 종종 프랑스에서 입증된 바와 같이 종교적인 측면을 상실했으며, 종교적인 의식에 의해 규정된 단조로운 응답가 대신에 변형된 형태의 노래들과 춤

들이 도입되었다. 또는 유명한 부활절의 춤에서처럼 아침 미사 후 설교를 마친 주교
좌 참사회원과 본당 신부들이 손을 잡고 회랑에서, 또는 비가 내리는 경우에는 교회
신랑의 중앙에서 '코레이아chorea(고대 그리스에서 노래를 부르며 원형으로 모여 추는 집
단 무도*)'를 췄다. 이것의 잘 알려진 변형은 '상스의 부활절'을 위한 펠로타pelota 놀
이 또는 춤인데, 이것은 교회 신랑의 중앙 바닥 위에 그려진 미로를 이용하여 대성당
에서 즐겼던 놀이이고, 이후에 유럽 전역으로 퍼져 나갔다. 공 던지기는 '일체의 엄
청난 혼란 속에서 부활절 전례곡(〈파스카의 희생양께 찬미를〉)을 모두 함께 부르며' 행
해졌다. 연말 축제인, 이른바 '12월의 자유Libertates Decembris'는 10세기부터 스콜라이
scholae의 전유물이 되었으며, 거룩한 장소에서 이 춤은 전례적 기념 예식을 위해 허
용되었지만 매우 상징적인 측면으로 축소되었다.

히어스가 지적한 것처럼 찬양의 맥락에서 이러한 놀이 활동의 성공이 주교좌 성 허용된 춤과
금지된 춤
당 참사회에 소년들과 더 일반적으로는 젊은이들이 매우 많았다는 사실에 기반했
다는 것을 기억할 필요가 있다. 왜냐하면 일반적으로 14세에 이미 주교좌 참사회원
이 결정되었기 때문이다. 특히 13세기부터 교회 당국은 세속적인 춤에 참여하거나
단순히 현장에 참석하는 것도 금지하였다. 반면에 몇몇 미사들이 교회에서 곁들였
던 전례춤의 허용을 지지하기 위해 호의적인 일부 텍스트들, 예를 들어 「요한 행전
Atti di Giovanni」(신약 성경의 외경 중 하나*)에서의 신비한 춤 또는 나지안주스의 그레고
리우스Gregorius(325/330-389)에 의해 언급된 무덤 앞의 다윗 왕의 춤이 자주 인용되
었다. 연대기 작가들은 엄숙하고 특히 절도 있는 움직임의 효과를 얻었던 음악과 운
율이 담긴 걸음의 종교적 행렬에 대해 언급했다. "매우 느린 춤의 하나인 사라반드
sarabande는 이러한 종교 의식으로부터 직접적으로 유래한 것 같다."

클로드프랑수아 메너스트리에Claude-François Menestrier(1631-1705)부터 바르톨로
메오의 빈첸초Vincenzo de Bartholomaeis(1867-1953)까지 현대의 춤에 대한 거의 모든 후
속 연구자들에 의해 재조명된 초대 교회에서의 춤의 명백한 존재에 대한 기억은 그
리스어 'choros', 즉 제단 앞에 위치하며 성직자들의 종교적인 춤을 위한 용도로 지정
되었기 때문에 그렇게 불렸던 고대 교회의 높이 솟아오르고 울타리로 둘러싸인 연
극을 위한 공간으로부터 라틴어 단어 'chorus'가 파생되었다는 추정에도 근거한다.
요하네스 크리소스토무스(약 345-407)에 의하면, 정의의 영역을 쾌락과 흥미에 대
한 의지로 대체하는 춤을 검열해야 하는 반면에(Hom, in Matth, XLVIII, 3) 우리가 하

늘나라에서 "천사들과 함께 춤을 출 수 있도록" 신으로부터 두 다리를 받았다고 한다. 다마스쿠스의 요한(645-약 750) 같은 그리스 교회의 교부들 사이에서도 성모 마리아의 죽음에 대하여 춤으로 이루어진 천국으로의 엄숙한 입장에 대한 언급이 있었다(*Omelie sulla beata Vergine*, II, 2 da 2Sam. 6,5 e 1Cron. 15, 25). 그 후 시에나의 베르나르디누스(1380-1444)는 그의 『속어 설교집Prediche volgari』에서 다비드David를 '성령의 무희'(XLVIII, "Della gloria consustanziale del Paradiso")라고 불렀으며, 살레스의 프란체스코San Francesco di Sales(1567-1622)는 『신심 생활 입문Introduction à la vie dévote』(1608, 1619, capp. XXXIII-XXXIV)에서 적절한 절도를 통하여 춤과 놀이에서 허용될 수 있고 기분 전환이 가능한 것에 대해 언급했다. 콜롬베의 라파엘로Raffaello Delle Colombe의 「사순절의 설교Prediche della Quaresima」(1622, vol. II, *Feria Quinta della prima domenica di quaresima*)에서와 같이 이러한 중세적 전통의 대부분은 바로크 시대의 설교에서 다시 발견되었다. 라파엘로에게 기도는 '다른 행성의 춤을 이끌었던 태양을 본뜬 영적인 춤이다'라고 했으며, '영적 투쟁'에 앞서 의지했던 수도원과 교회, 사제들과 수사들을 '코로Choro(합창과 무용에 의한 가무)'라고 불렀다.

검열과 정통성

불안정한 경계 그리스도교 신앙을 가진 작가들은 육체의 자연스러운 모습에 대한 왜곡, 인간의 신의 이미지에 대한 왜곡, 그리고 레퍼토리와 행동에 기초한 구분을 통해 합법화된 광대들의 흠잡을 만한 몸짓에 대한 왜곡을 비난하며 세속적인 즐거움과 육체적인 쾌락을 연계시켰다. 연극에 대한 기억은 이교도적인 의식들과 밀접한 관련이 있었다. 이로 인해 연극은 비록 그 비난이 극의 텍스트보다는 연극적인 요소에 쏟아지기는 했지만, 테르툴리아누스Tertullianus(약 160-약 220), 성 아우구스티누스(354-430), 그리고 세비야의 이시도루스(약 560-636)에 의해 인정되었듯이 그리스도교인들의 도덕적 세계에서 부정적인 모습을 취할 수밖에 없었다. 춤에 대한 비난은 춤 자체가 거룩한 미사의 집전과 교회의 전례적인 회합에 어울리지 않는다거나 부적당하기 때문이 아니라, 육체와 감정의 해방을 통제하지 못하는 타락을 겨냥했다.

종교회의의 결정 성 토마(1221-1274)는 「이사야서」에 대한 그의 주해(*In Isaiam Prophetam Expositio*, III)에서 덕행이나 악행은 그 의도에 기반을 두는 것이므로 춤 자체가 나쁜 것은 아니라고 했다. 쉴리의 에우데스Eudes de Sully(1208년에 사망)는 교회와 묘지에서 춤을 금지했다. 하지만 알레산드로 폰트레몰리Alessandro Pontremoli(*La danza negli spettacoli dal Medioevo alla fine del Seicento*, 1995)가 회고하듯이 이에 대한 지침들이 비록 일정하지 않았지만 교회는 또 공의회의 결의(제3 톨레도 공의회[589], 교회법 23; 오세르 공의회 [573-603], 교회법 9; 샬롱쉬르손 공의회[639-654], 성인들의 순교를 기리는 거룩한 장소에서 군무를 금지하는 규정들이 채택된 교회법 19)를 통해 '숭배 행위와 거룩한 장소에서의 공연을 규제하고자 했다.' 그 결과로 성직자들의 문화가 강력한 영향을 획득하기를 교회가 요구하는 상황에서 민속 문화에 대한 반감은 도덕적인 일화들의 문학에서 증명되었듯이 억압(잔혹한)과 융합(시간이 걸리는)의 이중적인 차원으로 나타났다. 따라서 알레산드로 폰트레몰리가 언급한 것과 같이 '사계절 주기의 주요한 기일은 그리스도교의 가장 중요한 축일과 일치되었다.' 또 카니발은 전례 주기와 관련이 있었으며, 사순절 시작 전 마지막 며칠에 해당했다.

기원 신화

무엇보다 아우구스티누스의 『신의 도시Citta di Dio』의 필사본 세밀화의 확산으로 연극의 기원에 대한 이야기는 춤의 위험성을 통해 과장적으로 표현되었다. 산드라 피에트리니Sandra Pietrini가 강조했듯이 "성 아우구스티누스가 그것에 대해 언급하지 않았음에도 불구하고 (세밀화 안에서) 춤은 종종 고대 연극을 명시하기 위해 그려졌다" (*Spettacoli e immaginario teatrale nel Medioevo*, 2001).

사람들의 생각 속에 연극을 카롤라carola(노래가 동반된 옛 춤*)로 보는 부정적인 시각이 널리 확산되었다. 이러한 전통에 대한 한 가지 흔적은 1473년 이후에 지어진 것으로 보이는 『신의 도시』에 대한 필사본의 세밀화(메이르마노 베스트레니아눔 박물관Museo Meermanno-Westrenianum)의 아래쪽 부분화에서 확인할 수 있다. 여기에는 이교도의 동상 앞에서 나체 커플들이 원을 그리며 추는 춤이 모사되어 있는데, 이는 나체의 노출 속에서 볼 수 있는 외설과 이교도의 예식에서 볼 수 있는 우상 숭배라는 중요한 두 가지 의미가 포함되어 있다. 그러므로 중세적 상상 속에서 춤은 티투스 리비우스(기원전 59-17)에 의하면, 처음에 간단한 무용 동작으로 이루어진 춤과 노래로 탄생한 고대 연극의 기원 신화와 혼합되었다. 여전히 5세기 아우구스티누스 수도회의 필사본들의 다른 삽화에서 춤은 보다 긍정적인 동시대의 또 다른 공연 형식에 대비되었다. 그것은 편태 고행(자신을 채찍질하는 고행*)의 수행이었다. 속죄 문화의 확

춤과 고대의 연극,
이교도의 의식

산에 기여한 결정적인 요인들은 대중적이고 준準전례적인 집단적 열광으로 특징지어
진 순회 운동의 확산, 그리고 갈채와 종교적 주제의 서정시의 노래와 함께 도시에서
도시로 행렬을 이루었던 고행자들의 모임을 극화한 의식이었다. 이러한 의식은 1260
년 고행자들의 운동의 부활에 기인한 집단적 의식의 자책의 수단으로 활용되었다.

마지막 문제는 설교에서 나타나는 몸짓과 유형성과 관련한 것이다. 생빅토르의
위그(약 1096-1141)는 수련자들을 교육하면서 절제되지 않고 부자연스러운 아마추
어 배우의 전형적인 몸동작을 흉내 내지 말 것을 권고했다. 그것은 그리스도교의 윤
리와 반대되기 때문이다. 또 레나토 토르니아이Renato Torniai는 춤의 고유한 영적 특
성(혹은 기원)에 대한 논제(900년대 초 민족음악학과 인류학에 대한 연구에서 유래한 논문
[작스Sachs, 프레이저Frazer])를 입증하며 자유롭고 현대적인 춤의 새로움을 논하기 위
한 어휘들이 교회의 용어로부터 제공되었음을 상기했다(*La danza sacra*, 1951). 예를
들어, 안톤 줄리오 브라갈리아Anton Giulio Bragaglia는 벨기에 출신의 독일인 무희이자
노이에 탄츠Neue Tanz(모던댄스 발생 초기에 독일에서 사용된 명칭*)의 경험에 근접한 샤
를로트 바라Charlotte Bara에 대해 다음과 같이 썼다. "그녀의 춤은 마치 창조주에게 환
성의 찬양을 올리는 것과 같다. 왜냐하면 '기도하면서 춤을 추고 기도하기 위해 춤을
추기' 때문이다."

| 다음을 참고하라 |
역사 종교 생활(251쪽)
문학과 연극 종교시(470쪽); 내세관(493쪽); 전례와 종교극(590쪽)
음악 전례와 종교의 단성 성가와 최초의 다성 음악(834쪽)

기악 음악

| 파비오 트리코미|Fabio Tricomi |

중세 후기 초반 유럽의 기악곡에 대한 지식은 다양한 종류로 잔존해 있는 파편들,
즉 기록(학술서, 문학과 기보법), 이미지(회화, 조각과 세밀화 속의 악기와 기악
연주자), 물건들(악기의 잔재들), 기억(대중적인 악기 연주에서 이어져 내려온 구전의
지속성)으로부터 이끌어 낼 수 있다. 예리하면서도 포괄적인 통찰력은 이러한 이질적인
요소들을 한데 모을 수 있다.

전형典型과 응용

중세 후기 초반에 전적으로 성직자들에 의해 연구되고 저술된 당시 음악 이론 입문
서들은 기악 연주자의 문화적·사회적인 모습에 대한 왜곡된 해석을 널리 확산시켰
다. 가장 권위 있는 전형은 이론theoria에 비해 실제practica를 훨씬 낮은 영적 범주 안
에 배치하면서, 세계의 조화에 대한 피타고라스와 플라톤의 학설을 동일시한 세베
리누스 보에티우스Severinus Boethius(약 480-525?)의 『음악 입문De institutione musica』으
로 인해 형성되었다. 이러한 개념으로부터 이론적 범주에서 기악 연주자가 지배하
는 소리의 예술인 기악 음악musica instrumentalis이 천사의 노래가 지닌 시간을 초월하
는 이미지를 가지고 있는 신을 찬양하는 목소리를 모방해야 한다는 개념이 확산되었
다. 그러나 이러한 철학적 접근은 일상적인 삶과의 접점을 찾지는 못했다. 연주나 작
곡에는 관심이 없던 철학자이자 이론가인 음악가Musicus에 관한 보에티우스의 설명
속에서가 아니라, 연구서들의 신비적인 추상성으로부터 해방되어 지상 세계와 일치
하는 다양한 자료들을 연구하며 예술가와 전문적인 음악가의 실질적인 사회적 관계
를 찾아야만 한다.

문학적 자료

1100년대 말, 프랑스에서는 더욱 다양한 배경들 속에 등장했던 기악에 대한 묘사가 　광대와 메네스트렐
풍부한 궁정 소설이 번성했다. 이러한 문학적 자료는 비망록이나 도상학적 문서들
과 함께 작가들의 직접적인 경험을 참조했다. 따라서 우리는 다양한 사회적 계층의
연주자들이 조합을 조직하거나, 때로는 개별적으로 또는 우연히 형성된 집단 연주

자로서 지방 축제들로부터 의식들, 그리고 성에서 열리는 귀족 모임에 이르기까지 세속적인 환경에 자발적으로 참여하며 전문적인 활동을 수행할 수 있었다는 것을 알 수 있다. 사회적으로 낮은 위치, 즉 광대giullaria와 메네스트렐menestrel(중세 유럽의 봉건 귀족에게 봉사하던 음악가*)에서 유래한 직업 기악 연주자들의 제도화된 두 가지 모습이 문서화되어 있다. 광대는 길에서 방랑하는 예술가이며, 그들의 능력은 연기와 춤, 곡예로 규정되었다. 반면에 메네스트렐은 광대들의 음악 외적인 일들로부터 해방되면서 귀족 계급에 독점적으로 그들의 능력을 제공했다. 궁정 문학 작품 활동과 함께 프랑스의 트루바두르와 트루베르의 예술과 독일의 미네젱거 예술이 확산되었다.

노래를 곁들인 최초의 춤들

이들은 종종 유럽의 궁정을 옮겨 다니고 익명의 메네스트렐을 대신하면서 음악적 즐거움이라는 고상한 봉사를 제공하던 연주자들, 작곡가들, 그리고 노래하는 시인들이었다. 비록 12세기 이전에는 악기 선율이 부재했다 할지라도, 아마도 초기에는 기악 음악만을 곁들였을 춤인 에스탕피estampie(13-14세기의 기악에서 성행했던 중요한 형식*)로 시작된 몇몇 노래를 곁들인 춤들이 트루바두르의 노래에 남아 있다. 이들 중 가장 오래된 것은 바케이라스의 랭보(약 1155-1205년 이후)의 유명한 〈5월 초하룻날Kalenda Maya〉이다. 이것은 그가 몬페라토의 보니파초 1세Bonifacio I(약 1150-1207) 후작의 궁정에서 파리 출신의 2명의 비엘라 연주자 종글뢰르jongleur(10세기 무렵에 나타난 직업적인 음악가의 한 계층*)로부터 처음으로 들었던 것이다. 그는 "잉글랜드 귀부인들이여, 내가 에스탕피를 작곡하고 완성했습니다Bastida, finida, n' Engles ai l'estampida"로 끝나는 텍스트를 덧붙이며, 악기의 기원에 대하여 언급했다.

도상학적 자료

음악에 대한 도해로 이루어진 시각예술은 악기에 대한 것뿐만이 아니라 종종 악기가 연주되었던 상황에 대한 많은 정보를 제공해 준다. 이 시대의 예술가들은 당연히 교회로부터 다양한 임무를 받았다. 그 당시 몇몇 실제 악기들은 상징적 맥락에서 성경에 대한 참조를 통하여 우주의 기원과 소리의 질서를 전달하는 역할을 하는 것으로 묘사되었다. 지식인 화가는 예를 들어, 어떤 성인의 손에 상징적으로 맞지 않는 악기를 쥐어 줌으로써 검열을 당하지 않기 위해 반드시 배워야만 했던 철학과 신학적 지식의 기초인 음악, 산술, 기하, 천문으로 구성된 4과의 자유학예를 적당히 알고 있어야만 했다. 종교와 관련한 예술의 영역에서, 단순히 음악적으로 옳을 뿐만 아니라 전적으로 형이상학적인 악기에 대한 이미지는 세속 예술 또는 전례와 관련이 없는 종교 예술 속에서 실질적으로 악기가 연주되는 상황에 대한 묘사로 변형되었다. 실제로 음악과 관련한 이미지의 재현 속에는 각각의 악기에 대한 묘사뿐만 아니라 악기의 편제, 연주가 펼쳐진 상황에 대한 묘사 또한 이루어졌다.

고고학적 자료

12세기 이전의 초기 악기들에 대한 유물은 매우 드물다. 그 기원은 언제나 고고학적 발굴과 관련이 있었다. 재료의 부패하기 쉬운 정도의 다양한 차이로 인해 목재로 된 유물은 매우 적으며, 뼈로 이루어진 것들이 상대적으로 풍부한 반면에, 금속으로 된 악기 유물들은 상당수 발견되었고 특히 토기로 제작된 악기의 유물들이 많다. 나무로 만들어진 악기들 가운데에는 견고한 공명통 덕분에 오랫동안 보존될 수 있었던 활 모양의 류트(레벡, 구도크gudok)와 풍적의 파편들, 몇몇 리라(칠현금), 그리고 나무 플루트가 일부 발견되었다. 또한 뼈로 만들어진 플루트, 피리, 호른olifante과 하모니카, 트럼펫, 오르간 파이프, 종, 래틀, 심벌즈 등의 금속 악기들, 그리고 토기로 된 플루트, 피리, 호른이 있다. 우리는 이러한 잔해들로부터 연주자의 연주 양식의 유사한 감수성으로 나타날 수밖에 없는 체계적인 구조 분석에 의한 위대한 지식을 감지할 수 있었다.

나무와 뼈, 금속 악기

종교적 범위 내의 악기의 적용

그 시대 음악 실기에 대한 학습은 기본적으로 구술로 이루어졌다. 이러한 이유로 악기에 대한 기록만으로 이루어진 음악 자료를 가질 수는 없었다. 사실상 기보법은 거의 전례곡에만 한정적으로 사용되었다. 여기에서 연주는 부호화에 의거하여 저음을 대체하고 증폭시키거나 연주하기 위해 활용된 몇몇 악기들의 참여를 고려할 수 있었다. 교회와 수도원에서 악기의 사용은, 비록 예식의 실행을 위해 외부 음악가들이 개입하는 개연성을 배제할 수는 없지만 성직자들의 권한에 속했다. 세속적인 기원을 가진 오르간은 전례 미사에서 서서히 특별한 위치를 차지하게 되었다. 980년경 윈체스터 수도원에서 기념비적인 최초의 오르간이 만들어졌다. 2개의 층 위에 정렬된 (70명의 장정에 의해 작동되는) 26개의 풀무와 (2명의 음악가가 연주한) 400개의 금속 파이프로 구성된 악기의 소리는 동시대 연대기 작가들에게 '천둥의 위협적인 굉

외부의 음악가들

음'과 비교되었다. 이후에 캔터베리의 대주교가 되는 잉글랜드의 던스턴Dunstan(924-988)은 맘스베리 수도원을 위한 오르간을 만들게 했다. 그 오르간 위에 다음의 비문을 담고 있는 청동 현판이 붙어 있다. "수도원장 던스턴이 아델모Adelmo에 대한 존경의 의미로 이 오르간을 만들다. 여기에서 이것을 제거하려는 자는 영원의 왕국을 잃을 것이다."

교회 내에서 오르간이 지니고 있는 중심적인 역할 교회 내의 악기 사용에 대한 교회의 배척은 모든 기악 음악에 대한 최악의 도덕적 평판으로 인해 더욱 심화되어, 악기를 전례와 교육에 활용할 여지를 좀처럼 주지 않았음이 분명하다. 전통적으로 피타고라스의 모노코드에 맡겨진 음악 이론과 전례 방법의 학습은 오르간의 특별한 특성 덕분에 이 악기에서 공고해졌다. 춤곡을 연주하기 위해 교회 밖에서도 사용된 견대에 매단 작은 오르간의 '운반 가능한' 변형된 악기가 아니라면 민중들은 연주하기 불가능했던 대형 오르간의 주문으로 인해 교회의 권위는 최대로 향상되었다.

금지된 악기들 반면에 오르가니스트룸organistrum(찰현 악기)은 전례 관련 전용 악기로 탄생했다. 그것의 어원은 오르가눔organum(4도 또는 5도의 평행 음정을 위한 다선율 곡의 기술)과 동일하며, 2명의 연주자를 필요로 했다. 그것은 크랭크로 작동되는 휠, (기계적인 건반이 적용된) 비올라 형태의 본체, 저음부와 2개의 평행 선율을 제공하는 (휠에 의해 마찰되는) 3개의 현이 갖춰진 활 모양의 대형 코르도포노cordofono(현악기*)다. 수사들이 연주하는 이 악기의 소리는 예배에 허용되지 않았던 백파이프의 소리를 모방했다. 교회에서의 사용이 명백하게 합법적이었지만 단순히 부수적인 역할을 했던 또 다른 악기들은 모두 시그나signa라는 이름으로 통칭되었던 금속 방울과 트라콜라raccola, 종이었다. 그 종은 액막이 역할을 했다. 종은 소리를 통해 악마를 물리치고 공간을 제한한다. 다른 악기들도 교회에 받아들여질 수 있었지만, 교회 밖에서의 빈번한 사용은 이 악기들의 신빙성을 의심하게 만들었다. 악기와 춤을 교회로부터 추방하기 위한 법령들이 계속적으로 공포되었으며, 이에 대해 관대했던 사제들은 파문의 위기를 맞기도 했다. 사실 드러나지 않은 추정상의 도덕적 유혹에 개의치 않았던 민중의 종교성은 나름의 음악적 표현을 통해서도 그들의 신앙을 보여 주었다. 민중은 종교 음악을 들으며, 수사들의 귀에도 도달하는 소리를 내는 유혹적인 악기로 교회의 침묵을 깨고 교회에 의해 강요된 경계를 흐트러뜨림으로서 이 음악을 자신들의 것으로 만들었다.

문화적인 관계

'신성한' 것과 '세속적인' 것, 또는 '민중적인' 것과 '귀족적인' 것 사이의 레퍼토리들을 비롯한 악기들 사이의 교류의 원동력은 오늘날 전통 음악에서 일어나고 있는 일들과 동일시할 수 있다. 즉 농촌 또는 도시의 한정된 공동체의 민족 집단으로서 이해되는 민중은 자신의 존재에 대한 일상 또는 예식의 매 순간에 음악을 함께하면서 완전한 자율성을 지님으로써 악기 연주자로서의 임무를 수행하는 것에 자신의 역할의 일부를 할애했다. 이는 집단의 유지를 위해 다른 모든 일과만큼이나 중요한 것이었다. 또한 민중은 세속 음악과 교회 음악을 명확히 구별했다. 이러한 구분은 그들의 능력의 범위 내에서 충돌 없이 해결되었다. 즉 일부 전문적인 기악 연주자들은 춤의 레퍼토리 또는 사랑 노래에 악기로 반주를 맞추는 방법을 알고 있었고, 또 다른 연주자들은 종교적인 레퍼토리를 다루는 방법을 알고 있었다. 한편, 수사들은 해박한 연구를 통한 음악 이론뿐만 아니라 그들이 거주하던 지역 연주자들과의 접촉으로부터 악기 연주에 대한 지식 또한 얻을 수 있었다. 결국 기악 음악은 대중 사회와 귀족 사회를 견고하게 결속함으로써 통합적인 요소가 된 구두 전승을 통해 전해진 음악이다. 이것은 교회 음악과 세속 음악의 구분을 어렵게 만들었다. 11세기와 12세기 사이에는 대중 사회에 어느 정도 속하지 않는 귀족적인 기악 음악의 레퍼토리가 존재하지 않았기 때문이다. 귀족 모임의 무도회에서 연주를 하던 음악가는 그 마을의 광장에서 악기를 연주하던 사람과 같은 인물이었다. 그래서 궁정이 찾을 수 있었던 최고의 풍적 연주자는 언제나 양치기였다. 이러한 시각에서 우리는 기악 음악을 '낮은 곳에서' 유래한 하나의 예술로 이해해야 한다. 그러나 이것 때문에 중세의 다른 예술에 비해 세련되지 않았던 것은 아니다.

| 다음을 참고하라 |

역사 축제, 놀이, 의식(265쪽)
문학과 연극 로망스(558쪽)
음악 중세의 백과사전적 문화의 음악(824쪽); 11세기와 12세기의 춤: 춤과 종교(855쪽)

노르만 지배를 받던 시칠리아의 축제와 노래
| 로베르토 볼렐리Roberto Bolelli |

12세기 루제로 1세의 통치를 받던 시칠리아에서는 전례와 관련한 축제 기간 동안 사용된
일부 작품들이 기술된 초기 문서들 가운데 이른바 시칠리아 노르만의 트로푸스가
집필되었다. 오랜 구전의 전통에 대한 문서 작성은 문헌상으로 엄청난 중요성을 지니고
있지만 3개의 트로푸스는 구성의 근대적인 특징들을 나타내며 전통적인 그레고리오
성가 또한 극복했음을 보여 주었다. 이들 가운데 시절 작곡의 새로운 종류가 나타났고,
기록된 다성 음악의 초기 전형들 중 하나가 포함되어 있었다.

시칠리아 노르만의 트로푸스

1091년에 위대한 백작 루제로 1세(약 1031-1101)와 함께 시칠리아는 그리스도교 신앙으로 회귀했다. 그로 인한 많은 결과들 가운데 하나는 음악적인 문제들과 밀접한 관련이 있었다. 12세기에 시칠리아에서 작성되었고 18세기 초에 마드리드 국립도서관에서 부르봉 왕가에 의해 옮겨진 3개의 선집인, 이른바 시칠리아 노르만의 트로푸스의 편찬은 실제로 가톨릭의 전례 의식에 기인하였다.

시칠리아로부터 유입된 라틴식 전례 선율로 이루어진 소수의 양피지 문서 중 이 트로푸스 3개의 중요성은 특히 미사 통상문ordinarium missae을 위해 연주된 그레고리오 성가보다 전례적인 축일에 불렸던 고유문proprium의 수많은 단편들로부터 기인한 것이다. 이미 기정사실화된 것들만 전사되었던 필사본들에는 제단의 단순한 장식적인 기능만을 남겨두었으며, 중세에도 전례의 음악과 텍스트에 대한 정보를 제공해 준 것은 여전히 기억이었다는 것을 강조할 필요가 있다(엄청난 미적 가치를 지닌 세밀화들의 확산을 생각해 보라).

3개의 트로푸스 중 2개는 팔레르모의 레알레 예배당Cappella Reale을 위해 필사되었으며, 일부는 수백 개의 성가를 포함한다. 둘 중 가장 오래된 것(ms. Madrid 288)은 1100년경 필사된 것으로, 오선지가 아닌 백지에 네우마로 구성된 기보법을 보여 준다. 반면에 필사본 Madrid 289는 1140년경에 기록된 것으로, 역시 유선 악보를 보유하고 있다. 노르망디 궁정에 대한 가장 명백한 언급은 트로푸스의 모든 성가들 중 〈왕이신 그리스도Laudes regiae〉로 알려진 성가에서 분명하게 찾아낼 수 있다. 레스폰

소리움의 적용에 따라 이러한 호칭 기도는 왕이나 황제가 성탄, 부활 또는 성령 강림 대축일 미사에서 왕관을 쓸 때 연주되었다.

기보법이 사용된 전례 성가의 필사본들은 여기에 삽입된(응창 성가집, 교창 성가집 등의) 레퍼토리에서 그들의 이름이 유래했다. 이렇게 트로푸스 역시 '트로피tropi'를 모아 놓은 것에 지나지 않았다. '트로파투라tropatura'라는 것은 이전에 존재하던 노래를 보완한 시행의 창작을 고려하는 기법이었다. 역사적–음악적으로 큰 관심을 불러일으킨 동기는 '(주를) 찬양합시다Benedicamus'의 새로운 유형 외에 시행 안에 시절로 된 작품의 새로운 종류인 콘둑투스conductus(12, 13세기 성악곡의 일종*)나 베르수스versus의 중요한 작품집의 존재에 있었다. 이러한 성가의 대부분은 그레고리오 성가가 이전 세기에 확립한 양식과는 거리가 먼 해법들인 독창적인 운율과 새로운 리듬 체계, 심지어 '시대에 앞선ante litteram' 강렬한 음감을 통해 시대와 장르에서 과감하다 할 정도의 구성상의 근대적인 특징을 보여 주었다.

『카타니아의 트로파리움』

필사본 Madrid 19421인 세 번째 트로푸스는 두 번째 트로푸스보다 20여 년 뒤인 약 1160년경으로 거슬러 올라간다. 그것에 포함된 부속가 중 하나인 〈형제들이여, 찬양합시다Eya fratres personemus〉가 그 도시의 수호성인인 성녀 아가타Sant'Agata에게 봉헌되었기 때문에(이 텍스트는 1126년 콘스탄티노플에서 온 유해의 귀환을 기념하는 것이다), 카타니아 대성당의 전례 활동과 이 트로푸스를 연결하는 것이 적절하다. 이러한 이유로 이 모음집은 『카타니아의 트로파리움Troparium de Catania』으로 알려졌다. 이 트로푸스에 포함된 노래 중 특별한 범주는 중요한 축일에 일반적으로 〈할렐루야Alleluja〉 다음에 불렀던 부속가sequenza다. 19421 필사본은 총 200여 개의 성가 중에서 90여 개를 포함하고 있다.

이 트로푸스는 기록된 다성 음악의 초기 전형들 중 일부를 포함하고 있는데, 이는 이 문헌이 역사적으로 중요한 의의를 지니고 있는 이유이기도 하다. 현대의 것보다 열등하지 않고 아키텐과 에스파냐의 레퍼토리보다 훨씬 더 유명한 이 4개의 이중창 성가는 멜리스마 기법(성악곡에서 가사의 한 음절에 많은 음표를 장식적으로 달아 표정을?풍부하게?하는?기법*)의 상부의 음과 더욱 단순한 저음을 보여 주었다. 2개의 성가(〈주님을 찬미합시다〉와 특히 〈그에 대해 밝힙니다Affirmavit eius〉)는 매우 짧은 단편들

트로푸스, 문화적인 관계에 대한 증거

인 반면, 다른 2개(〈한 분이신 동정녀께 인사를Ave virgo singularis〉과 〈십자가에 못 박히심 Crucifixum in carne〉)는 더욱 길었다.

무엇보다 이 레퍼토리에 대해 깊이 연구한 영국의 음악학자 데이비드 하일리David Hiley는 이 3개의 트로푸스의 경향을 효과적으로 포착했다. 우리는 대부분이 더 명상적이고 절제된 전통적인 그레고리오 양식의 노래들로 이루어진 전례 의식에서 이 음악이 어떤 충격을 주었을지 상상해야만 한다. 이렇게 새로운 유형의 노래로 발생한 대립은 매우 심각했음이 분명하며, 다성 음악의 실제 활용에서는 더욱 컸을 것이다. 하지만 중세 교회가 재건축되며 건축 양식의 혼합이 이루어진 것처럼, 중세의 전례 음악 또한 다양한 시기의 요소들로 구성되었다. 노르만 지배를 받던 시칠리아의 트로푸스는 노르만의 권력이 정점에 있던 시기로부터 더욱 현대적인 요소들 중 하나를 포착했다.

루제로의 궁정과 팔라티나 예배당의 도상학

중세의 레퍼토리에 대한 연구를 가장 효과적으로 지원해 준 것들 중 하나는 분명히 이 시대의 조형예술이었다. 즉 팔레르모의 팔라티나 예배당 프레스코화는 중세의 모든 프레스코화를 통틀어 가장 광대하며 잘 보존된 것 중 하나이고, 악기학에 매우 유용한 도상학적 자료들을 보여 준다. 그뿐만 아니라 묘사된 음악가들과 무희들의 모습은 노르만의 궁정과 시칠리아 왕국 전체의 특징적인 분위기를 대략적으로 보여 준다.

아랍의 영향　　오늘날 노르만의 궁정으로 알려진 곳에 위치한 이 예배당은 천장은 나무로 만들어졌으며, 전체가 화려하게 장식되었다. 이 천장은 루제로 2세(1095-1154) 시대를 충분히 증명하는 모든 증거, 그리고 일부 연구가들이 여전히 살아 있는 아랍 문화의 자취를 지니고 있으며, 페르시아와 그리스-비잔티움의 영향으로 여기고 있는 양식에 따라 만들어졌다. 또한 그곳에 묘사된 다양한 류트(아랍어로는 al ûd) 연주자들을 위한 이상적인 배경은 이슬람교의 상상 속 천국djanna과의 이미지의 융합을 통해 실현되었다. 악기학 또한 유럽의 류트의 존재에 대한 이론들을 팔라티나 예배당(또는 체팔루 대성당)의 나무 천장에 묘사된 것을 기반으로 하였다. 북유럽에서 유래한 악기와 지역의 악기와 함께 지중해와 가까운 근동의 악기들을 비롯하여 프레스코화에서 찾아낼 수 있는 악기들은 매우 풍부했다.

팔라티나 예배당의 회화 작품들을 분석했던 우고 몬네레트 데 빌라드Ugo Monneret De Villard(1881-1954)는 그의 저서 『팔레르모 팔라티나 예배당의 천장에 있는 이슬람 회화Le pitture musulmane al soffitto della Cappella Palatina in Palermo』에서 몇몇 작품들을 다음과 같이 설명했다. "종유석 모양의 창틀의 각각 다른 두 부분에는 2명의 무희가 표현되어 있고, 이웃한 부분에는 작은북을 치는 여성 연주자가 있는데, 이것은 춤의 반주를 위한 고전 악기인 것으로 보인다."

더욱 큰 인상을 주는 것은 이러한 그림들이 보여 주는 명백한 축제의 분위기다.

프리드리히 2세의 궁정: 프로방스의 트루바두르와 시칠리아의 리마토레

노르만의 시칠리아 왕조와 슈타우펜의 슈바벤 왕가를 통합한 프리드리히 2세(1194-1250, 1220년부터 황제)는 중세의 시칠리아에 정치, 경제, 문화, 그리고 예술 전반에 걸쳐 엄청난 자극을 주었다. 프리드리히는 발라타ballata(14세기경 이탈리아에서 많이 사용된 시와 음악의 형식*) 형식의 시 〈아름다운 나의 연인Dolce lo mio drudo〉의 작가이기도 했던 것으로 보인다. 이 시에 곡을 붙인 작자 미상의 이중창곡 악보는 다음 세기인 14세기와 15세기 사이에 만들어진 것으로 생각된다. 이 발라타는 동일한 필사본, 즉 레이나 사본Codice Reina의 시칠리아나siciliane(고대 시칠리아의 춤이나 그 반주곡*)와 비슷하다.

프리드리히의 다문화적 특성을 지닌 궁정에서는 아랍 지역이나 프로방스, 북이탈리아와 북유럽 출신의 상인, 과학자, 문학가, 음악가들이 개방적이고 관대한 분위기 속에서 서로 이웃하여 함께 어울려 생활했다(특히 시칠리아는 유럽에서 유대인들이 박해받지 않았던 유일한 곳이다). 여러 문화가 공존하는 궁정

프리드리히의 궁정에 출입하는 예술가들 사이에서는 프로방스의 트루바두르들이 특히 눈에 띄었다. 이들에 앞서, 이미 노르만 왕국 시대 초기에 오일어를 사용하는 시인들인 트루베르들이 프랑스 북부로부터 시칠리아로 들어왔다. 반면에 오크어를 사용하는 트루바두르들은 굴리엘모 2세 선한왕(1153-1189) 시기에 시칠리아에 도착했다.

따라서 13세기 초, 이른바 시칠리아 시 학파의 대표적인 인물들은 프로방스 출신의 트루바두르들이 추구한 궁정 양식과 경쟁해야만 했다. 불행히도 투르바두르들과 달리 그들의 시적 작품의 선율은 남아 있지 않다. 프랑스 시인들과 에스파냐 시인들

처럼 시칠리아 시인들이 시행에 곡을 붙였을 것이라는 가설에 동조하는 경향이 있지만, 직접적인 어떤 문서도 존재하지는 않는다. 설득력 있는 증거는 렌티니의 자코모 Giacomo da Lentini(약 1210-약 1260)가 손에 쥐고 있는 두루마리 필사본의 한 귀퉁이에 음표로 추측할 수 있는 모양들을 볼 수 있는 세밀화(ms. Banco Rari 217)로부터 유래한다.

아랍인의 영향과 토착민의 구전 전통

아랍인과 노르만인, 그리고 문화적인 부흥

9세기에 아랍인들이 시칠리아에 도착했을 때, 그들은 직전의 식민 지배로 인해 극도로 낙후된 상태에 있는 섬을 발견했다. 그러나 아랍인의 지배를 받았던 2세기 반 동안 시칠리아는 진정한 부흥을 경험하게 된다. 노르만인들도 비록 시칠리아 섬을 그리스도교 신앙으로 되돌려 놓기는 했지만, 패자들의 유산을 수용하고 하나로 통합했다. 루제로의 통치 아래, 팔레르모는 로마식과 비잔티움식의 두 가지 의식이 공존하고 있던 그리스도교 교회와 유대교 회당 외에도 300개의 이슬람 사원을 보유하고 있었다. 이러한 풍조의 확립으로 시인들과 지역 리마토레(주로 중세 말기의 시인*)의 독특한 번영을 이끌어 냈으며, 전반적으로 문화적인 성장기를 보냈다. 아랍과 중동의 악기들은 시칠리아의 전통 악기들을 비롯한 중세의 악기들과 혼합되었다. 팔라티나 예배당의 묘사에서 관찰되는 악기들의 공존은 다른 문화들의 융합을 시사하는 가장 좋은 예다.

음악에 대한 연구가 이 시기의 도해 작품들로부터 유용한 도움을 받았다는 것은 이미 강조한 바가 있다. 고대의 레퍼토리에서 소리를 복원할 때에도 이러한 묘사들은 분명 귀중한 자료들이었지만 종종 부족한 점들이 있었다. 또 다른 중요한 증거 자료는 구전으로 전해져 내려온 소리들과 필사본들의 비교로 제공되었다. 이는 구전이 문체론적이고 지리학적으로 연관성이 있었을 때 매우 유효했으며, 귀족적인 것과 민중적인 것 사이의 괴리가 그 이후의 시기와는 달리 그렇게 분명하지 않았던 이 시기에 귀중한 가치를 지닌다. 이러한 도움은 아랍-중동의 음악뿐만 아니라 시칠리아의 음악으로부터도 도달했다. 종종 그 레퍼토리들은 오늘날까지 고스란히 전해졌으며, 도시에서 불과 몇 킬로미터 벗어나면 그것을 듣는 것이 가능하다. 이는 특정 시점에 이르러 기억을 통한 전달 수단이 사라지고 난 뒤에, 그리고 고대 문헌들의 기록 수단처럼 불안정한 경우라면 특히 기록을 통한 수단만으로는 존속될 수 없었던 고급스러운 작품들과는 차이를 보였다.

예를 들어, 트로푸스의 다성 음악의 양식을 어느 정도 재현하였으며, 주로 인간의 기억에 의해 계승된 시칠리아 전통의 몇몇 다성 음악곡들(특히 성주간의 〈애도 Lamenti〉)이 그 유용성을 회복했다. 시칠리아의 풍부한 문헌 자료에서는 일상의 기능적인 측면(노동 리듬, 자장가, 바다의 노래)과 '서정적인' 노래와 이야기체의 노래는 물론 종교적이고 세속적인, 그리고 세련되고 대중적인 의식의 찬양과 축제의 의례도 찾아볼 수 있다.

| **다음을 참고하라** |
역사 시칠리아와 이탈리아 남부의 노르만인들(109쪽)
시각예술 노르만의 지배를 받은 시칠리아: 체팔루, 팔레르모, 몬레알레(745쪽)
음악 트루바두르(840쪽)

음악의 도상학: 아르스 무지카, 하르모니아 여신

| 도나텔라 멜리니Donatella Melini |

중세의 예술적 창작의 범위 내에서 음악과 관련한 가장 흥미로운 도상학의 주제 중 하나는 음악을 아르스 무지카Ars Musica(자유학예에서 음악을 나타내는 소녀)나 하르모니아Armonia 여신으로 묘사하는 것이다. 음악에 대한 삽화의 역사와 성공을 되짚어 가는 것은 매우 복잡한데, 그 이유는 문화적·상징적·비유적인 다양한 요소들이 종종 중첩되어 나타나기 때문이다.

고대 말기의 도상학적 전형에서 뮤즈와 자유학예에 대한 묘사

음악을 여성의 모습과 관련지은 묘사는 매우 오래되었으며, 그 기원은 고대 세계에서 만들어진 뮤즈의 기호화에서 유래했다. 므네모시네Mnemosyne(기억의 여신)와 제우스Zeus의 딸들인 뮤즈들은 이미 기원전 7세기에 헤시오도스Hesiodos에 의해 예술과 지식을 수호하는 신들로 여겨졌다. 그들의 수가 9명으로 결정되기는 했지만, 처음에는 서로 확연한 구분이 이루어지지 않았다. 그들은 기원전 4세기에 각각의 특정한

고대의 뮤즈들과 그들의 악기

역할과 특성을 지니기 시작했다. 책이나 서판書板을 다스리는 클레이오Cleio는 역사를 주관하고, 희극과 목가시를 주관하는 탈레이아Thaleia 또한 서판과 때로는 현악기를 다스리며, 호른과 비극적인 가면을 쓰고 있는 멜포메네Melpomene는 비극을 주관하고, 현악기를 다루는 테르프시코레Terpsichore는 노래와 춤을 주관한다. 또한 구체나 컴퍼스를 가지고 있는 우라니아Urania는 천문을 주관하고, 손에 악기, 주로 오르간을 들고 있는 폴리힘니아Polyhymnia는 영웅 찬가를 주관하며, 작은북을 가지고 있는 에라토Erato는 서정시와 연애시를 주관하고, 트럼펫을 연주하거나 서판을 가지고 있는 칼리오페Calliope는 영웅 서사시를 주관한다. 마지막으로 2개의 파이프로 된 관악기를 연주하는 에우테르페Euterpe는 서정시와 음악을 주관한다. 뮤즈 여신들은 종종 아폴로Apollo 신과 함께 표현되었다(이러한 경우에 아폴로는 뮤즈 여신들을 이끄는 자로 명시되었다). 이 시기에 뮤즈 여신들은 모두 함께 묘사될 수 없었기에 개별적으로 또는 소규모 그룹으로 표현되었다.

5세기에는 중세 학문의 본질적인 기초를 세운 교과목인 자유학예에 대한 묘사에서 테르프시코레와 아르스 무지카 사이에 도상학적인 중첩으로 이어진 흥미로운 개념의 전개를 접할 수 있다. 수사학자이자 문법학자인 마르티아누스 카펠라는 410년에서 439년 사이에 학술서 『필롤로기아와 메르쿠리스의 결혼』을 집필했다. 여기에서 아폴로의 안내에 따라 문법학, 논리학, 수사학(인문 분야인 3학)과 기하학, 산술학, 천문학, 음악학(과학 분야인 4과)을 나타내는 7명의 소녀들(뮤즈 여신들과 비교하여 2명이 부족하다)에 의해 필롤로기아와 메르쿠리스를 위한 결혼 선물이 전달되었다.

자유학예의 7명의 소녀들   각각의 소녀들은 자신의 수행원들을 동반했으며, 특별한 복장과 특유의 상징을 보여 주었다. 이는 뮤즈 여신들의 도상학적 전형으로 거슬러 올라가는 상징적인 유형과 관계가 있다. 문법은 채찍을 손에 쥐고 있고, 그녀의 발치에는 책에 머리를 조아리고 있는 2명의 신봉자가 있었다. 논리학은 손에 뱀을 쥐고 있으며, 수사학은 검과 방패를 쥐고 있다. 기하학은 컴퍼스를 가지고 있고, 산술은 네모난 작은 조각을 보여 준다. 천문은 구체를 들고 있으며, (하르모니아로 의인화된) 음악은 프살테리움(고대부터 중세 말에 사용했던 현악기*) 또는 종을 연주하고 있고, 이따금 백조를 동반하기도 한다.

에우테르페와의 관계를 강조하기 위해 마르티아누스 카펠라의 하르모니아는 고전 신화에서 음악과 밀접하게 연관된 중요한 3명의 인물인 오르페우스Orpheus, 아리오네Arione, 암피온Amphion과 함께 나타났다. 아폴로와 칼리오페의 아들인 오르페우스는 그의 연인 에우리디체Euridice의 구출을 시도할 때, 죽은 자들의 왕국으로 내려갈 수 있도록 해 준 소리의 주술적인 능력을 구현한다. 포세이돈Poseidone과 오네아Onea의 아들인 아리온Arion 역시 시인이자 음악가였는데, 헤로도토스Herodotos(기원전 484-기원전 424)에 따르면 디시램브dithyramb, 즉 디오니소스Dionysus에 대한 경의의 송가의 창작자로 추정된다. 제우스와 안티오페Antiope의 아들 암피온은 헤르메스Hermes로부터 리라 연주 기술을 터득한 후, 완벽한 하모니로 벽의 돌들을 옮기고 배열하는 음악의 힘 덕분에 테베의 파괴된 도시를 다시 지을 수 있었다.

마르티아누스의 연구서(현재 밤베르크 주립도서관[HI. IV,12]에 소장된 10세기의 전형으로 자유학예에 대해 전해진 것 중 가장 오래된 표현이다)는 이런 주제에 대해 후대의 도상학적 표현들에 영향을 준 토포스topos(문학에서 몇 개의 모티프들이 자주 반복되어 이루는 '진부한 문구'를 지칭한다*)가 만들어지는 데 근본적인 공헌을 했다. 이 시기부터 인문학을 의인화한 7명 소녀들의 상징이 유행했다. 그들의 이미지는 고딕 양식 대성당들의 프레스코화 작품들 또는 정문 위의 조각들 같은 그 시기의 많은 표현에서 발견할 수 있다. 또한 샤르트르 대성당처럼 더 이상 아폴로가 아니라 지혜의 원천 sedes sapientes인 동정녀 마리아의 보호를 받으며 지상의 지식과 천상의 지식 간의 대화를 강조하기 위해 7가지 덕목과 12달을 상징하는 작품들과 함께 종종 나타났다.

지식의 새로운 토포스

음악과 고안자

몇몇 경우에 자유학예는 왕좌에 앉아 있었으며, 그들의 발 아래로 학과의 주요한 대표자들 또는 그 학문의 신화적인 주창자들이 묘사되었다. 따라서 아르스 무지카는 피타고라스Pythagoras(기원전 6세기)에 결부되었으며, 종교적인 기준을 정할 때에는 (특히 13세기부터) 유발Jubal(체트라와 오르간을 다루는 모든 악사들의 조상이었던 카인의 아들, 「창세기」 4장 21절) 또는 투발Tubal(구리와 쇠로 온갖 도구를 만들었던 유발의 형제, 「창세기」 4장 22절)과 연관되었다. 종종 이 두 형제는 소리를 만들어 내기 위해 모루를 큰 망치로 내려치는 것에 열중하고 있는 1명의 남성으로 도상에 중첩되어 표현되었다. 일부 묘사에서 예술은 학문의 영역으로 진입하는 최초의 진정한 여행으로도 나타났다. 이 경우에 자신의 스승을 동반한 한 제자는 아치 또는 2개의 기둥(지식 및 '일상 세계'와 '지식 세계' 사이의 단절에 대한 상징)을 통과한 뒤에 7명의 소녀를 만나게 되

피타고라스, 유발과 투발

는 긴 오르막길(배움의 어려움)을 지나 산(지식)의 정상을 향하고 있다.

음악은 4학의 과목이므로 과학 교과 영역에 속한다. 이러한 이유로 음악은 피타고라스가 음정에 대한 이론을 수학적으로 정립한 악기인 프살테리움이나 몇 개의 종과 함께 자주 묘사되었다. 프살테리움은 나무 상자 위에 하나의 현을 움직일 수 있는 브리지(기러기발)로 균형 잡힌 비율에 따라 나눈 악기인 모노코르드에서 유래했다. 전해져 내려오는 이야기에 의하면, 바로 이 악기가 피타고라스로 하여금 음정과 그 비율을 정하는 것을 가능하게 했다고 한다. 프살테리움은 기울어진 2개의 긴 브리지 덕에 각기 다른 음을 낼 수 있는 더 많은 현을 공명통 위에 설치함으로써 모노코르드에서 한 단계 더 진화한 것이다. (대장장이 투발을 암묵적으로 지시하는) 종들 또한 음정 측정에 실용적이었다. 반복적으로 나타났던 전형을 기반으로 이러한 종들은 다양한 크기로 묘사되었으며, 망치로 가격할 수 있도록 얇은 횡목에 매달려 있었다.

에우테르페를 넘어, 음악과 과학과의 관계　뮤즈 여신들이 그랬던 것처럼 자유학예 역시 집단으로부터 분리되어 개별적으로 표현할 수 있었다. 이러한 경우에 표현은 각각의 묘사가 행해야 할 역할과 문화적 맥락 때문에 미묘한 의미의 차이를 보여 주었다. 따라서 이제 자유학예의 음악은 '무지카Musica'인 '하르모니아 여신' 또는 앵글로-색슨족의 나라에서 불리듯이 연주에 열중하고 있는 젊은 아가씨인 '음악 숙녀'가 되었다. 그러나 많은 요소들이 음악을 뮤즈 여신과 구분하도록 만든다. 즉 에우테르페가 더 넓은(그리고 반드시 정확하지는 않은) 의미로 음악을 표현해야만 했다면, 이제 새로운 묘사는 기존의 질서와 조화, 그리고 과학과의 관계를 정확하게 설명할 의무가 있었다. 따라서 이제 보편적인 악기가 아닌, 새로운 철학적 요구에 더 부응하는 선택이 이루어졌다.

오르간과 수학　무지카와 관련하여 휴대용 오르간 또한 등장했다. 기원후 초기에 이미 권력의 상징이었던 이 악기는 비잔티움 세계에서 (수압을 이용해 파이프를 채우는, 즉 소리를 나게 만들고, 공기를 공급하는) 수력 체계가 풀무로 만들어진 압축 공기로 대체될 수 있게 되자 연구와 구조적 변화의 대상이 되었다. 초기에 '혀'라고 불리며, 밖으로 빼내어 사용하고 수평으로 나열된 나무 뭉치들로 구성된 건반들은 13세기에 파이프 안에서 공기의 유입을 조절하는 밸브 또는 조절변을 여는 실용적인 지렛대(레버)로 변형되었다. 따라서 오르간도 종 또는 프살테리움과 같은 지식의 상징으로 변모함으로써 파이프의 길이-직경의 비율에 대한 수학적인 연구를 은연중에 요구했기 때문에 사색적인 가치를 지니게 되었다.

그 후 300년대부터 무지카에 대한 묘사는 점점 음악을 더욱 본질적으로 이론적인 면과 관련지었던 다른 중대한 내용들로 풍성해졌다. 실제로 많은 세밀화들에서 음악을 기술적 용어와 6음절의 헥사코드가 새겨져 있는 2개의 기둥 옆 옥좌에 앉아 있는 모습으로 묘사했다.

성경의 도상학적 전형에 나타난 소녀 무지카

이러한 '철학적인' 바탕의 유형과 함께 더 이상 과학으로서가 아니라 (현대적인 의미에서) 예술로 이해된 음악을 지향하는 또 다른 유형이 존재했다. 이러한 도상학적 전형은 구약 성경, 특히 처녀 이스라엘virgo Israele, 즉 성경(「탈출기」 15장 20절)에 계약의 궤 앞에서 춤을 춘 것으로 기록된 정결함의 상징인 소녀 미르얌Myriam의 모습에서 가져왔다. 중세에 와서 이러한 묘사는 '신성한' 가치를 상실했으며, 궁정의 매력allure으로 물들었다. 따라서 소녀는 춤을 추었을 뿐만 아니라 고딕식 작은 하프를 연주했다. 그 악기는 특징적인 구조로 그려졌다. 삼각형 모양의 측면은 연주자의 어깨 위에 올려놓는 공명통(여기에 장선腸線으로 된 현이 고정되어 있다)을 만들었다. 파상 형태의 선반 위에는 줄감개가 고정되었으며, 지지대는 똑바로 세워지거나 현의 장력을 더 좋게 유지하기 위해 밖을 향해 살짝 구부려졌다. 성경의 내용에 충실했기 때문에 이러한 이미지는 수녀원 문화에도 들어오게 되었으며, 이러한 이유로 수녀들에게 보급된 문헌들에서 빈번하게 발견된다.

중세 후기의 악기

1300년대에 점점 인기를 누리기 시작한 또 다른 악기는 류트다. 아랍에서 수입된 이 악기는 (통널이라고 불린) 가늘고 긴 박판薄板들로 형성된 외판과 거의 중앙에 (장미 모양의) 특유의 울림구멍을 갖춘 공명판으로 구성되었다. 건반 역할을 하는 현들이 고정되어 있는 류트의 손잡이는 지판指板과 거의 직각으로 뒤로 접힌 줄감기 판으로 마무리되었다. 최고의 궁정 악기가 된 류트는 무지카에 대한 묘사에서 공주의 신분으로 인식되었으며, 따라서 높은 사회적 계층을 증명하는 화려한 옷을 입은 모습으로 묘사되었다. 하르모니아 여신인 무지카는 얼마 후 15세기에 성녀 세실리아Cecilia의 묘사에서 도상학적 기준의 전형을 제공했다. 로마의 동정 소녀 세실리아가 (라파엘로Raffaello[1483-1520]의 1514년 제단 성화에서 성녀의 발밑에 부서진 악기들로 상징적으로

류트, 궁정의 악기

묘사된) 인간들의 악기로 연주한 음악을 무시하고 성스러운 음악을 듣고 있는 장면
이 묘사된 그리스도의 수난의 단순한 이야기로부터 그녀 스스로가 음악가로 변신하
여 음악이라는 예술 자체에 대한 예시와 음악의 수호성인이 되기에 이르렀다.

| 다음을 참고하라 |
음악 중세의 백과사전적 문화의 음악(824쪽); 전례와 종교의 단성 성가와 최초의 다성 음악(834쪽); 기악 음악
(861쪽)

찾아보기
Indice analitico

부록 I : 도판과 지도
Tavole & Mappe

유럽의 대성당

1

1. 〈늑골궁륭〉, 11세기, 더럼(잉글랜드), 대성당

2

3

2. 〈성 판탈레온 성당〉, 10세기, 쾰른(독일)

3. 〈슈파이어 대성당〉, 1030–1106, 독일

4

5

4. 〈생트푸아 수도원, 산티아고 데 콤포스텔라 순례길 경유지〉, 9-10세기, 콩크(프랑스)

5. 〈웰스 대성당〉, 13세기, 영국

6. 〈노트르담라그랑드 성당의 파사드〉, 10–11
세기, 푸아티에(프랑스)

7. 〈생드니 대성당〉, 12세기, 프랑스

8. 〈체팔루 대성당〉, 1130–1150, 이탈리아

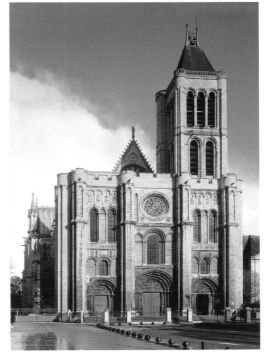

7

8

추상적인 문양과 미로 문양

9

9. 〈지하 예배당 바닥 세부〉, 1072-약 1104, 다색의 대리석, 아냐니, 대성당

10. 〈대리석 바닥〉, 12세기, 다색의 대리석, 베네치아, 산 마르코 바실리카 성당

11. 〈내진의 바닥 세부〉, 12세기, 다색의 대리석, 바리, 산 니콜라 바실리카 성당

10

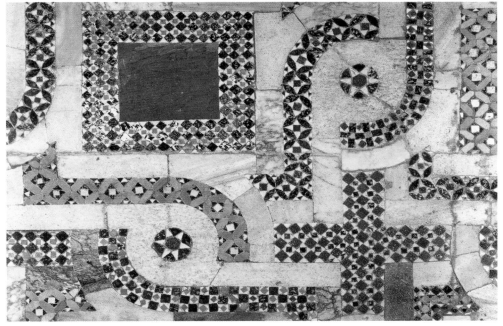

11

12

13

12. 〈위에서 내려다본 바닥
의 미로〉, 12세기, 샤르트
르, 대성당

13. 〈바닥 미로의 세부〉, 12세
기, 샤르트르, 대성당

14

14. 〈미로와 명문銘文〉, 11
세기, 루카, 대성당

15. 〈미로가 새겨진 대리석
판〉, 12-13세기, 바리, 산
사비노 대성당

15

조형의 세계

16

16. 〈루제로 2세의 망토〉, 1133-1134, 빈, 미술사 박물관

17

18

17. 거장 마테오, 〈영광의 문(전실)〉, 12-13세기, 산티아고 데 콤포스텔라, 산 자코모 마조레 대성당

18. 〈서쪽 입구〉, 12세기에 추가됨, 리폴, 산타 마리아 수도원

19

19. 〈회랑의 원주〉, 11세기, 부르고스, 산 도밍고 데 실로스 대수도원

20

20. 〈회랑〉, 12–13세기, 무아사크, 대수도원

21

21. 〈산타 훌리아나 공주 성직
자단 성당의 회랑〉, 12세기, 산
틸라나 델 마르

22. 〈매듭이 지어진 원주〉, 12
세기, 베네벤토, 산타 소피아
바실리카 성당

23. 〈기장의 제분, 주두〉, 12세
기, 베즐레, 성 마들렌 바실리
카 성당

22

23

24

24. 〈팜플로나 대성당의 노아의 대홍수 장면이 조각된 주두〉, 1127-1145, 팜플로나, 나바라 박물관

25. 오툉의 기슬레베르투스, 〈유다의 죽음, 주두〉, 12세기, 오툉, 생 라자르 대성당

26. 〈묵시의 장면이 묘사된 주두〉, 11-12세기, 생브누아쉬르루아르, 생 플뢰리 대수도원

25

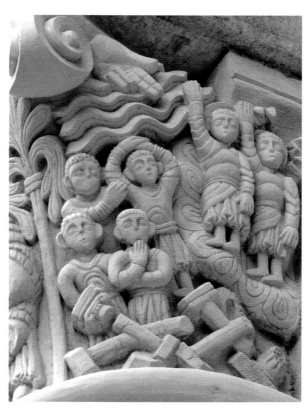

26

27

27. 베네데토 안텔라미, 〈아벨의 살해, 주두〉, 대성당, 1150–1233, 파르마, 국립미술관

28. 〈사이렌이 묘사된 주두〉, 10-12세기, 히로나, 산트 페레 데 갈리간츠Sant Pere de Galligants수도원

29. 〈괴물의 얼굴이 묘사된 주두〉, 11-12세기, 바리, 주립미술관

28

29

30

31

30. 〈수도사의 복장을 한 늑대 2마리와 당나귀 1마리, 주두〉, 12세기, 파르마, 대성당

31. 메토프의 거장, 〈대칭 상체, 주두〉, 12세기, 모데나, 대성당 석조 박물관

32. 〈날개 달린 괴물이 묘사된 주두〉, 12세기, 쇼비니, 생피에르 공주 성직자단 성당

33. 〈성모 마리아와 그리스도에게 교회의 모형을 바치는 굴리엘모 2세, 회랑의 주두〉, 12세기, 몬레알레, 산타 마리아라 누오바 대성당

32

33

34

34. 〈최후의 심판, 정문의 반월창〉, 1120년대, 콩크, 생트푸아 대수도원

35

35. 베네데토 안텔라미, 〈옥좌에 앉아 있는 그리스도와 복음사가들〉, 12세기, 파르마, 세례당

ANGE
LVS
APAS
TORES

36

36. ⟨왕들의 판테온⟩, 약 1100, 프레스코화, 레온, 성 이시도루스 공주 성직자단 성당

38

37. 사제 판탈레오네, 〈황도 12궁과 12달, 중앙 신랑의 바닥〉, 12세기, 모자이크, 오트란토, 대성당

38. 〈3월, 내진의 바닥 세부〉, 12세기, 모자이크, 오트란토, 대성당

39

40

39. 〈지하 예배당 내부〉, 12세기, 레온, 성 이시도루스 공주 성직자단 성당

40. 〈지하 예배당 내부〉, 11세기, 아나니, 대성당

죄와 신성

41

41. 빌리겔무스, 〈창세기 이야기, 이브의 창조, 원죄〉, 12세기, 모데나, 대성당

42

42. 오툉의 기슬레베르투스, 〈지상 낙원의 이브〉, 1120–약 1140, 오툉, 롤랭 박물관Musée Rolin

43

43. 〈악마들, 최후의 심판과 구원의 사다리를 주제로 한 프레스코화의 세부〉, 약 1170, 챌던, 대성당

44. 에스파냐 유파, 〈안티오키아의 성녀 마르가리타의 순교, 정면 제대의 세부〉, 1160-1190, 빌라세카, 산타 마르가리다 수녀원

45. 〈토머스 베킷의 순교〉, 12세기, 프레스코화, 스폴레토, 산티 조반니 에 파올로Santi Giovanni e Paolo 성당

44

45

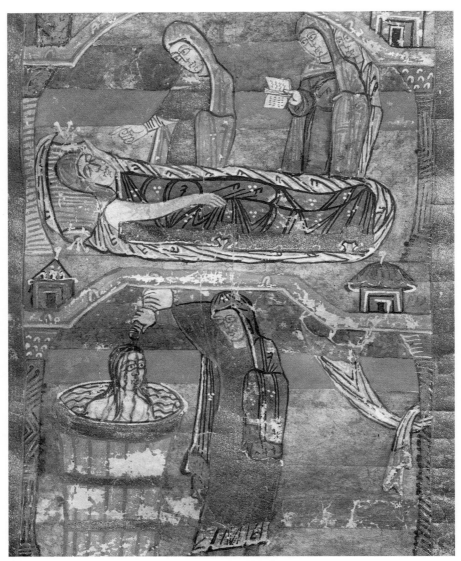

46

47

46. 〈라드공드 성녀가 목욕과 붕대로 여인을 치료하다, 『라드공드 성녀의 삶』에서 가져온 일화, ms 250〉, 11세기, 세밀화, 푸아티에, 시립도서관

47. 〈빌라세카의 성녀 마르가리타와 용〉, 12세기, 비크, 주교좌 박물관

48

48. 〈데인인들의 화살을 맞고 죽임을 당한 성 에드먼드, 『순교왕 성 에드먼드의 삶과 열정, 기적』에서 가져온 일화, ms 736, f. 14〉, 약 1130, 세밀화, 뉴욕, 피어폰트 모건 도서관

49

49. 〈성녀 힐데가르트와 계절들, 『하느님의 창조 작업』에서 가져온 일화, Cod. Latinum 1942 c. 38 r〉, 세밀화, 루카, 국립도서관

50a

50a. 〈세례자 성 요한의 일화, 참수〉, 12세기, 프레스코화, 뮈스테어, 산 조반니 수도원

50b

50b. 〈세례자 성 요한의 일화, 살로메의 춤〉, 12세기, 프레스코화, 뮈스테어, 산 조반니 수도원

기사와 십자군

51

51. 〈말을 탄 템플 기사단원, 알 부카이아 전투 장면이 묘사된 프레스코화의 세부〉, 12세기, 크레삭, 템플 기사단 예배당

52. 〈기사들의 결투 장면과 예루살렘 지도, (구약 성경 중) 「시편」의 단편〉, 약 1200, 헤이그, 네덜란드 왕립도서관

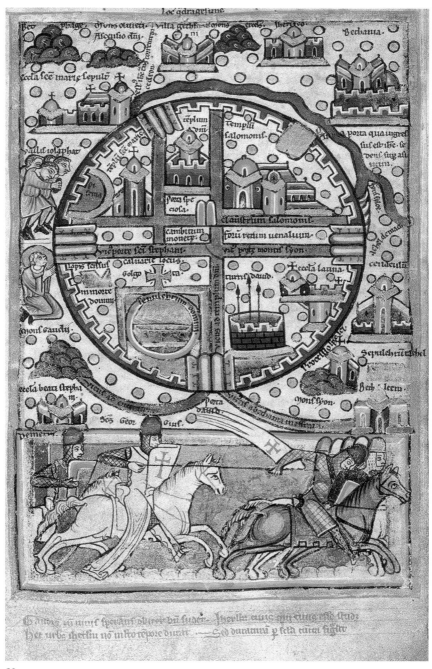

52

54

53. 〈십자군 기사의 무덤〉, 12세기, 스카이 섬, 성 콜럼바St. Columba 교회

54. 〈템플 기사단원들의 장례 유물들〉, 12세기, 런던, 템플 교회Temple Church

55. 〈제2차 십자군의 다마스쿠스 공격〉, 12세기, 떼어 낸 프레스코화, 런던, 영국박물관

56

57

56. 〈기사의 출정, 공주 성직자단 성당의 주두〉, 12세기 말, 산틸라나 델 마르Santillana del Mar

57. 아서 왕의 거장, 〈아서 왕과 관련한 장면들, 어시장의 문〉, 약 1100, 모데나, 대성당

58. 〈결투 중인 기사들〉,
1105-1128, 앙굴렘, 생
피에르 대성당

59. 〈노르망디공 정복
자 윌리엄의 잉글랜드
정복, 헤이스팅스 전투
(1066)〉(세부), 11세기, 아
라스, 바이외, 태피스트리
박물관

60. 〈디낭에 대한 공격,
정복자 윌리엄의 군대가
성채를 공격함〉(세부), 11
세기, 아라스, 바이외, 태
피스트리 박물관

59

60

61

61. 〈유해: 제4차 십자군이 1206년에 콘스탄티노플에서 가져온 세례자 성 요한의 것으로 추정되는 두개골〉,
12세기, 아미앵, 대성당

코무네 시기의 이탈리아

독 일 왕 국

아 를 왕 국

레나노 전투(1176)
코르테누오바 전투(1237)
벨린초나
그라베도나
봉차노
브레사노네
카 린 시 아
벨루노
아퀼레이아 교구
우디네
트렌토
수교 공국
펠트레
체네다
트리에스테
베르가모
브레시아
베로나 영지
버첸차
버첸차
이스트리아
크로아티아
벨리아
아오스타 백작령
(사보이아) 비안쯔라테
어브레아
코모 밀라노
파비아 피아첸차
노바라
롬 바 르 디 아
온티키아리 전투
에스테
베네치아
베네치아 공화국
헝 가 리 왕 국
케르소
토리노 문페라토
토르토나
아퀴
모르타라 전투(1237)
파르마
모데나
페라라
볼로냐
리사
코르출라
루시스
자라
살루초
사빌리아노
볼로냐
라벤나
체르비아
체세나
리미니
프 로 방 스
토리노 백작령
아스티
제노바
사보나
팔라스피나
룰라
피스토이아
베트라노텔라
산마리노
페사로
안코나
페르모
스플리트
브라차
레시나
세 르 비 아
벤티밀리아
놀리
알벤가
리 구 리 아 해
루카 피사
피렌체
아레초
산 미니아토
시에나
코나 영지
구비오
페루자
아스콜리
라구사
아 드 리 아 해
엘바
바스티아
토 스 카 나
마사
키우시
스폴레토 공국
아시시
라퀼라
아 브 루 초
테르몰리
비에스테
코르시카
아작시오
치비타베키아
오르비에토
비테르보
로마
술모나
몰리세 백작령
베네벤토
카피타나타
트라니
바리
보니파시오
베 드 로 세습령
라보로 영지
프린치파토
포텐차
마테라
오트란토 영토
오트란토
갈루라령
사르데나
로구도로령
오리스타노
나폴리
아말피
바실리카타
타란토
갈리폴리
아르보레아령
칼리아리령
이글레시아스
칼리아리
폴리카스트로
투르시
카스트로빌라리
크라티 계곡
조르다나 영토
코센차
크로토네
티 레 니 아 해
이 오 니 아 해
팔레르모
메시나
레조
트라파니
시 칠 리 아
카타니아
지르젠티
(아그리젠토)
지 중 해

코무네 시기의 이탈리아

독일 왕의 지배를 받은 이탈리아 왕국

이탈리아 왕국의 주요한 봉토 또는 봉건 영지들

제노바와 다투었던 피사의 정치적-상업적 영향을 받는 영토들

시칠리아의 노르만 왕국 (1194년 이후 호엔슈타우펜 왕가로 넘어감)

베네치아 공화국

성 베드로의 세습령

신성로마 제국과 독일 왕국의 경계

제국을 비롯하여 서로 간에 투쟁 중인 주요한 자치 도시국가들

코모 1167년 롬바르디아 동맹을 맺은 도시들

파비아 제국과 연합한 도시들

프리드리히 1세 바르바로사에 맞선 동맹의 주요한 전투들

슈바벤의 프리드리히 2세에 맞선 동맹의 주요한 전투들

0   50   100
km

코무네 시기의 이탈리아

11세기부터 특히 이탈리아 북부 지역의 많은 도시들은 폭넓은 자치권을 확보할 수 있었으며, 새로운 형태의 자치 정부를 수립함으로써 종종 제국과 충돌했다. 따라서 코무네는 봉건적인 권력에 대한 해방의 형태로 탄생했으며, 그들의 발전은 도시 내부의 새로운 세력으로 형성된 부르주아 계급을 통해 사회적인 면에서도 영향을 미치게 된다.

십자군

십자군 원정은 유럽 역사의 중요한 사건이었다. 이것은 그리스도교와 이슬람교의 싸움이라는 단순한 시각을 뛰어넘어 전쟁과 직접적인 관련이 있는 사건들 이외에도 경제적·문화적인 관계에서 중요한 의미를 지닌다. 첫 번째 십자군은 1095년 교황 우르바노 2세에 의해 공표되었으며, 성지에 예루살렘 왕국의 건립으로 이어졌다.

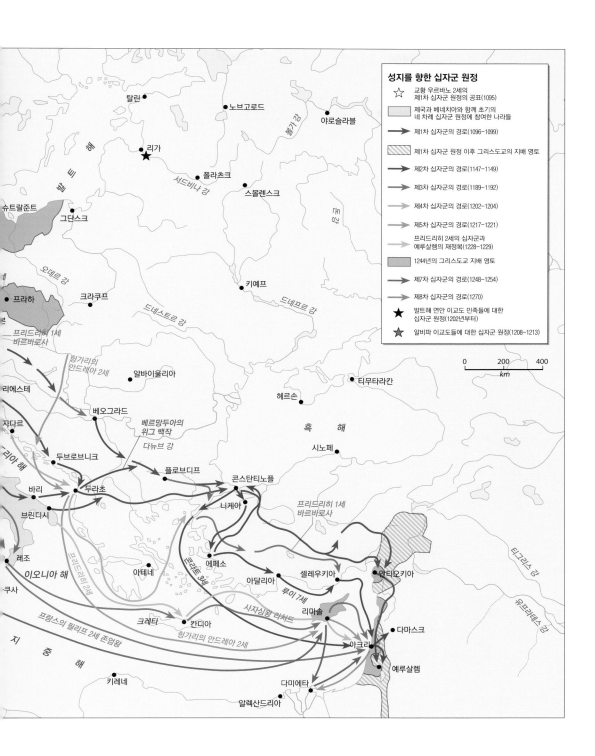

성지를 향한 십자군 원정

☆ 교황 우르바노 2세의
제1차 십자군 원정의 공표(1095)

제국과 베네치아와 함께 초기의
네 차례 십자군 원정에 참여한 나라들

→ 제1차 십자군의 경로(1096-1099)

제1차 십자군 원정 이후 그리스도교의 지배 영토

→ 제2차 십자군의 경로(1147-1149)

→ 제3차 십자군의 경로(1189-1192)

→ 제4차 십자군의 경로(1202-1204)

→ 제5차 십자군의 경로(1217-1221)

프리드리히 2세의 십자군과
예루살렘의 재정복(1228-1229)

1244년의 그리스도교 지배 영토

→ 제7차 십자군의 경로(1248-1254)

→ 제8차 십자군의 경로(1270)

★ 발트해 연안 이교도 민족들에 대한
십자군 원정(1202년부터)

★ 알비파 이교도들에 대한 십자군 원정(1208-1213)

0   200   400
km

탈린
노브고로드
야로슬라블
리가
폴라츠크
서드비나 강
스몰렌스크
슈트랄준트
그단스크
오데르 강
프라하
크라쿠프
드네스트르 강
키예프
드네프르 강
티무타라칸
헤르손
알바이울리아
프리드리히 1세
바르바로사
헝가리의
안드레아 2세
흑 해
시노페
리에스테
베오그라드
자다르
베르망두아의
위그 백작
다뉴브 강
리아 해
두브로브니크
플로브디프
콘스탄티노플
바리
두라초
니케아
프리드리히 1세
바르바로사
브린디시
티그리스 강
레조
이오니아 해
프리드리히 3세
에페소
셀레우키아
안티오키아
쿠사
아테네
아달리아
류이 7세
프랑스의 필리프 2세 존엄왕
크레타
칸디아
리마솔
다마스크
사자심왕 리처드
헝가리의 안드레아 2세
지 중 해
키레네
아크레
예루살렘
다미에타
알렉산드리아
유프라테스 강
키프로스 섬

1100년의
정치적 상황

대부분의 경우 명확한 국경을 가지기 시작한 국가들로 이루어진 유럽에서 노르만인들은 12세기 초 이탈리아 반도 남부에서 자신들의 존재를 부각했다. 동시에 이베리아 반도에서는 레콘키스타로 이슬람 세력들을 몰아내고 세력을 점점 확장해 나가던 그리스도교도들이 역동적인 시기를 보내고 있었다. 이러한 상황은 1212년 라스 나바스 데 톨로사 전투에서 이슬람 세력의 패배와 함께 절정에 이르게 된다.

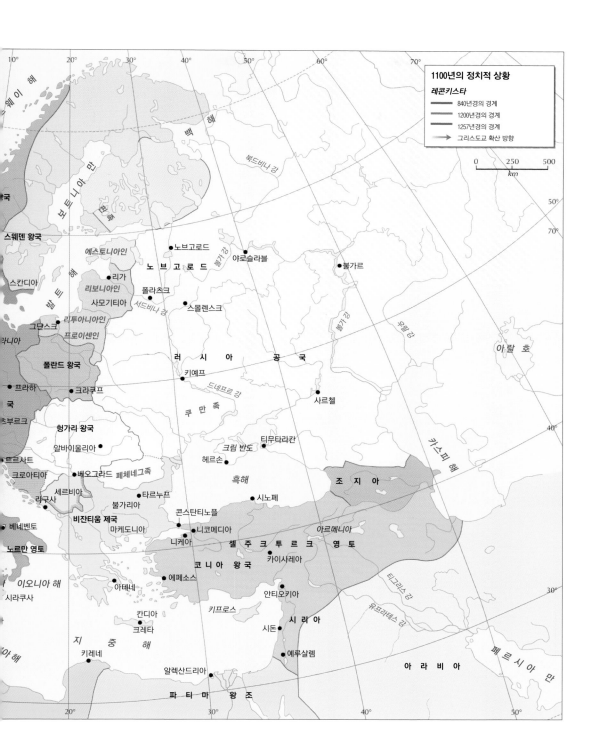

1100년의 정치적 상황

레콩키스타

— 840년경의 경계
— 1200년경의 경계
— 1257년경의 경계
→ 그리스도교 확산 방향

0   250   500
km

12세기에서 14세기까지의 이단들

종종 성경 말씀과 대립적인 태도를 보였던 종교계의 위계 제도에 맞서 중세의 이단들은 교회 개혁을 비롯하여 더욱 엄격한 도덕적 요구에 부합했다. 따라서 12세기에서 14세기까지 성경 말씀으로 거슬러 올라가려는 수많은 움직임들이 나타났으며, 동시에 교황 루치오 3세가 1184년에 세운 이단 재판소와 함께 교회 측의 진압 활동도 시작되었다.

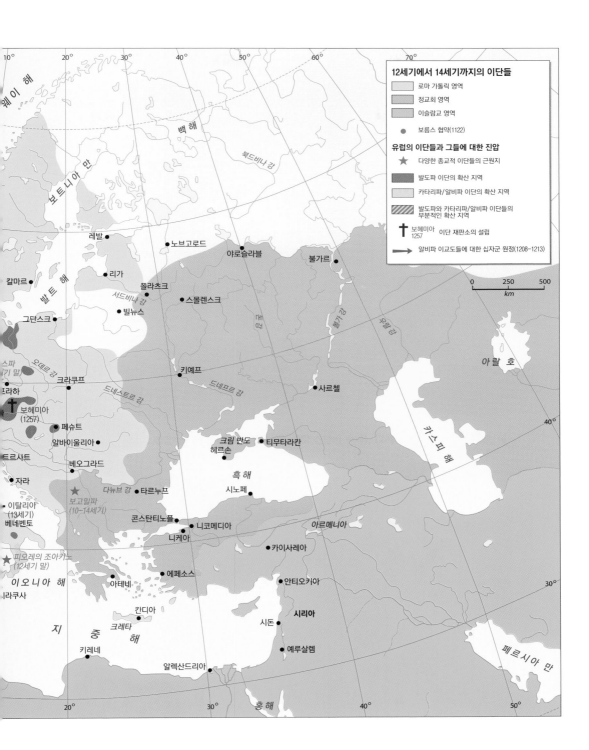

12세기에서 14세기까지의 이단들

- 로마 가톨릭 영역
- 정교회 영역
- 이슬람교 영역
- ● 보름스 협약(1122)

유럽의 이단들과 그들에 대한 진압

- ★ 다양한 종교적 이단들의 근원지
- 발도파 이단의 확산 지역
- 카타리파/알비파 이단의 확산 지역
- 발도파와 카타리파/알비파 이단들의 부분적인 확산 지역
- ✝ 보헤미아 1257 이단 재판소의 설립
- → 알비파 이교도들에 대한 십자군 원정(1208–1213)

0 250 500
km

해 이 해

보트니아 만

백 해

북드비나 강

레발
노브고로드
야로슬라블
불가르

리가
칼마르
발트해
폴라츠크
스몰렌스크
서드비나 강
그단스크
빌뉴스

스파기 말
오데르 강
라하
크라쿠프
드네스트르 강
키예프
드네프르 강
사르첼

보헤미아 (1257)
페슈트
알바이울리아

트르사트
자라
이탈리아 (13세기)
베네벤토

다뉴브 강
타르누프
크림 반도
헤르손
티무타라칸
흑 해
시노페

보고밀파 (10–14세기)

콘스탄티노플
니코메디아
니케아

피오레의 조아키노 (12세기 말)

이 오 니 아 해
라쿠사

아테네
에페소스

칸디아
크레타
키레네
지 중 해

시돈
시리아
예루살렘

알렉산드리아

카이사레아
안티오키아

아르메니아

볼가 강
우랄 강
카스피 해

아랄 호

페르시아 만

홍 해

10° 20° 30° 40° 50° 60° 70°
40°
30°

순례의
중심지들과
여정

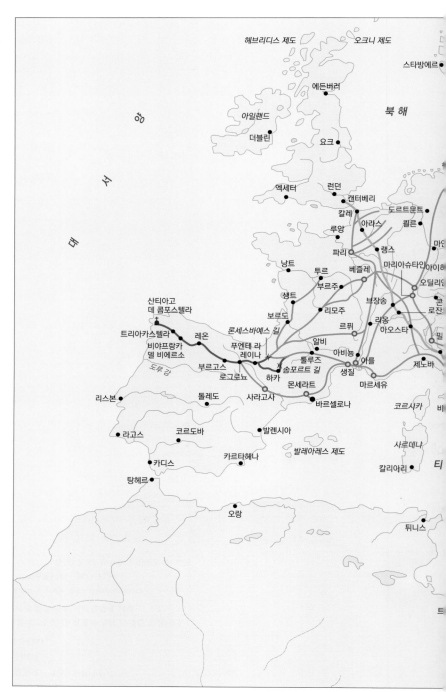

성인들에 대한 숭배가 점점 확산되면서 순례는 참회를 위해서뿐만 아니라 헌신의 실천을 위한 절차로 전 유럽에 확립되었다. 성지로의 순례와 함께 순례자들이 많이 찾던 두 가지 주요한 경로는 로마로 향하는 길과 산티아고 데 콤포스텔라로 이어지는 길이었다. 이러한 두 가지 순례길과 관련한 장소들은 문화적인 역동성을 특징으로 하는 중심지들로 변모하여 건축적인 면과 예술적인 면에서 비약적인 발전을 이루었다.

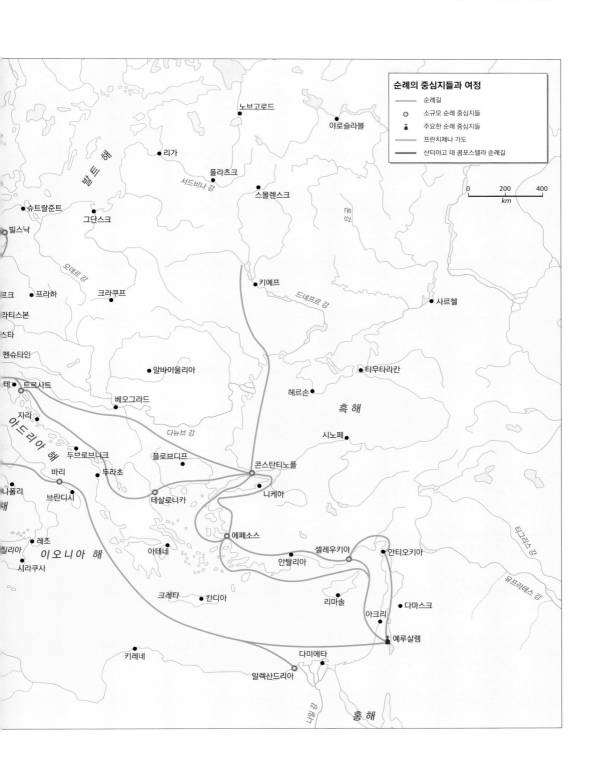

순례의 중심지들과 여정

- 순례길
- ○ 소규모 순례 중심지들
- ⛪ 주요한 순례 중심지들
- 프란치제나 가도
- 산티아고 데 콤포스텔라 순례길

0   200   400
km

발트 해

노브고로드
야로슬라블
리가
폴라츠크
서드비나 강
슈트랄준트
그단스크
빌스낙
오데르 강
스몰렌스크
볼가 강
프라하
크라쿠프
키예프
드네프르 강
사르첼
...크
...티스본
...스타
펜슈타인
...테 트로사트
자라
아드리아 해
두브로브니크
바리
나폴리
브란디시
레조
칠리아
시라쿠사
이오니아 해
알바이울리아
베오그라드
다뉴브 강
플로브디프
두라초
테살로니카
콘스탄티노플
니케아
에페소스
아테네
안탈리아
크레타
칸디아
키레네
다미에타
알렉산드리아
나일 강
홍 해
티무타라칸
헤르손
흑 해
시노페
셀레우키아
안티오키아
리마솔
다마스크
아크리
예루살렘
티그리스 강
유프라테스 강

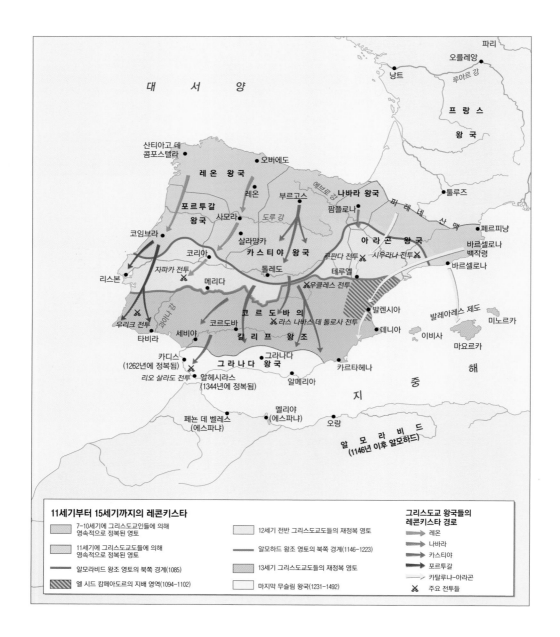

대 서 양

프랑스 왕국

파리
오를레앙
루아르 강
낭트
툴루즈
페르피냥

산티아고 데 콤포스텔라
오바에도
레온 왕국
레온
부르고스
에브로 강
나바라 왕국
팜플로나
피레네 산맥
포르투갈 왕국
사모라
도루 강
코임브라
살라망카
카스티야 왕국
코리아
톨레도
아라곤 왕국
쿠판다 전투
시우라나 전투
바르셀로나 백작령
바르셀로나
자파카 전투
메리다
테루엘
우클레스 전투
리스본
과디아나 강
발렌시아
발레아레스 제도
미노르카
우리크 전투
코르도바
코르도바의 칼리프 왕조
라스 나바스 데 톨로사 전투
데니아
이비사
마요르카
타비라
세비야
카디스 (1262년에 정복됨)
그라나다
그라나다 왕국
카르타헤나
지 중 해
리오 살라도 전투
알헤시라스 (1344년에 정복됨)
알메리아
페뇬 데 벨레스 (에스파냐)
멜리야 (에스파냐)
오랑
알 모 라 비 드 (1146년 이후 알모하드)

11세기부터 15세기까지의 레콘키스타

7-10세기에 그리스도교인들에 의해 영속적으로 정복된 영토
11세기에 그리스도교도들에 의해 영속적으로 정복된 영토
알모라비드 왕조 영토의 북쪽 경계(1085)
엘 시드 캄페아도르의 지배 영역(1094-1102)
12세기 전반 그리스도교도들의 재정복 영토
알모하드 왕조 영토의 북쪽 경계(1146-1223)
13세기 그리스도교도들의 재정복 영토
마지막 무슬림 왕국(1231-1492)

그리스도교 왕국들의 레콘키스타 경로

레온
나바라
카스티야
포르투갈
카탈루냐-아라곤
주요 전투들

11세기부터 15세기까지의 레콘키스타

에스파냐의 레콘키스타는 이베리아 반도의 역사와 문화에 깊은 자취를 남겼다. 1031년 코르도바의 칼리프 왕국의 붕괴는 그리스도교의 진출로 동화된 많은 국가적인 실체들을 만들게 된다. 비록 세비야의 속국이 기는 했지만, 오랫동안 생존한 유일한 타이파는 1492년에 와서야 병합된 그라나다 술탄 왕국이었다.

부록 II : 연표
Cronologie

1000	1025	1050	1075

역사

1002
작센 왕조의 하인리히 2세가 독일 왕으로 등극

1005
서유럽에 대기근이 발생

1014
하인리히 2세가 교황 베네딕토 8세에 의해 황제로 즉위

1018
발칸 반도가 비잔티움 제국의 황제 바실리우스 2세에게 완전히 예속됨

1026
독일의 콘라트 2세가 이탈리아의 왕으로 등극

1046
수트리 종교회의:
하인리히 3세가 교황직을 놓고 다툼을 벌이던 3명의 교황인 베네딕토 9세, 그레고리오 6세, 실베스테르 3세를 면직

1054
동방 교회와 서방 교회가 분열

1057
이사키오스 콤네노스가 비잔티움의 황제로 등극

1059
멜피 조약에 따라 니콜라오 2세가 교황의 선출이 더 이상 독일 황제가 아닌, 로마 교회의 추기경단에 귀속됨을 규정

1066
정복자 윌리엄이 잉글랜드를 정복

1071
로베르 기스카르가 바리를 정복하고 이탈리아에서 비잔티움인들을 몰아냄

1081-1185
알렉시우스 콤네누스가 비잔티움 황제로 등극

1080
교황 그레고리오 7세가 대립 교황으로 클레멘스 3세를 선출한 하인리히 4세를 다시 파문

1081
코무네 제도의 확산

약 1088
볼로냐에 대학 설립

1095
클레르몽 공의회: 교황 우르바노 2세가 제1차 십자군 원정을 선포

1076
보름스 회의

10
부용의 고드프루어
제1차 십자군 원정 저

1077
하인리히 4세가 파문 철회를 요청하기 위해 카노사의 마틸데를 찾아옴

철학, 과학과 기술

1000
아부 알-카심이 30권으로 이루어진 의학 서적 저술

1014
베네딕토 8세가 미사에 〈사도신경〉 또는 〈니케아 신경〉 도입

1030
이븐 시나가 『의학 정전』 저술

1076
성 안셀무스가 『모놀로기온』 저술

1077-1078
성 안셀무스가 『프로슬로기온』 저술

1093
보편적인 개념을 단지 '입에서 나는 바람 소리', 즉 실체가 없는 것으로 정의한 로스켈리누스가 유죄 선고를 받음

10
성 안셀무스가 구원에 대한 작
『왜 신은 인간이 되었는가』

시각예술

1010
산 미켈레 성당
(힐데스하임)
건축

1028
최초의 샤르트르 대성당 완공: 이후에 화재로 소실되어 고딕 양식으로 전환

1034-1042
성 소피아 대성당(콘스탄티노플)에 황제와 조에 황후 사이에 그리스도 모자이크 제작

1064-1094 산 마르코 바실리카 성당(베네치아) 건축

1075
로마네스크 양식 대성당 재건축
(산티아고 데 콤포스텔라)

1079
산탐브로조 바실리카 성당
(밀라노) 건축 개시

문학과 연극

1007
페트루스 다미아니 탄생

11세기 중반
『롤랑의 노래』 저술

약 1047
라둘푸스 글라베르가
『역사서』 저술

11세기 말
오크어로 작품 활동을 했던 음유시인 트루바두르가 번성

1090
호노리우스 아우구스토두넨시스가
『세상의 모습』 저술

음악

1014
유럽에 다성 음악의 초기 형태 보급

1030-1031
아레초의 귀도가 『운율의 규칙』 저술

1031
아레초의 귀도가 『교창 성가집의 서문』 저술: 현대적인 보표의 탄생

1050
베네벤토에서 '네우마 기보법' 등장

| 0 | 1125 | 1150 | 1175 | 1200 |

1115
성 베르나르두스가
클레르보에 시토 수도원 설립

1133
대립 교황 아나클레토 2세가
우위를 점함

1193-1194
무지왕 존이 잉글랜드 왕위를 찬탈하지만
사자심왕 리처드에 의해 쫓겨남

1122
보름스 협약, 서임권 투쟁
종결: 교회에는 영적인
서임권이, 제국에는
세속적인 서임권이 귀속

1144
서유럽에 대기근이 발생

1192
제3차 십자군 원정의 종료:
살라딘과 사자심왕 리처드가
순례자들이 자유롭게
예루살렘에 왕래할 수
있는 조약 체결

1149
콘라트 3세의 패배와 함께
제2차 십자군 원정 종료

1152
붉은수염왕(바르바로사)이라는
별명을 갖게 된 슈바벤의
프리드리히 1세가
독일의 왕에 오름

1189
프리드리히 1세 바르바로사 황제가
제3차 십자군 원정 지휘

1186
오트빌의 콘스탄차와
슈바벤의 하인리히 6세가
혼인: 슈바벤과 시칠리아의
왕위가 하나로 합쳐짐

1199
무지왕 존이 잉글랜드 왕위에
오름

1125
테오필루스가 금세공과 회화에 대한
최초의 기술서인 『공예 개설』 저술

1150
살레르노 의학교 교수 마우로가
『해부학』 저술

1174
교회로부터 유죄 판결을 받은
발도파 설립(리옹)

01
르노 의학교의 약전집
규칙』 저술

1119
파엥의 위그가 템플 기사단 조직

1143
코란을 라틴어로 번역

1144
티볼리의 플라톤이 그리스-아랍 수학의 개괄을
『측정과 계산에 관하여』라는
제목으로 라틴어로 번역

황제 이영종의 명령으로
최초의 지도 제작(인도차이나)

1121
피에르 아벨라르가
『변증론』과 『그렇다와
아니다』 저술

1136
빙엔의 힐데가르트가 작품 집필 시작

1191
로제리우스 살레르니타누스가
『외과 실습』 저술

1150-1155
고딕 양식 대성당(샤르트르) 건축

1163-1250
노트르담 대성당(파리) 건축

1118
퐁트네 수도원 건축

1149
새로운 성묘 교회(예루살렘) 건축

1173
피사의 사탑 건축

1199
레온과 살라만카 대성당 건축

12세기 초
무훈시의 초기 필사본 제작

1131
레겐스부르크의 콘라트가
『롤랑의 노래』 저술

1170
크레티앵 드 트루아가
『랜슬롯』 저술

1189
크레티앵 드
트루아가 미완성
작품 『페르스발』
저술 시작

1120
생토메르의 랑베르가 중세의
채색 수사본 백과사전인
『리베르 플로리두스』 저술

1159
솔즈베리의
요하네스가
『메탈로지콘』 저술

1171
오베르크의 아일하르트가
『트리스탄과 이졸데』 저술

1102
오르간이 교회 음악에서
가장 중요한 악기가 됨

1150
익명의 저자가 중세의 다성 음악으로 성가의
정선율상에서 노래하는 대위 선율인 디스칸투스의
첫 번째 예가 포함된 『오르간 제작에 관하여』 저술

1000　　　　**1025**　　　　**1050**　　　　**1075**

1009
노르만인들이
이탈리아 남부에 진출하다.

1031
코르도바에서
칼리프 왕조가 붕괴되다.

1054
동방 교회와 서방 교회가 분열하다.

1091
아랍인들이 노르만의 루제로에 의해
결국 시칠리아에서 쫓겨나다.

1023
비잔티움인들이 하인리히
2세의 공격을 저지하다.

1059
멜피 조약:
교황 선출을 더 이상
황제가 아닌 추기경
회의에서 선출하도록
규정하다.

1074
그레고리오 7세가
성직자들에게 독신의
의무를 비준하다.

약 1088
볼로냐 대학이
설립되다.

1014
하인리히 2세가 교황
베네딕토 8세에 의해 황제로 즉위하다.

1035
톨레도에 이슬람교 독립 왕국을
설립하다.

1077
하인리히 4세가 파문 철회를 요청하기
위해 카노사의 마틸데를 찾아오다.

1002
작센 왕조의 하인리히 2세가
독일 왕으로 등극하다.

1038
콘라트 2세가 밀라노를
포위 공격하였으나 실패하다.

1081
코무네 제도가 확산되다.

1094
엘 시드가 아랍인들로부터
발렌시아를 빼앗다.

1046
수트리 종교회의가
열리다.

1073-1074
보름스와 퀼른이
봉기하다.

1081-1118
알렉시우스 콤네누스가 비잔티

1066-1087
정복자 윌리엄이 잉글랜드
왕이 되다.

1084-1106
하인리히 4세가 신성로마

1061-1091
오트빌의 루제로가 시칠리아를 정복하다.

역사

1037
작은 봉토의 상속을 위한
봉토 세습령이 제정되다.

1073-1085
「교황령」을 공표하다.

1097-1099
부용의 고드프루아가
제1차 십자군 원정을 이끌다
예루살렘을 정복하다

1071
로베르 기스카르가
바리를 정복하고
이탈리아에서
비잔티움인들을 몰아내다.

1057
이사키오스
콤네노스가
비잔티움의 황제가 되다.

밀라노에서 파타리아파의
봉기가 발생하다.

1076
보름스 회의가 열리다.

1080
교황 그레고리오 7세가
대립 교황으로 클레멘스 3세를
선출한 하인리히 4세를 다시 파문

1032
부르고뉴에서 콘라트 2세가
루돌프 3세를 계승하다.

1008
에스파냐에서 아랍인들
사이에 내전이 발발하다.
우마이야 칼리프 왕조가 몰락하다.

1043
유럽에 대기근이 일어나다.

1026
독일의 콘라트 2세가
이탈리아의 왕이 되다.

미카엘 케룰라리우스가
콘스탄티노플의
총대주교가 되다.

1084
로베르 기스카르가 지휘
노르만인들에 의해
로마가 약탈되다.

1013
덴마크의 스벤 왕이
잉글랜드를 정복하다.

1085
아랍 세계로부터
톨레도를 빼앗다.

1016
피사인들이
사르데냐를 정복하다.

1095
클레르몽 공의회:
교황 우르바노 2세가
제1차 십자군 원정을
선포하다.

0	1125	1150	1175	1200

1130
대립 교황 아나클레토 2세가
노르만의 루제로 2세를
시칠리아의 왕으로 임명하다.

1154
론칼리아 회의가
열리다.

1167
카타리파의
첫 번째 공의회가 열리다.

1184
종교 재판소가 설립되다.

1187
살라딘이 예루살렘을 재정복하다.

1176
롬바르디아 동맹 소속 코무네들이
레냐노 전투에서 프리드리히 1세
바르바로사 황제를 물리치다.

1155-1190
프리드리히 1세 바르바로사가 황제가 되다.

1147-1154
브레시아의 아르날도가 로마에 체류하다.

1162-1170
토머스 베킷이 캔터베리 대주교이자
잉글랜드의 수위 대주교가 되다.

1199
무지왕 존이 잉글랜드
왕이 되다.

1118
템플 기사단을 조직하다.

1161-1162
프리드리히 1세 바르바로사
황제가 밀라노를 포위 공격하다.

1182-1226
아시시의 프란체스코가 살다.

약 1170
발도파의 개혁 운동이 시작되다.

1122
보름스 협약: 서임권 투쟁이 종결되다.

1152
바르바로사, 즉 '붉은수염왕'이라는 별명을
가진 슈바벤의 프리드리히 1세가
독일의 왕이 되다.

1132
황제 로타르 2세가 이탈리아로
진군하여 교황 인노첸시오 2세를
합법적인 교황으로 명하다.

1180
예루살렘에서
보두앵 4세와
살라딘이 평화 조약을
체결하다.

발도파가 이단으로
단죄되다.

1189
프리드리히 1세 바르바로사 황제가
제3차 십자군 원정을 지휘하다.

1000	1025	1050	1075

철학과 신학

1014
베네딕토 8세가
미사에 〈사도신경〉
또는 〈니케아 신경〉을
도입하다.

1071
『그리스도의 몸과 피의 성사에
관한 책Libellus de sacramento
corporis et sanguinis Christi』을
통해 성변화 교리를 주창한
파비아의 란프랑쿠스와 투르의
베렌가리우스가 논쟁하다.

약 1073
투르의 베렌가리우스가 『란프랑쿠스를 반박하
성찬론De sacra cena adversus Lanfrancum』을 저

1067
페트루스 다미아니가
『전능하신
하느님에 관하여
De Divina
Omnipotentia』를
저술하다.

1076
성 안셀무스가 『모놀로기온』을 통해
신의 존재는 귀납적 검증을 통해
이성적으로 입증되어야 함을 주장하다.

1077-1078
성 안셀무스가 『프로슬로기온
신의 존재에 대한 귀납적인 검
유일한 방법으로 소개하다. 이
『신은 없다고 말하는 어리석은
저술한 고닐로에 의해 강력히

109
성 안셀무스가 구원에 대한 작품
『왜 신은 인간이 되었는가Cur Deus homo
저술하

논리학, 문법학, 수사학

1080
성 안셀무스가 도덕에 대한
지식 이론서인 『진리론』을 저술하다.

약 1090
보편적 개념에 대한 논쟁의 영역에서
로스켈리누스의 유명론과 랑의 안셀무스와
그의 제자 상포의 기욤이 대립하다.

자연 철학, 심리학, 형이상학

1027
이븐 시나가 아리스토텔레스 사상에
대한 작품으로 논리학, 물리학, 수학,
형이상학의 네 분야로 나뉜
『치유의 서』를 저술하다.

1049
이븐 가비롤(아비케브론)이 생명의 원천인
보편적 질료 형상론에 대한 원리가 설명되어 있는
『생명의 샘Fons Vitae』을 저술하다.

1095
알-가잘리가 『철학자의 모순
L'incoerenza dei filosofi』을 저술하다.

1080
살레르노의 콘스탄티누스
아프리카누스가 갈레노스의
『의학Arte medica』을 라틴어로
번역하다.

철학과 정치적 사건들

1073-1085
그레고리오 7세가 황제에 대한 교황의
우월함을 승인하고 교회에 대한
자신의 개혁 원리를 27개 항목으로
정리한 『교황령』을 공포하다.

1085
성 안셀무스가
『자유 의지론』을
저술하다.

| 00 | 1125 | 1150 | 1175 | 1200 |

1120
피에르 아벨라르가 『거룩한 삼위일체와 유일성에 관한 논고Tractatus de Unitate et Trinitate Divina』 또는 『최고선의 신학』을 저술하다.

1155-1157
페트루스 롬바르두스가 『4권의 신학명제집Sententiae in IV Libris Distinctae』을 저술하다.

1183-1185
피오레의 조아키노가 『묵시록에 관하여Sull'Apocalisse』를 저술하다.

1121
피에르 아벨라르가 『그렇다와 아니다』를 저술하다.

1190-약 1232
마이클 스콧이 아리스토텔레스의 『영혼론』과 『천체론』, 이븐 루시드의 『주해Commenti』를 번역하다.

긴 주제'는
명』을

약 1129
피에르 아벨라르가 『윤리학』 또는 『너 자신을 알라』를 저술하다.

1143
('콜렉티오Collectio'라는 이름으로 알려지게 될) 이슬람교 작품 번역의 일환으로 클뤼니 수도원장 가경자 페트루스에 의해 코란의 라틴어 번역이 추진되다.

약 1190
마이모니데스가 『방황하는 사람들을 위한 안내서Guida dei perplessi』를 저술하다.

1120-1121
피에르 아벨라르가 『심화 과정을 위한 논리학』과 『변증론』의 제2고를 저술하다.

1140
피에르 아벨라르가 『변증론』 제3고를 저술하다.

1158
마이모니데스가 『논리학 논문집Makala fi sina at al-mantiq』을 저술하다.

1159
솔즈베리의 요하네스가 『논리학 변론』을 저술하다.

1125-1150
베네치아의 자코모가 아리스토텔레스의 자연과학 저술서(『영혼론』, 『자연학』, 『자연학 소론집』의 일부)와 논리학 저술서(『분석론후서』와 『궤변론』의 일부)를 번역하다. 신 논리학logica nova이 형성되다.

1155-1156
엔리코 아리스티포가 플라톤의 『메논Menone』과 『페돈Fedone』을 그리스어에서 라틴어로 번역하다.

1179
이븐 루시드(아베로에스)가 『모순의 모순L'incoerenza dell'incoerenza』을 저술하다.

1180
이븐 루시드가 아리스토텔레스의 모든 저작에 대한 주해를 완성하다.

1140-1180
톨레도에서 아리스토텔레스의 작품이 아랍어에서 번역되다. 특히 그리스와 아랍의 광학, 기호학, 의학과 관련한 많은 저술서를 번역한 아브라함 벤 다비드, 도미니쿠스 군디살리누스, 그리고 특히 크레모나의 제라르두스의 작품이 두드러지다.

1190
이븐 루시드가 『결정적 논고Kitab fasl al-maqal』를 저술하다.

1121
수아송 공의회: 아벨라르의 『거룩한 삼위일체와 유일성에 관한 논고Tractatus de Unitate et Trinitate Divina』의 단죄가 이루어지다.

1126
클레르보의 베르나르두스가 『신애론神愛論, Il dovere di amare Dio』을 저술하다.

1141
상스 공의회: 아벨라르의 모든 작품이 이단으로 단죄받다.

1159
솔즈베리의 요하네스가 『정치가론』을 저술하다.

1000	1025	1050	1075

천문학, 지리학, 연대학

1126
바스의 아델라드가
『알고리즘에 관한 입문서』와 알-콰리즈미의
『천문표』를 번역하다.

1154
이드리시가 『세계를 여행하는 데
매료된 사람들을 위한 오락』을
저술하다.

1174
인도차이나에서 황제
이영종의 명령으로
최초의 지도를 제작하나.

11세기 [...]
브레멘의 아담(
『함부르크 대주교들[...]
행적』을 저술하[...]

1175
크레모나의 제라르두스가
프톨레마이오스의 『알마게스트』를
아랍어에서 라틴어로 번역하다.

의학

1000
아부 알-카심이 30권으로
이루어진 의학 서적을 저술하다.

프랑스에서 왕이
치료 능력을 갖추고
있다는 믿음이 확산되다.

1030
이븐 시나가
『의학 정전』을 저술하다.

약 1050
가리오폰투스가
『파시오나리우스』를
저술하다.

수학, 기하학, 논리학

화학, 물리학, 광물학

11세기 중반
미카엘 프셀로스가 『금 제작술』을 저술하다.

1144
체스터의 로버트가 모리에노의
『주석서』를 아랍어에서 번역하다.

약 1055
미카엘 프셀로스가
『힘의 돌』을 저술하다.

기타 사건들

약 1076
콘스탄티누스 아프리카누스가
이탈리아에 오다.

1011-1021
이븐 알-하이삼이
『광학의 서』를 저술하다.

1086
『둠즈데이 북』에
잉글랜드에는 5,624명[...]
수력공학 기술을 지는
이슬람교도들이
활동 중이라고 기록도[...]

0	1125	1150	1175	1200

1185
피사의 부르군디오가
갈레노스의 다양한 작품들을
라틴어로 번역하다.

101
탈리아에서 살레르노
학교 지도서인
건강 규칙』이 출간되다.

1150
이탈리아 살레르노 의학교
교수인 마우로가
『해부학』을 저술하다.

1187
크레모나의 제라르두스가
이븐 시나의 『의학 정전』을
라틴어로 번역하다.

1191
로제리우스
살레르니타누스가
『외과 실습』을
저술하다.

1142
바스의 아델라르드가 유클리드의 『원론』을 번역하다.

1144
티볼리의 플라톤이 그리스-아랍 수학의 개괄을 『측정과 계산에
관하여』라는 제목으로 라틴어로 번역하여 유럽
수학의 중요한 근간을 이루다.

약 1202
피보나치가 『주판서』를
저술하여 유럽에 아라비아
숫자가 소개되다.

12세기 중반
크레모나의 제라르두스가
『완벽한 명인의 솜씨』를 번역하다.

1125
독일의 테오필루스가 회화와
금세공 기술에 대한 최초의
기술서인 『공예 개설』을 저술하다.

1150
작자 미상의 『물시계 제작에 관한 아르키메데스의 책』이 저술되다.

도미니쿠스 군디살리누스가 『철학의 구분에 관하여』를 저술하다.

1163
파리에 노트르담 대성당 건축이 시작되다.

1120
생빅토르의 위그가
『디다스칼리콘』을 저술하다.

1156
엔리코 아리스티포가 아리스토텔레스의
『기상학』을 그리스어에서 라틴어로 번역하다.

12세기 후반
이븐 알-아왐이 『농업서』를 저술하다.

1000	1025	1050	1075

논문집

1090
호노리우스 아우구스토두넨시스가
『세상의 모습De Immagine Mundi』을 저술하다.

1045
파피아스가 라틴어와 그리스어 사전인
『기초 어휘 교본Elementarium doctrinae rudimentum』을
저술하다.

1027
이븐 하즘이 『비둘기의 고리
Il collare della colomba』를 저술하다.

1051
주교 니콜라가 헝가리 역사서인
『최초의 연대기Cronaca primitiva』를 저술하다.

1073
밀라노의 아르놀포가
『밀라노 대주교의 공적
Gesta Archiepiscorum Mediolanensium』을
저술하다.

1074
푸아티에의 기욤이 『정복자 윌리엄의 무훈
Gesta Guilelmi Conquestoris』을 저술하다.

산문

시

1000
〈라라 가家의 일곱 왕자들에 관한
노래Cantar de lo siete infantes de Lara〉가 저술되다.

1009
『샤나메Shah-nameh(왕들의 책)』가 저술되다.

11세기 말
오크어 음유시인 트루바두르가
활약하다.

11세기 중반
『롤랑의 노래』가 저술되다.

연극

0 | 1125 | 1150 | 1175 | 1200

1119-1124
볼로냐의 우고가 「서간문 작성의 원리」를
저술하다.

1143-1145
프라이징의 오토가
「두 도시의 역사」를
저술하다.

1188 -1190
뱅소프의 조프루아가
「구술 기예 대전」을
저술하다.

1114
네스토르가 「원초 연대기
Cronaca degli anni passati」를 저술하다.

1178
샤티용의 고티에가
「알렉산드레이스」를 저술하다.

1120
생토메르의 랑베르가 백과사전
「리베르 플로리두스」를
저술하다.

1136
먼머스의 제프리가
「브리타니아 연대기」를 저술하다.

1190
하인리히 폰 펠데케가
「에네이트Eneit」를
저술하다.

12세기 후반
안드레아스 카펠라누스가 「사랑에 관하여」를 저술하다.

1116-1142
아벨라르와 엘로이즈 사이에 서신 왕래가 이루어지다.

1160-1170
마리 드 프랑스가 레를 저술하다.

약 1185
마리 드 프랑스가
「성 패트릭의 연옥」을
저술하다.

104
「메리치가 「해외로부터의 공적
azienda de ultra mar」을 저술하다.

1165-1175
「나르시스」가 저술되다.

1165-1170
크레티앵 드 트루아가
「필로멜라」를 저술한 것으로 예상되다.

1167-1189
마리 드 프랑스가 「우화집」을 저술하다.

약 1160
「피라무스와
티스베」가
저술되다.

1170
에드거가 「그라시알」을 저술하다.

1132
마르카브루가 궁정 연애시를 저술하다.

1155
웨이스가
「브뤼트 이야기」를 저술하다.

1189
크레티앵 드 트루아가
미완으로 남은
「페르스발」의 집필을
시작하다.

1170
크레티앵 드 트루아가
「랑슬롯」을 저술하다.

1171
오베르크의 아일하르트가
「트리스탄과 이졸데」를 저술하다.

약 1140
「시드의 노래」가 저술되다.

약 1194
피에트로 델라
카르바나가
「시르벤테세
Sirventese」를
저술하다.

1110
풀리아의 굴리엘모가
〈로베르 기스카르의 무훈시〉를 저술하다.

1119
자야데바가
〈기타고빈다Gitagovinda〉를 저술하다.

약 1198
〈카르미나 부라나〉가 저술되다.

1140
블루아의 비탈이
「게타」를 저술하다.

100
「튐의 주교 호노리우스가
경혼의 보석」을 저술하다.

약 1150
베르나르두스 실베스트리스가
「부친 살해」를 저술하다.

1000	1025	1050	1075

회화

1078-약 1084
성 클레멘스와 알렉시우스의 일화가 묘사되어 있는
산 클레멘테 성당(로마) 하층부의 프레스코화가 제작되다.

약 1040
포키다 지역의 호시오스 로우카스 수도원
카톨리콘에 모자이크와 회화 장식이 제작되다.

1085년 이전
몬테카시노 대수도원이
장식되다.

조각

1015-약 1020
힐데스하임 대성당의 나선형 원주와
베른바르트 주교가 주문한 청동문 부조가 제작되다.

1090
내진의 로마네스크 양식 주두
(클뤼니)가 제작되다.

1065년 이전
산탄드레아 성당
(아말피)의 청동문이 제작되다.

109
베르나르두스 겔두이누스가
생세르냉 성당의 제단(툴루즈)을
제작하다

건축

1001-1033
산 미켈레 성당(힐데스하임)이 지어지다.

1037-1066
쥐미에주의 노트르담 대성당이 지어지다.

1087-1197
산 니콜라 바실리카
성당(바리)이 지어

1000년 이후
포키다 지역의 호시오스 로우카스
수도원의 카톨리콘이 지어지다.

1027
스트라스부르 대성당이 지어지다.

1050
산 조반니 세례당(피렌체)이 재건축되다.

1001
볼피아노의 굴리엘모의
생베니뉴 성당(디종)이 지어지다.

1028
퓔베르가 첫 번째 대성당(샤르트르)을 건립하다.
훗날 화재로 소실된 뒤 고딕 양식으로 재건축하다.

1063
도메니코 콘타리니의 통치 시기에 복구
작업을 거쳐 산 마르코 대성당(베네치아)이
지어지다.

1005
생제르맹데프레 성당(파리)이 지어지다.

1035
생트푸아 성당(콩크)이 지어지다.

1075
로마네스크 양식 성당(산티아고
데 콤포스텔라)이 재건축되다.

1013
알-하킴 모스크(카이로)가
지어지다.

1036
라벨로 대성당이 지어지다.

1079
산탐브로조 성당(밀라노)이
지어지다.

1037
성 소피아 대성당(키예프)이 지어지다.

기타 예술

1000
오토 3세를 위한 〈로타리오의
십자가〉(아헨)가 제작되다.

1025-1045
『수녀원장 우타의 부제용 복음집
Evangeliario della badessa Uta』의 세밀화가
제작되다.

1050
스테파누스 가르시아가 『산 세베로의
묵시록』의 세밀화를 제작하다.

파르파 성경이라고도
불린 『리폴 성경』의 세밀화가 제작되다.

1085
살레르노 대성당의 모자이크가
제작되다.

1034-1042
성 소피아 성당(콘스탄티노플)의
황제와 조에 황후 사이에
그리스도의 모자이크가 제작되다.

11세기 말-12세기
산 마르코 대성당(베네치아) 중앙 후진의
모자이크 장식이 제작되다.

1125　　　　　1150　　　　　1175　　　　　1200

약 1171
산타 마리아 데 라티니스 성당(팔레르모)의
이마에 진주 땀방울이 맺힌 마리아의 성화상이 제작되다.

1199
네레디차 구세주 성당의 회화 장식이
제작되다.

1130-1158
스타벨로 수도원의 휴대용 제대가 제작되다.

1181
베르팅의 니콜라가 빈 인근의
클로스터노이부르크에서
바첼 성당 제단 앞 장식을 제작하다.

○-1110
겔무스가 모데나에서 활약하다.

1158
루제로와 로베르토가
과르디아 알 보마노
인근 산 클레멘테
성당의 성체용 제단을
제작하다.

1175
상리스 대성당 중앙 현관의
성모 마리아 부조가 제작되다.

1119년 이전
트로이아 대성당의 정면
현관과 문설주,
처마도리가 제작되다.

1178
베네데토 안텔라미가 〈십자가에서
내려지는 그리스도〉를 제작하다.

1120
콩크의 생트푸아 성당(아베롱)의
중앙 현관이 제작되다.

약 1180
살레르노 대성당의 설교대가 제작되다.

1187년 이전
나자렛의 성모 영보 성당의 주두 조각과
성 베드로 흉상이 제작되다.

1138
베로나의 산 제노 성당에서 니콜로가
중앙 현관과 반월형 창, 처마도리를 제작하다.

1197
베네데토 안텔라미가 세례당(파르마) 북문에
〈동방박사의 경배〉를 조각하다.

1137-1281
생드니 대수도원이 지어지다.

1093-1125
트로이아 대성당(포지아)이 지어지다.

1135
성 베르나르두스가 시토회 수도원
(키아라발레)을 설립하다.

1066-1071
몬테카시노 대수도원이
재건축되다.

1184-1186
바르지아의 성모 영면 교회
(조지아)가 지어지다.

1106
란프랑쿠스가 모데나 대성당을 건축하다.

1145
옛 성당(살라망카)을 로마네스크
양식으로 건축하다.

1174-1186
몬레알레 대성당이 지어지다.

1108
성 소피아 대성당(노브고로드)이 지어지다.

1149
새로운 성묘 교회(예루살렘)를
건축하다.

1171
보름스 대성당이
지어지다.

1194-1245
화재 이후 샤르트르 대성당이
재건축되다.

약 1112
대천사 성 미카엘 교회(키예프)가 지어지다.

1173
피사의 사탑이
지어지다.

1182
몬레알레 대성당이
지어지다.

1199
레온과 살라만카
대성당이 지어지다.

1117
지진으로 파괴된 파르마 대성당이 개축되다.

1160
캄피오네 출신의 대성당 건축
대가들(모데나)이 등장하다.

1184
캔터베리 대성당의 재건축이
완성되다.

1163
노트르담 대성당(파리) 건축이
시작되다.

1118
성 소피아 성당(콘스탄티노플)의
요하네스 2세 콤네노스와 황후
이레네 사이에 아기 예수를 안고 있는
성모 마리아의 모자이크가 제작되다.

1148년 이전
체팔루 대성당의
모자이크 장식이
제작되다.

약 1169
예수 탄생 교회(베들레헴) 신랑의 모자이크
〈성 토마의 의심과 성모 마리아의 승천〉이 제작되다.

1148
산 로렌초 푸오리 레 무라 성당(로마)의
성체용 제단이 제작되다.

1186
보난노 피사노가 몬레알레
대성당의 청동문을 완성하다.

1143년 이전
팔라티나 예배당(팔레르모)의
모자이크 장식이 제작되다.

1000	1025	1050	1075

음악 이론

1026-1030
아레초의 귀도가 『미크롤로구스』를 저술하다.

1030-1031
아레초의 귀도가 『운율의 규칙』을 저술하다.
(음악 이론에 대한 운문)

약 1031
아레초의 귀도가 『교창 성가집의 서문』을
저술하다.: 새로운 음악 기보법 체계와
현대적인 보표가 탄생하다.

1032
새로운 성음악 체계를 설명하기 위해
교황 요한 19세의 부름을 받고 로마로 온
아레초의 귀도가 계명창법의 기준을 정리한
『미카엘에게 보내는 서간』을 저술하다.

음악 실천

1028
샤반의 아데마르가 새로운 바실리카 성당 건축을 기념하기 위해
생 마르샬 수도원에서 전례 성가를 짓다.

1000
최초의 전례를 위한 다성 음악(오르가눔) 형태와
아랍의 악기가 유럽에서 기록되다.

윈체스터의 트로푸스 모음집과
최초의 2성부(불협화음) 다성 음악 모음집이
저술되다.

1050
베네벤토에 네우마 기보법이 등장하다.

1125　　　　　1150　　　　　1175　　　　　1200

1150
작자 미상의 『다성 음악의 구성에 관하여』에서
다성 응창곡의 몇몇 예들과 디스칸투스의
첫 번째 예를 곁들이다.

1195
자유학예에 대한 유명한 묘사가
남아 있는 『환희의 정원』의 저자인
란츠베르크의 헤라트가 사망하다.

약 1100
아플리겜의 조반니가 『음악론』에서
그레고리오 성가의 선율 분석에 문법과
수사학의 기법을 적용하다.

1100-1140
일명 시칠리아–노르만 트로푸스가 집필되다.

약 1163
파리의 노트르담 대성당
건립과 함께 (노트르담 악파의)
다성 음악의 발전이 시작되다.

약 1183
노트르담 악파의 거장인
페로티누스가 『오르가눔 대집성』의
증보판을 발간하다.

1130-1150
아키텐의 기욤 9세(1071-1126)와 함께
트루바두르 시가 시작되다.: 초기 전례극

약 1175
노트르담 악파의 거장인 레오냉이 『오르가눔
대집성Magnus liber organi』 집필을 시작하다.

트루바두르의 노래 속에 기악 춤곡의 증거들이
발견되다. 바케이라스의 랭보(1155-1207)의
〈5월 초하룻날〉은 이 중 가장 오래된 곡이다.

약 1134
생빅토르의 아담이 규칙적인
각운으로 이루어진 새로운
유형의 부속가를 소개하다.

약 1100
리모주의 생 마르샬 수도원에서
오르가눔이 발전하다.

1140
아키텐 수사본의 일부에서 풍부한
다성 음악 레퍼토리를 지니고 있는
『칼릭스티누스 코덱스』가 산티아고에 도달하다.

약 1190
프랑스와 독일에서
트루베르와
미네젱거의 시가
발전하다.

1102
오르간이 교회 음악의 가장 중요한
악기가 되다.

약 1145
빙엔의 힐데가르트가 서정시집 『하늘의 계시에 의한
조화로운 심포니』와 전례극 『성덕의 열』을 저술하다.

1152
아키텐의 엘레오노르가 프랑스에서
음유시의 보급을 장려하다.

약 1195
쉴리의 에우데스가 교회와
묘지에서 춤을 금지하다.

중세 II

초판 1쇄 발행일 2015년 12월 18일
초판 4쇄 발행일 2022년 1월 17일

기획자 움베르토 에코
옮긴이 윤종태
감수자 차용구, 박승찬

발행인 박헌용, 윤호권
편집 한소진 **디자인** 이희영
발행처 ㈜시공사 **주소** 서울시 성동구 상원1길 22, 6-8층(우편번호 04779)
대표전화 02 - 3486 - 6877 **팩스(주문)** 02 - 585 - 1755
홈페이지 www.sigongsa.com / www.sigongjunior.com

ISBN 978-89-527-7423-1 04080
ISBN 978-89-527-7421-7 (set)

*시공사는 시공간을 넘는 무한한 콘텐츠 세상을 만듭니다.
*시공사는 더 나은 내일을 함께 만들 여러분의 소중한 의견을 기다립니다.
*잘못 만들어진 책은 구입하신 곳에서 바꾸어 드립니다.

	400	500	600	700	800	90

역사

395
테오도시우스 1세의
죽음과 제국의 분열

476
서로마 제국의 종말

493
테오도리쿠스 대왕에 의해
라벤나를 수도로 하는
동고트 왕국의 탄생

527-565
유스티니아누스 대제가
콘스탄티노플의 동로마
황제로 재위

약 610
무함마드가 설교를 시작

643
〈로타리 칙령〉

711
아랍인들이
서고트족의 첫 번째
왕국을 정복

722
에스파냐가 재정복을 시작

726
이사우리아 왕조의 레오 황제가
성상 파괴 칙령을 내림

771-814 카롤루스 대제의 재위

800 (12월 25일)
카롤루스 대제와 더불어
서로마 제국이 부활

843
베르됭 조약

철학, 과학과 기술

397-401
성 아우구스티누스가 『고백록』 저술

413-약 425
성 아우구스티누스가
『신국론』 저술

485
프로클로스가 『유클리드의
원론에 대한 주석서』 저술

524
보에티우스가
『철학의 위안』 저술

550
유럽 최초로 앞바퀴가
달린 무거운 쟁기를 사용

615
세비야의 이시도루스가
『사물의 본성』 저술

약 740
유럽에서 등자를 사용

789
요크의 알퀴누스가
궁정 학교를 지도

790
게베르가 『화학의 서』 저술

851
요하네스 스코투스
에리우게나가
『예정론』 저술

시각예술

450
갈라 플라키디아의
마우솔레움(라벤나) 제작

525-547
산 비탈레 성당(라벤나) 건축

532-537
성 소피아 대성당
(콘스탄티노플) 건축

603
테오델린다의 전례서 제작

799-805
팔라티나 예배당(아헨) 건축

835
부올비노가 산탐브로조
성당(밀라노)에 황금 제단 제

약 825
『위트레흐트의 시편』 제작

9
제
성

문학과 연극

390-405
성 히에로니무스가 성경을 번역

약 622
세비야의 이시도루스가
『고트족, 반달족,
수에비족의 역사』 저술

725
가경자 베다가
『세계의 6단계 연대기』 저술

약 787
파울루스 부제가
『랑고바르드족의 역사』 저술

음악

494
젤라시오 1세가
『젤라시오 전례서』 저술

500
보에티우스가
『음악 입문』 저술

600
그레고리오 1세가
첫 번째 합창단 창단

약 850
『무지카 엔키리아디스』

약 9
오르